出土文獻譯注研析叢刊

清華柒
《越公其事》
研究

高佑仁　著

致謝

感謝行政院國家科學委員會計畫獎助：「清華柒《越公其事》研究」（MOST 108-2410-H-006-053 -）「清華柒《越公其事》研究（II）」（MOST 109-2410-H-006-112-）

感謝國立成功大學高教深耕計畫獎助：This research was supported in part by Higher Education Sprout Project, Ministry of Education to the Headquarters of University Advancement at National Cheng Kung University（NCKU）.

清華柒《越公其事》研究

摘要

　　《越公其事》收錄於《清華大學藏戰國竹簡》第柒輯，全篇共計75簡，分為11章，是清華簡中篇幅長度僅次於《繫年》的史料類文獻。內容敘述句踐戰敗逃至會稽山，透過整軍經武、勵精圖治，施行「五政」，最終消滅吳國。其與《國語》的〈吳語〉、〈越語〉關係密切，對於構形研究、文義訓讀、吳越史料均有高度的價值。

　　出土文獻是近年漢學研究熱點，研究意見十分豐碩，卻零散而駁雜，學者要在短時間內釐清各家說法的利弊得失，誠非易事。筆者將盡力蒐羅學界關於《越公其事》的研究成果，以簡潔扼要方式呈現，評論各家說法的優缺，並提出個人的考釋意見。本書聚焦於簡文的字詞釋讀，並擴及編聯、斷句、構形、訓詁、歷史等問題，文末附有語譯，其結論亦可供文學、史學、文化學等領域取資使用。

　　《越公其事》是一本久佚的先秦古籍，筆者透過通盤研究，俾使文通字順，企盼能對吳越爭霸史事有所助益。

關鍵字

越公其事、清華柒、句踐、文字考釋

The Research on Tsinghua's Bamboo Slips (Vol.7).of "Yue Gong Qi Shi"

Summary

"Yue Gong Qi Shi" is an article included in *Tsinghua Bamboo Slips (Vol.7)*. It has total 75 bamboo slips and is divided into 11 chapters. It's the historical document in Tsinghua Bamboo Slips, which is second only to "Xian Nian" in length. The content describes that Gou-jian was defeated and fled to Kuaiji Mountain, and through military training and diligence, he implemented the "Five Policies" and finally destroyed the State of Wu. "Yue Gong Qi Shi" is closely associated with "Wuyu" and "Yueyu" in *Guoyu*, and is extremely valuable for the study of configuration, interpretation, and historical materials of "Wuyu".

The unearthed documents are new research directions by Chinese Studies in recent years. Many scholars have published a lot of papers in the academic journal, but it is so scattered and be not easy for scholars to clarify the pros and cons of each statement in short time. The writer will be trying to collect the research about "Yue Gong Qi Shi", and present it concisely, and analyze the advantages and disadvantages. This book can be provided a wide range of the opinions, such as interpretation of words, order of bamboo slips, grammar and history. Whole book which includes translation will be the professional research work in ancient philology, and the conclusion can also be used for providing resources to the fields of literature, history, and cultural studies.

"Yue Gong Qi Shi" is a long-lost ancient book of the Pre-Qin Dynasty. By comprehensive research, the writer hope that "Yue Gong Qi Shi" can be readable and fluent. Also, this research will be useful for the history of fighting in Wuyue.

Keyword

"Yue Gong Qi Shi", *Tsinghua bamboo slips (Vol.7)*, Gou-jian, Complementary explanation

目次

表次

Contents

Appendix

凡例

1. 釋文採嚴式隸定，後加「（ ）」註明寬式隸定或通假字，「（？）」表示括號前一字的隸釋有疑問，「｛ ｝」指「詞」的意思，「＝」表示合文或重文符號，「□」表示文字殘缺，若依線索得知為某字，則將補字加方框，若不知補字多寡則以「☒」表示，簡號以「【 】」標注於該簡末。

2. 本書的上古音系統，聲紐據黃侃古聲十九紐之說，韻部據陳新雄師古音三十二部之說 [1]，並參考李添富總校訂《新添古音說文解字注》對單字古音的分析 [2]。

3. 各條考釋先依發表時間羅列學界意見，並於「佑仁謹案」後說明筆者的看法。

4. 筆者儘量將學界已有的研究成果納入集釋，但受限於篇幅，意見重複者不予收錄。集釋以精簡為原則，除原整理者意見外，其餘說法均經筆者刪削濃縮；除少數疑難問題外，徵引學者意見以不超過五百字為原則。

---

[1] 陳新雄師：《古音研究》（臺北：五南圖書出版公司，1999），頁 303-526、551-559。
[2] （東漢）許慎撰，（清）段玉裁注，李添富總校訂：《新添古音說文解字注》（臺北：洪葉文化事業公司，2016）。

壹　前言

一　關於清華簡

　　二十世紀以來，幾批先秦文獻相繼出土，使得戰國文字成為漢學研究的新熱點。楚系簡帛材料出於戰國時人之手，其豐富多元的文化內涵，對漢學研究各學科而言，皆具有重要的學術意義與價值。

　　西元 2008 年 7 月，北京清華大學入藏一批由校友所捐贈的戰國竹簡，據聞為盜墓所出，大約在 2006 年流入香港古董商之手，由清華大學委託校友購得後，捐贈給該校收藏研究。依據初步整理，竹簡總數約 2,388 枚。北京大學對清華簡無字殘片標本進行 AMS 碳 14 年代測定，判定竹簡時代約為西元前 305±30 年，相當於「戰國中期偏晚」[1]。清華大學初步估計約有 64 篇典籍，內容多為經史類作品，其中以「書類文獻」最為可觀[2]，多數為先秦佚籍，字跡以楚文字為主，然亦雜有它系文字的風貌，故書名不循上博簡之例而改稱為「戰國竹簡」。關於竹簡的入藏與整理，劉國忠《走近清華簡》有十分詳細的說明[3]。

　　由清華大學出土文獻研究與保護中心所出版的《清華大學藏戰國　竹簡》（後文省稱「《清華簡》」），是近年古文字研究重要的出土文獻之一。清華大學收藏戰國竹簡的消息一公布，立刻震驚海內外漢學界，從 2010 年 12 月《清華

---

[1] 李學勤指出「2008 年 12 月，我們委託北京大學加速器質譜實驗室、第四紀年代測定實驗室，對這批簡中的無字殘片標本進行了 AMS 碳 14 年代測定，經樹輪校正的數據為西元前 305 正負 30 年，即相當戰國中晚期之際，與上述專家的時代判斷一致。」趙平安指出：「2008 年 10 月 14 日，由 11 位專家組成的鑑定組得出結論：竹簡的年代為戰國中晚期。為了印證這一論斷，2008 年底，北京大學加速器質譜實驗室、第四紀年代測定實驗室，對這批簡中的無字殘片標本進行了 AMS 碳 14 年代測定，經樹輪矯正後，得到的資料為西元前 305±30 年，即戰國中晚期之際。」參李學勤：〈清華簡整理工作的第一年〉，《清華大學學報（哲學社會版）》，2009 第 5 期（2009.9），頁 6。趙平安：〈談談戰國文字中值得注意的一些現象——以清華簡〈厚父〉為例〉，第一屆漢字漢語文化國際學術研討會，美國：奧克拉荷馬大學，2014.8.15-17，後刊於《出土文獻與古文字研究》第 6 輯（上海：上海古籍出版社，2015.2），頁 303 注 2。

[2] 李學勤指出「清華大學藏戰國竹簡對於古史研究有重要意義。現在我們初步估計全部清華簡有六十四篇或更多一些書，內容與《詩》、《書》、《禮》、《樂》、《易》、《春秋》都有一些關係，但與《書》的關係更重要。按照後世的分類，一種是真正的《尚書》，見於在今天傳世的《尚書》，或者由其標題或內容可以推定是《尚書》的；第二種是不在《尚書》，可是見於傳世的《逸周書》的；還有一些，是我們從來不知道的，可是從其體裁來看是和《尚書》、《逸周書》一類的。這三部分總共有二十多篇，是清華簡的主要內容。」李學勤：〈清華簡與〈尚書〉、〈逸周書〉的研究〉，《史學史研究》，2011 第 2 期（2011.6），頁 104，又見於李學勤：《初識清華簡》（上海：中西書局，2013），頁 99。清華大學出土文獻研究與保護中心編、李學勤主編：《清華大學藏戰國竹簡（壹）》（上海：中西書局，2010），頁 4。

[3] 劉國忠：《走近清華簡》（北京：高等教育出版社，2011）。

簡》第壹輯正式發行之後，即維持每年一輯的發表速度，每次出版總是引起學界熱烈討論與新聞媒體關注，各類學術論文蠭出並作，令人目不暇給，截至目前為止（2023年）《清華簡》已發表至第拾貳輯。長期且穩定的出版進程，專業而完整的研究團隊，讓清華簡繼上博簡之後，形成新一波的研究熱潮。

二　清華簡中的長篇史料類文獻

　　筆者長期關注楚簡中的「史料類」文獻，曾發表多篇論文[4]，博士論文以「《上博楚簡莊、平、靈三王研究》」為題[5]，亦曾執行科技部計畫「《上博九》楚國史料文獻研究」，具體成果可參《上海博物館藏戰國楚竹書（九）讀本》[6]。這些「史料類」文獻是戰國人所書寫的第一手資料，相對於《左傳》、《戰國策》、《國語》、《史記》等傳世史籍，在文字敘述上，魯魚亥豕的情況比較少，自有高度的文獻學價值。而且，多數文獻都在流傳過程中亡佚，楚簡正可彌補歷史進程中的空白之處。

　　清華簡中有兩篇長篇的「史料類」文獻，分別是《繫年》與《越公其事》。《繫年》見於《清華貳》，全篇共計 138 枚竹簡，分為二十三章，首尾完整，內容由西周初年武王克商開始，止於戰國前期楚悼王之世。首章記述西周衰亡與晉國崛起背景時代，第二至四章則記載各諸侯國的興起過程，第五章之後則陳述春秋至戰國前期的史事。全篇著重說明晉、楚二國的爭霸始末，篇幅占《繫

[4] 高佑仁：〈《鄭子家喪》新編釋文及相關問題研究〉，收入《第二十一屆中國文字學國際學術研討會論文集》，臺北：東吳大學中文系，2010.4.30。高佑仁：〈《鄭子家喪》、《競公瘧》諸「病」字的構形考察〉，2010 年經典教學與簡帛學術研討會，臺南：嘉南藥理科技大學，2010.5.7，頁 1-18，收入汪中文主編：《2010 經典教學與簡帛學術研討會論叢》（新北：新文京開發出版公司，2011）。高佑仁：〈姑成家父補釋七則〉，《雲漢學刊》第 21 期（2010.06），頁 1-13。高佑仁：〈《鄭子家喪》考釋八則——簡文中兩個史實的商榷〉，《成大中文學報》第 34 期（2011.09），頁 159-190。高佑仁：《莊王既成》「航」字構形考察——兼談戰國文字「蔡」、「尨」、「兌」的字形差異〉，《簡帛》第 6 輯（上海：上海古籍出版社，2011.11），頁 256-280。高佑仁：〈讀《上博六》箚記五則〉，《興大中文學報》第 30 期（2011.12），頁 1-22。高佑仁：〈上博九〈成王為城濮之行〉釋文通釋〉，中央研究院歷史語言研究所「古文字青年論壇」，2013.11.25-26。高佑仁：〈《陳公治兵》編聯三則〉，西南大學出土文獻綜合研究中心、漢語言文獻研究所主編：《出土文獻綜合研究集刊》第 1 輯（成都：巴蜀書社，2014.10），頁 136-140。高佑仁：〈上博九〈成王為城濮之行〉字詞選釋〉，《成大中文學報》第 47 期（2014.12），頁 39-74。高佑仁：〈《陳公治兵》綜合研究〉，《漢學研究》第 33 卷第 4 期、總第 83 號（2015.12），頁 299-336。沈寶春師、高佑仁：〈《邦人不稱》考釋〉，中國古文字研究會第 21 屆年會，北京：清華大學，2016.10.21-23，又收入《古文字研究》第 31 輯（北京：中華書局，2016.10），頁 321-322。
[5] 高佑仁：《上博楚簡莊、平、靈三王研究》（臺南：成功大學博士論文，2011）。
[6] 季旭昇師、高佑仁主編：《上海博物館藏戰國楚竹書（九）讀本》（臺北：萬卷樓圖書公司，2017.5）。

年》之泰半，並旁及秦、齊、衛、吳、越等國之事，內容豐富嚴謹。《繫年》發表迄今已十餘年[7]，學界各類的研究成果已十分豐碩，可參蘇建洲《清華二《繫年》集解》一書詳盡的整理[8]。

　　相對已有豐厚研究的《繫年》，甫出版的《越公其事》理當擁有更多發揮空間。《越公其事》見於《清華大學藏戰國竹簡（柒）》（以下簡稱《清華柒》），原整理者分為 75 簡，約占《清華柒》全冊（共 109 支竹簡）三分之二，是個值得投入研究的主題。

三　關於清華柒《越公其事》

（一）公布時間

　　《越公其事》的篇名與內容，最早見於李守奎〈《越公其事》與《國語》〉[9]，不過該文在論文集中只有留目沒有內容。2017年4月23日北京清華大學召開《清華柒》成果發布會，該書亦由中西書局正式印行，內容包括《子犯子餘》、《晉文公入於晉》、《趙簡子》、《越公其事》等四篇簡文，均為傳世文獻所未見的佚篇[10]，其中，《越公其事》的原整理者為李守奎。

（二）竹簡形制

　　《越公其事》分為十一章，三道編聯，章與章之間刻意留白以示區隔，除第3、10簡接續前簡外，其餘各章皆以獨立的簡起頭，各章末尾皆有結尾符。簡長約41.6公分，寬0.5公分，滿簡書寫31-33字。簡文於首尾兩端殘斷情況較為嚴重，但通篇文義大抵清楚。全篇字跡首尾一致，文字風格整飭流暢，應為同一位書手完成，這位書手在清華簡中是位重要角色，清華陸《鄭武夫人規孺子》、《鄭文公問太伯（甲、乙）》、《子儀》，清華柒《趙簡子》、《子犯子餘》、《晉文公入於晉》，清華捌《八氣五味五祀五行之屬》、《虞夏殷周之治》、《天下之道》等均出自其手，他是清華簡的「主力書手」之一。[11]

---

[7] 李學勤主編：《清華大學藏戰國竹簡（貳）》（上海：中西書局，2011）。

[8] 蘇建洲、吳雯雯、賴怡璇：《清華二〈繫年〉集解》（臺北：萬卷樓圖書公司，2013）。

[9] 李守奎：〈《越公其事》與《國語》〉，《紀念于省吾先生誕辰 120 周年、姚孝遂先生誕辰 90 周年學術研討會》，2016.7.10-11，頁 313。

[10] 清華大學出土文獻與保護中心編、李學勤主編：《清華大學藏戰國竹簡（柒）》（上海：中西書局，2017），頁 1。

[11] 賈連翔：〈清華簡「〈尹至〉書手」字跡的擴大及相關問題探討〉，《出土「書」類文獻研究高端學術論壇論文集》，重慶：西南大學，2021.3.27，頁 93。

（三）內容大要

　　《越公其事》講述句踐敗逃會稽山後[12]，先是與民休養生息，而後施行「五政」勵精圖治，使得越國逐漸國富兵強，最終消滅吳國。依據章節符號可將全文分成十一章，原整理者李守奎又進一步區分成三個段落：第一至三章敘述句踐派大夫種到吳師求成，吳王否定申胥之諫而接受文種求成的過程。第四至九章敘述句踐戰敗之後重新建立宗廟，施行寬緩政策，讓國家休養生息三年。句踐遂實施「五政」，使越國逐漸壯大。第十至十一兩章敘述句踐出兵伐吳，智取吳師，拒絕吳王之求成，最終滅吳[13]。

　　句踐滅吳是春秋末期重要史事，此事奠定句踐在「春秋五霸」中的地位，其故事在《左傳》、《國語》、《戰國策》、《呂氏春秋》、《淮南子》、《史記》等文獻裡均有詳細記載，並且有時間越晚材料越豐富的現象，到了東漢甚至出現《吳越春秋》、《越絕書》一類小說意味十分濃厚的作品，將夫差形塑成為典型的亡國之君，以與句踐形成對比。

　　吳越史事在故事化的過程中，為了烘托句踐、夫差的衝突與矛盾，刻意增加戲劇效果，使得各種資料在敘事方面存在不少差異。《越公其事》作為戰國時期的手抄本，其價值不言可喻，它與《國語》中的〈吳語〉、〈越語〉在事件首尾的部分，可找到相應之段落，關係極其密切。例如簡69「昔不穀先秉利於越」，所謂的「秉利」，〈吳語〉作「委制」，而「委制」一詞在先秦材料中僅4見，分別為〈吳語〉（2例）、〈越語〉（2例），內容均與吳越爭霸有關，而「秉利」與「委制」字形接近，有訛混的可能。本處文例若釋為「委制」恐不辭，顯然是傳抄刊刻時受到它處「委制」用法影響而致誤，從中亦可考見〈吳語〉、〈越語〉與《越公其事》的版本關係。

　　《越公其事》是研究吳越歷史的絕佳材料，句踐在戰敗後，他如何忍辱偷生向夫差請成？文種使用什麼樣的說詞，讓夫差願意談和？在夫差接受請成

---

[12] 「句踐」又作「勾踐」，教育部國家教育研究院《重編國語辭典修訂本》兩種寫法均收，但主要說解置於「句踐」之下。就文字演變歷程來看，「勾」是「句」的俗字，《干祿字書‧去聲》云：「勾、句，上俗下正。」「勾」出現的時間比較晚，但是「勾踐」一名的用法仍非常普遍。清華貳《繫年》、清華參《良臣》、清華柒《越公其事》裡均作「句」而不作「勾」，故本書以「句踐」為稱。「句踐」又名「菼執」，古本《竹書紀年》云：「晉出公十年十一月，於粵子句踐卒，是為『菼執』」，顧頡剛認為「句踐」乃生時之名，「菼執」為死後之謚。陳夢家認為「句踐」是生稱，「菼執」為死稱。董珊則認為「『菼執』為『句踐』的另一種音譯」，只是記音字的不同。參教育部國家教育研究院：《重編國語辭典修訂本》，2021.11，第六版，網址：https://dict.revised.moe.edu.tw/index.jsp（2023.2.25 上網）。顧頡剛：〈楚、吳、越王之名、號、謚〉，《史林雜識初編》（北京：中華書局，1963），頁 213。陳夢家：《西周年代考‧六國紀年》（北京：中華書局，2007），頁 156。董珊：《吳越題銘研究》（北京：科學出版社，2014），頁45。

[13] 李守奎：〈《越公其事》與勾踐滅吳的歷史事實及故事流傳〉，《文物》，2017 第 7 期（2017.8），頁 75。

後，句踐怎麼整頓家園，帶領越人絕處逢生？句踐運用什麼戰術使得吳軍「大駭」、「大亂」？吳國戰敗後，句踐如何安置夫差？而夫差最終選擇終結生命，還是忍辱苟活？這些都是值得深入考察的問題。

　　整體來說，《越公其事》內容豐富，饒富趣味，對於研究春秋吳越歷史、文字構形、政治制度、軍事發展等面向，皆有莫大的助益。

四　重要研究成果回顧

　　《越公其事》2017年4月正式公布以後，武漢大學簡帛網（簡稱「武漢網」）、復旦大學出土文獻與古文字研究中心網站（簡稱「復旦網」）、清華大學簡帛研究網（簡稱「清華網」）等學術網站，一時之間湧現了大量的討論文章。截至今日（2023年5月），單就武漢網「簡帛論壇」〈越公其事初讀〉已有高達255條帖子，在文字學門的熱度不言可喻。

　　學報、期刊方面，由於本篇簡文的篇幅較長，因此學報、期刊多數文章仍以個別的字詞考釋為主。碩士學位論文有28篇，多集中在中國大陸；博士論文1篇，後已採專書形式正式出版[14]。就筆者所見資料，《越公其事》研究成果共計有235篇。《越公其事》研究成果可參「貳　論著目錄」。

（一）簡文排序

　　復原編聯是竹簡研究的基本工作，《越公其事》首尾兩章殘泐相對嚴重，但透過拼合並參酌《國語》原文，尚能還原簡文大致樣貌。

　　陳劍主張簡17與簡19連讀，簡18則獨立出來插入簡36上與簡34之間，亦即將【簡36上+簡18+簡34】拼合成一簡[15]。竹田健二則敏銳地發現《越公其事》簡背斜痕存在差異，他將簡1-33稱為「劃痕B」，簡34-68稱為「劃痕A」，劃痕B具有「逆次簡冊背劃綫」的現象[16]。金卓將簡1-簡33、簡35視為「劃痕B」，簡34、簡36-簡75視為「劃痕A」，A組和B組在「簡背劃痕」、「字數」、「契口高

---

[14] 江秋貞：《《清華大學藏戰國竹簡（柒）‧越公其事》考釋》（臺北：臺灣師範大學博士論文，2020）。江秋貞：《《清華大學藏戰國竹簡（柒）‧越公其事》考釋》（臺北：花木蘭文化事業公司，2022）。

[15] 陳劍：〈《越公其事》殘簡 18 的位置及相關的簡序調整問題〉，復旦網，2017.5.14（2023.2.25上網）。

[16] 竹田健二：〈清華簡「越公其事」の竹簡排列と劃痕〉，《中國研究集刊》，第 64 期（2018），頁 49-67。

度」三項存在差異，他藉此推測這兩部份是書手在不同時間抄寫成的[17]。

（二）書手與文字風格

原整理者認為本篇與《清華陸・鄭武夫人規孺子》為同一抄手書寫，李松儒則認為該書手還寫了《鄭武夫人規孺子》、《鄭文公問太伯》（甲、乙）、《子儀》、《子犯子餘》、《晉文公入於晉》、《趙簡子》、《八氣五味五祀五行之屬》、《虞夏殷周之治》《天下之道》等篇[18]。蘇建洲在〈談清華七《越公其事》簡三的幾個字〉中，認為《越公其事》是記錄春秋史事的文獻，因此用「甲」為甲冑之｛甲｝，或許就是春秋時期用字樣貌的呈現，而《越公其事》簡有「存古」現象，並主張簡文的「鈠」字應讀為「鈇」[19]。

（三）字詞考釋與訓讀

《越公其事》是由戰國文字所書寫的文獻，因此在古文字考釋上成果豐碩，此處舉幾個例子簡要說明：魏棟認為簡文「八千」一數《國語・越語》作「五千」，則「八千」不是誤抄，而是敘事者的一種誇飾[20]。程浩主張簡30、31中「觲」字與簡44、45中「察」聯用，應讀為「省察」之「省」[21]。侯瑞華認為「歷」應讀為「斂」指稼穡收穫，所謂「勤斂」，即農夫老弱努力地從事耕作，至於簡41的「增斂」則為賦斂之意[22]。王輝認為篇末「越公其事」四字是吳王夫差所說的話，「事」當讀為「使」，意即越公你役使、驅使（我）吧，也就是任憑越公處置之意[23]。孫合肥把簡16的「瘨」和同簡中「豺」、「狼」所從的「犬」方進行比對，主張該字當隸定為從「疒」從「首」、「犮」聲，

17 金卓：〈清華簡《越公其事》文獻形成初探——兼論其簡序問題〉，武漢網，2019.3.19（2023.02.26 上網）。

18 松鼠：〈清華七《越公其事》初讀〉，武漢網，跟帖第 23 樓，2017.4.25（2023.2.25 上網）。李松儒：〈清華七《子犯子餘》與《趙簡子》等篇字跡研究〉，《出土文獻》第 15 輯（上海：中西書局，2019.10），頁 177-192。

19 蘇建洲：〈談清華七〈越公其事〉簡三的幾個字〉，復旦網，2017.5.20（2023.2.25 上網）。收入中國古文字研究會吉林大學古文字研究室編：《古文字研究》第 32 輯（北京：中華書局，2018），頁 390-394。

20 魏棟：〈清華簡《越公其事》合文「八千」芻議〉，《殷都學刊》2017 第 3 期（2017.9），頁 37-41。後收入牛鵬濤、蘇輝編：《中國古代文明研究論集》（北京：科學出版社，2018），頁 217-224。

21 程浩：〈清華簡第七輯整理報告拾遺〉，《出土文獻》第 10 輯（上海：中西書局，2017.4），頁 130-137。

22 侯瑞華：〈《清華七・越公其事》「歷」字補釋〉，復旦網，2017.7.25（2023.2.25 上網）。

23 王輝：〈說「越公其事」非篇題〉，復旦網，2017.4.28。又見王輝：〈説「越公其事」非篇題及其釋讀〉，《出土文獻》第 11 輯（上海：中西書局，2017.10），頁 239-241。

訓為「起」[24]。

（四）文本對讀

　　黃懷信將《越公其事》與《國語・吳語》、《國語・越語》進行綜合研究，試圖釐清夫椒之戰到吳國滅亡的歷史過程[25]。陳偉[26]、石小力[27]、朱歧祥[28]等人則利用《越公其事》與史籍進行比勘，對於訂正、還原史事具有貢獻。

五　《越公其事》未來的影響性

（一）對古文字學領域的影響

　　近年地不愛寶，材料蠭出，數量之多、內容之廣、價值之高，前所未聞。然而，每個人的研究精力有限，無法各類新出文獻都投入研究，尤其像是《越公其事》這樣長篇大論的史料類文獻，更應將成果彙整成專書，便利考察。

　　依據荊州博物館趙曉斌的透露，棗紙簡中所收錄的《吳王夫差起師伐越》能與清華柒《越公其事》對讀，亦即二者是同一本文獻[29]。我們無法預估棗紙簡什麼時候公布，但它的公布絕對會將《越公其事》的研究熱潮推向另一座高

[24] 孫合肥：〈清華七《越公其事》札記一則〉，武漢網，2017.4.25（2023.02.26 上網）。

[25] 黃懷信：〈由「越公其事」與「國語」看越王勾踐滅吳〉，收入清華大學出土文獻研究與保護中心編：《紀念清華簡入藏暨清華大學出土文獻研究與保護中心成立十周年國際學術研討會論文集》（北京：清華大學出土文獻研究與保護中心，2018），頁 133-136。

[26] 陳偉：〈清華簡七《越公其事》校讀〉，武漢網，2017.4.27（2023.2.25 上網）。收入復旦大學出土文獻與古文字研究中心主編：《「出土文獻與傳世典籍的詮釋」國際學術研討會議程論文集》（上海：復旦大學出土文獻與古文字研究中心，2017），頁 31-33。後正式出版，見復旦大學出土文獻與古文字研究中心主編：《出土文獻與傳世典籍的詮釋》（上海：中西書局，2019），頁 319-322。

[27] 石小力：〈清華簡《越公其事》與《國語》合證〉，收入香港浸會大學饒宗頤國學院、澳門大學中國語言文學系、清華大學出土文獻研究與保護中心編：《《清華簡》國際會議論文集》，香港：香港浸會大學饒宗頤國學院、澳門：澳門大學中國語言文學系，2017.10.26-28，頁 47-58。後收入《文獻》2018 第 3 期（2018.5），頁 60-65。

[28] 朱歧祥：〈談《清華簡》（七）〈越公其事〉的兩章文字校讀〉，收入紐倫堡—埃爾蘭根孔子學院、埃爾蘭根—紐倫堡大學、世界漢字學會、華東師範大學中國文字研究與應用中心、慶星大學韓國漢字研究所漢字文明研究事業團編：《世界漢字學會第六屆年會暨國際學術研討會「漢字認知工具與表意文字歷史研究」論文集》，紐倫堡：紐倫堡—埃爾蘭根孔子學院，2018.10.5-8，頁 34-43。後收入東海大學中國文學系編：《中華文化與文學學術研討系列第二十四次會議——龍宇純先生學術研討會論文集》（臺中：東海大學中國文學系，2018），頁 65-78。

[29] 趙曉斌：〈荊州棗紙簡《吳王夫差起師伐越》與清華簡《越公其事》〉，《清華戰國楚簡國際學術研討會》，2021.11.19-20，頁 6-11。

峰。屆時，學者釋讀《吳王夫差起師伐越》勢必需要參考《越公其事》已有的成果。是故，本書希望能提出最精審的新釋文，使字詞文通字順，讓本篇的文學、史學、哲學等價值逐漸顯豁出來。

（二）對史學領域的影響

　　吳王夫差與越王句踐均為春秋五霸之一[30]，是先秦重要人物。《國語》中的〈吳語〉、〈越語〉和《越公其事》有部分字詞可以對讀，可藉此探討情節差異以及《國語》的成書年代[31]。例如在《國語‧吳語》中代表句踐前往吳國請成的人是諸稽郢，但在《越公其事》中則是由文種擔綱大任。又如句踐與夫差談和後，是否有進行盟誓？《國語‧吳語》云：「吳王乃許之，荒成不盟。」[32]《戰國策》則云：「吳人果聽其辭，與成而不盟，此攻其心者也。」[33]依二書的說法並無舉行盟誓。然而《越公其事》簡25則說「使者返命越王，乃盟，男女服，師乃還」，兩國簽訂盟誓後吳國才退兵，可見敘事有所不同。

　　另外，相傳句踐兵敗後曾前往吳國服勞役，《吳越春秋‧勾踐入臣外傳》云：「身為傭隸，妻為僕妾，往而不返，客死敵國。」[34]王引之也認為「句踐宦吳三年而反」[35]，現在一般的史籍也多是這麼看待[36]。但從《越公其事》簡25來看，簡文說「乃盟，男女備（服），帀（師）乃還」，並沒有前往吳國的敘述。

[30] 「春秋五霸」的對象說法不一，但句踐（《荀子‧王霸》）與夫差（顏師古《漢書注》）均曾被列為五霸之一。（戰國）荀況，王天海校釋：《荀子校釋（修訂本）》（上海：上海古籍出版社，2016），頁478。（東漢）班固，（清）王先謙：《漢書補注》（上海：上海古籍出版社，2008），頁520。

[31] 李守奎：〈《越公其事》與《國語》〉，《紀念于省吾先生誕辰120周年、姚孝遂先生誕辰90周年學術研討會》，2016.7.10-11，頁313。石小力：〈清華簡《越公其事》與《國語》合證〉，收入香港浸會大學饒宗頤國學院、澳門大學中國語言文學系、清華大學出土文獻研究與保護中心編：《《清華簡》國際會議論文集》（香港：香港浸會大學饒宗頤國學院、澳門：澳門大學中國語言文學系，2017.10.26-28），頁47-58。後收入《文獻》2018第3期（2018.5），頁60-65。

[32] （三國吳）韋昭注，徐元誥集解：《國語集解》（北京：中華書局，2002），頁538、540。

[33] （漢）劉向：《戰國策》（上海：上海古籍出版社，1985），頁1012。

[34] 周生春：《吳越春秋輯校彙考》（上海：上海古籍出版社，1997），頁114。

[35] （清）王引之撰，中國訓詁學研究會主編：《經義述聞》（南京：江蘇古籍出版社，1985），頁522。

[36] 參孟文鏞：《越國史稿》（北京：中國社會科學出版社，2010），頁220。

（三）對文學領域的影響

　　吳越爭霸是先秦重要的經典故事[37]，漢代就已出現張力十足的《吳越春秋》，清華柒《越公其事》可作為探討戰國時期吳越爭霸故事演變的基本材料。依據《越公其事》，句踐大敗時，文種向夫差表示越國願意「齊膝同心，以臣事吳，男女服」，若吳王不願談和，將率領八千名死士決一死戰，文種既柔且剛的態度，使夫差接受請成。另一方面，吳國謀臣伍子胥堅決反對吳越談和，並質疑越國哪來的八千死士？但最終仍無法撼動夫差的決定。遊說的對象同樣是夫差，但文種完成任務，伍子胥則以失敗告終，二人的勸諫技巧值得細細玩味。

　　《越公其事》有大量的政治語言，對人物形象的刻畫清晰而生動。句踐的身先士卒，文種的足智多謀，夫差的短視近利，人物形象生動且富有典型性，令人留下深刻印象。相信《越公其事》未來絕對是吳越爭霸故事重要的取資來源。

六　研究方法

（一）原簡復原

　　《越公其事》是戰國楚簡，出土時編繩已經損壞，簡背未見序號，竹簡本身又存在一定程度的殘缺，復原竹簡的原貌，應是此研究的基本工作。在這樣的情況下，必須透過上下文例與竹簡殘斷的裂痕情況，判斷是否能夠綴合。所謂「失之毫釐，差之千里」[38]，錯誤文例將對簡文理解造成偏差，因此簡文復原是極為重要的工作。

（二）古文字考釋

　　本書所處理的文獻為戰國文字，需要仰賴大量古文字考釋研究方法，例如因襲比較法、辭例推勘法、偏旁分析法、據禮俗制度釋字等[39]。而楚簡文字形體複雜，學者們對隸定、釋讀、訓解等考釋意見常常莫衷一是，各種未識字不斷出現，因此分析楚簡必須熟練各種古文字的考釋方法。關於牽涉到的問題，將於下個章節「具體的討論內容」中，深入說明。

---

[37] 參中山王𫑡鼎（《集成》02840）：「昔者，吳人并越，越人修教備信，五年覆吳，克并之至于今。」

[38] 方向東：《大戴禮記彙校集解》（北京：中華書局，2008），頁133。

[39] 參高明：《中國古文字學通論》（北京：北京大學出版，2008），頁168-172。

（三）古音通假

　　先秦文字有大量通假用法，在考釋過程中，應以嚴謹的態度看待文字通假，通假字之間應當「聲」、「韻」都要接近，最好還能搭配古籍的佐證。本書的上古音系統，聲紐據黃侃古聲十九紐之說，韻部據陳新雄師古音三十二部之說[40]，並參考李添富總校訂《新添古音說文解字注》對單字古音的分析[41]。在電子資料庫方面，可取資臺灣大學中國文學系和中央研究院資訊科學研究所共同開發「漢字古今音資料庫」[42]與顧國林所架設的「古音小鏡」[43]，二者都是便利好用的古音資料庫。

（四）史事比較

　　《越公其事》是春秋時期的重要史事，在《國語》、《左傳》、《戰國策》、《越絕書》、《新書》、《說苑》、《吳越春秋》等歷史文獻中，均有繁簡不同的記載。因此在釋讀簡文時，應回核古籍，判斷該史事是否見於傳世文獻，相同事件則可進一步分析敘事角度的異同，讓傳世文獻與出土文獻能對讀，發揮其價值。

七　文本、底本與寫本問題

　　清華柒《越公其事》的「寫本」本質上是一篇楚簡，書寫時間是戰國中晚期，這是透過文字分析輔以科學儀器所得出的結論。雖然它是一篇楚簡，但少數單字則具有明顯三晉文字的特徵，例如「泜」、「茍（敬）」、「雽（越）」、「彶」、「陣（陳）」等，其中最具有代表性的應該是「雽（越）」，楚國多用「鄴」表示｛越｝，越國用「戉」或「鄴」，用「雽」表｛越｝則是三晉的用字習慣[44]，清華柒《越公其事》共計出現55個「越」字，其中53個字用「雽」，兩個用「鄴」（見簡56、72），用「雽」的頻率高達96.3%，正說明它的底本可能源自三晉。值得留意的是，在清華簡裡，這並非《越公其事》獨有的現象。

　　依據王永昌的統整，清華簡第一至七輯裡的34篇文獻，其中有24篇均帶有

---

[40] 陳新雄師：《古音研究》（臺北：五南圖書出版公司，1999），頁 303-526、551-559。

[41] （東漢）許慎撰，（清）段玉裁注，李添富總校訂：《新添古音說文解字注》（臺北：洪葉文化事業公司，2016）。

[42] 漢字古今音資料庫：https://xiaoxue.iis.sinica.edu.tw/ccr/。小學堂文字學資料庫：https://xiaoxue.iis.sinica.edu.tw/。

[43] 古音小鏡：http://www.kaom.net/。

[44] 周波：《戰國時代各系文字間的用字差異現象研究》（北京：線裝書局，2012），頁 51。

晉系文字的特徵，他的結論是「清華簡中大多數文獻之所以會出現晉系文字的特徵，是因為這些文獻並非楚地自有文獻，而是從晉地傳入，即這些文獻是以晉系文字書寫的底本傳入楚地的，傳入楚地之後，用楚文字轉寫不徹底，因此遺留了一些晉系文字的特點」[45]，由此可見清華柒《越公其事》抄手在抄寫時所依據的「底本」，應自晉國傳入楚國。

　　必須進一步說明的是，《越公其事》的「文本」是敘述句踐復國滅吳乙事，對話詳細生動、情節有條不紊，當是出自越人手筆。透過上述的線索，我們可以得出這樣的結論：《越公其事》史事基本材料出自越人之手，而清華簡本與棗紙簡本都是先秦時期眾多版本中的一種，因此它們在內容、用字、敘事上稍有出入。《越公其事》其中有一個版本，它先傳抄至晉地，再從晉地傳入楚國，最後楚人改寫成楚簡版，部分字詞改寫得不徹底，因此遺留著晉系文字的色彩，這就是清華柒《越公其事》。

八　新材料的突破——棗紙簡《吳王夫差起師伐越》

　　2020年10月30日，荊州博物館考古所副所長趙曉斌在荊州棗林鋪造紙廠46號戰國楚墓中親手發掘出土一批竹簡，他定名為「棗紙簡」[46]，經初步綴合、編聯，已確認有字簡的數量原為535支，內容分為5種9篇文獻。其中一篇摘首句擬題為《吳王夫差起師伐越》，共79支簡，簡長46公分，每簡容字23至30不等。雖有部分折斷，但一字無缺。該篇與清華大學藏戰國竹簡（柒）中的《越公其事》可以對讀，為同文異本，相關資訊可參考趙曉斌〈荊州棗紙簡《吳王夫差起師伐越》與清華簡《越公其事》〉一文。[47]

　　2022年12月荊州博物館公布新聞稿，介紹《吳王夫差起師伐越》簡14-16中夫差的一段話：「虗（吾）先君盍（闔）膚（盧）所㠯（以）克內（入）郢，隹（唯）夫縣（雞）父之遠㽙（荊），天賜中于吳，右我先王。㽙（荊）師（師）走，我先王從之走，遠民甬（用）戔（殘）麗，我先王是㠯（以）克內（入）

---

[45] 王永昌：《清華簡文字與晉系文字對比研究》（長春：吉林大學博士論文，2018），摘要、頁 153。

[46] 趙曉斌：〈湖北荊州棗林鋪戰國楚墓〉，國家文物局主編：《2020 中國重要考古發現》（北京：文物出版社，2021），頁 72-75。

[47] 趙曉斌：〈荊州棗紙簡《吳王夫差起師伐越》與清華簡《越公其事》〉，收入清華大學出土文獻研究與保護中心編：《清華戰國楚簡國際學術研討會論文集》（北京：清華大學，2021），頁 6。

郢。」並且公布簡14、15之彩照[48]，筆者將切圖羅列如下：

其	良	圖	之	虘（吾）	先
君	盍	膚	所	以	克
入	郢	佳（唯）	膚	緜（雞）	父
之	遠	匮（荊）	天	賜	中
于	吳	右	我	先	王
匮（荊）	師	走	我	先	王
從	之	走	遠	民	用
戔（殘）	麗（離）	我	先	王	是
以	克	入	其	良	圖
之	虘	先	君	盍	膚

48　參荊州博物館：〈荊州出土竹簡中記載的「吳王闔廬」〉，《湖北文旅之聲》，2022.12.19，網址：
　　https://www.sohu.com/a/619054523_121124402（2023.2.25）。

所	以	克	入	郢	隹（唯）
膚	鷄（雞）	父	之	遠	罶（荊）
天	賜	中	于		

*彩照由於有「荊州博物館」浮水印，故部分字形較不清晰。關於棗紙簡的釋讀，我們將於通釋裡逐條分析。

貳　論著目錄

　　從《越公其事》發表後，相關研究成果共計 235 篇，以發表時間先後排列如下：

時間	作者、篇名、出處
1.　20160710-11	李守奎：〈《越公其事》與《國語》〉，《紀念于省吾先生誕辰 120 周年、姚孝遂先生誕辰 90 周年學術研討會》，2016.7.10-11，頁 313。
2.　20170310	李守奎：〈清華簡中的伍之雞與歷史上的雞父之戰〉，《中國高校社會科學》2017 第 2 期（2017.3），頁 107-115。
3.　201704	李學勤主編：《清華大學藏戰國竹簡（柒）》，上海：中西書局，2017。
4.　201704	趙平安：〈清華簡第七輯字詞補釋（五則）〉，收入李學勤主編：《出土文獻》第 10 輯（上海：中西書局，2017），頁 138-143。
5.　20170415	程浩：〈清華簡第七輯整理報告拾遺〉，收入李學勤主編：《出土文獻》第 10 輯（上海：中西書局，2017.4），頁 130-137。
6.　20170423	石小力：〈據清華簡（柒）補證舊說四則〉，《清華網》，2017.4.23。收入張顯成、胡波主編：《簡帛語言文字研究》第 9 輯（2017.11），頁 12-24。
7.　20170423	清華大學出土文獻讀書會（石小力整理）：〈清華七整理報告補正〉，《清華網》，2017.4.23。
8.　20170423	魏棟：〈清華簡《越公其事》「夷訏蠻吳」及相關問題試析〉，復旦網，2017.4.23。收入中國社會科學院語言研究所、簡帛語言文字研究學科主編：《第三屆出土文獻與上古漢語研究（簡帛專題）學術研討會暨 2017 中國社會科學院社會科學論壇論文集》，北京：中國社會科學院語言研究所、簡帛語言文字研究學科，2017.8.15-16，頁 178-180。
9.　20170424	季寥：〈清華簡《越公其事》「寮（上从艸）」字臆解〉，復旦網，2017.4.24。
10.　20170424	趙嘉仁：〈讀清華簡（七）散札（草稿）〉，復旦網學術討論區，2017.4.24。
11.　20170425	羅小華：〈清華簡〈越公其事〉簡3「挾弪秉橐」臆說〉，武漢網，2017.4.25。又見氏著：〈清華簡《越公其事》簡3「挾弪秉橐」臆說——兼論從「𢎨」諸字〉，收入濟南大

		學出土文獻與文學研究中心主辦,張兵主編:《中國簡帛學刊》第 2 輯（2018.9）,頁 46-52。
12.	20170425	魏棟:〈讀清華簡〈越公其事〉札記（一）〉,《清華網》,2017.4.25。
13.	20170425	孫合肥:〈清華七《越公其事》札記一則〉,武漢網,2017.4.25。
14.	20170426	胡敕瑞:〈「太甬」「大同」究竟是誰?〉,復旦網,2017.4.26。後收入《 民俗典籍文字研究》2018 第 2 期（2018.11）,頁 110-116 轉頁 258。
15.	20170426	馮勝君:〈試說清華七《越公其事》篇中的「繼孽」〉,復旦網,2017.4.26。
16.	20170426	劉剛:〈試說《清華柒·越公其事》中的「歷」字〉,復旦網,2017.4.26。
17.	20170426	程燕:〈清華七箚記三則〉,武漢網,2017.4.26。後收入《中國文字學報》第 9 輯（2018.12）,頁 86-89。
18.	20170426	孫合肥:〈清華七《越公其事》札記二則〉,武漢網,2017.4.26。
19.	20170427	林少平:〈試說「越公其事」〉,復旦網,2017.4.27。
20.	20170427	陳偉:〈清華簡七《越公其事》校讀〉,武漢網,2017.4.27。後更篇名為〈清華簡七《越公其事》校釋〉,收入復旦大學出土文獻與古文字研究中心主編:《「出土文獻與傳世典籍的詮釋」國際學術研討會議程論文集》（上海:復旦大學出土文獻與古文字研究中心,2017）,頁 31-33。後正式出版,見復旦大學出土文獻與古文字研究中心主編:《出土文獻與傳世典籍的詮釋》（上海:中西書局,2019）,頁 319-322。
21.	20170428	王輝:〈說「越公其事」非篇題〉,復旦網,2017.4.28。又見王輝:〈説「越公其事」非篇題及其釋讀〉,《出土文獻》第 11 輯（2017.10）,頁 239-241。
22.	20170429	胡敕瑞:〈清華大學藏戰國竹簡（柒）《越公其事》札記〉,清華網,2017.4.29,收入李學勤主編:《出土文獻》第 12 輯（上海:中西書局,2018.4）。
23.	201705	豆振興:《《吳越春秋》、《越絕書》對比研究》（武漢:華中師範大學碩士論文,2017）。
24.	201705	侯建科:《清華簡（壹—陸）異體字整理與研究》（重慶:西南大學碩士論文,2017）。
25.	20170501	蔡一峰:《清華簡〈越公其事〉「繼燎」「易火」解》,武漢網,2017.5.1。

26.	20170501	勞曉森：〈清華簡《越公其事》殘字補釋一則〉，復旦網，2017.5.1。
27.	20170501	劉釗：〈利用清華簡（柒）校正古書一則〉，復旦網，2017.5.1。
28.	20170502	暮四郎：〈清華七《越公其事》初讀〉，武漢網論壇，第14樓，2017.5.2。
29.	20170511	黔之菜：〈清華簡柒《越公其事》篇之「閣冒」試解〉，復旦網，2017.5.11。
30.	20170511	蕭曉暉：〈清華簡七《越公其事》「豕鬥」「閣冒」解〉，武漢網，2017.5.11。收入中國古文字研究會吉林大學古文字研究室編：《古文字研究（第32輯）》（北京：中華書局，2018），頁401-411。後發表於中國古文字研究會主辦：「紀念中國古文字研究會成立四十周年國際學術研討會暨中國古文字研究會第二十二屆年會」，長春，2018.10.9-11。
31.	20170512-13	李守奎：〈《國語》故訓與古文字〉，收入臺灣大學中國文學系、中國文字學會主編：《第28屆中國文字學國際學術研討會論文集》（臺北：臺灣大學中國文學系、中國文字學會，2017），頁37-49。後收入《漢字漢語研究》總第2期（2018.6），頁92-102。
32.	20170514	陳劍：〈《越公其事》殘簡18的位置及相關的簡序調整問題〉，復旦網，2017.5.14。
33.	20170514	王磊：〈清華七《越公其事·第一章》札記一則〉，武漢網，2017.5.14。
34.	20170515	王寧：〈說清華簡七《越公其事》的「墨」、「更」合文〉，《知北游·新浪博客》，2017.5.15。
35.	20170517	王磊：〈清華七《越公其事》札記六則〉，武漢網，2017.5.17。
36.	20170520	蘇建洲：〈談清華七〈越公其事〉簡三的幾個字〉，復旦網，2017.5.20。收入中國古文字研究會吉林大學古文字研究室編：《古文字研究（第32輯）》（北京：中華書局，2018），頁390-394。
37.	20170522	王寧：〈清華簡七《越公其事》讀札一則〉，武漢網，2017.5.22。
38.	201706	李守奎：〈《越公其事》與勾踐滅吳的歷史事實及故事流傳〉，《文物》2017第6期（2017.6），頁75-80。
39.	20170602-03	黃人二：〈關於清華簡（柒）疑難字詞的數則釋讀〉，收入靜宜大學中國文學系編：《第二屆漢文化學術研討會暨學生論文競賽——「漢文化研究的新知與薪傳」會議論文抽

		印本》（臺中：靜宜大學中國文學系，2017.6.2-3），頁 1-20。
40.	20170605	蘇建洲：〈清華簡（七）校補（二）〉，復旦網，2017.6.5。
41.	20170605	蕭旭：〈清華簡（七）校補（二）〉，復旦網，2017.6.5。
42.	20170606	許文獻：〈清華七《越公其事》簡 21「象（从門）」字補說〉，武漢網，2017.6.6。
43.	20170715-17	季旭昇師：〈《清華柒·越公其事》第四章「不稱貸」、「無好」句考釋〉，收入澳門：澳門大學中國語言文學系、香港：香港浸會大學饒宗頤國學院編：《「上古音與古文字研究的整合」國際研討會會議論文集》，香港：香港浸會大學饒宗頤國學院、澳門：澳門大學中國語言文學系，2017.7.15-17，頁 11-18。後收入《饒宗頤國學院院刊》第 6 期（2019.8），頁 347-359。又收入《中國文字》編輯委員會編：《中國文字》2021 冬季號（總第六期）（臺北：萬卷樓圖書公司，2021），頁 2-12。
44.	20170725	侯瑞華：〈《清華七·越公其事》「歷」字補釋〉，復旦網，2017.7.25。
45.	20170814	孟躍龍：〈《清華七》「栚（桎）」字試釋〉，收入《第三屆出土文獻與上古漢語研究（簡帛專題）學術研討會論文集》，2017，頁 117-121。
46.	20170814	程薇：〈清華簡（七）新見字形「簒」小考字〉，收入《第三屆出土文獻與上古漢語研究（簡帛專題）學術研討會論文集》，2017，頁 9-13。
47.	20170814	陳斯鵬：〈清華大學所藏戰國竹書（柒）虛詞札記〉，收入《第三屆出土文獻與上古漢語研究（簡帛專題）學術研討會論文集》，2017，頁 4-7。
48.	20170819-20	侯乃峰：〈讀清華簡（柒）零札〉，收入中國文字學會編：《中國文字學會第九屆學術年會論文集》（北京：中國文字學會，2017），頁 213-220。後收入《中國文字學報》第 9 輯（2018.12），頁 90-97。
49.	20170819-20	魏宜輝：〈讀〈清華大學藏戰國竹簡（柒）〉札記〉，收入中國文字學會編：《中國文字學會第九屆學術年會論文集》（北京：中國文字學會，2017），頁 683-684。又見收入香港浸會大學饒宗頤國學院、澳門大學中國語言文學系、清華大學出土文獻研究與保護中心編：《《清華簡》國際會議論文集》，香港：香港浸會大學饒宗頤國學院、

		澳門：澳門大學中國語言文學系，2017.10.26-28，頁 179-188。
50.	20170819-20	陳治軍：〈從清華簡《越公其事》所見「甬、句東」再論「楚滅越」的時代〉收入中國文字學會編：《中國文字學會第九屆學術年會論文集》（北京：中國文字學會，2017），頁 51-55。
51.	201709	魏棟：〈清華簡《越公其事》合文「八千」芻議〉，《殷都學刊》2017 第 3 期（2017.9），頁 37-41。後收入牛鵬濤、蘇輝編：《中國古代文明研究論集》，北京：科學出版社，2018，頁 217-224。
52.	20170910	趙平安：〈試說「邁」的一種異體及其來源〉，《安徽大學學報》（哲學社會科學版）第 41 卷第 5 期（2017.9），頁 87-90。
53.	20170915-18	袁金平：〈清華簡（七）〈越公其事〉「暜瀋江沽」臆解〉，收入三峽大學文學與傳媒學院編：《世界漢字學會第五屆年會暨國際學術研討會暨「漢字文化圈各表意文字類型調查整理研究報告」論文集》，宜昌：三峽大學文學與傳媒學院，2017.9.15-18。又見袁金平：〈清華簡《越公其事》「海瀋江湖」臆解〉，《戰國文字研究》第1輯（2019.9），頁39-48。
54.	20170925	林少平：〈清華簡柒《越公其事》「大歷越民」試解〉，復旦網，2017.9.25。
55.	201710	石小力：〈清華簡第七冊字詞釋讀箚記〉，《出土文獻》第 11 輯（2017.10），頁 242-247。
56.	201710	鄭邦宏：〈讀清華簡（柒）札記〉，收入李學勤主編：《出土文獻》第 11 輯（上海：中西書局，2017），頁 248-255。
57.	20171014-15	季旭昇師：〈清華柒「流ＸＸ」、「領御」試讀〉，收入復旦大學出土文獻與古文字研究中心主編：《「出土文獻與傳世典籍的詮釋」國際學術研討會議程論文集》，上海：復旦大學出土文獻與古文字研究中心，2017.10.14-15，頁 187-196。後正式出版，見復旦大學出土文獻與古文字研究中心主編：《出土文獻與傳世典籍的詮釋》，上海：中西書局，2019，頁 128-135。
58.	20171026-28	王進鋒：〈周代的縣與越縣——由清華簡〈越公其事〉中的相關內容引發的討論〉，收入香港浸會大學饒宗頤國學院、澳門大學中國語言文學系、清華大學出土文獻研究與保護中心編：《《清華簡》國際會議論文集》，香港：香

		港浸會大學饒宗頤國學院、澳門：澳門大學中國語言文學系，2017.10.26-28，頁 67-82。
59.	20171026-28	李均明：〈伍子胥人生結局解析〉，香港浸會大學饒宗頤國學院、澳門大學中國語言文學系、清華大學出土文獻研究與保護中心編：《《清華簡》國際會議論文集》，香港：香港浸會大學饒宗頤國學院、澳門：澳門大學中國語言文學系，2017.10.26-28，頁 37-46。
60.	20171026-28	單育辰：〈《清華大學藏戰國竹簡（柒）》釋文訂補〉，收入香港浸會大學饒宗頤國學院、澳門大學中國語言文學系、清華大學出土文獻研究與保護中心編：《《清華簡》國際會議論文集》（香港：香港浸會大學饒宗頤國學院、澳門：澳門大學中國語言文學系，2017.10.26-28，頁 169-178。又收入李學勤主編：《出土文獻》總第2期（上海：中西書局，2020.6），頁 64-72。
61.	20171026-28	陳偉武：〈清華簡第七冊釋讀小記（初稿）〉，收入香港浸會大學饒宗頤國學院、澳門大學中國語言文學系、清華大學出土文獻研究與保護中心編：《《清華簡》國際會議論文集》，香港：香港浸會大學饒宗頤國學院、澳門：澳門大學中國語言文學系，2017.10.26-28，頁 153-158。
62.	20171026-28	石小力：〈清華簡《越公其事》與《國語》合證〉，收入香港浸會大學饒宗頤國學院、澳門大學中國語言文學系、清華大學出土文獻研究與保護中心編：《《清華簡》國際會議論文集》，香港：香港浸會大學饒宗頤國學院、澳門：澳門大學中國語言文學系，2017.10.26-28，頁 47-58。後收入《文獻》2018第3期（2018.5），頁 60-65。
63.	20171028-29	程悅：〈清華簡《越公其事》箚記一則〉，收入人民大學文學院編：《第二屆小學與文獻學術研討會論文集》，北京：人民大學文學院，2017.10.28-29，頁 32-37。
64.	20171028-29	劉成群：〈清華簡〈越公其事〉中的「私畦」與「征」〉，收入西南大學漢語言文獻研究所、四川外國語大學中國語言文學系編：《第二屆古文字與出土文獻語言研究學術研討會論文集》（重慶：西南大學，2017），頁 206-214。
65.	20171028-29	孟蓬生：〈《清華七·越公其事》字義拾瀋〉，收入西南大學漢語言文獻研究所、四川外國語大學中國語言文學系編：《第二屆古文字與出土文獻語言研究學術研討會論文集》（重慶：西南大學漢語言文獻研究所，2017），頁 215-218。後出版《出土文獻綜合研究集刊》第8輯（2019.4），頁196-201。

66.	201711	石小力：〈上古漢語「茲」用為「使」說〉，《語言科學》第 16 卷第 6 期（2017.11），頁 658-662。
67.	20171118	黃愛梅：〈《越公其事》與吳、越史事——讀《清華簡（柒）·越公其事》札記〉，收入華東師範大學歷史系編：《「第二屆出土文獻與先秦史研究」工作坊論文集》，上海：華東師範大學歷史學系，2017.11.18，頁 62-68。又見黃愛梅：〈《清華簡（柒）·越公其事》的敘事立場及越國史事〉，收入華東師範大學歷史系編：《新史料與古史書寫——40 年探索歷程的回顧與思考學術研討會論文集》，上海：華東師範大學歷史學系，2018.10.13-14，頁 217-229。
68.	20171118	石光澤：〈〈清華大學藏戰國竹簡（柒）·越公其事〉「昆奴」補說〉，收入華東師範大學歷史學系編：《第二屆出土文獻與先秦史研究工作坊論文集（上海：華東師範大學歷史學系，2017）》，頁 69-73。
69.	20171129	黔之菜：〈說《清華簡（柒）·越公其事》之「潛攻」〉，復旦網，2017.11.29。
70.	201712	李守奎：〈釋「仍」〉，收入張德芳主編：《甘肅省第三屆簡牘學國際學術研討會論文集》，上海：中西書局，2017，頁 550-554。
71.	20171213	子居：〈清華簡七《越公其事》第一章解析〉，《中國先秦史網站》，2017.12.13。
72.	20171213	子居：〈清華簡七《越公其事》第十、十一章解析〉，《中國先秦史網站》，2017.12.13。
73.	20171223-24	滕勝霖：〈簡帛語類文獻婉語初探——以《清華大學藏戰國竹簡》春秋語類文獻為例〉，收入重慶市語言學會、重慶師範大學文學院主編：《重慶市語言學會第十一屆年會論文集》（重慶：重慶師範大學文學院，2017），頁 216-228。
74.	2018	石小力《據清華簡考證侯馬盟書的「趙尼」——兼說侯馬盟書的時代》一文），《中山大學學報》2018 第 1 期，頁 59—64。
75.	20180115	熊賢品：〈論《越公其事》吳越爭霸故事〉，《東吳學術》2018 第 1 期（2018.1），頁 86-98。
76.	20180220	范常喜：〈清華簡《越公其事》與《國語》外交辭令對讀劄記一則〉，《中國史研究》2018 第 1 期（2018.2），頁 201-203。
77.	201803	郭洗凡：《清華簡《越公其事》集釋》（合肥：安徽大學碩士論文，2018）。

78.	20180309	子居：〈清華簡七《越公其事》第二章解析〉，《中國先秦史網站》，2018.3.9。
79.	20180320	劉雲、袁瑩：〈釋清華簡《越公其事》之「憂」字〉，《漢字漢語研究》總第1期（2018.3），頁36-38轉頁126。
80.	201804	吳祺：〈清華簡《管仲》《越公其事》校釋三則〉，《出土文獻》第12輯（2018.4），頁177-183。
81.	201804	段凱：〈讀清華簡第七冊箚記二則〉，《出土文獻》第12輯（2018.4），頁171-176。
82.	20180417	子居：〈清華簡七《越公其事》第三章解析〉，《中國先秦史網站》，2018.4.17。
83.	201805	吳德貞：《清華簡《越公其事》集釋》（武漢：武漢大學碩士論文，2018）。
84.	201805	羅雲君：《清華簡《越公其事》研究》（長春：東北師範大學碩士論文，2018）。
85.	201805	陳劍：〈簡談對金文「蔑懋」問題的一些新認識〉，復旦網，2017.5.5。又收入《出土文獻與古文字研究》第7輯（2018.5），頁91-117。
86.	20180508-11	周陽光：〈清華簡（柒）《越公其事》篇箚記一則〉，發表於吉林大學古籍研究所、吉林大學出土文獻與中國古代文明必是研究協同創新中心主辦：「出土文獻與中國古代文明研究協同創新中心」2018年春季研究生交流班，2018.5.8-11。
87.	20180514	子居：〈清華簡七《越公其事》第四章解析〉，《中國先秦史網站》，2018.5.14。
88.	20180518-19	駱珍伊：〈《清華柒·越公其事》補釋〉，收入中央大學中國文學系、中國文字學會編：《第29屆中國文字學國際學術研討會論文集》（桃園：中央大學中國文學系，2018），頁523-534。
89.	20180529	滕勝霖：〈清華簡《越公其事》「幽芒」「幽塗」考〉，武漢網，2018.5.29。
90.	20180531	曹錦炎、岳曉峰：〈說《越公其事》的「舊」－兼說九店楚簡「奮」字〉，《簡帛》第16輯（2018.5），頁19-23。
91.	20180531	吳祺：〈戰國竹書訓詁札記四則〉，《中國文字研究》第27輯（2018.5），頁64-68。
92.	201806	何家歡：《清華簡（柒）《越公其事》集釋》（保定：河北大學碩士論文，2018）。
93.	201806	宋俊文：《清華簡《越公其事》與《國語》敘事比較研究》（長春：吉林大學碩士論文，2018）。

94. 201806	王永昌：《清華簡文字與晉系文字對比研究》（長春：吉林大學博士論文，2018）。
95. 201806	王挺斌：《戰國秦漢簡帛古書訓釋研究》（北京：清華大學博士論文，2018）。
96. 201806	王凱博：《出土文獻資料疑義探研》（長春：吉林大學博士論文，2018）。
97. 201806	吳祺：〈戰國竹書訓詁叢札〉，收入鄔文玲、戴衛紅主編：《簡帛研究二〇一八》（春夏卷），（桂林：廣西師範大學出版社，2018），頁23-32。
98. 201806	竹田健二：〈清華簡『越公其事』の竹簡排列と劃痕〉，《中国研究集刊》第64卷（2018.6），頁49-67。
99. 20180601	于倩：《清華簡《越公其事》文字構形研究》（昆明：雲南大學碩士論文，2018.6.1）。
100. 20180601	吳祺：〈清華竹書訓詁拾遺〉，《勵耘語言學刊》總第28輯（2018.6），頁247-254。
101. 20180605	子居：〈清華簡七《越公其事》第五章解析〉，《中國先秦史網站》，2018.6.5。
102. 20180615	翁倩：〈清華簡《越公其事》篇研讀札記〉，《四川職業技術學院學報》第28卷第3期（2018.6），頁88-91。
103. 20180615	史槙英：〈也說《清華大學藏戰國竹簡（七）》寫手問題〉，武漢網，2018.6.15。
104. 20180629	王寧：〈由清華簡《越公其事》的「役」釋甲骨文的「斬」與「漸」〉，復旦網，2018.6.29。
105. 20180629	吳祺：〈清華六鄭武夫人規孺子〉校釋三則〉，《學行堂語言文字論叢》第6輯（2018.6），頁73-81。
106. 201807	程悅：〈清華簡《越公其事》「募（寡）人不忍君之武礪（勵）兵甲之鬼」札記〉，《文獻語言學》第6輯（2018.7），頁233-237。
107. 201807	付強：〈清華簡字詞考釋兩則〉，《文獻語言學》第6輯（2018.7），頁20-23。
108. 20180706	子居：〈清華簡七《越公其事》第六章解析〉，《中國先秦史網站》，2018.7.6。
109. 20180804	子居：〈清華簡七《越公其事》第七、第八章解析〉，《中國先秦史網站》，2018.8.4。
110. 20180806	翁倩：〈釋清華簡《越公其事》的「遊民」〉，復旦網，2018.8.6。
111. 20180817-20	何有祖：〈《越公其事》補釋（五則）〉，收入中山大學古文字研究所編：《文字、文獻與文明——第七屆出土文

	獻青年學者論壇暨國際學術研討會》（廣州：中山大學古文字研究所，2018），頁160-162。
112. 20180817-20	賈連翔：〈試析戰國竹簡中的「羿」及相關諸字〉，收入中山大學古文字研究所編：《文字、文獻與文明——第七屆出土文獻青年學者論壇暨國際學術研討會》（廣州：中山大學古文字研究所，2018），頁181-194。
113. 20180817-20	禤健聰：〈試說甲骨金文的「役」字〉，收入中山大學古文字研究所編：《文字、文獻與文明——第七屆出土文獻青年學者論壇暨國際學術研討會》（廣州：中山大學古文字研究所，2018），頁175-180。
114. 20180820	王妍：〈清華簡《越公其事》所見勾踐「竊焚舟室」淺說〉，《大觀（論壇）》2018第8期、總150期（2018.8），頁31-32。
115. 20180824-27	趙晶：〈清華簡柒《越公其事》閱讀箚記二則〉，收入清華大學歷史系、清華大學出土文獻研究與保護中心編：《第一屆出土文獻與古代文明青年學者研討會論文集（二）》（北京：清華大學歷史系、清華大學出土文獻研究與保護中心，2018），頁10-16。
116. 201809	何家興：〈清華簡《越公其事》「徧」字補說〉，《中國簡帛學刊》第2輯（2018.9），頁43-45。
117. 201809	羅小華：〈清華簡《越公其事》簡3「挾弲秉橐」臆說——兼論從「𣐈」諸字〉，《中國簡帛學刊》第2輯（2018.9），頁46-52。
118. 201809	章水根：〈清華簡《越公其事》箚記五則〉，《中國簡帛學刊》第2輯（2018.9），頁53-62。
119. 20180902	子居：〈清華簡七《越公其事》第九章解析〉，《中國先秦史網站》，2018.9.2。
120. 201810	王凱博：〈清華簡《越公其事》補釋三則〉，《出土文獻》第13輯（2018.10），頁131-135。
121. 201810	袁金平、孫莉莉：〈清華簡《越公其事》合文「叀墨」新釋〉，《出土文獻》第13輯（2018.10），頁124-130。
122. 20181005-08	朱歧祥：〈談《清華簡》（七）〈越公其事〉的兩章文字校讀〉，收入紐倫堡－埃爾蘭根孔子學院、埃爾蘭根－紐倫堡大學、世界漢字學會、華東師範大學中國文字研究與應用中心、慶星大學韓國漢字研究所漢字文明研究事業團編：《世界漢字學會第六屆年會暨國際學術研討會「漢字認知工具與表意文字歷史研究」論文集》，紐倫堡：紐倫堡－埃爾蘭根孔子學院，2018.10.5-8，頁34-43。後收入東海大學中國文學系編：《中華文化與文學學術研討系列第

	二十四次會議──龍宇純先生學術研討會論文集》（臺中：東海大學中國文學系，2018），頁65-78。
123. 20181013-14	黃愛梅：〈《清華簡（柒）·越公其事》的敘事立場及越國史事〉，收入華東師範大學歷史學系、《社會科學戰線》編輯部、《華東師範大學學報》編輯部編：《新史料與古史書書寫──40年探索歷程的回顧與思考學術研討會論文集》（上海：華東師範大學歷史學系，2018），頁217-229。
124. 20181019-22	劉成群：〈清華簡《越公其事》與句踐時代的經濟制度變革〉，收入四川大學歷史文化學院、中國先秦史學會、中國古文字研究會編：《紀念徐中舒先生誕辰120周年國際學術研討會》下冊，成都：四川大學歷史文化學院，2018.10.19-22，頁1066-1077。
125. 20181019-22	滕勝霖：〈再議「幽」字結構及相關諸字〉，收入四川大學歷史文化學院、中國先秦史學會、中國古文字研究會編：《紀念徐中舒先生誕辰120周年國際學術研討會論文集》（成都：四川大學歷史文化學院，2018），頁836-848。
126. 20181102-05	孔德超：〈讀清華簡（柒）箚記四則〉，收入西南大學研究生院、西南大學漢語言文獻研究所編：《第八屆出土文獻研究與比較文字學全國博士生學術論壇論文集》，重慶：西南大學漢語言文獻研究所，2018.11.2-5，頁23-30。
127. 20181115	張羽、王月嬌：〈清華簡《越公其事》篇研究述論〉，《長江叢刊》2018第32期（2018.11），頁1-2轉頁133。
128. 20181117-18	王輝：〈一粟居讀簡記（十）〉，收入清華大學出土文獻研究與保護中心編：《紀念清華簡入藏暨清華大學出土文獻研究與保護中心成立十周年國際學術研討會論文集》（北京：清華大學出土文獻研究與保護中心，2018），頁373-377。
129. 20181117-18	黃懷信：〈由「越公其事」與「國語」看越王勾踐滅吳〉，收入清華大學出土文獻研究與保護中心編：《紀念清華簡入藏暨清華大學出土文獻研究與保護中心成立十周年國際學術研討會論文集》（北京：清華大學出土文獻研究與保護中心，2018），頁133-136。
130. 20181117-18	張富海：〈讀清華簡《越公其事》札記一則〉，收入清華大學出土文獻研究與保護中心編：《紀念清華簡入藏暨清華大學出土文獻研究與保護中心成立十周年國際學術研討會論文集》（北京：清華大學出土文獻研究與保護中心，2018），頁452-455。

131. 20181201	李松儒：〈清華柒《越公其事》中的一詞多形現象〉，《出土文獻研究》第 17 輯（2018.12），頁 73-96。
132. 20181220	翁倩：〈清華簡《越公其事》雙音詞初探〉，《廣東開放大學學報》總第 132 期（2018.12），頁 71-76。
133. 20181220	翁倩：〈讀清華簡（七）札記二則〉，《廣州第二師範學院學報》2018 第 6 期（2018.12），頁 86-90。
134. 20181231	禤健聰：〈據出土文獻辨讀傳抄訛字二例〉，《中國文字學報》第 9 輯（2018.12），頁 124-127。
135. 2019	劉大雄：《清華大學藏戰國竹簡《越公其事》研究》，北京：首都師範大學學位論文，2019。
136. 2019	沈雨馨：《《清華大學藏戰國竹簡（七）》集釋》（北京：首都師範大學碩士論文，2019）。
137. 20190112	陳偉：〈《邦家處位》「兼無訾」試說〉，武漢網，2019.1.12。
138. 20190131	劉成群：〈《越公其事》與黃老之學的源起〉，《華中國學》總第 11 卷（2019.1），頁 39-48。
139. 20190201	謝明文：〈說狄〉，《文史》總第 126 輯（2019.2），頁 15-22。
140. 20190215	王竟一：〈清華簡《越公其事》校讀劄記〉，《四川職業技術學院學報》第 29 卷第 1 期（2019.2），頁 25-29。
141. 201903	江秋貞：〈《吳越題銘研究》補箋〉，《中國文字》新 44 期，（臺北：萬卷樓圖書公司，2019.3），頁 129-152。
142. 201903	江秋貞：〈清華簡七〈越公其事〉簡 3「鈠鎗」一詞考釋〉，《中國文字》新 45 期，（臺北：萬卷樓圖書公司，2019.3），頁 161-184。
143. 20190305	張羽、王月嬌：〈清華簡《越公其事》篇文學研究〉，《長江叢刊》2019 第 7 期（2019.3），頁 76-77 轉頁 113。
144. 20190319	金卓：〈清華簡《越公其事》文獻形成初探——兼論其簡序問題〉，武漢網，2019.3.19。
145. 20190325	李夢蝶：〈從出土文獻看越人與先秦儒家守信的異同〉，《北方文學》2019 第 9 期（2019.3），頁 238。
146. 20190401	王妍：《清華簡《越公其事》研究》（煙臺：煙臺大學碩士論文，2019）。
147. 20190410	劉成群：〈清華簡《越公其事》與句踐時代的經濟制度〉，《社會科學》2019 第 4 期（2019.4），頁 138-145。
148. 20190430	趙平安：〈說字小記（八則）〉，《出土文獻》第 14 輯（2019.4），頁 112-118。

149. 20190430	王進鋒：〈清華簡《越公其事》與春秋時期越國的縣制〉，《歷史地理》第 38 輯（2019.4），頁 77-85。又收入王進鋒：《為山覆簣——古文字、古文獻與先秦史論集》（成都：巴蜀書社，2021.7），頁 251-270。
150. 201905	毛玉靜：《《清華大學藏戰國竹簡（柒）》字用研究》（合肥：安徽大學碩士論文，2019）。
151. 201905	段思靖：《清華簡《越公其事》集釋》（長春：吉林大學碩士論文，2019）。
152. 201905	滕勝霖：《《清華大學藏戰國竹簡（柒）》集釋及相關問題研究》（重慶：西南大學碩士論文，2019）。
153. 201905	于夢欣：《清華簡文字構形研究》（長春：吉林大學碩士論文，2019）。
154. 20190501	陳曉聰：〈《越公其事》「瘦」字試釋〉，《勵耘語言學刊》總第 30 期（2019.5），頁 13-18。
155. 20190501	胡瑞瑤：《《清華大學藏戰國竹簡（柒）》文字構型研究》（西安：陝西師範大學碩士論文，2019）。
156. 20190507	劉姣：《《清華大學藏戰國竹簡》（壹－柒）偏旁整理研究》（上海：華東師範大學碩士論文，2019）。
157. 20190517	孔德超：〈清華簡《越公其事》文學性探析〉，《重慶三峽學院學報》2019 第 3 期（2019.5），頁 89-96。
158. 20190524-25	大西克也：〈清華柒·越公其事「坳塗溝塘」考〉，收入成功大學中國文學系、中國文字學會編：《第三十屆中國文字學國際學術研討會論文集》（臺南：成功大學中國文學系，2019），頁 285-294。
159. 20190524-25	李華倫：〈楚地卜筮簡「凶攻解於某」解〉，收入成功大學中國文學系、中國文字學會編：《第三十屆中國文字學國際學術研討會論文集》（臺南：成功大學中國文學系，2019），頁 467-488。
160. 20190524-25	高佑仁：〈〈越公其事〉首章補釋〉，收入成功大學中國文學系、中國文字學會編：《第三十屆中國文字學國際學術研討會論文集》（臺南：成功大學中國文學系，2019），頁 75-90。
161. 201906	姚影影：《《清華大學藏戰國竹簡（七）》動詞彙釋》（大連：遼寧師範大學碩士論文，2019）。
162. 201906	廖妙清：《清華簡（柒）語類文獻研究》（濟南：濟南大學碩士論文，2019）。
163. 201906	史玥然：《清華簡《越公其事》集釋及其漢字教學設計》（太原：山西大學碩士論文，2019）。

164. 201906	張朝然：《清華簡《越公其事》集釋及相關問題初探》（石家莊：河北師範大學碩士論文，2019）。
165. 201906	杜建婷：《清華大學藏戰國竹簡（七）文字集釋》（廣東：中山大學碩士論文，2019.6）。
166. 201906	熊賢品：〈清華簡七〈越公其事〉「人有私畦」解〉，《出土文獻綜合研究集刊》第 9 輯，（成都：巴蜀書社，2019），頁 226-235。
167. 20190620	季旭昇師：〈試論《說文》「举」字的來源〉，《漢字漢語研究》總第 6 期（2019.6），頁 7-18 轉頁 125。
168. 20190622-23	張新俊：〈清華簡《越公其事》釋詞〉，收入河南大學黃河文明與可持續發展研究中心、黃河文明省部共建協同創新中心、河南省文字學會編：《第十一屆「黃河學」高層論壇暨「古文字與出土文獻語言研究」國際學術研討會論文集》（開封：河南大學，2019），頁 316-325。後收入《中華文化論壇》總第 159 期（2020.1），頁 21-28 轉頁 154。
169. 20190627	蔡瑩瑩：《春秋戰國時期的歷史書寫與文化記憶》（臺北：臺灣大學博士論文，2019）。
170. 20190807	陳民鎮：〈孊加編鐘銘「帥禹之**堵**」解〉，清華網，2019.8.7。
171. 20191011-14	王青：〈從《越公其事》「男女備」的釋讀說到古文字通假的一問題〉，收入北京師範大學歷史學院商周文明研究中心編：《商周國家與社會國際學術研討會論文集》，北京：北京師範大學歷史學院商周文明研究中心，2019.10.11-14，頁 478-482。
172. 20191012-13	劉信芳：〈清華簡柒《越公其事》第四章釋讀〉，收入中國文字學會編：《中國文字學會第十屆學術年會論文集》（鄭州：鄭州大學漢字文明研究中心、鄭州大學文學院，2019），頁 506-509。
173. 20191018-20	王青：〈清華簡《越公其事》補釋〉，收入華東師範大學歷史學系編：《出土文獻與商周社會學術研討會會議論文集》，上海：華東師範大學歷史學系，2019.10.18-20，頁 323-332。
174. 20191020	靳寶：〈簡帛文獻與中國早期史學史研究〉，《中國史研究動態》2019 第 5 期（2019.10），頁 36-43。
175. 20191031	沈培：〈說古書中跟「波」、「播」相關的幾個問題〉，《歷史語言學研究》第 13 輯（2019.10），頁 26-42。
176. 20191031	蔡一峰：〈清華簡《越公其事》字詞考釋三則〉，《出土文獻》第 15 輯（2019.10），頁 155-160。

177. 201911	吳祺：《戰國竹書訓詁方法探論》（上海：華東師範大學博士論文，2019）。
178. 201911	何有祖：〈2018 年中國大陸戰國出土文獻研究概述〉，《簡帛》第 19 輯（2019.11），頁 263-276。
179. 20191122-24	蔡一峰：〈用為「邇」之「逐」諸字補說〉，收入澳門漢字學會、澳門科技大學國際學院編：《澳門漢字學會第六屆學術年會論文集》，澳門：澳門科技大學國際學院，2019.11.22-24，頁 1-7。
180. 20191123-24	蔡瑩瑩：〈論《清華簡（柒）‧越公其事》的體裁結構與修辭藝術〉，收入輔仁大學中國文學系編：《第十六屆先秦兩漢學術國際研討會論文集》，臺北：輔仁大學中國文學系，2019。又見氏著：〈論《清華簡（柒）‧越公其事》的體裁結構與人物文辭〉，《臺大中文學報》第 71 期（2020.12），頁 53-106。
181. 20191217	范天培：〈說《越公其事》簡四八的「收寇」〉，武漢網，2019.12.17。
182. 20191220	羅濤：〈《清華大學藏戰國竹簡（七）》釋讀拾遺〉，《漢字漢語研究》總第 8 期（2019.12），頁 78-87、126-127。
183. 20191231	周陽光：〈談清華簡《越公其事》中的「鼓」字〉，《古籍研究》總第 70 卷（2019.12），頁 207-211。
184. 2020	牛曉榮：《《清華簡（伍—捌）》反義詞研究》（蘭州：西北師範大學碩士論文，2020）。
185. 2020	王麗秋：〈歷史審美—《國語》與《越公其事》記載中的夫差〉，《卷宗》2020 第 22 期。
186. 202001	韋婷：〈清華簡研讀零札三則〉，《簡帛研究》》2019 第 2 期（2020.1），頁 26-32。
187. 202001	陳曉聰：〈「越」「若」考——從清華簡柒《越公其事》「若明日」講起〉，《簡帛研究》2019 第 2 期（2020.1），頁 44-51。
188. 20200106	薛培武：〈《越公其事》「年讀支數」新詁〉，《西南大學漢語言文獻研究所－出土文獻與民族古文字論壇》，2020.1.6。又見〈清華簡《越公其事》「年讀支數」新詁〉，第四屆文獻語言學青年論壇議程，2022.6.17。
189. 202003	周悅、白於藍：〈清華簡補釋三則〉，《中國文字研究》2020第1期（2020.3），頁88-92。

190. 202006	江秋貞：《《清華大學藏戰國竹簡（柒）・越公其事》考釋》（臺北：臺灣師範大學博士論文，2020）。江秋貞：《《清華大學藏戰國竹簡（柒）・越公其事》考釋》（臺北：花木蘭文化事業公司，2022）。
191. 202006	高佑仁：〈清華柒《越公其事》第十一章釋讀〉，《中國文字》二○二○夏季號，（臺北：萬卷樓圖書公司，2020.6），頁 313-340。
192. 202006	白於藍、岳拯士：〈清華簡《越公其事》校釋（六則）〉，《中國文字》總第3期（2020.6），頁179-194。
193. 20200601	袁青：〈清華簡《越公其事》與先秦黃老學的政治思想〉，《哲學與文化》第 47 卷第 6 期（2020.6），頁 181-194。
194. 20200601	劉萌：《清華簡《越公其事》敘事研究》（長春：長春理工大學碩士論文，2020）。
195. 20200604	孟兆：《出土文獻所載吳國史事研究》（西安：陝西師範大學碩士論文，2020）。
196. 20200615	黃一村、侯瑞華：〈《越公其事》零拾〉，收入李學勤主編：《出土文獻》總第 2 期（上海：中西書局，2020.6），頁 73-78。
197. 20200630	吳萱萱：《《越公其事》中句踐滅吳故事考論》（杭州：杭州師範大學碩士論文，2020）。
198. 202007	范天培：《清華大學藏戰國竹簡（肆）～（柒）字根研究》（臺北：臺灣師範大學碩士論文，2020）。
199. 20200701	蔡瑩瑩：〈捃摭春秋：由傳世、出土文獻的「同文」與「挪用」再思先秦歷史書寫〉，《饒宗頤國學院院刊》第 7 期（2020.7），頁 153-182。
200. 20200730	廖妙清：〈清華簡（七）語類文獻文學敘事研究〉，《管子學刊》2020 第 3 期（2020.7），頁 97-106。
201. 20200925	高佑仁：〈清華柒〈越公其事〉第二章通釋〉「第八屆臺大、成大、東華三校論壇」，2020.9.25。
202. 20201015	彭華、李菲：〈清華簡《越公其事》研究述評〉，《地方文化研究》（2020第 5 期），總 47 期（2020.10），頁 105-110。
203. 202011	陳洪：〈從出土文獻看早期歷史故事的生成——以句踐滅吳故事為例〉，《閩江學刊》第 6 期（2020.11），頁 99-106。
204. 20201115	謝乃和：〈試論清華簡《越公其事》的思想主題及其文本性質——兼說殷周之際兵學觀念的流變〉，《杭州師範大

	學學報（社會科學版）》2020 第 6 期（2020.11），頁 102-113。
205. 20201123	王寧：〈清華簡《越公其事》與《四告》中的「尞（燎）」別議〉，復旦網，2020.11.23。
206. 20201128	高佑仁：〈清華柒〈越公其事〉第四章通釋（上篇）〉，中正大學中文系「文字學工作坊」2020.11.28。
207. 20201129	高佑仁：〈清華柒〈越公其事〉第四章通釋（下篇）〉，臺灣大學中文系「出土文獻與寫本文化工作坊」，2020.11.29。
208. 20201212	季旭昇師：〈談清華柒〈越公其事〉的「必視」及相關問題〉，收入福建師範大學文學院、萬卷樓圖書公司主編：《《中國文字》出刊 100 期暨文字學國際學術研討會會議論文集》（臺北：臺灣師範大學國文學系，2020），頁 17-28。又收錄於《中國文字》總第 3 期（2020.6），頁 69-84。
209. 20201212	高佑仁：〈清華柒〈越公其事〉第十一章釋讀〉，收入福建師範大學文學院、萬卷樓圖書公司主編：《《中國文字》出刊 100 期暨文字學國際學術研討會會議論文集》（臺北：臺灣師範大學國文學系，2020），頁 107-130。
210. 20201218-19	季旭昇師：〈說「役」〉，收入慈濟大學、東華大學、中國文字學會主編：《第三十一屆中國文字學國際學術研討會》（花蓮：慈濟大學、東華大學、中國文字學會主編，2020），頁 513-526。
211. 20201219-20	季旭昇師：〈談清華柒〈越公其事〉的「棄惡周好」與《左傳》的「同好棄惡」〉，「古典學的重建：出土文獻與早期中國經典研究」國際學術研討會（珠海：北京師範大學珠海校區，2020），收入《中國文字》2021 冬季號，總第六期（2021.12），頁 1-12。又見 北京師範大學中國優秀傳統文化研究與傳播中心：《古典學志》第一輯，（廣州：廣州出版社，2021.12）。
212. 2021	趙曉斌：〈荊州棗紙簡《吳王夫差起師伐越》與清華簡《越公其事》〉，《清華戰國楚簡國際學術研討會論文集》（北京：清華大學出土文獻研究與保護中心，2021），頁 6-11。
213. 2021	小寺敦：〈關於清華簡《越公其事》裡的君主形象〉，《清華戰國楚簡國際學術研討會論文集》（北京：清華大學出土文獻研究與保護中心，2021），頁 13-37。

214. 2021	尤銳：〈史學與政治思想之間：再論清華簡《越公其事》〉，《清華戰國楚簡國際學術研討會論文集》（北京：清華大學出土文獻研究與保護中心，2021），頁12。
215. 20210115	湯志彪、孫欣：〈釋禮〉，《語言科學》2021第1期（2021.1），頁97-104。
216. 20210220	王青：〈試論先秦時期的「遊民」及其社會影響—清華簡《越公其事》補釋〉，《中國史研究》2021第1期（2021.2），頁35-47。
217. 20210315	彭華：〈四方之民與四至之境——清華簡《越公其事》研究之一〉，《出土文獻》2021第1期（2021.3），頁56-64。
218. 202106	賴怡璇：〈清華柒補釋三則〉，《中國文字》2021夏季號（2021.6），總第五期，頁273-282。
219. 202107	滕勝霖：《《清華大學藏戰國竹簡（柒）》集釋》（成都：西南師範大學出版社，2021.7），頁349-350。
220. 20210815	朱友舟、倪雪菲：〈淺論簡書《越公其事》書風特徵〉，《榮寶齋》2021第8期，頁6-51。
221. 2021-08-27（網路公布時間）	辛德勇：〈由清華大學藏戰國竹書《越公其事》談及春秋末期吳國的都城與《禹貢》三江問題〉，《中國經學》2020第2期，頁135-145。
222. 20210915	陳斯鵬：〈金文「蔑曆」及相關問題試解〉，《出土文獻》2021第3期（2021.9），頁28-40。
223. 20210915	程燕：〈「扁」字考——兼談多元結構的會意字〉，收入李學勤主編：《出土文獻》總第7期（上海：中西書局，2021.9），頁48-54。
224. 20211130	湯志彪：〈清華簡（柒）字詞研究四則〉，《簡帛（第二十三輯）》2021第2期（2021.11.30），頁113-121。
225. 202112	侯瑞華：〈清華簡《越公其事》字詞補釋二則〉，收入蔡先金主編：《中國簡帛學刊（第四輯）》（2021.12），頁101-108。
226. 202112	高佑仁：〈談清華柒《越公其事》的「縈疾」〉，《中國文字》，2021冬季號（總第6期），2021.12，頁161-169。
227. 20220310	張新俊：〈釋清華簡《越公其事》中的「伋（及）」〉，《出土文獻》（2022.1）2022第1期，頁61-75、156。
228. 20220528	陳一：《清華簡（柒）疑難字詞補釋》（天津：天津師範大學碩士論文，2022.5）。

229. 20220521	任龍龍：《《左傳》《國語》《戰國策》新證綜理—以上世紀七十年代以來利用出土文獻的成果爲中心》（上海：復旦大學碩士論文，2022）。
230. 20220528-29	高佑仁：〈談《越公其事》的取材與抄寫問題〉，《第 33 屆中國文字學國際學術研討會論文集》（新北：輔仁大學中文系、中國文字學會，2022.5），頁 207-226。
231. 202206	趙國華：〈清華簡中新見同義連用詞語探析〉，《昆明學院學報》2022第2期（2022.6），頁66-69。
232. 20220915	吳毅強：〈清華簡《越公其事》「𦑣」字補論〉，《出土文獻》2022第3期（2022.9），頁75。
233. 202210	尤銳：〈教訓類敘事和自強之術：清華簡《越公其事》思想特徵及其在中國古代史學史上的地位〉，艾蘭主編《古代中國》第 45 期（2022），頁 375-412。
234. 202212	高佑仁：〈清華柒《越公其事》第十章通釋〉，首屆「出土文獻 語言文字研究」，彰化師範大學國文系、成功大學中文系合辦，2022.12。
235. 202303	高佑仁：〈清華柒《越公其事》第八章通釋〉《孔壁遺文二集》（臺北：萬卷樓圖書公司，2023.3），頁 205-247。

參　取材與抄寫問題

　　《越公其事》的書寫型態。竹田健二首先指出《越公其事》有「逆次簡冊背劃線」，金卓則更深入地分析問題。在「取材」方面，金卓主張《越公其事》書手在抄錄時選取多種來源不同的材料；在「抄寫」方面，他認為書手分成多次抄寫而成。

　　筆者認為清華簡《越公其事》書手是原作者的可能微乎其微，他的身份更可能是專業的書手。棗紙簡《吳王夫差起師伐越》能與《越公其事》對讀，可見《越公其事》只是戰國時代眾多版本中的一個。《越公其事》的取材，仍有很大的討論空間，但透過「於」、「于」的用字情況，而主張「五政」的創作時代比首尾諸章來得早，這是個大膽的推論。《越公其事》的書手用多少時間抄完全篇，這個問題難有定論，但利用簡背痕跡，主張書手有意分成多次抄寫，恐不可信。《越公其事》應當是書手依據單一底本，花一個或數個工作天抄寫完成的作品。簡背劃痕與契口整治是竹簡的前置作業，與書寫並無絕對關係。

一　問題的提出

　　竹簡可以大略分成「書籍類」與「文書類」兩種，「文書類」指遣冊、卜祀祭禱、公文簡、法律類[1]，是日常生活所用竹簡，時間橫跨的幅度較大，書手情況也比較複雜[2]。「書籍類」作品除非一篇簡文由多位書手完成[3]，才會有分

---

[1] 參雷黎明：《戰國楚簡字義通釋》（上海：上海古籍出版社，2020），頁2。

[2] 李守奎曾經指出包山簡201「一支簡就有三個人的筆跡」，李婧嶸也指出《二年律令》應由三位書手完成。李守奎：〈包山卜筮文書書跡的分類與書寫的基本狀況〉，《中國文字研究》第1輯（鄭州：大象出版社，2007），頁65。又見《漢字學論稿》（北京：人民美術出版社，2016），頁204。李婧嶸：〈張家山247號漢墓《二年律令》書手、書體試析〉，《湖南大學學報（社會科學版）》，2016第4期（2016.7），頁38。

[3] 李守奎曾指出「絕大多數的簡冊一篇都是一種字跡，由一人書寫」，一篇簡文多半由一位書手完成，但由多位書手共同完成一篇簡文的情形也已出現數例，比較確定的如上博三《周易》，李松儒主張書手應有三人。又如上博五《競建內之》、《鮑叔牙與隰朋之諫》字跡不同，但卻是同一篇。清華玖《治政之道》的編聯、契口，以及用字習慣、思想內容一致性來看，與清華捌的《治邦之道》當屬同一篇文獻。又如清華拾《四告》，是由四位書手接力完成。李守奎：〈清華簡的形制與內容〉，《古文字與古史考：清華簡整理研究》（上海：中西

多次抄寫而成的問題。《越公其事》是由一位書手所完成的作品，共計 75 簡，在清華簡的史料類文獻中僅次於《繫年》（138簡），比上博簡簡數最多的《曹沫之陣》（65 簡）還長。《越公其事》的書手花多久時間完成本篇簡文？在線索有限的情況下，這個問題難以回答。[4]那麼，《越公其事》如何會出現「分多次抄寫」的疑義呢？這要從《越公其事》簡背的斜劃情況說起。

竹田健二首先發現《越公其事》的簡背斜線劃痕，有兩種不同的樣貌，他將簡 1-33 稱為「劃痕 B」，簡 34-68 稱為「劃痕 A」，而劃痕 B 具有異於常態的「逆次簡冊背劃線」的現象如下：

表一　《越公其事》簡背斜線劃痕[5]

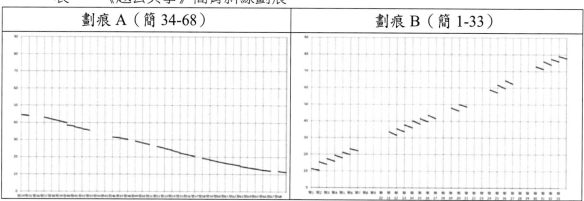

劃痕 A（簡 34-68）	劃痕 B（簡 1-33）

劃痕 B 與劃痕 A 的差別在於，正常劃痕是一道由左上右至下的斜痕，筆畫基本連貫，對簡文排序具有輔助功能。而「逆次簡冊背劃線」則每簡均是左側高、右側低，形成無法連貫的樣貌[6]。

書局，2015），頁 19。李松儒：《戰國簡帛字跡研究》（長春：吉林大學博士論文，2012），頁 167。陳劍：〈談談《上博（五）》的竹簡分篇、拼合與編聯問題〉，武漢網，2006.2.19（2022.2.25 上網）。蘇建洲：〈《上博（五）楚竹書》補說〉，武漢網，2006.2.23（2022.2.25 上網）。郭永秉：〈關於《競建》和《鮑叔牙》的字體問題〉，武漢網，2006.3.5（2022.2.25 上網）。賈連翔：〈從《治邦之道》《治政之道》看戰國竹書「同篇異制」現象〉，《清華大學學報（哲學社會科學版）》，2020 第 1 期（2020.1），頁 43-47。賈連翔：〈清華簡《四告》的形制及其成書問題探研〉，《「古文字與出土文獻」青年學者西湖論壇論文集》（杭州：中國美術學院，2021），頁 90-106。

4 客觀來說，一位書手要花多久時間抄完簡文，這與竹簡長短、書手寫字速度、工作進度安排有密切關係。就「書籍類」簡文來說，這個問題根本無從查考起。

5 表據竹田健二原文圖 2、圖 3，竹田健二：〈清華簡『越公其事』の竹簡排列と劃痕〉，《中國研究集刊》第 64 期（2018.6），頁 54。

6 竹田健二的觀點可以濃縮成三點：一、《越公其事》簡背劃痕可分成劃痕 A 與劃痕 B 兩種。二、「逆次簡冊背畫綫」並不能代表竹簡正面字串從左到右排列的編綴。三、利用簡背劃痕，可以證成陳劍的綴合推論。參竹田健二：〈清華簡『越公其事』の竹簡排列と劃痕〉，《中國研究集刊》第 64 期（2018.6），頁 49-67。

金卓在竹田健二的基礎上，有更進一步的推論。他透過用字習慣、稱謂與敘述觀點，主張《越公其事》取材於多種不同材料；透過劃痕與下契口的位置，認為本文分成多次書寫。我們可以用下表呈現其構想：

表二　金卓對《越公其事》文本之分析

抄寫		取材	
劃痕 B	簡 1-8	第一章	A 類
	簡 9-15	第二章	
	簡 15-17、簡 19-25	第三章	
	簡 26-29	第四章	B 類
	簡 30-33、簡 35	第五章 [7]	
劃痕 A	簡 36 上、簡 18、簡 34[8]　簡 36 下		
	簡 37-43	第六章	
	簡 44-49	第七章	
	簡 50-52	第八章	
	簡 53-59	第九章	
無劃痕	簡 59-67	第十章	C 類
	簡 68[9]		
	簡 69-75	第十一章	

以下區分「取材」和「抄寫」兩個面向說明金卓的論述。

---

[7] 第五章的排序比較複雜，首先是簡 30-簡 33，沒有疑義。依照陳劍的編聯，之後為簡 35，【簡 36 上、簡 18、簡 34】合為一簡，最後是簡 36 下。金卓將簡 35 歸為「劃痕 B」，【簡 36 上、簡 18、簡 34】為「劃痕 A」。陳劍：〈《越公其事》殘簡 18 的位置及相關的簡序調整問題〉，復旦網，2017.5.14（2022.2.25 上網）。

[8] 關於簡 36 上、簡 18、簡 34 的拼合問題：陳劍曾經指出：「可將簡 18 插入簡 36 上與簡 34 之間，三段本爲一簡之折，可以遙綴。」釋文中簡 18 與簡 34 之間則以「……」表示，江秋貞博論則透過切圖，清楚展現簡 18 與 34 可以緊密接合一簡。那麼，簡 18 與簡 34 可以拼合成一支具有中編聯到末尾的竹簡，應無疑義，接下來的問題是【簡 36 上】能否和【簡 18＋34】遙綴成一簡？透過裹紙簡版本，可以清楚知道從「夫婦皆耕」（簡 35、36 上）到「人還越百里」（簡 18），中間還有殘了一大段文字（依據裹紙簡本約殘 37 字），以簡 35 全簡共 31 字來作依據，除非清華簡《越公其事》版本能把 37 字內容濃縮（或減省）成 9 個字左右（簡 36 上與簡 18 中間約存有 9 字補字空間），否則最有可能的是【簡 36 上】與【簡 18＋34】是分屬不同的兩支簡，所殘實際內容超過一支簡的長度。江秋貞：《《清華大學藏戰國竹簡（柒）・越公其事》考釋》（臺北：臺灣師範大學博士論文，2020），頁 208。

[9] 第十章內容為簡 59-68，其中簡 68 無簡背劃痕。

（一）　「取材」問題

1　「于」、「於」字使用情況

　　金卓將《越公其事》十一章分成三個部分：開頭三章（A 類）、五政部分（B 類）、結尾二章（C 類），並分析裡頭「於」、「于」的用字情況，如下：

表三　金卓對《越公其事》「於」、「于」字之分析[10]

用字	開頭三章 A 類	五政部分 B 類	結尾二章 C 類
於	17	1	9
于	7	20	3

金卓認為「於」在開頭三章與結尾兩章使用的比例較高，而「于」則在五政部分使用比例較高，他進而據此主張：「（用「于」與「於」的差異）是由其抄錄時選取的原始文獻材料不同造成的」、「《越公其事》簡文中部有關五政內容的部分，和首尾部分的其他內容，分別參考自不同時期或地域的原始文獻，五政部分的材料在時代上很可能要更早於首尾部分的材料，並且可能是由同一書寫者分若干次分別抄錄而成。」[11]他認為書手抄錄時選取的原始材料不同，五政部分採用「于」的情況較「於」來得多，故 B 類材料的時間比 A、C 兩類來得早。

2　稱謂與敘述視角

　　金卓認為《越公其事》第四章與第十章在敘述視角轉變時，都再次使用「越王句踐」全稱，他主張「因記載內容而特意更換視角與稱謂，恰恰說明了簡文選材上的不同，乃抄寫者依原材料直接抄錄所致」、「體現了《越公其事》材料來源的複雜性和多樣性，筆者認為，這也是其根據多份材料或分多次

---

[10] 據金卓原表修改。金卓：〈清華簡《越公其事》文獻形成初探〉，武漢網，2019.3.19（2022.2.25 上網）。金卓，〈清華簡『越公其事』の文獻形成初探──兼ねて竹簡排列の問題を論ず〉，東京大學文學部中國語中國文學研究室主編：《東京大學中國語中國文學研究室紀要》第 23 期（2020.11），頁 6。

[11] 金卓：〈清華簡《越公其事》文獻形成初探〉，武漢網，2019.3.19（2022.2.25 上網）。金卓，〈清華簡『越公其事』の文獻形成初探──兼ねて竹簡排列の問題を論ず〉，東京大學文學部中國語中國文學研究室主編：《東京大學中國語中國文學研究室紀要》第 23 期（2020.11），頁 1-26。

書寫而成的證明之一。」[12]他再次強調，《越公其事》書手依據不同來源的材料進行抄錄，使得敘事觀點多次轉變。

表四　金卓對《越公其事》敘述視角之分析[13]

章節	類型	概括	敘述視角	簡文稱謂
第一章	A	越國求和	客觀	／
第二章				吳王
第三章				越王
第四章	B	五政準備	客觀→越國→客觀	越王句踐→王→越王句踐
第五章		五政步驟	越國	王
第六章				
第七章				
第八章				
第九章				
第十章	C	交戰過程	越國→客觀	王→越王句踐、越王、吳王
第十一章		吳國求和	客觀	句踐、吳王

（二）　「抄寫」問題

1　劃痕 A、B 的書寫字數

表五　簡 22 至 50 劃痕與字數之分析

劃痕 B	簡號	簡22	簡23	簡24	簡26	簡27	簡28	簡30	簡31	簡32	簡33	簡35
	字數	32	32	31	32	30	32	34	31	32	31	31

劃痕 A	簡號	簡37	簡39	簡40	簡41	簡42	簡44	簡45	簡46	簡47	簡48	簡50
	字數	33	33	34	35	36	35	35	34	34	34	34

---

[12] 金卓：〈清華簡《越公其事》文獻形成初探〉，武漢網，2019.3.19（2022.2.25 上網）。

[13] 簡 1 開頭缺損，故缺稱謂。金卓：〈清華簡越公其事〉文獻形成初探〉，武漢網，2019.3.19（2022.2.25 上網）。金卓，〈清華簡『越公其事』の文献形成初探──兼ねて竹簡排列の問題を論ず〉，東京大學文學部中國語中國文學研究室主編：《東京大學中國語中國文學研究室紀要》第 23 期（2020.11），頁 3。

由金卓所整理的資料顯示，劃痕 B 的字數在 30～34 字之間，而劃痕 A 字數則在 33～36 之間。因此金卓認為「筆者發現簡 33 前各簡和簡 34 後各簡，在各簡書寫字數……，也都恰好展現出兩分性。」[14]藉此論證《越公其事》乃分批書寫。

2　下契口的位置

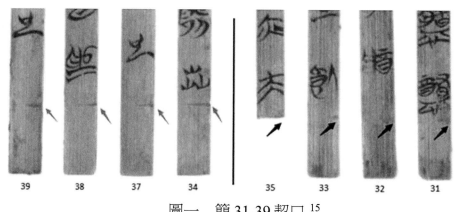

圖一　簡 31-39 契口 [15]

透過圖示可知左半（即劃痕 A）下契口較右半（劃痕 B）略高，因此金卓表示「可以看出左右兩組在下契口的高度、形狀上都有明顯的差別」[16]。

綜上所述，竹田健二依據簡背劃痕將《越公其事》分成 A、B 兩類，金卓則從「取材」與「抄寫」兩個角度入手，「取材」方面，他認為前三章與末二章的內容，較五政部分來得晚，敘事角度多次轉變，是基於抄寫者材料複雜且分多次抄寫之故。「抄寫」部分，他從簡背斜痕形態、用字情況、竹簡字數、契口位置等，可以發現 A、B 兩類的差異。綜合上述觀點，他主張《越公其事》的書手在抄錄時擇取不同材料，並且全文分若干次抄錄而成。

---

[14] 金卓：〈清華簡《越公其事》文獻形成初探〉，武漢網，2019.3.19（2022.2.25 上網）。

[15] 金卓：〈清華簡越公其事》文獻形成初探〉，武漢網，2019.3.19（2022.2.25 上網）。金卓，〈清華簡『越公其事』の文献形成初探——兼ねて竹簡排列の問題を論ず〉，東京大學文學部中國語中國文學研究室主編：《東京大學中國語中國文學研究室紀要》第 23 期（2020.11），頁 15。

[16] 金卓：〈清華簡《越公其事》文獻形成初探〉，武漢網，2019.3.19（2022.2.25 上網）。

二　筆者的質疑

　　金卓提出多項數據與圖示，尤其是劃痕、下契口的位置、字數等處，確實能展現《越公其事》文本內在的歧異情況，所言確實有所本。但是，《越公其事》的書手只有一位，金卓主張這位書手在抄寫時擇取各種不同來源的原始文獻，又分成多次進行抄寫，也就是書手一邊抄錄，一邊編輯內文，這樣的情況在書籍類楚簡中，誠屬罕見。

　　就「取材」來說，句踐與夫差爭霸是春秋晚期重大事件，春秋以後應該有許多關於二人的史料文獻流傳，《越公其事》的作者（此處所言的「作者」是指撰寫文本的人，而非書寫清華簡《越公其事》竹簡的書手）確實可能依據各種來源不同的資料加以整理編輯，但在有限的資料中，我們很難考究這位作者到底參考了哪些資料。在底本來源不確定的情況下，金卓依據「于」、「於」的使用，以及敘事觀點的轉換，把《越公其事》來源分成 A、B、C 三類，並論述 B 類比另外兩類時間來得早，這就不免令人困惑。「于」、「於」以及敘述觀點的轉換，確實可以作為決定文本來源的判準嗎？

　　就「抄寫」而言，金卓所提出「（《越公其事》）在簡 34・簡 35 前後、簡 68・簡 69 前後，乃各自分開抄寫的猜想」，其呈現的意義已非書手花幾個工作天的問題，而是作者有意分成數個時段抄寫，所以才產生前後不同的樣貌。金卓所提出的根據是劃痕位置差異和下契口之位置，此猜想是否合理，必須檢視證據是否可信才能判定。

　　另外，金卓認定《越公其事》的書手在「取材」時，抄錄自多種來源，又分成多次「抄寫」，也就是這位書手一邊書寫，一邊思考編輯，那麼這位書寫者已經不單純負責「抄寫者」（或「書手」）的角色。他既可決定《越公其事》的取材方式，實質上可視為《越公其事》的原作者。

　　金卓所提出的數據與圖示確實有所本，但推論又有違一般對於楚簡的理解，職是之故，筆者興起逐一檢視相關數據與圖示的念頭。

三　關於《越公其事》「取材」問題

（一）　「于」、「於」的使用情況

　　先將《越公其事》各章「于」和「於」的出現次數羅列如下：

表六 《越公其事》各章「于」、「於」字之分布

章次	一	二	三	四	五	六	七	八	九	十	十一	共計
於	5	3	9	0	0	1	0	0	0	5	4	27
于	3	3	1	2	2	3	4	2	7	0	3	30
金卓主張	前三章 A 類			五政 B 類						後二章 C 類		

金卓利用「于」和「於」出現次數的分析，主張前三章、五政、後二章可分成 A、B、C 三類，而B類比 A、C 類時代要更早。那麼，我們必須先說明古文字中「于」和「於」的問題。

「于」在甲骨文就已經出現，它是表意字「竽（，後2.16.2）」，「於」則是由「烏」所分化，而「烏」與「鳥」在西周金文中同形，[17]「烏（於）」早在金文中多當感嘆詞「嗚呼」使用，但至少在春秋中期「烏（於）」已經可以當介詞使用，[18]與「于」同時存在，在楚簡中，二字的用法無別，故《說文》：「于，於也。」

「于」和「於」是古漢語使用頻率最高的介詞，它們原本是兩個初形、本義、古音均不同的字，王力認為「『于』是『於』的較古形式」，[19]裘錫圭則依據二字古音不同，[20]主張不能簡單地看成同一詞的不同書寫形式。[21]但「于」

17 毛公鼎（《集成》02841）即以「烏」表示｛烏｝。

18 例如：「枼（世）萬至於辝（台）孫子」（齊侯鎛／《集成》00271，春秋中期）。

19 王力：《漢語史稿》（北京：中華書局，2013），頁324。董秀芳則認為二字「同一語言形式的不同寫法」，董秀芳：〈古漢語中動名之間「于／於」的功能再認識〉，《古漢語研究》2006第2期（2006.6），頁3。

20 關於「於」和「于」古音不同的意見，郭錫良也有類似看法，郭錫良認為：「『于』『於』古音並不完全相同，『于』是匣母魚部，『於』是影母魚部。……也許春秋晚期『於』已經開始用來替代『于』，《尚書》《詩經》中用作介詞的『于』都有幾百例，而作『於』的也已分別有十幾例，可能這並非都是後來傳抄中改寫成『於』的，『于』『於』並用的《齊鎛》有可能是春秋時代的器物，『于』、『於』混用，在春秋時代多作『于』，戰國以後，『於』字的比例越來越大，以致最後取代了『于』。《論語》中『于』用作介詞的有 8 次，『於』卻有 162 次；《孟子》中『于』28 次（其中 18 次引自《詩》《書》），『於』有 436 次。兩者的使用比例同《尚書》《詩經》中的比例正好顛倒過來了。這雖然不排除後來傳抄改寫的可能，但是也許是真實地反映了『於』替代『於』的過程。……根據這些資料，我們可以肯定，戰國中晚期以後，『於』字基本上取代了『于』，此後的典籍，大多只在引用古籍時才用『于』字，或者是方音或仿古的影響，仍用『于』的。」郭錫良：〈介詞「于」的起源和發展〉，《漢語史論集（增補本）》（北京：商務印書館，2005），頁 226-227。

21 裘錫圭在《文字學概要》：「『於』和『于』都可以用作介詞，用法十分相似。但是它們在古代並不同音（『於』是影母魚韻字，『于』是喻母三等虞韻字），不能簡單地看作同一個詞的不同書寫形式（介詞｛於｝和｛于｝可能是由於方言或時代的不同而由一詞分化的。有的語言學者認為在較早的時代，介詞｛于｝和｛於｝的用法有一定區別）」。裘錫圭在〈戰國文字釋讀二則〉「其實古書中用爲介詞的『于』和『於』互爲異文，是由於二者用法相

和「於」都可以當介詞使用，後頭都可以加動作、時間或處所，用法幾無差別，相關討論者非常多，學者們普遍的結論是：「于」的來源較古，「於」比較後起；「于」所在句式保留較古用法，「於」則反映戰國時代的語言特色。[22]應該要留意的是：「于」字時代早，「於」字時代較晚，戰國時代「於」比「于」來得多，這是二字長期演變的時代趨勢，乃以宏觀角度分析後得到的結果，但絕不能反推成：使用「于」的文獻，就必定比使用「於」的文獻來得早，這犯了「倒果為因」（Causal Fallacy）的謬誤。細審竹簡使用情況，會發現許多文獻相對古老，但卻使用了「於」字，或是文獻新穎而採用「于」字等非典型現象。例如清華伍《封許之命》是呂丁受周王冊命的實錄，文字保留許多西周金文的古樸色彩，文本創作年代應該可上溯至西周初期，[23]但該篇「於」、「于」卻各出現一次，出現「於」字並不妨礙它來源於西周材料的推論。相反的，屬於文學作品的《蘭賦》，其文本創作與竹簡書寫的時間應該不會差異太遠，卻出現一次「于」，而沒有用「於」。《曹沫之陣》記載春秋前期曹沫對於政治與兵法的理念，全文出現 28 次「於」，而沒有任何「于」字，目前所見安大簡的《曹沫之陣》也依然使用「於」。[24]《昭王毀室、昭王與龔之脽》使用10次「於」，而未見「于」；《陳公治兵》使用17次「於」，而未見「于」；《姑成家父》使用 11 次「於」，而僅出現 1 次「于」，以上諸篇所記述史事都比句踐復國的時間要來得早，但這些簡文卻大量出現「於」而罕用「于」，可見用「於」、「于」出現次數的多寡來判斷文本時代，只具有參考性質，但絕非唯一判準。

「於」、「于」甚至出現過用法沒有差別的例子，《民之父母》有這樣的文例：

1.以皇<u>於</u>天下。（簡 2）
2.以此皇<u>于</u>天下。（簡 6）

似，與一般的音近相通有別。」裘錫圭：《文字學概要（修訂本）》（北京：商務印書館，2013），頁 239。吉林大學古文字研究室編：《于省吾教授百年誕辰紀念文集》（長春：吉林大學出版社，1996），頁 157。

[22] 何樂士：〈《左傳》的介詞「於」和「於」〉，《左傳虛詞研究（修訂本）》（北京：商務印書館，2004），頁 117。張金玉：《出土戰國文獻虛詞研究》（北京：人民出版社，2011），頁 99。顏世鉉：《戰國秦漢簡帛校讀方法研究》（臺北：臺灣大學中國文學研究所博士論文，2012），頁 74。張玉金：《甲骨文虛詞辭典》（北京：中華書局，1994），頁 266-301。

[23] 高佑仁：《《清華伍》書類文獻研究》（臺北：萬卷樓圖書公司，2018），頁 263-264。

[24] 安徽大學漢字發展與應用研究中心主編：《安徽大學藏戰國竹簡（二）》（上海：中西書局，2022）。

這兩句話實質上沒有什麼差別，但是介詞的使用情況卻大不同。這說明應靈活看待「『于』早『於』晚」的現象，而不是受到字面文字的制約，利用若干字詞便推斷文本的時間。陳民鎮曾經分析《繫年》「于」、「於」用法如下：

表七　《繫年》各章「于」、「於」字之分布

章節	1	2	3	4	5	6	7	8	9	10	11	12	13	14	15	16	17	18	19	20	21	22	23
於	0	0	0	1	8	1	2	2	0	0	1	0	0	2	4	5	5	2	1	1	2	5	12
于	5	12	4	6	3	5	1	3	2	2	2	6	4	0	1	5	1	4	1	3	1		

他認為「隨著《繫年》敘事的進展（基本伴隨縱向時間軸的進度），『於』的比重有增大的趨勢，『于』的比重則趨於衰減。」[25]尤銳認為：「《繫年》前四章（即西周章）有 28 個『于』字，而『於』字只出現過一次。與此相反，後三章（即戰國初葉章）中有 19 個『於』而『于』則只出現 5 次。」[26]從數值來看，確實如陳民鎮與尤銳所言，前四章多用「于」，而後三章多用「於」，「於」的使用頻率隨著時間軸的推移，越來越普遍。但這是一種宏觀的理解，此標準乃「相對」而非「絕對」，例如第 5 章在全章中屬前半段，但「於」字使用 8 次，「于」則僅有 3 次。又如後三章中，第 21 章中用「于」1 次，用「於」2 次，第 22 章用「于」3 次，「於」5 次，這數值均在誤差範圍之內。

　　朱湘蓉指出「語言的變化，尤其是詞語的變遷不是一個簡單的直線前進的進程，其中難免有糾葛並行的情況。版本來源不一、時代很難精確的傳世文獻也會使所得結論難免打些折扣。」[27]所言甚是。「『于』早『於』晚」是學界對二字進行分析與統計後，所得出的結論，是殷商甲骨文至戰國文字的演變大勢，可以幫助學者理解文獻的用字情況，但推論問題時必須小心謹慎。「於」取代「于」是隨著時間緩慢而逐步進行，不是在一夕之間完成。戰國時代的作品是用「於」較多，而非完全用「於」，事實上在漫長的漢字演變歷程中，「于」從來沒有消失過，「於」也沒有完全取代「于」。所以若僅依憑少量的樣本，導出用「於」必定晚於用「于」的結論，甚至依據「于／於」的使用比例，判斷其來源之差異，這是非常危險的事。

---

[25] 陳民鎮：〈從虛詞特徵看清華簡《繫年》的真偽、編纂及性質〉，收入李守奎主編：《清華簡《繫年》與古史新探》（上海：中西書局，2016），頁 255。

[26] 參尤銳：〈從《繫年》虛詞的用法重審其文本的可靠性——兼初探《繫年》原始資料的來源〉一文，收入李守奎主編：《清華簡《繫年》與古史新探》（上海：中西書局，2016），頁 245。

[27] 朱湘蓉：〈從出土簡牘看秦至西漢介詞「于」、「於」的使用〉，收入吉林大學主編：《第十二屆古代漢語研討會論文集》（長春：吉林大學文學院，2014），頁 4。

　　回到《越公其事》的討論，筆者認為不能依據「於」、「于」用法的數量，而將「五政」與「前三、後二章」分成兩類，理由如下：

1　將第四章納入「五政」乃倒果為因

　　學者將第四章納入「五政」段落（請參【表二】），顯然是為了符合數值的需求，並不符合事實。《越公其事》中句踐敗北後，建立宗廟，與民休養生息，在惠民三年以後，才開始施行「五政」，「五政」一詞雖在第四章的最後一句首次出現，但它具體內容卻是在第五章才開始敘述。「五政」具體的內容分別是：「農功」（第 5 章）、「市政」（第 6 章）、「徵人」（第 7 章）、「五兵之利」（第 8 章）、「敕民、修令、審刑」（第 9 章），一章一政，清楚明瞭。學者將第四章納入五政篇幅，完全是為了牽合數字（第四章「于（2 次）」比「於（0 次）」來得多）的結果。

2　樣本數有限

　　《越公其事》全篇九章之中，「於」和「于」沒有哪一章用法超過兩位數。而第 1、2、3、6、10、11 等章，「於」、「于」參雜使用。如果不要依據章節，而把《越公其事》當成一個整體來看待，用「於」27 次，用「于」30 次，數量差異根本不大。值得留意的是在這 30 次「于」字用例中，有 7 例是「𦊟＝（至于）」合文，合文型態是否干擾數據的呈現，這是值得留意的問題。

　　《越公其事》是清華簡中的一篇，清華簡則是現存書籍類楚簡的一部分，而目前所見楚簡只是戰國時代能夠保存至今的一小部分。因此，若只單看某一篇竹簡，則母體樣本數過小，呈現結果可能只是片面的偶然，利用「五政」採用「于」的比例高於「於」，就將它從《越公其事》獨立出來，並視為較首尾的時代來得早，這說法的猜測程度較大。

3　忽略文本時間與抄寫時間

　　依據出土文獻用字分析創作時間，必須留意一個問題：「文本創作年代」和「竹簡抄寫年代」是不同的概念。例如石鼓文上的詩作與刻石，是兩個不同

時間的產物。[28]雖然不敢保證清華簡中沒有原創的作品，但是以《越公其事》書手，同時又抄寫《鄭文公問太伯》（甲、乙）、《子儀》、《子犯子餘》、《晉文公入於晉》、《趙簡子》、《八氣五味五祀五行之屬》、《虞夏殷周之治》、《天下之道》等篇的情況來看[29]，《越公其事》是原創文稿的可能極低。既非原手稿，那麼必然經過輾轉傳抄的人為擾動，據抄本所做的數值分析，只能提供參考。

趙曉斌〈荊州棗紙簡《吳王夫差起師伐越》與清華簡《越公其事》〉一文指出棗紙簡所收錄的《吳王夫差起師伐越》能與清華柒《越公其事》對讀，[30]可見清華柒《越公其事》只是戰國時代眾多版本之一。竹簡傳抄時受到很多因素的影響，用字可能有所改易，文字一改，學者以「於」和「于」分析寫作時間就會失真。

4 「于」早「於」晚的方法論問題

甲骨文、金文多用「于」，春秋、戰國以降則多用「於」，這是二字在古文字演變的大致上的趨勢。如果反過來推論，認為多用「于」的文本，時代必定早於多用「於」的文本，恐怕流於倒果為因。金卓使用「于」、「於」出現的頻率，將全文分成 A（前三章）、B（五政）、C（後二章）三類，但我們在《越公其事》中可以找到許多「于」、「於」用法沒有差別的例證，如下表所示：

表八　《越公其事》「至于」、「于」、「於」之用法

「至于／於」一詞的用法
𡥈=（至于）：以𡥈=（至于）今
至於（簡70）：乃至於吳（簡68）
「至于／於」後加地點

---

[28] 裴錫圭認為詩是秦襄公時所作，而刻石則是襄公後人所為。裴錫圭：〈關於石鼓文的時代問題〉，《傳統文化與現代化》1995第1期（1995.2），頁48。

[29] 賈連翔：〈清華簡「《尹至》書手」字跡的擴大及相關問題探討〉，收入西南大學漢語言文獻研究所主編：《出土「書」類文獻研究高端學術論壇論文集》（重慶：西南大學漢語言文獻研究所，2021），頁93。

[30] 趙曉斌：〈荊州棗紙簡《吳王夫差起師伐越》與清華簡《越公其事》〉，收入清華大學出土文獻研究與保護中心編：《清華戰國楚簡國際學術研討會論文集》（北京：清華大學，2021），頁6-11。

于	於
1. 余其必歔（滅）絕越邦之命于天下（簡7）	1. 赶登於會稽之山（簡1）
2. 吾先王用克入于郢（簡13）	2. 亦使句踐繼蓘於越邦（簡6）
3. 余其與吳播弃怨惡于海濟江湖（簡23）	3. 將舟戰於江（簡64）
4. 百里得于越邦（簡18＋34）	4. 乃至於吳（簡68）
5. 官師之人或告于王廷（簡39）	5. 昔不穀先秉利於越（簡69）
6. 乃趣徇于王宮（簡54）	6. 得罪於越（簡70）
7. 天加禍于吳邦（簡74）	

「至于／於」後加時間	
于	於
1. 以爭＝（至于）今（簡13）	於今三年（簡17、19）
2. 爭＝（至于）三年（簡29）	
3. 以爭＝（至于）今（簡70）	

一段話中先後使用「于」和「於」
毋絕越邦之命于天下，亦使句踐繼蓘於越邦。（簡5-6） 必滅絕越邦之命于天下，勿使句踐繼蓘於越邦矣。（簡7）

上述筆者整理「文例完全一樣」、「後加地點」、「後加時間」、「｛至于／於｝的兩種寫法」、「同段話中的『于』和『於』」，可以發現「于」和「於」的用法實在沒有太大差異。尤其應留意下面一條：

　　　　子弟以奔告於邊。（第三章，簡19-20）

　　　　子弟走告于邊。（棗紙簡22）[31]

兩句話文例完全相同，而棗紙簡的《越公其事》（原整理者改題名為《吳王夫差起師伐越》）作「于」，清華簡本作「於」。可見清華本《越公其事》只是戰國眾抄本之一，想利用清華簡本的「於」和「于」將抄寫來源分成三份，會有很大偏差。

　　總的來說，「『于』早『於』晚」是整個時代演變的趨勢，適合以宏觀的角度來觀察，抽樣的單一個案未必會與整體趨勢一致。因為楚簡在實際書寫時，受到許多因素所干擾，變因甚多（例如底本來源、書手國別、文字風格等），必須從各種角度來考察，才不會受到數值制約。張岱松考察《清華

---

[31] 依據趙曉斌所公布的部分棗紙簡《吳王夫差起師伐越》釋文有「于」也有「於」，可見作者乃有意區分，與繁、簡體無關。趙曉斌：〈荊州棗紙簡《吳王夫差起師伐越》與清華簡《越公其事》〉，收入清華大學出土文獻研究與保護中心編：《清華戰國楚簡國際學術研討會論文集》（北京：清華大學，2021），頁7。

（壹）》至《清華（伍）》「于／於」的使用情況，他認為：「兩者作為介詞功能區別不大，但是在不同的篇章，能顯示出一些使用頻率和用法的區別，這應該和書手的用字習慣和個人愛好有一定關係。甚至出現有在同一句話中，引介同樣的對象，反覆變化的情況，如《繫年第 7 章》：『文公率秦、齊、宋及羣戎之師以敗楚師於城濮，遂朝周襄王于衡雍，獻楚俘馘，盟諸侯於踐土。』都是引介地點，『于』和『於』反覆變換而語法功能上幾乎無任何差別，更反映出書手書寫時的隨意性。」[32]觀察的結論與筆者相同。從上文來看，《越公其事》「於」和「于」的用法沒有這麼多歧異性，因此學者主張透過「于／於」的出現頻率，將該文分成 A、B、C 三類，並主張 B 類創作時間早於 A、C類，仍有很大疑義。

（二） 敘述觀點的問題

　　金卓認為「一份單次創作或記錄完成的文獻材料，一般只會在篇首或第一次出現時使用人物的全稱」，因此《越公其事》在第 4 章與第 10 章都使用「越王句踐」全稱，這表示第 1-3 章是一類，第 4-9 章是一類，第 10-11 章是一類，因為材料來源不同，所以在起始時，都使用全稱，後則採用簡稱。其實將名「全稱」、「簡稱」的用法，和材料來源畫上等號明顯不夠客觀，二者實無必然性。例如第十章開頭以「王」表示句踐，共出現六例之後，才又出現「越王句踐」一詞，套上首次出現用全稱，後文用簡稱的規律，那麼第十章開頭六次「王」的簡稱，究竟要歸於哪一類呢？

　　單一作品首次出現用全稱，後用簡稱，這是出土文獻常見的「規律」，但卻不是「鐵律」。《姑成家父》中，晉厲公首次出現時稱「厲公」，用了兩次「公」之省稱後，再度使用「厲公」一詞，用了四次「公」之省稱後，最後以「厲公」結尾，可見全稱、簡稱交相使用。

　　又如《越公其事》中，「文種」首次出現時以第三人稱敘述觀點稱其為「大夫種」，後來文種前往吳國請成，夫差則稱其「大夫」，共計 4 次（第二章 1 次，第三章 3 次），直到第九章再度以第三人稱觀點敘述文種時，又再度稱其為「大夫種」（第九章 1 次，第十章 1 次）。靈活使用人物對話與敘事觀點，是鋪陳故事的重要方式，尤其像《越公其事》這樣長篇的簡文，人物稱呼方式與敘事觀點的轉換，並不奇怪。

　　楚簡中敘事觀點的轉移所在多有，例如上博九《靈王遂申》，先以第三人稱觀點起頭，交代故事時間、人物、地點等內容，中間透過成公虎與軍執事人、成公乾的對話鋪陳情節，最終又回到第三人稱角度收尾，主觀、客觀交互使用，讓敘事更為精采生動。

---

[32] 張岱松：《清華簡（壹～伍）詞彙研究》（北京：中國社會科學院博士論文，2017），頁 65。

　　學者以視角及敘述觀點的轉變，作為《越公其事》取材自不同來源的依據，證據力並不充分。

四　關於《越公其事》「抄寫」問題

（一）　簡背劃痕

　　一般來說，楚簡的書寫與編排方式是由上到下、由右到左，所以將編聯好的竹簡翻轉至背面時，簡背劃痕的多半是從左上往右下（參【表一】「劃痕A」），但是還有一種「逆次簡冊背劃線」（參【表一】「劃痕B」），竹簡正面若按一般由右至左的編排方式，其劃痕則會變得無法連貫。

　　「逆次簡冊背劃線」一詞係由孫沛陽首先提出，他認為《皇門》有 10 枚簡（全篇共 13 簡），《楚居》有 5 枚簡（全篇共 16 簡）具有「逆次簡冊背劃線」。並依據逆次劃痕，主張這些竹簡是「正面依從左到右的順序編配成冊」[33]，亦即只要將排列順序顛倒過來，變成由左至右編聯，就能讓逆次劃痕轉為順次。

　　孫沛陽主張二篇是由左至右編聯成冊，這個看法與一般對於楚簡由右至左編聯的理解不同[34]。該說看似能夠解決逆次劃痕的問題，但實不可信。北大秦簡〈田書〉出土時保存情況比較良好，能完整呈現竹簡的疊壓樣貌，且簡背出現「逆次簡冊背劃線」情況，楊博據此進行研究，其結論為：「簡文內容的編聯，雖然要基本符合簡背劃線，但切不可僅依據簡背劃線而罔顧文意進行機械編聯。」[35]他利用保存情況良好的《田書》簡，推翻孫沛陽「逆次簡冊背劃線」是由左至右編聯成冊，也說明簡背劃痕僅供簡文排序參考，不是唯一標準。此外，《越公其事》既有順次編聯，也有逆次編聯，如同竹田健二的看法，拆成兩部分絕對是不可能的事[36]。

　　竹田健二對於《越公其事》簡背劃痕型態的分析，以如前文所引（參【表一】），劃痕A軌跡清楚，除少數斜劃中斷之外，劃痕基本可連接。然而劃痕B

---

[33] 孫沛陽：〈簡冊背劃綫初探〉，《出土文獻與古文字研究》第 4 輯（上海：上海古籍出版社，2011.12），頁 453。

[34] 裘錫圭指出「商代後期的晚期銅器上的銘文和獸骨上的記事文字，幾乎全都由右向左排行。漢字的這種自上而下、自右而左的排列方式，沿用了三千多年」。裘錫圭：《文字學概要（修訂本）》（北京：商務印書館，2013），頁 50。

[35] 楊博：〈北大秦簡《田書》的逆次簡冊背劃綫〉，《出土文獻研究》第 17 輯（上海：中西書局，2018.12），頁 168-177。

[36] 竹田健二：〈清華簡『越公其事』の竹簡排列と劃痕〉，《中國研究集刊》第 64 期（2018.6），頁 56。

的情況比較特殊，正如竹田健二所言，乃「逆次」排列。筆者認為造成此現象的原因有兩種可能：

1　假設整治竹簡的工匠將竹筒作成A至Z共計26枚簡，並刻意在簡背留下斜痕。只要書手在抄寫文字的時候，不依A至Z的順序，反過來由Z簡開始書寫，依次Y、X、W……最後到A簡，就會呈現這種「逆次簡冊背劃線」的情況。

2　工匠將竹筒作成A至Z共計26枚簡，但是書寫時，將竹簡翻轉180度（也就是上下翻轉顛倒），如此從A寫至Z簡，也會呈現「逆次簡冊背劃線」的樣貌。

趙思木已經指出「寫手雖然使用同段竹筒所出竹簡，但在抄寫時並未參考簡背劃痕，取用竹簡十分隨意。」[37]換言之，《越公其事》確實存在「逆次簡冊劃線」，但這最多僅能說明竹簡在抄寫過程中沒有按照正常的模式，簡背劃痕只能當成排列簡序的參考工作，不能當成唯一判準，尤其《越公其事》的末尾數簡甚至完全沒有劃痕。那麼，利用劃痕 A 與劃痕 B 的差異，推論劃痕 A、劃痕 B、沒有劃痕（即簡 68-75）等三類「是書手在不同時間抄寫成的」，是個頗為大膽的假設。

（二）　竹簡字數

金卓曾利用圖表彰顯「1～33、35」是一組，字數較少，「34、36～75」是一組，字數較多（請參【表五】），而得出「分若干次分別抄錄而成」的結論。現在，我們更全面地計算各簡的字數（排除殘斷及有補字的竹簡），將得到下列數值：

表九　劃痕 A、B 組之字數 [38]

簡號	A組				B組			
簡號	簡 5	簡 6	簡 9	簡 10	簡 37	簡 40	簡 42	簡 44
字數	32	33	34	33	33	34	36	35
簡號	簡 11	簡 13	簡 14	簡 16	簡 47	簡 49	簡 50	簡 51
字數	32	33	32	31	34	35	34	34
簡號	簡 19	簡 21	簡 22	簡 24	簡 53	簡 55	簡 57	簡 58
字數	32	32	30	31	34	33	34	32
簡號	簡 26	簡 27	簡 28	簡 31	簡 60	簡 61	簡 62	簡 63
字數	32	30	32	31	33	34	32	33

---

[37] 趙思木：《《清華大學藏戰國竹簡（壹）》集釋及專題研究》（上海：華東師範大學博士論文，2017），頁 17。

[38] 簡 36 因殘斷故不計入。

簡號	簡 33	簡 35			簡 64	簡 65	簡 67	
字數	31	31			33	31	33	

金卓想透過竹簡字數，導向 B 組文字少，A 組文字多，據此證成 A、B 兩組是不同時間抄寫的結論。但細審資料，所謂字數比較少的 B 組，也可以達 33 字（簡 6）、34 字（簡 9）；而所謂字數比較多的 A 組，亦有 31 字（簡 65）、32 字（簡 62）等較少的情況。一位書手在抄寫這麼長的篇章時，字與字的間隔時而疏闊（第 22 簡共 30 字），時而細密（第 42 簡 36 字），完全合於情理之中。上博一《緇衣》簡 6 全簡共 45 字，簡 17 字數則多達 56 字，兩簡均為完簡，同為一篇簡文，亦出一人之手，行款疏密竟可落差至十餘字之多。反觀《越公其事》的書寫情況，均在合理的誤差值內[39]。若依字數將《越公其事》拆解兩組，並主張二組為不同時間點所抄寫，那麼那些簡背沒有劃痕的簡 68-75（金卓歸為第 C 組），簡 73 有 35 字，簡 74 有 34 字，二簡均為完簡，又該怎麼看待這個數值呢？總之，利用劃痕、字數來作為抄寫時間的判準，證據力十分薄弱。

（三）　契口高度

金卓認為契口位置存在區別，他所提出的證據如前述圖一所示。依照下契口位置，認為「1～33、35」與「34、36～75」是兩組有區別的段落，就其所列的圖表來看，「1～33、35」似乎偏下，而「34、36～75」則稍偏上。

然而，金卓認為「34、36～75」組契口偏上，但我們也能在裡頭找到和「1～33、35」一樣契口偏下的竹簡，例如簡 59～63。

---

[39] 又例如《鄭子家喪》甲本，各簡字數在三十一至三十六字不等。《鄭子家喪》乙本各簡書寫字數爲二十八至三十四字不等，可見《越公其事》各簡字數均在可接受的範圍中。魏慈德在《新出楚簡中的楚國語料與史料》「《上博》（一至九）簡形制表」、「《清華》（壹、貳、叁）簡形制表」、「《郭店》簡形製表」曾統計各篇滿簡書寫的字數情況，讀者可自行參考。魏慈德：《新出楚簡中的楚國語料與史料》（臺北：五南圖書公司，2014），頁 50-58。

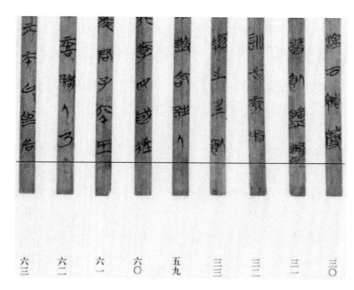

圖二　A組（簡59、60-63）與B組（簡30-33）契口位置之比較 40

同樣的，他認為「1～33、35」組契口偏下，但我們也能從中找到與「34、36～75」一樣契口偏上的竹簡，例如簡1～5。

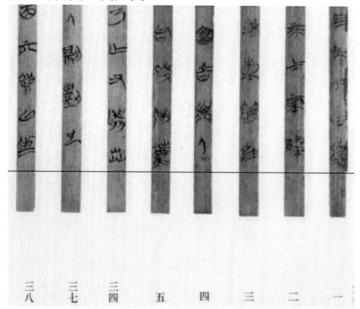

圖三　A組（簡34、37-38）與B組（簡1-5）契口位置之比較 41

40 修改自《越公其事》原大圖版。李學勤主編：《清華大學藏戰國竹簡（柒）》（上海：中西書局，2017），頁10、12。

41 修改自《越公其事》原大圖版，非完簡之簡35-36不列入。李學勤主編：《清華大學藏戰國竹簡（柒）》（上海：中西書局，2017），頁8、10。

何以「契口高度」不同，就能證明是不同時間所書寫？既然《越公其事》是一篇首尾基本完整的簡文，從其形製（簡長、編聯痕跡）相同來看，即便契口位置有高有低，只要可以編聯起來，就是同抄於一卷的簡文。尤其簡 34、35 均是屬於第五章中間段落，毫無理由將第五章拆成兩半，所以它們當時肯定就是編聯在一起的簡文。竹簡整治的時間是在抄寫以前，僅依部分契口位置，就將《越公其事》區分為二，這是不合理的事。

一篇簡文的寫作時間是否一致，最重要的問題是：是否為同書手所寫？是否為同一篇文章？是否為相同的竹簡？既然是一位書手，撰寫《越公其事》乙文，而簡背竹節位置（簡 1 至簡 68）也基本一致，那麼它就是同一個時間點書寫完成的簡文。至於書手花幾個工作天完成，這個問題可以不論，因為僅憑現有資料難有確切的答案。

五　結論

竹田建二發現《越公其事》簡背有逆次劃痕的情況，金卓則更進一步推論，主張書手抄錄時參考多種材料，並且有意識地分成多次抄寫。

依據本文的考察，就「取材」來看，金卓認為書手取材多份材料，這實際上已經把書寫者視為原著。無論是「于／於」的使用情況，還是稱謂或敘述觀點的轉換，都不足以證明這位書手邊抄邊擇取材料，荊州棗紙簡《吳王夫差起師伐越》與清華簡《越公其事》為「同文異本」[42]，就是最好的證明。《越公其事》簡 19-20 的「子弟以奔告於邊」，棗紙簡本「於」寫成「于」，說明利用「于」、「於」判斷文本的創作時間，變數很大。清華簡《越公其事》只是戰國時代眾多寫本中的一個，用它來推估該篇的取材性質，結論未必可信。從各方面來評估，清華簡《越公其事》書手是原創作者的機率甚微，他是清華簡中的「主力書手」，負責清華簡中多篇簡文[43]。他確實有可能在抄寫時，出現文字的訛寫與衍文，進而與原底本產生差異，但清華簡《越公其事》非原創手稿，當無疑義。

就「抄寫」來看，金卓認為《越公其事》可分成 A（簡背正常劃痕）、B（逆次劃痕）、C（沒有劃痕）三類，並由劃痕、字數、下契口高度等角度分析，得出本文是「由一位抄手分多次抄錄而成」的結論，此說恐有疑義。劃線

---

[42] 趙曉斌：〈荊州棗紙簡《吳王夫差起師伐越》與清華簡《越公其事》〉，收入清華大學出土文獻研究與保護中心編：《清華戰國楚簡國際學術研討會論文集》（北京：清華大學，2021），頁，頁 6。

[43] 賈連翔在〈清華簡「《尹至》書手」字跡的擴大及相關問題探討〉提到清華簡中抄寫篇目規模較大的「主力書手」就以《越公其事》書手為例，參賈連翔：〈清華簡「《尹至》書手」字跡的擴大及相關問題探討〉，《出土「書」類文獻研究高端學術論壇論文集》，頁 93。

的有無，是順次還是逆次，對簡文排序僅能起輔助作用。書手在抄寫簡文時，簡文字數的多寡，並不能作為「多次抄錄」的證據。至於契口高度存有落差的問題，既然《越公其事》是一篇完整的簡文，沒有跡象表明它可分成兩卷保存，那麼契口差異應該尚在可容許的誤差值之中。

　　《越公其事》書手到底花幾個工作天完成抄寫，這恐怕永遠無法有答案，但依據簡背劃痕等理由，斷定《越公其事》的書手在抄錄時選擇了多種材料，並有意識地分批抄寫，證據力不足。我們認為清華簡《越公其事》更可能是依據單一底本進行抄寫，並在一個時間點完成的作品，全文可編成一卷藏放。

肆　《越公其事》通釋

總釋文

第一章

吳王夫差起師伐越，遂克越邦，越王句踐失邦赶陞（登）於會旨（稽）之山，乃吏（使）夫=（大夫）住（種）行成於吳币（師）曰：「募（寡）【一】☒孤不天，上帝降【二】畏（威）愻（憯）於雩（越）邦，不才（在）耑（前）遂（後），丁（當）孤之殜（世）。

虗（吾）君天王，以身被甲冐（胄），戟（敦）力（飭）鈠〈鈠（殳）〉鎗（槍），走（挾）彄秉橐（枹），譽（振）鳴【三】鐸鼓以親辱於募（寡）人之鄙=（敝邑）。募（寡）人不忍君之武，礪（勵）兵甲之鬼（威），科（播）弃（棄）宗宙（廟），赶才（在）會旨（稽）。募（寡）人【四】又（有）繡（帶）甲乎（八千），又（有）昀（旬）之糧。君女（如）為惠，交（徼）天陞（地）之福，母（毋）醫（絕）雩（越）邦之命于天下，亦茲（使）句戔（踐）屬（繼）蔡（燎）【五】於雩（越）邦。

孤亓（其）衙（率）雩（越）庶眚（姓），齊厀（膝）同心，以臣事吳，男女備（服）。三（四）方者（諸）侯亓（其－豈）或（有）敢不賓于吳邦？君【六】女（如）曰：『余亓（其）必㱾（滅）畿（絕）雩（越）邦之命于天下，勿茲（使）句戔（踐）繼（繼）蓁於雩（越）邦巳（矣）。』君乃陣（陳）吳甲□□，□□【七】㫃（旆）署（旌），王親鼓之，以觀句戔（踐）之以此仐（八千）人者（俱）死也。」【八】

第二章

吳王䎽（聞）雩（越）徒（使）之柔以弜（剛）也，思道洛（路）之攸（修）險（險），乃思（懼），告繡（申）疋（胥）曰：「孤亓（其）許之成。」繡（申）疋（胥）曰：「王亓（其）勿許！【九】天不劢（仍）賜吳於雩（越）邦之利。𠭯（且）皮（彼）既大北於坪（平）备（邍－原），以罰（潰）去亓（其）邦，君臣、父子亓（其）未相旻（得）＿，今雩（越）【一〇】公亓（其）故（胡）又（有）䋣（帶）甲仐（八千）以韋（敦）刃皆（偕）死？」

　　吳王曰：「夫＝（大夫）亓（其）良慮（圖）此！昔虗（吾）先王盍（闔）膚（盧）所以克內（入）郢邦【一一】，唯皮（彼）鵉（雞）父之遠聲（荊），天賜中（衷）于吳，右我先王。聲（荊）帀（師）走，虗（吾）先王遝（邇）之走，遠夫甬（勇）戔（殘），虗（吾）先【一二】王用克內（入）于郢。今我道迭（路）攸（修）隓（險），天命反呉（側），敢（豈）甬（庸）可智（知）自旻（得）＿？虗（吾）匀（始）後（踐）雩（越）墮（地）以隼＝（至于）今，凡吳之【一三】善士牆（將）中畔（半）死巳（矣）。今皮（彼）新（新）去亓（其）邦而笿（毒），母（毋）乃豕戲（鬭），虗（吾）於（惡）膚（乎）取夲（八千）人以會皮（彼）死？」繻（申）疋（胥）乃【一四】（懼），許諾。

第三章

　　吳王乃出，新（親）見事（使）者曰：「君雩（越）公不命使（使）人而夫＝（大夫）親辱，孤敢兑（脱）皋（罪）於夫＝（大夫）？【一五下】孤所旻（得）皋（罪），亡（無）良鄻（邊）人禹（稱）瘦（發）悬（怨）晉（惡），交嚚（鬭）吳雩（越），茲

（使）虐（吾）弌（二）邑之父兄子弟朝夕戔（殘）狀（然），為
犴（豻）【一六】狼飤（食）於山林齒（幽）芒（冥）。孤疾痌
（痛）之，以民生之不長而自不夊（終）亓（其）命，用事（使）
徒遽逜（趣）聖（聽）命，於【一七】今厽（三）年，亡（無）克
又（有）奠（定）。孤用惢（願）見雩（越）公，余弅（棄）晉
（惡）周好，以交（徼）求卡=（上下）恙（祥）。

孤用銜（率）我蟲（一）弌（二）子弟【一九】以逩（奔）告
於鄦=（邊。邊）人為不道，或（又）航（抗）御（禦）募（寡）人
之詞（辭），不茲（使）達气（迄），羅（麗）甲緌（纓）昌
（胄），臺（敦）齊兵刃以攼（捍）御（禦）【二〇】募（寡）
人。孤用匧（委）命鐘（重）脣（臣），闌（犯）冒兵刃，迖
（匍）邁（匐）豪（就）君，余聖（聽）命於門。君不尚新（親）
有募（寡）人，归（抑）犰（荒）弅（棄）孤，【二一】怀（背）
虗（去）宗畲（廟），陟柿（棲）於會旨（稽）。孤或（又）悉
（恐）亡（無）良僕駇（御）獥（施）火於雩（越）邦，孤用內
（入）守於宗畲（廟），以須【二二】使（使）人。今夫=（大夫）
嚴（儼）狀（然）監（銜）君王之音，賜孤以好曰：『余亓（其）
與吳科（播）弅（棄）恩（怨）晉（惡）于潸（海）瀘江沽

（湖）。夫婦交【二三】綏（接），皆為同生，齊埶〈埶（勢）〉同力，以御（禦）戠（仇）戁（讎）。」孤之忞（願）也，孤敢不許諾，恣志於雩（越）公！」使（使）者反命【二四】，雩（越）王乃盟，男女備（服），帀（師）乃還。【二五】

第四章

吳人既闖（襲）雩（越）邦，雩（越）王句戈（踐）牊（將）忐（惎）遄（復）吳。既畫（建）宗宙（廟），攸（修）柰（社）应（位），乃大廌（薦）红（攻），以忻（祈）民之窑（寧）。王乍（作）【二六】安邦，乃因司衺（襲）尚（常）。王乃不咎不惑（忌），不戮不罰；蔑棄悬（怨）皋（罪），不禹（稱）民啻（惡）；縱（總）經遊民，不【二七】禹（稱）貧（貸），没（役）淵（幽）塗（途）沟（溝）曀（塘）之红（工）。王犾（並）亡（無）好攸（修）于民厽（三）工之堵（緒），兹（使）民叚（暇）自相，蓐（農）工（功）曼（得）寺（時），邦乃破（暇）【二八】安，民乃蓄荢（滋）。㝅＝（至于）厽（三）年，雩（越）王句戈（踐）女（焉）訇（始）复（作）絽（紀）五政之聿（律）。【二九】

第五章

王思〈惠〉邦遊民厽（三）年，乃乍（作）五=政=（五政。五政）之初，王好蓐（農）工（功）。王親自歡（耕），又（有）厶（私）舊（穫）。王親涉沟（溝）淳（塘）湵（幽）塗（途），日睸（省）蓐（農）【三〇】事以勸㤜（勉）蓐（農）夫。雽（越）庶民百眚（姓）乃禹（稱）矗矗（悚）思（懼）曰：「王亓（其）又（有）縈（嬰）疾？」

王𦖫（聞）之，乃以箮（熟）飤（食）、盠（脂）醓（醢）、【三一】脀（脯）胏（臄）多從。亓（其）見蓐（農）夫老、弱、堇（勤）、歷（罷）者，王必㐭（飲）飤（食）之。亓（其）見蓐（農）夫毡（黎）顛（頂）足見（繭），㡭（顏）色訓（順）必（比）而牁（將）【三二】勊（耕）者，王亦㐭（飲）飤（食）之。亓（其）見又（有）戏（察？）、又（有）司及王右（左）右，先赮（告）王訓而牁（將）勊（耕）者，王必與之坖（坐）飤（食）。【三三】

凡王右（左）右大臣乃莫不勊（耕），人又（有）厶（私）舊（穫）。墨（舉）雽（越）庶民，乃夫婦皆㧗（耕），亭=（至于）鄩（邊）㣔（縣）尖=（小大）遠怩（邇），亦夫【三五】婦皆耕▢

【三六上】囗人儇（還）雩（越）百里【一八】导（得）于雩（越）邦，陵陮（陸）陵稼（稼），水則為稻，乃亡（無）又（有）閼（閒）卉（草）皆迣（起）為田。【三四】雩（越）邦乃大多飤（食）。【三六下】

第六章

雩（越）邦備蓐（農）多食，王乃好訐（信），乃攸（修）市政。凡羣（群）庀（度）之不庀（度），羣（群）采勿（物）之不縝（真），諫（豫）緰（婾）詠人則劓（到）也。【三七】凡像（豫）而贕（價）賈女（焉），則劼（詰）燭（誅）之。凡市賈爭訟，訨（反）訐（背）訢（欺）巳（詒），戠（察）之而誣（孚），則劼（詰）燭（誅）之。因亓（其）貨以為【三八】之罰。凡鄬（邊）鄳（縣）之民及又（有）管（官）帀（師）之人或告于王廷，曰：「初日政勿（物）若某，今政硅（重），弗果。」凡此勿（物）也，【三九】王必親見而聖（聽）之，戠（察）之而訐（信），亓（其）才（在）邑司事及官帀（師）之人則發（廢）也。

凡成（城）邑之司事及官帀（師）之【四〇】人，乃亡（無）敢增歷（貿）亓（其）政（徵）以為獻於王。凡又（有）猜（獄）訟孚=（至于）王廷，曰：「昔日與㠯（己）言員（云），今不若亓（其）言。」凡此聿（類）【四一】也，王必親聖（聽）之，旨（稽）之而訐（信），乃母（毋）又（有）貴賤，剄（到）也。凡雩（越）庶民交諜（接）、言語、貨資、市賈，乃亡（無）敢反不（背）訐（欺）巳（詒）。【四二】雩（越）則亡（無）猜（獄），王則閞=（柬柬），隹（唯）訐（信）是遞（趣），矗（及）于右（左）右，壓（舉）雩（越）邦乃皆好訐（信）。【四三】

第七章

雩（越）邦備（服）訐（信），王乃好陞（徵）人。王乃遞（趣）使（使）人戠（察）戠（省）成（城）坿（市）鄹（邊）還（縣）尖=（小大）遠泥（邇）之餉（句）、著（落），王則祕（必視）目，隹（唯）餉（句）、著（落）是戠（察）腈（省），【四四】閅（問）之于右（左）右。王既戠（察）智（知）之，乃命上會，王必親聖（聽）之。亓（其）餉（句）者，王見亓（其）執事

人則𢝊（怡）悆（豫）憙（喜）也。不可以【四五】芺=（笑笑）也，則必酓（飲）飤（食）賜夋（予）之。亓（其）著（落）者，王見亓（其）執事人，則顯（顰）慼（蹙）不悆（豫），弗余（予）酓（飲）飤（食）。

王既必聖（聽）之，乃品【四六】㿱（冶－野）會，厽（三）品交于王寶（府），厽（三）品年譠（讀）攴（扑）䚄（毆），由臤（賢）由毀。又（有）龏（選）散（切），又（有）賞罰，善人則由，暜（憯）民則怀（附）。是以【四七】蒫（勸）民，是以收敬（賓），是以鈎（勾）邑。王則隹（唯）鈎（勾）、著（落）是徹（趣），嘉（及）于右（左）右。㘴（舉）雩（越）邦乃皆好陞（徵）人，方和于亓（其）堕（地）。東【四八】㠯（夷）、西㠯（夷）、古蔑、句虗（吳）四方之民，乃皆翻（聞）雩（越）堕（地）之多飤（食）、政溥（薄）而好訐（信），乃波徍（往）逯（歸）之，雩（越）堕（地）乃大多人。【四九】

第八章

雩（越）邦皆備（服）陞（徵）人，多人，王乃好兵。凡五兵之利，王日悉（玩）之，居者（諸）左右；凡金革之攻，王日侖

（侖一論）胜（省）【五〇】亓（其）事，以䚇（問）五兵之利。王乃歸（？）徔（使）人情（省）䚇（問）羣（群）大臣及鄅（邊）鄟（縣）成（城）市之多兵、亡（無）兵者，王則肵=（必視）。隹（唯）多【五一】兵、亡（無）兵者是甃（察），䚇（問）于左右。與（舉）雫（越）邦爭=（至于）鄅（邊）還（縣）成（城）坢（市）乃皆好兵甲，雫（越）邦乃大多兵。【五二】

第九章

雫（越）邦多兵，王乃整（整）民、攸（修）命（令）、審（審）荆（刑），乃出共（恭）敬（敬）王孫（孫）之㝖（志），以受（授）夫=（大夫）住（種），則賞穀（穀/祿）之；乃出不共（恭）不敬（敬）【五三】王孫（孫）之㝖（志），以受（授）釓（范）羅（蠡），則戮（戮）殺之。乃徹（趣）詢（徇）于王宮，亦徹（趣）取戮（戮）。王乃大詢（徇）命于邦，寺（時）詢（徇）寺（是）命，及羣【五四】歔（禁）御，及凡庶眚（姓）、凡民司事。椎（爵）立（位）之宋（次）尻（舍）、備（服）祍（飾）、羣（群）勿（物）品采之侃（愆）于者（故）裳（常），

及風音、誦詩訶（歌）謠（謠）【五五】之非邸（越）棠（常）聿（律），㠯（夷）訏（譁）䜌（蠻）吳，乃徹（趣）取瘳（戮）。

王乃徹（趣）爭=（至于於）沟（溝）隍（塘）之工（功），乃徹（趣）取瘳（戮）于遂（後）至遂（後）成。王乃徹（趣）【五六】埶（設）戍于東㠯（夷）、西㠯（夷），乃徹（趣）取瘳（戮）于遂（後）至不共（恭）。王又（有）達（失）命，可遆（復）弗遆（復），不茲（使）命䐝（疑），王則自罰，少（小）達（失）命【五七】畬（禁）飤（食），大達（失）䁅=（剌墨），以礪（勵）萬民。雩（越）邦庶民則皆䁅（震）僮（動），犰（明）鬼（畏）句戈（踐），亡（無）敢不敬（敬）。詢（徇）命若命，敦（禁）御莫【五八】徧（叛），民乃整（整）齊。【五九上】

第十章

王監雩（越）邦之既苟（敬），亡（無）敢徧（叛）命，王乃犾（試）民。乃歊（竊）焚舟室，鼓命邦人【五九下】救火。畢（舉）邦走火，進者莫退，王思（懼），鼓而退之，死者晉=（三百）人。王大熹（喜），女（焉）訽（始）䌝（絕）吳之行迣（李），母（毋）或（有）迣（往）【六〇】坴（來）以交（徼）

之此（訟）。乃詎（屬）邦政於夫=（大夫）住（種），乃命軑（范）羅（蠡）、太（舌）甬（庸）大禺（歷）雩（越）民，必（比）卆（卒）劦（勒）兵，乃由（抽）王卆（卒）君子卆=（六千）。

王【六一】卆（卒）既備，舟轝（乘）既成，吳帀（師）未迉（起），雩（越）王句戋（踐）乃命鄾（邊）人敔（聚）悬（怨），弁（變）矞（亂）厶（私）成，舀（挑）起悬（怨）晉（惡），鄾（邊）人乃【六二】相戉（攻）也，吳帀（師）乃迉（起），吳王起帀（師），軍於江北。雩（越）王起帀（師），軍於江南。雩（越）王乃中分亓（其）帀（師）以為右（左）【六三】軍、右軍，以亓（其）厶（私）卆（卒）君子卆=（六千）以為中軍。若明日戼（將）舟戰（戰）於江。

及昏，乃命右（左）軍監（銜）梡（枚）魸（溯）江五【六四】里以須，亦命右軍監（銜）梡（枚）渝江五里以須，夌（夜）中，乃命右（左）軍、右軍涉江，鳴鼓，中水以戁。【六五】吳帀（師）乃大炫（駭），曰：「雩（越）人分為二帀（師），涉江戼（將）以夾攻我師」，乃不戁旦，乃中分亓（其）帀（師），戼（將）以禦（禦）之。【六六】雩（越）王句戋（踐）乃以亓（其）厶（私）卆（卒）卆=（六千）敔（竊）涉，不鼓不喿（噪）

以滯（侵）攻之，大䚅（亂）吳帀（師）。左軍、右軍乃述（遂）涉戏（攻）之。【六七】吳帀（師）乃大北，疋（三）戬（戰）疋（三）北，乃至於吳。雩（越）帀（師）乃因軍吳=（吳，吳）人昆（閽）奴乃内（納）雩（越）=帀=（越師，越師）乃述（遂）闔（襲）吳。【六八】

第十一章

□□□□□衺（襲）吳邦，回（圍）王宮。吳王乃愳（懼），行成，曰：「昔不敎（穀）先秉利於雩=（越，越）公告孤請成，男女【六九】□□□□□□□□□□□□不羕（祥），余不敢豳（絕）祀，許雩（越）公成，以㝕=（至于）今=（今。今）吳邦不天，昻（得）皋（罪）於雩=（越【七〇】公，越公）以親辱於寡人之幣（敝）邑。孤請成，男女備（服）。」句戏（踐）弗許，曰：「昔天以雩（越）邦賜吳=（吳，吳）弗受。今天以吳邦【七一】賜邺（越），句踐敢不聽天之命而聽君之令乎？」

句戏（踐）不許吳成，乃使（使）人告於吳王曰：「天以吳土賜雩（越），句【七二】戏（踐）不敢弗受。毆民生不肳（仍），王亓（其）母（毋）死。民生墮（地）上，寓也，亓（其）與幾可

（何）？不敦（穀）亓（其）牆（將）王於甬句重（東），夫婦

【七三】言=（三百），唯王所安，以屈聿（盡）王年。」吳王乃詞

（辭）曰：「天加禍（禍）于吳邦，不才（在）毐（前）送（後），

丁（當）役（投）孤身。女（焉）述（遂）遱（失）宗宙（廟）

【七四】，凡吳土墬（地）民人，雫（越）公是聿（盡）既有之，

孤余系（奚）面目以臮（視）于天下？雫（越）公亓（其）事。」

【七五】

第一章

簡文首章內容講述句踐敗逃至會稽山後，令文種前往吳國請成，文種將失敗歸於上天降禍，並自言是不忍心吳王受兵甲之創，才會選擇拋棄宗廟，向吳臣服。若能留越國一條生路，越國君臣將向吳國齊跪臣服，也能提升吳國在諸侯間的地位。但吳國若選擇趕盡殺絕，翦滅越國，則句踐必定會以最後的八千兵甲頑強抵抗，周旋到底。文種的說辭婉言層遞、不卑不亢，是一篇成功的外交辭令。

釋文（一）

吳王夫差起師伐越，遂克越邦，越王句踐失邦〔1〕赶陞（登）〔2〕於會旨（稽）之山〔3〕，乃吏（使）夫=（大夫）住（種）〔4〕行成於吳帀（師）〔5〕曰：「募（寡）【一】☐〔6〕孤不天〔7〕，上帝降【二】畏（威）愍（惛）於雩（越）邦〔8〕，不才（在）爯（前）迻（後）〔9〕，丁（當）孤之殜（世）〔10〕。

語譯（一）

吳王夫差起兵攻打越國，最終戰勝越國，越王句踐失去國家而遷徙登上會稽山麓，派遣大夫種前往吳國請成，說：「句踐我（寡人）沒有人可以指派，只好派不成材的我。（我們國君）不敢直接面對您，只敢由我來稟告：我沒有得到天的助佑，上帝降下威怒於越國，不在之前也不在之後，正發生在句踐我（寡人）身上。

釋文（二）

虘（吾）君天王〔11〕，以身被甲冑（胄）〔12〕，叔（敦）力（飭）銳〈鍛（殳）〉鎗（槍）〔13〕，迲（挾）弳秉橐（枹）〔14〕，嘗（振）鳴【三】鐸鼓〔15〕以親辱於募（寡）人之粗＝（敝邑）〔16〕。募（寡）人不忍君之武〔17〕，礪（勵）兵甲之鬼（威）〔18〕，科（播）弃（棄）宗寙（廟）〔19〕，趕才（在）會旨（稽）〔20〕。募（寡）人【四】又（有）繐（帶）甲仐（八千），又（有）昀（旬）之糧〔21〕。君女（如）為惠，交（徼）天堅（地）之福，母（毋）盭（絕）雪（越）邦之命于天下〔22〕，亦茲（使）句姧（踐）圛（繼）蓉（燎）【五】於雪（越）邦〔23〕。

語譯（二）

我們國君（君，主詞，應指吳王夫差）是天王，身上配戴鎧甲頭盔，整飭殳槍，腋下挾著弳弓、手上拿著鼓槌，搖晃金鐸、敲擊戰鼓，親自駕臨敝人的國家。敝人捨不得以您的軍威，磨礪（越軍）兵甲的威力，因此拋棄宗廟，遷徙到會稽。敝人有佩戴盔甲的戰士八千名，也有十天的糧食。如果您施予恩惠，請求天地賜福，不要斷絕越國的天命於天下，也使我能夠繼續在越國主持燎祭。

釋文（三）

孤亓（其）衒（率）雪（越）庶眚（姓）〔24〕，齊剺（膝）同心，以臣事吳，男女備（服）〔25〕。三（四）方者（諸）侯亓（其－豈）或（有）敢不賓于吳邦〔26〕？君【六】女（如）曰：『余亓（其）必歔（滅）盬（絕）雪（越）邦之命于天下〔27〕，勿茲（使）句狀（踐）屭（繼）蔡於雪（越）邦巳（矣）〔28〕。』君乃阩（陳）吳甲□□，□□【七】帠（施）胥（旌）〔29〕，王親鼓之〔30〕，以觀句狀（踐）之以此仐（八千）人者（俱）死也〔31〕。」【八】

語譯（三）

敝人將率領越國庶姓，一起下跪、同心協力，侍奉吳國，男女皆服事吳王，天下豈有不服從吳國的嗎？您若說：『我一定要滅絕越國的天命於天下，不讓句踐在越國主持燎祭。』您可以部署 部隊，樹立 旌旗，吳王親自擊鼓進攻，觀看句踐用這八千名戰士與吳國決一死戰。」

〔1〕補字問題

原整理者（201704）：簡首殘缺，不計重文為十五字，據《國語・吳語》擬補為「吳王夫差起師伐越，越王句踐起師逆之。」[1]

子居（20171213）：或可補為「昔者，吳王與越王句踐戰，越王大敗而」十五字。[2]

---

[1] 李學勤主編：《清華大學藏戰國竹簡（柒）》（上海：中西書局，2017），頁114。

[2] 子居：〈清華簡七《越公其事》第一章解析〉，中國先秦史網站，2017.12.13（2021.3.19 上網）。

駱珍伊（20180518-19）：第一簡的敘述文句推測為：「吳王起師伐越＝（越，越）王句猲（踐）率兵與戰而敗，赶陞（登）於會旨（稽）之山」之類。[3]

何家歡（201806）：當據《左傳》擬補為：吳王夫差敗越于夫椒遂入越＝王句踐。[4]

江秋貞（202006）：筆者姑且依《國語・吳語》擬補上「吳王夫差起師伐雩＝王句踐起師逆之，雩敗」不含重文共17字。[5]

佑仁謹案：

依據縮小圖版來看，簡1「中編聯」以上全數殘缺，其殘缺的數字只能依據其他簡之字數推斷。江秋貞曾精算《越公其事》全篇自「中編聯」到竹簡頂端的所存字數，最少的是15字（如簡16、簡22、簡31），最多的是19字（如簡49），平均值為16.54字，其中以簡42全簡36字為最多。不少學者都據《國語・吳語》提出各自的擬補意見，但猜測性較大。我們很難指明清華柒《越公其事》簡1上段究竟殘失多少字，依新見棗紙簡《吳王夫差起師伐越》簡1-2相對內容為「吳王夫差起師伐越，遂克越邦。越王句踐失邦」，共計18字[6]。

簡文背景應是西元前494年，句踐敗於夫椒之戰後，逃至會稽山上，派文種向夫差請成，殘缺內容交代本文的時空背景。依據簡文書寫習慣，首次提及人名時常以全稱出現，故簡1理應有「吳王夫差」、「越王句踐」等8字，後則省稱，例如上博四《曹沫之陣》簡1開頭稱「魯莊公」，後文均稱「莊公」。

〔2〕赶陞（登）

赶	陞

原整理者（201704）：赶，《說文》：「舉尾走也。」此處義為奔竄。又疑讀為「迁」，《說文》：「進也。」陞，《廣韻》：「登也，躋也。」《集

[3] 駱珍伊：〈《清華柒・越公其事》補釋〉，收入中央大學中國文學系、中國文字學會編：《第29屆中國文字學國際學術研討會論文集》（桃園：中央大學中國文學系，2018），頁524。

[4] 何家歡：《清華簡（柒）《越公其事》集釋》（保定：河北大學碩士論文，2018），頁40。

[5] 江秋貞：《《清華大學藏戰國竹簡（柒）・越公其事》考釋》（臺北：臺灣師範大學博士論文，2020），頁29-32。江秋貞：《《清華大學藏戰國竹簡（柒）・越公其事》考釋》（臺北：花木蘭文化事業公司，2022），頁9-12。

[6] 趙曉斌：〈荊州棗紙簡《吳王夫差起師伐越》與清華簡《越公其事》〉，收入清華大學出土文獻研究與保護中心編：《清華戰國楚簡國際學術研討會論文集》（北京：清華大學，2021），頁6-11。筆者案：以下棗紙簡相關簡文均出自該篇，不另注。

韻》又作「阰」。本篇第四簡作「赶在會稽」。《國語‧越語上》：「越王句踐棲於會稽之上。」據《左傳》，事在魯哀公元年春，西元前四九四年。」[7]

　　魏棟（20170423）：坒字從升得聲，止為意符。從升的字有由下而上義，古書中「升」「阰」「陞」皆可訓為登。此處坒字若不破讀為「登」，逕訓為「登」，亦通。[8]

　　ee（20170427）：「赶」疑讀為「遷」。[9]

　　暮四郎（20170428）：「赶」或可讀為「間（閒）」，意為雜廁。是說播棄宗廟，雜廁在（流落到）會稽山。[10]

　　苦行僧（20170505）：我們認為應讀為「竄」，訓為隱匿。……《國語‧越語上》「越王句踐棲於會稽之上」，可以與簡文「赶陞於會稽之山」、「赶在會稽」對讀，簡文中的「赶（竄）」對應該句中的「棲」。巧的是古書中有「棲」與「竄」連言的例子，如《後漢書‧西羌傳》：「餘剩兵者不過數百，亡逃棲竄，遠依發羌。」可見在古人眼裡「棲」與「竄」是意義相關的。[11]

　　王寧（20170506）：《戰國策‧韓策三》云「保於會稽之上。」《史記‧越王句踐世家》云「越王乃以餘兵五千人保棲於會稽。」《越絕書‧請糴內傳》（佑仁案：應為〈請糴內傳〉）作「保棲於會稽山上」。則「赶陞」相當於「保棲」，「赶」可能讀為「扞」，又作「捍」、「干」，古訓衛也、蔽也、禦也，與「保」義類同。[12]

　　林少平（20170506）：《穆天子傳》：「天子遂驅升于弇山」。古文「驅」與「赶」皆當訓為「急走」義。[13]

　　侯乃峰（20170506）：其中的「赶」，懷疑當讀為「蹇」。《說文》：「蹇，跛也。」段注：「易曰：『蹇，難也。』行難謂之蹇。」在簡文中，「蹇」當是指行走困難，隱指戰敗逃走。[14]

---

[7] 李學勤主編：《清華大學藏戰國竹簡（柒）》（上海：中西書局，2017），頁114。

[8] 參清華大學出土文獻讀書會（石小力整理）：〈清華七整理報告補正〉，清華網，2017.4.23（2019.11.14上網）。

[9] ee：〈清華七《越公其事》初讀〉，武漢網，跟帖第50樓，2017.4.27（2019.11.14上網）。

[10] 暮四郎：〈清華七《越公其事》初讀〉，武漢網，跟帖第76樓，2017.4.28（2019.11.14上網）。

[11] 苦行僧：〈清華七《越公其事》初讀〉，武漢網，跟帖第143樓，2017.5.5（2019.11.14上網）。

[12] 王寧：〈清華七《越公其事》初讀〉，武漢網，跟帖第159樓，2017.5.6（2019.11.14上網）。

[13] 林少平：〈清華七《越公其事》初讀〉，武漢網，跟帖第162樓，2017.5.6（2019.11.14上網）。

[14] 汗天山：〈清華七《越公其事》初讀〉，武漢網，跟帖第163樓，2017.5.6（2019.11.14上網）。侯乃峰：〈讀清華簡（柒）零札〉，收入中國文字學會編：《中國文字學會第九屆學術年會論文集》（北京：中國文字學會，2017.0819-20），頁217、中國文字學會編：《中國文字學報（第九輯）》（北京：商務印書館，2018），頁94。

　　黃人二（20170602-03）：簡文此字，疑應釋讀為「逭」。《尚書‧太甲中》云：「天作孽，猶可違；自作孽，不可逭。」孔傳：「孽，災；逭，逃也。言天災可避，自作災，不可逃。」[15]

　　蕭旭（20170605）：簡文「赶」與《說文》「赶」是同形異字（與後世訓「追逐」的「赶」字亦異），音義全別，疑是「騂（駻）」異體。《說文》：「騂，馬突也。」……騂即奔突義，與「保」訓趨奔義合。[16]

　　單育辰（20171026-27）：「赶」從「干」聲，見紐元部，「遷」清紐元部，二字古音十分接近，簡4「遷在」與《水經注‧濟水》引東漢碑「遷在沇州」辭例相近。[17]

　　子居（20171213）：赶，當訓為逡巡，《管子‧君臣》：「心道進退，而刑道滔赶。」尹知章注：「赶，謂逡巡曲也。」[18]

　　郭洗凡（201803）：王寧讀「扞」的觀點就文義而言似乎稍好些，可與傳世文獻「保棲」相對，意思相近。簡文「扞登」指抵擋吳兵，保護自己的實力登上會稽山。[19]

　　吳德貞（201805）：「赶」從整理者理解為「奔竄」意。朱駿聲通訓定聲：「謂獸畜急走。」意即獸畜翹著尾巴奔跑。此言句踐狼狽逃命。[20]

　　何家歡（201806）：疑此字讀為「迁」。清華簡（伍）《命訓》篇有一𧼒字，字形從辵從干，當與簡文此字是一字。《說文‧辵部》：「迁，進也。從辵，干聲。」「迁登」義殆與《史記‧越王勾踐世家》「越王乃以餘兵五千人保棲於會稽」之「保棲」近。司馬貞《索隱》引鄒誕云：「保山曰棲。」以此訓推之，迁山為登，可通。此句大義為：是越王勾踐敗走。[21]

　　王竟一（201902）：筆者認同整理者……讀「赶」為「迁」的看法，但「赶登」應為動詞同義連用，僅是表示越王登上會稽山。簡文當理解為「越王戰敗後攜五千兵馬登上會稽山，於是命令大夫文種去往吳國軍隊。」[22]

---

[15] 黃人二：〈關於清華簡（柒）疑難字詞的數則釋讀〉，收入靜宜大學中國文學系編：《第二屆漢文化學術研討會暨學生論文競賽——「漢文化研究的文獻新知與薪傳」會議論文抽印本》（臺中：靜宜大學中國文學系，2017.6.2-3），頁9、10。

[16] 蕭旭：〈清華簡（七）校補（二）〉，復旦網，2017.6.5（2021.3.19上網）。

[17] 單育辰：〈《清華大學藏戰國竹簡（柒）》釋文訂補〉，收入香港浸會大學饒宗頤國學院、澳門大學中國語言文學系、清華大學出土文獻研究與保護中心編：《《清華簡》國際會議論文集》（香港：香港浸會大學饒宗頤國學院、澳門：澳門大學中國語言文學系，2017），頁177。

[18] 子居：〈清華簡七《越公其事》第一章解析〉，中國先秦史網站，2017.12.13（2021.3.19上網）。

[19] 郭洗凡：《清華簡《越公其事》集釋》（合肥：安徽大學碩士論文，2018），頁13。

[20] 吳德貞：《清華簡《越公其事》集釋》（武漢：武漢大學碩士論文，2018），頁5-6。

[21] 何家歡：《清華簡（柒）《越公其事》集釋》（保定：河北大學碩士論文，2018），頁10。

[22] 王竟一：〈清華簡《越公其事》校讀箚記〉，《四川職業技術學院學報》第29卷第1期（2019.02），頁26。

沈雨馨（201904）：「赶壁」是與「保棲」相對，「赶」在此有「登」意。[23]

滕勝霖（201905）：「赶」讀為「遷」，單育辰之說可從，「赶」羣紐元部，「遷」清紐元部，聲韻相近。[24]

張朝然（201906）：「赶」字應訓為「驅赶」。壁「登」，《說文》：「登，上車也。」在此處義為升、進。「赶壁（登）於會稽之山」大義為越王勾踐被吳王追赶，逃跑到會稽山上。[25]

史玥然（201906）：「赶」和「保」意思相近，有保衛、隱蔽、藏匿的意思，「赶保」指趨赴、趨奔，並帶有隱匿於山中，修整養兵的意味。[26]

杜建婷（201906）：從「苦行僧」之說，讀為「竄」，訓為隱匿。「亡逃棲竄」大意即「逃跑或停留隱匿」，《越公其事》篇簡 1 之「赶壁（登）於會稽之山」與簡 4 之「赶在會稽」中之「赶」當讀為「竄」，訓為「隱匿」。[27]

江秋貞（202006）：查《故訓匯纂》的「赶」字，古訓除了「舉尾走」。《管子・君臣下》：「心道進退而刑道滔赶」，尹知章注：「赶，謂逡巡曲也」。「逡」有退讓、退避義。……筆者認為「赶」字之「走」為義符，「干」為聲符，當以「舉尾走」、「逡巡曲也」的意義較接近原本越王戰敗的情境。[28]

youren（20211116）：棗紙簡作「迻（移）登」。……《說文》：「迻，遷徙也」，《玉篇》：「迻，徙也、遷也，今作移。」[29]

佑仁謹案：
《越公其事》裡，談及句踐敗走之事的段落共 3 處，如下：

1 赶壁（登）於會稽之山。【簡 1】
2 播棄宗廟，赶在會稽。【簡 4】

---

[23] 沈雨馨：《《清華大學藏戰國竹簡（柒）》集釋》（北京：首都師範大學碩士論文，2019），頁 34。

[24] 滕勝霖：《《清華大學藏戰國竹簡（柒）》集釋及相關問題研究》（重慶：西南大學碩士論文，2019），頁 170。滕勝霖：《《清華大學藏戰國竹簡（柒）》集釋》（成都：西南師範大學出版社，2021.7），頁 165。

[25] 張朝然：《清華簡《越公其事》集釋及相關問題初探》（石家莊：河北師範大學碩士論文，2019），頁 17。

[26] 史玥然：《清華簡《越公其事》集釋及其漢字教學設計》（太原：山西大學碩士論文，2019），頁 10。

[27] 杜建婷：《清華簡第七輯文字集釋》（廣州：中山大學碩士論文，2019），頁 28。

[28] 江秋貞：《《清華大學藏戰國竹簡（柒）・越公其事》考釋》（臺北：臺灣師範大學國文學系博士論文，2020），頁 35-36。江秋貞：《《清華大學藏戰國竹簡（柒）・越公其事》考釋》（臺北：花木蘭文化事業公司，2022），頁 14-16。

[29] youren：〈清華七《越公其事》初讀〉，武漢網，跟帖第 233 樓，2021.11.16（2022.3.4 上網）。

3 陟柿（棲）於會稽。【簡 22】

　　簡 22 作「陟棲」，古籍句踐「棲於會稽」之例多見[30]，而會稽山地勢較高，以「陟」作為登山的動詞，合情合理，因此簡 22 並無疑義。問題比較大的是簡 1 的「赶陞（登）」以及簡 4 的「赶」，應當留意二者所使用的介詞並不相同，簡1、簡22是用「於」，而簡 4 則用「在」。

　　簡 1 的「赶陞（登）」，「陞」原整理者釋作「陸」，並引《廣韻》訓「登」[31]，但「陞」在楚簡中亦可直接讀作「登」，如上博五《三德》簡 11+12上：「陞（登）丘毋訶（歌）」。「登丘」、「登山」的用法比「陞丘」、「陞山」更適當，因此「陞」讀為「登」，應比讀「陸」訓「登」來得穩妥。

　　簡 1「赶」字以上全數殘斷，比對簡 4 的「赶才（在）會旨（稽）」，「赶」只能下讀，不可能上讀，因此「赶陞」可能是義近甚至是同義複詞，至少也該能夠搭配成詞。關於「赶」字的釋讀，眾說紛紜：

1 　原整理者有兩種說法：一是依據《說文》將「赶」釋作「奔竄」。吳德貞從之，並引朱駿聲《說文通訓定聲》：「謂獸畜急走。」認為簡文意即獸畜翹著尾巴奔跑，指句踐狼狽逃命。此外，原整理者又疑讀為「迁」，訓「進」，何家歡從之。

2 　ee（單育辰）讀為「遷」，並引東漢碑有「遷在沇州」句為證。

3 　蕭旭認為簡文「赶」與《說文》「赶」是同形異字，音義全別，疑是「駻（馯）」異體。他引用《孔子家語‧致思》：「懍懍焉若持腐索之〔御〕扞馬。」王肅注：「扞馬，突馬。」《淮南子‧說林篇》、《說苑‧辨物》作「奔馬」，《新序‧雜事四》作「犇馬」，主張簡文的「駻」即奔突義，與「保」訓趨奔義合。

4 　暮四郎讀「間（閒）」，訓為雜廁。簡文是說句踐播棄宗廟，雜廁在（流落到）會稽山。

5 　苦行僧將「赶」讀為「竄」，訓為隱匿。簡文的「赶（竄）」對應該《國語》的「棲」，而《後漢書‧西羌傳》有「棲」、「竄」連用之例。

6 　王寧認為應讀為「扞」，又作「捍」、「干」，古訓衛也、蔽也、禦也，與「保」同義。郭洗凡從之，並認為簡文「扞登」指抵擋吳兵，保護自己的實力登上會稽山。

---

[30] 《史記‧吳太伯世家》：「越王句踐乃以甲兵五千人棲於會稽。」《史記‧越王句踐世家》：「越王乃以餘兵五千人保棲於會稽。」《集解》引杜預《左傳》「越子以甲楯五千保于會稽」注曰：「上會稽山也。」《索隱》引鄒誕云：「保山曰棲，猶鳥棲於木以避害也，故《六韜》曰：軍處山之高者則曰棲。」《越絕書》之〈外傳記范伯〉、〈內傳陳成恒〉、〈外傳記地傳〉共有6處作「棲於會稽」，1處作「保棲於會稽」。

[31] 周祖謨：《廣韻校本》（北京：中華書局，2011），頁201。

7　林少平引《穆天子傳》：「天子遂驅升于弇山」，認為「赶」和「驅」都當訓為「急走」。

8　汗天山（侯乃峰）懷疑「赶」讀作「蹇」，段注：「行難謂之『蹇』」。簡文中「蹇」指行走困難，隱指戰敗逃走。

9　子居引用《管子・君臣》：「心道進退，而刑道滔赶。」尹知章注：「赶，謂逡巡曲也。」主張「赶」當訓為逡巡。

從上述 9 種說法來看，可知學界對「赶」的理解爭議仍非常大。先談原整理者的說法。原整理者所提出的兩點意見，均本於《說文》：一是釋「赶」，二是釋「迁」。先談「赶」字，「赶」在字典有兩個讀音，一讀為ㄑㄧㄢˊ，《說文》訓為「舉尾走也」；二讀ㄍㄢˇ，即後世「趕」之異體。將《說文》的「赶」與簡文的「𧺆」聯繫起來，是最簡易直截的釋字方式，不過問題也不少。《說文》訓為「舉尾走也」的「赶」（ㄑㄧㄢˊ），古籍中幾乎找不到實際用例，因此段玉裁懷疑「此後人所增，非許書本有也。《眾經音義》曰：『《通俗文》曰：「舉尾走曰揵。」律文作「赶，馬走也。」』然則唐初《說文》無赶，即有赶亦不訓『舉尾走』。」[32]

至於釋為「追趕」之「趕」也有一些障礙。「趕」字《說文》未收，據「中國哲學書電子化計劃」資料庫檢索結果，先秦兩漢典籍並未見「追趕」義之「趕」字；臺灣教育部頒定的「異體字字典」（網路版）、「重編國語辭典修訂本（2021）」中「追趕」義的「趕」字，均見於唐代以後的文獻。收入字典，則最早見於 明代萬曆 43 年（1615）梅膺祚《字彙》，訓為「追也」[33]。唐張鷟《朝野僉載》卷二：「（楊齊）莊曰：『昔有人相莊，位至三品，有刀箭厄。莊走出被趕，斫射未死，走得脫來，願王哀之。』」[34]《朱子語類》卷一：「如天行亦有差，月星行又遲，趕它不上。」[35]這是早期較確定的「趕」字用例。其中，《管子・君臣》云：「心道進退，而刑道滔赶。」[36]不少人將此條當作最早用為追趕義的「赶」，其實此「赶」是「迁」之誤字[37]，不足以

32 （東漢）許慎撰，（清）段玉裁注，李添富總校訂：《新添古音說文解字注》（臺北：洪葉文化事業公司，2016），頁 67。

33 參（明）梅膺祚：《字彙》（臺北：世界書局，2018，埽葉山房藏版），酉卷，頁 108。

34 （唐）張鷟：《朝野僉載》，《欽定四庫全書》，卷二，頁 8-9，參「雕龍中日古籍全文資料庫」：https://udndata.com/promo/ancient_press/index.html（2023.2.24 上網）。

35 （宋）朱熹：《朱子全書》（上海：上海古籍出版社，2010），頁 125。

36 黎翔鳳撰、梁運華整理：《管子校注》（北京：中華書局，2004.6），頁 583。

37 吳汝綸云：「赶」即「迁」字。下文「民赶則流之，民流通則迁之」，是其證。劉師培則云：尹《注》云「滔謂充也，赶謂逡巡，曲也」。《注》以「逡巡曲」訓赶，是「赶」係「迁」之訛。下文云「故民迁則流之，民流通（王氏引之云「通」字衍）則迁之。」尹《注》云：「人太迁曲不行則流通之」。今楊本上「迁」字亦訛為「赶」。以此互證，則「滔赶」當作「滔迁」明矣。滔義同流，滔迁、流迁之義，約與屈伸、拘放相當。此文

作為「赶」字早出的證據，故「」與「趕」可能是獨立的兩個字。如果《管子》之「赶」是誤字，則據此展開的推論將失去立足點，如林少平認為簡文「赶（趕）」當訓為「急走」，除非有辦法證明先秦即已存在追趕義的「赶」，否則此說就值得商榷了。

次談釋「迁」訓「進」之說，「迁」見於《說文》。蕭旭指出「《說文》『迁』訓進者，書傳多作『干』，是進求、求取義。」[38]《詩・大雅・旱麓》「豈弟君子，干祿豈弟。」孔穎達《正義》：「干，求也。」[39]段注：「干求字當作『迁』」，然古籍中「迁」用例絕少，進求的「進」與前進之「進」意義仍有落差，這是仍須補證之處。

蕭旭認為「馯」是「駻」異體，《孔子家語・致思》：「懍懍焉若持腐索之〔御〕扞馬。」王肅注：「扞馬，突馬。」[40]「扞馬」在《淮南子・說林訓》、《說苑・政理》（筆者案：原文誤作《說苑・辨物》）作「奔馬」[41]，因此認為「駻」有奔突義。

《韓非子・五蠹篇》：「夫古今異俗，新故異備，如欲以寬緩之政，治急世之民，猶無轡策而御駻馬，此不知之患也。」[42]《說文》段注：「駻之言悍也。」[43]《新唐書・王志愔傳》：「故捨銜策於奔蹄，則王良不能御駻。」[44]可見「駻」的本義是指馬兇悍突奔，它是從「悍」字意義分化出來的字。

就現實經驗來說，有些性格強悍的惡馬，當有人跨坐騎乘便驚嘶暴衝，無法控制。《漢書・刑法志》：「是猶以韄而御駻突。」[45]是指以堯舜之刑來規範漢代承自衰周暴秦之流弊，如同以 韄（韁繩）駕馭兇悍而暴走的馬，可謂文通字順。漢代文獻中有很多與此相關的譬喻，例如《孔子家語・致思》：「懍懍焉若持腐索之〔御〕扞馬。」[46]指用朽爛的繩索駕馭悍馬，自然危殆之甚。《淮南子・說林篇》、《說苑・政理》將「扞馬」改作「奔馬」[47]，前者是指

「刑」與「形」同，謂心運進退於無形，體呈屈伸於有形也。下文「滔赶者主勞」，「赶」亦「迁」訛。（瞿氏楊本提要亦以「滔赶」之「赶」即「迁」字。）郭沫若著作編輯出版委員會：《郭沫若全集・歷史編》（北京：人民出版社，1984），頁188。

38 蕭旭：〈清華簡（七）校補（二）〉，復旦網，2017年6月5日（2021年3月19日上網）。

39 （漢）毛公傳，（漢）鄭玄箋，（唐）孔穎達等正義，李學勤主編：《十三經注疏・毛詩正義》（北京：北京大學出版社，2000），頁1176。

40 王國軒、王秀梅譯注：《孔子家語》（北京：中華書局，2011），頁93。

41 何寧：《淮南子集釋》（北京：中華書局，1998），頁1215。（漢）劉向撰、向宗魯校證：《說苑校證》（北京：中華書局，1987），頁146。

42 （清）王先慎撰、鍾哲點校：《韓非子集解》（北京：中華書局，2003），頁445。

43 （東漢）許慎撰，（清）段玉裁注，李添富總校訂：《新添古音說文解字注》（臺北：洪葉文化事業公司，2016），頁471。

44 （北宋）歐陽修、宋祁撰，楊家駱編：《新唐書》（臺北：鼎文書局，1981），頁4463。

45 （漢）班固著，（清）王先謙補注：《漢書補注》（上海：上海古籍出版社，2008），頁1559。

46 王國軒、王秀梅譯注：《孔子家語》（北京：中華書局，2011），頁93。

47 （漢）劉向撰、向宗魯校證：《說苑校證》（北京：中華書局，1987），頁146。

性情強悍的馬，後者是指奔跑中的馬，馬的狀態雖有不同，但整句話表達的概念是接近的，都是形容難以駕馭。不過，不能直接把「悍」與「奔」之字義畫上等號，更不能說「悍」有奔走、奔跑的意思，這在文字學理上是說不通的。

此外，讀「間（閒）」，訓為雜廁；讀「竄」，訓為隱匿；讀為「扞」訓為「保」；讀作「蹇」，訓戰敗逃走。諸說均有一定理據，但套入簡1、簡4的文例卻仍感到文義無法密合。

棗紙簡此句異文作「迻陞（登）」，「迻」指遷徙，《說文》：「迻，遷徙也。」《玉篇》：「迻，餘之切，徙也、遷也，今作移。」[48]指句踐在 夫椒之戰 兵敗後遷徙至會稽山上，如果這個理解無誤，則「赶」則當依單育辰讀作「遷」之說。「遷陞（登）」，即水平移動與垂直升登如「遷升」一詞。《詩經・小雅・伐木》：「出自幽谷，遷於喬木。」[49]喬木即高木，本有（鳥）移居高處之意，後世亦常見「高遷」、「遷升」等複詞組合。

〔3〕於會旨（稽）之山

於	會	旨	之	山

滕勝霖（201905）：「會旨」即「會稽」，春秋時期越國都城，今浙江省紹興市。傳世文獻中又作「會夷」「會計」，俞樾《越絕書札記・外傳記吳地傳第三》「吳古故從由拳辟塞，度會夷，奏山陰」條下釋「會夷」二字說：「會夷即會稽之異文也。王充《論衡》力辨夏禹巡守（佑仁案：應作「狩」）會計之說，而未知古有會夷之名。」[50]

佑仁謹案：

棗紙簡《吳王夫差起師伐越》簡 1-2 作「迻（移）陞（登）會旨（稽）之山」。句踐於夫椒之戰後，敗逃至會稽山，此事古籍中有大量記載。[51]「夫

---

[48] （南朝梁）顧野王，（唐）孫強增字，（宋）陳彭年等重修：《宋本玉篇》（北京：中國書店，1983），頁 195。

[49] （漢）毛公傳，（漢）鄭玄箋，（唐）孔穎達等正義，李學勤主編：《十三經注疏・毛詩正義》（北京：北京大學出版社，2000），頁 674。

[50] 滕勝霖：《《清華大學藏戰國竹簡（柒）》集釋及相關問題研究》（重慶：西南大學碩士論文，2019），頁 171。滕勝霖：《《清華大學藏戰國竹簡（柒）》集釋》（成都：西南師範大學出版社，2021.7），頁 165。

[51] 《越絕書》：「是時句踐失眾，棲於會稽之山，更用種、蠡之策，得以存。」《越絕書》：「昔者，越王句踐與吳王夫差戰，大敗，保棲於會稽山上，乃使大夫種求行成於吳，吳許之。」《淮南子》：「勾踐棲於會稽，修政不殆，讓慮不休，知禍之為福也。」《國語・越語》：「今君王既棲于會稽之上，然後乃求謀臣，無乃後乎？」《戰國策》：「吳王夫差棲越於會稽，勝齊於艾陵，為黃池之遇，無禮於宋，遂與勾踐禽，死於干遂。」《焦氏易林》：「勾踐之危，棲於會稽；太宰機言，越國復存。」

椒」又名苞山，即今江蘇省無錫市太湖北側的馬山。句踐戰敗，不得不渡過浙江（今錢塘江），退守會稽山。吳軍攻破越國都城，圍困會稽山，準備一舉殲滅越國，這是簡文相關的地理背景。

「會稽之山」指會稽山麓，《史記・伍子胥列傳》：「越王句踐乃以餘兵五千人棲於會稽之上。」《史記正義》云：「（會稽）土地名，在越州會稽縣東南十二里。」[52]《國語・魯語下》：「吳伐越，墮會稽。」韋昭注：「會稽，山名。」清・毛奇齡〈重修平陽寺大殿募疏序〉云：「平陽即平原也。相傳其地在平水之北，以水北曰陽，故名平陽，越王句踐嘗都之。」[53]則認為會稽山上城就是會稽山中之平陽。關於簡文「會稽之山」的確定地望，有待日後研究。

湖北省雲夢縣楚王城城址東南郊之鄭家湖墓地M274出土一件長文木觚，內容是筭遊說秦王寢兵立義之辭，其中一句話說：「而棲越王會稽會纂之上」，應即夫椒之戰後，句踐敗逃至會稽山之事。[54]

〔4〕乃吏（使）夫=（大夫）住（種）

乃	吏	夫=	住

原整理者（201704）：大夫住即大夫種。住、種均為舌音，韻部對轉，楚文字「主」聲與「重」聲多相通之例。《國語・越語上》：「大夫種進對曰⋯⋯遂使之行成於吳。」[55]

子居（20171213）：夫差首次伐越，勾踐求和所派使者為大夫種，夫差二次伐越，勾踐求和所派使者為諸稽郢，即其太子鹿郢。[56]

何有祖（201808）：《國語・越語上》由大夫「種」行成於吳。而《國語・吳語》提及由「諸稽郢」行成於吳。二者或因吳、越各有所記而有別，或本是一人的異寫，因證據不足，暫待考。但簡文「大夫住」與《國語・越語上》「大夫種」相合，似表明本篇內容與《國語・越語上》是同一個系統，可能由中原文化背景的人所書寫或經手修改，《國語・吳語》保留「諸稽郢」，

---

[52] （漢）司馬遷撰，（南朝宋）裴駰集解，（唐）司馬貞索引、張守節正義：《史記》（北京：中華書局，2014），頁2648-2649。

[53] （清）毛奇齡：《西河集》（臺北：臺灣商務印書館，1983-1986年景印文淵閣四庫全書），卷39，頁10。

[54] 李天虹、熊佳暉、蔡丹、羅運兵：〈湖北雲夢鄭家湖墓地 M274 出土「賤臣筭西問秦王」觚〉，《文物》2022.第3期（2022.03.25），頁67-68、71-72。

[55] 李學勤主編：《清華大學藏戰國竹簡（柒）》（上海：中西書局，2017），頁115。

[56] 子居：〈清華簡七《越公其事》第一章解析〉，中國先秦史網站，2017.12.13（2021.5.19上網）。

與越兵器銘文所見「者旨」氏相合，似保留較多越文化的因素。[57]

　　滕勝霖（201905）：簡文「大夫種」為越至吳求和之使者，與《左傳‧哀公元年》《國語‧越語上》等所載相同。《國語‧吳語》中求和使者記作越大夫諸稽郢，慈利楚簡整理者認為編號「甲6」所記「謀越王勾踐乃命者」疑為諸稽郢，與《國語‧吳語》同。[58]

　　江秋貞（202006）：「史」字在本處字形為「𡧑」，隸作「史」字，但在《清華簡柒》下冊後面字形表隸作「吏」字，應是手民之誤（在該書「漢語拼音檢索表中標的音讀是『shǐ』，但是字形寫的卻是『吏』，顯為誤植」）。「史」字在楚簡中作𠭆（《上博二‧子羔》1）、𠭆（上博二‧從政（甲）‧18）上從「卜」形；「吏」字在戰國楚系文字作𠭆（《上博一‧緇衣》4），上部作「V」形，但中豎突出，符合甲骨文以來的演變規律。今本簡1「𡧑」字，肯定應該隸為「史」字。「乃史夫=住行成於吳帀」意指「於是派大夫種向吳師求和」。[59]

　　佑仁謹案：

　　文種（？－B.C.472），又名文仲、會，字子禽，楚國郢（今湖北省江陵北）人，春秋末期著名的謀略家，句踐五位重要謀臣之一[60]。在楚平王時曾任宛令，後投奔越王句踐，與范蠡同為句踐謀臣。越王至吳服勞役的三年，將國政囑託大夫種。曾教句踐「伐吳七術」擊敗吳王夫差。然吳滅後，文種功高震主，最終遭越王句踐賜劍自刎而死。

　　《左傳‧哀公元年》云：「吳王夫差敗越于夫椒，報檇李也。遂入越。越子以甲楯五千保于會稽，使大夫種因吳大宰嚭以行成，吳子將許之」[61]此段文種求成之事，是他在《左傳》中僅見的記載，《左傳》以魯史為中心，故對於吳越爭霸之事著墨不深。

　　江秋貞認為「𡧑」應隸定作「史」，筆者認為「史」、「吏」本是一字之分化，《說文》「吏」從「史」得聲，就字形來看，上端有一道橫筆，直接隸

---

[57] 何有祖：〈《越公其事》補釋（五則）〉，收入中山大學古文字研究所編：《文字、文獻與文明——第七屆出土文獻青年學者論壇暨國際學術研討會》（廣州：中山大學古文字研究所，2018），頁 160。

[58] 滕勝霖：《清華大學藏戰國竹簡（柒）》集釋及相關問題研究》（重慶：西南大學碩士論文，2019），頁 171-172。

[59] 江秋貞：《《清華大學藏戰國竹簡（柒）‧越公其事》考釋》（臺北：臺灣師範大學博士論文，2020），頁 38。江秋貞：《《清華大學藏戰國竹簡（柒）‧越公其事》考釋》（臺北：花木蘭文化事業公司，2022），頁 17。

[60] 《國語‧吳語》「越王句踐乃召五大夫」句，韋昭注：「五大夫，舌庸、苦成、大夫種、范蠡、皋如之屬。」（三國吳）韋昭注，徐元誥集解：《國語集解》（北京：中華書局，2002），頁 557。

[61] （晉）杜預注、（唐）孔穎達正義，李學勤主編：《十三經注疏‧春秋左傳正義》（北京：北京大學出版社，2000），頁 1852-1853。

定作「吏」可能更好。而江秋貞所引的「𤿧（𤿧）」（《上博一·緇衣》簡 4）據文例應當隸定作「事」。

本篇簡文的「吏」、「使」字，其「❤」形上多作「丨」、「丨」或「十」形，與楚簡多作「卜」形不同，作「十」等形者則多見於三晉文字 62。但楚簡往往於「❤」形右下角添加飾筆「丶」，這種樣貌並未見於三晉文字，頗疑《越公其事》「吏」字之風格是書手揉合晉、楚兩系特色而來。

〔5〕行成於吳帀（師）

行	成	於	吳	帀

滕勝霖（201905）：行成，議和。《左傳·僖公二十八年》：「鄭伯如楚致其師，為楚師既敗而懼，使子人九行成于晉。」。63

佑仁謹案：

裹紙簡《吳王夫差起師伐越》簡 2「叀（使）夫＝（大夫）童（種）行壐（成）於吳」，《國語·吳語》作「大夫種乃獻謀，……越王許諾，乃命諸稽郢行成於吳。」64提出談和建議的是文種，實際到吳國進行求和的人則是諸稽郢。《國語·越語上》則作「越王句踐棲於會稽之上……，大夫種進對曰……，遂使之行成於吳。」65《國語·越語下》亦云：「乃令大夫種行成於吳。」前往吳國談判的人亦是大夫種。可見前往吳國談判的人是誰，《國語》本身即存在兩種不同說法。清華簡、裹紙簡的看法比較接近《國語·越語》，慈利簡則與《國語·吳語》相同 66。

〔6〕曰：「寡（寡）☒

曰	寡

---

62 湯志彪：《三晉文字編》（北京：作家出版社，2013），頁 403-405。

63 滕勝霖：《《清華大學藏戰國竹簡（柒）》集釋及相關問題研究》（重慶：西南大學碩士論文，2019），頁 172。

64 （三國吳）韋昭注，徐元誥集解：《國語集解》（北京：中華書局，2002），頁 537-538。

65 （三國吳）韋昭注，徐元誥集解：《國語集解》（北京：中華書局，2002），頁 567-568。

66 蕭毅：〈慈利竹書《國語·吳語》初探〉，武漢網，2005.12.7。

原整理者（**201704**）：僅存簡尾五字。所闕據《國語・越語上》及文義可補出「君句踐乏無所使，使其下臣種，不敢徹聲聞于王，私于下執事曰，孤」二十六字。《國語・吳語》：「乃命諸稽郢行成於吳，曰：『寡君句踐，使下臣郢不敢顯然布幣行禮，敢私告於下執事曰……』」雖然使者有諸稽郢與大夫種之別，但都是傳達越王之辭命。[67]

石小力（**201710**）於釋文中補「君句踐乏無所使，使其下臣種，不敢徹聲聞于王，私於下執事曰，寡人」等共二十七字，未說明理由。[68]

子居（**20171213**）：整理者在上文以《國語・吳語》所記補足首簡是不適合的。如上文所言，夫差首次伐越，勾踐求和所派使者為大夫種，夫差二次伐越，勾踐求和所派使者為諸稽郢，《越公其事》此處記述的是夫差首次伐越之事，則其原文自然是更可能與《國語・越語上》所記大夫種的辭令相近。[69]

滕勝霖（**201905**）：比較類似字間距的簡文，原簡更有可能殘缺27-28字。本文認為《越公其事》可能與《國語・吳語》《國語・越語上》《國語・越語下》等篇目的流傳體系並不相同，不能直接採用《國語・越語上》中的材料加以補充，故此處僅據簡 1 將首字補為「人」，其餘殘缺處存疑，期待新材料加以補充。[70]

江秋貞（**202006**）：缺字字數落在 25～31 字之間。簡 2 只剩五個字，若和最少字數的簡 22（30 字）及最多字數的簡 42（36 字）比較，扣除五個字之後的可能缺字為 25 字到 31 字之間。故原考釋認為所缺 26 個字，雖有可能，但不是絕對的字數。[71]

佑仁謹案：

簡 2 僅剩 5 字，原整理者補「君句踐乏無所使，使其下臣種，不敢徹聲聞于王，私于下執事曰，孤」等 26 字，石小力補 27 字，只將原整理者所補的「孤」改為「寡人」。吳德貞從石小力之說，郭洗凡則從原整理者之說。

清華本《越公其事》在「行成於吳師」之後與「不天」之前殘斷，依據棗紙簡《吳王夫差起師伐越》簡 2-4 的文例如下：

[67] 李學勤主編：《清華大學藏戰國竹簡（柒）》（上海：中西書局，2017），頁 115。

[68] 石小力：〈清華簡《越公其事》與《國語》合證〉，收入香港浸會大學饒宗頤國學院、澳門大學中國語言文學系、清華大學出土文獻研究與保護中心編：《《清華簡》國際會議論文集》（香港：香港浸會大學饒宗頤國學院、澳門：澳門大學中國語言文學系，2017），頁 55。

[69] 子居：〈清華簡七《越公其事》第一章解析〉，中國先秦史網站，2017.12.13（2021.5.19 上網）。

[70] 滕勝霖：《《清華大學藏戰國竹簡（柒）》集釋及相關問題研究》（重慶：西南大學碩士論文，2019），頁 172。

[71] 江秋貞：《《清華大學藏戰國竹簡（柒）・越公其事》考釋》（臺北：臺灣師範大學博士論文，2020），頁 40-41。江秋貞：《《清華大學藏戰國竹簡（柒）・越公其事》考釋》（臺北：花木蘭文化事業公司，2022），頁 18-19。

使夫＝（大夫）種行成於吳，曰：「募（寡）君鑑（乏）亡（無）叟＝（使，使）非材蕫（種），不敢 當（當）君天王，敢厶（私）告於下執事：孤 不天，上帝降畏（威）愁於邤（越）邦，不才（在）寿（前）遂（後），當（當）孤之身。

所殘損的段落當係畫底線處，共計 23 字。由於本處的殘損段落較大，裹紙簡只能作為清華簡《越公其事》補字參考，實際的殘損內容以及所補字數，很難有定論。

〔7〕孤不天

不	天

原整理者（201704）：不天，《左傳》宣公十二年：「鄭伯肉袒牽羊以逆，曰：『孤不天，不能事君，使君懷怒，以及敝邑，孤之罪也。』」杜預注：「不天，不為天所佑。」[72]

石小力（20171026-28）：「不天」也就是不合天理，與「不道」意思相同。[73]。

羅雲君（201805）：《左傳》昭公十九年，子產所言「鄭國不天，寡君之二三臣札瘥天昏」，杜預注「不天」曰：「不獲天福」。[74]

滕勝霖（201905）：整理者之說可從。「不天」即「不為天所護佑」，狀中結構，在文獻中作為婉辭常見，如《左傳・襄公二十三年》：「盈曰：『雖然，因子而死，吾無悔矣。我實不天。子無咎焉。』」石小力把「不天」理解為「不合天理」，動賓結構，在文獻中未見此類用法。[75]

佑仁謹案：

依據裹紙簡《吳王夫差起師伐越》簡3「孤不天」，則開頭可補「孤」字。石小力認為「不天」就是「不道」，亦即「無道」。就字面意義來看，「無道」是指人做出失道失德的行為，而「不天」則指人不為上天所眷顧，人是否「無道」是有主觀改變的能力，而是否為天所佑，取決全在於天，當然，「無

72 李學勤主編：《清華大學藏戰國竹簡（柒）》（上海：中西書局，2017），頁115。

73 石小力：〈清華簡《越公其事》與《國語》合證〉，收入香港浸會大學饒宗頤國學院、澳門大學中國語言文學系、清華大學出土文獻研究與保護中心編：《〈清華簡〉國際會議論文集》（香港：香港浸會大學饒宗頤國學院、澳門：澳門大學中國語言文學系，2017），頁54。

74 羅雲君：《清華簡《越公其事》研究》（長春：東北師範大學碩士論文，2018），頁6。

75 滕勝霖：《《清華大學藏戰國竹簡（柒）》集釋及相關問題研究》（重慶：西南大學碩士論文，2019），頁173。

道」也可能是導致「不天」的原因。《左傳‧襄公二十三年》的「孤不天」，杜預注云：「不天，不為天所佑。」《晉書‧王羲之傳》：「羲之不天，夙遭閔凶。」[76]葉紹翁《四朝聞見錄‧慶元黨》：「（朱）熹 也不天 ，惟母存焉。」[77]王羲之與朱熹二人的父親早逝，他們都以「不天」自況。

　　有趣的是，此處的「不天」與《左傳‧宣公十二年》楚莊王圍鄭，鄭襄公肉袒時所說的 「孤不天」，都是向敵方求成時 的政治語言，指不為天所佑助，才落得今日的下場。此外，隨著越國中興，吳王遭受前所未有的挫敗，夫差也以「今吳邦不天，旻（得）皋（罪）於雪公」為說詞，向越王求成。

〔8〕上帝降畏（威）憼（儕）於雪（越）邦

上	帝	降	雪	邦

　　原整理者（201704）：簡首可補「禍於」二字。《國語‧吳語》：「天既降禍於吳國。」[78]

　　林少平（20170426）：簡文「雪邦」之「雪」，整理者讀為「越」。或許，當讀為「於越」之「於」。「於越」文獻常見，即勾踐之族號。《左傳‧定公五年》「於越入吳」。[79]

　　石小力（20171026-28）：隸定為「〔寡人〕不天，上帝降〔大禍於〕越邦，不在前後，當孤之世。」（簡2-3）[80]

　　吳德貞（201805）：從石小力之說補「大禍於」較為合適。[81]

[76] （唐）房玄齡等撰，楊家駱主編：《晉書》（臺北：鼎文書局，1980 年據金陵書局本排印），中國學術類編，頁 2101。「漢籍電子文獻資料庫」：https://hanchi.ihp.sinica.edu.tw/ihpc/hanjiquery?@53^848188279^90^^^../hanjimg/hanji.htm（2023.2.24 上網）。

[77] （南宋）葉紹翁：《四朝聞見錄》（清知不足齋叢書本），丁集，頁 13，六府文藏，參「雕龍中日古籍全文資料庫」：https://udndata.com/promo/ancient_press/index.html（2023.2.24 上網）。

[78] 李學勤主編：《清華大學藏戰國竹簡（柒）》（上海：中西書局，2017），頁 115。

[79] 林少平：〈清華七《越公其事》初讀〉，武漢網，跟帖第 37 樓，2017.4.26（2019.11.14 上網）。

[80] 石小力：〈清華簡《越公其事》與《國語》合證〉，收入香港浸會大學饒宗頤國學院、澳門大學中國語言文學系、清華大學出土文獻研究與保護中心編：《《清華簡》國際會議論文集》（香港：香港浸會大學饒宗頤國學院、澳門：澳門大學中國語言文學系，2017），頁 55。

[81] 吳德貞：《清華簡《越公其事》集釋》（武漢：武漢大學碩士論文，2018），頁 7-8。

滕勝霖（**201905**）：簡首補為「禍災於」。吳德貞所論可從，比較本篇完
簡形制，簡首殘缺處可補 3-4 字。[82]

江秋貞（**202006**）：本篇楚簡〈越公其事〉屬於《國語》一類的書籍，
《國語》中常見「降禍」一詞，唯《國語·晉語二》使用「降禍災」。各方所
推論的「降大禍」、「降災禍」或「降喪亂」亦是有可能，只是筆者認為「降
禍災」三字出現在《國語》比「降大禍」及「降喪亂」一詞更有可能。「上帝
降 禍災於 　邦」意指「上帝降下災禍於越國」。[83]

youren（**20211116**）：今據棗紙簡本補「畏（威）憽於」三字，憽見包山
簡 175。[84]

tuonan（**20211119**）：頃讀清華會議論文集，棗紙簡《吳王夫差起師伐
越》簡 3「上帝降畏（威）憽於越邦」，「憽」部件見於楚文字，從「次」聲，
讀為「恣」，怒也，「威」「恣」近義（「威，怒也」，《漢語大詞典》義項
7）。[85]

佑仁謹案：
棗紙簡《吳王夫差起師伐越》簡 3 作：「上帝降畏（威）憽於郍（越）
邦」。

林少平認為「於越」當即句踐之族號，但結合簡 2 末尾的「上帝降」之文
例，以及本處文種談話的背景，「于（於）」還是應當作介詞使用比較合理。

關於補字的數量，原整理者指出「越」字前可補兩字，石小力、吳德貞都
認為應有三字的補字空間，就縮小圖版來看，簡2、簡3上半殘斷位置相當，補
三字之說應可信。至於當補哪三字？石小力補「大禍於」，吳德貞從之。「越
邦」二字之前應補「於」字當無疑義，但「降」字後應是哪二字，則有多種可
能性。

考察《國語·越語》裡，類似「降△于越（或「吳」）」的句子有：

> 昔者上天降禍於吳，得罪於會稽。（〈越語下〉）
> 昔者上天降禍於越，委制於吳。（〈越語下〉）[86]

---

[82] 滕勝霖：《《清華大學藏戰國竹簡（柒）》集釋及相關問題研究》（重慶：西南大學碩士論文，2019），頁 174。

[83] 江秋貞：《《清華大學藏戰國竹簡（柒）·越公其事》考釋》（臺北：臺灣師範大學博士論文，2020），頁 43-50。江秋貞：《《清華大學藏戰國竹簡（柒）·越公其事》考釋》（臺北：花木蘭文化事業公司，2022），頁 22-26。

[84] youren：〈清華七《越公其事》初讀〉，武漢網，跟帖第 233 樓，2021.11.16（2022.3.4 上網）。

[85] tuonan：〈清華七《越公其事》初讀〉，武漢網，跟帖第 234 樓，2021.11.19（2022.3.4 上網）。

[86]（三國吳）韋昭注，徐元誥集解：《國語集解》（北京：中華書局，2002），頁 586、587。

二例「降」字後所使用的動詞補語都是「禍」。從簡文殘文空間來看，單補「禍」字是不夠的，還需要再補一字，是以石小力在「禍」字前添一「大」字，文例作「降大禍」，不過沒有說明補字理由。古籍中常見的「降喪」，例如《尚書·酒誥》云：「天降喪于殷。」[87]「降喪」在金文中又可作「降大喪」（參禹鼎，《集成》02833、《集成》02834，文例為「天降大喪于下國」），所以補「降大禍」也有可能。只是，「降喪」能否與「降禍」類比，這也是個問題，而且秦漢以前文獻似無「降大禍」的用法。

依據棗紙簡本補「畏（威）懃於」三字，「懃」見包山簡 175，此處依 tuonan 讀成「威懠」。

〔9〕不才（在）嵜（前）遳（後）

![辛]	![中]	![宎]	![遳]
不	才	嵜	遳

原整理者（201704）：不在前後，大意是不在先不在後。[88]

佑仁謹案：

棗紙簡《吳王夫差起師伐越》簡 3 作「不才（在）嵜（前）遳（後）」。此句強調逢此滅國之災厄，不在前王也不在後王，而在我身上發生，這話聽起來有點像贅詞，但實為古人用以突顯自身過錯之愧詞。

〔10〕丁（當）孤之殜（世）

![丁]	![孤]	![之]	![殜]
丁	孤	之	殜

原整理者（201704）：丁孤之世，第七十四簡作「丁役孤身」。《國語·吳語》：「天既降禍於吳國，不在前後，當孤之身。」丁，當，義為值，遭逢。《詩·雲漢》「耗斁下土，寧丁我躬」，高亨注：「丁，當，遭逢。」「當……世」，《易·繫辭下》：「《易》之興也，其當殷之末世，周之盛德邪？當文王對紂之事邪？」《吳越春秋》作「正孤之身」。「正」從丁聲，讀音極近，同辭假借。[89]

---

[87] （漢）孔安國傳，（唐）孔穎達正義，李學勤主編：《十三經注疏·尚書正義》（北京：北京大學出版社，2000），頁 448。

[88] 李學勤主編：《清華大學藏戰國竹簡（柒）》（上海：中西書局，2017），頁 115。

[89] 李學勤主編：《清華大學藏戰國竹簡（柒）》（上海：中西書局，2017），頁 115。

滕勝霖（201905）：「世」有「時代」之義，《詩經・大雅・蕩》：「殷鑒不遠，在夏后之世。」《孟子・公孫丑章句下》：「如欲平治天下，當今之世，舍我其誰也？」[90]

江秋貞（202006）：「丁孤之世」意思是「正當我這一世」。「不才肯遂，丁孤之殜」意指「不在前後王，正值我這一世」。[91]

youren（20211116）：棗紙簡本作「當孤之身」，「世」即「身」，《淮南子》高誘注：「世，猶身也」。棗紙簡本與《吳越春秋・勾踐伐吳外傳・勾踐二十一年》的「正孤之身」相近。[92]

佑仁謹案：

簡文「丁孤之殜」對應《國語・吳語》的「當孤之世」[93]，棗紙簡《吳王夫差起師伐越》簡 3-4 作：「嘗（當）孤之身。」「丁」本有「當」義。《爾雅・釋詁》：「丁，當也。」《詩・大雅・雲漢》：「寧丁我躬。」毛《傳》：「丁，當也。」此外，「丁」（端紐耕部）、「當」（端紐陽部）聲紐相同，韻部屬耕陽旁轉，可以通假。上博七《鄭子家喪》中，鄭子家過世以後，楚人圍鄭三月，並使子家棺柩「毋敢丁門而出」（甲本簡 5／乙本簡 5），「丁」讀「正」、「當」皆是，即出殯時不敢走正門。而「正」以「丁」為聲，《吳越春秋・勾踐伐吳外傳・勾踐二十一年》的「正孤之身」[94]以及棗紙簡「當孤之身」，音義亦通。此句意指上帝降禍於越，不在前王後王，而正發生在我（句踐）身上。

「不才（在）㠯（前）遂（後），丁（當）孤之殜（世）」，這是古人謝罪自責之詞。《淮南子・道應訓》：「晉伐楚，三舍不止。大夫請擊之。莊王曰：『先君之時，晉不伐楚，及孤之身而晉伐楚，是孤之過也，若何其辱羣大夫？』曰：『先臣之時，晉不伐楚，今臣之身而晉伐楚，是臣之罪也，請三擊之。』」[95]類似文例又見西漢劉向《新序・雜事四》[96]，「今臣之身」《新序》作「及臣之身」，不論「及孤之身」、「及臣之身」均與棗紙簡的「當孤之身」意同。「身」謂躬也，如《孝經・開宗明義章》：「身體

[90] 滕勝霖：《《清華大學藏戰國竹簡（柒）》集釋及相關問題研究》（重慶：西南大學碩士論文，2019），頁 175。

[91] 江秋貞：《《清華大學藏戰國竹簡（柒）・越公其事》考釋》（臺北：臺灣師範大學博士論文，2020），頁 50。江秋貞：《《清華大學藏戰國竹簡（柒）・越公其事》考釋》（臺北：花木蘭文化事業公司，2022），頁 27。

[92] youren：〈清華七《越公其事》初讀〉，武漢網，跟帖第 233 樓，2021.11.16（2022.3.4 上網）。

[93] （三國吳）韋昭注，徐元誥集解：《國語集解》（北京：中華書局，2002），頁 561。

[94] 周生春：《吳越春秋輯校彙考》（上海：上海古籍出版社，1997），頁 170。

[95] 何寧：《淮南子集釋》（北京：中華書局，1998），頁 865。

[96] （西漢）劉向編著，石光瑛校釋、陳新整理：《新序校釋》（北京：中華書局，2017），頁 538。

髮膚受之父母。」而《爾雅・釋詁下》：「躬者，我也。」邢昺《疏》：「躬者，我之躬也。」[97]《淮南子・脩務訓》：「侯王懈惰，後世無名。」高誘注：「世，猶身也。」[98]「後世」義近「後身」，簡文「孤之世」與古籍「孤之身」亦當如是。

吳越爭霸故事中，與簡文敘述相近的文例可見《國語・吳語》：「夫差辭曰：『天既降禍於吳國，不在前後，當孤之身，實失宗廟社稷。凡吳土地人民，越既有之矣，孤何以視於天下！』」[99]又《吳越春秋・勾踐伐吳外傳・勾踐二十一年》：「吳王辭曰：『天降禍於吳國，不在前後，正孤之身，失滅宗廟社稷者。吳之土地民臣，越既有之，孤老矣，不能臣王。』遂伏劍自殺。」[100]雖然簡文中說此話者是句踐，而上述文例則為夫差之語，攻守勢易，時空亦不同，但是諸多關鍵字高度重疊。此句強調逢此滅國之災厄，不在前王，亦不在後王，而值此刻發生於我身上，乃古人用以凸顯自身過錯之愧詞。

〔11〕虗（吾）君天王

虗	君	天	王

原整理者（201704）：天王，猶大王。《國語・吳語》「昔者越國見禍，得罪於天王」，俞樾曰：「天王，猶大王也。」（見徐元誥撰，王樹民、沈長雲點校：《國語集解》，中華書局，二〇〇二年，第五三八頁）天王本為天子之稱。《春秋》隱公元年：「秋七月，天王使宰咺來歸惠公、仲子之賵。」清顧炎武《日知錄・天王》：「《尚書》之文，但稱王，《春秋》則曰天王，以當時楚吳徐越皆僭稱王，故加天以別之也。」此則又僭尊夫差為天王。[101]

滕勝霖（201905）：春秋晚期以前，「天王」本特指周天子，此乃僭稱，與《國語・吳語》相合，韋昭注：「言天王，尊之以名。」《國語・吳語》中越王求和時稱夫差為「天王」，後文吳王求和時稱勾踐為「君王」，簡本作「越公」。[102]

江秋貞（202006）：春秋戰國時期吳國在東南方雖是大國，但在中國則只算是一個夷狄之國，充其量只能稱「子」，不能稱王。很特別的是在《國語》

[97] 宗福邦、陳世鐃、蕭海波主編：《故訓匯纂》（北京：商務印書館，2003），頁2238。
[98] 何寧：《淮南子集釋》（北京：中華書局，1998），頁1354。
[99] （三國吳）韋昭注，徐元誥集解：《國語集解》（北京：中華書局，2002），頁561。
[100] 周生春：《吳越春秋輯校彙考》（上海：上海古籍出版社，1997），頁170。
[101] 李學勤主編：《清華大學藏戰國竹簡（柒）》（上海：中西書局，2017），頁115。
[102] 滕勝霖：《《清華大學藏戰國竹簡（柒）》集釋及相關問題研究》（重慶：西南大學碩士論文，2019），頁175。

的《吳語》、《越語上》會看到吳、越稱王，或天王。在本簡中的「吾君天王」的「天王」指吳王夫差，原考釋可從。「䖏君天王」即「我君天王」。[103]

佑仁謹案：

此處為文種向夫差請成的說辭，講話者雖是文種，但從稱夫差「天王」、自稱「寡人」等用詞來看，可知此話是以句踐為立場，藉由文種之口說出。「天王」指夫差，而「吾君」一詞除了設法拉近與吳國的關係外，也是一種面對強國的卑辭，屬於政治語言。清華伍《湯處於湯丘》方惟稱湯為「君天王」[104]，也是勸諫時的敬稱。

〔12〕以身被甲畕（冑）

以	身	被	甲	畕

原整理者（201704）：畕，從冃，由聲，即「冑」字。又見第二十簡。[105]

蘇建洲（20170520）：以「甲」表示｛甲｝，目前見於秦文字，如杜虎符、新郪虎符「興士被甲」的「甲」以及曾侯乙竹簡、《越公其事》，《越公其事》顯然是有文字「存古」的現象。這種文字存古現象也見於本篇「冑」字的寫法。簡 3「冑」作，字形可以參照簡 20 作，整理者隸定作「畕」。師同鼎的「冑」字作，與未倒書之前的相合，可以視為一種文字存古的現象。三晉系「冑」寫作（《侯馬》200.26）、（中山王方壺），在「冃」之下尚有「目」、「人」，與稍有不同。[106]

子居（20171213）：《越公其事》的「冑」字與楚簡「冑」字從革明顯有別，或是體現出《越公其事》的非楚特徵，而將「冑」字書為上冃下由而非常見的上由下冃，這種構字部件位置反書或部件本身反書則當是先秦時期非周文化在書寫方面刻意要區別於周文化的一種特有書寫方式。[107]

---

[103] 江秋貞：《《清華大學藏戰國竹簡（柒）‧越公其事》考釋》（臺北：臺灣師範大學博士論文，2020），頁 51。江秋貞：《《清華大學藏戰國竹簡（柒）‧越公其事》考釋》（臺北：花木蘭文化事業公司，2022），頁 28。

[104] 《湯處於湯丘》簡 3-4：「湯反復見小臣，歸必夜。方惟聞之箴：『君天王是有僕。』」及簡 10：「方惟曰：『善哉！君天王之言也。』」

[105] 李學勤主編：《清華大學藏戰國竹簡（柒）》（上海：中西書局，2017），頁 115。

[106] 蘇建洲：〈談清華七〈越公其事〉簡三的幾個字〉，復旦網，2017.5.20（2021.3.19 上網），收入中國古文字研究會吉林大學古文字研究室編：《古文字研究（第三十二輯）》（北京：中華書局，2018），頁 390-392。

[107] 子居：〈清華簡七《越公其事》第一章解析〉，中國先秦史網站，2017.12.13（2021.3.19 上網）。

章水根（**201809**）：簡文「冑」可隸作「𠱃」，當是一個從「今」從「由」的雙聲字。而「𠱃」與🔲的關係應是「𠱃」由🔲變形音化而來，將其上部「冃」改寫成可作聲符的「今」。[108]

趙平安（**201904**）：西周晚期師同鼎「冑」字出現了一種特殊寫法，作🔲（師同鼎，集成 2779，寽戎金冑州）之形，把聲符「由」移到字的下面。這種寫法也見於清華簡《越公其事》，作🔲（簡 3，身被甲冑）、🔲（簡 20，羅甲纓冑）之形，所從冃形體略有訛變。從目前的資料看，上從冃下從由的寫法非常罕見，上限是西周晚期，下限在《越公其事》，但《越公其事》文本複雜，年代不易確定。[109]

毛玉靜（**201905**）：冨與冑構形完全相同，只不過部件上下位置不同而已。[110]

滕勝霖（**201905**）：「被」，字形或寫作「𢼄」。「被」文獻中訓為「披」常見，如：《楚辭‧九歌‧大司命》：「靈衣兮被被」，洪興祖補注：「被，與披同。」《上博四‧昭王》簡 6：「被襦＝（襦衣）」。本篇「甲」字寫法與曾侯乙墓竹簡相似，此類文字字形和用字習慣復古現象可能與底本有關。「冨」字字形復古，分析如蘇建洲所云。甲冑，鎧甲和頭盔，代指戰爭。《儀禮‧既夕禮》「甲冑干笮」，鄭玄注：「甲，鎧也。冑，兜鍪也。」慈利楚簡有關《吳語》部分簡 53-10：「忍被甲帶劍挺鈹晉」與此句相似，值得注意。[111]

江秋貞（**202006**）：而本簡的「甲冑」之「甲」作「EE」，目前就出土材料來看，比較特別。但就「甲」字的演變歷史來看，作「EE」形，已經不算是存古，反而是晉系的十（春戰‧侯馬 16:3）還比較接近甲骨文，只是它不作「甲兵」之「甲」。至於「🔲（冑）」字的寫法較為特殊，如趙平安所說，它是上從「冃」下從「由」，不同我們常見的楚文字上下顛倒，筆者認為這種情形不能逕視訛書，因為不太可能同篇的兩字一起寫訛，可能是書手的書寫習慣所致，此字形的特殊變化有待更多的證據證明。「以身被甲冨」指「（吳王）身上披著甲冑」。[112]

---

[108] 章水根：〈清華簡《越公其事》箚記五則〉，《中國簡帛學刊》第 2 輯（2018.9），頁 54-56。

[109] 趙平安：〈說字小記（八則）〉，《出土文獻》第 14 輯（上海：中西書局，2019），頁 114。

[110] 毛玉靜：《《清華大學藏戰國竹簡（柒）》字用研究》（合肥：安徽大學碩士論文，2019），頁 27。

[111] 滕勝霖：《《清華大學藏戰國竹簡（柒）》集釋及相關問題研究》（重慶：西南大學碩士論文，2019），頁 177。

[112] 江秋貞：《《清華大學藏戰國竹簡（柒）‧越公其事》考釋》（臺北：臺灣師範大學博士論文，2020），頁 52-53。江秋貞：《《清華大學藏戰國竹簡（柒）‧越公其事》考釋》（臺北：花木蘭文化事業公司，2022），頁 29-30。

佑仁謹案：

簡 3「以身被甲冑」，「甲冑」一詞原整理者已釋出[113]，蘇建洲認為楚簡一般以「鞁」、「𢧢」表示｛甲｝，而秦文字與曾侯乙墓竹簡則以「甲」表示｛甲｝，與《越公其事》的用字習慣相同。他認為《越公其事》記載春秋史事，因此有「文字『存古』的現象」[114]。江秋貞則認為「但就『甲』字的演變歷史來看，作『』形，已經不算是存古，反而是晉系的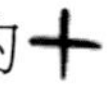（春戰・侯馬 16:3）還比較接近甲骨文，只是它不作『甲兵』之『甲』。」筆者認為戰國文字承襲西周春秋文字而來，從保留古體的角度來看，是說得通的。但是，清華簡真正創作於戰國時代的文本不多，絕大多數應可上溯至西周或春秋時代，例如《封許之命》是西周初年周成王封賞呂丁的實錄，而《曹沫之陣》記載的是春秋前期魯莊公史事，這種存古的「甲」字，除了秦系文系外，是否僅見於《越公其事》與曾侯乙墓竹簡之中，以及《越公其事》的存古現象與其流傳或底本來源是否有關，都是未來可觀察的重點。

此外，寫成「」的「甲」，除見江秋貞整理之外，亦見於清華拾壹《五紀》「」（簡 36）、「」（簡 37）、「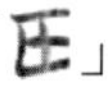」（簡 39），此類以「甲」表示｛甲｝的用法，與常見以「𢧢」表示｛甲｝確有不同，未來的新出材料應該會有更多類似寫法出現，說明楚簡中「𢧢」與「甲」均能夠表示｛甲｝[115]。

「冑」從蘇建洲、趙平安之說，可能與師同鼎（《集成》2779）的「」有關。

簡文「身被甲冑」，清華柒《趙簡子》簡 9 則有「身冒甲冑」，「冒」、「被」都有配戴之意，《戰國策・韓策一》：「山東之卒，被甲冒冑以會戰。」[116]動詞同時使用「冒」與「被」，可證。

〔**13**〕戟（敦）力（飭）鈠〈鈠（殳）〉鎗（槍）

戟	力	鈠	鎗

原整理者（201704）：敦力，致力。鈠，某種兵器，或疑「鈠」字之訛，即「殳」字異體。《說文》：「殳，以杸殊人也。《禮》：『殳以積竹，八

113 李學勤主編：《清華大學藏戰國竹簡（柒）》（上海：中西書局，2017），頁 115。

114 蘇建洲：〈談清華七〈越公其事〉簡三的幾個字〉，復旦網，2017.5.20（2021.3.19 上網）。收入中國古文字研究會吉林大學古文字研究室編：《古文字研究（第三十二輯）》（北京：中華書局，2018），頁 390-392。

115 我們對於「楚文字」的認識是累進的，有時先入為主地認為某字楚簡寫 A，其他系寫 B，若楚簡出現 B 的寫法，則將此篇簡視為受該系影響或以該系為底本來源的作品。但隨著楚簡陸續公佈，B 的寫法越來越多見時，可以得知 B 不是「專屬」於他系，而是楚人也會使用 B 的寫法。這是新見材料帶給我們的新視野。

116 諸祖耿：《戰國策集注彙考（增補本）》（南京：鳳凰出版社，2008），頁 1365。

觚,長丈二尺,建於兵車,車旅賁以先驅。』」或與鋒刃有關。第二章有「敦刃」,第三章有「敦齊兵刃」。鎗,讀為「槍」,長兵。《墨子‧備城門》:「槍二十枚,周置二步中。」[117]

zzusdy(20170429):簡 3「敦力」之「力」似當讀作「飭」,亦治也,「力」聲字用作「飭」,楚簡中已有好幾例。[118]

蘇建洲(20170520):整理者認為是「毀」字之訛確實不能排除,但筆者以為此字更可能應讀為「鉘」。益陽楚墓有件兵器戈,銘文當釋為「子者造詩(鉘)」。對於「鉘」的釋讀,陳劍先生指出:「末字釋為『或(戈)』恐不行。其形是所謂『籀文詩/悖字』『𢆶』之略省訛者,古文字包括戰國文字中多見。此字疑應讀為新造弨戟銘(《集成》17.11161)中自名『弗戟』之『弗』,亦即燕戈銘中自名之『鉘』(『孛』聲、『弗』聲字相通之例甚夥,其顯著者如『綍』、『綷』為一字異體)。」其說可從,這個意見被《銘圖》所吸收,見 16633 號「子者戈」。「沒」是明紐物部一等合口,「弗」是幫紐物部三等合口,「孛」是並紐物部一等合口,彼此聲韻關係極近。本文對「毀」的考釋若可成立,則可以新增一戈銘的自名。[119]

王寧(20170521):先秦軍隊裡裝備的常規兵器裡沒有「槍」這種名目,漢代以後所謂的「槍」其實也就是先秦說的矛,而先秦好像沒有稱「槍」的。整理者注引《墨子‧備城門》裡的「槍」,那是一種防守用具,這種東西是將長木棒兩端削尖,一端杵在地上,一端翹起向前,用以槍拒衝鋒的敵人,並非是軍隊用來戰鬥的武器。可能這裡的「鎗」是讀為斧斨的「斨」,《詩‧破斧》裡說周公東征使用的兵器裡有斧有斨,應該是一種常規戰鬥武器。[120]

子居(20171213):本節的「殳槍」蓋類似於稱「殳矛」,《司馬法‧定爵》所謂:「弓矢禦,殳矛守,戈戟助。」嚴格區別的話,長柄為矛,短柄為槍。[121]

郭洗凡(201803):從「敦力」後面跟名詞「毀鎗」的結構來看,「力」釋作動詞「飭」更好。「毀鎗」應屬武器之類。「毀」,明紐物部;「鉘」,幫紐物部。二字聲紐同屬唇音,韻部相同,可相通假。所以蘇說有一定的道理,可備一說。[122]

---

[117] 李學勤主編:《清華大學藏戰國竹簡(柒)》(上海:中西書局,2017),頁 115。

[118] zzusdy:〈清華七《越公其事》初讀〉,武漢網,跟帖第 61 樓,2017.4.29(2019.11.14 上網)。

[119] 蘇建洲:〈談清華七〈越公其事〉簡三的幾個字〉,復旦網,2017.5.20(2021.5.26 上網),收入中國古文字研究會吉林大學古文字研究室編:《古文字研究(第三十二輯)》(北京:中華書局,2018),頁 392-393。

[120] 王寧:〈清華七《越公其事》初讀〉,武漢網,跟帖第 183 樓,2017.5.21(2019.11.14 上網)。

[121] 子居:〈清華簡七《越公其事》第一章解析〉,中國先秦史網站,2017.12.13(2021.5.26 上網)。

[122] 郭洗凡:《清華簡《越公其事》集釋》(合肥:安徽大學碩士論文,2018),頁 15-16。

　　王凱博（201806）：《越公其事》簡 3「戟（敦）力」之「力」，當讀為「飭」，訓整治。從通假習慣上看，「力」聲之字常通假為「飭／飾」。[123]

　　沈雨馨（201904）：從蘇建洲先生意見。右更像「殳」旁，與《子儀》中的▨相似，字形隸定「鈠」，從上下文看「鈠鎗」為兵器。[124]

　　江秋貞（201903）：「鈠」字指的是「鏌鋣」；「鎗」字指的是「干將」，為傳世典籍中的「莫邪」、「干將」。「鏌鋣」、「干將」具有古越語的特色，而「鈠鎗」是漢字記音書寫的結果。[125]

　　滕勝霖（201905）：「戟」字從「戈」「韋」聲，「敦」字異體，古文字中戈、攴、又在用作表意偏旁時有時通用。整理者解釋為「致力」在文獻中未見，「敦」應理解為「治理」，《詩經·魯頌·閟宮》：「敦商之旅」，鄭玄箋：「敦，治也。」《諸子平議·莊子三》：「今日試使士敦劍」，俞樾按：「敦劍，猶治劍也。」「力」讀作「勒」，整飭、部署之義。二字均來紐職部，相通之例文獻常見。《墨子·非樂上》：「將將銘莧磬以力」，孫詒讓間詁引王紹蘭云：「力，即勒字。」《馬王堆參·春秋十六》欄 94：「又勒（力）成吾君之過。」《史記·孫子吳起列傳》：「子之十三篇，吾盡觀之矣，可以小試勒兵乎？」《孔子家語·相魯》：「孔子命申句須、樂頎勒士眾，下伐之。」王凱博讀作「敦飭」，此詞出現較晚，多用形容人「厚重謹慎」，或見此詞形容字跡整飭。[126]

　　史玥然（201906）：「zzusdy」的意見可從。「力」和「飭」同屬上古音職韻部，音近相通。《說文解字》：「飭，致堅也。」《詩·小雅·六月》作「戎車既飭」。毛傳：「飭，正也。」可與簡 20 出現「敦齊」一詞對讀，「飭」和「齊」都表示整齊。[127]

　　江秋貞（202006）：筆者認為原考釋的「敦力」為「致力」、「極力」之意義比較適合文意。《戰國策·秦策一》：「大王又並軍而致與戰」鮑彪注「致」為「極力也」。季師旭昇認為「敦力」可釋為「奮力」。本簡文「敦力鈠鎗」之「敦力」近於「奮力」、「極力」之義。「鈠」可視為「鏌鋣」的連讀。在《說文》「鏌」字條：「鏌，鏌鋣也。从金莫聲。慕各切。」「鏌鋣」一詞具有為古代吳越地方語言的特色，而寫作「鈠」是以中原人對古越語記音

[123] 王凱博：《出土文獻資料疑義探研》（長春：吉林大學博士論文，2018），頁 133。

[124] 沈雨馨：《《清華大學藏戰國竹簡（柒）》集釋》（北京：首都師範大學碩士論文，2019），頁 35。

[125] 江秋貞：〈清華簡七〈越公其事〉簡 3「鈠鎗」一詞考釋〉，《中國文字（新四十五期）》（新北：藝文印書館，2019），頁 161。

[126] 滕勝霖：《《清華大學藏戰國竹簡（柒）》集釋及相關問題研究》（重慶：西南大學碩士論文，2019），頁 177-178。

[127] 史玥然：《清華簡《越公其事》集釋及其漢字教學設計》（太原：山西大學碩士論文，2019），頁 11。

書寫的結果。「鎗」為「干將」兩字連讀，古越語的「干將」連讀之後以漢字寫成「鎗」字。[128]

　　杜建婷（201906）：「槍」為類似於長矛的木製武器，「鈠」為小矛，二者連文，皆為矛類武器。[129]

　　佑仁謹案：

　　「戝（敦）力」，原整理者已指出第二章有「𩂣（敦）刃」（簡 11），第三章有「𩂣（敦）齊兵刃」（簡 20）。雖然本處「戝」的寫法與後 2 例不同，但同讀為「敦」，用法是一致的。隸、楷之「享」形有三個不同來源：亯、𩂣、臺，在秦文字中均已類化成「享」。本處「𢿢」字左半的「𩂣」是城郭之「郭」的初文，楚簡中一般讀為「淳」、「庸」一類聲系，但此處讀「敦」，可見「𩂣」、「臺」已類化不別[130]。

　　「戝」即「敦」之異體，「戈」、「攴」皆有攻擊義，偏旁可替換。「戝力」，原整理者讀「敦力」，訓成「致力」。zzusdy 讀「敦飭」。蘇建洲[131]、郭洗凡從之。筆者亦贊成讀「敦飭」之說，「敦」治也，「飭」使整齊也，本處的「敦飭」與簡 20 的「敦齊」意同。

　　「鈠〈鈠（殳）〉鎗（槍）」，滕勝霖於《《清華大學藏戰國竹簡（柒）》集釋》改讀為「鏌鑲」[132]，筆者認為「鈠」右半的「叟」為「殳」之訛，「殳」和「槍」都是頭部尖銳的長兵器，故可連言。

　　〔14〕走（挾）弪秉橐（枹）

走	弪	秉	橐

　　原整理者（201704）：走弪秉橐，《國語・吳語》作「挾經秉枹」，韋昭注：「在掖曰挾。」走，與陳劍所釋曾侯乙墓竹簡「走」字相近（《釋「走」及相關諸字》，載《出土文獻與古文字研究》第五輯，上海古籍出版社，二〇

---

[128] 江秋貞：《《清華大學藏戰國竹簡（柒）・越公其事》考釋》（臺北：臺灣師範大學博士論文，2020），頁 54-79。江秋貞：《《清華大學藏戰國竹簡（柒）・越公其事》考釋》（臺北：花木蘭文化事業公司，2022），頁 30-52。

[129] 杜建婷：《清華簡第七輯文字集釋》（廣州：中山大學碩士論文，2019），頁 353。

[130] 高佑仁：《上海博物館藏戰國楚竹書（四）・曹沫之陣研究》，臺灣師範大學碩士論文，2007.7，頁 337。

[131] 蘇建洲：〈談清華七〈越公其事〉簡三的幾個字〉，復旦網，2017.5.20（2021.3.20 上網），收入中國古文字研究會吉林大學古文字研究室編：《古文字研究（第三十二輯）》（北京：中華書局，2018），頁 390-394。

[132] 滕勝霖：《《清華大學藏戰國竹簡（柒）》集釋》（成都：西南師範大學出版社，2021.7），頁 172。

一一三年）。疌，從母葉部；挾，匣母葉部，讀音相近。弪，見於馬王堆漢墓遣冊，當是弓箭類兵器。「弪」字亦見於齊國陶文，作人名，與字書中弧度義之「弪」不是一字。《國語・吳語》作「經」。俞樾曰：「世無臨陣而讀兵書者，『經』當讀為『莖』，謂劍莖也。《考工記・桃氏》曰：『以其臘廣為之莖圍。』注曰：『鄭司農云：「莖謂劍夾，人所握鐔以上也。」玄謂：莖，在夾中者。莖長五寸。』此云挾莖，正謂此矣。作『經』者，假字耳。」橐，讀為「枹」，鼓槌。《楚辭・九歌・國殤》：「霾兩輪兮縶四馬，援玉枹兮擊鳴鼓。」秉枹，秉持鼓槌。《國語・吳語》：「王乃秉枹。」[133]

石小力（20170423）：陳劍先生釋「疌」之說，從字形來看，十分合適，……唯一的不足就是受材料的限制，在古文字當中未見本用的用法，故該說出來以後，並未取得學術界的一致認可。……在《越公其事》篇中，出現了「疌」及從「疌」之字，其中「疌」字正是用為本字「挾」，而且可以跟古書對得上，故陳劍先生釋「疌」之說是確切無疑的。[134]

羅小華（20170425）：「挾經秉枹」這四個字的解釋，存在以下幾種可能：一、「挾」也應該是某種兵器，可讀為「鋏」。二、「橐」疑讀「弣」，「弪」讀為「莖」，可以理解為「箭莖」，即箭幹，也是可以的。三、「經」當可解釋為「旗竿」。清華簡《越公其事》簡3中的「挾弪秉橐」，可以有三種不同的理解。而《國語・吳語》「挾經秉枹」中的「經」，也可以有兩種不同的理解，即「劍莖」和「旗竿」。[135]

李守奎（20170512-13）：「挾弪」與文獻中的「挾矢」相當。《國語》中的「經」即使讀為「莖」，也是指箭矢之莖，而不是劍之莖。「挾弪秉桴」是形容勇於戰鬥，「挾」只能訓為持，與秉為同義詞。儘管釋「疌」讀為「挾」形、音、義都有了著落，解釋也不是唯一的。比如讀為「插」，因為要援桴擊鼓，所以就把弓箭插入箙或弢中。從文字構形上來說，手持雙矢是挾，手持倒矢是插的可能性也不是不存在。[136]

蕭旭（20170605）：《國語・吳語》中「挾經秉枹」凡二見，皆不可分屬上下文，四字自當連文。「弪」字從弓巠聲，巠聲字多取直義，「弪」當是

---

[133] 李學勤主編：《清華大學藏戰國竹簡（柒）》（上海：中西書局，2017），頁115-116。

[134] 石小力：〈據清華簡（柒）補證舊說四則〉，清華網，2017.4.23（2018.6.28上網）。收入張顯成、胡波主編：《簡帛語言文字研究》第9輯（成都：巴蜀書社，2017），頁12-24。

[135] 羅小華：〈清華簡〈越公其事〉簡3「挾弪秉橐」臆說〉，簡帛網，2017.4.25（2021.5.26上網），又見氏著：〈清華簡《越公其事》簡3「挾弪秉橐」臆說——兼論從「🉐」諸字〉，收入張兵主編：《中國簡帛學刊（第二輯）》（濟南：齊魯書社，2018），頁47、48、52。

[136] 李守奎：〈《國語》故訓與古文字〉，收入臺灣大學中國文學系、中國文字學會主編：《第28屆中國文字學國際學術研討會論文集》（臺北：臺灣大學中國文學系、中國文字學會，2017.5.12-13），頁43，後收入《漢字漢語研究》2018第2期、總第2期（2018.6），頁96-97。

「莖」分別字，指箭莖。挾弳秉枹，皆指戰事而言，或持弳，或持枹也，不是一手持弳，一手持枹。「挾」不當讀為插，李氏一說非是。[137]

子居（20171213）：若說挾劍還可以理解，但劍莖即劍柄，說「挾」顯然很奇怪，所以俞樾所說仍不可從。由《楚辭・九歌・國殤》：「帶長劍兮挾秦弓，首身離兮心不懲。」《新序・善謀上》：「子胥出亡，挾弓而干闔閭。」皆可見挾弓更符合先秦時人的行為習慣，由馬王堆漢墓遣策稱「象戈一，象矛一，弳一」來看，推測弳為一種強弓應該是比較合理的。[138]

郭洗凡（201803）：挾弳秉袍，指的是發生在戰鬥過程中的動作，或持弳，或持枹。[139]

駱珍伊（20180518-19）：「弳」字指彊弓，因此字形從「巠」，除了作為聲符，應該也含有「勁」的意義，傳世文獻中「勁」多用以形容「弓」，「弳」字在《漢語大字典》的解釋為：「即『弧度』。當圓周上某段圓弧的弧長等於該圓的半徑時，稱此圓弧所對的圓心角為一弧度。」「弳」字後世解釋作「弧度」，或許是從本義「彊弓」的「弓」義引申出來的。射手在張弓的時候，弓體與弓弦會呈現一個弧度，與「弳」字解為的「一弧度」字義相近。[140]

李守奎（201806）：其中的「秉橐」讀為秉枹或秉桴，古之成語，音義俱通，釋讀很容易。，從陳劍釋為「疌」，讀為挾，「疌弳」與《吳語》之「挾經」相當。第一，字形相合。第二，陳劍認為「疌」之本義就是挾，與《國語》正好相合。第三，「挾弳」與文獻中的「挾矢」相當。《國語》中的「經」即使讀為「莖」，也是指箭矢之莖，而不是劍之莖。「挾弳秉桴」是形容勇於戰鬥，「挾」只能訓為持，與秉為同義詞。儘管釋「疌」讀為「挾」形、音、義都有了著落，但解釋也不是唯一的，比如讀為「插」，因為要援桴擊鼓，所以就把弓箭插入箙或弢中。從文字構形上來說，手持雙矢是挾，手持倒矢是插的可能性也不是不存在。[141]

王輝（20181117-18）：簡文「身被甲胄……夾弳秉枹，振鳴鐘鼓」與《吳語》「被甲帶劍，挺鈹搢鐸」語例相似，故簡文「弳」以讀為莖，解為劍之別

[137] 蕭旭：〈清華簡（七）校補（二）〉，復旦網，2017.6.5（2021.3.20 上網）。

[138] 子居：〈清華簡七《越公其事》第一章解析〉，中國先秦史網站，2017.12.13（2021.5.26 上網）。

[139] 郭洗凡：《清華簡《越公其事》集釋》（合肥：安徽大學碩士論文，2018），頁 17。

[140] 駱珍伊：〈《清華柒・越公其事》補釋〉，收入中央大學中國文學系、中國文字學會編：《第 29 屆中國文字學國際學術研討會論文集》（桃園：中央大學中國文學系，2018），頁 525-527。

[141] 李守奎：〈《國語》故訓與古文字〉，《漢字漢語研究》2018 第 2 期、總第 2 期（2018.6），頁 96-97。

名為佳。古書帶弓者多為武將，帶劍者多為君王。簡文「天王」指吳夫差，故簡文「弳」解為劍也較合適。[142]

　　毛玉靜（201905）：綜合各家說法及文意，「弳」為兵器無疑。我們認為，李守奎先生及蕭旭先生訓為「箭莖」更合適。[143]

　　滕勝霖（201905）：駱珍伊分析可從。「聿」即「挾矢」之「挾」表意初文。「聿（挾）弳」「秉囊（枹）」皆為動賓結構，「弳」即一種硬弓，駱珍伊已結合馬王堆槨箱隨葬器物加以分析，其說可從，「挾弳」即持硬弓；「囊」通「枹」，《上博三·周易·姤》簡 40：「九二，囊（包）有魚，無咎，不利賓。」帛書本作「枹」，「秉枹」即執握鼓槌。「挾弳秉枹」比喻作戰，今本《國語·吳語》三處皆作「挾經秉枹」應是後世訛寫。[144]

　　張朝然（201906）：「聿（挾）」和「秉」均是「手持」之義。「弳」字指箭莖。A（枹）即鼓槌。筆者贊同蕭旭的觀點，挾弳秉枹，皆指戰事而言，或持弳，或持枹也。本句內容是表達吳王親征之意，挾弳伐越，秉枹鳴鼓以鼓舞士氣。[145]

　　史玥然（201906）：按整理者的意見可從。《國語·吳語》「十行一嬖大夫，建旌提鼓，挾經秉枹。十旌一將軍，載常建鼓，挾經秉枹」句中出現了兩次的「挾經秉枹」，所以「聿弳秉囊」中「聿」字和《國語》「挾」字作互讀。「聿」與「秉」對舉，都作動詞。《說文解字》中「莖，枝柱也，從艸巠聲」。「經」同「莖」，箭莖是指箭身部分。[146]

　　杜建婷（201906）：「聿」古音為從母葉部，「挾」古音為匣母葉部，二者音理可通。「挾」訓為「握持」，《戰國策·趙策四》：「位尊而無功，奉厚而無勞，而挾重器多也。」「聿（挾）弳秉囊」中之「弳」從子居釋，或可為指弓箭一類武器。筆者以為，「囊」可如字讀，為裝箭的袋子。[147]

　　江秋貞（202006）：「聿弳」應該是指「挾住弓箭」之意，「秉囊」以釋為拿著鼓槌會比較好。[148]

---

[142] 王輝：〈一粟居讀簡記（十）〉，收入清華大學出土文獻研究與保護中心編：《紀念清華簡入藏暨清華大學出土文獻研究與保護中心成立十周年國際學術研討會論文集》（北京：清華大學出土文獻研究與保護中心，2018），頁 374-375、378。

[143] 毛玉靜：《《清華大學藏戰國竹簡（柒）》字用研究》（合肥：安徽大學碩士論文，2019），頁 62。

[144] 滕勝霖：《《清華大學藏戰國竹簡（柒）》集釋及相關問題研究》（重慶：西南大學碩士論文，2019），頁 181-182。

[145] 張朝然：《清華簡《越公其事》集釋及相關問題初探》（石家莊：河北師範大學碩士論文，2019），頁 18。

[146] 史玥然：《清華簡《越公其事》集釋及其漢字教學設計》（太原：山西大學碩士論文，2019），頁 12。

[147] 杜建婷：《清華簡第七輯文字集釋》（廣州：中山大學碩士論文，2019），頁 32。

[148] 江秋貞：《《清華大學藏戰國竹簡（柒）·越公其事》考釋》（臺北：臺灣師範大學博士論文，2020），頁 83-86。江秋貞：《《清華大學藏戰國竹簡（柒）·越公其事》考釋》（臺北：花木蘭文化事業公司，2022），頁 56-59。

任龍龍（202205）：我們懷疑「弳」既可作為戈、矛一類的兵器使用，亦可當做旗竿；或者其主要作用為懸掛旌旗，必要時亦可作為兵器作戰。[149]

佑仁謹案：

簡文「聿（挾）弳秉橐（枹）」，《國語・吳語》作「挾經秉枹」[150]，針對「經」的內涵，歷代學者已有很多討論，《國語・吳語》的「經」應讀簡文的「弳」，韋昭釋作「兵書」固然不可信，俞樾 的「劍莖」說亦不正確。馬王堆三號墓竹簡遣策云：「執長莖（莖）矛八人」，《長沙馬王堆漢墓簡帛集成・第六冊》注云：「『莖』當讀為『莖』，指器物的柄。孫詒讓正義：『程瑤田云『莖者，人所握者也。』……戴震云：『刃後之鋌曰莖，以木傅莖外便持握者曰夾。』一號墓遣冊簡214、三號墓遣冊簡251之『莖』字，則均讀為直徑之『徑』」。[151]銀雀山漢墓竹簡《孫臏兵法・勢備》：「劍無首鋌，唯巧士不能進□□。」張震澤校理：「鋌，通莖……即劍柄中連劍身部分，外夾以木，約之以絲，即成劍柄。」可見劍把的「莖」，必須加上木柄，繞以細絲，方能握持，只有劍莖根本無法使用。

關於「弳」字，原整理者已指出它和馬王堆漢墓M3遣策241/17的「弳一」是同一種弓弩類武器，「弳」與矢、鏃、戈、矛等武器放在一起，且 字形本即從「弓」，釋為弓弩一類物品較能切合字義。如果這個說法正確，那麼「挾」應該釋成將「弳」夾持在腋下的動作。「聿」象人手「兼挾二矢」之形，是「挾」的初文。「挾」從本義引申以腋下夾取物品之義。《國語・齊語》：「時雨既至，挾其槍、刈、耨、鎛以旦暮從事於田野。」韋昭注：「在掖曰挾。」古籍中有許多「挾弓」的記載。

「弳」字見於古陶文，清吳大澂〈讀古陶文記〉云：「〇〇：俓，從人，上一字似從弓。」徐在國認為「此字原拓作：〇（圖錄3・625・3）〇（圖錄3・625・4），當以釋『弳』為是。」[152]可信。

李守奎認為《越公其事》的「弳」字「與字書中弧度義之『弳』不是一字。」把它們視為兩個不同的字，此說可信。古籍中不見「弳」，教育部「異體字字典」也沒有此字歷代字書的相關資料，可見它出現的時間應該甚晚。該字最早可能為量度單位或三角函數的專用語，應是取「弧」、「徑」二字合成的新字，此類字造字時間很晚，與簡文的「弳」應無關係。

---

[149] 任龍龍：《《左傳》《國語》《戰國策》新證綜理——以上世紀七十年代以來利用出土文獻校讀的成果為中心》（上海：復旦大學碩士論文，2022），頁74。

[150] （三國吳）韋昭注，徐元誥集解：《國語集解》（北京：中華書局，2002），頁549。

[151] 裘錫圭主編，湖南省博物館、復旦大學出土文獻與古文字研究中心編纂：《長沙馬王堆漢墓簡帛集成・陸》（北京：中華書局，2014），頁229。

[152] 徐在國：〈《讀古陶文記》箋證〉，復旦網，2009.8.5。（2021.10.20上網）

「秉」，指以手握持。「橐」，原整理者讀「枹」，訓為「鼓槌」，可聯繫《國語・吳語》「王乃秉枹」對讀，可信。

〔15〕晨（振）鳴鐸鼓

| 晨 | 鳴 |

原整理者（201704）：晨，即「晨」字，讀為「振」。《國語・吳語》：「王乃秉枹，親就鳴鍾鼓、丁寧、錞于、振鐸。」同篇又有「君王以親辱於弊邑」句，第四簡首所闕三字據以補為「鐘鼓，以」。[153]

蘇建洲（20171014-15）：簡文 3 中的「鳴」寫作，簡 65「鳴」寫作，「鳥」旁寫作從「爪」從「隹」，與簡 12「雞」作，以及同一書手的《清華陸・鄭文公問太伯》甲篇簡 2「雞」作、《清華陸・子儀》簡 8「鳥」作等等常見的「鳥」形不同。一種可能是鳴字「鳥」旁寫錯了，另一種可能鳴字右旁所從實為「烏」，源自一類寫法，是將「鳥」誤寫為「烏」，或是以「烏」來表示鳴叫的意符，《太平廣記・禽鳥三・梁祖》：「見飛烏止於峻坂之間而噪，其聲甚厲。副使李璠曰：『是烏鳴也，將不利乎！』」可以參考。[154]

石小力（20171026-28）釋文作：「振鳴鐘鼓，以親辱於寡人之敝邑」。[155]

子居（20171213）：除整理者所提供的補字方案外，據《周禮・夏官・大司馬》：「振鐸作旗，車徒皆作，鼓進鳴鐲，車驟徒趨，及表乃止。」可見，補為「鐸鐲，以」也不失為一種可能。[156]

吳德貞（201805）：缺文似當補「鐸鼓，以」三字。如據整理者補「鐘鼓，以」則完整句子是「振鳴鐘鼓，以親辱於寡人之敝邑。」古書中「振」多與「鐸」連用，「擊」多與「鐘」連用，如《列子・鬻子》：「教寡人以道者擊鼓，教寡人以義者擊鐘，教寡人以事者振鐸……」中山王鼎有「奮桴振

153 李學勤主編：《清華大學藏戰國竹簡（柒）》（上海：中西書局，2017），頁 116。

154 蘇建洲：〈北大簡《倉頡篇》釋文及注釋補正〉，收入復旦大學出土文獻與古文字研究中心主編：《「出土文獻與傳世典籍的詮釋」國際學術研討會議程論文集》（上海：復旦大學出土文獻與古文字研究中心，2017），頁 321-322。後正式出版，見復旦大學出土文獻與古文字研究中心主編：《出土文獻與傳世典籍的詮釋》（上海：中西書局，2019），頁 321-322。

155 石小力：〈清華簡《越公其事》與《國語》合證〉，收入香港浸會大學饒宗頤國學院、澳門大學中國語言文學系、清華大學出土文獻研究與保護中心編：《《清華簡》國際會議論文集》（香港：香港浸會大學饒宗頤國學院、澳門：澳門大學中國語言文學系，2017），頁 55。

156 子居：〈清華簡七《越公其事》第一章解析〉，中國先秦史網站，2017.12.13（2021.3.20 上網）。

鐸」。《周禮・夏官司馬》：「鼓人皆三鼓，司馬振鐸，群吏作旗……」簡文既云「振」，則補相對應的缺文為「鐸」更符合文義。[157]

滕勝霖（201905）：「晨」讀為「振」，「鳴」字右側部件從「爫」從「隹」，類似字形見於春秋晚期王孫遺者鐘「」（《集成》261）。楚系文字中有在文字上方加「爫」的習慣，如「家」寫作「豪」，「卒」寫作「窣」等，「」字右側部件可能與此類似，為楚系文字特有寫法。蘇建洲認為與「烏」字寫法有關，但「烏」影紐魚部，「鳴」明紐耕部，韻部較遠，可能性較小。本文認為此字可能是楚系文字早期寫法的遺存。[158]

史玥然（201906）：「曟」從晨從日，應是「晨」的異體字。《古文字通假字典》666頁第一字「晨」是「晨」的異構，讀為「振」，見於中山王譽（佑仁案：應為「中山王嚳」）大鼎「奮枹晨鐸」。[159]

江秋貞（202006）：第四簡首缺三字應補為「鐘鼓，以」。「曟鳴鐘鼓，以親辱於寡人之鄙=」意指「拿著鼓槌敲打鐘鼓，親自攻打敝國」。[160]

佑仁謹案：

原整理者「振鳴鐘鼓」，主要是依據《國語・吳語》而擬補，「鳴」搭配「鐘」，沒有疑問，但是《國語・吳語》與本處文例不能完全吻合，而且〈吳語〉該段的時空背景是夫差與晉國為爭盟主地位而征戰，與簡文的語境不合。此外，「鐘」是以敲擊的方式發出聲響，與「振」（持柄而搖晃出聲）的性質不同，吳德貞補「鐸鼓」，將「振」與「鐸」搭配，似乎更為理想。

「振鳴」指搖晃（金鐸）與敲擊（戰鼓），「鳴」字構形研究參第十章注釋23。

〔16〕以親辱於募（寡）人之鄙=（敝邑）

親	辱	於	募	人	之	鄙=

滕勝霖（201905）：「親辱於寡人之敝邑」屬婉辭，「鄙（佑仁案：原闕，逕補）」合文，言親自率領軍隊入侵我國，「外國入侵，本來是切齒之

[157] 吳德貞：《清華簡《越公其事》集釋》（武漢：武漢大學碩士論文，2018），頁11。
[158] 滕勝霖：《《清華大學藏戰國竹簡（柒）》集釋及相關問題研究》（重慶：西南大學碩士論文，2019），頁182。
[159] 史玥然：《清華簡《越公其事》集釋及其漢字教學設計》（太原：山西大學碩士論文，2019），頁12。
[160] 江秋貞：《《清華大學藏戰國竹簡（柒）・越公其事》考釋》（臺北：臺灣師範大學博士論文，2020），頁87。江秋貞：《《清華大學藏戰國竹簡（柒）・越公其事》考釋》（臺北：花木蘭文化事業公司，2022），頁60-61。

恨，卻說得彬彬有禮。」《左傳・襄公二十八年》：「宋之盟，君實親辱，今吾子來。」《國語・吳語》：「君王以親辱於弊邑，孤敢請成。」[161]

佑仁謹案：

開頭補「以」字，「以」是連詞，表承接意，相當於「而」。《書・金縢》：「秋，大熟，未獲，天大雷電以風。」王引之《經傳釋詞》：「以，猶而也。」[162]

「辱」意指夫差辱臨越國，是一種謙稱。此處是指：〔君王（客人）您〕振鐸鳴鐘而親自到訪我（主人）都城（＝敝邑）。

〔17〕募（寡）人不忍君之武

募	人	不	忍	君	之	武

原整理者（201704）：不忍，不忍心。《孟子・離婁下》：「我不忍以夫子之道，反害夫子。」武，兵威。《詩・常武》：「王奮厥武，如震如怒。」[163]

暮四郎（20170428）：「不忍」應當是無法承受之義，「武礪」應當與「兵甲之鬼（威）」意思相近。[164]

汗天山（20170501）：懷疑「武」當訓「跡」，指腳印，簡文中代指腳步、腿腳。《詩・大雅》「履帝武敏歆」，傳曰：「武，跡也。」。《禮・曲禮》：「堂上接武，堂下布武。」鄭玄注：「布武，謂每移足各自成跡，不相躡。」簡文或當是說，寡人不忍心讓君王您的腳步受虐磨礪於兵甲的威力，故……。這句話是外交辭令，也就是說，下文的「播棄宗廟，赶在會稽」云云，是越王勾踐不忍心讓吳王親自涉足戰場才導致的局面。又，《國語・吳語》「天王親趨玉趾」句，似可與此對讀。[165]

耒之（20170501）：「不忍」當訓為不能忍受。《史記・廉頗藺相如列傳》：「相如素賤人，吾羞，不忍為之下。」「武」當訓為「勇猛」，「礪」讀為「勵」或「厲」皆可，訓為「激勵、振奮」，「武屬兵甲之威」即指前文

---

[161] 滕勝霖：《《清華大學藏戰國竹簡（柒）》集釋及相關問題研究》（重慶：西南大學碩士論文，2019），頁183。

[162]（清）王引之，（民國）黃侃、楊樹達批本：《經傳釋詞》（長沙：嶽麓書院，1984），卷一，頁8。

[163] 李學勤主編：《清華大學藏戰國竹簡（柒）》（上海：中西書局，2017），頁116。

[164] 暮四郎：〈清華七《越公其事》初讀〉，武漢網，跟帖第77樓，2017.4.28（2019.11.14上網）。

[165] 汗天山：〈清華七《越公其事》初讀〉，武漢網，跟帖第129樓，2017.5.1（2019.11.14上網）。

「吾君天王，以身被甲冑，敦力鈘槍，挾弳秉枹，振鳴〔鐘鼓〕」。這句話的大意是，寡人不能忍受您（夫差）勇猛的振奮兵甲之威。[166]

蕭旭（20170605）：「武」是楚語，楚人謂士曰武，簡文指吳軍。[167]

程悅（20171028-29）：「鬼」當釋讀為「畏」，「武」義為「士」，「礪兵甲」為繕治兵器甲冑。[168]

黃愛梅（20171118）：按照《清華大學藏戰國竹簡（貳）》第一章【注一二】解釋，「武，兵威」，在【釋文】中，「（寡）人不忍君之武礪（勵）兵甲之鬼（威）」，「武」字後應有「，」號。[169]

子居（20171213）：筆者以為，「武」當訓為「士」，礪當讀為原字，義為磨礪，「礪兵甲」類似於傳世文獻所稱「繕甲厲兵」、「堅甲厲兵」，這裡當是勾踐說不忍見夫差士卒砥礪兵甲的威勢。[170]

滕勝霖（20171223-24）：越王勾踐不明言兵敗的現實，而說自己不願意褻瀆吳國軍隊的威嚴，故而捨棄宗廟，留守會稽。[171]

郭洗凡（201803）：「不忍」解釋為不能忍受，指的是越王無法承受之義，與下文的「兵甲之威」搭配更合理，指的是不能承受軍事上的威力。[172]

何家歡（201806）：「不忍」為先秦外交辭令常用之語，相當於現在的「狠不下心」，其後一般不帶賓語，表委婉語氣。疑「武」當訓「繼」。大意為：寡人不忍心您繼續振奮兵甲的威風，義與《國語‧越語上》「寡君之師徒，不足以辱君矣」相近。[173]

翁倩（201806）：從外交辭令角度來看，「不忍」表達語氣客氣，「武」在語氣上抬高對方，而「勵兵甲之威」實乃威脅之語，實指若夫差不答應求和，句踐將率領「帶甲八千」與之死戰。因此，「不忍」仍然從整理者解釋，「不忍心」，「武」即威武。「礪」，讀為「勵」，或許是至、「親臨」之意，此處也可理解為勤勉。「兵甲之威」，蕭旭提到與「兵革」意義相近。兵革，兵器和甲冑的總稱。泛指武器軍備，還可指戰爭。因此，簡文當理解為，

---

[166] 耒之：〈清華七《越公其事》初讀〉，武漢網，跟帖第 132 樓，2017.5.1（2019.11.14 上網）。

[167] 蕭旭：〈清華簡（七）校補（二）〉，復旦網，2017.6.5（2021.3.20 上網）。

[168] 程悅：〈清華簡《越公其事》劄記一則〉，收入人民大學文學院編：《第二屆小學與文獻學術研討會論文集》（北京：人民大學文學院，2017），頁 35-37。

[169] 黃愛梅：〈《越公其事》與吳、越史事——讀《清華簡（柒）‧越公其事》札記〉，收入華東師範大學歷史系編：《「第二屆出土文獻與先秦史研究」工作坊論文集》（上海：華東師範大學歷史學系，2017），頁 68。

[170] 子居：〈清華簡七《越公其事》第一章解析〉，中國先秦史網站，2017.12.13（2021.3.20 上網）。

[171] 滕勝霖：〈簡帛語類文獻婉語初探——以《清華大學藏戰國竹簡》春秋語類文獻為例〉，收入重慶市語言學會、重慶師範大學文學院主編：《重慶市語言學會第十一屆年會論文集》（重慶：重慶師範大學文學院，2017），頁 218。

[172] 郭洗凡：《清華簡《越公其事》集釋》（合肥：安徽大學碩士論文，2018），頁 18-19。

[173] 何家歡：《清華簡（柒）《越公其事》集釋》（保定：河北大學碩士論文，2018），頁 40。

我不忍心您的威武勤勉於戰爭，大意就是不希望吳王操勞軍務，語氣極近卑下，實乃柔中帶剛。表面上是為吳王考慮，實則為己謀利。[174]

沈雨馨（201904）：「不忍」，不能忍受的意思。《孟子‧梁惠王上》：「吾不忍，其觳觫，若無罪而就死地。」武礪，武，兵威，礪，讀為「勵」，勤勉、振奮。[175]

滕勝霖（201905）：本文認為「武」字後面不用點斷，「寡人不忍君之武」後接三個並列的賓語，即「屬兵甲之鬼（威）」「播棄宗廟」「赶（遷）在會稽」。「不忍」從整理者之說，不忍心之義。「武」訓為「士」。「兵甲」指代戰爭。「鬼」通「威」可從。「兵甲之威」意思是戰爭之可畏，比喻嚴酷戰爭。[176]

張朝然（201906）：「武」應為「勇猛、威武」之意。礪，讀為「勵」或「屬」，也表示勇猛之意。本句斷句當從黃愛梅之說，在「武礪」之後應有「，」號。原文為「（寡）人不忍君之武礪（勵），兵甲之鬼（威）」，意思是，我不能承受您（吳王）的勇猛和吳軍隊的威力。[177]

史玥然（201906）：「不忍」應當理解為「無法承受」。[178]

江秋貞（202006）：「武屬」可以成詞，如《楚辭‧天問》：「何壯武屬，能流厥嚴？」「壯大也，言闔閭少小離亡，何能壯大，屬其勇武，流其威嚴也。」在此「武屬」指雄壯之意。「武屬」既可成詞，則此處斷句自然可以是「募（寡）人不忍君之武礪，兵甲之鬼（威）」筆者同意原考釋的斷句方式：「募（寡）人不忍君之武礪（屬），兵甲之鬼（威）」，是指勾踐承受不住吳軍之壯盛，兵甲的威力此句為越王請吳軍高抬貴手停止攻剿越國，越取得喘息的機會之後，再圖復興大業。[179]

佑仁謹案：
本句有兩種斷讀方式，分別是：

---

[174] 翁倩：〈清華簡《越公其事》篇研讀札記〉，《四川職業技術學院學報》第 28 卷第 3 期（2018.6），頁 89-90。

[175] 沈雨馨：《《清華大學藏戰國竹簡（柒）》集釋》（北京：首都師範大學碩士論文，2019），頁 36。

[176] 滕勝霖：《《清華大學藏戰國竹簡（柒）》集釋及相關問題研究》（重慶：西南大學碩士論文，2019），頁 185。

[177] 張朝然：《清華簡《越公其事》集釋及相關問題初探》（石家莊：河北師範大學碩士論文，2019），頁 20。

[178] 史玥然：《清華簡《越公其事》集釋及其漢字教學設計》（太原：山西大學碩士論文，2019），頁 12。

[179] 江秋貞：《《清華大學藏戰國竹簡（柒）‧越公其事》考釋》（臺北：臺灣師範大學博士論文，2020），頁 95-96。江秋貞：《《清華大學藏戰國竹簡（柒）‧越公其事》考釋》（臺北：花木蘭文化事業公司，2022），頁 68-69。

1 募（寡）人不忍君之武礪兵甲之鬼（威）。
2 募（寡）人不忍君之武，礪兵甲之鬼（威）。

　　第一種說法為原整理者提出，將「武礪兵甲」連讀[180]。蕭旭則認為「武礪」不成詞，因此將「礪」單獨與後文的「兵甲之鬼（威）」連讀，如此一來便分成前後兩句[181]（即第二種說法）。「武礪兵甲」四字連讀，確實拗口不易理解，「兵甲」原指兵器與鎧甲，可泛指軍隊，而與「兵甲」對文的「武礪」，該怎麼解釋並不好說。而且就語感來說，分成二句讀法較為通順，因此筆者支持「武」字下點斷的方案（即第二說）。

　　要具體理解簡文「募（寡）人不忍君之武，礪兵甲之鬼（威）」一段的意義，「不忍」二字是其關鍵。原整理者訓「不忍」為「不忍心」[182]，暮四郎訓為「無法承受」[183]，秉之主張訓為「不能忍受」，全句指「寡人不能忍受您（夫差）勇猛的振奮兵甲之威」，[184]郭洗凡亦訓為「不能忍受」。[185]何家歡認為「不忍」為先秦外交辭令常用之語，相當於現在的「狠不下心」[186]，子居認為是「句踐說不忍見夫差士卒砥礪兵甲的威勢」。[187]滕勝霖認為句踐是說「自己不願意褻瀆吳國軍隊的威嚴，故而捨棄宗廟，留守會稽。」[188]

　　從上述各家學者的解釋可知，「不忍」一詞約可分成兩種說法：

1 忍受不了、無法承受、無法忍受。
2 不忍心，猶今語「捨不得」、「不捨」。

第一種說法，指句踐自言承受不住夫差的攻擊，因此選擇放棄宗廟，敗逃會稽山，但此話若脫口而出，則氣勢散盡，如同正式向夫差降服。而且，既然承受

[180] 清華大學出土文獻與保護中心編；李學勤主編：《清華大學藏戰國竹簡（柒）》（上海：中西書局，2017.4），頁114。
[181] 蕭旭：〈清華簡（七）校補（二）〉，復旦網，2017.6.5（2021.3.20上網）。
[182] 見武漢網「簡帛論壇」〈清華七《越公其事》初讀〉76樓（2017.4.28）。（2018.07.18上網）
[183] 見武漢網「簡帛論壇」〈清華七《越公其事》初讀〉76樓（2017.4.28）。（2018.07.18上網）
[184] 見武漢網「簡帛論壇」〈清華七《越公其事》初讀〉131樓（2017.5.1）。（2018.07.24上網）
[185] 郭洗凡：《清華簡《越公其事》集釋》，安徽大學碩士論文，2018.3，頁18-19。
[186] 何家歡：《清華簡（柒）《越公其事》集釋》（保定：河北大學碩士論文，2018），頁40。
[187] 子居：〈清華簡七《越公其事》第一章解析〉，中國先秦史網站，2017.12.13（2021.3.19上網）。
[188] 滕勝霖：〈簡帛語類文獻婉語初探——以《清華大學藏戰國竹簡》春秋語類文獻為例〉，收入重慶市語言學會、重慶師範大學文學院主辦：「重慶市語言學會第十一屆年會」，2017.12.23-24，頁216-228。

不住吳國部隊，那後文怎還能以八千兵甲做最後的死亡要脅云云？尤其關乎國家存亡之際，執行高度政治任務的文種，講話不可能這麼直白。

觀察《越公其事》首章裡，大夫種的請成之詞寔可謂不卑不亢、軟中帶硬，他沒有正面承認越國的敗戰是軍隊不夠精良，反而是用上天降禍來解釋，他也沒有搖尾乞憐祈求吳王談和，而是以最後的剩餘部隊，威脅將與吳國決一死戰，讓吳王選擇對自己比較有利的一種方式。因此，筆者認為這裡的「不忍」當是「不忍心」，就是今語「捨不得」或「不捨」，這當然是政治語言，依據文種的說辭，當夫差全副武裝大軍壓境時，句踐並非無法與之抗衡，而是句踐捨不得夫差遭受兵戈之創，因此才退至會稽山，主動求和。這是句踐面對戰敗時求成的外交辭令，試圖抬高夫差的身分地位，也給自己的挫敗下臺階，以低姿態但也不惜決一死戰為說詞，換取越國的保全。

「武」，原整理者認為是兵威[189]，汗天山（侯乃峰）認為「武」當訓「跡」，指腳印，簡文中代指腳步、腿腳，全句是指「不忍心讓君王您的腳步受虐磨碾於兵甲的威力」；[190]耒之認為「武」當訓為「勇猛」[191]；蕭旭、程悅認為「武」可訓釋為「士」，「君之武」為「您的勇士」[192]，亦即「吳軍」[193]，子居也認為「武」當訓為「士」[194]，何家歡認為「武」當訓「繼」，全句翻譯成「寡人不忍心您繼續振奮兵甲的威風」[195]。

將「武」理解為腳步，最主要應是為了與《國語・吳語》「天王親趨玉趾」[196]此句作聯繫，但「武」字從訓為「腳印」到「代指腳步」，再到語譯成「涉足」，意思轉了好幾層，釋法較為輾轉曲折。且人在戰場廝殺，最容易受創的是身軀與雙手，此處強調怕傷害了吳王的「腳步」，似乎不合常理。沒有更多證據支持簡文的「武」必須與「天王親趨玉趾」聯繫，故「武」字應可作其他解讀。

至於將「武」訓「士」之說，也有問題，固然先秦文獻不少楚人謂「士」為「武」的用法，但是《越公其事》簡13-14云：「吳之善士將中半死矣。」本

[189] 清華大學出土文獻與保護中心編；李學勤主編：《清華大學藏戰國竹簡（柒）》（上海：中西書局，2017.4），頁116。

[190] 見武漢網「簡帛論壇」〈清華七《越公其事》初讀〉128樓（2017.5.1）。（2018.07.24上網）侯乃峰：〈讀清華簡（柒）零札〉，「中國文字學會第九屆學術年會」論文集，貴陽2017.8.19-20，頁217-218。

[191] 見武漢網「簡帛論壇」〈清華七《越公其事》初讀〉131樓（2017.5.1）。（2018.07.24上網）

[192] 程悅：〈清華簡《越公其事》札記一則〉，《人民大學小學與文獻會議論文集》，2017.10.28-29，頁37。

[193] 蕭旭：〈清華簡（七）校補（二）〉，復旦網，2017.6.5（2021.3.20上網）。

[194] 子居：〈清華簡七《越公其事》第一章解析〉，中國先秦史網站，2017.12.13（2021.3.19上網）。

[195] 何家歡：《清華簡（柒）《越公其事》集釋》（保定：河北大學碩士論文，2018），頁11。

[196] （三國吳）韋昭注，徐元誥集解：《國語集解》（北京：中華書局，2002），頁539。

身就有「士」字，何必使用「武」字的冷僻用義來取代「士」字？值得留意的是，本段話裡文種多次強調吳王親身臨陣，例如「虘（吾）君天王，以身被甲冑（胄）」、「親辱於寡（寡）人之㱿=（敝邑）」，因此害怕兵創的對象依理應是吳王本人，怎麼會反而是士兵呢？可見這樣的理解是不妥的。「武」，應如原整理者言，訓為「兵威」。《毛詩・大雅・常武》：「王奮厥武，如震如怒。」[197]《書・泰誓》：「我武惟揚，侵于之疆。」[198]不忍君之武，即不捨國君您的軍威（兵威）。

〔18〕礪（勵）兵甲之鬼（威）

礪	兵	甲	之	鬼

原整理者（201704）：礪，讀為「勵」，勸勉、振奮。《國語・吳語》：「請王屬士，以奮其朋勢。」兵甲，兵器鎧甲，指軍隊。《左傳》哀公十五年：「公孫宿以其兵甲入于嬴。」鬼，讀為「威」。[199]

暮四郎（20170428）：「礪」似當讀為「屬」，與「威」義近。先秦文獻中有「屬」、「威」同時出現的例子，如《楚辭・天問》「何壯武屬，能流厥嚴」、《荀子・宥坐》「是以威屬而不試，刑錯而不用」。「寡人不忍君之武礪（屬）、兵甲之鬼（威）」的大意是「我不能承受您的武略之屬、兵甲之威」，所以會有後文「播棄宗庿（廟），赶（間？）才（在）會旨（稽）」的結果。[200]

蕭旭（20170605）：簡文「武礪」不成詞，當「礪兵甲之威」為句。礪，讀為勮，俗作屬、勵，勸勉也、奮勵也。[201]

侯乃峰（20170819-20）：「武」當訓「跡」，指足跡、腳印，簡文中代指腳步、腿腳。「礪」似當讀為「屬」。《玉篇》：「屬，虐也。」簡文「寡人不忍君之武礪（屬）兵甲之鬼（威）」或當是說，寡人不忍心讓君王您的腳步受虐於兵甲的威力，故如何如何。這句話作為外交辭令，也就是說，下文

---

[197]（漢）毛公傳，（漢）鄭玄箋，（唐）孔穎達等正義，李學勤主編：《十三經注疏・毛詩正義》（北京：北京大學出版社，2000），頁1474。

[198]（漢）孔安國傳，（唐）孔穎達正義，李學勤主編：《十三經注疏・尚書正義》（北京：北京大學出版社，2000），卷十一，頁319。

[199] 李學勤主編：《清華大學藏戰國竹簡（柒）》（上海：中西書局，2017），頁116。

[200] 暮四郎：〈清華七《越公其事》初讀〉，武漢網，跟帖第77樓，2017.4.28（2019.11.14上網）。

[201] 蕭旭：〈清華簡（七）校補（二）〉，復旦網，2017.6.5（2021.3.20上網）。

的「播棄宗廟，赶在會稽」云云，是越王勾踐不忍心讓吳王親自涉足戰場才導致的局面。[202]

石小力（**201710**）：「不忍」當訓為不能忍受。《史記・廉頗藺相如列傳》：「相如素賤人，吾羞，不忍為之下。」「武」當訓為「勇猛」，「礪」從暮四郎讀為「屬」，但應訓為「振奮」，《管子・七法》：「兵弱而士不屬，則戰不勝而守不固。」「武屬」一詞見於《楚辭・天問》：「何壯武屬，能流厥嚴。」「武屬兵甲之威」即指前文「吾君天王，以身被甲胄，敦力釵槍，挾弳秉枹，振鳴〔鐘鼓〕」。這句話的大意是，寡人不能忍受您（夫差）勇猛的振奮兵甲之威。[203]

石小力（**20171026-28**）斷讀作「寡人不忍君之武，屬兵甲之威。」[204]

郭洗凡（**201803**）：「礪」，讀為「勱」，也可以作「勵」，鼓勵、振奮的意思。《說文》：「勱，勉力也。」句子的大意是我（越王）不能忍受吳王您的軍隊和兵甲的威力。[205]

翁倩（**201806**）：「礪」本義磨刀石。礪兵，磨快兵器。比喻作好戰備。「親臨」之意，此處也可理解為勤勉。兵革，兵器和甲胄的總稱。泛指武器軍備，還可指戰爭。「兵甲之威」，其實就是指戰爭。因此，簡文當理解為，我不忍心您的威武勤勉於戰爭，大意就是不希望吳王操勞軍務，語氣極近卑下，實乃柔中帶剛。表面上是為吳王考慮，實則為己謀利。這符合外交辭令的表達習慣，邏輯上也顯得更加準確。[206]

程悅（**201807**）：「鬼」當釋請為「畏」，「武」義為「士」，「礪兵甲」為繕治武器裝備。「君之武」與「礪（屬）兵甲之畏」之間，似乎添一個「以」字更為通順。但是我們不認為這裡存在省略。「君之武」是整個句子陳述的對象，其後的成分都是對這一對象狀況的表述。[207]

心包（**20180821**）：我們懷疑這裡是不是可讀為「屬兵甲之鬼」，「屬」作動詞用，《新書・禮容書下》「鬼不屬祟，民不謗怨」，雖然這裡是主動

[202] 侯乃峰：〈讀清華簡（柒）零札〉，收入中國文字學會編：《中國文字學會第九屆學術年會論文集》（北京：中國文字學會，2017），頁 217，收入中國文字學會編：《中國文字學報（第九輯）》（北京：商務印書館，2018），頁 94。

[203] 石小力：〈清華簡第七冊字詞釋讀札記〉，《出土文獻》第 11 輯（上海：中西書局，2017.10），頁 243。

[204] 石小力：〈清華簡《越公其事》與《國語》合證〉，收入香港浸會大學饒宗頤國學院、澳門大學中國語言文學系、清華大學出土文獻研究與保護中心編：《《清華簡》國際會議論文集》（香港：香港浸會大學饒宗頤國學院、澳門：澳門大學中國語言文學系，2017），頁 55。

[205] 郭洗凡：《清華簡《越公其事》集釋》（合肥：安徽大學碩士論文，2018），頁 18-19。

[206] 翁倩：〈清華簡《越公其事》篇研讀札記〉，《四川職業技術學院學報》第 28 卷第 3 期（2018.6），頁 89-90。

[207] 程悅：〈清華簡《越公其事》「募（寡）人不忍君之武礪（勵）兵甲之鬼」札記〉，《文獻語言學》6（2018.7），頁 237。

式，但是仍然可以比附《越公其事》，整句話是說大動武功會讓很多士卒戰死（白白「強死」，「屍骨無存」，無從祭祀，成為「厲鬼」，最能體會的就是秦晉「殽之戰」的那些秦國將士，文公三年「封殽屍而還」，白白做了幾年的「野鬼」）。[208]

張朝然（**201906**）：「武礪（勵）」，「武」應為「勇猛、威武」之意。礪，讀為「勵」或「厲」，也表示勇猛之意。本句斷句當從黃愛梅之說，在「武礪」之後應有「，」號。原文為「（寡）人不忍君之武礪（勵），兵甲之鬼（威）」，意思是，我不能承受您（吳王）的勇猛和吳軍隊的威力。[209]

史玥然（**201906**）：「礪」釋為「勤」，《說文》中「勤，勉力也」，有鼓勵、振奮的意思，亦可以作「勵」。這句話大意為寡人（越王）沒有辦法承受君王（吳國）軍隊和兵甲的威力。[210]

白於藍、岳拯士（**202006**）：「武礪」當讀為「武烈」。上古音「礪」、「烈」俱為來紐月部字，兩字雙聲疊韻。「礪」從「厲」聲，「烈」從「列」聲，傳世文獻中「列」及從「列」聲之字與「厲」及從「厲」聲之字常可互通。「武烈」一詞見於典籍，《國語・吳語》：「成王能明文昭，能定武烈者也。」韋昭《注》：「烈，威也。言能明其文，使之昭；定其武，使之威也。」簡文「兵甲之鬼（威）」當與「兵威」同義，在簡文中與「武烈」並列。前文末之所引《楚辭・天問》「何壯武厲，能流厥嚴」，「何壯武厲」是何能壯大勇武奮厲之義。[211]

陳一（**202203**）：「礪」如字讀即可。不忍，當指「承受不住」，武，《大戴禮記・衛將軍文子》：「夫強乎武哉。」王聘珍解詁引《廣雅》云：「武，勇也。」但非兵威，否則與後面「兵甲之威」重複，故指的是吳王個人的勇武。「畏」字此處讀為「威」，礪，如字讀或讀為「厲」、「勵」皆可，可分兩類：若讀為「礪」或「厲」（二者同），「兵甲」則指兵器和鎧甲，即武器裝備，意為「我承受不住受您的勇武所磨礪的兵甲的威勢。」若讀為「勵」，「兵甲」則代指軍隊，意為「我承受不住受您的勇武所振奮的軍隊的威勢。」[212]

[208] 心包：〈清華七《越公其事》初讀〉，武漢網，跟帖第 230 樓，2018.8.21（2019.11.19 上網）。

[209] 張朝然：《清華簡《越公其事》集釋及相關問題初探》（石家莊：河北師範大學碩士論文，2019），頁 20。

[210] 史玥然：《清華簡《越公其事》集釋及其漢字教學設計》（太原：山西大學碩士論文，2019），頁 13。

[211] 白於藍、岳拯士：〈清華簡《越公其事》校釋（六則）〉，《中國文字》總第 3 期（2020.6），頁 181-182。

[212] 陳一：《清華簡（柒）疑難字詞補釋》（天津：天津師範大學碩士論文，2022），頁 92。

佑仁謹案：

「礪」，原整理者讀為「勵」，勸勉、振奮[213]，耒之[214]、郭洗凡從之[215]；翁倩以為「『礪』本義磨刀石……比喻作好戰備」[216]；暮四郎認為「礪」當讀為「厲」，與「威」義近[217]；侯乃峰認為「礪」似當讀為「厲」，訓為「虐」；[218]心包認為「厲」是「厲鬼」[219]；張朝然認為武、礪均有「勇猛」義[220]；白於藍及岳拯士以為武礪即「武烈」一詞[221]。諸家說法不一。

本段沒有什麼鬼神色彩，「厲」釋為「厲鬼」自然是不適當的。郭洗凡把「勵」解釋成「鼓勵、振奮」，但他將全句翻譯：「我（越王）不能忍受吳王您的軍隊和兵甲的威力。」可以說完全沒有涉及「勵」的意義。

筆者認為「礪」應讀如字，「礪」本為磨刀石，後引申為「磨礪」，即以石磨礪兵器，使兵刃鋒利。《左傳‧哀公十六年》：「勝自厲劍。」[222]《荀子‧性惡》：「鈍金必將待礱厲然後利。」楊倞注：「礱、厲，皆磨也。厲與礪同。」[223]「礪」亦可作「厲」，《戰國策‧秦策一》：「於是，乃廢文任武，厚養死士，綴甲厲兵，效勝於戰場。」[224]《史記‧張儀列傳》：「敝邑恐懼懾伏，繕甲厲兵，飾車騎，習馳射。」[225]

簡文的「礪（厲）兵甲之威」是一種政治辭令，「礪（厲）」為動詞「磨厲」，意為句踐不捨以吳王的軍威，磨礪（越軍）兵甲，也就是怕夫差的軍威

[213] 清華大學出土文獻與保護中心編；李學勤主編：《清華大學藏戰國竹簡（柒）》（上海：中西書局，2017.4），頁116。

[214] 見武漢網「簡帛論壇」〈清華七《越公其事》初讀〉131樓（2017.5.1）。（2018.07.24上網）

[215] 郭洗凡：《清華簡《越公其事》集釋》（合肥：安徽大學碩士論文，2018.3），頁18-19。

[216] 翁倩：〈清華簡《越公其事》篇研讀札記〉，《四川職業技術學院學報》第28卷第3期（2018.6），頁89-90。

[217] 見武漢網「簡帛論壇」〈清華七《越公其事》初讀〉76樓（2017.4.28）。（2018.07.18上網）

[218] 見武漢網「簡帛論壇」〈清華七《越公其事》初讀〉229樓（2018.8.21）。（2018.11.12上網）

[219] 見武漢網「簡帛論壇」〈清華七《越公其事》初讀〉229樓（2018.8.21）。（2018.11.12上網）

[220] 張朝然：《清華簡《越公其事》集釋及相關問題初探》（石家莊：河北師範大學碩士論文，2019），頁20。

[221] 白於藍、岳拯士：〈清華簡《越公其事》校釋（六則）〉，《中國文字》總第3期（2020.6），頁181-182。

[222] （晉）杜預注、（唐）孔穎達正義，李學勤主編：《十三經注疏‧春秋左傳正義》（北京：北京大學出版社，2000），頁1948。

[223] （清）王先謙撰、沈嘯寰、王星賢點校：《荀子集解》（北京：中華書局，1988），頁435。

[224] 諸祖耿：《戰國策集注彙考（增補本）》（南京：鳳凰出版社，2008），頁119。

[225] （漢）司馬遷撰、（南朝宋）裴駰集解、（唐）司馬貞索引、張守節正義：《史記》（北京：中華書局，2014），頁2789。

受兵甲之創，才會選擇背棄宗廟，敗走會稽山，意即不是越國想退兵，是不忍看到您的君威遭受冒犯而主動退讓。此種釋法比直白地向夫差求降（即第一說），更能體現出外交辭令的不卑不亢與委婉含蓄。

簡文「兵甲之鬼（威）」，多數學者都將「鬼」讀為「威」，只有心包將「鬼」讀如字，筆者以為仍讀「威」為宜。值得留意的是，《國語・吳語》載吳王答應句踐談和，正準備與越國訂立盟約時，越國突然推辭，越王使諸稽郢云：「……前盟口血未乾，足以結信矣。……君王舍甲兵之威以臨使之，而胡重於鬼神而自輕也？」[226]也就是吳王的軍威比鬼神的盟誓還有約束性，因此沒有盟誓的必要，該段文句中亦見「兵甲之威」一詞，可見簡文的「鬼」不應讀如字，而必須理解成威勢、威嚴。

〔19〕科（播）弁（棄）宗宙（廟）

科	弁	宗	宙

原整理者（201704）：科，從斗，采聲，讀為「播」。播棄，棄置。《國語・吳語》：「今王播棄黎老，而孩童焉比謀。」[227]

石小力（20170423）：今「科」字《越公其事》二見，分別作▨（簡4）、▨（簡23），從斗，采聲，文例分別為「寡人不忍君之武勵兵甲之威，科（播）弁（棄）宗廟，趕在會稽」（簡4），「余其與吳科（播）弁（棄）怨惡于海瀨江湖」（簡23），皆為「科棄」連文，整理者讀為「播」，可信。二形所從「采」形不誤。[228]

無語（20170426）：據石小力先生《據清華簡（柒）補證舊說四則》一文，我們認為《芮良夫毖》「料和庶民」之「料」也可能當改釋作「播」。關於《康誥》「百工播民和，見士于周」，舊一般把「和」屬上讀，後來有不少學者把「和」屬下讀作「百工、播民，和見士（事）于周」，認為「播民」與《大誥》「遏播臣」之「播臣」結構相類。但《大誥》「播臣」、《清華壹・尹至》「夏播民」之「播民」都帶有貶義色彩，「播民」不當與「百工」、「侯」、「甸」、「男」等並列，因此我認為《康誥》「和」屬上讀為宜。「播民和」聯繫其前文字來看，應即「播民之和」。《芮良夫毖》「播和庶

---

[226]（三國吳）韋昭注，徐元誥集解：《國語集解》（北京：中華書局，2002），頁540。

[227] 李學勤主編：《清華大學藏戰國竹簡（柒）》（上海：中西書局，2017），頁116。

[228] 石小力：〈據清華簡（柒）補證舊說四則〉，清華網，2017.4.23（2018.6.28 上網）。收入張顯成、胡波主編：《簡帛語言文字研究》第9輯（成都：巴蜀書社，2017），頁12-24。

民」似當理解為「播和於庶民」，兩者都是「和」作「播」的賓語，似可互證。[229]

沈雨馨（201904）：播，《說文》：「穜也。一曰布也。从手番聲。𢿳，古文播。」播金文作「𢻻」，《信陽1》簡24（佑仁案：即信陽簡1.024）作「𢼩」，傳抄古文中有近似的字形。同篇（佑仁案：指《越公其事》）簡23應當是「播棄怨惡」。[230]

滕勝霖（201905）：（𤓵）與「番」字古文（即「采」字）相似，讀為「播」。《說文‧采部》：「番，獸足謂之番。……𤓷，古文番。」段玉裁注：「按〈九歌〉『𤓷芳椒兮成堂。』補注：『𤓷，古播字。』」「播棄」文獻習見，棄置、捨棄之義。……「宗廟」本指古代帝王、諸侯祭祀祖宗的廟宇，引申為朝廷和國家政權的代稱。「播棄宗廟」的主語是「君之武」。[231]

史玥然（201906）：「科」從斗采聲，「播」從手番聲。《楚辭‧九歌》：「𤓷芳椒兮成堂。」洪興祖考：「一云播芳椒兮盈堂。」「𤓷」為播的古字。「𤓷」和「科」都有從采部件。《書‧多方》「爾乃屑播天命」中「播」有丟棄、流蕩、遷徙的意思。[232]

江秋貞（202006）：播，有「遷徙」義，如《左傳》曰：「震蕩播越。」「播棄」則為「拋棄」義，如《墨子‧明鬼下》：「昔者殷王紂，貴為天子，富有天下，上詬天侮鬼，下殃傲天下之萬民，播棄黎老，賊誅孩子，楚毒無罪，刳剔孕婦，庶舊鰥寡，號咷無告也。」《傳》（佑仁案：《左傳》）以「播」為「布」，「布者，徧也。言徧棄之不禮敬。」《國語‧吳語》云「今王播棄黎老」，這裡是說越王勾踐戰敗逃亡、拋棄宗廟。「科弃宗宙，赶才會旨」意指「棄置宗廟，逃到會稽」。[233]

佑仁謹案：

原整理者釋「科（播）」可信，字從「斗」、采聲，即《說文》「番」字古文，文句中讀「播棄」，文義甚妥。早期部分學者將此字與「料」字聯繫（參石小力文中「清華簡《尹至》『播』字補釋」一則），《越公其事》用例清楚，「播棄」為古籍習語，指背棄、捨棄，《尚書‧泰誓中》：「今商王

[229] 無語：〈清華七《越公其事》初讀〉，武漢網，跟帖第38樓，2017.4.26（2019.11.14上網）。

[230] 沈雨馨：《《清華大學藏戰國竹簡（柒）》集釋》（北京：首都師範大學碩士論文，2019），頁36。

[231] 滕勝霖：《《清華大學藏戰國竹簡（柒）》集釋及相關問題研究》（重慶：西南大學碩士論文，2019），頁186。

[232] 史玥然：《清華簡《越公其事》集釋及其漢字教學設計》（太原：山西大學碩士論文，2019），頁14。

[233] 江秋貞：《《清華大學藏戰國竹簡（柒）‧越公其事》考釋》（臺北：臺灣師範大學博士論文，2020），頁96-97。江秋貞：《《清華大學藏戰國竹簡（柒）‧越公其事》考釋》（臺北：花木蘭文化事業公司，2022），頁69。

受，力行無度。播棄犂老 ，昵比罪人。」[234]《尚書‧多方》：「爾乃不大宅天命，爾乃屑播天命。」孔《傳》：「汝乃不大居安天命，是汝乃盡播棄天命。」[235]「播」、「棄」為同義複詞。「番」是「播種」的「播」的專字，被播撒的東西顯然是種子。「播」用於農田，是播種。用於播水、播物，則有「棄除」之義[236]。

「播棄黎老」一詞又見於《國語‧吳語》[237]、《墨子‧明鬼下》[238]等文獻，指「拋棄老臣」，「🔲」當為《說文》「番」字古文「🔲」，已無疑義。本篇的「🔲」字從斗、采聲，「采」形中間的豎筆略微彎曲，與豎筆直貫而下的「米」寫法不同，但在戰國文字中「采」、「米」卻有不少類化之例，例如「帯／幣」都將上半構件聲化成「🔲」，但「🔲」（新蔡.甲 3.350）所謂的「采」聲顯然是更接近「米」形。此即《清華壹‧尹至》之所以寫成「🔲」的原因。

〔20〕赶才（在）會旨（稽）

赶	才	會	旨
赶	才	會	旨

ee（20170427）：「赶」疑讀為「遷」。[239]

暮四郎（20170428）：「赶」解為奔竄，缺乏訓詁根據。「迁」字不見於典籍實際使用。我們懷疑「赶」或可讀為「間（閒）」，意為雜廁。上古「干」聲的字常常與「間」聲的字相通，如《儀禮‧聘禮》「皮馬相間可也」，鄭注「古文間作干」。《後漢書‧西羌傳》：「當春秋時，閒在中國，與諸夏盟會。」《廣韻‧襇韻》：「閒，廁也。」「播棄宗庿（廟），赶（間）才（在）會旨（稽）」，是說播棄宗廟，雜廁在（流落到）會稽山。[240]

苦行僧（20170505）：我們認為應讀為「竄」，訓為隱匿。《國語‧越語上》「越王句踐棲於會稽之上」，可以與簡文「赶陞於會稽之山」、「赶在會

[234]（漢）孔安國傳，（唐）孔穎達正義，李學勤主編：《十三經注疏‧尚書正義》（北京：北京大學出版社，2000），頁 326。

[235]（漢）孔安國傳，（唐）孔穎達正義，李學勤主編：《十三經注疏‧尚書正義》（北京：北京大學出版社，2000），頁 545。

[236] 沈培：〈說古書中跟「波」、「播」相關的幾個問題〉，《歷史語言學研究》第 13 輯（2019.10），頁 26-42。

[237]（三國吳）韋昭注，徐元誥集解：《國語集解》（北京：中華書局，2002），頁 544。

[238] 吳毓江撰，孫啟治點校：《墨子校注》（北京：中華書局，1993），頁 342。

[239] ee：〈清華七《越公其事》初讀〉，武漢網，跟帖第 50 樓，2017.4.27（2019.11.14 上網）。ss

[240] 暮四郎：〈清華七《越公其事》初讀〉，武漢網，跟帖第 76 樓，2017.4.28（2019.11.14 上網）。

稽」對讀，簡文中的「赶（竄）」對應該句中的「棲」。巧的是古書中有「棲」與「竄」連言的例子，如《後漢書・西羌傳》：「餘剩兵者不過數百，亡逃棲竄，遠依發羌。」可見在古人眼裡「棲」與「竄」是意義相關的。這一個例子為我們將與古書中「棲」對應的「赶」讀為「竄」，提供了積極的證據。[241]

汗天山（20170506）： 其中的「赶」，懷疑當讀為「蹇」。《說文》：「蹇，跛也。」段注：「易曰：『蹇，難也。』行難謂之蹇。」——在簡文中，「蹇」意為行走困難？[242]

滕勝霖（201905）： 「赶（遷）」，以上三句意思是：「我不忍心吳王您的士兵受到嚴酷戰爭的虐害，離開吳國，登入會稽山。」。[243]

佑仁謹案：

「赶」已見於簡 1：「赶陞（登）於會旨（稽）之山」，「赶」裘紙簡作「迻」，筆者贊成 ee（單育辰）讀作「遷」之說，《玉篇》：「迻，餘之切，徙也、遷也，今作移。」指句踐在 夫椒之戰 兵敗後遷徙至會稽山麓，清華柒《越公其事》的兩個「赶」均从「走」，與敗走遷徙之意正合。關於各家說法以及筆者的意見請參考本章注釋 2。

本處「會稽」即簡 1「會稽之山」之簡稱。

〔21〕（寡）人又（有）縸（帶）甲伞（八千），又（有）旬（旬）之糧

憗	人	又	縸	甲	伞	又
寡	人	又	縸	甲	伞	又

旬	之	糧
旬	之	糧

原整理者（201704）： 帶甲八千，楚文字鎧甲之「甲」多作「虜」或「虢」。《國語・越語上》作「帶甲五千」。[244]

魏棟（201709）： 清華簡《越公其事》與《國語》一樣，同屬於語類文獻，語類文獻的一個重要特點是具有故事化色彩。故事不等於史實，故事的人物、情節、語言等方面會與真正的史實有一定的差異，就是同一故事的不同版

[241] 苦行僧：〈清華七《越公其事》初讀〉，武漢網，跟帖第 143 樓，2017.5.5（2019.11.14 上網）

[242] 汗天山：〈清華七《越公其事》初讀〉，武漢網，跟帖第 163 樓，2017.5.6（2019.11.14 上網）。

[243] 滕勝霖：《《清華大學藏戰國竹簡（柒）》集釋及相關問題研究》（重慶：西南大學碩士論文，2019），頁 186。

[244] 李學勤主編：《清華大學藏戰國竹簡（柒）》（上海：中西書局，2017），頁 116。

本之間也會存在一些差異。這是清華簡《越公其事》與《國語‧越語上》所記勾踐退保會稽時的兵力產生「八千」「五千」歧異的主要原因。「八千」「五千」的異文關係再次提醒我們要重視裘錫圭先生的意見——將出土古書與傳世古書對讀時，一定要提防不恰當的「趨同」傾向。[245]

汗天山（**20170505**）：從句式對應的角度來看，懷疑其中的「旬」當是「旬日」的合文，簡文原本當是作：（寡人）有帶甲八千，有旬日之糧。「[日勹]（旬）」當是不帶合文符號的合文。可為佐證者，上面的「八千」也是不帶合文符號的。[246]

杜建婷（**201906**）：為旬，是否為「旬日」合文，還有待於此種用法的文例補充。[247]

蔡瑩瑩（**20190627**）：所謂「八千」死士較傳世文獻《左傳》、〈越語上〉所記「五千」為多，可能是更誇飾越國軍士慷慨赴死的版本。[248]

子居（**20171213**）：《左傳‧哀公元年》：「越子以甲楯五千，保於會稽。」所記兵力與《國語》同，而《莊子‧徐無鬼》作「句踐也以甲盾三千棲於會稽。」《戰國策‧魏策一》：「臣聞越王勾踐以散卒三千，禽夫差於干遂。」可見戰國末期時尚有認為勾踐的核心兵力就只有三千的說法，考慮到《越公其事》中勾踐說「有旬之糧」，顯然僅有三千兵力要較《左傳》、《國語》所說五千，或《越公其事》所說八千更為可能。由此來看，《左傳》、《國語》已有所誇張，而清華簡《越公其事》則誇張更甚。《越公其事》中勾踐自稱有旬之糧，說明其糧食很可能不足一旬，而夫差不能堅持圍困勾踐一旬，則說明吳國此時另有緊急事件。[249]

滕勝霖（**201905**）：「旬」，從日勹聲，整理者隸定作「昀」（佑仁案：原整理者隸定為「昀（旬）」）不準確，亦不必理解為合文。《上博六‧競公瘧》簡 13「旬有五日」作「」，九店簡 85「月旬」作「」。《說文‧勹

---

[245] 魏棟：〈清華簡《越公其事》合文「八千」芻議〉，《殷都學刊》2017 第 3 期（2017.9），頁 37-41，收入牛鵬濤、蘇輝編：《中國古代文明研究論集》（北京：科學出版社，2018），頁 217-224。

[246] 汗天山：〈清華七《越公其事》初讀〉，武漢網，跟帖第 148 樓，2017.5.5（2019.11.19 上網）。侯乃峰：〈讀清華簡（柒）零札〉，收入中國文字學會編：《中國文字學會第九屆學術年會論文集》（北京：中國文字學會，2017），頁 217、中國文字學會編：《中國文字學報（第九輯）》（北京：商務印書館，2018），頁 94。

[247] 杜建婷：《清華簡第七輯文字集釋》（廣州：中山大學碩士論文，2019），頁 145。

[248] 蔡瑩瑩：《春秋戰國時期的歷史書寫與文化記憶》（臺北：臺灣大學博士論文，2019），頁 225。

[249] 子居：〈清華簡七《越公其事》第一章解析〉，中國先秦史網站，2017.12.13（2021.3.19 上網）。

部》：「旬，徧也。十日為旬。从勹日。㲋，古文。」「有旬之糧」指「有十日的軍糧」。[250]

江秋貞（202006）：〈越公其事〉的帶甲「八千」，和傳世典籍不同的原因複雜，可能如魏棟的考證，因故事化的結果，造成不同之外，也可能是書手傳抄的版本來源不同所致，有待更多的材料印證。「寡人又繻甲伞」意指「寡人帶著八千兵甲」。查戰國楚文字「旬」字有「㲋」（九店 56.105），和本簡「又昀之糧」的「昀」相類，只有偏旁「㲋」不同。《說文》：十日為旬，从勹、日。「㲋」應該和「旬」同一字，非重文，此字應隸作「旬」即可。「又昀之糧」意指「十日左右的糧食」。[251]

佑仁謹案：

原整理者釋「伞」為「八千」，魏棟認為「八千」一數，《國語》作「五千」，他認為單從字形上看，訛混的可能性是有的，但綜合各種因素，應是各版本間的差異，屬訛誤的機率很低。楚簡中「五」一般上下皆有橫筆，寫作「X」者極少。「五」字最早乃以五道橫筆表示，但早在甲骨文中，即假借「X」（即乘忤之「忤」的初文）來表示數詞「五」，而「X」又常在上下兩端加上橫筆作「Ⴤ」，甲骨文中普遍使用「Ⴤ」，「X」則僅有數例 [252]。雖然「X」用例較少，但這種構形直到戰國時代仍持續沿用並沒有消失，如《清華肆・筮法》「五」字即作「X」，然而簡帛中使用「Ⴤ」的次數始終居於絕對的主流地位，《說文》以「X」為篆文，「Ⴤ」為古文，正與文字發展之先後相反。此處簡文即便寫成「X」，仍與「八」字寫法有所不同，因此訛字的可能性較小。

將古籍的「五千」與簡文的「八千」強行牽合恐不妥當，因為古籍中句踐甲兵的數量不只「五千」一種說法，《莊子・徐無鬼》作「句踐也以甲盾三千棲於會稽。」[253]《戰國策・魏策一》：「臣聞越王勾踐以散卒三千禽夫差於干遂。」[254]若「五」、「八」是構形訛混，那麼「三千」之說又該如何解釋呢？《越絕書・外傳記地傳》：「句踐伐吳，霸關東，徙瑯琊，起觀臺，臺周七里，以望東海。死士八千人，戈船三百艘。」[255]與簡文「八千」之數相合。

[250] 滕勝霖：《《清華大學藏戰國竹簡（柒）》集釋及相關問題研究》（重慶：西南大學碩士論文，2019），頁 187。

[251] 江秋貞：《《清華大學藏戰國竹簡（柒）・越公其事》考釋》（臺北：臺灣師範大學博士論文，2020），頁 98-99。江秋貞：《《清華大學藏戰國竹簡（柒）・越公其事》考釋》（臺北：花木蘭文化事業公司，2022），頁 71。

[252] 李宗焜：《甲骨文字編》（北京：中華書局，2012），頁 1324-1325。

[253] （清）王先謙：《莊子集解》（北京：中華書局，1987），頁 222。

[254] 諸祖耿：《戰國策集注彙考（增補本）》（南京：鳳凰出版社，2008），頁 1154。

[255] 李步嘉校釋：《越絕書校釋》（北京：中華書局，2013），頁 222。

　　汗天山認為「旬」當為「旬日」合文，但未使用合文符，例如本簡的「八千」即沒有使用合文符。「旬日」指十天，《周禮・地官司徒・泉府》：「凡賒者，祭祀無過旬日。」[256]《後漢書・楊賜列傳》：「有形埶者，旬日累遷。」[257]不過，就本篇用例而言，句踐率領士兵僅攜帶足夠十日的糧食，簡文的「旬」當然可以理解為「旬日」的合文（並且省略合文符），但是「旬」字本有「一旬十天」之義，此外「帶甲八千，有旬之糧」也沒有非視作對文不可的理由。

　　楚簡中只有特定合文可以省略合文符，例如「文王」、「武王」、「上帝」以及數詞加單位詞的名詞組，但一般情況下將兩字合為一字的書寫空間，還是需要添加合文符，例如《清華壹・尹至》「旬＝（旬日）」，「旬」字右下有合文符號。

〔**22**〕君女（如）為惠，交（徼）天壄（地）之福，母（毋）豳（絕）雪（越）邦之命于天下

君	女	為	惠	交	天	壄
之	福	母	豳	雪	邦	之
命	于	天	下			

　　原整理者（201704）：交，讀為「徼」，求取。《國語・吳語》：「弗使血食，吾欲與之徼天之衷。」韋昭注：「徼，要也。」[258]

　　滕勝霖（20171223-24）：此處表面是說句踐祈求吳王施加恩惠，求天地之福，不使越國亡國，使句踐能在越國之地繼續生活。以此句為婉語向吳王求和。[259]

　　香油面子（20180125）：從上下文意看，這裡應是越王向吳王求成之辭，卑恭尤甚。「君」應即前文所記「虞（吾）君天王」夫差，此處用「君」有自

---

[256] （東漢）鄭玄注，（唐）賈公彥疏，李學勤主編：《十三經注疏・周禮注疏》（北京：北京大學出版社，2000），頁450。

[257] （劉宋）范曄撰、（唐）李賢等注：《後漢書》（北京：中華書局，1973），頁1778。

[258] 李學勤主編：《清華大學藏戰國竹簡（柒）》（上海：中西書局，2017），頁116。

[259] 滕勝霖：〈簡帛語類文獻婉語初探——以《清華大學藏戰國竹簡》春秋語類文獻為例〉，收入重慶市語言學會、重慶師範大學文學院主編：《重慶市語言學會第十一屆年會論文集》（重慶：重慶師範大學文學院，2017），頁220。

視為臣之意。簡文「君如為惠」，此處「惠」應當就是睡虎地秦簡《為吏之道》簡 38-39 貳欄「為人君則鬼（惠），為人臣則忠」、嶽麓秦簡《為吏治官及黔首》簡 85「為人君則惠，為人臣【則】忠」之「惠」。「惠」似乎有仁愛、寬厚，恩惠或者施予恩惠之意。[260]

周陽光（20180508-11）：清華簡（柒）的整理者對「▨」、「▨」字形認識是較為深刻的。▨、▨二字形隸定為「▨」，讀為「絕」，▨字形隸定為「層」，疑為「繼」字，這種處理毫無疑問是建立在「▨」、「▨」均為「絕」字的基礎之上的。[261]

黃傑：古「交」聲之字常與「敫」聲之字通用。「邀」「要」，可通，《孫子兵法·軍爭篇》「無邀正正之旗」，銀雀山漢簡本「邀」作「要」。清華簡中也有「交」讀為「邀」或「要」的例子。《孟子·公孫丑上》「非所以要譽於鄉黨朋友也」，朱熹《集注》：「要，求。」[262]

滕勝霖（201905）：「為惠」指「施加恩惠」，《睡虎地·為吏之道》簡 38-39：「為人君則鬼（惠）」，《嶽麓壹·為吏》簡 85：「為人君則惠。」「交」見紐宵部，「徼」影紐宵部，二字雖未見直接相通之例，但從「交」和從「敫」字相通文獻常見，如：「交」與「邀」，「交」與「徼」，「咬」與「暾」，「茭」與「激」等。「徼天地之福」指祈求天地之福，《左傳·昭公三年》：「徼福於大公丁公。」[263]

段思靖（201905）：「徼……之福」古書多見，常用作外交辭令，如《左傳·昭公三十二年》：「天子曰：『……徼文武之福，以固盟主。』」[264]

江秋貞（202006）：原考釋及香油面子之說可從。「君女為惠，交天壂之福」意指「吳君如果可以施加恩惠，請求天地賜福」。[265]

[260] 香油面子：〈清華七《越公其事》初讀〉，武漢網，跟帖第 218 樓，2018.1.25（2021.3.20 上網）。

[261] 周陽光：〈清華簡（柒）《越公其事》篇箚記一則〉，發表於吉林大學古籍研究所、吉林大學出土文獻與中國古代文明研究協同創新中心主辦：「出土文獻與中國古代文明研究協同創新中心」2018 年春季研究生交流班，2018.5.8-11，頁 9、10。

[262] 黃傑：〈清華簡《芮良夫毖》補釋〉，收入楊振紅、鄔文玲主編：《簡帛研究（二〇一五·秋冬卷）》（桂林：廣西師範大學出版社，2015），頁 15。

[263] 滕勝霖：《《清華大學藏戰國竹簡（柒）》集釋及相關問題研究》（重慶：西南大學碩士論文，2019），頁 187-188。

[264] 段思靖：《清華簡《越公其事》集釋》（長春：吉林大學碩士論文，2019），頁 27。

[265] 江秋貞：《《清華大學藏戰國竹簡（柒）·越公其事》考釋》（臺北：臺灣師範大學博士論文，2020），頁 100。江秋貞：《《清華大學藏戰國竹簡（柒）·越公其事》考釋》（臺北：花木蘭文化事業公司，2022），頁 72。

佑仁謹案：

　　原整理者讀「徼」可信，「交」與「要」、「邀」音皆可通，且均有求取之義，此讀法於清華簡中已經多次出現。本字應該是「邀」，但古籍中多用「徼」。《吳越春秋・勾踐伐吳外傳》云夫差兵敗之後，使王孫駱向句踐說「若徼天之中（衷），得赦其大辟，則吳願長為臣妾」[266]，「衷」訓作「善」，《尚書・湯誥》：「惟皇上帝，降衷于下民。」孔《傳》：「衷，善也。」[267]「徼天之衷」的用法與本簡「徼天地之福」近似。

〔23〕亦茲（使）句殘（踐）屬（繼）蔡（燎）於雩（越）邦。

亦	茲	句	殘	屬	蔡	於

雩	邦

　　原整理者（201704）：茲，讀為「使」。屬，與「絕」反義，疑為「繼」字。蔡，疑為「蒉」之訛字，字見望山一號墓八號簡「蒉」。「蒉月」即「爨月」。蒉，讀為「纂」或「纘」，繼承。《禮記・祭統》：「子孫纂之，至于今不廢。」《詩・閟宮》「奄有下土，纘禹之緒」，鄭玄注：「纘，繼也。」又見於第七簡，字形不完全相同。[268]

　　趙平安（201704）：蔡字當隸定為從「艹」從「尞」，通「燎」，「繼燎」義即《詩經・小雅・庭燎》中的「庭燎」，指勤奮工作。[269]

　　季寥（20170424）：「尞」與魚部字「者」、「呂」有密切關係，「呂」、「予」一字分化，「予」聲字與「者」聲字亦關係密切，兩者常通假。又結合文義，我們認為簡文「蔡」可讀作「序」或「緒」。簡文「句後（踐）繼緒於越邦」即「句踐繼業於越邦」，其義乃「句踐繼承先代功業於越邦」。[270]

　　紫竹道人（20170425）：「繼」讀為「係」或「繫」，指繫虜，「燎」當得義於「勞」，「共勞事也」，意思是說讓勾踐在越邦做吳王的奴隸，完全臣

---

[266] 周生春：《吳越春秋輯校彙考》（上海：上海古籍出版社，1997），頁169-170。

[267] （漢）孔安國傳，（唐）孔穎達正義，李學勤主編：《十三經注疏・尚書正義》（北京：北京大學出版社，2000），頁238。

[268] 李學勤主編：《清華大學藏戰國竹簡（柒）》（上海：中西書局，2017），頁116。

[269] 趙平安：〈清華簡第七輯字詞補釋（五則）〉，《出土文獻》第10輯（上海：中西書局，2017.4），頁142。

[270] 季寥：〈清華簡《越公其事》「尞（上從艸）」字臆解〉，復旦網，2017.4.24（2021.5.28上網）。

服、役使於吳，以此換取吳王留其活命、存其邦族的結果。此為第二種可能的讀法。[271]

　　紫竹道人（20170425）：月下聽泉兄說：《國語·晉語八》「宋之盟」章所記叔向的話，有「昔成王盟諸侯於岐陽，楚為荊蠻，置茅蕝，設望表，與鮮卑（佑仁案：應為「鮮牟」）守燎，故不與盟」之語。「與鮮卑守燎」，可為「茲勾踐繼燎於越邦」的讀法補一佐證。[272]

　　明珍（20170501）：燎，即燎祭。為古祭名，燒柴以祭天。簡文大概是指，勾踐希望夫差不要滅絕越邦，並使勾踐能夠繼續在越邦祭祀天帝，不至絕祀之意。[273]

　　林少平（20170501）：燎，《廣韻》：「照也。」古人常把君主的統治比作「日月之照臨」。簡文「使勾踐繼蔡（燎）於越邦」即「使勾踐繼續照臨於越國」。換句話說，就是「使勾踐繼續為越國君主」。[274]

　　蔡一峰（201705）：「勾踐繼蔡（燎）於越邦」應該說勾踐可以繼續掌握越國的統治權，只是在政治上臣服於吳國，因為保有領導權，「繼」應該包括有繼續主政越國的涵義，「繼蔡（燎）」的「蔡」應該做何解釋，還需要和第三章的「獮火」聯繫起來。第三章的「狄火」即古書中的「易火」同「改火」。「繼蔡」其內涵當與「易火」合觀，言外之義就是續政。「繼蔡」當與「繼祀」相類，並有嗣續之義。[275]

　　王寧（202011）：「蔡」應該讀「勞」，二字同來紐宵部，音同可通。要指出的是「繼勞」不是恆語，「繼」是繼續義，「勞于（於）」才是恆語，傳世先秦兩漢典籍中習見。《越公其事》裡說「使勾踐繼勞於越邦」，意思是越國可以歸附吳國，而要讓勾踐繼續替吳國管理越國，帶領越國臣民服事吳國，故曰「繼勞於越邦」。[276]

[271] 紫竹道人：〈清華七《越公其事》初讀〉，武漢網，跟帖第 22 樓，2017.4.25（2019.11.14 上網）。

[272] 紫竹道人：〈清華七《越公其事》初讀〉，武漢網，跟帖第 23 樓，2017.4.25（2019.11.14 上網）。

[273] 明珍：〈清華七《越公其事》初讀〉，武漢網，跟帖第 118 樓，2017.5.1（2019.11.14 上網）。

[274] 林少平：〈清華七《越公其事》初讀〉，武漢網，跟帖第 131 樓，2017.5.1（2019.11.14 上網）。

[275] 蔡一峰：〈清華簡〈越公其事〉「繼燎」「易火」解〉，武漢網，2017.5.1（2021.5.28 上網）。又見蔡一峰：〈清華簡《越公其事》字詞考釋三則〉，《出土文獻》第 15 輯（上海：中西書局，2019.10），頁 157、158。

[276] 王寧：〈清華簡《越公其事》與《四告》中的「寮（燎）」別議〉，復旦網，2020.11.23（2021.5.28 上網）。

陳一（202203）：當讀為「寮」，《穀梁傳·莊公十六年》：「外內寮一。」范甯注：「同官為寮，謂諸侯也。」「使句踐繼寮於越邦」意為「讓勾踐繼續做越國國君」，如此解釋表達其意更為直接。[277]

石小力（201711）：在新出清華簡第七輯《越公其事》中，為我們提供了答案，「茲」字表示使令義的用法出現多次，李學勤（2017：116）讀為與之音近的「使」，原來「茲」字的這種特殊用法，不是詞義引申的方式，而是假借的用法。[278]

羅小虎（20171122）：隸定為屬，讀為「繼」，可從。簡 5、簡 7 中的「繼」、「絕」寫法如下：第 5 簡：（A）（B）、第 7 簡：（C）（D），A、C 二字雖然有區別，只是繁簡的不同，在簡文中都釋讀為「絕」。B、D 字形相同，釋讀為「繼」。A、C 與 B、D 有明顯的區別，一是是否從「尸」；二是用來斷絲的刀字其方向左右相反，這種方向的不同有區別性的作用。（）或可讀為「祧」。從燎得聲，燎為來母宵部字；祧，透母宵部字。韻部相同，來、透二母古可通。祧，有「宗廟」的意思，古書「宗祧」連文。「繼祧」與「守宗廟」一類的說法，意思大致相同。[279]

子居（20171213）：讀為「使」的「茲」在《尚書》、《左傳》等先秦傳世文獻中即已多見。「蔡」字按原字理解即可，「蔡」當即「簝」，《說文·竹部》：「簝，宗廟盛肉竹器也。從竹尞聲。《周禮》：供盆簝以待事。」是「繼簝」可以理解為主持宗廟祭祀之事的謙辭。[280]

馮勝君：當釋為「葛」，試將形與戰國竹簡文字以及傳抄古文「葛」字形體相對比：上博簡《采風曲目》簡 1　上博簡《周易》簡 43　上博簡《季庚子問於孔子》簡 8　三體石經古文，不難發現與上引「葛」字形體極為相近，顯係一字。「繼葛」疑當讀為「繼孽」，即延續後嗣的意思。值得注意的是，用為後嗣義「孽」，具有較為強烈的貶義色彩，這恰好與越王勾踐自稱其後嗣為「孽」，對吳王極盡謙卑之辭的語境相吻合。[281]

羅濤（201904）：「」字似可讀為「祧」。「繼祧」與「守宗廟」一類的說法。簡文中的這段話意思是說，如果夫差不滅絕越國的天命，並且使勾踐

---

[277] 陳一：《清華簡（柒）》疑難字詞補釋》（天津：天津師範大學碩士論文，2022），頁 93。

[278] 石小力：〈上古漢語「茲」用為「使」說〉，《語言科學》16：6（2017.11），頁 659。

[279] 羅小虎：〈清華七《越公其事》初讀〉，武漢網，跟帖第 214 樓，2017.11.22（2019.11.14 上網）。

[280] 子居：〈清華簡七《越公其事》第一章解析〉，中國先秦史網站，2017.12.13（2021.5.28 上網）。

[281] 馮勝君：〈試說清華七《越公其事》篇中的「繼孽」〉，復旦網，2017.4.26（2021.5.28 上網）。

在越國能夠繼承宗祧的話，我一定會率領越國的庶民百姓齊膝同心，臣事吳國。[282]

滕勝霖（201905）：「![字]」，中山王方壺「![字]」，曾侯乙墓簡 5「![字]」、簡 13「![字]」等與之類似，從二「絲」，與《說文・絲部》「絕」字古文「![字]」相似，可看作簡文字形復古現象之例。「茲」訓為「使」，以往文獻少見，但《越公其事》中諸多含有「茲」的簡文證明「茲」讀為「使」無疑是正確的。本文同意季寥之說讀作「繼緒」。求和辭令雖然卑微但亦提及家國後繼之事，故本文更傾向於從延續宗廟子嗣、繼續自己政權的角度考慮，「繼緒」指承繼先代功業。[283]

江秋貞（202006）：季寥讀「繼燎」為「繼序」，讓句踐繼續越國的政統，也是合理的通讀。趙平安釋「燎」為「庭燎」，釋義稍稍調整，釋為越王句踐請求吳王讓他的朝廷能夠繼續燃燒庭燎，以「繼燎」代替繼續主政，語意較為委婉，也不失為一個合理的詮釋，意指「不要斷絕越國之命脈於天下，讓句踐繼續燃燒庭燎，延續越國的政統」。[284]

佑仁謹案：

「茲」，清華簡《越公其事》一文常用來代表｛使｝，石小力之說可信，關於本篇｛使｝的用法請參第二章注釋 1 所整理之「一覽表 1.｛使｝字一覽表」。

「繼」、「絕」和「斷」等三字的構形，向來是古文字研究領域十分棘手的問題。三字中，「斷」字最為容易，楚簡的「斷」字一般是以「叀」字聲系來表示，而「繼」和「絕」這兩個概念完全相反的字，就書手個人而言，應該是有區分的，例如《越公其事》的「繼」和「絕」：

A	B
![字]（絕）	![字]（繼）

---

[282] 羅濤：〈《清華大學藏戰國竹簡（七）》釋讀拾遺〉，《漢字漢語研究》，2019 第 4 期、總第 8 期（2019.12），頁 82-83。

[283] 滕勝霖：《《清華大學藏戰國竹簡（柒）》集釋及相關問題研究》（重慶：西南大學碩士論文，2019），頁 188-192。

[284] 江秋貞：《《清華大學藏戰國竹簡（柒）・越公其事》考釋》（臺北：臺灣師範大學博士論文，2020），頁 100、101、106-110。江秋貞：《《清華大學藏戰國竹簡（柒）・越公其事》考釋》（臺北：花木蘭文化事業公司，2022），頁 73、78-81。

「絕」字「刀」旁筆勢向右，而「繼」字刀旁筆勢向左且添加「尸（或弓）」。雖然 B 在《越公其事》讀「繼」，但我們也看到 B 用為「絕」的文例，如清華簡《祝辭》簡 2「緹旨（詣）五（武）尼（夷），　（絕）畐（明）冥=（冥冥），茲（使）我　（盈）。」龐壯城認為「絕」指「極至」之義，《後漢書・文苑傳下》：「非所以章瓌偉之高價，昭知人之絕明也。」[285]簡文「絕明冥冥」，即讚美神祇能力高深莫測，如上博四《柬大王泊旱》：「上帝鬼神高明」[286]，「高明」義同簡文「絕明」。[287]

　　上博九《陳公治兵》「師不𣪠」讀為「師不絕」，季旭昇師認為：「楚簡未見『繼』字。古文字中繼絕二字不相同，根據《說文》的說法則繼絕可通。」目前《越公其事》的「　」是我們可以確定讀作「繼」的字，寫法與《祝辭》的「絕」一樣。上博六《用曰》簡 6「　（絕）原（源）流滰，其古（詎）能不沽（涸）？用曰：脣亡齒寒。」（斷絕源泉，其豈能不乾枯？[288]）此「絕」字寫法乃在 A 的結構上加「糸」旁。「繼」字寫法楚簡比較少見，在目前確切讀作「繼」的資料中，尚未有從「　」的寫法。[289]

　　「　」原整理者釋為楚簡中常見的「爨月」之「爨」，趙平安釋作「燎」，馮勝君釋作「葛」，羅小虎釋「桃」以上四說之中，「蔡」的構形與本處難字較為契合。筆者贊成趙平安讀為「繼燎」之說，「燎」指「燎祭」，《說文》：「尞，柴祭天也。」又「柴，燒柴樊燎以祭天神。」商代卜辭中已經有燎祭 [290]，「繼燎」是政治上的委婉用語，字面意思是請求夫差讓他繼續主持燎祭，言外之意是讓他繼續主持越國事務，不要消滅越國。

〔24〕孤元（其）銜（率）雫（越）庶眚（姓）

孤	元	銜	雫	庶	眚

　　原整理者（201704）：庶，眾也。「庶姓」與「庶官」、「庶民」結構相同，當指越之諸姓。[291]

---

285 （劉宋）范曄撰，（唐）李賢等注：《後漢書》（北京：中華書局，1973），頁 2646。

286 馬承源主編：《上海博物館藏戰國楚竹書（四）》（上海，上海古籍出版社，2004），頁 199-200。

287 參龐壯城〈清華簡〈祝辭〉考釋——兼論「卜筮祭禱」到「雜占」〉，〈清華簡〈祝辭〉考釋—兼論「卜筮祭禱」到「雜占」〉，新加坡南洋理工大學、韓國高麗大學主辦「2016 新加坡—韓國青年學者華文文化國際學術論壇」論文，新加坡：南洋理工大學，2016.1.28。

288 參陳劍：〈讀《上博（六）》短札五則〉，簡帛網，2007.7.20。

289 可參孟蓬生：〈「反𢇍（絕）為𣪠（繼）」成因試探〉，《語文研究》2022 第 1 期、總第 162 期（2022.2），頁 47-51。

290 焦智勤：〈卜辭燎祭的演變〉，《殷都學刊》2001 第 1 期，頁 27-29。

291 李學勤主編：《清華大學藏戰國竹簡（柒）》（上海：中西書局，2017），頁 116。

子居（20171213）：《越公其事》所說「庶姓」即傳世文獻常稱的「百姓」，《墨子‧非命上》：「率其百姓，以上尊天事鬼。」《晏子春秋‧內篇雜上》：「寡人以天子大夫之賜，得率百姓以守宗廟。」的「率其百姓」、「率百姓」正可與「率越庶姓」對觀。[292]

滕勝霖（201905）：「衛」，《說文‧行部》：「衛，將衛也。从行，率聲。」「率」「衛」「達」「帥」同源，均有「率領」義。中山王鼎「親率參軍之眾」與此句表達意思類似。「庶姓」指百姓。「庶人」可簡稱為「庶」，《左傳‧昭公三十二年》：「三后之姓，於今為庶。」[293]

江秋貞（202006）：《國語‧越語上》有一段與本小節類似的話：「越王句踐棲于會稽之上，乃號令于三軍曰：『凡我父兄昆弟及國子姓，有乃助寡人謀而退吳者，吾與之共知越國之政。』」句中的「國子姓」就相當於本簡的「庶眚（姓）」，也相當於西周以前的「百姓」，應該指越國的整個統治階層。裘錫圭在〈關於商代的宗族組織與貴族和平民兩個階級的初步研究〉一文中說金文中的「百姓」一稱既可以指本族族人，也可以泛指全國各宗族的族人，也就是整個統治階級，到了東周，「百姓」的含義就漸漸和「民」相同了。簡文中的「百姓」應如裘錫圭指的統治階層（廣義的）。[294]

佑仁謹案：

孤指句踐本人，「庶姓」指越國公族和卿大夫，亦即江秋貞所引《國語‧越語上》中的「國子姓」，這些人是句踐可以「與之共知越國之政」，乃越國的領導（或貴族）階級，戰時他們則是「王卒君子」（見《越公其事》第十章），是句踐的親信部隊。

〔25〕齊𢼢同心，以臣事吳，男女備（服）

齊	𢼢	同	心	以	臣	事

吳	男	女	備

---

[292] 子居：〈清華簡七《越公其事》第一章解析〉，中國先秦史網站，2017.12.13（2021.5.28 上網）。

[293] 滕勝霖：《《清華大學藏戰國竹簡（柒）》集釋及相關問題研究》（重慶：西南大學碩士論文，2019），頁192。

[294] 江秋貞：《《清華大學藏戰國竹簡（柒）‧越公其事》考釋》（臺北：臺灣師範大學博士論文，2020），頁111-112。江秋貞：《《清華大學藏戰國竹簡（柒）‧越公其事》考釋》（臺北：花木蘭文化事業公司，2022），頁82-83。

原整理者（**201704**）：齊劦，猶步調一致。[295]

bulang（**20170501**）：徐在國所考上博簡《性情論》簡 37 从人从𣏁之字與郭店簡《性命自出》簡 4 从辵从即之字讀為「節」，「劦」在此也當讀為「節」。清華簡（六）《子產》簡 6「𣏁」讀為「秩」，「劦」或可讀為「秩」。[296]

王磊（**20170514**）：「備」當讀如字，解釋為「充任、充當」。《漢書·王嘉傳》：「幸得充備宰相」，《漢書·李尋傳》：「充備天官」，其中的「充備」即「充當」的意思。「男女備」，即「兒女充任（雜役、姬妾）」的意思。《吳語》：「一介嫡女，執箕箒以晐姓於王宮。一介嫡男，奉槃匜以隨諸御。」韋昭注：「晐，備也。」正可與「男女備」相佐證。男子充任賤役，女子充任姬妾，是一種謙卑的表述方式，以表示對吳王的尊事。[297]

蕭旭（**201706**）：「備」訓充任、充當，句意不完，整理者讀服是也。本篇簡 25「乃盟，男女備」，簡 44「越邦備信」，簡 71「孤請成，男女備」，整理者讀備為服（第 122、137、150 頁），亦皆是也。其中簡 71，《國語·吳語》作「孤敢請成，男女服為臣御」，尤其確證，「服」即服從、臣服義。[298]

黃人二（**20170602**）：關於「男女服從」、「男女服為臣御」的「服」，應該是「分別」、「區分」的意思，所謂「男女有別」、「男女有分」也。[299]

子居（**20171213**）：「齊膝」則當是一起膝行，以表示畏服、臣服姿態，如《莊子·在宥》：「廣成子南首而臥，黃帝順下風膝行而進。」《莊子·寓言》：「至舍，進盥漱巾櫛，脫屨戶外，膝行而前。」《史記·項羽本紀》：「項羽召見諸侯將，入轅門，無不膝行而前，莫敢仰視。」「齊膝」對應下文的「以臣事吳」，之後勾踐也確實臣事於吳三年。[300]

吳德貞（**201805**）：從整理者「劦」讀本字即可。「齊劦」意指行為上的一致，「同心」意指心理精神上的一致。[301]

羅雲君（**201805**）：「男女服」即有可能是「男女服為臣御」的簡省，借使臣之口轉達句踐的求和之詞，語意、語境皆和。[302]

---

[295] 李學勤主編：《清華大學藏戰國竹簡（柒）》（上海：中西書局，2017），頁 116。

[296] bulang：〈清華七《越公其事》初讀〉，武漢網，跟帖第 129 樓，2017.5.1（佑仁案：此文該網已刪）。

[297] 王磊：〈清華七《越公其事·第一章》札記一則〉，武漢網，2017.5.14（2021.5.28 上網）。

[298] 蕭旭：〈清華簡（七）校補（二）〉，復旦網，2017.6.5（2021.5.28 上網）。

[299] 黃人二：〈關於清華簡（柒）疑難字詞的數則釋讀〉，收入靜宜大學中國文學系編：《第二屆漢文化學術研討會暨學生論文競賽——「漢文化研究的新知與薪傳」會議論文抽印本》（臺中：靜宜大學中國文學系，2017.6.2-3），頁 10-14。

[300] 子居：〈清華簡七《越公其事》第一章解析〉，中國先秦史網站，2017.12.13（2021.5.28 上網）。

[301] 吳德貞：《清華簡《越公其事》集釋》（武漢：武漢大學碩士論文，2018），頁 16。

[302] 羅雲君：《清華簡《越公其事》研究》（長春：東北師範大學碩士論文，2018），頁 13。

何家歡（**201806**）：簡文「齊劃」與「同心」相對為文，互文見義，「齊劃同心」亦即「齊心同劃」。《禮記・樂記》：「大樂與天地同和，大禮與天地同節。」「同節」與「同和」義近，又《國語・齊語》：「居同樂，行同和，死同哀。」則此字讀為「節」較當。[303]

王竟一（**201902**）：「備」應讀為「服」，訓為「順從、降服」之意。簡文「男女備」可直接釋為「兒女皆對吳國表示順從之心」，可與簡文「以臣事吳」意義互為呼應，同表謙卑之意。[304]

滕勝霖（**201905**）：「齊」有恭敬之義，「𤬱」，楚系文字多以之表{漆}，本文讀為「節」。《郭店・性自命出》簡 44 與之對應作「又（有）亓（其）為人之迎＝女（如）也。」李零讀為「節節」可從。「節節」，有節度、節制。「同心」共同的心願、心思相同。《清華貳・繫年》簡 120：「韓虔、趙籍、魏擊率師與越公翳伐齊，齊與越成，以建陽、郈陵之田，且男女服。」類似於「男女服」表達起源較早，周原甲骨中有「士女服」的記載。[305]

史玥然（**201906**）：「劃」是「膝」的古字，指腿骨的關節。「齊劃」讀為「齊膝」，表示行動一致、整齊劃一的意思。[306]

杜建婷（**201906**）：《說文・卩部》：「劃，脛頭卩也。」徐鍇《說文繫傳》：「劃，今俗作膝。」「劃」當為「膝」字初文，「齊膝同心」當為協力、步調一致之義，整理者之說可從。[307]

張朝然（**201906**）：「齊劃」與「同心」文義相對，表示越王與其庶姓子民共同「事吳」。[308]

王青（**20191011-14**）：《越公其事》簡文的「男女備（服）」，當釋為越國男女盡皆役使於吳王。《越公其事》篇「男女備」的「備」通假為「服」，「服」字即保留了「備」的盡、皆、咸的意蘊。[309]

江秋貞（**202006**）：「齊劃」一詞古籍雖未見，但形容越王率領各族一起

---

[303] 何家歡：《清華簡（柒）《越公其事》集釋》（保定：河北大學碩士論文，2018），頁 12-13。

[304] 王竟一：〈清華簡《越公其事》校讀箚記〉。《四川職業技術學院學報》第 29 卷第 1 期（2019.2），頁 27。

[305] 滕勝霖：《《清華大學藏戰國竹簡（柒）》集釋及相關問題研究》（重慶：西南大學碩士論文，2019），頁 193。

[306] 史玥然：《清華簡《越公其事》集釋及其漢字教學設計》（太原：山西大學碩士論文，2019），頁 16。

[307] 杜建婷：《清華簡第七輯文字集釋》》（廣州：中山大學碩士論文，2019），頁 229。

[308] 張朝然：《清華簡《越公其事》集釋及相關問題初探》（石家莊：河北師範大學碩士論文，2019），頁 21。

[309] 王青：〈從《越公其事》「男女備」的釋讀說到古文字通假的一問題〉，收入北京師範大學歷史學院商周文明研究中心編：《商周國家與社會國際學術研討會論文集》（北京：北京師範大學歷史學院商周文明研究中心，2019），頁 478-481，又見氏著：〈清華簡《越公其事》補釋〉，收入華東師範大學歷史學系編：《出土文獻與商周社會學術研討會會議論文集》（上海：華東師範大學歷史學系，2019），頁 323。

投降臣服，用「齊郂同心」頗為貼切。投降臣服必須下跪，膝蓋著地，一起投降臣服，就是「齊郂」。「膝」、「心」都是身體部位名稱，「齊」、「同」均為動詞。「孤亓衒雩庶眚，齊郂同心」，「我將率領著越國的百姓們，齊膝同心」。[310]

佑仁謹案：

原整理者認為「齊郂，猶步調一致」，吳德貞贊同其說並認為「『齊郂』意指行為上的一致」。就常理來說，「郂（膝）」作為人體的腳部關節，主要的功能並非行走，而是使大小腿能自由伸展彎曲。因此若真要表示步調或行動一致，應該會使用「齊足」（見《爾雅・釋畜》[311]、《漢書・揚雄傳上》[312]）或者「齊行」（見《韓非子・外儲說右上》[313]），並不會說「齊膝」。正如今人在讓隊伍整齊前進時會說「齊步走」，而非「齊膝走」，因此以「郂」泛指步調或行為，頗不合於常理。

簡文的「郂」即今「膝」的本字，見於《說文》卩部，許慎釋為「脛頭卩也。从卩、桼聲。」[314]「郂」指大腿與小腿間的前部環節，而「卩」是跪跽之「跽」的象形初文，「桼」、「卩」皆精母質部字，則「郂」、「卩」當具有同源關係，或由「卩」添「桼」聲分化而出，「郂」字的「桼」、「卩」都是聲符[315]。徐鉉本《說文》與徐鍇《說文繫傳》於「郂」字下皆云：「今俗作膝」[316]，《玉篇・卩部》：「郂，或作膝。」[317]可見「膝」字較「郂」晚出，「膝」見於武威漢簡[318]。

---

[310] 江秋貞：《《清華大學藏戰國竹簡（柒）・越公其事》考釋》（臺北：臺灣師範大學博士論文，2020），頁113-115。江秋貞：《《清華大學藏戰國竹簡（柒）・越公其事》考釋》（臺北：花木蘭文化事業公司，2022），頁83-85。

[311] （晉）郭璞注，（宋）邢昺疏，李學勤主編：《十三經注疏・爾雅注疏》（北京：北京大學出版社，2000），頁379。

[312] （漢）班固著，（清）王先謙補注：《漢書補注》（上海：上海古籍出版社，2008），頁5312。

[313] （清）王先慎撰，鍾哲點校：《韓非子集解》（北京：中華書局，2013），頁313。

[314] （東漢）許慎撰，（清）段玉裁注，李添富總校訂：《新添古音說文解字注》（臺北：洪葉文化事業公司，2016），頁435。

[315] 暮四郎也認為「郂」是個雙聲字，但他將「卩」理解為「即」字之省。參武漢網「簡帛論壇」〈清華六《子產》初讀〉66樓，2016.4.27。

[316] （南唐）徐鍇，（清）祁嶲藻撰校勘記：《說文繫傳》（小學彙函本），卷十七，頁3，參「雕龍中日古籍全文資料庫」：https://udndata.com/promo/ancient_press/index.html（2023.2.24上網）。

[317] （梁）顧野王：《宋本玉篇》（北京：中國書店，1983），頁508。

[318] 劉立勛：《武威漢代醫簡文字編及集釋》（長春：吉林大學碩士論文，2012），頁109。

古籍中常用「齊心同力」（《後漢書・王常傳》[319]）、「齊心戮力」（《後漢紀・獻帝紀一》[320]）均表示眾人群策群力。「齊心同力」與簡文的「齊膝同心」僅一字之差，「心」本為人體器官，古人認為人靠「心」思考，故引申為思想、意志，「齊心」指眾人有一致的目標。

結合簡文句踐向吳國求和的背景與用字情況，此處的「郄（膝）」最直接的理解方式是據本字讀，不必另做他解。「膝」作為人體器官，最直接聯想到的動作應是「跪」，「膝」古籍中可訓為「跪」，即由名詞「轉品」為動詞，例如「膝席」是指以膝跪席上（見《史記・魏其武安侯列傳》如淳說[321]），「膝步」（見王褒〈四子講德論〉：「陳丘子見先生言切，恐二客慼，膝步而前曰。」[322]）是指（從席地而坐狀態，轉而以膝）跪著走路，「膝進」（見《吳越春秋・闔閭內傳》[323]）是跪著前進，「膝地」（見唐・黃滔〈丈六金身碑〉：「及門而膝地」[324]）即跪在地上，「膝語」（見明・袁宏道〈徐文長傳〉：「介冑之士膝語蛇行，不敢舉頭。」[325]）指跪著說話。「跪」姿在肢體語言中常表示對某人的臣服、馴服，這可由從「尸」的「服」、「執」、「訊」、「令」、「命」、「奚」、「辟」等字中體現出來。因此筆者認為「齊膝」就是「齊跪」，越國君臣一同向吳王下跪，向吳國表示投降臣服，與後文的「以臣事吳，男女服」相呼應。

子居認為「齊膝」指一起膝行，這個說法是在「跪姿」之外，還特別突顯「前進」的意義。值得留意的是，《吳越春秋・勾踐伐吳外傳》曾記載：「吳王使王孫駱肉袒膝行而前，請成於越王。」[326]（同樣敘述亦見於《史記・越王句踐世家》，惟「王孫駱」作「公孫雄」[327]，以「雄」為是），可見吳王使者曾以肉坦膝行，向句踐表示臣服，換取越國的許成。「肉袒」與「膝行」都是

---

[319] （劉宋）范曄撰，（唐）李賢等注：《後漢書》（北京：中華書局，1973），頁 579。

[320] （西晉）袁宏撰：《後漢紀》（上海：商務印書館，1919 年景無錫孫氏小綠天藏明翻宋本），卷第二十六，《四部叢刊初編》，頁 4，參「雕龍中日古籍全文資料庫」：https://udndata.com/promo/ancient_press/index.html（2023.2.24 上網）。

[321] （漢）司馬遷撰，（南朝宋）裴駰集解，（唐）司馬貞索引、張守節正義：《史記》（北京：中華書局，2014），頁 3446。

[322] （東漢）王褒：《王諫議集》，收入（明）張溥編：《漢魏六朝一百三家集》（掃葉山房藏版本），頁 6，六府文藏，參「雕龍中日古籍全文資料庫」：https://udndata.com/promo/ancient_press/index.html（2023.2.24 上網）。

[323] 周生春：《吳越春秋輯校彙考》（上海：上海古籍出版社，1997），頁 39。

[324] （清）董誥輯：《全唐文》（清嘉慶內府刻本），卷八百二十五，頁 17，六府文藏，參「雕龍中日古籍全文資料庫」：https://udndata.com/promo/ancient_press/index.html（2023.2.24 上網）。

[325] （明）袁宏道：《袁中郎全集》（明崇禎刊本），卷四，頁 1，六府文藏，參「雕龍中日古籍全文資料庫」：https://udndata.com/promo/ancient_press/index.html（2023.2.24 上網）。

[326] 周生春：《吳越春秋輯校彙考》（上海：上海古籍出版社，1997），頁 169。

[327] （漢）司馬遷撰，（南朝宋）裴駰集解，（唐）司馬貞索引、張守節正義：《史記》（北京：中華書局，2014），頁 2105。

投降請罪時常見的舉措，它們在古籍中還可以省成「膝坦」，見《梁書・袁昂傳》：「自承麾旆屈止，莫不膝袒軍門，惟僕一人敢後至者，政以內揆庸素，文武無施，直是東國賤男子耳。」[328]如果「膝行」省成「膝」的用法可以上溯至戰國時代，那麼簡文的「齊膝」也可理解為君臣一起膝行。

　　值得留意的是，夫椒之戰後，《史記・越王句踐世家》句踐「乃令大夫種行成於吳，膝行頓首曰：『君王亡臣句踐使陪臣種敢告下執事：句踐請為臣，妻為妾。』」（《史記・越王句踐世家》）[329]可見大夫種在請成時也曾膝行頓首以求夫差，與簡文此處描寫近似。

　　bulang和何家歡都提出讀「節」之說，何家歡認為「齊節同心」就是「齊心同節」，《禮記・樂記》：「大樂與天地同和，大禮與天地同節。」[330]《國語・齊語》：「行同和。」[331]「同節」與「同和」義近[332]。《禮記》這段話又見於《史記・樂書》[333]，《正義》云：「言天有日月，地有山川，高卑殊形，生用各別。大禮辯尊卑貴賤等差異別，是大禮與天地同節。」[334]則「節」應是指尊卑貴賤的次序和區別，譬如日月、山川也有高卑之差。上博五《六德》「齊齊節節，外內有辨，男女有節，是謂天禮。」原整理者指出：「『齊齊節節』，疑即《大戴禮記・四代》『齊齊然，節節然』，從文義看似是形容整齊有序。『外內有辨』，即外內有別。」[335]「男女有節」指男女有所區隔，所以將簡文讀為「齊節同心」，理解為越國願意與吳國的禮儀次序一致，似乎也不是不行。只不過楚簡一般用「即」表示｛節｝，例如郭店《性自命出》簡11「即（節）文」、《唐虞之道》簡97「即（節）文者也」、上博一《孔子詩論》簡8「〈即（節）南山〉，皆言上之衰也」、清華陸《子產》簡6「秩所以從即（節）行禮」、清華陸《管仲》簡6「執即（節）綟（緣／循）繩（繩）」、清華柒《子犯子餘》簡3「以即（節）中於天」，用例甚多，因此從用字習慣來看，「邟」還是讀如字較為簡易直截。

　　綜上所述，筆者認為「邟（膝）」應據本字讀，「齊膝」指越國君臣一齊句踐下跪（或膝行），用具體行動表示完全順服吳國。

[328]（唐）姚思廉：《梁書》（北京：中華書局，1983），頁453。

[329]（漢）司馬遷撰，（南朝宋）裴駰集解，（唐）司馬貞索引、張守節正義：《史記》（北京：中華書局，2014），頁2100。

[330]（東漢）鄭玄注，（唐）孔穎達疏，李學勤主編：《十三經注疏・禮記正義》，北京：北京大學出版社，2000），頁1267。

[331]（三國吳）韋昭注，徐元誥集解：《國語集解》（北京：中華書局，2002），頁225。

[332]何家歡：《清華簡（柒）《越公其事》集釋》（保定：河北大學碩士論文，2018），頁12-13。

[333]（西漢）司馬遷撰，（南朝宋）裴駰集解，（唐）司馬貞索引、張守節正義：《史記》（北京：中華書局，2014），頁1414。

[334]（東漢）鄭玄注，（唐）孔穎達疏，李學勤主編：《十三經注疏・禮記正義》（北京：北京大學出版社，2000），頁1268。

[335]馬承源主編：《上海博物館藏戰國楚竹書（五）》（上海：上海古籍，2005.12），頁290。

關於簡文的「男女服」，據《國語・吳語》記載，越王在進入吳都，包圍姑蘇臺之後，夫差曾向句踐請成，使者云：「昔不穀先委制於越君，君告孤請成，男女服從。」[336]夫差提及當年句踐敗逃至會稽山，夫差不忍越國亡國，因此答應越國求和，如今形勢丕變，攻守易位，吳國不為天佑，三戰三敗，因此向越請成，希望句踐能顧念舊恩，答應談和。文中「男女服從」與簡文的「男女服」顯然是同一件事，則「服」是「服從」之省。「男女服從」指男女皆服從於吳王，供其差遣、驅使。

〔26〕三（四）方者（諸）侯亓（其－豈）或（有）敢不賓于吳邦

三	方	者	侯	亓	或	敢
不	賓	于	吳	邦		

原整理者（201704）：或，誰。《詩・鴟鴞》「今女下民，或敢侮予」，朱熹《集傳》：「誰敢有侮予者。」賓，賓服。《管子・小匡》：「故東夷、西戎、南蠻、北狄，中國諸侯，莫不賓服。」[337]

ee（20170427）：「或」應讀為「有」。[338]

滕勝霖（201905）：「或」訓作「有」文獻習見。「不賓」，不臣服，不歸順。《國語・楚語上》：「蠻、夷、戎、狄其不賓也久矣。」[339]

杜建婷（201906）：從整理者訓釋。《禮記・檀弓下》：「公子重耳對客曰：『君惠弔亡臣重耳，身喪父死，不得與於哭泣之哀，以為君憂，父死之謂何？或敢有他志，以辱君義。』」其中的「或」的用法與簡文相當，「或」釋為「有」，顯然不合適，「敢」一詞承擔了「有敢」或「敢有」的意義，「或」當訓為疑問代詞「誰」。[340]

江秋貞（202006）：此處「或敢」一詞，曾出現在《詩經・豳風・鴟鴞》：「今此下民，<u>或敢</u>侮予？」《禮記・檀弓下第四》：「父死之謂何？<u>或</u>

[336]（三國吳）韋昭注，徐元誥集解：《國語集解》（北京：中華書局，2002），頁561。

[337] 李學勤主編：《清華大學藏戰國竹簡（柒）》（上海：中西書局，2017），頁116。

[338] ee：〈清華七《越公其事》初讀〉，武漢網，跟帖第50樓，2017.4.27（2019.11.14上網）。又見單育辰：〈《清華大學藏戰國竹簡（柒）》釋文訂補〉，收入香港浸會大學饒宗頤國學院、澳門大學中國語言文學系、清華大學出土文獻研究與保護中心編：《清華簡》國際會議論文集》（香港：香港浸會大學饒宗頤國學院、澳門：澳門大學中國語言文學系，2017），頁177。

[339] 滕勝霖：《《清華大學藏戰國竹簡（柒）》集釋及相關問題研究》（重慶：西南大學碩士論文，2019），頁194。

[340] 杜建婷：《清華簡第七輯文字集釋》（廣州：中山大學碩士論文，2019），頁303。

<u>敢</u> 有他志，以辱君義。』稽顙而不拜，哭而起，起而不私。」以上兩處的「或敢」均可釋為「誰敢……」。本簡的「或敢不賓於吳邦」也等於「誰 敢 不 賓 於吳邦」。原考釋在釋文中以朱熹《集傳》：「誰敢有侮予者。」解釋「或」字為「誰」，可從 。[341]

佑仁謹案：

先談「其」字，「其」在詰問句法中意思與「豈」近似，例如《左傳・昭公二十八年》：「而即安於甥舅，其亦使逆君？」楊伯峻云：「『其』猶『豈』，言君子既安於齊，豈亦使我逆君乎？」[342]《左傳・僖公五年》：「晉不可啟，寇不可翫。一之謂甚，其可再乎？」[343]「其可」即「豈可」。《五代史・馮道傳》：「為大臣而無所不取，無所不為，則天下其有不亂，國家其有不亡 者乎？」[344]「其有不亡」即「豈有不亡」，「豈」（溪紐微部）、「其」（見紐之部）聲紐都是舌頭音，韻部為微之旁轉[345]，具有假借的條件。清華陸《鄭武夫人規孺子》簡 5「今是臣=（臣臣），亓（其－豈）可不寶？虗（吾）先君之棠（常）心，亓（其－豈）可不述？」文中兩個反問句的「其」，林清源在釋文中直接讀為「豈」[346]，可信。

關於「或」字，原整理者「或」字讀如字，訓為「誰」。ee 與子居則改讀為「有」。

《毛詩・豳風・鴟鴞》：「迨天之未陰雨，徹彼桑土，綢繆牖戶。今女下民，或敢侮予！」（趁天未陰雨時，啄取桑根，縛緊門窗。現在你們這些巢下的人，有誰敢欺凌我的？）朱熹《詩集傳》云：「誰敢有侮予者。」將「或」訓為「誰」[347]，此即《越公其事》原整理者將「或」訓為「誰」的依據。一般來說，「或」的古訓裡並沒有「誰」的意思，只是在疑問句法中，它的意義與「誰」近似，劉淇《助字辨略》「或」字指出：「《詩經・豳風》『今此下民，或敢侮予』此『或』字猶云『誰』也，不定其誰何，故云或也。」[348]此外

[341] 江秋貞：《《清華大學藏戰國竹簡（柒）・越公其事》考釋》（臺北：臺灣師範大學博士論文，2020），頁 115-116。江秋貞：《《清華大學藏戰國竹簡（柒）・越公其事》考釋》（臺北：花木蘭文化事業公司，2022），頁 85-86。

[342] 楊伯峻：《春秋左傳注》（北京：中華書局，1981），頁 1491。

[343] （晉）杜預注，（唐）孔穎達正義，李學勤主編：《十三經注疏・春秋左傳正義》（北京：北京大學出版社，2000），頁 392。

[344] （宋）歐陽脩撰，（宋）徐無黨注：《新五代史》（北京：中華書局，2016），頁 691。

[345] 陳新雄師：《古音研究》（臺北：五南圖書出版股份公司，1999），頁 455。

[346] 林清源：〈《清華陸・鄭武夫人規孺子》通釋〉，發表於中興大學歷史系、古代中國研究青年學者研習會主辦：「古代中國研究青年學者研習會（五十四）—中臺灣場（一）」

[347] （宋）朱熹：《詩集傳》（上海：中華書局，1958），頁 93-94。

[348] （清）劉淇著，章錫琛校注：《助字辨略》（北京：中華書局，2004），頁 279。

鍾思榆認為「或」（匣紐職部）與「誰」（定紐微部）的關係是假借[349]，恐不妥當，因為二字古音較遠。

出土文獻中的「或」一般多讀為「有」，所以《越公其事》公布後，學者依循過去的通例將字改讀為「有」。「或」在古漢語中作代詞使用，相當於「有」、「有的」、「有人」，用法極普遍。

結合簡文「亓或敢……？」的文例與用法，筆者認為此處讀為「豈有敢……？」會是比較理想的方案，「其」讀「豈」，是加強疑問句語氣的「副詞」。「或」讀「有」，訓為「有人」，「豈有敢」見《戰國策·趙策三》：「今者，齊韓相方而國圍攻焉，豈有敢曰我其以三萬救是者乎哉？」[350]（難道有敢說「我以三萬軍隊去救援它」的人嗎？）簡文「四方諸侯豈有敢不賓于吳邦？」，意指吳國若能以德報怨，答應求和，越國君臣將誓死效忠，如此一來天下豈有不賓服於吳國的諸侯？

〔27〕君女（如）曰：余亓（其）必戲（滅）鑾（絕）雩（越）邦之命于天下

君	女	曰	余	亓	必	戲
鑾	雩	邦	之	命	于	天
下						

原整理者（201704）：戲，從曼省聲，疑即滅絕之「滅」。「戲鑾」，猶滅絕。《管子·牧民》：「民惡危墜，我存安之；民惡滅絕，我生育之。」[351]

趙嘉仁（20170424）：「滅絕」一詞與「命」搭配有些不恰切。「戲」左上所從應該是「冒」字。從讀音和意義考慮，頗疑「戲」似乎可以讀為「剿」。[352]

王寧（20170424）：此字疑當分析為從攴墁聲，即「敷」字，為「縵」之或體，讀為「滅」可從，後或音轉為「泯」。[353]

[349] 鍾思榆：《古文字分化現象研究探析》（臺中：中興大學碩士論文，2008），頁137。

[350] 諸祖耿：《戰國策集注彙考》（南京：鳳凰出版社，2008），頁1003。

[351] 李學勤主編：《清華大學藏戰國竹簡（柒）》（上海：中西書局，2017），頁116。

[352] 趙嘉仁：〈讀清華簡（七）散札（草稿）〉，復旦網「學術討論」，2017.4.24（2017.6.22上網）。

[353] 王寧：〈清華七《越公其事》初讀〉，武漢網，跟帖第12樓，2017.4.24（2019.11.14上網）。

　　心包（20170523）：整理者認為▨從曼省聲，疑即「滅絕」之「滅」，這裡提供一個通假的證據。《清華簡・祭公之顧命》簡 6「茲由襲效于文武之曼德」，今本《逸周書・祭公》對應作：「茲由予小子，追學于文武之蔑」，「蔑」與「滅」有作為異文的例子（看《漢語大字典》「蔑」字第一條及《周語中》「蔑殺其民人」）。[354]

　　心包（20170604）：再補一個例證，《筮法》簡 43 中之「▨宗」，整理者讀為「滅宗」，正確可從，可逕釋為「曼」（字或從「曼」省），上面的三點即可以看作「曼」字構形中的「飾筆」（他處有從兩點者），也可以考慮為借上面的「宀」筆畫，形成上面的「爪」形。[355]

　　魏宜輝（20171026-28）：「▨」字左半的構形可以理解為從土從曼省，「縵」字在《繫年》篇中用作「洩庸」之「洩」。「▨」應該是一個讀音與「曼」、「洩」相同或相近的字。結合音、義兩方面的因素來看，我們懷疑簡文中的「▨」字讀作「截」。《尚書・甘誓》：「天用勦絕其命。」孔傳：「勦，截也。截絕，謂滅之。」「截絕」之義與「勦絕」相當，因而從文意上看，將「▨」字讀作「截」也是比較貼切的。[356]

　　郭洗凡（201803）：「▨」從攴曼聲，「滅」，從水威聲，「勦」，從力巢聲，勞也，此字為「勦」的可能性較大，指的是滅絕、消滅的意思。「巳」上古之部字，「已」也是上古之部字，因此兩字從讀音上可通。[357]

　　滕勝霖（201905）：「▨」字部件「土」上面的部分可能是「曼」字與「冕」字訛混的結果，除上文所舉《清華貳・繫年》簡106「▨」外，《郭店・性自命出》簡 45「縵」字寫作「▨」亦可參考。其下之「土」為人跪坐之狀的訛變。[358]

　　杜建婷（201906）：郭店簡見「曼」作▨，上博簡見「曼」作▨。「▨」當從整理者釋為從曼省聲，從攴。「曼」古音為明母元部，「滅」古音為明母月部，元部和月部可對轉。[359]

[354] 心包：〈清華七《越公其事》初讀〉，武漢網，跟帖第 184 樓，2017.5.23（2019.11.14 上網）。

[355] 心包：〈清華七《越公其事》初讀〉，武漢網，跟帖第 188 樓，2017.6.4（2019.11.14 上網）。

[356] 魏宜輝：〈讀〈清華大學藏戰國竹簡（柒）〉札記〉，收入中國文字學會編：《中國文字學會第九屆學術年會論文集》（北京：中國文字學會，2017），頁 680；又見香港浸會大學饒宗頤國學院，澳門大學中國語言文學系，清華大學出土文獻研究與保護中心：《〈清華簡〉國際會議論文集》（香港：香港浸會大學饒宗頤國學院、澳門：澳門大學中國語言文學系，2017），頁 181。

[357] 郭洗凡：《清華簡《越公其事》集釋》（合肥：安徽大學碩士論文，2018），頁 24。

[358] 滕勝霖：《《清華大學藏戰國竹簡（柒）》集釋及相關問題研究》（重慶：西南大學碩士論文，2019），頁 195。

[359] 杜建婷：《清華簡第七輯文字集釋》（廣東：中山大學碩士論文，2019），頁 101。

江秋貞（202006）：原考釋隸作「歔」，字從「曼」聲，通讀為「滅」，聲紐相同，韻部為陽入對轉，釋義亦通暢，應可從。[360]

佑仁謹案：

「𪓵」字左半從「曼」，其中「目」形寫法特殊，是以「爪」形與一道斜筆組成。這種「目」旁已在「𤔔」（郭店.性自命出 45）出現，「𪓵」下方的「土」可以理解為「又」的訛變，或是將全字看成「曼」之省，並添「土」旁。該字原整理者疑讀為「滅絕」，心包補充聲韻上的證據，「曼」字《筮法》簡 43 讀「滅」，可見通假沒有問題，讀成「滅絕」是目前比較適切的說法。

〔28〕勿茲（使）句戔（踐）屬（繼）蔡（纂）於雩（越）邦巳（矣）

勿	茲	句	戔	屬	蔡	於
雩	邦	巳				

原整理者（201704）：巳、已一字分化。已，與「矣」音義並近。又疑屬下讀，句首語氣詞。《書・大誥》：「已！予惟小子。」[361]

季寥（20170424）：整理者讀作「矣」，似無必要。[362]

明珍（20170501）：燎，即燎祭。為古祭名，燒柴以祭天。《逸周書・世俘》：「武王朝至，燎於周。」簡文大概是指，勾踐希望夫差不要滅絕越邦，並使勾踐能夠繼續在越邦祭祀天帝，不至絕祀之意。[363]

滕勝霖（201905）：本文認為「巳」當讀作「已」，句末語氣詞，先秦文獻中「已」「矣」二字作為語終之辭存在差異，不可混讀。「已」作為句末語氣詞在出土文獻中比較常見，如：吳王光作叔姬鑑：「往巳（已），叔姬。」信陽楚竹書：「聞之於先王之法巳（已）」等。張振林認為：「巳在西周金文中作句首語氣詞，在春秋戰國期間則作句末語氣詞。經傳中的已殆是巳字蛻變

[360] 江秋貞：《《清華大學藏戰國竹簡（柒）・越公其事》考釋》（臺北：臺灣師範大學博士論文，2020），頁 119-120。江秋貞：《《清華大學藏戰國竹簡（柒）・越公其事》考釋》（臺北：花木蘭文化事業公司，2022），頁 89-90。

[361] 李學勤主編：《清華大學藏戰國竹簡（柒）》（上海：中西書局，2017），頁 116。

[362] 季寥：〈清華簡《越公其事》「寮（上從艸）」字臆解〉，復旦網，2017.4.24（2019.11.14 上網）。

[363] 明珍：〈清華七《越公其事》初讀〉，武漢網，跟帖第 118 樓，2017.5.1（2019.11.14 上網）。

的。」郭錫良認為：「『已』表示的語氣同『矣』近似，都是對事物進行陳述，但是兩者不僅古音不完全相同，表示的語氣也有明顯差異。『矣』是把所說的事物當作新情況來報導，『已』則是表示所說的事物不過如此，是一種限定的語氣。」[364]

佑仁謹案：

本句已見於簡 5，文例作「亦茲（使）句淺（踐）屬（繼）蔡（燎）於雪（越）邦。」字應隸定作「屬蔡」，此處提及若夫差不接受吳國的求和，不讓句踐「屬蔡」，那麼越國將周旋到底，「屬」讀為「繼」，「蔡」讀為「燎」，指燎祭，參本章注釋 23。

〔29〕君乃阼（陳）吳甲□□□□帠（旆）旜（旌）

君	乃	阼	吳	甲	帠	旜

原整理者（201704）：阼，《說文》「陳」之古文，楚文字陳列、戰陣之「陳」。簡文中義為陳列。簡尾殘缺，據殘畫和文義，「吳」後面可能是「甲兵」。旆旌，《詩・車攻》：「蕭蕭馬鳴，悠悠旆旌。」根據文義，闕文大意是「君乃陳吳甲兵，建鉦鼓旆旌」。[365]

子居（20171213）：這裡書為「阼」的「陳」與下文書為「皼」的「鼓」寫法都很特殊，應該都有相當大的非楚因素。此句或當補為「陳吳甲，備鐘鼓，建旆旌」。[366]

勞曉森（20170501）：▨，疑當為「三」字，其後可補「軍」字。本篇第十章有關於越國左軍、右軍、中軍的記載，可與此處吳國的「三軍」相對照。[367]

吳德貞（201805）：勞先生所補「三軍」二字較為通順。與後文「左軍」、「右軍」、「中軍」相呼應。《左傳》昭公二十三年：「吳為三軍以繫於後，中軍從王，光帥右，掩餘帥左。」魯昭公二十三年時，吳王僚當政，已有三軍，則勞曉森所述夫差領三軍是可能的。[368]

---

[364] 滕勝霖：《《清華大學藏戰國竹簡（柒）》集釋及相關問題研究》（重慶：西南大學碩士論文，2019），頁 196。

[365] 李學勤主編：《清華大學藏戰國竹簡（柒）》（上海：中西書局，2017），頁 117。

[366] 子居：〈清華簡七《越公其事》第一章解析〉，中國先秦史網站，2017.12.13（2021.5.28 上網）。

[367] 勞曉森：〈清華簡《越公其事》殘字補釋一則〉，復旦網，2017.5.1（2021.6.1 上網）。

[368] 吳德貞：《清華簡《越公其事》集釋》（武漢：武漢大學碩士論文，2018），頁 17。

何家歡（**201806**）：殘字疑從勞曉森所說，當作「三」。而「三」後一字當為「軍」字。[369]

滕勝霖（**201905**）：「陣」字又見於吳王鐘，「陳」之古文，陳列之義。依殘筆，整理者之說可從，補「甲兵」二字。殘筆「⸺」，筆畫較細且左側有明顯向上凸出的部分，應是「甲」字「ㄴ」殘留，本函中「三」的起筆處大多以藏鋒寫法寫出，「蠶頭」向下凸出，且筆畫較粗，如：「〓」「〓」等。[370]

江秋貞（**202006**）：「吳」後面一字的殘筆如：▆。原考釋認為是「甲」字，比對簡5「甲」字作「〓」，其上部的筆畫很相似。再者，以詞例看「陣吳□□」為「陣吳 甲兵 」，文句通順達意。至於勞曉森認為的「三」，筆畫上看起來也不無可能性，只是沒有提出詞例的證據。在此可以補「陳吳甲，備征鼓，建旆旌」幾個字。說明《國語》的「鍾鼓」應該是「鉦鼓」的訛誤。「君乃陣（陳）吳甲， 備征鼓，建 旆旌 」，意指「吳君就陣列甲兵、準備鉦鼓和樹立旆旗」。[371]

陳一（**202203**）：闔閭在位時吳國已有三軍，夫差自不必言，故「▆」為「三」字可能性極高，勞曉森所說是也。《吳語》有「建旌提鼓」、「載常建鼓」之語，「▆」下殘缺四至五字，當斷句為「君乃陣（陳）吳三軍，□□，□旆（旆）旌（旌），王親鼓之。」疑「旆旌」前殘缺一至二字為「建」或意義相近之單、雙音節詞。「三軍」後兩字暫不明晰，結合《國語》筆者大膽猜測或為「秉枹」。[372]

佑仁謹案：

「陳」字作「▆」，「陣」見於三晉文字[373]、清華參《良臣》以及《說文》古文，寫法有可能是受晉系底本所影響。

關於補字問題，簡7下殘文，對照簡6內容，包括殘泐的「一」字在內，可能有5字的補字空間。各家學者的補字方案為：

	文例
原整理者	君乃陳吳 甲兵 ，建鉦鼓 旆旌
子居	軍乃陳吳 甲 ，備鐘鼓，建旆旌。

[369] 何家歡：《清華簡（柒）《越公其事》集釋》（保定：河北大學碩士論文，2018），頁13。
[370] 滕勝霖：《《清華大學藏戰國竹簡（柒）》集釋及相關問題研究》（重慶：西南大學碩士論文，2019），頁197。
[371] 江秋貞：《《清華大學藏戰國竹簡（柒）·越公其事》考釋》（臺北：臺灣師範大學博士論文，2020），頁122-123。江秋貞：《《清華大學藏戰國竹簡（柒）·越公其事》考釋》（臺北：花木蘭文化事業公司，2022），頁92-93。
[372] 陳一：《清華簡（柒）》疑難字詞補釋》（天津：天津師範大學碩士論文，2022），頁93。
[373] 黃德寬主編：《古文字譜系疏證》（北京：商務印書館，2007.2），頁3468。

　　《越公其事》通篇的｛三｝以「厽」（見簡 19、28、29、30、一 兩例）和「氐」（簡 68 兩例）、「三」（簡 60、74）等字形表示，將「　　」理解成「三」的殘筆，確實有可能。可是筆者認為該字左側有一道豎筆存在，明顯與一般的「三」字寫法不同：

疑難字	簡 60	簡 74

　　筆者比較贊同原整理者釋「甲」之說，至於「甲」字後面，到「帬（旆）」字之前該補哪些內容，變數太大，難以猜測。

〔30〕王親鼓之

王	親	鼓	之
王	親	鼓	之

　　原整理者（201704）：「鼓」之表層結構可隸作「鼔」，左側是「壴」之訛變，右側是「攴」之變形音化。鼓，擊鼓使進。《易・中孚》：「得敵，或鼓或罷，或泣或歌。」[374]

　　郭洗凡（201803）：「鼓」從壴，支向（佑仁案：應作「象」）其手擊之，「攴」，徐灝《段注箋》：「疑本象手有所執持之形。用為撲擊字耳。」「攴」和「支」再次（佑仁案：「再次」衍）意思相近，從字形上看文中的字應該是「鼓」字。[375]

　　滕勝霖（201905）：為「鼓」之異體，左側部件「壴」下面省寫作「屮」。「鼓」字在本篇中異寫較多，分別見於簡 8「鼔」，簡 59「鼓」，簡 60「鼓」，簡 65「鼓」，簡 67「鼓」。《上博七・君人甲》簡 3 作「　　」與簡 60「鼓」相似。[376]

　　周陽光（201912）：⻗形的出現當源於一期卜辭　的右部↑形。三期卜辭的鼓形體，在↑形的基礎上進行了截除性簡化，用表示「鼓槌的纓飾物」的↑形體指代「鼓槌」，並且字形在西周金文中普遍使用，至春秋晚期仍沿用。《越》中的「鼓」字簡文右旁中的⻗形，可能是在↑形基礎之上，受到春秋早期的

[374] 李學勤主編：《清華大學藏戰國竹簡（柒）》（上海：中西書局，2017），頁 117。

[375] 郭洗凡：《清華簡《越公其事》集釋》（合肥：安徽大學碩士論文，2018），頁 24。

[376] 滕勝霖：《《清華大學藏戰國竹簡（柒）》集釋及相關問題研究》（重慶：西南大學碩士論文，2019），頁 198。

《叔朕簠》中的、《曾伯簠》中的、《公父宅匜》中的等「午」字形的影響，添加了短橫飾筆。[377]

佑仁謹案：

《越公其事》通篇有五個「鼓」字，如下：

A類			B類	
1.	2.	3.	4.	5.
簡 8	簡 59	簡 59	簡 65	簡 67
王親鼓之	王懼，鼓而退之	鼓命邦人	鳴鼓，中水以盨	不鼓不噪以侵攻之

除此之外，還有兩個从「壴」（即「鼓」之初文）的「喜」字，如下：

簡 45	簡 60

從文例來看，前述五字都應是「鼓」無誤，原整理者認為 A 類字左半為訛寫，右半的「午」是聲化，皆有道理，不過應更深入的討論。

先談左半結構，楚簡一般寫法是B類，A類字則把「壴」訛寫成「𠦝」（即「朝」的表意初文[378]），亦即書手在寫到第四個「鼓」字時才使用了正確的寫法。必須說明的是，之所以將 A 類視為誤字，主要是「壴」、「𠦝」結構確實接近，而且楚簡中未曾出現將左半結構寫成「𠦝」的「鼓」字，假設未來持續發現 A 類這種寫法，或可將此類書寫形態視為集團性的類化。

再談右半結構，郭洗凡依據《說文》認為「『鼓』從壴，攴象其手擊之」，並認為「攴」、「支」意義接近，其說不可信。「攴」字出現的時間比較晚，確定的「攴」字多半是秦漢文字[379]，雖然小篆「（鼓）」字右半从小篆的「（支）」，但從「鼓」字演變脈絡以及 A 類 1-4 形來看，與「支」字毫無關係。

---

377 周陽光：〈談清華簡《越公其事》中的「鼓」字〉，《古籍研究》2019 第 2 期（2019.12），頁 207-211。

378 裘錫圭：〈宇純先生在甲骨文方面的一個創見〉，《國文天地》34：6（2018.11），頁 10。

379 李守奎：〈釋楚簡中的「規」——兼說「攴」亦「規」之表意初文〉，《復旦學報（社會科學版）》2016 第 3 期（2016.5），頁 82-83。

〔31〕以觀句獎（踐）之以此仐（八千）人者（俱）死也

![字]	![字]	![字]	![字]	![字]	![字]
以	觀	句	獎	之	以	此

![字]	![字]	![字]	![字]	![字]
仐	人	者	死	也

　　原整理者（201704）：以，率領。《左傳》僖公五年：「宮之奇以其族行。」結尾一段與《國語・越語上》之「若以越國之罪為不可赦也，將焚宗廟，係妻孥，沈金玉於江，有帶甲五千人，將以致死，乃必有偶，是以帶甲萬人事君也。無乃即傷君王之所愛乎？與其殺是人也，寧其得此國也，其孰利乎？」大意相同。[380]

　　滕勝霖（201905）：觀，觀看。死，拼死、拼命。[381]

　　江秋貞（202006）：第一個「以」字，可當作連接詞用，可釋為「和」、「而又」。第二個「以」字可如原考釋者所言，當作「率領」。此句可為：「王親鼓之，而觀句踐之以此仐人者死也。」第二章第 9 簡開頭「吳王聞越使柔以剛也」，故汗天山認為這是向吳王示強，所言可從。「以觀句獎之以此仐人者死也」，意指「和看著句踐率領這八千士兵和你們決一死戰」。[382]

　　佑仁謹案：
　　簡文「以觀句踐之以此八千人者死也」一句中，如何理解「者」字是個問題。學者們均直接隸定作「者」，沒有申述其義。「者」字常置於形容詞、動詞、主謂詞組之後，用以指代人、事、物。如《周易・繫辭上》：「負也者，小人之事也。」[383]《論語・子罕》：「逝者如斯夫！不舍晝夜。」[384]也可用在數詞之後，指代上文所說的幾種人或幾件事物，如《孟子・梁惠王下》：「老而無妻曰鰥，老而無夫曰寡，老而無子曰獨，幼而無父曰孤。此四者，天下之

[380] 李學勤主編：《清華大學藏戰國竹簡（柒）》（上海：中西書局，2017），頁 117。

[381] 滕勝霖：《《清華大學藏戰國竹簡（柒）》集釋及相關問題研究》（重慶：西南大學碩士論文，2019），頁 199。

[382] 江秋貞：《《清華大學藏戰國竹簡（柒）・越公其事》考釋》（臺北：臺灣師範大學博士論文，2020），頁 126-127。江秋貞：《《清華大學藏戰國竹簡（柒）・越公其事》考釋》（臺北：花木蘭文化事業公司，2022），頁 95-96。

[383] （魏）王弼，（唐）孔穎達疏，李學勤主編：《十三經注疏・周易正義》（北京：北京大學出版社，2000），頁 328。

[384] （魏）何晏集解，（宋）邢昺疏，李學勤主編：《十三經注疏・論語注疏》（北京：北京大學出版社，2000），頁 133。

窮民而無告者。」[385]本句文例則作「以觀句踐之以此八千人者死也」，將「者」視為代名詞，不僅語意含糊，文句也顯得不夠順暢。筆者認為「者」不應理解為虛詞，而應讀為修飾「死」的實詞。「者」可通讀「俱」，「者」端紐魚部，「俱」群紐侯部，聲紐相通，韻部屬「魚侯旁轉」[386]，二字音理上可以通假，而古籍中「儲」可通「具」[387]，可證簡文的「者」讀成「俱」。「俱死」與簡11之「偕死」意近，指句踐將率領此八千人赴死一戰。

此外，古籍中「徐」、「俱」可以通假，清·朱駿聲《說文通訓定聲·豫部》：「徐，假借為俱。」[388]「徐」字最常見是「緩慢」義。春秋時期晉國大夫趙盾被屠岸賈誣陷，被夷滅宗族，僅剩趙朔（趙盾之子）之妻懷有遺腹子，此即名劇「趙氏孤兒」之故事原型。程嬰是趙盾的友人，趙朔門客公孫杵臼問程嬰為何還不死？程嬰答曰：「朔之婦有遺腹，若幸而男，吾奉之；即女也，吾徐死耳。」（《史記·趙世家》[389]）由於「徐」訓為「慢」的用法十分常見，因此坊間《史記》的譯本多把「徐死」翻譯為「我慢慢去死」[390]，程嬰作為趙家門客，若趙氏遺腹子是男，則輔佐他以報滅族之仇，這不難理解，但豈有生下女兒，程嬰卻要「慢慢去死」之理？這裡「徐死」的「徐」字應假借為「俱」，即生女則報仇無望，程嬰將以身殉主，以報知遇之恩。

越國最後這八千名帶甲死士絕對是滿懷著仇恨上戰場，將對吳國造成重大傷害。昔日（西元前496年），句踐曾在檇李之戰出其不意派出三百死士在吳軍陣前自刎，最終使吳王闔盧戰死於沙場，此事距離簡文背景（句踐三年，西元前494年）僅隔兩年，無怪乎夫差最後選擇與句踐談和。

本處意思是：夫差若不相信越國必死的決心，可以發動戰爭，親自擊鼓進軍，就等著看我句踐帶領八千名死士慷慨赴死。

[385] （戰國）孟子著，（漢）趙岐注，（宋）孫奭疏，李學勤主編：《十三經注疏·孟子正義》，北京：北京大學出版社，2000），頁55。
[386] 陳新雄師：《古音研究》（臺北：五南圖書出版股份公司，1999），頁456。
[387] 高亨、董治安編纂：《古字通假會典》（濟南：齊魯書社，1997），頁340、898。
[388] （清）朱駿聲：《說文通訓定聲》（北京：中華書局，2016），頁450。
[389] （漢）司馬遷撰，（南朝宋）裴駰集解，（唐）司馬貞索引、張守節正義：《史記》（北京：中華書局，2014），頁2152。
[390] 楊燕起注譯：《史記全譯》（貴陽：貴州人民出版社，2001），頁2000。許嘉璐主編：《二十四史全譯·史記》（上海：漢語大辭典出版社，2004），頁681。

第二章

　　句踐在敗走會稽山後，派文種為說客，一方面卑躬屈膝向吳國稱臣，另一方面又以八千死士做為要脅，企盼吳王夫差能願意談和。面對越國婉辭中帶有恫嚇意味的政治語言，吳國君臣又該選擇如何面對？伍子胥認為此時是滅越的最佳良機，越國在戰敗後不可能有八千名死士，力諫夫差絕對不能與越國談和。但夫差認為：（1）吳越交通遠隔，難以管理；（2）連年征戰，軍力折損泰半；（3）沒有可與八千死士決一死戰的兵力，因此最終選擇與越國許成。句踐的低姿態致使夫差對越國放下戒心，雖然越國土地大幅縮小，但政權仍得以延續。而夫差未能把握消滅越國的先機，以為句踐已心悅誠服，為吳國的滅亡埋下禍根。

釋文（一）

　　吳王餶（聞）雽（越）徥（使）之柔以弖（剛）也〔1〕，思道迮（路）之佡（修）隥（險）〔2〕，乃思（懼），告繥（申）疋（胥）曰：「孤亓（其）許之成。」〔3〕繥（申）疋（胥）曰：「王亓（其）勿許！【九】天不邟（仍）賜吳於雽（越）邦之利〔4〕。虞（且）皮（彼）既大北於坪（平）备（邍—原）〔5〕，以剈（潰）去亓（其）邦〔6〕，君臣、父子亓（其）未相昗（得）—〔7〕，今雽（越）【一○】公亓（其）故（胡）又（有）繥（帶）甲仐（八千）以韋（敦）刃皆（偕）死？」〔8〕

語譯（一）

　　夫差聽到文種語氣和緩但態度堅決，他顧慮到路途遙遠而凶險，因此感到懼怕，告訴伍子胥說：「我打算答應越國的求和。」伍子胥說：「國君千萬不能答應！上天不會再給吳國滅越的機會。而且句踐已經大敗於平原，潰逃離邦，君臣父子志向不相契合，今天越國哪裡來的八千兵甲可以整治兵刃一同赴死？」

釋文（二）

　　吳王曰：「夫=（大夫）亓（其）良惪（圖）此〔9〕！昔虗（吾）先王盍（闔）膚（盧）所以克內（入）郢邦〔10〕【一一】，唯皮（彼）鯀（雞）父之遠瞀（荊）〔11〕，天賜中（衷）于吳，右我先王〔12〕。瞀（荊）市（師）走，虗（吾）先王遾（邲）之走〔13〕，遠夫甬（勇）戔（殘）〔14〕，虗（吾）先【一二】王用克內（入）于郢〔15〕。今我道迮（路）攸（修）隡（險），天命反昃（側），敔（豈）甬（庸）可智（知）自旻（得）─〔16〕？虗（吾）訇（始）後（踐）雩（越）埅（地）以爭=（至于）今〔17〕，凡吳之【一三】善士牂（將）中畔（半）死巳（矣）〔18〕。今皮（彼）新（新）去亓（其）邦而箁（毒）〔19〕，母（毋）乃豕戠（鬥）〔20〕，虗（吾）於（惡）膚（乎）取羍（八千）人以會皮（彼）死？〔21〕」繥（申）疋（胥）乃【一四】（懼），許諾。〔22〕

語譯（二）

吳王說：「大夫（子胥）的謀劃很好，以前先王闔盧之所以能攻破郢都，都歸因於伍之雞遠離楚國，上天賜福於吳國，佑助闔盧。楚師敗走，闔盧迫近追趕，伍之雞勇猛地消滅楚國，闔盧因此能進入郢都。今天吳、越道路遙遠而凶險，天命反覆，哪裡知道吳國必定獲得天命的佑助？從我國攻打越國開始，直到今日的夫椒之戰（西元前494年），我國精良的部隊泰半已死。如今越國才剛逃離故都，剩餘兵力內心都非常激憤，豈不是如野豬般頑抗，我哪裡去調取八千兵力面對越國的死戰？」伍子胥於是乎感到恐懼，贊成與越國談和。

〔1〕 吳王餾（聞）雫（越）徙（使）之柔以弓（剛）也

吳	王	餾	雫	使	之	柔
以	弓	也				

原整理者（201704）：使，使者。簡文「使者」之「使」與「使令」之「使」多異寫。弓，有「強」、「剛」兩讀，音義並近。柔、剛相對。《國語·越語下》：「近則用柔，遠則用剛。」柔剛，古之成語。《山海經·西山經》：「瑾瑜之玉為良，堅栗精密，濁澤有而光，五色發作，以和柔剛。」漢揚雄《法言·君子》：「或問君子之柔剛，曰：『君子於仁也柔，於義也剛。』」[1]

侯乃峰（20170819-20）：「以」為承接連詞，猶「而」也。此句簡文明確表明越國使者大夫種的外交辭令其實是柔中帶剛，剛柔兼濟的。[2]

郭洗凡（201803）：「強」，從虫，弘聲，孔廣居《疑疑》：「從虫，口會意，弘省聲。」「剛」古文有「佀」的寫法，因此整理者的觀點可從，「強」、「剛」都可用在簡文中。「攸」或作「彳」或「亻」，戰國楚簡文字中很常見，《說文解字》：「攸，行水也，從攴從人，水聲。」[3]

子居（20180309）：《越公其事》中，明顯第三章的「使」字寫法作「茲」、「事」、「使」最為多樣，因此可推知第三章很可能最為晚出。[4]

---

[1] 李學勤主編：《清華大學藏戰國竹簡（柒）》（上海：中西書局，2017），頁119。
[2] 侯乃峰：〈讀清華簡（柒）零札〉，收入中國文字學會編：《中國文字學會第九屆學術年會論文集》（北京：中國文字學會，2017），頁217。又收入《中國文字學報》第9輯（北京：商務印書館，2018），頁94。
[3] 郭洗凡：《清華簡《越公其事》集釋》（合肥：安徽大學碩士論文，2018），頁25-26。
[4] 子居：〈清華簡七《越公其事》第二章解析〉，中國先秦史網站，2018.3.9（2021.3.23上網）。

毛玉靜（201905）：「弜」是戰國文字中常見的「強」字的異體，此處假為「剛」。郭店簡、清華簡中，出現「強」的地方往往與「柔」對應，因之讀為「剛」最為貼切。[5]

江秋貞（202006）：「弜」字從「弘（強）」聲，也從「強」、「大」義。「𪔳𥄡死者」（天卜），「弜」即說文古文「剛」。「弜」上古音在群母陽部，「剛」上古音在見母陽部，聲韻可通，又有古代典籍詞例，故原考釋可從。意指文種的發言不卑不亢，柔中帶剛。[6]

佑仁謹案：

《越公其事》首章講述句踐兵敗後，派使者大夫種（即文種）向吳國請成，除卑辭婉言外，亦威脅將以八千死士抵死殉國。而本章記載夫差聽聞文種的說法後，準備接受越國談和，並向伍子胥請益。此處的「使者」即首章中的大夫種，原整理者提到本篇｛使｝的用字方式非常多元，為方便讀者理解，製表如下：

一覽表 1.｛使｝字用法一覽表

次數	用字情況	文例
1	吏	【簡 1】乃吏（使）大夫種行成於吳師
6	茲	【簡 5】亦茲（使）句踐繼燎於越邦
		【簡 7】勿茲（使）句踐繼燎於越邦矣
		【簡 16-17】茲（使）吾二邑之父兄子弟朝夕殘然，為豺狼食於山林幽冥
		【簡 20】不茲（使）達迄
		【簡 28】茲（使）民暇自相
		【簡 57】不茲（使）命疑
7	徲	【簡 9】吳王聞越徲（使）之柔以剛也
		【簡 15】君越公不命徲（使）人而大夫親辱
		【簡 22-23】以須徲（使）人
		【簡 24-25】徲（使）者返命越王
		【簡 44】王乃趣徲（使）人察省城市邊縣小大遠邇之勻、落
		【簡 51】王乃歸（？）徲（使）人請問羣大臣及邊縣城市之多兵、無兵者
		【簡 72】乃徲（使）人告於吳王曰
2	事	【簡 15】親見事（使）者曰

---

[5] 毛玉靜：《《清華大學藏戰國竹簡（柒）》字用研究》（合肥：安徽大學碩士論文，2019），頁 99。

[6] 江秋貞：《《清華大學藏戰國竹簡（柒）·越公其事》考釋》（臺北：臺灣師範大學博士論文，2020），頁 136。江秋貞：《《清華大學藏戰國竹簡（柒）·越公其事》考釋》（臺北：花木蘭文化事業公司，2022），頁 103。

		【簡 17】用事（使）徒遽趣聽命於……

《越公其事》全篇共用16次｛使｝，其中7次寫作「徙」，6次作「茲」，2次作「事」，1次作「吏」。依照陳英傑的研究，西周金文中「史（）」與「事（）」字形上已有別，但｛使｝尚未由「事」獨立出來，而「史」、「吏」、「事」、「使」諸字完全分化，必須要到戰國晚期[7]。值得留意的是，楚簡普遍使用「史」、「囟」、「思」、「茲」[8]等字表示｛使｝，以「事」表示｛使｝的情況比較少，但偶爾也會出現[9]，《越公其事》共見11次「事」（見簡6、15、17、31、40兩見、45、46、51、55、75），除前述兩例（簡15、17）讀｛使｝外，其餘均讀如字。

　　由前述表格來看，原整理者所謂《越公其事》中「『使』多異寫」，是符合實際情況的，不過｛使｝的多元型態在楚簡中應有普遍性，亦即並非《越公其事》的專有現象，以清華貳《繫年》｛使｝字情況來看，用「史／」1 例（簡 24）、「囟」7 例（簡 34、38、41、48、67、86、104）、「吏／」4 例（簡 46、58、86、87），「」1 例（簡 88）、「思」1 例（簡 57）、「李」1 例（簡 137），其多元程度不在《越公其事》之下。

　　此外，子居認為「吏」、「囟」的寫法最早，主張二字都是周人的用法，而「徙」字則「很可能不早於戰國後期」，並進一步推論同時使用「茲」、「事」、「徙」的第三章可能最為晚出。

　　以用字習慣判斷文本時代，有一定的理據，例如使用「于」的時代比「於」早，但須有全面而系統性的考究，更不能當成判斷文本寫成年代的唯一標準。僅從第三章「使」字用法多樣性而反論其晚出，若依此判準，那何以第二、七、八、十一等章也都出現「徙」字，卻獨獨第三章晚出呢？竹簡幾經傳抄，性質特殊，字體可能會受到底本來源的干擾，文本創作時代需要更細膩的考證。三晉文字的「使」寫作「徙」或「逨」[10]，目前所見清華簡中有多篇文獻底本與三晉有關，這種「徙」的寫法可能就是三晉樣貌的呈現（例如「越公」之「越」寫成「雩」亦是證據之一）。還有，本篇抄寫春秋末年吳越爭霸故事，雖使用「囟」、「吏」諸字，但時代絕不可能早於春秋晚期。

---

[7] 陳英傑：〈史、吏、事、使分化時代層次考〉，《中國文字》新 40 輯（臺北：藝文印書館，2014），頁 63-186。

[8] 石小力：〈上古漢語「茲」用為「使」說〉，《語言科學》第 16 卷第 6 期（2017.11），頁 658-662。

[9] 例如《曹沫之陣》簡 39-40 云「人事（使）士，我事（使）大夫；人事（使）大夫，我事（使）將軍；人事（使）將軍，我君身進。此戰之顯道。」

[10] 周波：《戰國時代各系文字間的用字差異現象研究》（北京：線裝書局，2012），頁 127。

簡文「⿰弓彡」可嚴式隸定為「弜」，即「強」字，甲骨文作「⿰弓卪」（《合集》21914）[11]。該字在楚簡中常讀成「強」，例如《姑成家父》簡1云：「姑成家父事厲公，為士忨[12]，行政迅強，以見惡於厲公。」簡2云：「三郤中立，以正上下之訛，弜（強）於公家。」簡9云：「公慍無告，告弜（強）門大夫」，上述諸例均應讀「強」。但亦有讀作「剛」的用法[13]，例如清華陸《子產》簡24「乃恊（迮）天墬（地）、逆川（順）、弜柔」，「弜柔」顯然應讀為「剛柔」[14]。就「強」與「剛」兩個選項來說，比較常作「柔」字反義詞者，應該是「剛」。

「剛」、「柔」對舉的例證很多，例如《淮南子・氾論訓》「太剛則折，太柔則卷」[15]，《國語・越語下》：「後則用陰，先則用陽；近則用柔，遠則用剛。」[16]郭店《六德》簡32：「仁柔而暱，義剛而簡」，清華玖《治政之道》簡22：「剛之盡毀，柔之盡釰」均是剛、柔並舉之例，那麼簡文讀「剛」當比讀「強」理想。

子居認為「柔以剛」可與馬王堆帛書《黃帝書・經法》：「以剛為柔者活，以柔為剛者伐。」（剛強卻表現得柔弱可以存活，柔弱卻表現得剛強將會敗亡）而「柔以剛」一詞又見於《淮南子・時則訓》：「故冬正將行，必弱以強，必柔以剛，權正而不失，萬物乃藏。」[17]（冬季的政令一旦施行，虛弱的事物必定逐漸變強大，柔軟的事物必定變得堅硬。）不過子居並沒有進一步申述。[18]從《黃帝書・經法》的文義來看，筆者認為是在強調「柔」而不是「剛」，即《老子》「故堅強者死之徒，柔弱者生之徒」、「柔勝剛，弱勝強」[19]之旨，而《淮南子・時則訓》雖然有「柔以剛」的用例，但判斷上下文義，與簡文語意顯然有別。

簡文「柔以剛」，侯乃峰認為「以」猶「而」，可信。「剛以柔」即「剛而柔」，「以」乃連接詞，表承接，相當於「而」，《尚書・金縢》：「秋，大熟，未獲，天大雷電以風。」[20]《禮記・樂記》：「治世之音，安以樂，其政和。亂

---

[11] 裘錫圭：〈釋「弘」「強」〉，《古文字論集》（北京：中華書局，1992），頁56。又見《裘錫圭學術文集1・甲骨文卷》（上海：復旦大學出版社，2012.6），頁184-188。

[12] 參季旭昇師：〈上博五姑成家父「為士忨」新說〉，《出土文獻綜合研究集刊（第十五輯）》（成都：巴蜀書社，2022），頁108-115。

[13] 劉釗也指出：「戰國文字中『剛』字常常借『強』字為之。《說文》『剛』字古文作『弜』，就是借『強』為『剛』。」參劉釗〈讀〈上博六〉詞語箚記三則〉，見《「2007中國簡帛學國際論壇」論文集》（臺北：臺灣大學中文系，2007.11.10-11）。

[14] 李學勤主編：《清華大學藏戰國竹簡（陸）》（上海：中西書局，2016），頁137。

[15] 何寧：《淮南子集釋》（北京：中華書局，1998），頁934。

[16] （三國吳）韋昭注，徐元誥集解：《國語集解》（北京：中華書局，2002），頁585。

[17] 何寧：《淮南子集釋》（北京：中華書局，1998），頁441。

[18] 子居：〈清華簡七《越公其事》第二章解析〉，中國先秦史網站，2018.3.9（2021.3.23上網）。

[19] 朱謙之撰：《老子校釋》（北京：中華書局，1984），頁295、144。

[20] （西漢）孔安國傳，（唐）孔穎達正義，李學勤主編：《十三經注疏・尚書正義》（北京：北京大學出版社，2000），頁400。

世之音，怨以怒，其政乖。」[21]簡文的「柔以剛」與「電以風」、「安以樂」、「怨以怒」。「柔以剛」表示以「柔」為主體，但又帶有「剛」，内心剛正、態度溫和，從容不迫。《淮南子・原道》：「託小以包大，在中以制外，行柔而剛，用弱而強，轉化推移，得一之道而以少正多。」[22]即是此理。

若落實到吳越史事，「柔」指文種轉達句踐請成要求時，態度謙遜卑下，婉轉有度，自言句踐不忍戕害吳王身軀，因此敗走會稽山。若夫差願意談和，則越國君臣將齊心服事，使夫差成為春秋霸主。「剛」指最後文種提出死亡要脅，表示若夫差不願答應，則將以八千名甲兵與吳國玉石俱焚，大量減損吳國戰力。

依據趙曉斌所提供的資料，棗紙簡《吳王夫差起師伐越》簡 11 號云：「吳王𦀚（聞）邚（越）叓（使）人之孫（遜）以弜（強）」[23]，所謂的「遜」對應清華簡的「柔」，而趙曉斌所釋之「弜（強）」，也應該據前述討論讀作「弜（剛）」。

〔2〕 思道迻（路）之彶（修）噲（險），

思	道	迻	之	彶	噲

原整理者（201704）：彶，第十三簡作「攸」，長遠，古書多作「修」。秦李斯《繹山刻石》：「羣臣從者，咸思攸長。」[24]

黃愛梅（20171118）：「道路之修險」，其言當指會稽山地。[25]

子居（20180309）：雖然整理者稱「第十三簡作『攸』」，但查原簡照片，第十三簡也是作「彶」，與簡九的「彶」字形相同，此字當即「修」字而非「攸」字，其中間的三筆與「攸」字的兩筆區別明顯，清華簡整理者在各篇字表中皆將其歸於「攸」字下不確，當另列「修」字條收「彶」字形。典籍中多稱「修遠」，《越公其事》這裡稱「修險」，當不止是指路遠，且有凸顯路途危險之意。由史實推測，無論是夫差的許越成，還是遷蔡於州來，應皆是因為楚國勢力在安徽西部迅速恢復帶來的壓力使然。[26]

[21] （東漢）鄭玄注，（唐）孔穎達疏，李學勤主編：《十三經注疏・禮記正義》（北京：北京大學出版社，2000），頁 1254。

[22] 何寧：《淮南子集釋》（北京：中華書局，1998），頁 49。

[23] 趙曉斌：〈荊州棗紙簡《吳王夫差起師伐越》與清華簡《越公其事》〉，收入清華大學出土文獻研究與保護中心編：《清華戰國楚簡國際學術研討會論文集》（北京：清華大學，2021），頁 10。

[24] 李學勤主編：《清華大學藏戰國竹簡（柒）》（上海：中西書局，2017），頁 119。

[25] 黃愛梅：〈《越公其事》與吳、越史事——讀《清華簡（柒）・越公其事》札記〉，收入華東師範大學歷史系編：《第二屆出土文獻與先秦史研究工作坊論文集》（上海：華東師範大學歷史學系，2017），頁 64。又見黃愛梅：〈《清華簡（柒）・越公其事》的敘事立場及越國史事〉，《新史料與古史書寫——40 年探索歷程的回顧與思考學術研討會論文集》（上海：華東師範大學歷史學系，2018），頁 221。

[26] 子居：〈清華簡七《越公其事》第二章解析〉，中國先秦史網站，2018.3.9（2021.3.23 上網）。

郭洗凡（**201803**）：「攸」或作「彳」或「亻」，戰國楚簡文字中很常見，《說文解字》：「攸，行水也，從攴從人，水聲。」[27]

吳德貞（**201805**）：𢓊或可讀作「幽」。此字應與簡13「攸」用法相同。攸，幽部喻母。幽，幽部影母。「幽險」見於《楚辭・九歎・愍命》：「嘉皇既歿終不返兮，山中幽險郢路遠兮……」則簡13「攸」也可讀為「幽」。[28]

王輝（**20181117-18**）：吳、越相距甚近，如《越絕書・請糴內傳》申胥所說是「接地鄰境，道徑通達，三江環之，其民無所移」；又如《吳越春秋・勾踐入臣外傳》吳王說是「同土連城」，何談「道路修險」？此時吳滅越，越人卑辭求成，吳王何懼之有？對越之求成，吳王許其成，伍子胥一直是反對的，犯顏強諫吳王不要接受，這在各書記載都是一致的。簡文說聽了吳王的幾句話，子胥就「懼，允諾」，這完全不符合事實，是張冠李戴。[29]

滕勝霖（**201905**）：「幽險」雖見於文獻，但「攸」「幽」在出土文獻中未見直接相通之例，「攸」「修」相通，例不備舉。這裡的「修險」是並列結構，義為「遠且險」。《尚書・盤庚》：「王播告之，修不匿厥指」，孫星衍今古文注疏：「修，遠也。」甲骨文中從人從攴的「𠆩」與「攸」字不應視為一字，古文字中「人」「彳」訛混之例常見，「𢓊」應視為簡13「𢓊」字異體。[30]

周悅、白於藍（**202003**）：簡文所記則是吳越征戰時事，吳越鄰邦，會稽山相對吳國來講，算不上「修遠」，吳國方面不存在長途奔襲的問題。簡文「𢓊」「攸」二字均當讀作「幽」。「幽險」一詞見於典籍，指幽深險阻。「幽險」一詞更符合實際情況，吳王夫差其實是考慮到會稽山道路幽深險阻，易守難攻，故深感畏懼，不想貿然進攻。換句話講，若會稽山是一馬平川之地，距離吳國再「修遠」，此時此地之吳軍已經兵臨會稽山下，兵馬齊整，吳王絕對會毫不畏懼立即發動進攻。[31]

江秋貞（**202006**）：「𢓊」作「攸」字，完全沒有問題。但是古籍中不見「攸險」一詞的用法，而「修險」一詞也未見於先秦兩漢典籍，而是年代較晚出現。吳德貞釋「幽」，不妥，因為「幽」字是偏「隱」義，沒有「長遠」義，簡文此處指道途長遠，故筆者認為直接釋「攸」即可，「攸險」即路途長遠而危險。「思道迻之攸隓，乃思」意指「想到一路征戰道途遙遠，於是害怕」。[32]

---

27 郭洗凡：《清華簡《越公其事》集釋》（合肥：安徽大學碩士論文，2018），頁25。
28 吳德貞：《清華簡《越公其事》集釋》（武漢：武漢大學碩士論文，2018），頁20。
29 王輝：〈一粟居讀簡記（十）〉，收入清華大學出土文獻研究與保護中心編：《紀念清華簡入藏暨清華大學出土文獻研究與保護中心成立十周年國際學術研討會論文集》（北京：清華大學出土文獻研究與保護中心，2018），頁378。
30 滕勝霖：《《清華大學藏戰國竹簡（柒）》集釋及相關問題研究》（重慶：西南大學碩士論文，2019），頁203。
31 周悅、白於藍：〈清華簡補釋三則〉，《中國文字研究》2020第1期（2020.3），頁88-89。
32 江秋貞：《《清華大學藏戰國竹簡（柒）・越公其事》考釋》（臺北：臺灣師範大學博士論文，2020），頁137-138。江秋貞：《《清華大學藏戰國竹簡（柒）・越公其事》考釋》（臺北：花木蘭文化事業公司，2022），頁104-105。

佑仁謹案：

本句棄紙簡無，以下分為兩點進行討論：

1 字詞考釋

「思」讀如字，指思考。「道逐」讀為「道路」，此指吳軍前往棲於會稽山地的越軍陣地所需路程（應包括水路及陸路）。

「攸曾」原整理者讀「攸險」。子居、黃愛梅讀「修險」，王輝也讀為「修險」，但他認為吳越「同土連城」，以「修險」一詞描述兩國的地理位置「完全不符合事實」。吳德貞讀「幽險」。「幽險」一般是形容山勢，《楚辭・九歎・愍命》：「嘉皇既歿終不返兮，山中幽險郢路遠兮。」《楚辭・九歎・遠逝》：「阜隘狹而幽險兮，石嵾嵯以翳日。」[33]就用字情況來看，「攸曾」讀成「攸（或「修」）險」最為簡易直截，不煩改讀。

2 吳越「道路修險」是否符合事實？

王輝認為吳越二國比鄰，「修險」二字的形容「完全不符合事實」。討論「修險」是否符合事實前，必須先確定是從什麼角度理解吳越的距離。

以國家地理位置來看，吳越同處東南，土地接壤，正如伍子胥所言：「吳越接地鄰境，道易通，仇讎敵戰之國也。非吳有越，越必有吳矣」（《說苑・權謀》）[34]、「吳越為鄰，同俗並土，西州大江，東絕大海。兩邦同城〈域〉，相亞門戶，憂在於斯，必將為咎。」（《越絕書・越絕外傳紀策考》）、「夫王與越也，接地鄰境，道徑通達，仇讎敵戰之邦，三江環之，其民無所移，非吳有越，越必有吳。」（《越絕書・請糴內傳》）[35]，吳越土地接鄰、道路相通。

對於吳越地理，古籍亦有記載，《左傳・哀公元年》：「與我同壤，而世為仇讎」[36]，《越絕書》云：「越在南，火，吳在北，水。」[37]《鹽鐵論》亦云：「吳、越迫於江、海，三川循環之，處於五湖之間，地相迫，壤相次。」[38]可知兩國彼此緊挨，犬牙交錯。吳國想北上發展，南方的越國將是其後顧之憂，越國若欲北進江淮，吳國必然首當其衝，故吳越水火不容的世仇與矛盾，與先天地理環境脫離不了關係，也毫無調和空間。因此，若以春秋地理形勢來看，吳越比鄰而居，一南一北，正如王輝的懷疑：「吳、越相距甚近」，談不上「修險」。

可是，簡文背景是越國敗逃至會稽山，吳國是否登上會稽山地，將越國殘餘勢力一舉消滅。換言之，「道路修險」是指吳軍至越軍之間的距離，與吳越都城無關。故吳王所憂慮的「道路修險」，不能僅依二國「同土連城」而判定。

---

[33] 黃靈庚：《楚辭章句疏證》（增訂版），（北京：中華書局，2018），頁2879-2880；2776-277。

[34] （漢）劉向撰，向宗魯校證：《說苑校證》（北京：中華書局，1987），頁332。

[35] 李步嘉：《越絕書校釋》（北京：中華書局，2013），頁151、127。

[36] （晉）杜預注，（唐）孔穎達正義，李學勤主編：《十三經注疏・春秋左傳正義》（北京：北京大學出版社，2000），頁1856。

[37] 李步嘉：《越絕書校釋》（北京：中華書局，2013），頁152。

[38] 王利器撰：《鹽鐵論校注》（北京：中華書局，1992），頁500。

　　句踐原居「埤中」（見《水經注》[39]），因夫椒之戰而退守會稽山（與吳談和後就在此處建立平陽城，即《越絕書》所謂「會稽山上城」），會稽 山麓群峰繚繞 [40]，吳軍得長途跋涉，涉山而上，並與越國八千甲兵進行殊死戰，在軍倦馬疲之下，或許勉強能夠攻克，但也將付出慘痛代價。因此，夫差以「道路收險」描述滅吳乙事，完全符合事實。此時夫差以伐齊為優先計畫，且越國還有「帶甲八千」能以死拚搏，再加上路途遙遠，消滅越國並非易事。西元前 497 年，越王允常死，句踐即位，吳王闔盧以越國新喪而伐越，在吳強越弱的情況下，句踐派死士三百，於吳軍面前自刎，在吳軍驚恐之時出奇制勝，不僅大敗吳國，闔盧還被斬斷一隻腳的大拇趾，最後卒於陘。因此夫差聽聞文種說詞後做出讓步，伍子胥聽完夫差的話也知難而退，是完全合乎情理的。

　　另外，有學者將簡文與〈吳語〉之「道路修遠」聯繫，就字詞解釋而言，它與簡文的「道路修險」文例相近，自然具有參考的價值，可是這必須留意到敘事背景的差異。

　　〈吳語〉「道路修遠」的背景是句踐 15 年（西元前 482 年），夫差率領精良部隊準備伐齊，范蠡、文種認為時機成熟，於是發動向吳國攻擊。六月丙子，越國對吳國展開攻擊，戰爭三日結束，越軍獲得重大勝利，並焚燒姑蘇宮，俘虜太子友。當正在黃池（春秋初年為衛地，後屬宋）爭奪盟主地位的夫差收到姑蘇城被攻破的消息時，《國語・吳語》云：「吳王懼，乃合大夫而謀曰：『越為不道，背其齊盟。今吾道路悠遠，無會而歸，與會而先晉，孰利？』」[41]夫差感到十分震驚，立即與大夫們謀劃究竟應放棄與晉國爭盟主返國，還是封鎖消息強奪霸主？[42]文中的「道路修遠」是指夫差身處的「黃池」與首都「姑蘇」距離遙遠，遠水救不了近火。因此，雖然「道路修遠」和「道路修險」文字接近，但歷史事件與事件地點卻不相同。

〔3〕乃思（懼），告繡（申）疋（胥）曰：「孤亓（其）許之成。」

乃	思	告	繡	疋	曰	孤

---

[39] 關於「埤中」的位置，可參陳橋驛：〈歷史時期紹興地區聚落的形成與發展〉，《地理學報》第 35 卷第 1 期（1980.01），頁 14。車越喬、陳橋驛：《紹興歷史地理》（上海：上海書店，2001），頁 83。

[40] 今日之會稽山位於浙江省紹興市南部，長約 100 公里。山勢險峻、易守難攻，高山圍繞，山路崎嶇，群峰並起。當年句踐所登的會稽山確切位置在今日的何處，目前仍沒有比較確定的定論。會稽指整個會稽山脈，在紹興、上虞、諸暨、義烏、東陽、嵊州六縣之間，是個泛指的地名。

[41] （三國吳）韋昭注，徐元誥集解：《國語集解》（北京：中華書局，2002），頁 546。

[42] 最終夫差選擇迅速以武力迫使晉國屈服，歸國後面對殘破不堪的國都，「於是乃使厚幣以與越平」（《史記・吳太伯世家》）。此役為句踐長達十年的滅吳計畫拉開序幕。

亓	許	之	成
亓	許	之	成

原整理者（201704）：緟疋，《國語・吳語》：「夫申胥、華登簡服吳國之士於甲兵，而未嘗有所挫也。」章昭注：「申胥，楚大夫伍奢之子子胥也，名員。魯昭二十年，奢誅於楚，員奔吳，吳子與之申地，故曰申胥。」《左傳》、《史記》等皆作伍胥、伍子胥、子胥。[43]

郭洗凡（201803）：「緟」，從「糸」「田」聲，「東」省聲，即「紳」之古字。[44]

子居（20180309）：稱伍子胥為申胥最初當是吳越地區的稱法，《國語・吳語》中除最後的「夫差將死，使人說於子胥曰」一段內容外，皆稱伍子胥為「申胥」，《越公其事》中可與《國語・吳語》對應的內容也恰巧沒有稱伍子胥為「子胥」的最後一段內容，由此可見《國語・吳語》的最後一小段內容當是《國語》編撰者補入的內容，而非原始的《吳語》內容。[45]

滕勝霖（201905）：「其」作為語氣副詞，在兩句中表達語氣不同，在「孤其許之成」中表祈使，在「王其勿許」中表命令，表現出申胥反對求和堅決的態度。[46]

江秋貞（202006）：「申」是伍（佑仁案：原文作「吳」）子胥在吳地所受封的爵名，所以在與吳越有關的《國語・吳語》及《越絕書》出現的頻率較高（當然這些材料也會保留原本子胥的稱呼），而吳越以外地區的材料，則多半稱他為子胥，並無任何不合理之處。告緟（申）疋（胥）曰：「孤亓（其）許之成。」意指吳王同意越國的求和。[47]

佑仁謹案：

棗紙簡《吳王夫差起師伐越》簡11號：「乃愳（懼），告乃愳（懼），告緟＝疋＝（申胥）」，其中的「告乃愳（懼）」應當為衍文。

「懼」指懼怕，也正因為「懼」，因此夫差向伍子胥表明答應請成的心意。某某人「懼」的用法，在吳越史事的記載中十分常見：

1 《國語・吳語》：「吳王夫差既許越成，乃大戒師徒，將以伐齊。申胥進諫曰：『昔天以越賜吳，而王弗受。夫天命有反，今越王句踐 恐懼

---

[43] 李學勤主編：《清華大學藏戰國竹簡（柒）》（上海：中西書局，2017），頁120。

[44] 郭洗凡：《清華簡《越公其事》集釋》（合肥：安徽大學碩士論文，2018），頁25-26。

[45] 子居：〈清華簡七《越公其事》第二章解析〉，中國先秦史網站，2018.3.9（2021.3.23 上網）。

[46] 滕勝霖：《《清華大學藏戰國竹簡（柒）》集釋及相關問題研究》（重慶：西南大學碩士論文，2019），頁204。

[47] 江秋貞：《《清華大學藏戰國竹簡（柒）・越公其事》考釋》（臺北：臺灣師範大學博士論文，2020），頁139-140。江秋貞：《《清華大學藏戰國竹簡（柒）・越公其事》考釋》（臺北：花木蘭文化事業公司，2022），頁105-107。

而改其謀，舍其愆令，輕其征賦，施民所善，去民所惡，身自約也，裕其眾庶，其民殷眾，以多甲兵。』」[48]

2　《國語・吳語》：「吳、晉爭長未成，邊遽乃至，以越亂告。吳王懼，乃合大夫而謀曰：『越為不道，背其齊盟。今吾道路悠（佑仁案：或作修）遠，無會而歸，與會而先晉，孰利？』」[49]

3　《國語・吳語》：吳王懼，使人行成，曰：「昔不穀先委制於越君。」[50]

4　《吳越春秋》：「光懼，因捨，復得王舟而還。」[51]

5　《吳越春秋》：「吳王夫差 大懼，合諸侯謀曰：『吾道遼遠，無會，前進，孰利？』」[52]

再來，王輝認為《國語・吳語》「吳、晉爭長未成，邊遽乃至，以越亂告。」[53]乃是黃池之會越國侵擾吳國的記載，認為簡文本處乃越國敗逃會稽山，兩國接近，談不上道路修險，且越人背辭求成，吳王何懼之有？因此主張本段是「張冠李戴」。所謂的張冠李戴，殆指此段文字當屬黃池之會後的敘述，簡文誤置於此。

　　首先，《越公其事》的文本裡，有不少字詞都可以在傳世的吳越史事中找到類似用法，但值得留意的是，這往往只是字詞接近而已，其時空背景、講話者常有所不同。簡文此段的文句確實有部分文字雷同，例如「懼」、「道路修遠／道路修險」等，然而這還不足以證明是「張冠李戴」的情況。

　　夫差決定答應越國談和的原因，可能是：一、吳軍陣地至越軍所棲之會稽山路程遙遠，難以攻克；二、吳之善士泰半陣亡，已無戰力可與越國拚搏；三、夫差希望將重心轉向北方發展。雖然最後歷史證明，夫差此時的決定是個誤判，也導致吳國滅亡的關鍵因素，但這完全是事後諸葛。夫差的幾點判斷，合乎情理與邏輯，伍子胥聽聞夫差的說法後，亦能感受吳王擔憂之處，故態度轉變為「懼」，並贊成夫差的決定。總之，第二章夫差與伍子胥的對話，邏輯上看不出有何弊病，當非「張冠李戴」之誤。

---

[48] （三國吳）韋昭注，徐元誥集解：《國語集解》（北京：中華書局，2002），頁 540-541。
[49] （三國吳）韋昭注，徐元誥集解：《國語集解》（北京：中華書局，2002），頁 546。
[50] （三國吳）韋昭注，徐元誥集解：《國語集解》（北京：中華書局，2002），頁 561。
[51] 周生春：《吳越春秋輯校彙考》（上海：上海古籍出版社，1997），頁 23。
[52] 周生春：《吳越春秋輯校彙考》（上海：上海古籍出版社，1997），頁 91。
[53] （三國吳）韋昭注，徐元誥集解：《國語集解》（北京：中華書局，2002），頁 546。

　　簡文的「申胥」，即為人熟知的「伍子胥」，古籍的異稱甚多，有「申氏」[54]、「伍子」[55]、「伍員」[56]、「五員」[57]、「子胥」[58]、「申胥」[59]、「伍胥」[60]、「申氏」[61]、「申子」[62]。李守奎認為「伍」乃以官為氏[63]，名員，字子胥，「申」為其封地。《國語》一般稱「申胥」，〈吳語〉韋昭《注》：「員奔吳，吳子與之申地，故曰申胥。」[64]依韋昭之說，伍子胥投奔吳國，封於申，故稱「申胥」。可是吳國未見有「申」，故「申」氏之來源，還值得進一步查考。

　　伍子胥，是楚國太子太傅伍奢之子，因父親被楚王殺害而逃入吳國，輔佐吳王富國強兵，不僅得報父仇還輔佐夫差成就春秋一霸，後與吳王矛盾加深，加之讒言陷害，楚惠王五年（魯哀公十一年，西元前484年）被吳王賜死。

　　子居認為最初吳越地區應稱伍子胥為「申胥」，因此《國語‧吳語》中最後一小段稱「子胥」，說明此段文字是「編撰者補入的內容，而非原始的《吳語》內容」。就目前線索來看，並不能僅因《國語‧吳語》最後一小段稱「子胥」，就將其視為後人補入，《國語‧越語上》云：「子胥諫曰：『不可。夫吳之與越

54　《說苑‧奉使》：「昔者，荊平王為無道加諸申氏。」向宗魯校證：「『申氏』即『伍氏』。」引自（漢）劉向撰，向宗魯校證：《說苑校證》（北京：中華書局，1987），頁307-308。

55　《楚辭‧九章‧涉江》：「伍子逢殃兮，比干菹醢。」引自黃靈庚：《楚辭章句疏證》（增訂版），（北京：中華書局，2018），頁1529-1533。

56　《莊子‧外物》：「人主莫不欲其臣之忠，而忠未必信，故伍員流于江，萇弘死于蜀，藏其血三年而化為碧。」引自（清）郭慶藩撰，王孝魚點校《莊子集釋》（北京：中華書局，1961），頁920。

57　《呂氏春秋‧異寶》：「五員亡，荊急求之。」引自許維遹撰，梁運華整理：《呂氏春秋集釋》（北京：中華書局，2009.9），頁231。

58　《國語‧吳語》：「夫差將死，使人說於子胥曰：『使死者無知，則已矣。若其有知，吾何面目以見員也！』」（三國吳）韋昭注，徐元誥集解：《國語集解》（北京：中華書局，2002），頁561-562。

59　《國語‧吳語》：「（夫文種）曰：『夫吳之與越，唯天所授，王其無庸戰。夫申胥、華登簡服吳國之士於甲兵，而未嘗有所挫也』。」《國語‧吳語》：「吳王夫差既許越成，乃大戒師徒，將以伐齊。申胥進諫曰」。（三國吳）韋昭注，徐元誥集解：《國語集解》（北京：中華書局，2002），頁537、540。

60　《史記‧伍子胥列傳》：「伍胥貫弓執矢嚮使者，使者不敢進，伍胥遂亡。」《史記‧伍子胥列傳》：「伍胥既至宋，宋有華氏之亂，乃與太子建俱奔於鄭。」引自（漢）司馬遷撰，（南朝宋）裴駰集解，（唐）司馬貞索引、張守節正義：《史記》（北京：中華書局，2014），頁2643。

61　《說苑‧奉使》：「昔者，荊平王無道加諸申氏。」引自（漢）劉向撰，向宗魯校證：《說苑校證》（北京：中華書局，1987），頁307-308。

62　《楚辭‧七諫‧沉江》：「痛忠言之逆耳兮，恨申子之沈江。」引自黃靈庚：《楚辭章句疏證》（增訂版），（北京：中華書局，2018），頁2536。

63　李守奎：〈清華簡中的伍之雞與歷史上的雞父之戰〉，《中國高校社會科學》，2017第2期，頁111。

64　（三國吳）韋昭注，徐元誥集解：《國語集解》（北京：中華書局，2002），頁537。

也，仇讎敵戰之國也。』」[65]也稱「子胥」。此外，就出土文獻來看，「伍子胥」之名有以下幾種稱呼方式：

出處		稱法
郭店	《窮達以時》簡 9	子疋
上博五	《鬼神之明》簡 3	伍子胥
清華貳	《繫年》簡 81、83	五員
清華參	《良臣》簡 7	五之疋
清華柒	《越公其事》	申胥
湖北雲夢睡虎地 77 號西漢墓	伍子胥故事簡 [66]	五子胥 子胥
張家山漢簡	《蓋盧》簡 9、11、15、24	申胥

「子胥」的用法戰國時代已有，《國語・吳語》則慣用「申胥」，此用法又見於《越公其事》，足見《越公其事》與《國語・吳語》關係密切。

〔4〕繼（申）疋（胥）曰：王亓（其）勿許！天不𨚍（仍）賜吳於雪（越）邦之利

繼	吕	曰	王	亓	勿	許
繼	疋	曰	王	亓	勿	許

天	不	𨚍	賜	吳	於	雪
天	不	𨚍	賜	吳	於	雪

邦	之	利
邦	之	利

原整理者（201704）：𨚍，仍，重複、再一次。《說文》：「𨚍，因也。從人，乃聲。」疑小篆「人」旁為「乃」之訛變。《國語・周語下》：「晉仍無道而鮮冑，其將失之矣。」韋昭注：「仍，數也。」越邦之利，指戰勝越國之利。[67]

蕭旭（20170605）：於，介詞，猶以也。[68]

[65] （三國吳）韋昭注，徐元誥集解：《國語集解》（北京：中華書局，2002），頁 568。

[66] 內容可參劉樂賢：〈睡虎地 77 號漢墓出土的伍子胥故事殘簡〉，簡帛網，2009.4.18。後收入《出土文獻研究》第 9 輯（北京：中華書局，2010），頁 42-45 ㄋ。

[67] 李學勤主編：《清華大學藏戰國竹簡（柒）》（上海：中西書局，2017），頁 120。

[68] 蕭旭：〈清華簡（七）校補（二）〉，復旦網，2017.6.5（2021.3.23 上網）。

子居（**20180309**）：「𠄎」似即由「乃」字發展出「仍」字的過渡形態，故書「仍」多作「乃」。[69]

王輝（**20181117-18**）：《說文》：「乃，曳，詞之難也……𠧟，籒文乃。」依《說文》「𠄎」當是乃之籒文。簡文「乃」仍讀為仍。睡虎地秦簡《為吏之道》所附《魏戶律》：「故某慮（閭）贅壻某叟之乃孫。」「乃孫」即仍孫。《爾雅・釋親》：「晜（昆）孫之子為仍孫。」乃或作乃，或作𠄎，並不奇怪。本篇同字異形或用不同的字表達同一個詞，其例甚多。如使或作「史」，或作「使」，或作「事」，或作「茲」。[70]

滕勝霖（**201905**）：「於」介詞，表方式、對象，相當於「以」。[71]

江秋貞（**202006**）：「王其勿許」的「其」字表示希望、祈請的語氣，可譯為「還是」、「要」、「一定」等。在本簡中此處「天不𠄎（仍）賜吳於雩（越）邦之利」應該解釋為「仍復」、「仍再」之義，故原考釋的解釋可從。[72]

趙曉斌（**202111**）：棗紙簡《吳王》第 11 號簡，在申胥建言中增加了「今弗遂取，後必悔之」一句，既增強了人物的語言性格，又突出了其政治遠見。[73]

youren（**20211116**）：棗紙簡本在本句之後還有「今弗述（遂）取，後必悔之。」趙曉斌先生〈荊州棗紙簡《吳王夫差起師伐越》與清華簡《越公其事》〉將「述」讀「遂」，可信。「遂」訓為果決、果斷。[74]

佑仁謹案：

棗紙簡《吳王夫差起師伐越》簡 11 至 12 號：「申胥曰：『王亓（其）勿之許！天賜吳於邺（越）邦之利』」與本篇內容相同。

簡文的「其」，江秋貞理解為祈使的語氣，可信。「賜吳於雩（越）邦之利。」即以越邦之利賜吳，本段文字在《國語・越語》作：

> 夫差將欲聽與之成，子胥諫曰：「不可。夫吳之與越也，仇讎敵戰之國也。三江環之，民無所移，有吳則無越，有越則無吳，將不可改於是矣。員聞之，陸人居陸，水人居水。夫上黨之國，我攻而勝之，吾不能居其地，不

---

[69] 子居：〈清華簡七《越公其事》第二章解析〉，中國先秦史網站，2018.3.9（2021.3.23 上網）。

[70] 王輝：〈一粟居讀簡記（十）〉，收入清華大學出土文獻研究與保護中心編：《紀念清華簡入藏暨清華大學出土文獻研究與保護中心成立十周年國際學術研討會論文集》（北京：清華大學出土文獻研究與保護中心，2018），頁 374。

[71] 滕勝霖：《《清華大學藏戰國竹簡（柒）》集釋及相關問題研究》（重慶：西南大學碩士論文，2019），頁 204。

[72] 江秋貞：《《清華大學藏戰國竹簡（柒）・越公其事》考釋》（臺北：臺灣師範大學博士論文，2020），頁 142-143。江秋貞：《《清華大學藏戰國竹簡（柒）・越公其事》考釋》（臺北：花木蘭文化事業公司，2022），頁 108-109。

[73] 趙曉斌：〈荊州棗紙簡《吳王夫差起師伐越》與清華簡《越公其事》〉，《清華戰國楚簡國際學術研討會論文集》（北京：清華大學出土文獻研究與保護中心，2021），頁 10。

[74] youren：〈清華七《越公其事》初讀〉，武漢網，跟帖第 233 樓，2021.11.16（2022.3.4 上網）。

> 能乘其車。夫越國，吾攻而勝之，吾能居其地，吾能乘其舟。此其利也，不可失也已，君必滅之。失此利也，雖悔之必無及已。」[75]

這段話中的「利」，與簡文本處、簡69所謂「昔不穀（穀）先秉利於雽」的「利」意義均相同，指滅越所得到的利益、好處。

在〈越語〉中，伍子胥勸諫夫差的理由約可分成以下幾點：

1　吳、越受限地理位置，世仇關係沒有緩和的可能。

2　吳國熟悉水戰，若兼併越國，領地、戰備均可接收，沒有適應問題。

而《越公其事》說法則為：

1　天賜良機，機會不再。

2　君臣、父子各懷鬼胎。

3　越國新敗，安有八千兵甲？

其說詞與〈越語〉不同。伍子胥認為句踐敗於夫椒之戰，此為滅越的大好機會，天命不可失。

滕勝霖認為簡文「孤其許之成」與「王其勿許」的兩個「其」作為語氣副詞，在兩句中表達語氣不同，前者表祈使，後者表命令，表現出申胥反對求和堅決的態度。筆者觀點稍有不同，在句踐講出「孤其許之成」一語時，其實還未正式許成，因此「其」當為表未來時間的副詞，猶言將、將要。《尚書·微子》：「今殷其淪喪。」孔《傳》：「言殷將沒亡。」[76]至於申胥的「王其勿許」，滕勝霖認為表命令，但這不符合君臣倫理。夫差向申胥就教政事，不代表申胥能命令夫差，尤其談和之事，攸關國家未來的命脈，是高度政治敏感之事，臣子只能給予建議，不能命令。因此筆者認為後一個「其」，表示祈使，猶「當」。《尚書·洛誥》：「汝其敬識百辟享。」[77]

「𠛬」，讀「仍」，訓重複，又見於第11章「民生不𠛬（仍）」（簡73）。簡文「賜吳於雽（越）邦之利。」即以越邦之利賜吳，本段文字在《國語·越語》作：「夫差將欲聽與之成，子胥諫曰：『不可。夫吳之與越也，仇讎敵戰之國也。三江環之，民無所移，有吳則無越，有越則無吳，將不可改於是矣。員聞之，陸人居陸，水人居水。夫上黨之國，我攻而勝之，吾不能居其地，不能乘其車。夫越國，吾攻而勝之，吾能居其地，吾能乘其舟。此其利也，不可失也已，君必滅之。失此利也，雖悔之，必無及已。』」[78]這段話中的「利」，與簡文本處及簡69所謂「昔不穀（穀）先秉利於雽」的「利」意義均相同，指滅越所得到的利益、好處。

---

[75]（三國吳）韋昭注，徐元誥集解：《國語集解》（北京：中華書局，2002），頁568-569。

[76]（漢）孔安國傳，（唐）孔穎達正義，李學勤主編：《十三經注疏·尚書正義》（北京：北京大學出版社，2000），頁310。

[77]（漢）孔安國傳，（唐）孔穎達正義，李學勤主編：《十三經注疏·尚書正義》（北京：北京大學出版社，2000），頁483。

[78]（三國吳）韋昭注，徐元誥集解：《國語集解》（北京：中華書局，2002），頁568-569。

〔5〕虘（且）皮（彼）既大北於坪（平）备（邊—原）

虘	皮	既	大	北	於	坪

备

原整理者（201704）：大北，大敗。备，「邊」之省略。平邊，古書多作「平原」，《左傳‧桓公元年》：「凡平原出水為大水。」當是與會稽山地相對之地貌。[79]

子居（20180309）：此句當斷句在「以潰」後，讀為「且彼既大北於平原以潰，去其邦」。此平原自然即《左傳‧哀公元年》所記夫椒，因與淮南山地差別明顯，所以這裡被特別提及。上博簡《周易》也書「邊」為「備」，是二者在用字上有一定相似性，這樣的寫法很可能是商文化影響的結果。[80]

吳德貞（201805）：备，簡文寫作![字], 整理者所釋可信。晉侯對盨銘文：「其用田獸，甚樂于邊隰」，「邊」原作![字], 可參。傳世文獻中，「邊隰」多作「原隰」，《國語‧周語》：「猶其原隰之有衍沃也。」韋昭注：「廣平曰原，下濕曰隰。」[81]

滕勝霖（201905）：戰國文字中多以「虘」表連詞｛且｝（秦系文字除外），楚簡中「且」字或寫作「![字]」「![字]」「![字]」等，《說文‧又部》：「虘，又卑也。從又，虘聲。」「备」，「邊」之省略，從田夗聲。整理者隸定作「备」不準確。「邊」字在甲骨文中作「![字]」，本義應是「迎頭兜捕」的田獵動詞。西周金文寫作「![字]」，至東周時期，本義已失，保留｛高原｝之意。[82]

youren（20211116）：棗紙簡本作「且甫新大伐於平畇」。「北」、「伐」都是戰敗之意。「畇」指田地，筆者尚未得見棗紙簡原篆，也不排除「畇」是「备（邊）」之誤。[83]

佑仁謹案：

先談斷句，子居認為當斷在「以潰」之後，讀為「且彼既大北 於 平原以潰，去其邦」，這種讀法顯得比較煩冗，筆者從原整理者之說，將「以潰」下讀。

[79] 李學勤主編：《清華大學藏戰國竹簡（柒）》（上海：中西書局，2017），頁120。

[80] 子居：〈清華簡七《越公其事》第二章解析〉，中國先秦史網站，2018.3.9（2021.3.23上網）。

[81] 吳德貞：《清華簡《越公其事》集釋》（武漢：武漢大學碩士論文，2018），頁21。

[82] 滕勝霖：《《清華大學藏戰國竹簡（柒）》集釋及相關問題研究》（重慶：西南大學碩士論文，2019），頁205。

[83] youren：〈清華七《越公其事》初讀〉，武漢網，跟帖第233樓，2021.11.16（2022.3.4上網）。

「大北」從原整理者之說，訓為大敗。滕勝霖認為隸定作「备」不準確，此字即「邊」之省寫，從嚴式隸定的角度來看，从夂从田並無不妥。棗紙簡《吳王夫差起師伐越》簡12號：「含（今）弗述（遂）取，後必惡（悔）之。盧（且）甫新大伐於坪（平）昀。」前兩句清華柒《越公其事》無，所謂的「昀」字清華簡作「备」，「昀」也應該讀為「原」。

「平原」指廣闊平坦的原野，並非某一地名，相對於高山層巒的會稽山地而言，指句踐於平原打了敗仗後逃至會稽山上。此處所指乃發生於魯哀公元年（西元前494年）的夫椒之戰。

〔6〕 以剮（潰）去亓（其）邦

以	剮	去	亓	邦
以	剮	去	亓	邦

原整理者（201704）：剮，讀為「潰」，敗退。《左傳·僖公四年》：「齊侯以諸侯之師侵蔡，蔡潰。」又疑讀為「違」，「違」、「去」同義聯用。[84]

zzusdy（20170429）：前既言「大北」，此又言「潰」似嫌重複。頗懷疑讀為「遂」，「遂」是逃的意思。睡虎地秦簡《秦律雜抄》簡26：「虎失（佚），不得，貲一甲。……豹鐻（遂），不得，貲一盾。」《銀雀山漢墓竹簡〔壹〕·守法守令十三篇》之「十、兵令」簡976：「……□述（遂）亡不從亓（其）將吏，比於亡軍。」放馬灘秦簡《日書》乙種「占亡人」篇簡287：「其鐘貴，亡人鐻（遂）。」故「以剮去其邦」是說大北之後逃離其邦（而止於會稽山），「以」猶而。[85]

蕭旭（20170605）：剮，讀為喟，太息也，憤懣不得志。字亦作愲，心不安也，憤懣也。《玉篇》：「愲，滿也。」「滿」同「懣」。越人戰敗，以憤懣去其邦，故君臣父子相怨而未相得也。簡14云「今彼新去其邦而筮」，「筮」是怨毒義，與此「愲去其邦」正相應。[86]

子居（20180309）：潰即潰散，《左傳·文公三年》：「凡民逃其上曰潰，在上曰逃。」可見此時勾踐的臣屬多已四散逃亡，而不僅僅是「敗退」那麼簡單。[87]

滕勝霖（201905）：「以」連詞，用於並列的行為狀態之間，略相當於「而」。類似用法如：《尚書·堯典》：「在璇璣玉衡，以齊七政」，《尚書·金縢》：「王與大夫盡弁，以啟金縢之書。」整理者將「剮」讀為「潰」可從，或讀為「遂」或「喟」於文義未安。從「胃」聲的字與從「貴」聲的字相通文獻常見，如：《清

84 李學勤主編：《清華大學藏戰國竹簡（柒）》（上海：中西書局，2017），頁120。
85 zzusdy：〈清華七《越公其事》初讀〉，武漢網，跟帖第93樓，2017.4.29（2019.11.14上網）。
86 蕭旭：〈清華簡（七）校補（二）〉，復旦網，2017.6.5（2021.3.23上網）。
87 子居：〈清華簡七《越公其事》第二章解析〉，中國先秦史網站，2018.3.9（2021.3.23上網）。

華壹・楚居》簡8：「眾不容於免，乃渭（潰）疆郢之陂而宇人焉。」《說文・口部》：「喟，大息也。从口胃聲。嘳，喟或从貴。」「潰」，離散之意。[88]

蔡一峰（201910）：疑「剈」乃「胃」之訛，可讀為「委」，「委去」猶「委棄」。「委去其邦」同第一章「播棄宗廟」及第三章「怀（背）虛宗廟」（簡22）可以呼應。由於委棄離開國家，才使得君臣父子失去聯絡。「胃」雲母物部，「委」影母歌部，古音比較接近，馬王堆帛書《陰陽十一脈灸經・陽明脈》「膝足膭渭（痺）」，「膭」讀為「瘻」可以佐證。包山楚簡文書有人名「瘑」（簡171），或為「瘻」字異體。[89]

黃一村、侯瑞華（20200615）：「剈」當讀為「委」，簡文即「委去其邦」。「胃」與「委」在文獻中有相通之例，而「為」與「謂」古多通用無別，可知「委」聲與「胃」聲相通。簡文中從「胃」得聲的「剈」可以讀為「委」。《孟子・公孫丑下》「天時不如地利」章就有「委而去之，是地利不如人和也。」所謂「委而去之」，朱熹注云：「委，棄也。」「委」訓「棄」乃常見故訓，簡文中的「委去其邦」與《孟子》的「委而去之」類似，指越國戰敗，棄城而離去。此外，《說苑・至公》「諸侯之義死社稷，大王委國而去」，也可以與簡文相參證。[90]

江秋貞（202006）：潰字本身就有逃的意思，《左傳・文公三年》「沈潰」孔疏：「眾散流遁之辭也。」「大北於坪备（邊）以剈（潰）」即「大敗而逃」之意。「去其邦」就是「離開他的國家」之意。「虞皮既大北於坪备以剈，去亓邦」意指「且他們既然大敗於平原而潰散，逃離他們的國家」。[91]

佑仁謹案：

簡文「以」，而也。「剈」原整理者讀「潰」，有學者讀「遂」、「喟」、「愲」、「委」等用法，筆者認為讀「潰」較為允當，「胃」與「貴」聲系相通，《楚居》簡3「渭（潰）自酓出」、簡8「渭（潰）疆涅之波（陂）」均是其證。「潰」本有敗逃之意，與「去」組成偏正結構，《呂氏春秋・仲冬紀・忠廉》：「衛懿公有臣曰弘演，有所於使。翟人攻衛，其民曰：『君之所予位祿者，鶴也；所貴富者，宮人也。君使宮人與鶴戰，余焉能戰？』遂潰而去。」[92]《韓詩外傳》：「衛懿公之時，有臣曰弘演者，受命而使。未反，而狄人攻衛。於是懿公欲興師

---

[88] 滕勝霖：《《清華大學藏戰國竹簡（柒）》集釋及相關問題研究》（重慶：西南大學碩士論文，2019），頁206。

[89] 蔡一峰：〈清華簡《越公其事》字詞考釋三則〉，《出土文獻》第15輯（上海：中西書局，2019.10），頁159。

[90] 黃一村、侯瑞華：〈《越公其事》零拾〉，《出土文獻》2020第2期（2020.6），頁73-74。

[91] 江秋貞：《《清華大學藏戰國竹簡（柒）・越公其事》考釋》（臺北：臺灣師範大學博士論文，2020），頁144-145。江秋貞：《《清華大學藏戰國竹簡（柒）・越公其事》考釋》（臺北：花木蘭文化事業公司，2022），頁111。

[92] 許維遹撰，梁運華整理：《呂氏春秋集釋》（北京：中華書局，2009），頁249。

迎之。其民皆曰：『君之所貴而有祿位者，鶴也。所愛者，宮人也。亦使鶴與宮人戰。余安能戰？』遂潰而皆去。」[93]

zzusdy 將「𣍘」讀作「遂」，訓作「逃」，這在音、義上也有成立的可能性，但考量到楚簡一般用「述」表示｛遂｝，本簡兩處｛遂｝字均如此書寫[94]，合乎楚人用字習慣，可見「𣍘」不宜讀成「遂」。此外，古籍所謂「遂去」之「遂」，一般都訓為「於是」而非「逃」，例如《韓詩外傳》：「國人知殺戮之刑專在子罕也，大臣親之，百姓畏之，居不期年，子罕遂去宋君，而專其政。」[95]《白虎通德論》：「所諫事已行者，遂去不留。」[96]《楚辭・漁父》：「遂去，不復與言。」[97]《公羊傳・莊公二十四年》：「曹伯曰：『不可。』三諫不從，遂去之。」[98]可知學者們將「遂」理解為逃並與「亡」結合的說法，並不理想。若是把「遂」理解為「於是」，文意也不通順，開頭已有連接詞「以」。總的來說，讀「遂」之說可以排除。

所以，筆者認為還是將「𣍘」讀為「潰」較為直接，「𣍘」字從「刃」旁，正用以凸顯戰爭失利，讀「潰」是適當的選擇。棗紙簡《吳王夫差起師伐越》簡12至13號：「以𣍘（潰）迲（去）亓（其）邦」，內容相同，但｛潰｝的用字稍有不同，棗紙簡用「𣍘」與前引《楚居》之例相同。

〔7〕 君臣父子亓（其）未相㝵（得）

君	臣	父	子	亓	未	相

㝵

原整理者（201704）：相得，彼此投合。《史記・魏其武安侯列傳》：「相得驩甚，無厭，恨相知晚也。」[99]

子居（20180309）：勾踐被擊敗時，「君臣父子」逃命尚且惟恐不及，如何會考慮彼此是否投合？故此處的「相得」當相對於上文的「潰」而言，指相匯合，如《山海經・西山經》：「有鳥焉，其狀如鳧，而一翼一目，相得乃飛，名曰蠻

---

[93] （漢）韓嬰撰，許維遹校釋：《韓詩外傳集釋》（北京：中華書局，1980），頁252-253。

[94] 本篇簡67有「左軍、右軍乃述（遂）涉，戏（攻）之。」簡68有「越師乃述（遂）閮（襲）吳」，二例中「遂」都是寫作「述」。

[95] （漢）韓嬰撰，許維遹校釋：《韓詩外傳集釋》（北京：中華書局，1980），頁252。

[96] （清）陳立撰，吳則虞點校：《白虎通疏證》（北京：中華書局，1994.8），頁230。

[97] 黃靈庚：《楚辭章句疏證》（增訂版），（北京：中華書局，2018），頁2138。

[98] （東漢）何休注，（唐）徐彥疏，李學勤主編：《十三經注疏・春秋公羊傳注疏》（北京：北京大學出版社，2000），頁197。

[99] 李學勤主編：《清華大學藏戰國竹簡（柒）》（上海：中西書局，2017），頁120。

蠻。」《戰國策・燕策二》：「比目之魚，不相得則不能行，故古之人稱之，以其合兩而如一也。」皆是其辭例。[100]

滕勝霖（201905）：整理者解釋為「彼此投合」，這樣理解彷彿簡文意思是越國君臣不合，與上下文意不符。「君臣父子」從上至下，泛指越國全部人口。「未相得」意思是不能遇到，《漢書・高帝紀上》：「過沛，使人求室家，室家亦已亡，不相得。」這裡指越國從君主到百姓因戰敗而離散。[101]

佑仁謹案：

棗紙簡《吳王夫差起師伐越》簡13號與本句內容相同。

原整理者認為「相得」指彼此投合，子居指相匯合，滕勝霖則指「不能遇到」。《墨子・非攻中》「越王句踐視吳上下不相得，收其眾以復其讎，入北郭，徙大內，圍王宮，而吳國以亡。」[102]可見「相得」應如原整理者所言，指彼此投合，即今成語「相得甚歡」中的「相得」之義。《史記・魏其武安侯列傳》：「相得驩甚，無厭，恨相知晚也。」[103]「不相得」即關係不融洽，《論衡・死偽》：「鄭伯有貪愎而多欲，子晳好在人上，二子不相得。」[104]值得留意的是，《吳越春秋》記載楚王賜粟五萬石捉拿伍子胥，子胥逃難時偶遇一位漁夫，初時猜疑漁夫是否通風報信，後來才知漁夫是位俠客，子胥問其姓名，漁夫說：「兩賊相得，得形於默，何用姓字為？」[105]漁夫與伍子胥是世俗所謂的「賊」[106]，但卻彼此了解對方心意，故不必知道對方的姓名。「相得」指互相理解，與簡文用法相同。

申胥認為越國君臣、父子在夫椒之戰（西元前494年）中，彼此爾虞我詐、信任度低，越國早已作鳥獸散。若就歷史背景考察，檇李之敗（西元前496年）對吳國而言是慘敗，新即位的夫差立志雪恥，積極備戰，莫敢忘記殺父之仇，全國上下「君臣同心」（見《越絕書・德序外傳記》[107]）。反觀年輕氣盛的句踐，挾帶著檇李之戰的英姿，亟欲向吳國進攻。謀臣范蠡認為「今君王未盈而溢，未盛而驕，不勞而矜其功，天時不作而先為人客，人事不起而創為之始，此逆於天而不和於人。」[108]（《國語・越語下》）句踐初嘗勝利後驕泰自滿，但越國尚未充足準備，各項條件還未滿足，因此范蠡反對攻吳。然而范蠡愷切的勸諫，只換

---

[100] 子居：〈清華簡七《越公其事》第二章解析〉，中國先秦史網站，2018.3.9（2021.3.23上網）。

[101] 滕勝霖：《《清華大學藏戰國竹簡（柒）》集釋及相關問題研究》（重慶：西南大學碩士論文，2019），頁206。

[102] （清）孫詒讓撰，孫啟治點校：《墨子閒詁》（北京：中華書局，2001），頁138。

[103] （漢）司馬遷撰，（南朝宋）裴駰集解，（唐）司馬貞索引、張守節正義：《史記》（北京：中華書局，2014），頁3444。

[104] 黃暉：《論衡校釋（附劉盼遂集解）》（北京：中華書局，1990.2），頁895。

[105] 周生春：《吳越春秋輯校彙考》（上海：上海古籍出版社，1997），頁29。

[106] 指子胥與漁父，一位是楚王所捉拿的賊，一位則是知情不報的賊。

[107] 李步嘉：《越絕書校釋》（北京：中華書局，2013），頁368。

[108] （三國吳）韋昭注，徐元誥集解：《國語集解》（北京：中華書局，2002），頁576。

來「無是貳言也，吾已斷之矣！」[109]的無情否定（《國語・越語下》），最終句踐還是興師伐吳。

越軍敗於夫椒，退至浙江（今錢塘江）邊，句踐以石買為將，但石買剛愎自用、專制霸道，不得民心，《吳越春秋》云：

> 耆老、壯長進諫曰：「夫石買，人與為怨，家與為仇，貪而好利，細人也，無長策。王而用之，國必不遂。」王不聽，遂遣之。

石買斬殺無罪、嚴刑峻法，因此軍心渙散、潰不成軍。句踐只好殺石買以謝師，但吳軍已兵臨城下，迫近越國都城，死無日矣。句踐只得退至會稽山麓，也才有《越公其事》開頭的情節。

句踐不聽范蠡之諫，執意出兵，又不理會耆老的建議任命石買，使得越國分崩離析、危在旦夕，最終不免一敗，這應該就是簡文「君臣、父子亓（其）未相旻（得）」的具體內涵。大敗之後，句踐以入吳服侍夫差三年為約，換得越國一時苟安，適吳之前，句踐對臣子們說：「夫國者，前王之國。孤力弱勢劣，不能遵守社稷，奉承宗廟。吾聞父死子代，君亡臣親。今事棄諸大夫，客官於吳，委國歸民，以付二三子，吾之由也，亦子之憂也。君臣同道，父子共氣，天性自然。」[110]（《吳越春秋・越王勾踐五年》），所謂「君臣同道，父子共氣」應當就是句踐針對「君臣父子不相得」所進行的檢討與改革。

〔8〕今雩（越）公亓（其）故（胡）又（有）繻（帶）甲伞（八千）以韋（敦）刃皆（偕）死？

今	雩	公	亓	故	又	繻
甲	伞	以	韋	刃	皆	死

原整理者（201704）：故，讀為「胡」，疑問代詞。韋，讀為「敦」。《莊子・說劍》：「王曰：『今日試使士敦劍。』」第二十簡作「敦齊兵刃」。皆，一同。《書・湯誓》：「時日曷喪，予及汝皆亡！」《孟子》引文作「偕」。[111]

zzusdy（20170427）：簡11「敦刃」注引《莊子・說劍》「敦劍」，郭嵩燾解「敦」為治。簡3「敦力」之「力」似當讀作「飭」，亦治也，「力」聲字用作「飭」，楚簡中已有好幾例。簡20「敦齊兵刃」，「敦齊」整理者已言猶「敦比」，「齊」訓整，即整飭、整治，亦與「飭」義相近。[112]

---

[109] （三國吳）韋昭注，徐元誥集解：《國語集解》（北京：中華書局，2002），頁576。

[110] 周生春：《吳越春秋輯校彙考》（上海：上海古籍出版社，1997），頁115。

[111] 李學勤主編：《清華大學藏戰國竹簡（柒）》（上海：中西書局，2017），頁120。

[112] zzusdy：〈清華七《越公其事》初讀〉，武漢網，跟帖第61樓，2017.4.27（2019.11.14上網）。

易泉（20170430）：「齊刃」見於《尉繚子·制談》：「金鼓所指，則百人盡鬥。陷行亂陣，則千人盡鬥。覆軍殺將，則萬人齊刃。」[113]

王寧（20170501）：1、此句不當是問句。2、「故」當依字讀，意為「仍然」。3、「敦刃」仍當讀「推刃」。《公羊傳·定公四年》：「父受誅，子復讎，推刃之道也。」[114]

汗天山（20170505）：第二章首句云「吳王聞越使之柔以（以，承接連詞，猶『而』）剛也」，越國使者大夫種的外交辭令其實是柔中帶剛、剛柔兼濟的。外交辭令向來就是虛虛實實、真真假假，而從語氣上看又都是冠冕堂皇的。這段外交辭令中其實還含有不少威脅的意味。即，假如吳王不許之成，越國準備以八千人決一死戰。這所謂的八千人可能並不存在，因下文申胥分析形勢之後說今越公其故（胡）有帶甲八千以敦刃偕死，可見大夫種提到所謂的「帶甲八千」其實是在向吳王示強，而非示弱。[115]

cbnd（20170506）：「故」字應該是「敀」字的誤釋。簡文中的「敀」可讀作「猶」，「尚且」之義。[116]

蕭旭（20170605）：整理者讀「故」為「胡」不誤。敦，讀為頓。頓刃，猶言折刃，指殊死決鬥。馬王堆帛書《戰國縱橫家書》：「請為天下顔（雁）行頓刃。」《史記·越王勾踐世家》：「越王曰：『所求於晉者，不至頓刃接兵，而況於攻城圍邑乎？』」皆「頓刃」之證。《左傳·襄公四年》：「師徒不勤，甲兵不頓。」本字作「鈍」，不鋒利也。[117]

魏宜輝（20171026-28）：「敀」當為「敀」字的誤釋。《越公其事》篇的抄手對於「古」、「由」兩字的寫法區分得還是比較清楚的。「古」字（旁）上部的橫筆較長，「口」旁中未加飾點，如「古」（簡49）、「啚」（簡55）；而「由」字（旁）上部的橫筆較短，「口」旁中加飾點，如「甹」（簡47）、「䖝」（簡20）。據這些字例的寫法來看，「敀」顯然應該釋作「敀」。簡文中讀作「猶」，表示「尚且」之義。申胥認為上天不會再次賜給吳國戰勝越國的機會，而且越國大敗，割棄土地，士氣低落，吳國應該趁機進軍將越國剿滅。同時，他向君主指出越公現在尚有八千士卒可以為其赴死，這對吳國來說仍是一個不小的

113 易泉：〈清華七《越公其事》初讀〉，武漢網，跟帖第100樓，2017.4.30（2019.11.14上網）。
114 王寧：〈清華七《越公其事》初讀〉，武漢網，跟帖第128樓，2017.5.1（2019.11.14上網）。
115 汗天山：〈清華七《越公其事》初讀〉，武漢網，跟帖第146樓，2017.5.5（2019.11.14上網）。侯乃峰：〈讀清華簡（柒）零札〉，收入中國文字學會編：《中國文字學會第九屆學術年會論文集》（北京：中國文字學會，2017），頁217；收入《中國文字學報》第9輯（北京：商務印書館，2018），頁94。
116 cbnd：〈清華七《越公其事》初讀〉，武漢網，跟帖第155樓，2017.5.6（2019.11.14上網）。
117 蕭旭：〈清華簡（七）校補（二）〉，復旦網，2017.6.5（2021.3.23上網）。

威脅。這也是吳國不能與越行成的重要原因。將「![故]」字釋讀為「猶」，於上下文意非常順暢，而釋讀「胡」則難以通讀。[118]

羅雲君（201805）：「故」可從整理報告意見，「故」釋作「胡」，《廣雅·釋詁三》：「胡，何也。」作疑問代詞，訓為「何」。前面簡文言伍子胥分析越軍此時境況不佳：「虞（且）皮（彼）既大北於坪（平）備（邊），以（潰）去亓（其）邦，君臣父子亓（其）未相（得）」，「今（越）【一○】公亓（其）故（胡）又（有）繟（帶）甲夲（八千）以韋（敦）刃皆（偕）死？」是說越公哪裡還有八千甲士殊死抗拒吳國的進攻，正符合伍子胥進言夫差乘勝追擊滅掉越國的語境。[119]

何家歡（201806）：上文申胥據越國「大敗於平原，潰去其邦」的事實，從而認為越國「君臣父子其未相得」，越國如今人心渙散，軍心已亂，緊接著以疑問的方式認為越國已經不具備可以背水一戰的能力了。這樣一來，文意上具有嚴密的邏輯。![韋]字，當嚴格隸定當為韋，有可能是承西周金文書寫之風。[120]

滕勝霖（201905）：魏宜輝對字形的分析可從，但應改讀為「孰」，疑問代詞作狀語，意思為「怎麼會」。王引之《經傳釋詞》卷九：「孰，何也。」「敁」從「由」聲。簡帛文獻中從「由」聲的「胄」又可與「孰」相通，「胄」，定紐幽部；「孰」，禪紐覺部，與前文所舉「遂」字皆屬舌音。本簡讀為的「孰」亦禪紐覺部，故「敁」「孰」可通。「孰有」意思為「怎麼會有」。「韋」讀為「敦」，「敦」訓為「治」，此處「敦刃」與第一章簡3「敦飭」意思相類，「整飭兵刃」代指作戰。[121]

張新俊（201906）：清華簡中「古」、「由」形體區別明顯，「古」字一般寫作![古]形，而「由」一般寫作![由]形，從不混同，可見所謂的「故」字，確應改釋作「敁」。「敁」從「由」聲，讀作「猶」，魏宜輝的意見正確可信。「敦」可以讀作「蹈」。「敦刃」讀作「蹈刃」，多用來形容勇士們在戰場上衝鋒陷陣、視死如歸的精神。「今越公其故有帶甲八千以敦刃皆死」，簡文是說勾踐雖然在夫椒之戰中敗給了吳國，保棲於會稽，但仍然有八千人願意為他捨身死戰。[122]

---

[118] 魏宜輝：〈讀〈清華大學藏戰國竹簡（柒）〉札記〉，收入中國文字學會編：《中國文字學會第九屆學術年會論文集》（北京：中國文字學會，2017），頁681；又見香港浸會大學饒宗頤國學院，澳門大學中國語言文學系，清華大學出土文獻研究與保護中心：《〈清華簡〉國際會議論文集》（香港：香港浸會大學饒宗頤國學院、澳門：澳門大學中國語言文學系，2017），頁182。

[119] 羅雲君：《清華簡《越公其事》研究》（長春：東北師範大學碩士論文，2018），頁19。

[120] 何家歡：《清華簡（柒）《越公其事》集釋》（保定：河北大學碩士論文，2018），頁14。

[121] 滕勝霖：《《清華大學藏戰國竹簡（柒）》集釋及相關問題研究》（重慶：西南大學碩士論文，2019），頁207-209。

[122] 張新俊：〈清華簡《越公其事》釋詞〉，收入河南大學黃河文明與可持續發展研究中心、黃河文明省部共建協同創新中心、河南省文字學會編：《第十一屆「黃河學」高層論壇暨「古文字與出土文獻語言研究」國際學術研討會論文集》（開封：河南大學，2019），頁316-318；後收入《中華文化論壇》總第159期（2020.1），頁21-23。

　　江秋貞（202006）：「故」字作「胡」字或讀為「胡」的古籍文獻很多，如：
《諸子評議・荀子三》：「故為蔽」俞樾按：「故猶胡也。」《呂氏春秋・淫辭》：
「善者故為不畏」集釋引俞樾曰：「故，讀為胡。」《讀書雜志・管子第六・侈
靡》：「故不送公。」王念孫按：「故當為胡。」「敦」，甲骨文、金文作「𦎧」
形，戰國文字加義符「攴」為「敦迫」之義造本字。何家歡認為簡文「敦」寫
作「𦎧」可能是承西周金文書寫之風，也可。「今寍公亓故又繙甲𠦜以𦎧刃皆死？」
意指「今天越公怎麼可能會有帶甲兵八千人一起以兵刃攻擊，拼死一戰？」[123]

　　陳一（202203）：「敦刃」即迫近刀刃，形容場面之驚險，指戰場上廝殺，
「敦刃偕死」意為「戰場上拼命廝殺，與吳軍同歸於盡。」簡20「齊」整理
者訓作治理，於意不合，應訓整，用為使動，《論語・為政》：「齊之以刑。」
皇侃疏：「齊，謂齊整之也。」「敦齊兵刃」意為「陣前兵刃森然齊整，迫
近敵人。」[124]

　　任龍龍（202205）：當從郭嵩燾和《越公其事》整理者訓為「治」，敦（頓）
刃（劍）即治兵，意思是用武器作戰，只是在具體的語境中有因程度加深而引申
出其他的涵義，如《越公其事》簡11就似乎可以理解為拼死作戰。[125]

　　佑仁謹案：
　　關於「越公」一詞，劉國忠認為清華簡《繫年》和《越公其事》常常稱越國
國君為「越公」，卻稱吳國國君為吳王，因為越國係為楚國所滅，所以楚人有意
把越國國君改稱為「越公」，此詞語帶有貶意，並特意與楚王相區別。而棗紙簡
在稱越王句踐時，所用的詞是「越君」或「越王」，而不用「越公」，他認為這
可以「證明清華簡《越公其事》中『越公』一詞也是楚人有意的改動」[126]。目前
棗紙簡尚未完全公布，且棗紙簡也是楚簡，如何能證明清華簡的《越公其事》中
的「越公」為楚人所改，有賴未來更多資料的出現方能判斷。
　　「故」字，原整理者讀「胡」，蕭旭、侯乃峰（汗天山）、郭洗凡、羅雲君、
何家歡、史玥然從之。cbnd（網名）認為：「其中的『故』字其實應該是『敀』
字的誤釋。簡文中的『敀』可讀作『猶』，『尚且』之義。」魏宜輝更進一步引
證字形，將字釋作「敀」讀作「猶」。張新俊也贊成魏宜輝的說法，並指出清華
簡「古」、「由」形體區別明顯，從不混同。
　　魏宜輝、張新俊都依據「古」、「由」字形不相混同的原則，將「𣄤」改隸
作「敀」，但這種說法是有問題的。我們知道伍子胥在吳越爭霸的立場是主戰派，

---

[123] 江秋貞：《《清華大學藏戰國竹簡（柒）・越公其事》考釋》（臺北：臺灣師範大學博士論文，2020），頁148-153。江秋貞：《《清華大學藏戰國竹簡（柒）・越公其事》考釋》（臺北：花木蘭文化事業公司，2022），頁114-118。

[124] 陳一：《清華簡（柒）》疑難字詞補釋》（天津：天津師範大學碩士論文，2022），頁94。

[125] 任龍龍：《《左傳》《國語》《戰國策》新證綜理——以上世紀七十年代以來利用出土文獻校讀的成果爲中心》（上海：復旦大學碩士論文，2022），頁122-123。

[126] 劉國忠：〈清華簡的文獻特色與墓主身份蠡測〉，《光明日報》，2021.11.30，第11版。

不給敗守會稽的越國任何喘息空間，直接予以殲滅，因此他開宗明義建議「王其勿許」，立場至為明顯。而其所謂句踐大敗於平原、潰去其邦、君臣父子不相得等說法，都是用以強調越國勢力正在頹然瓦解中。若依張新俊之說，「今越公其△有帶甲八千以敦刃偕死」，△當釋為「猶」，即越公「尚有」八千死士。伍子胥主張用武力翦除越國，但卻又強調句踐還有八千名死士，不免矛盾。

原整理者釋作「故（胡）」，文意最順，幾位學者之所以不採用，最主要的原因當然是字形。一般來說，「古」和「由」最大的差異，確實是「口」旁裡是否存在橫筆。不過，這並非絕對沒有例外，例如《安徽大學藏戰國竹簡（一）》出版後，全冊 14 例「古」字以及 2 例「苦」字，其「口」旁內均有橫筆 [127]，與「由」無異。事實上三晉文字中，本來就有「古」字「口」旁加橫筆者，可參看《三晉文字編》「古」與「故」[128]。《倚石山房藏戰國古璽》著錄一方「旂沽」之晉璽，印蛻作「▨」（編號 86），若施謝捷釋文無誤，則此亦是三晉文字「古」字「口」旁加橫筆的例證之一 [129]。總之，學者所謂「『古』、『由』形體區別明顯」、「從不混同」的說法站不住腳，該字應隸定作「故」，讀「胡」，屬於疑問詞。

句踐崛起的過程，是春秋晚期的一件大事。魯定公 14 年（西元前 496 年）吳越檇李之戰，兩軍僵持不下，句踐派出三百死士排成三行，在敵軍面前自刎而死，吳軍驚駭，軍心大亂，句踐以出奇制勝的方式，旗開得勝。或許是前車之鑑，所以當句踐用八千甲士以死相逼時，吳王深感驚懼。但重點是，越國真的擁有八千死士嗎？抑或只是句踐的話術？因此，伍子胥所謂「今越公其故（胡）有帶甲八千以敦刃偕死？」就是提醒夫差，句踐大敗之後哪裡來的八千死士，這是虛晃一招的技法，請夫差別上當。

「𠦎（敦）」原篆作「𠦎」，原整理者隸定作「𠦎」，學者多沿用，何家歡認為「簡文寫作𠦎有可能是承西周金文書寫之風。」我們知道楷書中从「享」之字，有三個來源，分別為：「𩫖」（敦）、「𩫏」（郭／墉）、「𩫝」（亯／享）。「敦」在甲骨金文中常當軍事動詞使用，楚簡作「𠦎」（上博三《周易》49），下半的「羊」旁仍十分清楚。「郭／墉」本即城墉之初文，這兩個字在楚簡時代，即已產生類化，只能透過上下文例判斷讀法，而最晚在秦文字時代，三者已類化完畢 [130]。回到簡文，雖然簡文確實應讀「敦」，但「𠦎」顯然是從「𩫏」一系演變而來，嚴式隸定當作「𠦎」。至於何家歡懷疑「𠦎」乃「承西周金文書寫之風」的說法，恐不可信。「𠦎」這種寫法在楚簡中已大量出現，可參考筆者《上海博

[127] 黃德寬、徐在國主編：《安徽大學藏戰國竹簡（一）》（上海：中西書局，2019.8），頁 207、221。

[128] 湯志彪：《三晉文字編》（北京：作家出版社，2013.10），頁 289、445。

[129] 吳硯君：《倚石山房藏戰國古璽》（杭州：西泠書社，2019），頁 111。

[130] 高佑仁：《上海博物館藏戰國楚竹書（四）曹沫之陣研究》（臺北：花木蘭圖書公司，2007），頁 324-338。

物館藏戰國楚竹書（四）曹沫之陣研究》所整理的「『章』字一覽表」[131]，上博四《曹沫之陣》簡18「城墉」之「墉」作「」，與簡文同，和西周金文沒有直接關係。

「敦」，原整理者訓為「治」，《越公其事》共見3次﹛敦﹜字，分別為「戟（敦）力殳槍」（簡3）、「章（敦）刃」（簡11），「章（敦）齊兵刃」（簡20），雖然首例字形於右側增添「戈」旁，但從諸用例後半均接兵器「殳槍」、「刃」、「兵刃」來看，其用法都應是指致力於整治兵刃。本處「敦刃偕死」，指整治好刀刃，願意隨句踐共赴國難。

〔9〕 吳王曰：夫=（大夫）亓（其）良慮（圖）此

	清華簡					
清華簡						
裏紙簡 132	—	—	—	—		
隸定	吳	王	曰	夫=	亓	良
清華簡						
裏紙簡						
隸定	慮	此（清）之（裏）				

原整理者（201704）：良圖，妥善謀劃。《左傳‧昭公二十三年》：「士彌牟謂韓宣子曰：『子弗良圖，而以叔孫與其讎，叔孫必死之。』」[133]

子居（20180309）：（原整理者）此處所擬寫的吳王夫差言行去史實甚遠，所謂「良圖」和前文的「乃懼」顯然為了著意刻畫夫差的畏難心態，但據《國語‧吳語》：「吳王夫差既許越成，乃大戒師徒，將以伐齊。」齊之與越相較，遠近、險易差別甚明，夫差不以伐齊為難事，如何會以滅越為難事？因此《越公其事》刻意凸顯越人而貶低吳國君臣的描寫傾向，可謂明顯之至。[134]

江秋貞（202006）：先秦兩漢典籍中「良圖」一詞都是當作「善於謀畫」之意。但簡文此處的「良圖」可以參考上下文意，指的是吳王針對申胥之前的勸說，

---

[131] 高佑仁：《上海博物館藏戰國楚竹書（四）曹沫之陣研究》（臺北：花木蘭圖書公司，2007），頁337。

[132] 裏紙簡《吳王夫差起師伐越》可與清華柒《越公其事》對讀，荊州博物館曾公布簡14、15兩簡彩色照片，本處切圖即據此文而來，後文不再說明。參荊州博物館：〈荊州出土竹簡中記載的「吳王闔廬」〉，《湖北文旅之聲》，2022.12.19，網址：https://www.sohu.com/a/619054523_121124402。

[133] 李學勤主編：《清華大學藏戰國竹簡（柒）》（上海：中西書局，2017），頁120。

[134] 子居：〈清華簡七《越公其事》第二章解析〉，中國先秦史網站，2018.3.9（2021.3.23上網）。

表示應該要再多考慮考慮清楚再說，因為下文吳王又說吳國之前可以打贏楚國是由於雞父的謀略奏效，而克入郢都，如今情勢不同已往，故應再多加思考才行。「其」作「可以」，「其」與「可」為牙音雙聲字。「吳王曰：夫＝亓良意此！」，意指「吳王說：大夫你可以再好好考慮考慮！」[135]

佑仁謹案：

「大夫其良圖此」，「大夫」指伍子胥。「良圖」，原整理者訓「妥善謀劃」，可信。以上字句均無可議之處，惟子居認為「所謂『良圖』和前文的『乃懼』顯然為了著意刻畫夫差的畏難心態」，與夫差之言行「去史實甚遠」，可以再進一步說明。面對伍子胥強硬伐越的態度，夫差表面上稱許其謀為「良圖」，但接著談及闔盧善用伍之雞，故能攻破郢都（意指句踐身邊尚有范蠡、文種等謀士，此誠非滅越之機）、善士折損泰半云云，其結論意指不認同伍子胥之說。因此，夫差稱讚子胥的建議為「良圖」，並非與史實不合，而是該語乃政治上的婉辭，表面讚許子胥，實質上則是婉拒其策。

「此」指如此、這樣，《韓詩外傳》卷六：「日月之明，遍照天下，而不能使盲者卒有見。今公之君若此也。」[136]《後漢書·劉玄傳》：「諸將識非更始聲，出皆怨曰：『成敗未可知，遽自縱放若此！』」[137]可參。

〔10〕 昔虗（吾）先王盍（闔）膚（盧）所以克內（入）郢邦

清華簡					
棗紙簡	－				
隸定	昔	虗	先	王（清） 君（棗）	盍	膚
清華簡					
棗紙簡					－
隸定	所	以	克	內	郢	邦

滕勝霖（201905）：盍盧，典籍或作「闔盧」「闔閭」等，春秋晚期吳國君主，姬其姓，光其名，吳國末代君主夫差之父。周敬王六年，派使專諸刺殺王僚

---

[135] 江秋貞：《《清華大學藏戰國竹簡（柒）·越公其事》考釋》（臺北：臺灣師範大學博士論文，2020），頁154。江秋貞：《《清華大學藏戰國竹簡（柒）·越公其事》考釋》（臺北：花木蘭文化事業公司，2022），頁119-120。

[136] （漢）韓嬰撰，許維遹校釋：《韓詩外傳集釋》（北京：中華書局，1980），頁218。

[137] （劉宋）范曄撰，（唐）李賢等注：《後漢書》（北京：中華書局，1973），頁471。

而自立,曾採用楚亡臣申胥建議伐楚入郢(今湖北江陵西北)。在位十九年,東征卑盧,西伐巴蜀,威震中國。後與越王句踐戰於檇李,傷重而死。簡文吳王追憶其父伐楚入郢之事。[138]

佑仁謹案:

「盍膚」即「闔盧」,《越公其事》僅一見,《繫年》寫成「盍虡」(簡109、110),《良臣》稱「吳王光」(簡7)。姓姬、名光,號闔盧、闔閭,為春秋時代吳國的第24任君主。攻吳王光韓劍(《新收》1807):「吳王光韓以吉金自作用劍。」吳王光戈(《集成》11257):「吳王光逗自作用戈。」「光」字後的「韓」與「逗」古音接近,都是吳王光的字,都有大或顯著之義,與「光」對舉。

闔盧為《荀子》評為春秋五霸之一[139],《史記・孫子吳起列傳》說他「西破彊楚,入郢,北威齊晉,顯名諸侯」[140],闔盧9年(西元前506年),闔盧重用孫武、伍子胥,聯合唐、蔡等國,帶領吳國攻破楚國郢都,昭王狼狽外逃,楚國瀕臨滅國。伍子胥入楚後掘楚平王墓,鞭屍三百,以報夫兄之仇,此即簡文所述「吾先王闔盧所以克入郢邦」之事。這樁楚國歷史上的奇恥大辱,在戰國楚簡中經常被提及,上博六《莊王既成》中,楚莊王鑄成無鐸大鐘後,向沈尹子莖請益此鐘後人能保存至何時?(意指楚國政權能維持至何時?)沈尹子莖表示在四世與五世之後楚國將有重大禍患,並且是以「四航以逾」(以水路進攻者意指「吳國」)而非「專車以上」(以陸路進攻者意指「晉國」)方式進入郢都,這是對吳人破郢的預言式記載。上博九《邦人不稱》簡1:「寢尹曰:『天加禍楚邦,吾君邅出。』」《楚居》簡12-13云:「盍(闔)虡(盧)入郢,焉復徙乾溪之上。」《繫年》簡83-84云:「伍員為吳太宰,是教吳人反楚邦之諸侯,以敗楚師于柏舉,遂入郢。昭王歸隨,與吳人戰于析。吳王子晨將起禍於吳,吳王闔盧乃歸,昭王焉復邦。」上博四《昭王與龔之脽》簡9-10云:「天加禍於楚邦,息(霸/暴)君吳王身至於郢,楚邦之良臣所聲(暴)骨。」都是吳師入郢的記載。

簡文「克」,指能夠。《尚書・舜典》:「慎徽五典,五典克從。」孔《傳》:「五教能從,無違命。」[141]《毛詩・齊風・南山》:「析薪如之何?匪斧不克。」毛《傳》:「克,能也。」[142]

[138] 滕勝霖:《《清華大學藏戰國竹簡(柒)》集釋及相關問題研究》(重慶:西南大學碩士論文,2019),頁209。

[139] (清)王先謙撰,沈嘯寰、王星賢點校:《荀子集解》(北京:中華書局,1988),頁205。

[140] (漢)司馬遷撰,(南朝宋)裴駰集解,(唐)司馬貞索引、張守節正義:《史記》(北京:中華書局,2014),頁2632。

[141] (漢)孔安國傳,(唐)孔穎達正義,李學勤主編:《十三經注疏・尚書正義》(北京:北京大學出版社,2000),頁61。

[142] (漢)毛公傳,(漢)鄭玄箋,(唐)孔穎達等正義,李學勤主編:《十三經注疏・毛詩正義》(北京:北京大學出版社,2000),頁404。

〔11〕 唯皮（彼）鯀（雞）父之遠𣁏（荊）

清華簡						
裹紙簡						
隸定	唯（清） 隹（裹）	皮（清） 夫（裹）	鯀	父	之	遠
清華簡						
裹紙簡						
隸定	𣁏（清） 𣁏（裹）					

原整理者（201704）：雞父，又見於清華簡《繫年》第十五章，伍奢之子有「伍員、伍之雞」。伍之雞又稱五雞、雞父。伍之雞在闔閭入郢中發揮過重要作用，其事跡傳世文獻失載。遠，遠離。《孟子・梁惠王上》：「君子之於禽獸也，見其生，不忍見其死；聞其聲，不忍食其肉。是以君子遠庖廚也。」[143]

子居（20180309）：諸書所記雞父都是明確的地名，故《越公其事》此處的雞父也當是地名。遠近是空間概念，說雞父此地離楚國郢都很遠，這很好理解，但若是以雞父為人名，則遠近當指親疏之別，以筆者閱讀先秦文獻所獲印象而言，此處當說「唯彼雞父之去荊」而不是說「唯彼雞父之遠荊」。若是以雞父為人名，這裡吳王與伍子胥對話，不稱讚伍子胥的去荊就吳是對吳國霸業的重要貢獻，卻單稱伍雞起到了關鍵作用，也未免講不通。故整理者認為「伍之雞在闔閭入郢中發揮過重要作用，其事蹟傳世文獻失載。」或是過度推崇簡帛材料而引至的誤解。安徽鳳臺距江蘇淮安直線距離約兩百四十公里，距湖北荊州約五百公里，相較之下，楚都距雞父比吳都距雞父要遠了一倍多，因此《越公其事》稱「唯彼雞父之遠荊」。[144]

滕勝霖（201905）：「雞父之戰」是吳王僚八年，即公元前519年吳楚力量發生變化的一場重要戰爭，其詳細過程見於《左傳・昭公二十三年》《清華貳・繫年》第十五章等，這場戰役為公元前506年吳人入郢奠定了基礎。本文懷疑簡文「雞父」是地名非人名，吳王夫差追憶此事時，此地已因「雞父之氾」而稱作「雞父」。[145]

---

[143] 李學勤主編：《清華大學藏戰國竹簡（柒）》（上海：中西書局，2017），頁120。

[144] 子居：〈清華簡七《越公其事》第二章解析〉，中國先秦史網站，2018.3.9（2021.3.23 上網）。

[145] 滕勝霖：《《清華大學藏戰國竹簡（柒）》集釋及相關問題研究》（重慶：西南大學碩士論文，2019），頁210。

江秋貞（202007）：簡文說「昔吾先王闔盧所以克入郢邦，唯彼雞父之遠荊」，句中的「雞父」如果是地名，上下文義不好理解。雞父應該就是伍雞（伍之雞）。「昔虐先王盍膚所以克內郢邦，唯皮雞父之遠劃」，意指「從前我先王闔閭所以能戰勝楚國，就是那個雞父遠離荊楚」。[146]

熊賢品（201801）：「雞父」之地，此前多認為在河南固始，現在學界多認為在安徽鳳臺附近。從清華簡《楚居》來看，吳師所入之郢，也並非是江陵之郢，而是「為郢」，在湖北宜城附近。「雞父」（安徽鳳臺附近）離「為郢」（湖北宜城附近）較遠，這正是「唯彼雞父之遠荊」具體所指。[147]

佑仁謹案：

這段夫差與伍子胥的對話，有三個不同的時間點很容易造成混淆。首先，二人的對話時間是夫椒之戰（西元前494年）兵敗以後，而夫差所舉闔盧攻破郢都之事，即是歷史上有名的柏舉之戰（西元前506年），至於簡文「雞（雞）父之遠劃（荊）」則是「雞父之戰」（西元前519年），這場戰役是闔盧攻破郢都前一場關鍵戰役，戰役名稱與地點最後還以「伍雞」（即伍之雞）命名。先將前述三個時間點製表如下：

一覽表2.相關戰役一覽表

西元 《左傳》	越吳紀年	戰役名	勝敗關係	大事
前519年 魯昭公23年	允常（紀年不詳） 吳王僚8年	雞父之戰	吳王僚（勝） 楚平王（敗）	伍之雞通過修築「雞父之湄」，擊潰楚國聯軍，佔領州來。
前506年 魯定公4年	允常（紀年不詳） 闔盧9年	柏舉之戰	闔盧（勝） 楚昭王（敗）	吳國聯軍發動柏舉之戰，攻破楚國郢都，楚昭王逃往隨國。
前494年 魯哀公元年	勾踐3年 夫差2年	夫椒之戰	夫差（勝） 句踐（敗）	句踐敗逃會稽山，即《越公其事》開頭時代背景

---

[146] 江秋貞：《《清華大學藏戰國竹簡（柒）・越公其事》考釋》（臺北：臺灣師範大學博士論文，2020），頁156。江秋貞：《《清華大學藏戰國竹簡（柒）・越公其事》考釋》（臺北：花木蘭文化事業公司，2022），頁121-122。

[147] 熊賢品：〈論清華簡七《越公其事》吳越爭霸故事〉，《東吳學術》2018第1期（2018.1），頁88-89。

依據清華貳《繫年》的說法，「雞父」即「伍之雞」，伍奢之子，史籍缺載[148]。楚平王殺伍奢、伍尚時，伍之雞與其兄伍子胥一同奔吳，並為日後吳師攻破郢都做出決定性貢獻。雞父之戰，事見魯昭公23年（西元前519年），衝突的導火線是吳、楚邊邑釁女採桑時所發生的小怨，隨著兩邊不斷報復，衝突持續升高，最終演變成難以收拾的吳楚大戰[149]。

　　依據《繫年》的說法，伍之雞通過修築「雞父之汦」，擊潰楚國聯軍，佔領州來（今安徽鳳臺）。由於伍之雞的關鍵角色，連帶使得該水利設施（雞父之汦）以及戰役名（雞父之戰）均以其命名。「雞父」位處大別山之北，是長江與淮河之間的分水嶺，雞父能居高臨下俯瞰楚國在淮河流域的屬國，可見其乃吳國重要軍事基地。清人顧棟高已意識到雞父之戰（西元前519年）使州來淪陷，是吳師攻破郢都的禍兆（西元前506年）。不過傳統史籍多把吳師入郢歸功於伍子胥。伍子胥既然對夫差談及伍雞之事，表示伍之雞應已不在人世[150]。

　　就《繫年》原文「其子伍員與伍之雞逃歸吳」來看，主詞是「伍奢」，因此伍之雞當是伍奢之子、伍子胥之弟，關於此人的資料史籍失載。「伍之雞」既然同時見於《繫年》與《越公其事》，則不應該是虛構或誤記。《越公其事》裡夫差向伍子胥談及伍雞，《繫年》中伍員、伍雞二人同時並列，則伍子胥自然不可能是伍雞。「伍鳴」是伍奢之弟，伍子胥為伍奢之子，若將伍之雞理解為伍鳴，則《繫年》所謂「少師無極讒連尹奢而殺之，其子伍員與伍之雞逃歸吳」，把伍之雞放在伍員之後，並不符合尊卑次序。結合出土、傳世文獻進行綜合判斷，伍奢應有三子：伍尚、伍員（子胥）、伍雞，楚平王殺伍奢，伍尚留楚與父親殉道，伍員、伍雞奔逃至吳，伍雞在雞父之戰立下大功，伍員則在柏舉之戰帶領吳國攻

---

[148] 「雞父」即「伍之雞」其身份為何，異說頗多：子居以「伍之雞」之事乃由「雞父」地望而衍伸的虛構人物。蘇建洲認為：「簡文的『伍之雞』（即『伍雞』）不知是否與『椒鳴』（即『伍鳴』）有關？蓋雞以善鳴著稱⋯⋯《繫年》作者將『伍鳴』改為『伍雞』，其後又誤將『伍雞』搞錯世系為伍奢的兒子。」尤銳認為乃楚人口頭傳說的人物而非書面的記載。劉建民疑為伍子胥的別名。子居（網名）：〈清華簡〈繫年〉12-15章解析〉，簡帛研究網，2012.10.9，http://www.jianbo.org/uploadfile/2012100902.Doc。蘇建洲、吳雯雯、賴怡璇：《清華二《繫年》集解》（臺北：萬卷樓圖書股份公司，2013），頁602。尤銳：〈從〈繫年〉虛詞的用法重審其文本的可靠性——兼初探〈繫年〉原始資料的來源〉，《清華簡〈繫年〉與古史新探》（上海：中西書局，2016），頁252。劉建明：〈清華簡〈繫年〉釋讀辨疑〉，孔子2000網「清華大學簡帛研究」專欄，2012.12.26（該網站目前已失效）。

[149] 《呂氏春秋‧先識覽‧察微》以四則史事說明敏銳觀察事件的變化，強調「治亂存亡，其始若秋毫」之理。其中一則就是提到「雞父之戰」，依據《呂氏春秋》的說法，楚國邊邑卑梁與吳國邊邑的處女在採桑的過程中產生爭執，吳女誤傷楚國卑梁女，卑梁人殺吳女而離去。吳人上報，盡殺楚女之家，卑梁公怒而舉兵討伐，老弱盡殺，吳王夷昧舉兵伐楚邊邑。由一場吳、楚邊邑採桑時所產生的爭執，隨著兩邊的報復，緊張局勢不斷升高，最終演變成難以收拾的吳楚兩國大戰，《呂氏春秋‧察微》將此「卑梁之釁」列為雞父之戰的遠因。

[150] 李均明：〈伍員與柏舉之戰——從清華戰國簡《繫年》談起〉，《楚簡楚文化與先秦歷史文化國際學術研討會論文集》（武漢：清華大學出土文獻研究與保護中心編，2011），頁51-57。李守奎：〈清華簡中的伍之雞與歷史上的雞父之戰〉，《中國高校社會科學》，2017第2期，頁107-159。

破郢都，兩位都是吳國的重要功臣。夫椒之戰後，夫差接受越國求成，他向伍子胥說明，闔盧之所以能在柏舉之戰獲勝，是肇因伍之雞遠離楚國之故（意指他由楚出奔至吳），而此刻句踐身邊猶有范蠡、文種等能臣，不是滅越的時機。

〔12〕　天賜中（衷）于吳，右我先王。

清華簡						
棗紙簡						
隸定	天	賜	中	于	吳	右
清華簡						
棗紙簡						
隸定	我	先	王			

原整理者（201704）：賜中，《國語》作「降衷」，《吳語》：「今天降衷於吳，齊師受服。」或以為與清華簡《保訓》之「中」相近，有更多的文化內涵。[151]

陳偉（20170522）：整理者以《國語・齊語》「降衷」說明簡文「賜中」，是合適的。但讀為「賜忠」卻游離了這一思路。《國語・齊語》「降衷」韋昭注：「衷，善也。」《國語・晉語二》：「以君之靈，鬼神降衷。」韋昭注亦同。《書・湯誥》：「惟皇上帝，降衷于下民。」孔傳也說：「衷，善也。」這裡的善，實為吉祥義。降衷、賜衷，都是說上天給予吉祥，與忠誠之「忠」無涉。[152]

子居（20180309）：此「中」字，釋文括弧內書「忠」，疑為筆誤。「衷」指內心，這裡即指天心、天意，《說苑・反質》所謂「聖王承天心」。賜中、降衷，即屬意，並非別有「更多的文化內涵」。[153]

羅雲君（201805）：吳、隨與周皆姬姓，楚國滅亡漢陽諸姬，是對姬姓的冒犯，從吳人的角度來看，上天「致罰於楚」，是彰顯其「衷」，即賜「衷」於吳。凡於我有利之事，皆可理解為賜「中」於我。[154]

翁倩（20180615）：此處之「中」應讀作「衷」，釋為「善，福」。「今天降衷于吳」與「天賜中于吳」主語都為「天」，而《越公其事》第一章「交（徼）

---

[151] 李學勤主編：《清華大學藏戰國竹簡（柒）》（上海：中西書局，2017），頁120。
[152] 陳偉：〈清華簡七《越公其事》校讀〉，武漢網，2017.4.27；收入復旦大學出土文獻與古文字研究中心主編：《「出土文獻與傳世典籍的詮釋」國際學術研討會議程論文集》（上海：復旦大學出土文獻與古文字研究中心，2017），頁31。後正式出版，見復旦大學出土文獻與古文字研究中心主編：《出土文獻與傳世典籍的詮釋》（上海：中西書局，2019），頁316。
[153] 子居：〈清華簡七《越公其事》第二章解析〉，中國先秦史網站，2018.3.9（2021.3.23上網）。
[154] 羅雲君：《清華簡《越公其事》研究》（長春：東北師範大學碩士論文，2018），頁21。

天堅（地）之福」與《國語‧吳語》「吾欲與之徼天之衷」也可對讀。結合當時的歷史情境和外交辭令的言說藝術，吳王認為這是天賜福給吳國，或天垂愛吳國，保佑了先王，最終才能戰勝越國。[155]

滕勝霖（201905）：李零認為「中」即萬物之靈，主宰着天地人的命運，祇有實現了「中」的境界，方能實現萬物和諧共處、興國安邦，這種概念起源較為古老。本文認為簡文「中」即這種較為抽象的概念，從而起到保佑吳國戰勝的作用，陳偉解釋為「上天給予吉祥」可從。[156]

佑仁謹案：

原整理者認為「賜中」《國語》作「降衷」，也可能與清華簡《保訓》之「中」意思相近，不過在釋文中則讀作「忠」[157]。

《國語》裡此段失載，未有相對應的文句，不過《國語‧吳語》則有一段敘述與此類似：

> 吾先君闔廬不貰不忍，被甲帶劍，挺鈹搢鐸，以與楚昭王毒逐於中原柏舉。天舍其衷，楚師敗績，王去其國，遂至於郢。王總其百執事，以奉其社稷之祭。其父子昆弟不相能，夫槩王作亂，是以復歸於吳。[158]

吳王夫差從黃池盟會返回後，派王孫苟向周天子報功，其中「天舍其衷」可對應簡文的「天賜其衷」。柏舉之戰，楚師敗績，天賜（賜予）吳國，而舍（放棄、安置）楚國，對吳、楚乃一「賜」、一「舍」，意義正好對比。「王去其國」可對應簡文「以潰去其邦」，而「其父子、昆弟不相能」即簡文之「君臣、父子其未相得」。

「衷」古籍一般訓為善，《廣雅‧釋詁一》：「衷，善也。」王念孫《廣雅疏證》：「衷者，《皋陶謨》『同寅協恭和衷哉』，傳云：『衷，善也。』」[159]原整理者在釋文裡作「中（忠）」，子居已指出疑為筆誤。簡文「天賜衷于吳」可與簡13的「天命反側」對比，夫差認為當年上天賜福予吳，故能得柏舉之勝，然而天命反覆，未知是否猶得天命庇蔭，故願答應越國求成，放句踐一馬。筆者將本句相關字例列出如下：

出處	原文

[155] 翁倩：〈清華簡《越公其事》篇研讀札記〉，《四川職業技術學院學報》第28卷第3期、總第132期（2018.6），頁90。

[156] 滕勝霖：《《清華大學藏戰國竹簡（柒）》集釋及相關問題研究》（重慶：西南大學碩士論文，2019），頁211。

[157] 李學勤主編：《清華大學藏戰國竹簡（柒）》（上海：中西書局，2017），頁119。

[158] （三國吳）韋昭注，徐元誥集解：《國語集解》（北京：中華書局，2002），頁553。

[159] （清）王念孫著，張其昀點校：《廣雅疏證》（北京：中華書局，2019），頁11。

《國語‧吳語》	天舍其衷（2見）
《國語‧吳語》	吾欲與之徼天之衷
《國語‧吳語》	越王曰：「昔天以越賜吳，而吳不受；今天以吳賜越，孤敢不聽天之命，而聽君之令乎？」
《國語‧越語》上	今天以吳予越
《吳越春秋》	越王對曰：「昔天以越賜吳，吳不受也；今天以吳賜越，其可逆乎！」

〔**13**〕 習（荊）帀（師）走，虐（吾）先王還（邇）之走

清華簡	習	帀	走	虐	先	王
棗紙簡						
隸定	習（清）習（棗）	帀（清）師（棗）	走	虐（清）我（棗）	先	王
清華簡	還	之	走			
棗紙簡						
隸定	還（清）從（棗）	之	走			

原整理者（201704）：「還」字上部與「學」字上部所從相同，「還」字或可隸作「還」。其上部係表音成分，讀為「逐」。走，敗逃。《孟子‧梁惠王上》：「王好戰，請以戰喻。填然鼓之，兵刃既接，棄甲曳兵而走。」[160]

趙平安（20170526-27）：還，從辵，聲符部分下面所從與《越公其事》簡14豕字寫法相同，應隸作「還」，看作「逐（邇）」的異體字。「邇之」與「邇樂盈」的狀態是一樣的，「邇之走」就是「近之走」，指吾先王貼著荊師跑。[161]

易泉（20180127）：如果斷句作「逐之走遠」，大概是吳師追逐楚師，使其逃遠，此時的「遠」是就楚師與吳師或吳國的距離而言。但從《左傳‧定公四年》的記載看，楚師敗逃，吳師在後面緊追，吳師「五戰及郢」。可知楚師、吳師之間保持著一種較近距離的追逐戰狀態。整理者意見應可從，即「荊師走，吾先王逐之走」。[162]

子居（20180309）：「逐」字之所以要標出表音成分，蓋因為清華簡《子犯子餘》篇中不加表音成分的「逐」讀為「邇」，網友松鼠已指出「《越公其事》

160 李學勤主編：《清華大學藏戰國竹簡（柒）》（上海：中西書局，2017），頁120。
161 趙平安：〈試說「邇」的一種異體及其來源〉，《安徽大學學報》，2017第5期，頁87-90。
162 易泉：〈清華七《越公其事》初讀〉，武漢網，跟帖第224樓，2018.1.27（2019.11.14上網）。

與《趙簡子》及《子犯子餘》、《晉文公入 於 晉》均為一人所寫」，因此對於該寫手而言，為了不在閱讀時將此節的「逐」讀為「邇」，加上表音成分就成了一個很有必要的解決方式。[163]

何家歡（201806）：楚文字「學」字，郭店簡中有一種寫法作𦥯，其上部確與簡文此字上部形近。《說文・教部》：「斅，覺悟也。從教。冂，尚矇也。臼聲。」「臼」上古是幽部字。逐字上古亦為覺部字。「逐」可與屬幽部的「攸」通，《周易・頤》：「其欲逐逐。」《釋文》：「逐逐，《子夏傳》作攸攸。」可見「逐」與「臼」古音相近，故可通假。[164]

王凱博（20180601）：清華七《越公其事》簡12「𰯗（荆）帀（師）走，虐（吾）先王邅之走」，趙平安指出亦用為「邇」，從辭例看也很合適。又，春秋晚期的文公之母弟鐘銘（《新收》1479）有「余鼏（謐）靜朕猷遠㺇（邇）」，以往都以為「㺇」是「狄」變體，蘇建洲援清華簡「逐」用為「邇」之例指出「㺇」為雙聲字，可從。[165]

謝明文（20190201）：按趙先生的意見，戰國文字中用作「邇」的「逐」的「豕」形，其來源可圖示為：𤢪—𧰧—豕。甲骨文中「𤢪」所從「木」形有省簡作𣎴的例子，而𣎴類形作為偏旁時有省簡作「丨」的例子。因此「邅」中「丨」確有可能是「木」的省變，但謂豕是犬的訛變，則沒有必要，因為甲骨文中本來就有從「豕」的「㺇」、「𧰧」。結合「㺇」、「𤢪」類形與趙先生說，用作「邇」的「逐」的「豕」形，其來源可修正為：𤢪—𧰧—豕。如果這一意見可信，則會進一步增強用作「邇」的「逐」是由從「辵」是從「㺇／𤢪」之形省變而來的可能性。如果真是這樣，那麼與「邇」通用的「逐」應分析為「㺇」省聲，自然也就不能證明「豕」歸歌部。《說文》「獾」的或體作「𧱤」，其中的「豕」亦可看作「㺇」省聲。與「邇」通用的「獾」以及或體作「𧱤」所從之「豕」當然也可看作是從「㺇」割裂而來從而保留了母字的讀音，並不能據此推論「豕𧱤」最初的讀音。因此現有資料沒有強證證明「逐」、「㺇」、「𧱤」中「豕」不一定是聲符，自然也就不能證明它歸歌部。[166]

滕勝霖（201905）：本文認為此句應斷為「𰯗（荆）帀（師）走，虐（吾）先王邅（邇）之。走遠，夫甬（勇）戔（殘）」。「邅」字分析從趙平安之說，解釋為「邇」可從，用作動詞，接近、逼近之意。《穀梁傳・莊公十八年》：「以公之追之，不使戎邇於我也。」范寧注：「邇，猶近也。不使戎得逼近於我。」此字形又見於《清華伍・三壽》簡15「𨖷」，亦讀為「邇」可證。「吾先王邇之」與《清華貳・繫年》簡93「齊莊公光率師以邇㯤盈」意思類似。此句意思是「楚

---

[163] 子居：〈清華簡七《越公其事》第二章解析〉，中國先秦史網站，2018.3.9（2021.3.30 上網）。

[164] 何家歡：《清華簡（柒）《越公其事》集釋》（保定：河北大學碩士論文，2018），頁 16。

[165] 王凱博：《出土文獻資料疑義探研》（長春：吉林大學博士論文，2018），頁 53。

[166] 謝明文：〈說狄〉，《文史》總第 126 輯（2019.2），頁 15-22。

國軍隊敗逃，我先王緊緊追趕」。[167]

史玥然（201906）：「遻」從𨑸逐聲，《說文解字》：「逐，從辵豚省聲，追也。」簡文意思是我先王驅逐追趕著他們逃跑。[168]

蔡一峰（20191122-24）：近年新出的楚簡當中不斷出現有「逐」用為遠邇之「邇」的文字現象，備受關注。後續發佈的材料又出現了和「逐」可能有關的新字形「遻」，辭例和字形如下：

（g）則文之化，厤象天時，往度毋徙，申禮勸忱（規？），輔民之化，民勸毋疲，寺名曰義。（清華五・殷高宗問於三壽15-16）

荊師走，吾先王（h）之走，遠夫勇殘，吾先王用克入于郢。（清華七・越公其事12-13）

趙平安先生主張「遻」是「逐（邇）」的異體，竹簡中都讀為遠邇的「邇」，並將「遻」和甲骨文用為「邇」的「狋」字異體「獸」（原字為上下結構，字形見下附圖）聯繫起來，認為「遻」的聲符來自「獸」，上面部分由「臼」和「丨」兩部分構成，「丨」是「木」的省變，「豕」是「犬」的訛變，「獸」從犬執聲，金文中可以省去兩手形作「狋」用為「邇」，戰國文字「逐」的聲符也是由「獸」簡省而來，先省作「遻」，再省作「逐」。

（I）　▓《合集》29332　　▓《合集》29333　　▓《合集》39421（31778重）

　　　▓《合集》29337　　▓《合集》29341　　▓《屯南》2531　　▓《合集》29334

（g）和（h）辭例文意不顯豁，「遻」是否都用為「邇」尚難坐實，不過趙先生將「逐（邇）」所從的「豕」上溯到甲骨文的「獸」仍很有說服力。只是字形分析上，趙先生在文中的態度則顯游移，一方面認為「逐」「遻」的聲符都是從「獸」省變而來，也即省聲，另一方面又承認這種變化包含聲化的元素，「逐」可以直接分析為從辵豕聲。新出《簡帛古書通假字大系》也是將讀為「邇」的「逐」和「遻」字都歸入了「豕」字聲系。西周金文中「狋」既有從犬（《集成》3976），也有從豕作「𨒙」（《集成》9300），郭永秉先生認為「狋」所從「犬」旁變成「豕」（如大克鼎、番生簋蓋等，見《集成》02836、04326）是聲化的結果，田煒先生也有類似意見。

我們認為上述「逐」「遻」等字中的「豕」恐未必表音，「豕」「爾」兩聲系字的通用也是有問題的。「貍」及其或體「祢」的對應絕不是「爾」聲字和「豕」

───────────

[167] 滕勝霖：《〈清華大學藏戰國竹簡（柒）〉集釋及相關問題研究》（重慶：西南大學碩士論文，2019），頁212。

[168] 史玥然：《清華簡〈越公其事〉集釋及其漢字教學設計》（太原：山西大學碩士論文，2019），頁21。

聲字的通用關係。[169]

江秋貞（202007）：本簡的「⿰⿱⿱⿱」隸作「遷」字，趙平安指出此字應該是「邇」的異體，是從甲骨文⿰（合29341）、⿰（合29332）、⿰（合29334）、⿰（合29335）等字演變而來。郭沫若《粹》991片考釋釋為甲骨文此字從犬、墅（㞋）聲，⿰、狋當是「獮」之古文。裘錫圭〈釋殷墟甲骨文裡的遠狋（邇）及有關諸字〉同意⿰、狋一字，謂一般都用作「邇」字。此字清華簡多見，應由甲骨文⿰先省作遷，再省兩手作狋，木簡為丨，豕訛為犬。字從豕或犬，應與逐捕獸類有關，聲符為「㞋」。現在一般都同意楚簡以「达」為「逐」，以「逐」為「邇」。趙平安認為本簡的「遷之走」即「邇之走」就是「近之走」，非常合理。[170]

佑仁謹案：

原整理者認為「『遷』字上部與『學』字上部所從相同，『遷』字或可隸作『⿰』。其上部係表音成分，讀為『逐』。走，敗逃。」趙平安、子居、滕勝霖改讀為「邇」。

近年學界逐漸清楚，楚簡中可依形隸定成「逐」的字，它與「追逐」的「逐」毫無關係。楚文字一般採用「由」（或「由」字聲系）或是「达」來表示｛逐｝[171]，而隸定成從「辵」從「豕」的「逐」，其實是由甲骨文「⿰」（《合集》39421）演變而來[172]，乃「狋（邇）」的一種異體，本處「⿰⿱⿱」的上半中間的豎筆，以及左右的「爪」旁，當是從甲骨文「⿰」上半寫法省變而來，「狋」字相關討論可以參考學界研究成果[173]。本處簡文從趙平安讀「邇之走」，即「近之走」，指闔盧貼著楚軍追趕。

[169] 蔡一峰：〈用為「邇」之「逐」諸字補說〉，收入澳門漢字學會、澳門科技大學國際學院編：《澳門漢字學會第六屆學術年會論文集》，澳門：澳門科技大學國際學院，2019.11.22-24，頁1-3、7。

[170] 江秋貞：《《清華大學藏戰國竹簡（柒）・越公其事》考釋》（臺北：臺灣師範大學博士論文，2020），頁160-161。江秋貞：《《清華大學藏戰國竹簡（柒）・越公其事》考釋》（臺北：花木蘭文化事業公司，2022），頁125-126。

[171] 參白於藍：《戰國秦漢簡帛古書通假字彙纂》（福州：福建人民出版社，2012），頁96-97。

[172] 甲骨文相關寫法可參劉釗、洪颺、張新俊：《新甲骨文編（增訂本）》（福州：福建人民出版社，2014），頁582。

[173] 裘錫圭：〈釋甲骨文里的「遠」、「狋」及其有關諸字〉，《古文字研究》第12輯（北京：中華書局，1985.10），又收入《裘錫圭學術文集・甲骨文卷》（上海：復旦大學出版社，2012），頁167-176。趙平安：〈試說「邇」的一種異體及其來源〉，「上古音與古文字研究的整合國際學術研討會」會議論文，澳門：澳門大學中國語言文學系、香港：香港浸會大學饒宗頤國學院，2017.7.15-17，頁77-78。又見《安徽大學學報（哲學社會科學版）》2017第5期，頁87-90。朱曉雪：〈楚簡「逐（邇）」字補議〉，《第一屆文史青年論壇論文集》，上海華東師範大學，2018.10.20-22。謝明文：〈說「狋」〉，《文史》2019第1期。黃德寬主編：《古文字譜系疏證》（北京：商務印書館，2007.2），頁3063。張俊成：《西周金文字編》（上海：上海古籍出版社，2018），頁558。劉釗、洪颺、張新俊：《新甲骨文編（增訂本）》（福

〔14〕 遠夫甬(勇)戔(殘)

	遠	夫(清)/民(棗)	甬	戔(清)/戋(棗)	麗(棗)
清華簡	(字形)	(字形)	(字形)	(字形)	—
棗紙簡	(字形)	(字形)	(字形)	(字形)	(字形)
隸定	遠	夫(清) / 民(棗)	甬	戔(清) / 戋(棗)	麗(棗)

　　原整理者(201704):遠夫,疑指遠征之兵士。甬,讀為「勇」。戔,讀為「殘」。《戰國策・秦策五》:「昔智伯瑤殘范、中行,圍逼晉陽,卒為三家笑。」又疑讀為「踐」,赴也。司馬遷《報任少卿書》:「且李陵提步卒不滿五千,深踐戎馬之地。」[174]

　　紫竹道人(20170429):竊疑斷句有誤,似可改為:「荊師走,吾先王逐(?)之走遠;夫用殘,吾先王用克入於郢。」「夫」為代詞,指代上文出現過的「荊師」。大意是說,楚國的軍隊逃跑了,我先王攆得他們逃得遠遠的;他們(指楚國的軍隊)因而殘滅,我先王因而得以進入郢都。[175]

　　蕭旭(20170605):司馬遷《書》「踐」是踏義。「戔」是「戋」繁構。甬戔,讀為勇前。[176]

　　子居(20180309):「用」可訓為「因此」。[177]

　　吳德貞(201805):「戔」應讀為「散」。戔,元部從紐,散,元部心紐,可通假,帛書「勇散」之「散」與「勢散」之「散」用法相同。「遠,夫勇散。」遠意指吳師追逐荊師在距離和時間上都已經夠長了,「夫」指代前文的「荊師」,「勇散」意為在長時間的逃亡中,荊師作戰的勇氣和氣勢已經消散。[178]

　　何家歡(201806):上文有「遠荊」連言,指楚國,疑此處「遠夫」亦可連言,且疑二「遠」字義同。夫字,《左傳・哀公元年》杜注:「夫猶兵也。」「遠夫」即指楚國之兵士。若此,戔字當讀為「殘」。「遠夫甬戔」即「遠夫用殘」,意為「由於楚國的兵士殘破」。[179]

州:福建人民出版社,2014),頁582。張亞初:《商周古文字源流疏證》(北京:中華書局,2014),頁1480。鄔可晶:〈釋上博楚簡中的所謂「逐」字〉,卜憲群、楊振紅主編:《簡帛研究2012》(桂林:廣西師範大學出版社,2013),頁20-33。

[174] 李學勤主編:《清華大學藏戰國竹簡(柒)》(上海:中西書局,2017),頁120。

[175] 紫竹道人:〈清華七《越公其事》初讀〉,武漢網,跟帖第81樓,2017.4.29(2019.11.14上網)。

[176] 蕭旭:〈清華簡(七)校補(二)〉,復旦網,2017.6.5(2021.3.30上網)。

[177] 子居:〈清華簡七《越公其事》第二章解析〉,中國先秦史網站,2018.3.9(2021.3.30上網)。

[178] 吳德貞:《清華簡《越公其事》集釋》(武漢:武漢大學碩士論文,2018),頁24。

[179] 何家歡:《清華簡(柒)《越公其事》集釋》(保定:河北大學碩士論文,2018),頁16。

滕勝霖（201905）：「甬」讀為「用」，作順承連詞，相當於「於是」。「戔」，「炎」字異體，讀作「殘」，失敗、毀滅之意。《慧琳音義》卷五十一「摧殘已」注引《蒼頡篇》：「殘，敗也。」，《戰國策‧中山策》高誘注：「殘，滅之也。」本句意思是「楚軍逃跑得很遠，士兵因而被消滅」。[180]

史玥然（201906）：「甬」讀為「庸」，和「豈」同義，反問代詞，表示難道。「殘」表殺害、毀滅的意思。《戰國策‧中山策》：「魏文侯欲殘中山。」高誘注：「殘，滅之也。」「遠夫勇殘」意思是遠征的勇士傷殘被滅殺。[181]

江秋貞（202007）：「戔」同「炎」，讀為「殘」，義為「殘敗」，楚師殘敗，吾先王因此得以入郢。遠征的士兵因此殘敗，我先王因此打敗楚國，入於郢都。[182]

陳一（202203）：意為「楚軍敗逃，我們先王追擊他們。逃得遠了，楚軍作戰的勇氣大傷。我們先王因此能夠進入郢都。」[183]

佑仁謹案：

「遠夫」，原整理者認為「疑指遠征之兵士」，紫竹道人認為「遠夫」一詞怪異，因此把「遠」字上讀，「夫」理解為代名詞，當成下句的開頭，文例作「吾先王逐（？）之走遠；夫用殘」。子居認為「遠夫」指荊師。何家歡引《左傳‧哀公元年》：「夫屯晝夜九日。」杜《注》：「夫猶兵也。」[184]論證「夫」能解釋為「兵」。不過「夫猶兵」乙條訓解僅見杜預注，「夫」是否能訓「兵」，有待更多證據。「遠夫」一詞確實很特別，但是若將「遠」字上讀，下句以「夫」起頭，語氣也很奇怪。就前後文意來看，「遠夫」所指應為「伍之雞（及其部隊）」，但二者該如何聯繫，有待未來的研究。

「甬」，原整理者讀「勇」，吳德貞訓為「勇氣」，紫竹道人讀作「用」，譯為「因而」，何家歡譯為「由於」，滕勝霖亦譯為「因而」。子居也讀「用」，不過改訓為「因此」，史玥然則認為「甬」讀為「庸」，和「豈」同義，反問代詞，表示難道。筆者認為「甬戔」當讀「勇殘」，有學者將「甬」讀為「用」，不過本篇的｛用｝均以「用」字表示，例如「遠夫甬戔」的下一句「吾先王用克入于郢」即有「用」字，辭意據本字讀，就用字習慣來看，本處「甬戔」的「甬」還是以讀「勇」為佳。

[180] 滕勝霖：《《清華大學藏戰國竹簡（柒）》集釋及相關問題研究》（重慶：西南大學碩士論文，2019），頁213。

[181] 史玥然：《清華簡《越公其事》集釋及其漢字教學設計》（太原：山西大學碩士論文，2019），頁22。

[182] 江秋貞：《《清華大學藏戰國竹簡（柒）‧越公其事》考釋》（臺北：臺灣師範大學博士論文，2020），頁163-164。江秋貞：《《清華大學藏戰國竹簡（柒）‧越公其事》考釋》（臺北：花木蘭文化事業公司，2022），頁128-129。

[183] 陳一：《清華簡（柒）》疑難字詞補釋》（天津：天津師範大學碩士論文，2022），頁94-95。

[184] （晉）杜預注，（唐）孔穎達正義，李學勤主編：《十三經注疏‧春秋左傳正義》（北京：北京大學出版社，2000），頁1852。

「戔」，原整理者讀「殘」，又疑讀「踐」。蕭旭讀為「甬（勇）戔（前）」。吳德貞把文例讀為「遠，夫勇散」，「勇散」指在長時間的逃亡中，荊師作戰的勇氣和氣勢已經消散。「遠夫甬戔」即「遠夫勇殘」，「戔」當即「戔」之繁文，釋讀為「殘」、「踐」、「翦」等字訓為消滅之「滅」，後頭省略受詞「荊師」。「遠夫勇殘」指伍之雞勇猛地消滅楚國部隊，致使闔盧可以攻入郢都。

棗紙簡「戔麗」應讀為「殘離」。

〔15〕 虗（吾）先王用克內（入）于郢

清華簡						
棗紙簡						
隸定	虗（清） 我（棗）	先	王	用（清） 是以（棗）	克	內
清華簡						
棗紙簡	—	—				
隸定	于	郢				

原整理者（201704）：闔閭入郢在前五〇六年，詳見《左傳・定公四年》。[185]

子居（20180309）：《越公其事》此處實為混淆了雞父之戰和吳師入郢，所以才會有這樣的時間問題。《越公其事》此節借夫差之口，把吳師入郢完全說成是天命所佑下的一次僥倖，更顯然是罔顧史實的。[186]

佑仁謹案：

雞父之戰（西元前519年）為吳國攻滅楚國的前哨戰，當時國君雖是吳王僚，但是公子光（即日後的闔盧）洞悉軍情，立下大功。故夫椒之戰後，夫差與伍子胥論及當年雞父之戰對吳師入郢的關鍵作用，邏輯上合情合理，並未罔顧史實。

本句的「吾先王用克入于郢」可與前文「昔吾先王闔盧所以克入郢邦」一同參看，兩個「克」都指能夠、可以，「用」意為因而、因此，簡文「吾先王用克入于郢」意思是：伍之雞能夠勇殘荊師，因此我先王（闔盧）能夠攻入郢都。

〔16〕 今我道逾（路）攸（修）隝（險），天命反昃（側），歔（豈）甬（庸）

---

185 李學勤主編：《清華大學藏戰國竹簡（柒）》（上海：中西書局，2017），頁121。

186 子居：〈清華簡七《越公其事》第二章解析〉，中國先秦史網站，2018.3.9（2021.3.30上網）。

可智（知）自旻（得）？

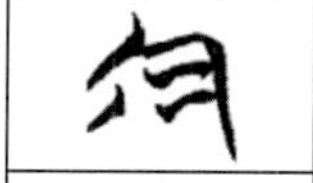						
今	我	道	逄	攸	險	天

命	反	昃	豈攴	甬	可	智

自	旻					

原整理者（201704）：天命反側，《楚辭・天問》：「天命反側，何罰何佑？」朱熹《集注》：「反側，言無常也。」甬，讀為「庸」，與「豈」同義連用。《左傳・莊公十四年》：「子儀在位，十四年矣，而謀召君者，庸非貳乎？」得，得勝。[187]

暮四郎（20170429）：「甬」就當讀為「用」。[188]

暮四郎（20170429）：「天命反側」與「豈甬（庸）可知自得」之間似當標逗號；「可」似當讀為「何」，「庸」應當與「何」連起來看，「庸何」先秦典籍常見；「得」似當理解為得天命。「豈甬（庸）可（何）知自得？」似與前文「天不仍賜吳於越邦之利」存在呼應關係。[189]

滕勝霖（20171223-24）：《越公其事》簡 13：「今我道路修險，天命反側。豈庸可知自得？」「天命反側」意思是戰爭局勢變化無常，吳王不敢肯定能再戰必勝，故以此語委婉地說服伍子胥。[190]

易泉（20180127）：把「甬」讀作「用」可從。遠夫，指代上文出現過的「荊師」。《左傳・僖公三十二年》記載蹇叔的話「勞師以襲遠，非所聞也。師勞力竭，遠主備之，無乃不可乎？」簡文「遠夫用殘」，可與「勞師以襲遠……師勞力竭」對讀，遠夫之「殘」對應「勞」、「竭」。[191]

子居（20180309）：如整理者所引，此節的「天命反側」句與《楚辭・天問》幾乎如出一轍，此類情況以五種可能性較值得考量：一、兩文成文時間、地點接近，因此共同使用了當時當地較常見的語句；二、《越公其事》此節與《天問》作者都讀過包含此句的某已佚文獻；三、《越公其事》此節作者讀過《天問》；四、《天問》作者讀過《越公其事》；五、如有雷同，純屬巧合。不難看出，第

[187] 李學勤主編：《清華大學藏戰國竹簡（柒）》（上海：中西書局，2017），頁 121。

[188] 暮四郎：〈清華七《越公其事》初讀〉，武漢網，跟帖第 82 樓，2017.4.29（2019.11.14 上網）。

[189] 暮四郎：〈清華七《越公其事》初讀〉，武漢網，跟帖第 84 樓，2017.4.29（2019.11.14 上網）。

[190] 滕勝霖：〈簡帛語類文獻婉語初探——以《清華大學藏戰國竹簡》春秋語類文獻爲例〉，收入重慶市語言學會、重慶師範大學文學院主編：《重慶市語言學會第十一屆年會論文集》（重慶：重慶師範大學文學院，2017），頁 223。

[191] 易泉：〈清華七《越公其事》初讀〉，武漢網，跟帖第 224 樓，2018.1.27（2019.11.14 上網）。

五種可能性最低，基本可以直接排除。《越公其事》與《天問》缺乏其他的共同點，所以排除第三、第四種可能。根據奧卡姆剃刀原理，去除第二種可能。故第一種可能性最高，是考慮的首選。因此，《越公其事》的編撰與《國語》的成編很可能是並行于戰國後期的事件。此節的「甬」仍讀為「用」，用訓為使，「豈使可知」即不會讓人預知。「自得吾始踐越地」即「自吾得始踐越地」。[192]

江秋貞（202007）：「攸」讀如本字即可作「久，長遠」之意。「敳」字似乎可以讀為「其」。敳，溪紐微部；其，群紐之部，二字聲同屬牙音，韻屬旁轉。「其」訓「而」，《禮記・表記》：「非虞帝，其孰能如此乎？」「敳（其）甬（庸）可智（知）自旻（得）」意指「而怎麼知道得能勝呢？」[193]

佑仁謹案：

「修險」本章兩見，簡9字從「彳」，本處簡13則從「人」，「攸」本應從「人」，或因本處用以修飾「道路」，此二字簡文寫法均從「辵」，故使「攸」由「人」部類化成「彳」部。

簡文「天命反旲（側）」，「旲」、「側」為精紐職部字，楚簡中有大量以「旲」為｛側｝的用法，上博五《季庚子問於孔子》簡6「孟者旲」即「孟子側」（孟之反，見《論語・雍也》），《郭店・語叢四》簡12-13「賢人不在旲（側），是謂迷惑。」相關例證還可參《上博楚簡文字聲系（一～八）》[194]。「天命反旲」即「天命反側」，意思是天命反覆無常。原整理者已指出該句又見〈天問〉，屈原《楚辭・天問》云：「天命反側，何罰何佑？齊桓九會，卒然身殺。」[195]意指天命反覆不定，春秋五霸之一的齊桓公能夠「九合諸侯，一匡天下」，何以不能善終？

子居據此提出《越公其事》和〈天問〉的五種可能關係，主張最可能的關係是「兩文成文時間、地點接近，因此共同使用了當時當地較常見的語句」，並得出「《越公其事》的編撰與《國語》的成編很可能是並行於戰國後期的事件」之結論。[196]西周初年已具有天命觀，「天命」是政權興廢的關鍵因素，《毛詩・大明》「有命自天，命此文王，于周于京」[197]，《毛詩・昊天有成命》「昊天有成命，二后受之」[198]，周人深刻反省商人覆滅的原因，認為天命具有不確定性，以

---

192 子居：〈清華簡七《越公其事》第二章解析〉，中國先秦史網站，2018.3.9（2021.3.30 上網）。

193 江秋貞：《《清華大學藏戰國竹簡（柒）・越公其事》考釋》（臺北：臺灣師範大學博士論文，2020），頁164-166。江秋貞：《《清華大學藏戰國竹簡（柒）・越公其事》考釋》（臺北：花木蘭文化事業公司，2022），頁130-131。

194 徐在國：《上博楚簡文字聲系（一～八）》（合肥：安徽大學出版社，2013.12），頁630-631。

195 黃靈庚：《楚辭章句疏證》（增訂版），（北京：中華書局，2018），頁1328-1330。

196 子居：〈清華簡七《越公其事》第二章解析〉，中國先秦史網站，2018.3.9（2021.3.30 上網）。

197 （漢）毛公傳，（漢）鄭玄箋，（唐）孔穎達等正義，李學勤主編：《十三經注疏・毛詩正義》（北京：北京大學出版社，2000），頁1140。

198 （漢）毛公傳，（漢）鄭玄箋，（唐）孔穎達等正義，李學勤主編：《十三經注疏・毛詩正義》（北京：北京大學出版社，2000），頁1524。

「天命靡常」自惕，唯有戒慎恐懼，政權才能永固，所以必須敬德、愛民、明德。與「天命靡常」（《毛詩·文王》[199]、《孟子·離婁上》[200]）類似的句子，在先秦文獻中還見有「命不于常」（《尚書·康誥》[201]）、「天難諶」（《尚書·咸有一德》[202]、《尚書·君奭》[203]）、「天難忱斯」（《毛詩·大明》[204]）、「天生烝民其命匪諶」（《毛詩·蕩》[205]）、「天棐忱辭」（《尚書·大誥》[206]），均與「天命反側」意義類似。但是，不能單憑「天命反側」一詞見於〈天問〉，就將《越公其事》的寫成時間限定在戰國晚期。清華簡的碳 14 年代測定，時代約為西元前 305±30 年，相當於「戰國中期偏晚」[207]，則《越公其事》的文本創作年代只能更早。僅憑若干字詞就率以判斷文本時代，得出的結論容易有所失真。

「旻（得）」本从「又」持「貝」，《越公其事》簡 2 的「得」寫作「旻」，「貝」字中間本為兩道橫筆，而本處寫法只有一道橫筆，這種寫法的「旻」在楚簡偶爾也可以看到，例如上博七《武王踐阼》簡 4、5 及清華拾《四告》簡 36，可直接理解為訛字。原整理者將「得」訓為「得勝」，暮四郎認為「似當理解為得天命」，子居句讀成「豈使可知」即不會讓人預知，「自得吾始踐越地」即「自吾得始踐越地」。筆者認為當讀為「豈庸可知自得？」「豈」、「庸」都是反詰副詞，「可智（知）」即可以知道，「自得」的「自」指自己，即吳國，結合「得」字及前文的「今我道路修險，天命反側」，「得」應是指得到越國。整段話是說：今天吳、越道路遙遠而凶險，天命反覆，哪裡知道吳國必定獲得天命的佑助？

[199] （漢）毛公傳，（漢）鄭玄箋，（唐）孔穎達等正義，李學勤主編：《十三經注疏·毛詩正義》（北京：北京大學出版社，2000），頁 1127。

[200] （戰國）孟子著，（漢）趙岐注，（宋）孫奭疏，李學勤主編：《十三經注疏·孟子正義》，北京：北京大學出版社，2000），頁 230。

[201] （漢）孔安國傳，（唐）孔穎達正義，李學勤主編：《十三經注疏·尚書正義》（北京：北京大學出版社，2000），頁 439。

[202] （漢）孔安國傳，（唐）孔穎達正義，李學勤主編：《十三經注疏·尚書正義》（北京：北京大學出版社，2000），頁 257。

[203] （漢）孔安國傳，（唐）孔穎達正義，李學勤主編：《十三經注疏·尚書正義》（北京：北京大學出版社，2000），頁 519。

[204] （漢）毛公傳，（漢）鄭玄箋，（唐）孔穎達等正義，李學勤主編：《十三經注疏·毛詩正義》（北京：北京大學出版社，2000），頁 1132。

[205] （漢）毛公傳，（漢）鄭玄箋，（唐）孔穎達等正義，李學勤主編：《十三經注疏·毛詩正義》（北京：北京大學出版社，2000），頁 1156。

[206] （漢）孔安國傳，（唐）孔穎達正義，李學勤主編：《十三經注疏·尚書正義》（北京：北京大學出版社，2000），頁 412。

[207] 李學勤指出「2008 年 12 月，我們委託北京大學加速器質譜實驗室、第四紀年代測定實驗室，對這批簡中的無字殘片標本進行了 AMS 碳 14 年代測定，經樹輪校正的數據為西元前 305 正負 30 年，即相當戰國中晚期之際，與上述專家的時代判斷一致。」見李學勤：〈清華簡整理工作的第一年〉，《清華大學學報（哲學社會版）》，2009 第 5 期（2009.9），頁 6。

〔17〕虐（吾）訇（始）後（踐）雫（越）陞（地）以孳=（至于）今

虐	訇	後	雫	陞	以	孳=

今

原整理者（201704）：始踐越地，《左傳‧哀公元年》（吳王夫差二年）春：「吳王夫差敗越于夫椒，遂入越。」《史記‧吳太伯世家》：「（王夫差）二年，吳王悉精兵以伐越，敗之夫椒。」[208]

滕勝霖（201905）：「後」讀作「踐」，踐踏之意。《戰國策‧西周策》：「踐韓而以攻梁」，鮑彪注：「踐，履也。」《尚書‧蔡仲之命》：「遂踐奄」，陸德明釋文引大傳云：「踐，藉也。」楚簡中或從「辵」或從「止」，皆「踐」字異體。《上博七‧吳命》簡8：「後（踐）履陳地」，《清華陸‧子產》簡6：「禮後（踐）政有事」。[209]

江秋貞（202007）：原考釋可從。子居的解釋自成一格，夫差志在中原爭霸與滅越復仇並不衝突。本篇書寫的角度與傳統史書記載頗有不同，全篇夫差畏首畏尾，對滅越的信心似乎不足。[210]

佑仁謹案：
「以至於今」是泛稱由 A 點到 B 點的一段時間，且用以凸顯時間之「久」，例如：

《莊子‧漁父》：「孔子再拜而起曰：『丘少而修學，以至於今，六十九歲矣』」。[211]

《戰國策》：「臣以為自天下之始分以至於今，未嘗有之也！」[212]

《燕丹子》：「田光曰：『結髮立身，以至於今，徒慕太子之高行，美太子之令名耳。』」[213]

《戰國策》：「從林軍以至於今，秦十攻魏，五入國中，邊城盡拔。」[214]

[208] 李學勤主編：《清華大學藏戰國竹簡（柒）》（上海：中西書局，2017），頁121。
[209] 滕勝霖：《〈清華大學藏戰國竹簡（柒）〉集釋及相關問題研究》（重慶：西南大學碩士論文，2019），頁215。
[210] 江秋貞：《〈清華大學藏戰國竹簡（柒）‧越公其事〉考釋》（臺北：臺灣師範大學博士論文，2020），頁167。江秋貞：《〈清華大學藏戰國竹簡（柒）‧越公其事〉考釋》（臺北：花木蘭文化事業公司，2022），頁132。
[211] （清）郭慶藩撰，王孝魚點校：《莊子集釋》（北京：中華書局，1961），頁1027。
[212] 諸祖耿：《戰國策集注彙考》（南京：鳳凰出版社，2008），頁1245。
[213] 王天海譯注：《穆天子傳譯注‧燕丹子譯注》（上海：上海古籍出版社，2018），頁223。
[214] 諸祖耿：《戰國策集注彙考》（南京：鳳凰出版社，2008），頁1268。

〈漁父〉篇裡孔子說自幼讀書迄今 69 歲，卻未曾聽聞如漁父般高深之學問，用「以至於今」來烘托漁父妙論的可貴。回到簡文，「以至於今」的「今」是指夫差與伍子胥對話當下，也就是夫椒之戰（西元前 494 年）後，下限非常清楚。然而夫差口中「吾始踐越地」，又該「始」於何時呢？要解決這個問題，大前提必須釐清「吾」的指涉對象。

「吾」有兩種解釋方式：一、指我國，也就是吳國；二、「我」為夫差自稱。「吾始踐越地以至於今」，前者從吳越大規模衝突算起，直到夫椒之戰。後者則是從夫差即位後討伐越國起算。夫椒之戰是夫差首次伐越，魯定公十四年闔盧死於檇李之戰（西元前 496 年）後，夫差就一直想為報父仇，《左傳·定公十四年》云：「夫差使人立於庭，苟出入，必謂己曰：『夫差，而忘越王之殺而父乎？』，則對曰『唯。不敢忘！』三年，乃報越。」[215]夫差潛心備戰三年，至夫椒之戰擊潰句踐，告慰父親之靈，《左傳·哀公元年》「元年，春……，吳王夫差敗越于夫椒，報檇李也。遂入越。越子以甲楯五千保于會稽，使大夫種因吳大宰嚭以行成。吳子將許之。伍員曰：『不可……』弗聽。退而告人曰：『越十年生聚，而十年教訓，二十年之外，吳其為沼乎！』三月，越及吳平。吳入越，不書，吳不告慶，越不告敗也。」[216]夫椒之戰從春天開始，到三月吳越談和，時間並不算長，不符合「以迄於今」的用法。

因此，筆者認為「吾始踐越地」的「吾」，應該指「吳國」，簡 16-17 所謂「茲（使）虘（吾）二邑之父兄子弟朝夕棧（粲）肰（然）為豺狼」中的「吾」也是泛指「吳國」而言。《國語·吳語》「今吾道路悠遠」[217]與《越公其事》簡 13「今我道逢（路）攸（修）嶜（險）」，雖然說話者是夫差，但「吾」或「我」均非自稱個人而是泛指吳國。

《左傳·昭公三十二年》（西元前 511 年）：「夏，吳伐越，始用師於越也。」杜預注：「自此之前，雖疆事小爭，未嘗用大兵。」[218]從該年開始，吳國開始大規模地向越國用兵。《左傳·定公五年》（西元前 505 年）云：「夏……越入吳，吳在楚也。」[219]允常趁闔盧入郢伐吳，秦為救楚而擊吳，致使吳內亂，楚昭王得以復國。《左傳·定公十三年》（西元前 497 年）越王允常死，《史記·越世家》云：「元年，吳王闔盧聞允常死，乃興師伐越。」[220]闔盧趁越王允常過世，攻擊

[215] （晉）杜預注，（唐）孔穎達正義，李學勤主編：《十三經注疏·春秋左傳正義》（北京：北京大學出版社，2000），頁 1845-1846。

[216] （晉）杜預注，（唐）孔穎達正義，李學勤主編：《十三經注疏·春秋左傳正義》（北京：北京大學出版社，2000），頁 1852-1853、1856。

[217] （三國吳）韋昭注，徐元誥集解：《國語集解》（北京：中華書局，2002），頁 546。

[218] （晉）杜預注，（唐）孔穎達正義，李學勤主編：《十三經注疏·春秋左傳正義》（北京：北京大學出版社，2000），頁 1754。

[219] （晉）杜預注，（唐）孔穎達正義，李學勤主編：《十三經注疏·春秋左傳正義》（北京：北京大學出版社，2000），頁 1795。

[220] （漢）司馬遷撰，（南朝宋）裴駰集解，（唐）司馬貞索引、張守節正義：《史記》（北京：中華書局，2014），頁 2099。

越國。翌年,《左傳·定公十四年》(西元前 496 年)云:「五月,於越敗吳于
檇李。吳子光卒。」[221]吳子光闔盧戰死,夫差即位。《史記·越世家》說:「允
常之時,與吳王闔閭戰而相怨伐。」[222]闔盧趁允常過世討伐越國,結果反而死於
戰役之中,吳越兩國的仇怨關係已難解難分。

闔盧死後,即位的夫差為報殺父之仇備戰三年,始於《左傳·魯哀公元年》
(西元前 494 年)夫椒之戰,擊敗句踐。因此,若將簡文的「吾始踐越地」與《左
傳·昭公三十二年》「(吳)始用師於越也」[223]結合來看,則簡文指的是西元前
511 年至 494 年,吳越十多年來的交相征伐,已造成吳國精兵損去泰半,當是較
為合理的解釋。

〔18〕 凡吳之善士牆(將)中畔(半)死巳(矣)

凡	吳	之	善	士	牆	中
畔	死	巳				

原整理者(201704):善士,《孟子·萬章下》:「一鄉之善士,斯友一鄉
之善士;一國之善士,斯友一國之善士;天下之善士,斯友天下之善士。以友天
下之善士為未足,又尚論古之人。」畔,即畔,讀為「半」。中半,一半。巳、
已一字分化。已,語氣詞,表過程完結。《書·洛誥》:「公定,予往已。」古
書中多作「矣」。[224]

劉偉浠(20170427):畬應隸作畬,八下是「邊」之省體。[225]

郭洗凡(201803):隸定為「畬」「八」下面是「邊」之省體,下部與「备
(原)」相近,這個字解釋為「畔」,整理者觀點可從。[226]

子居(20180309):善士即良士,《戰國策·齊策一》:「楚大勝齊,其良
士選卒必殪。」上博簡《曹沫之陳》:「使良車良士往趣之餌。」皆即《越公其
事》此處所言的「善士」。[227]

221 (晉)杜預注,(唐)孔穎達正義,李學勤主編:《十三經注疏·春秋左傳正義》(北京:
北京大學出版社,2000),頁 1842。
222 (漢)司馬遷撰,(南朝宋)裴駰集解,(唐)司馬貞索引、張守節正義:《史記》(北京:
中華書局,2014),頁 2099。
223 (晉)杜預注,(唐)孔穎達正義,李學勤主編:《十三經注疏·春秋左傳正義》(北京:
北京大學出版社,2000),頁 1754。
224 李學勤主編:《清華大學藏戰國竹簡(柒)》(上海:中西書局,2017),頁 121。
225 劉偉浠:〈清華七《越公其事》初讀〉,武漢網,跟帖第 54 樓,2017.4.27(2019.11.14 上網)。
226 郭洗凡:《清華簡《越公其事》集釋》(合肥:安徽大學碩士論文,2018),頁 32。
227 子居:〈清華簡七《越公其事》第二章解析〉,中國先秦史網站,2018.3.9(2021.3.30 上網)。

吳德貞（201805）：將，或用作副詞表示「將近」意，《孟子·滕文公上》：「今滕絕長補短，將五十里也。」《詞詮》：「將，幾也。」[228]

黃愛梅（20181013-14）：此處「將」為「將要」義，並不是「士將」並言。[229]

滕勝霖（201905）：「善士」應和「勇士」意思相類，並非整理者所舉《孟子·萬章下》中的「有德之士」，亦非子居所提「良士」，「良士」其舉文獻中指賢士。「士」，士卒，簡文主要意思是吳王考慮到自己的兵力不足，故「善士」應指勇於作戰的精銳士兵。「將」，副詞，表示數量差不多，相當於「將近」。[230]

史玥然（201906）：「善士」是指具有德行的人，也可以理解為做好事的人或者信佛的教徒。[231]

江秋貞（202007）：季師《說文新證》「半」字條：「古文字半有兩系，其一從八牛作半，其一從八斗作半，第一類見於晉系和秦系，第二類見於晉系（楚系見於偏旁）」[232]「畔」字從「八斗」甚明。劉偉浠認為「八」下是「邊」的省體，不可從。「將」作為「將近」解，可從。「凡吳之善士牉中畔死已」，音（佑仁案：當為「應」之誤）指「凡吳國的精銳士兵將近死了大半」。[233]

佑仁謹案：

關於「善士」，古籍文獻裡的「善士」有兩種意義，第一種比較著眼於道德層面，指具有修養的人，例如《荀子》「不知選賢人善士託其身焉以為己憂」[234]，「善士」與「賢人」並舉。原整理者所引《孟子·萬章下》的「善士」以及史玥然所言「『善士』是指具有德行的人」，可說都是此種用法。

第二種用法則與軍事、戰爭有關，「士」本有戰士、武士之義，《荀子·王制》：「故王者富民，霸者富士，僅存之國富大夫。」楊倞注：「士，卒伍也。」[235]因此，「善士」即「良士」，指精良、精實、精選之戰士。《史記·馮唐列傳》：「故李牧乃得盡其智能，遣選車千三百乘，彀騎萬三千，百金之士十萬。」《集

[228] 吳德貞：《清華簡《越公其事》集釋》（武漢：武漢大學碩士論文，2018），頁24。

[229] 黃愛梅：〈《清華簡（柒）·越公其事》的敘事立場及越國史事〉，收入華東師範大學歷史學系、《社會科學戰線》編輯部、《華東師範大學學報》編輯部編：《新史料與古史書書寫——40年探索歷程的回顧與思考學術研討會論文集》（上海：華東師範大學歷史學系，2018），頁221-222。

[230] 滕勝霖：《《清華大學藏戰國竹簡（柒）》集釋及相關問題研究》（重慶：西南大學碩士論文，2019），頁216。

[231] 史玥然：《清華簡《越公其事》集釋及其漢字教學設計》（太原：山西大學碩士論文，2019），頁23。

[232] 季旭昇：《說文新證》（臺北：藝文印書館，2014），頁89。

[233] 江秋貞：《《清華大學藏戰國竹簡（柒）·越公其事》考釋》（臺北：臺灣師範大學博士論文，2020），頁168。江秋貞：《《清華大學藏戰國竹簡（柒）·越公其事》考釋》（臺北：花木蘭文化事業公司，2022），頁133。

[234] （清）王先謙撰，沈嘯寰、王星賢點校：《荀子集解》（北京：中華書局，1988），頁539。

[235] （清）王先謙撰，沈嘯寰、王星賢點校：《荀子集解》（北京：中華書局，1988），頁153-154。

解》引服虔曰：「良士直百金也。」[236]上博四《曹沫之陣》簡 54-55：「使良車、良士往取之餌，使其志起。」滕勝霖認為此處的「良士」實為「賢士」恐有誤，《曹沫之陣》本質是兵書，談戰術的實際運用，「良士」是指精實的戰士，正與「良車」相對。「善」與「良」都是形容詞，《諸葛亮集‧將苑》：「夫師之行也，有好鬥樂戰，獨取強敵者，聚為一徒，名曰報國之士；有氣蓋三軍，材力勇捷者，聚為一徒，名曰突陳之士；有輕足善步，走如奔馬者，聚為一徒，名曰搴旗之士；有騎射如飛，發無不中者，聚為一徒，名曰爭鋒之士；有射必中，中必死者，聚為一徒，名曰飛馳之士；有善發強弩，遠而和中者，聚為一徒，名曰摧鋒之士。此六軍之善士，各因其能而用之也。」[237]可見「善士」是指六軍中特別驍勇善戰者。

關於「將」字，原整理者李守奎在清華柒原書中，並未多做解釋，但他在〈《越公其事》與句踐滅吳的歷史事實及故事流傳〉一文裡，曾指出「吳之將士戰死過半，兵力不足」是夫差沒有趁勝滅越的理由[238]，這裡顯然是把「將」理解為「將士」。李守奎的觀點影響不少人，魏宜輝認為「吳國將士已經折損過半」[239]，子居認為「夫差稱『善士將中半死』，所以會『胡取八千人以會彼死』，是以夫差的將士不足兩萬人，顯然是在故意把夫差的兵力說少」[240]，都是把「將」理解為「將士」，這顯然是不妥的。

除上述說法外，學界對於「將」字還有兩種不同解釋，分別為「將近」（吳德貞主之）與「將要」（黃愛梅主之）。關於後一種觀點，黃愛梅認為夫差所言「凡吳之善士將中半死矣」，應為未然之事，亦即吳國若選擇滅越，吳國的「善士」（精兵）將會死傷過半。可是回到簡文語境，夫差認為從吳國攻打越國開始以迄於今，善士「已」中半死，不宜再讓部隊有所損耗，可見善士死傷泰半已是現在的情況，不是未然之事。「將」當副詞，表示數量差不多，相當於「將近」，楊樹達《詞詮》卷六：「將，幾也。」[241]《孟子‧滕文公上》：「今滕絕長補短，將五十里也」[242]，可參。

236 （漢）司馬遷撰，（南朝宋）裴駰集解，（唐）司馬貞索引、張守節正義：《史記》（北京：中華書局，2014），頁 3337-3338。

237 （三國）諸葛亮著，張連科、管淑珍校注：《諸葛亮集校注》（天津：天津古籍出版社，2008），頁 288。

238 李守奎：〈《越公其事》與句踐滅吳的歷史事實及故事流傳〉，《文物》，2017 第 6 期（2017.6），頁 76。

239 魏宜輝：〈讀《清華大學藏戰國竹簡（柒）》札記〉，「清華簡」國際研討會，（香港：香港浸會大學饒宗頤國學院舉辦），2017.10.26-28。

240 子居：〈清華簡七《越公其事》第二章解析〉，中國先秦史網站，2018.3.9（2021.3.30 上網）。

241 楊樹達：《詞詮》（北京：中華書局，1978），頁 298。

242 （戰國）孟子著，（漢）趙岐注，（宋）孫奭疏，李學勤編：《十三經注疏‧孟子正義》，北京：北京大學出版社，2000），頁 154。

〔19〕 今皮（彼）新（新）去亓（其）邦而𢚽（毒）

今	皮	新	去	亓	邦	而
𢚽						

原整理者（201704）：𢚽，從心，竺聲，讀為「篤」，專一不變。《論語‧子張》：「子夏曰：『博學而篤志，切問而近思，仁在其中矣。』」[243]

趙嘉仁（20170424）：𢚽字在文中應該讀為「毒」。毒乃暴烈、猛烈義。《國語‧吳語》：「臣觀吳王之色，類有大憂，小則嬖妾、嫡子死，不則國有大難，大則越入吳。將毒，不可與戰。」韋昭注：「毒猶暴也。言若猛獸被毒悖暴。」[244]

汗天山（20170427）：疑當讀為：「今彼新去其邦而逐，毋乃死鬪？」大概是說：越國士兵剛剛離開其邦國（銳氣猶存，又思返回故邦國），這時候我們去追逐（消滅）他們，恐怕他們會拼死戰鬪吧？[245]

zzusdy（20170429）：「𢚽」似當讀為「毒」，痛恨、憎恨義。[246]

蕭旭（20170605）：趙嘉仁及某氏讀𢚽為毒，是也，憎惡也，怨恨也，苦痛也。馬王堆帛書《戰國縱橫家書》：「怨竺積怒，非深於齊。」《戰國策‧趙策一》、《史記‧趙世家》「竺」作「毒」。豕鬪，疑指群豕亂鬪。簡文言越軍離開故國，皆有怨恨之心，莫肯為鬪也。[247]

羅小虎（20170724）：篤，應理解為「病」。《楚辭‧大招》：「察篤夭隱。」王逸注：「篤，病也。」在這個句子中是指軍隊疲敝。大意是說，因為越國軍隊打了敗仗、剛離開國家，非常疲敝。恐怕會決一死戰吧？[248]

郭洗凡（201803）：「毒」，《段注》：「從刀者，刀所以害人也，讀若篤。」「毒」古文作「𧅤」「從𥫔為聲，𥫔，厚也，讀若篤。」與「篤」是同韻。「𢚽」應該讀為「毒」，代表痛恨，怨恨的意思。[249]

---

[243] 李學勤主編：《清華大學藏戰國竹簡（柒）》（上海：中西書局，2017），頁121。

[244] 趙嘉仁：〈讀清華簡（七）散札（草稿）〉，復旦網「學術討論」，2017.4.24（2017.6.22上網）。

[245] 汗天山：〈清華七《越公其事》初讀〉，武漢網，跟帖第57樓，2017.4.27（2019.11.14上網）。

[246] zzusdy：〈清華七《越公其事》初讀〉，武漢網，跟帖第86樓，2017.4.29（2019.11.14上網）。

[247] 蕭旭：〈清華簡（七）校補（二）〉，復旦網，2017.6.5（2021.3.30上網）。

[248] 羅小虎：〈清華七《越公其事》初讀〉，武漢網，跟帖第199樓，2017.7.24（2019.11.14上網）。羅濤：〈《清華大學藏戰國竹簡（七）》釋讀拾遺〉，《漢字漢語研究》，2019第4期、總第8期（2019.12），頁84。

[249] 郭洗凡：《清華簡《越公其事》集釋》（合肥：安徽大學碩士論文，2018），頁32-33。

子居（20180309）：篤當訓固，指勾踐固守會稽山，而非是「專一不變」，勾踐如果真是專一不變，也就不會「使大夫種行成於吳師」了。[250]

王竟一（201902）：「恣」讀為「毒」表憎惡意。簡文當理解為「越國軍隊被迫背井離鄉，皆怨恨吳國。」如此，可與上下文互相承接。[251]

史玥然（201906）：大意是越國軍隊現在剛剛離開他們的國家，內心篤定一致。[252]

蔡瑩瑩（20190627）：此處為吳王說服申胥之言，沒有必要稱美敵方軍隊，而更可能誇飾其威脅，故通讀為「毒」似乎較切當。[253]

江秋貞（202007）：「恣」，通「篤」，作「毒」解。但從文義來看，此句意為今天他們剛失去國家而心有所怨恨不滿，所以一定會拼死戰鬥。「今皮新去亓邦而恣」指他們現在剛沒了國家心中一定有所怨恨。[254]

陳一（202203）：zzusdy 讀爲「毒」可從。毒，訓爲憎恨，《廣雅·釋言》：「毒，憎也。」豕鬪，即困獸猶鬥之意，即便是豕，被宰殺前亦會拼命掙扎。原句意爲「現在越軍剛剛離開他們的國家而憎恨正重，恐怕會拼死戰鬥吧。」[255]

佑仁謹案：

「恣」，原整理者讀「篤」，史玥然從之。汗天山讀「逐」，訓為追逐。zzusdy 讀「毒」，指痛恨，郭洗凡從之。趙嘉仁讀「毒」，指猛烈，蕭旭、王竟一從之。羅小虎讀「篤」，理解為「病」。子居讀「篤」當訓「固」。筆者認為「恣」從心、竺聲，應讀為「毒」，馬王堆帛書《戰國縱橫家書·蘇秦獻書趙王章》：「今足下功力非數加於秦也，怨竺積怒，非深於齊，下吏皆以秦為憂趙而曾（憎）齊。」其中的「怨竺積怒」《戰國策·趙策一》作「怨毒積惡」[256]，《史記·西南夷列傳》：「有身毒國。」《集解》引徐廣曰：「『毒』字或作『竺』。」[257]可知「竺」、「毒」音通。「毒」訓作怨恨，憎恨，如銀雀山漢墓竹簡《孫臏兵法·行篡》：「死者不毒，奪者不慍。」《後漢書·袁紹傳》：「每念靈帝，令人憤毒。」李

250 子居：〈清華簡七《越公其事》第二章解析〉，中國先秦史網站，2018.3.9（2021.3.30 上網）。

251 王竟一：〈清華簡《越公其事》校讀箚記〉，《四川職業技術學院學報》第 29 卷第 1 期，（2019.2），頁 28。

252 史玥然：《清華簡《越公其事》集釋及其漢字教學設計》（太原：山西大學碩士論文，2019），頁 23。

253 蔡瑩瑩：《春秋戰國時期的歷史書寫與文化記憶》（臺北：臺灣大學博士論文，2019），頁 224、225。

254 江秋貞：《《清華大學藏戰國竹簡（柒）·越公其事》考釋》（臺北：臺灣師範大學博士論文，2020），頁 169-170。江秋貞：《《清華大學藏戰國竹簡（柒）·越公其事》考釋》（臺北：花木蘭文化事業公司，2022），頁 134。

255 陳一：《清華簡（柒）》疑難字詞補釋》（天津：天津師範大學碩士論文，2022），頁 95。

256 諸祖耿：《戰國策集注彙考》（南京：鳳凰出版社，2008），頁 900。

257 （漢）司馬遷撰，（南朝宋）裴駰集解，（唐）司馬貞索引、張守節正義：《史記》（北京：中華書局，2014），頁 3630。

賢注：「毒，恨也。」[258]《後漢書‧馮衍傳》：「毒從橫之敗俗」李賢注：「毒，恨也。」[259]句踐本定都埤中（為允常所營造的越國），但在夫椒之戰敗逃至會稽山，越國的殘餘士兵對於吳國肯定非常怨恨，以文種的說法，這八千名兵甲甚至願意以身殉國，不共戴天，可見其對吳國的怨念之深。

〔20〕 母（毋）乃豕戰（鬭）

母	乃	豕	戰

原整理者（201704）：豕鬭，大意是如窮途之獸，負隅頑抗。[260]

汗天山（20170427）：上古音「豕」屬書紐脂部，「死」屬心紐脂部，舌齒通諧，二字古音亦極近。[261]

蕭曉暉（20170511）：簡文之言與《賈子》之言「坌冒楚棘」，文例相類，用意相近，就是觸犯兵刃、觸犯荊棘之義。[262]

子居（20180309）：豕鬭當是形容像野豬般的狠鬥，與是否窮途無關。野豬的兇猛人盡皆知，古代甚至常與豺狼、長蛇並提。[263]

滕勝霖（201905）：「毋乃」，豈非，多用於問句之中，故此句應改作問句。「豕鬭」，本文懷疑「豕」為「猭」之省略。古文字中有「鸄」，結構同「焱」「矗」「臺」類似，以動物爭相奔跑之貌會意。「鸄」可能與「焱」相似，引申出急劇、猛烈之意，簡文中「鬭」前明顯是一個形容詞，來表達奮死抵抗之意，「猭鬭」意思是猛烈地戰鬥。[264]

史玥然（201906）：「狼奔豕突」比喻人在慌忙逃跑時，像被追趕的豬狼一樣到處亂竄，神色慌張。這裡可以理解為被擊敗的越國軍隊潰不成軍，已是窮途末路的勇士將背水一戰，誓死頑抗的精神很強。[265]

---

[258] （劉宋）范曄撰，（唐）李賢等注：《後漢書》（北京：中華書局，1973），頁 2374。

[259] （劉宋）范曄撰，（唐）李賢等注：《後漢書》（北京：中華書局，1973），頁 994。

[260] 李學勤主編：《清華大學藏戰國竹簡（柒）》（上海：中西書局，2017），頁 121。

[261] 簡帛論壇《清華七《越公其事》初讀》56 樓「汗天山」說，2017.4.27。

[262] 蕭曉暉：〈清華簡七《越公其事》「豕鬥」「閭冒」解〉，武漢網，2017.5.11（2021.3.30 上網）。另外，蕭曉暉認為《越公其事》「豕斗」的「豕」、「閭冒兵刃」的「閭」，記錄的是傳世文獻中「觸」這個詞。又收入《古文字研究》第 32 輯（北京：中華書局，2018.8），頁 409。

[263] 子居：〈清華簡七《越公其事》第二章解析〉，中國先秦史網站，2018.03.09（2021.3.30 上網）。

[264] 滕勝霖：《《清華大學藏戰國竹簡（柒）》集釋及相關問題研究》（重慶：西南大學碩士論文，2019），頁 217-218。

[265] 史玥然：《清華簡《越公其事》集釋及其漢字教學設計》（太原：山西大學碩士論文，2019），頁 24。

江秋貞（202007）：原考釋直接把「戠」隸為「鬭」，嚴格隸定應作「鬥」。「鬭」的本義是「遇合」，《說文》：「鬭，遇也。」戰鬥義應用「鬥」字。本句說「豕鬥」，應是指野豬當情勢被逼到絕境時，會全力拼命，更能更激起與敵人決一死戰之心。[266]

陳一（202203）：豕鬭，即困獸猶鬥之意，即便是豕，被宰殺前亦會拼命掙扎。原句意為「現在越軍剛剛離開他們的國家而憎恨正重，恐怕會拼死戰鬥吧。」[267]

佑仁謹案：

「豕」即豬，無論傳世或出土文獻，「豕」一般都讀如字，少有通假他字，參《清華大學藏戰國竹簡1-8文字編》[268]，此處的「豕」恐怕不應例外，汗天山讀「豕」為「死」，此用法並不符合楚人的用字習慣。古有「豕突」之說，謂像野豬一樣奔突竄擾。《後漢書·劉陶傳》：「今果已攻河東，恐遂轉更豕突上京。」[269]《陳書·華皎傳》：「蟻聚巴、湘，豕突鄢、郢。」[270]簡文是說越國所剩的半數善士，雖敗逃會稽，但他們背負著即將亡國的情緒，雖已氣息奄奄，但肯定同仇敵愾、困獸猶鬥，吳國想要一舉消滅越國肯定沒有這麼容易。

「戠」，從戈、「皿」聲，「皿」見於清華伍《封許之命》簡7，讀為「鎧」，為薦彝的種類之一。《說文》有「斳」字，簡文的「戠」將「斤」替換成「戈」。《說文》「鬭」字以「斳」為聲，「鬭」當為「鬥」的後起形聲字，就今讀來看，讀「鬥」或「鬭」均可。

〔21〕虘（吾）於（惡）膚（乎）取夲（八千）人以會皮（彼）死

虘	於	膚	取	夲	人	以
會	皮	死				

266 江秋貞：《《清華大學藏戰國竹簡（柒）·越公其事》考釋》（臺北：臺灣師範大學博士論文，2020），頁170。江秋貞：《《清華大學藏戰國竹簡（柒）·越公其事》考釋》（臺北：花木蘭文化事業公司，2022），頁134-135。

267 陳一：《清華簡（柒）》疑難字詞補釋》（天津：天津師範大學碩士論文，2022），頁95。

268 馬繼：《清華大學藏戰國竹簡1-8文字編》（上海：華東師範大學碩士論文，2019），頁1244。

269 （劉宋）范曄撰，（唐）李賢等注：《後漢書》（北京：中華書局，1973），頁1850。

270 （唐）姚思廉撰：《陳書》（北京：中華書局，1972），頁272。

　　原整理者（201704）：膚，讀為「胡」，疑問代詞，用法與前文「故」相同。此篇詞語多異寫，例如「使者」之「使」作「徒」，又作「事」等。會，合，應對。彼死，指句踐所言「以八千人死」。[271]

　　魏棟（20170423）：「膚（胡）」當為疑問副詞。《越公其事》第二章簡12：「公其故（胡）有帶甲八千以敦刃偕死？」這裡的「故（胡）」應訓為哪裡，明顯是疑問副詞而非疑問代詞。「於」應讀為「烏」，也作疑問副詞用。「於（烏）膚（胡）」同義連用，訓為怎樣、哪裡，表反問語氣。此句意思是我哪裡能取得八千人來應對拼命赴死的八千越國兵士。[272]

　　暮四郎（20170423）：「於膚」似當讀為「惡乎」。大意是：我去哪裡找八千人來跟他的死士交戰呢？[273]

　　王寧（20170514）：「於」讀為「烏」。「膚」字簡11用為闔廬之「廬」，此疑當讀為臚列之「臚」，陳列義，「臚取」即陳列而取，猶言選擇、挑選。此句是吳王說「我怎麼挑選八千人去和那些亡命徒交戰？」[274]

　　魏宜輝（20171026-28）：「膚」字，當讀作「略」。「膚」、「略」二字讀音關係很近，可以相通。「略」在簡文中當理解為「收羅」之義。簡文「吾於（惡／烏）膚（略）取八千人以會彼死？」的意思是：「我怎麼收羅獲得八千人來應對越人的死戰？」此語表明吳王無力組織軍隊抗擊越人的死戰，故而答應了越人的求成。[275]

　　香油面子（20180128）：「膚（臚）」有評比之義，即通過考核、評比來選取。簡14「虗（吾）於膚（臚）取半（八千）人以會皮（彼）死？」正和前文「凡吳善士牁（將）中畔（半）死巳（矣）」相呼應，反映了吳師在對越戰爭自身受到沉重的打擊和損失，已難以選取合格的戰士應對越師的以死相拼。[276]

　　子居（20180309）：此節夫差的回答與伍子胥的提問實際上並不對應，前文伍子胥說勾踐根本沒有八千兵力剩餘，這裡夫差卻因為擔心勾踐會拼死一搏而說自己這方也沒有八千人能夠「以會彼死」，這等於是說此時吳越雙方兵力差距並

---

[271] 李學勤主編：《清華大學藏戰國竹簡（柒）》（上海：中西書局，2017），頁121。

[272] 參清華大學出土文獻讀書會（石小力整理）：〈清華七整理報告補正〉，清華網，2017.4.23。

[273] 暮四郎：〈清華七《越公其事》初讀〉，武漢網，跟帖第2樓，2017.4.23（2019.11.14上網）。

[274] 王寧：〈清華七《越公其事》初讀〉，武漢網，跟帖第175樓，2017.5.14（2019.11.14上網）。

[275] 魏宜輝：〈讀〈清華大學藏戰國竹簡（柒）〉札記〉，收入中國文字學會編：《中國文字學會第九屆學術年會論文集》（北京：中國文字學會，2017），頁681；又見香港浸會大學饒宗頤國學院，澳門大學中國語言文學系，清華大學出土文獻研究與保護中心：《〈清華簡〉國際會議論文集》（香港：香港浸會大學饒宗頤國學院、澳門：澳門大學中國語言文學系，2017），頁183。

[276] 香油面子：〈清華七《越公其事》初讀〉，武漢網，跟帖第226樓，2018.1.28（2019.11.19上網）。

不懸殊。《越公其事》此節作者為揚越抑吳而完全置當時的戰勢史實於不顧，相關描述全屬虛構。[277]

郭洗凡（**201803**）：「盧」的籀文為「𧆑」，「𧆑」，陵如切，𧆑陳之義。[278]

滕勝霖（**201905**）：「於」讀作「烏」，副詞，表反問語氣，相當於「哪裡」「怎麼」。「虗」，本文暫讀作「𧆑」。「會」，《左傳‧哀公二年》杜預注：「會，合戰也。」此句大意是「我哪裡挑選出八千人來應對那越國的死士呢？」[279]

張朝然（**201906**）：虗，此處讀為「胡」，疑問代詞，表為何之意。原文意是我為何還要用八千人與勾踐的八千人作戰呢？[280]

江秋貞（**202007**）：「惡乎」就是「怎樣」、「怎麼」，全句的意思是：「我怎麼找八千人去和越軍一同死？」[281]

謝乃和（**20201115**）：若以「胡」為疑問代詞，「於」則作為介詞，「於胡」可解為在哪裡或從哪裡，「吾於胡取八千人以會彼死」意謂我吳王從哪裡派遣八千人和越國殘軍同歸於盡呢？若以「胡」為疑問副詞，則「於」讀為「烏」，也作疑問副詞用。「於胡」同義連用，訓為怎樣、哪裡，表反問語氣，其句意指我哪裡能取得八千人來應對拼命赴死的八千越國兵士。若從夫差所言「凡吳之善士將中半死矣」來看，「胡」應作代詞用，即在吳國軍隊損失將要中半的情況下，吳王夫差無法調集與越國殘部同歸於盡的八千人，足見越國仍有一戰之力。[282]

陳一（**202203**）：「於」字《清華簡（柒）》凡四十一見，其餘皆用作介詞，此處不當例外。「虗」讀為「胡」，虗，幫母魚部，胡，匣母魚部，雖僅為疊韻，但本篇簡12有「盍虗（盧）」，來母魚部的「盧」，與「虗」亦僅為疊韻便可相通，則「虗」、「胡」同樣可通，意為「我們從哪裡取得八千人來應對越國的八千死士呢？」[283]

277 子居：〈清華簡七《越公其事》第二章解析〉，中國先秦史網站，2018.03.09（2021.3.30 上網）。
278 郭洗凡：《清華簡《越公其事》集釋》（合肥：安徽大學碩士論文，2018），頁32-33。
279 滕勝霖：《《清華大學藏戰國竹簡（柒）》集釋及相關問題研究》（重慶：西南大學碩士論文，2019），頁219。
280 張朝然：《清華簡《越公其事》集釋及相關問題初探》（石家莊：河北師範大學碩士論文，2019），頁24。
281 江秋貞：《《清華大學藏戰國竹簡（柒）‧越公其事》考釋》（臺北：臺灣師範大學博士論文，2020），頁172-173。江秋貞：《《清華大學藏戰國竹簡（柒）‧越公其事》考釋》（臺北：花木蘭文化事業公司，2022），頁137。
282 謝乃和：〈試論清華簡《越公其事》的思想主題及其文本性質——兼說殷周之際兵學觀念的流變〉，《杭州師範大學學報（社會科學版）》2020第6期（2020.11），頁103。
283 陳一：《清華簡（柒）》疑難字詞補釋》（天津：天津師範大學碩士論文，2022），頁95。

佑仁謹案：

暮四郎將「於膚」讀為「惡乎」甚是，為疑問詞，《孟子·梁惠王上》：「天下惡乎定？」趙岐注：「問天下安所定，言誰能定之？」[284]《荀子·勸學》：「學惡乎始？惡乎終？曰：其數則始乎誦經，終乎讀禮。」[285]用例甚多，清王引之《經傳釋詞》卷四：「蓋『惡』本訓『何』，『惡乎』，猶言『何所』。」[286]「惡乎」亦作「惡虖」，《漢書·王貢兩龔鮑傳序》：「梁、齊、楚、趙之君非不富且貴也，惡虖成其名！」[287]

「於」、「惡」的上古音都是影紐魚部，用為感嘆詞的「於乎」，例如《毛詩·周頌·維天之命》：「於乎不顯，文王之德之純。」[288]又可以作「惡乎」，《韓詩外傳》卷二第十三章：「次及晏子。晏子捧杯血，仰天而嘆曰：『惡乎！崔杼將為無道而殺其君。』」[289]可見簡文的「於」可以讀「惡」。「乎」字以「虍」字聲系的「虖」表示，是楚簡的典型用法，「於膚」讀作「惡乎」，完全可以通過聲韻的考驗。簡文夫差所謂「吾惡乎取八千人」，與伍子胥所言「越公其胡有帶甲八千」句法類似，前者的「惡乎」與後者的「胡」都是反詰語氣。

綜上所述，原整理者所謂本處「膚」、「故」、「胡」之「異寫」情況並不能成立。

〔22〕繢（申）疋（胥）乃思（懼），許諾

繢	疋	乃	思	許	諾

佑仁謹案：

夫椒之戰後，對於吳國與越國的關係，吳國內部可分成主戰派（滅越）與主和派（存越），前者以伍子胥為首，後者以伯嚭為首。《國語·吳語》云：「吳王曰：『大夫奚隆於越，越曾足以為大虞乎？若無越，則吾何以春秋曜吾軍士？』乃許之成。」[290]依〈吳語〉的說法，夫差認為伍子胥高估了越國的兵力，留下越

284 （戰國）孟子著，（漢）趙岐注，（宋）孫奭疏，李學勤主編：《十三經注疏·孟子正義》，北京：北京大學出版社，2000），頁21。
285 （清）王先謙撰，沈嘯寰、王星賢點校：《荀子集解》（北京：中華書局，1988），頁11。
286 （清）王引之著，湖南師範學院中文系古漢語研究室校點：《經傳釋詞》（長沙：嶽麓書社，1984），頁78。
287 （漢）班固撰，（清）王先謙補注：《漢書補注》（上海：上海古籍出版社，2008），頁4755。
288 （漢）毛公傳，（漢）鄭玄箋，（唐）孔穎達等正義，李學勤主編：《十三經注疏·毛詩正義》（北京：北京大學出版社，2000），頁1510。
289 （漢）韓嬰撰，許維遹校釋：《韓詩外傳集釋》（北京：中華書局，1980），頁46。
290 （三國吳）韋昭注，徐元誥集解：《國語集解》（北京：中華書局，2002），頁540。

國正可炫耀吳國軍威。這和簡文的說法不同，若依《越公其事》則夫差認為伍子胥低估了越國的兵力，大戰之後吳國已沒有能與越國八千兵甲硬碰硬的實力。

但〈吳語〉的說法與〈越語〉不同，《國語‧越語》：「越人飾美女八人，納之太宰嚭，曰：『子苟赦越國之罪，又有美於此者將進之。』太宰嚭諫曰：『嚭聞古之伐國者，服之而已。今已服矣，又何求焉。』夫差與之成而去之。」[291] 據〈越語〉則是越人賄賂伯嚭以美人，使夫差最終採納伯嚭之策，接受越國談和。

---

[291] （三國吳）韋昭注，徐元誥集解：《國語集解》（北京：中華書局，2002），頁569。

第三章

　　夫差得到伍子胥的應許後，出面接見文種，接受與越國談和。夫差將吳越的紛爭歸罪於無良邊人的私怨，吳越連年征伐，如同父子兄弟被豺狼啃食。他也願意遞出橄欖枝，無奈越國邊人不願傳達夫差的善意，他只好冒著兵刃，匍匐前進到達句踐門外等候命令。夫差深怕無良的僕御會縱火，因此才代替句踐守護宗廟，等待使人的到來。夫差同意請成後，兩國進行盟誓，夫差退兵。吳越兩國的長年衝突，由於句踐的臣服，暫時告一段落。

　　夫差善用譬喻、誇飾等修辭技巧，合理化自己侵略行為，把攻破越國說成排除萬難至越國應命，是一篇精彩絕倫的政治辭令。

釋文（一）

　　吳王乃出，新（親）見事（使）者曰〔1〕：「君雽（越）公不命彼（使）人而夫=（大夫）親辱〔2〕，孤敢兌（脫）皋（罪）於夫=（大夫）？〔3〕【一五下】孤所昃（得）皋（罪）〔4〕，亡（無）良鄴（邊）人再（稱）瘼（發）息（怨）晋（惡）〔5〕，交嚚（鬥）吳雽（越）〔6〕，茲（使）虗（吾）弍（二）邑之父兄子弟朝夕棧（殘）狀（然）〔7〕，為犳（豺）【一六】狼飤（食）於山林菡（幽）芒（冥）。〔8〕孤疾痌（痛）之〔9〕，以民生之不長而自不夂（終）亓（其）命〔10〕，用事（使）徒遽迨（趣）聖（聽）命〔11〕，於【一七】今厽（三）年，亡（無）克又（有）奠（定）〔12〕。孤用悉（願）見雽（越）公，余弃（棄）晋（惡）周好〔13〕，以交（徼）求卡=（上下）吉羕（祥）。

〔14〕

語譯（一）

　　吳王於是出來，親自面見使者說：「您的君王越公沒有派遣一般使者，而由您親自蒞臨（吳國），我豈敢脫罪於大夫呢？我所以獲罪，乃無良的邊人挑起怨惡，令吳越相互爭鬥，使兩國父兄子弟終日殘暴地，為豺狼嚙食於幽冥的山林之中。我憂患而感到痛心，由於人的壽命不長，結果（人民）自己還無法得到善終，因此派遣使者前往聆聽句踐的命令，迄今已經三年，戰爭始終未能止息。因此我願意與越公見面，棄怨合好，以求君臣的吉祥。

釋文（二）

　　孤用銜（率）我叀（一）弍（二）子弟【一九】以逩（奔）告於鄦＝（邊〔15〕。邊）人為不道，或（又）航（抗）御（禦）募（寡）人之詷（辭）〔16〕，不茲（使）達气（迄）〔17〕，羅（麗）甲綏（纓）冐（冑）〔18〕，臺（敦）齊兵刃以攷（捍）御（禦）【二〇】募（寡）人。〔19〕孤用厇（委）命蠤（重）脣（臣）〔20〕，闍（犯）冒兵刃〔21〕，迭（匍）邁（匐）臺（就）君，余聖（聽）命於門〔22〕。君不尚新（親）有募（寡）人〔23〕，旭（抑）犴（荒）弃（棄）孤〔24〕，【二一】伓（背）虛（去）宗畣（廟）〔25〕，陟杮（棲）於會旨（稽）〔26〕。孤或（又）忎（恐）亡（無）良僕駛（御）𤞲（施）火於雩（越）邦〔27〕，孤用內（入）守於宗畣（廟），以須【二二】俥（使）人〔

28〕。今夫=（大夫）嚴（儼）狀（然）監（銜）君王之音〔29〕，賜孤以好曰：『余亓（其）與吳科（播）弃（棄）悬（怨）誩（惡）于潛（海）瀘江沽（湖）〔30〕。夫婦交【二三】綏（接），皆為同生，〔31〕齊墊〈埶（勢）〉同力，以御（禦）戠（仇）戵（讎）。』〔32〕孤之恋（願）也，孤敢不許諾，恣志於雩（越）公！」〔33〕徔（使）者反命【二四】，〔34〕雩（越）王乃盟，男女備（服），币（師）乃還。【二五】〔35〕

語譯（二）

　　我因此率領吳國幾位弟子，奔赴邊塞告訴邊人，但是邊人胡作非為，又抗拒我的言辭，不讓我的善意順利傳達，還穿戴甲冑，整治兵刃以捍禦我。我只好命令重臣，冒犯著兵刃，匍匐向越君前進，我在門外聽命。您不願親愛友好我，而拋棄我，離開宗廟，登處會稽山麓。我害怕無良的僕御會在國內放火，因此為越國守護宗廟，用以等待使人。今天您儼然送來越王的口信，帶著美意說：『我和吳國捐棄在湖海間所留下的舊惡，兩國夫婦交互聯姻，都是同一母親所生，應當同心協力，抗禦仇敵。』這是我的期待，我豈敢不答應，就稱越公心意吧。」使者歸返覆命，越王進行盟誓，越國男女向吳王服事，吳師乃退兵返國。

〔1〕　吳王乃出，新（親）見事（使）者曰

吳	王	乃	出	新	見	事
者	曰					

　　原整理者（201704）：事，讀為「使」。「史」、「事」楚文字有別。使，楚文字多作「史」。此篇用字多有特別之處。[1]

　　滕勝霖（201905）：楚系文字中表 {親} 的字形主要有：「親」「斳」「慭」「憖」

---

[1] 李學勤主編：《清華大學藏戰國竹簡（柒）》（上海：中西書局，2017），頁123。

「新」「親」等。值得注意的是楚簡中亦多見以「晝」表﹛親﹜，這種寫法有齊系文字的遺跡。以「事」表﹛出使﹜在本篇僅此 1 例，「吳王瑥（聞）雪（越）使（使）之柔以弮（剛）」。[2]

佑仁謹案：

《越公其事》使用「吏」、「使」、「茲」、「事」等字來表示﹛使﹜，相關統計可參考第二章注釋 1 所整理之「一覽表 1.﹛使﹜字用法一覽表」。

「出」指出來、出面，《戰國策・齊助楚攻秦》：「張儀至，稱病不朝。楚王曰：『張子以寡人不絕齊乎？』乃使勇士往詈齊王。張儀知楚絕齊也，乃出見使者曰：『從某至某，廣從六里。』」「乃出見使者」，指出來面見使者，可參。[3] 依據簡文敘述，句踐戰敗後，派遣文種前往吳師請求談和，吳王得知文種來意後，先與伍子胥協商，在取得子胥的認可後，親自出面與文種交談。

「新」當是「新」的異體，在此讀「親」，指親自。

〔2〕　君雪（越）公不命使（使）人而夫=（大夫）親辱

君	雪	公	不	命	使	人
而	夫=	親	辱			

原整理者（201704）：君越公，夫差對句踐之稱。此外尚有「越公」、「君王」、「君」等多種。稱句踐「越公」，與清華簡《繫年》相同。使人，奉命出使之人。《左傳》襄公二十七年：「趙孟曰：『牀第之言不踰閾，況在野乎？非使人之所得聞也。』」此處為與出使大夫相對的低級別的役使之人。[4]

子居（20180417）：《越公其事》首尾稱越公、越王，中間則單稱「王」，因此單稱「王」部分不排除源自越人自記的可能。[5]

王永昌（201806）：清華簡文字中的諸多「史」字，惟有《良臣》篇所見的「史」字字形上部的豎劃上有圓點飾符，該字形特徵與楚文字中的「史」字明顯不同（楚文字中的「史」字以作「𠭥」形為多見，字形選自包山簡 138 號），而與晉系文字中「史」字的字形特徵一致。此外，在當前的典型楚文字中，未見有「使」字，也未見有用「使」字記錄﹛使﹜的現象，清華簡《子產》、《越公其事》篇中

---

2 滕勝霖：《《清華大學藏戰國竹簡（柒）》集釋及相關問題研究》（重慶：西南大學碩士論文，2019），頁 223。

3 諸祖耿：《戰國策集注彙考》（南京：鳳凰出版社，2008），頁 208。

4 李學勤主編：《清華大學藏戰國竹簡（柒）》（上海：中西書局，2017），頁 123。

5 子居：〈清華簡七《越公其事》第三章解析〉，中國先秦史網站，2018.4.17（2021.3.30 上網）。

「徍（使）」字的字形特徵與晉系文字中的「徍（使）」字相合，因此，可以說清華簡《良臣》中的「史」字和《子產》、《越公其事》中的「使」字是具有晉系文字特徵的寫法。[6]

　　江秋貞（202007）：〈越公其事〉此處的「使人」並無低階之意。簡文這裡的「使人」和前面的「使者」屬於「出使之人」，但用法上也有一些不同。同一句中前面已經有「使者」一詞出現（「吳王乃出親見事（使）者」），若要再用「使者」同一詞類會顯得重覆單調，故在此用了「使人」以做些變化，不致有重覆感。另外後面又接「大夫親辱」一句，此處的「使人」和「大夫」作一個對比，強調句踐派他的心腹大夫文種來求和，是此一行成中所慎重派遣的人選。本篇說「君越公不命使人而大夫親辱」，「大夫」是對文種客氣的稱呼，相對的其他一般的使者就稱「使人」。[7]

　　佑仁謹案：

　　上一句說吳王親見「使人」，而本句則說句踐沒有命令「使者」，學者們針對「使人」與「使者」的內涵有不同的看法。原整理者認為「（使人）為與出使大夫相對的低級別的役使之人」，江秋貞則認為原整理者的說法為誤解，她表示「使人」和「使者」的用法不同，並引用鄭旭英〈《左傳》中「使者」類詞辨析〉的觀點[8]，主張「使者」的使用極廣，有出國外交的，也有在國內執行任務的，「使人」意義更為通俗，因此在外交來往這樣的大事中用得更少。[9]

　　前一句話是出自《越公其事》的敘事觀點，而本句話則是夫差的話，「使者」與「使人」的實質內涵並沒有什麼差異，都是指奉命出使傳達國君意旨的人。夫差說不命「使人」，而大夫種親自前來，當是有意抬高文種的身份與一般「使人」不同，藉此表示句踐對此次請成的重視。原整理者所謂「此處為與出使大夫相對的低級別的役使之人」，當是將文種與一般傳達國君訊息的「使人」對比，不能理解成江秋貞所謂的「原考釋以為使人為低級別的使役之人」。三晉文字的「使」字一般都從「彳」字邊，楚簡則較少此類構形，本篇此種字形的「使」可能受到晉系底本的影響。

　　文中句踐稱夫差為「王」，夫差則稱句踐為「公」，《越公其事》的內容圍繞句踐復國的敘述，凸顯句踐以小博大、救亡圖存的艱辛過程。不過在敘事口吻中，

6　王永昌：《清華簡文字與晉系文字對比研究》（長春：吉林大學博士論文，2018），頁35。
7　江秋貞：《《清華大學藏戰國竹簡（柒）‧越公其事》考釋》（臺北：臺灣師範大學博士論文，2020），頁177-180。江秋貞：《《清華大學藏戰國竹簡（柒）‧越公其事》考釋》（臺北：花木蘭文化事業公司，2022），頁141-143。
8　鄭旭英：〈《左傳》中「使者」類詞辨析〉，《中文自學指導》，1998第2期（1998.4），頁25-27。
9　江秋貞：《《清華大學藏戰國竹簡（柒）‧越公其事》考釋》（臺北：臺灣師範大學博士論文，2020），頁177-180。江秋貞：《《清華大學藏戰國竹簡（柒）‧越公其事》考釋》（臺北：花木蘭文化事業公司，2022），頁141-143。

作者分別稱兩位國君為「吳王」、「越王」，但是只有「越王」能簡稱「王」，由此可知本文的敘事立場是以句踐為主角，關於《越公其事》中的稱謂方式，可參本章附錄「一覽表4.稱謂分析一覽表」。

「親辱」指親自蒞臨，是一種委婉含蓄的政治語言，指文種親自抵達吳師，古籍用法有《國語・吳語》：「君王以親辱於弊邑。」[10]《左傳》：「宋之盟，君實親辱。」[11]《資治通鑑》：「奈何親辱萬乘以敵小寇乎！」[12]可參。

〔3〕 孤敢兌（脫）皐（罪）於夫=（大夫）

孤	敢	兌	皐	於	夫=

原整理者（201704）：脫罪，開脫罪責。《戰國策・齊策四》：「（孟嘗君）謝曰：『文倦於事，憒於憂，而性懧愚，沉於國家之事，開罪於先生。』」[13]

悅園（20170428）：「兌」當讀為「遂」，遂，因此，「孤敢遂罪於大夫」，謂我豈敢因此加罪於大夫。[14]

毛玉靜（201905）：兌，定紐月部；脫，透紐月部。疊韻，定透旁紐。郭店《老乙》：「善建者不拔，善保者不兌。」「兌」王弼本作「脫」。清華七此處讀「脫」，與下文組成「脫罪」一詞。[15]

滕勝霖（201905）：「敢」，謙辭，意為不敢、豈敢。《左傳・莊公二十二年》：「敢辱高位，以速官謗。」杜預注：「敢，不敢也。」「兌」定紐月部，「脫」透紐月部，聲韻俱近。《郭店・老子乙》簡15-16：「善建者不拔，善抱者不兌」，今本作「脫」。「脫罪」，得罪、冒犯之意，與「開罪」義近。[16]

杜建婷（201906）：整理者之說確於文意不協，「悅園」讀為「遂」，訓為「因此」。「遂」並無此意義。「兌」究竟應當讀為何字，暫存疑。[17]

江秋貞（202007）：筆者認為「遂罪」也可以訓作「成罪」之意。《漢書・董賢傳》：「遂成案。」顏師古注：「遂，成也，成其罪狀。」從簡文此處看來，吳王既然心中決定不再和越國決一死戰，想要接受越國的求和，故態度變得謙和，還親自接見文種說：「那裡敢成罪於文種大夫呢？」這是一種對文種大夫禮貌尊

10 （三國吳）韋昭注，徐元誥集解：《國語集解》（北京：中華書局，2002），頁561。

11 （晉）杜預注，（唐）孔穎達正義，李學勤主編：《十三經注疏・春秋左傳正義》（北京：北京大學出版社，2000），頁1234。

12 （宋）司馬光編著，（元）胡三省音注：《資治通鑑》（北京：中華書局，1976），頁5669。

13 李學勤主編：《清華大學藏戰國竹簡（柒）》（上海：中西書局，2017），頁123。

14 悅園：〈清華七《越公其事》初讀〉，武漢網，跟帖第75樓，2017.4.28（2019.11.19上網）。

15 毛玉靜：《《清華大學藏戰國竹簡（柒）》字用研究》（合肥：安徽大學碩士論文，2019），頁66。

16 滕勝霖：《《清華大學藏戰國竹簡（柒）》集釋及相關問題研究》（重慶：西南大學碩士論文，2019），頁224。

17 杜建婷：《清華簡第七輯文字集釋》（廣州：中山大學碩士論文，2019），頁218。

重的態度。[18]

佑仁謹案：

簡文「兌（脫）辠（罪）」，原整理者訓為「開脫罪責」，不少學者另覓新解，例如將「兌」改讀為「遂」，或將「脫罪」理解為得罪、冒犯、成罪等，說法均較為曲折，實可不必。「兌罪」當依原整理者之說，直接讀為「脫罪」。文種親自擔綱請成重任，夫差自言豈敢在文種面前卸責兩國相侵之罪，吳越被無良的邊人蒙蔽而使二國人民相互爭伐，這當然是夫差面對越國說客的政治語言，夫差的溫言卑詞為後文願與越國談和留下鋪墊。

傳世文獻「脫罪」一詞確實晚至秦漢以後，但不能將這當成《越公其事》晚出的理由。

〔4〕 孤所旻（得）辠（罪）

孤	所	旻	辠

原整理者（201704）： 得罪，冒犯。《國語・吳語》：「昔者越國見禍，得罪於天王。」《孟子・離婁上》：「為政不難，不得罪於巨室。」[19]

子居（20180417）： 得罪是指獲罪而不是冒犯，此點有主動與被動的區別，冒犯毋庸置疑往往被視為是主動性的，而獲罪則無論如何都是被動性的。在本節中，若將「冒犯」替換「得罪」，「孤所冒犯」也顯然不辭。[20]

江秋貞（202007）： 子居認為這裡的「得罪」是有被動之意，言下之意是吳王被動得罪於無良邊人，非主動冒犯。我認為此處的「得罪」不在於誰主動冒犯，或是誰被動冒犯。吳王對大夫文種的態度是很禮貌性的，因為他想要答應吳國的求和，所以把今日吳國攻克越國的罪責轉嫁到後面提到的「亡良鄰人」身上，吳王言下之意是說：「我要討伐的是亡良鄰人」，不是越王或越國。這是一種客套外交辭令。[21]

佑仁謹案：

古漢語中「得罪」可以理解為兩種意涵：第一種是「獲罪」、「犯罪」，《尚書・

---

[18] 江秋貞：《《清華大學藏戰國竹簡（柒）・越公其事》考釋》（臺北：臺灣師範大學博士論文，2020），頁181-182。江秋貞：《《清華大學藏戰國竹簡（柒）・越公其事》考釋》（臺北：花木蘭文化事業公司，2022），頁144。

[19] 李學勤主編：《清華大學藏戰國竹簡（柒）》（上海：中西書局，2017），頁123。

[20] 子居：〈清華簡七《越公其事》第三章解析〉，中國先秦史網站，2018.4.17（2021.3.30上網）。

[21] 江秋貞：《《清華大學藏戰國竹簡（柒）・越公其事》考釋》（臺北：臺灣師範大學博士論文，2020），頁182-183。江秋貞：《《清華大學藏戰國竹簡（柒）・越公其事》考釋》（臺北：花木蘭文化事業公司，2022），頁145。

康誥》：「凡民自得罪：寇攘姦宄，殺越人于貨，暋不畏死，罔弗憝。」[22]然而由於常用作客套語，因而衍生有「冒犯」的意思，例如《國語・吳語》：「今孤不道，得罪於君王。」《國語・吳語》：「昔者越國見禍，得罪於天王。」文意都比較適合理解成「冒犯」。

不過，這兩種意涵有時很難區分，也無法如子居所言，以被動（獲罪）、主動（冒犯）作為判準，例如《墨子・天志下》：「今人皆處天下而事天，得罪於天。」[23]得罪於天就是冒犯天，到底是主動還是被動不容易區分。

回到簡文，原整理者訓為「冒犯」，實無不妥，筆者贊成江秋貞所言，這是夫差所用的政治辭令。

〔5〕亡（無）良鄥（邊）人再（稱）瘨（發）悬（怨）晉（惡）

亡	良	鄥	人	再	瘨	悬

晉

原整理者（201704）：無良，不善。《國語・吳語》：「今句踐申禍無良，草鄙之人，敢忘天王之大德，而思邊垂之小怨，以重得罪於下執事？」邊人，《國語・魯語上》「晉人殺厲公，邊人以告」，韋昭注：「邊人，疆場之司也。」瘨，或以為當隸作「瘨」，均不見於字書。稱瘨，《國語》有「稱遂」，意義或相近。《國語・周語下》：「有崇伯鯀，播其淫心，稱遂共工之過，堯用殛之於羽山。」韋昭注：「稱，舉也。舉遂共工之過者，謂鄣洪水也。」[24]

孫合肥（20170425）：整理報告或認為其上部是百，可從。其下部與犬旁不同，如㹥作𤝔（越公其事8）、犴作𤝱（越公其事16）、狼作𤞞（越公其事17）、獻作𤞞（越公其事41）。其下部形體與諸字犬旁不同，乃是犮。應隸定作瘨或瘨，簡文中讀為「發」，義為「起」。《呂氏春秋・音律》「無發大事」，高誘注：「發，起也。」《國語・周語上》「士氣震發」，韋昭注：「發，起也。」「稱發怨惡」，與後文「播棄怨惡」相對。[25]

秦樺林（20170425）：疑「亡（無）良」屬上讀，「孤所得辠亡良」為一句，

22 （漢）孔安國傳，（唐）孔穎達正義，李學勤主編：《十三經注疏・尚書正義》（北京：北京大學出版社，2000），頁432。
23 吳毓江撰、孫啟治點校：《墨子校注》（北京：中華書局，1993），頁318。
24 李學勤主編：《清華大學藏戰國竹簡（柒）》（上海：中西書局，2017），頁123。
25 孫合肥：〈清華七《越公其事》札記一則〉，武漢網，2017.4.25（2021.3.30上網）。

《國語・吳語》：「今勾踐申禍無良，草鄙之人，敢忘天王之大德，而思邊垂之小怨。」[26]

王寧（20170429）：孫合肥先生分析其字從「首」是，然下面的部分非「犮」，仍當為「犬」，蓋因上有「首」字，本為「×」形筆不便書寫，故先寫一橫筆又加一斜筆，與正常的「犬」字稍異。此字形雖非「臭」字，然實可相互發明。「臭」從自（鼻）、犬，會犬以鼻嗅氣味之意；「猶」者，會犬出首突冒之意，此字形當為「突」或「猝」字之本字，簡文中讀為「遂」或「述」。故此句當讀為「亡（無）良邊人再（稱）瘐（遂、述）怨惡」，蓋吳、越本有怨惡，時或消彌，雙邊和平，而有無良邊人稱循舊之怨惡，挑起事端使兩國爭鬥，故曰「交鬥吳越」。[27]

蕭旭（20170605）：「瘐」從首得聲，讀為道，與「稱」同義連文。[28]

侯乃峰（20170819-20）：我們懷疑「稱」字之後是三字一義而並列複用者，也即「瘐怨惡」三字同義連用。若果如此，則「瘐」字或可讀為「讎」，讎怨之義；亦或可讀為「咎」，亦是怨仇之義。「瘐」字與「怨」、「惡」同義，「稱怨惡」即稱舉仇怨、稱揚怨惡。[29]

子居（20180417）：對比《越公其事》，整理者所引《國語・吳語》顯然當句讀為「今勾踐申禍，無良草鄙之人，敢忘天王之大德，而思邊垂之小怨，以重得罪于下執事。」所說「無良草鄙之人」即對應《越公其事》所稱「無良邊人」。從疒從臭的瘐，或即疣字，可讀為尤，訓為怪罪、怨咎。[30]

章水根（201809）：字確應隸作「瘐」。楚簡中「糗」從「米」從「臭」或「頁」，作：![信陽2-22字形]信陽2-22 ![包山256字形]包山256 ![望山一145字形]望山一145，已有學者指出「糗」所從之「臭」當是「臭」變形音化後的結果，有意把「自」改造成與「臭」音近的「百（首）」，如此，則「瘐」亦可看成從「臭」聲，頗疑讀為「蓄」。簡文「稱蓄怨惡」當與典籍中的「蓄怨」義近。[31]

沈雨馨（201904）：瘐，字形和字義，均從整理者意見。即「稱遂」，大致意思是說，我犯下的罪過大概是不會轉好了，邊場的守官沒有不怨聲載道的。[32]

陳曉聰（201905）：《越公其事》中的「瘐」應從疒莫聲，「莫」即「髮」字。

---

26 參趙嘉仁：〈讀清華簡（七）散札（草稿）〉，復旦網「學術討論」，秦樺林於2樓之發言，2017.4.25（2017.6.22上網）。

27 王寧：〈清華七《越公其事》初讀〉，武漢網，跟帖第90樓，2017.4.29（2019.11.19上網）。

28 蕭旭：〈清華簡（七）校補（二）〉，復旦網，2017.6.5（2021.3.30上網）。

29 侯乃峰：〈讀清華簡（柒）零札〉，收入中國文字學會編：《中國文字學會第九屆學術年會論文集》（北京：中國文字學會，2017），頁218。收入《中國文字學報》第9輯（北京：商務印書館，2018），頁95。

30 子居：〈清華簡七《越公其事》第三章解析〉，中國先秦史網站，2018.4.17（2021.3.30上網）。

31 章水根：〈清華簡《越公其事》箚記五則〉，《中國簡帛學刊》第2輯（2018.9），頁57-58。

32 沈雨馨：《《清華大學藏戰國竹簡（柒）》集釋》（北京：首都師範大學碩士論文，2019），頁44。

字書中沒有从疒从髮的字。從讀音上來看，該字或為「癹」字異體。《說文》：「癹，固病也，从疒發聲。」孫合肥先生讀為「發」，訓為起，可從。「冉」，讀為「稱」，亦應訓為興、起。「稱發」乃同義連用。《越公其事》62-63 簡：「吳師未起，越王勾踐乃命邊人敢怨，弁（變）亂私成，舀（挑）起怨惡，邊人乃相攻也。」「舀（挑）起怨惡，邊人乃相攻也」正可與「亡（無）良邊人稱發怨惡，交鬥吳越」相互參照。此句意為「無良的邊人挑起兩國的怨惡，使吳越交鬥」。[33]

　　滕勝霖（201905）：從整理者之句讀。「無良」，從整理者之說，不善、不好。「邊人」，整理者認為是駐守邊境的官員、士兵。本文認為是邊民，即邊境地區的百姓。《史記・匈奴列傳》：「北州已定，願寢兵休士卒養馬，除前事，復故約，以安邊民。」由邊民衝突而引發戰爭在吳國已有雞父之戰，詳見《呂氏春秋・察微》等文獻。「冉」讀作「稱」可從，二字相通簡帛文獻常見，意為述說、聲稱。「瘋」，从疒聲，章水根之說可從，讀作「蓄」。雖然「稱蓄」一詞在文獻未見，本文懷疑「稱蓄」與文獻中「稱張」意思相類，誇張事實之義，《三國志・魏志・陳留王奐傳》：「欲以稱張形勢，感激眾心。」怨惡，怨恨憎惡。《墨子・尚同上》：「是以內者父子兄弟作怨惡，離散不能相和合。」簡文意思是誇大怨恨。[34]

　　杜建婷（201906）：或可讀為「託」，「稱託」即「稱引假託」，與後文所述「越命邊人故意挑起事端」相吻合。[35]

　　江秋貞（202007）：本簡「𩠪」字从「首」从「犬」，自然可以視為古體的遺留，看成从「髮」聲，其實是很合理的。陳曉聰補充了西周時的「猷／莫」字演變到楚系文字及秦系文字「髮」的脈絡說明清楚。故本簡「癥」字从「髮」聲，應讀為「發」，「稱發怨惡」與本篇簡 23 的「播棄怨惡」結構完全相同，意義相反，這是目前最合理的解釋。[36]

　　陳劍（202011）：吳王帶兵到越邊境，即為面見越公而「聽命」，不料越國邊人不理會此好意、不上達使越王得知，反而武力冒犯；於是吳王就不得不硬打進來，到越王門前「聽命」了——當然，此皆「外交辭令」。[37]

　　陳一（202203）：「敳」从𠬪得聲，「癥」當讀為「拔」，《說文・手部》：「拔，擢也。」《玄應音義》卷三「拔擢」注引《蒼頡篇》：「拔，引也。」與訓為舉的「稱」並列。「稱拔怨惡」意即「引發怨恨憎惡」。「怨惡」與疾病同

[33] 陳曉聰：〈〈越公其事〉「𩠪」字試釋〉，《勵耘語言學刊》2019 第 1 期（2019.5），頁 16-18。

[34] 滕勝霖：《清華大學藏戰國竹簡（柒）》集釋及相關問題研究》（重慶：西南大學碩士論文，2019），頁 224-227。

[35] 杜建婷：《清華簡第七輯文字集釋》（廣州：中山大學碩士論文，2019），頁 194。

[36] 江秋貞：《《清華大學藏戰國竹簡（柒）・越公其事》考釋》（臺北：臺灣師範大學博士論文，2020），頁 183-187。江秋貞：《《清華大學藏戰國竹簡（柒）・越公其事》考釋》（臺北：花木蘭文化事業公司，2022），頁 146-149。

[37] 陳劍：〈《越公其事》殘簡 18 的位置及相關的簡序調整問題〉，復旦網，2020.11.12（2021.3.30上網）。

為引發而來，故「」從疒。另外，《說文・禾部》「稱」字下段玉裁注：「再，並舉也。偁，揚也。今皆用稱。稱行而再、偁廢矣。」可知「稱」古有「並」意，「稱拔怨惡」與「交鬭吳越」或為並列句式。[38]

佑仁謹案：

原整理者在討論本條時，引證《國語・吳語》的一段話，隨後也促使學者對於字詞句讀作討論，我們先將二處文例羅列如下：

> 《越公其事》：「孤所得罪，無良邊人稱瘦怨惡，交鬭吳越，使吾二邑之父兄子弟朝夕粲然，為豺狼食於山林幽莽。」
> 《國語・吳語》：「今句踐申禍，無良草鄙之人，敢忘天王之大德，而思邊垂之小怨，以重得罪於下執事？」[39]

這兩段話都出現「無良」一詞，內容都是說明吳越相鬥，實起於邊人小怨，雙方應盡釋前嫌，這也是學者之所以將二例連繫討論的原因。不過，需要留意的是，二例除了在若干字詞，例如「無良」、「邊」、「怨」、「罪」等用法相近外，並不能百分百對讀。《越公其事》乃夫差答應文種求成之語，而《國語・吳語》則為句踐託諸稽郢請成之詞，語境並不相同。這兩句話中的「無良」意思一樣，但形容的對象不同，《越公其事》是指邊人，《國語・吳語》則是勾踐自謙之語，而且都要下讀。秦樺林認為《越公其事》「無良」應上讀，恐不妥。

「無良」，古籍有兩種用法：1.「不良」即「無良」，乃形容詞性質。2.「不良」的「不」訓為「沒有」，指沒有好的（臣子／謀士）。簡文是第一種用法。

「鄥」，從「邑」、「臱」聲，即邊境之「邊」的專字。

關於「瘦」字，應從原整理者隸定，字形右半不從「臭」已是定論，字從疒、猌（髮）聲，「猌」可見《安大一》簡88「」。此處簡文「稱瘦」，「稱」者舉也，不善邊人有意凸顯雙方的摩擦，製造紛爭。「瘦」從孫合肥、陳曉聰讀「發」訓為「起」，「稱發怨惡」即「挑起怨惡」。

〔6〕 交言言（鬭）吳雪（越）

交	言言	吳	雪
交	言言	吳	雪

原整理者（201704）： 言言，從言，豆豆聲，讀為「鬭」。「豆豆」即「壴」，《廣韻》：「壴，徒口切，音鈕。禮器也。」與「鬭」古音極近。交鬭，《左傳・昭公十六年》：

38 陳一：《清華簡（柒）》疑難字詞補釋》（天津：天津師範大學碩士論文，2022），頁96。
39 （三國吳）韋昭注，徐元誥集解：《國語集解》（北京：中華書局，2002），頁538。

「若屬有讒人交鬬其間，鬼神而助之，以興其凶怒，悔之何及？」[40]

zzusdy（20170427）：（𧮫）似當讀作「詠」，即無良邊人往來吳越，用言語讒譽使雙邊怨惡相爭。[41]

子居（20180417）：𧮫言當即講字，交𧮫、交鬬當即交構，又作交搆、交遘，《詩經・小雅・青蠅》：「讒人罔極，構我二人。」鄭箋：「構，合也。合，猶交亂也。」孔穎達疏：「構者，構合兩端，令二人彼此相嫌，交更惑亂。」[42]

滕勝霖（201905）：「𧮫」「鬬」皆從「𣃋」聲。楚系文字多以「戔」表示「鬬」，或寫作「𣃋」（「𣃋」），後一種寫法多見於秦系文字。此字左側部件「豈」，從卯豆聲，《清華伍・封許》簡7寫作「𣃋」。交鬬，播弄是非、互相爭鬬，「𧮫」從言正體現此義。《三國志・魏志・郭嘉傳》：「袁紹愛此二子，莫適也，有郭圖、逢紀為之謀臣，必交鬬其間，還相離也。」以上幾句意思講邊人誇大怨恨憎惡，在吳越之間播弄是非。[43]

江秋貞（202007）：「𧮫」字從「言」形、「豈」聲。原考釋說與「鬬」古音極近，可從，不過，嚴格地說，應作「鬥」。「鬥」字，甲骨文象兩人徒手相鬥，互持對方頭髮之形。[44]

佑仁謹案：

zzusdy讀「詠」，「詠」古漢語訓為毀謗，子居讀「講／構／搆／遘」，在簡文中都不適合。

「𧮫」以讀「鬬／鬥」為優，「交鬬吳越」邊邑之人交相攻伐，相互指責。「鬥」依據字形來看，最早指徒手相搏，是武力爭勝，《論語・季氏》：「及其壯也，血氣方剛，戒之在鬬。」邢昺《疏》：「謂氣力方當剛強，喜於爭鬬，故戒之。」[45]「𣃋」、「鬥」音近，因此「鬥」字增「𣃋」聲而為「鬬」，「𣃋」本意為砍削，與暴力打鬥意涵接近，因此「𣃋」除表示聲音之外，同時也是意符。其後隨著社會發展，由武力之「鬥」，衍伸出「語言」之鬥，如訴訟之爭勝。

《說文》無「𧮫」字，它與《集韻》、《類篇》等後世字書中訓為「不能言」的「𧮫」，可能只是同形的關係，《說文》大徐本、段注本均未收「𧮫」字，「不能言」的「𧮫」出現時間很晚，而楚簡的「𧮫」在文例上讀為「鬬／鬥」，當是其異

[40] 李學勤主編：《清華大學藏戰國竹簡（柒）》（上海：中西書局，2017），頁123。

[41] zzusdy：〈清華七《越公其事》初讀〉，武漢網，跟帖第62樓，2017.4.27（2019.11.19上網）。

[42] 子居：〈清華簡七《越公其事》第三章解析〉，中國先秦史網站，2018.4.17（2021.3.30上網）。

[43] 滕勝霖：《《清華大學藏戰國竹簡（柒）》集釋及相關問題研究》（重慶：西南大學碩士論文，2019），頁227-228。

[44] 江秋貞：《《清華大學藏戰國竹簡（柒）・越公其事》考釋》（臺北：臺灣師範大學博士論文，2020），頁188。江秋貞：《《清華大學藏戰國竹簡（柒）・越公其事》考釋》（臺北：花木蘭文化事業公司，2022），頁150。

[45] （魏）何晏集解，（宋）邢昺疏，李學勤主編：《十三經注疏・論語注疏》（北京：北京大學出版社，2000），頁259。

體寫法。「交鬥」用法古籍常見，除原整理者所引《左傳》外，他如《後漢書‧劉表傳》：「屬有讒人交鬥其閒，以求一朝之利，願塞耳勿聽也。」[46]《資治通鑑》：「今使二賊交鬥，吾可以坐收其弊。」[47]可參。

夫差預設了吳越談和的結論，因此不將禍端指向越國侵擾吳邊境，而是說兩方的邊人促使兩國相互爭鬥。

〔7〕　茲（使）虗（吾）弍（二）邑之父兄子弟朝夕糤（殘）肰（然）

茲	虗	弍	邑	之	父	兄

子	弟	朝	夕	糤	肰

原整理者（201704）：父兄子弟，《左傳‧襄公八年》：「民死亡者，非其父兄，即其子弟。」糤，疑為「粲」字。戔，粲皆齒音元部字，讀音很近。粲然，眾人聚集貌。《史記‧周本紀》：「夫獸三為羣，人三為眾，女三為粲。」張守節正義引曹大家曰：「羣、眾、粲，皆多之名也。」又疑「糤」讀為「殘」。《說文》：「殘，齧也。」殘然，如豺狼相撕咬貌。[48]

易泉（20170426）：現有二邑，表述偏中性，且無所指代。頗疑當讀作貳。貳邑，指兩屬之邑。[49]

厚予（20170426）：「糤」可讀為殘。《孟子‧梁惠王上》：「賊義者為之殘」，朱熹《集注》：「殘，傷也。」《大戴禮記‧用兵》：「以禁殘止暴於天下也」，王聘珍《解詁》「殘，殺害也。」簡文中「殘」意即「殘害」、「殘殺」。「然」表示順承關係。[50]

暮四郎（20170429）：似當斷讀為「茲吾二邑之父兄子弟朝夕糤然，為豺狼食於山林幽冥」。[51]

蕭旭（20170605）：「弍邑」讀作「二邑」不誤，代指吳、越二國。「為」猶如也、若也，比喻之詞。「豺狼」下不當讀斷，陳劍正不讀斷。[52]

子居（20180417）：糤當即餞字，謂以酒食相送，《說文‧食部》：「餞，送去食也。從食戔聲。《詩》曰：顯父餞之。」這裡是說父兄子弟如同送給豺狼吃的酒食，也即棄屍荒野，《管子‧輕重甲》：「吾國者，衢處之國，饋食之都，虎狼

[46] （劉宋）范曄撰，（唐）李賢等注：《後漢書》（北京：中華書局，1973），頁2410。
[47] （宋）司馬光編著，（元）胡三省音注：《資治通鑑》（北京：中華書局，1976），頁5824。
[48] 李學勤主編：《清華大學藏戰國竹簡（柒）》（上海：中西書局，2017），頁123。
[49] 易泉：〈清華七《越公其事》初讀〉，武漢網，跟帖第44樓，2017.4.26（2019.11.19上網）。
[50] 厚予：〈清華七《越公其事》初讀〉，武漢網，跟帖第39樓，2017.4.26（2019.11.19上網）。
[51] 暮四郎：〈清華七《越公其事》初讀〉，武漢網，跟帖第89樓，2017.4.29（2019.11.19上網）。
[52] 蕭旭：〈清華簡（七）校補（二）〉，復旦網，2017.6.5（2021.3.30上網）。

之所棲也。」所用比喻即與《越公其事》此處類似。[53]

　　吳德貞（201805）：二邑，似代稱吳越兩國，外交辭令固定用法。上博簡《吳命》簡1：「慎絕我二邑之好……」，《吳命》中的「二邑」也出現在對話中，雖原簡殘缺，據上下文可知對話是有關吳楚兩國矛盾。[54]

　　羅雲君（201805）：《左傳》多見「貳於」之語，簡文中「式」後面無介詞「於」，故此「式」非謂兩屬，當是數詞。[55]

　　滕勝霖（201905）：此句與下一句當斷作「茲（使）虘（吾）式邑之父兄子弟朝夕羧（殘），肰（然）為犳（豺）狼飤（食）於山林菡（幽）芒（荒）」。「式邑」，代指吳越兩國。「父兄」，泛指長輩；「子弟」，泛指子侄輩。父兄子弟，代指百姓。《左傳・襄公八年》：「民死亡者，非其父兄，即其子弟。」與簡文意思相似。「朝夕」，猶言從早到晚，形容時間長，《漢紀・哀帝紀上》：「新近左右，翫習於朝夕。」[56]

　　何家歡（201806）：簡文此字從米從戔，其表意部分顯係「戔」。此字則當是戔之異體，通「殘」。[57]

　　張朝然（201906）：「朝夕（粲）肰（然）為犳狼，（食）於山林（草）芒（莽）。」意思就是使我二邑之父兄子弟身陷危險之境，食於山林之間，隨時都有可能成為山林中凶猛的犳狼的食物。[58]

　　史玥然（201906）：「戔然」形容撕咬的樣子，比喻父兄子弟間積累怨惡，相互之間如同財狼一般互相傷害。[59]

　　江秋貞（202007）：簡文「羧肰」作「犳狼相撕咬貌」當作修飾「為犳狼」的狀態，所以直接是「羧肰為犳狼」一句很合理，所以原考釋、陳劍和蕭旭的斷讀，可從。他們的斷句雖有些微不同，但整句的涵義均相同。原文「茲吾二邑之父兄子弟朝夕羧然為犳狼」因此是兩邑的父兄子弟都是犳狼互相嚙咬，而不是某一邑被另一邑嚙咬。因此全句不須要斷開。[60]

[53] 子居：〈清華簡七《越公其事》第三章解析〉，中國先秦史網站，2018.4.17（2021.3.30上網）。

[54] 吳德貞：《清華簡《越公其事》集釋》（武漢：武漢大學碩士論文，2018），頁29。

[55] 羅雲君：《清華簡《越公其事》研究》（長春：東北師範大學碩士論文，2018），頁28-29。

[56] 滕勝霖：《《清華大學藏戰國竹簡（柒）》集釋及相關問題研究》（重慶：西南大學碩士論文，2019），頁228-229。

[57] 何家歡：《清華簡（柒）《越公其事》集釋》（保定：河北大學碩士論文，2018），頁17。

[58] 張朝然：《清華簡《越公其事》集釋及相關問題初探》（石家莊：河北師範大學碩士論文，2019），頁25。

[59] 史玥然：《清華簡《越公其事》集釋及其漢字教學設計》（太原：山西大學碩士論文，2019），頁26。

[60] 江秋貞：《《清華大學藏戰國竹簡（柒）・越公其事》考釋》（臺北：臺灣師範大學博士論文，2020），頁191。江秋貞：《《清華大學藏戰國竹簡（柒）・越公其事》考釋》（臺北：花木蘭文化事業公司，2022），頁152-153。季旭昇師：〈談清華柒〈越公其事〉的「棄惡周好」與《左傳》的「同好棄惡」〉，收入北京師範大學主編：《「古典學的重建：出土文獻與早期中國經典研究」國際學術研討會論文集》，珠海：北京師範大學珠海校區，2020，頁201-202。

佑仁謹案：

關於句讀問題，原整理者斷讀為「茲吾二邑之父兄子弟朝夕糁然為豺狼，食於山林幽冥」，暮四郎作「茲吾二邑之父兄子弟朝夕糁然，為豺狼食於山林幽冥」，陳劍作「使吾二邑之父兄子弟，朝夕糁然為豺狼食於山林薗莽」[61]，季旭昇師及江秋貞則主張一句連貫讀完[62]。這段話的意思其實非常清楚，吳越兩國連年征戰，互相殘殺，有如被豺狼在山林幽冥中咬食，句踐對此感到非常痛心。這段話其實可如季旭昇師所言連讀成一句，但是選擇在句中加上逗點的意見，也完全可以理解。畢竟這句話的字數實在過於冗長，如果句中選擇要點斷，則筆者比較支持陳劍的說法，於「子弟」之下斷開。

「弍（二）邑」，「邑」者國也，《說文・邑部》：「邑，國也。」段玉裁《注》：「《左傳》凡偁人曰大國，凡自偁曰敝邑。古國邑通偁。」[63]這裡的「二邑」指吳越二國。「子弟」，滕勝霖認為「父兄子弟」泛指百姓，可信。

關於「糁然」，往上讀可讀為「殘然」，指吳越相鬥的慘烈之貌，下讀則似指豺狼啃食的樣子，「糁然」前還有「朝夕」一詞，當是形容吳越父兄子弟早晚爭鬥，卻不知外侮已近，說法比較理想。

「糁然」，原整理者讀「粲然」或「猭然」；厚予讀作「殘然」，滕勝霖、張朝然從之；子居讀「餞然」，季旭昇師讀為「殊然」。筆者認為讀「殘然」是最為直接的方案，「殘」有殘忍、殘暴的意思，「然」則作為「殘」字詞尾，「殘然」可理解為「殘暴地」。

〔8〕 為犳（豺）狼歙（食）於山林薗（幽）芒（冥）

為	犳	狼	歙	於	山	林
薗	芒					

原整理者（201704）： 犳，《玉篇》：「犳狼也。本作豺。」《楚辭・招魂》：「豺狼從目，往來侁侁些。」薗芒，讀為「草莽」。《國語・晉語二》記載梁由靡告於秦穆公曰：「天降禍於晉國，讒言繁興，延及寡君之紹續昆裔，隱悼播越，託在

---

[61] 陳劍：〈《越公其事》殘簡18的位置及相關的簡序調整問題〉，復旦網，2017.5.14（2021.3.30上網）。

[62] 江秋貞：《清華大學藏戰國竹簡（柒）・越公其事》考釋》（臺北：臺灣師範大學博士論文，2020），頁194-195。江秋貞：《清華大學藏戰國竹簡（柒）・越公其事》考釋》（臺北：花木蘭文化事業公司，2022），頁155-156。

[63] （東漢）許慎撰，（清）段玉裁注，李添富總校訂：《新添古音說文解字注》（臺北：洪葉文化事業公司，2016），頁285。

草莽，未有所依。」《左傳・昭公十二年》：「昔我先王熊繹辟在荊山，篳路藍縷以處草莽。」[64]

孫合肥（20170425）：（🔲）為「幽」字異體，增艸旁繁構。簡文「幽莽」，意為「幽靜隱蔽的草莽」。[65]

厚予（20170426）：「山林𦵧芒」當讀為「山林幽冥」。例見《越絕書・計倪內經》「山林幽冥，不知利害所在」。芒為明母陽部字，冥為明母耕部字，聲母相同，韻母對轉。[66]

xiaosong（20170426）：芒似不必讀為冥，冥、芒、茫意思相近，都有昏暗迷茫的意思。[67]

東潮（20170426）：「𦵧」字和甲骨文从「木」从「幽」的字（🔲）是同一字，這裡「幽」充當聲符，疑「𦵧」字可能最早就是表示幽草、幽林之「幽」，第 17 號簡从「艸」从「幽」的字，與甲骨文中从「木」从「幽」的字（《合集》27978）很可能就是一字。「屮」與「木」或「艸」與「林」作為意符時可以通用，比如甲骨文中的「莫」、「春」、「莽」、「芻」、「苞」字等等；這裡「幽」也充當聲符。頗疑這個字最早就是表示幽草、幽林之「幽」，「幽草」一詞見於古書，如《詩經・小雅・何草不黃》：「有芃者狐，率彼幽草。」[68]

心包（20170426）：這個字也可能就是從「幺／幺」得聲的「幽」字，上部「艸」形是否必須看作與「林」義近的形符，而不看作由【么＋么】上部變化所具有形體的是可以繼續討論的。[69]

暮四郎（20170429）：「為豺狼食於山裡（佑仁案：原文應為「山林」）幽冥」是說戰死者的屍體在山林幽冥之地被豺狼所食。[70]

陳劍（20170514）：「豺狼」下不當讀斷，其斷句為：「使吾二邑之父兄子弟，朝夕粲然為豺狼食於山林𦵧莽。」[71]

蕭旭（20170605）：「然」是狀詞。殘然為豺狼，言如豺狼之兇殘也。𦵧芒，讀為幽莽，指幽闇的草叢。眾草曰莽。簡文言使二邑之父兄子弟朝夕如兇殘的豺狼逐食於山林幽草之中。[72]

子居（20180417）：先秦兩漢文獻未見山林與幽冥並稱者，幽冥也不用來形

64 李學勤主編：《清華大學藏戰國竹簡（柒）》（上海：中西書局，2017），頁 123。

65 孫合肥：〈清華七《越公其事》札記一則〉，武漢網，2017.4.25（2021.3.30 上網）。

66 厚予：〈清華七《越公其事》初讀〉，武漢網，跟帖第 39 樓，2017.4.26（2019.11.19 上網）。

67 xiaosong：〈清華七《越公其事》初讀〉，武漢網，跟帖第 40 樓，2017.4.26（2019.11.19 上網）。

68 東潮：〈清華七《越公其事》初讀〉，武漢網，跟帖第 46 樓，2017.4.26（2021.3.30 已刪帖）。

69 心包：〈清華七《越公其事》初讀〉，武漢網，跟帖第 43 樓，2017.4.26（2019.11.19 上網）。

70 暮四郎：〈清華七《越公其事》初讀〉，武漢網，跟帖第 89 樓，2017.4.29（2019.11.19 上網）。

71 陳劍：〈《越公其事》殘簡 18 的位置及相關的簡序調整問題〉，復旦網，2017.5.14（2021.3.30 上網）。

72 蕭旭：〈清華簡（七）校補（二）〉，復旦網，2017.6.5（2021.3.30 上網）。

容山林，而整理者所引《左傳・昭公十二年》下句即是「跋涉山林」，可為「山林」、「草莽」並稱之證，故整理者原讀「齒芒」為「草莽」當是，句讀則當從暮四郎所說。[73]

吳德貞（201805）：「幽冥」多是用於形容「山林」，如《文子・上德》：「幽冥者，所以論道，而非道也。」《論衡・語增》：「林中幽冥，人時走戲其中。」「厚予」所引《越絕書》之「幽冥」亦即作修飾「山林」之用。從上下文看，「齒芒」二字當與「山林」二字同義，若讀為「幽冥」與文義不符。且尚無例子證明芒、冥二字可通假。「齒」字暫存疑。在傳世文獻中，「粲然」多作副詞使用，若在「粲然」後斷讀，則「使吾式邑之父兄子弟朝夕粲然」非完整的句子，因此當從整理者於「豺狼」後斷讀。[74]

羅雲君（201805）：「飤（食）於山林齒（草）芒（莽）」極言兩國交戰導致民生顛沛。[75]

滕勝霖（20180529）：「芒」當讀為「荒」。「芒」與「冥」雖然音近，但在文獻中相通少見。「芒」與「荒」相通在簡帛中很常見，而若如整理者將「芒」讀為「莽」，亦有一例：《阜陽漢簡・萬物》：「殺魚者以芒（莽）草也。」雖然「草莽」一詞在傳世文獻中習見，但我們應尊重簡帛中的用字習慣。「幽荒」即「荒遠之地」，因此在「幽」字之上附加與山中之物有關的「艸」是可以理解的。古文字常於較孤立突兀處增添飾筆，如：「㠯」訛寫作「㠯」，「❇」字所從「幺」頂端突兀處加「艸」與「茲」字極為相似，故有人懷疑此字從「茲」。西周晚期馭簋中有一「❇」字即從「茲」，但這種從「茲」的較為少見。「茲」字在石鼓文〈車工〉中作「❇」，郭店楚簡《緇衣》中作「❇」，《璽彙》1508作「❇」。「❇」字仍應分析為從艸從幽的結構更符合情理。[76]

王挺斌（201806）：「芒」、「冥」古音雖近，但罕見通假實例，又缺乏其他證據，因而難以將簡文直接趨同於《越絕書》的「山林幽冥」。《銘圖》05243新著錄的馭簋用為「幽黃（衡）」之「幽」的字寫作「❇」，這與「❇」在字形上的關係似乎更加緊密。上部所謂的「艸」旁，就很有可能來自於「幽」本身所從「幺」上的絲緒。「幺」上露出絲緒，可與「❇」與「❇」、「❇」與「❇」類比。最恰當

---

[73] 子居：〈清華簡七《越公其事》第三章解析〉，中國先秦史網站，2018.4.17（2021.3.30上網）。
[74] 吳德貞：《清華簡《越公其事》集釋》（武漢：武漢大學碩士論文，2018），頁30-31。
[75] 羅雲君：《清華簡《越公其事》研究》（長春：東北師範大學碩士論文，2018），頁30。
[76] 滕勝霖：〈清華簡《越公其事》「幽芒」「幽塗」考〉，武漢網，2018.5.29（2021.6.1上網）。又見滕勝霖：《《清華大學藏戰國竹簡（柒）》集釋及相關問題研究》（重慶：西南大學碩士論文，2019），頁229-230。

的平行演變例證應該就是「樂」，如《合集》33153 作「⬥」，36501 作「⬥」，

《集成》249 作「⬥」；但是金文中還有一個形體作「⬥」，見於《集成》2419，

其上部的形體看作絲緒最為合適。陳劍在他的文章注釋中提到了郭店簡《緇衣》1 的「⬥」、《璽彙》1508 的「⬥」，並且指出「戰國文字中確是有『从艸絲聲』的『茲』字的。」現在看來，「⬥」、「⬥」上部的「艸」旁很有可能只是訛變的結果而已，恐怕不能簡單地視為从「艸」旁。[77]

史玥然（201906）：《說文解字》：「幽，隱也。小雅桑葉有幽毛，曰幽黑色也。此謂『幽』，為『黝』之假借。」「𤲮」是「幽」字的異體字，從艸幽聲，表示草木茂盛的地方顏色幽暗發黑。[78]

張朝然（201906）：「朝夕（粲）肰（然）為豺狼，（食）於山林（草）芒（莽）。」意思就是使我二邑之父兄子弟身陷危險之境，食於山林之間，隨時都有可能成為山林中凶猛的豺狼的食物。[79]

杜建婷（201906）：「𤲮」當從整理者讀為「草」，「草莽」古書多見，而「幽莽」鮮見。《孟子・萬章下》：「在國曰市井之臣，在野曰草莽之臣，皆謂庶人。庶人不傳質為臣，不敢見於諸侯，禮也。」《國語・晉語》：「天降禍于晉國，讒言繁興，延及寡君之紹續昆裔，隱悼播越，託在草莽，未有所依。」可與簡文之「𤲮莽」相參看。[80]

江秋貞（202007）：「𤲮」應該從「山」（阜）從「⬥」（絲），也就是「幽」字。至於後來楚國文字是否也有可能因為「⬥（幽）」和山林有關，而加「艸」部，也不能排除有這種可能，尤其我們把「𤲮」字和「⬥」（芒）比對一下，上面都从「艸」形，形成「𤲮芒」一詞，讓人不禁聯想到是以从「艸」部的詞彙。至於「𤲮芒」的詞義上，不管「𤲮芒」一詞在後來的典籍上是否出現過，依「𤲮芒」一詞的字形已經可以意會到是山林裡幽闇之意，故原考釋釋為「草莽」也符合乎簡文的涵意。[81]

季旭昇師（20201219）：詮衡上下文，夫差要表達的是軍士戰亡的慘狀，「二邑父兄子弟朝夕粲肰為豺狼食於山林芒」應作一句讀，「粲」似可讀為「歾」，《說文》：「歾，禽獸所食餘也。从歹，从肉。昨干切。」《說文通訓定聲・乾部第十四》：

77 王挺斌：《戰國秦漢簡帛古書訓釋研究》（北京：清華大學博士論文，2018），頁 94-95。
78 史玥然：《清華簡《越公其事》集釋及其漢字教學設計》（太原：山西大學碩士論文，2019），頁 27。
79 張朝然：《清華簡《越公其事》集釋及相關問題初探》（石家莊：河北師範大學碩士論文，2019），頁 25。
80 杜建婷：《清華簡第七輯文字集釋》（廣州：中山大學碩士論文，2019），頁 9。
81 江秋貞：《《清華大學藏戰國竹簡（柒）・越公其事》考釋》（臺北：臺灣師範大學博士論文，2020），頁 194-195。江秋貞：《《清華大學藏戰國竹簡（柒）・越公其事》考釋》（臺北：花木蘭文化事業公司，2022），頁 155-156。

「肰：禽獸所食餘也。从歺，从肉」。《廣雅‧釋詁三》：「肰，餘也。字亦作殘，經傳皆以殘為之。」「肰然」修飾「為犲狼食於山林蕰芒」，本句的意思是「使我們二邑的父兄子弟從早到晚被山林草莽的犲狼吞噬（到只剩骨頭）」。[82]

陳一（202203）：整理者讀為「猨」，是也，「猨」《越公其事》假借為勾踐之「踐」，故以「綫」表示「猨」，《說文‧犬部》：「醫也。从犬戔聲。」結合下句，訓「猨然」為犲狼撕咬狀，亦是也，謂曝屍荒野。「蕰」即「幽」字，从「艸」乃是受後「芒」字偏旁同化影響，《玉篇‧絲部》：「幽，深遠也。」「芒」讀為「荒」，《竹書紀年》：「帝芒。」《太平御覽》八二引作「帝荒」。整理者斷句有誤，應斷讀為「使吾二邑之父兄子弟朝夕猨然，為犲狼食於山林幽荒。」意為「使我們兩國的父子兄弟早晚曝屍於深山老林荒遠之地，被犲狼啃食。」[83]

佑仁謹案：

「蕰芒」一詞的解釋意見非常多，茲整理如下：

意見提出者	蕰	芒	釋義	觀點支持者
原整理者	蕰	芒	讀為「草莽」，猶《國語‧晉語二》「託在草莽」、《左傳‧昭公十二年》「篳路藍縷以處草莽」。	子居、羅雲君、沈雨馨、杜建婷、江秋貞
孫合肥	蕰	芒	讀為「幽莽」，指「幽靜隱蔽的草莽」。「蕰」為「幽」字異體，增「艸」旁繁構。	蕭旭
厚予	蕰	芒	讀為「幽冥」，《越絕書‧計倪內經》「山林幽冥」。	暮四郎
東潮	蕰	—	疑「蕰」字可能最早就是表示幽草、幽林之「幽」。「幽」也充當聲符。	
滕勝霖	蕰	芒	讀為「幽荒」，即荒遠之地。	陳一

除了上述說法外，還有幾位學者認為上半所從的「艸」形，其實是來自於「絲」，與「草木」之「艸」無關，例如心包認為 可能是從「絲」得聲的「幽」，王挺斌認為所謂的「艸」頭，可能來自於「絲」上的絲緒，江秋貞認為此字釋從「山」從「（絲）」的幽字。筆者認為以「艸」為聲符的字，在古文字中確實

82 季旭昇師：〈談清華柒〈越公其事〉的「棄惡周好」與《左傳》的「同好棄惡」〉，收入北京師範大學主編：《「古典學的重建：出土文獻與早期中國經典研究」國際學術研討會論文集》，珠海：北京師範大學珠海校區，2020，頁201-202。

83 陳一：《清華簡（柒）》疑難字詞補釋》（天津：天津師範大學碩士論文，2022），頁97。

有（例如「芺（笑）」即從「艸」聲[84]），但是與「幽」相較，並且斟酌本處的語境與文例，將整個字理解為從「艸」、「幽」聲應該還是比較理想的方案。

至於將字理解為從「茲」的觀點，我們知道「玄／茲」是由「幺／丝」所分化，而「幽」字從「丝」，其「丝」旁確實有寫成「茲」的可能，陳劍在〈早期古文字「表意字一形多用」綜論〉（未刊稿）中曾經指出《金文通鑒》（金文檢索系統）新著錄西周晚期〈馭簋〉「幽黃（衡）」之「幽」，字形作「⬛」、「⬛」，上半從「茲」，十分罕見。筆者認為這種從「茲」的「幽」確實非常少見，而《越公其事》有「⬛」字，字形作「⬛」（簡 28）、「⬛」（簡 30），其所從之「幽」旁，與楚簡常見寫法無異，而且本處的文例為「山林蔰芒」，「蔰」加上「艸」頭更可能是意符。與其將字理解成從「茲」從「山」，繞了一圈再釋成「幽」的異體，不如直接理解為從「艸」、「幽」聲來得簡潔。

至於「幽莽」、「幽冥」與「幽荒」哪一個讀法較好？比對「亡」（明紐陽部）與「莽」（明紐魚部）、「冥」（明紐耕部）、「荒」（曉紐陽部）三字的上古音韻來看，「亡」與三字的聲紐、韻部都有通假的可能，但若考之古籍用例，「幽莽」一詞古籍未見，而「幽冥」、「幽荒」則見於漢代文獻，筆者認為值得留意「幽冥」的用法，《越絕書‧計倪內經》云：「昔者，越王句踐既得反國，欲陰謀吳。乃召計倪而問焉，曰：『吾欲伐吳，恐弗能取。山林幽冥，不知利害所在。』」[85]（以前，越王句踐返回自己的國家後，就暗中計畫攻打吳國。於是召見計倪詢問說：「我想攻打吳國，但是擔心不能取得成功，就像身處山林幽冥，分辨不清處害在何方。」）此段內容是吳越爭霸故事，和本文的性質相同，且「山林幽冥」一句亦與簡文完全相同，故綜合判斷，筆者比較傾向讀成「幽冥」。吳德貞認為尚無證據支持「芒」、「冥」二字可以通假，確實二字沒有直接通假的佐證，不過從「亡」、「冥」聲紐相同，韻部屬陽耕旁轉，值得留意的是二字聲系均能與「民」[86]、「文」[87]、「莫」[88]相通，因此「芒」、「冥」古應應該能夠相通，我們期待未來能出現更直接的通假證據。

〔9〕 孤疾痌（痛）之

---

[84] 裘錫圭主編：《長沙馬王堆漢墓簡帛集成（第三冊）》（北京：中華書局，2014），頁 15。

[85] 李步嘉：《越絕書校釋》（北京：中華書局，2013），頁 109。

[86] 關於「亡」通「民」，可參《古字通假會典》，頁 152，「民」通「冥」可參《古字通假會典》，頁 318。

[87] 關於「亡」通「文」、「文」通「冥」可參白於藍：《簡帛古書通假字大系》（福州：福建人民出版社，2017），頁 1321。

[88] 關於「亡」通「莫」，可參白於藍：《簡帛古書通假字大系》（福州：福建人民出版社，2017），頁 74。

孤	疾	痌	之

原整理者（201704）：痌，《玉篇》：「痛也。」亦作「恫」。《詩·思齊》「神罔時怨，神罔時恫」，毛傳：「恫，痛也。」痌、痛異體字。[89]

翁倩（201806）：疾痛─痛疾。《越公其事》簡17：「孤疾痛之，以民生之不長而自不終其命。」《呂氏春秋·精通》：「隱志相及，痛疾相救，憂思相感。」[90]

佑仁謹案：

「疾」與「痛」語意相近，為同義複詞，如成語「痛心疾首」，「疾」、「痛」並列。「疾痛」指痛苦，見張家山漢簡《奏讞書》：「毛曰：不能支疾痛，即誣講，以彼治（答），罪也。」陳劍語譯為：「毛說：（我因）不能忍受被答打的痛苦，就誣陷講，以求避免（又被）答打，（我這）是有罪的」[91]。

〔10〕 以民生之不長而自不夂（終）亓（其）命

以	民	生	之	不	長	而

自	不	夂	亓	命

原整理者（201704）：民生，猶言人生。《國語·吳語》：「因使人告於吳王曰：『天以吳賜越，孤不敢不受。以民生之不長，王其無死！民生於地上，寓也，其與幾何？』」第七十三簡：「民生不仍，王其毋死。民生地上，寓也，其與幾何？」民生不長，大意是人的壽命不長。自不終其命，意為自己不得令終其命。[92]

馬楠（20170423）：「以民生之不長而自不夂（終）亓（其）命。」似出《高宗肜日》：「降年有永有不永，非天天民，民中絕命。」[93]

子居（20180417）：「民生之不長而自不終其命」即指前文「二邑之父兄子弟，朝夕餡然，為豺狼食於山林草莽」，所說當實為勾踐元年勝吳後對吳國的一再侵擾。[94]

吳德貞（201805）：以，連詞，表示原因。終其命，壽終正寢，即現代的自然死亡。「終命」見於《尚書·洪範》：「五福：一曰壽，二曰富，三曰康寧，四曰攸

---

[89] 李學勤主編：《清華大學藏戰國竹簡（柒）》（上海：中西書局，2017），頁123。

[90] 翁倩：〈清華簡《越公其事》雙音詞初探〉，《廣東開放大學學報》，2018第6期（2018.12），頁75。

[91] 陳劍：〈關於《奏讞書》的「以彼治罪也」〉，復旦網，2013.9.10（2023.4.25上網）。

[92] 李學勤主編：《清華大學藏戰國竹簡（柒）》（上海：中西書局，2017），頁124。

[93] 參清華大學出土文獻讀書會（石小力整理）：〈清華七整理報告補正〉，清華網，2017.4.23（2021.4.2上網）。

[94] 子居：〈清華簡七《越公其事》第三章解析〉，中國先秦史網站，2018.4.17（2021.3.30上網）。

好德，五曰考終命。」孔傳：「各成其長短之命以自終，不橫天。」這句話大意是「因為百姓壽命不長而又並非壽終正寢……」。[95]

滕勝霖（201905）：以，因果連詞，「民生」從整理者之說，即人生。《漢書・五行志中之上》：「魯穆叔會晉歸，告孟孝伯曰：『趙孟將死矣！其語偷，不似民主；且年未盈五十，而諄諄焉如八九十者，弗能久矣……』孝伯曰：『民生幾何，誰能毋偷！』」《左傳・襄公三十一年》詳載此事，「民生」作「人生」。「長」，久遠，長久。《孫子・虛實》：「日有短長，月有死生。」「終其命」，終養天年。[96]

史玥然（201906）：這句話的意思是人的生命不能夠得以自然終老。[97]

郭洗凡（20201116）：「民生」指的是人的生命，而不是人民的生活。[98]

江秋貞（202007）：本句的意思是「上天給予人民的生命已經不是很長了，而現在人民又無法自主過完天年」。[99]

蕭旭（20201116）：「民生之不長」句與《書》無涉，《管子・小稱》：「其生不長者，其死必不終。」可以參證。[100]

佑仁謹案：

「以」，幾位學者都視為連接詞，訓為「因」。然而下一句的「用」，已是「因此」之意，語意稍嫌重複，筆者認為「以」可理解為「由於」，「以……，用……」即「由於（某些原因）……，因而（採取某種方法）……」。

「民生」原整理者解釋成「人生」，吳德貞訓為「百姓」，江秋貞訓為「人民」，此處沒有特別需要強調人民或百姓的必要，人民的壽命不長，難道國君的壽命就長嗎？不能這麼說。第十一章簡73句踐對戰敗後的夫差說：「民生不仍，王其毋死。民生地上，寓也，其與幾何？」句踐是指人生不能再重來，所以要夫差不要尋死。簡文的「民生」確實應理解為「人生」，《楚辭・離騷》：「民生各有所樂兮，余獨好修以為常。」朱熹集注：「言人生各隨氣習，有所好樂。」[101]

「自」，原整理者解釋為「自己」，史玥然理解為「自然」，江秋貞理解為「自主」，筆者贊成原整理者之說。「終其命」指無法終壽，《文子》：「恬愉虛靜，以

---

95 吳德貞：《清華簡《越公其事》集釋》（武漢：武漢大學碩士論文，2018），頁31。

96 滕勝霖：《《清華大學藏戰國竹簡（柒）》集釋及相關問題研究》（重慶：西南大學碩士論文，2019），頁231。

97 史玥然：《清華簡《越公其事》集釋及其漢字教學設計》（太原：山西大學碩士論文，2019），頁28。

98 郭洗凡：《清華簡《越公其事》集釋》（合肥：安徽大學碩士論文，2018），頁38。

99 江秋貞：《《清華大學藏戰國竹簡（柒）・越公其事》考釋》（臺北：臺灣師範大學博士論文，2020），頁197-198。江秋貞：《《清華大學藏戰國竹簡（柒）・越公其事》考釋》（臺北：花木蘭文化事業公司，2022），頁158-159。

100 蕭旭：〈清華簡（七）校補二〉，復旦網，2020.11.16（2021.4.2 上網）。

101 南宋・朱熹：《楚辭集注》，「六府文藏」集部，卷一，頁10。「雕龍中日古籍全文資料庫」：https://udndata.com/promo/ancient_press/index.htm（2023.3.23 上網）。

終其命。」[102]《孔子家語》:「故賢也既不遇天,恐不終其命焉。桀殺龍逢,紂殺比干,皆是類也。」[103]《說苑・敬慎》:「故賢者不遇時,常恐不終焉。」[104]可參。

簡文「以民生之不長而自不終其命」,表示人的壽命不長,結果自己還無法得到善終。《史記・越王句踐世家》提及允常與闔廬常因怨懟而相互攻伐,西元前497年(魯定公十三年)允常死,闔廬聽聞後,於隔年趁句踐即位不久起兵伐越,結果自己於檇李之戰受傷,臨死前告訴夫差「必毋忘越」。也許是看到兩國戰禍連年,且允常、闔廬相繼過世,夫差興起「民生之不長」的感嘆。

棗紙簡此句話與清華簡相同。

〔11〕 用事(使)徒遽迿(趣)聖(聽)命

由	臾	徒	遽	迿	聖	命
用	事	徒	遽	迿	聖	命

原整理者(201704):用,因此。事,讀為「使」。遽、趣同義連用,猶遽卒。遽,急速。《莊子・天地》:「屬之人夜半生其子,遽取火而視之,汲汲然唯恐其似己也。」成玄英疏:「遽,速也。」迿,即「趣」字,《說文》:「趣,疾也。」下一支簡首字當是「君」。[105]

秉之(20170429):下文「趣」字屢見,皆為單用,未見與他詞連用者,故「遽」字不當與「趣」連用,而應與「徒」字連讀,「徒遽」一詞見於《國語・吳語》:「吳王親對之曰:『天子有命,周室卑約,貢獻莫入,上帝鬼神而不可以告。無姬姓之振也,徒遽來告。』」韋昭注:「徒,步也。遽,傳車也。」「徒」本指步行之人,「遽」指驛車、驛馬,「徒遽」連用,則泛指使人。[106]

胡敕瑞(20170429):簡文中的「遽」並非與其後的「趣」同義連用,而是與其前的「徒」構成近義連用。「徒」、「遽」指往來的使者,無車馬而使謂之「徒」,有車馬而使謂之「遽」。……《國語・吳語》記載吳王之事,正有「徒遽」連用例,「徒遽」表示徒步的使者、坐車的使者。文例如下:「吳王親對之曰:『無姬姓之振也,<u>徒遽來告</u>。……』」韋昭注:『徒,步也。遽,傳車也。』《吳越春秋・夫差內傳》有一段與《國語・吳語》相似的內容,文作:「……吳王親對曰:『無姬姓之所振,懼,<u>遣使來告</u>。冠蓋不絕於道』」《國語》的「徒遽來告」相當於《吳越春秋》的「遣使來告」,「徒遽」相當於「使」。簡文中的「徒遽」用同《國語・吳語》,也是指徒步的使者與乘坐車馬的使者。……意謂「因此派遣徒步的使者、

---

[102] 王利器撰:《文子疏義》(北京:中華書局,2000),頁129。

[103] 王國軒、王秀梅譯注:《孔子家語》(北京:中華書局,2018),頁160。

[104] (漢)劉向撰,向宗魯校證:《說苑校證》(北京:中華書局,1987),頁261。

[105] 李學勤主編:《清華大學藏戰國竹簡(柒)》(上海:中西書局,2017),頁124。

[106] 秉之:〈清華七《越公其事》初讀〉,武漢網,跟帖第87樓,2017.4.29(2019.11.19上網)。
石小力:〈清華簡第七冊字詞釋讀箚記〉,《出土文獻》第11輯(上海:中西書局,2017.10),頁243。

坐車的使者趕緊聽命於……。」[107]

　　陳劍（20170514）：簡 17「孤……用」，與下文幾個「孤用如何如何」相呼應，文意層層遞進：吳王最初使使者（「徒遽」）疾「聽命」，亦即想通過外交斡旋以解決兩國爭端；但從檇李之戰到現在，已經三年了，兩國仍未交好，所以吳王想親自見越公（以當面會談協商之類）；於是吳王帶兵到越邊境，即為面見越公而「聽命」，不料越國邊人不理會此好意、不上達使越王得知，反而武力冒犯；於是吳王就不得不硬打進來，到越王門前「聽命」了——當然，此皆「外交辭令」，鬼話而已。[108]

　　吳德貞（201805）：張玉金先生認為：「就現有的出土文獻而言，原因連詞『用』只見於西周時代，順承連詞『用』只見於戰國時代。」我們懷疑這裡的「用」是順承連詞，下文簡 19 的「孤用見」、「孤用我」和簡 21 的「孤用命」、「孤用内守」中的用都是這種用法。「徒遽」可從石小力、胡敕瑞先生之意理解為「使人」。[109]

　　何家歡（201806）：趣字，當讀如「促」，表「疾」意。《國語・晉語》：「三軍之士皆在，有人能坐待刑而不能面夷？趣行事乎！」徐元誥引宋庠曰：「趣，宜讀為促。《曹參傳》：『告舍人趣治行』。」後文有「孤用率我一二子弟以奔告於邊」，即吳王先使使者「趣聽命」於越公（外交辭令），又派「一二子弟」奔告邊人，可見「趣聽命」即與「奔告」相對應。[110]

　　佑仁謹案：

　　「用」，乃連接詞，訓為因而。原整理者將「遽趣」連用，禾之（石小力）與胡敕瑞則是將「徒遽」連讀成詞，可信。統言之，「徒」和「遽」都是使者，若析言之，則前者徒步，後者坐車，仍稍有差異。陳劍對於夫差政治語言的喻指，有非常生動的描述，可信。

　　「遬（趣）」在《越公其事》中多次出現，可分成六段共 11 例，均讀為「趣」，但訓讀不一，本處羅列「遬（趣）」列表，以清眉目：

一覽表 3.「趣」字訓讀一覽表

	出處	文例	「遬」之釋讀
1.	第三章（簡 17-18）	孤疾痛之，以民生之不長而自不終其命，用使徒遽遬（趣 1）聽命，於今三年，無克有定。	「趣 1」訓為赴、前往。《逸周書・大聚》：「工匠役工，以攻其材；商賈趣市，以合其

107　胡敕瑞：〈清華大學藏戰國竹簡（柒）《越公其事》札記三則〉，清華網，2017.4.29，後改題〈清華大學藏戰國竹簡（柒）《越公其事》札記〉，收入〈清華大學藏戰國竹簡（柒）《越公其事》札記〉，《出土文獻》第 12 輯（上海：中西書局，2018.4），頁 165。

108　陳劍：〈《越公其事》殘簡 18 的位置及相關的簡序調整問題〉，復旦網，2017.5.14（2021.4.2 上網）。

109　吳德貞：《清華簡《越公其事》集釋》（武漢：武漢大學碩士論文，2018），頁 32。

110　何家歡：《清華簡（柒）《越公其事》集釋》（保定：河北大學碩士論文，2018），頁 41。

			用。」[111]
2.	第六章（簡 43）	越則無獄，王則柬柬，唯信是邇（趣 2），及於左右，舉越邦乃皆好信。	「趣 2」訓為歸趨、歸向。《毛詩・大雅・棫樸》：「濟濟辟王，左右趣之。」毛傳：「趣，趨也。」朱熹《集傳》：「蓋德盛而人心歸附趣向之也。」[112]
3.	第七章（簡 44-45）	王乃邇（趣 3）使人察省城市邊縣小大遠邇之匓、落，王則比視，唯匓、落是察省，問之于左右。	「趣 3」與後文的「使」連讀成「趣使」，古籍亦作「趨使」、「驅使等」。「趣使」指驅使、役使《韓非子・外儲說右下》：「操鞭箠指麾而趣使人，則制萬夫。」[113]「趨使」為動詞，「人」為受詞，與簡文用法完全相同。
4.	第七章（簡 48）	王則隹（唯）[illegible]（匓）、落（落）是徾（趣 4），[illegible]（及）于右（左）右。	「趣 4」訓為依歸、趨向、歸趨、歸向。
5.	第九章（簡 53-54）	乃出不恭不敬王孫之志，以授范蠡，則戮殺之。乃徾（趣 5）徇于王宮，亦徾（趣 6）取戮。	「趣 5-11」在第九章密集出現，除「趣 6」外，均與「乃」連成語。「趣 5-11」均訓為「速」、「趕快」、「立即」。《類篇・走部》：「趣，趨玉切，速也。」[114]楊樹達《詞詮》卷六：「趣，時間副詞。疾也。今語云『快』。」[115]《荀子・哀公》：「定公越席而起，曰：『趨駕召顏淵。』」楊倞《注》：「趨，讀為促，速也。」[116]
6.	第九章（簡 55-56）	及風音誦詩歌謠之非越常律，夷郾䜌吳，乃徾（趣 7）取戮。王乃徾（趣 8）至于溝塘之功，乃徾（趣 9）取戮于後至後成。王乃徾（趣 10）設戍于東夷、西夷，乃徾（趣 11）取戮于後至不恭。	

[111] 黃懷信、張懋鎔、田旭東：《逸周書彙校集注》（上海：上海古籍出版社，2007），頁 403。
[112] （宋）朱熹：《詩集傳》（北京：中華書局，2011），頁 241。
[113] （清）王先慎撰，鍾哲點校：《韓非子集解》（北京：中華書局，2013），頁 342。
[114] （宋）司馬光等編：《類編》（北京：中華書局，1984），頁 56。
[115] 楊樹達：《詞詮》（北京：中華書局，1978），頁 318。
[116] （清）王先謙撰，沈嘯寰、王星賢點校：《荀子集解》（北京：中華書局，1988），頁 546。

〔12〕 於今畬（三）年，亡（無）克又（有）奠（定）

𠂤	𠂤	品	𥝝	止	虔	又
於	今	畬	年	亡	克	又

奠
奠

原整理者（201704）：三年，《史記‧越王句踐世家》載，句踐三年，亦即檇李之戰後之第三年，吳王發兵擊越，敗之夫椒，越王保棲會稽。[117]

陳劍（20170514）：簡17與19直接連讀，「於今三年」，文從字順，承上文所說之事而言，即「自……到今若干年」之意。[118]

黃愛梅（20171118）：此處吳王言戰「三年」，亦可能為虛言。[119]

子居（20180417）：這裡所稱的「三年」只是指年度跨了三個年頭，勾踐元年敗吳師是在夏五月，勾踐三年夫差伐越迫使越人求成是在春三月，因此實際上只有不到兩年時間。[120]

吳德貞（201805）：無克有定，類似句式古籍常見。《詩‧大雅‧蕩》：「靡不有初，鮮克有終。」鄭玄箋：「克，能也。」《詩‧小雅‧正月》：「既克有定，靡人弗勝。」[121]

滕勝霖（201905）：「奠」讀作「定」，義為停止、停息。《詩經‧小雅‧節南山》：「亂靡有定」，鄭玄箋：「定，止也。」[122]

youren（20211116）：簡17、19「用事（使）徒遽趣聖（聽）命，於今三年，亡（無）克又（有）奠（定）」，棗紙簡本作「用使徒遽趣聽命於邊，於今三年，無能有定。」《詩經》鄭玄箋：「克，能也」，「克」、「能」意義相通。[123]

佑仁謹案：
從陳劍之說將簡17與19連讀，文句作「於今三年」。
從魯定公十四年（西元前496年／句踐元年／闔廬19年）五月闔廬死於檇

---

[117] 李學勤主編：《清華大學藏戰國竹簡（柒）》（上海：中西書局，2017），頁124。

[118] 陳劍：〈《越公其事》殘簡18的位置及相關的簡序調整問題〉，復旦網，2017.5.14（2021.4.2上網）。

[119] 黃愛梅：〈《越公其事》與吳、越史事——讀《清華簡（柒）‧越公其事》札記〉，收入華東師範大學歷史系編：《「第二屆出土文獻與先秦史研究」工作坊論文集》（上海：華東師範大學歷史學系，2017），頁65。

[120] 子居：〈清華簡七《越公其事》第三章解析〉，中國先秦史網站，2018.4.17（2021.3.30上網）。

[121] 吳德貞：《清華簡《越公其事》集釋》（武漢：武漢大學碩士論文，2018），頁32。

[122] 滕勝霖：《《清華大學藏戰國竹簡（柒）》集釋及相關問題研究》（重慶：西南大學碩士論文，2019），頁233-234。

[123] youren：〈清華七《越公其事》初讀〉，武漢網，跟帖第233樓，2021.11.16（2022.3.4上網）。

李之戰算起[124]，到魯哀公元年（西元前494年／句踐3年／夫差2年）春天夫差報句踐殺父之仇，於夫椒擊敗越國[125]，正如子居所言「實際上只有不到兩年時間」，楊伯峻《春秋左傳注》云：「此所謂三年，三個年頭而已，即此年、明年、後年耳。」[126]這裡的「三年」可能是籠統的取其整數，因為時間也確實跨越了三年。

值得留意的是，《左傳・定公十四年》云：「夫差使人立於庭，苟出入，必謂己曰：『夫差，而忘越王之殺而父乎？』則對曰：『唯。不敢忘！』三年，乃報越。」[127]類似的段落還可見於《史記・吳太伯世家》，三年報越的說法，與簡文說法一致。

棄紙簡作「於今三秊（年）亡（無）能又（有）奠（定）」，除了將「克」改成「能」外，與清華簡的敘述無異。

〔13〕 孤用悉（願）見雪（越）公，余弃（棄）晉（惡）周好

介	用	恋	皂	雪	分	余
孤	用	恋	見	雪	公	余

弄	晉	齿	戒
弃	晉	周	好

原整理者（201704）：棄惡，《左傳・成公十三年》：「吾與女同好棄惡，復脩舊德，以追念前勳。」周，合。《楚辭・離騷》：「雖不周於今之人兮，願依彭咸之遺則。」王逸注：「周，合也。」周好，合好。《左傳・定公十年》：「兩君合好，而裔夷之俘以兵亂之，非齊君所以命諸侯也。」[128]

暮四郎（20170423）：「周」（幽部章母）當讀為「修」（幽部心母）。古「周」聲、「攸」聲字通用。[129]

林少平（20170423）：「周」何必用它讀法。《左傳・襄公十二年》：「盟，所以周信也。」注：「周，固也。」事實上，「周信」與「周好」的用法是一致的。[130]

---

[124] 《左傳・定公十四年》：「五月，於越敗吳于檇李。吳子光卒。」（晉）杜預注，（唐）孔穎達正義，李學勤主編：《十三經注疏・春秋左傳正義》（北京：北京大學出版社，2000），頁1842。

[125] 《左傳・哀公元年》：「吳王夫差敗越于夫椒，報檇李也。」（晉）杜預注，（唐）孔穎達正義，李學勤主編：《十三經注疏・春秋左傳正義》（北京：北京大學出版社，2000），頁1853。

[126] 楊伯峻：《春秋左傳注》（北京，中華書局，1995），頁1596。

[127] （晉）杜預注，（唐）孔穎達正義，李學勤主編：《十三經注疏・春秋左傳正義》（北京：北京大學出版社，2000），頁1845-1846。

[128] 李學勤主編：《清華大學藏戰國竹簡（柒）》（上海：中西書局，2017），頁124。

[129] 暮四郎：〈清華七《越公其事》初讀〉，武漢網，跟帖第1樓，2017.4.23（2019.11.19上網）。

[130] 林少平：〈清華七《越公其事》初讀〉，武漢網，跟帖第4樓，2017.4.23（2019.11.19上網）。

　　魏宜輝（20171026-28）：「周」有可能讀作「酬」。「周」字古音為章母幽部字，「酬」為禪母幽部字，二字讀音關係密切。古書中亦有「周」、「州」相通的辭例，如《孟子・告子上》中記載的人名「華周」，《漢書・古今人表》作「華州」。簡文中的「酬」為「報答、答謝」之義。吳王稱「余棄惡周（酬）好，以徵求上下吉祥」，即吳王放棄與越交惡，答謝對方的友好，以求得上下吉祥。[131]

　　高山仰止（20171109）：「周」，「親密」之意。《論語・為政》：「君子周而不比，小人比而不周。」周好，即親密友好。[132]

　　何家歡（201806）：「周」當訓「親、密」。「周好」即是相親為好之義。[133]

　　滕勝霖（201905）：「棄惡酬好」是兩個動賓詞語並列的短語，故「周」應讀作一個動詞，文獻中「周」、「州」相通常見，魏地布幣中記有「平州」，即文獻中記載戰國魏地「平周」。「酬」，酬報，《呂氏春秋・慎行》：「因以為酬」，高誘注：「酬，報也。」「棄惡」，丟棄怨恨。[134]

　　張朝然（201906）：周，《說文》：「密也。从用口。」此處周應訓為密。即謂用語縝密也。《論語》「君子周而不比」。孔注：「忠信。」（佑仁案：原作「孔注忠信」）《魯語》「忠信為周」。《左傳・襄公二十年》「盟，所以周信也」。「周好」用法與「周信」一致。表親密義。[135]

　　史玥然（201906）：「高山仰止」的意見可從。《說文》：「周，密也，从用口。」表示周密的意思，後引申作忠信、親密、親近的意思，《後漢書・文苑傳下・劉梁》：「是以君子之行，周而不比，和而不同，以救過為正，以匡惡為忠。」這句話的意思可能是我摒棄不好的事物，親近好的事物。[136]

　　杜建婷（201906）：《左傳・成公十三年》：「君亦悔禍之延，而欲徵福于先君獻、穆，使伯車來命我景公曰：『吾與女同好棄惡，復脩舊德，以追念前勳。』」其中「徵福于先君獻、穆」與簡文「交（徵）求卡=（上下）吉羕（祥）」相當，「周」讀如本字即可，訓為「合」，「棄惡周好」即「棄惡合好」，亦即「同好棄

[131] cbnd：〈清華七《越公其事》初讀〉，武漢網，跟帖第 7 樓，2017.4.23（2019.11.19 上網）。魏宜輝：〈讀〈清華大學藏戰國竹簡（柒）〉札記〉，收入中國文字學會編：《中國文字學會第九屆學術年會論文集》（北京：中國文字學會，2017），頁 682；又見香港浸會大學饒宗頤國學院，澳門大學中國語言文學系，清華大學出土文獻研究與保護中心：《〈清華簡〉國際會議論文集》（香港：香港浸會大學饒宗頤國學院、澳門：澳門大學中國語言文學系，2017），頁 184。

[132] 高山仰止：〈清華七《越公其事》初讀〉，武漢網，跟帖第 213 樓，2017.11.9（2019.11.19 上網）。

[133] 何家歡：《清華簡（柒）《越公其事》集釋》（保定：河北大學碩士論文，2018），頁 18。

[134] 滕勝霖：《《清華大學藏戰國竹簡（柒）》集釋及相關問題研究》（重慶：西南大學碩士論文，2019），頁 235。

[135] 張朝然：《清華簡《越公其事》集釋及相關問題初探》（石家莊：河北師範大學碩士論文，2019），頁 27。

[136] 史玥然：《清華簡《越公其事》集釋及其漢字教學設計》（太原：山西大學碩士論文，2019），頁 29。

惡」。[137]

季旭昇師（202007）：「棄惡周好」一句，應釋為「拋棄舊惡，重修舊好」。從構詞法、修辭，與歷史背景來考慮，我們最後採用「修」的解釋。「修」的本義來自「攸」，西周早期攸簋的「攸」字作㑔，會人手持某些物件擦洗身體之意，因此「修」的本義通常是指把不好的「修」成好的。從歷史背景來看，吳越的關係長期以來都很不好，互相攻伐，夫差此時決定接受句踐的求和，這就是「修好」；結束長期以來惡劣的關係，這就是「棄惡」。從構詞法與修辭來看，「棄惡」與「修好」的文法結構完全相同，應該是個比較理想的讀法。不過，簡文用「周好」也很好，「周好」的意思是「本來不夠完全友好」，現在「把友好修補到完備」，「周」做動詞用，比「修」委婉些。[138]

佑仁謹案：

棗紙簡作「孤甬（用）㥁（願）見郎（越）君，弃亞（惡）周好」（簡21-22），其中的「越君」，清華簡作「越公」且於「棄」字前多「余」字。

「棄」字形作「𣪊」，倒「子」旁雙手以一道橫筆呈現，而裹於襁褓中的腳部則大幅度地向右彎曲。{好}字楚簡習慣寫作「好」或「𡥀」，「好」的兩個偏旁若採左右結構時，可任意調配位置，本處以「子」旁居於左側。

「棄惡周好」一句，史玥然認為當理解為「我摒棄不好的事物，親近好的事物」。這句話雖然在訓釋上有爭議，但大意當是夫差用以表示願與句踐捐棄舊惡，追求良善的關係。若依史玥然的語譯，則夫差的態度反而過度卑下，不像是勝利者。

本句的「惡」、「好」對應，詞性應相同，二個字在今讀上均有多種讀音（破音字），不同讀法字義亦有差別，如下：

	名詞（N）	動詞（V）
好	友好（ㄏㄠˇ／hǎo）	喜好（ㄏㄠˋ／hào）
惡	罪惡（ㄜˋ／è）	厭惡（ㄨˋ／wù）

「棄惡周好」中的「惡」顯然就是前文所謂無良邊人挑起的怨惡（ㄜˋ），當屬名詞，那麼相對的「好」字也應屬名詞，音讀「ㄏㄠˇ」，因此，「棄惡周好」整體看來是「VNVN」結構。

此句中比較有爭議的是「周」，學者們有以下幾種說法：

[137] 杜建婷：《清華簡第七輯文字集釋》（廣州：中山大學碩士論文，2019），頁25。

[138] 季旭昇師：〈談清華柒〈越公其事〉的「棄惡周好」與《左傳》的「同好棄惡」〉，收入北京師範大學主編：《「古典學的重建：出土文獻與早期中國經典研究」國際學術研討會論文集》，珠海：北京師範大學珠海校區，2020，頁202-208。又收入《中國文字》編輯委員會編：《中國文字》2021冬季號、總第6期（臺北：萬卷樓圖書股份公司，2021），頁2-12。

1　「周」訓為「合」：原整理者、杜建婷主之。
2　「周」訓為「固」：林少平、羅雲君主之。
3　「周」訓為「密」、「親」：高山仰止、何家歡、張朝然、史玥然主之。
4　「周」做動詞用，意思是「本來不夠完全友好」，現在「把友好修補到完備」：季旭昇師主之。
5　「周」讀為「修」：暮四郎、季旭昇主之。
6　「周」讀為「酬」：cbnd（魏宜輝）、滕勝霖主之。

原整理者將「周」訓成「合」，魏宜輝與季旭昇師都指出，原整理者所引及古籍「周，合也」的「合」，其實都是指「符合」，而不是「合好」之意，故第1說可排除。如前所述「周好」當屬「V＋N」結構，第3說解釋為「親好」、「密好」的意思乃形容詞，而且長期以來，吳越關係相互侵伐，西元前496年，吳王闔廬聽聞越王允常病逝，趁機攻打越國，結果在檇李之役被越國將軍靈姑斬斷一隻腳拇趾。（《左傳・定公十四年》：「靈姑浮以戈擊闔廬，闔廬傷將指，取其一屨。」杜預注：「其足大指見斬，遂失屨，姑浮取之。」[139]）面對殺父之仇，夫差還要和句踐「親好」、「密好」，語意稍嫌太過，故第3說可以排除。

　　關於讀「酬」的說法，在音理上完全沒有問題，「周」和「攸」、「州」存在互通的證據，但是這種用法不合於楚人用法，將「酬好」訓成「酬謝友好」令人感到語意不順，是以將第6說排除。

　　筆者贊同季旭昇師所言，「周」直接讀如字，「周好」即將原本不好的關係，修補到好，即重修舊好。另外，季旭昇師指出「同好」一詞見於《左傳・僖公四年》、《左傳・成公十三年》，這兩個「同好」很有可能即「周好」的訛誤，「周」誤寫成「同」[140]，可信。

〔14〕以交（徼）求卡＝（上下）吉羕（祥）。

以	交	求	卡＝	吉	羕

原整理者（201704）：交，讀為「徼」，求取。徼、求，同義連用。吉祥，《莊子・人間世》：「虛室生白，吉祥止止。」成玄英疏：「吉者，福善之事；祥者，嘉

139　（晉）杜預注，（唐）孔穎達正義，李學勤主編：《十三經注疏・春秋左傳正義》（北京：北京大學出版社，2000），頁1845。

140　季旭昇師：〈談清華柒〈越公其事〉的「棄惡周好」與《左傳》的「同好棄惡」〉，收入北京師範大學主編：《「古典學的重建：出土文獻與早期中國經典研究」國際學術研討會論文集》，珠海：北京師範大學珠海校區，2020，頁202-208。又收入《中國文字》編輯委員會編：《中國文字》2021冬季號、總第6期（臺北：萬卷樓圖書股份公司，2021），頁2-12。

慶之徵。」。[141]

滕勝霖（201905）：「徵求」，求取。《孟子・盡心章句上》：「以其天壽皆定於未形有分之初，亦此而不二也，不可徵求之矣」。「上下」，指天地。《楚辭・天問》：「上下未形，何由考之？」「吉祥」，預示好運之徵兆，祥瑞。簡文意思是「我丟棄怨恨，酬謝友好，以求取天地的祥瑞。」[142]

江秋貞（202007）：此句是吳王向越國求取吳越雙方都可以得到和平，不再互相爭鬥。原考釋可從。「交」讀為「徵」，見簡5「君女（如）為惠，交（徵）天墬（地）之福」考釋。[143]

佑仁謹案：

簡文「上下」，滕勝霖認為指天地，但就前後文來看，夫差說他願意和句踐會面，拋棄嫌隙，求取「上下」的吉祥，將上下解釋為天地，恐怕陳義過高。「上下」指君臣，《周易・泰》：「上下交而其志同也。」孔穎達《疏》：「上，謂君也；下，謂臣也。」[144]清華伍《殷高宗問於三壽》簡20-21：「內基而外比，上下毋倉（攘），左右毋比。」清華玖《治政之道》簡1云：「昔者前帝之治政之道，卡＝（上下）各有其修。」「上下」均指君臣。《國語・越語下》：「民乃蕃滋，君臣上下交得其志，蠡不如種也」、「皆曲相御，莫適相非，上下相偷」、「今其禍新民恐，其君臣上下，皆知其資財之不足以支長久也」[145]等文句中的「上下」都是指「君臣」而言。簡文是說為了求得兩國君臣上下的吉祥，他願意主動釋出善意。

棄紙簡作「交（徵）求卡＝（上下）之吉恙（祥）」（簡22），與清華簡相比，開頭少了「之」，「上下」後頭則多了「之」，文意大致不變。

〔15〕孤用銜（率）我臺（一）式（二）子弟以逩（奔）告於鄴＝（邊）

孤	用	銜	我	臺	式	子

[141] 李學勤主編：《清華大學藏戰國竹簡（柒）》（上海：中西書局，2017），頁124。

[142] 滕勝霖：《《清華大學藏戰國竹簡（柒）》集釋及相關問題研究》（重慶：西南大學碩士論文，2019），頁235。

[143] 江秋貞：《《清華大學藏戰國竹簡（柒）・越公其事》考釋》（臺北：臺灣師範大學博士論文，2020），頁215。江秋貞：《《清華大學藏戰國竹簡（柒）・越公其事》考釋》（臺北：花木蘭文化事業公司，2022），頁176。

[144] （魏）王弼注，（唐）孔穎達疏，李學勤主編：《周易正義・十三經注疏》（北京：北京大學出版社，2000），頁78。

[145] （三國吳）韋昭注，徐元誥集解：《國語集解》（北京：中華書局，2002），頁578、581、582。

弟	以	逩	告	於	鄩=

原整理者（201704）：壹，楚文字文本中首見。一二，少許。《書・康誥》：「（文王）用肇造我區夏，越我一二邦，以修我西土。」[146]

吳德貞（201805）：「壹」簡文作🔲，這種寫法的「一」還見於商鞅量「皆明壹之」，字形作🔲。兩個「壹」字字形中皆帶「吉」形，與《說文》小篆🔲近似。商承祚先生認為小篆从壺吉聲的「壹」字與从壺从凶的「壹」字同是晚周道家字，為吉凶之別構，作為壹貳之「壹」是借字。[147]

毛玉靜（201905）：清華七字形作「🔲」，秦文字之後《說文》小篆「壹」皆分析為從壺吉聲，或省「吉」聲，後變為從豆。清華簡中該字形，保留從「吉」聲，且看似更像從「豆」。這用「壹」在楚文字文本中屬首見。二字皆為質部，疊韻通假。[148]

滕勝霖（201905）：「壹」「壺」一字分化，過去多認為「壹」疊加「吉」為聲符是秦統一之後的字形，「🔲」字證明此字以「吉」為聲符的時代至遲可提前到戰國中期。以「壹」表示｛一｝多見於秦系文字，如：詛楚文「🔲」，封宗邑瓦書「🔲」，銅器銘文「🔲」（商鞅量《集成》10372）等。「一二」，表示少數，《書・康誥》：「用肇造我區夏，越我一二邦以修。」「子弟」，從軍者。《漢書・韓安國傳》：「今以陛下之威，海內為一，天下同任，又遣子弟乘邊守塞」。「🔲」，「奔」之繁文。奔告，奔走告知、趕快相告。《尚書・西伯戡黎》：「西伯既戡黎，祖伊恐，奔告於王。」[149]

江秋貞（202007）：「🔲」字首次出現在楚簡中，和秦簡上的「壹（🔲秦商鞅方升《湯》）」相類，均為从壺，吉聲，釋為「壹」正確。本簡此處的「壹」為假借「壹」聲的數字。[150]

佑仁謹案：

簡文的「壹（壹／一）」作「🔲」，字形很特別，原整理者認為楚文字中首見，吳德貞、毛玉靜、滕勝霖、江秋貞等人，均已將之與秦系文字的「壹」聯繫，基本可信但不夠精確。秦文字最標準的「壹」字如下：

[146] 李學勤主編：《清華大學藏戰國竹簡（柒）》（上海：中西書局，2017），頁124。

[147] 吳德貞：《清華簡《越公其事》集釋》（武漢：武漢大學碩士論文，2018），頁33。

[148] 毛玉靜：《《清華大學藏戰國竹簡（柒）》字用研究》（合肥：安徽大學碩士論文，2019），頁119-120。

[149] 滕勝霖：《《清華大學藏戰國竹簡（柒）》集釋及相關問題研究》（重慶：西南大學碩士論文，2019），頁235。

[150] 江秋貞：《《清華大學藏戰國竹簡（柒）・越公其事》考釋》（臺北：臺灣師範大學博士論文，2020），頁216-217。江秋貞：《《清華大學藏戰國竹簡（柒）・越公其事》考釋》（臺北：花木蘭文化事業公司，2022），頁177-178。

商鞅方升	《說文》小篆
壹	壹

秦文字「壹」從「壺」、「吉」聲,《說文》解釋「壺」字認為「從大,象其蓋也。」[151]反觀本簡的「壹」,上半顯然沒有「大」形,可見此字不能完全與秦系從壺、吉聲的「壹」畫上等號。

王筠《說文釋例》已經指出,「壺」和「㤜」的差異在於前者有蓋(即「大」形),後者無蓋,也就是將「壺」所從的「大」省略後,就是「㤜」[152]。其後章太炎、于省吾、李家浩、蘇建洲等學者都曾對「㤜」有進一步的考證[153],「壺」與「㤜」的字形如下:

壺			㤜		
《合集》18561	《合集》18560	盜叔壺／《集成》09625	多壺／新收NB0518 [154]	可壺／新收NB0547[155]	曾侯乙212
番匊生壺／《集成》09705	洹子孟姜壺／《集成》09729	長隹壺爵／《集成》08816	華母壺／《集成》09638	庚壺／《集成》09733	清華伍.封許之命.7

由上表來看,將「壺」所從的壺蓋「大」形省略後,無疑就是「㤜」。進一步說,「壹」省略「吉」聲後所留下的偏旁,應該是「㤜」而非「壺」。此外,構形上還

---

[151] (漢)許慎撰,(宋)徐鉉校:《說文解字》(北京:中華書局,),頁214。

[152] (清)王筠:《說文釋例》(北京:中華書局,1987年影印道光三十年刻本),頁150。

[153] 相關學者的意見可參李家浩:〈談古代的酒器鈁〉,《古文字研究》第24輯(北京:中華書局,2002.6),頁454-458。蘇建洲:〈《封許之命》研讀箚記(一)〉,復旦網,2015.4.18(2017.7.4上網)。又見蘇建洲:〈清華簡第五冊字詞考釋〉,《出土文獻》第7輯(上海:中西書局,2015.10),頁150。

[154] 此字一般都釋「壺」,曹金華認為應改釋為「㤜」,但「㤜」目前尚未見從「廾」者,而「壺」則有,例如「壺」(高壺／《集成》09618),因此〈多壺〉此字是否為「㤜」,仍有討論空間。

[155] 虞晨陽:《《近出殷周金文集錄二編》校訂》(上海:復旦大學碩士論文,2013),頁117。

有個環節必須疏通，前述字形表中，「盟」上半比較像「卯」形，與「」字所从，稍有差異。換言之，「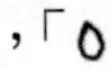」或「」該怎麼與「」聯繫起來？事實上這個問題李家浩於〈盱眙銅壺芻議〉中已經解決[156]，他指出盱眙銅壺（陳璋壺、陳璋鑑，《集成》09975）的「壺」作「」，而華母壺的「壺」作「」，可見「」可以與「^^」聯繫，他在〈談古代的酒器鑍〉中則進一步申述盱眙銅鑍「上部『^^』字形部分是像器耳之『卯』的變體，它們的關係跟下錄二『盉』字所从『皿』旁的關係相同：季嬴霝德盉　王仲皇父盉。」[157]雖然李家浩〈盱眙銅壺芻議〉一文中所謂的「壺」（、等），在〈談古代的酒器鑍〉已改釋作「盟」，但他對於構形的論證仍是可信的。「壺」或「盟」字在器身肩或頸左右兩側往往附有提耳，字形作「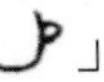」，例如「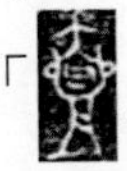」（曾仲姬壺，新收 NB0551），提耳訛變成「」，例如「」（洹子孟姜壺，《集成》09729）、「」（洹子孟姜壺，《集成》09729）、「」（華母壺，《集成》09638），提耳亦可由器身獨立出來成為「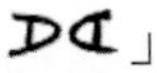」形，如「」（清華伍.封許之命.7）、「」（曾侯乙 212）。金文之中，還有一種寫法是將「」左右兩側的提耳省略而作「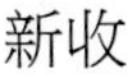」，例如「」（曾孫喬壺，新收 NB0526）、「」（杞伯每亡壺蓋，《集成》09687），最後「」訛變作「」，例如「」（杞伯每亡壺，《集成》09688）、「」（越公其事.簡 19）。「」若再進一步訛變就會成為「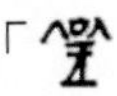」（盱眙銅鑍）的「^^」，「盟」字演變軌跡非常清楚。

「孤用」或「用」在第三章中大量出現，「用」指連詞「因而、因此」，《尚書・甘誓》:「有扈氏威侮五行，怠棄三正，天用勦絕其命。」[158]「率」，指率領。

本處的意思是夫差欲傳達善意，因此率領少數幾位子弟在邊城奔相走告，可惜越國邊人不願代為傳達善意。「一二子弟」的「一二」是指少許、少數。「子弟」從滕勝霖之說，指從軍者，即士兵。夫差為報檇李之仇，「悉發精兵擊越，敗之夫椒。」（《史記・越王句踐世家》[159]）夫差率領精兵攻破越國，而面對文種卻說只是率領「一二子弟」前來，這當然是政治語言。

相對的，這段話在棗紙簡作「以復（復）我二畾（叁）子弟走告于邊」（簡 22），和清華簡的語意稍有不同。「復」指回覆，「二三」則可理解為「幾個（子弟）」，即如《國語・吳語》:「（越王）曰：『勾踐用帥二三之老，親委重罪，頓顙

156 李家浩：〈盱眙銅壺芻議〉，《古文字研究》第 12 輯（北京：中華書局，1985.10），頁 355-356。

157 李家浩：〈談古代的酒器鑍〉，《古文字研究》第 24 輯（北京：中華書局，2002.6），頁 456。

158 （漢）孔安國傳，（唐）孔穎達正義，李學勤主編：《十三經注疏・尚書正義》（北京：北京大學出版社，2000），頁 207。

159 （西漢）司馬遷撰，（南朝宋）裴駰集解，（唐）司馬貞索引、張守節正義：《史記》（北京：中華書局，2014），頁 2100。

於邊。』」[160]棗紙簡是說，夫差願傳達善意，但二三子弟卻回覆邊人不願轉達的情況。清華簡作「一二子弟」和棗紙簡「二三子弟」雖然使用的數目不同，但都是指少數幾人之意。

〔16〕 邊人為不道，或（又）航（抗）御（禦）募（寡）人之詞（辭）

邊	人	為	不	道	或	航

御	募	人	之	詞

　　原整理者（201704）：此邊人指越之邊人。抗禦，《晉書・邵續李矩等傳論》：「招集義勇，抗禦仇讎。」[161]

　　ee（20170427）：「或」應讀為「又」。[162]

　　悅園（20170428）：疑當讀為「駘」，參《古字通假會典》392頁（佑仁案：補「頁」字）「台與駘」、「怡與駘」，393頁「駘與邰」、「駘與鮐」、「駘與跆」等，駘，劣馬，謙辭。[163]

　　滕勝霖（201905）：「不道」，無道、胡作非為。[164]

　　江秋貞（202007）：本簡的「詞」，釋為「詞」即可，就是吳王的一番求和的告詞。[165]

佑仁謹案：

　　棗紙簡作「邊人為不道」（簡22），與清華簡同。

　　「邊人」從原整理者之說，由於後文有「或抗禦寡人之辭」與「敦齊兵刃以捍禦寡人」，吳國邊人不可能與夫差反抗，所以本處的「邊人」確實係指越人。

---

[160] （三國吳）韋昭注，徐元誥集解：《國語集解》（北京：中華書局，2002），頁538。

[161] 李學勤主編：《清華大學藏戰國竹簡（柒）》（上海：中西書局，2017），頁124。

[162] ee：〈清華七《越公其事》初讀〉，武漢網，跟帖第50樓，2017.4.27（2019.11.19上網）。
單育辰：〈清華七《越公其事》初讀〉，武漢網，跟帖第50樓，2017.4.27（2019.11.14上網）。又見單育辰：〈《清華大學藏戰國竹簡（柒）》釋文訂補〉，收入香港浸會大學饒宗頤國學院、澳門大學中國語言文學系、清華大學出土文獻研究與保護中心編：《《清華簡》國際會議論文集》（香港：香港浸會大學饒宗頤國學院、澳門：澳門大學中國語言文學系，2017），頁177。

[163] 悅園：〈清華七《越公其事》初讀〉，武漢網，跟帖第78樓，2017.4.28（2019.11.19上網）。

[164] 滕勝霖：《《清華大學藏戰國竹簡（柒）》集釋及相關問題研究》（重慶：西南大學碩士論文，2019），頁236。

[165] 江秋貞：《《清華大學藏戰國竹簡（柒）・越公其事》考釋》（臺北：臺灣師範大學博士論文，2020），頁217-218。江秋貞：《《清華大學藏戰國竹簡（柒）・越公其事》考釋》（臺北：花木蘭文化事業公司，2022），頁178-179。

「不道」從滕勝霖之說，指無道、胡作非為，與「無良邊人」（簡16）一樣都是負面表述。「或」從 ee 之說讀「又」。「䑦御」從原整理者讀「抗禦」，關於「亢」字的構形分析可參筆者博士論文中〈〈莊王既成〉『䑦』字構形考察〉乙節[166]。本處是說越國邊人胡作非為，又抗拒夫差的說詞，不讓善意順利傳達。「詞」，原整理者讀「辭」，江秋貞讀「詞」，均通。

〔17〕　不茲（使）達气（迄）

卒	絲	遷	气
不	茲	達	气

原整理者（201704）：達气，通氣，猶達意。《鶡冠子・近迭》：「縱法之載於圖者，其於以喻心達意，揚道之所謂。」[167]

王寧（20170429）：當讀為「邊人為不道，或䑦（抗）御（禦）寡人之詬（辭）不茲（使）達，气（既）羅甲纓胄，敦（推）齊（擠）兵刃以攺（捍）御（禦）寡人。」「气」讀為「既」，「既」猶「即」也。[168]

zzusdy（20170429）：《用曰》簡10「恐天高而不概（曁），恐地厚而不達」，「概（曁）」從陳偉先生說。則本篇簡20「不茲（使）達气」之「气」恐即讀為「曁」。[169]

滕勝霖（201905）：整理者讀作「達气」，文獻未見。王凱博（佑仁案：應即「zzusdy」本名）之說可從，「達」字從「个」聲（字形或作「个」「夲」），到達、達到之意，「气」字，「氣」字異文，「氣」溪紐微部，「曁」羣紐物部，聲韻相近，且簡帛文獻中「氣」多與從「既」得聲之字通假。「曁」，至，到。《國語・周語中》：「上求不曁」，韋昭注：「曁，至也。」「達曁」，並列結構，均有至、到之意，意思是不能使寡人之辭到達。[170]

江秋貞（202007）：「既」可以作副詞，當作「不久」、「很快」解。用於句首或謂語前，表示前述事實在前一個動作行為結束後不久發生的。《左傳・成公二十年》：「新筑（佑仁案：應作「築」）人仲叔于奚救孫桓子，桓子是以免。既，衛人賞之以邑。」王寧、zzusdy 之說可從。[171]

---

[166] 高佑仁：《上博楚簡莊、平、靈三王研究》（臺南：成功大學博士論文，2011），頁153-178。

[167] 李學勤主編：《清華大學藏戰國竹簡（柒）》（上海：中西書局，2017），頁124。

[168] 王寧：〈清華七《越公其事》初讀〉，武漢網，跟帖第96樓，2017.4.29（2019.11.19上網）。

[169] zzusdy：〈清華七《越公其事》初讀〉，武漢網，跟帖第97樓，2017.4.29（2020.11.16上網）。

[170] 滕勝霖：《《清華大學藏戰國竹簡（柒）》集釋及相關問題研究》（重慶：西南大學碩士論文，2019），頁236-237。

[171] 江秋貞：《《清華大學藏戰國竹簡（柒）・越公其事》考釋》（臺北：臺灣師範大學博士論文，2020），頁219。江秋貞：《《清華大學藏戰國竹簡（柒）・越公其事》考釋》（臺北：花木蘭文化事業公司，2022），頁180。

佑仁謹案：

原整理者讀「達氣」，王寧讀「達，氣（既）」，二字分屬前一句的末字與後一句的首字。zzusdy、滕勝霖讀為「達暨」，暨訓為及。

江秋貞將文例句讀為「不茲（使）達，氣（既），羅（麗）甲綏（纓）冒（胄）」，將「既」理解為副詞，解釋為不久。此處的文意一氣呵成，從越國邊人抗禦夫差之言，到句踐麗甲綏胄捍禦夫差，這中間完全沒有時間差，不需要「既」（不久、很快）這個副詞，尤其「既」字獨立一字在文句中，更顯奇怪。

如果「氣」要往「至」之意思考的話，那麼將「氣」讀成「迄」會比讀「暨」，來得更直接，「氣」、「迄」都是從「气（乞）」聲，通假沒有問題，「迄」可訓為「至」，《爾雅·釋詁上》：「迄，至也。」《詩·大雅·生民》：「后稷肇祀，庶無罪悔，以迄于今。」毛《傳》：「迄，至也。」東漢·張衡〈東京賦〉：「迄上林，結徒營。」[172]

簡文「不使達迄」是指夫差欲傳達善意，但邊人一再抗拒，使他的善意無法順利傳達給句踐。

〔18〕羅（麗）甲綏（纓）冒（胄）

羅	甲	綏	冒

原整理者（201704）：羅，讀為「罹」。《書·湯誥》「罹其凶害」，孔傳：「罹，被。」纓，《說文》：「冠系也。」古書作「嬰」。冒，胄，見第一章注釋〔八〕。此處指戴胄結纓，《荀子·樂論》：「帶甲嬰胄，歌於行伍，使人之心傷。」《墨子·兼愛下》：「今有平原廣野於此，被甲嬰胄將往戰，死生之權未可識也。」[173]

xiaosong（20170427）：我懷疑「羅」讀為麗，「麗，著也。」古書多有「著甲」之語，即穿上鎧甲。蔡一峰兄認為「羅」即有包羅之義，似不煩破讀。按，此說似更直接，「羅甲」即將鎧甲網羅於身上（盔甲本身也是連綴的網狀物），也即穿上鎧甲。[174]

汗天山（20170427）：「羅」或當讀為「縭（纚）」？——《說文》：「纓，冠系也。」「縭，以絲介履也。」《爾雅·釋器》：「婦人之褘謂之縭。」注：「即今之香纓也。」《詩·豳風·東山》「親結其縭」，傳：「縭，婦人之褘也。母戒女施衿結悅。」古代名動相因，「縭（纚）」為繫物之索帶，自然可用作動詞「繫」；猶如「纓」作為名詞是指冠帶或繫於頸之飾物，作動詞則訓為繫結。「羅甲纓胄」是

---

[172] （清）嚴可均：《全上古三代秦漢三國六朝文》，「六府文藏」集部，卷五十三，頁4。「雕龍中日古籍全文資料庫」：https://udndata.com/promo/ancient_press/index.htm（2023.3.23 上網）。

[173] 李學勤主編：《清華大學藏戰國竹簡（柒）》（上海：中西書局，2017），頁124。

[174] xiaosong：〈清華七《越公其事》初讀〉，武漢網，跟帖第51樓，2017.4.27（2019.11.19 上網）。

兩個並列的「v＋n」結構，「羅」「纓」二字的意思差不多。[175]

海天遊蹤（20170427）：「羅甲纓冑」，讀為「帶甲嬰冑」。「羅」，來紐歌部一等開口；「帶」，端紐月部一等開口，聲韻極近。《荀子・樂論》：「帶甲嬰冑，歌於行伍，使人之心傷」。[176]

汗天山（20170427）：簡20「羅甲纓冑」之「羅」，僅據文意、音理而言，則讀為「穿」亦可？《國語・吳語》：「夜中乃令服兵擐甲。」意即穿甲。[177]

蕭旭（20170605）：羅，讀為連，一聲之轉。連甲，謂以組（即絲繩）連綴鎧甲。簡文「羅甲」言戰備也，不是穿戴鎧甲義。[178]

子居（20180417）：羅、麗相通，皮、麗亦相通，而羅、皮的語音關係當較羅與麗或皮與麗為近，故「羅」字當可徑讀為「被」，而不是如整理者的輾轉為訓。[179]

何家歡（201806）：《說文・糸部》：「纓，冠系也。」又《說文・冃部》：「冑，兜鍪也。」兜鍪，即頭盔，「纓」為冠系，冑正屬冠類。「縞」為既為繫物之絲帶，可介履，亦可介甲，即用為組甲之材料。「縞甲」與「纓冑」則正相對。[180]

滕勝霖（201905）：「羅」應讀作「麗」，附著，二字均來紐歌部，文獻通假常見。「綏」，或寫作「![字]」「![字]」「![字]」，多出現於楚遣冊、文書之中，作馬頸上的一類裝飾物或人名。簡文中作動詞，讀作「嬰」，穿著之意。「嬰」「纓」二字相通常見，如：《禮記・內則》：「衿嬰綦屨。」陸德明釋文：「嬰，又作纓。」「麗甲嬰冑」是兩個動賓結構的並列短語，與第一章簡3「身被甲冑」意思相似。[181]

張新俊（201906）：「羅」字似可以讀作「擐」。[182]

江秋貞（202007）：「麗」，「著」也，著甲即穿上鎧甲，其解最為直接。「麗」有「附、著、依」之義，見《故訓匯纂》頁2617「麗」字條下第11-19條，書證甚多。鎧甲附著、依附於身，也就是穿著的意思。綏即纓，義為冠繫，綁帽子、

[175] 汗天山：〈清華七《越公其事》初讀〉，武漢網，跟帖第56樓，2017.4.27（2019.11.19上網）。

[176] 海天遊蹤：〈清華七《越公其事》初讀〉，武漢網，跟帖第58樓，2017.4.27（2019.11.19上網）。

[177] 汗天山：〈清華七《越公其事》初讀〉，武漢網，跟帖第64樓，2017.4.27（2019.11.19上網）。

[178] 蕭旭：〈清華簡（七）校補（二）〉，復旦網，2017.6.5（2021.4.2上網）。

[179] 子居：〈清華簡七《越公其事》第三章解析〉，中國先秦史網站，2018.4.17（2021.3.30上網）。

[180] 何家歡：《清華簡（柒）《越公其事》集釋》（保定：河北大學碩士論文，2018），頁19。

[181] 滕勝霖：《《清華大學藏戰國竹簡（柒）》集釋及相關問題研究》（重慶：西南大學碩士論文，2019），頁238。

[182] 張新俊：〈清華簡《越公其事》釋詞〉，收入河南大學黃河文明與可持續發展研究中心、黃河文明省部共建協同創新中心、河南省文字學會編：《第十一屆「黃河學」高層論壇暨「古文字與出土文獻語言研究」國際學術研討會論文集》（開封：河南大學，2019），頁319。後收入《中華文化論壇》總第159期（2020.1），頁24。

頭盔的帶子,「羅甲纓冑」指越之邊人披上鎧甲繫好兜鍪,準備戰鬥狀態。[183]

　　陳一(202203):如字讀即可。「羅」、「纓」並非用作動詞,而是名詞作定語。清華簡(伍)《封許之命》有「羅緩(纓)」一詞,其下整理者注引《淮南子‧齊俗》「弱錫羅紈。」及高誘注「羅,縠。」然鎧甲不當為絲質,故當取「羅」字之密義,「羅甲」或為一種編織得輕巧而嚴密的鎧甲。纓,《說文‧糸部》:「冠系也。」即冠纓。「羅甲纓冑」整體名作動,意為「穿著編織嚴密的鎧甲和戴著佩有纓帶的頭盔。」[184]

　　佑仁謹案:
　　先將相關說法羅列如下:

提出者	釋讀	意見
原整理者	羅(羉)甲綏(纓)冑	「羅」讀「羉」,訓作被。「纓」指結纓。
xiaosong[185]	羅	「羅」讀為麗,訓「著」。
汗天山(一)	羅(縭／纚)甲纓冑	
海天遊蹤	羅(帶)甲纓(嬰)冑	「羅」,來紐歌部一等開口;「帶」,端紐月部一等開口,聲韻極近。
汗天山(二)	羅(穿)甲纓冑	引〈吳語〉「服兵擐甲」認為「羅甲」意即「穿甲」。
蕭旭	羅(連)甲	「羅」讀為「連」,「連甲」謂以組(即絲繩)連綴鎧甲,為名詞,「羅甲」言戰備,非穿戴鎧甲。
子居	羅(被)甲	「羅」、「麗」相通,「皮」、「麗」相通,故「羅」可徑讀為「被」。
何家歡	羅(縭)甲纓冑	疑當從汗天山之說。「縭」為繫物之絲帶,可介履,亦可介甲,即用為組甲之材料。
滕勝霖	羅(麗)甲嬰(纓)冑	「羅」、「麗」均為來紐歌部,麗訓為附著。「嬰」,穿著之意。「麗甲嬰冑」是兩個動賓結構的並列

---

[183] 江秋貞:《《清華大學藏戰國竹簡(柒)‧越公其事》考釋》(臺北:臺灣師範大學博士論文,2020),頁223。江秋貞:《《清華大學藏戰國竹簡(柒)‧越公其事》考釋》(臺北:花木蘭文化事業公司,2022),頁184。

[184] 陳一:《清華簡(柒)》疑難字詞補釋》(天津:天津師範大學碩士論文,2022),頁97。

[185] xiaosong:〈清華七《越公其事》初讀〉,武漢網,跟帖第51樓,2017.4.27(2019.11.19上網)。

		短語。
張新俊	羅（攍）甲	「羅」可讀作「攍」。
杜建婷[186]	羅（披／帶）甲	「羅」讀「披」、「帶」皆可。
江秋貞	羅（麗）甲綏（纓）冑	「麗」有「附、著、依」之義，「羅甲纓冑」指越之邊人披上鎧甲繫好兜鍪，準備戰鬥狀態。
陳一	羅甲纓冑	「羅」、「纓」是名詞作定語。「羅甲」或為一種編織得輕巧而嚴密的鎧甲。纓即冠纓。「羅甲纓冑」整體名作動，意為「穿著編織嚴密的鎧甲和戴著佩有纓帶的頭盔。」

簡文「羅甲綏冑」一詞，汗天山、滕勝霖認為是兩個並列的動賓結構，陳一則認為是「羅」、「綏」是名詞作定語，修飾後面的「甲」、「冑」，後一說當是錯誤的。陳一將「羅甲」與「綏冑」理解為兩個名詞組，但語譯時則解釋為「穿著編織嚴密的鎧甲和戴著佩有纓帶的頭盔」，如果「羅甲」與「綏冑」是兩個名詞組，何以在解釋時能衍增有「穿著」與「戴著」等動詞意思？這是無法迴避的問題。筆者認為理解為兩組「V+N」結構是正確的，「嬰」指穿戴、配戴，《墨子・兼愛下》：「被甲嬰冑，將往戰。」[187]《後漢書・虞延傳》：「王莽末，天下大亂，延常嬰甲冑，擁衛親族，扞禦鈔盜，賴其全者甚眾。」[188]如果「嬰冑」是「V+N」結構，那麼「羅甲」也應等量齊觀。

「羅」字的釋讀爭議比較大，原整理者讀「罹」，依據《尚書・湯誥》孔《傳》：「罹，被。」而訓為「被」，xiaosong、杜建婷、吳祺[189]等人都已經指出，孔《傳》此處的「被」是遭受，與「披覆」的概念不同。汗天山（一）、何家歡讀「縭（纚）」，為繫物之繫帶，蕭旭讀為「連」，指以組（即絲繩）連綴鎧甲。鎧甲應是佩戴、穿著在身上，而不是繫在身上，動詞用「縭／纚」均不妥。

xiaosong 徵引蔡一峰之說，據本字讀「羅」，「羅」有包羅之義，此指將「鎧甲網羅於身上」。將「羅」讀如字，固然最為直接，但「羅」字在古籍中並沒有穿戴的用法。

海天遊蹤讀「帶」（端紐月部），汗天山（二）讀為「穿」（透紐元部），子居讀「被」（並紐歌部），xiaosong、滕勝霖、江秋貞讀「麗」（來紐支部），張新俊讀「攍」（見紐元部）。簡文的「羅」為來紐歌部，考量現有的通假例證，

---

186 杜建婷：《清華簡第七輯文字集釋》（廣州：中山大學碩士論文，2019），頁201。

187 吳毓江撰、孫啟治點校：《墨子校注》（北京：中華書局，1993），頁177。

188 （劉宋）范曄撰，（唐）李賢等注：《後漢書》（北京：中華書局，1973），頁1150。

189 吳祺：〈清華簡〈管仲〉〈越公其事〉校釋三則〉，《出土文獻》第12輯（上海：中西書局，2018.4），頁180。

筆者贊成讀「麗」之說，《周禮・秋官・小司寇》：「以八辟麗邦灋，附刑罰。」鄭注：「杜子春讀『麗』為『羅』。玄謂：麗，附也。」[190]陳劍〈楚簡「𡼞」字試解〉指出「《上博（六）・天子建州》甲本、乙本簡4『𥛸』字用為與『羅』讀音極近的『麗』」[191]，知二字通假沒有疑義。

「麗」指附著，「麗甲」指鎧甲附著在身上，即穿戴在身上。

〔**19**〕 韋（敦）齊兵刃以攼（捍）御（禦）募（寡）人。

韋	齊	兵	刃	以	攼	御
韋	齊	兵	刃	以	攼	御

募	人
募	人

原整理者（201704）：敦齊，猶敦比，治理。《荀子・榮辱》：「孝弟原愨，軥錄疾力，以敦比其事業而不敢怠傲。」兵刃，兵器。《孟子・梁惠王上》：「填然鼓之，兵刃既接，棄甲曳兵而走。」[192]

zzusdy（20170427）：「敦齊」整理者已言猶「敦比」，「齊」訓整，即整飭、整治，亦與「飭」義相近。[193]

王寧（20170429）：「敦齊」當讀為《荀子・解蔽》「好相推擠」之「推擠」。[194]

蕭旭（20170605）：敦，讀為摶，字亦省作專，音轉又作剬、斷，亦整齊之義。「敦齊」即「端齊」，猶言齊整，故引申訓治理也。敦齊兵刃，謂齊整其兵器，不雜亂也。[195]

滕勝霖（201905）：「韋」訓為「治」，「齊」訓為「利」，鋒利，《漢書・王莽傳下》：「喪其齊斧」，顏師古注引應劭曰：「齊，利也。」「敦齊兵刃」意思是修治兵器，使兵器鋒利。「攼」從攴干聲，讀作「捍」，《集韻・翰韻》：「扞，衛也。或作捍。」「捍禦」，防衛、抵禦。[196]

張新俊（201906）：簡文中的「敦」，就是「收拾」、「整頓」的意思。以往的

[190] （東漢）鄭玄注，（唐）賈公彥疏，李學勤主編：《十三經注疏・周禮注疏》（北京：北京大學出版社，2000），頁1073。

[191] 陳劍：〈楚簡「𡼞」字試解〉，《「中國簡帛學國際論壇2008」論文集》，芝加哥大學，2008.10.31-11.2。又見陳偉主編：《簡帛》第4輯（上海：上海古籍出版社，2009.10），頁138。陳劍：《戰國竹書論集》（上海：上海古籍出版社，2013），頁356。

[192] 李學勤主編：《清華大學藏戰國竹簡（柒）》（上海：中西書局，2017），頁124-125。

[193] zzusdy：〈清華七《越公其事》初讀〉，武漢網，跟帖第61樓，2017.4.27（2020.11.16上網）。

[194] 王寧：〈清華七《越公其事》初讀〉，武漢網，跟帖第92樓，2017.4.29（2019.11.19上網）。

[195] 蕭旭：〈清華簡（七）校補（二）〉，復旦網，2017.6.5（2021.4.2上網）。

[196] 滕勝霖：《《清華大學藏戰國竹簡（柒）》集釋及相關問題研究》（重慶：西南大學碩士論文，2019），頁239。

解釋，都從杜預注把「敦」訓作「厚」。《左傳・昭公二十三年》:「請先者去備薄威，後者敦陳整旅」。這兩句話中的「去備薄威」與「敦陳整旅」正相對為文，「去」「薄」都是動詞，指不加防備，軍威不飭。「敦陳整旅」則是訓練有素，紀律嚴明。「敦」「整」與「去」「薄」都是動詞。若此，則「敦」與「整」意思是相近的。簡文中的「敦齊兵刃以㧊御寡人」，就是說吳國的士兵們整頓好武器嚴正以待，時刻準備投身到保護吳王的戰鬥中。[197]

史玥然（201906）:「敦齊」表示整理擺放兵器。[198]

江秋貞（202007）:「敦齊兵刃」就是「拿著兵器翦伐斬殺」的意思。「㧊御」的「㧊」應讀為「抗」。「𦎫（敦）齊兵刃，以㧊（抗）御（禦）募（寡）人」意指「(越國邊人）拿著兵器翦伐斬殺來捍禦寡人（吳王)」。[199]

任龍龍（202205）:敦齊之齊為動詞，可訓為整。[200]

佑仁謹案：

本篇出現三個｛敦｝字，但寫法不一，第一章有「𢧐（敦）力」，第二章有「𦎫（敦）刃」（簡 11），第三章有「𦎫（敦）齊兵刃」（簡 20）。首例作「𢧐」，後 2 例作「𦎫」，全都讀為「敦」，用法一致，但寫法有別。

筆者贊成將「敦」理解為治理，「飭」使整齊也，簡 20 的「敦齊」與簡 3 的「𢧐（敦）力（飭）」意思相同，相關考證可參第一章注釋 13。「敦齊兵刃」意指治理、整治兵器之意。

「㧊御」原整理者讀「捍禦」，滕勝霖解釋為防衛、抵禦，江秋貞按語讀作「抗禦」，但總釋文與字頭均作「㧊（捍）御（禦）」。本章有「航御（禦）」也有「㧊御（禦）」，均在簡 20，相隔非常近，而且後面都是接「寡人」。讓人懷疑「航」、「㧊」表達的是否為同一個詞，可是「航」是匣紐元部，而「㧊」則是見紐陽部，聲音有別，因此筆者認為本處仍應以讀「捍禦」為佳。

〔20〕 孤用医（委）命𨗶（重）昏（臣）

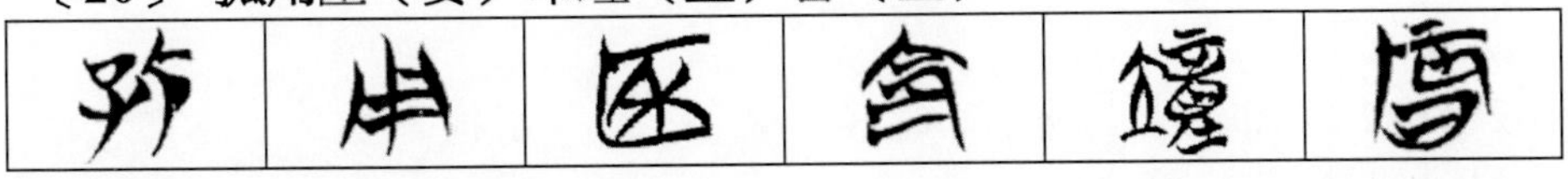

197 張新俊：〈清華簡《越公其事》釋詞〉，收入河南大學黃河文明與可持續發展研究中心、黃河文明省部共建協同創新中心、河南省文字學會編：《第十一屆「黃河學」高層論壇暨「古文字與出土文獻語言研究」國際學術研討會論文集》（開封：河南大學，2019），頁 320。後收入《中華文化論壇》總第 159 期（2020.1），頁 24。

198 史玥然：《清華簡《越公其事》集釋及其漢字教學設計》（太原：山西大學碩士論文，2019），頁 30。

199 江秋貞：《《清華大學藏戰國竹簡（柒）・越公其事》考釋》（臺北：臺灣師範大學博士論文，2020），頁 226-227。江秋貞：《《清華大學藏戰國竹簡（柒）・越公其事》考釋》（臺北：花木蘭文化事業公司，2022），頁 186-187。

200 任龍龍：《《左傳》《國語》《戰國策》新證綜理——以上世紀七十年代以來利用出土文獻校讀的成果為中心》（上海：復旦大學碩士論文，2022），頁 123。

孤	用	叿	命	𣈶	唇

原整理者（201704）：叿，見於中山王器大鼎，讀為「委」，委任，屬託。《左傳》成公二年「王使委於三吏」，杜預注：「委，屬也。」委命，任命。《史記・刺客列傳》：「此丹之上願，而不知所委命，唯荊卿留意焉。」唇，即楚之「辰」字，讀為「臣」。《史記・齊太公世家》「子哀公不辰立」，司馬貞索隱：「《系本》作『不臣』，譙周亦作『不辰』。」𣈶唇，疑讀為「重臣」，《管子・明法解》：「治亂不以法斷，而決於重臣……此寄生之主也。」[201]

馬楠（20170423）：𣈶唇似當讀為「董振」，昭三年《左傳》「而辱使董振擇之」，杜注「董，正也。振，整也」，孔疏「言正整選擇，示精審也。」[202]

難言（20170425）：簡21「𣈶辰」是否指「童㑢」，「㑢」亦童也，未成年人。[203]

汗天山（20170505）：懷疑簡文當讀為「孤用委命董振」。「董振」一詞，見於《左傳・昭公三年》：「君若不棄弊邑，而辱使董振擇之，以備嬪嬙，寡人之望也。」楊伯峻注：「董振猶今慎重之意。」簡文謂：我因此委命將士，整頓軍隊。當然，訓為「敬謹」於簡文亦通，意為：我因此委命謹慎恭敬之人。[204]

海天遊蹤（20170520）：對於「𤲃晨」，整理者李守奎先生讀為「重臣」，馬楠先生「董振」。以文義來說，當以「重臣」之說為好。一般之所以不從李說，恐怕是因為「晨」讀為「臣」用字習慣比較特別。這裡補充一個例證：《銘圖》6321王子臣俎、《銘圖續》124王子臣鼎，董珊先生據《繫年》認為王子臣即「夫鼆王晨」。「晨」、「臣」音近可通，《史記・齊太公世家》：「子哀公不辰立」《索隱》：「不辰，《世本》作不臣，譙周亦作不辰。」是知以上兩種新見銘文的「王子臣」即夫鼆王晨。[205]

林少平（20170619）：「用委命」即「以性命相託」。𣈶，讀作「踵」，又作𣈶。「晨閽」即文獻所說「晨門」。「踵晨閽」即「登城門」。簡文「孤用委命，踵晨閽，冒兵刃」，大概意思說「我以性命相託，登城門，冒兵刃」。[206]

蕭旭（20170703）：「𣈶唇」即清華（六）《管仲》之「唇童」，亦即「㑢童」，指宮中男奴女婢。「委命𣈶唇」即賈誼〈過秦論〉「委命下吏」之誼，指把自身性命交給卑賤之人。[207]

范常喜（201801）：簡文中「𣈶」可讀作「踵」。「𣈶」字從立童聲，應即「踵」

---

[201] 李學勤主編：《清華大學藏戰國竹簡（柒）》（上海：中西書局，2017），頁125。

[202] 參清華大學出土文獻讀書會（石小力整理）：〈清華七整理報告補正〉，清華網，2017.4.23（2021.4.2上網）。

[203] 難言：〈清華七《越公其事》初讀〉，武漢網，跟帖第19樓，2017.4.25（2019.11.19上網）。

[204] 汗天山：〈清華七《越公其事》初讀〉，武漢網，跟帖第151樓，2017.5.5（2020.11.16上網）。

[205] 海天遊蹤：〈清華七《越公其事》初讀〉，武漢網，跟帖第181樓，2017.5.20（2019.11.19上網）。

[206] 林少平：〈清華七《越公其事》初讀〉，武漢網，跟帖第196樓，2017.6.19（2019.11.19上網）。

[207] 蕭旭：〈清華七《越公其事》初讀〉，武漢網，跟帖第197樓，2017.7.3（2019.11.19上網）。

之異體。踵在古籍中多訓為繼續、接續。[208]

郭洗凡（201803）：「委」，委隨也，委曲自得的樣子，在文中指的是任命，委派的含義。[209]

子居（20180417）：此處的委命，當指交出性命、捨棄性命，對應下文的「闔冒兵刃，葡匐就君，余聽命於門。」「蟯」當即竦字，「唇」當讀為震，竦震又作戰竦、震竦，為震驚、驚懼義，《韓非子・初見秦》：「棄甲兵弩，戰竦而卻。」《爾雅・釋詁》：「戰、慄、震、驚、戁、竦、恐、慴，懼也。」這裡是說夫差表示本是來「棄惡周好」的，故因越之邊人「被甲纓胄，敦齊兵刃」而驚懼捨命，這自然也是一種委婉的外交辭令。[210]

何家歡（201806）：疑當從汗天山所說。董振，《左傳・昭公三年》：「君若不棄敝邑，而辱使董振擇之，以備嬪嬙，寡人之望也。」杜注：「董，正也，振，整也。」「委命董振」即「任用官員、發佈命令、正治教化、整頓風氣」，據下文可知，此皆用以備戰。故「董振」以杜注可通，不煩釋為「謹慎」。[211]

滕勝霖（201905）：「医」字又見於越王州句劍「🗡」「🗡」，晉璽寫作「医」

（《璽彙》2315），吳越文字與晉系文字有一定相似性。「委命」，義為任命、委派。「蟯」，從立童聲，或為「幢」字異體，整理者讀作「重」可從。「唇」讀作「臣」可從，《清華貳・繫年》簡84：「吳王子晨將起禍於吳，吳王闔閭乃歸。」董珊認為近出的王子臣鼎與王子臣組所記「王子臣」即「夫槩王晨」，「唇」禪紐文部，「臣」禪紐真部，聲紐相同，韻部旁轉可通。[212]

張新俊（20190621-24）：「委命」除了「任命」義之外，還有把命運交付給別人，任人處置的意思。「孤用委命蟯唇」是吳王夫差對大夫種說的外交辭令，語境與百越之君何其相似，顯然不是「任命」的意思。《吳越春秋・勾踐七年》「北向稱臣，委命吳國，左右易處，不得其位，明臣屬也。」「委命」「委制」「委身」均是受制於人，聽從別人安排的意思。

簡文中的「蟯唇」可以讀作「童齔」。上古音「唇」屬禪母文部，「齔」屬初母真部，禪、初均為齒音，真、文二部關係密切，二者讀音比較接近。古書或作「髫齔」，或做「童牙」。歷史上任何一個時代，王室貴冑在幼年時期，身居顯位的都不在少數。《史記・甘茂列傳》「甘羅者，甘茂孫也。茂既死後，甘羅年十二，事秦相文信侯呂不韋。」這是在歷史上最廣為流傳的故事。兩漢時期的少年吏中，年十二、三歲從政的，也不在少數。因為是吳王所說外交辭令，「委命童齔」，顯

[208] 范常喜：〈清華簡《越公其事》與《國語》外交辭令對讀札記一則〉，《中國史研究》，2018第1期（2018.2），頁202。

[209] 郭洗凡：《清華簡《越公其事》集釋》（合肥：安徽大學碩士論文，2018），頁42-45。

[210] 子居：〈清華簡七《越公其事》第三章解析〉，中國先秦史網站，2018.4.17（2021.3.30上網）。

[211] 何家歡：《清華簡（柒）《越公其事》集釋》（保定：河北大學碩士論文，2018），頁20。

[212] 滕勝霖：《《清華大學藏戰國竹簡（柒）》集釋及相關問題研究》（重慶：西南大學碩士論文，2019），頁241。

然有誇張炫飾的成分。[213]

江秋貞（202007）：《清華簡六·管仲》有一個詞——「唇童」（簡 26.10、11），蕭旭在《清華六校補》認為是「侲童」，指宮中男奴女婢。「螳唇」應該是個同義複詞，「螳」「唇」可以互訓。那麼「螳唇」指的應該是低階或有罪之人。簡文的「委命螳唇」的釋讀可參考《吳越春秋·句踐歸國外傳》：「外郭築城而缺西北，示服事吳也，不敢壅塞，內以取吳，故缺西北，而吳不知也。北向稱臣，委命吳國，左右易處，不得其位，明臣屬也。」「委命吳國」是指句踐把自己當作吳王的臣屬，把命交給吳國來支配，這點張新俊也作如是說。所以簡文「委命螳唇」應該指的是吳王把自己當作越王的臣屬般的「僮臣」，可以為此「闖冒兵刃」，他冒著被兵刃刺殺的威脅，就如他的命可任由越王使喚支配一樣，於是後文才有「达（匍）遝（匐）稟（就）君，余聖（聽）命於門」。吳王自己把身段放到最卑，以屈尊就駕之意。從這裡的描寫的夫差形象太過卑躬屈膝，明明是戰勝越國，卻如此低聲下氣，這裡可見其外交術語。[214]

佑仁謹案：

「圣命」原整理者讀「委命」，訓為「任命」，讀法沒有問題，「圣」讀作「委」，滕勝霖已提出越王劍以及晉璽的例證，可信。清華玖《迺 命二》簡 11 云：「母（毋）或圣（委）惪（德）於虐（吾）所瀧（寵）」，亦可證明此讀法無誤。

張新俊認為「委命」除了「任命」義之外，還有把命運交付給別人，任人處置的意思，並將「螳唇」讀成「童齓」，指年幼之人，主張夫差這句話「顯然有誇張炫飾的成分」。「委命」也可以解釋成「委制」、「委身」一類意涵，但重要的是「童齓」該怎麼理解，張新俊沒有說明「童齓」是不是指句踐，然而吳國正與越國談判，夫差這句話也是對文種所言，吳國「委命」（受制）的對象只能是越國，那麼「童齓」指的只能是句踐。句踐生年無法詳考，簡文的背景是在魯哀公元年（西元前 494 年），我們無法指明這時句踐幾歲，但是有兩個觀察的重點：（一）「齓」指脫去乳齒，長出恆牙。《國語·鄭語》：「府之童妾未既齓而遭之。」韋昭注：「毀齒曰齓。」[215]西元前 496 年，越王允常病死，句踐即位。吳王闔廬乘允常之喪，帶軍伐越。越王句踐率軍抵禦，句踐派死士在吳軍陣前自刎，趁吳軍驚駭時率軍突擊，吳軍大敗，闔廬還被越國將軍靈姑浮斬斷一隻腳拇趾，死在檇李附近的陘。以句踐能帶兵遣將、出奇制勝的經歷來看，斷非

---

[213] 張新俊：〈清華簡《越公其事》釋詞〉，收入河南大學黃河文明與可持續發展研究中心、黃河文明省部共建協同創新中心、河南省文字學會編：《第十一屆「黃河學」高層論壇暨「古文字與出土文獻語言研究」國際學術研討會論文集》（開封：河南大學，2019），頁 316-325。後收入《中華文化論壇》總第 159 期（2020.1），頁 24-25。

[214] 江秋貞：《《清華大學藏戰國竹簡（柒）·越公其事》考釋》（臺北：臺灣師範大學博士論文，2020），頁 231-234。江秋貞：《《清華大學藏戰國竹簡（柒）·越公其事》考釋》（臺北：花木蘭文化事業公司，2022），頁 190-194。

[215] （三國吳）韋昭注，徐元誥集解：《國語集解》（北京：中華書局，2002），頁 474。

剛長出恆齒的小孩。（二）吳越兩國正在進行政治談判，此為高度敏感時刻，刻意凸顯敵國國君年幼，或者說吳國受制於一位年幼的小孩，這絕不會是禮貌的用詞，也不會是讚美。

筆者支持原整理者之說，將「委命」理解為任命。「蟑唇」依原整理者讀為「重臣」，「唇」通「臣」可參蘇建洲所補充的證據。江秋貞對讀作「重臣」之說提出質疑，她認為：「從簡文上下文來看，『蟑唇』此處如果釋為重臣，雖然聲韻上沒有問題，但是吳王委命重臣去做什麼呢？後面接『闇冒兵刃、达邁臺君』，吳王的處境若是那麼卑微，還要任命重臣跟著他去做這些事嗎？這很不好解釋。」[216]筆者認為「委命重臣」指夫差將國家委任予重臣，而自己「犯冒兵刃，匍匐就君，余聽命於門」，夫差說他親自冒著兵刃，匍匐前來句踐的門前，其實這是夫差對於攻破越國之舉的一種政治婉辭。依據《吳越春秋》的記載，句踐在即將前往吳國服事夫差前，曾一一徵詢越國大臣的意見：

> 大夫皋如曰：「今委國一人，其道必守。何順心佛命群臣？」
> 大夫曳庸曰：「君王委國於種，則萬綱千紀無不舉者。」
> 越王曰：「今事棄諸大夫，客官於吳，委國歸民，以付二三子。」
> 計硯曰：「君王所陳者，固其理也。昔湯入夏，付國於文祀，西伯之殷，委國於二老。」[217]

句踐與諸大臣所謂的「委國」，意思和簡文的「委命」如出一轍。

〔21〕闇（犯）冒兵刃

闇	冒	兵	刃
闇	冒	兵	刃

原整理者（201704）：闇，《玉篇》：「門也。」甲骨文有▓字（《甲骨文合集》二六九二七），待考。冒，頂著。司馬遷《報任少卿書》：「張空拳，冒白刃。」[218]

趙嘉仁（20170424）：闇字疑為「蒙」字異體，與《玉篇》訓為「門」的「闇」為同形異字。「蒙」從「冢」聲，古音在明紐東部，「闇」從豕門聲，門古音在明紐文部。上古東部與文部可以相通，因此「蒙」可改換為從「門」得聲。「闇冒」就是

---

216 江秋貞：《《清華大學藏戰國竹簡（柒）・越公其事》考釋》（臺北：臺灣師範大學博士論文，2020），頁231-234。江秋貞：《《清華大學藏戰國竹簡（柒）・越公其事》考釋》（臺北：花木蘭文化事業公司，2022），頁190-194。

217 周生春：《吳越春秋輯校彙考》（上海：上海古籍出版社，1997），頁115-116。

218 李學勤主編：《清華大學藏戰國竹簡（柒）》（上海：中西書局，2017），頁125。

「蒙冒」，也就是「冒蒙」，為同意複合詞。蒙、冒皆為頂著、冒著的意思。[219]

    難言（20170425）：「闌」可能是「突」字異體嗎？檢文獻有「冒鋒突刃」、「冒突白刃」，但時代較晚。[220]

    悅園（20170428）：「闌」疑讀為「逐」，「逐冒兵刃」，謂冒著兵刃追逐。[221]

    易泉（20170430）：從門從豕，以豕為聲，可讀作蹢。豕（支，書），蹢（幽，定），紐同為舌音，韻為旁轉，音近可通，疑可讀作蹢。蹢，訓作踐踏。《說文》：「蹢，踐也。」《管子・法法》：「蹢白刃，受矢石，入水火，以聽上令」。《呂氏春秋・禁塞》：「蹢白刃」。[222]

    王寧（20170430）：「闌」字所從的「豕」很可能就是「豩」的省寫。「豩」字《說文》有伯貧、呼關二切，由其從「門」看，可能「門」為綴加的聲符，則伯貧切當是，在簡文中可能是讀為「奮」。如果必由「門」聲求之，也可能讀為「啟」，《書・康誥》：「啟不畏死」，孔傳：「啟，彊也。自彊為惡而不畏死。」《疏》：「自彊為之而不畏死。」[223]

    黔之菜（20170511）：在紛繁的意見中我們比較傾向於王寧先生對字形的分析。檢《甲骨文合集》，「」字又作「」，此字從門豩聲。而古文字中一些字的偏旁部首往往單複無別，所以上引王寧先生認為「闌」字所從的「豕」很可能就是「豩」的省寫。簡文之「闌冒」可讀為「坌冒」。《新書・勸學》：「昔者南榮跦醜聖道之忘乎己，故步陟山川，坌（一本或作畚）冒楚棘，彌道千餘，百舍重繭，而不敢久息。」然則簡文之言「闌（坌）冒兵刃」與《賈子》之言「坌冒楚棘」，文例相類，用意相近，就是觸犯兵刃、觸犯荊棘之義。[224]

    蕭曉暉（20170511）：清華簡柒《越公其事》篇「豕門」之「豕」及「闌冒兵刃」之「闌」的兩個字可能應分別隸定為「豕」、「闌」，皆讀作「觸」。「闌」所從之「豕」是「豖」混同形體的可能性是存在的。[225]

    潘燈（20170512）：黔之菜先生所述「坌（一本或作畚）冒」，或即為楚屬王熊眴，乃楚霄敖熊坎之子，又作蚡冒。「闌（坌）冒兵刃」所言「兵刃」當指兵器，與《賈子》之言「坌冒楚棘」之「棘」，似乎也應為兵器，《左傳・隱公十一年》：「子都不拔棘以逐之」杜預《注》：「棘，戟也。」「楚棘」或謂「楚戟」。「楚棘」概言楚國兵力或武力。「闌（坌）冒兵刃」可否理解為：楚屬王蚡冒的兵員裝備，

---

[219] 趙嘉仁：〈讀清華簡（七）散札（草稿）〉，復旦網「學術討論」，2017.4.24（2017.6.22 上網）。

[220] 難言：〈清華七《越公其事》初讀〉，武漢網，跟帖第 28 樓，2017.4.25（2019.11.19 上網）。

[221] 悅園：〈清華七《越公其事》初讀〉，武漢網，跟帖第 75 樓，2017.4.28（2019.11.19 上網）。

[222] 易泉：〈清華七《越公其事》初讀〉，武漢網，跟帖第 104 樓，2017.4.30（2019.11.19 上網）。

[223] 王寧：〈清華七《越公其事》初讀〉，武漢網，跟帖第 106 樓，2017.4.30（2019.11.19 上網）。

[224] 黔之菜：〈清華簡柒《越公其事》篇之「闌冒」試解〉，武漢網，2017.5.11（2021.6.1 上網）。

[225] 蕭曉暉：〈清華簡七《越公其事》「豕門」「闌冒」解〉，武漢網，2017.5.11（本文後來已從網站刪除）。收入中國古文字研究會吉林大學古文字研究室編：《古文字研究》第 32 輯（北京：中華書局，2018），頁 401-403、409。

即蚡冒之武力。[226]

　　蕭旭（20170605）：「闔」從門豕聲，「豕」異體作「彖」。《說文》：「彖，豕也，從互從豕，讀若弛。」「地」字或作「墜」、「壄」，從豕得聲，字又作「墬」、「墜」，「彖」誤作「象」。簡文闔讀為馳，奔也。《史記・秦本紀》：「馳冒晉軍。」[227]

　　許文獻（20170606）：字或可釋從象得聲，疑可讀為「馳」，「馳」字上古音屬定母歌部，與「象」、「它」、「地」、「施」與「弛」等字，俱韻近可通，而「馳」字在此可訓作「車馬疾行」，簡文「馳冒兵刃」或可引申作「疾速力克兵刃或荊棘」之意。[228]

　　一上示三王（20170608）：頗疑「豕」是「豕」之訛，字原當作「闟」，從門豕聲，讀若觸。「△冒」即「觸冒」。「觸冒」古書常見，《後漢書・劉茂傳》：「茂與弟觸冒兵刃，緣山負食，臣及妻子得度死命，節義尤高。」[229]

　　林少平（20170619）：「晨闔」即文獻所說「晨門」。本指出入都邑之城門，又引申為守門之人。《論語・憲問》：「子路宿於石門。晨門曰：『奚自？』子路曰：『自孔氏。』」何晏《集解》：「晨門者，閽人也。」邢昺《疏》：「晨門，掌晨昏開閉門者，謂閽人也。」[230]

　　范常喜（201801）：結合《國語・吳語》中「日夜相繼」的記述可知，「闔」可讀作「昏」。清華簡《越公其事》中的「疃昏闔」即「踵晨昏」，晨昏相繼、以晨繼昏之義，這與《國語・吳語》中的「日夜相繼」表意完全一致，都是日夜兼程趕時間的意思。相關簡文可改釋作「孤用委命，疃（踵）昏（晨）闔（昏），冒兵刃，匍匐就君，余聽命於門」。大意為「我因此下了命令，起早貪黑，冒著兵刃，急遽地來到您這裡，以聽命於您的門前」。[231]

　　吳祺（201801）：此字當分析為從門、豕聲之字，於此似當讀為「抵」。「抵」字古有抵觸之義。《方言》卷一：「抵，會也。」郭璞注：「抵，觸抵。」簡文「闔（抵）冒兵刃」即抵觸冒犯兵刃之義。「抵冒」一詞見於典籍，如《漢書・董仲舒傳》：「使習俗薄惡，人民囂頑，抵冒殊扞，孰爛如此之甚者也。」典籍中「抵」與「觸」常可互訓，故「抵冒」亦即「觸冒」。[232]

[226] 潘燈：〈清華七《越公其事》初讀〉，武漢網，跟帖第 169、170 樓，2017.5.12（2019.11.19 上網）。

[227] 蕭旭：〈清華簡（七）校補（二）〉，復旦網，2017.6.5（2021.4.13 上網）。

[228] 許文獻：〈清華七《越公其事》簡 21「象（從門）」字補說〉，武漢網，2017.6.6（2021.4.13 上網）。

[229] 一上示三王：〈清華七《越公其事》初讀〉，武漢網，跟帖第 191 樓，2017.6.8（2019.11.19 上網）。

[230] 林少平：〈清華七《越公其事》初讀〉，武漢網，跟帖第 196 樓，2017.6.19（2019.11.19 上網）。

[231] 范常喜：《清華簡〈越公其事〉與〈國語〉外交辭令對讀札記一則》，《中國史研究》，2018 第 1 期，頁 202-203。

[232] 吳祺：〈清華簡〈管仲〉〈越公其事〉校釋三則〉，《出土文獻》第 12 輯（上海：中西書局，2018.4），頁 180。

子居（20180417）：網友一上示三王所說頗有可能，這裡可以補充個更早些的辭例，《史記·司馬相如列傳》：「夫邊郡之士，聞烽舉燧燔，皆攝弓而馳，荷兵而走，流汗相屬，唯恐居後，觸白刃，冒流矢，義不反顧，計不旋踵。」除這個可能外，筆者認為閣也可能從豕門聲，讀為冢，文獻多書為蒙，《史記·貨殖列傳》：「故壯士在軍，攻城先登，陷陣卻敵，斬將搴旗，前蒙矢石，不避湯火之難者，為重賞使也。」可與此處「閣冒兵刃」類觀。或還可以考慮閣字是從豕聲，則似可讀為抵，抵冒猶言觸冒，睡虎地秦簡《語書》：「無公正之心，而有冒抵之治。」即其辭例。[233]

何家歡（201806）：此字「門」內所從之「豕」，楚文字常作許文獻先生所說的第一類，即「頭下無橫」，如「豦（包山227）」、「豦（包山146）」，而此處字形明顯為第一類，說明此篇寫手確實承襲了西周時期的文字書寫習慣。「馳冒」，義為馳馬衝擊。[234]

沈雨馨（201904）：「閣」字義在簡文中有「冒」意。這裡閣（蒙）冒兵刃，迭（匍）遣（匐）章（就）君，確相互呼應。[235]

張新俊（201906）：簡文中的「閣」很有可能讀作「觸」或者「犯」。「閣」字與甲骨文、金文中、很有可能只是繁簡不同的關係。「閣」所從「豕」很有可能也是「豩」之省，「豩」當然也可以省作「豕」形。《集韻》有「豩」字，悲巾切，古音學家歸入幫母文部。西周金文中有「燹」字，見於衛簋等，從上下文作「燹芊馨香」看，學者們讀作「芬芳馨香」，可信。《說文》認為「豳」字從「山」、「豩」闕，現在看來，應該是以「豩」為聲的。幫母文部的「豩」，與並母談部的「犯」字，均屬雙唇音，讀音比較接近。《後漢書·郭陳列傳》：「太傅、三公奏鎮冒犯白刃，手劍賊臣，姦黨殄滅，宗廟以寧，功比劉章，宜顯爵土，以勵忠貞。」如果說「閣」讀作「犯」的話，簡文「犯冒兵刃」與《後漢書》「冒犯兵刃」的措辭是幾乎完全相同的。如果「閣」「閣」「閣」確實是一字之異體，從造字本義上說，「閣」從「門」、從三「豕」，大概會群豕往門外奔走之義，我們懷疑它是「犯門」的「犯」的本字。[236]

毛玉靜（201905）：從許文獻先生所言，從「象」之字與「施」、「弛」、「地」等讀音相近。簡文中讀為「馳」，音近可通。[237]

滕勝霖（201905）：許文獻將之讀作「馳」可從，「馳冒兵刃」意思是馳馬沖

[233] 子居：〈清華簡七《越公其事》第三章解析〉，中國先秦史網站，2018.4.17（2021.3.30上網）。
[234] 何家歡：《清華簡（柒）《越公其事》集釋》（保定：河北大學碩士論文，2018），頁20-21。
[235] 沈雨馨：《《清華大學藏戰國竹簡（柒）》集釋》（北京：首都師範大學碩士論文，2019），頁48。
[236] 張新俊：〈清華簡《越公其事》釋詞〉，收入河南大學黃河文明與可持續發展研究中心、黃河文明省部共建協同創新中心、河南省文字學會編：《第十一屆「黃河學」高層論壇暨「古文字與出土文獻語言研究」國際學術研討會論文集》（開封：河南大學，2019），頁316-325。
[237] 毛玉靜：《《清華大學藏戰國竹簡（柒）》字用研究》（合肥：安徽大學碩士論文，2019），頁101。

擊出兵刃相接之地。[238]

　　張朝然（201906）：許文獻說可從，「馳冒」義為車馬疾行衝擊。[239]

　　史玥然（201906）：整理者的意見可從，若「踵唇（閽）」意思為「登城門」，則有重複之嫌。[240]

　　王青（20191018）：「閽」當以豕（審紐、支部）為音，簡文裡當讀若「執」（照紐、緝部），審、照兩紐接正齒全清，聲紐非常接近。支、緝兩部常陽入對轉而通，所以「閽」讀若「執」，在音訓上是可以的。古語常有執兵、執銳之辭。《左傳》：「擐甲執兵」、《墨子・非攻》中篇：「奉甲執兵」、《墨子・魯問》：「被堅執銳救諸侯之患」，皆為其例。[241]

　　吳祺（201911）：范常喜認為此段簡文與《吳語》之「孤日夜相繼，葡匐就君……為使者之無遠也，孤用親聽命於藩籬之外」可相合觀，從而將簡文重新斷讀如下：「孤用医（委）命，蟑唇閽，冒兵刃，达（葡）遒（匐）憙（就）君，余聖（聽）命於門」。又將簡文「蟑唇閽」讀為「踵晨昏」，解釋為「晨昏相繼、以晨繼昏之義」，《吳語》之「日夜相繼」義同。范常喜之說有《吳語》的文獻證據，當可信從。由此可知，簡文「閽」分析為從「門」得聲之字當無疑問。[242]

　　吳萱萱（20200630）：我們或許可將「閽冒」理解為觸冒，將「閽冒兵刃」理解為以兵刃抵觸。[243]

　　江秋貞（202007）：故筆者認為，排除聲韻不合及缺乏有力的文獻佐證者，就以蕭旭、許文獻釋做「馳冒」一詞及一上示三王的「觸冒」一詞比較接近「閽冒兵刃」的涵意。「馳冒」和「觸冒」在聲韻上及詞例上都有證據，但是「鬥」字要讀為「馳」或「觸」似乎還要更多楚文字的例子來證明才好。筆者認為「馳冒／觸冒」在簡文此處的意思是「以性命抵觸」之意較為通順。[244]

---

[238] 滕勝霖：《《清華大學藏戰國竹簡（柒）》集釋及相關問題研究》（重慶：西南大學碩士論文，2019），頁245。

[239] 張朝然：《清華簡《越公其事》集釋及相關問題初探》（石家莊：河北師範大學碩士論文，2019），頁29。

[240] 史玥然：《清華簡《越公其事》集釋及其漢字教學設計》（太原：山西大學碩士論文，2019），頁31。

[241] 王青：〈清華簡《越公其事》補釋〉，收入華東師範大學歷史學系編：《出土文獻與商周社會學術研討會會議論文集》（上海：華東師範大學歷史學系，2019），頁324。

[242] 吳祺：《戰國竹書訓詁方法探論》（上海：華東師範大學博士論文，2019），頁317-318。

[243] 吳萱萱：《《越公其事》中句踐滅吳故事考論》（杭州：杭州師範大學碩士論文，2020），頁15-16。

[244] 江秋貞：《《清華大學藏戰國竹簡（柒）・越公其事》考釋》（臺北：臺灣師範大學博士論文，2020），頁241-243。江秋貞：《《清華大學藏戰國竹簡（柒）・越公其事》考釋》（臺北：花木蘭文化事業公司，2022），頁200-203。

佑仁謹案：
我們先將各家說法整理如下：

提出者	釋讀	聲符	意見	支持者
原整理者	闌	未說明	《玉篇》：「闌，門也。」	史玥然
趙嘉仁	闌（蒙）	門	从豕、門聲，讀「蒙」，訓為頂著、冒著。	郭洗凡、沈雨馨、子居
難言	闌（突？）	未說明	疑為「突」字異體	
悅園	闌（逐）	未說明	疑讀為「逐」，「逐冒」指追逐。	
易泉	闌（蹈）	豕	讀作「蹈」，訓作踐踏。	
王寧	闌（奮、歔）	門、豙	「闌」之「豕」疑為「豙」之省，若「豙」為聲符則讀可「奮」；若綴加門聲，則可讀「歔」。	
黔之菜	闌（坴）	豙	「闌」从門豙聲，「豙」省成「豕」，讀為「坴」。「坴冒」指觸犯。	
蕭曉暉	闌（觸）	豕	「闌」所從的「豕」是「豕」的混形，讀為「觸」，指抵拒。	
潘燈	闌（坴）	豙	釋字從黔之菜，但將「坴冒」理解為楚厲王之名。	
蕭旭	闌（弛／馳／隆／墜）	豕	「豕」異體作「彖」，讀若「弛」，故「闌」讀為馳，奔也。	
許文獻	闌（馳）	彖	讀「馳」，「馳冒」訓為「疾速力克」。	何家歡、毛玉靜、滕勝霖、張朝然
一上示三王	闌	豕	「闌冒」即「觸冒」。	子居
林少平	闌（門）	門	晨闌，即邢昺《疏》：「晨門，掌晨昏開閉門者，謂閽人也。」	
范常喜	闌（昏）	門	「闌」可讀作「昏」，「踵晨昏」指晨昏相繼、以晨繼昏之義。	吳祺（二）

吳祺（一）	閣（抵）	豕	讀為「抵」，訓為抵觸，「抵冒」亦即「觸冒」。	吳萱萱[245]
張新俊	閣（觸／犯）	�	疑「閣」、「閣」、「閣」為一字之異體。簡文可讀作「觸」或者「犯」。	
王青	閣（執）	豕	古語常有執兵、執銳之辭。	
江秋貞	閣（馳／觸）	豕	讀「馳冒」或「觸冒」比較理想，但仍須更多楚文字例證。簡文此處乃指「以性命抵觸」。	

「閣」字原整理者僅隸定並舉《玉篇》的「閣」字，未有詳細訓讀。趙嘉仁認為字從豕門聲，讀作「蒙」，但從他所舉的「蒙荊棘」、「冒蒙荊棘」等古籍用例來看，「蒙」所膺受的對象是有芒刺的植物[246]，和簡文的兵刃不同。范常喜、王寧、林少平 都認為字從「門」聲，並主張「蹱（踵）晷（晨）閣（昏）」當對應《國語・吳語》的「日夜相繼」。不過，細審《國語・吳語》文例，該段話是夫差在與晉爭盟主時，對晉國大臣董褐所說的話，時空背景與簡文並不相同，雖然二例後半都接「匍匐就君」，但是沒有本處「閣」字非讀「昏」不可的積極證據。

就字論字，「𢿑」應該隸定作「閣」比較理想，第二章簡 14「母（毋）乃豕戲（鬥）」的「豕」就寫成「𢿑」，與本處「門」字下的構形完全一樣。古文字中有「閣」字，見「𬮱」（婦閣甗，《集成》00922）、「𬮱」與「𬮱」（婦閣卣，《集成》05350）、「𬮱」（婦閣鼎，《集成》02403）、「𬮱」與「𬮱」（婦閣爵，《集成》09092）、「𬮱」（婦閣罍蓋，《集成》09820）、「𬮱」（婦閣斝，《集成》09246），該字又可以寫成「閣」，見「𬮱」、「𬮱」（《合集》26927），它們應該與本處的「閣」有關。清華玖《禱辭》簡 15 亦有「𣪊」字，右下角有重文符號，原整理者讀為「紛紛」，並指出「閣，見於清華簡《越公其事》，由甲骨文與之相關的字從豙來看，此字或可分析為從門，豙省聲，讀為『紛』。《說文》有『閣』，常假借作『紛』，或與此字有關。」[247]筆者認為《禱辭》原整理

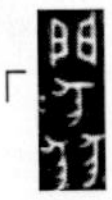

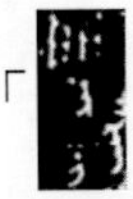

---

245 吳萱萱：《《越公其事》中句踐滅吳故事考論》（杭州：杭州師範大學碩士論文，2020），頁 15-16。

246 趙嘉仁：〈讀清華簡（七）散札（草稿）〉，復旦網「學術討論」，2017.4.24（2017.6.22 上網）。

247 清華大學出土文獻研究與保護中心編、李學勤主編：《清華大學藏戰國竹簡（玖）》（上海：中西書局，2019.11），頁 187。

者的說法有道理，先秦古文字學中有單、複數不別的現象，故「闖」、「闘」、「闘」可視為一字之異體，諸字應理解為從「門」、「豕」聲，依張新俊讀為「犯」，「犯冒」即「冒犯」，意為冒著、頂著或不顧，《呂氏春秋・禁塞》「犯流矢，蹈白刃」或《後漢書・郭陳列傳》「太傅、三公奏鎮冒犯白刃」，其「冒犯白刃」的用法與簡文相同。

〔22〕 达（匍）邁（匐）臱（就）君，余聖（聽）命於門

达	邁	臱	君	余	聖	命
达	邁	臱	君	余	聖	命

於	門
於	門

原整理者（201704）：达邁，讀為「匍匐」。《詩・生民》「誕實匍匐，克岐克嶷，以就口食」，朱熹《集傳》：「匍匐，手足並行也。」《國語・吳語》：「王覺而無見也，乃匍匐將入於棘闈，棘闈不納。」[248]

子居（20180417）：對照《國語・吳語》的「吳王親對之曰：……徒遽來告。孤日夜相繼，匍匐就君。……孤用親聽命於藩籬之外。」即不難看出，《越公其事》第三章作者在此段「用使徒遽趨聽命……孤用委命竦震，蒙冒兵刃，匍匐就君，余聽命於門。」中顯然借鑒了《吳語》中吳王對話內容，不惟用詞、句意相似，且「徒遽」于傳世文獻僅見稱於《吳語》，他書則往往作「傳遽」或「遽傳」，「匍匐就君」一句《越公其事》與《吳語》也完全相同，故二者關係可謂明顯。[249]

滕勝霖（201905）：「达」讀作「匍匐」可從。「邁」，「備」字異體，匍字或從「女」如：「𤖗」（《郭店・語叢一》簡94）。「匍匐」猶爬行，「就」義為往某處去，「匍匐就君」婉辭，「聽命」猶從命，意思是爬行著到您這裡，我聽命於您門下。[250]

江秋貞（202007）：「匍匐」為「手足並行」及之意。在簡文此處含有伏首稱臣之意。[251]

[248] 李學勤主編：《清華大學藏戰國竹簡（柒）》（上海：中西書局，2017），頁125。
[249] 子居：〈清華簡七《越公其事》第三章解析〉，中國先秦史網站，2018.4.17（2021.3.30上網）。
[250] 滕勝霖：《《清華大學藏戰國竹簡（柒）》集釋及相關問題研究》（重慶：西南大學碩士論文，2019），頁245。
[251] 江秋貞：《《清華大學藏戰國竹簡（柒）・越公其事》考釋》（臺北：臺灣師範大學博士論文，2020），頁244-245。江秋貞：《《清華大學藏戰國竹簡（柒）・越公其事》考釋》（臺北：花木蘭文化事業公司，2022），頁203-204。

佑仁謹案：

簡文「迖（匍）遘（匐）」從原整理之說。「就」指主動拜訪某人，上博七《平王問鄭壽》簡1云：「景平王就鄭壽」，上博七《鄭子家喪》簡1：「莊王就大夫而與之言」，上博九《陳公治兵》簡9：「陳公乃就軍執事人」，均是其例[252]。

「聽命」指聽從命令，又見上博五《姑成家父》簡8。「門」指門口、門外，《論語・憲問》：「子擊磬於衛，有荷蕢而過孔氏之門者。」此處是夫差敘述他即便在吳越短兵相接時，仍千辛萬苦試圖能夠面見句踐，卑微地在門外等候句踐的命令。

〔23〕　君不尚新（親）有募（寡）人

君	不	尚	新	有	募	人

原整理者（201704）：不尚，讀為「不嘗」，不曾。《史記・刺客列傳》：「於是襄子乃數豫讓曰：『子不嘗事范、中行氏乎？』」有，通「右」，佑助。《墨子・非命下》「天有顯德，其行甚章」，孫詒讓《閒詁》引莊述祖曰：「『有』當為『右』，助也。」[253]

石小力（20170426）：「有」當讀為寬宥、赦宥之「宥」，《左傳》莊公二十二年「幸若獲宥」，杜預注：「宥，赦也。」「親宥寡人」與簡15「孤敢脫辠於大夫」正相對應。本句大意是越王過去不曾親自寬宥寡人，卻反而拋棄寡人，毀棄宗廟，登處於會稽之山。這是吳王的外交辭令，本應是吳王赦免越王，卻說成越王赦宥自己。[254]

悅園（20170428）：「尚」如字讀即可，不尚，不以……為尚。[255]

zzusdy（20170503）：「親」與「有」連，且與「荒棄」相對，此「有」也可能不破讀。「有」，有「親」、「善」的意思，如《左傳》「是不有寡君也」，注：「有，相親有。」（參看《匯纂》P1053，或《經義述聞》「我尚有之」、「我皇多有之」條，《通說》部分「有」條）這與前面「匍匐就君」、「聽命於門」也相承應（吳王是「熱臉貼了冷屁股」，越王拋棄宗廟躲進會稽不接見）[256]

汗天山（20170505）：這種義項的「有」大概是與「友善」之「友」同源？[257]

---

[252] 關於楚簡「就」字的用法，可參高佑仁《上博楚簡莊、平、靈三王研究》（臺南：成功大學博士論文，2011.11），頁201-203。

[253] 李學勤主編：《清華大學藏戰國竹簡（柒）》（上海：中西書局，2017），頁125。

[254] 石小力：〈清華七《越公其事》初讀〉，武漢網，跟帖第45樓，2017.4.26（2019.11.19上網）。
石小力：《清華簡第七冊字詞釋讀箚記》，《出土文獻》第11輯（上海：中西書局，2017.10），頁244。

[255] 悅園：〈清華七《越公其事》初讀〉，武漢網，跟帖第78樓，2017.4.28（2019.11.19上網）。

[256] zzusdy：〈清華七《越公其事》初讀〉，武漢網，跟帖第142樓，2017.5.3（2019.11.19上網）。

[257] 汗天山：〈清華七《越公其事》初讀〉，武漢網，跟帖第144樓，2017.5.5（2019.11.19上網）。

王寧（**20170505**）：可能讀「親友」是，即《漢書・楚元王傳》「與相親友」的「親友」，動詞。[258]

何家歡（**201806**）：網友 zzusd 說是。「親有」與「荒棄」對文，乃為反義相對。「荒棄」連言，見於《尚書・蔡仲之命》：「汝往哉，無荒棄朕命。」孔傳：「無廢棄我命。」可知荒棄二字同義連言，則親有二字亦為同義連言。《尚書・秦誓》：「番番良士，旅力既愆，我尚有之。」王引之《經義述聞》引王念孫曰：「有之，謂親之也。古者謂相親曰『有』。」可資比勘。[259]

滕勝霖（**201905**）：「親有」，義為親熱友愛。《左傳・昭公二十年》：「是不有寡君也」，杜預注：「有，相親有。」《周易・大有・象上傳》：「火在天上，大有」，清・焦循章句：「有，親有也。」《經義述聞・尚書》「我尚有之」條，王引之按：「古者謂相親曰有。」[260]

張朝然（**201906**）：網友zzusdy的觀點可從。「有」字在此處不必破讀，即「親、善」之義。「親有」與後面「荒棄」、「圮墟」對文。荒、棄和圮、墟皆為同義詞連用，故「親」和「有」也為同義詞。[261]

吳萱萱（**20200630**）：無論「有」的釋義為何，當其與之後的「抑荒棄孤」相組合時，都能反映出吳王將越國的落敗逃離美化為越國對吳國的有意疏遠。在吳國的攻擊下，越王句踐無奈「懷虛宗廟」，而棲身於會稽。[262]

江秋貞（**202007**）：季師以為，「不嘗」、「嘗」基本上都是說的過去發生的事，而本章此句講的是夫差當下與越國的交涉，在這樣的交涉中插入一句「越公過去不曾……」，應該是不太合理的。「尚」有「願」、「希望」的意思。《毛詩・小雅・菀柳》「有菀者柳、不尚息焉」、「有菀者柳、<u>不尚愒焉</u>」，季師採用馬瑞辰《毛詩傳箋通通釋》釋「菀」為菱葸（枯菱），全句的意思是「枯菱的柳樹，人們<u>不願意</u>在其下休息」（次句義同）。

如果接受這個解釋，此處的「有」，zzusdy認為有「親」、「善」的意思，王寧也順勢補充了「有」和「友」通假的證明，其說當然可從。但季師以為語意太弱，石小力認為「有」當讀為寬宥、赦宥之「宥」，應該才是最好的解釋。本章是吳王夫差以認錯的態度，詳細說明由於「無良邊人稱發怨惡」，因此導致「交鬥吳越」，夫差決定「棄惡周好」，語氣態度極其謙卑，但是越王卻「不願意親宥寡人」，

---

[258] 王寧：〈清華七《越公其事》初讀〉，武漢網，跟帖第 145 樓，2017.5.5（2019.11.19 上網）。
[259] 何家歡：《清華簡（柒）《越公其事》集釋》（保定：河北大學碩士論文，2018），頁 22。
[260] 滕勝霖：《《清華大學藏戰國竹簡（柒）》集釋及相關問題研究》（重慶：西南大學碩士論文，2019），頁 246-247。
[261] 張朝然：《清華簡《越公其事》集釋及相關問題初探》（石家莊：河北師範大學碩士論文，2019），頁 30。
[262] 吳萱萱：《《越公其事》中句踐滅吳故事考論》（杭州：杭州師範大學碩士論文，2020），頁 16。

即不肯親近、寬宥我。[263]

佑仁謹案：

「尚」字從季旭昇師之說，學界多遵照原整理者將「不尚」讀為「不嘗」，也就是「不曾」之意，此處夫差說句踐「不曾親有寡人」，與後文的「荒棄孤」、「背去宗廟」諸語不協調。「尚」的古訓有願、希望之意，《爾雅・釋言》：「庶幾，尚也」邢昺疏說：「尚，謂心所希望也。」[264]《漢書・敘傳上》：「尚粵其幾」顏師古注：「尚，願也。」[265]《經傳衍釋》卷九：「尚，庶幾也，……尚訓庶幾。庶幾則為幸詞。《左傳》文十八年：尚無及期。言幸無及出師之期也。」[266]《助字辨略・卷四》云：「幸，冀幸也，義與庶幾相近。《漢書・高帝紀》：諸侯王幸以為便於天下之民，則可矣。《文帝紀》：願大王幸聽臣等。」[267]沈培指出「『尚』含有明顯的『希望』義，但這種『希望』準確地說是一種『冀幸』」。[268]「不尚」即不願、不希望，這個解釋比「不嘗」要來的更加文通字順。

「新有」，原整理者讀「親右」，訓「右」為助。石小力讀為「親宥」指親自寬宥。zzusdy認為「有」亦有「親」、「善」的意思，王寧讀「親友」，理解為動詞。滕勝霖認為「親有」義為親熱友愛。筆者比較傾向zzusdy、王寧、滕勝霖等人之說，讀成「親有」（或讀「親友」亦可），指親愛友好。

〔24〕𢓜（抑）犴（荒）弃（棄）孤

𢓜	犴	弃	孤

原整理者（201704）：𢓜，讀「抑」，轉折連詞。《左傳》襄公二十三年：「多則多矣，抑君似鼠。」犴弃，讀為「荒棄」，廢棄。[269]

子居（20180417）：「犴」可讀為「遐」，《周南・汝墳》：「既見君子，不我遐棄。」毛傳：「遐，遠也。」鄭箋：「知其不遠棄我而死亡。」是「犴棄」即「遠

263 江秋貞：《〈清華大學藏戰國竹簡（柒）・越公其事〉考釋》（臺北：臺灣師範大學博士論文，2020），頁248-249。江秋貞：《〈清華大學藏戰國竹簡（柒）・越公其事〉考釋》（臺北：花木蘭文化事業公司，2022），頁207-208。

264 （晉）郭璞注，（宋）邢昺疏，李學勤主編：《十三經注疏・爾雅注疏》（北京：北京大學出版社，2000），頁65-66。

265 （漢）班固撰，（清）王先謙補注：《漢書補注》（上海：上海古籍出版社，2008），頁6253-6254。

266 （清）吳昌瑩：《經傳衍釋》（北京：中華書局，1983），頁185。

267 （清）劉淇著，章錫琛校注：《助字辨略》（北京：中華書局，1983），頁231-232。

268 沈培：〈周原甲骨文裡的「囟」和楚墓竹簡裡的「囟」或「思」〉，《漢字研究》第1輯（北京：學苑出版社，2005），頁361-362。

269 李學勤主編：《清華大學藏戰國竹簡（柒）》（上海：中西書局，2017），頁125。

棄」。[270]

吳德貞（201805）：「荒棄」見於《尚書‧蔡仲之命》：「嗚呼！小子胡，汝往哉！無荒棄朕命！」[271]

張富海（20181117-18）：整理者讀為訓廢的「荒」，可從。「荒棄」猶《尚書‧盤庚上》「無荒失朕命」之「荒失」。[272]

韋婷（202001）：「犿」宜讀作「遑」，訓作暇。如《詩‧小雅‧小弁》「不遑假寐」「遑恤我後」、《詩‧小雅‧何人斯》「亦不遑舍」「遑脂爾車」等諸句，舊注並訓「遑」為「暇也」。「遑棄」的意思相當於傳世文獻中的「暇棄」，如《詩‧國風‧汝墳》：「既見君子，不我遐棄？」《書‧胤征》：「俶擾天紀，遐棄厥司。」綜上，「君不尚（嘗）新（親）有（有）募（寡）人，旦（抑）犿棄孤」的意思是越王未曾與我相親，然而有暇放棄我？若這樣理解，不僅使「抑」充當轉折連詞的用法有了著落，且表現了吳王委婉地同意越國求和的請求。[273]

江秋貞（202007）：「旦」即「卬」，原考釋認為轉折連詞，表示前後兩項相對，情況相反，在這裡語境不合，原考釋不可從。筆者認為這裡「抑」應該作副詞，用於後一分句，表示有了上一分句敘述的情況，就有後一分句表述的結果，例如：《國語‧魯語下》：「若盟而棄魯侯，信抑闕矣。」越王不肯寬宥吳王，就「荒棄」了他。「犿」字從「亡」聲，上古音在微母陽部，原考釋釋「荒」上古音在曉母陽部，兩字聲韻可通。[274]

陳一（202203）：《越公其事》兩處亦當讀為「怋」，《說文‧民部》：「怋，民也。」簡21「抑」訓為辱，俞樾《諸子平議‧墨子一》：「皆於其國抑而大醜也。」下按：「抑之言屈抑也。」《文選‧李康〈運命論〉》：「其身可抑。」呂延濟注：「抑，辱。」「抑怋棄孤」意為「使百姓受辱，又捨棄寡人。」或可訓為滅沒、死亡，《淮南子‧本經》：「民之滅抑天隱。」高誘注：「抑，沒也。」結合語境，「抑怋棄孤」則意為「不顧百姓死活，又捨棄寡人。」[275]

佑仁謹案：

「旦」原整理者讀成「抑」，轉折連詞，江秋貞認為「抑」應該作副詞，陳一則讀為「抑」訓為辱。「抑」在本句中居起頭位置，當理解為連接詞，而非副詞。

---

[270] 子居：〈清華簡七《越公其事》第三章解析〉，中國先秦史網站，2018.4.17（2021.3.30 上網）。

[271] 吳德貞：《清華簡《越公其事》集釋》（武漢：武漢大學碩士論文，2018），頁39。

[272] 張富海：〈讀清華簡《越公其事》札記一則〉，《紀念清華簡入藏暨清華大學出土文獻研究與保護中心成立十周年國際學術研討會論文集》，2018.11.17-18，頁454、456。

[273] 韋婷：〈清華簡研讀零札三則〉，《簡帛研究》2019秋冬卷（桂林：廣西師範大學出版社，2020），頁31-32。

[274] 江秋貞：《《清華大學藏戰國竹簡（柒）‧越公其事》考釋》（臺北：臺灣師範大學博士論文，2020），頁250-251。江秋貞：《《清華大學藏戰國竹簡（柒）‧越公其事》考釋》（臺北：花木蘭文化事業公司，2022），頁209-210。

[275] 陳一：《清華簡（柒）》疑難字詞補釋》（天津：天津師範大學碩士論文，2022），頁98。

陳一認為「抑」當訓為辱，但古籍中這種用法非常罕見，他所依據的書證是《文選》的李康〈運命論〉：「其身可抑。」呂延濟注：「抑，辱。」李康〈運命論〉原文作「故遇之而不怨，居之而不疑也。其身可抑，而道不可屈；其位可排，而名不可奪。」[276]筆者認為「抑」與「屈」對文，二者意義應該相近，這裡的「屈」應該理解為委屈，「抑」當是壓抑，呂延濟訓「抑」為「辱」不夠精確，「抑屈」成詞見王充《論衡·自紀》：「不為上所知，貶黜抑屈，不恚下位。」[277]《後漢書·彭寵傳》：「而其妻素剛，不堪抑屈，固勸無受召。」[278]

簡文「犿弃」，原整理者讀「荒棄」，子居讀「逭棄」即「遠棄」，不過他並沒有舉證「犿」與「逭」的古音聯繫，「犿」明紐陽部，「逭」匣紐魚部，通假也不是完全不可能，但比較輾轉曲折。韋婷讀「遐棄」，認為意思相當於文獻中的「暇棄」，她將「暇棄孤」解釋成「有暇放棄我」，裘錫圭曾經指出《詩經·周南·汝墳》的「不我遐棄」，是代詞賓語提前的否定句，如賓語不提前，應作「不遐棄我」，他認為「『遐』所代表的，顯然是一個意義較虛的詞，而且去掉之後，對句意沒有明顯的影響。」、「我們初步認為『遐』、『弗遐』大體上相當於現代漢語的『沒』」[279]，可見「暇棄孤」不能解釋成「有暇放棄」。總之，將「犿」讀為「遐」再通為「暇」，整體來說轉了比較多層，筆者認為原整理者讀「荒棄」最為簡單直接，文意也能通順流暢。

〔25〕 怀（背）虛（去）宗宙（廟）

怀	虛	宗	宙

原整理者（201704）：怀，讀為「圮」。《書·堯典》「方命圮族」，孔傳：「圮，毀。」虛，讀為「墟」，毀為廢墟。《墨子·非攻中》：「今萬乘之國，虛數於千，不勝而入。」圮、墟，同義詞連用。[280]

耒之（20170427）：下文言「孤用入守於宗廟，以須使人」，如果勾踐將宗廟毀為廢墟，就不能再有下文「入守於宗廟」了，可商。疑「怀」讀為「背」，二字古書屢見通假，可以通用，「虛」勿煩破讀，用為本字，「背虛」就是拋棄使虛空的意思，「背虛宗廟」與「播棄宗廟」、「委去其邦」意思相類。[281]

易泉（20170501）：「怀虛宗廟」，虛如字讀可從。「虛宗廟」之說，見於《荀子·解蔽》：「故群臣去忠而事私，百姓怨非而不用，賢良退處而隱逃，此其所以

276 （梁）蕭統編，（唐）李善等注：《六臣注文選》（北京：中華書局，2012），頁983。

277 黃暉：《論衡校釋（附劉盼遂集解）》（北京：中華書局，1990），頁1191。

278 （劉宋）范曄撰，（唐）李賢等注：《後漢書》（北京：中華書局，1973），頁503。

279 裘錫圭：《裘錫圭學術文集·金文及其他古文字卷》（第三卷）（上海：復旦大學出版社，2012），頁112。

280 李學勤主編：《清華大學藏戰國竹簡（柒）》（上海：中西書局，2017），頁125。

281 耒之：〈清華七《越公其事》初讀〉，武漢網，跟帖第52樓，2017.4.27（2019.11.19上網）。

喪九牧之地，而虛宗廟之國也。」[282]

　　林少平（**20170506**）：「怀虛」當讀作「背去」，與簡四「播棄宗廟」之「播棄」近義。[283]

　　陳劍（**20170524**）：讀作「倍虛」。[284]

　　蕭旭（**20170605**）：「虛」、「墟」古今字，整理者所釋亦不誤，不是「虛空」義。怀，讀為仆，字亦作踣，倒覆也。[285]

　　吳德貞（**201805**）：可從石小力先生讀為「背虛」。整句話「君不尚……棲於會稽」的主語都是「君（指越王）」，越國不可能自己毀壞宗廟。這段話主要意思是吳王控訴越王不親近自己，拋棄宗廟，棲於會稽。屬外交辭令，美化吳國入侵越國。[286]

　　何家歡（**201806**）：「倍虛」，「倍」即「背棄」，「虛」用作使動，即「使……虛空」，「倍虛宗廟」，大義為：背棄宗廟，使之虛空無人供奉。[287]

　　沈雨馨（**201904**）：從林少平意見，同前文「播棄宗廟」就是背棄宗廟。[288]

　　滕勝霖（**201905**）：「怀」，從人不聲，「倍」之異體，在楚簡多讀「背」，「背」，義為離去，《荀子·解蔽》：「背而走」，楊倞注：「背，棄去也。」《孫子·九地》：「背城邑多者」，杜佑注：「背，去也。」「虛」如字讀，空也。「背虛宗廟」意思是離棄宗廟，使其空着。[289]

　　張朝然（**201906**）：末之說可從。怀，當讀為「背」，表拋棄，離開之義。虛，則如字讀，「虛」字後加名詞，可表使虛空。[290]

　　江秋貞（**202007**）：簡文的「怀虛宗廟」的「怀虛」應該是如「大位虛曠，社稷無主」之意，如唐令狐德棻《周書·卷四帝紀第四》：「今 <u>大位虛曠，社稷無主</u>。朕兒幼稚，未堪當國。」吳王此說應該是指越公逃離自己的國家，使國家社稷的大位空虛無君。各家的解釋大致是朝向「拋棄宗廟」這個意思，讀為「背虛」、「背去」、「倍虛」，大抵都是這個意思，今以「背去」語義明白，音韻、書證

---

[282] 易泉：〈清華七《越公其事》初讀〉，武漢網，跟帖第 117 樓，2017.5.1（2019.11.19 上網）。

[283] 林少平：〈清華七《越公其事》初讀〉，武漢網，跟帖第 162 樓，2017.5.6（2019.11.19 上網）。

[284] 陳劍：〈《越公其事》殘簡 18 的位置及相關的簡序調整問題〉，復旦網，2017.5.24（2020.11.17 上網）。

[285] 蕭旭：〈清華簡（七）校補（二）〉，復旦網，2017.6.5（2021.4.13 上網）。

[286] 吳德貞：《清華簡《越公其事》集釋》（武漢：武漢大學碩士論文，2018），頁 39。

[287] 何家歡：《清華簡（柒）《越公其事》集釋》（保定：河北大學碩士論文，2018），頁 23。

[288] 沈雨馨：《《清華大學藏戰國竹簡（柒）》集釋》（北京：首都師範大學碩士論文，2019），頁 49。

[289] 滕勝霖：《《清華大學藏戰國竹簡（柒）》集釋及相關問題研究》（重慶：西南大學碩士論文，2019），頁 248。

[290] 張朝然：《清華簡《越公其事》集釋及相關問題初探》（石家莊：河北師範大學碩士論文，2019），頁 31。

具全，採用「背去」一讀。[291]

白於藍、岳拯士（202006）：「伓」當讀作「崩」。「伓」從「不」聲，「崩」從「朋」聲，上古音「不」為幫母之部字，「朋」為並母蒸部字。《周易・塞》：「九五：大塞朋來。」上博簡本《周易》「朋」作「不」，即其證。《詩・魯頌・閟宮》：「不虧不崩。」鄭玄《箋》：「虧、崩，皆謂毀壞也。」《呂氏春秋・慎大》：「國人大崩。」高誘《注》：「崩，壞散。」《莊子・人間世》：「為崩為蹶。」成玄英《疏》：「崩，壞也。」簡文之「伓（崩）」當即此義。[292]

吳萱萱（20200630）：句踐「伓虛宗廟」，含句踐拋棄宗廟之意。雖然「伓」與「虛」可能並無「毀為廢墟」的意思，但這並不意味著越國宗廟在吳國的入侵之下能倖免於難。[293]

陳一（202203）：伓，讀為「背」，訓為棄，《荀子・解蔽》：「背而走。」楊倞注：「棄去也。」虛，《逸周書・文政》：「充虛為害。」孔晁注：「國無人謂之虛也。」「背虛宗廟」意為「拋棄空置宗廟（國家）。」與前文之「播棄宗廟」意義相同。[294]

佑仁謹案：

原整理者釋作「圮墟宗廟」，指讓宗廟毀為廢墟，秉之提出駁議，若句踐毀壞宗廟，那麼後文夫差要如何「入守於宗廟」之？所言有理。秉之讀作「伓（背）虛」，依據這個說法可以將簡文理解為「拋棄空置宗廟」（參陳一之說），此說的優點是通假方式最簡易直接，在楚簡中即可找到通假例證，缺點則是「背虛」搭配成詞，總讓人感到不夠妥貼。易泉舉出「虛宗廟」見《荀子・解蔽》：「此其所以喪九牧之地，而虛宗廟之國也。」細審文例，其意是讓宗廟之國成為廢墟，這裡的「虛」並非空虛之意。

林少平讀作「背去」，此說的優點是《東觀漢記・列傳七・梁商》有「背去」一詞的書證，語意清楚妥貼。江秋貞已經提到「《漢字通用聲素研究》頁396也有『虎通去』的例子」[295]，馬王堆帛書中表示星宿名的{虛}共見27例，其中11例作「虛」，16例則寫成「去」[296]，既然「虛」讀成「去」在漢代中已經出現，

---

[291] 江秋貞：《《清華大學藏戰國竹簡（柒）・越公其事》考釋》（臺北：臺灣師範大學博士論文，2020），頁252-253。江秋貞：《《清華大學藏戰國竹簡（柒）・越公其事》考釋》（臺北：花木蘭文化事業公司，2022），頁210-211。

[292] 白於藍、岳拯士：〈清華簡《越公其事》校釋（六則）〉，《中國文字》總第3期（2020.6），頁182-184。

[293] 吳萱萱：《《越公其事》中句踐滅吳故事考論》（杭州：杭州師範大學碩士論文，2020），頁16。

[294] 陳一：《清華簡（柒）》疑難字詞補釋》（天津：天津師範大學碩士論文，2022），頁98-99。

[295] 江秋貞：《《清華大學藏戰國竹簡（柒）・越公其事》考釋》（臺北：臺灣師範大學博士論文，2020），頁252。江秋貞：《《清華大學藏戰國竹簡（柒）・越公其事》考釋》（臺北：花木蘭文化事業公司，2022），頁210。

[296] 陳怡彬：《馬王堆簡帛用字研究》（上海：華東師範大學博士論文，2020.4），頁79。

那麼或許也能夠套用在楚簡的材料。

綜合各方面的判斷，筆者比較贊成林少平讀成「伓（背）虛（去）」之說，指離開宗廟。

〔26〕 陟柿（棲）於會旨（稽）

陟	柿	於	會	旨

原整理者（201704）：柿，讀為「棲」。「帀（師）」與「妻」皆齒音脂部。[297]

黃人二（20170602）：「陟」即「升」、「登」之意。[298]

子居（20180417）：《說文·𨸏部》：「陟，登也。」會稽為山名，因此稱「陟」。[299]

毛玉靜（201905）：棲，有「逃竄」之意。[300]

滕勝霖（201905）：「柿」從木帀聲，「柿」「棲」均心紐脂部可通，「陟棲於會稽」意思是「登上停留在會稽山上」。[301]

佑仁謹案：

原整理者讀「柿」為「棲」可信，筆者補一例通假書證，《左傳·文公十六年》「及齊侯盟于郪丘」，《穀梁傳》「郪丘」作「師丘」[302]。

「棲」可理解為據山而居，《國語·越語上》：「越王句踐棲於會稽之上。」韋昭注：「山處曰棲」[303]，《史記》：「越王乃以餘兵五千人保棲於會稽」，裴駰《史記集解》云：「杜預曰：『上會稽山也。』索隱鄒誕云：『保山曰棲，猶鳥棲於木以避害也，故《六韜》曰：『軍處山之高者則曰棲』」[304]，《越絕書·外傳記地傳》「會稽山上城者，句踐與吳戰，大敗，棲其中。」[305]會稽山麓地勢較高，如鳥棲高樹，故登山而處亦可曰「棲」。簡文是說句踐兵敗後登上會稽山麓，此處地勢高聳，易守難攻。

---

[297] 李學勤主編：《清華大學藏戰國竹簡（柒）》（上海：中西書局，2017），頁 125。

[298] 黃人二：〈關於清華簡（柒）疑難字詞的數則釋讀〉，收入靜宜大學中國文學系編：《第二屆漢文化學術研討會暨學生論文競賽——「漢文化研究的新知與薪傳」會議論文抽印本》（臺中：靜宜大學中國文學系，2017.6.2-3），頁 10。

[299] 子居：〈清華簡七《越公其事》第三章解析〉，中國先秦史網站，2018.4.17（2021.3.30 上網）。

[300] 毛玉靜：《《清華大學藏戰國竹簡（柒）》字用研究》（合肥：安徽大學碩士論文，2019），頁 120。

[301] 滕勝霖：《《清華大學藏戰國竹簡（柒）》集釋及相關問題研究》（重慶：西南大學碩士論文，2019），頁 248。

[302] 高亨、董治安編纂：《古字通假會典》（濟南：齊魯書社，1997），頁 561。

[303] （三國吳）韋昭注，徐元誥集解：《國語集解》（北京：中華書局，2002），頁 567。

[304] （西漢）司馬遷撰，（南朝宋）裴駰集解，（唐）司馬貞索引、張守節正義：《史記》（北京：中華書局，2014），頁 2100。

[305] 李步嘉：《越絕書校釋》（北京：中華書局，2013），頁 225。

〔27〕　孤或（又）志（恐）亡（無）良僕馭（御）猭（施）火於雩（越）邦

孤	或	志	亡	良	僕	馭
猭	火	於	雩	邦		

原整理者（201704）：猭，疑讀為「燃」。燃火，猶縱火。[306]

馬楠（20170423）：猭，疑即梯字，讀為次第之第。猭火猶云改火。上句說越國已經圮虛宗廟，陳師會稽，所以吳王辭令說：恐懼越國沒有良僕馭鑽燧改火（承祀宗廟），故而入守宗廟，以待使人。[307]

程燕（20170426）：猭應釋為「狄」，右上所從「弟」乃贅加聲符。「狄」，定紐錫部；「弟」，定紐脂部，二者聲同韻亦近。「逖」的《說文》古文從「易」聲，「易」可與定紐脂部的「夷」相通。「猭」可讀作「敵」，「狄」「敵」二字古通，《左傳・昭公四年》：「衛邢無難敵亦喪之。」《新序・善謀》「敵」作「狄」。「敵火」應指敵方之火。[308]

石小力（20170427）：應如程燕先生分析，即「狄」字贅加聲符「弟」之異體。疑讀為書母歌部之「施」，二字聲紐皆為舌音，韻部旁轉，讀音相近，可以通假。古書中「狄」字常見與「易」字通用，而「易」字與「施」字可以通用，如《詩・小雅・何人斯》：「我心易也。」《釋文》：「易，韓詩作施。」施火，即縱火。《荀子・大略》：「均薪施火，火就燥；平地注水，水流濕。」《墨子・備穴》：「敢問古人有善攻者，穴土而入，縛柱施火，以壞吾城，城壞，或中人為之奈何？」[309]

易泉（20170427）：「良僕馭」之「馭」讀作御，《晏子春秋》有「今子長八尺，迺為人僕御」。「良僕御」似當連皆用作名詞。如然，施火，便要理解為中性的動詞，這種情況下似指主動的去用火、管控火。還有一種情況，讀作禦，用作動詞，那麼這裡的狄（從弟）火，理解為意料外之火，包含縱火、失火，後一種情況下，從狄從弟，以弟為聲，似可讀作失。弟（脂，定），失（質，書），韻為

---

[306] 李學勤主編：《清華大學藏戰國竹簡（柒）》（上海：中西書局，2017），頁125。

[307] 參清華大學出土文獻讀書會（石小力整理）：〈清華七整理報告補正〉，清華網，2017.4.23（2021.4.13上網）。

[308] 程燕：《清華七劄記三則》，武漢網，2017.4.26（2021.4.13上網）。又見於《中國文字學會第九屆學術年會論文集》，2017.8.18-22，頁72。

[309] 石小力：〈清華七《越公其事》初讀〉，武漢網，跟帖第48樓，2017.4.27（2019.11.19上網）。
石小力：《清華簡第七冊字詞釋讀劄記》，《出土文獻》第11輯（上海：中西書局，2017.10），頁244-245。

對轉，紐皆為舌音。《古字通假會典》第 534 頁有䶉、秩通作之例。[310]

　　蔡一峰（20170501）：「㺒火」當讀「易火」，按古書中的「易火」同「改火」，一般是指古人鑽木取火會按照四季的不同選用不同木材。「火」當為宗廟祭祀之火，「易」當訓延，「易火」猶言「延火」，宗廟香火長明必須有專人負責侍奉續火，「易火」即指這類差事，宗廟火燭的燃與滅直接與邦國存亡聯繫在一起。[311]

　　馮勝君（20170502）：「㺒」當隸定作「狄」，釋為「然」，「狄火」即「然／燃火」。[312]

　　蕭旭（20170605）：「亡（無）良」成詞，某氏以「良僕馭」為詞，非也。㺒（狄），疑讀為肆，縱也。「勞（別）」或作「肆」，是其比也。《周禮·小子》：「羞羊肆。」鄭玄注：「肆，讀為鬄。」[313]

　　子居（20180417）：「僕」與「馭」同義連稱，《左傳·哀公二年》：「衛侯游於郊，子南僕。」杜預注：「僕，御也。」「僕御」一詞在先秦文獻中見於《晏子春秋·內篇雜上》：「今子長八尺，乃為人僕御。」此處夫差說「孤用入守於宗廟，以須使人」，自然還是委婉地表示並沒有讓越國亡國絕祀的想法，也即是說自己仍然很願意求成。[314]

　　羅雲君（201805）：可結合整理報告意見和馮說，解為燃火。[315]

　　何家歡（201806）：當讀為「夷」。此字顯系從弟得聲。弟、夷皆是脂部字，可通。「夷火」，即破壞焚燒之義。《國語·周語下》：「是以人夷其宗廟，火焚其彝器。」《史記·項羽本紀》：「遂北燒夷齊城郭室屋。」可資比勘。此句大義為：我又害怕無良僕御破壞焚燒越邦之地。[316]

　　滕勝霖（201905）：「無良」，不善，《詩經·小雅·角弓》：「民之無良，相怨一方。」「鮃」從馬午聲，字形又見於《郭店·尊德義》簡 7：「造父之馭（御）馬」，《郭店·成之聞之》簡 16：「可馭（御）也」等。「僕御」，駕車馬者，《史記·管晏列傳》：「今子長八尺，乃為人僕御。」簡文中可能指戰爭中駕馬之士兵。「㺒」字字形從程燕分析，從犬，從火，弟聲，讀作「失」。「弟」，定紐脂部；「失」，書紐質部。二字聲紐為舌齒音，韻部陰入對轉。「失火」，即「使火逸」，《左傳·宣公十六年》：「凡火，人火曰火，天火曰災。」孔穎達正義曰：「人火，從人而起，人失火而為害。本其火之所來，故指火體而謂之為火。」本句意思是「我又害怕不善的士兵在越邦縱火。」[317]

310 易泉：〈清華七《越公其事》初讀〉，武漢網，跟帖第 49 樓，2017.4.27（2019.11.19 上網）。
311 蔡一峰：《清華簡《越公其事》「繼燎」「易火」解》，武漢網，2017.5.1（2021.4.13 上網）。
312 馮勝君：〈試說清華七《越公其事》篇中的「繼孽」〉，復旦網，2017.5.2（2021.4.13 上網）。
313 蕭旭：〈清華簡（七）校補（二）〉，復旦網，2017.6.5（2021.4.13 上網）。
314 子居：〈清華簡七《越公其事》第三章解析〉，中國先秦史網站，2018.4.17（2021.3.30 上網）。
315 羅雲君：《清華簡《越公其事》研究》（長春：東北師範大學碩士論文，2018），頁 42。
316 何家歡：《清華簡（柒）《越公其事》集釋》（保定：河北大學碩士論文，2018），頁 42。
317 滕勝霖：《《清華大學藏戰國竹簡（柒）》集釋及相關問題研究》（重慶：西南大學碩士論文，2019），頁 250-251。

張朝然（201906）：讀為「燃」，但不應為縱火之義。簡文後面說「孤用內（入）守於宗廟」，表明吳王專門派遣人守在宗廟，前面又有吳王「恐無良僕馭『燃火』於越邦」，說明吳王是想要讓越宗廟內燃火。此處「燃火」應為延續香火之義，使越邦宗廟香火得以不滅。宗廟香火代表著越邦的祭祀，香火延續才使得越邦不被絕祀。

史玥然（201906）：石小力的意見可從。古書中「狄」字常見與「易」字通用，「易」和「施」又可互為通用，故「狄」字可以讀為「施」，表示作戰時放火攻城的方式。[318]

吳萱萱（20200630）：此字從「狄」從「弟」，為雙聲字，錫部，當訓為「敵（敵）」。夫差之語意為害怕自己屬下在越國燃起敵火，引發戰亂。而後，吳國就以此為托詞，入侵越國宗廟，並予以損壞。當楚國的申包胥出使越國時，句踐便對他說明了這一處境。《國語・吳語》：「吳國為不道，求殘我社稷宗廟，以為平原，弗使血食。」《左傳・成公十三年》有云：「國之大事，在祀與戎。」而此時，吳國卻大肆破壞越國宗廟。由是觀之，吳國的滅越之心昭然若揭，句踐領導下的越國處境危急。[319]

江秋貞（202007）：「獤」字若从「狄」聲，和「易」古音相近，「獤火」就是「易火」。《管子・禁藏》：「當春三月，萩室燻造，<u>鑽燧易火</u>，杼井易水，所以去茲毒也。」「鑽燧易火」即是「鑽燧改火」，如此一來，則馬楠、蔡一峰所言較為可信。宰我回答孔子說「鑽燧改火」，就是不遵守父母喪而君子守孝三年之禮，「鑽燧改火」應該是個比喻，表示那是過去的老方法，現在要加以改變它。在本簡的「獤火」指的是「易火」的意思。「亡良僕馭獤火於雩邦」，「獤火」就是改變宗廟的香火之意。[320]

陳一（202203）：「獤」可徑釋讀為「易」，訓為延，「孤又恐無良僕馭易火於越邦。」意為「我又擔心沒有好的僕役延續越國宗廟的火種。」或可讀為「惕」，《易・乾・文言》：「因其時而惕。」王弼注：「惕，怵惕之謂也。」「孤又恐無良僕馭惕火於越邦。」意為「我又擔心沒有好的僕役警惕戒懼越國宮中失火。」[321]

佑仁謹案：

「僕馭」讀「僕御」，或作「僕馭」亦可，指駕馬車之人，《詩・小雅・正月》：「無棄爾輔，員于爾輻。屢顧爾僕，不輸爾載。」鄭玄《箋》：「僕，將車者也。」

---

[318] 史玥然：《清華簡《越公其事》集釋及其漢字教學設計》（太原：山西大學碩士論文，2019），頁35。

[319] 吳萱萱：《《越公其事》中句踐滅吳故事考論》（杭州：杭州師範大學碩士論文，2020），頁17。

[320] 江秋貞：《《清華大學藏戰國竹簡（柒）・越公其事》考釋》（臺北：臺灣師範大學博士論文，2020），頁256-257。江秋貞：《《清華大學藏戰國竹簡（柒）・越公其事》考釋》（臺北：花木蘭文化事業公司，2022），頁218-219。

[321] 陳一：《清華簡（柒）》疑難字詞補釋》（天津：天津師範大學碩士論文，2022），頁99。

[322]《詩·小雅·出車》：「召彼僕夫，謂之載矣。」毛《傳》：「僕夫，御夫也。」
[323]《禮記·服問》：「君之母非夫人，則群臣無服，唯近臣及僕、驂乘從服。」孔穎達疏：「僕，御車者也。」[324]張衡〈思玄賦〉：「僕夫儼其正策兮，八乘騰而超驤。」舊注：「僕夫，謂御車人也。」[325]可參。

青銅器銘文也有出現「僕御」之稱，〈師𡒁簋〉（《集成》04311）：「我西偏、東偏僕御、百工、牧、臣、妾。」大河口西周墓地2002號墓出土一件盤盉，銘文為「用𣪠（討）朕僕（僕）𩢷（馭）、臣妾自气」，裘錫圭認為「『朕僕御、臣妾』應指本屬於霸姬的僕馭、臣妾。」[326]簡文「無良僕御」，易泉認為「『良僕御』似當連皆用作名詞」，則應理解為「沒有『良僕御』」，蕭旭則認為「亡（無）良」成詞，則「無良」是用以修飾後文的「僕御」，由於本章開頭有「亡（無）良鄼（邊）人」（簡16），可見應如蕭旭所言，「無良」成詞。

「𤞷火」，原整理者讀「燃火」，馬楠讀「第火」訓為「改火」，程燕讀作「狄火」，指敵方之火。石小力讀「施火」，即縱火。易泉讀「失火」，蔡一峰讀「易火」同「改火」，蕭旭讀「肆火」，即縱火。何家歡讀「夷火」，訓為破壞焚燒。滕勝霖讀成「失火」，陳一讀「易火」，訓為延續火種。

原整理者隸定成「𤞷」讀作「燃」，但是「弟」聲如何讀成「燃」？整理者沒有多作解釋。馮勝君認為「戰國竹簡文字『虎』旁或作𤉡、𤊾等形，與𤞷右上所從相近。故此字當隸定作『𤞷』，釋為『然』。」但就字形來看，「𤞷」旁右上隸定作「弟」還是比較允當，釋為「虎」恐需從訛寫入手。

學者有些讀法套入文例中可能並不適合，例如讀作「敵火」（訓為敵方之火），該詞前後均是名詞，此處再加入一個名詞組，有理解的困難。筆者認為這裡更可能是一個動詞加名詞的結構。有些讀法則是解釋起來比較曲折，例如讀成「肆火」訓成「縱火」，「肆」確實有放縱之意，例如肆目、肆行、肆言、肆淫、肆志、肆情等，均是其例，但是「肆」訓成「縱」，不代表「肆火」能理解為「縱火」，至少目前沒有看過縱火、放火動詞用「肆」的用法；讀成「夷火」解釋為「破壞焚燒」，古籍中沒有「夷火」的用法，且「夷」故訓亦無「燒」之意；讀成「易火」解釋為「改變宗廟的香火」，「香火」恐怕要等到佛教傳入中國後才有。

筆者贊成程燕的構形分析，字即「狄」（定紐錫部）附加聲符「弟」（定紐脂部），從石小力讀「施」之說，古籍「施火」見《荀子·大略》、《墨子·備穴》、

---

[322]（漢）毛亨傳，（漢）鄭玄箋，（唐）孔穎達等正義，李學勤主編：《十三經注疏·毛詩正義》（北京：北京大學出版社，2000），頁803。

[323]（漢）毛亨傳，（漢）鄭玄箋，（唐）孔穎達等正義，李學勤主編：《十三經注疏·毛詩正義》（北京：北京大學出版社，2000），頁698。

[324]（東漢）鄭玄注，（唐）孔穎達疏，李學勤主編：《十三經注疏·禮記正義》（北京：北京大學出版社，2000），頁1799。

[325]（梁）蕭統編，（唐）李善等注：《六臣注文選》（北京：中華書局，2012），頁284。

[326]裘錫圭：〈大河口西周墓地2002號墓出土盤盉銘文解釋〉，復旦網，2018.7.14。裘錫圭：〈大河口西周墓地2002號墓出土盤盉銘文解釋〉，《出土文獻與古文字研究》第8輯（上海：上海古籍出版社，2019），頁136。

《春秋繁露》，指放火、縱火之意。

簡文是說夫差深怕越國無良的僕御在越國放火，故吳王越俎代庖為越國守宗廟。

〔28〕 孤用內（入）守於宗宙（廟），以須使（使）人

孤	用	內	守	於	宗	宙
以	須	使	人			

吳德貞（201805）：待也。《易・歸妹》：「歸妹以須」，陸德明釋文：「須，待也。」簡 65 整理者解「須」為「等待」意。以須使人，等待越使的到來。[327]

滕勝霖（201905）：「守」，守候，《史記・樂書》：「弦匏笙簧合守拊鼓」，張守節正義：「守，待也。」《戰國策・秦策四》：「今王之使盛橋守事於韓」，鮑彪注：「守，猶待。」「須」，《儀禮・士昏禮記》：「某敢不敬須」，鄭玄注：「須，待也。」本句意思是「我因而進入守候在宗廟，來等待使者。」[328]

杜建婷（201906）：「馭」當讀為「御」。「無良僕御」意為「不善的奴僕」，典籍中「僕御」可指駕車馬的人，又可泛指奴僕。「御」有「侍從」義，見《廣雅・釋詁一》：「御，使也。」王念孫《廣雅疏證》：「臣與使同義。」「無良左右」斷讀為「無／良／左右」，此簡之「無良僕馭」斷讀或亦同。[329]

江秋貞（202007）：「亡良僕馭」一詞和簡 16 的「亡良邊人」應是同一類型的組成結構，以方便閱讀理解。簡 16 的「亡良」是形容「邊人」，故在此處的「亡良」應該也是形容「僕馭」。「亡良僕馭」指的是「不好的僕役」。[330]

佑仁謹案：

「用」在這裡是連詞，表示結果，相當於因此、因而、於是的意思，這樣的用法在《越公其事》中頻繁出現，例如簡 12-13：「吾先王用克入于郢」，簡 17「用使徒遽趣聽命」，簡 19「孤用率我一二子弟」，簡 21「孤用委命重臣」簡 22「孤用入守於宗廟」等「用」字，均應理解為「因此」。

---

327 吳德貞：《清華簡《越公其事》集釋》（武漢：武漢大學碩士論文，2018），頁 41。

328 滕勝霖：《《清華大學藏戰國竹簡（柒）》集釋及相關問題研究》（重慶：西南大學碩士論文，2019），頁 251。

329 杜建婷：《清華簡第七輯文字集釋》（廣州：中山大學碩士論文，2019），頁 235、243。

330 江秋貞：《《清華大學藏戰國竹簡（柒）・越公其事》考釋》（臺北：臺灣師範大學博士論文，2020），頁 256-257。江秋貞：《《清華大學藏戰國竹簡（柒）・越公其事》考釋》（臺北：花木蘭文化事業公司，2022），頁 218-219。

滕勝霖將「守」訓成「待」,「須」也訓成「待」,語意重複,筆者認為「守」
更應該理解為守護、防衛,《玉篇》:「守,護也。」[331]《周易‧坎》:「王公設險
以守其國。」王弼注:「國之為衛,恃於險也。」[332]衡量上下文意,夫差之意是
他怕越國無良的僕御在宗廟「獏火」,所以才進入越國宗廟,目的是守護宗廟的
安全,並非有意入侵越國(這當是一種合理化自身行為的政治說詞),夫差不是
單純守候而已,更有守護、防衛之意。

本章內容為夫差接受越國請成的說詞,值得留意的是,首尾敘述觀點稱「使
者」,夫差話中則稱「使人」,稱呼雖然有別,但內涵實無差異。

〔29〕 今夫=(大夫)嚴(儼)肰(然)監(銜)君王之音

今	夫=	嚴	肰	監	君	王

之	音

原整理者(201704):嚴然,即儼然,莊重。《荀子‧正論》「今子宋子嚴然而
好說」,楊倞注:「嚴,讀為儼。」監,讀為「銜」。《墨子‧非攻下》:「赤烏銜珪,
降周之岐社。」又與「嗛」音義並近。《說文》:「嗛,口有所銜也。」《晏子春秋‧
外篇上一》:「嗛酒嘗膳,再拜,告饜而出。」君王之音,古人以德音喻善言,此
處也是說君王之善言。[333]

子居(20180417):「儼然」是標準的戰國末期詞彙,故相較于成文于戰國後
期末段的可能,《越公其事》第三章成文于成于戰國末期的可能性要大得多。「君
王之音」即君命,無關善言與否。《禮記‧檀弓》:「銜君命而使,雖遇之不鬥。」
《晏子春秋‧內篇問下》:「晏子聘于魯,魯昭公問曰:子大夫儼然辱臨敝邑,竊
甚嘉之。」皆可與此處「今大夫儼然銜君王之音」對觀。[334]

滕勝霖(201905):「音」,言辭。《讀書雜志‧淮南內篇‧氾論》:「音有本主
於中」,王念孫按:「音,當為言。」[335]

江秋貞(202007):簡文「銜君王之音」在此是指大夫種莊重敬慎地帶著越

[331] (梁)顧野王:《宋本玉篇》(北京:中國書店,1983),頁209。

[332] (魏)王弼注,(唐)孔穎達疏,李學勤主編:《周易正義‧十三經注疏》(北京:北京大
學出版社,2000),頁154。

[333] 李學勤主編:《清華大學藏戰國竹簡(柒)》(上海:中西書局,2017),頁125。

[334] 子居:〈清華簡七《越公其事》第三章解析〉,中國先秦史網站,2018.4.17(2021.3.30上網)。

[335] 滕勝霖:《《清華大學藏戰國竹簡(柒)》集釋及相關問題研究》(重慶:西南大學碩士論
文,2019),頁251-252。

公的命令來行成的。[336]

佑仁謹案：

「嚴然」，從原整理者釋為莊重。「監」從原整理者之說，讀「銜」。毛玉靜、滕勝霖曾補充《上博二・子羔》簡 11：「有燕監（銜）卵而錯諸其前」，《銀雀山貳・唐勒》簡 2116：「去嗌（銜）轡」，證明「監」、「銜」相通，可信。

簡文「銜君王之音」，原整理者釋為「君王之音，古人以德音喻善言」，滕勝霖將「音」理解為「言」，江秋貞則直接翻譯作「命令」。「音」可訓為言語、文辭。《詩・邶風・谷風》：「德音莫違，及爾同死。」鄭玄《箋》：「夫婦之言，無相違者，則可與女長相與處至死。」[337]文種奉句踐之命向夫差請成，本篇第一章文種的說詞其實都是句踐的話，所以文中的「孤」、「余」、「寡人」、「吾」等第一人稱代名詞，均為句踐本人的謙稱。

此外，頗疑「音」或可讀為「意」，上博簡《恆先》簡 5-7：「又（有）出於或，生（性）出於又（有），音（意）出於生（性），言出於音（意），名出於言，事出於名。或非或，無胃（謂）或；又（有）非又（有），無胃（謂）又（有）；生（性）非生（性），無胃（謂）生（性）；音（意）非音（意），無胃（謂）音（意）；言非言，無胃（謂）言；名非名，無胃（謂）名；事非事，無胃（謂）事。」[338]其中五例「音」字均讀為「意」，「音」與「意」字聲系的通假情況還可以參考《古字通假會典》【喑－意】、【意－喑】[339]，《簡帛古書通假字大系》【意－音】、【腤－膽】、【音－意】[340]，簡文「銜君王之意」，「意」指心意、想法。《說文・心部》：「意，志也。」《增韻・志韻》：「意，心所嚮也。」即文種帶來句踐所欲傳達的心意。

〔30〕賜孤以好曰：余亓（其）與吳科（播）弃（棄）㥯（怨）啚（惡）于潛（海）瀘江沽（湖）

賜	孤	以	好	曰	余	亓
賜	孤	以	好	曰	余	亓

---

[336] 江秋貞：《《清華大學藏戰國竹簡（柒）・越公其事》考釋》（臺北：臺灣師範大學博士論文，2020），頁 261。江秋貞：《《清華大學藏戰國竹簡（柒）・越公其事》考釋》（臺北：花木蘭文化事業公司，2022），頁 220

[337] （漢）毛亨傳，（漢）鄭玄箋，（唐）孔穎達等正義，李學勤主編：《十三經注疏・毛詩正義》（北京：北京大學出版社，2000），頁 172。

[338] 參季旭昇師：《上海博物館藏戰國楚竹書（三）讀本》（臺北：萬卷樓圖書股份公司，2005），頁 199。

[339] 高亨：《古字通假會典》（北京：齊魯書社，1989），頁 229、頁 374。

[340] 白於藍：《簡帛古書通假字大系》（福州：福建人民出版社，2017），頁 627、1392-1393。

與	吳	枓	弃	悬	晉	于
滑	澑	江	沽			

原整理者（201704）：怨惡，怨恨憎惡。《墨子‧尚同上》：「是以內者父子兄弟作怨惡，離散不能相和合。」澑，與「海」、「江」、「湖」為類義詞，疑讀為「濟」，古四瀆之一。又疑讀為「裔」。皆，見母脂部。裔，喻母月部。衣，影母微部。音理可通。《淮南子‧原道》：「游於江潯海裔。」江湖，《莊子‧大宗師》：「泉涸，魚相與處於陸，相呴以濕，相濡以沫，不如相忘於江湖。」[341]

石小力（20170423）：「枓」字《越公其事》二見，分別作 （簡4）、（簡23），從斗，采聲，文例分別為「寡人不忍君之武勵兵甲之威，枓（播）弃（棄）宗廟，赶在會稽」（簡4），「余其與吳枓（播）弃（棄）怨惡于海澑江湖」（簡23），皆為「枓棄」連文，整理者讀為「播」，可信。二形所從「采」形不誤，可見《尹至》之字從字形看仍以釋「枓」為當，讀書會釋「枓」之說不可信。[342]

孫合肥（20170426）：澑，疑讀為「河」。可，溪母歌部。從可得聲的河，匣母歌部；柯，見母歌部。脂、歌旁轉。皆、河音理可通。簡文重新讀為：今夫=（大夫）嚴（儼）肰（然）監（銜）君王之音，賜孤以好曰：「余亓（其）與吳（播）棄悬（怨）喦（惡）于澑（海）澑（河）江沽（湖）。」[343]

王寧（20170429）：「澑」字右旁下面的「皿」當是「血」之省，故監（血）當是雙聲符字，「皆」、「血」見曉旁紐雙聲、脂質對轉疊韻音相近。此字當讀「洫」，指溝洫，禹理水既言「疏三江五湖」，又言「盡力乎溝洫」者是。「海洫江湖」均水蓄積、通流之處。[344]

蕭旭（20170605）：「澑」從皆得聲，整理者讀為濟，可備一說。楚簡「濟」作「淒」。《易》之「未濟」，馬王堆帛書同，上博簡（三）58作「淒」字，類例尚多。清華簡（七）《趙簡子》簡9「河淒之間」，整理者括讀為「河濟」。此簡「澑」是「湝」增旁字，乃「淒」改易聲符的異體字，亦讀作濟。又疑「澑」讀為涯，「海涯」猶「海濱」，與「江」、「湖」為類。[345]

侯乃峰（20170819-20）：若「澑」字從「皆」得聲不誤，則僅據音理而言，此字似可讀為「淵」。上古音「皆」屬見紐脂部，「淵」屬影紐真部，二字聲母同

---

[341] 李學勤主編：《清華大學藏戰國竹簡（柒）》（上海：中西書局，2017），頁125-126。

[342] 石小力：〈據清華簡（柒）補證舊說四則〉，清華網，2017.4.23（2018.6.28上網）。

[343] 孫合肥：〈清華七《越公其事》札記二則〉，武漢網，2017.4.26（2021.6.1上網）。

[344] 王寧：〈清華七《越公其事》初讀〉，武漢網，跟帖第91樓，2017.4.29（2019.11.19上網）。

[345] 蕭旭：〈清華簡（七）校補（二）〉，復旦網，2017.6.5（2021.4.19上網）。

屬於喉牙音，韻部脂真陰陽對轉，古音極近。我們知道，《莊子・大宗師》中的「江湖」一詞早已虛化泛指，故簡文中的「江湖」似亦當如此理解。「海淵江湖」，似泛指浩淼無垠或幽深難測之大水。「海淵」一詞古書中亦見，如《文選・蔡伯喈〈郭有道碑文〉》「崇壯幽浚，如山如淵」李善注引《家語》：「齊大夫子與適魯，見孔子曰：『乃今而後，知泰山之為高，海淵之為大。』」[346]

袁金平（20170916）：「𢤱」當讀為「淮」，「皆」見母脂部，「淮」匣母微部，聲紐牙喉通轉，韻部脂微合韻，語音關係至為密切。從用字上進行考察，戰國竹簡中用以記錄淮水之「淮」的文字，既可以寫作「淮」，也可用「𣴴」表示，這充分說明戰國文字中「淮」的用字并不固定。在吳王夫差繼位之前，其父闔閭通過系列戰爭，已經控制了淮河流域大片區域，在江南地區也把疆域擴展到太湖南岸一線，從而使吳成為縱橫江淮之間的強國。因而吳王夫差在敗越之初以「海淮江湖」描述當時吳、越疆域是非常合宜的。吳、越乃典型的水澤之國，水系十分發達，能體現這一特徵的代表性水系名稱，有「東海」「三江」「五湖」「江淮」等。[347]

陳偉（20171014-15）：吳、越二國興起及相爭，主要是在長江下游以南，與河、濟無涉。整理者把「海」下一字讀為「裔」更為合理。《淮南子・原道》「游于江潯海裔」高誘注：「潯，崖也。裔，邊也。」海裔，正與吳、越之地相符。整理者未主此說，或許是因為「海裔」與「江湖」不對應。其實，「沽」恐當讀為「浦」。郭店竹簡《窮達以時》簡2-3：「舜耕於歷山，陶拍於河𡉩」。𡉩，袁國華、李家浩二氏讀為「浦」。李家浩先生指出：《呂氏春秋・慎人》、《新序・雜事一》等說：「舜……陶于河濱」，「河𡉩」當與「河濱」同義。參照這些論述，我們有理由把「沽」讀為「浦」。「江浦」、「海裔」對舉，正好指向長江下游南岸、瀕臨東海的吳越之地。「江浦」之「江」，最有可能是指吳越之間的「浙江」。[348]

子居（20180417）：澧當以讀濟為是。此處的海、濟、江、湖即指吳的四方邊裔，皆為實指而非泛稱，《左傳・文公十八年》：「流四凶族：渾敦、窮奇、檮

---

346 汪天山：〈清華七《越公其事》初讀〉，武漢網，跟帖第35樓，2017.4.26（2019.11.19上網）。侯乃峰：〈讀清華簡（柒）零札〉，收入中國文字學會編：《中國文字學會第九屆學術年會論文集》（北京：中國文字學會，2017），頁218。收入《中國文字學報》第9輯（北京：商務印書館，2018），頁95。

347 袁金平：〈清華簡（七）〈越公其事〉「澧澧江沽」臆解〉，收入三峽大學文學與傳媒學院編：《世界漢字學會第五屆年會暨國際學術研討會暨「漢字文化圈各表意文字類型調查整理研究報告」論文集》（宜昌：三峽大學文學與傳媒學院，2017.09）。又見袁金平：〈清華簡《越公其事》「海澧江湖」臆解〉，《戰國文字研究》第1輯（2019.9），頁47。

348 陳偉：〈清華簡七《越公其事》校讀〉，武漢網，2017.4.27（2021.6.1上網）。收入復旦大學出土文獻與古文字研究中心主編：《「出土文獻與傳世典籍的詮釋」國際學術研討會議程論文集》（上海：復旦大學出土文獻與古文字研究中心，2017），頁32。後正式出版，見復旦大學出土文獻與古文字研究中心主編：《出土文獻與傳世典籍的詮釋》（上海：中西書局，2019），頁319-322。

机、饕餮，投諸四裔，以禦螭魅。」所言「投諸四裔」即類似與此處所說「播棄怨惡於海濟江湖」。「播棄」于先秦傳世文獻見於《墨子・明鬼下》：「昔者殷王紂，貴為天子，富有天下，上詬天侮鬼，下殃傲天下之萬民，播棄黎老，賊誅孩子，楚毒無罪，刳剔孕婦，庶舊鰥寡，號咷無告也。」《國語・吳語》：「今王播棄黎老，而孩童焉比謀。」不難看出，《墨子》與《吳語》的「播棄黎老」當皆是源自某篇《書》系逸文，而參照前文分析可知，《越公其事》的「播棄」則當是源自《吳語》。[349]

何家歡（201806）：「海」古書專指渤海，「河」專指黃河。簡文此處「海」、「河」所訓亦然。「江」古多指長江，「湖」多指五湖地區。「海」、「河」、「江」、「湖」並言，則泛指四方各地。[350]

滕勝霖（201905）：「賜」，敬辭。「賜孤以好」婉辭，與《左傳・昭公十六年》：「今吾子以好來辱」相似。「瀟」從整理者之說，讀作「濟」。「湝」匣紐脂部，文獻中異文寫作「淒」。「沽」讀作「湖」可從。「海濟江湖」或指吳國地望，即北部濟水，西部長江（或指文獻中的「三江」：岷江、松江、浙江），南部太湖（文獻中的「五湖」），東部東海。文獻中有以具體江河代指國之地望的例子，如《左傳・哀公六年》：「江漢沮漳，楚之望也。」[351]

張朝然（201906）：「海濟江湖」在此處應指吳越交戰各地。[352]

史玥然（201906）：整理者的意見可從。「瀟」讀為「濟」，從水齊聲，表水名。《說文》中「濟，水。出常山房子贊皇山，東入泜」，作「泲」，古與江、淮、河并稱為「四瀆」。[353]

江秋貞（202007）：「滯瀟江沽」在簡文中並不是指地名，而是指四方廣大的水域，故還是釋以「海河江湖」為佳。[354]

gefei（20211212）：《越公其事》簡23「海瀟江湖」，「瀟」以「皆」為聲符，似可讀為「湄」。

楚文字「眉」，堅強證據是「ee」先生讀《妄稽》「蟻犂」為「蛾眉」。安大簡《詩經》「其鳴喈喈」，「喈」原寫作「鶸」，注釋提到李學勤先生讀西周銅器銘文中的「楷」為「黎」。既然「皆」與「利」通假，「利」與「眉」也通假，三者古音關係很近，那麼「瀟」讀為「湄」就很有可能。《集成》3238「伐海眉（湄）」，

---

[349] 子居：〈清華簡七《越公其事》第三章解析〉，中國先秦史網站，2018.4.17（2021.3.30 上網）。

[350] 何家歡：《清華簡（柒）《越公其事》集釋》（保定：河北大學碩士論文，2018），頁24。

[351] 滕勝霖：《《清華大學藏戰國竹簡（柒）》集釋及相關問題研究》（重慶：西南大學碩士論文，2019），頁251-254。

[352] 張朝然：《清華簡《越公其事》集釋及相關問題初探》（石家莊：河北師範大學碩士論文，2019），頁32。

[353] 史玥然：《清華簡《越公其事》集釋及其漢字教學設計》（太原：山西大學碩士論文，2019），頁35。

[354] 江秋貞：《《清華大學藏戰國竹簡（柒）・越公其事》考釋》（臺北：臺灣師範大學博士論文，2020），頁265-267。江秋貞：《《清華大學藏戰國竹簡（柒）・越公其事》考釋》（臺北：花木蘭文化事業公司，2022），頁224。

參《銘文選》第 3 冊 70 頁注釋，是「海湄」一詞很早就有。[355]

陳一（**202203**）：「瀘」可進一步讀為「津」。濟，精母脂部，津，精母真部，雙聲，韻部陰陽對轉，音近可通，「津」訓為水，《晉語二》：「亦為君之東游津梁之上。」韋昭注：「津，水也。」「海津」雖多指海邊渡口，但亦有「海水」之義。「海津」指東海，「江湖」即「三江五湖」。《越語上》：「三江環之，民無所移。』」韋昭注：「三江，吳江、錢唐江、浦陽江。」「吳江」，公序本作「松江」，《水經注》引郭璞曰：「三江者，岷江、松江、浙江也。」三江具體所指暫不明晰。《越語下》：「果興師而伐吳，戰於五湖。」韋昭注：「五湖，今太湖。」「海津江湖」意為「東海和三江五湖。」此二者習見於吳越歷史典籍。[356]

佑仁謹案：

「好」，指善意。

「」，從石小力之說，理解為從斗，釆聲。「料（播）弃（棄）」從原整理者釋讀，指拋棄。

吳越兩國位居長江下游的太湖地區，是一個河湖交錯的沖積平原，眾水系交會於洞庭西山以東，連通各大湖泊的「五湖口」在此形成[357]。吳國以太湖流域為核心，而越國的中心區域，南部是會稽山地，北部瀕臨後海（杭州灣），中部是一片河湖交錯的沼澤平原，山原參半，南高北低，具有「山－原－海」臺階式地形的自然環境。[358]清・李鏡燧《越中山脈水利形勢記》載：「越中地屬海隅，南至山，北臨海。地勢南高而北下，江流溪源下注，海潮怒激，江與海相通，吐納無節，本天然一澤國耳。」[359]對於越國地理環境的說明十分生動，而吳越本是水域非常發達的國家，這也造就其水軍的強盛。

「海」、「江」二字在簡文中的讀法沒有疑義，「湖」，陳偉讀作「浦」，「河浦」即「河濱」，筆者較傾向原整理者讀「湖」之說。江秋貞曾經指出「湝（海）瀘江沽（湖）」在簡文中並不是指特定的地名，其說可信。應該是對於各類河海水流的稱呼，並不需要指實其具體位置，從這角度來看，讀「湖」比「浦」更為理想。

「瀘」字隸定沒有問題，原整理者讀「濟」或「裔」，袁金平讀「淮」，孫合肥讀「河」，王寧讀「洫」，蕭旭讀「涯」，侯乃峰讀「淵」，gefei讀「湄」，陳一讀「津」，說法非常分歧。

355 gefei：〈清華七《越公其事》初讀〉，武漢網，跟帖第 244 樓，2022.1.7（2022.3.18 上網）。

356 陳一：《清華簡（柒）》疑難字詞補釋》（天津：天津師範大學碩士論文，2022），頁 100-101。

357 袁慧：〈春秋時期吳越「五湖」之戰地名新釋〉，《地域文化研究》2020 第 5 期（2020.9），頁 6-11。

358 方傑：《越國文化》（上海：上海社會科學院出版社，1998），頁 93。

359 紹興縣志資料委員會輯：《紹興縣志資料》第 1 輯（臺北：成文出版公司，1983），頁 1884-1885。

此疑難字當从「水」、「皉」聲，「皉」則是「皆」聲。王寧認為「皿」是「血」的省形，省字从「血」聲通作「洫」。王寧的推論太過，「皿」、「血」戰國時代區分得很清楚，雖然二字在偏旁中可以找到不少替換的例證，但如果「血」是要用來作為聲符，但卻以「皿」來表示，這點就不免令人起疑了。

讀為「濟」（精紐脂部）、「裔」（喻紐月部）、「河」（溪紐歌部）、「涯」（疑紐支部）、「淵」（影紐真部）、「湄」（明紐脂部）、「津」（精紐真部）等說均各有一定理據，但「皆」的古音是見紐脂部，以上諸說與「皆」聲都需要輾轉才能相通。就現有的材料來看，本字的隸定已無疑義，但它該讀成什麼字，還有不少討論空間。

〔31〕 夫婦交綏（接），皆為同生

夫	婦	交	綏	皆	為	同

生

原整理者（201704）：交綏，即交接。見於《馬王堆漢墓帛書・十六經・五正》：「外內交接，乃正於事之所成。」夫婦交接指鄰國男女聯姻。同生，一起生活。[360]

海天遊蹤（20170429）：整理者所說「同生」恐不合理，夫婦結婚自然是共同生活，不用多說。田煒先生〈說「同生」、「同產」〉一文指出：「先秦文獻中的『同生』是否可以指同父所生尚不清楚，但至少可以指同母所生。」頗疑這裡的「同生」就是喻指同母所生，即所謂一家人。簡文意思是說：鄰國男女聯姻之後，大家都像是同姓的兄弟一樣，要同心協力抵禦仇敵。[361]

林少平（20170517）：對「交接」的解釋應與後文「同生」結合起來理解，故應解釋為「交配」。《弘明集》卷五引漢桓譚《新論》：「猶人與禽獸昆蟲，皆以雌雄交接相生。」「同生」解釋為「同母所生的一家人」無誤，清華簡貳《系年》第五章「以同生之故」，整理者解釋為「同姓」。據《左傳》記載，應解釋為「同母所生」，應包括兄弟姐妹在內。「同生」一詞，就是後來秦漢所說的「同產」。在秦統一以前，「生」、「產」二者並存，睡虎地秦簡《編年記》生子作「產」，但《法律問答》「同生」作「同牲」。秦統一後，統一改「生」為「產」，可參見《里耶秦

---

360 李學勤主編：《清華大學藏戰國竹簡（柒）》（上海：中西書局，2017），頁126。

361 海天遊蹤：〈清華七《越公其事》初讀〉，武漢網，跟帖第83樓，2017.4.29（2019.11.19上網）。

簡》「更名方」中「曰產曰族」。[362]

　　王磊（20170517）：句中的「夫婦」指匹夫匹婦，即百姓的意思，不可以理解為夫妻關係。「夫婦交接」即「百姓相交往」。《越公其事》第四二簡：「庶民交接」，正與此意同。「夫婦交接，皆為同生」應該理解為「百姓相交往，皆是兄弟」。此句不難讓我們聯想到《詩・常棣》：「兄弟鬩于牆，外禦其務」的句子。「夫婦交接」等的內容，是吳王引述越王的話，但明顯地改變了勾踐「孤其率越庶姓，齊趨同心，以臣事吳，男女備」等詞句，而是尊揚對方，稱吳越為「同生」兄弟。[363]

　　郭洗凡（201803）：整理者觀點可從，簡文中主要是反映越王對越國人民的鼓勵，提出要像一起生活的一樣團結一心。[364]

　　何家歡（201806）：海天游縱之說可從。「同生」連言，先秦古書習用，《六韜・文伐十五》：「十曰：下之必信以得其情，承意應事，如與同生。」《管子・牧民》：「毋曰不同生，遠者不聽。」又《管子・禁藏》：「四曰必深親之，如典之同生。」《國語・晉語四》：「其同生而異姓者，四母之子，別為十二姓。」「同生」謂兄弟，「皆為同生」即「皆兄弟也」。[365]

　　滕勝霖（201905）：「綏」即「接」，字形又見於望山楚簡 2.1，《上博九・舉治》簡 8 等。「交接」從整理者之說，男女聯姻之意。雖然「交接」一詞在房中文獻中常見，但在簡文中還沒有體現出「交配」之意。「同生」，根據田煒統計，先秦時期「同生」指「同母所生」，本句簡文意思是「夫婦聯姻，皆為兄弟」，比喻吳越和睦相處。[366]

　　史玥然（201906）：整理者的意見可從。「交接」表示交往、接觸的意思，有結交之意。「同生」「同力」都是越王為了匯聚民心而採取的鼓勵政策，讓夫婦二人同心協力生活在一起，鼓勵家庭團結一致，穩定民心的作用。[367]

　　江秋貞（202007）：海天遊蹤及王磊所言甚是。楊樹達《積微居讀書記・讀〈後漢書〉札記・張純曹褒鄭玄傳》：「同生，謂兄弟。」晉陸機《贈弟士龍》詩之五：「依依同生，恩篤情結。」《上博四・逸詩・多薪》簡 2 也有「莫如同生」句。「夫婦交綏皆為同生」指的是兩國百姓結為夫婦，同為一家人親如兄弟一般之意。[368]

---

[362] 林少平：〈清華七《越公其事》初讀〉，武漢網，跟帖第 177 樓，2017.5.17（2019.11.19 上網）。

[363] 王磊：〈清華七《越公其事》札記六則〉，武漢網，2017.5.17（2021.4.19 上網）。

[364] 郭洗凡：《清華簡《越公其事》集釋》（合肥：安徽大學碩士論文，2018），頁 49-50。

[365] 何家歡：《清華簡（柒）《越公其事》集釋》（保定：河北大學碩士論文，2018），頁 25。

[366] 滕勝霖：《《清華大學藏戰國竹簡（柒）》集釋及相關問題研究》（重慶：西南大學碩士論文，2019），頁 256。

[367] 史玥然：《清華簡《越公其事》集釋及其漢字教學設計》（太原：山西大學碩士論文，2019），頁 36。

[368] 江秋貞：《《清華大學藏戰國竹簡（柒）・越公其事》考釋》（臺北：臺灣師範大學博士論文，2020），頁 268-269。江秋貞：《《清華大學藏戰國竹簡（柒）・越公其事》考釋》（臺北：花木蘭文化事業公司，2022），頁 227。

佑仁謹案：

「交接」，從原整理者之說，指兩國的男女相互聯姻。

「同生」，從蘇建洲之說，「皆為同生」指都由同母所生，即所謂一家人。依據田煒〈說「同生」「同產」〉的考察，先秦「同生」多指「同母所生」[369]。李亞光〈「同生」「同產」考辨〉則認為春秋時期的「同生」泛指親兄弟姊妹，有表示同母所生的意義。春秋以前及春秋時期人們認識中的「同生」從性別上看有「女子」、有「兄弟」，既包括男性也包括女性。驪姬與其妹為「同生」，為親姐妹。罕、駟、豐三家為同父前提下的「同母」關係。春秋時期及春秋之前關於兄弟姊妹的稱謂有「同父」和「同生」，未見「同產」。「同生」泛指有血緣關係的親兄弟姊妹，春秋時期的一些史料顯示「同生」針對貴族家庭子女而言在同父的前提下強調其中幾人「同母」的關係。[370]就簡文內容來看，夫差假句踐之口，提出吳越本是同一家人，應如兄弟般拋棄成見，以抵禦外侮。

〔32〕 齊墊〈執〉同力，以御（禦）戮（仇）戲（讎）

齊	墊	同	力	以	御	戮
戲						

原整理者（201704）： 齊執同力，第六簡有「齊郗同心」。齊執猶共舉，齊郗猶步調一致，皆同心協力之謂。又，執、郗皆脂部字，或疑音近假借。戮戲，讀為「仇讎」。《國語・越語上》：「夫吳之與越也，仇讎敵戰之國也。」《左傳》哀公元年：「（越）與我同壤而世為仇讎。」[371]

蕭旭（20170605）： 執，讀為集，合也，聚也。[372]

單育辰（20171026-27）： 本篇「執」字見簡45、46，「▨」和「執」的寫法並不完全一樣，參照簡57「執」作「▨」，「▨」應是處于「執」和「執」之間的一種訛形，因為「▨」釋為「執」不可通，則「▨」更可能用為「執」字。相關字讀為「齊執（勢）同力」，「勢」古人多訓為力，用于此處甚為通順，《春秋繁露・保位權》「則比肩齊勢」正有「齊勢」一詞。在秦漢簡帛和傳世典籍中，

---

[369] 田煒：〈說「同生」「同產」〉，《中國語文》，2017第4期（2017.7），頁487-495。

[370] 李亞光：〈「同生」「同產」考辨〉，《東嶽論叢》2019第40卷第3期（2019.03），頁150-161。

[371] 李學勤主編：《清華大學藏戰國竹簡（柒）》（上海：中西書局，2017），頁126。

[372] 蕭旭：〈清華簡（七）校補（二）〉，復旦網，2017.6.5（2021.4.19上網）。

「執」、「埶」二字經常訛混，但在楚簡中卻是第一次見到，是很珍貴的材料。[373]

　　子居（20180417）：執為緝部字，埶為質部字，整理者所說「執、埶皆脂部字」，不知何據。網友 ee「疑為『埶』或『蓻』之訛，讀為『齊執（勢）同力。』」所說當是，《戰國策・秦策一》：「夫徒處而致利，安坐而廣地，雖古五帝、三王、五伯，明主賢君，常欲坐而致之，其勢不能，故以戰續之。」高誘注：「勢，力也。」因此「齊勢」、「同力」連稱。[374]

　　滕勝霖（201905）：單育辰對「埶」字分析可從。本文認為「𪗉」字是書手發現「埶」錯寫成「執」後改寫所致。「埶」「執」訛混的情況，如：《郭店・老子丙》簡 4：「埶大象，天下往」，《馬王堆肆・老子》甲、乙本均作「執」。「埶」「勢」相通文獻常見，如：《郭店・性自命出》簡 12-13：「物之埶（勢）者之謂埶（勢）」，《上博六・慎子》簡 1：「精澃以順埶（勢）」等。「齊勢」，勢力相當，指吳越人民地位相等；「同力」，共同出力。「𣪏戱」，整理者讀作「仇讎」可從，義為仇人。[375]

　　史玥然（201906）：整理者的意見可從。「執」作「拿著」，見於《詩・邶風》「左手執籥，右手執翟」。「執」可引申為堅持，見於《漢書・外戚傳》「書奏，上以問光。光執不許」。「齊執同力」意思是一齊堅持、同心協力。「埶」為種植、權勢的意思。[376]

　　杜建婷（201906）：「𪗉」與《清華大學藏戰國竹簡（七）》中的其他的「執」字略有不同，左下部多了一橫筆。當仍為「執」，從整理者之說。「齊執同力」亦應同「齊勢同心」。[377]

　　江秋貞（202007）：「執」有「執一」之意，故筆者認為「齊執同力」或是「齊集同力」都有齊同一力的意思。「仇讎」連用成一同義複詞，見《管子・法法》「惠者民之仇讎也，法者民之父母也」、《晏子春秋・外篇上・景公置酒泰山四望而泣晏子諫》「賦斂如撜奪，誅僇如仇讎」、《墨子・號令》「諸有怨仇讎不相解者，

[373] ee：〈清華七《越公其事》初讀〉，武漢網，跟帖第 21 樓，2017.4.25（2020.11.17 上網）。單育辰：〈《清華大學藏戰國竹簡（柒）》釋文訂補〉，收入香港浸會大學饒宗頤國學院、澳門大學中國語言文學系、清華大學出土文獻研究與保護中心編：《《清華簡》國際會議論文集》（香港：香港浸會大學饒宗頤國學院、澳門：澳門大學中國語言文學系，2017），頁 173-174。

[374] 子居：〈清華簡七《越公其事》第三章解析〉，中國先秦史網站，2018.4.17（2021.3.30 上網）。

[375] 滕勝霖：《《清華大學藏戰國竹簡（柒）》集釋及相關問題研究》（重慶：西南大學碩士論文，2019），頁 256-257。

[376] 史玥然：《清華簡《越公其事》集釋及其漢字教學設計》（太原：山西大學碩士論文，2019），頁 36-37。

[377] 杜建婷：《清華簡第七輯文字集釋》（廣州：中山大學碩士論文，2019），頁 248。

召其人，明白為之解之」。[378]

佑仁謹案：

原整理者將「齊執」與「齊膝」視為音近通假，並無什麼證據力。

「埶」確實如單育辰所言，並非一般寫法的「執」字，其左下還有「土」旁，雖然「埶」見於《說文解字》，但這個字看起來更像是「執」之誤字，亦即書手要寫「執」，但起筆寫成了「幸」，將錯就錯之下，繼續書寫「丮」旁，並在左下加上「土」旁。「執」、「埶」在出土及傳世文獻有許多訛混的情況，已有不少學者提出相關研究成果[379]，本處文例中讀「勢」文義較為通順，也有古籍用例的支持。

針對「齊勢」的解釋，子居認為「勢」訓為力，滕勝霖認為「『齊勢』，勢力相當，指吳越人民地位相等」，《春秋繁露‧保位權》「無以禁制，則比肩齊勢而無以為貴矣。」[380]透過「比肩」（肩膀一樣高），表示勢力相等，同心協力面對共同的敵人。

〔33〕 孤之忎（願）也，孤敢不許諾，恣志於雫（越）公

孤	之	忎	也	孤	敢	不
許	諾	恣	志	於	雫	公

原整理者（201704）：忎，楚文字「願望」之「願」。《詩‧野有蔓草》：「邂逅相遇，適我願兮。」《說文》有「忨」字：「貪也。从心，元聲。《春秋傳》曰：『忨歲而漱日。』」二者構字部件相同，可能是同形字。許諾，《國語‧晉語二》：「申

---

[378] 江秋貞：《《清華大學藏戰國竹簡（柒）‧越公其事》考釋》（臺北：臺灣師範大學博士論文，2020），頁 270-271。江秋貞：《《清華大學藏戰國竹簡（柒）‧越公其事》考釋》（臺北：花木蘭文化事業公司，2022），頁 228-229。

[379] 參考裘錫圭：〈郭店〈老子〉簡初探〉，《裘錫圭學術文集》第 2 卷，頁 303；裘錫圭：〈古文獻中讀為「設」的「埶」及其與「執」互譌之例〉，《裘錫圭學術文集》第 4 卷，頁 451-460；裘錫圭：〈再談古文獻以「埶」表「設」〉，《裘錫圭學術文集》第 4 卷，頁 484-495。單育辰：《楚地戰國簡帛與傳世文獻對讀之研究》（北京：中華書局，2014），頁 216-217。郭永秉：〈以簡帛古籍用字方法校讀古書札記〉，收入郭永秉：《古文字與古文獻論集》（上海：上海古籍出版社，2011），頁 296-303；徐剛：《訓詁方法論》（北京：北京大學出版社，2015），頁 154-155。張峰：〈利用戰國楚簡文字訛書校讀古籍舉例〉，《古漢語研究》，2015第 4 期（2015.12），頁 77-85；王誠：〈古書中讀為「設」的「埶」及其與「執」互訛補例〉，《古籍研究》2016 第 1 期，頁 292-295。劉嬌：〈〈古文獻中讀為「設」的「埶」及其與「執」互訛之例〉續補〉，《出土文獻與古文字研究》第 10 輯（上海：中西書局，2022.7）頁 334-347。

[380] 蘇輿撰，鍾哲點校：《春秋繁露義證》（北京：中華書局，1992），頁 172。

生許諾，乃祭於曲沃，歸福於絳。」《儀禮‧鄉射禮》：「司正禮辭，許諾，主人再拜，司正答拜。」恣，《說文》：「縱也。」《呂氏春秋‧適威》：「驕則恣，恣則極物。」恣志，《國語‧晉語四》：「君若恣志以用重耳，四方諸侯，其誰不惕惕以從命！」[381]

郭洗凡（201803）：「願」，從頁原聲，魚怨切。「忨」，貪慾，《國語‧晉語八》：「今忨日而懭歲。」韋昭注：「忨，偷也。」「恣」，放縱也，朱駿聲《通訓定聲》注：「放也。」[382]

子居（20180417）：「忨」即「願」。恣，放任、聽任、滿足，《戰國策‧趙策四》：「太后曰：諾。恣君之所使之。」《戰國策‧燕策三》：「恣荊軻所欲，以順適其意。」皆是類似表述。[383]

滕勝霖（201905）：「悉」，從心元聲，「願」之異體。又見於中山王壺、《上博三‧中弓》簡 26 等，多與「願」相通。「恣志」，放心。本句意思是「這是我的心願，我怎敢不同意，請越公放心！」。[384]

江秋貞（202007）：「許」字為「聽從」之意，《廣雅‧釋詁四》：「許，聽也。」「恣」有放任、滿足義，原考釋所舉《呂氏春秋》、《國語》都屬「放任」義，子居所舉《戰國策》則屬「滿足」義，子居所舉書證較好。[385]

佑仁謹案：

原整理者認為簡文的「悉」和《說文》「忨」「二者構字部件相同，可能是同形字」，言下之意，二字都是從心、元聲，構形僅差在左右安放與上下安放，不一定具有異體關係。古文字的偏旁結構上下與左右安放，無甚差別，例如中山王方壺「願」字作「𩑋」（《集成》9735），即上下結構。雖然《說文》訓「忨」為「貪也。」[386]但此訓可能是誤引申義為本義，總而言之，古文字中的「悉／忨」，與《說文》的「忨」應該是異體字的關係。

「願」本義為《說文》「大頭也。從頁原聲。」[387]以「願」表{願}似乎是秦人的用法。「恣志」，「恣」，從子居之說，訓為放任、聽任、滿足，意思是：就

[381] 李學勤主編：《清華大學藏戰國竹簡（柒）》（上海：中西書局，2017），頁 126。

[382] 郭洗凡：《清華簡《越公其事》集釋》（合肥：安徽大學碩士論文，2018），頁 49-50。

[383] 子居：〈清華簡七《越公其事》第三章解析〉，中國先秦史網站，2018.4.17（2021.3.30 上網）。

[384] 滕勝霖：《《清華大學藏戰國竹簡（柒）》集釋及相關問題研究》（重慶：西南大學碩士論文，2019），頁 257。

[385] 江秋貞：《《清華大學藏戰國竹簡（柒）‧越公其事》考釋》（臺北：臺灣師範大學博士論文，2020），頁 273。江秋貞：《《清華大學藏戰國竹簡（柒）‧越公其事》考釋》（臺北：花木蘭文化事業公司，2022），頁 230。

[386] （東漢）許慎撰，（清）段玉裁注，李添富總校訂：《新添古音說文解字注》（臺北：洪葉文化事業公司，2016），頁 515。

[387] （東漢）許慎撰，（清）段玉裁注，李添富總校訂：《新添古音說文解字注》（臺北：洪葉文化事業公司，2016），頁 422。

依照越公的想法（吳越談和）處理吧。

〔34〕使（使）者反命

使	者	反	命

原整理者（201704）：反命，復命。《周禮・都宗人》：「國有大故，則令禱祠。既祭，反命于國。」[388]

佑仁謹案：

「反命」，原整理者釋文作「反（返）命」，注釋則直接理解為「反命」，「反」當讀如字，不必讀「返」。「反命」指文種完成任務後向句踐回報結果。

〔35〕雩（越）王乃盟，男女備（服），帀（師）乃還

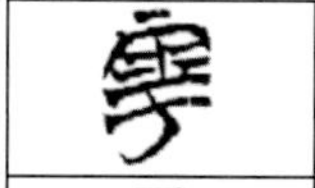

雩	王	乃	盟	男	女	備

帀	乃	還				

子居（20180417）：將「男女服」一句比較清華簡《繫年》第二十二章：「齊與越成，以建陽邱陵之田，且男女服。」《國語・吳語》：「君告孤請成，男女服從。……孤敢請成，男女服為臣御。」及《左傳・襄公二十五年》：「慶封如師，男女以班。……使其眾，男女別而累，以待於朝。」《左傳・哀公元年》：「蔡人男女以辨，使疆于江汝之間而還。」顯然《越公其事》的措辭是承自《繫年》、《吳語》一系的，與《左傳》一系在措辭上區別明顯。[389]

王永昌（201806）：出土楚文獻中記錄{盟}幾乎皆用「盟」字，未見有用「盟」字者；其次，該簡文中「盟」字左上之「日」旁寫作「四」形。[390]

滕勝霖（201905）：據《國語・吳語》記載：「荒成不盟」，《左傳・哀公元年》：「三月，越及吳平。吳入越，不書，吳不告慶，越不告敗也。」可見吳越議和未簽訂盟約。「男女服」，《國語・吳語》：「句踐請盟：一介嫡女，執箕箒以晐姓於王宮；一介嫡男，奉槃匜以隨諸御；春秋貢獻，不解於王府。」簡文未寫勾踐是否為質入吳，《吳越春秋・勾踐入臣外傳》記載「今寡人冀得免於軍旅之憂，而

[388] 李學勤主編：《清華大學藏戰國竹簡（柒）》（上海：中西書局，2017），頁126。
[389] 子居：〈清華簡七《越公其事》第三章解析〉，中國先秦史網站，2018.4.17（2021.3.30上網）。
[390] 王永昌：《清華簡文字與晉系文字對比研究》（長春：吉林大學博士論文，2018），頁45。

復反係獲敵人之手，身為僕隸，妻為僕妾，往而不返，客死敵國。若魂魄有知，愧於前君；其無知，體骨棄捐。」故事已發展得十分豐富，勾踐認為自己入吳為質生死未卜，十分悲觀。[391]

江秋貞（202007）： 清華簡的成書年代在戰國偏晚期的時代，楚簡〈越公其事〉是否是當時的創作或是抄本，這都是不能確定的事，故因「男女服」一詞而斷定傳承至《繫年》、《吳語》一系的，有待商榷。[392]

佑仁謹案：

「盟」指盟誓、誓約，即吳越議和。本處「盟」字作「![字形]」，左上寫法確實如王永昌所言寫成「四」形，這種寫法可能是受三晉文字影響，如：「盟」字作「![字形]」（侯馬盟書195：7）、「明」字作「![字形]」（侯馬200：39）、「![字形]」（侯馬1：20），「盟」旁的「囧」寫成類似「四」形。

關於吳越談和後是否有「盟誓」乙事，諸書的記載不一：

出處	原文	是否有「盟誓」
《越公其事》（第三章）	使者返命越王，乃盟，男女服，師乃還。	有
《國語‧吳語》	乃許之成。將盟，越王又使諸稽郢辭曰：「以盟為有益乎？前盟口血未乾，足以結信矣。以盟為無益乎？君王舍甲兵之威以臨使之，而胡重於鬼神而自輕也？」吳王乃許之，荒成不盟。[393]	無
《國語‧越語》	夫差與之成，而去之。[394]	無詳細記載
《戰國策》	越王使大夫種行成於吳，請男為臣，女為妾，身執禽而隨諸御。吳人果聽其辭，與成而不盟。此攻其心者也。[395]	無
《越絕書》	吳許之。[396]	無詳細記載

[391] 滕勝霖：《《清華大學藏戰國竹簡（柒）》集釋及相關問題研究》（重慶：西南大學碩士論文，2019），頁257。

[392] 江秋貞：《《清華大學藏戰國竹簡（柒）‧越公其事》考釋》（臺北：臺灣師範大學博士論文，2020），頁274。江秋貞：《《清華大學藏戰國竹簡（柒）‧越公其事》考釋》（臺北：花木蘭文化事業公司，2022），頁231-232。

[393] （三國吳）韋昭注，徐元誥集解：《國語集解》（北京：中華書局，2002），頁540。

[394] （三國吳）韋昭注，徐元誥集解：《國語集解》（北京：中華書局，2002），頁569。

[395] 諸祖耿：《戰國策集注彙考》（南京：鳳凰出版社，2008），頁1468。

[396] 李步嘉：《越絕書校釋》（北京：中華書局，2013），頁127。

《史記·吳太伯世家》	卒許越平，與盟而罷兵去。	有
《史記·越王句踐世家》	卒赦越，罷兵而歸。	無詳細記載

依照〈吳語〉之說，吳王許成之後，二國在將盟之際，句踐推辭盟誓，派諸稽郢強調盟誓對兩國關係並無幫助，吳王的兵威比鬼神之畏還要有效，最終兩國沒有舉辦盟誓。但依據《越公其事》第三章、《史記·吳太伯世家》的記載，吳國軍隊是在兩國進行盟誓後才退兵。

滕勝霖認為「《左傳·哀公元年》:『三月，越及吳平。吳入越，不書，吳不告慶，越不告敗也。』可見吳越議和未簽訂盟約。」但這只能說吳越未將戰爭結果告知魯國，不能解釋為兩國沒有盟誓。王妍認為「從語境來看，吳王許成之後，應該是與越國訂立了盟約的。」[397]吳越是否有「盟誓」，可能先秦時代就有兩種不同說法，這已非單靠《越公其事》即可廓清的問題。

一覽表 4.稱謂分析一覽表

簡目	
1　稱人	2　自稱
A.　公	A.　孤
B.　王	B.　余
a.「王」	C.　寡人
b.「吳王」	D.　吾
c.「天王」「先王」	E.　不穀
d.「君王」	
e.「越王」	
f.「吳王」	
C.　彼	
D.　君	
E.　天王	
F.　大夫	

【1.A 稱人「公」】

編號	簡號	原文	說話者	指涉對象
1	10-11	今越公其胡有帶甲八千以敦刃偕死？	伍子胥	句踐

---

[397] 王妍：《清華簡《越公其事》研究》（煙臺：煙臺大學碩士論文，2019），頁 17。

2	15 下	君越公不命使人而大夫親辱，孤敢脫罪於大夫？	夫差	句踐
3	19	孤用願見越公	夫差	句踐
4	24	恣志於越公	夫差	句踐
5	69	越公告孤請成	夫差	句踐
6	70	許越公成	夫差	句踐
7	75	越公是盡既有之	夫差	句踐
8	75	越公其事	夫差	句踐

【1.B 稱人「王」】

編號	簡號	原文	說話者	指涉對象
1	8	王親鼓之	句踐（假文種之口）	夫差
2	9	吳王聞越使之柔以剛也	敘述觀點	夫差
3	9	申胥曰：「王其勿許！」	伍子胥	夫差
4	11	吳王曰：「大夫其良圖此！」	敘述觀點	夫差
5	11	昔吾先王闔盧所以克入郢邦	夫差	闔盧
6	12	天賜衷于吳，右我先王	夫差	闔盧
7	12	吾先王遹之走	夫差	闔盧
8	12-13	吾先王用克入于郢	夫差	闔盧
9	15 下	吳王乃出	敘述觀點	夫差
10	23	今大夫儼然銜君王之音	夫差	句踐
11	24-25	使者返命，越王乃盟	敘述觀點	句踐

12	26	越王句踐將甚復吳	敘述觀點	句踐
13	26-27	王作安邦	敘述觀點	句踐
14	27	王乃不咎不忌	敘述觀點	句踐
15	28	王並無好修于民三工之緒	敘述觀點	句踐
16	29	越王句踐焉始作紀五政之律	敘述觀點	句踐
17	30	王思〈惠〉邦遊民三年	敘述觀點	句踐
18	30	王好農功	敘述觀點	句踐
19	30	王親自耕	敘述觀點	句踐
20	30	王親涉溝塘幽塗	敘述觀點	句踐
21	31	王其有嬰疾？	庶民百姓	句踐
22	31	王聞之	敘述觀點	句踐
23	32	王必飲食之	敘述觀點	句踐
24	33	王亦飲食之	敘述觀點	句踐
25	33	有司及王左右	敘述觀點	句踐
26	33	先告王訓而將耕者	敘述觀點	句踐
27	33	王必與之坐食	敘述觀點	句踐
28	35	凡王左右大臣乃莫不耕	敘述觀點	句踐
29	37	王乃好信	敘述觀點	句踐
30	39	凡邊縣之民及有官師之人或告于王廷	敘述觀點	句踐
31	40	王必親見而聽之	敘述觀點	句踐
32	41	乃無敢增貿其徵以為獻於王	敘述觀點	句踐
33	41	凡有獄訟至于王廷	敘述觀點	句踐

34	42	王必親聽之	敘述觀點	句踐
35	43	王則柬柬	敘述觀點	句踐
36	44	王乃好徵人	敘述觀點	句踐
37	44	王乃趣使人	敘述觀點	句踐
38	44	王則必視	敘述觀點	句踐
39	45	王既察知之	敘述觀點	句踐
40	45	王必親聽之	敘述觀點	句踐
41	45	王見其執事人則怡豫喜也	敘述觀點	句踐
42	46	王見其執事人	敘述觀點	句踐
43	46	王既必聽之	敘述觀點	句踐
44	47	三品交于王府	敘述觀點	句踐
45	48	王則唯勾	敘述觀點	句踐
46	50	王乃好兵	敘述觀點	句踐
47	50	王日玩之	敘述觀點	句踐
48	50-51	王日論省其事	敘述觀點	句踐
49	51	王乃歸使人	敘述觀點	句踐
50	51	王則必視	敘述觀點	句踐
51	53	王乃整民	敘述觀點	句踐
52	53	乃出恭敬王孫之志	敘述觀點	句踐
53	53-54	乃出不恭不敬王孫志	敘述觀點	句踐
54	54	乃趣徇于王宮	敘述觀點	句踐
55	54	王乃大徇命于邦	敘述觀點	句踐
56	56	王乃趣至于溝塘之功	敘述觀點	句踐

57	56-57	王乃趣設戍于東夷	敘述觀點	句踐
58	57	王有失命	敘述觀點	句踐
59	57	王則自罰	敘述觀點	句踐
60	59下	王監越邦之既敬	敘述觀點	句踐
61	59	王乃試民	敘述觀點	句踐
62	60	王懼	敘述觀點	句踐
63	60	王大喜	敘述觀點	句踐
64	61	乃抽王卒君子六千	敘述觀點	句踐
65	61-62	王卒既備	敘述觀點	句踐
66	62	越王句踐乃命邊人聚怨	敘述觀點	句踐
67	63	吳王起師	敘述觀點	夫差
68	63	越王起師	敘述觀點	句踐
69	63-64	越王乃中分其師以為左軍	敘述觀點	句踐
70	67	越王句踐乃以其私卒六千竊涉	敘述觀點	句踐
71	69	圍王宮。	敘述觀點	夫差
72	69	吳王乃懼	敘述觀點	夫差
73	72	乃使人告於吳王曰	敘述觀點	夫差
74	73	王其毋死	句踐（假使者之口）	夫差
75	73	不穀其將王於甬句東	句踐（假使者之口）	夫差
76	74	唯王所安	句踐（假使者之口）	夫差
77	74	以屈盡王年	句踐（假使者之口）	夫差

| 78 | 74 | 吳王乃辭曰 | 敘述觀點 | 夫差 |

【1.C 稱人「彼」】

編號	簡號	原文	說話者	指涉對象
1	10	且彼既大北於平原	伍子胥	句踐

【1.D 稱人「君」】

編號	簡號	原文	說話者	指涉對象
1	3	吾君天王	句踐（假文種之口）	夫差
2	4	寡人不忍君之武	句踐（假文種之口）	夫差
3	5	君如為惠，徼天地之福	句踐（假文種之口）	夫差
4	6-7	君如曰	句踐（假文種之口）	夫差
5	7	君乃陳吳甲	句踐（假文種之口）	夫差
6	15下	君越公不命使人而大夫親辱	夫差	文種（您的）
7	21	匍匐就君	夫差	句踐
8	21	君不嘗新有寡人	夫差	句踐
9	23	今大夫儼然銜君王之音	夫差	句踐

【1.E 稱人「天王」】

編號	簡號	文例	說話者	指稱的對象
1	3	吾君天王	句踐（假文種之口）	夫差

【1.F 稱人「大夫」】

編號	簡號	文例	說話者	指稱的對象
2	1	乃使大夫種行成於吳師曰	敘述觀點	文種
3	11	吳王曰：「大夫其良圖此！」	夫差	伍子胥
4	15下	君越公不使人而大夫親辱	夫差	文種
5	15下	孤敢脫罪於大夫？	夫差	文種
6	23	今大夫儼然銜君王之音	夫差	文種
7	53	以授大夫種，則賞祿之	敘述觀點	文種
8	61	乃屬邦政於大夫種	敘述觀點	文種

【2.A 自稱「孤」】

編號	簡號	文例	說話者	指稱的對象
1	3	當孤之世	句踐（假文種之口）	句踐
2	6	孤其率越庶姓	句踐（假文種之口）	句踐
3	9	孤其許之成	夫差	夫差，自稱
4	15下	孤敢脫罪於大夫	夫差	夫差，自稱
5	16	孤所得罪	夫差	夫差，自稱
6	17	孤疾痛之	夫差	夫差，自稱
7	19	孤用願見越公	夫差	夫差，自稱
8	19	孤用率我一二子弟	夫差	夫差，自稱
9	21	孤用委命重臣	夫差	夫差，自稱

10	21	抑荒棄孤	夫差	夫差，自稱
11	22	孤又恐無良僕	夫差	夫差，自稱
12	22	孤用人守於宗廟	夫差	夫差，自稱
13	23	賜孤以好日	夫差	夫差，自稱
14	24	孤之願也	夫差	夫差，自稱
15	24	孤敢不許諾	夫差	夫差，自稱
16	69	越公告孤請成	夫差	夫差，自稱
17	71	孤請成	夫差	夫差，自稱
18	74	當役孤身	夫差	夫差，自稱
19	75	孤余奚面目以視于天下	夫差	夫差，自稱

【2.B 自稱「余」】

編號	簡號	文例	說話者	指稱的對象
1	7	余其必滅絕越邦之命于天下	文種（假設夫差之意）	夫差
2	19	余弃惡周好	夫差	夫差，自稱
3	21	余聽命於門	夫差	夫差，自稱
4	23	余其與吳播棄怨惡于海濟江湖	夫差	句踐
5	70	余不敢絕祀	夫差	夫差，自稱
6	75	孤余奚面目以視于天下	夫差	夫差，自稱

【2.C 自稱「寡人」】

編號	簡號	文例	說話者	指稱的對象

1	3-4	振鳴鐸鼓以親辱於寡人之敝邑	句踐（假文種之口）	句踐
2	4	寡人不忍君之武	句踐（假文種之口）	句踐
3	4-5	寡人又帶甲八千	句踐（假文種之口）	句踐
4	20	又抗禦寡人之辭	夫差	夫差，自稱
5	20-21	敦齊兵刃以捍禦寡人	夫差	夫差，自稱
6	21	君不嘗新有寡人	夫差	夫差，自稱

【2.D 自稱「吾」】

編號	簡號	文例	說話者	指稱的對象
1	3	吾君天王	句踐（假文種之口）	句踐（我的）
2	11	昔吾先王闔盧所以克入郢邦	夫差	夫差／吳國（我的）
3	12	吾先王遹之走	夫差	夫差／吳國（我的）
4	12-13	吾先王用克入于郢	夫差	夫差／吳國（我的）
5	13	吾始踐越地以至于今	夫差	夫差，自稱
6	14	吾惡乎取八千人以會彼死？	夫差	夫差，自稱
7	16	使吾二邑之父兄子弟朝夕殘然	夫差	夫差（我／我們）

【2.E 自稱「不穀」】

編號	簡號	文例	說話者	指稱的對象
1	69	昔不穀先秉利於越	夫差	夫差，自稱

| 2 | 73 | 不穀其將王於甬句東 | 句踐 | 句踐，自稱 |

說話者 / 指涉對象	句踐	文種	夫差	伍子胥	敘述觀點
句踐	不穀‧寡人‧孤‧吾‧余	－	公‧君‧君王	公‧彼	越王‧王
文種	－	－	君‧大夫	－	大夫
夫差	君‧王‧天王	－	孤‧余‧寡人‧吾‧不穀	王	吳王
伍子胥	－	－	大夫	－	－

第四章

在夫差應許越國請成後，句踐便著手復仇計畫，他先建築宗廟、社位，擴大祭祀，祭奠先祖，以及戰死的亡靈，讓人民心安。他延續過去的官制與倫常，並反躬自省，不刑戮、不咎責，一肩扛起所有戰敗的責任。句踐統一管理遊民，修築幽塗溝塘，使人民專注發展農業，繁育後代。休養生息三年以後，句踐才著手規劃管理「五政」的律令，為反攻復國之大業揭開序幕。

釋文

吳人既闊（襲）雫（越）邦〔1〕，雫（越）王句戉（踐）牆（將）忎（惎）逯（復）吳〔2〕。既畫（建）宗宙（廟），攸（修）秦（社）应（位）〔3〕，乃大鳰（薦）紅（攻），以忻（祈）民之窑（寧）〔4〕。王乍（作）【二六】安邦，乃因司褭（襲）尚（常）〔5〕。王乃不咎不惑（忌），不戮不罰〔6〕；蔑弃（棄）悬（怨）皋（罪），不爯（稱）民嗇（惡）〔7〕；縱（總）經遊民〔8〕，不【二七】爯（稱）貣（貸），殳（役）淵（幽）塗（途）沟（溝）噎（塘）之紅（工）。〔9〕王狱（並）亡（無）好攸（修）于民厽（三）工之堵（緒）〔10〕，兹（使）民叚（暇）自相，蓐（農）工（功）曼（得）寺（時）〔11〕，邦乃砐（暇）【二八】安，民乃蕃芓（滋）。〔12〕雫=（至于）厽（三）年，雫（越）王句戉（踐）女（焉）訇（始）复（作）絽（紀）五政之聿（律）。【二九】〔13〕

語譯

　　吳人攻破越國以後，越王句踐預謀覆滅吳國。在建立宗廟、修築社壇之後，擴大舉辦祭祀，用以祈求百姓安寧。句踐創建一個安寧之邦，承續先前的職官，沿襲固有的倫常。句踐不責備、不怨恨、不刑戮、不刑罰。捐棄（過去的）仇恨與過錯，不再言說人民的錯誤。統一管理遊民，不再追究過去的借貸，改從事幽途溝塘之工程。句踐沒有召集民力修築多種土木工程的計畫，讓人民能閒暇自處，農政時序井然，越國得以閑暇而安寧，人口逐漸蕃昌。三年之後，句踐著手規劃管理「五政」的律令。

〔1〕 吳人既閣（襲）雫（越）邦

吳	人	既	閣	雫	邦

　　原整理者（201704）：閣，讀為「襲」。《國語・晉語二》「大國道（佑仁案：《說苑》作「大國無道」），小國襲焉曰『服』；小國傲，大國襲焉曰『誅』」，韋昭注：「襲，入也。」疑「閣」為破國入侵之專名。[1]

　　王寧（20170526）：根據傳世典籍記載和簡 26 說「吳人既襲越邦，越王句踐將惎復吳」的敘述看，該篇可能稱《越王復吳》比較合適。[2]

　　郭洗凡（201803）：「門」內部所從即「襲」，清華簡《繫年》簡 38 與簡 111「襲」分別作「💭」和「💭」形。[3]

　　子居（20180514）：「襲」應理解為出其不意的攻擊，《左傳・莊公二十九年》：「凡師有鐘鼓曰伐，無曰侵，輕曰襲。」杜注：「掩其不備。」[4]

　　羅雲君（201805）：《左傳・莊公二十九年》：「凡師，有鐘鼓曰伐，無曰侵，輕曰襲。」[5]

　　沈雨馨（201904）：閣，「襲」的異體字。襲，《說文》：「左衽袍。从衣，龖省聲。籀文襲不省」。[6]

　　滕勝霖（201905）：「閣」，從門聲，「襲」之異體。「袁」或為《說文・衣部》「褻」字表意初文，字形又見於甲骨文「💭」（《合集》27959），《上博

---

[1] 李學勤主編：《清華大學藏戰國竹簡（柒）》（上海：中西書局，2017），頁 127。

[2] 王寧：〈清華七《越公其事》初讀〉，武漢網，跟帖第 185 樓，2017.5.26（2020.11.17 上網）。

[3] 郭洗凡：《清華簡《越公其事》集釋》（合肥：安徽大學碩士論文，2018），頁 51-52。

[4] 子居：〈清華簡七《越公其事》第四章解析〉，中國先秦史網站，2018.05.14（2021.4.19 上網）。

[5] 羅雲君：《清華簡《越公其事》研究》（長春：東北師範大學碩士論文，2018），頁 46。

[6] 沈雨馨：《《清華大學藏戰國竹簡（柒）》集釋》（北京：首都師範大學碩士論文，2019），頁 52。

三・互先》簡 3，《清華貳・繫年》簡 38、簡 111 等。或如整理者之說，取破國門而入之意。[7]

毛玉靜（201905）：清華一《楚居》中有「襲」字，《越公其事》此二簡讀為「襲」都沒有問題，簡 26 從整理者所言，為「侵襲」之「襲」的專名。[8]

杜建婷（201906）：訓為「入侵」於文意稍欠。前文講到越國使者回去後，越王同意吳王的要求，百姓臣服於吳國，意即吳國兼併越國。此處之「襲」當訓為「合攏、調和」，《小廣雅・廣言》：「襲，合也。」大意即吳國吞併了越國，越王欲謀劃復國。[9]

王青（20191018-20）：門內之重衣，以釋「褻」（心紐，月部）為優，似可讀若「許」（曉紐、魚部）。「吳人既闅（許）越邦」，即吳人已經同意越國求和。第 27 簡「闅」（襲），字不從「門」，與此不同。[10]

湯志彪、孫欣（20210115）：「𧟟」當從「褅」聲，可讀作「毀」。「毀」訓作「破」、「壞」、「敗」是古書常訓。「越師乃遂𧟟吳」、「越王句踐遂𧟟吳邦」大意是說，越遂破／敗吳（甚至圍吳王宮，且置吳於危亡之地，並滅之）。[11]

俞紹宏（202209）：「襲」古音屬於邪紐緝部，「燮」屬於心紐葉部，二字古音可通，則𧟟可以讀「燮」。「吳人既燮越邦」，意思即吳人與越國和解了。[12]

佑仁謹案：

王青認為「襲」當讀為「許」，湯志彪與孫欣讀「毀」，俞紹宏讀「燮」，「闅」字除見於本處外，又見簡 68「越師乃述（遂）闅吳」、簡 69「闅吳邦，回（圍）王宮」，這幾處的「闅」若改讀成「許」、「毀」或「燮」，文義顯然不通。

「襲」，金文寫法作「（image）」（夨方鼎，《集成》02824）、「（image）」（夨簋，《集成》04322），《說文》：「襲，左衽袍。从衣，龖省聲。」[13]乃為亡者所穿的衣服，衣襟朝左。《釋名・釋喪制》：「衣尸曰襲。襲，匝也，以衣周匝覆之

7　滕勝霖：《《清華大學藏戰國竹簡（柒）》集釋及相關問題研究》（重慶：西南大學碩士論文，2019），頁 260。
8　毛玉靜：《《清華大學藏戰國竹簡（柒）》字用研究》（合肥：安徽大學碩士論文，2019），頁 10。
9　杜建婷：《清華簡第七輯文字集釋》（廣州：中山大學碩士論文，2019），頁 295。
10　王青：〈清華簡《越公其事》補釋〉，收入華東師範大學歷史學系編：《出土文獻與商周社會學術研討會會議論文集》（上海：華東師範大學歷史學系，2019），頁 324。
11　湯志彪、孫欣：〈釋褅〉，《語言科學》2021 第 1 期（2021.1），頁 100-101。
12　俞紹宏：〈楚簡「袌」字補釋〉，《古文字研究》第 34 輯（北京：中華書局，2022.9），頁 426。
13　（東漢）許慎撰，（清）段玉裁注，李添富總校訂：《新添古音說文解字注》（臺北：洪葉文化事業公司，2016），頁 395。

也。」[14]《儀禮·士喪禮》：「乃襲，三稱。明衣不在筭。」鄭玄《注》：「遷尸於襲上而衣之，凡衣死者，左衽不紐。」[15]清·顧炎武《日知錄·停喪》：「襲也，斂也，殯也，皆以期成乎葬者也。」[16]可參。

「襲」有進入之義，除了原整理者所引《國語·晉語二》：「大國襲焉，曰誅。」韋昭《注》：「襲，入也。」[17]，《楚辭·九辯》：「去白日之昭昭兮，襲長夜之悠悠。」洪興祖《補注》：「襲，入也。」[18]《淮南子·覽冥訓》：「蛇鱓著泥百仞之中，熊羆匍匐邱山嶄巖，虎豹襲穴而不敢咆，猿狖顛蹶而失木枝。」高誘《注》：「襲，入。」[19]《莊子·大宗師》：「堪壞得之，以襲昆侖。」成玄英《疏》：「襲，入也。」[20]皆是其例。另外，「襲」、「入」也有非常密切的異文關係，例如《銀雀山漢簡·五令》：「非追北衲（入）邑」（簡966），《尉繚子·兵令》武經本「衲（入）邑」作「襲邑」；《鹽鐵論·刑德》：「至於攻城入邑，損府庫之金，盜宗廟之器。」[21]「入邑」在《論衡·答佞篇》作「襲邑」[22]。可見「入」、「襲」語意接近，故有異文替換之例。

原整理者之所以理解為「破國入侵之專名」，應是基於該字從「門」之故。子居將「襲」解釋為「出其不意的攻擊」，恐不可信。夫椒之戰乃句踐主動出擊，戰爭地點「夫椒」在吳國境內，由於吳軍敗越軍，句踐不得不退而「保棲於會稽」[23]（《史記·越王句踐世家》）。雙方既已在吳國境內的夫椒交戰，就不存在吳軍來襲而「未預料到吳師會攻至越都」的問題，故以「掩其不備曰襲」來訓釋本處的「襲」，並不理想。

〔2〕雪（越）王句戉（踐）牆（將）忈（其）遑（復）吳

雪	王	句	戉	牆	忈	遑
雪	王	句	戉	牆	忈	遑

[14] （東漢）劉熙：《釋名》（北京：中華書局，2016），頁120。

[15] （東漢）鄭玄注，（唐）賈公彥疏，李學勤主編：《十三經注疏·儀禮注疏》（北京：北京大學出版社，2000），頁787-788。

[16] （清）顧炎武著，陳垣校注：《日知錄校注》（合肥：安徽大學出版社，2007），頁855。

[17] （三國吳）韋昭注，徐元誥集解：《國語集解》（北京：中華書局，2002），頁284。

[18] （東漢）王逸章句，（南宋）洪興祖補注、朱熹集注：《楚辭章句補注·楚辭集注》（長沙：嶽麓書社，2013），頁183。

[19] 何寧：《淮南子集釋》（北京：中華書局，1998），頁467。

[20] （清）王先謙：《莊子集解》（北京：中華書局，1987），頁60。

[21] 王利器撰：《鹽鐵論校注》（北京：中華書局，1992），頁566-567。

[22] 黃暉：《論衡校釋（附劉盼遂集解）》（北京：中華書局，1990.2），頁529。

[23] （西漢）司馬遷撰，（宋）裴駰集解，（唐）司馬貞索引、張守節正義：《史記》（北京：中華書局，2014），頁2100。

吳

原整理者（201704）：慗，憎惡，怨恨。《說文》：「慗，毒也。」《左傳·哀公二十七年》：「知伯不悛，趙襄子由是慗知伯。」復，報仇。袁康《越絕書·外傳計倪傳》（佑仁案：應為《越絕書·外傳計倪傳》）：「（子胥）三年自咎，不親妻子，飢不飽食，寒不重綵，結心於越，欲復其仇。」[24]

薛後生（20170425）：慗，疑訓為「謀」，傳世及出土文獻多見，不贅。[25]

蕭旭（20170605）：《吳越春秋·勾踐陰謀外傳》：「越王又問相國范蠡曰：『孤有報復之謀。』」P.2011 王仁昫《刊謬補缺切韻》：「慗，一曰謀。」[26]

易泉（20180122）：《玉篇·心部》：「慗，教也。」《左傳·宣公十二年》：「晉人或以廣隊，不能進；楚人慗之脫扃。」杜預注：「慗，教也。」「慗復吳」之「慗」，對應《韓非子·內儲說上》「故越王將復吳而試其教」、《左傳·襄公二十六年》「通吳於晉，教吳叛楚」、中山王鼎銘文「越人修教備信」之「教」。簡文「越王句踐將慗復吳」，指越王勾踐將教越人復吳國之法。[27]

郭洗凡（201803）：「恧」從心亓聲。可以省作「其」，訓為「謀」。「基」、「其」與「謀」均為上古之部字，可通假。毛傳：「基，始也。」「基」訓為「謀」，謂謀事之始。[28]

香油面子（20180129）：這裡「恧（慗）遑（復）」，或仍以薛後生訓「慗」作「謀」之說為勝。「慗」某之辭例，文獻亦見。《左傳·定公四年》：「管、蔡啟商，慗間王室，王於是乎殺管叔而蔡蔡叔。」《經義述聞》王引之按：「慗，謀也。」這裡「慗間」與簡26「慗復」句式同，可互參。簡文「雫（越）王句戔（踐）牂（將）恧（慗）遑（復）吳。」是說越王勾踐預謀劃報復吳國（或向吳國報仇）。[29]

吳祺（201804）：簡文「慗」訓「謀」可從。「覆」字古有傾敗、顛覆之義。簡文「越王勾踐將慗覆吳」意為越王勾踐將謀劃傾覆吳邦。《左傳·定公四年》：「初，伍員與申包胥友。其亡也，謂申包胥曰：『我必復楚國。』申包胥曰：『勉之！子能復之，我必能興之。』」關於此段文字中的「復」字，杜預注曰：「復，報也。」看上去似乎是「復」字可直接加賓語「楚國」來表示報復楚國之意的例

---

[24] 李學勤主編：《清華大學藏戰國竹簡（柒）》（上海：中西書局，2017），頁127。

[25] 薛後生：〈清華七《越公其事》初讀〉，武漢網，跟帖第20樓，2017.4.25（2019.11.19上網）。

[26] 蕭旭：〈清華簡（七）校補（二）〉，復旦網，2017.6.5（2021.4.19上網）。

[27] 易泉：〈清華七《越公其事》初讀〉，武漢網，跟帖第217樓，2018.1.22（2019.11.19上網）。

[28] 郭洗凡：《清華簡《越公其事》集釋》（合肥：安徽大學碩士論文，2018），頁51-52。

[29] 香油面子：〈清華七《越公其事》初讀〉，武漢網，跟帖第227樓，2018.1.29（2019.11.19上網）。

證。然《史記・伍子胥傳》中相關文句作「我必覆楚」。此處當以「覆」為正字，歷代學者多有論述。[30]

　　子居（20180514）：若按整理者注將「惎」訓為憎恨、怨恨，則「將惎複」明顯不辭，故據前文的「將」字可知，「惎」確當訓「謀」。[31]

　　何家歡（201806）：疑此處「復」通「覆」，義為「傾覆」。[32]

　　史玥然（201906）：整理者的意見可從。《周書》：「來就惎惎。……惎忌音同義。」《廣韻》：「惎，渠記切。」表示毒害的意思。《左傳・定公四年》：「管蔡啟商，惎間王室。」表示憎惡、記恨，《左傳・哀公二十七年》：「知伯不悛，趙襄子由是惎知伯。」聯繫後一字「遝（復）吳」，認為整理者釋「復」作報仇為宜。《越絕書・外傳記記倪傳》：「（子胥）三年自笞，不親妻子，飢不飽食，寒不重綵，結心於越，欲復其仇。」。[33]

　　滕勝霖（201905）：「忑」讀作「期」，強烈地期望。《清華三・良臣》簡6：「有司馬子忑（期）」。《戰國策・秦策三・蔡澤見逐於趙》：「豈不辯智之期與？」鮑彪注：「期，猶志也。」「復」，報仇。[34]

　　江秋貞（202007）：「忑」字從「其」從「心」，《故訓匯纂》「其」字條，《禮記・孔子閒居》：「夙夜其命宥密」鄭玄注：「《詩》讀其為基，聲之誤也。基，謀也。」簡文的這個「忑」字從「心」，顯然是表達一種心理狀態，如果作為「怨恨」義，那麼「牁忑」釋為「將怨恨」豈不怪哉？若把「忑」字釋為「謀」，則為「策謀」之意，較能表示越王將要策謀復仇的計畫的心態。[35]

　　佑仁謹案：

　　「將」指將要、打算，與《國語・吳語》「吳王夫差既許越成，乃大戒師徒，將以伐齊」[36]之「將」字用法相同。

　　「忑」讀「惎」、「基」，皆訓為「謀」，亦即句踐在大敗之後，收拾殘餘勢力，開始為攻吳作準備。原整理者釋為「惎」，不妥。郭洗凡認為「基」、「謀」都是之部字，故可以通假，但二字聲紐差異較大，亦無通假的直接例證。滕勝霖

30 吳祺：〈清華簡〈管仲〉〈越公其事〉校釋三則〉，《出土文獻》第12輯（上海：中西書局，2018.4），頁181-183。吳祺：《戰國竹書訓詁方法探論》（上海：華東師範大學博士論文，2019），頁392-394。

31 子居：〈清華簡七《越公其事》第四章解析〉，中國先秦史網站，2018.5.14（2021.4.19上網）。

32 何家歡：《清華簡（柒）《越公其事》集釋》（保定：河北大學碩士論文，2018），頁42-43。

33 史玥然：《清華簡《越公其事》集釋及其漢字教學設計》（太原：山西大學碩士論文，2019），頁38。

34 滕勝霖：《《清華大學藏戰國竹簡（柒）》集釋及相關問題研究》（重慶：西南大學碩士論文，2019），頁261。

35 江秋貞：《《清華大學藏戰國竹簡（柒）・越公其事》考釋》（臺北：臺灣師範大學博士論文，2020），頁279-280。江秋貞：《《清華大學藏戰國竹簡（柒）・越公其事》考釋》（臺北：花木蘭文化事業公司，2022），頁237。

36 （三國吳）韋昭注，徐元誥集解：《國語集解》（北京：中華書局，2002），頁540。

讀作「期」，指強烈地期望。「期望」是一種主觀認知的情緒，可以有，也可以沒有，但沒有「將期待」的用法。易泉認為「悹」訓為「教也」，亦不妥，簡文的「悹」應和「遑」組成動詞詞組，中山王鼎銘文「越人修教備信」的「教」明顯是名詞，與簡文不能等量齊觀。

關於「遑」字的義訓，原整理者釋「復」為報仇，網友香油面子、史玥然、滕勝霖、江秋貞從之。吳祺、何家歡則讀作「覆」訓為「傾覆」。「復」讀「覆」為吳祺所提出，他雖然也認為「訓為報復，於簡文文義亦可通」，但「從戰國楚簡的用字習慣來看，似未見『遑』用為『報』之例」，因此更傾向讀「覆」[37]。「未見『遑』用為『報』之例」這個說法有待商榷，「復」（並紐覺部）、「報」（幫紐幽部）古音相近，劉釗認為「古『復』、『報』音義皆近，常常通用。」[38]我們至少可以找到幾處簡文作「復」，今本古籍作「報」的證據：

1 《仲弓》簡22「▨上下相復以忠」，陳劍認為「復」與「報」音義皆近，並依《大戴禮記・少閒》「上下相報」文例，直接將「復」讀為「報」。[39]

2 郭店《語叢四》簡1云：「非言不讎，非德無復。」陳偉指出該句語出《毛詩・大雅・抑》「無言不讎，無德不報」。簡文的「復」，今本《毛詩》作「報」。[40]

3 《皇門》簡5云：「先〈＝〉（先人）神示（祇）遑（復）式用休」，今本作「先人神祇報職用休」。[41]

4 清華伍《命訓》簡10「不忠則亡復」，今本《逸周書・命訓》作「不忠則無報」。[42]

若單看「吳人既襲越邦，越王句踐將悹復吳」一段敘述，無論讀「復」（復仇）、「報」（報仇）或「覆」（顛覆），事實上文義都能通。句踐的「復仇」，其實就是「滅吳」。前述三字的意思雖然都通，但讀法只能擇其一。在出土文獻中，可找到其他句踐「復吳」的字句，如下：

[37] 吳祺：《戰國竹書訓詁方法探論》（上海：華東師範大學博士論文，2019），頁392-394。

[38] 劉釗：《郭店楚簡校釋》（福州：福建人民出版社，2003），頁142。

[39] 陳劍：〈上博竹書《仲弓》篇新編釋文〉，《戰國竹書論集》（上海：上海古籍出版社，2013），頁109。

[40] 陳偉主編：《楚地出土戰國簡冊〔十四種〕》（北京：經濟科學出版社，2009），頁264。

[41] 黃懷信、張懋鎔、田旭東撰，李學勤審定：《逸周書彙校集注（上）》（修訂本）（上海：上海古籍出版社，2007），頁550。

[42] 黃懷信、張懋鎔、田旭東撰，李學勤審定：《逸周書彙校集注（上）》（修訂本）（上海：上海古籍出版社，2007），頁32。

1 昔者，吳人并越，越人修教備信，五年復吳，克并之，至于今。（中山
王鼎，《集成》02840）

2 吳以者士萬人勝越。越以算（選）卒萬二千復吳而伐。（《銀雀山漢
墓竹簡‧選卒》簡1234-1235）

中山王鼎的「五年復吳」，張頷已經指出，若將「復」讀為「傾覆」之「覆」，
則將和後文的「克并之」文意重複[43]。而《銀雀山漢墓竹簡》的「復」字若讀為
「覆」，語序上也有問題，「覆」（覆滅）的語意比「伐」（討伐）更重，既已
消滅吳國，又何必「伐」之？若是「伐吳而覆（之）」（討伐吳國而滅其國）還
比較合乎邏輯。結合前述楚簡以「復」表{報}的用字習慣，並配合文意，筆者
比較贊成將此處的「復」讀作「報」，訓為「報仇」。此外，傳世典籍中也有大
量「句踐『報』（報復）吳」的線索，如下：

1 《國語‧吳語》：「（越）王曰：『越國之中，越國之中，疾者吾問
之，死者吾葬之，老其老，慈其幼，長其孤，問其病，求以報吳。願以
此戰。』」[44]

2 《韓非子‧飾邪》：「（句踐）明法親民以報吳，則夫差為擒。」[45]

3 《呂氏春秋‧知化》：「居數年，越報吳，殘其國，絕其世，滅其社
稷，夷其宗廟，夫差身為擒。」[46]

4 《史記‧越王句踐世家》：「句踐自會稽歸七年，拊循其士民，欲用以
報吳。」[47]

上述「報吳」、「報吳王」都指向吳國、吳王報仇。《史記‧越王句踐世家》說：
「范蠡事越王句踐，既苦身勠力，與句踐深謀二十餘年，竟滅吳，報會稽之恥，
北渡兵於淮以臨齊、晉，號令中國，以尊周室，句踐以霸，而范蠡稱上將軍。」
[48]因此，筆者認為可依據楚簡以「復」表示{報}的用字習慣，與前述「報吳」
的古籍文例聯繫起來，將復字讀成「報」，意指復仇。當然，我們也可以不強求
與古籍用法一致，而直接將「復」讀如字，依舊是報仇之義。

43 張頷：〈中山王𰻞器文字編‧序〉，張守中撰集：《中山王𰻞器文字編》（北京：中華書局，
1981），頁6。

44 （三國吳）韋昭注，徐元誥集解：《國語集解》（北京：中華書局，2002），頁557。

45 （清）王先慎撰，鍾哲點校：《韓非子集解》（北京：中華書局，2013），頁123。

46 許維遹撰，梁運華整理：《呂氏春秋集釋》（北京：中華書局，2009.9），頁69。

47 （西漢）司馬遷撰，（南朝宋）裴駰集解，（唐）司馬貞索引、張守節正義：《史記》（北京：
中華書局，2014），頁2103。

48 （西漢）司馬遷撰，（南朝宋）裴駰集解，（唐）司馬貞索引、張守節正義：《史記》（北京：
中華書局，2014），頁2113。

「去」而有「返」謂之「報」，《韓非子・內儲說上》：「韓昭侯使騎於縣，使者報。」陳奇猷《集釋》云：「報，反也。」[49]「報」也有正面、負面之別，正面的回報是「報答」，如《毛詩・衛風・木瓜》：「投我以木瓜，報之以瓊琚。匪報也，永以為好也。」[50]《毛詩・大雅・抑》：「投我以桃，報之以李。」[51]負面的回報則是報仇、報復，如《國語・越語上》：「昔者夫差恥吾君於諸侯之國，今越國亦節矣，請報之。」[52]干寶《搜神記》卷十一：「吾干將、莫邪子也。楚王殺吾父，吾欲報之。」[53]簡文的用法理應是負面之「報」。

〔3〕既畫（建）宗宙（廟），攸（修）枽（社）应（位），

既	畫	宗	廟	攸	枽	应

原整理者（201704）：薦、攻當與前面的宗廟、祟应相對應。薦於宗廟，攻於祟应。[54]

zzusdy（20170428）：所謂「枽」是否是上下結構的「社」，有一借筆？下「杜」字就寫作上下結構。[55]

陳偉武（20171026-28）：宗廟與神社常並舉，《越公其事》26「枽」應改釋為「社」，作枽形當析為從示從木從土，「土」之長橫與「示」共用，如此借筆與簡28「枽（社）」作枽正相似。「社位」指社神之位。[56]

子居（20180514）：「祟位」當即傳世文獻中的「敢位」，又作「叢社」、「叢祠」。[57]

羅雲君（201805）：「既建宗廟」是「吳人既襲越邦」的結果，越國的宗廟損於戰火或者毀於戰火，越國的「既建宗廟」當是在舊址上的修復與建設。[58]

滕勝霖（201905）：本篇書手還抄寫了清華六《鄭武夫人教孺子》《鄭文公問太伯（甲）（乙）》等篇目。上述篇目中「社」字分別作：枽（《孺子》簡11），

[49] （清）王先慎撰，鍾哲點校：《韓非子集解》（北京：中華書局，2013），頁236。

[50] （西漢）毛公傳，（東漢）鄭玄箋，（唐）孔穎達等正義，李學勤主編：《十三經注疏・毛詩正義》（北京：北京大學出版社，2000），頁290。

[51] （西漢）毛公傳，（東漢）鄭玄箋，（唐）孔穎達等正義，李學勤主編：《十三經注疏・毛詩正義》（北京：北京大學出版社，2000），頁1377。

[52] （三國吳）韋昭注，徐元誥集解：《國語集解》（北京：中華書局，2002），頁571。

[53] 參（東晉）干寶，（南朝宋）陶潛撰，李劍國輯校：《搜神記輯校・搜神後記輯校》（北京：中華書局，2019），頁407。

[54] 李學勤主編：《清華大學藏戰國竹簡（柒）》（上海：中西書局，2017），頁127-128。

[55] zzusdy：〈清華七《越公其事》初讀〉，武漢網，跟帖第66樓，2017.4.28（2019.11.19上網）。

[56] 陳偉武：〈清華簡第七冊釋讀小記（初稿）〉，收入香港浸會大學饒宗頤國學院、澳門大學中國語言文學系、清華大學出土文獻研究與保護中心編：《《清華簡》國際會議論文集》（香港：香港浸會大學饒宗頤國學院、澳門：澳門大學中國語言文學系，2017），頁153。

[57] 子居：〈清華簡七《越公其事》第四章解析〉，中國先秦史網站，2018.5.14（2021.4.26上網）。

[58] 羅雲君：《清華簡《越公其事》研究》（長春：東北師範大學碩士論文，2018），頁32。

𧼈（《鄭文公甲》簡 6），𧼈（《鄭文公乙》簡 5）。由此可見，「枈」即上舉「社」字變成上下結構，且「示」借用「杢」字下面兩筆而成。且文獻中「宗廟」「社稷」常常對舉。[59]

史玥然（201906）：整理者的意見可從。「枈」從木示聲，上古祭部字，「祟」上古脂部字。《說文解字》：「祟，神禍也。謂鬼神作災禍也。」《集韻》：「庲，落合切，屋聲。」（佑仁案：此引文有誤，《集韻》視為「屋聲」的是「庲」而非「庲」）表示房屋發出的聲音，引申為房屋建築。[60]

劉信芳（201910）：「枈」，整理者讀為「祟」，茲改釋「社」。楚簡社亦作「祛」，葛陵簡乙二 16：「☑祛（社）一滕（豢）☑。」乙三 53、65：「☑禱於亓（其）祛（社）一滕（豢）☑。」祛，「社」之古文（《說文》）。上博藏五《鬼神之明》2 背：「此呂（以）桀折於鬲山，而受（紂）𢼊於只（岐）祛（社）。」[61]

王青（201910）：「祟庲」，安置鬼祟之處，禳除鬼祟之禍的建築（佑仁案：文中幾處「祟」字均誤寫為「崇」，今正）。「枈」，當依于省吾先生所釋讀為「塞」，報祭也。「庲」，金文習見，當讀若「居」。[62]

江秋貞（202007）：〈越公其事〉說「既建宗廟，修祟位」，宗廟應該指天神、地祇、人鬼等正規的神，祟位則祭禱的是民間信仰中不在正規禮儀中的鬼怪。[63]

youren（20211116）：棗紙簡《吳王》簡 29「共承上帝」之「共」應讀「恭」。[64]

陳一（202203）：「祟」字甲骨文作「𥘊」（合 15664 賓組）或「𥘊」（合 15663 賓組），從木從示，金文不見，楚簡中已寫為「米」（清華簡（肆）《筮法》簡 48）、「枈」（新蔡零 241）、「朩」（上博簡（六）《競公瘧》簡 9），「木」已訛變為「出」。可見包山簡「祟」字還保留著甲骨文的痕跡，故被誤認與「枈」為一字。《說文 · 示部》：「社，地主也。」「社位」即「土地神位」。[65]

---

[59] 滕勝霖：《《清華大學藏戰國竹簡（柒）》集釋及相關問題研究》（重慶：西南大學碩士論文，2019），頁 262。

[60] 史玥然：《清華簡《越公其事》集釋及其漢字教學設計》（太原：山西大學碩士論文，2019），頁 38。

[61] 劉信芳：〈清華簡柒《越公其事》第四章釋讀〉，收入中國文字學會編：《中國文字學會第十屆學術年會論文集》（鄭州：鄭州大學漢字文明研究中心、鄭州大學文學院，2019），頁 502-509。

[62] 王青：〈清華簡《越公其事》補釋〉，收入華東師範大學歷史學系編：《出土文獻與商周社會學術研討會會議論文集》（上海：華東師範大學歷史學系，2019），頁 324-325。

[63] 江秋貞：《《清華大學藏戰國竹簡（柒） · 越公其事》考釋》（臺北：臺灣師範大學博士論文，2020），頁 283-286。江秋貞：《《清華大學藏戰國竹簡（柒） · 越公其事》考釋》（臺北：花木蘭文化事業公司，2022），頁 240-242。

[64] youren：〈清華七《越公其事》初讀〉，武漢網，跟帖第 233 樓，2021.11.16（2022.3.8 上網）。

[65] 陳一：《清華簡（柒）》疑難字詞補釋》（天津：天津師範大學碩士論文，2022），頁 101。

佑仁謹案：

簡文說：「既畫（建）宗宙（廟），攸（修）秦（社）应（位），乃大鷹（薦）杠（攻）」由「建」、「修」等字可知「宗廟」和「秦位」必是固定存在於某地的建築物。「宗廟」二字的釋讀沒有疑義，句踐　乘夫差率吳軍主力赴盟黃池之時，句踐將襲吳都，與楚國使者申包胥談到：「吳國為不道，求殘我社稷宗廟，以為平原，弗使血食。」[66]（見《國語‧吳語》）則越國社稷與宗廟已在　夫椒之戰　中被吳國破壞殆盡，此時句踐敗棲會稽，則祭祀場所勢必需要重建。

「宗廟」用以祭祀先祖，亦是政權維繫的象徵。《越公其事》第一章文種揣摩夫差想法說：「余亓（其）必戮（滅）醫（絕）雩（越）邦之命于天下，勿茲（使）句戔（踐）屬（繼）蒝於雩（越）邦巳（矣）。」第十一章夫差戰敗時，回想當年給予句踐的恩情時說：「余不敢醫（絕）祀，許雩（越）公成。」前者說「勿使……繼蒝」，讓越國無法舉行「蒝」祭，後者說「不敢絕祀」，不敢讓越國斷絕祭祀，二者都用祭祀表示政權的延續。

而問題較多的是「𥝩」，該字原整理者釋作「祟」，「祟」字甲骨文作「𥝩」（《合集》24252）。楚簡「祟」字頗多異體，例如「祟」（《包山》239）、「祟」（《包山》247）、「祟」（《包山》243）、「祟」（清華肆《筮法》47）、「祟」（清華肆《筮法》63），可見楚簡的「祟」是將「木」字豎筆往上縮。而與簡文「𥝩」寫法最接近的，當即「祟」、「祟」一類寫法。可是，細審構形，正如 zzusdy（王凱博）、陳偉武等學者的觀察，「𥝩」字上半的「木」旁直貫而下，並已連接下半的兩道橫筆，寫法與楚簡的「祟」字不同。

筆者支持 zzusdy 改釋作「社」的意見，「𥝩」字應該理解為从「示」、「杢」聲（「杢」則从土聲），「木」、「土」豎筆貫穿、共用筆劃，在簡文文例中讀為「社」。「社」本指社神，《禮記‧王制》：「天子祭天地，諸侯祭社稷，大夫祭五祀。」[67]祭祀社神象徵古人對於土地的敬重。中國以農立國，種植作物均仰賴土地供給養分，故古人重視土神[68]，往後又引申為祭祀時為土地神設立的木製牌位[69]。本處的「社位」既與「宗廟」對言，且以「修」作為動詞，則「社位」當是一種與祭祀土神有關的建築，並非神主牌。「社」應即社壇，乃專為社祭所

---

[66] （三國吳）韋昭注，徐元誥集解：《國語集解》（北京：中華書局，2002），頁556。

[67] （東漢）鄭玄注，（唐）孔穎達疏，李學勤主編：《十三經注疏‧禮記正義》（北京：北京大學出版社，2000），頁451。

[68] 《國語‧魯語上》：「共工氏之伯九有也，其子曰后土，能平九土，故祀以為社。」韋昭《注》：「社，后土之神也。」

[69] 《論語‧八佾》：「哀公問社於宰我，宰我對曰：『夏后氏以松，殷人以柏，周人以栗。』」邢昺《疏》：「謂用其木以為社主。」

蓋的建築，封樹以標明社神之所在[70]，「社位」除提供社祭使用外，亦可作國君居住的行宮，關於此點，必須結合後頭的「应（位）」字方能明白。

金文中已有「㝐」、「应」、「匛」等字，當與簡文的「𢓺」為一字，古文字「宀」、「广」、「厂」均為表示建築物概念的意符，用作偏旁時常可彼此替換，不過，原整理者把「𢓺」字隸定作「匛」，並不精確。青銅器中的「匛」或「应」，過去學者有讀「居」[71]與「位」[72]兩種方案，將《越公其事》的「社𢓺」讀成「社位」文通意順，因此能以楚簡為定錨，也將金文的「应」讀為「位」。

吳大澂認為「㝐」即「古『位』字」，唐蘭指出「金文裡常常說『王在某应』，『应』就是《尚書・召誥》裡『太保乃以庶殷攻位於洛汭』的『位』，就是臨時蓋的行宮。……可見在应裡也還是有廟和太室的。」又曰：『凡朝廷裡不論君臣都有固定的位，王到一個地方需要舉行典禮，就得建立臨時的位，所以周成王要到新建的洛邑去，召公就以庶殷攻位於洛汭，攻是製作的意思。」[73]陳劍〈甲骨金文用為「遊」之字補說〉提到「研究者多已指出，甲骨文的『僎』字與金文的『应』字用法很接近，二者的性質也應該基本相同。裘文（原注：《文集》第64頁）說，『小臣夌鼎的『𢓺应』當即王𢓺枼（檀？）麓時的行宮』。『遅（遊）僎』『遅（遊）应』的說法與『遊宮』鄂君啓節『王尻（居）於戚郢之遊宮』，《今本竹書紀年》帝堯陶唐氏『作游宮于陶』、『游館』相類。」[74]

李學勤將中甗的「应」解釋為「王的行帳」[75]，劉釗將之與裘錫圭解釋為王之行宮的卜辭「僎」字相聯繫，認為「甲骨文的僎」是王在戰爭和狩獵過程中臨時駐蹕的地方，在其中既可居住，又可進行祭祀」，二字用法相近，性質相同[76]。就前述甲骨文、金文資料來看，「应（位）」除祭祀功能外，還可作為君王臨時的行宮。

---

[70] 《左傳・昭公十七年》：「伐鼓於社。」《公羊傳・哀公四年》：「社者，封也。」何休《注》：「封土為社。」

[71] 張光裕將金文「应」讀成「居」，參張光裕：〈冠簋銘文與西周史事新證〉，《文物》2009第2期（2009.2），頁53-56。參李學勤：〈靜方鼎考釋〉，《第三屆國際中國古文字學研討會論文集》（香港：香港中文大學，1997），頁223-230。李學勤：〈靜方鼎與周昭王歷日〉，《夏商周年代學札記》（瀋陽：遼寧大學出版社，1999），頁22。李學勤：〈靜方鼎補釋〉，《夏商周年代學札記》（瀋陽：遼寧大學出版社，1999），頁76。

[72] 張懋鎔：〈靜方鼎小考〉，《文物》，1998第5期（1998.5），頁88。王長豐：〈靜方鼎的時代、銘文書寫者及相關聯的地理、歷史〉，《華夏考古》，2006第1期（2006.3），頁56。裘錫圭：〈再談古文獻以「埶」表「設」〉，「古道照顏色——先秦兩漢古籍國際學術研討會，香港：香港中文大學，2009.1。又收入裘錫圭：《裘錫圭學術文集・語言文字與古文獻卷》（第四卷），（上海：復旦大學出版社，2012.6），頁485。

[73] 上述吳大澂與唐蘭之說，參見周法高主編：《金文詁林》（香港：香港中文大學出版社，1975），第9卷，頁317-322。

[74] 陳劍：〈甲骨金文用為「遊」之字補說〉，復旦大學出土文獻與古文字研究中心編：《出土文獻與古文字研究》第8輯（上海：上海古籍出版社，2019），頁38。

[75] 李學勤：〈盤龍城與商朝的南土〉，《新出青銅器研究》（北京：文物出版社，1990），頁15。

[76] 參劉釗：〈安陽殷墟大墓出土骨片文字考釋〉，《書馨集》（上海：上海古籍出版社，2013），頁7-9。

　　《周禮‧春官宗伯》：「小宗伯之職，掌建國之神位，右社稷，左宗廟。兆五帝於四郊，四望、四類亦如之。」[77]依其說，社稷之壇位在右，宗廟在左，二者相對，與《越公其事》相同。《考工記》也有「左祖右社」之說：「匠人營國，方九里，旁三門。國中九經九緯，經涂九軌。左祖右社，面朝後市，市朝一夫。」[78]匠人營造王宮時，以宮殿為中心，太廟在左，社稷壇在右，此時社稷之壇已與宮殿的功能分離。《考工記》「左廟右社」之說，對後世帝王宮殿的營造產生巨大影響。羅雲君認為「既建宗廟」當是在舊址上的修復與建設，恐不可信，句踐既然是敗逃至會稽山麓，則宗廟當是重新建造。

　　綜上所述，「建宗廟，修社位」當是句踐在大敗後，百廢待舉，首先在會稽山麓營建用以祭祀祖先的太廟以及祈求農業順利的社壇，前者象徵政權的延續，後者為祈求農業發展順利（「農工」也是《越公其事》「五政」之首，可見句踐對於社神的重視程度），並作為治事中心，句踐以此地為基礎，重新整頓越國，邁向滅吳之路。

　　史玥然在釋「庿」時，曾提及該字《集韻》分析為「落合切，屋聲」，而《集韻》「入聲二十七合」另有「厴」字，亦為「落合切」，分析為「《說文》石聲也，或作『砬』」[79]。大徐本《說文》有「厴」字，徐鉉云：「厴，石聲也。从厂，立聲。（盧荅切）」[80]可見《集韻》的「厴」可上溯至大徐本《說文》，字从石、立聲。據《教育部異體字字典》資料庫顯示，「厴」今音「ㄌㄚ（lā）」[81]，該字在晚近的字書中，如《類篇》、《字彙》等都曾收錄。這幾例晚近字書中的「庿」與「厴」應該是一組異體字，它們的反切為「落合切」或「盧荅切」，與《越公其事》从广从立的「庿」，應當只是同形關係而已。

〔4〕乃大廌（薦）𥙫（攻），以忻（祈）民之寗（寧）。

乃	大	廌	𥙫	以	忻	民
之	寗					

[77] （東漢）鄭玄注，（唐）賈公彥疏，李學勤主編：《十三經注疏‧周禮注疏》（北京：北京大學出版社，2000），頁573。

[78] （東漢）鄭玄注，（唐）賈公彥疏，李學勤主編：《十三經注疏‧周禮注疏》（北京：北京大學出版社，2000），頁1345-1346。

[79] 趙振鐸校：《集韻校本》（上海：上海辭書出版社，2012.12），頁1597。

[80] （東漢）許慎撰：《說文解字》（北京：中華書局，1978），頁194。

[81] 字頭編號C00916，參教育部國家教育研究院語文教育及編譯研究中心編：《異體字字典》（電子版），臺灣學術網路十三版（正式六版），2017.11，網址：https://dict.variants.moe.edu.tw/variants/rbt/word_attribute.rbt?quote_code=QzAwOTE2（2023.3.9上網）。

原整理者（**201704**）：鷹，疑為「薦」。《左傳・隱公三年》：「可薦於鬼神，可羞於王公。」社，讀為「攻」，六祈之一。《周禮・大祝》：「掌六祈，以同鬼神示：一曰類，二曰造，三曰禬，四曰禜，五曰攻，六曰說。」薦、攻當與前面的宗廟、崇底相對應。薦於宗廟，攻於崇底。忻，讀為「祈」。祈的目的是實現其所期望，具體的方式有薦享與攻除的不同。[82]

zzusdy（**20170428**）：「鷹」似可讀作「解」（參單育辰先生《古文字研究》31 文），包山簡有「攻解」可參。整理者讀為「薦」也有可能，不過這時「社」似不可理解為「攻」，而讀為與「薦」詞義相近的「貢」。[83]

陳偉武（**20171026-28**）：讀「鷹」為「薦」可從，「鷹」讀為「薦貢」，指祭告宗廟社神時進薦奉獻。[84]

郭洗凡（**201803**）：「薦」，古者決訟，令觸不直，指的是一種神獸。「攻」作攻擊，文中為古代禱告鬼神以消除災難的一種祭祀。[85]

子居（**20180514**）：薦以表達崇敬，凡賜福祉者則禮敬薦獻，古人認為先祖會庇佑本族，是以薦於宗廟；攻以表示懲治，凡為禍祟者則攻治聲討，攻治者多為異類，所以攻於祟位。之所以要「以祈民之甯」自然是因為越人被吳師所敗而被迫遷至新居地使然，而此節以「民之寧」的關鍵在於「乃大薦攻」。[86]

滕勝霖（**201905**）：「社」在楚卜筮祭禱簡中多作祭祀動詞，越國雖然戰敗，但進行攻解之法趕走兵死作祟，以求民安，應在情理之中。「忻」從心斤聲，整理者讀作「祈」可從，義為向上天或神明求福。「寧」，安定。《左傳・定公五年》：「及寧，王欲殺之。」杜預注：「寧，安定也。」[87]

江秋貞（**202007**）：原考釋其實已經說得很清楚了，越國大敗之後，現在勉強得到封地百里，要圖謀復仇，先祭祀宗廟祖先，然後祭祀死去的軍民，原考釋說「具體的方式有薦享與攻除的不同」，薦享是正面意義的進薦祭祀，攻除則是較負面的消除兵死、冤死等枉死者的怨念，用以撫平百姓倖存者的哀痛，並鼓舞倖存者，為國而死，國家並沒有忘記他們。[88]

---

[82] 李學勤主編：《清華大學藏戰國竹簡（柒）》（上海：中西書局，2017），頁 127-128。

[83] zzusdy：〈清華七《越公其事》初讀〉，武漢網，跟帖第 66、67 樓，2017.4.28（2019.11.19 上網）。

[84] 陳偉武：〈清華簡第七冊釋讀小記（初稿）〉，收入香港浸會大學饒宗頤國學院、澳門大學中國語言文學系、清華大學出土文獻研究與保護中心編：《《清華簡》國際會議論文集》（香港：香港浸會大學饒宗頤國學院、澳門：澳門大學中國語言文學系，2017），頁 153。

[85] 郭洗凡：《清華簡《越公其事》集釋》（合肥：安徽大學碩士論文，2018），頁 51-52。

[86] 子居：〈清華簡七《越公其事》第四章解析〉，中國先秦史網站，2018.5.14（2021.6.1 上網）。

[87] 滕勝霖：《《清華大學藏戰國竹簡（柒）》集釋及相關問題研究》（重慶：西南大學碩士論文，2019），頁 263-263-264。

[88] 江秋貞：《《清華大學藏戰國竹簡（柒）・越公其事》考釋》（臺北：臺灣師範大學博士論文，2020），頁 289。江秋貞：《《清華大學藏戰國竹簡（柒）・越公其事》考釋》（臺北：花木蘭文化事業公司，2022），頁 246。

劉信芳（202011）：簡文「大鷹（薦）祉（攻）以忻（祈）民之寧」乃戰亂（人禍）之後採取的安民舉措，猶天災之後有荒政也。《周禮・春官・大司徒》「以荒政十有二聚萬民，一曰散利」「十有一曰索鬼神」，鄭司農注：「索鬼神，求廢祀而脩之，《雲漢》之詩所謂『靡神不舉，靡愛斯牲』者也。」[89]

佑仁謹案：

簡文「大薦攻」，原整理者認為「薦於宗廟，攻於崇应」，亦即「薦」、「攻」對應前文的「宗廟」與「崇应」。可是我們現在知道「崇」字實為「社」之誤釋，那麼前述原整理者的推論，則失去立論依據。

「大」，指增加、提高、擴張，在大敗之後擴大祭祀，讓臣民心靈沉澱。「鷹」讀作「薦」，為祭祀之名，將祭品敬獻給鬼神的動作曰「薦」，而祭祀的獻牲亦稱「薦」。zzusdy認為「薦」讀「解」，「薦攻」就是楚簡中常見的「攻解」，不過後來他又把「攻」讀為「貢」。

典籍中的「攻」和出土文獻所見稍有不同。「攻」為《周禮》「六祈」之一，《周禮・春官・大祝》：「掌六祈，以同鬼神示，一曰類，二曰造，三曰禬，四曰禜，五曰攻，六曰說。」鄭玄《注》：「攻、說，則以辭責之。」[90]鄭眾云「祭名」，鄭玄謂「用幣而已」。林義正指出「『類』是祈求上帝之祭名，『造』是祈求祖先之祭名，『禬、禜』是告日月星辰山川之神時有災變之祭名，『攻、說』是告日月星辰山川之神並以辭責之祭名，前四者皆有牲，後者則用幣。」[91]湯瑞芬也指出其中「幣」為繒帛，作為祭品，《尚書・召誥》：「我非敢勤，惟恭奉幣，用供王能祈天永命。」「牲」為供祭祀、盟誓和食用的家畜，《周禮・地官司徒下・閭師》：「凡庶民，不畜者祭無牲。」「攻」祭為「有幣無牲」，可見於《左傳・莊公十二年》：「凡天災，有幣，無牲。非日月之眚，不鼓。」李宗侗云：「凡天災有幣無牲：只用布幣來祈請，而不用犧牲。」可知「攻」為降退天災之祭祀，與下句「适還妖祥」之「妖祥」對應，「妖祥」為顯示自然災害的凶兆。[92]

前述為典籍裡對山川之神進行「攻」的情況，但其與出土文獻中所見的「攻」祭不類。李華倫指出「死兵」者將成為厲鬼，故透過攻解等巫術使災禍解脫。九店楚簡《告武夷》云：「帝胃（謂）爾無事，命爾司兵死者。」「兵死」即死於戰爭，九店簡整理者援《淮南子・說林》：「兵死之鬼憎神巫。」高誘《注》：

---

[89] 劉信芳：〈清華簡柒《越公其事》第四章釋讀〉，收入中國文字學會編：《中國文字學會第十屆學術年會論文集》（鄭州：鄭州大學漢字文明研究中心、鄭州大學文學院，2019），頁507。

[90] （東漢）鄭玄注，（唐）賈公彥疏，李學勤主編：《十三經注疏・周禮注疏》（北京：北京大學出版社，2000），頁775。

[91] 林義正：〈孔子的天人感應觀——以《魯邦大旱》為中心的考察〉，李學勤、林慶彰等著：《新出土文獻與先秦思想重構》（臺北：臺灣書房，2007），頁24。

[92] 湯瑞芬：《《清華伍・殷高宗問於三壽》考釋》（臺中：中興大學碩士論文，2017），頁60。

「兵死之鬼，善行病人。」[93]大抵按古人信仰，疾病與兵死者一類的人鬼有關。[94]兵死者容易成鬼祟，無所依歸、身軀殘損而成為遊魂，且無人祭祀，無法受饗，故以餓鬼形態呈現，卜祀祭禱簡中攻解「不辜」或「兵死」者甚多，可見一斑。因此，簡文「大薦攻」的「攻」的概念，是對於「兵死者」進行禳除[95]，所有因戰爭而死亡的人，都應是禳除的對象，目的是讓遊魂有所依歸。

簡文「寧」字，指安定。越國大敗，則必然死傷慘重，透過對鬼神的「薦」、「攻」等祭祀方式，紓解人民情緒，心靈亦能有所寄託。《廣韻・青韻》：「寧，安也。」[96]《尚書・大禹謨》：「野無遺賢，萬邦咸寧。」孔安國《傳》：「賢才在位，天下安寧。」[97]《左傳・定公五年》：「及寧，王欲殺之。」杜預《注》：「寧，安定也。」[98]

「忻」字讀為「祈」，指祈求。

棗紙簡《吳王夫差起師伐越》簡29云：「乃共承上帝、坛（社）褱（稷）、宗宙（廟）、山川、溪浴（谷）、澤北（丘）之事。」「共承」當讀為「恭承」，指恭敬地承奉。西漢・賈誼〈弔屈原賦〉：「恭承嘉惠兮，俟罪長沙。」[99]棗紙簡所載祭祀的對象比清華簡要更加廣泛。

〔5〕 王乍（作）安邦，乃因司裹（襲）尚（常）。

王	乍	安	邦	乃	因	司

---

[93] 何寧：《淮南子集釋》（北京：中華書局，1998），頁1198。

[94] 李華倫：〈楚地卜筮簡「凶攻解於某」解〉，《第三十屆中國文字學國際學術研討會論文集》，臺南：成功大學中國文學系，2018.5.24-25，頁467-488。

[95] 關於「兵死者」，李家浩認為是死於戰爭中的人，來國龍認為「春秋時期《左傳》、《國語》等早期文獻中所指的『兵死者』是指君臣弒殺，或因罪犯受戮的強死者。而到了戰國時期，主要是指死於戰場的陣亡將士。」陳炫瑋認為「在先秦文獻中往往僅指死於兵器之非命者，到了東漢，兵死者已包括了死於戰場上的人。」參李家浩〈九店楚簡「告武夷」研究〉，收入李家浩：《著名中年語言學家自選集・李家浩卷》（合肥：安徽教育出版社，2002），頁320-328。來國龍：〈記憶的磨滅：春秋時期銅器上有意磨毀改刻的銘文〉（Commemoration and Erasure: Doctored Inscriptions on Spring and Autumn Period Bronzes）（稿），《二十年來新見古代中國青銅器國際學術研討會——首陽齋藏器及其他》會議論文，芝加哥，2010.11，頁4。陳炫瑋：〈春秋至兩漢的「兵死」者內涵探究——以葬禮及死者家屬安頓為討論核心〉，《漢學研究》第33卷第4期（2015.12），頁37-72。

[96] 周祖謨：《廣韻校本》（北京：中華書局，2011），頁199。

[97] （西漢）孔安國傳，（唐）孔穎達正義，李學勤主編：《十三經注疏・尚書正義》（北京：北京大學出版社，2000），頁103。

[98] （晉）杜預注，（唐）孔穎達正義，李學勤主編：《十三經注疏・春秋左傳正義》（北京：北京大學出版社，2000），頁1798。

[99] （漢）賈誼撰，彭昊、趙勖校點：《賈誼集》（長沙：岳麓書社，2010），頁140。

袞	尚

原整理者（201704）：乍，讀為「作」，始。《詩·駉》「思馬斯作」，毛傳：「作，始也。」安邦，使國家安定。焦贛《易林·家人之渙》：「解商驚惶，散我衣裝，君不安邦。」因司襲常，因襲常規。這段話包括民與官師之申訴與進諫。大意是過去的政令不像現在這樣，當今政令苛重，完成不了，這樣的政令不可施行，要想安民就得因襲常故。[100]

魏棟（20170423）：「因司襲常」不是兩個並列的「V+N」結構，而是「三個同義 V+N」結構。「司」古通「嗣」，訓繼承、延續。《爾雅·釋詁》：「嗣，續也。」「因」「司（嗣）」「襲」三字為同義連用。[101]

汗天山（20170423）：《越公其事》27 簡：乃因司襲常。可能還當看作是兩個並列的「V＋N」結構。「司」或當讀為「事」，因事襲常，即循故襲常、因循故常之義。[102]

心包（20170424）：「故」可訓為「事」，但是反過來，「事」似乎沒有「故舊」的意思。[103]

暮四郎（20170429）：此處的「司」是官司之義，「因司」、「襲常」是兩個動賓短語，存在互文關係，意為因襲舊日之官僚機構、規章制度等，亦即不煩費改作之意。《書·立政》有「百司庶府」，「司」即指官僚機構。[104]

王寧（20170430）：「司」是「治」的假借字，《爾雅·釋詁》：「治、肆、古，故也。」「因司（治）襲常」即因故襲常。[105]

明珍（20170501）：此句應是一個「動賓＋動賓」結構的句式，即因（v）司（n）習（v）常（n）。因、襲，承襲之義；司，職責（舊的職掌，與「常」為互文）；常，舊法。簡文此句意指因襲過往的職責與法度。[106]

苦行僧（20170505）：此處下文說勾踐對本應加以處罰的民眾如何寬大處理，如何休養生息，有點無為而治的意思。這種治國之道非常道，那麼將「因司襲尚」理解為「因襲常規」就不太合適了。「因司襲尚」當讀為「因司襲掌」，「因」、「襲」同義，「司」、「掌」同義，「因司襲掌」的意思就是沿襲官吏所職掌之

---

[100] 李學勤主編：《清華大學藏戰國竹簡（柒）》（上海：中西書局，2017），頁 128。

[101] 參清華大學出土文獻讀書會（石小力整理）：〈清華七整理報告補正〉，清華網，2017.4.23（2021.6.7 上網）。

[102] 汗天山：〈清華七《越公其事》初讀〉，武漢網，跟帖第 6 樓，2017.4.23（2019.11.19 上網）。

[103] 心包：〈清華七《越公其事》初讀〉，武漢網，跟帖第 10 樓，2017.4.24（2019.11.19 上網）。

[104] 暮四郎：〈清華七《越公其事》初讀〉，武漢網，跟帖第 94 樓，2017.4.29（2019.11.19 上網）。

[105] 王寧：〈清華七《越公其事》初讀〉，武漢網，跟帖第 108 樓，2017.4.30（2019.11.19 上網）。

[106] 明珍：〈清華七《越公其事》初讀〉，武漢網，跟帖第 123 樓，2017.5.1（2019.11.19 上網）。

事，也就是使官吏的職位不發生變動。這樣理解與下文所說的無為而治的治國之道正相符合。[107]

王磊（20170517）：「司」可讀為「始」。「司」古音在心紐、之部，「始」在書紐、之部，音近可通。「始」即「初始、本來的」。這裡的「因始」當即「因襲初始」的意思。越王勾踐能夠與民休息，修正了後世的亂政，而採取初始相對寬鬆的政策。古籍中「襲」「習」相通，《史記・樂書》：「孝惠、孝文、孝景無所增更，於樂府習常肄舊而已。」「肄舊」即「沿襲舊有」。「習常肄舊」在結構上與「因始襲常」一致。[108]

蕭旭（20170605）：書傳未見「治」訓「故」者，《爾雅》郭璞注：「治，未詳。」鄭樵注：「『治』疑為『始』。」二字古通，非誤也，古亦省作「台」。始，初也，指初法。[109]

子居（20180514）：對照下文的「越王勾踐焉始作起五政之律」和「乃作五政」可知，此處「王作安邦」的「作」不當訓為「始」，而當訓為致力於、從事於。此處「司」似可讀「祠」，「尚」仍可讀「嘗」，「因司襲尚」即「因襲祠嘗」，禘、祠、烝、嘗為四種祭祀，《越公其事》此處當是舉祠嘗以涵蓋之，指沿襲舊有的四時常祀傳統。「建宗廟，修祟位，乃大薦攻」為初遷時的寧民之舉，「因祠襲嘗」為寧民後的安邦之舉，二者正相延續，皆為重祀守舊，無所創制。《國語・越語》稱「令大夫種守于國」，《史記・越王勾踐世家》也稱「舉國政屬大夫種」，因此本節的所有舉措當皆是大夫種以越王勾踐的名義施行的臨時安置措施。[110]

吳德貞（201805）：「司」疑即簡 33 的「有司」，這裡指「管理機構」，為名詞。「襲常」亦見於馬王堆帛書《老子》甲篇：「用其光，復歸其明，毋道身央，是謂襲常。」[111]

何家歡（201806）：據文意，下文「王乃不咎不惎」迄「農功得時」乃為「因司襲常」之具體內容。若此，「因司襲尚」乃指越王勾踐，而非指官民，即休養生息，無為而治之義。[112]

滕勝霖（201905）：本文認為讀作「因治襲常」。「因治襲常」為「動賓動賓」結構，「因」「襲」皆有沿襲、照舊之義，「治」「常」也意思相近。「治」

---

107 苦行僧：〈清華七《越公其事》初讀〉，武漢網，跟帖第 153 樓，2017.5.5（2019.11.19 上網）。
108 王磊：〈清華七《越公其事》札記六則〉，武漢網，2017.5.17（2021.4.26 上網）。
109 蕭旭：〈清華簡（七）校補（二）〉，復旦網，2017.6.5（2021.4.26 上網）。
110 子居：〈清華簡七《越公其事》第四章解析〉，中國先秦史網站，2018.05.14（2021.4.26 上網）。
111 吳德貞：《清華簡《越公其事》集釋》（武漢：武漢大學碩士論文，2018），頁 48。
112 何家歡：《清華簡（柒）《越公其事》集釋》（保定：河北大學碩士論文，2018），頁 26。

法制，《韓非子・五蠹》：「而嚴其境內之治」。「尚」讀作「常」可從，「常」，常法，此句意思是「越王開始使國家安定，於是沿襲以前的法制常規」。[113]

張朝然（**201906**）：因，此處為沿襲之義。《論語・為政》「殷因于夏禮，所損益可知也。」司，可讀為「祀」。司祀音近。在此處表祭祀。「因司」即沿襲之前的祭祀。本句與上文提到越王句踐建宗廟，修祟匜相呼應。「襲常」則是襲過往的政治法度。（佑仁案：「襲」字前似漏一字）[114]

史玥然（**201906**）：「因司袞尚」為兩個動名詞短語，「司」和「事」都是上古音之韻部字，音近可通。《說文解字》：「因，就也。」表示沿襲，見於《論語・為政》「殷因於夏禮」。這句話意思是沿襲舊有的禮制。[115]

蔡瑩瑩（**20190627**）：蒙論文口試委員蘇建洲教授指出，《爾雅》「治」字，鄭樵注已疑當為「始」字（《爾雅詁林》520-522），此處亦當讀為「始」，《漢書・杜周傳》：「將軍輔政，宜因始初之隆」，可與簡文對讀。[116]

王青（**20191018-20**）：「乃因司」，整理者此注不言「司」字之義，疑漏。「司」當通「事」，《尚書・康誥》「汝陳時臬司」，「臬司」即「臬事」。「因司（事）」者，因循故事也。[117]

劉信芳（**20191012-13**）：司，參簡33「有司」。襲常，吳德貞指出見於馬王堆帛書《老子》甲篇：「用其光，復歸其明，毋道身央，是謂襲常。」論者已指出「因司」、「襲常」互文，有必要說明，「因司襲常」出於特殊歷史背景。句踐質吳之前，「舉國政屬大夫種」（《史記・越世家》），自吳歸越，百官依舊，政令不改常故，體現的是撫慰，是應該的。倘若另行任命，會令患難期間為邦效力的官員寒心。[118]

江秋貞（**202007**）：「王乍安邦」的主動詞應該是「安」，因此原考釋把「乍」釋為「始」，其實是很合理的。「乍」可以是起、始之意，在此簡文「王乍安邦」，指的是越王開始安定國家的措施，故以原考釋的說法可從。「因司襲常」不必看成兩個完全對等的詞組，它們也可以看成兩個相承的詞組，「因司」而「襲常」，「因」應該釋為「依」，依著不同的「司」而因襲各自的舊規，不做改變。「司」

[113] 滕勝霖：《《清華大學藏戰國竹簡（柒）》集釋及相關問題研究》（重慶：西南大學碩士論文，2019），頁265。

[114] 張朝然：《清華簡《越公其事》集釋及相關問題初探》（石家莊：河北師範大學碩士論文，2019），頁34。

[115] 史玥然：《清華簡《越公其事》集釋及其漢字教學設計》（太原：山西大學碩士論文，2019），頁40。

[116] 蔡瑩瑩：《春秋戰國時期的歷史書寫與文化記憶》（臺北：臺灣大學博士論文，2019），頁226。

[117] 王青：〈清華簡《越公其事》補釋〉，收入華東師範大學歷史學系編：《出土文獻與商周社會學術研討會會議論文集》（上海：華東師範大學歷史學系，2019），頁325。

[118] 劉信芳：〈清華簡柒《越公其事》第四章釋讀〉，收入中國文字學會編：《中國文字學會第十屆學術年會論文集》（鄭州：鄭州大學漢字文明研究中心、鄭州大學文學院，2019），頁506-509。

可以是官府、官吏、職事,或全部都包含在內。季師以為讀為「事」似乎較周延,
但與各家所說的「事」的具體含意並不相同。[119]

佑仁謹案:

先談「王作安邦」,原整理者將「作」訓為「始」,此說不可信。《越公其
事》全篇與「作」有關的辭例如下:

1　王乍(作)安邦,乃因司襲常。(簡 27)
2　越王句踐焉始复(作)紀五政之律。(簡 29)
3　王思邦遊民,三年,乃乍(作)五政。五政之初,王好農功。(簡 30)

透過「始作」、「乃作」等用例,可知「作」顯然不應訓作「始」,筆者較傾向
訓成「為」,具體可理解為建置、創建、建作。《爾雅‧釋言》:「作、造,為
也。」[120]《廣韻‧暮韻》:「作,造也。」[121]《尚書‧康誥》:「周公初基,作
新大邑于東國洛。」[122]《周禮‧考工記序》:「作車以行陸,作舟以行水。」盂
鼎「不(丕)顯玟(文)王,受天有(佑)大令,在武王嗣文王乍(作)邦」[123]
(《集成》02837),內容說明 武王繼承文王天命「作邦」,「作邦」即造作周
邦。〈晉公盤〉「王命唐公,建宅京師,君百姓,作邦。」(新收 NB2445)均
是其例。

「安邦」原整理者解釋為「使國家安定」,把「安」理解為動詞。筆者認為
既然「作」已是動詞,那麼「安」的功能應該是修飾「邦」,與之形成名詞組「安
邦」。我們知道先秦的「邦」字到漢代為了避高祖劉邦諱而一併改成「國」,「安
國」一詞見《呂氏春秋‧諭大》:「故曰:天下大亂,無有安國。一國盡亂,無
有安家。一家皆亂,無有安身。」[124]此處的安國、安家、安身均為名詞組。「安
邦」應指安寧、太平的國家,呼應前文「祈民之寧」。

至於「因司襲常」一語,魏棟認為是「三個同義 V+N」結構,連續三個動詞
修飾一個名詞,但這種用法並非常態,筆者比較贊同此句乃「VNVN」結構。

---

[119] 江秋貞:《《清華大學藏戰國竹簡(柒)‧越公其事》考釋》(臺北:臺灣師範大學博士論
　　文,2020),頁 290-297。江秋貞:《《清華大學藏戰國竹簡(柒)‧越公其事》考釋》(臺
　　北:花木蘭文化事業公司,2022),頁 246-253。

[120] (晉)郭璞注,(北宋)邢昺疏,李學勤主編:《十三經注疏‧爾雅注疏》(北京:北京大
　　學出版社,2000),頁 69。

[121] 周祖謨:《廣韻校本》(北京:中華書局,2011),頁 372。

[122] (西漢)孔安國傳,(唐)孔穎達正義,李學勤主編:《十三經注疏‧尚書正義》(北京:
　　北京大學出版社,2000),頁 423。

[123] (東漢)鄭玄注,(唐)賈公彥疏,李學勤主編:《十三經注疏‧周禮注疏》(北京:北京
　　大學出版社,2000),頁 1241。

[124] 許維遹撰,梁運華整理:《呂氏春秋集釋》(北京:中華書局,2009.9),頁 305。

「因……襲……」句式相對簡單，這兩字同為動詞且概念接近。「司」，王磊讀「始」並不妥。《越公其事》通篇出現 3 次「始」，均以「㠯」表示。例如：

1　吾㠯（始）踐越地以至于今。（簡 13）
2　越王句踐焉㠯（始）作紀五政之律。（簡 29）
3　焉㠯（始）絕吳之行李。（簡 60）

將「司」讀為「始」，則與書手的用字習慣不符。筆者認為，「因司」指延續行政的執掌，《逸周書·命訓解》：「天生民而成大命，命司德正之以禍福。」孔晁云：「司，主也，以德為主，有德正之以福，無德正之以禍。」[125]《國語·魯語上》：「展禽使乙喜以膏沐犒師，曰：『寡君不佞，不能事疆場之司，使君盛怒，以暴露於敝邑之野，敢犒輿師。』」韋昭《注》：「司，主也，主疆場之吏也。」[126]可參。

「襲常」指承襲先前的倫理綱常，《新書》云：「襲常緣道謂之道，反道為辟。」[127]《老子》云：「用其光，復歸其明，無遺身殃，是為習常。」[128]「習常」，馬王堆帛書《老子》作「襲常」[129]。《韓非子·主道》云：「羣臣守職，百官有常。因能而使之，是謂習常。」[130]回到簡文來看，「因司襲常」指句踐歷經敗逃、遷都等打擊，面對國家災後重建，首先是營建宗廟與社壇，再來是延續先前（夫椒之戰以前）的管理制度，並承續過去既有的倫理綱常，讓變動的幅度達到最小。

〔6〕　王乃不咎不惎（忌），不戮不罰；

王	乃	不	咎	不	惎	不

戮	不	罰

原整理者（201704）：咎，責怪。《論語·八佾》：「遂事不諫，既往不咎。」惎，讀為「惎」。戮，懲罰。《左傳·僖公二十七年》：「楚子將圍宋，使子文治兵於睽，終朝而畢，不戮一人。」[131]

---

125 黃懷信、張懋鎔、田旭東：《逸周書彙校集注》（上海：上海古籍出版社，2007），頁 20-21。
126 （三國吳）韋昭注，徐元誥集解：《國語集解》（北京：中華書局，2002），頁 151。
127 （西漢）賈誼撰，閻振益、鐘夏校注：《新書校注》（北京：中華書局，2000），頁 304。
128 朱謙之撰：《老子校釋》（北京：中華書局，1984），頁 208。
129 高明：《帛書老子校注》（北京：中華書局，1996），頁 77。
130 （清）王先慎撰，鍾哲點校：《韓非子集解》（北京：中華書局，2013），頁 27。
131 李學勤主編：《清華大學藏戰國竹簡（柒）》（上海：中西書局，2017），頁 128。

　　王寧（20170526）：此「惎」疑讀「忌」較合適。[132]

　　郭洗凡（201803）：王寧的觀點可從。「惑」通「忌」，指的是責怪與怨恨。「戮」，殺也，簡文中指的是懲罰有罪的人。[133]

　　子居（20180514）：以刑加身為戮，以財抵罪為罰，雖然都可以引申出懲罰義，但二者還是略有輕重程度上的區別的。此節所謂「不咎不惎，不戮不罰，蔑棄怨罪，不稱民惡」，實則是因為勾踐在吳，大夫種不宜擅自裁奪的緣故，由此即可見《越公其事》本章作者無視史實而對越王所作的刻意美化。[134]

　　羅雲君（201805）：「咎」可從整理報告意見，「不咎不惑」之語，當與越國戰敗之事有關聯，不追究相關人員的責任以安撫民心。[135]

　　吳祺（201806030）：「不咎不惑」當讀為「不仇不忌」，「仇」與「忌」均應訓為「怨」，為同義連用，且與下文「不戮不罰」句式正同。[136]

　　滕勝霖（201905）：「惑」從王寧之說，讀作「忌」，禁忌義，右側加意符「戈」或表此義。「亓」「己」文獻相通常見，「不戮不罰」中「戮」與「罰」意思相近，均有罪責、懲治之意，《上博九・城濮之行甲》簡1：「子文閱師於敢，一日而畢，不扶一人。」與《左傳・僖公二十七年》對應可證「戮」非殺伐之意，而是處罰義。本句意思是「越王於是不責怪，不禁忌；不處罰，不懲治」。需要補充的是，「惑」字字形後世未見，但在古文字中或有跡可循，本文認為甲骨文「或」字可能是簡文字形的早期寫法，字形寫作「🀀」（《合集》21163），「🀀」（《合集》21447）等，其中《合集》21663「王🀀☒」中此字或為動詞，但原片殘缺，具體含義不明。[137]

　　毛玉靜（201905）：較之「忈」，「惑」綴加了義符「戈」。諧聲通假。[138]

　　史玥然（201906）：《說文解字》：「戮，殺也。」《書・甘誓》：「用命賞于祖，弗用命戮于社。」又作羞辱、罪責義，見於《左傳・文公六年》「夷之蒐，賈季戮史騈」。簡文「不戮不罰」，「戮」「罰」同義連用。[139]

132　王寧：〈清華七《越公其事》初讀〉，武漢網，跟帖第186樓，2017.5.26（2019.11.19上網）。

133　郭洗凡：《清華簡《越公其事》集釋》（合肥：安徽大學碩士論文，2018），頁55-56

134　子居：〈清華簡七《越公其事》第四章解析〉，中國先秦史網站，2018.05.14（2021.4.26上網）。

135　羅雲君：《清華簡《越公其事》研究》（長春：東北師範大學碩士論文，2018），頁49。

136　吳祺：〈清華竹書訓詁拾遺〉，《勵耘語言學刊》總第28輯（2018.06），頁252-254。

137　滕勝霖：《《清華大學藏戰國竹簡（柒）》集釋及相關問題研究》（重慶：西南大學碩士論文，2019），頁266。

138　毛玉靜：《《清華大學藏戰國竹簡（柒）》字用研究》（合肥：安徽大學碩士論文，2019），頁71。

139　史玥然：《清華簡《越公其事》集釋及其漢字教學設計》（太原：山西大學碩士論文，2019），頁40。

大西克也（201905）：（「惎」）這個解釋與上下文「不咎」「不惑」「不戮」「不罰」等語不協調，此字疑讀為「劫」。《說文》：「劫，法有辠也。」《段注》云：「法者，謂以法施之。」「不劫」即不施加刑法。[140]

王青（20191018-20）：此句意不在輕罰，而是不總結對越之戰，不賞有功，不罰有過，實乃懶政之表現也。[141]

江秋貞（202007）：在這裡「王乃不咎不惑（惎），不戮不罰」指的是越王就不咎責，不怨恨，不誅殺，不處罰。[142]

白於藍、岳拯士（202006）：「惑」當讀作「殛」。「殛」則從「亟」聲。上古音「其」為見紐之部，「亟」為見紐職部，兩字雙聲，韻則陰入對轉。「殛」字之訓為「誅」乃典籍常訓，而「惑」字則從戈表義，正可以看作是「殛」之異構。古「殛」字還有「誅責」、「誅罰」之義。[143]

陳一（202203）：「戮」、「罰」義近，「不咎不惑」與「不戮不罰」結構相同，「咎」、「惎」亦當義近。依筆者見，咎訓為厭惡，《書·西伯戡黎序》：「殷始咎周。」孔安國傳：「咎，惡也。」「惑」從整理者如字讀即可，但應訓為忌憚，《左傳·哀公二十七年》：「趙襄子由是惎知伯。」洪亮吉詁引《小爾雅》：「惎，忌也。」「惡」、「忌」義近。「咎」、「惎」指態度上，「戮」、「罰」指方式上，程度皆較輕。[144]

佑仁謹案：
本處以連續四個「不△」呈現，分點說明如下：

一　不咎

原整理者訓為不責怪，可信。

二　不惑

---

[140] 大西克也：〈清華柒·越公其事「坳塗溝塘」考〉，收入成功大學中國文學系、中國文字學會編：《第三十屆中國文字學國際學術研討會論文集》（臺南：成功大學中國文學系，2019），頁285。

[141] 王青：〈清華簡《越公其事》補釋〉，收入華東師範大學歷史學系編：《出土文獻與商周社會學術研討會會議論文集》（上海：華東師範大學歷史學系，2019），頁325。

[142] 江秋貞：《《清華大學藏戰國竹簡（柒）·越公其事》考釋》（臺北：臺灣師範大學博士論文，2020），頁299、300。江秋貞：《《清華大學藏戰國竹簡（柒）·越公其事》考釋》（臺北：花木蘭文化事業公司，2022），頁255。

[143] 白於藍、岳拯士：〈清華簡《越公其事》校釋（六則）〉，《中國文字》總第3期（2020.6），頁185。

[144] 陳一：《清華簡（柒）》疑難字詞補釋》（天津：天津師範大學碩士論文，2022），頁101-102。

原整理者讀「惎」，王寧讀「忌」，郭洗凡贊成讀「忌」，並訓為責怪與怨恨。吳祺、江秋貞均訓為「怨也」。滕勝霖亦讀「忌」，但改訓為禁忌義，並主張甲骨文的「⿰卩二」為其早期寫法。大西克也讀為「劾」，「不劾」指不施加刑法。白於藍、岳拯士視戜為「㥯」之異體，「㥯」字有誅責、誅罰之義。筆者支持讀「忌」之說，郭洗凡訓為責怪與怨恨，然而前面的「咎」已是責怪之意，那麼本處的「忌」依理不應與「咎」文意重複，「忌」訓成「怨恨」會比較理想。《毛詩‧大雅‧瞻卬》：「舍爾介狄，維予胥忌。」毛《傳》：「忌，怨也。」孔穎達《疏》：「忌者，相憎怨之言，故以忌為怨也。」[145]至於滕勝霖論及的「⿰卩二」字，古文字中可見以下諸例：

![字形1]	![字形2]	![字形3]
1.《合集》21447	2.《合集》21163	3.《三代》19.14.4
相關字形可參《甲骨文字詁林》[146]、《甲骨文字集釋》[147]、《商代文字字形表》[148]。			

編號1、2為甲骨文，陳逸文表示「卜辭罕見，不識其義。」[149]用例殘斷，而編號3為商代族徽，均難據以判斷音義。滕勝霖認為「⿰卩二」為「戜」字的早期寫法，目前沒有任何證據可支持這個說法。楚簡以「忞（惎）」表「忌」，如上博八《志書乃言》簡3讀「△（忌）諱」，而本處的「戜」只是增加意符「戈」。

至於大西克也讀為「劾」之說，「忞」、「忌」、「劾」古音都是匣紐、之部，就音理而言並無疑義，但是「忞」、「忌」讀「劾」的用法比較少見。另外，將「不劾」理解為「即不施加刑法」，將與後文的「不戮」、「不罰」語意重複。筆者比較傾向文意乃「不咎不△」一組，「不戮不罰」一組，前者是句踐在敗戰後對待臣民的態度，後者則是他對於刑罰的觀點，若此，則「忞（忌）」當與「咎」聯繫較深。

三　不戮

「戮」字在《越公其事》裡共計出現6次，如下：

---

[145] （西漢）毛公傳，（東漢）鄭玄箋，（唐）孔穎達等正義，李學勤主編：《十三經注疏‧毛詩正義》（北京：北京大學出版社，2000），頁1483。

[146] 于省吾：《甲骨文字詁林》（北京：中華書局，1996），頁2409。

[147] 李孝定：《甲骨文字集釋》（臺北：中央研究院歷史語言研究所，1970），頁3794。

[148] 夏大兆：《商代文字字形表》（上海：上海古籍出版社，2017），頁511。

[149] 陳逸文：《中央研究院歷史語言研究所殷墟第一到九次發掘所得甲骨之整理與研究》（高雄：中山大學博士論文，2013），頁513。

編號	簡號	文例	原整理者對「戮」的理解	其他學者
1	27	王乃不咎不忌，不戮不罰。	懲罰	1.殺（郭洗凡） 2.以刑加身為戮（子居） 3.「戮」有罪責、懲治之意（滕勝霖） 4.「戮」「罰」同義連用（史玥然） 5.誅殺（江秋貞） 6.「戮」、「罰」義近（陳一）
2	53-54	乃出不恭不敬王孫之志，以授范蠡，則戮殺之。		1.殺戮（胡敕瑞、季旭昇師、翁倩） 2.刑戮（暮四郎） 3.懲罰（滕勝霖）
3	54	乃趣徇于王宮，亦趣取戮。		
4	55-56	風音誦詩歌謠之非越常律，夷講蠻吳，乃趣取戮。	懲罰	1.殺戮（江秋貞） 2.懲罰（滕勝霖、杜建婷、魏棟、滕勝霖） 3.殺頭（王寧） 4.嚴懲（黃愛梅）
5	56	王乃趣至於溝塘之功，乃趣取戮於後至後成。		
6	56-57	王乃趣設戍於東夷、西夷，乃趣取戮於後至不恭。		

此6例中，△1文例作「不戮不罰」，戮罰有別，△2作「戮殺」，與殺連用，△3-6例則均作「取戮」。原整理者將△1訓為懲罰，△3也同為懲罰，由於△3-6文例一樣，大致可知原整理者是將本篇的「戮」解釋成「懲罰」。

從表格中可知，有部分學者是將△1-6均理解為殺戮，例如江秋貞。滕勝霖則持反對意見，他認為△2的「戮殺」不能理解為殺戮，因為這與句踐徵人的政策相違背，「戮」、「殺」都有「治」義，所以諸「戮」字他都解釋成懲罰、懲治等義。

△1-6的「戮」應該是同一個意思，這可以先確立下來。「戮」在古籍中有兩種主要用法：

　　第一種是「戮」，令受刑者失去性命，《說文》云：「戮，殺也。从戈翏聲。」[150]《呂氏春秋・貴信》「戮於君前」，高誘注「戮，亦死也」[151]，這是「戮」的本義。《越絕書・越絕內經九術第十四》記載句踐曾令人制作雕鏤花紋的欄杆，上面以白璧為飾，並鑲嵌黃金，指派文種獻給夫差，伍子胥勸諫夫差不要接受，若「大王受之，必為越王所戮。」結果夫差不聽，接受後用以起造姑蘇之臺，最後真的被句踐所殺戮。《越絕書》用的就是「戮」的本義。郭店簡《窮達以時》：「子胥 前多功，後戮死，非其智衰也。」也是殺戮之義。

　　第二種是指肉刑，即以刑具讓受刑者的肉體造成傷害，《荀子・王制》「扴急禁悍，防淫除邪，戮之以五刑。」[152]「五刑」的具體內涵《尚書・舜典》云：「五刑有服。」孔《傳》：「五刑：墨、劓、荆、宮、大辟。」[153]《周禮・秋官・司刑》云：「掌五刑之法，以麗萬民之罪，墨罪五百，劓罪五百，宮罪五百，刖罪五百，殺罪五百。」[154]可見「五刑」的施用都可以稱為「戮」，而死刑只是「五刑」之一。

　　「戮」的用法理當不僅限於「五刑」，例如《左傳・僖公二十七年》：「楚子將圍宋，使子文治兵於睽，終朝而畢，不戮一人，子玉復治兵於蒍，終日而畢，鞭七人，貫三人耳。」[155]則鞭刑、貫耳亦皆「戮」的內容。《論語・公冶長》：「邦無道免於刑戮」皇侃疏云：「刑戮通語耳，亦含輕重也。」[156]則受戮之刑，也有輕重之別。

　　筆者認為《越公其事》的「戮」泛指殘害身體的刑罰，小到鞭刑、墨刑，大到死刑，都是其內涵。從這個角度來看，將「戮」直接理解為殺戮、誅殺、殺頭，顯得太過於狹隘，而且動輒一概殺戮也過於殘暴。不少學者（包括原整理者在內）都將「戮」理解為「懲罰」，這個解釋顯然又過於寬泛，從△1 來看，「戮」既然與「罰」並舉，表示二者是不同的概念（正如同「咎」、「忌」的概念亦不同），將「戮」解成「懲罰」並不理想。

　　綜合考量，筆者比較傾向於第二種解釋，利用△1 可知「戮」與「罰」是不同概念。△2「戮殺」指將不恭敬的王孫施以用刑或誅殺。△3-6「取戮」指違反規範者即逮捕用刑。

[150]　（東漢）許慎撰，（清）段玉裁注，李添富總校訂：《新添古音說文解字注》（臺北：洪葉文化事業公司，2016），頁 637。

[151]　許維遹撰、梁運華整理：《呂氏春秋集釋》（北京：中華書局，2010），頁 538。

[152]　（清）王先謙撰，沈嘯寰、王星賢點校：《荀子集解》（北京：中華書局，1988），頁 170。

[153]　（漢）孔安國傳，（唐）孔穎達正義，李學勤主編：《十三經注疏・尚書正義》（北京：北京大學出版社，2000），頁 89。

[154]　（東漢）鄭玄注，（唐）賈公彥疏，李學勤主編：《十三經注疏・周禮注疏》（北京：北京大學出版社，2000），頁 1107。

[155]　（晉）杜預注，（唐）孔穎達正義，李學勤主編：《十三經注疏・春秋左傳正義》（北京：北京大學出版社，2000），頁 500。

[156]　（梁）皇侃：《論語義疏》（北京：中華書局，2013），頁 98。

四　不罰

子居認為「以刑加身為戮，以財抵罪為罰」，用以區分「戮」、「罰」，當是將「罰」理解為罰金，可信。

簡文的意思是句踐對於戰敗一事，不責怪、不怨恨、不刑戮、不處罰。

〔7〕 蔑弃（棄）慰（怨）皋（罪），不再（稱）民啻（惡）；

蔑	弃	慰	皋	不	再	民

啻

原整理者（201704）：蔑棄，拋棄。《國語・周語下》：「上不象天，而下不儀地，中不和民，而方不順時，不共神祇，而蔑棄五則。」怨，責怪。《書・康誥》：「爽惟天其罰殛我，我其不怨。」罪，懲罰。稱，興，追究。民惡，民之過錯。[157]

王挺斌（20170423）：「再」讀為「稱」，指的是言說、稱說，「稱惡」構詞亦見於郭店簡，如《魯穆公問子思》1號簡「恆再（稱）其君之亞（惡）者，可胃（謂）忠臣矣」。[158]

郭洗凡（201803）：「再」，並舉也，從爪，冓省。凡手舉字當作再，今字通用作「稱」。[159]

子居（20180514）：「稱」即「舉」，「惡」當訓為厭惡、憎惡而非「過錯」，「民惡」即民所厭惡的，《國語・吳語》：「越國之中，吾寬民以子之，忠惠以善之。吾修令寬刑，施民所欲，去民所惡。稱其善，掩其惡，求以報吳。」勾踐所說「施民所欲」即「稱其善」，「去民所惡」即「掩其惡」，相較之下，不難看出，皆是以民意為己意，所以《越公其事》的「民惡」是指民之所惡，而不是說民的過錯。無論是怨恨於民還是刑罪於民，皆是民之所惡的行為，所以「蔑棄怨罪」即屬於「不稱民惡」。[160]

羅雲君（201805）：從句踐和越國官方的角度來說，（「稱」）釋為追究更貼切。[161]

---

[157] 李學勤主編：《清華大學藏戰國竹簡（柒）》（上海：中西書局，2017），頁128。

[158] 參清華大學出土文獻讀書會（石小力整理）：〈清華七整理報告補正〉，清華網，2017.4.23（2021.4.26 上網）。

[159] 郭洗凡：《清華簡《越公其事》集釋》（合肥：安徽大學碩士論文，2018），頁55。

[160] 子居：〈清華簡七《越公其事》第四章解析〉，中國先秦史網站，2018.05.14（2021.4.26 上網）。

[161] 羅雲君：《清華簡《越公其事》研究》（長春：東北師範大學碩士論文，2018），頁50。

滕勝霖（201905）：「怨罪」，《晏子春秋集釋・外篇第八》：「寡人猶且淫洪而不收，怨罪重積于百姓。」「罪」義為「過失」，本句意思是「（越王）拋棄（自己的）怨恨與過錯，不言說百姓的罪過」。此句講越王不沉陷於戰敗的痛苦。[162]

孔德超（201905）：蔑可訓為「棄」。《國語・周語中》「不蔑民功」，韋昭注「蔑，棄也。」蔑棄，亦可看作同義連用。[163]

史玥然（201906）：整理者的意見可從。《說文解字》：「再，並舉也，從爪冓省。今字通用稱。」「稱」表示按照、追隨，引申為追究。[164]

杜建婷（201906）：「稱」應從王挺斌訓為「言說、稱說」。典籍見有「稱惡」一詞，《楚辭・離騷經》：「世溷濁而嫉賢兮，好蔽美而稱惡。」《國語・晉語八》：「其知不足稱也。」韋昭注：「稱，述也。」[165]

江秋貞（202007）：「再」的本義就是「再舉」，受詞為「民惡」，因此釋為「追究民惡」，沒有任何問題。簡文「蔑弃恩（怨）辠（罪），不再（稱）民咢（惡）」這裡的意思是拋棄過去的怨罪，不提人民的過錯。子居讀「民惡」為「民所厭惡」，也可通，但與上句的關係較不緊密。[166]

佑仁謹案：

「蔑弃（棄）」即拋棄、捐棄。「怨罪」，原整理者認為「怨」為「責怪」，並引《尚書・康誥》以證，又將「罪」理解為懲罰，顯然是將「怨罪」理解成動詞。由於前文已經有「不咎不（忌），不戮不罰」，若再將本處的「怨罪」理解為責怪與處罰，則與前文語意重複。既然「蔑弃（棄）」是動詞，那麼「怨罪」當是名詞組，筆者認為應語譯為「仇恨」與「過錯」。

句踐兵敗後日欲報吳王，依據《吳越春秋》記載云：「王曰：『越國之中，吾寬民以子之，忠惠以善之。吾修令寬刑，施民所欲，去民所惡，稱其善，掩其惡，求以報吳。願以此戰。』包胥曰：『善則善矣，未可以戰也。』」[167]透過修令寬刑、稱善掩惡等方式，重新整頓國家，此與簡文的「蔑弃（棄）怨罪，不稱民惡」說法接近。

[162] 滕勝霖：《《清華大學藏戰國竹簡（柒）》集釋及相關問題研究》（重慶：西南大學碩士論文，2019），頁 266。

[163] 孔德超：〈清華簡《越公其事》文學性探析〉，《重慶三峽學院學報》2019 第 3 期（2019.5），頁 91-92。

[164] 史玥然：《清華簡《越公其事》集釋及其漢字教學設計》（太原：山西大學碩士論文，2019），頁 40。

[165] 杜建婷：《清華簡第七輯文字集釋》（廣州：中山大學碩士論文，2019），頁 115。

[166] 江秋貞：《《清華大學藏戰國竹簡（柒）・越公其事》考釋》（臺北：臺灣師範大學博士論文，2020），頁 301。江秋貞：《《清華大學藏戰國竹簡（柒）・越公其事》考釋》（臺北：花木蘭文化事業公司，2022），頁 256。

[167] 周生春：《吳越春秋輯校彙考》（上海：上海古籍出版社，1997），頁 163。

「稱」原整理者訓作「追究」，有學者則釋作「言說」。「稱」本為中性的字眼，具體解釋會因為後文接的是正面（美／善／好）或負面（醜／惡／壞）意涵，而略有改變。若接正面字詞，則可訓為稱揚、讚美，接負面字詞，則可理解為言說、指責、追究，例如《荀子・儒效篇》：「武王崩，成王幼，周公屏成王而及武王以屬天下，惡天下之倍周也。履天子之籍，聽天下之斷，偃然如固有之，而天下不 稱貪 焉：殺管叔，虛殷國，而天下不 稱戾 焉；兼制天下，立七十一國，姬姓獨居五十三人，而天下不 稱偏 焉。」[168]武王過世，成王年幼，因此周公攝政，處理政事，沒有人說他貪婪。殺管叔，滅殷國，沒有人說他暴戾。立 71 個諸侯國，而姬姓就佔了 53 個，但沒人說他偏心。

〔8〕 縱（總）經遊民

縱	經	遊	民

原整理者（201704）：縱，讀為「縱」，《說文》：「緩也。」經，疑讀為「輕」。遊民，《大戴禮記・千乘》：「太古無遊民，食節事時，民各安其居，樂其宮室，服事信上，上下交信，地移民在。」王聘珍《解詁》：「遊民，不習士農工商之業者。」[169]

季旭昇師（20170715-17）：「遊民」有兩種：第一種是流離失所，沒有工作、沒有收入的可憐人，形同乞丐，沒飯吃，身體狀況肯定不好，大概也很難勒令他們做太耗費體力的工作；第二種是游手好閒，不工作的人，這種人家庭經濟一般都還可以，能讓他不必工作，這類人家中有些資產，不需要向人借貸，游手好閒，貪吃懶做，身體狀況一般都比較好，勒令他們做較耗費體力的工作，應該沒有問題。這一類人「悠游終日」，無所事事，因此勒令他們仍然要出「庸調之賦」（為國家服勞役為庸、出布帛之賦為調），他們就會去從事農耕，原來由農民負擔的責任就會減輕。句踐勒令「遊民不稱貸者」去修築泑、塗、溝、塘，就可以讓真正的農民把全部時間放在農耕生產上，國家的糧食收穫就可以大量增加。[170]

易泉（20180122）：「遊」，可分析從辵從孝，讀作「教」，訓作「令」。《集韻・爻韻》：「教，令也。」27 號簡「縱輕教民，不稱力役、泑塗、溝塘之

[168] （清）王先謙撰，沈嘯寰、王星賢點校：《荀子集解》（北京：中華書局，1988），頁 114。
[169] 李學勤主編：《清華大學藏戰國竹簡（柒）》（上海：中西書局，2017），頁 128。
[170] 季旭昇師：〈《清華柒・越公其事》第四章「不稱貸」、「無好」句考釋〉，收入澳門：澳門大學中國語言文學系、香港：香港浸會大學饒宗頤國學院編：《「上古音與古文字研究的整合」國際研討會會議論文集》（香港：香港浸會大學饒宗頤國學院、澳門：澳門大學中國語言文學系，2017），頁 14。後收入《饒宗頤國學院院刊》第 6 期（2019.8），頁 351。

功」大意是以縱輕令民，不興力役、泑塗、溝塘之功。這是越王勾踐體恤休息民力之策。[171]

郭洗凡（201803）：「縱經」與下文的「游民」指的就是越王經營、帶領越國流失的人民，意思相符。[172]

子居（20180514）：「經」當訓為法治，《左傳‧宣公十二年》：「兼弱攻昧，武之善經也。」杜注：「經，法也。」縱經近似於傳世文獻所說寬政，「遊民」當謂遊其民，即不以賦役等事勞民，《禮記‧學記》：「故君子之學也，藏焉，修焉，息焉，遊焉。」鄭玄注：「遊謂閒暇無事於之游，然則遊者不迫遽之意。」[173]（佑仁案：應作「《禮記‧學記》：『故君子之於學也，藏焉脩焉，息焉遊焉。』鄭玄《注》：『遊謂閒暇無事於之遊。』」子居該引文應取自《漢語大詞典》[174]，有誤。）

羅雲君（201805）：「遊民」也當指流離失所之民，越國「遊民」的產生與吳越兩國交戰有關，第四章總體上主要為後文「五政」的實施鋪陳：吳國退軍以後，在越王勾踐的帶領下，穩定國政，安撫民眾，醫治戰爭的創傷。[175]

明珍、駱珍伊（20180518-19）：「縱」應讀為「總」，縱、總，聲母同為精母，韻部同屬東韻，故可通用。「總」字有「統率、聚束」之意，「經」即「治理、管理」之意，「縱（總）經遊民」，即「統率並管理遊民」，以役使他們做「泑塗溝塘」之事。「遊民」不管他是流離失所之人，還是遊手好閒之人，總之就是「無業之人」，聚合這些人以後，管理並籌劃他們做事，「役泑塗溝塘之工」，定能減輕人民的負擔。[176]

---

171 易泉：〈清華七《越公其事》初讀〉，武漢網，跟帖第 216 樓，2018.1.22（2021.4.26 上網）。該帖於 2018.3.20 追記：「此說作廢，《子儀》簡 5、17 有相同的『遊』，其中簡 17『遊目』，可證此處確實遊字。」

172 郭洗凡：《清華簡《越公其事》集釋》（合肥：安徽大學碩士論文，2018），頁 55。

173 子居：〈清華簡七《越公其事》第四章解析〉，中國先秦史網站，2018.05.14（2021.4.26 上網）。

174 「《漢語大詞典》的書證，引用《禮記‧學記》：『故君子之學也，藏焉，脩焉，息焉，游焉』，並引鄭玄注：『游謂閒暇無事之游，然則游者不迫遽之意。』在這裏有兩個問題，其一是上述《禮記》引文跟十三經注疏本《禮記》有出入，《禮記‧學記》原文作『故君子之於學也，藏焉，脩焉，息焉，遊焉』。其二是所引鄭玄注跟原文也不同，鄭玄注原文作『遊謂閒暇無事於之遊』，沒有《漢語大詞典》所引第二句，這一句乃出於劉寶楠《論語正義》，劉書引《禮記‧學記》文及鄭注以疏解《論語‧述而》『游於藝』，然後曰：『然則游者，不迫遽之意。』由此可見《漢語大詞典》引文之不可靠。」見單周堯：〈〈始得西山宴游記〉之「游」與「宴游」〉，「灼見名家」：https://www.master-insight.com/%E3%80%88%E5%A7%8B%E5%BE%97%E8%A5%BF%E5%B1%B1%E5%AE%B4%E6%B8%B8%E8%A8%98%E3%80%89%E4%B9%8B%E3%80%8C%E6%B8%B8%E3%80%8D%E8%88%87%E3%80%8C%E5%AE%B4%E6%B8%B8%E3%80%8D/（2023.4.2 上網）。

175 羅雲君：《清華簡《越公其事》研究》（長春：東北師範大學碩士論文，2018），頁 51。

176 明珍：〈清華七《越公其事》初讀〉，武漢網，跟帖第 123 樓，2017.5.1（2021.4.26 上網）。駱珍伊：〈《清華柒‧越公其事》補釋〉，收入中央大學中國文學系、中國文字學會編：《第 29 屆中國文字學國際學術研討會論文集》（桃園：中央大學中國文學系，2018），頁 528-531。

何家歡（201806）：上文「因司襲常」表明越國目前的政策是「無為而治」，重在休養生息，明珍（佑仁案：即「駱珍伊」）之說則違背此意。「縱輕」，寬緩。《史記・魏公子列傳》：「且公子縱輕勝，棄之降秦。」「縱輕遊民」大義為：對無固定職業的人寬緩包容，不做處罰。[177]

翁倩（20180806）：「縱經遊民」是越王勾踐實行休養生息，安邦定國政策之一。「越王寬緩民力，不舉力役修建幽途、溝隄」以勞民，這是勾踐體恤百姓，休息民力之策。整個政策就是在於無為而治，對百姓不予太多管理和干涉，予其自由。《國語・吳語》王曰：「越國之中，吾寬民以子之，忠惠以善之。吾修令寬刑，施民所欲，去民所惡，稱其善，掩其惡，求以報吳，願以此戰。」與《越公其事》第四章勾踐之策有很高的一致性。[178]

劉成群（20181020-21）：豐富的物產可以刺激交換經濟的發展；交換經濟的發展，則會動搖部族公社存在的基礎。部族公社結構的鬆動，致使公社成員從共同體中脫離，成為遊民。當時人們對遊民的理解與流民不同，遊民並非皆是流離失所之民，手工業者和商賈亦在其中。越國之遊民，應該包括手工業者和商賈，他們的產生，與越國豐富的物產不無干係。[179]

滕勝霖（201905）：「縱」「總」均精紐東部可通，「總」，集中、聚集義。《楚辭・九歎・遠逝》：「建黃繡之總旄」，王逸注：「總，合也。」《詩經・商頌・長發》：「百祿是總」，陳奐傳疏：「總，亦聚也。」「經」，治理。「遊民」，無業之民，對其統一管理，安穩社會動蕩。[180]

張朝然（201906）：縱，讀為「縱」，在此處應為放縱、聽任之義。「經」按明珍（佑仁案：即「駱珍伊」）說，表治理、管理之意。[181]

史玥然（201906）：《說文解字》：「縱，緩也。一曰捨也。從系從聲。」引申義為聽任不管，不受禮法道德的約束。[182]

劉信芳（201910）：縱，放也，順從也，經，行也，過也。[183]

---

[177] 何家歡：《清華簡（柒）《越公其事》集釋》（保定：河北大學碩士論文，2018），頁 26。

[178] 翁倩：〈釋清華簡《越公其事》的「遊民」〉，復旦網，2018.8.6（2021.4.26 上網）。

[179] 劉成群：〈清華簡《越公其事》與句踐時代的經濟制度變革〉，收入四川大學歷史文化學院、中國先秦史學會、中國古文字研究會編：《紀念徐中舒先生誕辰 120 周年國際學術研討會（下冊）》（成都：四川大學歷史文化學院，2018），頁 1070。劉成群：〈清華簡《越公其事》與句踐時代的經濟制度〉，《社會科學》2019 第 4 期（2019.4），頁 140。

[180] 滕勝霖：《《清華大學藏戰國竹簡（柒）》集釋及相關問題研究》（重慶：西南大學碩士論文，2019），頁 269。

[181] 張朝然：《清華簡《越公其事》集釋及相關問題初探》（石家莊：河北師範大學碩士論文，2019），頁 34。

[182] 史玥然：《清華簡《越公其事》集釋及其漢字教學設計》（太原：山西大學碩士論文，2019），頁 41。

[183] 劉信芳：〈清華簡柒《越公其事》第四章釋讀〉，收入中國文字學會編：《中國文字學會第十屆學術年會論文集》（鄭州：鄭州大學漢字文明研究中心、鄭州大學文學院，2019），頁 508。

白於藍、岳拯士（202006）：「縱」，當即「縱」字異構，明珍（佑仁案：即「駱珍伊」）讀作「總」，可從，但其訓作掌握、統率則似不確。《淮南子・原道》：「而大宇宙之總。」高誘《注》：「總，合也。」《玉篇・糸部》：「總，合也。」簡文之「縱（總）」當即此義。「經」字古確有經營、治理之義。「縱（總）經遊民」即聚合管理遊民。[184]

江秋貞（202007）：「遊民」非游（佑仁案：當作「流」）離失所之民。遊民應該是指那些「指無固定職業的人」，這些沒有固定工作的人也分兩種，一種是很窮很弱勢，沒有能力工作，這種人只能等待救濟；另外一種人是家中較為富饒，不需要工作，小人閒居為不善，〈越公其事〉中越公要利用的人應該是指後者。那些從事手工業者或商賈的人，因為不務農，不能固定於一地之人是挑戰宗法制度的威脅者，越王要先控制這一群人，才能讓後面的五政得以順利進行。[185]

彭華、李菲（202010）：「遊民」應為「無法依靠自身能力生存的人」，亦即整理者所言「流離失所之民」。[186]

陳一（202203）：「不稱民惡」當與「縱輕遊民」連讀。稱，《書・湯誓》：「敢行稱亂。」孔安國傳：「稱，舉也。」惡，訓為厭惡。《禮記・王制》：「無曠土，無游民，食節事時，民咸安其居。」「遊民」即無土可耕、無田可作之人。越國戰敗，土地盡歸吳國，故「遊民」當指全體越國百姓。後句「不稱力役，泑塗溝塘之功。」是對「不稱民惡，縱輕遊民」的展開。[187]

佑仁謹案：

簡文「縱經遊民」，「縱經」原整理者讀為「縱輕」，何家歡從之，並訓為「寬緩」，指對無固定職業的人寬緩包容。史玥然認為「縱」字引申義為聽任不管，不受禮法道德的約束。劉信芳將「縱」訓為順從。滕勝霖將「經」訓為治理。易泉、張朝然、陳一均讀「縱」。上述學者均將「縱」讀為「縱」，無論訓為寬緩、聽任、放縱、順從，就文義上均說不通。

張朝然將「縱」訓為放縱、聽任之義，將「經」訓為治理、管理之意，然而「縱」和「經」是兩個反義詞，那麼究竟是要管理遊民，還是要放任遊民？這樣的說法文意不通。

---

[184] 白於藍、岳拯士：〈清華簡《越公其事》校釋（六則）〉，《中國文字》總第 3 期（2020.6），頁 185-186。

[185] 江秋貞：《《清華大學藏戰國竹簡（柒）・越公其事》考釋》（臺北：臺灣師範大學博士論文，2020），頁 313-316。江秋貞：《《清華大學藏戰國竹簡（柒）・越公其事》考釋》（臺北：花木蘭文化事業公司，2022），頁 268-271。

[186] 彭華、李菲：〈清華簡《越公其事》研究述評〉，《地方文化研究》（2020 第 5 期），總 47 期（2020.10），頁 107。

[187] 陳一：《清華簡（柒）》疑難字詞補釋》（天津：天津師範大學碩士論文，2022），頁 102。

　　江秋貞將「遊民」分成兩種：一種是很窮，沒有工作能力的人；二是家裡比較富有，可以不用工作。依據她的說法，無論是哪一種，這些遊民都是沒有生產力的人，現在官府要對「遊民」施以「縱輕」的政策，實在很難理解有何深意？換個角度思考，遊民即便沒有官府的「縱輕」，一樣還是遊手好閒。

　　筆者贊成駱珍伊（明珍）、滕勝霖讀作「縱（總）經」，安大一《詩經》簡31：「索（素）絲五緵（總）。」《禮記·檀弓上》：「喪事欲其縱縱爾。」鄭注：「縱讀如摠領之摠。」[188]可見「㣥」字聲系能與「總」通假。「總經」亦即統一管理這些不事生產的「遊民」，讓他們為國家復興貢獻心力。

　　簡文的「遊」字形作「」，易泉認為該字當改釋為「从辵从孝」，然而同樣寫法的「遊」在清華陸《子儀》兩見：「」（簡5）、「」（簡17），可見改釋不可信。本處簡文「遊」字从「㐱」，構形頗為特殊，古文字中與「」相近的寫法有：

邵𪓣鐘 （集成226）	王三年鄭令戈 （集成11357）	《陶彙》6.222	王孫遺者鐘 （集成261）
公族申戈 （《銘續》1266）	褺兒鎛 （《銘圖》15805）	諻𣃟缶 （《銘續》911）	令狐君壺（集成9720）

「㐱」字左右兩邊下垂的筆劃本應一長一短。倘若長筆縮短而使兩筆等長，則將與簡文的「」相同，其演變脈絡為：

$$ \text{㐱} \rightarrow \text{㐱} $$

　　關於「遊民」一詞的內涵，依據學者的分析，大概有以下三種類型：

1　流離失所的人，無家可歸、沒有工作。
2　游手好閒的人，家庭經濟足以資助使之不必工作。（以上兩種見季旭昇師、江秋貞之說）

---

[188] 高亨纂著，董治安整理：《古字通假會典》（濟南：齊魯書社，1989），頁24。

　　3 非從事農工者，例如手工業、商業貿易等人。（見劉成群之說）

第一種人比較接近今日「遊民」的概念，又稱為街友、流浪漢。季旭昇師認為第一種體弱多病，無法負擔勞力工作（彭華、李菲解釋為「無法依靠自身能力生存的人」意思相近）。第二種人雖然好吃懶做，但家裡有些資產，不必向人借貸，並且身體狀況較好，因此《越公其事》「遊民」的身分就是這類人。第三種說法為劉成群提出，他認為經濟發展致使公社成員從共同體中脫離，成為「遊民」，「遊民」並非皆是流離失所之民，而是離開公社之人，包括手工業者和商賈在內。江秋貞也認為《越公其事》的「遊民」不應是第一種人，她引用田豔妮[189]、王學泰[190]，支持劉成群的說法。

　　關於「遊民」的確切身分，必須結合後文「不再（稱）貣（貸），没（役）淄（幽）塗（途）沟（溝）塦（塘）之祍（工）」一同參看（詳後）。子居認為「『遊民』當謂遊其民，即不以賦役等事勞民」是將「遊」當成動詞，有增字解經之嫌。

　　〔9〕不再（稱）貣（貸），没（役）淄（幽）塗（途）沟（溝）塦（塘）之祍（工）。

辛	夋	㦷	㲋	淄	燞	沟
不	再	貣	没	淄	塗	沟
塦	亼	祌				
塦	之	祍				

　　原整理者（201704）：稱，舉行，實施。《書・洛誥》：「王肇稱殷禮，祀于新邑。」貣，《說文》：「從人求物也。」通作「貸」，借貸。《孟子・滕文公上》：「又稱貸而益之，使老稚轉乎溝壑，惡在其為民父母也。」役，為，施行。《禮記・表記》：「是故君子恭儉以求役仁，信讓以求役禮。」鄭玄注：「役之言為也。」淄塗溝塘之功，指各種水利工程。淄，疑讀為「湽」。《說文》：「湽澤。在昆侖下。」（佑仁案：應作「《說文》：『湽，澤。在昆侖下。』」）簡文泛指澤塘。塗，《說文》（佑仁案：應作「《說文》新附」）：「泥也。」沟，《集韻》音溝。溝，水瀆。湽、塗、溝、塘皆為溝塘沼澤之類。此句大意是不耗費民力興建水利工程。[191]

---

[189] 田豔妮：〈「游民」一詞之考證〉，《文學教育》，2008 第 3 期（2008.3），頁 153。

[190] 王學泰：〈游民、游民文化與游民文學（上）〉，《文史知識》，1996 第 11 期，頁 11。

[191] 清華大學出土文獻與保護中心編；李學勤主編：《清華大學藏戰國竹簡（柒）》（上海：中西書局，2017），頁 128。

ee（20170515）：《越公其事》簡 28 整理者釋為「貣（貸）役」者，「貣」實從戈從貝，參《晉文公入於晉》簡 4（松鼠已言，清華七的四篇皆為一人所書[192]）所謂的「貣」亦從「戈」，但為「貣」之訛形，讀為「飾」或「飭」的情況，則《越公其事》簡 28 的「貣役」不如讀為「力役」，「貸役」一詞先秦兩漢典籍未嘗一見，而「力役」多見。[193]

蕭旭（20170605）：《說文》未收「塗」字，《新附》始收之，整理者失檢，訓泥亦非簡文其誼。淢，讀為幽，隱僻也。「塗」同「途」，道路。幽途，偏僻之路。讀壄為塘，是也，但不指溝池，應指堤岸，字亦作隑。《淮南子・主術篇》：「若發城決塘。」高誘注：「塘，隄也。皆所以畜（蓄）水。」《玉篇殘卷》「隑」字條引作「隑」（佑仁案：即《玉篇殘卷》「隑」字條作「徒當反。……《埤蒼》：『長沙謂隄曰隑也。』」[194]），《慧琳音義》卷 67 二引同。又〈兵略篇〉（佑仁案：即《淮南子・兵略訓》）：「若崩山決塘。」本篇簡 56「沟壄之工（功）」，亦同。簡 30：「王親涉沟（溝）淳淢塗。」「淳」謂隄墩，指越王親自跑到溝隄及偏僻的路上。此簡謂越王寬緩民力，不舉力役修建幽途、溝隄。[195]

季旭昇師（20170715-17）：「稱貸」古書多見，意思是「向人借貸」或「借債與人」的意思。「不稱貸」，應該是「不必向人借貸」的意思。句踐勒令「遊民不稱貸者」去修築淢、塗、溝、塘，就可以讓真正的農民把全部時間放在農耕生產上，國家的糧食收穫就可以大量增加。[196]

子居（20180514）：「淢」當讀為「坳」，坳塗、溝塘皆與農事有關，故必皆無沼澤義，所以這裡的坳塗當只是指田間的坑窪小路，溝為田間水道，塘為擋水的堤壩。[197]

羅雲君（201805）：「役」可解為徵發力役。越國徵發力役修建水利工程時，越王句踐不以個人所好為要，而致力於修建有關民生和農業的工程，讓百姓團結協作，不誤農時，越國因此安定，人口恢復。[198]

---

[192] 「松鼠」為李松儒網名，松鼠：〈清華七《越公其事》初讀〉，武漢網，跟帖第 24 樓，2017.4.25（2023.4.2 上網）。

[193] ee：〈清華七《越公其事》初讀〉，武漢網，更帖第 176 樓，2017.4.27（2019.11.14 上網）。又見單育辰：〈《清華大學藏戰國竹簡（柒）》釋文訂補〉，收入香港浸會大學饒宗頤國學院、澳門大學中國語言文學系、清華大學出土文獻研究與保護中心編：《《清華簡》國際會議論文集》（香港：香港浸會大學饒宗頤國學院、澳門：澳門大學中國語言文學系，2017），頁 174。

[194] （南朝梁）顧野王：《玉篇殘卷》，《續修四庫全書》（上海：上海古籍出版社，2002），頁 560。

[195] 蕭旭：〈清華簡（七）校補（二）〉，復旦網，2017.6.5（2021.4.26 上網）。

[196] 季旭昇師：〈《清華柒・越公其事》第四章「不稱貸」、「無好」句考釋〉，收入澳門：澳門大學中國語言文學系、香港：香港浸會大學饒宗頤國學院編：《「上古音與古文字研究的整合」國際研討會會議論文集》（香港：香港浸會大學饒宗頤國學院、澳門：澳門大學中國語言文學系，2017），頁 14。後收入《饒宗頤國學院院刊》第 6 期（2019.8），頁 351-353。

[197] 子居：〈清華簡七《越公其事》第四章解析〉，中國先秦史網站，2018.05.14（2021.4.26 上網）。

[198] 羅雲君：《清華簡《越公其事》研究》（長春：東北師範大學碩士論文，2018），頁 52。

滕勝霖（**20180529**）：這裡的「![字]」字可以理解是「幽」字異體，其加「水」為偏旁是受簡文中「塗」「沟」「淳」等字同化的影響。「淵塗」即「幽塗」，意思為「幽隱的道路」，與文獻常見的「坦塗」相對。吳返越王之地面積百里，且多為丘陵與鹽城地，這樣的地帶多「幽塗」是可以講得通的。「幽塗」與「沟（溝）壟（塘）」分別指道路和溝塘。簡文意思是「不使百姓從事修築道路與溝塘的工事」，古代修路、築城、築塘等是國家重要的工事活動，越王不使百姓修築山路與溝塘是為了節省人力從事農業發展。[199]

王凱博（**201806**）：《越公其事》簡27「戝（賦）設（役）」之「賦」與下述文獻中「賦」含義當一樣。《國語‧魯語下》「使叔孫豹悉帥敝賦」，韋昭注：「賦，兵也。」古按田畝出車徒，稱兵卒、車輛為「賦」，《越公其事》簡27「戝（賦）設（役）」是指兵賦和徭役。將![字]、![字]隸釋為「貣」也未確，因為其所從與「弋」不同，二形與同篇「戈」旁相合，係由「貝」擠佔「武」之「止」的位置而成。[200]

何家歡（**201806**）：「力役」連言，古書習用，即「勞役」。「不稱力役淵塗溝塘之功」，大義為：不勞役百姓興建淵塗溝塘。[201]

大西克也（**201905**）：「坳塗」指低窪的泥地。山會平原的「坳塗」經過水利工程變成耕田，這是「坳塗溝塘之功」。越人築塘，實際上兼有墾田和灌溉兩種功能。「淳」字實為「章」聲字，可讀為「塘」。「庚」為見母陽部字，陽鐸二部陽入對轉，從「水」「章」聲的此字讀作「塘」，古音上是應該是可以的。「貣」讀「忒」。《尚書‧洪範》：「民用僭忒。」《經典釋文》：「忒，他得反，馬云：『惡也』。」「惡役」見《清華伍‧湯在啻門》：「美役奚若？惡役奚若？……起役不時，大費於邦，此謂惡役。」「不稱忒役」即「不起惡役」，越王句踐啟動工程，一方面動員遊民，一方面徵發勞役時考慮是否合乎時宜，以免損害國家財政。「三功」疑即三時之功，指農功。《國語‧周語上》：「三時務農而一時講武」，韋注：「三時，春、夏、秋；一時，冬也。」簡文意為越王在規劃農功的春、夏、秋三時不願意啟動水利墾田工程。[202]

張朝然（**201906**）：貣，上部非從弋，實從戈，字當讀為「飭」或「飾」，此處讀為「力」，「力役」即「勞役」。「不稱力役淵塗溝塘之功」意為不勞役遊民興建水利工程。[203]

---

[199] 滕勝霖：〈清華簡《越公其事》「幽芒」「幽塗」考〉，武漢網，2018.5.29（2021.4.26上網）。滕勝霖：《《清華大學藏戰國竹簡（柒）》集釋及相關問題研究》（重慶：西南大學碩士論文，2019），頁270-272。

[200] 王凱博：《出土文獻資料疑義探研》（長春：吉林大學博士論文，2018），頁32-33。

[201] 何家歡：《清華簡（柒）《越公其事》集釋》（保定：河北大學碩士論文，2018），頁27。

[202] 大西克也：〈清華柒‧越公其事「坳塗溝塘」考〉，收入成功大學中國文學系、中國文字學會編：《第三十屆中國文字學國際學術研討會論文集》（臺南：成功大學中國文學系，2019），頁285-291。

[203] 張朝然：《清華簡《越公其事》集釋及相關問題初探》（石家莊：河北師範大學碩士論文，2019），頁35。

史玥然（201906）：「溝」表田間水道，小溪流。《說文解字》：「隄，唐也。」表示堤壩，後起義表池。[204]

劉信芳（201910）：《孟子》「稱貸而益之」是高利貸，坑人之舉，與其相對，簡文「不稱貸」乃利民政策，屬「散利」，「貸種食」之類。《周禮・春官・大司徒》鄭司農注：「弛力，息繇役也。」「不再（稱）设（役）」猶上引《周官》注「息繇役」。越國歷經戰亂，對遊民實行寬鬆政策，減其賦稅，輕其徭役，猶《商君書》之「徠民」也。但凡實行增加人口的政策，有儲備納稅群體，增強國力的效應。[205]

王青（20191018-25）：「再（稱）貸」，其意思是以工代賑，指國家出錢讓民修築水利。[206]

白於藍、岳拯士（202006）：「淵塗沟墜」當讀作「皋澤溝庸」。[207]

魏宜輝（202011）：古文字中這個的「賁」字，我們懷疑是「賦」字之省體。古代按田畝出車徒，故稱兵卒、車輛為賦。「賁役」即「賦役」，指的是兵賦和徭役。[208]

杜建婷（201906）：「淵（洳）塗（涂）沟（溝）墜（塘）」指沼澤、道路、溝渠、堤岸。[209]

江秋貞（202007）：這裡的遊民只能是家中富裕，不稱貸，可以游手好閒的人。這種人徵調過來挖溝渠，不會妨害農民耕種，應該是比較合理的解釋。「洳、塗、溝、塘」如原考釋所說為各種水利工程，大西克也引證補充在戰國時期越國的水利工程情況。簡文這裡指越王要復興國祚之基，一定要先把農田水利做好，只要一年不整理，溝渠淤塞，水利不通，農田便無法耕作。[210]

佑仁謹案：

---

[204] 史玥然：《清華簡《越公其事》集釋及其漢字教學設計》（太原：山西大學碩士論文，2019），頁41-42。

[205] 劉信芳：〈清華簡柒《越公其事》第四章釋讀〉，收入中國文字學會編：《中國文字學會第十屆學術年會論文集》（鄭州：鄭州大學漢字文明研究中心、鄭州大學文學院，2019），頁508。

[206] 王青：〈清華簡《越公其事》補釋〉，收入華東師範大學歷史學系編：《出土文獻與商周社會學術研討會會議論文集》（上海：華東師範大學歷史學系，2019），頁325。

[207] 白於藍、岳拯士：〈清華簡《越公其事》校釋（六則）〉，《中國文字》總第3期（2020.6），頁186。

[208] 魏宜輝：〈讀〈清華大學藏戰國竹簡（柒）〉札記〉，收入中國文字學會編：《中國文字學會第九屆學術年會論文集》（北京：中國文字學會，2017），頁679；又見香港浸會大學饒宗頤國學院，澳門大學中國語言文學系，清華大學出土文獻研究與保護中心：《〈清華簡〉國際會議論文集》（香港：香港浸會大學饒宗頤國學院、澳門：澳門大學中國語言文學系，2017），頁179。

[209] 杜建婷：《清華簡第七輯文字集釋》（廣州：中山大學碩士論文，2019.6），頁276。

[210] 江秋貞：《《清華大學藏戰國竹簡（柒）・越公其事》考釋》（臺北：臺灣師範大學博士論文，2020），頁316-320。江秋貞：《《清華大學藏戰國竹簡（柒）・越公其事》考釋》（臺北：花木蘭文化事業公司，2022），頁271-275。

簡文「不稱貸，役淵（幽）塗溝塘之攻」，「淵（幽）塗（途）溝塹（塘）」即第五章的「溝淳（塘）淵（幽）塗（途）」，內涵一致，只是排列次序有變。

先談「貣」字構形，王凱博主張「（字）」從戈不從弋，故將字改釋為「賦」，認為「係由『貝』擠佔『武』之『止』的位置而成」。「貣」字又見於清華貳《繫年》作「（字）」（簡 120）、「（字）」（簡 124），文例為「齊侯貣（貸）」，齊侯貣即齊康公貸，《史記‧齊世家》：「宣公五十一年卒，子康公貸立。」北大漢簡《老子》簡 15：「夫唯道，善貣（貸）且成。」[211]「貣」即「貣」，今本《老子》作「貸」[212]，可見「貣」就是「貸」無疑。

要將《越公其事》的「（字）」字釋作「貸」，還有一個環節要補充，因為其偏旁確實從「戈」而與前述從「弋」的「貣」字不同。但考量古文字偏旁中「戈」與「弋」常替換使用（「貸」字「弋」旁訛寫成「戈」的問題，林清源在《楚國文字構形演變研究》已經討論過[213]），則「貣」就是「貣（貸）」。清華柒《晉文公入於晉》簡 4 也有「（字）」字，文例為「貣車甲」，該篇與《越公其事》同一書手，單育辰指出：「所謂的『貣』作『（字）』形，其實從『戈』為『貣』，不過考慮到楚文字『戈』、『弋』形經常訛混的情況（如〈瞂鎛〉的『貣』或從『弋』作（字）《銘圖》15797、（字）《銘圖》15799，或從『戈』作（字）《銘圖》15798），它確有可能即『貣』。」[214]筆者認為此「貣」字當是三晉文字的「貣」，該字從「弋」，亦可從「戈」，這從〈邵大叔斧〉的「（字）」（《集成》11786）、「（字）」（《集成》11788）在〈呂大叔斧〉作「（字）（（字））」（《集成》11787）可見一斑。三晉璽印中還有許多從「戈」的「貣」字，可參考《三晉文字編》之整理[215]，所以，結合構形、書手用字習慣來看，簡文此字應釋作「貸」，而與「賦」無關。附帶一提，本字偏旁從貝從戈，它與「（字）」（賊—則）[216]、「（字）」（賊—敗）[217]、「（字）」（賊—賊）[218]等字，乃同形異字的關係。

再談文義，本處有個關鍵問題——在第四章的內容中，句踐究竟有沒有整修「幽途溝塘」？原整理者認為放縱遊民，「不耗費民力興建水利工程」；蕭旭認為「此簡謂越王寬緩民力，不舉力役修建幽途、溝隄」；滕勝霖認為「簡文意思是『不使百姓從事修築道路與溝塘的工事』」，所節省之人力可發展農業；翁倩認為「越王寬緩民力，不舉力役修建幽途、溝隄以勞民，這是句踐體恤百姓，休

211 高明：《帛書老子校注》（北京：中華書局，1996），頁 25。
212 朱謙之撰：《老子校釋》（北京：中華書局，1984），頁 172。
213 林清源：《楚國文字構形演變研究》（臺中：東海大學博士論文，1997），頁 125。
214 見武漢網「簡帛論壇」〈清華七〈晉文公入於晉〉初讀〉3 樓，（2017.4.23）。
215 湯志彪：《三晉文字編》（北京：作家出版社，2013.10），頁 876-878。
216 參侯馬盟書（委質類‧156：25）、〈司馬懋鎛（楙鎛）〉（新收 NB0430、《銘圖》15768）。
217 見清華貳《繫年》簡 121。
218 例如「（字）」（溫縣盟書 14），「（字）」（張家山《奏讞書》75）。

息民力之策。」大西克也認為「簡文意為越王在規劃農功的春、夏、秋三時不願意啟動水利墾田工程」，何家歡認為「不勞役百姓興建洫途溝塘」。前述學者都認為句踐為了與民休息，「沒有」興建「幽途溝塘」，筆者則認為句踐是讓遊民進行相關的修築工程。

《越公其事》雖分十一章，但各章首尾相合[219]，我們先將第四章末尾與第五章開頭並列如下：

> 總經遊民，不稱貸，役幽途溝塘之工。王並無好修於民三工之睹，使民暇自相，農功得時，邦乃暇安，民乃蕃滋。（第四章）
> 王思〈惠〉邦遊民三年，乃作五政。五政之初，王好農功。王親自耕，有私穫。王親涉溝淳幽途，日省農事以勸勉農夫。（第五章）

第四章裡區分出「遊民」（縱經遊民）與「民」（使民暇自相）的差異，則這兩種人的地位、屬性必定不相同。第四章言使遊民「役幽途溝塘之工」，第五章說「惠邦遊民三年」之後作五政，王親自前往「溝塘幽途」，可見溝淳幽途就是在這三年之中完成，句踐才能親自前往這些地方，也由於「溝塘幽途」已通，才能作為發展農政（五政之首）的根基，所以前述「沒有」興建「幽途溝塘」的說法是錯誤的。

此處簡文大意是，句踐於敗戰之後，統一管理「遊民」，不再追究（過去的）借貸，要求遊民從事修築「幽途溝塘」的工作。這是句踐給予遊民的恩惠，也是大敗後的惠民政策，共計三年。

如前所述，既然「遊民」與「民」不同，那麼「遊民」的具體內涵又該如何理解呢？季旭昇師認為「遊民」有兩類，第一種是流離失所，沒有工作、沒有收入的人，這類身體狀況差，很難勒令從事耗費體力的工作。第二種是游手好閒，不工作的人，家庭經濟還可以，能讓他不必工作，《越公其事》的「不稱貸」，應該是「不必向人借貸」之意。句踐勒令「遊民不稱貸者」去修築幽、途、溝、塘，就可以讓真正的農民把全部時間放在農耕生產上，國家的糧食收穫就可以大量增加。[220]此說可能有幾個問題：

其一，第一類的遊民（流離失所之人），雖然沒有固定工作與收入，不代表就無法從事耗費體力的工作[221]。其次，將第二類遊民（游手好閒、沒有工作）與

---

[219] 駱珍伊：〈《清華柒・越公其事》補釋〉，收入中央大學中國文學系、中國文字學會編：《第29屆中國文字學國際學術研討會論文集》（桃園：中央大學中國文學系，2018），頁528。

[220] 季旭昇師：〈《清華柒・越公其事》第四章「不稱貸」、「無好」句考釋〉，《「上古音與古文字研究的整合」國際研討會會議論文集》，澳門：澳門大學中國語言文學系、香港：香港浸會大學饒宗頤國學院，2017.7.15-17，頁15-18。

[221] 如同今日的街友、流浪漢，在成為「遊民」之前，也可能是具有固定收入者，只是某些特殊因素，讓他們流落街頭。不少街友並非缺乏謀生的條件，甚至許多人仍以打零工方式生活。

「不稱貸」者（「不必向人借貸」）直接聯繫起來，恐有疑義。再多的家產，只要持續遊手好閒，一旦揮霍殆盡，難保也要借錢度日，早晚變成第一類型的遊民。

　　總的來說，要區分第一類（流離失所之人）與第二類（游手好閒、沒有工作，卻可以不必向人借貸）的「遊民」，並且認為前者難以從事勞役，後者不必向人借貸，可以從事勞役，實際上有困難。

　　其二，官府勒令那些「不必向人借貸」者去服勞役，邏輯上恐有疑義。若國家宣告即日起強制徵召未有借貸者必須服勞役，不難想像，各大銀行就會湧入大量借貸者，甚至出現偽造借條、借據等事端。「未借貸」的遊民若必須服勞役，那麼只要想盡辦法成為「借貸者」，即可規避政府的徵召。依情論理，勒令「不必向人借貸」的遊民，必須前往修築「幽途溝塘」，既不公平也不合乎一個戰敗者施行德政應有的正常舉措。

　　季旭昇師之所以將「不稱貸」理解為「不必向人借貸」，相信主要是「稱貸」一詞在古籍中多指舉債、向人告貸之義。《孟子・滕文公上》：「又稱貸而益之，使老稚轉乎溝壑，惡在其為民父母也。」[222]《孟子》的「稱」指舉債、借錢，貸而益之，指借款生息。《管子・輕重乙》：「食稱之國必亡，待五穀者眾也。」[223]「食稱」一指靠舉債而食，靠舉債度日的國家早晚破產，這點很好理解。《漢書・食貨志上》：「亡者取倍稱之息。」顏師古《注》：「如淳曰：『取一償二為倍稱。』稱，舉也，今俗所謂舉錢者也。」[224]可參。

　　應該注意的是，簡文「稱」字之前有否定詞「不」，而且「不稱」一詞於本段落前後即有相同的用例，並非單一出現。我們先將相關文例列出如下：

　　　戔弃怨罪，<u>不稱</u>民惡。（簡27）
　　　縱經遊民，<u>不稱</u>貸，役幽途溝塘之工。（簡27-28）

第四章的大意是指句踐在大敗以後，施行各種與民休息的「德政」，這幾乎是學界的共識。這段文句中有兩個「不稱」，既然「不稱民惡」的「稱」應訓為言說、追究，那麼本處「不稱貸」的「稱」亦當沒有差別。「不稱貸」指不再言說（追究）借貸之事，亦指那些曾向官府借貸的遊民[225]，句踐將不再追究，但以勞役工事代償。[226]

[222] （戰國）孟子著，（東漢）趙岐注，（宋）孫奭疏，李學勤主編：《十三經注疏・孟子正義》（北京：北京大學出版社，2000），頁161。

[223] 黎翔鳳撰，梁運華整理：《管子校注》（北京：中華書局，2004.6），頁1452。

[224] （東漢）班固撰，（清）王先謙補注：《漢書補注》（上海：上海古籍出版社，2008），頁1586-1587。

[225] 又《周禮・地官・泉府》載：「凡民之貸者，與其有司辨而授之，以國服為之息。」官府借貸給人民，以「國服」作為利息。

[226] 社會經歷一段發展階段以後，借貸行為隨之產生，《說文》：「貸，從人求物也。」段《注》：「代、弋同聲，古無去入之別，求人施人，古無貸、貣之分。」依段玉裁之說，「貸」同時可

　　遊民可以解除還款壓力，國家亦能發展基礎建設，可謂互蒙其利。將百姓借貸一筆勾銷，最有名的例子莫過於孟嘗君故事，《戰國策・齊策四・齊人有馮諼者》云：

> 齊人有馮諼者，貧乏不能自存，使人屬孟嘗君，願寄食門下。……後孟嘗君出記，問門下諸客：「誰習計會，能為文收責於薛者乎？」馮諼署曰：「能。」孟嘗君怪之，曰：「此誰也？」左右曰：「乃歌夫長鋏歸來者也。」孟嘗君笑曰：「客果有能也，吾負之，未嘗見也。」請而見之，謝曰：「文倦於事，憒於憂，而性懧愚，沉於國家之事，開罪於先生。先生不羞，乃有意欲為收責於薛乎？」馮諼曰：「願之。」於是約車治裝，載券契而行，辭曰：「責畢收，以何市而反？」孟嘗君曰：「視吾家所寡有者。」驅而之薛，使吏召諸民當償者，悉來合券。券遍合，起矯命以責賜諸民，因燒其券，民稱萬歲。……後期年，齊王謂孟嘗君曰：「寡人不敢以先王之臣為臣。」孟嘗君就國於薛，未至百里，民扶老攜幼，迎君道中。孟嘗君顧謂馮諼：「先生所為文市義者，乃今日見之。」[227]

馮諼焚券市義，為日後的政治仕途奠定基業，此與句踐復國的情節頗有雷同之處。

　　依據石洋〈秦漢時期借貸的期限與收息週期〉的研究，戰國秦漢時期的借貸契約，大致可以分成三類：一、貸期超出或等於一年；二、貸期不滿一年；三、以出行返歸為限。前兩種都已見於秦漢史料，第一種「放貸者基本是官府或封君，債務方則是初置產業的百姓。其中，孟嘗君、王莽的放貸，皆面向無業貧民，漢武帝的『官假馬母』則為激勵民眾畜馬，分別有濃厚的扶助或勸勉色彩。」第二種是「借貸的債權方都是官府，含有賑濟災民、困乏的用意，收債不能急刻。因之半年左右的約期，應該充分考慮了作物的收穫、周轉時間。」[228]就有限的材料，我們無法判斷簡文中句踐對於遊民貸期的長短，但是消弭借貸、轉服勞役，也當有賑濟的意味。

　　本處的「淎（幽）塗（途）沟（溝）陽（塘）」在第五章又作「沟（溝）淳（塘）淎（幽）塗（途）」，關於四字的考釋，我們統一放在第五章進行討論，參第五章注釋5。

只借出與貸入。袁國華指出睡虎地秦簡《法律答問》：「府中公金錢私貣用之，與盜同法。」《左傳・文公十四年》：「貣於公有司以繼之。」《史記・蘇秦列傳》：「蘇秦之燕，貸人百錢為資。」等文獻中的「貸」都是指借入。「貣（貸）人百錢」（嶽麓書院藏秦簡第二卷《數》0933）、「今貣（貸）人十七錢」（嶽麓書院藏秦簡第二卷《數》0937），則明顯為借錢予人。參袁國華：〈荊門包山楚墓法律文書簡所載貸金耀種資料探究〉，《「簡牘與戰國秦漢歷史：中國簡帛學國際論壇」論文集》，香港：香港中文大學，2016.12.12-13，頁2。

[227] 諸祖耿：《戰國策集注彙考（增補本）》（南京：鳳凰出版社，2008），頁591-592。

[228] 石洋：〈秦漢時期借貸的期限與收息週期〉，《中國經濟史研究》2018第5期（2018.9），頁17-19。

〔10〕 王狘（並）亡（無）好攸（修）于民厽（三）工之堵（緒）

王	狘	亡	好	攸	于	民

厽	工	之	堵

原整理者（201704）：狘，疑為「並」之壞字。並，遍。《易・井》「王明，並受其福。」攸，讀為「修」。民三工之堵，意不明，疑「堵」讀為「功」或「圖」，此句指耗費大量民力的工程或規劃。[229]

孫合肥（20170426）：簡文「堵」字，讀為「築」。者，魚部端紐。築，幽部端紐。古音魚、幽旁轉。典籍「築」有「建」、「造」之義。簡文「築」義為「築建工事」、「建造工事」。[230]

ee（20170515）：本簡所謂的「三工」疑即「貣（力）役、幽塗、溝塘之功」。[231]

蕭旭（20170605）：「堵」讀為圖是也，上博楚簡「圖」字作「意」、「惝」或「圂」，猶言規劃，與「修」對應。此簡指三工之圖，故字加義符「工」作「堵」，「工」非聲符。修，猶言制訂。[232]

季旭昇師（20170715-17）：簡文「狘」字，從「立」聲，「立」聲通讀為「合」。「合」即「聚集、集合」之意。此字也可以看成「從大從立（合）」，立（合）亦聲，大立（合），即大力聚合之意。「狘無好」，即「合無好者」，也就是「集合沒有專長的人」，「攸于」，即「修為」。「攸于民三工之堵」即「修為民三工之堵」，就是讓沒有專長的人去整修「三工之堵」，這些工作只需要體力，只要有人指揮帶領，不需要什麼專長。「遊民」和「無好者」平常沒有在工作，把他們聚集起來，從事「湗（淵）塗沟（溝）隍（塘）」及「三工之堵」這些需要大量人力的工作，相對的就減少了農民被徵召勞役的時間，因此農民就有時間從事自己的工作（使民暇自相，農功得時），國家就大大地安定（邦乃段安），因此人民就能大量繁殖（民乃蓄滋）。[233]

香油面子（20180125）：疑簡文可於「王狘亡好」後斷讀。「並」訓「遍」，或有全部、盡數之義。「亡」或如字讀，作動詞解，喪失之意。「好」作喜好、

229 李學勤主編：《清華大學藏戰國竹簡（柒）》（上海：中西書局，2017），頁128-129。
230 孫合肥：〈清華七《越公其事》札記二則〉，武漢網，2017.4.26（2021.4.26上網）。
231 ee：〈清華七《越公其事》初讀〉，武漢網，跟帖第176樓，2017.5.15（2019.11.19上網）。
232 蕭旭：〈清華簡（七）校補（二）〉，復旦網，2017.6.5（2021.4.26上網）。
233 季旭昇師：〈《清華柒・越公其事》第四章「不稱貸」、「無好」句考釋〉，收入澳門：澳門大學中國語言文學系、香港：香港浸會大學饒宗頤國學院編：《「上古音與古文字研究的整合」國際研討會會議論文集》（香港：香港浸會大學饒宗頤國學院、澳門：澳門大學中國語言文學系，2017），頁15。後收入《饒宗頤國學院院刊》第6期（2019.8），頁354。

愛好，指君王之好。所謂「王並亡好」既指越王寶器入吳的事實，似乎又可指越王盡數毀棄昔日對寶器之好，可與後面簡文順暢連接。「攸」或讀作「悠」，有弛放、輕忽之義。也有閒暇之意。亦或讀作「蓄」。攸（修）、蓄二字，上古音修為喻紐幽部，蓄為曉紐覺部。喻、曉古音相近，幽、覺對轉，故攸（修）、蓄二字似可通。簡文「堵」从工从者，或讀作「旅」，即眾人、行旅之義，在這裡或指作「貣（力）役、幽塗、溝塘之功」的百姓民眾。簡文「王尣（並）亡好，攸（悠）于民厽（三）工之堵（旅）」或可理解為越王盡數摒棄所好之事，寬待做著貣（力）役、幽塗、溝塘之功的民眾，有減輕徭役的意味。[234]

子居（20180514）：「三工」當讀為「三江」，「堵」當讀為「渚」，《楚辭·九歌·湘君》：「朝騁騖兮江皋，夕弭節兮北渚。」王逸注：「渚，水涯也。」此句當句讀為「王並無好修於民，三江之渚使民暇自相」。「相」當訓為治，自相即自治。[235]

羅雲君（201805）：「民三工之堵」：該句可理解為越王句踐致力於修建百姓所需的農業等民生工程。「農功得時」當與工程建設不違背農時有關。[236]

何家歡（201806）：疑當讀為「緒」，訓「事」。堵字從者得聲，緒亦從者得聲，二字聲音可通。字所從之工，殆涉上文「三工」之「工」而類化。[237]

滕勝霖（201905）：本文認為「𣆟」字是「替」字異體，讀為「惕」。古文字中「替」字大多為兩個相同部件（「大」或「立」）或有位置上的差異，或有大小之別，以會一上一下偏廢之意。戰國文字中「替」字或加羨符「日」。本文認為「𣆟」可讀作「惕」，「惕」，戒懼、警惕義。「亡」讀作「毋」。「三」表泛指，「三工」指各種技藝製作、土木營造之事。「𡎆」讀為「署」，從工者聲，義為安排。[238]

杜建婷（201906）：「者」古音為章母魚部，「圖」古音為定母魚部，「功」古音為見母東部。若「堵」確為從者聲，與「功」之古音差得稍遠些，與「圖」倒是音理可通，從整理者訓為「規劃」，更勝一籌。「王（並）亡（無）好攸（修）于民厽（三）工之堵」當解釋為「王並不喜歡耗費大量民力來修建工程和規劃」。[239]

張朝然（201906）：「三工之堵」與上文「渺塗溝塘之功」相對應。因此「三工之堵」的意思應該是屬於類似水利工程的大型設施，並且利於農業的發展。故

[234] 香油面子：〈清華七《越公其事》初讀〉，武漢網，跟帖第 218 樓，2018.1.25（2019.11.19 上網）。
[235] 子居：〈清華簡七《越公其事》第四章解析〉，中國先秦史網站，2018.5.14（2021.4.26 上網）。
[236] 羅雲君：《清華簡《越公其事》研究》（長春：東北師範大學碩士論文，2018），頁 53-55。
[237] 何家歡：《清華簡（柒）《越公其事》集釋》（保定：河北大學碩士論文，2018），頁 43。
[238] 滕勝霖：《《清華大學藏戰國竹簡（柒）》集釋及相關問題研究》（重慶：西南大學碩士論文，2019），頁 273-276。
[239] 杜建婷：《清華簡第七輯文字集釋》（廣州：中山大學碩士論文，2019.06），頁 99、123。

本句斷句應為「王並無好修於民，三工之堵使民自相，農工得時，邦乃暇安，民乃蕃滋。」[240]

　　史玥然（201906）：孫合肥的意見可從。「堵」釋為「築」，作動詞，表示搗土使之結實，引申義為修建。見於典籍《詩・大雅》「築之登登，削屢馮馮」。《詩・豳風七月》：「九月築場圃，十月納禾稼。」也可釋為名詞，指築成的居室。[241]

　　陳民鎮（20190805）：「堵」無論讀作「功」還是「緒」，都指功業，並不妨礙文義的理解。從用字習慣來說，「功」有其通常寫法（如曾侯與編鐘寫作「攻」），叔夷鎛、曾侯與編鐘以及嬭加編鐘所見「堵」讀作「緒」的可能性應更大。清華簡《越公其事》簡 28 也見及「堵」字，寫作堵，簡文謂越王不可喜好「修于民三工之堵」，整理者認為其意不明，懷疑「堵」讀「功」或「圖」，指耗費大量民力的工程或規劃。「民三工之堵」的上一句便是「溳塗溝塘之功」，「堵」與「社（功）」相呼應，但寫法不同，自相區別。「民三工之堵」的「堵」讀「緒」應更合理，《爾雅・釋詁上》云：「緒，事也。」「民三工之緒」當指各類工程之事。《國語・周語上》云「今天子欲修先王之緒而棄其大功」，以「修」搭配「之緒」，便與《越公其事》相合。[242]

　　劉信芳（201910）：簡文「妷」可以理解為「替」之古文。《詩・小雅・楚茨》毛傳：「替，廢也。」《爾雅・釋言》：「替，滅也。」亡（無）好攸（修）于民：于民不利，于民不善，妨礙于民的興修。頗有「擾民」的意思。三，三時。工，工程。「三時」本當務農，佔用農時興修工程，乃簡文所謂「三工」。《新語・至德》：「魯莊公一年之中以三時興築作之役，規固山林草澤之利，與民爭田漁薪菜之饒，刻桷丹楹，眩曜靡麗。」簡文「三工」與魯莊公「三時興築作之役」類。堵以讀為「圖」義長。圖，規劃也，猶本文上引《新語》魯莊公興築作之「規」也。[243]

　　王青（20191018-20）：「民众（三）工之堵」：此句簡文似應在「民」字後斷句，「王妷（並）亡（無）好攸（修）于民，众（三）工之堵」。「三工」，當指為王逸娛所修之工程，《漢書》卷七二「三工官官費五千萬」，顏師古注：「三工官，謂少府之屬官，考工室也，右工室也，東園匠也。」可以為參證。「堵」：「堵」應讀為「瘏」，《爾雅・釋詁上》：「瘏，病也。」[244]

240 張朝然：《清華簡《越公其事》集釋及相關問題初探》（石家莊：河北師範大學碩士論文，2019），頁 35。

241 史玥然：《清華簡《越公其事》集釋及其漢字教學設計》（太原：山西大學碩士論文，2019），頁 42。

242 陳民鎮：〈嬭加編鐘銘「帥禹之堵」解〉，清華網，2019.8.7（2023.4.24 上網）。

243 劉信芳：〈清華簡柒《越公其事》第四章釋讀〉，收入中國文字學會編：《中國文字學會第十屆學術年會論文集》（鄭州：鄭州大學漢字文明研究中心、鄭州大學文學院，2019），頁 508-509。

244 王青：〈清華簡《越公其事》補釋〉，收入華東師範大學歷史學系編：《出土文獻與商周社會學術研討會會議論文集》（上海：華東師範大學歷史學系，2019），頁 323-332。

　　白於藍、岳拯士（202006）：「修」之訓為「治」為典籍常訓。「于」字用作介詞，表動作對象，「攸（修）于民」實即治民之義。至於「厽（三）」字，其實就是指簡文前面所述「王乃不咎不惎（殛），不戮不罰，蔑棄恩（怨）辠（罪），不再（稱）民嚚（惡）」、「縱（總）經遊民，不再（稱）貣（貸）伇（役）」以及溢（皋）塗（澤）沟（溝）隍（庸）之社（功），王妖亡（無）好」這三件事或者說是三項治民舉措。「堵」讀為「緒」，「緒」字作「堵」從工表義，與「功」字之從工表義實屬同類現象。古漢語中「之」字可用作連詞，相當於「與」、「及」。[245]

　　江秋貞（202007）：「堵」字從「工」，故釋為工程或規畫計謀均合文義，釋為「圖」和「築」比較有可能。「三工之圖（築）」如原考釋所指「耗費大量民力的工程或規畫」可從。王青認為「堵」為「病也」是因為他認為「三工」是王之逸樂工程吧。此句可以不必斷句。季師認為「王合無好修于民三工之堵」，把「妖」釋為「合」，集合之意，指的是越王把耗費民力的工程，交由無所專長的人去做，所以才使「民暇自相，農工得時」。這兩種解釋都很好，可以和「民暇自相」文意相合，是目前最好的說法。[246]

　　趙曉斌（202111）：清華簡《越公》第 28 號簡中有：

　　王妖（並）亡（無）好攸（修）於民厽（三）工之堵，

棗紙簡《吳王》第 31 號簡中改作：

　　王則弗為戈皮（彼）婏（逸）燢（樂）之事安（焉）。[247]

　　陳一（202203）：意為「王於是不厭惡忌憚百姓，不羞辱懲罰百姓，拋棄怨恨和罪行；不實行百姓厭惡的政策，緩和減輕越國百姓的壓力，不實行勞役，五溝五塗的功業，王都不喜歡實行於百姓。這三項功業，使百姓有閑暇自助，農事能夠得到耕作，國家於是暇逸安寧，百姓於是繁衍昌盛。」[248]

　　佑仁謹案：

　　「妖」從原整理者之說，不排除是「並」的錯字（壞字）。

　　「王妖（並）亡（無）好攸（修）于民厽（三）工之堵」究竟該怎麼理解，仍有很大的障礙。「厽（三）工之堵」，原整理者說「意不明」，子居讀成「三江」，滕勝霖認為「三工」泛指各種技藝製作、土木營造之事，張朝然認為「三工」屬於類似水利工程的大型設施，劉信芳認為「三工」與魯莊公「三時興築作

[245] 白於藍、岳拯士：〈清華簡《越公其事》校釋（六則）〉，《中國文字》總第 3 期（2020.6），頁 186-187。

[246] 江秋貞：《《清華大學藏戰國竹簡（柒）·越公其事》考釋》（臺北：臺灣師範大學博士論文，2020），頁 325-327。江秋貞：《《清華大學藏戰國竹簡（柒）·越公其事》考釋》（臺北：花木蘭文化事業公司，2022），頁 280-282。

[247] 趙曉斌：〈荊州棗紙簡《吳王夫差起師伐越》與清華簡《越公其事》〉，《清華戰國楚簡國際學術研討會論文集》（北京：清華大學出土文獻研究與保護中心，2021），頁 10。

[248] 陳一：《清華簡（柒）》疑難字詞補釋》（天津：天津師範大學碩士論文，2022），頁 104。

之役」有關，季旭昇師認為「三工」即「修城、修路、河堤之屬」[249]，各家說法眾說紛紜。其中最應留意的當為趙曉斌之說，他明白指出這句話棗紙簡作「王則弗為犮皮（彼）脘（逸）樂（樂）之事安（焉）」，那麼「三工之堵（緒）」應該與享樂有關。「工」，此處訓為工程，「三工」指興建多種宮殿工程。「堵」，見於《金石錄》所錄之〈叔尸鐘〉（《集成》00276）及清華拾《四告》簡20、37，已有不少學者指出當讀為「緒」，「緒」訓為「事」，與棗紙簡「逸樂之事」的「事」字正合。

簡文「王並無好修于民三工之緒」，指句踐沒有召集民力修築多種土木工程的計畫。

〔11〕　茲（使）民叚（暇）自相，蓐（農）工（功）旻（得）寺（時），

茲	民	叚	自	相	蓐	工
旻	寺					

原整理者（201704）：叚，讀為「暇」，閒暇。相，助。《書・盤庚下》「予其懋簡相爾，念敬我眾」，孔傳：「簡，大；相，助也。勉大助汝。」蓐，即「農」字異體。農工，讀為「農功」，農事。《國語・周語上》：「是時也，王事惟農是務，無有求利於其官，以干農功。」《左傳》襄公十七年：「宋皇國父為大宰，為平公築臺，妨於農收。子罕請俟農功之畢，公弗許。」得時，得到耕作的時間。《國語・越語下》：「得時不成，反受其殃。」[250]

王磊（20170517）：「相」疑當讀為「將」，「相」古音屬心紐、陽部，「將」屬精紐陽部，古音相近。上博簡《父母之命》：「日述月相」，《禮記・孔子閒居》作：「日就月將」，是兩字相通假的例證。「自將」謂能自我保全，得以生存。「使民暇自相」當是「使民眾暇安，以自保全」的意思，以本字讀之似未確。[251]

子居（20180514）：「相」當訓為治，自相即自治。[252]

249 季旭昇師：〈《清華柒・越公其事》第四章「不稱貸」、「無好」句考釋〉，收入澳門：澳門大學中國語言文學系、香港：香港浸會大學饒宗頤國學院編：《「上古音與古文字研究的整合」國際研討會會議論文集》（香港：香港浸會大學饒宗頤國學院、澳門：澳門大學中國語言文學系，2017），頁7。後收入《饒宗頤國學院院刊》第6期（2019.8），頁355。
250 李學勤主編：《清華大學藏戰國竹簡（柒）》（上海：中西書局，2017），頁128-129。
251 王磊：〈清華七《越公其事》札記六則〉，武漢網，2017.5.17（2021.4.26上網）。
252 子居：〈清華簡七《越公其事》第四章解析〉，2018.5.14（2021.4.26上網）。

毛玉靜（201905）：「叚」字西周時期金文左邊從石，右邊似從刀從又。或許清華簡中從「刃」為我們提供了新的線索。或清華簡字形亦是訛寫也未可知。總之，此字形是「叚」無疑。叚、暇皆為匣紐魚部，可通。[253]

滕勝霖（201905）：「叚」讀為「暇」即可。「暇」亦有「安」義，《慧琳音義》卷三「無暇」注引賈逵注《國語》云。「邦乃暇安」與《馬王堆肆・十六經・本伐》欄127：「所謂為利者，見□□□飢，國家不叚（暇），上下不常。」表達意思相類。「自將」義為「自己保全」。[254]

杜建婷（201906）：「相」訓為「治」，「自治」當為「自然安治」之義，聯繫上下文，此處應是將越王整改政策，不大興民利，不奪民時，實行無為而治。《淮南子・詮言訓》：「君子脩行而使善無名，佈施而使仁無章，故士行善而不知善之所由來，民澹利而不知利之所由出。故無為而自治。」[255]

劉信芳（201910）：假，借也，藉也。假，因也。相，選擇也。越王廢除多項「無好修」之工程，輕徭役也。民或務農，或務工，可以根據自己的情況作出選擇，故農工得時也。[256]

王青（20191018-20）：「砳」當讀若「拓」，釋為大。「民砳（拓）自相」，意即民眾皆自相謀生，國家無作為也。「茲（使）民砳（拓）自相。」以下兩句為作者評論之語，非紀事。[257]

白於藍、岳拯士（202006）：「茲」字，當讀作「滋」。典籍中「滋」常可訓為「益」。綜上所述，「工（功）之堵（緒）茲（滋）」即功緒滋益。[258]

江秋貞（202007）：「相」如子居所言，可以作「治」之意。補充一例《左傳・昭公九年》：「而楚所相也。」杜預注：「《小爾雅・廣詁》：『相，治也。』」簡文這裡是「民砳自相」指的是「人民有閒暇自治」，才得以適時從事農耕。[259]

佑仁謹案：

---

[253] 毛玉靜：《《清華大學藏戰國竹簡（柒）》字用研究》（合肥：安徽大學碩士論文，2019），頁73。

[254] 滕勝霖：《《清華大學藏戰國竹簡（柒）》集釋及相關問題研究》（重慶：西南大學碩士論文，2019），頁273-277。

[255] 杜建婷：《清華簡第七輯文字集釋》（廣州：中山大學碩士論文，2019），頁99。

[256] 劉信芳：〈清華簡柒《越公其事》第四章釋讀〉，收入中國文字學會編：《中國文字學會第十屆學術年會論文集》（鄭州：鄭州大學漢字文明研究中心、鄭州大學文學院，2019），頁509。

[257] 王青：〈清華簡《越公其事》補釋〉，收入華東師範大學歷史學系編：《出土文獻與商周社會學術研討會會議論文集》（上海：華東師範大學歷史學系，2019），頁326。

[258] 白於藍、岳拯士：〈清華簡《越公其事》校釋（六則）〉，《中國文字》總第3期（2020.6），頁186-187。

[259] 江秋貞：《《清華大學藏戰國竹簡（柒）・越公其事》考釋》（臺北：臺灣師範大學博士論文，2020），頁329。江秋貞：《《清華大學藏戰國竹簡（柒）・越公其事》考釋》（臺北：花木蘭文化事業公司，2022），頁283。

「叚」字作「&#xFFFD;」，滕勝霖認為「刃」是由「彡」部件訛作「⺈」後，所增加的羨符[260]，毛玉靜則認為「刃」是「刃」，二說均有可商。「叚」本義為磨刀石[261]，金文作「&#xFFFD;」（曾伯陭壺／《集成》09712），「&#xFFFD;」應是將「刀」旁類化為「刃（創）」，「刀」、「刃」形義接近而通用。「叚」讀「暇」，指閒暇，原整理者之說可信。

古籍的「自相」一般都理解為「互相」，後面通常都接動詞，「自相」後頭直接點斷者，就筆者所及，僅見於《史記・魏世家》：「代曰：『莫若太子之自相。太子之自相，是三人者皆以太子為非常相也，皆將務以其國事魏，欲得丞相璽也。』」[262]但該處的「自相」，「自」指親自，「相」為百夫之長，類似後代宰相，和簡文的用法不同。

「自相」，原整理者釋成「自助」，王磊讀為「自將」，指自我保全，得以生存。「相」、「將」通假，音理上沒有問題，但「將」並無「保全」之意。相，劉信芳訓為「選擇」，其餘學者多訓「治」。綜合來說，「自相」的「相」，還是以理解為「治」為宜。

本處簡文是言句踐不任意徵召民力，浪費民時，讓人民自我規劃（發展）職業或生活。

〔12〕 邦乃叚（暇）安，民乃蕃茡（滋）。

邦	乃	叚	安	民	乃	蕃
茡						

原整理者（201704）：暇安，暇逸安寧。蕃茡，讀為「蕃滋」。《國語・越語下》：「五穀睦熟，民乃蕃滋。」古書又有「繁字」。《尹文子・大道下》：「內無專寵，外無近習，支庶繁字，長幼不亂，昌國也。」宊，有「字」、「免」兩讀，是來源不同的同形字。字書又有「莬」字，《玉篇》：「草木新生者。」「字」與「免」很早就混訛了。[263]

260 滕勝霖：《〈清華大學藏戰國竹簡（柒）〉集釋及相關問題研究》（重慶：西南大學碩士論文，2019），頁277。

261 季旭昇師：《說文新證》（臺北：藝文印書館，2014），頁210。

262 （西漢）司馬遷撰，（南朝宋）裴駰集解，（唐）司馬貞索引、張守節正義：《史記》（北京：中華書局，2014），頁2238。

263 李學勤主編：《清華大學藏戰國竹簡（柒）》（上海：中西書局，2017），頁129。

明珍（20170501）：叚，應讀為「嘏」，釋為「大」義。嘏安，即典籍常見之「大安」。因為任用無事的遊民來做這些勞役之事，所以「民暇自相，農工得時」，因此邦乃大安。[264]

心包（20171025）：這個「叚」記錄的可能是《王家臺》秦簡「地修城固，民心乃殷（叚）」中的「叚」這個詞，對應《睡虎地·為吏之道》中「地修城固，民心乃寧」中的「寧」。[265]

駱珍伊（20180518-19）：「叚」應讀為「嘏」，叚、嘏，皆見母魚部字，聲韻俱同可通。「嘏」釋為「大」義，如《詩·周頌·我將》「伊嘏文王，既右饗之。」陸德明《釋文》曰：「毛：大也。」「嘏安」即典籍常見之「大安」。由於「民暇自相，農工得時」，因此「邦乃大安」；接著，由於越邦大安，因此「民乃蕃滋」。可見越王勾踐所施行的一系列舉措，對越邦的發展是有效的。[266]

滕勝霖（201905）：「蕃滋」，繁衍增益。[267]

毛玉靜（201905）：莘、滋皆為精紐之部。銀雀山漢簡《晏子》八有「是以其士民藩茲而尚同。」「藩茲」即「藩滋」。滋又可作「莘」，亦是「子」聲，清華簡此處可讀為「滋」。[268]

孔德超（201906）：所謂「詞無假借，字無引申」，當為「莘」讀為「滋」。蕃，可訓為「滋」，《書·洪範》「庶草廡蕃」，孔安國傳：「蕃，滋也。」「蕃滋」當為同義詞連用，表示繁衍增加人口之義。[269]

史玥然（201906）：《說文解字》：「暇，閒也。」表悠閒、從容。《世說新語》：「謝便起舞，神意甚暇。」（佑仁案：「謝」指「謝尚，字仁祖」。）表示安寧的意思。[270]

江秋貞（202007）：「邦乃叚安」應如整理者所說之「暇逸安寧」。筆者認為國家因為越王採取不讓農民去做耗費民力之工程，農民可以有時間自理及農作，於是國家得到安定，簡文這裡的意思不是國家無作為之意。「民乃蕃莘」，

---

[264] 明珍：〈清華七《越公其事》初讀〉，武漢網，跟帖第 123 樓，2017.5.1（2019.11.19 上網）。

[265] 心包：〈清華七《越公其事》初讀〉，武漢網，跟帖第 209 樓，2017.10.25（2019.11.19 上網）。

[266] 駱珍伊：〈《清華柒·越公其事》補釋〉，收入中央大學中國文學系、中國文字學會編：《第29 屆中國文字學國際學術研討會論文集》（桃園：中央大學中國文學系，2018），頁 532。

[267] 滕勝霖：《《清華大學藏戰國竹簡（柒）》集釋及相關問題研究》（重慶：西南大學碩士論文，2019），頁 277-278。

[268] 毛玉靜：《《清華大學藏戰國竹簡（柒）》字用研究》（合肥：安徽大學碩士論文，2019），頁 92。

[269] 孔德超：〈清華簡《越公其事》文學性探析〉，《重慶三峽學院學報》2019 第 3 期（2019.5），頁 92。

[270] 史玥然：《清華簡《越公其事》集釋及其漢字教學設計》（太原：山西大學碩士論文，2019），頁 43。

如原考釋之意，農民有時間從事農工得時，國家就得到安定，人民就能安心繁衍後代，使國家的人口增加。[271]

佑仁謹案：

駱珍伊（網名「明珍」）認為「叚，應讀為『嘏』，釋為『大』義」，「嘏安」即「大安」，用法雖看似通順，但細審有兩個問題：

其一，前一句就有「叚」字，與此段合觀，文例作「王趺（並）亡（無）好攸（修）于民厽（三）工之者（緒），茲（使）民破（△1）自相，蓐（農）工（功）曼（得）寺（時），邦乃叚（△2）安，民乃蕃芓（滋）。」△1、△2應是同一個詞，「嘏」（訓「大」）雖可解釋△2，但套入△1文例，文義不通。

其二，「嘏」訓「大」乃金文習語，但用法比較古老。就史事來看，句踐大敗後逃至會稽山上，國家政權勉強得以延續，百廢待興，內政才剛要重新整頓（第五章句踐才著手施行五政，直至第九章，每章一政），斷不可能此刻便「邦乃大安」。

因此，筆者較贊同原整理者將本章兩個「叚」都讀「暇」的用法，《越公其事》第四章說明的是，越王敗逃會稽山後，利用三年時間，重建宗廟、修築社位、擴大祭祀，內政方面與民休養生息，減少刑戮，不奪農時，使人民有時間能投入生產、繁衍子孫。「暇安」比較合乎此時應有的敘述。

心包主張簡文的「叚」可能和《王家臺》秦簡「地修城固，民心乃殷（叚）」中的「叚」相同。1993年，湖北荊州王家臺秦漢墓葬中出現一批秦代文物，其中〈政事之常〉BIX～BXII組內容為「地修城固，民心乃殷。不時而怒，民將逃去。百事既成，民心乃寧。[既毋]後憂，從政之經。」這段話又見睡虎地秦簡〈為吏之道〉，其中「地修城固，民心乃殷」作「地修城固，民心乃寧」。劉嬌在《言公與剿說——從出土簡帛古籍看西漢以前古籍中相同或類似內容重複出現現象》中轉述鄔可晶的意見，他認為「殷」字與「叚」形近，不入韻的「殷」字可能係「叚」字誤釋，古書「叚」與「格」可通，「民心乃叚」的意思大概與《禮記・緇衣》「民有格心」相近。[272]鄔可晶認為「殷」為「叚」的誤字，就秦漢文字來看，確實有其道理。王家臺秦簡迄今尚未公布，「民心乃殷」究竟原簡怎麼寫，有待時間的檢驗。

不過，心包以王家臺〈政事之常〉「民心乃殷〈叚〉」，睡虎地秦簡作「民心乃寧」，進而主張《越公其事》的「叚」，對應王家臺的「叚」及睡虎地秦簡的「寧」，這似乎是想將簡文的「叚安」往「寧安」（或安寧）一詞聯想。《禮

---

[271] 江秋貞：《《清華大學藏戰國竹簡（柒）・越公其事》考釋》（臺北：臺灣師範大學博士論文，2020），頁330-332。江秋貞：《《清華大學藏戰國竹簡（柒）・越公其事》考釋》（臺北：花木蘭文化事業公司，2022），頁285-286。

[272] 劉嬌：《言公與剿說——從出土簡帛古籍看西漢以前古籍中相同或類似內容重複出現現象》，復旦大學出土文獻與古文字研究中心博士論文叢刊（第一輯），（北京：線裝書局，2013），頁284注2。

記・緇衣》云：「夫民教之以德，齊之以禮，則民有格心。教之以政，齊之以刑，則民有遯心。」[273]「民有格心」與「民有遯心」對文，語意相反。因此孔穎達訓「格」為「來也」，鄭玄注「遯」為「逃也」。綜合觀之，王家臺〈政事之常〉「民心乃殷〈叚〉」、睡虎地秦簡「民心乃寧」以及《禮記・緇衣》「民有格心」，目前沒有證據顯示它們與本篇「使民叚自相」、「邦乃叚安」的「叚」有任何的聯繫，心包的推測有待進一步補正。

再談「」字，古文字有「」（《合集》154）字，早期被誤釋作「冥」，楚簡資料漸多以後，學界始知當改釋為「娩」。今日楷書中「免」字聲系的字，其實有兩個來源，一個是「娩」之初文，象孕婦生產之形，字形作「」，後來演變為「」（《包山》88）、「」（《望山》1.17），後來秦漢文字中逐漸死亡。另一來源為「」（《合集》33069）、「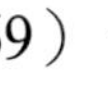」（免簋／《集成》04240），从卩、「」聲（即「冕」的初文），後代文字逐漸演變為「免」[274]。

楚簡「」一類「娩」字，偶爾省成「」，與「字」同形，因此季旭昇師認為「字」在古書中之所以有生育、生產的意思，是由於古人將「」一類的「娩」字誤識成「字」，而讓「字」有了生育之義[275]。「字」和「娩」在音義上有非常緊密的關係，禤健聰利用「一形多用」來解釋這個現象，他認為甲骨文的「」是「字」與「娩」的共同形體來源，同時表示「字」和「娩」兩個音義。會產婦分娩之意，記錄「娩」這個音義，而懷子分娩正是生育後代的關鍵過程，故可記錄「字」（生育）這個音義。」他並為「娩」字構擬出演變脈絡：

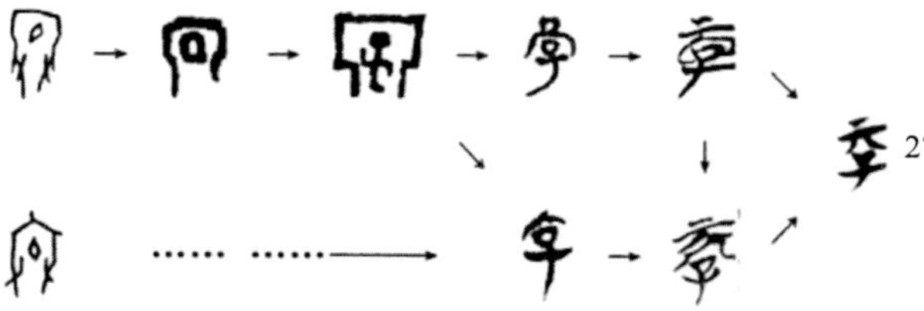

由禤健聰所構擬的演變圖來看，「娩」、「字」二字可能系出同源，而「」（角字父戊鼎／《集成》01864）字是演變脈絡中的一個關鍵點，「」與後世寫成从「宀」从「子」的標準「字」字（如「」），差異僅在上半構形是从「」

[273]（東漢）鄭玄注，（唐）孔穎達疏，李學勤主編：《十三經注疏・禮記正義》（北京：北京大學出版社，2000），頁 1752。

[274] 關於「娩」字研究，可參季旭昇師：《說文新證》（臺北：藝文印書館，2014），頁 971。

[275] 季旭昇師：〈從〈新蔡葛陵〉簡談戰國楚簡「娩」字——兼談〈周易〉「十年貞不字」〉，東海大學中文系「文字學學術研討會」，2004.3.13，後見東海大學中國文學系編《文字學學術研討會論文集》（臺北：里仁書局，2005），頁 83-84。

[276] 禤健聰：《戰國楚系簡帛用字習慣研究》（北京：科學出版社，2017），頁 478-489。

還是從「宀」。然而有趣的是，「娩」字中「」也可以寫成「宀」，例如「」（《集成》14020），這充分說明「娩」、「字」複雜的形音義關係。

不過，禤健聰認為「」（王字造匜，《集成》10190）下從「廾」，即是甲骨文「」的孑遺，這說法恐不可信，該器銘文有美術化的效果，從器銘的「之」寫成「」可以看出，因此「」字「宀」旁與「子」旁所衍增的爪形，與甲骨文的「」無關。

「娩」、「字」可能是同源關係，西周以後逐漸走向分化，戰國文字中，部分「娩」字還保留寫成「字」的構形，可視為「娩」、「字」尚未完全分化的表徵。

原整理者提及《玉篇》有「莬」，「字」、「免」早就訛混云云，讓人不清楚何以此處要言及《玉篇》的「莬」字。臺灣「教育部異體字字典」（六版）對於「莬」的解釋為：

> 一、ㄨㄣˋ　新生草。見《玉篇‧艸部》。
> 二、ㄨㄢˇ　草名。見《集韻‧上聲‧阮韻》。
> 三、ㄇㄧㄢˇ　人名用字。見《集韻‧上聲‧獮韻》。亦作「葂」。[277]

「莬」字不見《說文》，而《玉篇》、《集韻》等作品的時代已晚，「」應與後世辭書中的「莬」無關。「」從艸、字聲，《爾雅‧釋草》云：「芓，麻母。」郭璞《注》：「芓，苴麻盛子者。」陸德明《釋文》：「芓，本作字。」[278]知「芓」本為植物之屬[279]。《漢書》云：「故其《詩》曰：『或芸或芓，黍稷儗儗。』」[280]滕勝霖認為「芓」的「艸」旁是受「蕃」的影響而致誤，若「芓」已見《爾雅》，則理解為涉上而誤，需要更多的證據。

依據《國語‧越語下》：「民乃蕃滋。」[281]「芓」從「字」聲讀為「滋」並無疑義。一方面文例相近，二來《國語‧越語下》該段敘述的背景為句踐返國後，范蠡對句踐的談話，雖然所屬語境、時空和《越公其事》都不同，但它們可能擁有相近的語料素材，具有參考價值。

---

[277] 「教育部異體字字典」：https://dict.variants.moe.edu.tw/variants/rbt/word_attribute.rbt?quote_code=QzExNTU1（2023.4.18 上網）。

[278] （晉）郭璞注，（宋）邢昺疏，李學勤主編：《十三經注疏‧爾雅注疏》（北京：北京大學出版社，2000），頁285。

[279] 宗福邦、陳世鐃、蕭海波主編：《故訓匯纂》（上海：商務印書館，2007），頁1931。

[280] （東漢）班固撰，（清）王先謙：《漢書補注》（上海：上海古籍出版社，2008），頁1594。

[281] （三國吳）韋昭注，徐元誥集解：《國語集解》（北京：中華書局，2002），頁578。

〔13〕 **至**=（至于）**厽**（三）年，**雩**（越）王句**戋**（踐）**女**（焉）**訂**（始）**复**（作）**絽**（紀）五政之**聿**（律）

至=	厽	年	雩	王	句	戋
至=	厽	年	雩	王	句	戋
女	訂	复	絽	五	政	之
女	訂	复	絽	五	政	之
聿						
聿						

原整理者（201704）：此處指休養生息了三年。句踐三年，句踐棲會稽與吳行成，實施三年休養生息之政策，然後有所作為。此時為句踐六年。紀，治理。《國語・周語上》「稷則徧誡百姓，紀農協功」，韋昭注：「紀，謂綜理也。」五政，指下文的農政、刑德、徵人、兵政、民政。聿，讀為「律」，法也。[282]

李均明（20171026）：此清華簡〈越公其事〉詳述越王勾踐實施好農、好信、徵人、好兵、飭民等「五政」，內部團結，僅用七年時間，越國便迅速掘起，《國語・吳語》所載與此相類。[283]

郭洗凡（201803）：「至于」是合文。絽所從的「口」旁是裝飾性部件，無意。[284]

子居（20180514）：整理者注：「此處指休養生息了三年。句踐三年，句踐棲會稽與吳行成，實施三年休養生息之政策，然後有所作為。此時為句踐六年。」整理者所說有誤，勾踐三年伐吳，被吳反擊滅國，棲於會稽，向吳求成，勾踐入吳，臣侍三年，至其返國作五政，已是勾踐七年而非六年。這樣看來，《越公其事》第十章的前半部分至「吳師乃起」句與後半部分起自「吳王起師」內容本當是分屬勾踐十一年和勾踐十九年的兩份不同原始材料，蓋《越公其事》編撰者不知「吳王起師」與「吳師乃起」非一年之事，才以己意將兩份材料合而為一。「作紀」當讀為「作起」，作起即造作。[285]

滕勝霖（201905）：簡文未有越王為質之事，與傳世文獻中記載越王先為質於吳三年，後歸於封地施行仁政不同。據劉傳賓統計，楚系簡帛材料中「女」是「{焉}」這個詞的習慣用字（佔94%），這種現象是有意為之，體現了一種文字分化的趨勢。「焉」，於是，《讀書雜志・史記第一・秦始皇本紀》：「焉作

[282] 李學勤主編：《清華大學藏戰國竹簡（柒）》（上海：中西書局，2017），頁129。

[283] 李均明：〈伍子胥人生結局解析〉，香港浸會大學饒宗頤國學院、澳門大學中國語言文學系、清華大學出土文獻研究與保護中心編：《《清華簡》國際會議論文集》，香港：香港浸會大學饒宗頤國學院、澳門：澳門大學中國語言文學系，2017.10.26-28，頁40。

[284] 郭洗凡：《清華簡《越公其事》集釋》（合肥：安徽大學碩士論文，2018），頁58。

[285] 子居：〈清華簡七《越公其事》第四章解析〉，中國先秦史網站，2018.5.14（2021.4.26上網）。

信宮渭南」，王念孫按：「焉，猶於是也。」「絽」，從糸己聲，楚系文字中或加羨符「口」，義為治理、整理。如《上博二・子羔》簡7：「亦紀先王之游道」，意思是將先王治理天下的方法整理出頭緒。「律」，法令。《上博三・周易》簡7：「師出以聿（律）」[286]

江秋貞（202007）：「軍=幺年」指的是越王讓農民適時農作，得以休養生息，這樣持續三年的時間。「焉」可以釋作「於是」，《國語・晉語》：「焉作轅田。……焉作州兵。」《左傳・僖十五年》：「晉於是乎作爰田。……晉於是乎作州兵。」這裡的簡文「焉始」解釋為「於是開始」。「作絽」的「絽」可以當如原考釋所說的「紀」，治理。「雪王句戋女勹复絽五政之聿」的意思為「越王句踐於是開始治理五政之律」。[287]

白於藍、岳拯士（202006）：本篇第五章簡30有「乃作五政」語，「复（作）絽五政」與「作五政」顯然同義，「复（作）絽」當為同義複詞。「絽」字當讀作「起」。「作」之訓為「起」乃典籍常訓，而「起」亦可以訓為「作」。《玉篇・走部》：「起，作也。」《廣韻・止韻》：「起，作也。」《禮記・禮運》：「可以義起也。」孔穎達《疏》：「起，作也。」可見，「作」、「起」同義，可以互訓。[288]

佑仁謹案：

　滕勝霖、江秋貞將「焉」訓為於是，可信。「焉」在虛詞用法上接近於「乃」。子居認為「作紀」當讀為「作起」，「作起」為同義複詞指造作，此說可疑。「作」指創制、規劃。簡文有「王乍（作）安邦」（簡26-27），「作」理解為創制，應無疑義。值得留意的是，本章末尾的「越王句踐焉始作紀五政之律」，在第五章開頭則寫成「乃作五政」（簡30），前者的核心是「律」，後者則是「政」。我們可以把前者理解為「句踐焉始作『紀五政之律』」，「紀」指管理、治理，用以修飾「五政之律」，「五政」要能運行，不能沒有「律」（律令），而「律」的規劃要能有「紀」（管理），「始作『紀五政之律』」意思是「（句踐）開始創制『管理五政的法令』」。

　原整理者認為本章所述之事發生於句踐六年，而子居則認為是七年。就已知的線索來看，句踐在即位首年（西元前496年，魯定公14年）[289]，即在檇李之

---

[286] 滕勝霖：《《清華大學藏戰國竹簡（柒）》集釋及相關問題研究》（重慶：西南大學碩士論文，2019），頁278-279。

[287] 江秋貞：《《清華大學藏戰國竹簡（柒）・越公其事》考釋》（臺北：臺灣師範大學博士論文，2020），頁332-333。江秋貞：《《清華大學藏戰國竹簡（柒）・越公其事》考釋》（臺北：花木蘭文化事業公司，2022），頁287。

[288] 白於藍、岳拯士：〈清華簡《越公其事》校釋（六則）〉，《中國文字》總第3期（2020.6），頁188。

[289] 《史記・越王句踐世家》：「元年，吳王闔廬聞允常死，乃興師伐越。越王勾踐使死士挑戰，三行，至吳陳，呼而自剄。吳師觀之，越因襲擊吳師，吳師敗於檇李。」《集解》引杜預曰：

戰旗開得勝，還讓吳王闔盧戰死軍中。迫使繼位的夫差，晝夜練兵，日欲思報越王。句踐三年（西元前 494 年，魯哀公元年）[290]，在得知吳國將討伐越國的情況下，句踐主動出兵，卻敗於夫椒。

關於夫椒之戰的時間，韋昭注《國語・越語下》云：「句踐三年，魯哀之元年也。」[291]可見事在魯哀公元年、句踐三年。《左傳・哀公元年》：「三月，越及吳平。吳入越，不書，吳不告慶，越不告敗也。」[292]夫椒之戰在句踐三年春天發生，該年的三月吳越談和，可見交戰時間並不長。依照《越公其事》第三章最末「乃盟，男女備（服），帀（師）乃還。」句踐向吳國臣服，雙方簽訂盟約後，吳兵即返國。若依《越公其事》的敘事脈絡，吳師退兵後，句踐便開始國家復原計畫，建宗廟、修社位、大薦攻。本處說「至于三年，越王句踐焉始作紀五政之律」，本篇常用「至於」表述時間，相當於今語「到了」。例如：

吾始踐越地以至于今。（簡 13）
余不敢絕祀，許越公成，以至于今。（簡 70）

如果按照《越公其事》內在的敘述脈絡，句踐三年敗於夫椒，則「至於三年」當然是句踐六年，《越公其事》的敘述並無矛盾，原整理者的說法亦合於情理。句踐在夫椒之戰後，與臣妾前往吳國服事夫差的故事，版本甚多，就連《國語》一書，〈吳語〉和〈越語〉的敘述亦不相同，《吳語・吳王夫差與越荒成不盟》一章以「吳王乃許之，荒成不盟。」結束，緊接著〈夫差伐齊不聽申胥之諫〉則云：「吳王夫差既許越成，乃大戒師徒，將以伐齊。」[293]句踐在荒成不盟後，便展開他的復仇計畫，敘述方式和《越公其事》相同，並無句踐事吳等情事。然而〈越語〉則說「以身隨之，君王制之」，「蠡為我守於國」，「三年，而吳人遣之」[294]之語，表明句踐以人身自由，換取越國政權的延續，並將內政交予范蠡，服事吳王，三年後被釋放。可見即便《國語》一書，其說法亦不盡相同，此為吳越爭霸被後人踵事增華的必然結果。

「吳郡嘉興縣南有檇李城。」《索隱》：「事在左傳魯定公十四年。」（西漢）司馬遷撰，（南朝宋）裴駰集解，（唐）司馬貞索引、張守節正義：《史記》（北京：中華書局，2014），頁 2099-2100。

[290] 《史記・越王句踐世家》：「三年，勾踐聞吳王夫差日夜勒兵，且以報越，越欲先吳未發往伐之。范蠡諫曰：『不可。臣聞兵者凶器也，戰者逆德也，爭者事之末也。陰謀逆德，好用凶器，試身於所末，上帝禁之，行者不利。』越王曰：『吾已決之矣。』遂興師。吳王聞之，悉發精兵擊越，敗之夫椒。」《索隱》：「事具哀公元年。」（西漢）司馬遷撰，（南朝宋）裴駰集解，（唐）司馬貞索引、張守節正義：《史記》（北京：中華書局，2014），頁 2100。

[291] （三國吳）韋昭注，徐元誥集解：《國語集解》（北京：中華書局，2002），頁 575。

[292] （晉）杜預注，（唐）孔穎達正義，李學勤主編：《十三經注疏・春秋左傳正義》（北京：北京大學出版社，2000），頁 1856。

[293] （三國吳）韋昭注，徐元誥集解：《國語集解》（北京：中華書局，2002），頁 540。

[294] （三國吳）韋昭注，徐元誥集解：《國語集解》（北京：中華書局，2002），頁 577。

　　史傳間的記事有繁簡之別，例如吳國滅亡的時間，據《越公其事》第十一章而言，越國襲吳國，圍王宮，夫差請成，句踐雖然婉拒，但願意讓夫差全壽而盡，夫差自言已無面目示人，吳國滅亡，吳越爭霸故事就此落幕。幾件事接連發生，語氣連貫，一氣呵成。但實事上伐吳、圍宮、吳國滅亡並非同一年發生的事。《吳越春秋・勾踐入臣外傳・越王勾踐五年》云：「越王勾踐五年五月，與大夫種、范蠡入臣於吳，群臣皆送至浙江之上。」同書〈越王勾踐七年〉又說「越王勾踐臣吳至歸越，勾踐七年也。」[295]可見在漢代確實有句踐事吳三年，並於句踐七年歸國的說法。不過，句踐是否真的前往吳國？服事多久？何時歸國？均有賴更多第一手文獻出土，方能全面廓清。《越公其事》只是戰國時代記載吳越爭霸的史料之一，仍無法解決所有疑義。

　　本篇的「五政」的具體內容為：

出處	五政內容	原文
第 5 章簡 30	農工（功）指農業生產	王好農功
第 6 章簡 37	市政商業貿易	王乃好信，乃修市政
第 7 章簡 44	徵人招來人民／擴大國家	越邦服信，王乃好徵人。
第 8 章簡 50	五兵之利提升軍備	王乃好兵
第 9 章簡 53	敕民、修令、審刑健全刑罰	王乃敕民、修令、審刑

「五政」指施政的五種項目，「五政」一詞古籍中偶見，但其內涵卻不盡相同。《申鑒》云：「興農桑以養其生，審好惡以正其俗，宣文教以章其化，立武備以秉其威，明賞罰以統其法。是謂五政。」《管子》云：「是故春三月以甲乙之日發五政：一政、曰論幼孤，舍有罪。二政、曰賦爵列，授祿位。三政、曰凍解修溝瀆，復亡人。四政、曰端險阻，修封疆，正千伯。五政、曰無殺麛夭，毋蹇華絕芋。五政苟時，春雨乃來。」[296]子居認為此與《逸周書・文酌》中的「五大」（「五大」的內涵為：一、大智率謀，二、大武劍勇，三、大功賦事，四、大商行賄，五、大農假貸。」）非常相似，二者當有承襲性[297]。筆者則認為「五政」與《申鑒》、《管子》、《逸周書・文酌》雖有類似之處，但並非完全相同，以此論證〈文酌〉與《越公其事》有承襲關係，恐陳義過高。

295　周生春：《吳越春秋輯校彙考》（上海：上海古籍出版社，1997），頁 113；130。
296　黎翔鳳撰，梁運華整理：《管子校注託北京：中華書局，2004.6），頁 843。
297　子居：〈清華簡七《越公其事》第五章解析〉，中國先秦史網站，2018.6.5（2021.6.1 上網）。

第五章

本章談的是「五政」之首——農工。

越國大敗之後，句踐先嘉惠遊民三年，之後則開始擘劃「五政」。五政之首為農工，句踐帶頭耕種，每天都前往省察農業發展情況，越國庶民驚訝地說：「大王會累出病來吧？」句踐在車上載著食物，只要有勤於耕種者，便賜予飲食作為獎勵。大臣中若有能宣達政令、帶頭耕種的人，句踐會與他同坐吃飯。

經過句踐的鼓勵，越國百姓無不投入農耕，有效利用越國每一寸土地，於是越國的糧食大大地增多。

釋文（一）

王思〈惠〉邦遊民厽（三）年〔1〕，乃乍（作）五=政=（五政〔2〕。五政）之初，王好蓐（農）工（功）〔3〕。王親自欜（耕），又（有）厶（私）舊（穫）〔4〕。王親涉沟（溝）淳（塘）淵（幽）塗（途），日睛（省）蓐（農）【三〇】事以勸怱（勉）蓐（農）夫。〔5〕雫（越）庶民百眚（姓）乃丙（稱）譶蕙（悚）思（懼）曰〔6〕：「王丌（其）又（有）縈（嬰）疾？〔7〕」

語譯（一）

句踐嘉惠越國遊民三年，便開始施行五政。五政的開端，王喜好尚農功。句踐親自耕種，擁有私人的收穫。句踐親自前往溝塘、幽途，每天都前往巡視農事以勉勵農夫。越國庶民百姓紛紛吃驚地表示：「國君會累出病來吧？」

釋文（二）

王䎙（聞）之，乃以箮（熟）飤（食）、盨（脂）醢（醢）、【三一】脀（脯）肔（膴）多從。〔8〕亓（其）見蓐（農）夫老、弱、堇（勤）、歷（罷）者〔9〕，王必畣（飲）飤（食）之〔10〕。亓（其）見蓐（農）夫髟（黎）頁（頂）足見（繭）〔11〕，黿（顏）色訓（順）必（比）而牆（將）【三二】朸（耕）者〔12〕，王亦畣（飲）飤（食）之〔13〕。亓（其）見又（有）戔（察？）、又（有）司及王右（左）右〔14〕，先赴（告）王訓而牆（將）朸（耕）者〔15〕，王必與之坒（坐）飤（食）。〔16〕【三三】

語譯（二）

句踐聽聞後，於是準備豐富的熟食、肉醬、肉乾隨車同行。當看到年老、瘦弱、勤勞、疲憊的農夫，句踐一定賜予飲食。當看到農夫頭頂鬒黑、足部長繭，容貌恭敬而率領耕種者的，國君也會賜予飲食。看到有戔、有司及王左右，能宣達政府農耕的政令而率領耕種者，句踐一定和他同坐吃飯。

釋文（三）

凡王右（左）右大臣乃莫不扴（耕）〔17〕，人又（有）厶（私）舊（穫）〔18〕。罊（舉）雪（越）庶民，乃夫婦皆犿（耕）〔19〕，孚＝（至于）鄹（邊）儇（縣）尖＝（小大）遠迡（邇）〔20〕，亦夫【三五】婦皆耕☑【三六上】☑人儇（還）雪（越）百里【一八】〔22〕导（得）于雪（越）邦〔23〕，陵陜（陸）陵稼（稼）〔24〕，水則為稻，乃亡（無）又（有）閟（閒）卉（草）皆迄（起）為田。〔25〕【三四】雪（越）邦乃大多飤（食）。〔26〕【三六下】

語譯（三）

句踐身邊的左右大臣無不投入耕種，每個人都有「私穫」，整個越國百姓、夫婦無不投入農耕，至於邊縣遠近大小城市，夫婦也都投入耕種。……人將取自於越國的百里土地歸還給越，山陵土地種「陵穀」，鄰近水源邊的土地則種「水稻」，沒有任何無用的雜草，越國糧食於是大幅地增加。

〔1〕王思〈惠〉邦遊民厽（三）年

王	思	邦	遊	民	厽	年
王	思	邦	遊	民	厽	年

原整理者（201704）：遊民，流離失所之民，又作游民。《禮記・王制》：「無曠土，無游民，食節事時，民咸安其居。」參見第四章注一〇。[1]

---

[1] 李學勤主編：《清華大學藏戰國竹簡（柒）》（上海：中西書局，2017），頁130。

易泉（**20180122**）：「遊」，可分析从辵从孝，讀作「教」，訓作「令」。《集韻‧爻韻》：「教，令也。」「越王句踐焉始作紀五政之律，王思（使）邦教民厷（三）年，乃乍（作）五政」，大意是越王句踐開始作紀五政之律，王使邦號令民三年，乃作五政。[2]

駱珍伊（**20180518-19**）：「思」當讀為「使」。陳斯鵬在其〈論周原甲骨文和楚系簡帛中的「囟」與「思」〉一文中已談及楚簡「囟／思」讀為「使」的用例，「使」與「命」同義，即「使人做某事」之義。傳世文獻中「使民」多見，「使」皆作「役使、使喚、統治」之義，簡文「王使邦遊民」，意思是「越王役使越邦的遊民」。[3]

子居（**20180605**）：如果按整理者的理解，則勾踐讓越民流離失所三年的話，如何還能出現《越公其事》第四章的「邦乃暇安，民乃蕃滋」？故遊民當理解為遊其民，即不以賦役等事勞民，而非整理者所說義，此點筆者《清華簡〈越公其事〉第四章解析》已指出。「思」當訓使，「思邦遊民三年」即「使邦遊民三年」。[4]

翁倩（**20180806**）：子居所言「入宦於吳」美化成「遊民三年」問題，值得注意。根據《國語》的記載，勾踐慰問百姓，實施一些寬民政策後，就入吳服役。「縱經遊民」的寬鬆而有利民生政策實施三年後，「王思邦遊民三年」，時間上也正合，勾踐歸國後看到了其休養生息的利民政策取得了很大成功，在此基礎上勾踐開始著手實施「五政」。可見，此處「遊民」與「縱經遊民」之「遊民」理解一致，均指流離失所之人，而且此時勾踐入吳，國家無主，人民無所依靠，「遊民」之意也更為合理。此處有對勾踐進行飾美，比較傳世文獻的記載，《越公其事》中確實有多處對勾踐多有飾美。[5]

滕勝霖（**201905**）：「思」，如字讀，思慮義。雖然楚系文字中「思」用作{使}較為常見，但本篇用「茲」「事」等表{使}，未見「思」表{使}之例。《荀子‧解蔽》：「仁者之思也恭」，楊倞注：「思，慮也。」[6]

黃一村、侯瑞華（**202006**）：可以考慮將「思」讀為「息」。思為心母之部字，息為心母職部字，聲母相同，韻部陰入對轉。清華簡伍《湯處於湯丘》有「遠有所極，勞有所思，飢有所食」，簡文之「思」，陳偉先生讀為

---

[2] 易泉於 2018.3.20 追記：此說作廢，《子儀》簡 5、17 有相同的「遊」，其中簡 17「遊目」，可證此處確實遊字。易泉：〈清華七《越公其事》初讀〉，武漢網，跟帖第 216 樓，2018.1.22（2021.4.26 上網）。

[3] 駱珍伊：〈《清華柒‧越公其事》補釋〉，收入中央大學中國文學系編：《第 29 屆中國文字學國際學術研討會》（桃園：中央大學中國文學系，2018），頁 525-527。

[4] 子居：〈清華簡七《越公其事》第五章解析〉，中國先秦史網站，2018.6.5（2021.4.26 上網）。

[5] 翁倩：〈釋清華簡《越公其事》的「遊民」〉，復旦網，2018.8.6（2021.4.26 上網）。

[6] 滕勝霖：《《清華大學藏戰國竹簡（柒）》集釋及相關問題研究》（重慶：西南大學碩士論文，2019），頁 282。

「息」，可從。《詩經‧周南‧漢廣》「南有喬木，不可休息」，《經典釋文》云「休息，本或作休思」，或許就是這種用字習慣在古書中的反映。因此，「思」讀為「息」應該不會有太大問題。「思邦遊民」應該讀為「息邦遊民」，意為使因戰爭而流離失所的越國人民得以生息。[7]

　　江秋貞（202007）：「王思邦遊民，厽年」的釋義為：越王使役這些游手好閒的游民三年。[8]

　　王青（202102）：勾踐時的「遊民」不僅包括那些因戰爭而失去土地的流離失所之農民，還包括遊學、遊宦的士人。簡文「遊民」當是泛指脫離土地，不事農作之人。其中，既有脫離土地「遊離失所之民」，也有脫離宗族，不事農作的「遊士」。簡文所載與先秦文獻的相關記載是一致的。[9]

　　陳劍（20191003）：就上下文意、文脈而言，第五章開頭承上第四章末而言，「乃作五政」即上文之「焉始作紀五政之律」；「王思邦遊民，三年」，即上第四章越王「縱輕遊民」之種種而「至于三年」云云。以此知，「王思邦遊民，三年」，文意有不愜處。「思」字講不落實（思），必係「惠」字之誤（惠 同篇簡5「惠」字）。「惠」與上「縱輕」相呼應。《上博簡（八）‧命》簡5「不呂（以）厶（私）思〈惠〉厶（私）悁（怨）內（入）于王門」，是其同類誤例。[10]

　　杜建婷（201906）：此句和上文「睪＝（至于）厽（三）年，雪（越）王句戋（踐）女（焉）訇（始）复（作）絽（紀）五政之書（律）」相呼應，第三年，越王開始治五政之法。「遊民」整理者釋為「流離失所之民」，聯繫上文，此處之「思」不當釋為「使」，當如字讀，訓為「思念、想念」。[11]

佑仁謹案：

　　原整理者在「王思邦遊民」與「三年」中間點斷，實不必。

　　關於「思〈惠〉」字，原整理者釋文逕作「思」，不少學者改讀為「使」，例如駱珍伊、子居、翁倩、江秋貞等。滕勝霖訓為「思慮」，黃一村、侯瑞華讀為「息」，陳劍則理解為「惠」字之誤。本章開頭的「思〈惠〉邦遊民」一語，意義上應和第四章簡27-28的「總經遊民，不稱貸役泑塗溝塘之功」相應，後者即前者所「惠」內容。

---

[7] 黃一村、侯瑞華：〈《越公其事》零拾〉，《出土文獻》2020第2期（2020.6），頁74-75。

[8] 江秋貞：《《清華大學藏戰國竹簡（柒）‧越公其事》考釋》（臺北：臺灣師範大學博士論文，2020），頁338。江秋貞：《《清華大學藏戰國竹簡（柒）‧越公其事》考釋》（臺北：花木蘭文化事業有限公司，2022），頁292。

[9] 王青：〈試論先秦時期的「遊民」及其社會影響——清華簡《越公其事》補釋〉，《中國史研究》2021第1期（2021.02），頁43-44。

[10] 陳劍：〈出土文獻的校勘——資料長編〉（未刊稿）。

[11] 杜建婷：《清華簡第七輯文字集釋》（廣州：中山大學碩士論文，2019），頁254。

　　將「思」讀如字並不妥，因為對於如何處置遊民，豈有思考整整三年之理。楚簡確實不少「思」、「囟」讀「使」之例，而讀「息」也合於音理，「思」是心紐之部，「息」是心紐職部，聲同韻近，清華伍《湯處於湯丘》簡18：「勞有所思（息）。」清華玖《禱辭》簡14：「病者於我乎思（息），饑者於我乎食。」安大一《詩經・殷其雷》：「莫敢遑思（息）。」均是「思」讀「息」的佐證。

　　將「思」解為「惠」字誤寫，亦不無可能。上博八《命》簡4-5：「吾聞古之善臣，不以私思〈惠〉私怨入于王門。」此處所謂的「思」字字形作（　），亦當是「惠」之誤。楚簡中「思」與「惠（　）」（楚帛書乙10.19）」兩字寫法接近，確實有誤寫可能。

　　綜上所述，「思」讀為「使」、「息」，或理解為「惠」字之誤，理論上都有其可能。然而，若是帶入語境以及前述第四章的討論作為考量，筆者會比較傾向「惠」字之說，因為句踐對於遊民採取寬緩政策，並以「不稱貸」的方式換取遊民勞力，這是一種惠民政策，比起讀「使」或「息」，「惠」更適合用來概括句踐在第四章中「總經遊民」之 的遊民政策。

　　「遊」字，參見第四章注釋8。

　　子居認為「遊民」當理解為「遊其民」，即不以賦役等事勞民，似是將「遊」理解為動詞「安逸」。此說恐非，「遊民」應為名詞組，指不事生產、遊手好閒或無固定職業的人。《禮記・王制》：「凡居民，量地以制邑，度地以居民，地邑民居，必參相得也。無曠土，無游民，食節事時，民咸安其居。」[12]《申鑑》：「帝耕籍田，后桑蠶宮，國無遊民，野無荒業，財不虛用，力不妄加，以周民事，是謂養生。」[13]讓遊民有事可做，對國家基礎建設做出貢獻，又能因勞動而換得三餐溫飽，雙方實互蒙其利。

　　關於勾踐兵敗後是否宦吳一事，爭議很大，先將相關說法羅列如下：

典籍	原文	說明
《左傳》	—	哀公元年僅「越及吳平。吳入越不書，吳不告慶，越不告敗也」之記載。
《國語》	（句踐）然後卑事夫差，宦士三百於吳，其	句踐與范蠡入

---

[12]（東漢）鄭玄注，（唐）孔穎達疏，李學勤主編：《十三經注疏・禮記正義》（北京：北京大學出版社，2000），頁470。

[13]（東漢）荀悅撰，黃省曾注：《申鑑》（上海：上海古籍出版社，1990），頁5。

	身親為夫差前馬。（〈越語上〉） （句踐）令大夫種守於國，與范蠡入宦於吳。三年，而吳人遣之。（〈越語下〉）	宦於吳三年。
《史記‧越王句踐世家》	（吳王）卒赦越，罷兵而歸。越王句踐之困會稽也，喟然嘆曰……吳既赦越，越王句踐反國，乃苦身焦思，置膽於坐。……（句踐）於是舉國政屬大夫種，而使范蠡與大夫柘稽行成為質於吳，二歲而吳歸蠡。句踐自會稽歸七年，拊循其士民。	「吳赦越」指許成一事。言句踐反國、自會稽歸，無入宦於吳。
《韓非子》	越王勾踐恃大朋之龜與吳戰而不勝，身臣入宦于吳，反國棄龜，明法親民以報吳，則夫差為擒。（卷五〈飾邪〉） 越王入宦於吳而勸之伐齊以弊吳。……勾踐入宦於吳，身執干戈，為吳王洗馬。（卷七〈喻老〉）	未載及年月。
《越絕書》	越王句踐反國六年，皆得士民之眾而欲伐吳。（〈越絕內傳第四〉） 昔日，越王句踐既得反國，欲陰圖吳。（〈越絕計倪內經第五〉） （句踐）乃使大夫種求行成於吳，吳許之。越王去會稽，入官於吳。三年，吳王歸之。（〈越絕請糴內傳第六〉） 吳王夫差伐越，有其邦。句踐服為臣，三年，吳王復還封句踐於越。（〈越絕外傳記地傳第十〉）	內傳、外傳皆云句踐入吳三年。
《吳越春秋》	吳王曰：「善。雖然，吾嘗與越戰，棲之會稽，入臣於吳，不即誅之，三年使歸。（〈夫差內傳〉） 越王句踐五年五月，與大夫種、范蠡入臣於吳。……越王服犢鼻，著樵頭。夫人衣無緣之裳，施左關之襦。夫斫剉養馬，妻給水、除冀、灑掃。三年不慍怒，面無恨色。……（句踐）謂范蠡曰：「今三月甲辰，時加日昳，孤蒙上天之命，還歸故鄉，得無後患乎？」（〈句踐入臣外傳〉） 越王句踐臣吳，至歸越，句踐七年。（〈句踐歸國外傳〉） 越王曰：「……然後卑事夫差，往宦士三百人於吳。」（〈句踐伐吳外傳〉）	據〈句踐入臣外傳〉，句踐五年五月入臣於吳至句踐七年三月還歸故鄉，按實來計算年月的話，應為一年又十個月左右。以「年分／紀年」來算則為「五年、六年、七年」共「三個年

		頭」，故〈句踐入臣外傳〉云「『三年』不慍怒」。

子居與翁倩都認為「遊民三年」，可與史籍所載句踐前往吳國服事夫差的三年作聯繫。勾踐宦吳一事，《左傳》未載，若據《國語・越語下》「三年，而吳人遣之」以及《越絕書》「三年，吳王歸之」、《吳越春秋・夫差內傳》「入臣於吳，不即誅之，三年使歸」等記載，都明確指出有入吳三年之事。就《越公其事》文本來看，並無「事吳」乙事云云，說法與《左傳》同，子居與翁倩用「遊民三年」來連繫吳宦之事，並不可信。

戰國秦漢之際，吳越爭霸故事甚多且雜，彼此之間矛盾叢生，若依據《吳越春秋》，句踐並非敗於 夫椒 之戰（西元前 494 年／魯哀公元年／句踐 3 年）後立即前往吳國，而是在戰敗兩年後（西元前 492 年／魯哀公 3 年／句踐 5 年）的五月，才「與大夫種、范蠡入臣于吳」，並於句踐七年時返回越國，即〈勾踐歸國外傳〉所云的「越王勾踐臣吳至歸越，勾踐七年也。」[14]據此推估，句踐五年五月入吳，句踐七年而返，則最多也只是兩年七個月的時間。不過《吳越春秋》屬稗官雜記體之別史，小說性質意味濃厚，所記是否可信，仍有疑義。

歷史上，句踐是否真有入吳三年之事，仍有待進一步研究。但《越公其事》沒有這段記載，而「王思〈惠〉邦遊民厽（三）年」應與入臣之事無關。

〔2〕乃乍（作）五=政=（五政）。

		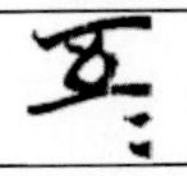	
乃	乍	五=	政=

王化平（202010）：在《治邦之道》第 19 至 22 簡上，這段話與《越公其事》所述越王勾踐的復興策略及「五政」有諸多相似之處。首先，這段話談到尚賢使能，這一點在「五政」中多有體現，比如上文所涉《越公其事》第七章談到的考核官員、第九章說「等以授大夫種」。在《越公其事》中，多次強調句踐親臨政事，如第六章「凡此類也，王必親聽之，稽之而信，乃毋有貴賤，刑也」，第七章「乃命上會，王必親聽之」，第八章「王乃親使人請問群大臣及邊縣城市之多兵、無兵者」，第九章「王訊之」等。這些都與《治邦之道》強調為君者察信、審核臣民相類似，同樣表現出明顯的墨家思想傾向。[15]

[14] 張覺：《吳越春秋校證註疏》（北京：知識產權出版社，2014），頁 126、233。
[15] 王化平：〈清華簡《邦家處位》《治邦之道》部分字詞的訓釋〉，《西部史學》2020 第 1 期（2020.01），頁 12-13。

佑仁謹案：

簡文所云「五政」具體內容，分別是「農功」、「市政」、「徵人」、「五兵之利」、「整民、修令、審刑」，乃第五章至第九章之主題，其中「敕民、修令、審刑」屬於國家律令方面的規定。

出處	五政內容	簡文	說明
第五章 簡30	農功（農業生產）	王好農功	民以食為天，《管子·牧民》「倉廩實 而知禮節，衣食足而知榮辱」[16]，在糧食充足的國家，人口數量才可能增長。
第六章 簡37	市政（商業貿易）	王乃好信，乃修市政	商業貿易後，讓人民富庶。
第七章 簡44	徵人（招徠人民／擴大國家）	越邦服信，王乃好徵人	以信服人，攏絡國人，提升政治威望，使四方臣民投靠越國。
第八章 簡50	五兵之利（提升軍備）	王乃好兵	在國家富庶，人才聚集以後，著手強化軍事力量。
第九章 簡53	整民、修令、審刑（健全內政與法律）	王乃整民、修令、審刑	尋找讓國家可以順利運作的刑法機制

依據句踐的建國理想——五政，首先是推行農政，勾踐「身自耕作，夫人自織」[17]採取以身作則的方式促進農業發展，使閒散的遊民能對國家作出貢獻，又能地盡其利，無論旱地或水田都能有所收穫。范蠡曾對句踐云：「四封之內，百姓之事，時節三樂，不亂民功，不逆天時，五穀睦熟，民乃蕃滋，君臣上下交得其志。」（〈越語下〉）[18]君民並耕，使物產豐饒，人口自然繁昌。

王化平認為「《越公其事》載錄的策略除了一定成分的歷史事實之外，更有受墨家思想影響而想像的成分」，比如重農耕、減輕賦稅、穩定商品經濟、強調節儉等[19]。不過，古代中國以農立國，想要人民富庶，非從農業入手不

---

[16] 黎翔鳳撰，梁運華整理：《管子校注》（北京：中華書局，2004），頁2。

[17] （西漢）司馬遷撰，（南朝宋）裴駰集解，（唐）司馬貞索引、張守節正義：《史記》（北京：中華書局，2014），頁2102。

[18] （三國吳）韋昭注，徐元誥集解：《國語集解》（北京：中華書局，2002），頁578。

[19] 王化平：〈清華簡《邦家處位》《治邦之道》部分字詞的訓釋〉，《西部史學》2020 第1期（2020.1），頁12-14。

可，句踐從大敗之中重新振作，因此強調減輕稅賦，不佔民時，重視商業經濟，這是先秦許多思想家共同的看法，並非某家某派的專有學說。《越公其事》中句踐節儉的行為，與墨子節葬思想並無直接關係，而是鋪陳句踐反省後自我砥礪的具體表現。

重視農業、鼓勵商場經濟、講求信用、強化軍事、修訂法令等等內容，是超越時空的普世價值，並非哪個學派所獨有，許多理念置於兩千多年後的今日仍然適用，可見這些都是施政的要點。在考察不同體系的思想關聯時，應深入字句中的背景脈絡，分析語境的異同，如此才能更公允地作出判斷。

〔3〕五政之初，王好蓐（農）工（功）。

五=	政=	之	初	王	好	蓐
工						
工						

　　郭洗凡（201803）：「蓐」，從艸，辱聲，陳艸復生。即「農」字異體。農工，讀為農功，農事。

　　子居（20180605）：《越公其事》所說五政，與《逸周書・文酌》中的「五大」頗為相近，〈文酌〉言：「五大：一、大智率謀，二、大武劍勇，三、大功賦事，四、大商行賄，五、大農假貸。」《越公其事》則是「農功」、「市政」、「征人」、「五兵之利」、「敕民、修令、審刑」，兩相對比，除順序互逆、措辭略異外，整體上是非常相似的，故二者當有相當的承襲性。將《逸周書》與《六韜》比較，不難看出《逸周書》主體是源自齊地的《書》系篇章傳承，因此《越公其事》此處的「五政」，當也是主要受齊文化的影響使然。[20]

　　于倩（201806）：本篇中此字為 （越.30），將所從的「衣」形訛為「卒」形，「卒」與「衣」形體相近，因此發生訛混，而「刀」與「刃」在用作表意偏旁時可以通用，此字即如此。[21]

　　趙平安（20190430）：整理報告把「蓐」括注為「農」。類似的寫法見於甲骨文，作 （甲274）、 （乙282）之形，從艸或林，從辰，以蜃耨耕

---

[20] 子居：〈清華簡七《越公其事》第五章解析〉，中國先秦史網站，2018.6.5（2021.4.26 上網）。

[21] 于倩：《清華簡《越公其事》文字構形研究》（昆明：雲南大學碩士論文，2018），頁112。

種，或說象手持蜃除草之形。《甲骨文字典》：「蓐為薅、農之初文。」也有學者認為辱、蓐、耨、穮、槈、鎒、薅都是同源字。[22]

佑仁謹案：

于倩認為「🐚」字「衣」形訛為「卒」形，事實上「衣」、「卒」乃一字之分化，甲骨文時代二字不分，戰國文字中亦常見相混之例，並不是訛寫，而是尚未區分得非常清楚。

「好」字多次出現於《越公其事》，例如「王好農功」（簡 30）、「王乃好信」（簡 37）、「王乃好徵人」（簡 44）、「王乃好兵」（簡 50），江秋貞將「好」字語譯為「愛好」[23]，滕勝霖作「喜好」[24]，可信。

郭沫若指出古蓐、農本為一字[25]，裘錫圭認為「🌿」即是「農」字，「🌿」可以隸定作「蓐」，但「🌿」與後世從「艸」、「辱」聲之「蓐」不一定有關係，「🌿」應該還是要釋作「農」字，「蓐」、「農」古音陰陽對轉，應由一字分化，「辰」應該是用以除草及小灌木一類的耨器[26]。喻遂生認為「就字形來源來講，『蓐、農、晨』是同出一源的」[27]。

「晨」見於《說文》「農」字古文 🌿，本來就是「農」之初文[28]，古文字「林」、「艸」不太區分（例如古文字的「囿」、「春」均是其例），是以簡文寫成從「晨」。上博五《三德》簡 15：「務 🌿（農）敬戒。」此字肯定當讀「農」，與本處「🌿」只差在「林」、「艸」偏旁替換。

簡文「五政」指五項整頓國家的政策。《管子·四時》：「五政：一政、曰論幼孤，舍有罪。二政、曰賦爵列，授祿位。三政、曰凍解修溝瀆，復亡人。四政、曰端險阻，修封疆，正千伯。五政、曰無殺麑夭，毋蹇華絕芋。五

[22] 趙平安：〈說字小記（八則）〉，《出土文獻》第 14 輯（上海：中西書局，2019.4），頁 113。

[23] 江秋貞：《《清華大學藏戰國竹簡（柒）·越公其事》考釋》（臺北：臺灣師範大學博士論文，2020），頁 763、764。江秋貞：《《清華大學藏戰國竹簡（柒）·越公其事》考釋》（臺北：花木蘭文化事業有限公司，2022），頁 690、691。

[24] 滕勝霖：《《清華大學藏戰國竹簡（柒）》集釋及相關問題研究》（重慶：西南大學碩士論文，2019），頁 277。

[25] 參看郭沫若：〈釋支干〉，《甲骨文字研究》，收入《郭沫若全集·考古編》第一卷（北京：科學出版社，2002），頁 203-206。

[26] 裘錫圭：〈甲骨文中所見的商代農業〉，《全國商史學術討論會論文集》（安陽：殷都學刊編輯部，1985），頁 214-216。又收入裘錫圭：《古文字論集》（北京：中華書局，1992），頁 166-167。

[27] 喻遂生：《文字學教程》（北京：北京大學出版社，2014），頁 243。

[28] （東漢）許慎撰，（清）段玉裁注，李添富總校訂：《新添古音說文解字注》（臺北：洪葉文化事業有限公司，2016），頁 106。

政苟時，春雨乃來。」[29]東漢・荀悅《申鑒・政體》：「興農桑以養其生，審好惡以正其俗，宣文教以章其化，立武備以秉其威，明賞罰以統其法，是謂五政。」[30]《管子》與《申鑒》雖都稱「五政」，然具體內容不盡相同。

中國以農立國，自古以來便非常重視農業發展，〈史牆盤〉（《集成》10175）云：「稼穡匪懈。」《漢書・食貨志》云：「順於民心，所補者三：一曰主用足，二曰民賦少，三曰勸農功。」[31]《左傳・襄公十七年》：「宋皇國父為大宰，為平公築臺，妨於農收。子罕請俟農功之畢，公弗許。」[32]子罕建議等農功結束後再徵調民力，可見其對農業的重視。句踐重建家園，首先就是強調農業，在戰爭過後，使物產豐茂，人口復甦，人民眾多，才能為復興奠下基礎。

「初」，起始、發端。就《越公其事》的政治思想來看，政務之始在於農業發展。尤其著重以君臣為表率，親自耕種，鼓勵人民投入農業生產。

〔4〕王親自齛（耕），又（有）厶（私）舊（穫）。

王	親	自	齛	又	厶	舊
王	親	自	齛	又	厶	舊

原整理者（201704）：舊，與九店簡之「舊」當為一字，李家浩釋讀為「畦」，詳見《九店楚簡》（中華書局，一九九九年，第五八頁）。《說文》：「田五十畝曰畦。」私畦，親耕之私田。古書又稱籍田。《史記・孝文本紀》：「上曰：『農，天下之本，其開籍田，朕親率耕，以給宗廟粢盛。』」[33]

王寧（20170506）：這個字可分析為從蒦（獲）省田聲，即《周易》「田獲三狐」、「田獲三品」之「田」，亦即田（攻）獵之「田」，田獵的目的是要獵獲禽獸，故字從蒦（獲）作，這裡應當讀為田地之「田」。古有「公田」，有「私田」，或簡稱「公」、「私」。「舊」視為「獲」的異體讀「穫」似乎也通講，「私穫」指私田之穫。[34]

蕭旭（20170605）：「舊」、「舊」皆从萬省聲，故讀為畦。畦音奚。[35]

[29] 黎翔鳳撰，梁運華整理：《管子校注》（北京：中華書局，2004），頁843。

[30] （東漢）荀悅撰，黃省曾注：《申鑒》（上海：上海古籍出版社，1990），頁5。

[31] （東漢）班固，（清）王先謙：《漢書補注》（上海：上海古籍出版社，2008），頁1588。

[32] （西晉）杜預注，（唐）孔穎達正義，李學勤主編：《十三經注疏・春秋左傳正義》（北京：北京大學出版社，2000），頁1083-1084。

[33] 李學勤主編：《清華大學藏戰國竹簡（柒）》（上海：中西書局，2017），頁130。

[34] 王寧：〈清華七《越公其事》初讀〉，武漢網，跟帖第158樓，2017.5.6（2019.11.19上網）。

[35] 蕭旭：〈清華簡（七）校補（二）〉，復旦網，2017.6.5（2021.4.27上網）。

羅小虎（**20170724**）：筆者曾懷疑此字似可分析為從田，「舊」省聲，可釋讀為「疇」。後看到九店簡有「疇」（A），曾侯乙墓有「疇」（B）。李家浩先生《九店楚簡釋文與考釋》認為，A 字很有可能是 B 字的異體。B 字見於《集韻》卷二齊韻，即「畦」字異體。此簡中的這個字應該是 B 字之省，尤其是上部分的寫法一致。如此，應該如整理報告所云，讀為「畦」。[36]

劉成群（**20171028-29**）：《越公其事》所說的「人有私畦」應該是通過政權授田形式所取得份地，屬於私有性質。《國語・吳語》記載句踐在大戰前對大夫說：「食土不均，地之不修，內有辱于國，是子也。軍士不死，外有辱，是我也。」「軍士不死」與「食土不均」相對應，可見此「食土」是一種按軍功賜田的土地私有化形式，應該是「私畦」的一種特殊類型。在越國的現實中大概已經不存在「公畦」了，而「人有私畦」中的「私畦」可能是基於一種歷史慣性而延續下來的說法而已。當然，還有一種可能是：句踐時代或許存在某種形式的公田，如類似軍屯性質的公田。軍屯具有公家形式，可以與「私畦」對應。[37]

郭洗凡（**201803**）：「畦」從艸舊聲，「舊」為上古之部字，「畦」為上古支部字，二字讀音對轉，「舊」可讀為「畦」。[38]

曹錦炎、岳曉峰（**20180531**）：「舊」可以分析為从田、萑聲，古文字从「又」之字作為偏旁時或可省去「又」，將「舊」字視作「穫」字之省寫，為「穫」字異構，當無疑義。「穫」字寫作「穫」屬楚文字，寫作「穫」或「舊」乃為三晉文字，《越公其事》簡的底本當出自三晉。「私」訓為自己、個人，「私穫」指「自己的收穫」即「自己的收成」，此句謂越王句踐親自耕作，於是有了自己的收成。有耕耘便有收穫，「耕」、「穫」相對，上博簡《周易》簡20的「不耕而穫」正好為之作注。[39]

子居（**20180605**）：私畦即《孟子》、《禮記》、《九章算術》中的圭田，籍田的收穫物原本主要是用於宗族祭祀，因此籍田是公田而非「親耕之私田」，由《越公其事》下文「人有私畦」也不難看出「私畦」必非「籍田」。[40]

---

[36] 羅小虎：〈清華七《越公其事》初讀〉，武漢網，跟帖第 201 樓，2017.7.24（2019.11.19 上網）。

[37] 劉成群：〈清華簡〈越公其事〉中的「私畦」與「征」〉，收入西南大學漢語言文獻研究所、四川外國語大學中國語言文學系編：《第二屆古文字與出土文獻語言研究學術研討會論文》（重慶：西南大學漢語言文獻研究所，2017），頁 208-211。

[38] 郭洗凡：《清華簡《越公其事》集釋》（合肥：安徽大學碩士論文，2018），頁 59。

[39] 曹錦炎、岳曉峰：〈說《越公其事》的「舊」——兼說九店楚簡「畫」字〉，《簡帛》第 16 輯（上海：上海古籍出版社，2018.5），頁 20-22。

[40] 子居：〈清華簡七《越公其事》第五章解析〉，中國先秦史網站，2018.6.5（2021.4.27 上網）。

章水根（**201809**）：此字當是「鷦」之省。曾侯乙墓竹簡「鷦」作：
（簡 80），曾侯乙墓竹簡又有一個從「衣」從「雟」之字作： （簡 13）
（簡 19），它們字形中的「雟」上部皆從「崔」而非「崔」。此類寫法的
「雟」很可能有更早的來源。甲骨文「雟」或作： （合集 29694），其上部
已近似「崔」。以上皆可證整理者之說正確可從。蘇建洲根據《越公其事》中
甲冑、兵甲之「甲」作 （簡 4），謂「看起來《越公其事》對於{甲}的用
字習慣與曾侯乙墓竹簡是相同的，而不同於戰國中期楚簡的用字習慣」。從
「鷦」寫作「舊」來看，《越公其事》確與曾國文字關係密切，蘇先生的意見值
得注意。[41]

滕勝霖（**201905**）：「 」字從井從田爭聲，楚簡或寫作「 」（《郭
店·成之聞之》簡 13），從力從田會耕田之意，但後者與「男」字易訛，故不
常見。「 」字又見於簡 35「 」，曹錦炎、岳曉峰等學者認為「 」從隻
省是正確的，讀作「穫」。曾侯乙墓簡 80「 」與此字相似，本篇中存在部分
字形與戰國早期的曾侯乙墓竹簡相合的情況，或有人認為本篇有晉系文字的風
格，本文認為可能與本篇底本形成較早有關，在勾踐滅吳發生後，此類故事口
耳相傳，迅速流傳演變，在戰國早期已經出現多個版本，故底本可發現戰國早
期字形的遺存，如：以「囝」表{甲}，「 」字從「屰」等。本句意思是
「五政開始的時候，越王喜好農事，越王親自耕作，有了自己的收成」。[42]

李鳳立、黃靈庚（**201905**）：（原整理者）以「私畦」為「私田」，是正
確的，但又說「畦田」是天子所耕「籍田」，混淆公私的區別。天子所耕「籍
田」，是公田，非私田。「人有私舊（畦）」云云，是說越國臣民，家家戶戶都
有「私畦」，國內的荒山灘塗已被墾殖出來，其規模恐怕不在被吳國強佔的公
田之下，能用「五十畝為畦」去丈量麼？毋庸懷疑，「私畦」的土地制度，已
廣泛通行於夫差、勾踐之世，越國戰勝吳國，本質上就是「私畦」取代公田的
勝利。之後，越為楚國所滅，楚是否因越制，雖然未可武斷，但是楚民確有
「私畦」存在，也無可疑慮。而「私畦」的名稱，因方國不同，會有差異。[43]

---

[41] 章水根：〈清華簡《越公其事》箚記五則〉，《中國簡帛學刊》第 2 輯（濟南：齊魯書社，
2018.9），頁 59、60。

[42] 滕勝霖：《《清華大學藏戰國竹簡（柒）》集釋及相關問題研究》（重慶：西南大學碩士論
文，2019），頁 284。

[43] 李鳳立、黃靈庚：〈《楚辭》研究二題〉，《中南民族大學學報（人文社會科學版）》2019
第 3 期（2019.5），頁 95-96。

吳萱萱（202006）：筆者以為將「私」解讀為「私田之穡」更佳，因為只有當句踐親自農作並有所收穫之時，他的親力親為才能對百姓起到一個良性的導向作用。[44]

江秋貞（202007）：原考釋說「親耕之私田」是正確的，但是「舊」不釋為「畦」，也不是「穡」。羅小虎認為「舊」字從田「舊」省聲，可釋讀為「疇」，田疇之意，值得參考。[45]

佑仁謹案：

《越公其事》有五個「耕」字，都在本篇，羅列如下：

	不省略「力（耒，）」的頭部	省略「力（耒，）」的頭部
不省略「爭」的「爪」旁	簡35-2／耕	簡30／耕
省略「爭」的「爪」旁	簡33-2 簡35-1／耕	簡33-1／耕

要為上述的「耕」字進行構形分析或隸定，實際上有很高的難度，最主要原因在於偏旁「爭」的異體構形太多。「」（簡35-2）的「爭」旁可以說是最為完整的寫法，「」（簡30）省略「力（耒）」的頭部，「」（簡33-2）、「」（簡35-1）省略「爭」的「爪」旁，「」（簡33-1）既省略「力（耒）」的頭部，也省略「爭」的「爪」旁。

關於「舊」字，學界有以下幾種說法：

1 「畦」：原整理者引李家浩之說釋作「畦」。章根水從之。蕭旭認為「舊」、「舊」皆從「萬」省聲，故讀為「畦」，音「奚」。羅小虎（後說）據九店簡（）及曾侯乙墓簡（），認為該字應讀「畦」。郭洗凡認為「舊」從艸舊聲，「舊」為上古之部字，「畦」為上古支部字，二字讀音對轉。

---

[44] 吳萱萱：《《越公其事》中句踐滅吳故事考論》（杭州：杭州師範大學碩士論文，2020），頁37。

[45] 江秋貞：《《清華大學藏戰國竹簡（柒）·越公其事》考釋》（臺北：臺灣師範大學博士論文，2020），頁342、343。江秋貞：《《清華大學藏戰國竹簡（柒）·越公其事》考釋》（臺北：花木蘭文化事業有限公司，2022），頁296-297。

2　「田」：王寧認為當讀為「田地」之「田」。

3　「穫」：王寧認為或可視為「獲」的異體，讀「穫」。

4　「疇」：羅小虎（前說）認為此字似可分析為从田，「舊」省聲，可釋讀為「疇」。

5　曹錦炎、岳曉峰認同李家浩後說[46]將「舊」理解為某種農作物，《越公其事》的「舊」字構形，可分析為从田、雈聲，讀「穫」。滕勝霖從之。

6　「疇」：江秋貞認為曹錦炎之說「可能也有問題」，她引用陳劍之說[47]，表示「雈」是「歌部」，與擭、穫、護則都是「鐸部」不同，認同羅小虎將「舊」字理解从田「舊」省聲，但可釋讀為「疇」。

此字原篆作「」，截至目前為止，沒有任何出土文獻的字形與該字結構完全相同，學者們的釋讀均是推論，不過還是能從諸說中找出比較可行的方案。先談最多人主張，同時也是問題最複雜的「」。楚簡中有「舊」字，相關字形如下：

疑難字	舊
	A1 （《九店》56.1）（《九店》56.2）（《九店》56.10） （《古璽彙考》166）（《包山》157）
	A2 （，上博三《周易》簡 17） （清華貳《繫年》簡 7）

A2 字形如上博三《周易》的「」，文例為「乃从△之」，帛書本作「巂」，今本作「維」，因此學界一般把它隸定作「𡔷」，《說文》：「纗，……讀若『維』。」[48]可見「」隸定作「𡔷」應無誤。「𡔷」在清華

[46] 湖北省文物考古研究所、北京大學中文系編：《九店竹簡》（北京：中華書局，2000），頁 56。

[47] 陳劍：《甲骨金文考釋論集》（北京：線裝書局，2007），頁 386。

[48]（東漢）許慎撰，（清）段玉裁注，李添富總校訂：《新添古音說文解字注》（臺北：洪葉文化事業有限公司，2016），頁 662。

貳《繫年》簡 7 作「」，「田」與「冏」位置互換，文例作「是△惠王」。表中 A1 應是 A2 的省體，將 A2「」左半的「冏」省略，就是 A1 的寫法。

上述寫法「隹」旁上方都是「」形，除此之外還有一種寫成「」形的「雋」，以下為曾侯乙墓簡 80「曜」字在不同書中收錄之形：

曾侯乙墓簡 80	曾侯乙墓竹簡文字編 [49]	楚系簡帛文字編（增訂本）[50]	古文字譜系疏證 [51]

曾侯乙墓簡 80 的「」，竹簡中間斷裂，但細審字形確實從「」形，曾侯乙竹簡另有從「衣」、「雋」聲的「」（簡 8）、「」（簡 12）、「」（簡 14）、「」（簡 26），《古文字譜系疏證》已指出「『』形當由『』形訛變。」[52]「雋」字甲骨文頭上形狀有多種樣式，「」形及「」形都可以看成直接繼承甲骨文 [53]。

《越公其事》原整理者依據李家浩將九店簡的 A1 讀成「畦」之說，將《越公其事》的「」讀「畦」，不少學者認可此說，但曹錦炎、岳曉峰則認為「李家浩先生前說『雋』可能是『曜（畦）』字異體，後說實際上已作自我否定」[54]，以此作為《越公其事》不讀「畦」的理由。關於「自我否定」的說法，可能還需要多作解釋。李家浩解釋「」（《九店》56.1）時，曾指出：

> 此字從「田」從「崔」。「崔」是「雋」字所從的偏旁，與「崔嵬」之「崔」非一字。彊伯匀井姬鬲作（反文，《金文編》九一二頁），以「崔」為「雋」。據此，簡文「雋」有可能是「曜」字的異體。「曜」見於《集韻》卷二齊韻，即「畦」字的重文。《楚辭·離騷》「畦留夷與

[49] 張光裕、黃錫全、滕壬生主編：《曾侯乙墓竹簡文字編》（臺北：藝文印書館，1997），頁 90。
[50] 滕壬生：《楚系簡帛文字編（增訂本）》（武漢：湖北教育出版社，2008），頁 1150。
[51] 黃德寬：《古文字譜系疏證》（北京：商務印書館，2007），頁 1996。
[52] 黃德寬：《古文字譜系疏證》（北京：商務印書館，2007），頁 1997。
[53] 季旭昇師：《說文新證》（臺北：藝文印書館，2014），頁 285。
[54] 曹錦炎、岳曉峰：〈說《越公其事》的「雋」——兼說九店楚簡「雋」字〉，《簡帛》第 16 輯（上海：上海古籍出版社，2018.5），頁 20-22。

揭車兮」，王逸注：「畦，共呼種之名。……五十畝為畦也。」又《招魂》「倚沼畦瀛兮」，王逸注：「畦，猶區也。」「畦」的這些意思皆與簡文「舊」不合。從一號簡至七號簡以「擔」、「秅」、「秎」、「來」等為「舊」的量詞來看，「舊」似是指某種農作物。包山簡「戠（職）舊之客」《周禮‧秋官‧序官》「職金」鄭玄注：「職，主也。」簡文「職舊」猶《周禮》「職金」，應當是管理「舊」這種農作物的職官。[55]

從前述引文可知，李家浩依據金文的線索，主張簡文「舊」有可能是「曬」字的異體字，而「曬」在《集韻》中為「畦」的重文。關於「舊」、「圭」的通假聯繫，可參《簡帛古書通假字大系》【畦與觿】【婕與嬙】等條 [56]。不過李家浩並沒有主張九店簡該字讀為「畦」，他直言「『畦』的這些意思皆與簡文『舊』不合」，並透過文例猜測九店簡的「『舊』似是指某種農作物」。換言之，將「舊」釋為「曬」的異體，完全是著眼於字形而言，既未主張九店簡的文例應讀成「畦」，自然不存在「自我否定」或「後說否定前說」的矛盾。

「舊」、「曬」乃異體關係（「曬」省略下半的「囧」即為「舊」），並由《集韻》「畦」重文作「曬」，以及相關通假例證，可知以上論述均無疑義，只不過，《越公其事》本處的「𦾔」能否理解為「舊」，仍缺乏一錘定音的鐵證。

第二個說法是讀為「穤」。該說由王寧首先提出，曹錦炎、岳曉峰則藉由中山王𰯲鼎的「蒦」字，認為𦾔為「穤」的異構，並主張《越公其事》為三晉底本。

中山王𰯲鼎云：「蒦（與）其溺於人也。」上博七《武王踐阼》簡8：「鑑銘曰：『與其溺於人，寧溺於淵，溺於淵猶可游，溺於人不可救。』」《大戴禮記》作「與其溺於人也」，可見「蒦」（影紐鐸部）能讀「與」（喻紐魚部）。

中山王𰯲鼎的「蒦」字作「𦰩」，從「又」、「萑」聲，《說文‧萑部》：「萑，鴟屬。從隹、從𠃜，有毛角。所鳴，其民有疢，讀若『和』。」「萑」與「和」都是匣紐、歌部字。何琳儀認為「𦰩」從「又」從「萑」，「萑」亦聲，會以手獲鴟鳥之義 [57]。筆者認為「隻」字原本從又持「隹」，改

---

[55] 湖北省文物考古研究所、北京大學中文系編：《九店竹簡》（北京：中華書局，2000），頁56。

[56] 白於藍：《簡帛古書通假字大系》（福州：福建人民出版社，2017），頁436。

[57] 何琳儀：《戰國古文字典》（北京：中華書局，1998），頁444。

從「崔」聲，應該是經歷聲化的過程。「雙」字又見「」（溫縣 WT4.K5：12）、「」（《文物春秋》創刊號‧陶文）。

另外，2014 年底，蘇州博物館徵集入藏一柄吳王劍，其文例為「隻（穫）眾多」，「隻」字作「」，董珊認為：「『穫眾多』是說穫得很多俘虜和戰利品。」[58]（佑仁案：「穫」當作「獲」）

馬王堆帛書《繆和》簡 70 上：「《易卦》亓（其）義曰：『入于左腹，穚（穫／獲）明（明）夷之心，于出門廷。』」馬王堆帛書《昭力》簡 14 上：「『不耕而穚（穫）』，戎（農）夫之義也。」[59]「穫」、「獲」諸字均從「崔」得聲。傳抄古文中，「獲」字異體作「蠖」（《古文四聲韻》6.81），「腰」字異體字作「雅」（《汗簡》2.25），「鑊」字異體作「錐」（《汗簡》6.75）[60]，可見從「崔」之字應可讀「穫／獲」。

綜上所述，「舊」主要有「畦」、「穫」兩種說法，不過就字形而言，其脈絡演變仍有空白不明之處，如「崔」上半都作「」形，與簡文從「」不同；「雙」字作「」，而從「田」、「崔」聲構形之字，目前仍尚未看到，因此二說在釋讀上仍存有討論空間[61]。

「畦」乃古代土地面積單位，通常為五十畝。《莊子‧天地》：「（子貢）見一丈人方將為圃畦。」陸德明《釋文》：「李（軌）云：『埒中曰畦。』《說文》云：『五十畝曰畦。』」[62]《楚辭‧離騷》：「畦留夷與揭車兮。」王逸《注》：「畦，共呼種之名。五十畝為畦也。」由於「穫」與前文「耕」的意義比較密切，故本處從王寧之說釋作「穫」，「穫」指耕種後所得到的收穫，《尚書‧金縢》：「秋，大熟，未穫，天大雷電，以風，禾盡偃。」孔穎達《疏》：「其秋大熟，未及收穫。」[63]

[58] 董珊：〈新見吳王餘眛劍銘考證〉，參中國人民大學主辦：《「出土文獻與中國古代文明」學術研討會論文集》，北京：中國人民大學，2015.6.6-7，頁 76。

[59] 裘錫圭主編：《長沙馬王堆漢墓簡帛集成》（北京：中華書局，2014），第 3 冊，頁 145、152。

[60] 相關例證可參李春桃：《傳抄古文綜合研究》（長春：吉林大學博士論文，2012），頁 598。

[61] 此字的考釋可以參考程少軒：〈試說「崔」字及相關問題〉，復旦網，2008.3.20，又見《出土文獻與古文字研究》第 2 輯（上海：復旦大學出版社，2008.8），頁 131-145。

[62] （清）王先謙：《莊子集解》（北京：中華書局，1987），頁 106。

[63] （漢）孔安國傳，（唐）孔穎達正義，李學勤主編：《十三經注疏‧尚書正義》（北京：北京大學出版社，2000），頁 400、402。

「私穫」指私田之穫，呼應前文「雫（越）王親自耕」。《管子・七法》：「水旱之功者，野不收，耕不穫也。」《管子・治國》：「常山之東，河、汝之閒，蚤生而晚殺，五穀之所蕃庸也，四種而五穫，中年畝二石，一夫為粟二百石。」[64]《呂氏春秋・慎大覽・貴因》：「適令武王不耕而穫。」[65]有「耕」才能收「穫」，「耕」、「穫」關係密切。依據《國語・越語上》云「（句踐）非 其身之所種 則不食，非 其夫人之所織 則不衣。十年不收於國，民俱有三年之食」[66]，《史記・越王句踐世家》記載「越王勾踐反國，乃苦身焦思，置膽於坐，坐臥即仰膽，飲食亦嘗膽也。曰：『女忘會稽之恥邪？』身自耕作，夫人自織，食不加肉，衣不重采」[67]，勾踐親自下田耕種的記載與《越公其事》相符。

〔5〕王親涉洵（溝）淳（塘）濰（幽）塗（途），日䁔（省）葆（農）事以勸怠（勉）葆（農）夫。

王	親	涉	洵	淳	濰	塗
日	䁔	葆	事	以	勸	怠
葆	夫					

原整理者（201704）：淳，疑指低窪沼澤。《左傳・襄公二十五年》：「辨京陵，表淳鹵。」《漢書・食貨志上》：「若上林藪澤原陵淳鹵之地，各以肥墝多少為差。」淳與山、林、藪、澤、原、陵、鹵並列，皆為不同之用地。淳可能是比鹽碱地之「鹵」略強的低窪沼澤地。濰，疑即「泑」字。《山海經・西山經》「不周之山，東望泑澤」，郝懿行箋疏：「泑澤，《漢書・西域傳》作鹽澤。」簡文之「泑塗」或即鹽碱灘塗。䁔，讀為「靖」，治理。《詩・菀柳》「俾予靖之，後予極焉」，毛傳：「靖，治。」農事，《左傳・襄公七年》：「夫郊祀后稷，以祈農事也。」怠，楚卜筮簡習見，多為病症，讀為「悶」，此處讀為「勉」。勸勉，鼓勵。《管子・立政》：「勸勉百姓，使力作毋偷。」農夫，《詩・七月》：「嗟我農夫，我稼既同，上入執宮

[64] 黎翔鳳撰，梁運華整理：《管子校注》（北京：中華書局，2004），頁120、926。
[65] 許維遹撰，梁運華整理：《呂氏春秋集釋》（北京：中華書局，2009），頁388。
[66] （三國吳）韋昭注，徐元誥集解：《國語集解》（北京：中華書局，2002），頁571。
[67] （西漢）司馬遷撰，（南朝宋）裴駰集解，（唐）司馬貞索引、張守節正義：《史記》（北京：中華書局，2014），頁2102。

功。」《國語・吳語》：「昔吾先王體德聖明，達於上帝，譬如農夫作耦，以刈殺四方之蓬蒿，以立名於荊，此則大夫之力也。」[68]

程浩（**201704**）：此處（佑仁案：指第七章的「戩（察）睛（省）」）的「睛」字與「察」聯用，很明顯應該讀為「省察」之「省」。竊以為第五章的「靚」也同樣應讀「省」。簡文「王親涉溝淳泑塗，日靚農事以勸勉農夫」，是說越王每天親自下到農田省察，以勸勉農夫勤勞農事。[69]

汗天山（**20170427**）：「淳」字與「沟（溝）」並列，「溝」為水瀆，則「淳」字指用地之名若沼澤似不妥。我們懷疑「淳」當讀為「甽（畎）」，指田間水溝。《說文》：「〈（甽／畎），水小流也。」《書・益稷》「予決九川，距四海，濬畎澮距川」，傳：「一畝之間，廣尺深尺曰畎。」《漢書・食貨志》：「后稷始甽田，以二耜為耦，廣尺深尺曰甽。」《集韻》：「朱閏切，音稕。溝也。」即，「沟（溝）淳（甽／畎）」皆是指田間水溝，在簡文中指代田地。[70]

王寧（**20170430**）：「淳」字原簡文從水郭聲，即「漷」字，當讀為「墢」。「靚」當讀為「省」。[71]

蕭旭（**20170605**）：淳，讀為垍，俗作墩、堆，土堆，簡文指溝之隄墩。字亦作墇、錞，《山海經・西山經》：「騩山是錞于西海。」郭璞注：「錞，猶堤埻也，音章閏反。」《玉篇》「墇」字條引作「埻」，郭璞注作「埻，猶隄也」。方以智曰：「『敦』、『堆』聲近。蓋山川之形，有似圓堆深箐者，如玉甑峰、鈷鉧潭之類。」郭璞注「堤埻」即「堤墩」。經言騩山是西海的堤墩。字亦作敦，《爾雅》：「丘一成為敦丘。」郭璞注：「今江東呼地高堆者為敦。」[72]

郭洗凡（**201803**）：「淳」指的是低窪地區的沼澤地。程浩、王寧讀作「省」，可從，具體指的是審查、檢查的含義。[73]

吳德貞（**201805**）：此處讀「靖」、「省」皆可。「日靖」見於《詩・周頌・我將》：「儀式刑文王之典、日靖四方。」「日省」見於《禮記・中庸》：「日省月試，既稟稱事，所以勸百工也。」[74]

羅雲君（**201805**）：可從「睛」讀為「省」的意見。[75]

[68] 李學勤主編：《清華大學藏戰國竹簡（柒）》（上海：中西書局，2017），頁131。

[69] 程浩：〈清華簡第七輯整理報告拾遺〉，《出土文獻》第 10 輯（上海：中西書局，2017.4），頁135。

[70] 汗天山：〈清華七《越公其事》初讀〉，武漢網，跟帖第 60 樓，2017.4.27（2019.11.19 上網）。

[71] 王寧：〈清華七《越公其事》初讀〉，武漢網，跟帖第 109 樓，2017.4.30（2019.11.19 上網）。

[72] 蕭旭：〈清華簡（七）校補（二）〉，復旦網，2017.6.5（2021.4.27 上網）。

[73] 郭洗凡：《清華簡《越公其事》集釋》（合肥：安徽大學碩士論文，2018），頁59-60。

[74] 吳德貞：《清華簡《越公其事》集釋》（武漢：武漢大學碩士論文，2018），頁53。

子居（**20180605**）：「淳」當讀為畛，字又作畭，整理者注中所引「淳鹵」之「淳」則當讀為「沴」，畛與沴顯然是一義分化，故同作「淳」。坁、塘義近，所以《越公其事》或稱「溝塘」，或稱「溝淳」。泑則當讀為坳。[76]

何家歡（**201806**）：「溝淳泑塗」，「溝」、「淳」指肥沃處，「泑」、「塗」指貧瘠處，「王親涉沟（溝）淳泑塗」大義為：無論肥沃的地方還是貧瘠的地方越王都親自考察。[77]

沈雨馨（**201904**）：沼澤解釋較為合適。《周禮・鐘氏》：「淳而漬之。」整句話大致是說王無論肥沃還是貧瘠的場地，均作巡視。

大西克也（**201905**）：簡文第四章和第五章內容密切相關，簡 30「溝淳坳塗」和簡 28「坳塗溝塘」很可能同指一物，「淳」即「塘」，這是一個重要線索。我認為所謂「淳」字實為「臺」聲字，可讀為「塘」。《說文・口部》：唐，大言也。从口庚聲。喁，古文唐，从口易。「庚」為見母陽部字，陽鐸二部陽入對轉，从「水」「臺」聲的此字讀作「塘」，古音上是應該是可以的。只是「臺（郭）」是合口字，「塘」是開口字，開合相通算是比較少見的現象。用許思萊（Schuessler）的古音系統，「郭」可擬為 kwâk，「塘（唐）」可擬為 g-laŋ。[78]

滕勝霖（**201905**）：「溝」，田間水道。「淳」如字讀，或為文獻中「淳鹵」之省稱，瘠薄的鹽鹼地。「泑塗」，讀作「幽塗」，「幽塗、溝塘之功」。在簡文中具體是指山路，本句意思是「越王親自走到田間水道、鹽城地和山地」，分別指種田三種不同類型的地帶。「睛」，從視省青聲，程浩、王寧等讀作「省」可從。本句意思是「越王每天察看農業生產情況」。「勸」，從力雚聲，三體石經寫作「勸」，秦系、齊系文字中「勸」字從免從力。楚系文字多以「懽」「觀」等表{勸}。本句意思是「勸導勉勵務農之人」。[79]

杜建婷（**201906**）：「靚」、「靖」古音皆為從母耕部，二者常用作通假。典籍所見之「淳」，未見有「低窪沼澤」之用法，此《漢書》之「淳」，當訓為「鹹」。「淳鹵」一詞見於典籍，表示「貧瘠之鹽城地」。《左傳・襄公二十五年》：「度山林，鳩藪澤，辨京陵，表淳鹵。」杜預注：「淳鹵，塉

[75] 羅雲君：《清華簡《越公其事》研究》（長春：東北師範大學碩士論文，2018），頁 58。

[76] 子居：〈清華簡七《越公其事》第五章解析〉，中國先秦史網站，2018.6.5（2021.4.27 上網）。

[77] 何家歡：《清華簡（柒）《越公其事》集釋》（保定：河北大學碩士論文，2018），頁 27-28。

[78] 大西克也：〈清華柒・越公其事「坳塗溝塘」考〉，收入成功大學中文系編：《第三十屆中國文字學國際學術研討會論文集》（臺南：成功大學，2019），頁 289。

[79] 滕勝霖：《《清華大學藏戰國竹簡（柒）》集釋及相關問題研究》（重慶：西南大學碩士論文，2019），頁 285-286。

薄之地。」孔穎達疏：「淳鹵地薄。收穫常少，故表之輕其賦稅。」「淳」當為形容詞，恐不能單獨表示「低窪沼澤地」。[80]

史玥然（**201906**）：程浩、王寧的意見可從。「睛」讀為「省」，「省」本義是視察、查看，見於《殷契粹編》929 頁「王其省盂田（畋），湄（昧）日不雨」。[81]

吳萱萱（**202006**）：上文已言句踐治理農事之事，此處若不重複文義，當將「靚」理解為省察之意。[82]

江秋貞（**202007**）：「沟」釋為「溝」，「淳」字，《左傳·襄公二十五年》「表淳鹵」孔穎達疏引賈逵云「淳，鹹也。」《說文·水部》桂馥義證：「鹵，謂鹹地；淳，謂漏地。」杜預注：「淳鹵，埆薄之地。」土壤太鹹，不利作物，所以「淳」是形容貧瘠地貌，而非肥沃。「沟淳濰塗」可能是指各水利工程之地，也可以作為難行的道路。「王親涉沟淳濰塗」的重點在「親涉」兩字，這裡指的是「越王親自到沟淳濰塗最偏遠難行的地區視察水利工程」之意。簡文「睛」出現兩次，簡 30 為「日睛蓐事」，簡 44 為「戠（察）睛（省）」聯用，不如直接把它們都釋為「省」，都為「省察」之意即可。「日睛蓐事以勸惷蓐夫」指（越王）日日省察農事，以勸勉農夫勤勞耕作。[83]

陳劍：「淳」之訓很可疑。《漢書·食貨志》顏師古注引晉灼曰：「淳，盡也，烏鹵之田不生五穀也。」說即不同。漢以前古書「淳鹵」用例僅此兩例（且係同出一源）「王親涉溝淳濰塗」云云，係為表現越王之不避繁縟勞苦，此語境下出現所謂「鹽鹵之地」也很怪。按《清華簡（柒）·晉文公入於晉》：或（又）㬎（明）日朝，命曰：「為豪（稼）番（嗇）古（故），命洰（溣）舊【3】沟（溝）、增舊芳（防），四奇（封）之內皆臥（然）。」疏通（田間）水溝、增修堤防，即《越公其事》之「溝塘之功」。[84]

陳一（**202203**）：「漳」右旁即「章」字，當隸定為「漳」，從言（享）得聲，享，曉母陽部，「㙒（塘）」從陽得聲，音近，「漳」可讀為「塘」，「溝塘坳塗」即第四章之「坳塗溝塘」。[85]

[80] 杜建婷：《清華簡第七輯文字集釋》（廣州：中山大學碩士論文，2019），頁 274。

[81] 史玥然：《清華簡《越公其事》集釋及其漢字教學設計》（太原：山西大學碩士論文，2019），頁 44。

[82] 吳萱萱：《《越公其事》中句踐滅吳故事考論》（杭州：杭州師範大學碩士論文，2020），頁 38。

[83] 江秋貞：《《清華大學藏戰國竹簡（柒）·越公其事》考釋》（臺北：臺灣師範大學博士論文，2020），頁 346-349。江秋貞：《《清華大學藏戰國竹簡（柒）·越公其事》考釋》（臺北：花木蘭文化事業有限公司，2022），頁 300-302。

[84] 陳劍：〈出土文獻的校勘〉（未刊稿）。

[85] 陳一：《清華簡（柒）》疑難字詞補釋》（天津：天津師範大學碩士論文，2022），頁 104-105。

　　佑仁謹案：

　　「洶（溝）淳（塘）湫（幽）塗（途）」四字均從「水」旁，筆者逐字分析其內涵，如下：

一　「洶」字

　　原整理者云「洶，《集韻》音溝。溝，水瀆。」[86]史玥然認為「《爾雅・釋水》中「水注川曰谿，注谿曰谷，注谷曰溝」，「『溝』表田間水道，小溪流。」[87]二人之說可信。滕勝霖、江秋貞亦釋「溝」。《周禮・考工記・匠人》：「九夫為井，井間廣四尺，深四尺，謂之溝。」[88]《史記・夏本紀》：「（禹）卑宮室，致費於溝淢。」裴駰《集解》引包氏（包咸）曰：「方里為井，井間有溝，溝廣深四尺。」[89]此處「溝」為用以灌溉農作物的渠道，乃最基本的水利設施。

二　「淳」字

　　原整理者讀「淳」，疑指低窪沼澤。郭洗凡、何家歡、沈雨馨從之。汗天山懷疑當讀為「甽（畎）」，指田間水溝。王寧認為即「潯」字，當讀為「塹」。蕭旭認為讀為「自」，俗作墩、堆，土堆，簡文指溝之隄墩。子居認為「淳」當讀為畛，字又作「畩」。大西克也認為簡 30「溝淳坳塗」和簡 28「坳塗溝塘」很可能同指一物，「淳」即「塘」，「淳」字實為「𦎫」聲字，可讀為「塘」。越國境內有許多具有蓄水灌溉功能的堤塘，孟文鏞《越國文化》指出「筆者經過實地考察，在今紹興城西北方向 18 公里的湖塘鄉古城村，發現了殘存的古塘」[90]。

　　上述諸說，筆者認為以大西克也之說最為穩妥，因為簡 28 的「湫（幽）塗（途）洶（溝）塘（塘）」應該就等於本章的「洶（溝）淳（塘）湫（幽）塗」，這兩章的語境承先啟後，也正是上述四種水利建設已經完成，句踐才能推展五政。因此，把「塘」和「淳」聯繫起來，會是比較穩當的理解方式，其

[86] 李學勤主編：《清華大學藏戰國竹簡（柒）》（上海：中西書局，2017），頁 128。

[87] 史玥然：《清華簡〈越公其事〉集釋及其漢字教學設計》（太原：山西大學碩士論文，2019），頁 42。

[88] （東漢）鄭玄注，（唐）賈公彥疏，李學勤主編：《十三經注疏・周禮注疏》（北京：北京大學出版社，2000），頁 1356。

[89] （西漢）司馬遷撰，（南朝宋）裴駰集解，（唐）司馬貞索引、張守節正義：《史記》（北京：中華書局，2014），頁 65。

[90] 參方傑：《越國文化》（上海：上海社會科學院出版社，1998），頁 95-98。

餘說法均難以說明為何第四章的「壆（塘）」，到了第五章卻換成另外一種水利設施，而其餘的「幽」、「途」、「溝」三種卻沿用不變。

大西克也之說的重點除了將第四、五章的四種水利設施聯繫起來之外，他進一步認為「」乃是从「𦎫」而不應釋作「淳」。我們知道「（𦎫：敦）」和「（𩫏：郭／墉）本是兩個音義無關的字，但戰國時代二字已逐漸走向類化，從郭店《窮達以時》簡 15「故君子淳於反己」的「淳」本應从「」（𦎫），卻寫成从「」（𩫏）的「」，可見二字已產生類化情況。直到秦漢時代，「𦎫」、「𩫏」在偏旁中已完全類化作相同的「享」。大西克也認為「」字从「𩫏」不从「𦎫」，就字論字，確實如此。不過，《越公其事》所見三個文例確定讀「敦」的字，卻通通都是以「𩫏」表示，如下：

簡 11		𩫏（敦）刃皆（偕）死
簡 3		戟（敦）力鈠〈鈠（殳）〉鎗（槍）
簡 20		𩫏（敦）齊兵刃
簡 30 【本處】		沟（溝）淳（塘）滋（幽）塗（途）

郭店《成之聞之》「淳」字作「」（簡 4），文例為「則其淳也弗深矣」，釋「淳」無疑；安大一《詩經・小戎》「淳」字作「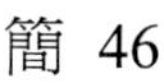」（簡 46），文例為「鈎矛鈇淳」，今本《毛詩》作「厹矛鋈錞」；清華捌《八氣》「」字，文例為「鹹為淳」（簡 4），上述三例楚簡的「淳」與本處的「」一樣，整體來看字就當釋作「淳」，但字形很明顯从「𩫏」不从「𦎫」，也就是說，楚系文字的「淳」很可能已經類化成「𩫏」，與早期「淳」从字「𦎫」的情況有所不同。

綜上所述，筆者認為大西克也將第四章的「壆（塘）」與本章的「淳」聯繫起來，是相當可信的意見，不過「」還是以釋「淳」為上。「淳」定紐諄部，「壆」、「塘」則均為定紐陽部，「淳」與「壆」、「塘」之聲紐相同，韻部諄、陽都是陽聲韻，陳新雄師《古音研究》有「諄陽旁轉」一條，其證為《周易・革・象傳》「炳」（陽部）、「君」（諄部）諧韻 [91]。蘇建洲曾舉上

[91] 陳新雄：《古音研究》（臺北：五南圖書出版股份有限公司，2000），頁 469。

博一《緇衣》簡 8「一人有慶」，「慶」從心、廌聲，而「慶」是溪紐陽部，「廌」則為精紐文部（即「諄」部）[92]，均是「諄陽旁轉」的有利證據。

此外，本處的「沟（溝）淳（塘）𣹟（幽）塗（途）」簡 56 作「沟（溝）𡐀（塘）之工（功）」一句，「淳」、「𡐀」字讀「塘」非常適切。

三　「𣹟」字

原整理者認為「𣹟，疑即『泑』字。《山海經‧西山經》『不周之山，東望泑澤』，郝懿行箋疏：『泑澤，《漢書‧西域傳》作鹽澤。』簡文之『泑塗』或即鹽碱灘塗。」筆者認為原整理者引用《山海經‧西山經》郝懿行《箋疏》認為「『泑塗』或即鹽碱灘塗」恐有疑義，《山海經》的「泑澤」與《漢書》的「鹽澤」即今之「羅布泊」（今新疆維吾爾自治區巴音郭楞蒙古自治州塔里木盆地東邊，若羌縣以北），它曾是絲綢之路南支的咽喉門戶，原整理者以地之異名，作為「泑」理解為「鹽碱」的依據，實難令人信服。

蕭旭、滕勝霖都把「𣹟」字讀為「幽」，[93]筆者贊同此說，「幽塗」可理解為幽深、僻遠的道路，「幽」有幽深之義，《毛詩‧小雅‧伐木》：「出自幽谷，遷于喬木。」[94]「幽谷」即幽深的山谷。《漢書‧揚雄傳下》：「若夫閎言崇議，幽微之塗，蓋難與覽者同也。」[95]簡文的「幽塗」即「幽微之塗」的簡稱，〈揚雄傳〉所指的「塗」雖是方法、路徑，並非實際道路，但仍有參考的價值。「幽」字受到「溝淳」、「塗」等字之影響也類化成從「水」。

四　「塗」字

已如前述，筆者認為「塗」可訓為道路，同「途」，《周易‧繫辭下》：「天下何思何慮？天下同歸而殊塗，一致而百慮。」高亨《注》：「塗讀為途，路也。」[96]「塗」，土路也，會稽山麓地勢高低起伏，句踐為妥善利用土地，打通交通網路，讓更多土地得以開墾利用，澆灌也更加便利。不過，東漢以後受到佛教思想影響，「幽塗」亦可指亡者所走的「幽冥之途」，但與簡文的「幽途」應毫無關係。

---

[92] 參蘇建洲：〈《郭店‧緇衣》考釋一則〉，簡帛研究網，2003.6.24（2023.4.7 上網）。

[93] 滕勝霖：〈再議「幽」字結構及相關諸字〉，收入四川大學歷史文化學院、中國先秦史學會、中國古文字研究會編：《紀念徐中舒先生誕辰 120 周年國際學術研討會論文集》（成都：四川大學歷史文化學院，2018），頁 844。

[94] （漢）毛公傳，（漢）鄭玄箋，（唐）孔穎達等正義，李學勤主編：《十三經注疏‧毛詩正義》（北京：北京大學出版社，2000），頁 674。

[95] （漢）班固，（清）王先謙：《漢書補注》（上海：上海古籍出版社，2008），頁 5399。

[96] 高亨注：《周易大傳今注》（北京：清華大學出版社，2004），頁 611。

此外，或許還可以從「溝塘幽塗」前的動詞「涉」看出端倪。「涉」本指涉河，後來擴大義項，行路亦可稱「涉」，《孔子家語·致思》：「負重涉遠，不擇地而休。」[97]《說苑》：「以無貨之身，涉蔽塞之路。」[98]《漢書·西域傳》始有「今遣使者承至尊之命，送蠻夷之賈，勞吏士之眾，涉危難之路，罷弊所恃以事無用，非久長計也」[99]，可見「塗」應讀作「途」。

整體而言，「王親涉洵（溝）淳（塘）幽（幽）塗（途）」說明句踐以「不稱貸」的方式，使遊民修築溝渠池塘、深幽的土路，開墾水利設施，便利交通發展，為農工奠定基礎。三年過後，五政始作，句踐還親自巡視這些建設。

「睛」字左半嚴格來說，應从「視（ ）」。原整理者釋「靖」，訓為治理。程浩、王寧、郭洗凡、滕勝霖、江秋貞均依據簡 44「察睛」而改讀為「省」，羅雲君、史玥然從之，子居則釋「睛」為「請」[100]。筆者認為讀「省」可信，「睛」字从「青」聲，而「青」與「省」都从「生」聲，故可通假。這個「睛（省）」字，左半从「視」，正可聯繫「巡視」之義。《荀子·王制》：「省農功 ，謹蓄藏 ，以時順脩，使農夫樸力而寡能，治田之事也。」楊倞《注》：「使農夫敦樸於力穡，禁其它能也。」[101]句踐每天都前往巡視農功，用以表示對農業的重視。

關於「 」字，滕勝霖認為「從力雚聲，三體石經寫作『 』，秦系、齊系文字中『勸』字從免從力。」其所謂秦系、齊系文字的「勸」字從免從力之說，不知所論何據？[102]秦文字有「勸」字（ ，《說文》小篆）[103]，且「勸」（溪紐元部）、「勉」（明紐諄部）二字音韻不同，似無通假用例，本處「勸勉」還連讀，此說恐有疑義。

楚簡一般用「懽」表示{勸}，禤健聰認為「疑『懽』即楚系記寫{勸}之專字，『力』旁與『心』旁意相關。」[104]周波也認為「楚文字用『懽』表示

[97] 王國軒、王秀梅譯注：《孔子家語》（北京：中華書局，2018），頁 87。

[98] （漢）劉向撰，向宗魯校證：《說苑校證》（北京：中華書局，1987），頁 411。

[99] （東漢）班固，（清）王先謙：《漢書補注》（上海：上海古籍出版社，2008），頁 5804。

[100] 子居：〈清華簡七《越公其事》第五章解析〉，中國先秦史網站，2018.6.5（2021.4.27 上網）。

[101] （清）王先謙撰，沈嘯寰、王星賢點校：《荀子集解》（北京：中華書局，1988），頁 168。

[102] 如《齊魯文字編》未收錄「勸」、「勉」，「力部」之字僅收錄力、勥、勝、勞、劻、勆、恊。張振謙：《齊魯文字編》（北京：學苑出版社，2014），頁 1698-1700。

[103] 亦可參《秦簡書體文字研究》整理之字表。葉書珊：《秦簡書體文字研究》（嘉義：中正大學博士論文，2020），頁 1040。

[104] 禤健聰：《戰國楚系簡帛用字習慣研究》（北京：科學出版社，2017），頁 258-259。

勸勉之｛勸｝」[105]。楚簡絕大多數的「懽」都讀「勸」，筆者所見「懽」讀成「歡」唯一的用例見於上博三《仲弓》簡 22：「上下相遆（報）以忠，則民懽（歡）承教。」[106]本處乃楚簡少數从力、蒦聲的「勸」字。

〔6〕雪（越）庶民百眚（姓）乃禹（稱）譶蕙（悚）思（懼）曰

雪	庶	民	百	眚	乃	再
譶	蕙	思	曰			

　　原整理者（201704）：譶，《說文》：「疾言也。」《正字通》：「與沓、嗒、諮、譅並同。」皆為多言。稱譶，猶儑譶。左思《吳都賦》「儑譶澩灂，交貿相競」注：「儑譶，眾言語喧雜也。」蕙，當為叢省聲，讀為「悚」。悚懼，《韓非子・內儲說上》：「吏以昭侯為明察，皆悚懼其所而不敢為非。」[107]

　　暮四郎（20170423）：清華簡貳《繫年》簡 46 有「𧭈」字，用作「襲」。此處「譶」也應當讀為「襲」，「稱襲」是一個詞，見《後漢書》「棺槨周重之制，衣衾稱襲之數」，本指禮服，此處作動詞，意為穿上禮服。相關簡文當斷讀為：「越庶民百姓乃稱譶（襲），蕙（悚）懼曰：『王其有勞疾？』」意為：越的庶民百姓乃穿上禮服，戰戰兢兢地說：「王將要有積勞而致的疾病嗎？」[108]

　　林少平（20170423）：簡 31 還是以連讀為佳。「稱」訓為「舉」，形容庶民百姓驚恐之狀。《史記・孔子世家》：「孔子趨而進，歷階而登，不盡一等，舉袂而言曰：『吾兩君為好會，夷狄之樂何為於此！請命有司！』」[109]

　　汗天山（20170424）：譶字，據下文「悚懼」一詞，有沒有可能讀為「懾服」之「懾」（字又作慴）。[110]

---

[105] 周波：《戰國時代各系文字間的用字差異現象研究》，頁 195。關於以「懽」表示｛勸｝的討論，可參呂佩珊：《《上海博物館藏戰國楚竹書（一-六）》通假字研究》（臺北：臺灣師範大學博士論文，2011），頁 129。王輝：《古文字通假字典》（北京：中華書局，2008），頁 710。

[106] 關於楚簡｛勸｝的用法，可參筆者〈安大簡《曹沫之陳》補釋〉一文（待刊）。

[107] 李學勤主編：《清華大學藏戰國竹簡（柒）》（上海：中西書局，2017），頁 131。

[108] 暮四郎：〈清華七《越公其事》初讀〉，武漢網，跟帖第 3 樓，2017.4.23（2019.11.19 上網）。

[109] 林少平：〈清華七《越公其事》初讀〉，武漢網，跟帖第 8 樓，2017.4.23（2019.11.19 上網）。

王寧（20170430）：此句當於「喜」下斷句。蕙即「慫」字，《說文》訓「驚」，「慫懼」即驚懼。[111]

汗天山（20170520）：「喜」讀為「懾服」之「懾」，意思是認為「稱」字之後的「喜（懾／慴）」、「{蕙}（悚）」、「思（懼）」為三字一義而並列複用者。[112]

蕭旭（20170605）：《後漢書》「衣衾稱襲之數」，「襲」是死者之衣，「稱」指單衣、複衣相對應，古有定制。「蕙」讀為悚，抑讀為慫，一也。《說文》：「慫，驚也，讀若悚。」再，讀為偁，稱揚也，字亦作稱。喜，讀為婚，《說文》：「婚，俛伏也，一曰伏意也。」《廣韻》、《五音集韻》引「伏意」作「意伏」，《集韻》、《類篇》引作「服意」。蔣斧印本《唐韻殘卷》：「婚，安。」《廣韻》：「婚，安貌。」「婚」蓋身子低伏義，引申則為意服、心服。再喜，猶言稱服。[113]

侯乃峰（20170819-20）：「喜」字或可讀為「懾服」之「懾」，字又作「慴」。上古音「喜」屬定紐緝部，「聶」屬泥紐葉部，「習」屬邪紐緝部，三字音近可通。若如此，則「稱」字之後的「喜（懾、慴）」、「悚」、「懼」亦當是三字一義而並列複用者。稱，稱說、言謂之義。「喜（懾、慴）」、「悚」、「懼」皆恐懼、懾服之義。[114]

郭洗凡（201803）：「慫懼」修飾「曰」，害怕、驚恐的含義。[115]

吳德貞（201805）：「喜」讀「襲」可從。「喜」又見於簡 43，整理者引屬羌鐘銘文「竈奪楚京」讀為「襲」。李家浩先生認為：「上古音『喜』屬定母緝部，『襲』屬邪母緝部，二字韻部相同，聲母關係密切，例如：篆文『襲』所從聲旁即屬定母。《儀禮·士喪禮》『襚者以褶』，鄭玄注：古文『褶』為『襲』。『褶』亦屬定母。值得注意的是，篆文『襲』所從聲旁和『喜』字，《說文》都說『讀若遝』。據此，疑銘文的『竈』應該讀為『襲』。」[116]

[110] 汗天山：〈清華七《越公其事》初讀〉，武漢網，跟帖第 13 樓，2017.4.24（2019.11.19 上網）。

[111] 王寧：〈清華七《越公其事》初讀〉，武漢網，跟帖第 109 樓，2017.4.30（2019.11.19 上網）。

[112] 汗天山：〈清華七《越公其事》初讀〉，武漢網，跟帖第 182 樓，2017.5.20（2019.11.19 上網）。

[113] 蕭旭：〈清華簡（七）校補（二）〉，復旦網，2017.6.5（2021.6.1 上網）。

[114] 侯乃峰：〈讀清華簡（柒）零札〉，收入中國文字學會編：《中國文字學會第九屆學術年會論文集》（北京：中國文字學會，2017），頁 219。收入《中國文字學報》第 9 輯（北京：商務印書館，2018），頁 96。

[115] 郭洗凡：《清華簡《越公其事》集釋》（合肥：安徽大學碩士論文，2018），頁 61。

[116] 吳德貞：《清華簡《越公其事》集釋》（武漢：武漢大學碩士論文，2018），頁 53。

　　子居（**20180605**）：「冄譶」當讀為「悷懾」，《爾雅・釋言》：「淩，栗也。」郭璞注：「淩懍戰慄。」《正字通・心部》：「悷，驚也。」[117]

　　滕勝霖（**201905**）：「襲」與從「習」得聲之字關係密切，「譶」可讀作「慴」，即「懾」字異體，義為恐懼，「稱譶」義為越國平民百姓感到恐懼。「悚懼」，恐懼、戒懼之義。[118]

　　杜建婷（**201906**）：「譶」當從整理者如字讀，訓為「疾言」，不必破讀為其他字。筆者以為「稱譶」即「說話語速很快」，與後面的「悚懼」相對應，緊張害怕時，人說話的語速往往會加快。「稱」似可訓為「述說，聲言」。[119]

　　史玥然（**201906**）：譶，說話快，說話不停。《蒼頡篇》：「譶，言不止也。」「蕙」訓為「悚」，表示驚懼、害怕。這句話的意思是百姓於是紛紛擔心又急切地問。[120]

　　王青（**201910**）：「蕙」，這個字與「叢」字繁體接近，可釋為「叢」，但其古音為侯部，雖然可陰入對轉而讀若東部的「悚」，但不若讀為同侯部的「聚」，意謂越民齊聚建言表示為王擔心。[121]

　　季旭昇師（**2019**）：左塚漆梮䔖䎘有一詞，黃鳳春等由右向左讀為「敢（取）聅（察）」，我以為或許可以讀為「諏眾」，「叢」從紐東部，「眾」照（章）紐冬（中）部，二字聲為舌齒鄰紐，韻為東冬旁轉；「諏」精紐侯部，「取」從紐侯部，二字同從「取」得聲，自然可通。「諏眾」的意思是「諮詢眾人」。[122]

　　江秋貞（**202007**）：「譶」這一詞本義為「疾言」，則「稱譶」可以釋為「快速地傳言」，但不必通讀。「冄譶蕙思」是指越國庶民百姓（因為越王日日省察農事）都開始擔心地快速傳言。[123]

　　陳一（**202203**）：稱，訓為呼喊，「譶」字皆讀為「沓」，《說文・言部》：「譶，疾言也。從三言。讀若沓。」《說文・曰部》：「沓，語多沓沓

[117] 子居：〈清華簡七《越公其事》第五章解析〉，中國先秦史網站，2018.06.05（2021.4.27 上網）。

[118] 滕勝霖：《《清華大學藏戰國竹簡（柒）》集釋及相關問題研究》（重慶：西南大學碩士論文，2019），頁 287。

[119] 杜建婷：《清華簡第七輯文字集釋》（廣州：中山大學碩士論文，2019），頁 61。

[120] 史玥然：《清華簡《越公其事》集釋及其漢字教學設計》（太原：山西大學碩士論文，2019），頁 45。

[121] 王青：〈清華簡《越公其事》補釋〉，收入華東師範大學歷史學系編：《出土文獻與商周社會學術研討會會議論文集》（上海：華東師範大學歷史學系，2019），頁 327。

[122] 季旭昇師：〈試論《說文》「𦍌」字的來源〉，《漢字漢語研究》2019 第 2 期、總第 6 期（2019.6），頁 15。

[123] 江秋貞：《《清華大學藏戰國竹簡（柒）・越公其事》考釋》（臺北：臺灣師範大學博士論文，2020），頁 353。江秋貞：《《清華大學藏戰國竹簡（柒）・越公其事》考釋》（臺北：花木蘭文化事業有限公司，2022），頁 306。

也。」《玉篇・日部》：「沓，重疊也，多言也。」蓋「沓」有重複言論和多言兩種常訓，分指頻率上與數量上，《詩・大雅・十月之交》：「噂沓背憎。」朱熹集注云「沓，重複也。」陳奐傳疏即云「沓，猶聚語也。」簡文第一字應訓為多言，「越庶民百姓乃稱沓悚懼曰」意為「越國百姓議論紛紛，恐懼害怕地驚呼道。」第二字應訓為重複，「沓于左右」意為「再三叮囑左右。」[124]

佑仁謹案：

「矗」字在古文字中曾見於以下文例：

1. 〈驫羌鐘〉（晉系）：「矗奪楚京。」（《集成》00157-00161）
2. 清華貳《繫年》簡 46：「我既旻（得）奠（鄭）之門筦（管）已，坴（來）矗（襲）之」。」
3. 清華貳《繫年》簡 46-47：「秦皀（師）牆（將）東矗（襲）奠＝（鄭，鄭）之賈人弦高牆（將）西市，遇之。」
4. 清華貳《繫年》簡 93-94：「齊臧（莊）公涉河矗（襲）朝訶（歌），以遝（復）坪（平）会（陰）之皀（師）。」
5. 清華貳《繫年》簡 110-111：「戉（越）公勾戔（踐）克吳，戉（越）人因袞（襲）吳之與晉為好。」
6. 清華柒《越公其事》簡 43：「隹（唯）訐（信）是遳（趣）矗（及）于右（左）右，嬰（舉）雽（越）邦乃皆好訐（信）。」
7. 清華柒《越公其事》簡 48：「王則隹（唯）旬（勾）、苕（落）是徲（趣），矗（及）于右（左）右。」
8. 清華玖《迺命一》簡 7：「聚居謗矗譽毀。」

〈驫羌鐘〉文例為「奪」，「矗」字李學勤讀「懾」[125]，李家浩讀「襲」[126]，董珊讀「襲」[127]，陳美蘭認為讀「襲」已是定論。[128]「矗」從「矗」聲，《說

---

[124] 陳一：《清華簡（柒）》疑難字詞補釋》（天津：天津師範大學碩士論文，2022），頁105。

[125] 李學勤：〈論葛陵楚簡的年代〉，《文物》2004第7期（2004.7），頁68。

[126] 李家浩：〈釋上博戰國竹簡〈緇衣〉中的「𢀳臣」合文——兼釋兆域圖「逗」和驫羌鐘「矗」等字〉，《康樂集——曾憲通教授七十壽慶論文集》（廣州：中山大學出版社，2006），頁24。

[127] 董珊：〈讀清華簡《繫年》〉，復旦網，2011.12.26（2023.4.19上網）。

[128] 陳美蘭：〈《清華簡（貳）・繫年》札記兩則〉，《孔壁遺文論》（臺北：藝文印書館，2013.8），頁61。唐蘭：〈驫羌鐘考釋〉，《唐蘭先生金文論集》（北京：紫禁城出版社，1995），頁4。

文》云「譶，讀若沓」[129]，「沓」和「襲」都是定紐緝部，古籍中也有「襲奪」的用法，則〈𪚔羌鐘〉和《繫年》諸例讀「襲」，應可信。

《越公其事》「稱譶」，原整理者釋「譶」為多言，杜建婷、史玥然從之。暮四郎讀「襲」釋為禮服（稱襲，即穿上禮服），蕭旭認為「襲」為死者之衣，汙天山（侯乃峰）、滕勝霖則讀為「稱懾」，子居讀「再譶」為「愯懾」。就本處的背景環境來說，句踐於五政中首倡農政，則庶民百姓無論是著喪服或禮服，都顯得怪異。至於釋為「稱懾」者，「懾」意為恐懼，其意恐與後頭的「悚懼」重複。

筆者贊成原整理者將「譶」據本字讀，《說文・言部》：「譶，疾言也。從三言，讀若沓。」[130]古有「儑譶」一語，指眾言喧雜而不止。《文選・左思・吳都賦》：「儑譶漻戾，交貿相競。」李善《注》：「《倉頡篇》曰：『譶，不止也。』」[131]《廣韻・入聲・緝韻》：「儑譶，言不止也。」[132]《類篇・言部》：「譶，譅譶，言不止也。」[133]《康熙字典・言部》：「左思《吳都賦》：『澀譶漻戾，交貿相競。』注：『澀譶，眾言語喧雜也。』」[134]指喧囂多語，意思是句踐親自耕種又到處巡視，看到越王疲於奔命，越國庶姓無不議論紛紛。

值得留意的是「沓」亦為多語義，《毛詩・小雅・十月之交》：「噂沓背憎，職競由人。」毛《傳》：「沓猶沓沓。」鄭玄《箋》：「噂噂沓沓，相對談語。」[135]則「譶」、「沓」可能是同源詞的關係。《迺命一》簡7「謗譶譽毀」，原本《玉篇・詀部》殘卷：「譶，徒答反，《方言》『譶、咨，謗也。郭璞曰：『謗言噂譶也』。」[136]則「譶」有毀謗之義，《迺命一》簡7「謗譶」為同義複詞。

王寧認為「譶」字下點斷，蕭旭[137]、郭洗凡[138]贊同其說，不可信。

[129]（東漢）許慎撰，（清）段玉裁注，李添富總校訂：《新添古音說文解字注》（臺北：洪葉文化事業有限公司，2016），頁102。

[130]（東漢）許慎撰，（清）段玉裁注，李添富總校訂：《新添古音說文解字注》（臺北：洪葉文化事業有限公司，2016），頁102。

[131]（梁）蕭統編，（唐）李善等注：《六臣注文選》（北京：中華書局，2012），頁110。

[132]周祖謨：《廣韻校本》（北京：中華書局，2011），頁534。

[133]（宋）司馬光等：《類篇》（北京：中華書局，1984），頁91。

[134]（清）張玉書，陳廷敬主編：《康熙字典》，收入李學勤主編：《中華漢語工具書書庫》第9冊（合肥：安徽教育出版社，2002），頁86。

[135]（漢）毛公傳，（漢）鄭玄箋，（唐）孔穎達等正義，李學勤主編：《十三經注疏・毛詩正義》（北京：北京大學出版社，2000），頁852。

[136]「譶」今本揚雄《方言》作「讟」，戴震已指出其誤，唐寫本《玉篇》即作「譶」，田齎：〈原本《玉篇》殘卷引《方言》考探〉，參中國訓詁學研究會，揚州大學文學院主辦《「高郵王學」國際學術研討會暨中國訓詁學研究會2018年學術年會論文集》，2018.11.9-12，頁36。

[137]蕭旭：〈清華簡（七）校補（二）〉，復旦網，2017.6.5（2021.6.1上網）。

「薏（悚）懼」，「薏」字原整理者理解為「叢省聲」，讀「悚」，可信。「悚懼」表示人民對句踐是否操勞過度感到害怕。《韓非子‧內儲說上》：「吏乃皆悚懼其所，以君為神明」，「皆悚懼其所而不敢為非」[139]，東漢王符《潛夫論》：「人君聞此，可以悚懼。布衣聞此，可以改容。」[140]

〔7〕「王亓（其）又（有）縈（嬰）疾？」

王	亓	又	縈	疾
王	亓	又	縈	疾

原整理者（201704）：縈，讀為「勞」，楚簡多作「褮」。此句意為民不解王親耕勞作之意，稱其患上了愛勞作之病。[141]

無痕（20170426）：「縈」可讀「營」（或「替」），「營疾」猶「惑疾」，表精神失常，迷亂之病。《左傳‧襄公二十四年》：「不然，其有惑疾，將死而憂也。」楊伯峻注：「惑疾即迷惑之疾，謂心情不安，疑神疑鬼。」此句是說民對王親耕勞作表示不解，深感意外，懷疑他有精神迷亂之疾所以舉止失常。讀「縈」為「營」也見於上博簡《景公瘧》簡 9：「今內寵有割癰外，外有梁丘據縈狂。」范常喜先生讀「營誑」，猶「營惑」「熒惑」，同義連用。[142]

cbnd（20170506）：「縈」可讀作「嬰」。「嬰」有糾纏、羈絆之義。古書中講到人為疾病纏繞時，常用「嬰」字，如《韓非子‧解老》：「禍害至而疾嬰內。」馬王堆漢墓出土竹簡《十問》篇簡 18：「積必見章，玉閉堅精，必使玉泉毋頃（傾），則百疾弗嬰，故能長生。」《後漢書‧黨錮傳‧李膺》：「道近路夷，當即聘問，無狀嬰疾，闕於所仰。」「嬰疾」即指患病。[143]

王磊（20170517）：所謂「勞疾」，當指「憂勞過度所致的疾病」。勾踐辛勞而得民心，因此百姓憂懼其有勞疾。[144]

郭洗凡（201803）：「營疾」之說可從，指的是越王因為勞累過度而身纏疾病。[145]

[138] 郭洗凡：《清華簡《越公其事》集釋》（合肥：安徽大學碩士論文，2018），頁 61。

[139] （清）王先慎撰，鍾哲點校：《韓非子集解》（北京：中華書局，2013），頁 237。

[140] （東漢）王符撰，（清）汪繼培箋，彭鐸校正：《潛夫論箋校正》（北京：中華書局，1985），頁 143。

[141] 李學勤主編：《清華大學藏戰國竹簡（柒）》（上海：中西書局，2017），頁 131。

[142] 無痕：〈清華七《越公其事》初讀〉，武漢網，跟帖第 32 樓，2017.4.26（2019.11.19 上網）。

[143] cbnd：〈清華七《越公其事》初讀〉，武漢網，跟帖第 155 樓，2017.5.6（2019.11.19 上網）。

[144] 王磊：〈清華七《越公其事》札記六則〉，武漢網，2017.5.17（2021.4.27 上網）。

[145] 郭洗凡：《清華簡《越公其事》集釋》（合肥：安徽大學碩士論文，2018），頁 61-62。

　　何家歡（**201806**）：無痕之說為是。簡文字下部从「糸」，而楚文字「勞」作（清華四・筮法 37），下部从「衣」，故此字絕不是「勞」，當是「縈」。上博簡（六）《景公瘧》簡 9 之「縈」作，較簡文字形，中間部分雖無冖形，而實為一字。[146]

　　沈兩馨（**201904**）：「縈疾」即「營疾」，患有疾病。[147]

　　滕勝霖（**201905**）：「無痕」之說可從。「縈」讀作「勞」文獻少見。「縈」「營」可通，《說文・糸部》朱駿聲通訓定聲：「縈，叚借為營。」「營」，惑也，「營疾」猶迷亂之疾。如：《上博六・競公瘧》簡 9：「縈（營）誣」，《上博六・用曰》簡 1：「豫命乃縈（營）」，《清華參・芮良夫》簡 16：「其度用失縈（營）」。《淮南子・本經》：「目不營於色，耳不淫於聲。」高誘注：「營，惑。」《銀雀山壹・孫臏兵法・威王問》簡 266：「營而離之，我並卒而擊之，毋令敵知之。」[148]

　　張朝然（**201906**）：縈疾。王磊之說可從。文中意思為百姓是擔心越王勞累過度患有勞疾。因此，下文寫到，越王聽說之後，便和百姓們一起吃熟食、脂醢和脯羹，以體恤百姓。[149]

　　史玥然（**201906**）：王磊的意見可從。「縈」和「褮」上古音同屬耕部字，音近意相通。《說文解字》：「縈，從糸（案：原文誤作「系」）熒省聲，收卷也。」「褮，從衣熒省，鬼衣也。」《爾雅・釋詁》：「勞，勤也。」又表憂愁義，見於《詩・邶風・燕燕》「瞻望弗及，實勞我心」。「勞疾」一詞可見於《荀子・王制》「彼日積勞，我日積佚」，意思指長期過度勞累，積勞成疾。[150]

　　蔡一峰（**201910**）：「縈」在影母耕部，「勞」在來母宵部，古音不近。認為「縈」可讀為「營」，訓為「惑」，「營疾」猶云「惑疾」，表示精神失常，迷亂之病。簡文此句言百姓對王親耕勞作深表不解，頗感意外，懷疑他有精神迷亂之疾而舉止失常。讀「縈」為「營」也見於上博簡《競公瘧》簡 9

[146] 何家歡：《清華簡（柒）《越公其事》集釋》（保定：河北大學碩士論文，2018），頁 28-29。

[147] 沈兩馨：《《清華大學藏戰國竹簡（柒）》集釋》（北京：首都師範大學碩士論文，2019），頁 57。

[148] 滕勝霖：《《清華大學藏戰國竹簡（柒）》集釋及相關問題研究》（重慶：西南大學碩士論文，2019），頁 288。

[149] 張朝然：《清華簡《越公其事》集釋及相關問題初探》（石家莊：河北師範大學碩士論文，2019），頁 37。

[150] 史玥然：《清華簡《越公其事》集釋及其漢字教學設計》（太原：山西大學碩士論文，2019），頁 46。

「今內寵有割瘡外，外有梁丘據縈惺」，范常喜先生讀「縈惺」為「營誆」，如同「營惑」、「熒惑」，同義連用。可資合觀。[151]

　　江秋貞（202007）：cbnd 認為「嬰疾」即指患病，似乎比較可能。筆者補充一些案例：「豫命乃營（）」（上博六用曰簡 1）。「營」（以母耕部）和「縈」（影母耕部），上古音聲韻可通。「嬰」上古音是影母耕部，所以和本簡「縈」的聲韻可通，所以「縈疾」也可以釋作「嬰疾」。例如《韓非子‧外儲非左上》：「齊景公游少海，傳騎從中來謁曰：『嬰疾甚，且死，恐公後之。』」其中「嬰疾」指患病，指人民會擔憂越王因為親自耕田、親自涉溝塗，過於辛苦而患病。[152]

　　佑仁謹案：

　　本章記載句踐重新整頓國家，在施惠遊民三年之後，開始推行「五政」之首的農功。句踐親自下田耕種，考察水利設施及交通建設，巡視農事等具體行動，勸勉人民投入耕種，增加糧食。面對句踐如此積極地作為，庶民百姓紛紛悚懼地說：「王亓又（有）疾？」（簡 31）其中，「疾」一詞有以下幾種讀法：

1. 「勞疾」：原整理者將「」隸定作「縈」，讀作「勞」，認為「意為民不解王親耕勞作之意，稱其患上了愛勞作之病」，王磊則認為「所謂『勞疾』，當指『憂勞過度所致的疾病』。句踐辛勞而得民心，因此百姓憂懼其有勞疾。」郭洗凡認為「指的是越王因為勞累過度而身纏疾病」，張朝然認為「百姓是擔心越王勞累過度患有勞疾」，史玥然認為「意思指長期過度勞累，積勞成疾。」另外，趙平安、蕭旭、吳德貞等人都在釋文中以「縈（勞）」表示。

2. 「營疾」：無痕認為「縈」可讀「營」（或「替」），「營疾」猶「惑疾」，表精神失常，迷亂之病，子居贊成其說。何家歡認為簡文「」字下部從「糸」，而楚文字「勞」作「」（清華肆《筮法》簡 37），下部從「衣」，故此字絕不是「勞」，當是「縈」。滕勝霖贊成無痕之說，認為「縈」讀作「勞」文獻少見。「縈」、「營」可通，「營」訓作「惑」，「營疾」猶迷亂之疾，蔡一峰說法亦近之。

3. 「嬰疾」：cbnd（魏宜輝）認為「『縈』可讀作『嬰』。『嬰』有糾纏、羈絆之義。古書中講到人為疾病纏繞時，常用『嬰』字，如《韓

---

[151] 蔡一峰：〈清華簡《越公其事》字詞考釋三則〉，《出土文獻》第 15 輯（上海：中西書局，2019.10），頁 155-160。

[152] 江秋貞：《《清華大學藏戰國竹簡（柒）‧越公其事》考釋》（臺北：臺灣師範大學博士論文，2020），頁 356-357。江秋貞：《《清華大學藏戰國竹簡（柒）‧越公其事》考釋》（臺北：花木蘭文化事業有限公司，2022），頁 309。

非子・解老》：『禍害至而疾嬰內。』馬王堆漢墓出土竹簡《十問》篇簡 18：『積必見章，玉閉堅精，必使玉泉毋頃（傾），則百疾弗嬰，故能長生。』《後漢書・黨錮傳・李膺》：『道近路夷，當即聘問，無狀嬰疾，闕於所仰。』『嬰疾』即指患病。」江秋貞也認為「『嬰疾』即指患病，似乎比較可能，……『嬰』上古音是影母耕部，所以和本簡『縈』的聲韻可通，所以『縈疾』也可以釋作『嬰疾』」，並舉《韓非子・外儲非左上》：「嬰疾甚，且死，恐公後之」為例指句中「嬰疾」意為患病，簡文是「指人民會擔憂越王因為親自耕田、親自涉溝塗，過於辛苦而患病」。

透過上述整理可知，讀成「勞疾」一說，得到最多學者的認可。然而，將「縈」隸定作「縈」，雖無疑義，但讀「勞」卻顯然不夠恰當。「縈」為影紐耕部，「勞」為來紐宵部，二字聲韻均不近。《說文》將「勞」理解為从「熒」省，並不可信，相關討論可參季旭昇師《說文新證》[153]。古文字中的「勞」與「熒（炏）」是兩個形音義來源均不同的字，若要將「縈」理解為「勞」，恐怕只有視為「誤字」一途，故不取。

第二種說法讀為「營疾」，「縈」與「營」都从「熒」聲，音理並無問題，但「營疾」一詞於文獻中並無用例。此外，將句踐躬耕勉民的行為，講成「精神失常」或得到「精神迷亂之疾」，無論就文意還是邏輯來看都不妥當。

筆者贊成讀為「嬰疾」之說，就聲韻通假來說，「嬰」與「縈」古音都是影紐耕部，可以通假[154]。古籍通假也充分反映「熒」字聲系與「嬰」字聲系的密切關係，如《戰國策・魏策・魏二・梁王魏嬰觴諸侯於范臺》「魏嬰」一人[155]，《莊子・則陽》作「魏瑩」[156]，《史記・魏世家》則作「魏罃」[157]。《穀梁傳・襄公元年》經的「荀罃」[158]，唐石經「罃」作「罌」。《說文・瓦部》：「甄，罌謂之甄。」[159]《方言》的「罌」作「甇」[160]。《戰國策・秦四》：「許鄢陵嬰城。」鮑彪《注》：「嬰，猶縈也。蓋二邑（指黃、濟陽）環兵自守。」[161]

[153] 季旭昇師：《說文新證》（臺北：藝文印書館，2014），頁 922-923。

[154] 《漢語同源詞大典》認為「縈」、「嬰」屬於音義皆近的同源詞。殷寄明：《漢語同源詞大典》（上海：復旦大學出版社，2018），頁 1688。

[155] （漢）劉向：《戰國策》（上海：上海古籍出版社，1985 年），頁 846。

[156] 郭慶藩撰，王孝魚點校：《莊子集釋》（北京：中華書局，2018），頁 889。

[157] （西漢）司馬遷撰：《史記》（北京：中華書局，1974），頁 1843。

[158] 北京大學《十三經注疏》整理委員會：《春秋穀梁傳注疏》（北京：北京大學，1999），頁 243。

[159] （漢）許慎撰，（清）段玉裁注，（民國）李添富總校訂：《新添古音說文解字注》（臺北：洪葉文化，2016.10），頁 645。

[160] （漢）揚雄撰，晉郭璞注：《方言》（北京：中華書局，2016），頁 61。

[161] （漢）劉向：《戰國策》（上海：上海古籍出版社，1985），頁 246。

「嬰疾」一詞，魏宜輝已引用《後漢書・黨錮傳・李膺》「道近路夷，當即聘問，無狀嬰疾，闕於所仰」[162]之例作說明。東漢以後的文獻或墓誌銘裡，此詞亦大量出現：

1　《晉書・卷八八・李密傳》：「而劉早嬰疾病，常在床蓐。」[163]

2　《晉書・卷九四・范粲傳》：「久嬰疾病，可使郡縣輿致京師。」[164]

3　《晉書・卷一二四・慕容雲載記》：「吾嬰疾歷年，卿等所知，願更圖之。」[165]

4　《三國志・蜀書・蔣琬傳》：「臣既闇弱，加嬰疾疢，規方無成，夙夜憂慘。」[166]

5　南朝宋・謝靈運〈曇隆法師誄〉：「同學嬰疾，振錫萬里相救。」

6　〈北魏崔敬邕墓誌〉：「方授美任，而君嬰疾連歲。遂以熙平二年十一月廿一日卒於位。」（北魏熙平二年／西元 517 年）

7　北魏李密〈陳情表〉：「而劉夙嬰疾病，常在牀蓐，臣侍湯藥，未曾廢離。」[167]

8　〈大唐故偽吏部侍郎張歡夫人麴氏墓誌銘〉：「粤以永淳二年二月五日嬰疾，奄然物化，春秋八十有七。」（永淳二年／西元 683 年）

9　北宋司馬光〈上皇帝書〉：「先帝天性寬仁，重違物意，晚年嬰疾，厭倦萬幾。」

10　〈郭彥瓊墓誌〉：「公忽嬰疾恙，綿歷經時。」（後晉天福五年／西元 940 年）

11　〈龐令圖墓誌〉：「不幸亦先於公嬰疾歿世。」（後漢乾祐元年／西元 948 年）

「嬰」本為頸飾，而飾品以纏繞方式繫於頸，故「嬰」有纏繞之意，後引申為罹患、遭遇、感染。東漢・徐淑〈答秦嘉詩〉云：「妾身兮不令，嬰疾兮來歸。」[168]《傷寒雜病論》云：「卒然遭邪風之氣，嬰非常之疾。」所用「嬰」字均是此意。在墓誌銘之中，類似用法還有「嬰病」、「嬰痾」、「嬰沉」、

[162]（劉宋）范曄撰，（唐）李賢注：《後漢書》（北京：中華書局，1973），頁 2195。

[163]（唐）房玄齡等：《晉書》（北京：中華書局，2012），頁 2274。

[164]（唐）房玄齡等：《晉書》（北京：中華書局，2012），頁 2431。

[165]（唐）房玄齡等：《晉書》（北京：中華書局，2012），頁 3108。

[166]（西晉）陳壽撰，（南朝宋）裴松之注：《三國志》（香港：中華書局香港分局，1971），頁 1059。

[167]（南朝梁）蕭統編，（唐）李善注：《文選》（北京：中華書局，1977），頁 524。

[168]（南朝陳）徐陵編，（清）吳兆宜注、程琰刪補，穆克宏點校：《玉臺新詠箋注》（北京：中華書局，1999），頁 32。

「嬰微疾」等 [169]，均指身染疾病。值得留意的是，「嬰」在墓誌銘亦可與「縈」假借，且用例甚多：

【縈疾／縈△疾】

1 〈唐故北平田氏夫人墓誌銘〉：「<u>縈</u>疾於寶曆元年夏，四月一日終于私第」（寶曆元年／西元 825 年）

2 〈唐故朝議郎行內侍省宮闈局丞員外置同正員上柱國同府君墓誌〉：「身忽<u>縈</u>疾，私第養醫。嗚呼！神藥無效，生涯有終。」（大中六年／西元 852 年）

3 《唐故曹府君及夫人南陽張氏合祔墓誌銘》：「何期忽<u>縈</u>疾瘵，氣緒綿留，巨嶽傾頹，梁木顛墜。」（咸通六年／西元 865 年）

4 《大唐西市博物館藏墓誌‧唐故京西步驛使宣德郎行內侍省奚官局丞員外置同正員賞緋魚袋魏府君墓誌銘》：「忽<u>縈</u>疾有日，瘳差無時。」（咸通九年／西元 868 年）

5 《大唐故瀛州束城鄭明府君墓誌銘》：「遽<u>縈</u>沉疾，遂偃高扉。」（永昌元年／西元 688 年）

6 《唐俞君妻胡氏墓誌》：「忽<u>縈</u>微疾，遽奄泉宮。」（咸通十五年／西元 874 年）

7 《唐故王府君墓誌銘》：「暴<u>縈</u>沉疾，以光啟二年二月廿四日終于私第。」（光啟二年／西元 886 年）

8 〈安萬金墓誌〉：「其年十月內忽<u>縈</u>寢疾，善終於私第，享年七十六。」（後晉天福二年／西元 937 年）

【縈痾】

1 〈北魏陳天寶造塔造像記〉：「佛弟子陳天寶因茅齋都，輪官魏闕，宿薄無良，風患<u>縈</u>痾，方醫未効。」（西元 528 年）

2 〈大唐故并州文水縣尉唐君墓誌〉：「知積善無感，卒<u>縈</u>痾瘵，魂丹不救，傾隨逝川。」（總章二年／西元 669 年）

【縈微恙】

1 〈唐李仲甫及妻崔氏田氏墓誌〉：「不幸忽<u>縈</u>微恙，便至沉羸。」（咸通十五年／西元 874 年）

---

[169] 可參考浙江大學圖書館古籍碑帖研究與保護中心：「中國歷代墓誌資料庫」，網址：http://csid.zju.edu.cn/tomb/stone 。「中華石刻數據庫」，網址：http://inscription.ancientbooks.cn/docShike/（2023.4.7 上網）。

【縈沉涸】

1 〈隋孫君墓銘〉：「氣志未申，遂縈沉涸。」（隋文帝開皇八年／西元 588 年）

綜上所述，「嬰疾」又可假借作「縈疾」，《越公其事》「縈疾」一詞應讀為「嬰疾」，「勞疾」、「營疾」等說均不可信，「縈」是「嬰」的假借字。范登脈認為「『嬰疾』乃漢魏人常語」[170]，透過《越公其事》的文例，可知至少還可上溯至戰國中晚期，而墓誌銘用字典雅古奧，具有擬古色彩，後世「嬰疾」的用法亦當前有所承。

簡文「王其有嬰疾？」意指「王大概會生病吧？」乃是庶民對於句踐躬耕勞動，體力是否不堪負荷感到憂心。而後文句踐則藉由親自提供農夫飲食，以及與大臣並食，來消除外界的憂慮。

〔8〕王翻（聞）之，乃以簹（熟）飤（食）、盬（脂）醢（醢）、肴（脯）肑（膴）多從。

王	翻	之	乃	以	簹	飤
盬	醢	肴	肑	多	從	

原整理者（201704）：簹飤，讀為「熟食」。《禮記・曲禮上》：「獻米者操量鼓，獻孰食者操醬齊。」盬醢，脂醢。《周禮・醢人》載有兔醢、魚醢等多種。疑脂醢類似今之肉醬。肴，即「脯」字。肑，即「肯」，陽部字，疑讀為「羹」，與人體部位「肯」不是一字。脯羹，《禮記・內則》：「脯羹兔醢。」從，《說文》：「隨行也。」[171]

暮四郎（20170423）：「肑」當讀為「膴」。《周禮・天官・冢宰》：「薦脯、膴、胖，凡腊物。」[172]

蕭旭（20170605）：膴亦脯也，乾肉。[173]

吳德貞（201805）：肑，從「暮四郎」讀為「膴」。《說文》肉部：「膴，無骨腊也。楊雄說：鳥腊也。从肉無聲。」盬、醢、肴、肑四物皆是「熟食」。[174]

---

[170] 范登脈：〈話說「嬰疾」〉，《中醫藥文化》1990 第 4 期（1990.11），頁 38。

[171] 李學勤主編：《清華大學藏戰國竹簡（柒）》（上海：中西書局，2017），頁 131。

[172] 暮四郎：〈清華七《越公其事》初讀〉，武漢網，跟帖第 3 樓，2017.4.23（2019.11.19 上網）。

[173] 蕭旭：〈清華簡（七）校補（二）〉，復旦網，2017.6.5（2021.4.27 上網）。

子居（20180605）：「脂」當讀為「鮨」，《儀禮·公食大夫禮》：「炙南醢以西，牛截醢，牛鮨。」鄭玄注：「《內則》謂鮨為膾。」《說文·魚部》：「鮨，魚膲醬也。出蜀中。」段注：「『醬』字衍。膲者，豕肉醬也，引申為魚肉醬，則稱魚可矣。」[175]

王輝（20181117-18）：疑「肔」讀為膴，甚或就是膴的異構字。《說文》「脯，乾肉也。」又云：「膴，無骨腊也。从肉，無聲。《周禮》有膴判。讀若謨。」膴為無故（佑仁案：應作「無骨」）腊肉，與脯義近。《廣雅·釋器》「膴，脯也。」膴、脯常連用。《周禮·天官·腊人》：「共豆脯薦脯膴胖凡腊物。」鄭玄注引鄭司農云：「膴，膺（胸）肉。」[176]

滕勝霖（201905）：「盬」，從皿脂聲，「脂」之異體，泛指油脂、油膏。此句與《國語·越語上》：「句踐載稻與脂於舟以行，國之孺子之遊者，無不餔也，無不歠也，必問其名。」相對應，韋昭注：「脂，膏也。」「醢」，肉醬。故本文斷句作「乃以箮（熟）飤（食）：盬（脂）、醢（醢）、脀（脯）、肔（膴）多從」。《呂氏春秋·順民》：「時出行路，從車載食，以視孤寡老弱之潰病困窮顏色愁悴不贍者，必身自食之。」與此句描述類似。[177]

史玥然（201906）：「盬」同義連用，則「脯肔」亦是。《說文解字》：「脯，乾肉也。」「膴，無骨臘也。」膴亦脯也，指去骨的乾肉。[178]

江秋貞（202007）：「盬醢脀肔」即是「脂醢脯膴」肉醬肉乾之類的東西。「乃以熟食盬醢脀肔多從」指越王於是就帶一些肉醬肉乾之類的食物，一方面讓百姓看了知道他可以隨時食用，以補充體力，不會為他再擔心；一方面看到勤奮的百姓也可以賜給他們食物。[179]

tuonan（20211130）：「盬」一般多讀為「脂」（或「鮨／鰭」），似嫌不協。「旨」「氏」聲系可通，「盬」可讀為「菧」／「薟」。《說文》：

---

[174] 吳德貞：《清華簡《越公其事》集釋》（武漢：武漢大學碩士論文，2018），頁54。

[175] 子居：〈清華簡七《越公其事》第五章解析〉，中國先秦史網站，2018.6.5（2021.4.27 上網）。

[176] 王輝：〈一粟居讀簡記（十）〉，收入清華大學出土文獻研究與保護中心編：《紀念清華簡入藏暨清華大學出土文獻研究與保護中心成立十周年國際學術研討會論文集》（北京：清華大學出土文獻研究與保護中心，2018），頁376。

[177] 滕勝霖：《《清華大學藏戰國竹簡（柒）》集釋及相關問題研究》（重慶：西南大學碩士論文，2019），頁289。

[178] 史玥然：《清華簡《越公其事》集釋及其漢字教學設計》（太原：山西大學碩士論文，2019），頁46。

[179] 江秋貞：《《清華大學藏戰國竹簡（柒）·越公其事》考釋》（臺北：臺灣師範大學博士論文，2020），頁 358-359。江秋貞：《《清華大學藏戰國竹簡（柒）·越公其事》考釋》（臺北：花木蘭文化事業有限公司，2022），頁311。

「荿，菹也。从艸，泯聲。𥂕，荿或从皿。皿，器也。」《集韻》引《廣雅》：
「薀，菹也。」。此字从「皿」（與「醢」「薀」等構意同），也可證。[180]

佑仁謹案：

原整理者讀「𥁐飤」為「熟食」，可信。吳德貞認為「盓、醢、脩、膴四
物皆是『熟食』。」滕勝霖也認為應斷句為「乃以熟食：脂、醢、脯、膴多
從」，筆者則比較傾向將之分成三類：「𥁐（熟）飤（食）、盓（脂）醢
（醢）、脩（脯）胈（膴）多從」，中以頓號區隔，表示三者並列。

此段話棗紙簡《吳王夫差起師伐越》簡 34-35 作「王𦖞（聞）之，乃以畬
（飲）飤（食）鮨醢（醢）脩（脯）從」，內容差異不大，只有部分字詞所使
用的意符稍有變化。

「𥁐（熟）飤（食）」，熟食應泛指所有經過烹煮的食物（稻粱黍稷、
肉、菜等），《左傳·哀公元年》：「（闔盧）親巡其孤寡而共其乏困。在
軍，熟食者分而後敢食。」[181]《白虎通德論》云：「謂之燧人何？鑽木燧取
火，教民熟食。」[182]在文中應該是主食，而「脂醢」（肉醬）、「脯膴」（肉
乾）應該是烹煮或加工後（比如風乾、醃漬）的食品，故比一般熟食能存放更
長的時間。

「盓（脂）醢（醢）」即以動物性脂肪做成的肉醬。古人很早就知道可透
過醃製，延長食物保存期限。《毛詩·大雅·行葦》：「醓醢以薦，或燔或
炙。」高亨《注》：「醢，肉醬。」[183]《史記·黥布列傳》：「夏，漢誅梁王
彭越，醢之，盛其醢徧賜諸侯。」[184]《周禮·天官·冢宰》：「醢人，奄一
人，女醢二十人，奚四十人。」[185]「醢人掌四豆之實。朝事之豆，其實韭菹、
醓醢，昌本、麋臡，菁菹、鹿臡，茆菹、麕臡。饋食之豆，其實葵菹、蠃醢，
脾析、蠯醢，蜃、蚳醢，豚拍、魚醢。加豆之實，芹菹、兔醢，深蒲、酏醢，
箈菹、鴈醢，筍菹、魚醢。羞豆之實，酏食、糝食。凡祭祀，共薦羞之豆實，
賓客、喪紀亦如之。為王及后、世子共其內羞。王舉，則共醢六十罋，以五

---

[180] tuonan：〈清華七《越公其事》初讀〉，武漢網，跟帖第 238 樓，2021.11.30（2022.3.17 上網）。

[181] （西晉）杜預注，（唐）孔穎達正義，李學勤主編：《十三經注疏·春秋左傳正義》（北京：北京大學出版社，2000），頁 1858。

[182] （清）陳立撰，吳則虞點校：《白虎通疏證》（北京：中華書局，1994），頁 52。

[183] 高亨注：《詩經今注》（北京：清華大學出版社，2004），頁 466-467。

[184] （漢）司馬遷撰，（南朝宋）裴駰集解，（唐）司馬貞索引、張守節正義：《史記》（北京：中華書局，2014），頁 3158

[185] （東漢）鄭玄注，（唐）賈公彥疏，李學勤主編：《十三經注疏·周禮注疏》（北京：北京大學出版社，2000），頁 16。

齊、七醢、七菹、三臡實之。賓客之禮，共醢五十甕。凡事，共醢。」[186]鄭玄
《注》：「作醢及臡者，必先膊乾其肉，乃後莝之，雜以粱麴及鹽，漬以美
酒，塗置甄中，百日則成矣。」《注》引鄭司農云：「有骨為臡，無骨為
醢。」[187]先將生肉風乾，再加入粱麴、鹽巴、旨酒，放入甒、甕一類的陶器內
約百日而成，則「醢」屬發酵醃漬類食物無疑。

　　郭店簡《窮達以時》簡 9 云「初酓（沈）酭，後名揚，非其德加」之「酓
（沈）酭」，孟蓬生認為「酓」應讀為「醢」，趙平安進一步將「酓酭」讀為
「醢醢」，他指出古書注家對醢醢理解不一，根據孫詒讓考證，「醢」又可寫
作肬、醢、盉，它和「醢」都是牲肉做成的肉醬，並無有汁無汁、肉醢血醢之
別 [188]，如此一來「醢醢」則為同義連用。「醢醢」和「菹醢」同義，本義為肉
醬，可引申為把人剉成肉醬的酷刑 [189]。《包山》簡 255 有「醢肉醢」就是一種
醃製肉 [190]。依據張之傑的整理，文獻中出現的醬有兔醢、雞醢、鴈醢、魚醢、
蝸醢、蠃醢（螺醬）、蠯醢（蛤醬）、蜃醢（大蛤醬）、蚳醢（蟻卵醬）、蜱
醢（螵蛸醬）、鹿臡、麋臡、麇臡、芥醬、卵醬（魚子醬）等十五種 [191]，可知
中國古代醃製技術已十分成熟。

　　值得留意的是，「盦」字棗紙簡作「鮨」，「鮨」有廣義與狹義兩種用
法，狹義特指魚醬。《爾雅・釋器》：「肉謂之羹，魚謂之鮨。」郝懿行《義
疏》：「鮨是以魚作醬。」[192]馬王堆帛書遣冊簡 92 即有「魚脂（鮨）一資」
[193]。廣義用法指肉醬，非特指魚醬，《說文》：「鮨，魚賠醬也。」段玉裁
《注》：「賠者，豕肉醬也，引申為魚肉醬，則偁『魚賠』可矣。《公食大夫
禮》『牛鮨』注曰：『《內則》鮨為膾，然則膾用鮨。』謂此經之醢牛鮨即
《內則》之醢牛膾也。聶而切之為膾，更細切之，則成醬為鮨矣。鮨者，膾之
最細者也。牛得名鮨，猶魚得名賠也。」[194]牛醬可稱「牛鮨」，魚醬可稱「魚

[186] （東漢）鄭玄注，（唐）賈公彥疏，李學勤主編：《十三經注疏・周禮注疏》（北京：北京
　　　大學出版社，2000），頁 163-168。
[187] （東漢）鄭玄注，（唐）賈公彥疏，李學勤主編：《十三經注疏・周禮注疏》（北京：北京
　　　大學出版社，2000），頁 163。
[188] 關於孫詒讓之說，可參孫詒讓：《周禮正義》（北京：中華書局，1987），頁 396。
[189] 參看趙平安：〈〈窮達以時〉第九號簡考論——兼及先秦兩漢文獻中比干故事的衍變〉，
　　　《古籍整理研究學刊》，2002 第 2 期（2002.3），頁 18-21。收入趙平安：《新出簡帛與古文
　　　字古文獻研究》（北京：商務印書館，2009），頁 237-247。趙平安：〈《窮達以時》第 9 號
　　　簡考論〉，《古籍整理研究學刊》第 2 期（2002.3），頁 18-21。
[190] 劉信芳：《包山楚簡解詁》（臺北：藝文印書館，2003），頁 260。
[191] 張之傑：〈孔子不得其醬不食釋義〉，《中華科技史同好會會刊》，2002 第 6 期，頁 60。
[192] （清）郝懿行撰，王其和、吳慶峰、張金霞點校：《爾雅義疏》（北京：中華書局，
　　　2017），頁 514-515。
[193] 裘錫圭主編：《長沙馬王堆漢墓簡帛集成》（北京：中華書局，2014），第 6 冊，頁 186。
[194] （東漢）許慎撰，（清）段玉裁注，李添富總校訂：《新添古音說文解字注》（臺北：洪葉
　　　文化事業有限公司，2016），頁 586。

腤」，可見「鮨」泛指所有肉醬。綜合上下句文意，清華簡的「盬」或棗紙簡的「鮨」都應該指肉醬而言，而非特指魚醬。

「脀（脯）肵（膴）」泛指肉乾。「脯」指乾肉，《毛詩·大雅·鳧鷖》：「爾酒既湑，爾殽伊脯。」[195]《漢書·東方朔傳》：「生肉為膾，乾肉為脯。」[196]東漢·陳琳〈飲馬長城窟行〉：「生男慎莫舉，生女哺用脯。」[197]「膴」為無骨的乾肉。《周禮·天官·腊人》：「凡祭祀，共豆脯、薦脯、膴、胖，凡腊物。」[198]《說文·肉部》：「膴，無骨腊也。」[199]脯、膴均指肉乾，不會有骨頭。

「多從」，學者們未解。「多」指前述熟食、肉醬、肉乾飲食之多，「從」，跟從也，跟隨在君王同行。

〔9〕亓（其）見蓐（農）夫老弱董（勤）歷（罷）者，

亓	見	蓐	夫	老	弱	董
歷	者					

原整理者（201704）：老弱，《孟子·梁惠王下》：「君之民老弱轉乎溝壑，壯者散而四方者，幾千人矣！」董，疑讀為「勤」。歷，疑讀為「厤」，《說文》：「治也。」[200]

劉剛（20170426）：如果肯定左塚漆梮的「▨」和清華簡《繫年》14 號簡的「曆」是同一個字的不同寫法，那麼上博簡《周易》的「壓」和《清華柒·越公其事》的「歷」無疑也應該看作同一個字。然則「歷」可以分析為從「土」、「曆」省聲。「董歷」可讀為「饉歉」。「饉」、「歉」既可以表示因自然災害造成的不好年景，也可以表示食物匱乏。古書中雖然沒有「饉

---

[195] （漢）毛公傳，（漢）鄭玄箋，（唐）孔穎達等正義，李學勤主編：《十三經注疏·毛詩正義》（北京：北京大學出版社，2000），頁 1293。

[196] （漢）班固，（清）王先謙：《漢書補注》（上海：上海古籍出版社，2008），頁 4508。

[197] （宋）郭茂倩編：《樂府詩集》（北京：中華書局，2017），頁 811。

[198] （東漢）鄭玄注，（唐）賈公彥疏，李學勤主編：《十三經注疏·周禮注疏》（北京：北京大學出版社，2000），頁 125。

[199] （東漢）許慎撰，（清）段玉裁注，李添富總校訂：《新添古音說文解字注》（臺北：洪葉文化事業有限公司，2016），頁 176。

[200] 李學勤主編：《清華大學藏戰國竹簡（柒）》（上海：中西書局，2017），頁 131。

「歇」連文的例子，但是卻常見與「饉歇」組合方式類似的「饑饉」一詞。簡文意思是「農夫老弱和食物匱乏者，越公都會給他們提供飲食」。[201]

　　王寧（20170428）：懷疑（歷）就是古書常見的「積土」之「積」的後起專字，「麻」、「積」都在錫部。如此，則簡32那兩句可能當讀「其農夫老弱董（瘻）歷（瘠）者，王必飲食之」，「積」、「瘠」古音同可通。[202]

　　王寧（20170503）：「歷」字從麻從土，這個字筆者曾認為就是古書常見的「積土」之「積」的後起專字，《呂氏春秋・順民》：「（勾踐）時出行路，從車載食，以視孤寡老弱之漬病、困窮、顏色愁悴不贍者，必身自食之。」高誘注：「漬亦病也。簡文「歷」正相當於〈順民〉的「漬」，「瘻」正相當於「病」，「漬」即「瘠」，可見「歷」這個字釋「積」還是可備一說的，「積」、「漬」、「瘠」並音近可通。[203]

　　陳劍（20170505）：新刊《清華簡（柒）・越公其事》兩見「歷」字，其形在古文字中係首次看到：

簡32　簡41

　　「歷」與金文「蔑曆」之「曆」形的聯繫是很明顯的。類形中之兩「木」形變為兩「禾」形，與此類字形後來的變化相同（「木」旁漸變寫得「屈頭」再變為一般的「禾」形）；再省去「曰／甘」形（古文字中位於全字下方的「曰／甘」形多係由繁飾「口」旁中間再加點而來，從之與否常無別），就變成簡文之形了。「歷」下所從本來是「上（牡）」，前引上博簡《周易》之下所從則是「土」，戰國時代「上（牡）」與「土」形早已混而為一了。據此，「董歷」可讀為「勤懋」，其間文字關係以及從用字習慣看都非常自然直接。農夫之老弱而又勤勉於農事者，當然是尤其值得越王存問表彰以勉勵其他一般農夫的。[204]

　　蕭旭（20170605）：王寧引《呂氏》說之是矣，然「歷」未必即「漬」字，聲母不近，疑讀為癧。《說文》：「癧，一曰瘦黑，讀若隸。」「癧」即

---

[201] 劉剛：〈試說《清華柒・越公其事》中的「歷」字〉，復旦網，2017.4.26。（2021.4.27 上網）。

[202] 王寧之說見於曰古氏：〈試說清華（柒）《越公其事》的「增減」一詞〉一文之跟帖 6 樓，2017.4.28（2023.4.6 上網）。

[203] 王寧：〈清華七《越公其事》初讀〉，武漢網，跟帖第 154 樓，2017.5.3（2019.11.19 上網）。

[204] 陳劍讀「懋」之說，最早見於曰古氏〈試說清華（柒）《越公其事》的「增減」一詞〉之跟帖，後乃正式發表。參見於曰古氏：〈試說清華（柒）《越公其事》的「增減」一詞〉一文之跟帖 6 樓，2017.4.28（2023.4.6 上網）。陳劍：〈簡談對金文「蔑懋」問題的一些新認識〉，復旦網，2017.5.5（2022.5.6 上網）。又收入《出土文獻與古文字研究》第 7 輯（上海：上海古籍出版社，2018.5），頁 98-100。

「鷲」異體字，字亦作黎、犂、梨。王仁昫《刊謬補缺切韻》：「癞，瘦黑。」《集韻》：「癞，鷲瘦也。」又「癞，病瘠黑也。」[205]

    侯瑞華（20170725）：簡文中的兩處「歷」字都可以讀為「斂」。「廉」「斂」皆為來母談部字，《說文》：「廄，廣也。」段注：「侈斂，古字作廄廉。」二字的聲符亦往往可通，從音上來說讀「歷」為「斂」是沒有問題的。「斂」指稼穡收穫，所謂「勤斂」，就是指農夫老弱努力地、勤勞地從事耕作收穫活動。[206]

    羅小虎（20170726）：厤，可讀為「屬」或者「勵」。厤，來母錫部；屬，來母月部。「勤屬」一詞，古書有見：《荀子·富國》：「誅而不賞，勤屬之民不勸。」「屬」即可理解為「勵」，勉勵之意。勤勵，即勤勉。[207]

    郭洗凡（201803）：「歷」從土從「厤」，可以讀為「厤」，「厤」、「歷」、「曆」都是上古錫部字，「厤」是「歷」和「曆」的古字，指的是治理，管理的意思。[208]

    子居（20180605）：歷字，陳劍先生讀為「戀」，筆者以為似不如直接讀為「勞」簡單明確。[209]

    王輝（20181117-18）：懷疑「堇」可讀為謹，慎也。「歷」可讀為厤或曆。「謹曆」即謹慎地推算曆數，或謹慎地遵從曆數，不違農時。簡文「老弱謹曆」即《吳越》之「天時有生，勸者老，作者少，反氣應數」，是說百姓老少皆順應、謹守時令，勤奮耕作，纔能有好收成。[210]

    滕勝霖（201905）：侯瑞華將「堇歷」讀作「勤斂」，義為收穫，可從。本句意思是「當他（越王）看見務農之人中有年老體弱卻勤於收穫的，越王一定給予他吃喝。」[211]

    張朝然（201906）：「歷」，從土，從厤。當為耕作、種地之義。「堇（勤）歷（厤）者」的意思就是勤勞耕地的人。[212]

---

[205] 蕭旭：〈清華簡（七）校補（二）〉，復旦網，2017.6.5（2021.4.27上網）。

[206] 侯瑞華：〈《清華七·越公其事》「歷」字補釋〉，復旦網，2017.7.25（2021.4.27上網）。

[207] 羅小虎：〈清華七《越公其事》初讀〉，武漢網，跟帖第203樓，2017.7.26（2019.11.19上網）。又見羅濤：〈《清華大學藏戰國竹簡（七）》釋讀拾遺〉，《漢字漢語研究》，2019第4期、總第8期（2019.12），頁84。

[208] 郭洗凡：《清華簡《越公其事》集釋》（合肥：安徽大學碩士論文，2018），頁63。

[209] 子居：〈清華簡七《越公其事》第五章解析〉，中國先秦史網站，2018.6.5（2021.4.27上網）。

[210] 王輝：〈一粟居讀簡記（十）〉，收入清華大學出土文獻研究與保護中心編：《紀念清華簡入藏暨清華大學出土文獻研究與保護中心成立十周年國際學術研討會論文集》（北京：清華大學出土文獻研究與保護中心，2018），頁376。

[211] 滕勝霖：《《清華大學藏戰國竹簡（柒）》集釋及相關問題研究》（重慶：西南大學碩士論文，2019），頁292-293。

[212] 張朝然：《清華簡《越公其事》集釋及相關問題初探》（石家莊：河北師範大學碩士論文，2019），頁38。

陳偉（**201906**）：32 號簡中的「歷」在看作從「兼」得聲之字的基礎上，或可讀為「儉」。《韓非子・說疑》：「不明臣之所言，雖節儉勤勞，布衣惡食，國猶自亡也。」《詩・魏風・汾沮如》序：「其君儉以能勤。」均以勤、儉並言。不過，《淮南子・原道訓》：「不以奢為樂，不以廉為悲。」高誘注：「廉，猶儉也。」將其直接讀為「廉」，似亦通。[213]

王青（**201910**）：「歷」當讀若「劬」，勞也。「勤劬」，即辛苦勞累。《楚辭・九思》「憂心悄兮志勤劬」，是其用例。[214]

江秋貞（**202007**）：子居把「茛歷」釋為「勤勞」，此說最合適，因有《清華簡》的 釋「廉」在前 [215]，本簡此字仍以隸「廉」字、讀為「勞」為最合適，「亓見蓐夫老弱茛歷者」即「其見農夫老弱勤廉（勞）者」指的是（越王）看見農夫老弱而且勤勞於耕作田地者。[216]

陳斯鵬（**202109**）：我們讀金文「厤」為「勞」，移以讀簡文「茛歷」為「勤勞」，似乎更勝，蓋「勤勞」為上古以來之成詞，書證甚多。簡文「勤勞」正是《無逸》篇所謂的「勤勞稼穡」。簡文意謂，越王見農夫之老弱而猶勤勞於稼穡者，必飲之食之，以慰其勞。[217]

陳一（**202203**）：陳劍讀「茛歷」為「勤懋」可從，或可直接讀為「勤勉」，《書・堯典》：「惟時懋哉。」孫星衍今古文注疏：「史遷懋作勉。」「增歷」可讀為「增茂」，《文選・任昉〈奏彈曹景宗〉》：「賞茂通侯。」李周翰注：「茂，重也。」「增茂」即「增重」。[218]

佑仁謹案：

本句中的「」是個疑難字，說法眾多，筆者先將諸家說法表列如下：

意見提出者	釋形	釋義	支持者
原整理者	「歷」	治也。	

213 陳偉：〈清華簡《邦家處位》零釋〉，《中國文字》第 1 期（2019.6），頁 85。
214 王青：〈清華簡《越公其事》補釋〉，收入華東師範大學歷史學系編：《出土文獻與商周社會學術研討會會議論文集》（上海：華東師範大學歷史學系，2019），頁 327。
215 佑仁案：即清華貳《繫年》簡 14，文例作「飛廉（廉）東逃于商盍氏」。
216 江秋貞：《《清華大學藏戰國竹簡（柒）・越公其事》考釋》（臺北：臺灣師範大學博士論文，2020），頁 364-366。江秋貞：《《清華大學藏戰國竹簡（柒）・越公其事》考釋》（臺北：花木蘭文化事業有限公司，2022），頁 317-319。
217 陳斯鵬：〈金文「蔑厤」及相關問題試解〉，《出土文獻》2021 第 3 期（2021.9），頁 38。
218 陳一：《清華簡（柒）疑難字詞補釋》（天津：天津師範大學碩士論文，2022），頁 105-107。

劉剛	從土、曆省聲。 清華簡《繫年》簡 14「飛廉」的「廉」寫成「⬛」，而左塚漆棋梮「⬛」讀為「謙」，那麼部件「秝」便能和「棘」相通。若此，將上博三《周易》「謙」卦的「⬛」（棘）改成從「秝」，就是《越公其事》的「⬛」。	「菫歷」讀成「饉歉」。	
王寧	從秝從土，為「積」的後起專字。	讀「瘠」。	
陳劍	將「⬛」與金文「蔑曆（懋）」之「曆」聯繫。	「菫歷」讀為「菫曆（懋）」，即勤勉。	陳一
蕭旭	「歷」	讀「癧」（「鬑」之異體），訓成瘦黑。	
侯瑞華	遵循劉剛之說，釋作「菫廉」。	讀「勤斂」，指農夫老弱努力地、勤勞地從事耕作。	滕勝霖
羅小虎（羅濤）	「秝」	讀為「勤厲」或「勤勵」，即勤勉。	
郭洗凡	「秝」（歷、曆之古字）	訓為治理、管理。	
子居	「歷」	讀「勤勞」。	江秋貞 陳斯鵬
王輝	「歷」	讀為「秝」或「曆」。 「謹曆」即謹慎地推算曆數，或謹慎地遵從曆數，不違農時。	
張朝然	「歷」	為耕種、種地之意。「菫（勤）歷（秝）」指勤勞耕地。	
陳偉	「歷」從「兼」得聲。	一說讀為「儉」。	

王青	「歷」	當讀若「劬」，勞也。「勤劬」，即辛苦勞累。	

關於「歷」字語音的分析，可分成以下三種意見：

1. 與「麻」聯繫，古音來紐錫部。
2. 與金文的「暦（戀）」聯繫，古音明紐幽部。
3. 與「兼」聯繫，古音見紐談部。

現有資料中，最重要的是棗紙簡的線索，依據趙曉斌所提供的資料，棗紙簡《吳王夫差起師伐越》簡 35 云：「昌（其）見蓐（農）夫老弱菫（艱）罷（罷）者。」[219]清華簡的「歷」在棗紙簡作「罷（罷）」，由於趙曉斌的隸定解析度有限，只能看出罷字下半從「能」聲，其括讀為「罷」。「罷」古音並紐歌部，就前述三種語音的情況來分析，「麻」（來紐錫部）、「兼」（見紐談部）均與「罷」相去甚遠，而陳劍所提出的「戀」（明紐幽部）與「罷」（並紐歌部），聲紐都屬唇音，韻部則屬「歌幽旁轉」[220]。筆者認為清華簡「菫歷」當據棗紙簡讀「勤罷」，「罷」指疲勞、衰弱。《左傳‧昭公十九年》：「今宮室無量，民人日駭，勞罷死轉，忘寢與食，非撫之也。」杜預《注》：「罷，音皮；本或作疲。」[221]《廣雅‧釋詁一》：「罷，勞也。」王念孫《疏證》：「罷與疲同。」[222]可參。

此處的「老、弱、菫（勤）、歷（罷）」應是指四種不同身體狀態的耕種者，即年老、瘦弱、勤勞、疲憊，四者應用頓號隔開。

〔10〕王必畬（飲）飤（食）之。

[219] 趙曉斌：〈荊州棗紙簡《吳王夫差起師伐越》與清華簡《越公其事》〉，收入清華大學出土文獻研究與保護中心編：《清華戰國楚簡國際學術研討會論文集》（北京：清華大學，2021），頁 8。

[220] 參王琛：《戰國楚簡帛[-n][-m]類十三韻部關係研究》（濟南：山東師範大學碩士論文，2020.05），頁 24。欒利偉：《戰國楚簡帛類十七韻部關係研究》（濟南：山東師範大學碩士論文，2020.05），頁 67-68。

[221] （晉）杜預注，（唐）孔穎達正義，李學勤主編：《十三經注疏‧春秋左傳正義》（北京：北京大學出版社，2000），頁 1594-1595。

[222] （清）王念孫著，張其昀點校：《廣雅疏證》（北京：中華書局，2000），頁 73。

王	必	酓	飤	之

原整理者（201704）：酓，「歠」之省形。《說文》：「歠，歛也。」古書多作「飲」。飲食，給予他人吃喝。《左傳》昭公二十九年：「昔者颺叔安，有裔子曰董父，實甚好龍，能求其耆欲以飲食之。」[223]

子居（20180605）：《國語・越語上》：「句踐載稻與脂於舟以行，國之孺子之游者，無不餔也，無不歠也。」所記內容很可能即是衍生自《越公其事》此節的相關記述或近似材料，對比《越公其事》本節，則〈越語上〉的「脂」當也是「鮨」。[224]

佑仁謹案：

筆者贊成原整理者看法。關於子居提到《國語・越語上》此段敘述，可能衍生自此章相關記述，由於〈越語上〉是描述句踐廣納四方人才，凝聚向心力，而本處句踐乃施行農政，特別獎勵對從事農業發展有貢獻之人，二文的背景與實質意義是不同的。「飲食」，從原整理者之說，指提供某人食物，屬於動詞用法。「飲食」音ㄧㄣˋ ㄙˋ（yìn sì），均為去聲。「之」，代名詞，指前述的「蓐（農）夫老弱堇（勤）歷（罷）者」。簡 45-46 提及句踐為了提升人口數量，見到「鉤（句）」的執事人就感到開心，「則必飲食賜予之」，在「飲食」後加「賜予」二字，指賜予飲食，文意更加清楚。

裹紙簡《吳王夫差起師伐越》簡 35 作「王則酓（飲）飤（食）之」，清華簡「必」字裹紙簡作「則」，句意相近。

〔11〕亓（其）見蓐（農）夫髭（黎）顁（頂）足見（繭）。

亓	見	蓐	夫	髭	顁	足
見						

原整理者（201704）：髭顁，疑讀為「稽頂」，義同「稽首」。稽頂足見，似言禮敬周至。[225]

易泉（20170428）：農夫既然將耕，恐不及顧及禮儀。「夫」下一字，從旨從毛，疑讀作「黎」，黎頂，即黎首，與《列子・黃帝》「顧見商丘開年老

---

[223] 李學勤主編：《清華大學藏戰國竹簡（柒）》（上海：中西書局，2017），頁 131。

[224] 子居：〈清華簡七《越公其事》第五章解析〉，中國先秦史網站，2018.6.5（2021.4.27 上網）。

[225] 李學勤主編：《清華大學藏戰國竹簡（柒）》（上海：中西書局，2017），頁 131。

力弱，面目黎黑，衣冠不檢」之「面目黎黑」相當。《呂氏春秋‧行論》、《呂氏春秋‧求人》有「顏色黎黑」，是相似表述。[226]

王寧（20170430）：訨字當即「耇」字或體，與「老」義類同，《說文》：「老，……從人毛、匕，言須髮變白也。」此從毛、旨與之同，「耇頂」當是指頭髮白。「足見」之「見」疑當讀眠繭之「繭」。[227]

王寧（20170506）：「訨」是「耇（耆）」當無疑，段玉裁於《說文》「耇」下注云：「又按《士喪禮》、《士虞禮》『魚進耆』注：『耆，脊也。古文耆為耇。』許書《耂部》無『耆』字，依古文《禮》，故不錄今文《禮》之字也。」「耆頂」蓋即「脊頂」，謂以脊背為頂，即駝背。[228]

汗天山（20170506）：足見之「見」大概當讀為「趼」？謂農夫足上長趼子。[229]

心包（20170519）：「訨」與《上博九‧舉王治天下》簡31的「首糾旨，身鱗鰭，禹……」中的「旨」應該是同一個詞，研究者多已指出這段描述「禹」的可與《容成氏》簡15＋24「手足胼胝，面皯鰭，脛不生之毛」對看。「糾旨」，「鳲鳩」兄讀為「垢鸞」，不過，蔡偉先生讀為「手拘指」，也有一定道理。[230]

王寧（20170519）：《莊子‧大宗師》：「曲僂發背，上有五管，頤隱於齊，肩高於頂，句贅指天。」又《人間訓》：「支離疏者，頤隱於臍，肩高於頂，會撮指天，五管在上，兩髀為脅。」《釋文》引李云「句贅」即項椎，古注說「會撮」也是項椎或脊椎，《釋文》引司馬曰「會撮，髻也」，不知道哪個對。「句贅」和「會撮」可能是一回事。「訨」應該是「耆」，和「髻」又音近，也許有聯繫。大概《舉治王天下》裡的「丩旨」相當於「句贅」，《越公》裡的「訨頂」就是「會撮指天、五管在上」，都是指駝背的樣子。[231]

蕭旭（20170605）：「黎」指黎黑，「黎頂」不辭。《士喪禮》、《士虞禮》「耆」、「耇」訓脊者，指魚脊，即「鰭」字。未聞「脊頂」之說，且「脊管高於頂」（佑仁案：《淮南子‧精神訓》句）、「會撮指天」者亦不堪

---

[226] 易泉：〈清華七《越公其事》初讀〉，武漢網，跟帖第 68 樓，2017.4.28（2019.11.12 上網）。

[227] 王寧：〈清華七《越公其事》初讀〉，武漢網，跟帖第 109 樓，2017.4.30（2019.11.19 上網）。

[228] 王寧：〈清華七《越公其事》初讀〉，武漢網，跟帖第 160 樓，2017.5.6（2019.11.19 上網）。

[229] 汗天山：〈清華七《越公其事》初讀〉，武漢網，跟帖第 161 樓，2017.5.6（2019.11.19 上網）。

[230] 心包：〈清華七《越公其事》初讀〉，武漢網，跟帖第 178 樓，2017.5.19（2019.11.19 上網）。

[231] 王寧：〈清華七《越公其事》初讀〉，武漢網，跟帖第 180 樓，2017.5.19（2019.11.19 上網）。

耕田。氊，疑讀為㾐，字亦作癩、癘、瘷，或省作屬，疥癩也，指頭上禿瘡。氊顛，猶言禿頂。「見」讀為繭、趼，音理自無問題。疑「見」讀為蹇，跛也。俗字亦作趼，《廣韻》：「趼，行不正也。」[232]

胡敕瑞（201801）：「足見」或當屬下讀，讀作「且見」，與上文「亓見」相承。[233]

郭洗凡（201803）：整理者觀點可從，指的是彎腰低頭，表示對農夫的尊敬。[234]

子居（20180605）：「氊」字疑是「指」字之訛，「稽頂足見」可能類似於「頂禮」，「頂禮」又稱「頂足禮」、「頭面禮足」，筆者猜測「稽頂足見」大概就是與「頂禮」類似的致敬禮儀。這類非常古老的行禮方式，既然曾廣泛存在於世界各地，故不排除曾存在於當時的夷禮中的可能。[235]

何家歡（201806）：「足趼」有倒文「趼足」，《松隱文集·謝李伯時自臨安見過台州》：「念公萬里回異俗，睠我南來忘趼足」，意與「足趼」同。又《文苑英華·故相國杜鴻漸神道碑》中有「足趼頭蓬，簡稽衣食」一句，「足趼」與「頭蓬」相對。「頭蓬」亦作「蓬頭」。殆簡文「氊頂」與「蓬頭」意近。「氊」所从之「旨」當是聲符。「旨」可與「祁」通，郭店簡《緇衣》「晉冬旨滄」今本《尚書》作「晉冬祁滄」。《詩經·豳風·七月》：「春日遲遲，采蘩祁祁。」毛傳：「祁祁，眾多也。」「祁」則表草繁盛。「氊」亦當訓「盛」，殆表「眉髮之盛」。眉髮盛而不理則散亂，故「氊頂」即與「蓬頭」義近。「氊頂足見」即「頭蓬足趼」，比喻辛勞之貌。[236]

翁倩（201812）：「氊」疑讀作「黎」，訓為「黑」，「氊」從毛旨聲，「者」從老旨聲。從語音看，「氊」與「者」音近相通。「者」與「黎」同為脂部字，疊韻關係，故「氊」與「黎」可通。「氊顛」則為「黎首」，《禮記·祭義》：「明命鬼神，以為黔首則。」鄭玄注：「黔首，謂民也。」孔穎達疏：「黔首，謂萬民也。」「足見」即赤腳。「見」讀作「現」，顯露之意。越人有「跣足」的風俗，赤腳勞作。越人有斷髮紋身的習俗。《莊子·逍遙遊》：「宋人資章甫而適諸越，越人斷髮文身，無所用之。」故此句大意為越王見到農夫包著黑頭巾，赤腳而恭敬有禮，將要耕作時，越王也會給他們吃喝。[237]

---

[232] 蕭旭：〈清華簡（七）校補（二）〉，復旦網，2017.6.5（2021.4.27 上網）。

[233] 胡敕瑞：〈清華大學藏戰國竹簡（柒）《越公其事》札記〉，《出土文獻》2018 第 1 期，頁 166。

[234] 郭洗凡：《清華簡《越公其事》集釋》（合肥：安徽大學碩士論文，2018），頁 63。

[235] 子居：〈清華簡七《越公其事》第五章解析〉，中國先秦史網站，2018.6.5（2021.4.27 上網）。

[236] 何家歡：《清華簡（柒）《越公其事》集釋》（保定：河北大學碩士論文，2018），頁 31。

[237] 翁倩：〈讀清華簡（七）札記二則〉，《廣東第二師範學院學報》第 6 期（2018.12），頁 89。

　　沈雨馨（201904）：「氊頂足見」，是形容農夫的狀態。「氊」字解釋，易泉的觀點可作一說。「氊」從「毛」從「旨」，古文獻中許多「黎」字有從「旨」得聲，音或可通作「黎」，「黎」又做「黧」，這裡到不一定是面色黝黑，與下文「足見」相對，大約是說蓬頭垢面，赤腳裸踝的農夫。[238]

　　滕勝霖（201905）：「𣥂」應是「𩵋」（頂）之定語，故本文同意「易泉」之說，將「𣥂」讀作「黎」。「𩵋」，從頁貞聲，整理者讀作「頂」可從，簡文應泛指面目。「黎」，黑色。《說苑・復恩》：「顏色黎黑，手足胼胝者在後」，《韓非子・外儲說左上》寫作：「面目黧黑」。「黎頂」指「臉色黝黑」，農民頂日勞作，面目被曬黑情理之中。「黎頂」非秦謂民之「黔首」。《禮記・祭義》：「明命鬼神，以為黔首。」鄭玄注：「黔首，謂民也。」孔穎達疏：「黔首，謂萬民也。黔，謂黑也。凡人以黑巾覆頭，故謂之黔首。」「足見」，簡文中指農民積日勞作，鞋子破損使足外現。[239]

　　張朝然（201906）：「氊顱」讀為「稽頂」，但似乎不是體敬周至之義。「稽頂」應與「足見」互相對照。「見」此處疑讀為「現」，表裸露之意。「足見」意為光腳。「稽首」有跪拜叩頭之意，故「稽頂」可能是指彎著腰，低著頭。「稽頂足見」當是農夫光著腳，低頭幹活的動作。又下文「水則為稻」，其動作正是描述農夫在稻田裡勞動。[240]

　　史玥然（201906）：「氊」讀為「稽」，通「䭫」，叩頭至地，是古代九拜中最恭敬的一種禮儀。《荀子・大略》：「下衡曰稽首，至地曰稽顙。」這裡是指越王對待百姓不管身份高低，都十分尊敬行禮。[241]

　　杜建婷（201906）：「䭫頂足見」當從整理者釋讀，跪拜禮頭扣地，因此足見。和下文「顏色訓（順）必（比）」相當，皆表現農夫的謙和順從，諸如此者，王飲食之。[242]

　　王青（201910）：「足見」，意猶可見、當見。《韓非子・內儲說上》「孺子何足見也」，《老子》第三十五章「視之不足見」，是皆其例。[243]

　　江秋貞（202007）：從構詞來看「氊頂足見」的「足」應該釋為名詞「腳」，是個名詞，屬身體器官；那麼「氊」也應該是個名詞，屬身體器官。

[238] 沈雨馨：《《清華大學藏戰國竹簡（柒）》集釋》（北京：首都師範大學碩士論文，2019），頁58。

[239] 滕勝霖：《《清華大學藏戰國竹簡（柒）》集釋及相關問題研究》（重慶：西南大學碩士論文，2019），頁294。

[240] 張朝然：《清華簡《越公其事》集釋及相關問題初探》（石家莊：河北師範大學碩士論文，2019），頁38。

[241] 史玥然：《清華簡《越公其事》集釋及其漢字教學設計》（太原：山西大學碩士論文，2019），頁47。

[242] 杜建婷：《清華簡第七輯文字集釋》（廣州：中山大學碩士論文，2019），頁216。

[243] 王青：〈清華簡《越公其事》補釋〉，收入華東師範大學歷史學系編：《出土文獻與商周社會學術研討會會議論文集》（上海：華東師範大學歷史學系，2019），頁327。

「毘」既从「旨」聲，釋為「指」字是最直接，右旁與楚簡的「手」雖然有一點不同，但子居視為訛寫，其實也還算合理。「顛」通「瘂」，「足見」蕭旭讀為「足蹇」，即「跛腳」意義最合適。王寧讀為「足繭」、汗天山讀為「足趼」，二者完全同意，農夫沒有腳不長繭的，意義不如「足蹇」。「毘頂足見」即「指瘂足蹇」，這裡是形容農夫的外在條件不好，手腳有所殘疾。[244]

賴怡璇（202106）：〈越公其事〉部份文字、用字習慣與金文和曾侯乙簡相同，而金文、曾侯乙簡的「手」與「毛」字形體相近，「」的右旁或可以金文或曾侯乙簡的「手」形為例，直接釋為从旨从手的「指」字。「顛」字作「」，此字可能即為「顛」字，為魚顛匕之「顛」（，《集成》980）的省形，从真聲可讀為「縝」，《廣雅・釋器》：「縝，黑也。」簡文「亓（其）見蓐（農）夫指顛（縝）足見（繭）」即指農夫勞作的辛苦，已至手指泛黑、足部長滿繭的地步，也就是文獻常見的「手足胼胝」這一類的詞義。[245]

gefei（20211212）：足見，不知是否讀「足跣」，《韓詩外傳》「虢侯聞之，足跣而起」。簡文則指因貧苦而「跣」。[246]

佑仁謹案：

「毘顛足見」此四字說法非常紛歧，先彙整各家說法表列如下：

	毘	顛	足	見	四字大意
原整理者	稽	頂	足	見	禮敬周至。
易泉	毘（黎）	從原整理者之說。			面目黎黑。
王寧	1.耆頂：頭髮白。 2.髻頂：以脊背為頂，即駝背。			見（繭）	頭髮白；駝背。
汗天山	—	—	—	—	農夫足上長趼子。
蕭旭	瘌頂，指頭上禿瘡，猶言禿頂。		見（蹇），跛也		—
胡敕瑞	稽	頂	「足見」屬下讀，讀作「且見」。		

---

[244] 江秋貞：《《清華大學藏戰國竹簡（柒）・越公其事》考釋》（臺北：臺灣師範大學博士論文，2020），頁 372-373。江秋貞：《《清華大學藏戰國竹簡（柒）・越公其事》考釋》（臺北：花木蘭文化事業有限公司，2022），頁 325-326。

[245] 賴怡璇：〈清華柒補釋三則〉，《中國文字》2021 夏季號、總第 5 期（2021.6），頁 278-280。

[246] gefei：〈清華七《越公其事》初讀〉，武漢網，跟帖第 243 樓，2021.12.12（2022.3.18 上網）。

郭洗凡	從原整理者之說。				句踐彎腰低頭，表示對農夫的尊敬。
子居	疑「指」字之訛。	頂	足	見	「稽頂足見」類似於「頂禮」。
何家歡	髦，指眉髮之盛。「髦頂」與「蓬頭」意近。		足	見（跰）	意即「頭蓬足跰」。
翁倩	髦（黎），訓黑。	—	「足見（現）」，赤腳		農夫包著黑頭巾，赤腳而恭敬有禮。
沈雨馨	髦（黎）	頂	足	見	蓬頭垢面，赤腳裸踝的農夫
滕勝霖	黎頂，面色被曬得黝黑（且與「黔首」不同）		足見，鞋子破損使足外現。		—
張朝然	從原整理者之說。			見（現），裸露之意。	農夫光著腳，低頭幹活的動作。
史玥然	從原整理者之說。				越王對待百姓不管身份高低，都十分尊敬行禮。
杜建婷	從原整理者之說。				跪拜禮頭叩地，因此足見。
王青	稽	頂	足見，意猶可見、當見。		
江秋貞	指	顛（瘞）	足	見（蹇）	形容農夫的外在條件不好，手腳有殘疾。
賴怡璇	指	顛（縝），訓黑。	足	見（繭）	手指泛黑、足部長滿繭。
gefei	—	—	足	見（跣）	—

考慮這四個疑難字的文意和語境，應該要符合以下幾項約束：

一　特殊性

本段落講述句踐巡視農功，遇到某些情況時，句踐會賜予飲食以示嘉許。句踐所準備的熟食脂醢等物必有定數、定量，既是賞賜性質，則被表彰者的行為自然需要具備某種「特殊性」，人人有獎，便失去表彰的意義。暫不管「稽頂」是否能通讀為「稽首」，「稽首」是一般身體正常之人都能流暢做出的動

作，不符合「特殊性」的要求。只要向句踐行禮就能得到賞賜，也與本章鼓勵農事的主旨不符，與後文的「顏色順比」語意也重複。

二 傷害性

承第一點所述，既然此四字必須符合「特殊性」，那麼「髟顛足見」應是致力農耕後，對身體所造成嚴重損傷，如此才能展現「特殊性」。舉凡與農耕無關，且不造成身體傷害者，均可優先排除。例如，翁倩認為「髟顛」是戴著黑色頭巾，蕭旭認為「髟頂」即「禿頂」，乃至於原整理者所言的「稽頂」等說法，或是釋作「足見」、「足跣」、「足現」，理解為打赤腳、鞋子破損腳趾外露，諸說均不符合此項要求。

三 此四字的主詞

「髟顛」，原整理者讀為「稽頂」，郭洗凡、張朝然、史玥然、杜建婷均從之，子居則認為它類似一種「頂禮」。「稽」字《說文》從旨聲，[247]「髟」讀「稽」音理沒有問題，但是「稽首」一詞文獻甚多，從未見作「稽頂」者。

雖然大家都將「稽頂」理解為「稽首」，但意見還可以細分成兩類：一類是農夫向句踐行禮，第二類則是句踐向農夫行禮。郭洗凡認為本句指句踐彎腰低頭表示對農夫的尊敬，史玥然認為不管身份高低，越王對待百姓都十分尊敬而行禮。我們可以稍微回顧簡文的背景——句踐元年（西元前 496 年）甫即位的句踐，即在橋李之戰擊潰吳王闔盧，也使句踐開始驕泰，果然句踐 3 年（西元前 494 年）旋即大敗於夫椒。句踐兵敗後，確實變得自省、謙遜，此點可從簡文「建宗廟，修社位，乃大薦攻，以祈民之寧」，「乃不咎不忌，不戮不罰；蔑弃怨罪，不稱民惡」看得出來。不過，句踐畢竟是封建時代的君王，如果外出巡視還要對人人行禮鞠躬，未免不合於情理。結合「髟顛足見」四字的前後文例，可以確定此四字主詞應是在田間工作的「農夫」，絕不可能是「句踐」。

「頂」通常是指人頭頂的部位，或是以頭頂頂物[248]，前者如「摩頂放踵」、「滅頂」，後者如「頂天立地」，後者出現的時間比較晚。因此，集釋中有些學者們將「頂」訓解為「首級」、「面部」、「臉色」、「頭髮」，然未見舉證，諸說恐怕都不符合文獻中「頂」的故訓。《周易·大過》：「過涉滅頂。凶，無咎。」虞翻曰：「震足沒水，故『過涉』也。頂，首也。乾為

---

[247] （東漢）許慎撰，（清）段玉裁注，李添富總校訂：《新添古音說文解字注》（三版）（臺北：洪葉文化事業有限公司，2016），頁 278。
[248] 「頂」字的同源詞「顛」字，也有類似用法。

頂，頂沒兌水中，故『滅頂凶』。」[249]虞翻所謂的「頂，首也」是透過八卦意象所作出的哲學闡釋，非一般用法。

王寧釋為「脊頂」是以脊背為頂，即駝背。「脊頂」一詞古籍未見，將「脊頂」理解為「以脊背為頂」，有增字解經的嫌疑。

簡文「䭫」右半結構有兩種釋法，釋成「手」與「毛」。關於釋成「手」旁，金文〈茀伯歸夆簋〉（《集成》04331）中的「稽」字作「稽」，從手、旨聲，從同銘中的「拜（拜）」、「手（手）」可知右半寫法就是「手」無誤，所以「稽」可以直接隸定成「指」。賴怡璇舉出曾侯乙簡「拳」字作「拳」，確實與「䭫」字右半部件相近。但是，該「手」旁與一般楚簡的「手」寫法不同[250]，如果要將「䭫」的右半視為「手」，那麼可能要理解此字為誤字，或是受到金文、曾侯乙簡一類字形影響的變異，但這個推論的必然性較低。

就字形上看，筆者認為「䭫」仍宜釋為從「毛」，楚簡「毛」字作「毛」（《包山》簡194）、「毛」（《曾》簡46），構形與「䭫」的右半相同。

「顠」即「顛」之異體，「貞」為其聲符。諸家學者中，易泉首先將「毞顠」讀為「黎頂」，此說可能比較適宜。「毞」從旨聲，「黎」從利聲，「旨」、「利」通假可參《古字通假會典》【黎-耆】[251]。「黎」又可作「黧」，「黎頂」指因長期從事耕種，故頭頂被陽光曬得黧黑。

「足見」，在旱地中耕種，雙腳必然沾滿沙土，在水田中耕種，雙腳則泥濘不堪。即便是農用工作鞋如此多元的今日，赤腳下田仍比比皆是，遙想兩千多年前的農夫，光著腳丫耕種不是什麼特別到需要予以嘉許的事。在諸說之中，筆者比較傾向讀為「繭」，「足繭」表示辛勤務農，腳部因長期勞動而長出厚皮。《淮南子・修務訓》：「昔者，楚欲攻宋，墨子聞而悼之，自魯趨而十日十夜，足重繭而不休息。」[252]極言勞瘁。

槀紙簡《吳王夫差起師伐越》簡35-36：云「亓（其）見身體足甬。」「甬」應讀「勇」，「身體足勇」即身強體壯，此處槀紙簡的敘述內容與清華簡不同。

〔12〕麃（顏）色訓（順）必（比）而牆（將）劸（耕）者，

麃	色	訓	必	牆	劸	者

---

[249]（漢）虞翻著，（清）李翊灼注，鄭同校：《周易虞氏義箋訂》（北京：九州出版社，2014），頁134。

[250] 楚文字的「手」字寫法，可參馬繼：《清華簡1-8文字編》（上海：華東師範大學碩士論文，2019），頁1465-1468。

[251] 高亨纂著，董治安整理：《古字通假會典》（濟南：齊魯書社，1989），頁538。

[252] 何寧：《淮南子集釋》（北京：中華書局，1998），頁1324。

麿	色	訓	必	而	酒	栚
耂 者						

原整理者（201704）：顏色，表情。《論語・泰伯》：「正顏色，斯近信矣。」訓必，讀為「順比」。《莊子・徐無鬼》：「遭時有所用，不能無為也。此皆順比於歲，不物於易者也。」《荀子・禮論》：「若夫斷之繼之，博之淺之，益之損之，類之盡之，盛之美之，使本末終始，莫不順比，足以為萬世則，則是禮也。」。栚，亦為「耕」字。簡文「耕」有多種異體。[253]

易泉（20170428）：順必，讀作順卑，即卑順，指恭順。《漢書・匈奴列傳》：「夫夷狄之情，困則卑順，強則驕逆，天性然也。」[254]

王寧（20170430）：「必」疑是「弋」之誤寫，「訓弋」讀為「熏黣」，言面色黣黑。[255]

易泉（20170502）：「克順克比」的「比」，又作卑、俾，如《禮記・樂記》：「王此大邦，克順克俾。」中山王鼎銘文「克順克卑」。具體在簡文「顏色順比」中，「比」訓作親近，似較貼合文意。[256]

王寧（20170506）：又，「顏色訓必」的「訓必」，即相當於〈順民〉的「顏色愁悴不贍」的「愁悴」，則「訓」當讀為「熏」，即《詩》「憂心如熏」的「熏」；「必」即「祕」或「怭」，《廣雅・釋詁一》：「祕，勞也。」《書・大誥》：「無毖于恤」，《疏》：「毖，勞也。」「熏祕（怭）」即《淮南子・精神訓》：「人之耳目曷能久熏勞而不息乎」的「熏勞」，疲勞過度則愁悴也。[257]

東潮（20170506）：簡文「訓必」讀為「順比」，最為直接，且「順比」乃古書成詞，表示順從、不抵觸之義，放在簡文中很順暢。本不必再煩求他解。《大戴禮記・保傅》「色不比順」可以看作是「顏色訓（順）必（比）」的否定形式。「顏」、「色」與「比順」語義關係緊密，結合度很高。[258]

---

[253] 李學勤主編：《清華大學藏戰國竹簡（柒）》（上海：中西書局，2017），頁131-132。

[254] 易泉：〈清華七《越公其事》初讀〉，武漢網，跟帖第68樓，2017.4.28（2019.11.19上網）。

[255] 王寧：〈清華七《越公其事》初讀〉，武漢網，跟帖第109樓，2017.4.30（2019.11.19上網）。

[256] 易泉：〈清華七《越公其事》初讀〉，武漢網，跟帖第135樓，2017.5.2（2019.11.19上網）。

[257] 王寧：〈清華七《越公其事》初讀〉，武漢網，跟帖第154樓，2017.5.6（2019.11.19上網）。

[258] 東潮：〈清華七《越公其事》初讀〉，武漢網，跟帖第157樓，2017.5.6（2019.11.19上網）。

吳祺（**201806**）：簡文中兩處「牺㭷（耕）」正應讀為「強耕」，訓為辛勤耕作，與《成之聞之》之「強耕」正同。且與上引簡文之「董（勤）歷（懋）」訓為勤勉（於農事），前後正相呼應。[259]

滕勝霖（**201905**）：「將」，率領義。《漢書・五行志中之上》：「不將，無距。」顏師古注：「將，謂率領其眾也。」簡文意思是「他（越王）看見臉色黝黑，足露於外，表情順服且率領眾人耕作的農夫，越王也給予他吃喝。」[260]

毛玉靜（**201905**）：𡫳，或因下字為「色」，所以下部所從亦訛為「色」。[261]

杜建婷（**201906**）：「顏色訓（順）必（比）」表現農夫的謙和順從，諸如此者，王飲食之。[262]

江秋貞（**202007**）：「誥」字，原考釋沒有特別說明，但是在釋文中隸為「誥」。《說文・言部》徐鍇繫傳：「誥，以文言告曉之也。」《爾雅・釋詁上》：「誥者，布告也」邢昺疏：「誥，告也。」蕭統《文選序》：「誥者，告也，誥諭令曉。」呂向注：「又詔誥，教令之流。」[263]簡文「而牺㭷（耕）者」中「牺」，原考釋無解釋，但是釋文中釋為「將」。「將耕者」的「將」應釋為「扶助」，「將耕者」即承越王的命令幫助宣導農民耕作的臣屬。

youren（**20211116**）：趙曉斌先生指出棗紙簡本作「顏色順訕」，「訕」字應當進一步讀「比」。[264]

佑仁謹案：

「顏色」指容貌態度。毛玉靜認為「𡫳」因下字「色」的影響，所以結構下半訛變成「色」，此說不可信。「𡫳」（𡫳）讀作「顏」，本與容貌之義有關，故字形從「色」完全合理。清華捌《治邦之道》簡 11「顏色」合文作「𡫳」，從色、产聲，寫法與本處完全相同。「順比」從原整理者之說，指態度之順從。

「牺」字共有下列三種說法：

---

[259] 吳祺：〈戰國竹書訓詁札記四則〉，《中國文字研究》第 27 輯（上海：上海人民出版社，2018.5），頁 64-68。

[260] 滕勝霖：《《清華大學藏戰國竹簡（柒）》集釋及相關問題研究》（重慶：西南大學碩士論文，2019），頁 296。

[261] 毛玉靜：《《清華大學藏戰國竹簡（柒）》字用研究》（合肥：安徽大學碩士論文，2019），頁 22。

[262] 杜建婷：《清華簡第七輯文字集釋》（廣州：中山大學碩士論文，2019），頁 22。

[263] 宗福邦、陳世鐃、蕭海波主編：《故訓匯纂》（北京：商務印書館，2007），頁 2122。

[264] youren：〈清華七《越公其事》初讀〉，武漢網，跟帖第 233 樓，2021.11.16（2022.3.4 上網）。

1　讀「強」（吳祺）。
2　訓「率領」（滕勝霖）。
3　訓「扶助」（江秋貞）。

其中值得留意的是把「牁」讀「強」與訓「率領」之說，雖然可以透過「爿」、「畺」通假而將「牁」讀為「強」，可是這並不符合楚人的用字習慣。「牁」於楚簡最為普遍的用法還是讀成「將」，因此筆者比較傾向把「將」訓為率領。

前面提到越王看見農夫中有「老弱菫（勤）歷（麻）者」（年老力衰但還勤於耕作者）會給予飲食，這樣的人數量應該不會太少。本處說農夫摩頂放踵卻「顏色順比」（和顏悅色）且帶領耕種者，句踐也會給予飲食。

棗紙簡《吳王夫差起師伐越》簡 36：「虍（顏）色訓（順）訨（比）而牁（將）勘（耕）者」，除了｛比｝字棗紙簡用「訨」而清華簡用「必」之外，其餘沒有差異。

〔13〕王亦㐭（飲）飤（食）之。

王	亦	㐭	飤	之
王	亦	㐭	飤	之

佑仁謹案：

與前述「王必飲食之」近似，「飲食」指提供飲食給人，參本章注釋 10。本句見棗紙簡《吳王夫差起師伐越》簡 36，內容一致。

〔14〕亓（其）見又（有）戝（察？）、又（有）司及王右（左）右，

亓	見	又	戝	又	司	及
亓	見	又	戝	又	司	及

王	右	右
王	右	右

原整理者（201704）：戝，讀為「察」。《論語·衛靈公》：「眾惡之，必察焉；眾好之，必察焉。」有察與有司、有正等結構相同，疑專指掌糾察之職官。[265]

---

[265] 李學勤主編：《清華大學藏戰國竹簡（柒）》（上海：中西書局，2017），頁 132。

石小力（**20170423**）：「戉」字原形作▨，該字又見於《清華陸・子儀》簡 12，作▨，蘇建洲先生釋為「列」，該字從戈從歺，古文字刀旁與戈旁作為偏旁常通用，如割字從刀，在楚文字中又從戈作「戬」，故該字應即「列」之異體。有列，指在朝堂上有位次的大臣。《國語・周語中》：「夫狄無列於王室。」韋昭注：「列，位次也。」《晉語九》：「在列者獻詩使勿兜。」韋昭注：「列，位也。」[266]

賈連翔（**20180817-20**）：（▨）此字仍當從「釆」聲，在此或可讀為「班」，《左傳・文公六年》：「辰嬴賤，班在九人，其子何震之有？」杜預注：「班，位也。」又或可讀為「弁」，《禮記・雜記上》：「大夫冕而祭於公，弁而祭於己。」鄭玄注：「弁，爵弁也。」「有班」、「有弁」與「有列」義同，皆指有爵位的大臣。[267]

羅雲君（**201805**）：從語境上來說，「有戉（列）」與「又（有）司」、「王右（左）右」形成並列。[268]

子居（**20180605**）：戉字與《越公其事》下文讀為「察」的戬字區別明顯，故石小力先生讀為「列」當是。[269]

滕勝霖（**201905**）：「▨」，賈連翔讀作「有班」可從，「▨」字左側部件常見於楚簡中過去讀作「察」的字形中，劉釗等認為「▨」即西周金文舊讀為「撲伐」之「撲」，後改讀為「踐」或「翦」這類字形的遺存。本篇簡 38「▨」，簡 40「▨」等字形亦應從「釆」得聲，均可讀作「辨」，明察、明晰義。「有司」，掌管一事之官。[270]

江秋貞（**202007**）：本簡的「▨」可以隸為「刿」讀為「列」，兩者有聲音關係，不是「列」之異體，楚文字「戈」和「刂」可以通用，「▨」也是從「刀」從「歺」聲字。簡文「其見有列、有司及王左右」中的「有列」，石小力藉《禮記》相關篇章的說明，可從。這裡的「有司」可能像是「執事」一類的公家辦事員，「王左右」也是在越王身邊的官員。[271]

[266] 參清華大學出土文獻讀書會（石小力整理）：〈清華七整理報告補正〉，清華網，2017.4.23（2021.4.27 上網）。又見石小力：〈清華簡第七冊字詞釋讀劄記〉，《出土文獻》第 11 輯（上海：中西書局，2017.10），頁 245。

[267] 賈連翔：〈試析戰國竹簡中的「釆」及相關諸字〉，收入中山大學古文字研究所編：《文字、文獻與文明——第七屆出土文獻青年學者論壇暨國際學術研討會》（廣州：中山大學古文字研究所，2018），頁 188。

[268] 羅雲君：《清華簡《越公其事》研究》（長春：東北師範大學碩士論文，2018），頁 63。

[269] 子居：〈清華簡七《越公其事》第五章解析〉，中國先秦史網站，2018.6.5（2021.5.4 上網）。

[270] 滕勝霖：《《清華大學藏戰國竹簡（柒）》集釋及相關問題研究》（重慶：西南大學碩士論文，2019），頁 297-298。

[271] 江秋貞：《《清華大學藏戰國竹簡（柒）・越公其事》考釋》（臺北：臺灣師範大學博士論文，2020），頁 378-379。江秋貞：《《清華大學藏戰國竹簡（柒）・越公其事》考釋》（臺北：花木蘭文化事業有限公司，2022），頁 330-331。

佑仁謹案：

江秋貞引用《說文新證》認為「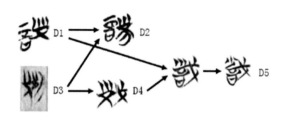」可以隸為「剡」讀為「列」，是從「刀」從「歺」聲字，《說文》「歺」從「𡿺」，「列」省聲，與「歺」同音。但「」與《說文新證》「列」字中見於秦漢文字的寫法並不同（如《說文》小篆作「𣦵」）。

賈連翔曾將楚簡過去被讀為「察」、「淺」、「竊」一類的字，依據《算表》讀「半」之說，理解為從「粦」或「并」省聲，並將過去讀「察」的字改讀成「辨」。此處《越公其事》的「又（有）」，賈連翔則讀成「有班」。筆者比較傾向「」在構形上和「察」、「淺」、「竊」一類字有關，賈連翔曾分析該字的演變脈絡為：

構形分析可信，不過能否如賈連翔所言，將過去一系列讀為「察」的字通通都改讀為「辨」，仍不無疑義，例如《越公其事》第七章簡 44 有「戩婧（省）」，簡 45 有「戩知」，讀成「察省」、「察知」文通字順，且古籍均有用例，改讀「辨」則明顯不通。

本處「有戩」應是職官之屬，但「有察」、「有列」、「有班」、「有并」等讀法，都缺乏強而有力的證據。

「有司」乃專職行政官吏之泛稱，《尚書・大禹謨》：「好生之德，洽于民心，茲用不犯于有司。」[272]西漢・桓寬《鹽鐵論・疾貪》：「今一二則責之有司，有司豈能縛其手足而使之無為非哉？」[273]出土文獻可參清華參《芮良夫毖》簡 18：「恭監享祀，和德定刑，正百有司。」「百有司」指各種行政官員，他如：嶽麓秦簡壹《占夢書》簡 36「眾有司必知邦端」、上博五《鮑叔牙》簡 3「乃命又（有）𤔲（司）箸（書）」。

杜建婷指出「『有列』是否包含『有司』，還有待於討論。」[274]既然「有察」、「有司」、「左右」是並列結構，那麼三者應是不同身分的人。

「左右」，指句踐身邊的心腹、親信。

---

[272]（漢）孔安國傳，（唐）孔穎達正義，李學勤主編：《十三經注疏・尚書正義》（北京：北京大學出版社，2000），頁 110。

[273] 王利器撰：《鹽鐵論校注》（北京：中華書局，1992），頁 415。

[274] 杜建婷：《清華簡第七輯文字集釋》（廣州：中山大學碩士論文，2019），頁 307。

依據趙曉斌的說明，棗紙簡《吳王夫差起師伐越》簡 36 作「亓（其）見又（有）戮（察）、又（有）司及王右（左）右」，內容與清華簡相同。

〔15〕先詬（告）王訓而牆（將）劢（耕）者，

芫	詬	王	訓	秀	牆	劢
先	詬	王	訓	而	牆	劢

峉						
者						

原整理者（201704）將「詬」讀為「詰」，無進一步解釋。[275]

子居（20180605）：詬即覰字，此處當讀為覺，「先覺」即預先察覺或預先領悟到，《墨子‧城守‧號令》：「先覺之，除。」「王訓」當即是指「五政之初，王好農功。王親自耕，有私畦。」也即《越公其事》此章作者意在表示勾踐做這些的時候，並沒有向左右臣屬和民眾解釋為什麼，所以「有列、有司及王左右」中才會有人相對於未領悟的人而「先覺王訓」。[276]

章水根（201809）：簡文說「先詬王訓而將耕」，揆其文義，當是指有列、有司、王左右等官吏先於普通民眾「詬王訓」而準備去從事農耕。「詬」當有可能當讀為「教」。典籍中「教」多訓為「效」，《說文》「教，上所施下所效也」，《白虎通義》「教者，效也，上為之，下效之」，即身教力行以使下效的意思。「先教王訓而將耕」即官吏們先身體力行王訓而去耕作的意思，目的當然是希望自己踐行王訓後，下民也能夠效仿他們而行王訓，勤農事。[277]

滕勝霖（201905）：「訓」，教導。《左傳‧閔公二年》：「務材訓農」，孔穎達疏：「訓農，訓民勸農業也。」「坐食」，《春秋繁露‧三代改制質文》：「昏冠之禮，字子以母。別眇夫婦，同坐而食」，《唐會要》卷三十四：「與夫朝賢君子，比肩而立，同坐而食。」本句意思是「各級官吏能先告諭越王之教導，並且率領眾人耕作的，越王一定和他同坐而食。」[278]

杜建婷（201906）：《說文‧言部》：「詰，告也。」段玉裁《說文解字注》：「以言告人，古用此字，今則用告字，以此詰為上告下之字。」。此簡

---

[275] 李學勤主編：《清華大學藏戰國竹簡（柒）》（上海：中西書局，2017），頁 130。

[276] 子居：〈清華簡七《越公其事》第五章解析〉，中國先秦史網站，2018.6.5（2021.5.4 上網）。

[277] 章水根：〈清華簡《越公其事》箚記五則〉，《中國簡帛學刊》第 2 輯（濟南：齊魯書社，2018.9），頁 59-60。

[278] 滕勝霖：《《清華大學藏戰國竹簡（柒）》集釋及相關問題研究》（重慶：西南大學碩士論文，2019），頁 298-299。

中的「先誥王訓」指的是有列、有司等將王訓昭告於民。如此及時行王令者，王必與之坐食。[279]

吳祺（**201911**）：簡文中兩處「牲朸（耕）」正應讀為「強耕」，訓為辛勤耕作，與《成之聞之》之「強耕」正同。且與上引簡文之「堇（勤）歷（懋）」訓為勤勉（於農事），前後正相呼應。[280]

江秋貞（**202007**）：《說文·言部》徐鍇繫傳：「誥，以文言告曉之也。」《爾雅·釋詁上》：「誥者，布告也」邢昺疏：「誥，告也。」蕭統《文選序》：「誥者，告也，誥諭令曉。」呂向注：「又詔誥，教令之流。」簡文「而牲（將）朸（耕）者」中「牲」，原考釋無解釋，但是釋文中釋為「將」。「將耕者」的「將」應釋為「扶助」例如詞例：《孟子·離婁上》：「裸將於京」朱熹集注：「將，助也。」「將耕者」即承越王的命令幫助宣導農民耕作的臣屬。[281]

佑仁謹案：

「賠」，原整理者括讀成「誥」，無說。子居讀「覺」，指預先察覺或預先領悟。滕勝霖、江秋貞、杜建婷均讀「誥」。筆者從章水根讀「教」之說，此指身教力行以使下效。

本句棗紙簡《吳王夫差起師伐越》簡 36-37 作「先孝王訓而齡（耕）者」，清華簡的「賠」，棗紙簡作「孝」。「賠」讀「告」，訓成告訴，「孝」讀「教」，亦訓為「告」，《呂氏春秋·貴公》：「此大事也，願仲父之教寡人也。」高誘《注》：「教猶告也。」[282]句踐若看到「有戔」、「有司」或「王左右」能宣達、告訴（農夫）「王好蓐（農）工（功）」之訓的政令，則必定與他同坐而食。

〔16〕王必與之坙（坐）飤（食）。

王	必	與	之	坙	飤
王	必	與	之	坙	飤

原整理者（**201704**）：坐食，坐著吃。是一種禮遇。[283]

---

[279] 杜建婷：《清華簡第七輯文字集釋》（廣州：中山大學碩士論文，2019），頁 221。

[280] 吳祺：《戰國竹書訓詁方法探論》（上海：華東師範大學博士論文，2019），頁 394-395。

[281] 江秋貞：《《清華大學藏戰國竹簡（柒）·越公其事》考釋》（臺北：臺灣師範大學博士論文，2020），頁 376-379。江秋貞：《《清華大學藏戰國竹簡（柒）·越公其事》考釋》（臺北：花木蘭文化事業有限公司，2022），頁 331。

[282] 許維遹撰，梁運華整理：《呂氏春秋集釋》（北京：中華書局，2009），頁 26。

[283] 李學勤主編：《清華大學藏戰國竹簡（柒）》（上海：中西書局，2017），頁 132。

翁倩（**201806**）：坐食。《越公其事》簡 33：「其見有察、有司及王左右，先誥王訓，而將耕者，王必與之坐食。」此處指一種禮遇。傳世文獻中，「坐食」指不勞而食。《三國志・吳志・賀邵傳》：「今國無一年之儲，家無經月之畜，而後宮之中坐食者萬有餘人。」傳世文獻中的「坐食」是貶義，而《越公其事》中則為一種良好行為的獎勵。[284]

毛玉靜（**201905**）：卪，從卩，像一人跪坐之形，因而有「坐」義。[285]

youren（**20211116**）：棗紙簡本作「王則坐與之皆食」，棗紙簡之文句稍嫌拗口，此處以清華本較佳。[286]

佑仁謹案：

容貌恭敬而能率領族人耕種的農夫，句踐特別給予飲食，而能夠率領耕種的親信大臣，句踐則與他們共同飲食，雖然同是嘉許，但程度仍有別。「坐食」指跪坐著用餐，是個動作與狀態，在封建階級時代，能與國君一起用餐，對下屬而言，當然是一種禮遇。不過，在漢代以後的文獻裡，「坐食」詞意引申有好吃懶做、不勞而獲之意，例如東漢・王符《潛夫論・浮侈》：「無有於世而坐食嘉穀。」[287]《後漢書・王充王符仲長統列傳》：「坐食嘉穀，消損白日。……卒至於坐食奉祿而已。」[288]均是負面意涵。

棗紙簡《吳王夫差起師伐越》簡 37 作「王則盧（坐）與之皆飤（食）」文句和清華簡不同，但意思都是：句踐必定會和他坐著一起吃飯。

〔**17**〕凡王右（左）右大臣乃莫不勑（耕）

凡	王	右	右	大	臣	乃
莫	不	勑				

子居（**20180605**）：「左右」是近侍，與「大臣」當分讀，《管子・任法》：「倍大臣，離左右，專以其心斷者，中主也。」《呂氏春秋・驕恣》：

---

[284] 翁倩：〈清華簡《越公其事》雙音詞初探〉，《廣東開放大學學報》2018 第 6 期，頁 74。

[285] 毛玉靜：《《清華大學藏戰國竹簡（柒）》字用研究》（合肥：安徽大學碩士論文，2019），頁 12。

[286] youren：〈清華七《越公其事》初讀〉，武漢網，跟帖第 233 樓，2021.11.16（2022.3.4 上網）。

[287] （東漢）王符撰，（清）汪繼培箋，彭鐸校正：《潛夫論箋校正》（北京：中華書局，1985），頁 127。

[288] （劉宋）范曄撰，（唐）李賢等注：《後漢書》（北京：中華書局，1973），頁 1635、1651。

「晉厲公侈淫，好聽讒人，欲盡去其大臣而立其左右。」《韓非子·人主》：「人主之所以身危國亡者，大臣太貴，左右太威也。」《戰國策·秦策一》：「大臣太重者國危，左右太親者身危。」皆可為證，因此「左右」與「大臣」之間當加頓號。[289]

毛玉靜（201905）：劼，整理者將右部隸定為「力」，實際上就是耕具「耒」之形體。[290]

滕勝霖（201905）：「凡」，皆、一切。《詩經·小雅·常棣》：「凡今之人，莫如兄弟。」「王親自耕，有私穫」，簡文前幾句已講全民皆耕，故本句意思是「越王身邊全部大臣於是沒有不耕作的，人人都有了自己的收穫。」[291]

江秋貞（202007）：「人」指「人人」，原考釋所說可從。「左右」可以和「大臣」都當作名詞來看。如：《左傳·宣公十二年》：「左右曰：『不可許也，得國無赦。』」此「左右」當作「近臣」。如《詩·大雅·文王》：「文王陟降，在帝左右。」此「左右」當作「在……身邊」。所以簡文的「左右大臣」，能隨側在王左右者可能是親近王的人，可能是隨身侍者或是親近王的大臣，不一定都當名詞，或把它看作不同的人來看。[292]

佑仁謹案：

「凡」，從滕勝霖之說。

子居認為「左右」與「大臣」表示兩種不同身分，中間應加頓號。江秋貞認為「左右」可以指「近臣」，也可以指「在……身邊」，如《詩·大雅·文王》：「文王陟降，在帝左右。」。

古籍中「左右」確實可以理解為名詞，指王身邊的親信，例如《孟子·梁惠王下》：「左右皆曰『賢』，未可也；諸大夫皆曰『賢』，未可也；國人皆曰『賢』，然後察之。」[293]可見「左右」與王的關係，比「諸大夫」、「國人」更加親近。但就《越公其事》語境來看，「左右大臣」一詞的用法更應該理解為「（句踐）身邊左右的大臣」，古籍中的「左右大臣」一詞如下：

[289] 子居：〈清華簡七《越公其事》第五章解析〉，中國先秦史網站，2018.6.5（2021.5.4 上網）。

[290] 毛玉靜：《《清華大學藏戰國竹簡（柒）》字用研究》（合肥：安徽大學碩士論文，2019），頁 42。

[291] 滕勝霖：《《清華大學藏戰國竹簡（柒）》集釋及相關問題研究》（重慶：西南大學碩士論文，2019），頁 299。

[292] 江秋貞：《《清華大學藏戰國竹簡（柒）·越公其事》考釋》（臺北：臺灣師範大學博士論文，2020），頁 381。江秋貞：《《清華大學藏戰國竹簡（柒）·越公其事》考釋》（臺北：花木蘭文化事業有限公司，2022），頁 333。

[293] （戰國）孟子著，（東漢）趙岐注，（宋）孫奭疏，李學勤主編：《十三經注疏·孟子正義》（北京：北京大學出版社，2000），頁 62。

劉敬說高帝曰：「都關中。」上疑之。左右大臣皆山東人，多勸上都雒陽。(《史記‧留侯世家》)[294]

高皇帝疑，問左右大臣，皆山東人。(《新序‧善謀下》)[295]

可令崇等就安國會其左右大臣，責其部眾橫暴為邊害者。(《後漢書‧南匈奴列傳》)[296]

「左右大臣」乃泛指身邊最為信任的重臣，前述典籍文例的「左右大臣」顯然不能拆開成「左右」與「大臣」兩類，而必須合而觀之理解為「身邊的大臣」，簡文也應作如是觀。

「乃莫不耕」，透過雙重否定的「莫不」二字，以彰顯越國君臣無不投入農業生產。原整理者在「乃莫不耕」前加逗號[297]，實不必。毛玉靜認為「𤞤」字，原整理者將右部隸定為「力」，實際上就是耕具「耒」之形體。其實裘錫圭已經指出「力」、「耒」在語音上的關係還不如「力」、「耜」來得接近，因此「乂」(《合集》21304)一類字，還是理解為「耜」之初文比較妥當[298]。

棗紙簡《吳王夫差起師伐越》簡 37 作「至于王㪝＝(左右)大臣莫敢不𢧵(耕)」，清華簡作「凡」字，棗紙簡作「至于」；清華簡「左右」作兩字書寫，棗紙簡則用合文方式呈現。

〔18〕人又(有)厶(私)𦥯(穫)。

![人]	![又]	![厶]	![𦥯]
人	又	厶	𦥯

原整理者(201704)：人，人人。《史記‧平準書》：「非遇水旱之災，民則人給家足，都鄙廩庾皆滿。」[299]

子居(20180605)：「人有私畦」的「人」當是指成年男子。[300]

---

[294] (漢)司馬遷撰，(南朝宋)裴駰集解，(唐)司馬貞索引、張守節正義：《史記》(北京：中華書局，2014)，頁 2482。

[295] (西漢)劉向編著，石光瑛校釋、陳新整理：《新序校釋》(北京：中華書局，2017)，頁 1349。

[296] (劉宋)范曄撰，(唐)李賢等注：《後漢書》(北京：中華書局，1973)，頁 2955。

[297] 李學勤主編：《清華大學藏戰國竹簡(柒)》(上海：中西書局，2017)，頁 130。

[298] 裘錫圭：〈甲骨文中所見的商代農業〉，《古文字論集》，頁 162。又見《裘錫圭學術文集》第一卷，(上海：復旦大學出版社，2012.6)，頁 243。

[299] 李學勤主編：《清華大學藏戰國竹簡(柒)》(上海：中西書局，2017)，頁 132。

[300] 子居：〈清華簡七《越公其事》第五章解析〉，中國先秦史網站，2018.6.5(2021.5.4 上網)。

熊賢品（2019）：從簡文的記載來看，越王親自耕種「厶（私）舊（畦）」，從而勉勵境內農夫從事耕作，自然各級貴族也效仿這種做法。「人又（有）厶（私）舊（畦）」是對「凡王左右大臣，乃莫不耕」的具體補充，也就是說，「人又（有）厶（私）舊（畦）」中的「人」，其實就是「王左右大臣」，也就是越國的各級貴族，而不應當理解為其後的「越庶民」（佑仁案：以上諸「舊」字，原文均誤作「奮」）。[301]

江秋貞（202007）：「人」指「人人」，原考釋所說可從。[302]

佑仁謹案：

關於簡文的「人」，原整理者認為指「人人」，子居認為當指成年男子。熊賢品則認為「人」指「左右大臣」。筆者認為就前文所承之主詞來看，「人」應該指「左右大臣」，他們勤於耕種，人人均擁有私人的農收，原整理者所謂的「人人」也應是這個意思。至於越國庶民的情況，從下一句才開始，所以「人人」並非泛指所有成年男子。

棗紙簡《吳王夫差起師伐越》簡37內容與本處相同。

〔19〕㘴（舉）雩（越）庶民，乃夫婦皆㘴（耕），

㘴	雩	庶	民	乃	夫	婦
㘴	雩	庶	民	乃	夫	婦
皆	㘴					
皆	㘴					

子居（20180605）：先秦時以男耕女織為常，婦女一般不會領有土地，因此本節的「夫婦皆耕」雖然看似順暢，但卻是一種非常不尋常的情況，再對照《國語・越語上》：「非其身之所種則不食，非其夫人之所織則不衣。」則〈越語上〉同樣是以越人為男耕女織而非「夫婦皆耕」，因此本節越地「夫婦皆耕」的描述，很可能僅是本節作者的誇張之辭而非實際情況。[303]

江秋貞（202007）：「夫婦」應指的是「男女」。夫婦皆耕，在平時狀態下是有點誇張，但是在非常狀態下，卻是不得不然之事，杜甫〈兵車行〉「縱有健婦把犁鋤，禾生隴畝無東西」，直到二十世紀初，很多窮人家的婦女仍然

---

[301] 熊賢品：〈清華簡七〈越公其事〉「人有私畦」解〉，《出土文獻綜合研究集刊》第 9 輯（成都：巴蜀書社，2019），頁 228、229。

[302] 江秋貞：《《清華大學藏戰國竹簡（柒）・越公其事》考釋》（臺北：臺灣師範大學博士論文，2020），頁 381。江秋貞：《《清華大學藏戰國竹簡（柒）・越公其事》考釋》（臺北：花木蘭文化事業有限公司，2022），頁 333。

[303] 子居：〈清華簡七《越公其事》第五章解析〉，中國先秦史網站，2018.6.5（2021.5.4 上網）。

要下田工作。句踐一心復仇，增加生產，以非常方式鼓勵大家勤耕，夫婦皆耕，不算誇張。[304]

　　youren（**20211116**）：趙曉斌先生指出棗紙簡本作「乃與越庶百姓夫婦皆耕」，文中的「與」應該要破讀為「舉」較妥。[305]

　　佑仁謹案：

　　子居認為古代「男耕女織」，因此主張簡文的「夫婦皆耕」乃誇飾之詞，非實際情況。就自然科學來看，雄性動物力量強大，古文字「男」字即从「力／耜」，可見男性與農業勞動力的密切連繫。可是，女性也是勞力工作的重要付出者，不能單純用「男耕女織」二分法，說簡文「夫婦皆耕」是誇大敘述。

　　許倬雲認為由社會學角度來看，農業屬於男子，這是後來的事，在最初，男子的事業是打獵，而種植的始祖應歸於婦女。他還指出幾個婦女與植物關係似乎比男子深的例子：（一）依《左傳》大夫等級的男子，見面禮是玉帛、獵物，女子則是榛、栗、棗都是植物。（二）男子聘妻，到丈人家饋贈的禮物是野鴨，而新婦給舅姑的禮物則為棗、栗。（三）祭祀時，男子獻的是肉類，婦女獻的是蔬食。（四）《詩經》許多有關婦女的詩篇中，比興都是在田野水濱採集植物，如〈關雎〉、〈葛覃〉、〈卷耳〉、〈采蘩〉、〈采蘋〉等，其結論為：「可見婦女常常擔任採集植物的工作。黍稷之類農產和婦女的關係也比較深。反之，男子和狩獵畜牧的關係也較密切。這中間透露出一點消息，最初男女的分工並不是『男耕女織』而是『男獵女耕』。」[306]

　　文學作品也能支持女性從事耕種的說法，漢樂府「上山採蘼蕪，下山逢故夫。長跪問故夫，新人復何如？」[307]寫婦女上山採取蘼蕪而遭遇前夫之事。曹植〈種葛篇〉：「種葛南山下，葛蔓自成陰。與君初定婚，結髮恩義深。行年將晚暮，佳人懷異心。恩紀曠不接，我情遂抑沉。」[308]即是描寫婦女被拋棄後，獨自在南山下種葛的遭遇。上述幾篇作品都能看出古代婦女與農業種植的密切關係。

---

[304] 江秋貞：《《清華大學藏戰國竹簡（柒）‧越公其事》考釋》（臺北：臺灣師範大學博士論文，2020），頁 385。江秋貞：《《清華大學藏戰國竹簡（柒）‧越公其事》考釋》（臺北：花木蘭文化事業有限公司，2022），頁 337。

[305] youren：〈清華七《越公其事》初讀〉，武漢網，跟帖第 233 樓，2021.11.16（2022.3.4 上網）。

[306] 許倬雲：〈從周禮中推測遠古婦女工作〉，收入《求古編》（臺北：聯經出版事業公司，1984），頁 305-317。參《漢代女性研究》中「漢代女性與農業」乙節，田艷霞：《漢代女性研究》（鄭州：河南人民出版社，2013），頁 207-209。

[307] （陳）徐陵編，（清）吳兆宜注、程琰刪補，穆克宏點校：《玉臺新詠箋注》（北京：中華書局，1999），頁 1。

[308] （陳）徐陵編，（清）吳兆宜注、程琰刪補，穆克宏點校：《玉臺新詠箋注》（北京：中華書局，1999），頁 64。

一般民眾靠耕種方足以繼三餐，連句踐及左右大臣都投入耕種勞動，很難理解為何要將占人口數一半的女性排除在外，簡文的「夫婦皆耕」在理解上並無疑義。

棗紙簡《吳王夫差起師伐越》簡 37-38 作「乃與（舉）郎（越）庶百眚（姓）夫婦皆耕」，清華簡的「庶民」，棗紙簡作「庶百姓」。

〔20〕爭=（至于）鄁（邊）儇（縣）尖=（小大）遠伲（邇），

爭=	鄁	儇	尖=	遠	伲
爭=	鄁	儇	尖=	遠	伲

原整理者（201704）：鄁儇，即邊縣。《墨子·雜守》：「常令邊縣豫種畜芫、芸、烏喙、袾葉。」小大，《書·顧命》：「柔遠能邇，安勸小大庶邦。」伲，《廣韻》：「近也。」伲、邇音義並近。遠伲，即遠邇。《書·盤庚上》：「乃不畏戎毒于遠邇。」[309]

石小力（20170423）：侯馬盟書中被誅討的人名「趙尼」，學術界多釋作「趙狐」，「尼」字原作[字形]形，根據《越公其事》篇中「伲」字作[字形]（簡 35）、[字形]（簡 44），所從「尼」旁與之相同，可以肯定侯馬盟書的人名當釋作「趙尼」，「趙尼」人物的確定，對於判定侯馬盟書的時代意義重大。[310]

程燕（20170426）：「伲」，簡文作：

[字形] 越公35、[字形] 越公44

這兩個形體非常重要，釋為「伲」，是正確的。其中右旁「尼」的寫法，可以解決侯馬盟書中一個爭議比較大的字。侯馬盟書中有個人名用字作：

A [字形]一九五：一（5） [字形]一：九（2） [字形]一：一○（2）

B [字形]一：三五（3） [字形]一：六一（3） [字形]一：一○五（4）

C [字形]一：四○（3） [字形]一：四一（3）

D [字形]一五六：二（2） [字形]一：六（1） [字形]一：一一（2）

---

[309] 李學勤主編：《清華大學藏戰國竹簡（柒）》（上海：中西書局，2017），頁 132。

[310] 石小力：〈據清華簡（柒）補證舊說四則〉，清華網，2017.4.23（2018.6.28 上網）。收入張顯成、胡波主編：《簡帛語言文字研究》第 9 輯（成都：巴蜀書社，2017），頁 12-24。

通過形體的比對，侯馬盟書 A、B 的寫法與右旁同，所從的「人」旁下部均加有飾筆。學者將侯馬盟書的這個字釋為「尼」，是正確的。侯馬盟書 C、D 應該是變體。中山雜器中有如下一字：

集成 2092 左使車工弧鼎　　集成 0513 左使車弧鬲

現在看來也應該釋為「尼」。字在銘文中用為人名。楚文字中「尼」字作：

上博三‧中 8　　上博五‧君 10

與上述「伲」、「尼」均不同。由此，可以說明《越公其事》的字體和三晉文字形近。有兩種可能：一種是《越公其事》的底本是三晉文字書寫的，另一種可能是抄手是三晉人。[311]

王進鋒（20171026-28）：睘，當從睘得音，而睘可以通假為縣。《古璽彙編》1903「睘史」，睘讀為縣；方城睘小器「方城睘」，睘讀為縣。所以，睘通假為縣。「邊縣小大遠邇」應指「小大遠邇邊縣」，而且從下文來看應是「城市小大遠邇邊縣」。此處「邊縣」應當就是「城市邊縣」。上博簡〈從政〉「聞之曰：君子之相就也，不必再近邇」中的邇通假為邇，可以作為證據。[312]

石小力（201801）：楚文字當中，「尼」字一般寫作從「尸」從「　　」，學者認為即《說文》「邪徯有所俠藏也，讀與『傒』同」的「匸」，實即藏匿之「匿」的表意初文。匸（匿），古音屬泥母職部，尼，泥母脂部，聲紐相同，韻部旁轉，古音相近。古書中從尼聲之「昵」與從匿聲之「暱」多見異文。[313]

子居（20180605）：越國彼時僅百里之地，因此所說的邊縣，當是《周禮‧地官‧遂人》「五鄙為縣」的那種小縣，每縣大致方十幾、二十里的樣子。「舉越庶民，乃夫婦皆耕」者指國人，「至於邊縣，小大遠邇，亦夫婦皆耕」者指野人。[314]

---

[311] 程燕：〈清華七箚記三則〉，武漢網，2017.4.26（2021.5.4 上網）。程燕：〈清華七札記三則〉，《中國文字學報》第 9 輯（北京：商務印書館，2018），頁 88-89。

[312] 王進鋒：〈周代的縣與越縣──由清華簡〈越公其事〉中的相關內容引發的討論〉，收入香港浸會大學饒宗頤國學院、澳門大學中國語言文學系、清華大學出土文獻研究與保護中心編：《《清華簡》國際會議論文集》（香港：香港浸會大學饒宗頤國學院、澳門：澳門大學中國語言文學系，2017），頁 68。

[313] 石小力：〈據清華簡考證侯馬盟書的「趙尼」──兼說侯馬盟書的時代〉，《中山大學學報》2018 第 1 期、總第 271 期（2018.1），頁 62。

[314] 子居：〈清華簡七《越公其事》第五章解析〉，中國先秦史網站，2018.6.5（2021.5.4 上網）。

滕勝霖（201905）：「至於」，連詞，表示達到某種程度，猶竟至於，甚至於。「**還**」，「縣」在西周金文中以「還」表示，如「司鄭還廩」（免簋《集成》4626），「官司豐還」（元年師旋簋《集成》4280）等。戰國文字中，「縣」在各系用字習慣中多有不同，楚系多以「睘」表示，三晉文字以「鄏」表示，燕系以「還」「睘」表示，秦系以「縣」表示等。本簡「𢔭」讀作「縣」可能是西周用字習慣的延續。[315]

佑仁謹案：

滕勝霖認為「至於」表示達到某種程度，猶竟至於、甚至於。此處的「至于」文意相當於「凡」，簡 34「凡王右（左）右大臣乃莫不犁（耕）」，「凡」字在棗紙簡 37 作「至於」，可證。「凡」，舉凡，概括之詞，意思是越國所有邊縣城市無論小大遠近都投入農耕工作。

「睘」讀「縣」，從原整理者之說。李家浩指出｛縣｝最早見於西周金文，寫作「還」[316]。如〈免瑚〉（《銘圖》5974；〈免簋〉，《集成》04626）「奠（鄭）還（縣）」。春秋戰國時期楚、燕、三晉 [317] 文字中，都出現過以「睘」聲之字表州縣之｛縣｝者，表列如下：

器名	國別	內容
坪陰睘小器（《集成》10425）	燕	平陰睘（縣）
燕國縣小器（《集成》10434）	燕	北尚（當）城睘（縣）
燕國縣小器（《集成》10435）	燕	東尚（當）城睘（縣）
新蔡故城出土戰國封泥	楚	蔡睘（縣）
《古璽彙考》頁 184	楚	睘（縣）
《古璽彙編》0302	三晉	脩武鄏（縣）吏
《璽彙》1903	三晉	睘（縣）史（吏）
涷鄏（縣）戈（《集成》11213）	三晉	涷鄏（縣）

《穀梁傳》隱公元年：「寰內諸侯。」陸德明《釋文》：「寰，音縣，古縣字。一音環，又音患。寰內，折內也。」[318]《廣韻》去聲霰韻：「縣，郡縣

---

[315] 滕勝霖：《《清華大學藏戰國竹簡（柒）》集釋及相關問題研究》（重慶：西南大學碩士論文，2019），頁 299-300。

[316] 李家浩：〈先秦文字中的「縣」〉，《文史》第 28 輯（北京：中華書局，1987），又見《著名中年語言學家自選集・李家浩卷》（合肥：安徽教育出版社，2002），頁 15-16。

[317] 湯志彪：《三晉文字編》（北京：作家出版社，2013），頁 985-986。

[318] （晉）范寧注，（唐）楊士勛疏，李學勤主編：《十三經注疏・春秋穀梁傳注疏》（北京：北京大學出版社，2000），頁 8。

也。《釋名》曰：『縣，懸也，懸於郡也。』古作『寰』。」[319]大徐本《說文》云：「寰，王者封畿內縣也。」[320]《汗簡》「縣」字引《碧落文》作「寰」。[321]

「邊」指邊鄙，除王都核心區域外，邊鄙之縣也同樣達到夫婦皆耕的情況，亦即越國舉國上下都進行耕種。

「𢗓」，从彳、尼聲，「尼」已見於甲骨文[322]，林義光《文源》認為「象二人相昵形，實『昵』之本字。」[323]于省吾認為「漢武梁祠堂畫象，畫夏桀騎在二婦人的背部，即《後漢書・井丹傳》所謂『桀駕人車』。又《漢書・敘傳》謂成帝屏風上『畫紂醉踞妲己』。這是說商紂醉後，伸其兩腿盤踞妲己的背部。依據上述，夏桀和商紂或騎或坐於婦人背部，既已在漢代畫像和《漢書》得到證明，而甲骨文以尼之字作𠆩，……正象人之坐或騎於另一人的背上，可見漢人所畫所記，是有一定來歷的。……尼字的構形既然象人坐於另一人的背上，故《爾雅・釋詁》訓尼為『止』為『定』；人坐於另一人的背上，則上下二人相接近，故典籍多訓『尼』為『近』。」[324]知「尼」字乃一人坐於另一人背上，是「昵（暱）」之初文。

晉系侯馬盟書裡，主盟者的頭號政敵之一「趙尼」，該名過去有很多不同說法，例如「趙尼」[325]、「趙化」[326]、「趙北」[327]、「趙弧」[328]、「趙瓜」[329]等，現在依據本簡的「𢗓」，文例讀為「遠邇」之「邇」，則「趙尼」一名完全可以落實下來。

---

[319] 周祖謨：《廣韻校本》（北京：中華書局，2011），頁408。

[320] （漢）許慎著，（宋）徐鉉校：《說文解字》（北京：北京大學出版社，1963），頁152。

[321] （宋）郭忠恕：《汗簡》（北京：中華書局，2010），頁22。

[322] 王蘊智：《甲骨文可釋字形總表》（鄭州：河南美術出版社，2017），頁163。

[323] 林義光：《文源》（上海：中西書局，2012），頁180。

[324] 于省吾：《甲骨文字釋林》（北京：中華書局，1979），頁304。

[325] 陶正剛、王克林：〈侯馬東周盟誓遺址〉，《文物》1972第4期（1972.4），頁30。唐蘭：〈侯馬出土晉國趙嘉之盟載書新釋〉，《文物》1972第8期（1972.8），頁32。湯餘惠：《戰國銘文選》（長春：吉林人民出版社，1993），頁197-198。李裕民：〈我對侯馬盟書的看法〉，《考古》1973第3期（1973.5），頁186。曾志雄：《侯馬盟書研究》（香港：香港大學博士論文，1993），頁91-97。

[326] 郭沫若：〈侯馬盟書試探〉，《文物》1966第2期（1966），頁6。高明：《中國古文字學通論》（北京：北京大學出版社，1996），頁425。高明：〈侯馬載書盟主考〉，《古文字研究》第1輯（北京：中華書局，1979），頁103-115，又見《高明論著選集》（北京：科學出版社，2001），頁273-279。

[327] 陳夢家：〈東周盟誓與出土載書〉，《考古》1966第2期，頁275。郭沫若：〈新出侯馬盟書釋文〉，《文物》1972第3期，頁5。

[328] 湯餘惠：《戰國文字編》（福州：福建人民出版社，2001），頁831。

[329] 劉國忠：〈侯馬盟書數術內容探論〉，《清華大學學報（哲學社會科學版）》2006第4期、總第21卷（2006.7），頁86。黃德寬：《古文字譜系疏證》（北京：商務印書館，2007），頁716。

「尖」，讀「小大」不讀「大小」，一般來說，合文結構的第一字寫在上方，第二字寫在下方。

棗紙簡《吳王夫差起師伐越》簡 38：「至于鄬（邊）酥（縣）尖＝（小大）遠迒（邁）」。

〔21〕亦夫婦皆耕☐

亦	夫	婦	皆

吳德貞（201805）：（原整理者）補「耕」字可從，上文有「舉越庶民，乃夫婦皆耕」，與「亦夫婦皆耕」正相關聯。[330]

佑仁謹案：

原整理者已於簡 36「皆」字後補「耕」字[331]，可信。棗紙簡《吳王夫差起師伐越》簡 38 作「乃亦夫婦皆耕」。

〔22〕☐人僊（還）雪（越）百里

人	僊	雪	百	里

原整理者（201704）：此殘簡之前內容當是追述檇李之戰。據《史記·越王句踐世家》所載，句踐元年，越王句踐敗吳師於檇李，射傷吳王闔閭。[332]

陳劍（20170514）：「還」即「還返」義，吳於夫椒之戰大勝越、越王保棲會稽之山時，實際已盡有越地、可說近於滅越，其後雖許越之成、使句踐復國，但據《吳越春秋》等書記載，最初僅予其方百里之大的封地，此即簡文所謂「吳人還越百里」。《越公其事》簡 26 謂句踐復國後「既建宗廟」云云，由此亦可看出，其所居之地應是吳王新劃給了一塊地盤，故其上並無原有宗廟。

原簡 35 應提前直接跟簡 33 連讀；原本即遙綴而成的簡 36，則應拆分為兩段；由此正可將簡 18 插入簡 36 上與 34 之間，三段應本為一簡之折，可以遙綴。據此方案重排後的簡文略如下：「舉越庶民，乃夫婦皆耕，至于邊縣小大遠迒，亦夫【35】婦皆〔耕〕。【36 上】……〔吳〕人還越百里【18】……旻（得）于越邦陵陸。陵稼，水則為稻，乃無有閒艸【34】……越邦乃大多食。【36 下】」上下文大概意思是，吳人所返還給越國的百里大小的土地，其上多

---

330 吳德貞：《清華簡《越公其事》集釋》（武漢：武漢大學碩士論文，2018），頁 59。
331 李學勤主編：《清華大學藏戰國竹簡（柒）》（上海：中西書局，2017），頁 132
332 李學勤主編：《清華大學藏戰國竹簡（柒）》（上海：中西書局，2017），頁 124。

山陵，本不利於發展農業。但越人仍「因地制宜」，山陵則種「稼」即「旱地種植的植物」（原注釋語），水田則種稻，所有土地皆被利用、其上無有穀物之外的植物；加上前文所述人人勉力務農，最終仍使得越國「大多食」。[333]

子居（**20180417**）：若將簡 18 插在簡 36 與簡 34 之間，首先吳人歸還給越人的土地越人耕種時完全沒有必要特意強調此為吳人所還，其次吳將土地交付越的行為當在越人於此土地建宗廟之前而不能在之後，畢竟先有土地而後有宗廟，庶人即因為無土，所以也無廟，因此這個先後次序是不能反的，也即若按陳劍先生對簡 18 的理解，則簡 18 無論如何只能置於第四章之前，不能插到簡 36 與簡 34 之間。而在筆者看來，簡 18 的內容，以目前殘存文字實際上很難確定，原為《越公其事》篇中上部殘缺的各簡如簡 1 或簡 2 也不無可能，所以目前歸為《越公其事》篇的附簡或是比較適合的處理方法。[334]

金卓（**20190319**）：參考契口的情況：

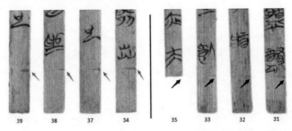

簡 35 似殘斷於契口處。可以看出左右兩組在下契口的高度、形狀上都有明顯的差別。簡 1-33 與簡 35 所屬的一組簡，對比簡 34 加簡 36 以後一部分簡，在劃線分隔、契口狀態、正面字數上，都存在區別。筆者據此主張這兩部分內容是同一抄手分不同時間抄寫而成。[335]

江秋貞（**202007**）：筆者同意陳劍所言，並且更進一步確認簡 18 可以和簡 34 綴合。至於簡 34 的第一個字「▨」，則可能為「得」。雖然「得」字一般從「目」，但在《越公其事》簡 13「得」（𢟽）字寫作從「日」從「寸」，經比對之後，極為可能作為「得」字，果真如陳劍的說法，則綴聯後合讀起來可為：「婦皆【簡 36 上段】……人𢔟寧百里【簡 18】，得于寧邦，陵陸陵稼，水則為稻，乃無有閑艸【簡 34】。」此綴合之簡中所缺的字應該只剩 7～9 個字而已。[336]

---

[333] 陳劍：〈《越公其事》殘簡 18 的位置及相關的簡序調整問題〉，復旦網，2017.5.14（2021.4.2 上網）。

[334] 子居：〈清華簡七《越公其事》第三章解析〉，中國先秦史網站，2018.4.17（2021.3.30 上網）。

[335] 金卓：〈清華簡《越公其事》文獻形成初探——兼論其簡序問題〉，武漢網，2019.3.19（2021.5.4 上網）。

[336] 江秋貞：《《清華大學藏戰國竹簡（柒）・越公其事》考釋》（臺北：臺灣師範大學博士論文，2020），頁 206-208。江秋貞：《《清華大學藏戰國竹簡（柒）・越公其事》考釋》（臺北：花木蘭文化事業有限公司，2022），頁 168-169。

趙曉斌（202111）：

今案棗紙簡《吳王》第 20 至 22 號簡：

（上略）孤余疾痌（痛）之，以民生之不倀（長）【20】而自不夕（終）命，甬（用）叟（使）徒遽噐=（趣）聖（聽）命於鄩（邊）。於今三季（年）亡（無）能又（有）奠（定），孤甬（用）悉（願）見邶（越）【21】君，弃亞（惡）周好，交（徼）求卡=（上下）之吉恙（祥），以遷（復）我二晶（參）子弟走告于夢=（邊。邊）人為不道，（下略）【22】

……

今案棗紙簡《吳王》第 34 至 41 號簡：

（上略）王䎽（聞）之，乃以【34】酓（飲）飤食鮨醢（醯）脊（脯）肔從。吕（其）見蓐（農）夫老弱堇（艱）𩁛（罷）者，王則酓（飲）飤食之。亓（其）見身體足【35】甬（用）虡（顏）色訓（順）謕而牁（將）狲（耕）者，王亦酓（飲）飤食之。亓（其）見又（有）戔（察）又（有）司及王右（左）右，先㸚（教）王訓而【36】狲（耕）者，王則壟（坐）與之皆飤（食）。至于王㘡=（左右）大臣莫敢不狲（耕），人又（有）厶（私）舊（畦），乃與邶（越）庶百眚（姓）【37】夫婦皆耕，至于夢（邊）酥（縣）尖=（小大）遠迻（邇），乃亦夫婦皆耕，王乃舊（畦）索卉（草）棘䰂（疇）專【38】日不食，乃訓，為之賞。贛（穀）既成，王幹（親）以受，亓（其）遂（後）既發，王安（焉）酓（飲）飤（食）。王安（焉）旬（始）命䰂（絕）【39】者，民還邶（越）百里，至都邶（越）蒿（郊），陞（陵）阰陞（陵），𨺔，水則為稻，乃又（有）闢（闢）卉（草）皆起（起）【40】為田，邶（越）邦乃大多食。乚（下略）【41】[337]

佑仁謹案：

金卓主張《越公其事》可分成兩個部分乃「同一抄手分不同時間抄寫而成」的主張，相關討論請參見本書「參、取材與抄寫問題」。

原整理者認為簡 18 是追述檇李之戰的內容，陳劍則將簡 18 抽離出來，並把簡 36 上、簡 18、簡 34 綴合成一簡，置於簡 35 之後，重新排序後，文例如下：

> 凡王左右大臣，乃莫不耕，人有私畦。舉越庶民，乃夫婦皆耕，至于邊縣小大遠迻，亦夫【35】婦皆〔耕〕。【36 上】……〔吳〕人還越百里【18】……旻（得）于越邦陵陸。陵稼，水則為稻，乃無有閒艸【34】

---

[337] 趙曉斌：〈荊州棗紙簡《吳王夫差起師伐越》與清華簡《越公其事》〉，《清華戰國楚簡國際學術研討會論文集》（北京：清華大學出土文獻研究與保護中心，2021），頁 7、8。

陳劍在釋文中簡 18 與簡 34 之間以「……」表示，江秋貞則透過切圖，清楚展現簡 18 與 34 可以緊密接合[338]，至此，簡 36 上、簡 18、簡 34 拼合成一簡已無可疑。那麼，簡 18 與簡 34 可以拼合成一支具有中編聯到末尾的竹簡，應無疑義，接下來的問題是【簡 36 上】能否和【簡 18+34】遙綴成一簡？

透過棗紙簡版本，可以知道從清華簡「夫婦皆耕」（簡 35、36 上）到「人還越百里」（簡 18），中間還殘斷一大段文字（若依棗紙簡本計，約殘 37 字），以簡 35 全簡共 31 字作為依據，除非清華簡《越公其事》版本能把棗紙簡 37 字內容濃縮（或減省）成 9 個字左右（簡 36 上與簡 18 中間約存有 9 字補字空間），否則也可能【簡 36 上】與【簡 18+34】乃分屬不同的兩支簡，殘損的實際內容超過一支簡的長度。[339]

趙曉斌指出這段話棗紙簡《吳王夫差起師伐越》簡 38-40 作：「王乃舊（畦）索卉（草）棘薵（疇）專日不食，乃訓，為之賞。贛（穀）既成，王寴（親）以受，亓（其）逡（後）既發，王安（焉）畬（飲）飤（食）。王安（焉）訂（始）命醠（絕）者，民還邙（越）百里」。由於趙曉斌文中未附原簡照片，隸定方面我們無從考察，通讀部分則可提供以下幾點意見。

一 「專日」讀為「餔日」

《說文》：「餔，日加申時食也。从食甫聲。」荊州市關沮周家臺秦漢墓出土的竹簡中，有一幅時稱與二十八宿對照圖，其中有「夔旦、平旦、日出、日出時、蚤食、食時、晏食、廷食、日未中、日中、日過中、日昳、餔時、下餔、夕時、日夔〔入〕、日入、黃昏、定昏、夕食、人鄭、夜三分之一、夜未半、夜半、夜過半、雞未鳴、前鳴、雞後鳴」共計二十八項紀時詞彙，其中「餔時」，《漢書》稱「日餔時」[340]，周家臺簡中「餔時」在「下餔」之前，今日臺語猶有「下餔時」一語，指下午，筆者認為棗紙簡「餔日」即「餔時」。棗紙簡的意思是：句踐勤於農耕，而且「餔時」之後不再進食，直到穀物成熟季節來到，他才恢復吃晚餐。

二 補字問題

---

[338] 江秋貞：《《清華大學藏戰國竹簡（柒）‧越公其事》考釋》（臺北：臺灣師範大學博士論文，2020），頁 205。

[339] youren：〈清華七《越公其事》初讀〉，武漢網，跟帖第 233 樓，2021.11.16（2022.3.4 上網）。

[340] 彭慧賢：《殷商至秦代出土文獻中的紀日時稱研究》（臺南：成功大學博士論文，2012.6），頁 298。

　　在趙曉斌尚未公布棗紙簡釋文前，學者多主張《越公其事》「人儇（還）雩（越）百里」一句前應該補「吳」字，亦即吳人歸還從越國兼并而來的百里土地，陳劍指出「簡 18『人儇雩百里』之意，大概除了『吳人還給越人百里之地』，很難有別的讀法和解釋。」[341]可是就趙曉斌的釋文來看，此句作「民還郰（越）百里」，「民」怎麼能「還郰（越）百里」？實在令人費解。如果這個隸定無誤，那麼「民」可能是「吳」錯字。由於棗紙簡尚未正式公布，本處「人」字前暫不補「吳」字，以俟來者。

〔**23**〕寻（得）于雩（越）邦，

寻	于	雩	邦

　　原整理者（201704）：第三十四簡上段殘缺約十六字。簡首殘字或疑是「卑」字。[342]

　　松鼠（20170425）：簡 34 殘字應為「得」字，參通篇簡 13 得字上也為「日」形。[343]

　　江秋貞（202007）：《說文新證》「卑」字，「　（戰.楚.郭 3.23）」、「　（戰.楚.郭.老甲 20）」比對本簡「　」字是非常相似，只是「卑于雩邦」的意思不易解釋，但也不能完全排除不是「卑」字的可能。至於松鼠和陳劍認為簡 34 的第一個字可能為「得」。查楚簡「得」字一般從「目」，但在《越公其事》簡 13 的「得」（　）字寫作從「日」從「寸」，真的很特別，也算是訛書一例。在同一楚簡中同一書手的情況下，此字也極為可能作為「得」字。越國在戰敗後求和，吳國許成，最初僅予其方百里之大的封地，即簡文所謂「吳人還越百里」，後面接「得于雩邦」的意思或許可以解釋為越人從吳國手中得到越國百里之地，也是「吳人儇雩百里」之意。不過再怎麼說都覺得這四個字很冗贅，吳人還給越人的土地，當然是奪自越人的，所以才用一個「還」字，既然用了「還」字，還需要再說「得于越邦」嗎？所以此字應如何補？恐怕還是要再斟酌。在沒有更好的說法提出之前，筆者姑且依「得」字補足。[344]

---

[341] 陳劍：〈《越公其事》殘簡 18 的位置及相關的簡序調整問題〉，復旦網，2017.5.14（2021.4.2 上網）。

[342] 李學勤主編：《清華大學藏戰國竹簡（柒）》（上海：中西書局，2017），頁 132。

[343] 松鼠：〈清華七《越公其事》初讀〉，武漢網，跟帖第 24 樓，2017.4.25（2019.11.19 上網）。

[344] 江秋貞：《《清華大學藏戰國竹簡（柒）·越公其事》考釋》（臺北：臺灣師範大學博士論文，2020），頁 387-389。江秋貞：《《清華大學藏戰國竹簡（柒）·越公其事》考釋》（臺北：花木蘭文化事業有限公司，2022），頁 339-340。

佑仁謹案：

此處越王正在洗心革面、積極重整國政，而吳國擊敗越國，來自南方的侵擾暫時得到緩解，就當時的政治局勢而言，不可能會有吳國「卑於越邦」的描述，李松儒（網名松鼠）改釋為「得」之說，可信。《越公其事》全篇「得」字如下：

簡 10	簡 13	簡 16	簡 28	簡 70

字形從「貝」省、從「又」，「貝」旁右下加小點飾符，而簡 13 又進一步訛寫成從「日」形從「又」（江秋貞解成從「寸」」不確），這種寫法在楚簡中確實很少見，清華簡中僅簡 13 與本處（簡 34）以及《四告》簡 36，筆者認同江秋貞之說，應是書手個人錯訛所致。

棄紙簡《吳王夫差起師伐越》簡 40 作「至都郍（越）蒿（郊）」，大意應是吳人歸還百里土地，所有土地均用以種植作物。

〔24〕陵陸（陸）陵稼（稼），

陵	陸	陵	稼

原整理者（201704）：陵陸，山地與平地。《管子・地圖》：「名山、通谷、經川、陵陸、丘阜之所在，茛草、林木、蒲葦之所茂，道里之遠近，城郭之大小，名邑、廢邑、困殖之地，必盡知之。」「稼」與「稻」對文，指旱地種植的植物。《說文》：「禾之秀實為稼，莖節為禾。」「陵陸陵稼，水則為稻」句中，第二個「陵」疑為「則」或「為」之誤書，當為「陵陸則稼，水則為稻」，或「陵陸為稼，水則為稻」。[345]

暮四郎（20170430）：整理報告懷疑原文有誤，似不必要。只要將句讀調整為「□（得？）於越邦陵陸，陵稼，水則為稻」，就可以避免簡文有誤的疑問。「陵稼」可以看作「陵則稼」的簡省。[346]

陳劍（20170514）：山陵則種「稼」即「旱地種植的植物」（原注釋語），水田則種稻，所有土地皆被利用、其上無有穀物之外的植物。[347]

---

[345] 李學勤主編：《清華大學藏戰國竹簡（柒）》（上海：中西書局，2017），頁 132。

[346] 暮四郎：〈清華七《越公其事》初讀〉，武漢網，跟帖第 105 樓，2017.4.30（2019.11.19 上網）。

蕭旭（**20170605**）：整理者句讀不誤，但改字則誤。「陵陸陵稼」是「陵陸則為陵稼」省文，探下省「則為」二字。陵亦陸也，複言曰「陵陸」，單言曰「陵」，與「水」對文。《莊子·達生》：「吾生於陵而安於陵，故也；長於水而安於水，性也。」《淮南子·說林篇》：「褰衣涉水，至陵而不知下，未可以應變。」古楚語謂陸地為陵。「陵」如是本義指大阜，則所引《管子》例與下「丘阜」犯複。[348]

羅小虎（**20170726**）：「陸」，可讀為「稑」。一種晚種早熟的農作物。《周禮·天官·內宰》：「上春，詔王后帥六宮之人，而生穜稑之種，而獻之于王。」鄭玄注引鄭司農云：「先種後熟為之穜，後種先熟為之稑。」這句話是說，在丘陵之地種稑和一般的農作物。如果是水田，就種植水稻。[349]

陳偉武（**20171026-28**）：簡文並無誤書，只是「陸」不讀為「陸」，當讀為「稑」，《說文》：「稑，疾孰（熟）也。從禾，坴聲。《詩》曰：黍稷種稑。」許引詩見於《詩·魯頌·閟宮》：「黍稷重穋，稙稚菽麥。」但此處「稑」作名詞用，《後漢書·禮儀志上》「力田種各耰訖」劉昭注引干寶《周禮注》曰：「稑，陵穀，黍稷之屬。」簡文是說，山地的黍稷就在山地種植，水田則種植稻穀。[350]

郭洗凡（**201803**）：陵陸指的是山地與平地。[351]

羅雲君（**201805**）：《國語·越語上》載「陸人居陸，水人居水」，「陵陸」則可理解為以陵為陸，即在山陵地帶開闢旱田，種植旱地作物以保證糧食生產，至於「水」，則種稻。[352]

子居（**20180605**）：《越公其事》的「陵陸」即「高田」，「陵稼」即「黍稷」。「陵稼」或許還包括大麥等其他高地作物。[353]

何家歡（**201806**）：羅小虎說為是。後文「稼」、「稻」均是農作物，則陸字亦當是農作物，乃先熟之穀。《說文·禾部》：「稑，疾熟也。從禾坴

---

[347] 陳劍：〈《越公其事》殘簡 18 的位置及相關的簡序調整問題〉，復旦網，2017.5.14（2021.5.4 上網）。

[348] 蕭旭：〈清華簡（七）校補（二）〉，復旦網，2017.6.5（2021.5.4 上網）。

[349] 羅小虎：〈清華七《越公其事》初讀〉，武漢網，跟帖第 204 樓，2017.7.26（2019.11.19 上網）。

[350] 陳偉武：〈清華簡第七冊釋讀小記（初稿）〉，收入香港浸會大學饒宗頤國學院、澳門大學中國語言文學系、清華大學出土文獻研究與保護中心編：《清華簡》國際會議論文集》（香港：香港浸會大學饒宗頤國學院、澳門：澳門大學中國語言文學系，2017），頁 155。

[351] 郭洗凡：《清華簡《越公其事》集釋》（合肥：安徽大學碩士論文，2018），頁 66。

[352] 羅雲君：《清華簡《越公其事》研究》（長春：東北師範大學碩士論文，2018），頁 65。

[353] 子居：〈清華簡七《越公其事》第五章解析〉，中國先秦史網站，2018.6.5（2021.5.4 上網）。

聲。《詩》曰：『黍稷種稑。』」段注：「謂凡穀有如此者。」是「稑」即表「疾熟」之穀物。[354]

　　羅濤（201904）：第一個「𤱯」可釋讀為「秾」，字又作「麳」，小麥。《說文・禾部》：「秾，齊謂麥秾也。」《廣雅・釋草》：「大麥，麰也。小麥，秾也。」「陸」可讀為「稑」，一種晚種早熟的農作物。《周禮・天官・內宰》：「上春，詔王后帥六宮之人，而生穜稑之種，而獻之于王。」鄭司農云：「先種後孰謂之穜，後種先孰謂之稑。」《詩經・豳風・七月》：「黍稷重穋，禾麻菽麥。」毛傳：「後孰曰重，先孰曰穋。」馬瑞辰通釋：「重者，種之省借。穋者，稑之或體。」稼，種植。這句話是說，在丘陵之地種稑和小麥，如果是水田就種植水稻。[355]

　　滕勝霖（201905）：《越絕書・越絕外傳記越地傳》記載：「三年，吳王復還封句踐於越，東西百里，北鄉臣事吳，東為右，西為左。大越故界，浙江至就李，南姑末、寫干。」可知越國戰敗求和後，吳國返還越國百里之地，且地域內多丘陵。「陵陸」，山陵與平地。「稼」，右側部件「家」上加「爫」為楚系文字特徵，《說文・禾部》：「稼，禾之秀實為稼，莖節為禾。從禾家聲。一曰稼，家事也。一曰在野曰稼。」「乃」，連詞，表遞進關係，「闢草」，《鹽鐵論・申韓篇》：「犀銚利鉏，五穀之利而闢草之害也。」本句意思是「……得到越國的山陵與平地，在山地種植穀物，在有水的地方種植水稻，並且沒有雜草。」[356]

　　張朝然（201906）：「陵」和「陸」是同義詞重複。「陵陸」則表示高出水面的土地。而後面的「陵稼」，用法或與「陵陸」相同，也為同義詞，都表示旱地裡種植的農作物。原文「陵陸陵稼」則是省略「則或為」，即「陵陸則陵稼，水則為稻」。[357]

　　史玥然（201906）：《說文》：「陸，從𨸏，坴聲，高平地也。」《說文》：「陵，從𨸏，夌聲，大𨸏也。」《爾雅・釋地》：「大陸曰阜，大阜曰陵。」和下句結構相對應，第二個「陵」是誤字。[358]

　　杜建婷（201906）：「羅小虎」將「陸」讀為「稑」，筆者以為有兩處疑點：一者，後半句「水則為稻」，「稻」並未直接置於「水」後，「陵」後直接跟賓語「莊稼、農作物」，恐不妥；二者，「稑」是否屬於「稼」尚不明

[354] 何家歡：《清華簡（柒）《越公其事》集釋》（保定：河北大學碩士論文，2018），頁32。

[355] 羅濤：〈《清華大學藏戰國竹簡（七）》釋讀拾遺〉，《漢字漢語研究》2019第4期、總第8期（2019.12），頁84。

[356] 滕勝霖：《《清華大學藏戰國竹簡（柒）》集釋及相關問題研究》（重慶：西南大學碩士論文，2019），頁301。

[357] 張朝然：《清華簡《越公其事》集釋及相關問題初探》（石家莊：河北師範大學碩士論文，2019），頁39。

[358] 史玥然：《清華簡《越公其事》集釋及其漢字教學設計》（太原：山西大學碩士論文，2019），頁49。

確，「秅」有可能是一般作物的一種，若此，將「秅」與「稼」並列恐不妥。[359]

江秋貞（202007）：考量到書手誤書的可能性，如「陵陸陵稼」，書手在寫第三字時把原本要寫做「則」或「為」字，誤寫為「陵」字了，這種「涉上而誤」的情形也不無可能。不過，在尊重文本，改動最小的原則下，暮四郎、陳劍的斷讀也許是比較好的。至於「陵陸」的「陸」，「陸」並不是高平無水，它只是陸地，陵才是高地，「陵」為山陵是種一般耐旱作物，「陸」是高地有水。「陵稼，水則為稻」應釋為高地有水之地則種稻。[360]

佑仁謹案：

「陵隓（陸）陵稼（稼）」四字說解眾說紛紜，先將相關說法整理如下：

	陵	陸	陵	稼
原整理者	山地	平地	「為」之誤書	旱地種植的植物。
暮四郎	—	—	「陵則稼」的簡省。	
陳劍	山陵則種「稼」即「旱地種植的植物」（原注釋語）。			
蕭旭	「陵陸則為陵稼」省文，省略「則為」二字。			
羅小虎	丘陵之地	秅，一種晚種早熟的農作物。	—	—
陳偉武	—	「秅，陵穀，黍稷之屬。」	—	—
郭洗凡	山地	平地	—	—
羅雲君	在山陵地帶開闢旱田，種植旱地作物。			
子居	高田		黍稷	
何家歡	—	疾熟之穀物。	—	農作物
羅濤	讀為秾，字作麳，小麥。	讀「秅」，一種晚種早熟的農作物。	—	種植
滕勝霖	得到越國的山陵與平地，在山地種植穀物。			
張朝然	「陵」、「陸」是同義詞重複，表示高出水面的土地。		「陵」、「稼」為同義詞，都表示旱地裡種植的農作物。	

---

[359] 杜建婷：《清華簡第七輯文字集釋》（廣東：中山大學碩士論文，2019），頁 361。

[360] 江秋貞：《《清華大學藏戰國竹簡（柒）·越公其事》考釋》（臺北：臺灣師範大學博士論文，2020），頁 394-396。江秋貞：《《清華大學藏戰國竹簡（柒）·越公其事》考釋》（臺北：花木蘭文化事業有限公司，2022），頁 347。

| 史玥然 | 大阜曰陵 | 高平地 | 訛誤之字。 | |
| 江秋貞 | 為山陵，種一般耐旱作物。 | 陸地，但並不是高平無水。 | 「陵稼，水則為稻」指高地有水之地則種稻 | |

先談句讀，暮四郎、陳劍、滕勝霖都將文句讀為「得於越邦陵陸，陵稼，水則為稻」，江秋貞則句讀為「囗（得）于雩（越）邦，陞（陵）陝（陸），陞（陵）稼（稼），水則為稻」[361]，筆者認為吳國兼併越國，不可能僅得到陵陸土地而已，故應讀作「得於越邦，陵陸陵稼，水則為稻」，句式都是四字句。

字詞方面，「陵」字右半實不必依形隸定為從「來」從「壬」，逕寫成「陵」即可。「陵陸」指山陵與平地，《吳越春秋》「乃復隨陵陸而耕種，或逐禽鹿而給食。」[362]「陸」並非一般平地的概念，而是山地中地勢相對平坦的區域，「陵稼」泛指適合旱地種植的穀物。山陵平地種植「陵稼」，水源可及之處則種水稻。

「陸」不宜讀成「稑」，此處不須特別強調種植能早日成熟的作物，且後文又說「陵稼」，如果山陵可種「稑」與「稼」兩種作物，則字當連言即可，毋須重複兩次「陵」字。由「陵陸」二字均從「阜」旁，正可看出「陸」不應理解為植物，而應從原整理者讀「陸」。

滕勝霖認為「稼」字「家」旁上加「宀」為楚系文字特徵，可信。三晉「家」字不從「宀」[363]，而本處的「稼」字從「宀」與楚系寫法相合，可見《越公其事》雖然部分字例受到三晉文字影響，但基本上還是一篇以楚文字書寫的簡文。

依據趙曉斌所提供的釋文，棗紙簡《吳王夫差起師伐越》簡 40 作「陞（陵）阹陞（陵），陟，水則為稻」，「陟」字應該上讀，「陞（陵）阹陞（陵）陟」對應本處的「陵陝（陸）陵稼（稼）」，二版本的用字如何聯繫，有待討論。

〔25〕水則為稻，乃亡（無）又（有）闕（閒）卉（草）皆迡（起）為田。

水	則	為	稻	乃	亡	又

---

[361] 江秋貞：《《清華大學藏戰國竹簡（柒）・越公其事》考釋》（臺北：臺灣師範大學博士論文，2020），頁 394-396。江秋貞：《《清華大學藏戰國竹簡（柒）・越公其事》考釋》（臺北：花木蘭文化事業有限公司，2022），頁 347。

[362] 周生春：《吳越春秋輯校彙考》（上海：上海古籍出版社，1997），頁 109。

[363] 湯志彪：《三晉文字編》（北京：作家出版社，2013），頁 1094。

𩰬	屮
鬮	卉

原整理者（201704）：鬮卉，閒艸，即雜艸。[364]

羅雲君（201805）：陵陸為稼，水則為稻，於是地得盡用，無有雜草。[365]

子居（20180605）：此處所說「乃無有閒卉」當是指沒有閒置的土地而不是說沒有雜草。因為「人有私畦」，所以曾閒置的能耕作土地都已經被開發利用，故而「乃無有閒卉」。[366]

江秋貞（202007）：沒有閒草，就是土地上，長的都是可以食用的植物；子居改釋為「沒有閒置的土地」，意思類似，但是沒有必要。[367]

佑仁謹案：

「稻」指鄰近水源邊的土地則引水灌溉種植水稻。楚簡中｛草｝一般用「卉」表示，「閒」有空閒之義，後引申為無關緊要、不重要的事物，「閒草」指沒有食用價值的雜草。《鹽鐵論》：「御史曰：『犀銚利鉏，五穀之利而間草之害也。』」[368]「閒草」徒長，不只無益於收成，反而妨礙五穀的生長。此處是說山陵種「陵稼」，水源邊則種植水稻，無論是靠近山陵還是水源邊的土地，全都善盡其利。

「稻」字本從「米」，例如「𥞝」（陳公子叔原父甗，《集成》00947）、「𥞣」（史免簠，《集成》04579）、「𥝩」（畠叔奐父盨，《新收》NA0041），到了春秋戰國文字經歷較多變形，「𥝩（𥞝）」（清華壹《耆夜》簡 7）把「米」旁置於「爪」與「臼」形中間，本處的「𥞝」，「米」旁則進一步有了省變。

本句在棗紙簡《吳王夫差起師伐越》簡 40-41 作「水則為稻，乃又（有）閟（閒）卉（草）皆辺（起）為田」，與清華簡敘述稍不同，棗紙簡「又（有）」疑為「亡」之誤[369]，「閒草」後則有「皆辺（起）為田」四字。

本處大意是經過句踐大力督促農業發展後，越國耕地沒有荒蕪的雜草，全數土地皆有效利用。

[364] 李學勤主編：《清華大學藏戰國竹簡（柒）》（上海：中西書局，2017），頁 132。

[365] 羅雲君：《清華簡《越公其事》研究》（長春：東北師範大學碩士論文，2018），頁 65。

[366] 子居：〈清華簡七《越公其事》第五章解析〉，中國先秦史網站，2018.6.5（2021.5.4 上網）。

[367] 江秋貞：《《清華大學藏戰國竹簡（柒）·越公其事》考釋》（臺北：臺灣師範大學博士論文，2020），頁 396。江秋貞：《《清華大學藏戰國竹簡（柒）·越公其事》考釋》（臺北：花木蘭文化事業有限公司，2022），頁 347。

[368] 王利器撰：《鹽鐵論校注》（北京：中華書局，1992），頁 580。

[369] 此說蒙季旭昇師提示，2023.6.12。

〔26〕雪（越）邦乃大多飤（食）。

雪	邦	乃	大	多	飤

原整理者（201704）：第三十六簡兩段不相連屬，據文義遙綴，疑僅缺一「耕」字。[370]

陳劍（20170514）：原簡 35 應提前直接跟簡 33 連讀；原本即遙綴而成的簡 36，則應拆分為兩段；由此正可將簡 18 插入簡 36 上與 34 之間，三段應本為一簡之折，可以遙綴。[371]

羅雲君（201805）：從陳劍先生意見，將原簡【三六】從此處分為上下兩部分。[372]

子居（20180605）：簡 36 當分為簡 36 上和簡 36 下，並不能遙綴，此點前文提及的陳劍先生文已指出。[373]

滕勝霖（201905）：簡 18 首尾殘，根據文意殘簡前補「吳」字，簡後補「之地」。[374]

佑仁謹案：

關於簡 36 上、簡 18、簡 34 的拼合問題，請參考本章注釋 22。

《越公其事》全篇有很多「多△」，其意義與「大多△」相同，例如「多食」（第六章）又作「大多食」（第五章），「多兵」（第八章）又作「大多兵」（第八章），「多人」（第八章）又作「大多人」（第七章）。據此來看，「大」當為副詞修飾「多」，而「多食」即「增加糧食」，此句言越國「大大地增加了糧食」。

《國語·越語下》記載范蠡對句踐云：「五穀睦熟，民乃蕃滋。」[375]稻穀成熟，倉廩充實，人口才能繁昌，可見「大多食」確實為施政之基礎。

棗紙簡《吳王夫差起師伐越》文句與清華簡同。

370 李學勤主編：《清華大學藏戰國竹簡（柒）》（上海：中西書局，2017），頁 132。
371 陳劍：〈《越公其事》殘簡 18 的位置及相關的簡序調整問題〉，復旦網，2017.5.14（2021.5.4 上網）。
372 羅雲君：《清華簡《越公其事》研究》（長春：東北師範大學碩士論文，2018），頁 67。
373 子居：〈清華簡七《越公其事》第五章解析〉，中國先秦史網站，2018.6.5（2021.5.4 上網）。
374 滕勝霖：《《清華大學藏戰國竹簡（柒）》集釋及相關問題研究》（重慶：西南大學碩士論文，2019），頁 300。
375 （三國吳）韋昭注，徐元誥集解：《國語集解》（北京：中華書局，2002），頁 578。

第六章

本章談的是「五政」中的第二政——好信。

在農業發展到達一定水準之後，句踐規劃市場制度，內容包括交易、稅賦、度量及商業訴訟等。眾所周知，商業活動是最講究「誠信」之事，《管子・問》云：「小利害信，小怒傷義。」[1]貪圖蠅頭小利而損害信用，最終導致兩造訴訟，這種情況即便在今日仍不時上演。因此，在農政步上軌道以後，句踐利用市政管理彰顯對於「信用」的重視。

句踐所使用的手段是嚴刑峻法，只要度量衡不合標準，物品不夠確實，欺騙、竊盜、掠奪他人，則將處以剄刑（砍頭）。令邑司事、官師之人若任意加稅，亦剄刑。結果使越國庶民的交流、對話、貿易、市場買賣，沒有人敢欺詐蒙騙。

句踐的「市政」改革不是口號政治，而是以身作則，言而有信，進而達到上行下效，舉邦皆重「信」。句踐利用「市政」改革，建立人民對於行政體系的信任，在重建國家的過程中，逐步穩固根基，邁向復國滅吳的道路。

釋文（一）

雩（越）邦備蓐（農）多食〔1〕，王乃好訐（信），乃攸（修）市政〔2〕。凡羣（群）庀（度）之不庀（度）〔3〕，羣（群）采勿（物）之不縝（真）〔4〕，諫（豫）繪（媮）諒人則劉刀（剄）也。〔5〕【三七】凡豫（豫）而𧵋（價）賈女（焉）〔6〕，則劫（詰）燭（誅）之〔7〕。凡市賈爭訟〔8〕，訒（反）訐（背）訐（欺）巳（詒）〔9〕，戠（察）之而誖（孚）〔10〕，則劫（詰）燭（誅）之〔11〕。因亓（其）貨以為【三八】之罰〔12〕。凡鄦（邊）鄙

---

[1] 黎翔鳳撰、梁運華整理：《管子校注》（北京：中華書局，2004），頁 499。

（縣）之民及又（有）管（官）帀（師）之人或告于王廷〔13〕，曰：「初日政勿（物）若某，今政硅（重），弗果。」〔14〕凡此勿（物）也，【三九】王必親見而聖（聽）之〔15〕，龏（察）之而訐（信），亓（其）才（在）邑司事及官帀（師）之人則發（廢）也。〔16〕

語譯（一）

越國農業發展、糧食增多之後，句踐於是好尚信用，管理市政。凡是各種度量不合標準，或是各種物品不夠確實，欺騙、竊盜、掠奪他人，則將處以剄刑。……凡是哄抬價格販售，則究辦並予以誅罰。凡是商人因爭執而訴訟，欺詐蒙騙，察考如實者，則究辦並予以誅罰，依據他所牽涉的貨物作為量刑標準。如邊縣人民或官師向國君控訴說：「以前徵物如何如何，而今日政令愈重，無法確實繳交」，舉凡此類（控訴），句踐必定親自接見並聽聞訴訟，察考如實者，則都邑及官師的首長都將被廢黜。

釋文（二）

凡成（城）邑之司事及官帀（師）之【四〇】人〔17〕，乃亡（無）敢增歷（貿）亓（其）政（徵）以為獻於王。〔18〕凡又（有）狷（獄）訟爭＝（至于）王廷〔19〕，曰：「昔日與昌（己）言員（云），今不若亓（其）言。〔20〕」凡此聿（類）【四一】也，王必親聖（聽）之〔21〕，旨（稽）之而訐（信），乃母（毋）又（有）貴賤，剭（剄）也。〔22〕凡雩（越）庶民交誱（接）、言

語、貨資、市賈〔23〕，乃亡（無）敢反不（背）訐（欺）巳（詒）〔24〕。【四二】雩（越）則亡（無）猲（獄）〔25〕，王則閑=（束束）〔26〕，隹（唯）訐（信）是迦（趣），矗（及）于右（左）右〔27〕，壆（舉）雩（越）邦乃皆好訐（信）。〔28〕【四三】

語譯（二）

　　因此都邑與官師的首長，都不敢任意增加稅徵而獻給越王。凡是有訴訟到達朝廷說：「以前跟我們這麼說，今天卻不像以前所講的那樣」，諸如此類，句踐必定親自聽訟，稽查如實者，不論貴賤，均處以刖刑。舉凡越國庶民交流、對話、貿易、市場買賣，沒有人敢欺詐蒙騙。（至此）越國沒有獄訟之事，句踐還是非常誠心地，以信用為歸趨，影響左右大臣，整個越國都好尚信用。

〔1〕　雩（越）邦備蕘（農）多食

雩	邦	備	蕘	多	食

　　原整理者（201704）：備農，讀為「服農」，猶「服田」。《書‧盤庚上》：「若農服田力穡，乃亦有秋。」[2]

　　何家歡（201806）：疑「備」義當與「皆」同。《楚辭‧離騷》：「百神翳其備降兮，九疑繽其並迎。」即是其用例。「越邦備農」即「越邦皆農」。農訓「耕種」。簡文此句當斷為「越邦備農，多食，王乃好訐」，句式與「越邦皆備徵人，多人，王乃好兵」同。[3]

　　子居（20180706）：「備」當訓皆、盡，《儀禮‧特牲饋食禮》：「主人備答拜焉。」鄭玄注：「備，盡。」《說文‧晨部》：「農，耕也。」故「備農」即上一章的「皆耕」，下一章的「備信」也當解為「皆信」。多食，大致相當於傳世文獻所稱「足食」。[4]

　　滕勝霖（201905）：「服農多食」，意思是從事農業活動，糧食豐收。此句是

---

[2] 李學勤主編：《清華大學藏戰國竹簡（柒）》（上海：中西書局，2017），頁134。

[3] 何家歡：《清華簡（柒）《越公其事》集釋》（保定：河北大學碩士論文，2018），頁43-44。

[4] 子居：〈清華簡七《越公其事》第六章解析〉，中國先秦史網站，2018.7.6（2021.5.4上網）。

對上一章「王好農功」的總結。[5]

江秋貞（202007）：「備」在釋義上，子居說的更好，當訓皆、盡。第五章有句「夫婦皆耕」，和本章的「越邦備（服）農」一樣的句式，「備農」即是「皆耕」的另一種說法。古人認為士農工商所有人中，只有農人是真正的「生產者」，農人能夠在土地上從無到有「生產」出糧食來，其他人都只是加工者、勞心者，無益於「生產」；其次，越國從越王自己有「私疇」，其下的「左右大臣乃莫不耕，人有私疇」、庶民也是「夫婦皆耕」，可以說有勞動力的人都參與農耕生產，這就是「備農」。「越邦備（服）農多食」，其意為「越國皆農耕，故糧食增多」。[6]

佑仁謹案：

原整理者認為「備（服）農」猶「服田」。子居認為「備」當訓為皆、盡。滕勝霖把「服農」理解為從事農業活動，江秋貞認為「備農」即是「皆耕」的另一種說法，和子居說法接近。

要理解此處「備（服）」的用法，首先必須觀察《越公其事》全篇「備」字的用法。《越公其事》的「備」字共計8例，依用法分類如下：

一 「備」讀為服勞之「服」

1 以臣事吳，男女備（服）。（第1章，簡6）
2 越王乃盟，男女備（服）。（第3章，簡25）
3 孤請成，男女備（服）。（第11章，簡71）

二 「備」讀為服飾之「服」

4 唯位之次尻、備（服）飾、臺物品采之恣于故常。（第9章，簡55）

三 與五政相關之「備」字

5 越邦備農多食，王乃好信，乃修市政。（第6章，簡37）
6 越邦備信，王乃好徵人。（第7章，簡44）
7 越邦皆備徵人，多人，王乃好兵。（第8章，簡50）
8 王卒既備，舟乘既成。（第10章，簡61-62）

---

[5] 滕勝霖：《《清華大學藏戰國竹簡（柒）》集釋及相關問題研究》（重慶：西南大學碩士論文，2019），頁305。

[6] 江秋貞：《《清華大學藏戰國竹簡（柒）・越公其事》考釋》（臺北：臺灣師範大學博士論文，2020），頁398-399。江秋貞：《《清華大學藏戰國竹簡（柒）・越公其事》考釋》（臺北：花木蘭文化事業公司，2022），頁349-350。

我們可將這 8 例「備」字分成三大類：一是「服勞」之義，表示臣服而為對方
做事；二是「服飾」，為名詞；第三類則是本處要討論的問題，它們都屬於「五
政」的範圍，應可一併理解。原整理者認為「備（服）農」猶「服田」，此說固
能解釋本條，但無法套用在「服信」、「服徵人」、「服舟」等條。子居與江秋貞
把「備」訓為「皆」，但第 8 章云「越邦皆備徵人」，內容已有「皆」字，再把
「備」理解成為「皆」，語意便重複了。因此，筆者比較傾向理解為完備、齊
備、具備之意，如《毛詩‧小雅‧楚茨》：「禮儀既備，鍾鼓既戒。」[7]

　　本處是說越國已經完備農業發展，使得糧食大增。

〔2〕　　王乃好訐（信），乃攸（修）市政。

王	乃	好	訐	乃	攸	市

政

　　原整理者（201704）：市政，市場貿易之政。《周禮‧司市》：「凡會同師
役，市司帥賈師而從，治其市政。」[8]

　　王寧（20170501）：「政」當作「征」，《管子‧問》：「征於關者，勿征於
市；征於市者，勿征於關。」《說苑‧尊賢》：「趙簡子曰：『吾門左右客千人，
朝食不足，暮收市征；暮食不足，朝收市征。』」「市征」即市場貿易要徵收的
賦稅。[9]

　　王進鋒（20171026-28）：「市政」，即城市地區的治理。[10]

　　郭洗凡（201803）：「市政」指的是越王所管理改革的市場貿易。[11]

　　子居（20180706）：由於「市政」一詞於先秦僅見於《周禮》和《越公其
事》此章，且此章下文內容多是需要對照《周禮》才能更好地理解，因此或可
推測《越公其事》此章的成文很可能是受到了《周禮》相關內容的影響。[12]

　　趙晶（201808）：「市政」應作分開理解，「市」為市場貿易，「政」指行政

---

[7] （西漢）毛公傳，（東漢）鄭玄箋，（唐）孔穎達等正義，李學勤主編：《十三經注疏‧毛詩正
　　義》（北京：北京大學出版社，2000），頁 960。

[8] 李學勤主編：《清華大學藏戰國竹簡（柒）》（上海：中西書局，2017），頁 134。

[9] 王寧：〈清華七《越公其事》初讀〉，武漢網，跟帖第 116 樓，2017.5.1（2019.11.19 上網）。

[10] 王進鋒：〈周代的縣與越縣──由清華簡〈越公其事〉中的相關內容引發的討論〉，收入香港
　　浸會大學饒宗頤國學院、澳門大學中國語言文學系、清華大學出土文獻研究與保護中心編：
　　《《清華簡》國際會議論文集》（香港：香港浸會大學饒宗頤國學院、澳門：澳門大學中國語
　　言文學系，2017），頁 79。

[11] 郭洗凡：《清華簡《越公其事》集釋》（合肥：安徽大學碩士論文，2018），頁 67-69。

[12] 子居：〈清華簡七《越公其事》第六章解析〉，中國先秦史網站，2018.7.6（2021.5.4 上網）。

治理。即不限於「市」所涉「貨資」、「市賈」行為，而能擴展至庶民之「交接」、「言語」，並且這種「唯信是趨」的作風才能從「庶民」擴展至王的「左右」。[13]

滕勝霖（201905）：「修」，治理。《尚書・禹貢上》：「既修太原」，孫星衍今古文注疏引《廣雅》：「修，治也。」「王乃好信，乃修市政」是對本章行動的概括，市場貿易以信為先，故秦漢文獻中多有對市政管理的記載。[14]

史玥然（201906）：「政，諸盈切，音征，通征」，表示徵稅。見於《周禮・地官・均人》「均人掌均地政」。鄭玄注：「政，讀為征。」地征指地守職之稅（佑仁案：鄭玄《注》作「地征謂地守、地職之稅也。地守，衡虞之屬。地職，農圃之屬。」）[15]。這句話的意思是修改市場貿易的征稅。[16]

杜建婷（201906）：「修」乃「整治、治理」之義，王寧將「市政」讀為「市政（征）」，訓為「市場貿易要徵收的賦稅」於文意不合，恐不妥。從整理者釋，從下文來看，越王乃是整治市場貿易。[17]

江秋貞（202007）：原考釋認為「市政」是指「市場貿易之政」的觀點可從。另外後文有「初日政勿若某，今政硅（重）」、「乃亡敢增歷（斂）亓（其）政以為獻於王」，這兩句的「政」都是和「征」有關，尤其下文說「初日政（征）勿若某，今政（征）硅（重）」，更證明了本章「政」主要就是「征」，「征稅」。本簡「攸」字，原考釋釋為「修」，和第四簡的「攸（修）奈（祟）厄」、「好攸（修）于民厽（三）工之堵」的「修」字解釋比較接近。這裡的「王乃好信，乃攸市政」指的是「越王於是愛好誠信，開始治理市場上的貿易之政。」[18]

佑仁謹案：

「乃」，連詞，表承接用法，訓為於是。《尚書・堯典》：「乃命羲和。」蔡沈《書集傳》：「乃者，繼事之辭。」[19]

---

[13] 趙晶：〈清華簡柒《越公其事》閱讀箚記二則〉，收入清華大學歷史系、清華大學出土文獻研究與保護中心編：《第一屆出土文獻與古代文明青年學者研討會論文集（二）》（北京：清華大學歷史系、清華大學出土文獻研究與保護中心，2018），頁15-16。

[14] 滕勝霖：《《清華大學藏戰國竹簡（柒）》集釋及相關問題研究》（重慶：西南大學碩士論文，2019），頁305。

[15] （東漢）鄭玄注，（唐）賈公彥疏，李學勤主編：《十三經注疏・周禮注疏》（北京：北京大學出版社，2000），頁409。

[16] 史玥然：《清華簡《越公其事》集釋及其漢字教學設計》（太原：山西大學碩士論文，2019），頁50。

[17] 杜建婷：《清華簡第七輯文字集釋》（廣州：中山大學碩士論文，2019），頁97。

[18] 江秋貞：《《清華大學藏戰國竹簡（柒）・越公其事》考釋》（臺北：臺灣師範大學博士論文，2020），頁400-401。江秋貞：《《清華大學藏戰國竹簡（柒）・越公其事》考釋》（臺北：花木蘭文化事業公司，2022），頁351-352。

[19] （宋）蔡沈，王豐先點校：《書集傳》（北京：中華書局，2018），頁2。

「好」字，江秋貞解釋為「愛好」，可信。

「信」，指信用。市場經濟要能活絡，「信用」是必備的條件之一，依照《周禮》記載，「司市」負責掌管市場的治教、政刑、度量與禁令。《周禮・地官・司市》云：「以質劑結信而止訟。」[20]即以書券作為憑據以避免訴訟產生。又《周禮・地官・司徒》云：「凡賣儥者質劑焉，大市以質，小市以劑。」鄭玄《注》：「鄭司農曰：『質劑，月平賈也。質大賈，劑小賈。』玄謂質劑者，為之券書藏之也。」[21]《管子・問》：「小利害信，小怒傷義。」[22]貪圖小利就會損害信用。

句踐從市政管理彰顯對「信」的講求，《國語・吳語》：「夫越王好信以愛民，四方歸之。」[23]因為信守承諾，故四方歸慕。

「修」，訓作治理、管理，從滕勝霖之說。《周禮・地官・司市》云：「凡會同、師役，市司帥賈師而從，治其市政，掌其賣儥之事。」[24]舉凡會同、征伐、勞役等事，司市必須率領賈師隨行，治理市政掌管買賣。其中「治」與「修」同義。

「市政」一詞，學者有以下幾種理解方式：
1 讀「市政」，市場貿易之政，「市」理解為「市場」。
2 讀「市政」，城市地區的治理，「市」理解為「城市」。
3 讀「市徵（征）」，「市」為市場，「徵（征）」為「賦稅」。

「修市政」既然是第六章的主旨，則必須考察本章全部內容才能判斷該詞的具體內涵，如下：

	原文	內涵
市政	群度之不度	檢測度量是否確實
	群采物之不真	確認商品是否真實
	伴媮諒人	檢查是否有欺詐行為
	儥賈	市場貿易
	詰誅	判斷訴訟

---

[20] （東漢）鄭玄注，（唐）賈公彥疏，李學勤主編：《十三經注疏・周禮注疏》（北京：北京大學出版社，2000），頁434。

[21] （東漢）鄭玄注，（唐）賈公彥疏，李學勤主編：《十三經注疏・周禮注疏》（北京：北京大學出版社，2000），頁443。

[22] 黎翔鳳撰、梁運華整理：《管子校注》（北京：中華書局，2004.6），頁499。

[23] （三國吳）韋昭注，徐元誥集解：《國語集解》（北京：中華書局，2002），頁540。

[24] （東漢）鄭玄注，（唐）賈公彥疏，李學勤主編：《十三經注疏・周禮注疏》（北京：北京大學出版社，2000），頁442。

市賈爭訟	交易訴訟
初日政物若某，今政重，弗果。	貨物稅收
親見而聽之。	親自聆聽獄訟
毋有貴賤，剄也。	刑罰執行。

　　我們可將上述條目分成三個類別：

　　1　統一度量，留意市場貿易是否產生欺詐行為。

　　2　出現市場訴訟時，句踐親自聆聽獄訟，並嚴格執行法律。

　　3　令邑司事、官師之人不敢任意加重稅額，增加人民的負擔。

由上述內容可知，第六章不單只是探討「稅收」，也旁及度量衡與商場訴訟等問題，則筆者比較傾向不要把「政」讀成「征」讓主旨限縮在稅徵一事，「市政」即市場制度，包含稅徵、統一度量與聽訟等相關細項，即「市政」一詞所涵括的層面較廣，「稅徵」只是其中一項。

〔3〕　凡羣（群）厇（度）之不厇（度）

凡	羣	厇	之	不	厇

　　原整理者（201704）：羣度，各種制度。不度，不合法度，不遵禮度。《左傳》隱公元年「今京不度」，杜預注：「不合法度。」[25]

　　易泉（20180126）：「群宅之不度」指群宅不合法度。《管子・立政》提及「生則有軒冕服位穀祿田宅之分」，其中「宅」之「分」，與量、度、數、禁、度對應，皆就當時的各種制度而言。越王勾踐修市政的時候所提及的「群宅」，應指商賈之宅。文獻中有提及賈經商營業固定處所「肆宅」。[26]

　　吳德貞（201805）：易泉認為第一個「厇」字讀為宅，可從。《上博二・容成氏》簡18有「宅不工（空），關市無賦」，宅字簡文亦作「厇」。[27]

　　子居（20180706）：此處的度當是指量度，而非法度、禮度。《禮記・王制》所說「不中度」、「不中數」、「不中量」等即對應《越公其事》此處的「不

---

[25] 李學勤主編：《清華大學藏戰國竹簡（柒）》（上海：中西書局，2017），頁134。

[26] 易泉：〈清華七《越公其事》初讀〉，武漢網，跟帖第220樓，2018.1.26（2019.11.19上網）。

[27] 吳德貞：《清華簡《越公其事》集釋》（武漢：武漢大學碩士論文，2018），頁62。

度」。[28]

滕勝霖（201905）：易泉之說可從，古代市場道路較窄，房屋過大會佔據街道，不利於通行。《左傳·昭公十二年》記載鄭簡公逝世，子大叔游吉負責清理出殯道路，游氏宗廟當道需拆可證。「厇」，「宅」之異體，或「厂」上加「宀」寫作「庉」（《上博五·三德》簡6），在楚簡中多讀作「度」，本句意思是「凡各類房屋不合規制」。[29]

張朝然（201906）：「羣度」應指各種政治制度。[30]

白於藍、岳拯士（202006）：簡文「羣厇（宅）」與「羣采勿（物）」對應，「宅」當指「宮室」而言。典籍中「宮室有度」的說法比比皆是，代表了合理有序而不失體面，是好的表現。與之相反，「宮室過度」（《史記·高祖本紀》、《漢書·晁錯傳》、馬王堆漢墓帛書《稱》）、「宮室失其度」（《禮記·仲尼燕居》）、「宮室溢於制度」（《鹽鐵論·刺權第九》）則代表了奢靡之風，是不好的表現。[31]

江秋貞（202007）：「宅」如果指的是商賈之宅，在文獻中若提及商賈經商營業固定處所又稱「肆宅」。在先秦的文獻中只有兩處提及「肆宅」。古代典籍會以「肆宅」或「市肆」作為商賈之場，通觀本章要談的是市場的買賣稅收，與「宅」實在沒有任何關係，因此讀為「度」似乎是較為合理，楚簡「庀（厇）」字讀為「度」的很多，不備舉。「群度之不度」的第一個「度」指「制度、法度」，名詞；第二個「度」是「合制度或法度」，動詞。[32]

陳一（202203）：兩「度」字前者訓為尺寸，後者訓為法度。[33]

佑仁謹案：

簡文「凡羣（群）厇（度）之不厇（度），羣（群）采勿（物）之不繀（真）」的兩個「羣（群）」字，指各種、各類。

本句前後有兩個「度」字。易泉、吳德貞、滕勝霖把第一個「度」字讀成「宅」，認為房屋過大會占據街道。然而本章通篇未有商賈宅第的相關敘述，把「肆宅」置入文中，顯得比較突兀，故將「群宅不度」理解為佔據街道的說法亦有疑義。

---

[28] 子居：〈清華簡七《越公其事》第六章解析〉，中國先秦史網站，2018.7.6（2021.5.4上網）。

[29] 滕勝霖：《《清華大學藏戰國竹簡（柒）》集釋及相關問題研究》（重慶：西南大學碩士論文，2019），頁305-306。

[30] 張朝然：《清華簡《越公其事》集釋及相關問題初探》（石家莊：河北師範大學碩士論文，2019），頁40。

[31] 白於藍、岳拯士：〈清華簡《越公其事》校釋（六則）〉，《中國文字》總第3期（2020.6），頁188。

[32] 江秋貞：《《清華大學藏戰國竹簡（柒）·越公其事》考釋》（臺北：臺灣師範大學博士論文，2020），頁402-403。江秋貞：《《清華大學藏戰國竹簡（柒）·越公其事》考釋》（臺北：花木蘭文化事業公司，2022），頁353-354。

[33] 陳一：《清華簡（柒）疑難字詞補釋》（天津：天津師範大學碩士論文，2022），頁107。

　　白於藍、岳拯士認為「宅」即「宮室」，古籍中有很多「宮室有度」的記載。細審古籍原文「宮室」多指帝王的宮殿，而簡文則是在討論市政，並非句踐的宮殿，可見這種說法是有問題的。

　　原整理者把「群度之不度」理解為各種制度不合乎法度，透過「凡群度之不度……則劓也」來看，「群度」若是「不度」將導致處以「劓」刑，「劓」是極刑（參本章注釋 5），若要對人處以極刑需有清楚的判刑標準，但「『各種制度』不合法度」是個相對抽象的概念，很難落實地做為量刑依據。其次，「制度」是國家運作的一套法則，失序並非全然是法律制定者的問題，更多的是因為時間、空間改變，讓原有的規範運作不下去，原整理者的說法並不適切。

　　筆者比較傾向將第一個「度」字，理解為市場貿易中商人所使用的「度量衡」，而「不度」則指不合法度，意即商人偷斤減兩、掛羊頭賣狗肉等不講信用之行為，商人在販售商品時沒有依照官方所頒定的度量衡，則將予以用刑，此為句踐「修市政」之首要改革項目。

〔4〕　羣（群）采勿（物）之不縝（真）

羣	采	勿	之	不	縝

　　原整理者（201704）：采物，旌旗、衣物等標明身分等級的禮制之物。《左傳・文公六年》：「分之采物，著之話言」，孔穎達疏：「采物，謂采章物色、旌旗衣服，尊卑不同，名位高下，各有品制。」縝，疑從紃聲，讀為「對」，皆舌音物部。不對，不匹配，意思是有悖於常典。第五十五簡相同的意思表達為「羣物品采之愆于故常」。[34]

　　石小力（20170423）：疑當釋「縝」，《上博三・周易》簡 25 對應今本「顛」之字作 ，從辵，真聲，所從真旁上部也演變為「出」形，與此類似，下部鼎形則省作貝形，古文字當中鼎旁和貝旁作為偏旁常見混用，故 可釋作「縝」。縝，精緻，細密。[35]

　　王寧（20170501）：「采物」本義是指用色彩紋飾區別貴賤等級的物品，這裡「群采物」蓋指各種不同價位的貨物商品。「縝」字，整理者認為「疑從紃聲，讀為『對』。」按《康熙字典・補遺・酉集・貝部》收「賮」字，引《奚韻》：「普怪切，音派。出也。」由聲求之，實「賣」之簡省寫法，小篆「賣」從出、网、貝，此字形蓋省去「网」。簡文從糸當即「續」字。「群采物之不

<hr>

[34] 李學勤主編：《清華大學藏戰國竹簡（柒）》（上海：中西書局，2017），頁 134。

[35] 參清華大學出土文獻讀書會（石小力整理）：〈清華七整理報告補正〉，清華網，2017.4.23（2021.5.4 上網）。石小力：〈清華簡第七冊字詞釋讀箚記〉，《出土文獻》第 11 輯（上海：中西書局，2017.10），頁 245。

續」，就是諸商品貨源斷絕供應不上的意思。[36]

蕭旭（20170605）：「繢」從出得聲，讀為入。《廣雅》：「入，得也。」《淮南子·主術篇》高誘注：「入，中。」不入，猶言不符合標準。簡文是說采物不符合標準，恣縱、涼薄於人者都要受刑罰。[37]

易泉（20180126）：石小力已指出簡文「群采勿（物）之不繢」，與同篇 55 號簡「群物品采之怨于故常」表述相近。頗疑「繢」讀作「慎」。《國語·楚語》：「百姓夫婦擇其令辰，奉其犧牲，敬其粢盛，絜其糞除，慎其采服，禋其酒醴」，其中有「慎其采服」，可以參看。[38]

郭洗凡（201803）：整理者的觀點可從「采物」指的是用不同顏色和裝飾的衣服等物品來區分等級。[39]

子居（20180706）：繢字疑當分析為從系從貴，「貴」字異體或書為「賷」，所從之「止」似即「出」之訛，故繢字似當讀為續，「不續」當即指不成文，也即所繪不合常制。[40]

沈雨馨（201904）：此章句式相對齊整，文例為凡……則……，凡後為不合常理之事，則後為處理措施。簡文「不繢」應與上文「不尾」文意相似，之不合法度之處，與簡55的「羣物品采之怨于故常。」相對應。指代旌旗、衣服的不符合制度之處，這裡應當特指不符合市場制度。[41]

滕勝霖（201905）：石小力對「繢」字形分析可從，右側部件是「真」之訛變，「真」從貝聲，「止」在楚簡帛中訛作「止」「出」等，如：「泉」（《清華伍·厚門》簡18）、「填」（「填」《帛書乙·四時》）等。此類變化在傳抄古文中亦有見到，如「泉」「泉」等。「真」上部件「止」訛作「止」形多見於曾侯乙墓竹簡，如「泉」（簡122）、「泉」（簡140）等。易泉將「繢」讀作「慎」可從。意思是「各類禮制之物不謹慎選擇」。[42]

張朝然（201906）：采，《虞書》「命婦官染采」，注，五色也。「采物」之義可從王寧所說，此處指各種不同價位的貨物商品。「繢」從糸聲，讀為「對」。不對，不匹配，但此處指的是商品貨物的價格不匹配。義即商品貨物價格不合乎平常。故簡文中「羣采勿（物）之不繢（對）」的意思可翻譯為各種不同價位的貨物商品的價格不合乎平常。因此下文說到「（佯）（愉）諒人則（刑）也」。貨物商品的價格不合乎平常可稱之為「佯」。[43]

---

[36] 王寧：〈清華七《越公其事》初讀〉，武漢網，跟帖第 116 樓，2017.5.1（2019.11.19 上網）。

[37] 蕭旭：〈清華簡（七）校補（二）〉，復旦網，2017.6.5（2021.5.4 上網）。

[38] 易泉：〈清華七《越公其事》初讀〉，武漢網，跟帖第 220 樓，2018.1.26（2019.11.19 上網）。

[39] 郭洗凡：《清華簡《越公其事》集釋》（合肥：安徽大學碩士論文，2018），頁 68。

[40] 子居：〈清華簡七《越公其事》第六章解析〉，中國先秦史網站，2018.7.6（2021.5.4 上網）。

[41] 沈雨馨：《《清華大學藏戰國竹簡（柒）》集釋》（北京：首都師範大學碩士論文，2019），頁 62。

[42] 滕勝霖：《《清華大學藏戰國竹簡（柒）》集釋及相關問題研究》（重慶：西南大學碩士論文，2019），頁 307。

[43] 張朝然：《清華簡《越公其事》集釋及相關問題初探》（石家莊：河北師範大學碩士論文，

史玥然（**201906**）：「羣采勿（物）之不繢」和「羣物品采之愆于故常」對讀，「不繢」對應「愆」。《說文》：「愆，過也。」指罪過、過失。《書‧伊訓》：「惟茲三風十愆，卿士有一於身，家比喪。」此處「繢」訓為「對」，「不繢」和「愆」意思相近。[44]

白於藍、岳拯士（**202006**）：簡文中「繢」當讀為「律」。關於簡文之「厇（度）」、「繢（律）」二字字義，可有兩種解釋。第一種解釋是二字均用作名詞。「度」、「律」二字之訓為「法」為典籍常訓。「不繢（律）」與「不厇（度）」對應，亦即沒有法度，而且兩者互文見義，「凡羣厇（宅）之不厇（度），羣采勿（物）之不繢（律）」大意是講凡是羣宅和羣采物之沒有律度者。第二種解釋是二字均用作動詞。典籍中「度」字常可活用為動詞，指合乎法度。「繢（律）」與「厇（度）」字對應，亦可以理解為名詞活用為動詞，「不繢（律）」亦指不合法度，「凡羣厇（宅）之不厇（度），羣采勿（物）之不繢（律）」大意是講凡是羣宅和羣采物之不合律度者。[45]

吳萱萱（**20200630**）：此字右半部分上從止，下從貝，當訓為「得」，可見於《郭店楚墓竹簡‧老子》簡 36：「（得）與亡孰病？」故而，此字從得聲，而非絑聲。「得」於此處可解釋為「合」，如《天問》「得兩男子」，又如《越公其事》「君臣父子其未相得」。故而，簡文「群采物之不得」可理解為禮制之物不合於舊規常例的現象。[46]

江秋貞（**202007**）：〈越公其事〉此字右旁下從見（佑仁案：當是「貝」的誤字），上部類似「出」，正是保留古體的「真」字，因此應從石小力隸為「繢」。至於其釋讀，石小力釋為「縝密」。「采勿」當即「綵物」，又見《上博三‧亙先》簡 4-5「業業天地，紛紛而多采（綵）勿（物）」，董珊以為即「萬物」，可從。季師以為綵物指萬物，不可能都要求「縝密」，因此似可讀為「真」；「群采勿之不縝」即「群綵物之不真」，萬物若有虛假不實、偷工減料之類，則施之以刑。[47]

杜建婷（**201906**）：「采物」即有彩色紋飾的旌旗、衣物等，用以區別等級尊卑。[48]

tuonan（**20211130**）：簡 37 之字果真是「縝」，則可讀「真」。「偽」可指物

2019），頁 40-41。

[44] 史玥然：《清華簡《越公其事》集釋及其漢字教學設計》（太原：山西大學碩士論文，2019），頁 51。

[45] 白於藍、岳拯士：〈清華簡《越公其事》校釋（六則）〉，《中國文字》總第 3 期（2020.6），頁 189-190。

[46] 吳萱萱：《《越公其事》中句踐滅吳故事考論》（杭州：杭州師範大學碩士論文，2020），頁 30。

[47] 江秋貞：《《清華大學藏戰國竹簡（柒）‧越公其事》考釋》（臺北：臺灣師範大學博士論文，2020），頁 406-408。江秋貞：《《清華大學藏戰國竹簡（柒）‧越公其事》考釋》（臺北：花木蘭文化事業公司，2022），頁 357-359。

[48] 杜建婷：《清華簡第七輯文字集釋》（廣州：中山大學碩士論文，2019），頁 317-318。

品質量之粗劣（參蔡偉先生博士論文），則「真」自可指質量之精良（此猶「美金／惡金」、「巨屢／小屢」中「美／惡」、「巨／小」之相對。「大」也有品質良善義，如下舉「真大好」）。鏡銘「真大好」、「真大工」、「真大丂／巧」等三字近義連語。[49]

　　陳一（**202203**）：「繢」從石小力讀為「縝」。清華簡（伍）《湯在啻門》簡18「真」作「」，「繢」當是書手誤將「」所從「鼎」最上橫筆分離成兩橫，上部訛為「出」，加之古文字中從鼎與從貝常混用，故「」即「真」字。[50]

　　佑仁謹案：

　　原整理者認為「采物」乃「旌旗、衣物等標明身分等級的禮制之物」，但此種標誌身分地位的物品不太可能拿到市場公開販售。「采物」一語見於上博三《恆先》簡 7：「采物出於作，作焉有事，不作無事。」[51]季旭昇師認為「綵物」指「萬物」[52]，則《越公其事》的「群采物」乃泛指市場上販售的各種物品，包括穀物、魚類、鳥畜、鐵器、生活用具等。

　　「不縝」，「不」字下一字簡文作「」，字形當從石小力所言隸定作「縝」。

　　「真」字見於西周金文「」（伯真甗，《集成》00870）、「」（季真鬲，《集成》00531）、「」（寓鼎，《集成》02756）、「」（真盤，《集成》10091），字形有從「貝」與從「鼎」兩種寫法。唐蘭認為字乃從貝、亻（珍）聲，「亻」並非「匕（化）」，而是《說文》「㐱」之古文 [53]。何琳儀認為從「鼎」、「亻」（㐱）聲，即「珍」的初文 [54]。董蓮池認為〈伯真甗〉之「真」乃下從「貝」，上從「顛越」之「顛」的表意字 [55]。「真」字上半所從「亻」究竟是什麼意思，還有討論的空間，但該構形還可以變成「卜」、「之」、「止」等形，不一而足，因此《越公其事》本處「」字所從的「出」形，當即此種形訛之一，此類從「出」形的「真」還可見於清華伍《湯在啻門》簡18「」。

[49] tuonan：〈清華七《越公其事》初讀〉，武漢網，跟帖第239樓，2021.11.30（2022.3.17上網）。

[50] 陳一：《清華簡（柒）疑難字詞補釋》（天津：天津師範大學碩士論文，2022），頁107。

[51] 董珊：〈楚簡恆先初探〉，簡帛研究網，2004.5.12。（2023.4.19 上網）

[52] 江秋貞：《《清華大學藏戰國竹簡（柒）‧越公其事》考釋》（臺北：臺灣師範大學博士論文，2020），頁 408。江秋貞：《《清華大學藏戰國竹簡（柒）‧越公其事》考釋》（臺北：花木蘭文化事業公司，2022），頁359。

[53] 唐蘭：〈釋真〉，《唐蘭先生金文論集》（北京：紫禁城出版社，1995.10），頁 31-33。

[54] 何琳儀：《戰國古文字典》（北京：中華書局，1998），頁 1114-1115。

[55] 董蓮池所論下從「貝」、「丁」之「真」字初文應出自〈伯真甗〉，然《字源》字形 1作「」，其「丁」形誤書而與字形 3〈季真鬲〉相同。李學勤主編：《字源》（天津：天津古籍出版社，2012），頁 723。董蓮池：《新金文編》（北京：作家出版社，2011），中冊，頁 1118。

「不**繢**」一詞，當嚴式隸定作「不繢」，石小力讀如字，訓為精緻、細密。易泉讀「不慎」，由其所引用的「慎其采服」一句來看，殆即「謹慎」之意，滕勝霖從之，江秋貞則據季旭昇師之說讀成「不真」。關於該詞的釋讀，筆者有兩點想法：

1　就文例來看，「不繢」既是判斷是否用「劅」（斷頭）刑的標準（亦即「不繢」者，將施以「劅」刑），既然如此，它應該有一個客觀、具體的判斷指標，「劅」是死罪，人死不能復生，量刑不容許有灰色模糊空間。但是，「慎」（謹慎）與「繢」（細膩）都是比較後的結果。《老子》第二章云：「難易相成，長短相形」[56]，難易、長短都是「相對而非絕對」的概念，「慎」與「繢」亦是如此。一件物品做得草率或謹慎、粗疏與細膩，正所謂「一分錢一分貨」，很難有一致的標準，何謂「慎」？何謂「繢」？並無客觀標準可言，這用在刑罰的判準上，尤其還作為極刑的量刑標準，是非常不妥的。

2　「市政」乃次於「農工」之施政措施，五政初期，句踐致力於農業發展，使糧食蓄庶，可見農作物應該會佔市場貿易中很大一部分比例。但瓜果收成有大有小，有長有短，有頂級品有次級品，甚至是毀損腐爛，農作物很難用「不慎」或「不繢」來形容或判斷其優劣。

基於以上原因，筆者採用「不真」之說，「不真」者，指以劣質品魚目混珠、濫竽充數，乃至於今日 以假亂真的「山寨版」產品，都屬於「不真」。

〔5〕　諫（豫）繪（媮）諒人則劅（劅）也

諫	繪	諒	人	則	劅	也

原整理者（201704）：諫，疑讀為「佯」，欺詐。《淮南子・兵略》：「此善為詐佯者也。」繪，字見《說文》：「繪帒，布也。」讀為「媮」，鄙薄。《左傳》襄公三十年「晉未可媮也……其朝多君子，其庸可媮乎」，杜預注：「媮，薄也。」諒人，誠實之人。後代有「諒士」，結構相同。劅，當為「劅」之異體。《說文》：「劅，刑也。」《左傳》定公四年「句卑布裳，劅而裹之」，杜預注：「司馬已死，劅取其首。」簡文中讀為「刑」。簡文的大意是：如果欺侮誠信之人，則予以刑處。[57]

暮四郎（20170430）：「諫」似當讀為「傷」。古「象」聲、「易」聲的字常常相通。「繪」（侯部舌音聲母）似當讀為「誅」（侯部端母）。《莊子・達生》「紫衣而朱冠」，《釋文》朱冠「司馬本作俞冠」。「傷」、「誅」連言可參看《漢書・楚元王傳》「箋執樞機，朋黨比周，稱譽者登進，忤恨者誅傷」。作名詞的

---

56 （魏）王弼注，樓宇烈校釋：《老子道德經注校釋》（北京：中華書局，2018），頁6。

57 李學勤主編：《清華大學藏戰國竹簡（柒）》（上海：中西書局，2017），頁134。

「諒人」不見於先秦兩漢典籍。這裡的「諒人」似當讀為「良人」。古「諒」、「良」常相通用。其下似當斷開。[58]

王寧（20170501）：「佯緰」疑即後世所謂「邪揄」、「揶揄」，戲弄、侮辱之意，在簡文裡應該是戲弄、為難的意思。「諒人」整理者解為誠信之人，可通。不過在市場的諒人疑是官名，即《周禮‧夏官司馬》的「量人」，是負責丈量和營造的官，鄭玄注：「量猶度也，謂丈尺度地也。」簡文裡的「量人」可能是在市場上主管度量衡的官員，揶揄量人就是擾亂市場上的度量衡，所以要殺。[59]

蕭旭（20170605）：「諫」是「漾」異體字，讀為愒、愓。《說文》：「愒，放也。」字亦作蕩，《廣雅》：「蕩、逸、放、恣，置也。」「蕩」即放逸、恣縱義。緰，讀為愉，託侯切。《說文》：「愉，薄也。」「媮」亦借字，字亦作偷。諒，讀為涼、琼（就）。《說文》：「涼，薄也。」又「琼，事有不善言琼也。《爾雅》：『琼，薄也。』」《廣韻》引《字統》：「事有不善曰就薄。」簡文是說采物不符合標準，恣縱、涼薄於人者都要受刑罰。[60]

羅小虎（20170825）：諫，似可讀為「豫」，古有「市不豫價」之說。豫，有欺詐、欺誑之義。《周禮‧司市》注云：「防誑豫。」《晏子春秋‧內篇問上十一》：「于是令完好不御，公市不豫。」《荀子‧儒效》：「魯之粥牛馬者不豫賈，必蚤正以待之也。」《鹽鐵論‧力耕》：「古者商通物而不豫，工致牢而不偽。」[61]

易泉（20180126）：從首從到之字二見，應是斬首之刑。整理者所指向的異體字「到」可指斬首之刑，似不煩破讀。「諫」從整理者讀作佯，訓作「詐」。「緰」讀作「輸」，訓作取。諒，讀作「掠」，奪取。佯、輸、掠三者並言而各有側重，佯為詐取，輸為偷取，掠為奪取。「諫（佯）緰（輸）諒（掠）人」即詐取、盜取、掠取人。[62]

郭洗凡（201803）：「揶揄量人」就是擾亂市場上的度量衡，所以要懲罰。[63]

子居（20180706）：「緰」可讀為「偷」訓為取。[64]

何家歡（201806）：「象」與「易」聲通，當讀為「揚」，高揚。「緰」讀為「逾」，越過，超過。此句當斷讀為：凡羣度之不度，羣采物之不秩，揚逾，良人則刑也。[65]

---

[58] 暮四郎：〈清華七《越公其事》初讀〉，武漢網，跟帖第 107 樓，2017.4.30（2019.11.19 上網）。

[59] 王寧：〈清華七《越公其事》初讀〉，武漢網，跟帖第 116 樓，2017.5.1（2019.11.19 上網）。

[60] 蕭旭：〈清華簡（七）校補（二）〉，復旦網，2017.6.5（2020.11.26 上網）。

[61] 羅小虎：〈清華七《越公其事》初讀〉，武漢網，跟帖第 208 樓，2017.8.25（2019.11.19 上網）。

[62] 易泉：〈清華七《越公其事》初讀〉，武漢網，跟帖第 220 樓，2018.1.26（2019.11.19 上網）。

[63] 郭洗凡：《清華簡《越公其事》集釋》（合肥：安徽大學碩士論文，2018），頁 69。

[64] 子居：〈清華簡七《越公其事》第六章解析〉，中國先秦史網站，2018.7.6（2021.5.4 上網）。

[65] 何家歡：《清華簡（柒）《越公其事》集釋》（保定：河北大學碩士論文，2018），頁 46。

　　毛玉靜（201905）:「繻」與「諒」意近，皆表示涼薄之意。[66]

　　滕勝霖（201905）:「諫」，本文讀作「爽」，違背、損傷之意。《爾雅・釋言》:「爽，差也，忒也。」「繻」讀作「渝」，改變之意。「諒人」，本文認為「諒」在文獻中多有「誠信」之意，《大戴禮記・主言》:「上樂施則下益諒」，孔廣森補注:「諒，誠也。」故「諒」在簡文可如字讀。「𝄐」，整理者之說可從，讀作「刑」。左側部件多意符「首」更能體現「剄」之本義，本句意思是「違背誠信之人就會受到刑罰。」[67]

　　張朝然（201906）:「諫」字，在此處應和「繻」近義，釋為欺騙、欺詐之義，沿續上文的意思。[68]

　　杜建婷（201906）:「佯」之「欺誑」義著重點在「假裝」，「繻」當讀為「媮」，亦為「偷」。「剄」本義為「割首之刑」，可暫讀為「刑」，此句當斷讀為「凡羣厎（度）之不厎（度），羣采勿（物）之不縟（對），諫（佯）、繻（媮）、諒人，則剄（刑）也」，「諫（豫）、繻（媮）、諒人，則剄（刑）也」即「（商市中之）欺詐者、偷盜者、搶掠者，都處以刑罰」。[69]

　　吳萱萱（20200630）:諸家釋「諫」有誤。「為」之古文乃以手牽象之形，故「象」「為」字形相通，「諫」即「譌（訛）」。《小雅・正月》:「民之訛言，亦孔之將。」整句話或可解釋為，對於不合法的制度、不合於常例的采物以及欺詐鄙薄誠信之人的行為，句踐將予以懲治。經過一番努力，「舉越邦乃皆好信」，越國呈現出注重誠信的和諧氛圍。由是，句踐以好信之策，為四方之民的到來創造了「政薄而好信」的安穩環境。[70]

　　江秋貞（202007）:「諫繻諒人則剄也」的意思是「（綵物不真）、欺騙、偷薄，以此掠奪他人利益的人，就處以剄刑」。[71]

　　陳一（202203）:「諫」，訓為誑，即欺詐之意，「繻」，訓為竊取，「凡羣度之不度，羣采物之不縝，豫偷諒人則刑也」意為「凡是尺寸不合法度的，采章物色、旌旗衣物的品質不夠細緻的，在這些方面詐騙誠信之人的商賈則對他們加以刑罰。」[72]

---

[66] 毛玉靜:《清華大學藏戰國竹簡（柒）》字用研究》（合肥：安徽大學碩士論文，2019），頁75。

[67] 滕勝霖:《清華大學藏戰國竹簡（柒）》集釋及相關問題研究》（重慶：西南大學碩士論文，2019），頁308-309。

[68] 張朝然:《清華簡《越公其事》集釋及相關問題初探》（石家莊：河北師範大學碩士論文，2019），頁41。

[69] 杜建婷:《清華簡第七輯文字集釋》（廣州：中山大學碩士論文，2019），頁121。

[70] 吳萱萱:《《越公其事》中句踐滅吳故事考論》（杭州：杭州師範大學碩士論文，2020），頁30。

[71] 江秋貞:《《清華大學藏戰國竹簡（柒）・越公其事》考釋》（臺北：臺灣師範大學博士論文，2020），頁412。江秋貞:《《清華大學藏戰國竹簡（柒）・越公其事》考釋》（臺北：花木蘭文化事業公司，2022），頁362-363。

[72] 陳一:《清華簡（柒）疑難字詞補釋》（天津：天津師範大學碩士論文，2022），頁107。

佑仁謹案：

「諑繪」，原整理者讀「侜媮」，是欺詐鄙薄之意，暮四郎讀為「傷誅」，王寧認為「侜繪」疑即後世所謂「邪揄」、「揶揄」。蕭旭以為是「滌」之異體，讀為㤞、惕，義為「恣縱」。羅小虎引「市不豫價」讀成「豫」，易泉讀成「侜輸」，郭洗凡讀「侜繪」指「揶揄」。何家歡讀「揚逾」，訓為高揚超過。滕勝霖讀「爽渝」，訓為違背改變。張朝然以為諑、繪近義，釋為「欺騙、欺詐」。杜建婷讀「侜媮」，吳萱萱以「諑」為「譸」，江秋貞讀「豫薄」，陳一讀「諑繪」分指欺騙、偷薄，眾說紛紜。

王寧認為讀成「侜繪」，即後世所謂「揶揄」，但揶揄諒人就處「剄」刑，刑罰過於嚴苛，且與市場買賣無關，故不取。郭洗凡認為「『揶揄量人』就是擾亂市場上的度量衡」，說法也恐怕難以成立。暮四郎將「繪」讀成「誅」，然而簡文已有「誅」字，暫不作此解。

筆者認為「諑」讀成「豫」是最簡便的解法，「象」定紐陽部，「豫」定紐魚部，清華參《周公之琴舞》簡3：「訖我夙夜不象（豫），敬（儆）之！」[73]楚簡也有通假例證，「豫」有欺騙之意，《晏子春秋·問上十一》：「于是令玩好不御，公市不豫，宮室不飾，業土不成。」吳則虞《集釋》引蘇輿曰：「不豫，謂不誑也。」[74]《鹽鐵論·力耕》：「古者，商通物而不豫，工致牢而不偽。」[75]

「繪」，從易泉讀作「輸」，指偷竊。「諒」，從易泉讀為「掠」，指掠奪。簡文是說：欺騙（豫）、竊盜（偷）、掠奪（掠）人，則必須處以剄刑，此項刑罰規定非常苛重。

簡文的「剄」有兩種理解方式，第一種是由原整理者所提出，讀為「刑」，並未指明刑罰類型，故應泛指一切的刑罰，例如鞭刑、肉刑、死刑等，統攝的意涵比較廣泛。蕭旭、郭洗凡、何家歡、子居、滕勝霖、杜建婷等人從之。

「剄」確實能通假成「刑」，《史記·淮南衡山列傳》：「太子即自剄，不殊。」《漢書·淮南衡山濟北王傳》「剄」作「刑」[76]。此外，「井」字聲系與「巠」字聲系也有不少相通的例證，參《古字通假會典》【刑與徑】乙條[77]。

第二種是將「剄」讀如字，表示死刑（斬首），統攝的意涵比較狹義。由易泉首先提出，江秋貞從之。

「剄」是斷首之刑，《左傳·定公四年》：「句卑布裳，剄而裹之。」杜預

---

[73] 李守奎、蕭攀：《清華簡《繫年》文字考釋與構形研究》（上海：中西書局，2015），頁199-200。

[74] 吳則虞：《晏子春秋集釋》（北京：中華書局，1982），頁204。

[75] 王利器撰：《鹽鐵論校注》（北京：中華書局，1992），頁28。

[76] （漢）司馬遷撰，（南朝宋）裴駰集解，（唐）司馬貞索引、張守節正義：《史記》（北京：中華書局，2014），頁3758。（東漢）班固，（清）王先謙：《漢書補注》（上海：上海古籍出版社，2008），頁3542。

[77] 高亨、董治安編纂：《古字通假會典》（濟南：齊魯書社，1997），頁51。

《注》：「剄，取其首。」[78]《說文解字》引《司馬法》曰：「小罪聅，中罪刖，大罪剄。」段玉裁《注》「剄」字下云：「按許意剄謂斷頸。刑之至重者也。」[79]依據《史記・吳太伯世家》記載，句踐攻破吳都，本欲遷夫差至甬東，以存其餘命，然夫差不肯，遂自剄而死[80]，則以刀割頸亦可稱「剄」。

這兩種讀法中，筆者比較支持讀成「剄」，可惜易泉、江秋貞都沒有提出論據，筆者提出兩點想法：其一，《越公其事》簡53「敕民、修令、審刑（刑）」句，其「刑」字从「井」得聲，與本處（簡37、42）的「𠝏」字寫法不同，可見本文對於「剄」、「刑」用字有別。《越公其事》書手還另寫了《子犯子餘》、《晉文公入於晉》等篇，所寫的｛刑｝字見於：

> 昔之舊聖哲人之敷政令㓝（刑）罰。（《子犯子餘》簡9）
> 懼不死，型（刑）以及於厥身。（《子犯子餘》簡13）
> 遠旗死，中旗㓝（刑），近旗罰。（《晉文公入於晉》簡7）

其中兩例作「刑」，一例作「型」，基本一致，可見此位書手以「井」字聲系表示「刑」，以「巠」字聲系表示「剄」，用字習慣不同。

其二，「𠝏」字可分析成从百、剄聲，从「百」是「首」之省，《說文》：「百，頭也，象形。」[81]「剄」之「刀」旁又進一步類化成「刃」。《說文》有「百」與「首」二字，且均列為部首，又言「首」乃「古文百」[82]，事實上，「百」即「首」之異體，只是刪除首級上的毛髮之形，並不需另闢「百」部。「𠝏」字在《越公其事》中兩見，分別作「　」、「　」，字形从「百」應是特別強調斷首之義。

也許有人會說，依據這樣的說法，各種度量衡不合標準，或是各種物品不夠確實，甚至欺騙、竊盜、掠奪他人等行為，即處以「剄」（砍頭）刑，這樣的刑罰會不會過重？依據第九章的記載，句踐在準備反攻吳國前，為了整頓國家，他將各類不符合規範者（例如不恭敬、晚到、服飾音律不符合越國規範等）通通「戮殺」（施以肉刑或殺身），可見「豫婾諒人則剄也」沒有刑罰過重的問題。

農業發展逐漸步入軌道以後，人民生活得以溫飽，句踐開始強調「信」，這

78 （晉）杜預注，（唐）孔穎達正義，李學勤主編：《春秋左傳正義》（北京：北京大學出版社，2000.12），頁1791。
79 （東漢）許慎撰，（清）段玉裁注，李添富總校訂：《新添古音說文解字注》（臺北：洪葉文化事業公司，2016），頁184。
80 （漢）司馬遷撰，（南朝宋）裴駰集解，（唐）司馬貞索引、張守節正義：《史記》（北京：中華書局，2014），頁1781。
81 （東漢）許慎撰，（清）段玉裁注，李添富總校訂：《新添古音說文解字注》（臺北：洪葉文化事業公司，2016），頁426。
82 （東漢）許慎撰，（清）段玉裁注，李添富總校訂：《新添古音說文解字注》（臺北：洪葉文化事業公司，2016），頁426、427。

個「信」不僅只是「信用」、「誠信」之義，所謂「君無戲言」，加諸簡文的語境，也能理解為「威信」。句踐利用創制管理市場的辦法，來凸顯「信」的價值。商場是最講究信用的地方，為了追求更多的利潤，買賣行為所衍伸的法律問題層出不窮，《管子》云：「出言必信，則令不窮矣，此使民之道也。」[83]國君言而有信，所頒布的政令才能順利推行，這是治理人民的基礎。

句踐藉由整頓市政，展現他「信賞必罰」的態度，建立賞罰的客觀標準以及他在越國人心中的威信。句踐整頓國家時，恩澤威信雙管齊下，當鼓勵農功時，他給予勤耕者獎勵，當需要建立市場信用時，他制定嚴苛刑罰，恩威並施。這或許就是越國能在短時間內整軍經武、消滅吳國的主要原因。

〔6〕　凡像（豫）而賡（價）賈女（焉）

豫	而	賡	賈	女

原整理者（201704）：簡首缺兩字。第三字殘存「兔」旁，疑讀「挽」。「而」下殘字右旁從賣，當為「賡」字之殘。包山一二〇號簡：「竊馬於下蔡而賡之於陽城。」《說文》：「賡，賣也。」[84]

zzusdy（20170428）：簡 38 首字殘缺，僅餘右半，可能是「豫」字，簡文「豫而賡賈之」，即「公市豫賈」、「魯之鬻牛馬者不豫賈」之「豫」，誑詐也。[85]

郭洗凡（201803）：「賡」，《段注》：「貝部賣下曰：『衒也。』衒者，行且賣也。賣即《周禮》之『賡』字。」[86]

吳德貞（201805）：簡首所缺兩字的第一個字可補為「凡」，「【凡】□□而【賡】賈焉，則劮燭之。」與下文「凡市賈爭訟……則劮燭之」句式相當。[87]

何家歡（201806）：簡37有一𧗠字，整理者隸定為諑，包山簡「豫」作𧗠，二字右邊上部與簡文此字右上部書寫風格一致。清華簡（六）《鄭文公問太伯甲》有挽字，作𧗠，讀為「逸」，訓「失」。其右所從亦與此字同。[88]

王凱博（201806）：據上下文語境及古文獻中的有關辭例，可以判定𧗠其實當為「豫」字之殘。〈儒效〉「豫賈」楊注：「定為高價也。」王引之謂：「『豫』猶『誑』也。《周官‧司市》注曰：『使定物價防誑豫』，是也。」可知𧗠雖左半殘去，且首兩字不存，但由上下文內容及上引古書辭例，則將簡文「𧗠而□

---

[83] 黎翔鳳撰、梁運華整理：《管子校注》（北京：中華書局，2004），頁411。

[84] 李學勤主編：《清華大學藏戰國竹簡（柒）》（上海：中西書局，2017），頁134。

[85] zzusdy：〈清華七《越公其事》初讀〉，武漢網，跟帖第71樓，2017.4.28（2019.11.19上網）。

[86] 郭洗凡：《清華簡《越公其事》集釋》（合肥：安徽大學碩士論文，2018），頁70-71。

[87] 吳德貞：《清華簡《越公其事》集釋》（武漢：武漢大學碩士論文，2018），頁64。

[88] 何家歡：《清華簡（柒）《越公其事》集釋》（保定：河北大學碩士論文，2018），頁47。

（債）女（焉）」之 ![字] 釋讀為「豫」應無可疑。[89]

子居（20180706）：整理者所說「簡首缺兩字」，據上下文類似句式，第一個字當是「凡」，第二個字可以考慮補為「誣」或「詐」等字。網友 zzusdy 在《清華七〈越公其事〉初讀》帖 71 樓言：「簡 38 首字殘缺，僅餘右半，可能是『豫』字，簡文『豫而債賈之』，即『公市豫賈』、『魯之鬻牛馬者不豫賈』之『豫』，誑詐也。」比對原簡照片，網友 zzusdy 所說當是。[90]

滕勝霖（201905）：「![字]」，其上部件在楚系文字中或訛寫地與「用」相近，「賈」字秦漢字形上面部件或與「屮」有不同來源。簡首殘缺，今從吳德貞之說，補「凡」字。故本句補為「凡□豫而債賈焉」，本句意思是「凡是□欺誑做買賣的」。[91]

江秋貞（202007）：筆者認為從「象」方向思考，此字釋為「豫」，有詐欺的意思和文意脈絡相承，故王博凱（佑仁案：即 zzusdy）的判斷應是非常有可能的。此字釋為「豫」，清代王引之《經義述聞・周官上》「誑豫」條，可從，所以第二字也可以補上「誑」字。第四字為「而」字無疑。第五字只剩右旁的「賣」旁，字形上可從原考釋的說法為「債」。第一個字為「凡」字的可能性很高。筆者認為在此處的「□□□而□賈焉」可以是「凡誑豫而□（債）賈焉」。意指「凡是欺誑而從事買賣者」。[92]

陳一（202203）：程浩已言（佑仁案：見程浩：〈清華簡第七輯整理報告拾遺〉，《出土文獻》第十輯，2017 第 1 期），清華簡中下部從「肉」者為「兔」，下部似「勿」者為「象」。故「![字]」右旁所從為「兔」，整理者疑為「㲾」可從，當讀為「逸」。本句首字據前後文可補「凡」字，第二字擬補「縱」或「放」等字，「![字]」右旁從「賣」，或為「瀆」，《國語・晉語五》：「瀆其信也。」韋昭注：「瀆，輕也。」「瀆賈」意為對商賈輕慢無禮。既言「修市政」，當同時管理市場中的商賈和百姓雙方，上句「凡羣度之不度，羣采物之不鎮，豫偷諒人則刑也。」乃對商賈的要求，本句即對百姓的約束。「凡縱逸而瀆賈焉，則詰誅之。」意為「凡是恣意放縱對商賈輕慢無禮的人，則對他們加以問責懲罰。」相比於商賈之「刑」，對百姓的懲罰較輕。[93]

---

[89] 王凱博：《出土文獻資料疑義探研》（長春：吉林大學博士論文，2018），頁 30-31。王凱博：〈清華簡《越公其事》補釋三則〉，《出土文獻》第 13 輯（上海：中西書局，2018.10），頁 134-135。

[90] 子居：〈清華簡七《越公其事》第六章解析〉，中國先秦史網站，2018.07.06（2021.5.4 上網）。

[91] 滕勝霖：《《清華大學藏戰國竹簡（柒）》集釋及相關問題研究》（重慶：西南大學碩士論文，2019），頁 309-310。

[92] 江秋貞：《清華大學藏戰國竹簡（柒）越公其事考釋》（臺北：臺灣師範大學碩士論文，2020），頁 415-417。江秋貞：《《清華大學藏戰國竹簡（柒）・越公其事》考釋》（臺北：花木蘭文化事業公司，2022），頁 366-367。

[93] 陳一：《清華簡（柒）》疑難字詞補釋》（天津：天津師範大學碩士論文，2022），頁 108。

佑仁謹案：

依吳德貞等人之說，本條開頭確實當補「凡」字。

「」字右半从「象」或「兔」，陳一引程浩之說，認為下部从「肉」是「兔」，从「勿」者是「象」，此說頗有疑義，郭店《老子乙》簡 12「象」字作「」，郭店《老子丙》簡 4 作「」，〈鄂君啟節車節〉（《集成》12110-12112）「象」字作「」，均从「肉」。又例如楚簡的「豫」字作「𤲃」（包山.7），「象」旁下半亦从「肉」，可見不能由从「肉」或「勿」，區分「象」與「兔」二字。

楚簡「象」、「兔」時有混淆情況，然而 zzusdy（王凱博）將本處與古籍「豫賈」一詞聯繫，由此可見「」右半應是从「象」，讀作「豫」可信。「豫」在此訓為「誑」，指欺騙，《淮南子·覽冥訓》：「道不拾遺，市不豫賈，城郭不關。」王念孫：「『市不豫賈』，謂市之鬻物者，不高其價以相誑豫。」[94]《荀子·儒效》：「魯之粥牛馬者不豫賈。」楊倞《注》：「豫賈，定為高價也。」[95]王念孫《讀書雜志·荀子二》：「引之曰：『楊說非也。豫猶誑也。』《周官·司市》注曰：『使定物賈，防誑豫』是也，豫與誑同義。」[96]又《淮南子·泰族訓》：「孔子為魯司寇，道不拾遺，市買不豫賈。」王念孫《讀書雜志·淮南子內篇廿》云：「『買』字即『賈』字之誤而衍者也。『市不豫賈』，謂市之鬻物者不高其價以相誑豫。」[97]「豫賈」指商人隨意哄抬價格，欺騙消費者。「豫」字前尚可補一字，子居補「誑」，在有限材料中，很難判斷是非。

關於「價賈」，「」字左半殘缺，原整理者認為乃「價」之殘，應可信。

江秋貞認為「『凡誑豫而□（價）賈焉』，意指『凡是欺誑而從事買賣者』」，把「價賈」訓解成「買賣」，可信。《周禮·地官·司徒》云：「質人：掌成市之貨賄、人民、牛馬、兵器、珍異。凡賣價者質劑焉，大市以質，小市以劑。」[98]又〈司市〉云「凡會同、師役，市司帥賈師而從，治其市政，掌其賣價之事。」[99]文中的「賣價」都是指買賣、交易而言。

〔7〕 則劼（詰）燭（誅）之

𠛜	𩰫	𤏽	𠁁

---

[94] 何寧撰：《淮南子集釋》（北京：中華書局，1998），頁 1383。

[95] （清）王先謙撰，沈嘯寰、王星賢點校：《荀子集解》（北京：中華書局，1988），頁 118。

[96] （清）王念孫撰，徐煒君等校點：《讀書雜志》（上海：上海古籍出版社，2015.7），頁 1711。

[97] （清）王念孫撰，徐煒君等校點：《讀書雜志》（上海：上海古籍出版社，2015.7），頁 2435。

[98] （東漢）鄭玄注，（唐）賈公彥疏，李學勤主編：《十三經注疏·周禮注疏》（北京：北京大學出版社，2000），頁 443。

[99] （東漢）鄭玄注，（唐）賈公彥疏，李學勤主編：《十三經注疏·周禮注疏》（北京：北京大學出版社，2000），頁 442。

則	劼	歜	之

原整理者（201704）：劼，讀作「詰」。歜，從倒矢，蜀聲，疑為裝矢之囊，與「韣」為「弓衣」相類，或即「韣」。簡文中讀為「誅」。詰誅，問罪懲罰。《禮記‧月令》「（孟秋之月）詰誅暴慢，以明好惡」，鄭玄注：「詰，謂問其罪，窮治之也。」[100]

xiaosong（20170424）：《越公》簡 38 有「則𡠜𩖕之」，《上博五‧鮑叔牙》簡 5 有「公弗𩖕」，現在看來二者是同一個詞，意思也是一樣的。《鮑叔牙》詞語，學者讀為詰誅、詰逐（釋讀參看范常喜《古文字研究》30 輯文章），意思均可從；《越公》詞語整理者讀為詰誅，亦通。[101]

心包（20170424）：簡 38 的「劼」字，下部從「川」形，又見於晉姜鼎（集成 2826）𡠜𡠜，看來底本跟晉系文字有很大的關係，很可能就是晉國的文獻。[102]

心包（20170424）：「歜」疑為「短」字異構。[103]

王寧（20170428）：「劼歜」讀「詰誅」應該是對的，而「短」是端紐元部字，與「誅」音懸隔。「歜」的字可能是「屬矢」之「屬」的專字，典籍或作「注」，故得讀為「誅」。[104]

蕭旭（20170619）：上博簡（五）《鮑叔牙與隰朋之諫》簡 5：「公弗詰𡠜，臣唯（雖）欲訐（諫），或不得見。」楊澤生曰：「此字從蜀從止，或是『躅』之異體。古音『蜀』和『逐』分別在禪母屋部和定母覺部，音近可通。如《易‧姤》：『羸豕孚蹢躅。』《釋文》：『躅，古文作䠱。』《集解》『躅』作『䠱』。我們懷疑此字可讀作『逐』。『詰逐』見於古文獻，如《新書‧先醒》：『昔者虢君驕恣自伐，諂諛親貴，諫臣詰逐，政治蹖亂，國人不服。』」「劼歜」即「詰躅」，亦讀為「詰逐」。又疑「𩖕」、「𡠜」讀為辱，「劼歜」、「詰躅」猶言詰責而折辱之。[105]

郭洗凡（201803）：「劼」與「詰」均為上古質部字，因此「劼」可讀為「詰」，「屬」在典籍作「注」，「注」與「誅」均為為上古侯部字，因此「劼歜」可讀為「詰誅」，審問查詢，懲罰問責的意思。[106]

子居（20180706）：對照後文的「因其貨以為之罰」可知，這裡的「詰誅」當比前文的「刑」要輕，只是責問和相應的財物懲處，似體現了《越公其事》

[100] 李學勤主編：《清華大學藏戰國竹簡（柒）》（上海：中西書局，2017），頁 134。
[101] xiaosong：〈清華七《越公其事》初讀〉，武漢網，跟帖第 14 樓，2017.4.24（2019.11.19 上網）。
[102] 心包：〈清華七《越公其事》初讀〉，武漢網，跟帖第 15 樓，2017.4.24（2019.11.19上網）。
[103] 心包：〈清華七《越公其事》初讀〉，武漢網，跟帖第 17 樓，2017.4.24（2019.11.19上網）。
[104] 王寧：〈清華七《越公其事》初讀〉，武漢網，跟帖第 69 樓，2017.4.28（2019.11.19上網）。
[105] 蕭旭：〈清華七《越公其事》初讀〉，武漢網，跟帖第 195 樓，2017.6.19（2019.11.19上網）。
[106] 郭洗凡：《清華簡《越公其事》集釋》（合肥：安徽大學碩士論文，2018），頁 70-71。

作者對價格則不甚敏感的特徵，說明作者生活條件很可能非常優渥。[107]

沈雨馨（201904）：這裡的「劼」即詰誅，問罪懲罰。大意應當是對類似倒買倒賣的破壞市場的行為進行問罪懲罰。[108]

滕勝霖（201905）：整理者將「劼」讀為「詰」可從，「詰」本義為詢問，引申為責備、禁止、去除之意。「𤰞」，從矢蜀聲，整理者讀作「誅」可從。[109]

史玥然（201906）：整理者的意見可從。「劼」和「詰」同屬上古音質部，「詰」表追問、問責，引申為追究、查辦，又有糾察、整治的意思。見於《禮記·月令》「詰誅暴慢，以明好惡」。「𤰞，從矢屬聲」，「屬」和「誅」同屬上古音侯母部，因此「劼」讀為「詰誅」，表示追究責任，審問錯誤。[110]

杜建婷（201906）：從整理者讀為「誅」，訓為「懲罰」，「詰誅」即「問罪懲罰」。《韓非子·姦劫弒臣》：「聖人之治國也，賞不加於無功，而誅必行於有罪者也。」[111]

江秋貞（202007）：「劼𤰞」之「劼（㪔）」讀為詰，可從。「𤰞（𤰞）」從矢從蜀，此字楚文字未見，但是在《上博簡（五）·鮑叔牙與隰朋之諫》簡 5 有「公弗𩎟」一句，最後一字明白地從「蜀」聲，和本簡的「𤰞」應該表示的是同一個詞，因此這兩個詞可能都應讀為「詰誅」、「詰逐」。和本簡的「劼𤰞」應是同一個詞，原考釋、xiaosong、王寧和蕭旭之說可從。「則劼𤰞之」的意思是「就問罪懲罰他」。[112]

佑仁謹案：

「劼」字在戎生鐘（《近出》一 27-34）、晉姜鼎（《集成》02826）、清華參《說命下》簡 7、清華伍《厚父》簡 1、清華陸《子產》簡 7 均見，李學勤早年將此字金文釋讀為「嘉」，因此在《子產》發表以前，學者們均讀作「嘉」[113]。

裘錫圭認為「『劼』，《說文》訓『慎』，《廣雅·釋詁》訓『勤』，《廣韻》訓『用力』。此句『劼』字之義待考。晉姜鼎『劼』字，過去誤釋為『嘉』，考據

---

[107] 子居：〈清華簡七《越公其事》第六章解析〉，中國先秦史網站，2018.7.6（2021.5.4 上網）。

[108] 沈雨馨：《《清華大學藏戰國竹簡（柒）》集釋》（北京：首都師範大學碩士論文，2019），頁 63。

[109] 滕勝霖：《《清華大學藏戰國竹簡（柒）》集釋及相關問題研究》（重慶：西南大學碩士論文，2019），頁 310-311。

[110] 史玥然：《清華簡《越公其事》集釋及其漢字教學設計》（太原：山西大學碩士論文，2019），頁 53。

[111] 杜建婷：《清華簡第七輯文字集釋》（廣州：中山大學碩士論文，2019），頁 129。

[112] 江秋貞：《清華大學藏戰國竹簡（柒）越公其事集釋》（臺北：臺灣師範大學博士論文，2020），頁 420、421。江秋貞：《《清華大學藏戰國竹簡（柒）·越公其事》考釋》（臺北：花木蘭文化事業公司，2022），頁 370。

[113] 清華陸《子產》文例為「㪔㪔」，注釋 24 仍釋㪔為「嘉」。清華大學出土文獻研究與保護中心編：《清華大學藏戰國竹簡（柒）》（上海：中西書局，2017），頁 140。

此銘糾正。」[114]筆者曾經指出「劫」、「嘉」音韻不通，若要理解為「嘉」只有視為「誤字」一途，在清華簡「劫」字陸續出現的情況下，可知該字讀「嘉」之說不可信[115]。《說文》云：「劫，慎也。从力吉聲。《周書》曰：『汝劫毖殷獻臣。』」[116]《越公其事》原整理者將字理解為从「吉」聲，讀「詰」[117]，可信，由此處用例亦可證明過去「劫」與「嘉」的聯繫是錯誤的。

「詰」，指查究、究辦。《尚書・周官》：「司寇掌邦禁，詰姦慝，刑暴亂。」[118]《禮記・月令》注：「謂問其罪，窮治之也。」[119]睡虎地秦簡《封診式》云：「凡訊獄，必先盡聽其言而書之，各展其辭，雖智（知）其詑，勿庸輒詰。其辭已盡書而毋（無）解，乃以詰者詰之。詰之有（又）盡聽書其解辭，有（又）視其它毋（無）解者以復詰之。詰之極而數詑，更言不服，其律當治（笞）諒（掠）者，乃治（笞）諒（掠）。」[120]「詰」是司法審判的程序之一，《急就篇》：「欺誣詰狀還反真。」顏師古《注》：「囚系之徒或欺詐閉匿，或誣冤良善，既被考詰窮治，其狀乃歸實也。」[121]「詰」是聽完兩造說明後，針對供詞矛盾或疑點進一步詰問。這裡用以表示句踐仔細聆聽雙方訟辭，並審慎判斷其中的是非曲直。

「𥇡」字原整理者認為从倒「矢」、「蜀」聲，為「韣」之異體，心包疑為「短」字異構，王寧理解為「屬」的專字，「𥇡」字以「蜀」為聲應無疑義，但左半的構形，除了有可能是倒「矢」外，也可能从「屰」，因此該字是何字的異體或專字仍有待討論。

原整理者讀「詰誅」，蕭旭讀為「詰逐」或「詰辱」[122]，滕勝霖將上博五《鮑叔牙與隰朋之諫》簡5的用法讀為「覺悟」，本處則讀「詰誅」[123]。就文例來看，本處是指哄抬售價者而受處罰的情況，因此讀「詰誅」比較理想，讀為「詰逐」、「詰辱」，語意都稍嫌太輕。《毛詩・曹風・候人》：「不濡其咮。」[124]

---

[114] 裘錫圭：〈戎生編鐘銘文考釋〉，保利藏金編輯委員會編：《保利藏金》（廣州：嶺南美術出版社，1999.9），頁370。

[115] 高佑仁：《清華伍書類文獻研究》（臺北：萬卷樓圖書股份公司，2018.4），頁44-47。

[116] （東漢）許慎撰，（清）段玉裁注，李添富總校訂：《新添古音說文解字注》（臺北：洪葉文化事業公司，2016），頁706。

[117] 李學勤主編：《清華大學藏戰國竹簡（柒）》（上海：中西書局，2017），頁134。

[118] （漢）孔安國傳，（唐）孔穎達正義，李學勤主編：《十三經注疏・尚書正義》（北京：北京大學出版社，1999），頁362。

[119] （漢）鄭玄注，（唐）孔穎達疏，李學勤主編：《禮記正義》（北京：北京大學出版社，2000），頁609。

[120] 睡虎地秦墓竹簡整理小組編：《睡虎地秦墓竹簡》（北京：文物出版社，1990），頁148。

[121] 史游：《急就篇》（上海：商務印書館，1936），頁303。

[122] 蕭旭：〈清華七《越公其事》初讀〉，武漢網，跟帖第195樓，2017.6.19（2019.11.19上網）。

[123] 滕勝霖：《《清華大學藏戰國竹簡（柒）》集釋及相關問題研究》，頁310-311。

[124] （漢）毛公傳，（漢）鄭玄箋，（唐）孔穎達等正義，李學勤主編：《十三經注疏・毛詩正義》（北京：北京大學出版社，1999），頁556。

《玉篇・口部》「咮」引作「噣」[125]。古籍「咮」、「噣」通用，《毛詩・召南・行露》鄭玄《箋》：「雀之穿屋不以角，乃以咮。」[126]《經典釋文》：「咮，本亦作噣。」[127]

「詰誅」一詞見上博五《鮑叔牙與隰朋之諫》簡 5 云：「公弗詰躅，臣雖欲諫，又不得見，公固弗察。」高榮鴻讀為「詰誅」[128]，《簡帛古書通假字大系》云：「『躅』似當讀作『誅』。」[129]本處簡文「詰誅」即「詰而誅之」，《呂氏春秋・季夏紀》：「選士厲兵，詰誅不義，以懷遠方。」[130]《禮記・月令》孟秋之月「詰誅暴慢，以明好惡」，鄭玄《注》：「詰，謂問其罪，窮治之也。」[131]

「誅」乃泛指所有刑法，小至語言責備，《周禮・天官・大宰》：「以八柄詔王馭群臣……八曰誅，以馭其過。」鄭玄《注》：「誅，責讓也。」[132]重至死刑殺戮都可稱「誅」，《孟子・梁惠王下》：「聞誅一夫紂矣，未聞弒君也。」[133]可參。

簡文指句踐仔細聆聽獄訟，做出公正的判決，使豫賈之人得到應有的懲罰。

〔8〕　凡市賈爭訟

凡	市	賈	爭	訟
凡	市	賈	爭	訟

原整理者（201704）：市賈，市肆中的商人。《左傳》昭公十三年：「同惡相求，如市賈焉。」爭訟，爭執訴訟。《韓非子・用人》：「爭訟止，技長立，則彊弱不觳力，冰炭不合形，天下莫得相傷，治之至也。」[134]

子居（20180706）：「市賈」當理解為市場交易而不是整理者所說的「市肆

---

[125] （南朝梁）顧野王撰，（唐）孫強增字，（宋）陳彭年等重修：《宋本玉篇》（北京：中國書店，1983），頁 95。

[126] （西漢）毛公傳，（漢）鄭玄箋，（唐）孔穎達等正義，李學勤主編：《十三經注疏・毛詩正義》（北京：北京大學出版社，1999），頁 96。

[127] 陸德明：《經典釋文》（上海：上海古籍出版社，2013），頁 216。

[128] 高榮鴻：《上博楚簡齊國史料研究》（臺中：中興大學碩士論文，2008），頁 114-115。

[129] 白於藍：《簡帛古書通假字大系》（福州：福建人民出版社，2017），頁 675。

[130] 陳奇猷：《呂氏春秋新校釋》（上海：上海古籍出版社，2002），頁 329。

[131] （東漢）鄭玄注，（唐）孔穎達疏，李學勤主編：《禮記正義》（北京：北京大學出版社，2000.12），頁 609。

[132] （東漢）鄭玄注，（唐）賈公彥疏，李學勤主編：《十三經注疏・周禮注疏》（北京：北京大學出版社，1999），頁 35。

[133] （戰國）孟子著，（東漢）趙岐注，（北宋）孫奭疏，李學勤主編：《十三經注疏・孟子正義》，北京：北京大學出版社，1999），頁 64。

[134] 李學勤主編：《清華大學藏戰國竹簡（柒）》（上海：中西書局，2017），頁 134。

中的商人」。《周禮・夏官司馬・馬質》:「若有馬訟,則聽之。」鄭玄注:「訟,謂賣買之言相負。」《越公其事》的「爭訟」即用此義。[135]

　　滕勝霖(201905):「﹝市﹞」,與楚簡常見寫法略有不同,楚系文字中多從「土」寫作「﹝市﹞」(鄂君啟節)、「﹝市﹞」(包山簡95)等。簡文中這類寫法與三晉文字「市」的一種寫法相似,如:「﹝市﹞」(宜陽戈)、「﹝市﹞」(《璽彙》3039)等,這類寫法較早在西周晚期兮甲盤中「﹝市﹞」曾見到,祇不過簡文字形已將「丂」與「止」下一劃合併。[136]

　　江秋貞(202010):此處的「市賈」以原考釋所釋「市肆中的商人」可從。因為後文的「戠(察)之而諀(孚),則刦(詰)﹝誅﹞(誅)之。因亓(其)貨(過)以為【三八】之罰」的幾個代詞可知。「戠(察)之而諀(孚)」的「之」、「則刦(詰)﹝誅﹞(誅)之」的「之」、「因亓貨以為之罰」的「亓」,若釋為「市場交易」則不通,故還是以原考釋所釋「市場商人」為佳。「凡市賈爭訟」意指「凡是市場的商人有爭執訴訟」。[137]

　　佑仁謹案:

　　「市賈」原整理者釋為「市肆中的商人」,子居則認為「當理解為市場交易」,兩人的說法不同。筆者贊成子居之說,《史記》云:「自大宛以西至安息國,雖頗異言,然大同俗,相知言。其人皆深眼,多鬚顏,善市賈,爭分銖。」[138]清華玖《治政之道》簡9云:「故夫君臣之相事,譬之猶市賈之交易,則皆有利焉。」這裡的「市賈」都是指經商、貿易。

　　就實務來說,市場上產生訴訟的對象,不可能都是商人,既然交易行為是賣方(商人)買方(顧客)雙方共同完成,則「市賈爭訟」宜理解為買賣過程產生的爭執與訴訟,不應釋為「市肆中的商人」。其次,正如本章簡42所云:「凡越庶民交接、言語、貨資、市賈乃無敢反背欺詒。」兩處「市賈」同樣都該理解為市場貿易。

　　關於滕勝霖所指出「﹝市﹞」(市)和一般楚簡從「土」的寫法不同,反而與三晉文字及西周金文相近。《越公其事》全篇「市」字出現六次(簡37、38、42、44、51、52),前兩字寫成「﹝市﹞」(簡38)形,後四字作「﹝市﹞」(簡52),前兩字確實比較接近晉系文字構形[139]。

135 子居:〈清華簡七《越公其事》第六章解析〉,中國先秦史網站,2018.7.6(2021.5.4上網)。

136 滕勝霖:《《清華大學藏戰國竹簡(柒)》集釋及相關問題研究》(重慶:西南大學碩士論文,2019),頁312。

137 江秋貞:《清華大學藏戰國竹簡(柒)越公其事及釋》(臺北:臺灣師範大學博士論文,2020),頁419、420。江秋貞:《《清華大學藏戰國竹簡(柒)・越公其事》考釋》(臺北:花木蘭文化事業公司,2022),頁370-371。

138 (漢)司馬遷撰,(南朝宋)裴駰集解,(唐)司馬貞索引、張守節正義:《史記》(北京:中華書局,2014),頁3852。

139 黃德寬主編:《古文字譜系疏證》(北京:商務印書館,2007.2),頁103-107。

〔9〕　詚（反）訴（背）訢（欺）巳（詒）

詚	訴	訢	巳
詚	訴	訢	巳

原整理者（201704）：詚訴訢巳，第四十三簡作「反不訢巳」，疑讀為「反背欺詒」，詚、訴、訢、巳從言，指言語不實，顛倒欺詐等。詚古書作「反」，違背。《國語‧周語下》：「言爽，日反其信。」訴，讀為「背」，違背。《史記‧項羽本紀》：「請往謂項伯，言沛公不敢背項王也。」反背，當是指背離事實真相。訢，讀為「欺」。巳，讀為「詒」，《說文》：「相欺詒也。」又作「紿」，欺紿，欺騙。桓寬《鹽鐵論‧褒賢》：「主父偃以口舌取大官，竊權重，欺紿宗室。」[140]

蕭旭（20170605）：「訢」是「謀」古字。《說文》：「謀，欺也。」同聲為訓，本乃一字。字亦作忢（基）。「巳」當是「已」形誤，故讀為詒。[141]

郭洗凡（201803）：「訢」從言，亓聲，「謀」，從言其聲，欺騙的意思，「基」，從心其聲，毒害，均為對別人進行欺詐行為。[142]

羅雲君（201805）：蕭說對「訢」的解釋，可從，簡四二之「訢巳」也解作「謀詒」。[143]

子居（20180706）：由先秦用字習慣看，「訴」較適合讀為倍，「反倍」在先秦傳世文獻中多作「倍反」，整理者所說的「詒」，據《穀梁傳‧僖公元年》：「惡公子之紿。紿者奈何？」范寧注：「紿，欺紿也。」《方言》卷三：「膠，譎，詐也。」郭璞注：「汝南人呼欺為讇，誆回反，亦日詒，音殆。」《集韻‧海韻》：「詒，江南呼欺曰詒，通作紿。」可見「呼欺曰詒」原是山東、汝南等地的方言，與《越公其事》這幾章很可能出於越地正可對應。[144]

滕勝霖（201905）：「詚訴」，從整理者之說讀作「反背」，亦作「反北」，《戰國策‧齊策六》：「食人炊骨，士無反北之心。」「巳」，邪紐之部；「詒」，定紐之部。「巳」「已」同源分化，「已」定紐之部。且從「巳」得聲之字多於從「以」得聲之字相通，「以」喻紐之部，喻紐四等與定紐關係密切可通。故整理者讀作「詒」可從。「欺詒」，欺騙之意。《列子‧黃帝》：「既而狎侮欺詒」，殷敬順釋文引《方言》：「詒，相欺。」本句意思是：「凡市肆中的商人因爭論而訴訟，違背事實而且存在欺騙的」。[145]

---

[140] 李學勤主編：《清華大學藏戰國竹簡（柒）》（上海：中西書局，2017），頁134。

[141] 蕭旭：〈清華簡（七）校補（二）〉，復旦網，2017.6.5。（2021.5.4上網）。

[142] 郭洗凡：《清華簡《越公其事》集釋》（合肥：安徽大學碩士論文，2018），頁70-71。

[143] 羅雲君：《清華簡《越公其事》研究》（長春：東北師範大學碩士論文，2018），頁71。

[144] 子居：〈清華簡七《越公其事》第六章解析〉，中國先秦史網站，2018.7.6（2021.5.4上網）。

[145] 滕勝霖：《《清華大學藏戰國竹簡（柒）》集釋及相關問題研究》（重慶：西南大學碩士論文，2019），頁312。

史玥然（201906）：整理者的意見可從。「訮」從言反聲，是「反」的異體字，表示違反。「訮」從言不聲，「訮」和「背」音近意同，表違背。這句話的意思是說與事實相違背、欺騙瞞哄的話。[146]

江秋貞（202007）：本簡「訮訮訮巳」，簡 42 作「反不訮巳」，原考釋釋為「反背欺詒」，可從。至於子居認為「欺詒」一詞是山東、汝南等地的方言，而認為《越公其事》是出於越地的作品，此說還有待商榷。因為楚簡的來源複雜，可能是傳抄過多國或多人，不一定是第一手的資料，所以充其量只能說，〈越公其事〉篇章可能流傳到山東、汝南地方，或經過這些地方方言的洗禮。「訮訮訮巳」意指「違背事實及欺騙」。[147]

佑仁謹案：

「訮（反）訮（背）」，原整理者讀為「反背」，二字均為違背之意，指背離事實真相，史玥然、江秋貞從之。于倩讀為「反背」，「反不」二字加「言」是受語境而類化。子居讀「反倍」。滕勝霖讀「反背」，亦可做「反北」。史玥然讀「反背」，意思是說與事實相違背、欺騙瞞哄的話。《尚書‧呂刑》：「罔中于信，以覆詛盟。」孔安國《傳》：「三苗之民漬於亂政，起相漸化，泯泯為亂，棼棼同惡，皆無中于信義，以反背詛盟之約。」[148]記載三苗作亂，背棄盟誓，相互欺詐。楚簡一般以「怀」表示｛背｝，本處從「言」，可能是要特別強調語言詐欺。

《說文‧言部》：「諆，欺也。從言，其聲。」簡文「訮（欺）巳（詒）」之「訮」，無論是讀「諆」，訓成「欺」，或由「其」聲直接讀成「欺」亦可，此處均是欺騙、詐欺之意。

「詒」若訓為遺留、贈送之義時，音一ˊ（yí），本處訓為「欺騙」，音則應作ㄉㄞˋ（dài），《廣韻》作「徒亥切」。[149]徐鍇曰：「今《史記》『欺詒』作『詒』，音待。」「詒」訓為「欺騙」。[150]《列子‧仲尼》：「子輿曰：『吾笑（公孫）龍之詒孔穿。』」張湛《注》：「詒，欺也。」[151]東漢‧徐幹《中論‧考偽》：「骨肉相詒，朋友相詐，此大亂之道也。」[152]「欺詒」同義複詞，意指詐欺。

---

[146] 史玥然：《清華簡《越公其事》集釋及其漢字教學設計》（太原：山西大學碩士論文，2019），頁 52。

[147] 江秋貞：《清華大學藏戰國竹簡（柒）越公其事及釋》（臺北：臺灣師範大學博士論文，2020），頁 423。江秋貞：《《清華大學藏戰國竹簡（柒）‧越公其事》考釋》（臺北：花木蘭文化事業公司，2022），頁 373。

[148] （漢）孔安國傳，（唐）孔穎達正義，李學勤主編：《十三經注疏‧尚書正義》（北京：北京大學出版社，2000），頁 630-631。

[149] 周祖謨：《廣韻校本》（北京：中華書局，2011），頁 276。

[150] 徐鍇：《說文解字繫傳》（北京：中華書局，1987），頁 47。

[151] 楊伯峻撰：《列子集釋》（北京：中華書局，2013），頁 139。

[152] （魏）徐幹撰，孫啟治：《中論解詁》（北京：中華書局，2014）頁 191。

　　子居認為「呼欺曰詒」原是山東、汝南的方言，推測《越公其事》這幾章很可能出於越地。山東與河南汝南距離會稽（今浙江紹興）頗遠，前者位居黃河流域，後者在長江以南，此推論恐嫌太過。蕭旭認為「『巳』當是『已』形誤，故讀為詒。」不可信，簡文原作「ℇ」，字即「巳」，「給」從「台（台）」得聲，「台（台）」是由「以」與「司」雙聲符組成的字，「巳」與「以」、「司」聲系都有關聯 [153]，則「巳」讀為「給」，應可信。

〔10〕　戠（察）之而評（孚）

戠	之	而	評
戠	之	而	評

　　原整理者（201704）：戠，與包山簡之「戠」（簡一二）當為一字異寫，讀為「察」。詳見《包山楚墓文字全編》（上海古籍出版社，二〇一二年，第九六頁）。評，讀為「孚」，信，確實。《書・君奭》「若卜筮，罔不是孚」，孔傳：「如卜筮，無不是而信之。」[154]

　　子居（20180706）：此處所察的內容，對照《周禮》可知，很可能主要是訟辭和質人所掌管的「質劑」、「書契」等記錄憑證。據《周禮・秋官司寇・鄉士》：「聽其獄訟，察其辭。」《周禮・天官冢宰・小宰》：「六曰聽取予以書契，七曰聽賣買以質劑。」鄭玄注：「書契，謂出予受入之凡要。凡薄書之最目，獄訟之要辭，皆曰契。《春秋傳》曰『王叔氏不能舉其契』。……《周禮・地官司徒・司市》：「市師涖焉，而聽大治大訟；胥師、賈師涖于介次，而聽小治小訟。」[155]

　　賈連翔（20180817）：我們從清華簡中新見的「𢍏」字出發，又從《算表》的「朔」讀作「半」獲得啟示，發現戰國竹簡中的「𢍏」有合體變化的現象，根據這一構形特點，可以將舊讀為「察」的諸字改釋為從「𢍏」省聲，進而解釋這些字的形體來源的問題。同時，「𢍏」字形體的劇烈變化使得它與「槩」和「辛」之繁體發生同形混訛的現象，這些同形字則需要通過具體文例進行甄別。[156]

　　吳雪飛（20181124）：簡文所記獄訟程式有以下環節，第一，「爭訟」，或稱「告」，或稱「獄訟」，指起訴；第二，「聽」，指審理；第三，「察之而孚」，或稱「察之而信」「稽之而信」，指核驗獄辭；第四，「詰誅」，或「廢」，「刑」，即處以刑罰。其中「察之而孚」「察之而信」「稽之而信」，即〈呂刑〉中的「五辭

---

[153] 白於藍：《簡帛古書通假字大系》（福州：福建人民出版社，2017），頁 18、61-62。

[154] 李學勤主編：《清華大學藏戰國竹簡（柒）》（上海：中西書局，2017），頁 134。

[155] 子居：〈清華簡七《越公其事》第六章解析〉，中國先秦史網站，2018.7.6（2021.5.4 上網）。

[156] 賈連翔：〈試析戰國竹簡中的「𢍏」及相關諸字〉，收入中山大學古文字研究所編：《文字、文獻與文明──第七屆出土文獻青年學者論壇暨國際學術研討會》（廣州：中山大學古文字研究所，2018），頁 185-188、191。

簡孚」，即對爭訟之辭進行調查，知曉其真實可信。「察之而孚」「察之而信」「稽之而信」的結果是「詰誅」，或「廢」，「刑」，即處以刑罰，此即〈呂刑〉的「五辭簡孚，正于五刑」。簡文將「察之而孚」又稱為「察之而信」「稽之而信」，可見前人將「孚」訓為「信」是可信的。「稽」的含義是核查，因此「稽之而信」正與〈呂刑〉中的「五辭簡孚」相對應，指對爭訟事實進行檢驗核查，知其真實可信。[157]

佑仁謹案：

戠字，賈連翔釋「辨」，綜合考察仍以讀「察」為上。說詳第五章注釋 14。

「䛱」原整理者讀為「孚」，訓「信」，可從。吳雪飛認為「孚」是法律術語，又見〈呂刑〉、〈訓匜〉（𠑇匜，《集成》10285）等文獻，這是可信的。裘錫圭指出：「《尚書・呂刑》：『五辭簡孚，正于五刑。』偽孔傳：『五辭簡核，信有罪驗，則正之於五刑。』楊筠如《覈詁》：『孚，讀為符，信也，合也。《盤庚》「以不浮于天」，《君奭》「若卜筮罔不是孚」，并同。』將𠑇匜諸『卩』字讀為『孚』，義皆可通。」[158]可參。

簡文「察之而孚」（簡 38）、「察之而信」（簡 40）、「稽之而信」（簡 42），「察」、「稽」都是稽查、考核之義，「孚」、「信」都是確實、信實之義。貿易詐欺將得到誅罰，且刑罰必定執行，無論貴賤，沒有二言。句踐藉由刑罰必至建立己身威信，至此以往，越國無人敢詐欺，均講究誠信。

〔**11**〕　則劼（詰）殹（誅）之

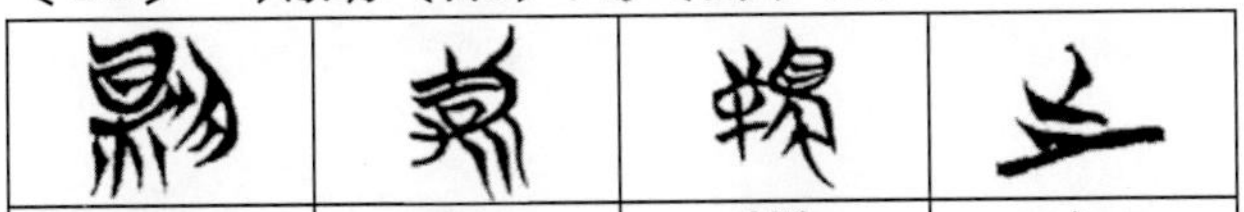

則	劼	殹	之

佑仁謹案：

本句內容已見前文，參第本章注釋 7。

〔**12**〕　因亓（其）貨以為之罰

因	亓	貨	以	為	之	罰

原整理者（201704）：貨，讀為「過」。此句謂根據其過錯以決定對其之懲

---

157 吳雪飛：〈說金文中的兩個法律術語〉，收入中國法律史學會法律古籍整理專業委員會主編：《第八屆出土文獻與法律史研究學術研討會論文集》（上海：華東政法大學，2018），頁 8。

158 裘錫圭：《裘錫圭學術文集・金文及其他古文字卷》（第三卷）（上海：復旦大學出版社，2012.6），頁 161。

罰。[159]

馬楠（**20170423**）：貨可如字讀，下文說「凡越庶民交建（接）、言語、貨資、市賈乃亡敢反背欺詒。」[160]

斯行之（**20170426**）：「貨」字似乎如字讀即可。[161]

王寧（**20170501**）：馬楠先生指出「貨」當如字讀，是。「因其貨以為之罰」意思是沒收其財貨作為對他的懲罰。[162]

吳德貞（**201805**）：「貨」讀本字可從。《禮記·禮器》：「是故昔先王之制禮也，因其財物而致其義焉爾。」「因其貨以為之罰」可與之相參照。[163]

吳祺（**201805**）：「貨」字似當讀為「偽」。從語音上看，「貨」從「化」聲，上古音「化」為曉母歌部字。「偽」從「為」聲，上古音「為」為匣母歌部字。二者聲母同為喉音，韻部疊韻，古音相近，例可相通。故簡文「貨」當可讀為「偽」。為虛詐不誠之義。[164]

何家歡（**201806**）：「因」字當訓為「依照、憑藉」，此訓先秦古書習見，《韓非子·外儲說左上》：「法者，見功而與賞，因能而受官。」又成語「因材施教」、「因地制宜」，因字皆訓「依照」。[165]

子居（**20180706**）：前文已明言「反倍欺詒」，自然不會是其他「過錯」，所以決定懲罰度的只會是應交易商品價值，故「貨」當讀為原字。[166]

何有祖（**201808**）：「因其貨以為之罰」大意是根據其所得貨價值的多少來決定懲罰。[167]

毛玉靜（**201905**）：「貨」讀為「過」更合適。貨，曉紐歌部；過，見紐歌部。疊韻。且出土文獻中從化之字與過相同之例很多。如訛、㦷、㭊皆可讀為「過」。[168]

滕勝霖（**201905**）：本句意思是「調查屬實，就問罪懲罰。根據其貨物（的多少）決定對其懲罰。」[169]

---

[159] 李學勤主編：《清華大學藏戰國竹簡（柒）》（上海：中西書局，2017），頁 134。

[160] 參清華大學出土文獻讀書會（石小力整理）：〈清華七整理報告補正〉，清華網，2017.4.23（2021.5.4 上網）。

[161] 斯行之：〈清華七《越公其事》初讀〉，武漢網，跟帖第 47 樓，2017.4.24（2019.11.19 上網）。

[162] 王寧：〈清華七《越公其事》初讀〉，武漢網，跟帖第 116 樓，2017.5.1（2019.11.19 上網）。

[163] 吳德貞：《清華簡《越公其事》集釋》（武漢：武漢大學碩士論文，2018），頁 65。

[164] 吳祺：〈戰國竹書訓詁札記四則〉，《中國文字研究》第 27 輯（上海：上海人民出版社，2018.5），頁 64-68。又見吳祺：《戰國竹書訓詁方法探論》（上海：華東師範大學博士論文，2019），頁 395-397。

[165] 何家歡：《清華簡（柒）《越公其事》集釋》（保定：河北大學碩士論文，2018），頁 32-33。

[166] 子居：〈清華簡七《越公其事》第六章解析〉，中國先秦史網站，2018.7.6（2021.5.4 上網）。

[167] 何有祖：〈《越公其事》補釋（五則）〉，文字、文獻與文明——第七屆出土文獻青年學者論壇暨國際學術研討會，中山大學古文字研究所，2018.8.17-20，頁 160。

[168] 毛玉靜：《《清華大學藏戰國竹簡（柒）》字用研究》（合肥：安徽大學碩士論文，2019），頁 122、123。

[169] 滕勝霖：《《清華大學藏戰國竹簡（柒）》集釋及相關問題研究》（重慶：西南大學碩士論文，

　　張朝然（201906）：貨如字讀，表貨資之意，包含了上文所提到的「采物」。因，《說文》就也，从口大。此處疑訓為「囚」。「因」、與「囚」為異體字。《公羊傳・昭廿一年》「若曰：因諸者然」。何注：齊故刑人之地。《博物志》「周曰囹圄。齊曰因諸。」是其證。意思為王寧所說，沒收其財貨作為對他的懲罰。[170]

　　杜建婷（201906）：「因」並沒有「沒收」之義，當從整理者將「貨」讀為「過」，「因其貨以為之罰」即「根據其過錯以決定對其之懲罰」。[171]

　　史玥然（201906）：整理者的意見可從。「貨」和「過」都是上古歌韻部字，音近義相通。「過」本義是經過，引申義指有過錯，見於《書・大禹謨》「宥過無大，刑故無小」。[172]

　　江秋貞（202007）：看起來讀如本字的聲量比較大，不過，原考釋的解釋才是合理的，原因有二：一、「因」字沒有「沒收」的意思，「因其貨」不能釋為「沒收他的貨物」。二、學者也知道「因」應釋為「依」，因此或釋為「依照交易商品價值來處罰」。筆者認為要處罰的是交易行為的過錯，與商品價值無關，處罰要依過錯的大小來決定，而不是依照貨物。所以原考釋一定要把从「貝」的「貨」字改讀為「過」，其實是很有道理的。[173]

　　佑仁謹案：

　　「因」作介詞使用，指依照、根據。《韓非子・外儲說左上》：「法者，見功而與賞，因能而授官。」[174]

　　「因其貨以為之罰」的「貨」有三種讀法：

　　其一，「貨」讀作「過」。此說為原整理者指出，指根據其過錯決定懲罰，毛玉靜、杜建婷、江秋貞主之。

　　其二，「貨」讀如字。「貨」字不改讀，最早由馬楠、斯行之提出，不過並未串講文意，而學者對該句的解釋還可以分成兩種：

　　1　沒收其財貨作為對他的懲罰。王寧、張朝然主之。
　　2　依據貨物的價值決定其懲罰。子居、何有祖、滕勝霖主之。

2019），頁 313。

[170] 張朝然：《清華簡《越公其事》集釋及相關問題初探》（石家莊：河北師範大學碩士論文，2019），頁 42。

[171] 杜建婷：《清華簡第七輯文字集釋》（廣州：中山大學碩士論文，2019），頁 145。

[172] 史玥然：《清華簡《越公其事》集釋及其漢字教學設計》（太原：山西大學碩士論文，2019），頁 52。

[173] 江秋貞：《清華大學藏戰國竹簡（柒）・越公其事集釋》（臺北：臺灣師範大學博士論文，2020），頁 426-427。江秋貞：《《清華大學藏戰國竹簡（柒）・越公其事》考釋》（臺北：花木蘭文化事業公司，2022），頁 376。

[174] （清）王先慎撰，鍾哲點校：《韓非子集解》（北京：中華書局，2013），頁 285。

其三，「貨」字讀為「偽」。吳祺認為「貨」讀為「偽」，指虛詐不誠之義。

這三種看法中，讀「過」與讀「偽」的說法其實差別不大，是指依據被告犯行（輕重、多寡）作為量刑的依據，但這說法放在文例中，總讓人感覺沒有什麼深意，判刑的輕重本來就是依據犯罪情況而定。

關於「貨」讀如字的第 1 點說法，沒收財物作為懲罰，江秋貞曾經指出「『因』字沒有『沒收』的意思，『因其貨』不能釋為『沒收他的貨物』」，筆者認為此說可信。所以，筆者比較傾向認可第 2 點說法，「貨」字從貝、化聲，「貝」為意符，「貨」讀如字即可，表示有價值的貨物，泛指市場上用以交易的所有物品，例如稻穀、農具、衣物、生活用品等，此處是說依據貨物的價值高低、數量多寡而作為量刑標準。江秋貞不認同這個說法，她認為「要處罰的是交易行為的過錯，與商品價值無關，處罰要依過錯的大小來決定，而不是依照貨物。」[175]筆者認為她的說法有些問題，「貨物」應做為量刑標準的依據，例如同樣都是盜竊稻米，偷竊一升與一石的罪刑不可能一致，刑罰輕重與竊物多寡有關。又例如同為竊盜罪，偷竊 一斛 稻米與偷竊一箱美玉理當有不同，量刑輕重與竊物的價值必然有聯繫，因為法律的制定本來就有輕重之別。從睡虎地秦簡《法律問答》中的各種判例可知，如「鬬以箴（針）、鈂、錐，若箴（針）、鈂、錐傷人，各可（何）論？鬬，當貲二甲；賊，當黥為城旦。」（簡86）針對犯行的程度不同而有不同懲處。[176]《尚書‧呂刑》云：「墨罰之屬千，劓罰之屬千，剕罰之屬五百，宮罰之屬三百，大辟之罰其屬二百。五刑之屬三千。」[177]《周禮‧地官‧司徒》：「市刑：小刑憲罰，中刑徇罰，大刑扑罰，其附于刑者歸于士。」[178]可見先秦刑罰已臻細密，項目眾多。

〔13〕　凡鄹（邊）鄸（縣）之民及又（有）管（官）帀（師）之人或告于王廷

凡	鄹	鄸	之	民	及	又
苬	本	之	人			

---

[175] 江秋貞：《清華大學藏戰國竹簡（柒）越公其事及釋》（臺北：臺灣師範大學博士論文，2020），頁 426-427。江秋貞：《《清華大學藏戰國竹簡（柒）‧越公其事》考釋》（臺北：花木蘭文化事業公司，2022），頁 376。

[176] 睡虎地秦墓竹簡整理小組：《睡虎地秦墓竹簡》（北京：中華書局，2001）頁 113；陳偉主編：《秦簡牘合集（1）：睡虎地秦墓簡牘》（武漢：武漢大學出版社，2016），頁 216。

[177] （漢）孔安國傳，（唐）孔穎達正義，李學勤主編：《十三經注疏‧尚書正義》（北京：北京大學出版社，1999），頁 643。

[178] （東漢）鄭玄注，（唐）賈公彥疏，李學勤主編：《十三經注疏‧周禮注疏》（北京：北京大學出版社，1999），頁 435。

管	帀	之	人	或	告	于
王	廷					

原整理者（201704）：官師，《國語・吳語》「陳王卒，百人以為徹行百行。行頭皆官師，擁鐸拱稽」，韋昭注：「下言『十行一嬖大夫』，此一行宜為士。」簡文此處「有官師之人」當指有所執掌的各級官吏。[179]

王進鋒（20171026-28）：䣕通假為縣。䣕和㮹一樣，從㬒得音，通假為縣。此處「縣」是位於城市的周邊地區。[180]

吳德貞（201805）：《上博四・曹沫之陳》有「大官之師」，與將軍、嬖大夫、公孫公子比次論列。孫思旺先生認為此「大官之師」與古籍舊典中用來泛稱一官之長、通常等同於大夫的「官師」義出一轍，如鄭國有「馬師」掌車馬兵甲，宋國衛國有「褚師」掌布帛穀物交易，魯國楚國有「工師」掌百工。[181]

子居（20180706）：「邊縣之民」即野人。「官師」為低級官吏，「有官師之人」指受官師統轄管理的人，也即國人。本節的「邊縣之民及有官師之人」是統指到市場進行交易的普通民眾。[182]

滕勝霖（201905）：「廷」，從L㚡聲，金文寫作「」「」「」「」等，楚簡中「廷」字右側人形或加一至兩羨筆，寫作：「」「」「」等，有人疑為「L」右側部件是「㚡」與「㚡」相混的結果。[183]

羅雲君（201805）：「又管（官）帀（師）之人」之「又」當解為「佑」，而非「有」，僅從名稱結構上來看，「又（佑）管（官）帀（師）之人」是不同於「才（在）邑司事及官帀（師）之人」的。[184]

江秋貞（202007）：此處的「邊縣之民」比較好理解，就是縣民，一般百姓之意，古代典籍多稱「縣人」。簡39的「管（　）」和簡40的「官師（　）」雖然寫的是不同字，但是可以作同一個解釋。在本簡中「邊縣之民」代表受害之民，「又（有）管師」和「官師」代表的是政府的官吏，當這兩種人有所爭執時，代表官吏的行政招致民怨時，即「初日政勿若某」，於是上告於王庭，由王親自仲裁是非。如此才順接後文「王必親見而聽之」。經過王的仲裁判斷，若是民怨屬實，則在邑司事及官師之人會被廢職，甚至之後不敢以要獻於

---

[179] 李學勤主編：《清華大學藏戰國竹簡（柒）》（上海：中西書局，2017），頁134-135。

[180] 王進鋒：〈周代的縣與越縣——由清華簡〈越公其事〉中的相關內容引發的討論〉，收入香港浸會大學饒宗頤國學院、澳門大學中國語言文學系、清華大學出土文獻研究與保護中心編：《《清華簡》國際會議論文集》（香港：香港浸會大學饒宗頤國學院、澳門：澳門大學中國語言文學系，2017），頁68。

[181] 吳德貞：《清華簡《越公其事》集釋》（武漢：武漢大學碩士論文，2018），頁65。

[182] 子居：〈清華簡七《越公其事》第六章解析〉，中國先秦史網站，2018.7.6（2021.5.4上網）。

[183] 滕勝霖：《《清華大學藏戰國竹簡（柒）》集釋及相關問題研究》（重慶：西南大學碩士論文，2019），頁314。

[184] 羅雲君：《清華簡《越公其事》研究》（瀋陽：東北師範大學碩士論文，2018），頁73。

王的藉口而向人民增加稅徵。所以此處「管師之人」應指「各級行政官員」，原
考釋所釋可從。[185]

心包（20211121）：據趙曉斌先生〈荊州棗紙簡《吳王夫差起師伐越》與清
華簡《越公其事》〉一文，簡 38 對應於《越公其事》「邊縣」之「縣」的字作
「酥」，可知《容成氏》簡 2 的「長者酥尼」之「酥」確實當釋為「縣」。[186]

佑仁謹案：

「邊縣」指鄰近邊界的縣城，關於「邊縣」一詞的具體內涵，可參考第五章
「季=（至於）鄡（邊）㦜（縣）尖=（小大）遠伲（邇）」。

「邊縣」見《墨子・雜守》：「常令邊縣豫種畜芫、芒、烏喙、椒葉。」《尉
繚子・兵令下》：「邊縣列候各相去三、五里。」《後漢書・明帝紀》：「詔三公募
郡國中都官死罪繫囚，減罪一等，勿笞，詣度遼將軍營，屯朔方、五原之邊
縣。」[187]「邊縣」一詞亦常見於秦漢竹簡，如「軍吏緣邊縣道」（《張家山漢
簡・二年律令》）、《睡虎地秦簡・封診式》云：「遷蜀邊縣，令終身毋得去遷
所。」是指遷到蜀邊界者，不得再回到原本的居住地。《睡虎地秦簡・秦律十
八種》簡61-62云：「女子操敃紅及服者，不得贖。邊縣者，復數其縣。」意思
是「有技巧的女奴隸如果來自邊縣，寧可減少邊縣的服役人數，也不能免除這
些人的勞役」。[188]

《越公其事》的｛縣｝字多次出現，簡35作「㦜」，簡39作「鄡」，簡44作
「還」，簡 51 作「鄏」，不僅義符有別（有從「邑」從「彳」從「辵」等，
「彳」、「辵」均表行動之義，「邑」則凸顯都邑之義），就連聲符也有從「睘」與
「肙」的差異，不過文例都是「邊△」，釋「縣」無可疑。

這裡的邊縣，應該是指越國與吳國土地接壤的城市。句踐大敗之後，吳與
越談和，吳國不僅讓越國續存，還歸還部分土地。句踐採取低姿態，換取越國
命脈的存續，因此在復興國家的初始階段，句踐特別重視跟吳國之間的關係，
不要滋生禍端。《曹沫之陣》簡14-17云：「小邦處大邦之間，敵邦交地，不可先
作怨。」曹沫認為小國鄰近大國，大國為了擴張土地，自然先從小國下手，因
此小國要能夾縫中求生，最好保持中立，切不可主動挑釁。

句踐重整國家，五政中強調經濟的重要性，活絡市場交易，使人民富裕，
但也懼怕因為貿易產生爭執，而破壞與吳國之間的關係，因此嚴格控管邊縣貿
易，避免出現紛爭。

簡文「有官師之人」，「又（有）」應理解為「有無」之「有」，即如果有

---

185 江秋貞：《清華大學藏戰國竹簡（柒）越公其事及釋》（臺北：臺灣師範大學博士論文，
2020），頁 430-431。江秋貞：《《清華大學藏戰國竹簡（柒）・越公其事》考釋》（臺北：花木
蘭文化事業公司，2022），頁380-381。

186 心包：〈清華七《越公其事》初讀〉，武漢網，跟帖第 236 樓，2021.11.21（2022.3.4 上網）。

187 （劉宋）范曄撰，（唐）李賢等注：《後漢書》（北京：中華書局，1973），頁 111。

188 陳偉：《秦簡牘合集・釋文注釋修訂本》第 1 輯（武漢：武漢大學出版社，2016.3），頁 83。

「官師」告於王廷。羅雲君將「又」讀為「佑」，不詞。「邑司事」是都邑的領導者，「官師之人」則為稅徵執行者。

「官師」本泛指官吏，《尚書・胤征》：「每歲孟春，遒人以木鐸徇于路，官師相規，工執藝事以諫，其或不恭，邦有常刑。」孔《傳》：「官師，眾官。」[189]《國語・吳語》：「陳王卒百人，以為徹行百行，行頭皆官師，擁鐸拱稽。」韋昭《注》：「下言十行一嬖大夫，此一行宜為士。《周禮》：『百人為卒，卒長皆上士。』」[190]《禮記・祭法》：「官師一廟。」鄭玄《注》：「官師，中士、下士、庶士、府史之屬。」[191]《穆天子傳》卷六：「百嬖人官師畢贈。」郭璞《注》：「官師，群士號也。」[192]

「官師之人」指的是級別較低，真正執行稅務與維持市場貿易工作的人。

「告」，控訴。「有告於王廷」，指前往越國王廷進行控訴。

〔14〕　曰：「初曰政勿（物）若某，今政砫（重），弗果。」

日	初	日	政	勿	若	某
今	政	砫	弗	果		

原整理者（201704）：政重，指政令煩苛沉重。不果，完成不了。「政」或讀為「征」，亦通。[193]

王寧（20170501）：其中的「政」亦當讀「征」，指徵收賦稅。「勿」字均當讀為「物」，《詩・烝民》：「有物有則」，毛傳：「物，事也。」「政（征）勿（物）」即徵收賦稅之事。[194]

陳劍（20170505）：（王寧）其說大致可從。兩「勿（物）」字所指應該不是一回事。後者是諸人舉報云云之「事」，跟前文「征物」之「物」不同。關於「征物」，可聯繫後文所謂「以為獻」云云，參考下引兩條有關「以……

[189] （漢）孔安國傳，（唐）孔穎達正義，李學勤主編：《十三經注疏・尚書正義》（北京：北京大學出版社，2000），頁217。

[190] 《國語》各本原作「士」，王念孫以為應作「王卒」，徐元誥據之改「士」為「王」，然韋昭《注》所釋仍為「士」字。（三國吳）韋昭注，徐元誥集解：《國語集解》（北京：中華書局，2002），頁548。

[191] （漢）鄭玄注，（唐）孔穎達疏，李學勤主編：《十三經注疏・禮記正義》（北京：北京大學出版社，2000），頁1516、1518。

[192] 王天海譯注：《穆天子傳譯注・燕丹子譯注》（上海：上海古籍出版社，2018），頁162、164。

[193] 李學勤主編：《清華大學藏戰國竹簡（柒）》（上海：中西書局，2017），頁135。

[194] 王寧：〈清華七《越公其事》初讀〉，武漢網，跟帖第116樓，2017.5.1（2019.11.19上網）。

為獻」、「以為獻」的文獻來理解：

> 《逸周書·王會》：伊尹受命，於是為四方令曰：「符婁、仇州、伊慮、漚深、九夷、十蠻、越漚，鬋髮文身，請令以魚皮之鞞、烏鰂之醬、鮫瞂、利劍為獻。正南⋯⋯請令以⋯⋯為獻。正西⋯⋯請令以⋯⋯為獻。正北⋯⋯請令⋯⋯為獻。」

> 《漢書·高帝紀下》所載「定口賦詔」：「欲省賦甚。今獻未有程，吏或多賦以為獻，而諸侯王尤多，民疾之。⋯⋯」顏師古注：「諸侯王賦其國中，以為獻物，又多於郡，故百姓疾苦之。」

由此考慮，「征物」應非籠統的「征事」，而應指「所征之物」。當時的「征取、征求」（包括賦稅），應該有很大一部分是各種實物。在不強調這一點時，也可以如後文兩「政（征）」字那樣僅以「征」字包之。唯其如此，才會不僅一般之民，同時各級小吏、奔走執事之人（「有官師之人」）也會有覺得不勝其求之苦（可參看里耶秦簡中關於捕鳥求翰羽、求鮫魚等的公文記錄）。[195]

王磊（20170517）：讀「征」為是。「征」即「賦稅」的意思。《左傳·僖公十五年》：「於是秦始征晉河東，置官司焉。」杜預注：「征，賦也。」《周禮·地官·均人》：「均人掌均地政。」鄭玄注：「政讀為征。地征，謂地守、地職之稅也。」是典籍中既有假「政」為「征」，來表示「賦稅」的例子。「今政重」，即「現在賦稅繁重」的意思，《左傳·哀公十一年》：「事充，政重。」杜預注：「賦稅多。」[196]

王進鋒（20171026-28）：某，代指執政者。《廣雅·釋詁三》：「某，名也」，王念孫《廣雅疏證》：「凡言某者，皆所以代名也」。「果」通假為「和」。和，意為和睦、融洽。[197]

陳偉武（20171026-28）：頗疑「勿」讀為「忽」。「忽」從「勿」聲，「勿」讀為「忽」文獻屢見。睡虎地秦簡《日書》甲種《詰咎》：「鬼入人宮室，勿見而亡，亡（無）已。」整理小組讀「勿」為「忽」。王輝先生指出「勿見」即「忽現」。「忽」本為輕忽義，轉而可指輕微。「忽若」指輕微之狀，戰國時代傳世文獻雖未見相似文例，但確有「忽若」一詞，義為恍忽，如宋玉《登徒子好色賦》：「於是處子怳若有望而不來，忽若有來而不見。」「政（征）勿（忽）若」表賦稅輕，猶如同篇簡49：「政（征）溥（薄）而好（信）」之「政（征）溥（薄）」。「某」字屬下讀，「某今政（征）硅（重）」是告狀者說自己現在賦稅繁重。「某」為無指代詞，「句」讀為

---

[195] 陳劍：〈簡談對金文「蔑懋」問題的一些新認識〉，復旦網，2017.5.5（2022.5.6 上網）。又收入《出土文獻與古文字研究》第 7 輯（上海：上海古籍出版社，2018.5），頁 100、101。

[196] 王磊：《清華七〈越公其事〉箚記六則》，武漢網，2017.5.17（2021.5.4 上網）。

[197] 王進鋒：〈周代的縣與越縣——由清華簡〈越公其事〉中的相關內容引發的討論〉，收入香港浸會大學饒宗頤國學院、澳門大學中國語言文學系、清華大學出土文獻研究與保護中心編：《清華簡》國際會議論文集》（香港：香港浸會大學饒宗頤國學院、澳門：澳門大學中國語言文學系，2017），頁 68。

「苟」，姑且，「茲」讀為「使」。[198]

劉成群（20171028-29）：聯繫上下文義，「政」解釋為「征」更為妥當，「征重」即賦稅沉重，此義遠比「政令煩苛沉重」文義通暢得多。且「無敢增益其政以為獻于王」一句，將「增益其政」解釋為「增益政令」文義十分牽強，而解釋為增加賦稅之義則令人信服。在句踐時代，也曾經出現「征重」的情況。如果田稅是固定的，出現「征重」的情況，多半是由於軍賦增加所導致。這也符合句踐時代戰時狀態擴充軍備的總體特點。《國語・越語上》謂「十年不收于國」，《吳越春秋》謂「七年不收國」，皆是後世美化的結果。相對而言，《越公其事》記載更為真實。[199]

熊賢品（201801）：這裡的「政」疑讀為「征」，指的是政府的賦役徵收。簡文講的是，如果地方官員過度征發賦役，則越民可以訴訟至於王廷、也就是國君處，越王將對這些問題親自進行審查，如果確有其事，則這些地方官員，不論身份的高低貴賤，都將要受到相應的廢職等處罰。而正由於這項政策的存在，越國的地方官員也不敢隨意增加賦役徵收。[200]

易泉（20180126）：整理者在「某」下斷句，當連讀作「初日政（征）勿若某今政（征）砫（重）」，若，相當。《孟子・滕文公上》：「布帛長短同，則賈相若。」勿若，即不相當。「某」是「鄹（邊）鄩（縣）之民及又（有）管（官）帀（師）之人」的自稱。「初日政（征）勿若某今政（征）砫（重）」大意是以前的征賦不如我現在的征賦重。[201]

郭洗凡（201803）：典籍中多假「政」為「征」，「政」，從攴從正，正亦聲，桂馥《義證》：「政者，正也。政，所以正不正者也。」「征」，從辵，正聲，是延的或體，因而整理者觀點可從。[202]

吳德貞（201805）：結合上下文意，「政」讀「征」較為合適。[203]

羅雲君（201805）：對「某」的解讀應聯繫簡文前後內容來看，該章的主題

---

[198] 陳偉武：〈清華簡第七冊釋讀小記（初稿）〉，收入香港浸會大學饒宗頤國學院、澳門大學中國語言文學系、清華大學出土文獻研究與保護中心編：《《清華簡》國際會議論文集》（香港：香港浸會大學饒宗頤國學院、澳門：澳門大學中國語言文學系，2017），頁156。

[199] 劉成群：〈清華簡〈越公其事〉中的「私畦」與「征」〉，收入西南大學漢語言文獻研究所、四川外國語大學中國語言文學系編：《第二屆古文字與出土文獻語言研究學術研討會論文》（重慶：西南大學漢語言文獻研究所，2017），頁211-212。

[200] 熊賢品：〈論清華簡七《越公其事》吳越爭霸故事〉，《東吳學術》2018第1期（2018.1），頁91。

[201] 易泉：〈清華七《越公其事》初讀〉，武漢網，跟帖第219樓，2018.1.26（2019.11.19上網）。何有祖：〈《越公其事》補釋（五則）〉，收入中山大學古文字研究所編：《文字、文獻與文明——第七屆出土文獻青年學者論壇暨國際學術研討會》（廣州：中山大學古文字研究所，2018），頁161。何有祖：〈《越公其事》補釋（五則）〉，收入中山大學古文字研究所編：《文字、文獻與文明——第七屆出土文獻青年學者論壇暨國際學術研討會》（廣州：中山大學古文字研究所，2018），頁160-161。

[202] 郭洗凡：《清華簡《越公其事》集釋》（合肥：安徽大學碩士論文，2018），頁70-72。

[203] 吳德貞：《清華簡《越公其事》集釋》（武漢：武漢大學碩士論文，2018），頁66。

是「好信」，在教導如何解決商賈之間糾紛以後，故此「初日政勿若某」之「勿」可從「【初讀】王寧」解「勿」為「物」的意見，「某」應代指某種情況，「初日政勿若某」是說昔日征發賦稅之物是那樣的（標準或情況），「今政砫（重）」則言今日徵收賦稅加重，難以如數完成。對「才（在）邑司事及官帀（師）之人」違背王命的告發，越王親自審察，如果屬實，那些「才（在）邑司事及官帀（師）之人」就會受到「發（廢）」的處罰，這樣做才能保證王命取信於民，符合「好信」的章旨。[204]

子居（20180706）：「初日政」即最初規定的市政，「勿若」即「無若」，指沒有超過，古人以「關市無征」為明主之政或上古之政，如則《越公其事》此處所說「初日政勿若某」當即是最初規定市政無征，即在市場不能徵收賦稅，則市政所允許的就只是讓「邑司事及官師之人」通過斂賒方式賺取差額利潤。「今政重」即是說「邑司事及官師之人」違反原有規定而在市政中私自增加了若干內容以盤剝普通民眾。「政」指「市政」，故不宜讀為「征」。「弗果」即表示無法承擔，由於普通民眾到市場所進行的交易必然都只是很小宗的交易，因此稍加盤剝即會對普通民眾的利益構成極大損害，所以才會「告于王廷」。[205]

劉成群（20181019-22）：聯繫上下文義，「政」解釋為「征」更為妥當。從邏輯上來說，「征重」即所征租賦沉重，此義遠比「政令煩苛沉重」文義通暢得多。且「無敢增益其政以為獻于王」一句，將「增益其政」解釋為「增益政令」文義較為牽強，而將之解釋為增賦之義則令人信服。[206]

滕勝霖（201905）：「政」從王寧、陳劍等之說，讀作「徵」。包山簡 81：「周賜訟鄢之兵甲執事人司馬景丁，以其政（徵）其田。」又 140：「小人各政（徵）於小人之地。」「徵物」，斂收各類物資。「不果」，某事不能做成，不能實現。「某」指不定的事、物等，《助詞辨略》卷三：「凡無所指名，及泛言事物與不知名者皆言某也。」[207]

張朝然（201906）：「政」，從王寧說，讀為「征」，指徵收賦稅。「勿」在此處當屬本義，指不，否定詞。「若」表如、象之義。「勿若」即「不如，不像」。「某」在此處為代詞。代指下文「今政（征）重」。文中「初日政（征）勿若某」的意思是之前的徵收賦稅不如現在這樣繁重。按文中之意，正因為官師之人徵稅繁重，王聽之，「其在邑司事及官師之人」才會被黜免。[208]

史玥然（201906）：「征」可以用如動詞，表徵收賦稅，《左傳·文公十一

[204] 羅雲君：《清華簡《越公其事》研究》（長春：東北師範大學碩士論文，2018），頁 73-74。

[205] 子居：〈清華簡七《越公其事》第六章解析〉，中國先秦史網站，2018.7.6（2021.5.4 上網）。

[206] 劉成群：〈清華簡《越公其事》與句踐時代的經濟制度變革〉，收入四川大學歷史文化學院、中國先秦史學會、中國古文字研究會編：《紀念徐中舒先生誕辰 120 周年國際學術研討會（下冊）》（成都：四川大學歷史文化學院，2018），頁 1072-1073。

[207] 滕勝霖：《《清華大學藏戰國竹簡（柒）》集釋及相關問題研究》（重慶：西南大學碩士論文，2019），頁 316。

[208] 張朝然：《清華簡《越公其事》集釋及相關問題初探》（石家莊：河北師範大學碩士論文，2019），頁 42-43。

年》杜預注「征，稅也」。[209]

江秋貞（202007）：「初日政勿若某，今政硅，弗果」，「政」一個字指的是「市征」；「勿若某」指的是「沒有像這樣（或那樣）」，「勿」是否定詞，不是「類」。「若」是「像……」，「某」字為指稱「征重」的代詞；「弗果」指的是「做不到所要求的事」，意指市征加重而達不到官師的要求。[210]

佑仁謹案：

「初日」，指剛開始的時候，與後文的「今」對比。許多學者都提出「政」讀為「徵」，可信。「政（徵）物」應為名詞組。

「若某」，「某」釋為「不定指」，指某種特定情況。即過去已約定好稅收額度，但今日變卦。「政重」，原整理者認為「政令煩苛沉重」，王寧認為「現在徵收得太重，現在賦稅繁重」。前者把「政」理解為政令，後者理解為「徵收」，以後說為妥。

弗果，指稅徵沉重到人民無法繳納。

〔15〕 凡此勿（物）也，王必親見而聖（聽）之

![凡]	![此]	![勿]	![也]	![王]	![必]	![親]
凡	此	勿	也	王	必	親

![見]	![而]	![聖]	![之]
見	而	聖	之

原整理者（201704）：凡此勿也，第四十一簡作「凡此聿也」，疑「勿」、「聿」皆讀為「類」。見，《史記・廉頗藺相如列傳》：「秦王坐章臺見相如。」又疑為「視」之訛書。視，審查，視聽。《墨子・尚同中》：「夫唯能使人之耳目助己視聽，使人之吻助己言談。」。[211]

心包（20170425）：「勿」無由讀「類」，疑「勿」讀為「物」，「物」本身就有「品」「類」的意思。[212]

王寧（20170501）：「勿」字均當讀為「物」，《詩・烝民》：「有物有則」，毛傳：「物，事也。」「政（征）勿（物）」即徵收賦稅之事。「此勿（物）」猶言「此事」。此文意思是有人舉報說：「以前的時候徵收賦稅的事情是像某個樣子

---

[209] 史玥然：《清華簡《越公其事》集釋及其漢字教學設計》（太原：山西大學碩士論文，2019），頁 54。

[210] 江秋貞：《清華大學藏戰國竹簡（柒）越公其事及釋》（臺北：臺灣師範大學博士論文，2020），頁 437-438。江秋貞：《《清華大學藏戰國竹簡（柒）・越公其事》考釋》（臺北：花木蘭文化事業公司，2022），頁 387-388。

[211] 李學勤主編：《清華大學藏戰國竹簡（柒）》（上海：中西書局，2017），頁 135。

[212] 心包：〈清華七《越公其事》初讀〉，武漢網，跟帖第 25 樓，2017.4.25（2019.11.19 上網）。

的,現在徵收得太重,完不成。」凡是遇到這樣的事情,越王必定會親自召見並聽取情況,察問如果確實,那麼他(指來舉報的人)所在城邑的管事的和相關官員就會被罷免。[213]

陳劍(**20170505**):兩「勿」字,前者整理者如字讀,後者讀為「類」。網上已有研究者將其皆讀為「物」,訓為「事」。王寧先生解釋謂:此文意思是有人舉報說:「以前的時候徵收賦稅的事情是像某個樣子的,……。」其說大致可從。但兩「勿(物)」字所指應該不是一回事。後者是諸人舉報云云之「事」,跟前文「征物」之「物」不同。[214]

吳德貞(**201805**):「勿」與「類」沒有通用的直接證據,且將「勿」讀為「物」文義可通,因此「心包」之說可從。[215]

子居(**20180706**):據《說文・聿部》:「聿,所以書也。楚謂之聿,吳謂之不律,燕謂之弗。」一方面,「不」、「弗」與「勿」在音義上有著明確的對應關係,且存在通假例證。另一方面,「律」為來母物部,與「類」字聲韻皆同,因此上「不律」完全可以寫為「不類」。故「勿」、「聿」與「類」的通假,在吳越方言中當是成立的。只要熟悉先秦文獻,就不難判明,此處只當是「親見」而不會是「親視」。整理者「又疑為『視』之訛書」,且將「視」解釋為「視聽」並列舉「視聽」辭例,不知何故。[216]

滕勝霖(**201905**):「勿」「物」相通文獻常見,且「物」訓作「類」亦常見。《左傳・桓公六年》:「與吾同物」,杜預注:「物,類也。」《經義述聞・左傳中》:「周書所謂庸庸祇祇者,謂此物也夫」,王引之按:「物,類也。」「見」,接見之意。《左傳・昭公十年》:「公將戰,曹劌請見。」上一句已言有人報告,此句謂越王接見報告之人。本句意思是「凡這類事情,越王一定親自接見並聽取他們的報告。」[217]

杜建婷(**201906**):「勿」古音為明母物部,「物」古音為明母物部,二者雖音理可通,然「物」所指的「品類」特指「牲畜的種類、品級」,《詩・小雅・六月》:「比物四驪,閑之維則。」毛傳:「物,毛物也。」筆者從整理者讀為「類」,「類」古音為來母物部,與「勿」音理可通。[218]

江秋貞(**202007**):「聿」和「類」通假的關係無誤,但是「勿」和「類」在聲韻及字義上均不相通。「勿」可以釋作「物」,《易・家人・象傳》:「君子以言有物。」孔穎達疏:「物,事也」。《繫辭》:「遂知來物」孔穎達疏:「物,事

[213] 王寧:〈清華七《越公其事》初讀〉,武漢網,跟帖第 116 樓,2017.5.1(2019.11.19 上網)。

[214] 陳劍:〈簡談對金文「蔑懋」問題的一些新認識〉,復旦網,2017.5.5(2022.5.6 上網)。又收入《出土文獻與古文字研究》第 7 輯(上海:上海古籍出版社,2018.5),頁 100。

[215] 吳德貞:《清華簡《越公其事》集釋》(武漢:武漢大學碩士論文,2018),頁 66。

[216] 子居:〈清華簡七《越公其事》第六章解析〉,中國先秦史網站,2018.7.6(2021.5.4 上網)。

[217] 滕勝霖:《《清華大學藏戰國竹簡(柒)》集釋及相關問題研究》(重慶:西南大學碩士論文,2019),頁 317。

[218] 杜建婷:《清華簡第七輯文字集釋》(廣州:中山大學碩士論文,2019),頁 233。

也」。所以「凡此勿也」指的是「凡是這樣的事」。原考釋從字義上認為「勿」為「類」，大方向沒有問題，只是沒有說明「勿」為「物」的環節。[219]

youren（20211116）：「凡此勿（物）也」，趙曉斌先生〈荊州棗紙簡《吳王夫差起師伐越》與清華簡《越公其事》〉指出棗紙簡本作「凡厥勿（物）」，但該文將《越公其事》的「勿」讀成「類」，這兩個版本的「勿」都應該要讀「物」，訓作「事」。[220]

佑仁謹案：

原整理者將「勿」讀為「類」[221]，「勿」明紐沒部，「類」來紐之部，二字古音較遠，難以通假。

心包已指出「勿」讀為「物」，不過他將「物」理解為「品」、「類」之意[222]，王寧將「物」訓為「事」[223]，筆者認為王寧的解釋比較理想，「物」字應理解為事務、事情，《逸周書・五權》：「二曰物，物以權官。」朱右曾《校釋》：「物，猶事也。事繁官多，事簡官省。」[224]《周禮・地官・大司徒》：「以鄉三物教萬民而賓興之。」鄭玄《注》：「物，猶事也。」[225]《呂氏春秋・先識》：「（晉威公）去苛令三十九物，以告屠黍。」高誘《注》：「物，事。」[226]《大學》的「格物」，鄭玄《注》：「物猶事也。」[227]《毛詩・大雅・蒸民》：「有物有則。」毛《傳》：「物，事也。」[228]《玉篇・牛部》：「物，事也。」[229]《禮記・內則》：「四十始仕，方物出謀發慮。」鄭《注》：「方猶常也，物猶事也。」[230]

郭店《老子》第五十七章「奇物」，裘錫圭認為「疑此二字應讀為『苛刻』、『苛細』之『苛』。物字本可訓事。《詩・大雅・蒸民》：『有物有則』毛傳：『物，事也。』『苛物』猶言『苛事』。」[231]《晏子春秋集釋・內篇諫下》記

[219] 江秋貞：《清華大學藏戰國竹簡（柒）越公其事及釋》（臺北：臺灣師範大學博士論文，2020），頁 440-441。江秋貞：《《清華大學藏戰國竹簡（柒）・越公其事》考釋》（臺北：花木蘭文化事業公司，2022），頁 389-390。

[220] youren：〈清華七《越公其事》初讀〉，武漢網，跟帖第 233 樓，2021.11.16（2022.3.4 上網）。

[221] 李學勤主編：《清華大學藏戰國竹簡（柒）》（上海：中西書局，2017），頁 135。

[222] 心包：〈清華七《越公其事》初讀〉，武漢網，跟帖第 25 樓，2017.4.25（2019.11.19 上網）。

[223] 王寧：〈清華七《越公其事》初讀〉，武漢網，跟帖第 116 樓，2017.5.1（2019.11.19 上網）。

[224] 黃懷信、張懋鎔、田旭東：《逸周書彙校集注》（上海：上海古籍出版社，2007），頁 492。

[225]（東漢）鄭玄注，（唐）賈公彥疏，李學勤主編：《十三經注疏・周禮注疏》（北京：北京大學出版社，2000），頁 314。

[226] 許維遹撰，梁運華整理：《呂氏春秋集釋》（北京：中華書局，2009.9），頁 398。

[227]（宋）朱熹撰：《四書章句集注》（北京：中華書局，1983），頁 4。

[228]（漢）毛公傳，（漢）鄭玄箋，（唐）孔穎達等正義，李學勤主編：《十三經注疏・毛詩正義》（北京：北京大學出版社，2000），頁 1432。

[229]（南朝梁）顧野王：《宋本玉篇》（北京：中國書店，1983），頁 428。

[230]（漢）鄭玄注，（唐）孔穎達疏，李學勤主編：《十三經注疏・禮記正義》（北京：北京大學出版社，2000），頁 1013。

[231] 裘錫圭：〈郭店《老子》簡初釋〉，《道家文化研究》第 17 輯（香港：香港三聯書店，

晏子曰：「怨聚于百姓，而權輕于諸侯，而乃以為細物，君其圖之。」盧文弨云：「物，猶事也。」[232]

「親見」之「見」，原整理者疑為「視」之訛，此處釋讀為「親見」合於文義，並無理解為訛誤的必要。簡文「親見而聽之」，指親自與兩造見面，並聽其所言是否屬實，即親聽獄訟之意。

棗紙簡簡 43 號作「凡阜（厥）勿（物），辟（親）聖=（聽）」，敘述與清華簡大同小異。

〔16〕 戩（察）之而訐（信），亓（其）才（在）邑司事及官帀（師）之人則發（廢）也。

戩	之	而	訐	亓	才	邑
司	事	及	官	帀	之	人
則	發	也				

原整理者（201704）：在，擔任官職。《孟子・公孫丑上》：「賢者在位，能者在職。」邑，《說文》：「國也。」司事，猶有司。《國語・周語中》：「今雖朝也不才，有分族於周，承王命以為過賓於陳，而司事莫至，是蔑先王之官也。」官師，見本章注〔一二〕。發，讀為「廢」，黜免。《書・康誥》：「弘於天，若德裕，乃身不廢，在王命。」[233]

吳德貞（201805）：在邑司事，上告者（邊縣之民）所在城邑的主事之人。「官師」本篇出現三處，「官」，簡文寫法有別，簡 39 之「官」（原告）寫作 ![char]即「管」，簡 40 的兩處「官」寫作本字 ![char]。[234]

子居（20180706）：此處的「邑」即下文「城邑」的省稱，「邑司事」即下文的「城邑之司事」，對照《越公其事》第七章的「察省城市邊縣」，不難看出對於該作者而言，「邑」、「城邑」、「城市」可以混稱無別。[235]

毛玉靜（201905）：發、廢皆為幫紐月部。諧聲通假。郭店《老子》甲本簡七中有「果而弗發」。帛書甲、乙本及王弼本作「伐」，劉信芳先生讀為

1999.8），頁 57。

[232] 吳則虞：《晏子春秋集釋》（北京：中華書局，1982），頁 164。

[233] 李學勤主編：《清華大學藏戰國竹簡（柒）》（上海：中西書局，2017），頁 135。

[234] 吳德貞：《清華簡《越公其事》集釋》（武漢：武漢大學碩士論文，2018），頁 67。

[235] 子居：〈清華簡七《越公其事》第六章解析〉，中國先秦史網站，2018.7.6（2021.5.4 上網）。

「廢」。[236]

滕勝霖（201905）：「其」連詞，表假設。「才」讀作「在」，居於、處於。簡文「邑」或是古代行政區域名，泛指一般城鎮。《國語・齊語》：「三十家為邑，邑有司。」《周禮・夏官・邍師》：「物之可以封邑者」，孫詒讓正義：「凡民所聚居，大小通曰邑。」「司事」，主管官吏。「官師」，本泛指各級官吏，這裡與「在邑司事」相對，應指大夫一級的官員。本句意思是：「如果是擔任城邑的主管官吏以及朝廷的相關官員，就罷免他。」[237]

吳萱萱（20200630）：凡是邊縣的百姓以及有所執掌的各級官吏將徵稅沉重的現象上報王廷，句踐就必會親自查明情況，並對犯事的官員予以黜免，從而使「政重」的狀況得到緩解。《國語・越語上》雖然也曾記載越國的徵稅措施，即「十年不收於國」，但其十年不收賦稅的說法稍顯誇張。反觀《越公其事》，其中提及的徵稅管理之法則更為合理。[238]

江秋貞（202007）：「𢿫（察）之而訐（信）」即和第六章之前的「𢿫（察）之而𧭋（孚）」意思相同，意指經過審查屬實而可信者。「在邑司事」在城邑中擔任官職的人。「官師」指有所執掌的各級官吏。「𢿫（察）之而訐（信），亓（其）才（在）邑司事及官帀（師）之人則發（廢）也」，意思是「經過審查屬實而可信者，在城邑中的管員及各級官吏就會被罷黜懲處。」[239]

佑仁謹案：

「𢿫」讀「察」，原整理者隸定成「𢿫」有疑義，此處🔲字與簡 38「察」（🔲）字對照，顯然左上應是從「少」而非「小」。「信」，信實、可信，即前述「初日政勿（物）若某，今政硅（重），弗果」。句踐親自聽獄訟，發現控訴人所言不假，信而可徵。

「其」，滕勝霖認為「『其』連詞，表假設」，筆者認為以假設句法理解並不通順。「其」，應為代名詞，指這些、那些，《尚書・皋陶謨》：「亦言其人有德。」[240]《史記・陳涉世家》：「諸將以其故不親附。」[241]「在」，原整理者認為

---

[236] 毛玉靜：《《清華大學藏戰國竹簡（柒）》字用研究》（合肥：安徽大學碩士論文，2019），頁76。

[237] 滕勝霖：《《清華大學藏戰國竹簡（柒）》集釋及相關問題研究》（重慶：西南大學碩士論文，2019），頁 317-318。

[238] 吳萱萱：《《越公其事》中句踐滅吳故事考論》（杭州：杭州師範大學碩士論文，2020），頁29。

[239] 江秋貞：《清華大學藏戰國竹簡（柒）越公其事及釋》（臺北：臺灣師範大學博士論文，2020），頁 443。江秋貞：《《清華大學藏戰國竹簡（柒）・越公其事》考釋》（臺北：花木蘭文化事業公司，2022），頁 392。

[240]（漢）孔安國傳，（唐）孔穎達正義，李學勤主編：《十三經注疏・尚書正義》（北京：北京大學出版社，2000），頁 124。

[241]（漢）司馬遷撰，（南朝宋）裴駰集解，（唐）司馬貞索引、張守節正義：《史記》（北京：中華書局，2014），頁 2378。

「在，擔任官職。」滕勝霖認為「才」讀作「在」，指居於、處於，可信。

「邑」，原整理者引《說文》訓為「國」。吳德貞認為「在邑司事，上告者（邊縣之民）所在城邑的主事之人」，邑司事，指城邑的主事者。「司事」見《左傳・昭公十七年》：「鶻鳩氏，司事也。」孔穎達《疏》：「司事謂營造之事。」[242]《國語・周語上》：「史帥陽官以命我司事。」韋昭《注》：「司事，主農事官也。」[243]可見「司事」是職官的泛稱，簡文中「邑司事」，棗紙簡作「成（城）邑之司事」，則「司事」係指城邑的管理階層。[244]

簡文本段內容云：「凡邊縣之民及有官師之人或告于王廷，曰：『初日政物若某，今政重，弗果。』凡此物也，王必親見而聽之，察之而信，其在邑司事及官師之人則廢也。」這段話中，控訴方為「邊縣之民」與「官師之人」，若控訴成立，則被廢黜者為「邑司事」與「官師之人」。「邊縣之民」與「邑司事」都很好理解，前者是居住在邊縣的人民，後者是都邑的最高管理階層，此三者的身分地位高低如下：

邑司事＞官師之人＞邊縣之民

邊縣之民受官師之人管轄，而官師之人則由所在地的邑司事負責，則若官師之人對邊縣之民橫征暴斂，官師之人將被廢黜；若邑司事要求官師之人對人民增加稅賦，則邑司事亦被廢黜。官師之人既是負責課稅的實際執行者，又必須接受邑司事的督導，所以才有「官師之人」出現兩次的情況。

「發（廢）」，從原整理者之說，指廢黜。

棗紙簡《吳王》簡 44 號作「聽而訐（信），乃豐（廢）。又（有）訙（獄）訟至于王𨑒（廷）」，清華簡作「察之而信」亦通。棗紙簡「乃廢」二字，清華簡作「亓（其）才（在）邑司事及官帀（師）之人則發（廢）也」，敘事更為清楚。棗紙簡「乃廢」後，直接跳到「又（有）訙（獄）訟至于王廷」一句，清華簡在這中間則多了「凡成（城）邑之司事及官帀（師）之人，乃亡（無）敢增壓（貿）亓（其）政（徵）以為獻於王。」清華簡在本段敘述上，明顯比棗紙簡要來得詳細。

〔17〕 凡成（城）邑之司事及官帀（師）之人

凡	成	邑	之	司	事	及

[242] （晉）杜預注，（唐）孔穎達正義，李學勤主編：《十三經注疏・春秋左傳正義》（北京：北京大學出版社，2000），頁 1571。

[243] （三國吳）韋昭注，徐元誥集解：《國語集解》（北京：中華書局，2002），頁 17。

[244] 關於先秦「邑」的內涵，可參張金光：〈戰國秦時期「邑」的社會政治經濟實體性——官社國野體制新說〉，《史學月刊》2010 第 11 期（2010.11），頁 29-39。

官	帀	之	人

原整理者（201704）：成邑，即城邑，城與邑。《國語·楚語上》：「且夫制城邑若體性焉，有首領股肱，至於手拇毛脈，大能掉小，故變而不勤。」[245]

子居（20180706）：前文已言，對於《越公其事》這幾章的作者而言，「邑」、「城邑」、「城市」可以混稱無別，因此「城邑」只是區別於邊縣的稱謂，「城邑」即國，「邊縣」即野。整理者以《漢語大詞典》的詞條解釋為「城與邑」，在此處並不確切。[246]

王進鋒（201904）：簡文中第一次出現的「官師之人」是舉報之人，第二次出現的「官師之人」是被舉報之人，兩者雖然同屬一個群體，但卻不是同一批人，後者可能是前者的上司或者同事；「司事」應是管理被舉報事務的具體負責人。關於縣內職官的設置情況，第 40-41 號簡也謂：「凡城、邑之司事及官師之人」，上文已經指出這段文字是總講城市和邊縣的狀況，所以其中也談到了邊縣內部的官制。可見，邊縣裡有「司事」和「官師之人」的設置。這裡的「城」指「城市」，「邑」是指「邊縣」。可見，春秋時期越國的縣又可以稱為邑。[247]

江秋貞（202007）：此處的「成邑之司事」和前文的「在邑司事」無別，指的是在城邑中的官吏。前文的「凡邊縣之民及有官師之人或告于王廷」指的是「民」和「官」之間的爭執而告於王庭的情況，官吏們若是不合理加重征稅，有此事實者，則官吏會被處以罷黜免職。[248]

佑仁謹案：

原整理者釋「城邑」為「城」與「邑」，子居認為「『邑』、『城邑』、『城市』可以混稱無別」。王進鋒認為「『城』指『城市』，『邑』是指『邊縣』」。

我們知道「城」本是指有城垣的都邑，徐龍國《秦漢城邑考古學研究》指出「城與邑是兩種不同的聚落形態，邑的歷史更加久遠，城是從邑發展起來的，自城產生以後，城與邑同時存在。夏、商、西周時期，城少邑多，邑是基本的聚落單位，分成不同的等級，絕大多數沒有城牆。至春秋戰國時期，隨著越來越多的邑築起城牆，城與邑的區別變得模糊起來，到了城邑不分、城邑並稱的程度」，「隨著春秋時期爭霸戰爭的興起，越來越多的邑築起了城牆，築城於邑的現象極為鮮明。秦孝公任用商鞅變法，通過『集小鄉邑聚為縣』的辦

---

[245] 李學勤主編：《清華大學藏戰國竹簡（柒）》（上海：中西書局，2017），頁135。

[246] 子居：〈清華簡七《越公其事》第六章解析〉，中國先秦史網站，2018.7.6（2021.5.4上網）。

[247] 王進鋒：〈清華簡《越公其事》與春秋時期越國的縣制〉，《歷史地理》第 38 輯（上海：復旦大學出版社，2019.4），頁 83-84。

[248] 江秋貞：《清華大學藏戰國竹簡（柒）越公其事及釋》（臺北：臺灣師範大學博士論文，2020），頁 444。江秋貞：《《清華大學藏戰國竹簡（柒）·越公其事》考釋》（臺北：花木蘭文化事業公司，2022），頁 392-393。

法，將原來的小邑集中起來，形成三十一縣，並設令、丞管理。自春秋以來，縣、邑、城幾乎不分彼此，並可連稱，有一些雖稱邑，但實為城。」[249]可見「邑」本為聚落單位，而「城」比「邑」的規模來得大，二者最主要的差別在於「城」築有城牆，而「邑」則無。春秋以後「邑」也開始具有城牆，「都」、「邑」逐漸連用不別。

依據許宏《先秦城邑考古》的整理，春秋戰國時代的城邑多達 657 處，而規模相差十分懸殊，結構也不甚相同，這些說明城邑本身的功能與性質存在相當大的差異。[250]

本處的「成（城）邑之司事」應當就是前文所言「邑司事」之繁稱，則「城邑」與「邑」的用法在《越公其事》之文本時代已不甚區別。

〔18〕 乃亡（無）敢增歷（貿）亓（其）政（徵）以為獻於王

乃	亡	敢	增	歷	亓	政
以	為	獻	於	王		

原整理者（201704）：歷，從麻聲，讀為「益」，皆錫部字。增益，增添，此處義為虛誇。戰國宋玉《高唐賦》：「交加累積，重疊增益。」政，或可讀為「征」。增益其征，指加重賦稅負擔。[251]

劉剛（20170426）：41 號簡文的「增歷」可以讀為「增歉」，其義與「增減」、「增損」相近。古漢語中有一類偏義複詞，由兩個相反、相對的詞素組成，在具體的上下文中只取其中一個詞素義作為詞義。例如：《戰國策・魏策》：「懷怒未發，休祲降於天。」《史記・刺客列傳》：「多人，不能無生得失。」《列子》：「無羽毛以禦寒暑。」「乃亡（無）敢增歷（歉）亓（其）政（征）以為獻於王」中的「增歷（歉）」應該也屬於這樣一類詞語，其語義偏向於「增」。[252]

王寧（20170503）：《呂氏春秋・順民》：「（勾踐）時出行路，從車載食，以視孤寡老弱之漬病、困窮、顏色愁悴不贍者，必身自食之。」與第一條簡文所記內容類同，大概是同一個來源。高誘注：「漬亦病也。《公羊傳》曰：『大漬者，大病也。』」簡文「歷」正相當於〈順民〉的「漬」，「瘇」正相當於「病」，「漬」即「瘠」，可見「歷」這個字釋「積」還是可備一說的，「積」、

---

[249] 徐龍國：《秦漢城邑考古學研究》（北京：中國社會科學出版社，2013.5），頁 1、4。

[250] 許宏：《先秦城邑考古》（北京：金城出版社，2017），頁 244。

[251] 李學勤主編：《清華大學藏戰國竹簡（柒）》（上海：中西書局，2017），頁 135。

[252] 劉剛：〈試說《清華柒・越公其事》中的「歷」字〉，復旦網，2017.4.26（2021.5.4 上網）。

「漬」、「瘠」並音近可通。[253]

陳劍（20170505）：簡 41「增」可讀為「增貿」，《尚書‧皋陶謨》「懋遷有無化居」之「懋」字，多書引「懋」作「貿」，「貿遷」且後為成詞，是大家熟悉的例子。「增貿其征以為獻」，謂征收賦稅、征取實物時，或是增加、或是改換（其種類數量等），以求進獻獲功及取媚於王。此例的釋讀不如上例直接必然，但據跟「棽／懋」相聯繫的設想，如此講也還算說得過去。[254]

侯瑞華（20170725）：「乃亡（無）敢增歷（斂）亓（其）政（征）以為獻於王」意即官吏將賦斂所得呈奉給越王。結合簡文內容圍繞「好信」，前一個方面又說了「征重」，那麼這種「增歷（斂）亓（其）政（征）」即不實事求是地按照國家制定的標準征收賦稅，而是加重賦斂財稅；這樣做或者是討好君王或者是虛誇政績。將「歷」讀為「斂」文從字順、十分恰當。因此《清華七‧越公其事》的兩個「歷」字都應讀為「斂」。[255]

shenhao19（20180407）：認為簡 32 和簡 41 的兩個「歷」字，一處讀為「蓺」，一處讀為「設」，跟「蔑歷」沒太大關係，可能直接從三晉的「埶」來的。[256]

子居（20180706）：此章所言為市政，不是國政，市中之征為泉布或一般等價物，只有多征、少征還是不征的問題。「增貿其政」當指增加、更易市政內容條款，市政管理者私下改易初政或增加新政，從中榨取利益以討好越王，屬於嚴重瀆職行為，會導致普通民眾不僅利益受損，且失去對越王勾踐初政的信任，因此打擊此類行為仍是越王勾踐的「好信」舉措。[257]

曰古氏（201905）：「增歷」或可直接讀為「增減」。減、兼古音皆見紐談部字，「增減」不用理解成偏義複詞，簡文「凡城邑之司事及官師之人，乃無敢增減其征以為獻於王」，句意是說「城邑之司事及官師之人」（亦即負責徵收賦稅之人）在徵收賦稅時不敢上下其手、從中漁利。「增減其征」意即，官吏向老百姓徵收時增加，向上交納時減少，這正是古今官吏慣用的牟取私利的手段。[258]

陳偉（201906）：《越公其事》41號簡中的「歷」，按侯先生的意見應可講通。32號簡中的「歷」在看作從「兼」得聲之字的基礎上，或可讀為「儉」。《韓非子‧說疑》：「不明臣之所言，雖節儉勤勞，布衣惡食，國猶自亡也。」《詩‧魏風‧汾沮洳》序：「其君儉以能勤。」均以勤、儉並言。不過，《淮南

[253] 王寧：〈清華七《越公其事》初讀〉，武漢網，跟帖第 154 樓，2017.5.3（2019.11.19 上網）。

[254] 陳劍：〈簡談對金文「蔑懋」問題的一些新認識〉，復旦網，2017.5.5（2022.5.6 上網）。又收入《出土文獻與古文字研究》第 7 輯（上海：上海古籍出版社，2018.5），頁 101。

[255] 侯瑞華：〈《清華七‧越公其事》「歷」字補釋〉，復旦網，2017.7.25（2021.5.4 上網）。

[256] 網友 shenhao19 在復旦網論壇發表，2020.11.30 查無此條紀錄，故轉引江秋貞：《《清華大學藏戰國竹簡（柒）‧越公其事》考釋》（臺北：臺灣師範大學博士論文，2020），頁 448。

[257] 子居：〈清華簡七《越公其事》第六章解析〉，中國先秦史網站，2018.7.6（2021.5.4 上網）。

[258] 曰古氏：〈試說清華（柒）〈越公其事〉的「增減」一詞〉，復旦網學術討論區，2017.4.27，於 1、2、3 樓之發言。

子・原道訓》：「不以奢為樂，不以廉為悲。」高誘注：「廉，猶儉也。」將其直接讀為「廉」，似亦通。〈越公其事〉中的兩處「歷」，釋為從「兼」得聲的字，字形、文義都可以得到合理說明。[259]

　　陳斯鵬（202109）：「增歷」，也自可讀「增勞」，而無需別尋他解。《管子・小匡》：「無奪民時，則百姓富；犧牲不勞，則牛馬育。」尹知章注：「過用謂之勞。」正可為簡文「增勞其徵」作注腳。[260]

　　吳萱萱（20200630）：簡39至簡41就記錄了句踐治理徵稅的措施：凡是邊縣的百姓以及有所執掌的各級官吏將徵稅沉重的現象上報王廷，句踐就必會親自查明情況，並對犯事的官員予以黜免，從而使「政重」的狀況得到緩解。《國語・越語上》雖然也曾記載越國的徵稅措施，即「十年不收於國」，但其十年不收賦稅的說法稍顯誇張。[261]

　　江秋貞（202007）：季師旭昇認為「㮹」字《說文》釋為「木盛也」，則「曆」字上部從「林」或從「㮹」會意，沒有不同。「歷／曆／暦／曆／壓」等字，由於有《繫年》及《上博・周易》的對照，它應該就是「廉」字。從文義來看，有司只會增加稅收以討好越王，不會減少稅收來討好人民。因此本詞釋為「增斂」最為合適。「增斂」沒有出現在先秦兩漢的典籍上，但文義妥適。「增減」一讀，雖然文獻多見，但放在本篇其實是說不過去的。[262]

　　佑仁謹案：

　　「增歷」原整理者讀「增益」，王磊[263]、蕭旭[264]、郭洗凡[265]、羅雲君[266]、史玥然[267]從之。劉剛讀為「增歉」，王寧讀為「增積」，陳劍將字與金文「懋」聯繫，文例讀為「增貿」。侯瑞華讀「增斂」，毛玉靜、江秋貞從之。日古氏讀為「增減」，陳偉又讀「增儉」，陳斯鵬則讀「增勞」。

　　「歷」字又見第五章簡32，字形方面，筆者認為陳劍與「懋」字聯繫之說最適當，該處棗紙簡作「能（罷）」，將字讀為「罷」，相關考釋參第五章注釋9。故本處的「增歷」，筆者接受陳劍之說，讀「增貿」。

[259] 陳偉：〈清華簡《邦家處位》零釋〉，《中國文字》第1期（2019.6），頁85-87。
[260] 陳斯鵬：〈金文「蔑曆」及相關問題試解〉，《出土文獻》，2021第3期（2021.9），頁38。
[261] 吳萱萱：《《越公其事》中句踐滅吳故事考論》（杭州：杭州師範大學碩士論文，2020），頁29。
[262] 江秋貞：《清華大學藏戰國竹簡（柒）越公其事及釋》（臺北：臺灣師範大學博士論文，2020），頁449-450。江秋貞：《《清華大學藏戰國竹簡（柒）・越公其事》考釋》（臺北：花木蘭文化事業公司，2022），頁398。
[263] 王磊：〈清華七《越公其事》札記六則〉，武漢網，2017.5.17（2020.11.30上網）。
[264] 蕭旭：〈清華簡（七）校補（二）〉，復旦網，2017.6.5（2021.5.4上網）。
[265] 郭洗凡：《清華簡《越公其事》集釋》（合肥：安徽大學碩士論文，2018），頁74。
[266] 羅雲君：《清華簡《越公其事》研究》（長春：東北師範大學碩士論文，2018），頁76。
[267] 史玥然：《清華簡《越公其事》集釋及其漢字教學設計》（太原：山西大學碩士論文，2019），頁55。

關於「增歉」之說，讀「歉」不妥當，句踐希望透過稅賦取信於民，要求擅自增加稅賦的邑有司與官師之人都將被廢官。那麼「增歷」一詞肯定是「增加」的概念，絕不可能是「歉」（減少），曰古氏也知道這個問題，於是他進一步解釋為「官吏向老百姓徵收時增加，向上交納時減少，這正是古今官吏慣用的牟取私利的手段」，把「增」理解為「官吏」對「百姓」，而「歉」則是官吏對「邑司事」，這已是增字解經，恐不可信。

「獻」，邑司事將人民繳納的稅徵（無論是錢或是貨物），上獻予國君。

〔19〕　凡又（有）猷（獄）訟爭＝（至于）王廷

凡	又	猷	訟	爭＝	王	廷

原整理者（201704）：猷，「獄」之省形。獄訟，《周禮・大司徒》「凡萬民之不服教而有獄訟者，與有地治者聽而斷之，其附于刑者，歸于士」，鄭玄注：「爭罪曰獄，爭財曰訟。」[268]

子居（20180706）：此處所說「獄訟」即前文「市賈爭訟」的升級版，前面的「爭訟」應是決於市，而當所訟內容較嚴重時，因為司市只是下大夫級別，就難免會難以裁定，所以會「至于王廷」，對照前文「爭訟」，再考慮到後文的「乃毋有貴賤，刑也」，則此處的「獄訟」當是指會涉及到刑事處罰的訴訟。[269]

滕勝霖（201905）：猷，「獄」之省體，本從狱從言，此字省去一「犬」。本句意思是「凡有案件訴訟到朝廷」。[270]

趙曉斌（202111）：清華簡《越公》第39至41號簡中：

（上略）凡此勿（類）也，【39】王必親見而聖（聽）之，戠（察）之而訐（信），亓（其）才（在）邑司事及官帀（師）之人則發（廢）也。凡成（城）邑之司事及官帀（師）之【40】人，乃亡（無）敢增歷（益）亓（其）政以為獻於王。凡有猷（獄）訟爭＝（至于）王廷，（下略）【41】

棗紙簡《吳王》第43、44號簡中縮寫為：

（上略）凡卑（厥）勿（物），辟（親）聖＝（聽，【43】聽）而訐（信），乃竁（廢）。又（有）猷（獄）訟至于王𤅆（廷），（下略）【44】

從以上舉例來看，棗紙簡《吳王》是在清華簡《越公》的基礎上進行了修改，使行文更加流暢、更易於理解。[271]

---

268 李學勤主編：《清華大學藏戰國竹簡（柒）》（上海：中西書局，2017），頁135。

269 子居：〈清華簡七《越公其事》第六章解析〉，中國先秦史網站，2018.7.6（2021.5.4上網）。

270 滕勝霖：《《清華大學藏戰國竹簡（柒）》集釋及相關問題研究》（重慶：西南大學碩士論文，2019），頁320。

271 趙曉斌：〈荊州棗紙簡《吳王夫差起師伐越》與清華簡《越公其事》〉，《清華戰國楚簡國際學術研討會論文集》（北京：清華大學出土文獻研究與保護中心，2021），頁10。

佑仁謹案：

「狺」字在古文字早已出現，如下：

字形			
出處	伯狺父鬲 （集成 00615）	璽彙 3068	璽彙 2846
文例	伯△父作邢姬季姜尊鬲	蕨△	厲△

第一例是西周中期金文，後二例為戰國三晉私名璽。過去，學者在探討上述諸字時，都是與後世字書的「狺」聯繫起來。此處擇取幾位較具代表性的意見如下：

《金文形義通解》：「《說文》所無。从犬言聲。《玉篇》《廣韻》皆以『狺』為『犴』之異體，謂『犬聲』。《集韻》『犬吠聲』。」[272]

羅福頤《古璽文編》云：「狺，《說文》所無，《廣韻》：『狺，犬聲，同犴』。」[273]

何琳儀《戰國古文字典》云：「狺，从犬，从言，會犬吠之意，言亦聲。狺、言均屬疑紐，狺為言準聲首。《廣韻》：『狺，犬爭。』（語巾切）《集韻》『犴，《說文》犬吠聲，或从言。』《正字通》：『狺、狄、狋、犴同』。」[274]

湯餘惠《戰國文字編》亦隸定作「狺」。[275]

《古文字譜系疏證》：「狺，从犬，从言，會犬吠之意。《玉篇·犬部》『犴，牛佳、語斤二切，犬聲。狺，同上。』《集韻·諄部》『犴，犬吠聲，《楚辭》『猛犬狺狺』。或从斤。』音魚巾切，《楚辭·九辯》「猛犬狺狺而迎吠兮，關梁閉而不通。」[276]

趙誠《二十世紀甲骨文研究述要》：「金文有一狺字，从言从犬，《金文

[272] 張世超等著：《金文形義通解》（京都：中文出版社，1996），頁 2418。

[273] 故宮博物院編，羅福頤主編：《古璽文編》（北京：文物出版社，1981.10），頁 54。

[274] 何琳儀：《戰國古文字典》（北京：中華書局，1998），頁 1324。

[275] 湯餘惠：《戰國文字編》（福州：福建人民出版社，2001），頁 150

[276] 參黃德寬主編：《古文字譜系疏證》（北京：商務印書館，2007.2），頁 3670。

編》最初放在言部，當然不對，唐氏指出『就是猗字』（168頁），即根據左右易置例釋出，後被容氏接受，改釋為猗，入犬部（《金文編》三版1316號，四版1635號）。」[277]

《教育部異體字字典》研訂者李鍌云：「按《說文》有『犻』無『猗』。《古文字類編》周晚『猗父鬲』，收有『猗』字。『犻』從斤聲，斤，舉欣切，古音十三部。『猗』字當是從犬從言，言亦聲。言，語軒切，古音十四部，二者古音最近，故『犻』亦可作『猗』，犻本正字，猗為俗字，今則以俗『猗』為正，故『犻』則為異體矣。」[278]

學者多半都將 與後世字書的「猗」聯繫，並提及「猗」乃「犻」的異體。不過也有例外，比如方濬益即指出「訞字無考，按《說文》獄从狀从言，二犬所以守也，此从犬，不審何義，亦當時意造之字」[279]，並沒有與「猗」聯繫，反而是從構形聯想到从二犬的「獄」字，見解獨樹一幟。

「猗」在字書中最早見於《玉篇》，為「犻」字異體，《玉篇‧犬部》云：「『犻』，牛佳〈佳〉、語斤二切，犬聲。『猗』，同上。」[280]《廣韻》云：「『犻』，犬聲。『猗』，同上。」[281]《集韻》云：「『猗』『犻』，犬吠聲，《楚辭》：『猛犬猗猗』，或从斤。」[282]可參。

傳世文獻中「猗」最早見於《楚辭‧九辯》：「猛犬猗猗而迎吠兮，關梁閉而不通。」[283]作者為戰國晚期的宋玉，另外《後漢書‧文苑列傳下》云：「九重既不可啟，又群吠之猗猗。」[284]兩處文例均作疊詞使用，為犬吠聲之狀聲詞。《楚辭》、《後漢書》都是歷經傳抄、印刷的傳世文獻，「猗猗」未必就是撰文當下所用的字，也有可能最初的版本是寫成「犻犻」。不過，就《玉篇》、《廣韻》、《集韻》等書收錄「猗」為「犻」之異體來看，「猗」造字的時間應該不會太早。《說文》有「犻」而無「猗」，「猗」應是後世所造从「言」得聲的形聲字。

---

[277] 趙誠：《二十世紀甲骨文研究述要》（上），（太原：書海出版社，2006），頁339。

[278] 參見《教育部異體字字典》（中華民國一○六年十一月臺灣學術網路十三版，正式六版）「猗」字條（https://dict.variants.moe.edu.tw/variants/rbt/word_attribute.rbt?quote_code=QjAyNTI2）。（2023.4.13上網）

[279] 見古文字詁林編纂委員會：《古文字詁林》第11冊（上海：上海教育出版社，1999），頁320。

[280] （南朝梁）顧野王撰，（唐）孫強增字，（宋）陳彭年等重修：《宋本玉篇》（北京：中國書店，1983），頁432。

[281] 周祖謨：《廣韻校本（附廣韻四聲韻字今音表）》（北京：中華書局，2011.2），頁107。

[282] 趙振鐸校：《集韻校本》（上海：上海辭書出版社，2012.12），頁262。

[283] 黃靈庚：《楚辭章句疏證》（增訂版），（北京：中華書局，2018），頁695-696。

[284] （劉宋）范瞱撰，（梁）劉昭補，（唐）李賢注，《後漢書》（北京：中華書局，1973），頁2631。

　　清華柒《越公其事》、《晉文公入於晉》共計出現三次「狋」字，文例如下：

　　　　凡有狋（獄）訟至於王廷。（《越公其事》，簡41）
　　　　越則無狋（獄）。（《越公其事》，簡43）
　　　　命訟狋（獄）拘執釋折。（《晉文公入於晉》，簡2）

這3例「狋」字都應讀作「獄」，用例清楚，文通字順，並無疑義。「獄」字古文字作「🔲」（〈六年召伯虎簋〉、〈六年琱生簋〉，《集成》04293）、「🔲」（《包山》簡2.128）、「🔲」（《包山》2.131）、「🔲」（上博二《容成氏》簡39），字從「言」從二「犬」，原整理者已經指出「狋」是「獄」的省形，可信。

　　透過《清華柒》中的「狋（獄）」，可知金文的「🔲」以及三晉璽印中的「🔲」、「🔲」，理應釋作「獄」字的省形，它們與後世字書的「狋」無關[285]。

　　另外，很多學者已經指出《越公其事》部分字詞受到三晉文字影響，三晉文字與楚文字都有從狋從言的「獄」[286]，則「狋」是否為晉系文字的寫法？還是這種寫法也存在於楚系？這問題有待更多先秦材料出現才能斷定。

　　褱紙簡《吳王夫差起師伐越》簡44作「又（有）訧（獄）訟至于王㞥（廷）」。

〔20〕　曰：「昔日與㠯（己）言員（云），今不若亓（其）言。」

日	昔	日	與	㠯	言	員

今	不	若	亓	言

原整理者（201704）：此句意思是過去對我曾經如此說，現在不像那時說的

---

[285] 「狋」是「犽」的異體，而「獄」是疑紐屋部，「狋」則是疑紐諄部，二字韻部關係較遠。所以退一步說，即使「狋」字在先秦時期已出現，它與「獄」字也不會是通假關係，因為二者語音相隔較遠。

[286] 湯志彪：《三晉文字編》（北京：作家出版社，2013），頁 1458。滕王生：《楚系簡帛文字編（增訂本）》（武漢：湖北教育出版社，2008），頁 867。楚系「獄」字一般從言從狋，字形作「🔲」（《包山》簡 2.131-51）、「🔲」（《包山》簡 84 背-2）、「🔲」（清華陸《子儀》簡 18-34）、「🔲」（清華壹《皇門》簡 11-31）、「🔲」（上博九《史蒥問於夫子》簡 7-9）、「🔲」（上博四《曹沫之陣》簡 34）、「🔲」（上博六《競公瘧》簡 4）。

那樣。意在責其不信。[287]

　　子居（20180706）：「昔日」一詞，於傳世文獻最早見於《楚辭・離騷》：「何昔日之芳草兮，今直為此蕭艾也。」由此可見《越公其事》第六章的成文時間很可能不早於屈原的時代。[288]

　　江秋貞（202007）：「員」字，諸家未釋，應讀為語詞「云」，猶「云云」，《上博七・君人者何必安哉》簡9有「先君靈王乾溪云爾」，「云」字用法類似。[289]

　　佑仁謹案：

　　此處的「言」當是動詞「說」，「云」即「云云」，即今日用語的「如此如此」或「如此這般」，「言云」同樣的用法見於《後漢書・方術列傳上》：「（折像）自知亡日，召賓客九族飲食辭訣，忽然而終。時年八十四。家無餘資，諸子衰劣如其言云。」[290]（折像自知將死，於是召集賓客親族飽餐後告別，突然間死去。時年八十四歲，家裡沒有多餘財產，幾個兒子衰劣的情況就如同他所言如此。）用法與簡文近似。

　　所謂「君無戲言」，既然已與人民說明繳納的徵物與數量，就不應任意改變，失信於民。句踐透過這項原則，建立行政體系的信用，在重建家園的道路上，贏得人民的信任。

〔21〕　　凡此聿（類）也，王必親聖（聽）之，

凡	此	聿	也	王	必	親
聖	之					

　　原整理者（201704）：聿，讀為「類」，從聿聲的「律」與「類」皆來母物部字。類，種類。《易・乾》：「本乎天者親上，本乎地者親下，則各從其類也。」[291]

　　吳德貞（201805）：「聿」或可讀為「律」，《禮記・中庸》「上律天時」，鄭玄注：「律，述也。」《爾雅・釋言》「律，述也。」郭璞注：「律，敘述也，方

---

287 李學勤主編：《清華大學藏戰國竹簡（柒）》（上海：中西書局，2017），頁135。

288 子居：〈清華簡七《越公其事》第六章解析〉，中國先秦史網站，2018.7.6（2021.5.4上網）。

289 江秋貞：《清華大學藏戰國竹簡（柒）越公其事及釋》（臺北：臺灣師範大學博士論文，2020），頁451-452。江秋貞：《《清華大學藏戰國竹簡（柒）・越公其事》考釋》（臺北：花木蘭文化事業公司，2022），頁400。

290 （劉宋）范曄撰，（唐）李賢等注：《後漢書》（北京：中華書局，1973），頁2721。

291 李學勤主編：《清華大學藏戰國竹簡（柒）》（上海：中西書局，2017），頁135。

俗語耳。」[292]

子居（**20180706**）：吳越方言讀「聿」（佑仁案：應為「筆」）為「不律」，見前引《說文》，故「聿，讀為『類』」可與吳越方音相應。[293]

滕勝霖（**201905**）：「聿」讀作「類」可從，「聿」喻紐物部，「類」來紐物部，喻母來母相通常見，從「聿」聲的「筆」又可稱作「不律」，「律」，來紐物部。《說文·聿部》：「筆，所以書也。楚謂之聿，吳謂之不律，燕謂之弗。」[294]

江秋貞（**202007**）：原考釋於此訓「聿」為「類」，其實是有理的。[295]

佑仁謹案：

「聿」讀為「類」可信。江秋貞指出「原考釋於此訓『聿』為『類』，其實是有理的」，原整理者應是以通假方式讀為「類」，而非訓為「類」。上博二《容成氏》云：「戁（質、契）既受命，作為六穎（律）六邨〈邵（呂）〉，辨為五音，以定男女之聲。」[296]（簡30、簡16）「聿」、「類」通假沒有問題。

句踐推動「五政」並非口號，他透過身體力行，展現自己的決心和魄力，這從「王親自耕」、「王親涉溝塘幽塗」、「王必親見而聽之」、「王必親聽之，稽之而信」、「王既察知之，乃命上會，王必親聽之」、「王乃親使人請問羣大臣及邊縣城市之多兵、無兵者」等敘述都能充分展現出來。上有所好，下必甚焉，「五政」的成功，是句踐的身體力行與強大魄力使然。

〔**22**〕 旨（稽）之而訐（信），乃母（毋）又（有）貴賤，劅刀（剄）也。

旨	之	而	訐	乃	母	又
貴	賤	劅刀	也			

毛玉靜（**201905**）：王輝先生言，母與毋皆為明紐，雙聲。并引于省吾先生

---

[292] 吳德貞：《清華簡《越公其事》集釋》（武漢：武漢大學碩士論文，2018），頁68。

[293] 子居：〈清華簡七《越公其事》第六章解析〉，中國先秦史網站，2018.7.6（2021.5.4上網）。

[294] 滕勝霖：《《清華大學藏戰國竹簡（柒）》集釋及相關問題研究》（重慶：西南大學碩士論文，2019），頁320-321。

[295] 江秋貞：《清華大學藏戰國竹簡（柒）·越公其事》（臺北：臺灣師範大學博士論文，2020），頁453-454。江秋貞：《《清華大學藏戰國竹簡（柒）·越公其事》考釋》（臺北：花木蘭文化事業公司，2022），頁401-402

[296] 以「六律」與「五聲」或「五音」並舉，古籍習見。參陳劍：〈上博簡〈容成氏〉的拼合與編連問題小議〉，簡帛研究網，2003.1.9。陳劍：〈上博簡〈容成氏〉的竹簡拼合與編連問題小議〉，上海大學古代文明研究中心、清華大學思想文化研究所編：《上博館藏戰國楚竹書研究續編》（上海：上海書店出版社，2004.7），頁330。又收入陳劍：《戰國竹書論集》（上海：上海古籍出版社，2013.12）。

《甲骨文字釋林》「甲骨文和金文均借用母字以為否定詞之毋。……毋字的造字本義，係把母字的兩點變為一個橫畫，作為指事字的標誌，以別於母，而仍因母字以為聲。」[297]

　　滕勝霖（201905）：「旨」，讀作「稽」可從，義為考核、調查。《周禮・天官・宮正》：「稽其功緒」，孫詒讓正義：「稽，引申為審慎考稽之意。」《郭店・緇衣》簡33：「行則餚（稽）其所敝。」[298]

　　佑仁謹案：

　　原整理者將「旨」讀成「稽」，可信。「信」訓為信實，可信。簡文「察之而孚」（簡38）、「察之而信」（簡40）、「稽之而信」（簡42），「察」、「稽」都是稽查、考核之義，「孚」、「信」都是確實、信實之義，意思一樣，只是用字有別。

　　關於毛玉靜所提出的「毋」字問題，「母」與「毋」乃一字之分化，故秦漢以前存在大量「母」、「毋」通用的情況。作為否定詞使用的「毋」，是將「母」字之兩點以一筆連貫，從「母」字分化出「毋」字，不過必須說明的是，二字雖都是明紐，但「母」為之部，「毋」為魚部，可見韻部稍有差異，仍不妨礙其通假的可能。

　　有失孚信者，不分貴賤都施以「到」（砍頭）刑，參本章注釋5。

〔23〕　　凡雫（越）庶民交諜（接）、言語、貨資、市賈，

凡	雫	庶	民	交	諜	言

語	貨	資	市	賈

　　原整理者（201704）：諜，《廣韻》：「多言也。」讀為「接」，並為齒頭音葉部字。交接，交往。《禮記・樂記》：「射鄉食饗，所以正交接也。」言語，《易・頤》：「《象》曰：『山下有雷，頤。君子以慎言語，節飲食。』」貨、資，亦同義連用。《說文》：「資，貨也。」《周禮・考工記序》「通四方之珍異以資之，謂之商旅」，鄭玄注：「商旅，販賣之客也。」市、賈，同義連用。《孟子・滕文公上》：「從許子之道，則市賈不貳，國中無偽；雖使五尺之童適市，莫之

---

[297] 毛玉靜：《〈清華大學藏戰國竹簡（柒）〉字用研究》（合肥：安徽大學碩士論文，2019），頁103。

[298] 滕勝霖：《〈清華大學藏戰國竹簡（柒）〉集釋及相關問題研究》（重慶：西南大學碩士論文，2019），頁320-321。

或欺。」²⁹⁹

子居（**20180706**）：「交接」一詞，先秦傳世文獻見於《管子·國蓄》、《管子·輕重乙》、《墨子·尚賢》、《禮記·樂記》等篇，可見該詞主要流行於東方各國。「貨資」又作資貨，先秦傳世文獻見於《韓非子·解老》，前文已言韓非當讀過衍生自《越公其事》的某種已佚文獻，故《韓非子》中該詞（佑仁案：指「爭訟」一詞）的使用不排除是源自《越公其事》的影響。先秦出土文獻中上博簡《曹沫之陳》也有「貨資」一詞，可證《曹沫之陣》的成文時間很可能也接近於《越公其事》第六章的成文時間。³⁰⁰

滕勝霖（**201905**）：「𧥝」，從言𢎚聲，「𢎚」本是「挾矢」之「挾」的表意初文，整理者讀作「接」可從，《銀雀山貳·君臣問答·十問》簡 1571-1572：「其將則威，其兵則武，而吏強糧𢎚（接）」。³⁰¹

江秋貞（**202007**）：在此「交接、言語、貨資、市賈」四組詞彙均為同義複詞的組合。「反不訂巳」的解釋如前第三十八簡作「詆訐訂巳」一樣，原考釋釋為「反背欺詒」，可從。「凡雩庶民交𧥝、言語、貨資、市賈乃亡敢反不訂巳」意為「所有庶民百姓來往、說話、買賣、市場交易都不敢反背欺詒」。³⁰²

佑仁謹案：

原整理者將「𧥝」讀為「接」，在此補充一些語音通假的證據。來國龍認為「𢎚」、「妾」二字「古音至近」³⁰³，銀雀山貳《十問》：「其將則威，其兵則武，而吏強糧𢎚（接），諸侯莫之或侍（待）。」（簡 1571-1572）整理小組云：「𢎚，當讀為『接』。此言『糧接』，上文言『糧食不屬』，『接』與『屬』義近。」³⁰⁴「𢎚」讀為「接」可信。可證本處「交𧥝」讀為「交接」應無疑義。「交接」，指往來、結交。《禮記·樂記》：「射、鄉食饗，所以正交接也。」³⁰⁵《漢書·楚元王傳》：「向為人簡易無威儀，廉靖樂道，不交接世俗。」³⁰⁶

「言語」，指庶民往來之間的講話、交談。

「貨資」見《曹沫之陣》簡 17：「無愛貨資子女。」「貨資」當指貨物資

---

299 李學勤主編：《清華大學藏戰國竹簡（柒）》（上海：中西書局，2017），頁 135。

300 子居：〈清華簡七《越公其事》第六章解析〉，中國先秦史網站，2018.7.6（2021.5.4 上網）。

301 滕勝霖：《《清華大學藏戰國竹簡（柒）》集釋及相關問題研究》（重慶：西南大學碩士論文，2019），頁 321。

302 江秋貞：《清華大學藏戰國竹簡（柒）越公其事及釋》（臺北：臺灣師範大學博士論文，2020），頁 455。江秋貞：《清華大學藏戰國竹簡（柒）·越公其事》考釋》（臺北：花木蘭文化事業公司，2022），頁 403。

303 來國龍：〈「𢎚」字補釋——兼論通假字韻部「通轉」的謬誤和聯綿詞「從容」的來源與本義〉，武漢網，2014.10.31。

304 銀雀山漢墓竹簡整理小組：《銀雀山漢墓竹簡〔貳〕》（北京：文物出版社，2010），頁 195。

305 （漢）鄭玄注，（唐）孔穎達疏，李學勤主編：《十三經注疏·禮記正義》（北京：北京大學出版社，2000），頁 1264。

306 （漢）班固撰，（清）王先謙補注：《漢書補注》（上海：上海古籍出版社，2008），頁 3298。

財。又見清華拾《行稱》簡 7：「叟（稱）綽武，利奰（攝）兵膚（甲），攸（修）寶（府）庫，奴（如）弗為，叟（齊）貨資遬（速）後（散）芒（亡）。」

「市賈」指買賣、交易，《史記‧大宛列傳》：「其人皆深眼，多鬚顏，善市賈，爭分銖。」[307]《焦氏易林》：「王良御左，文武何咎？不利市賈。」[308]「賈」字一般作「𧶠」（清華參《說命下》簡 7）、「𧶠、𧶠」（清華貳《繫年》簡 46、128），而本處的寫法「𧶠」，上半寫法多加一道裝飾性筆畫而近似「甶」，這種寫法在「周」（𠂤，《九店》簡 56.43）、「帝」（帝《郭店‧緇衣》簡 37）、「央」（央，《包山》簡 2.201）、「篚」（篚，《郭店‧緇衣》簡 46）等字中都曾出現。

〔24〕 乃亡（無）敢反不（背）訴（欺）巳（詒）

乃	亡	敢	反	不	訴	巳

佑仁謹案：

參見本章注釋 9。

〔25〕 雪（越）則亡（無）猲（獄）

雪	則	亡	猲

佑仁謹案：

「無獄」，指沒有爭訟發生，關於「猲（獄）」字考釋可參考本章注釋 19。

〔26〕 王則閈=（閈閈）

王	則	閈=

原整理者（201704）：閈閈，古書作「閑閑」，悠閒貌。《詩‧十畝之間》「十畝之間兮，桑者閑閑兮，行與子還兮」，朱熹《集傳》：「閑閑，往來者自得

[307] （漢）司馬遷撰，（南朝宋）裴駰集解，（唐）司馬貞索引、張守節正義：《史記》（北京：中華書局，2014），頁 3852。

[308] （西漢）焦延壽著，尚秉和注：《焦氏易林注》（北京：光明日報出版社，2005），頁 261。

之貌。」[309]

郭洗凡（201803）：《莊子·齊物論》：「大知閑閑，小知閒閒。」成玄英疏：閒閒，分別也……小知狹劣之人，性靈褊促，有取有舍，故閒隔而分別。」在簡文裡指的是從容自得的樣子。[310]

子居（20180706）：「越則無獄，王則閑閑」的描述，一望可知絕無可能是實際情況，由此也可以看出該章作者重在誇飾，並不在意史實究竟如何。因此可以判斷，《越公其事》第四至第九章的作者很可能不是史官。所以即使是《越公其事》中的核心內容「五政」，當也並非出自越史之手，而只是後人追記。[311]

仲時（20180410）：簡 43「王則閒=，唯信是趣」之「閒=」，疑與郭店《性自命出》、上博《性情論》「東東之信」之「東東」同指。[312]

史玥然（2018410）：「閒」通作「閑」，《字源》1042 頁中「閒」由本義縫隙，後引申為事情和事情之間或時間上的空閒、閑暇，例如《後漢書·東平憲王蒼傳》「憂念惶惶，未有閒寧」。[313]

江秋貞（202007）：「閒=」，原考釋以為悠閒貌，季師以為與下文文義不協。郭洗凡已經引了《莊子·齊物論》「大知閑閑，小知閒閒。」及成玄英疏：「閒閒，分別也。」卻又說「簡文裡指的是從容自得的樣子」，非常可惜。其實成玄英的意思是「努力認真分辨是非」的樣子。簡文「越則無獄，王則閒閒」，兩句的「則」字功能不同，「越則無獄」的「則」字是順承連詞，由於越王好信修市政，於是「越則無獄」；後一句「王則閒閒」的「則」字是逆接連詞，全句的意思是越王卻仍舊「努力認真明察市政、分辨獄訟是非」。「雩（越）則亡（無）訣（獄），王則閒=（閒閒），隹（唯）訐（信）是遾（趣）」是說：越國則沒有獄訟之事，越王卻仍舊認真明察市政、分辨獄訟是非，越王一心趨喜好誠信。[314]

佑仁謹案：

原整理者讀為「閒閒」或「閑閑」，訓為悠閒貌，郭洗凡、滕勝霖 [315]、史玥然主之，季旭昇師認為訓為悠閒貌「與下文文義不協」，所言甚是。本章所論的主題是句踐重信而修市政，乃「五政」中的第二政，此刻國家百廢待興，敗

---

[309] 李學勤主編：《清華大學藏戰國竹簡（柒）》（上海：中西書局，2017），頁 136。

[310] 郭洗凡：《清華簡《越公其事》集釋》（合肥：安徽大學碩士論文，2018），頁 75。

[311] 子居：〈清華簡七《越公其事》第六章解析〉，中國先秦史網站，2018.7.6（2021.5.4 上網）。

[312] 仲時：〈清華七《越公其事》初讀〉，武漢網，跟帖第 229 樓，2018.4.10（2020.11.30 上網）。

[313] 史玥然：《清華簡《越公其事》集釋及其漢字教學設計》（太原：山西大學碩士論文，2019），頁 56。

[314] 江秋貞：《清華大學藏戰國竹簡（柒）越公其事及釋》（臺北：臺灣師範大學博士論文，2020），頁 456、457。江秋貞：《《清華大學藏戰國竹簡（柒）·越公其事》考釋》（臺北：花木蘭文化事業公司，2022），頁 403-404。

[315] 滕勝霖：《《清華大學藏戰國竹簡（柒）》集釋及相關問題研究》（重慶：西南大學碩士論文，2019），頁 321。

逃會稽山的恥辱歷歷在目，臥薪嘗膽的句踐怎可能閒閒無事，這樣的敘述放在整篇文義中，更顯得突兀。

季旭昇師與江秋貞把「閒閒」釋為努力「分辨獄訟是非」，但上一句既已言越國「無獄」（沒有獄訟之事），那麼何需分辨什麼獄訟的是非？前後句意似有矛盾。

仲時（網名）指出本處的「王則閒閒」應與郭店《性自命出》、上博一《性情論》「柬柬之信」之「柬柬」意思一樣，這個說法很有啟發性。筆者認為在故訓中，「柬柬」訓做「誠」的用法值得重視。郭店簡或上博簡中「柬柬之信」的「柬柬」，劉昕嵐訓為「正直忠誠貌」[316]，廖名春以為「簡簡」應訓為「誠實」，《集韻・產韻》：「簡，誠也。」《禮記・王制》：「有旨無簡，不聽。」鄭玄《注》：「簡，誠也。」[317]陳霖慶也訓為誠信之義[318]，歐陽禎人認為「柬柬之信」就是誠懇、篤信[319]。

因此，筆者認為本處的「越則無獄，王則閒閒」，可以讀為「柬柬」或「簡簡」均通，都是「誠」的意思。古漢語中「誠」字的意思，在今日的義項中可以解釋為誠實、誠信、誠懇等，在簡文中比較適宜的應該是「誠信」一義。

「雩（越）則亡（無）猌（獄），王則閒＝（柬柬）」是指越人在句踐講究「誠信」的情況下，風行草偃，在言語往來、交通貿易時，都能言而有「信」，不敢有欺詐之事，獄訟自然消失。但即便如此，句踐還是展現出重視「誠信」的態度，言必信，行必果，已諾必成，並將此態度擴大影響至身邊大臣，上行下效，以致全越國都非常重視誠信。

〔27〕 隹（唯）訐（信）是迮（趨）嘉（及）于右（左）右

隹	訐	是	迮	嘉	于	右

右

原整理者（201704）：齾羌鐘「嘉」，讀為「襲」，簡文中讀為「及」。旁

---

[316] 劉昕嵐：〈郭店楚簡《性自命出》篇箋釋〉，載武漢大學中國文化研究院編：《郭店楚簡國際學術研討會論文集》（武漢：湖北人民出版社，2000），頁353。

[317] 廖名春：《新出楚簡試論》（臺北：臺灣古籍出版公司，2001.5），頁168-169。

[318] 陳霖慶：〈〈性情論〉譯釋〉，收於季旭昇師主編：《《上海博物館藏戰國楚竹書（一）》讀本》（臺北：萬卷樓圖書股份公司，2004.7），頁201、214。

[319] 歐陽禎人：〈〈性自命出〉、〈成之聞之〉、〈六德〉、〈尊德義〉合論〉，《湖南省博物館館刊》第4輯（長沙：嶽麓書院，2007），頁199。又見簡帛網，2008.6.17。又見 Confucius2000 網，2008.8.17。

及，至也。《詩‧蕩》：「覃及鬼方。」[320]

暮四郎（20170423）：「譶（襲）」似當讀為「逮」。古「襲」、「遝」通用。《史記‧淮陰侯列傳》「魚鱗襍遝」，《漢書‧蒯伍江息夫傳》作「魚鱗雜襲」。「遝」、「逮」通用。《禮記‧中庸》「所以逮賤也」，逮，《釋文》作「遝」，云：「遝，本又作逮，同音代。」「譶（逮）於左右」可參看《論語‧季氏》「政逮於大夫，四世矣」，即及於左右。下文之「譶於左右」同此。[321]

林少平（20170424）：「譶」當讀作「遝」。古文「遝」與「達」通假。「遝生」又同「達生」。故可讀作「達於左右」，與前文「唯信是趣」相呼應。[322]

海天遊蹤（20170424）：「譶」讀為「襲」即可。《相馬經》「一寸逮鹿，二寸逮麇，三寸可以襲歈（烏），四寸可以理天下，得兔與狐」，《集成》注釋云：「襲烏：形容馬的速度快到可以襲擊烏鴉。」此說似無必要。蕭旭〈馬王堆帛書《相馬經》校補〉：「襲亦逮也。《廣雅》：『襲，及也。』下文即作『遝（逮）歈（烏）雅（鴉）』。」又傳世文獻常見「襲於某某」。[323]

明珍（20170502）：譶，《說文》：「疾言也。」段玉裁注引：「譶，言不止也。」此字不需要通讀為「及」，直接釋為「疾言」即可。越王「譶於左右」，意思是越王疾言於左右，即今之再三叮嚀、耳提面命。[324]

郭洗凡（201803）：「譶」，疾言也，從三言，讀若遝，語言迅疾的意思。與「及」皆為上古緝部字，二字可通讀。[325]

吳德貞（201805）：「海天遊蹤」之說可從，「譶」讀為「襲」，訓為「及」，簡48之「譶」亦如是。[326]

何家歡（201806）：《說文‧言部》：「譶，疾言也。從三言，讀若遝。」簡文譶字則不必破讀，遝訓為「語多」，整句話大意為：把「唯信是趣」的意思不厭其煩地表達給左右官員。[327]

子居（20180706）：由前文的「越則無獄，王則閑閑」不難判斷，必然不能理解為此時才「及於左右」，因此「譶」當讀為「習」，指左右習慣於好信、守信。[328]

滕勝霖（201905）：本文同意蘇建洲之說將「譶」讀作「襲」，訓作「及」，因循、沿襲之意。簡文此句意思是越國重信的氛圍由上及下展開，故「襲於左右」與中山王兆域圖的「殃逿子孫」相類。《禮記‧中庸》：「下襲水

---

[320] 李學勤主編：《清華大學藏戰國竹簡（柒）》（上海：中西書局，2017），頁136。

[321] 暮四郎：〈清華七《越公其事》初讀〉，武漢網，跟帖第3樓，2017.4.23（2019.11.19上網）。

[322] 林少平：〈清華七《越公其事》初讀〉，武漢網，跟帖第9樓，2017.4.24（2019.11.19上網）。

[323] 海天遊蹤：〈清華七《越公其事》初讀〉，武漢網，跟帖第12樓，2017.4.24（2019.11.19上網）。

[324] 明珍：〈清華七《越公其事》初讀〉，武漢網，跟帖第138樓，2017.5.2（2019.11.19上網）。

[325] 郭洗凡：《清華簡《越公其事》集釋》（合肥：安徽大學碩士論文，2018），頁75。

[326] 吳德貞：《清華簡《越公其事》集釋》（武漢：武漢大學碩士論文，2018），頁68。

[327] 何家歡：《清華簡（柒）《越公其事》集釋》（保定：河北大學碩士論文，2018），頁34。

[328] 子居：〈清華簡七《越公其事》第六章解析〉，中國先秦史網站，2018.7.6（2021.5.4上網）。

土」，鄭玄注：「襲，因也。」《清華壹・祭公》簡6：「茲迪迿（襲）學於文武之曼德」。[329]

張朝然（201906）：《說文》：「嚞，疾言也。」段玉裁注引：「嚞，言不止也。」文中上面寫道「越邦則無獄，王則閒閒」，根據敘事因果關係來說，正因為越王閒下來，有了時間，才「嚞於左右」，也就是對身邊的大臣們不停的說「唯信是趣」。[330]

史玥然（201906）：《廣韻》中「嚞，直立切，入緝，澄」。「及」是齒音緝部字，「嚞」和「及」音義並近。《說文》：「及，從人從又，以手逮之。」會意字，本義為追趕，後引申為至，表示到達。[331]

王青（201910）：《越公其事》此處簡文「嚞于左右」之「嚞」，讀作「襲」，不若讀作同緝部的「習」更合適。《說文》訓沓為語多，與从三言字意同。「習於左右」，猶《禮記・檀弓》「習於禮者」、「孔子曰：『延陵季子，吳之習於禮者也。』」「習於」一辭多見。「習於左右」又見於第48簡。[332]

江秋貞（202007）：本篇有三個「嚞」，如果能夠採用同一個解釋，似乎是最好，簡31「稱嚞悚懼」，本論文已採用「嚞」字的本義「疾言」，其實此處也可以採用此義，「越則無獄，王則閒閒，唯信是趣，嚞于左右，舉越乃皆好信」的意思是：越就沒有人入獄了，越王卻仍舊努力認真明察市政、分辨獄訟是非，唯有以好信為依歸，並且疾言於左右之人（要他們也要努力好信），整個越國於是都好信了。[333]

佑仁謹案：

何家歡認為「把『唯信是趣』的意思不厭其煩地表達給左右官員」，張朝然認為「也就是對身邊的大臣們不停的說『唯信是趣』」。本篇主題圍繞在句踐好「信」，但句踐所使用的方法並非在臣民身邊不斷強調「信用」的價值，而是透過以身作則，達到風行草偃、上行下效的效果，與句踐推廣「農政」的模式近似。因此「唯信是趣」，應該是句踐傳達出來的一種態度或信念，而不是政治口號。本處的「趣」訓為歸趨、歸向，「趣」在簡文多次出現，訓讀方式不一，可參第三章注釋11「一覽表3.『趣』字訓讀一覽表」。

[329] 滕勝霖：《《清華大學藏戰國竹簡（柒）》集釋及相關問題研究》（重慶：西南大學碩士論文，2019），頁322。

[330] 張朝然：《清華簡《越公其事》集釋及相關問題初探》（石家莊：河北師範大學碩士論文，2019），頁43。

[331] 史玥然：《清華簡《越公其事》集釋及其漢字教學設計》（太原：山西大學碩士論文，2019），頁56。

[332] 王青：〈清華簡《越公其事》補釋〉，收入華東師範大學歷史學系編：《出土文獻與商周社會學術研討會會議論文集》（上海：華東師範大學歷史學系，2019），頁328。

[333] 江秋貞：《清華大學藏戰國竹簡（柒）越公其事及釋》（臺北：臺灣師範大學博士論文，2020），頁459-460。江秋貞：《《清華大學藏戰國竹簡（柒）・越公其事》考釋》（臺北：花木蘭文化事業公司，2022），頁407-408。

　　「矗」，原整理者讀作「及」，郭洗凡、毛玉靜 [334]、史玥然從之。暮四郎將「矗」讀為「逮」，林少平認為「矗」可讀作「遝」，而「遝」通「達」，故可讀作「達於左右」。海天遊蹤（蘇建洲）認為「矗」讀為「襲」即可，滕勝霖從之。明珍（網名）認為不用讀「及」，可直接釋為「疾言」，張朝然之說同，何家歡也認為無需破讀，直訓為「語多」即可。子居讀為「習」，指左右習慣於好信、守信。王青認為當讀成「習」。吳德貞讀「襲」訓「及」。江秋貞「矗」讀如字，義為「疾言」。

　　首先，子居和王青都主張要讀成「習」，並引用古籍「習於某某」為例，古籍中確實有很多這類用例，如下：

1　《禮記·檀弓上》：「夫夫也，為習於禮者，如之何其裼裘而吊也？」[335]
2　《禮記·檀弓下》：「孔子曰：『延陵季子，吳之習於禮者也。』」[336]
3　《列子·說符》：「楊子曰：『人有濱河而居者，習於水。』」[337]
4　《文子·微明》：「習於行陣之事者，不知廟戰之權。」[338]
5　《吳子·料敵》：「其民疲於戰，習於兵，輕其將。」[339]
6　《史記·仲尼弟子列傳》：「孔子以為子游習於文學。」[340]
7　《孔子家語·七十二弟子解》：「卜商，衛人，字子夏。少孔子四十四歲，習於《詩》。」[341]
8　《說苑·脩文》：「母曰：『有草茅之產，未習於織紝紡績之事。』」[342]
9　《新序·雜事三》：「閑於兵革，習於戰攻。」[343]

但由上述引文可知，「習於」一辭後面所加的「《詩》」、「禮」、「兵」、「水」、「織紝紡績」、「戰攻」、「行陣之事」、「文學」等，都是具體可以學習的某種領域、事務或技藝。然而，簡文「習於」後面的受詞是「左右」，與前述的用法差異很

---

[334] 毛玉靜：《《清華大學藏戰國竹簡（柒）》字用研究》（合肥：安徽大學碩士論文，2019），頁121。

[335] （漢）鄭玄注，（唐）孔穎達疏，李學勤主編：《十三經注疏·禮記正義》（北京：北京大學出版社，2000），頁252。

[336] （漢）鄭玄注，（唐）孔穎達疏，李學勤主編：《十三經注疏·禮記正義》（北京：北京大學出版社，2000），頁365。

[337] 楊伯峻撰：《列子集釋》（北京：中華書局，2013），頁266。

[338] 王利器撰：《文子集釋》（北京：中華書局，2000），頁312。

[339] 陳曦譯著：《吳子·司馬法》（北京：中華書局，2018），頁69。

[340] （漢）司馬遷撰，（南朝宋）裴駰集解，（唐）司馬貞索引、張守節正義：《史記》（北京：中華書局，2014），頁2675。

[341] 王國軒、王秀梅譯注：《孔子家語》（北京：中華書局，2011），頁428。

[342] （漢）劉向撰，向宗魯校證：《說苑校證》（北京：中華書局，1987），頁484。

[343] （西漢）劉向編著，石光瑛校釋、陳新整理：《新序校釋》（北京：中華書局，2017），頁365。

大。因此,無論就文法還是訓解來看,「習於左右」一詞都不可能如子居所言,釋成「左右習慣於好信、守信」。「左右」是具體的人,指國君的身邊大臣,古籍中「習於」後頭也可以加人物,如《呂氏春秋・聽言》「造父始習於大豆,蠭門始習於甘蠅」[344]之「習」字指「學習」,「大豆」即《列子・湯問》的「泰豆」,[345]造父向他學習駕車;甘蠅為 善射者,故逄蒙向他學習射箭技巧,此處「習於某人」,是指「向某人學習」,但把這個意項放入簡文,文意並不通順。

筆者認為「矗」還是要往「襲」或「及」去思考才是正確的(值得一提的是,《越公其事》已有「及」字,也出現幾處{襲},寫成「閣」、「袞」)。目前看來主要有兩種意見,一種是把「矗」讀成「及」,一種是讀「襲」訓成「及」。有學者指出應讀為「襲」訓成「及」,筆者整理古籍中「襲於某某」如下:

1　《禮記・檀弓上》:「司士賁告於子游曰:『請 襲於 床。』子游曰:『諾。』」[346](在床上為亡者穿壽衣)
2　《說苑・善說》:「不若處勢隱絕,不及四鄰,詘折儐厭,襲於 窮巷,無所告愬。」(隱居於陋巷。)[347]
3　《管子・形勢解》:「約結而不 襲於 理,後必相倍。」(約結為友而不依於禮,後必相背叛)[348]
4　《春秋左傳・昭公七年》:「二卦告之,筮 襲於夢,武王所用也。」(筮占與夢占的結果重合)[349]

可以發現「襲於某某」的「襲」均不能訓成「及」,無法當成簡文「△於左右」的例證。反之「及於某某」的用法更為常見,筆者比較傾向直接把該字讀成「及」。

〔28〕 嚻(舉)雪(越)邦乃皆好訐(信)

嚻	雪	邦	乃	皆	好	訐

---

[344] 許維遹撰,梁運華整理:《呂氏春秋集釋》(北京:中華書局,2009),頁293。
[345] 楊伯峻:《列子集釋》(北京:中華書局,2013),頁184。
[346] (西漢)鄭玄注,(唐)孔穎達疏,李學勤主編:《十三經注疏・禮記正義》(北京:北京大學出版社,2000),頁276。
[347] (東漢)劉向撰,王瑛、王天海譯注:《說苑》(臺北:臺灣古籍出版社,1996),頁542。
[348] 李勉:《管子今注今譯》(臺北:臺灣商務印書館,1988),頁957。
[349] (晉)杜預注,(唐)孔穎達正義,李學勤主編:《十三經注疏・春秋左傳正義》(北京:北京大學出版社,2000),頁1445-1446。

佑仁謹案：

好信，指句踐喜好誠信、信用。上有所好，下必甚焉，句踐此舉必定影響左右大臣乃至舉國上下。

第七章

本章談的是「五政」中的第三政——好徵人。

在越人具備信用以後，句踐開始希望提升越國人口數量。他先派人考察邊縣城市的人口情況，並要求執事人上報人口數量，句踐一定親自聆聽。面對「㚤」的執事人，句踐和顏悅色並賜予飲食，面對「落」的執事人，句踐展露不悅的容貌，並且不賜予執事人飲食。

句踐聆聽人口彙報後，將執事人的考績分成三等第，成效良好的人，予以賞賜與提拔；成效差的人，則予以撲打。句踐的態度影響左右大臣，使整個越國都重視招徠人民。四方人民聽聞越國食物眾多，輕稅賦又講究信用，從四處歸往越國，於是越國人口大量增加。

釋文（一）

雩（越）邦備（服）訐（信），王乃好陞（徵）人〔1〕。王乃趣（趣）使（使）人戠（察）腈（省）〔2〕成（城）坤（市）鄡（邊）還（縣）尖=（小大）遠伲（邇）之㚤（勼）、茖（落）〔3〕，王則𧡤（必視）□〔4〕，隹（唯）㚤（勼）、茖（落）是戠（察）腈（省）〔5〕，【四四】翻（問）之于右（左）右。〔6〕王既戠（察）智（知）之〔7〕，乃命上會，王必親聖（聽）之〔8〕。亓（其）㚤（勼）者，王見亓（其）執事人則訂（怡）悆（豫）憙（喜）也。〔9〕不可以【四五】芺=（笑笑）也〔10〕，則必畬（飲）飤（食）賜叜（予）之〔11〕。亓（其）茖（落）者，王見亓（其）執事人〔12〕，則顋（顰）慼（蹙）不悆（豫），弗余（予）畬（飲）飤（食）〔13〕。

語譯（一）

　　越人具備信用，句踐於是喜好招徠人民。王指派人察考城市、邊縣（無論是）大小、遠近的「飼」、「落」情況，句踐一定加以審視，著重查考「飼」、「落」的情況，並詢問左右大臣的意見。王知曉大致情況後，於是命令執事人報告人口統計之情況，王一定會親自聆聽報告，對於「飼」的執事人表現出和顏悅色，但不可以展現出嘻笑的樣子，並且一定賜予他飲食。見到「落」的執事人，則表現出憂傷不開心的樣子，不賜予他飲食。

釋文（二）

　　王既必聖（聽）之〔14〕，乃品【四六】坓（冶－野）會〔15〕，厽（三）品交于王寶（府）〔16〕，厽（三）品年譖（讀）攴（扑）瞥（毆）〔17〕，由臤（賢）由毀。〔18〕又（有）龏（選）散（切），又（有）賞罰〔19〕，善人則由，嚞（憯）民則怀（附）〔20〕。是以【四七】蕙（勸）民，是以收敬（賓），是以飼（句）邑〔21〕。王則佳（唯）飼（句）、茖（落）是徹（趣）〔22〕，嚞（及）于右（左）右〔23〕。塁（舉）雩（越）邦乃皆好墬（徵）人〔24〕，方和于亓（其）墬（地）〔25〕。東【四八】𡰥（夷）、西𡰥（夷）、古蔑、句虘（吳）四方之民〔26〕，乃皆聞（聞）雩（越）墬（地）之多飤（食）、政溥（薄）而好計（信）〔27〕，乃波徍（往）逯（歸）之〔28〕，雩（越）墬（地）乃大多人。〔29〕【四九】

語譯（二）

王已經聆聽執事人的報告後，於是在郊野進行品評次第的會議，將次第分成三類並交予王府備查。這三類人是將要年譱還是撲毆，則由其業績的多寡決定。有爨歲，有賞罰，善人則任用，僭民則前來歸附。透過這樣方式來勉勵人民，招徠客民，聚集都邑四周人口。

句踐以人口的增加或減少為依歸，也影響左右大臣，使得整個越國都重視招徠人民，而且歸慕越國的四方人民亦能與越地和諧相處。東夷、西夷、姑蔑、句吳等四方的民眾，都聽聞越地食物眾多，稅賦寬鬆且喜好信用，於是離開家鄉，逃往越國，越國於是大大增加人口。

〔1〕雩（越）邦備（服）訐（信），王乃好陞（徵）人

	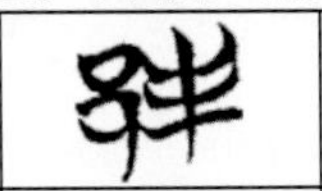		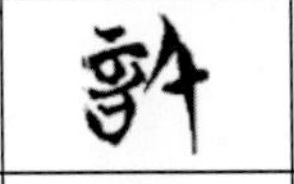		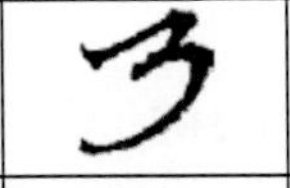	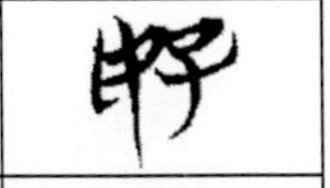
雩	邦	備	訐	王	乃	好

陞	人					

原整理者（201704）：徵，徵召。徵人，類同《商君書》之「徠民」。[1]

薛後生（20170425）：「備」讀為「服」，正確可從，以往將《中山王鼎》（集成 2804）（佑仁案：〈中山王譻鼎〉應為《集成》02840）銘文中的「吳人并越，越人修教備信」中的「備」如字讀，是不對的，鼎銘中的「備」要讀為「服」，訓為「行」。[2]

王進鋒（20171026-28）：陞，即升。《楚辭・九歎・遠遊》：「志升降以高馳」，舊注：「升，一作陞」。升，進。《呂氏春秋・孟秋》：「農乃升穀」，高誘注：「升，進也」。[3]

---

[1] 李學勤主編：《清華大學藏戰國竹簡（柒）》（上海：中西書局，2017），頁 137。

[2] 薛後生：〈清華七《越公其事》初讀〉，武漢網，跟帖第 26 樓，2017.4.25（2019.11.19 上網）。

[3] 王進鋒：〈周代的縣與越縣——由清華簡〈越公其事〉中的相關內容引發的討論〉，收入香港浸會大學饒宗頤國學院、澳門大學中國語言文學系、清華大學出土文獻研究與保護中心編：《《清華簡》國際會議論文集》（香港：香港浸會大學饒宗頤國學院、澳門：澳門大學中國語言文學系，2017），頁 69。

子居（20180804）：「備」當讀為原字，訓為皆、盡。「升人」當讀為「登人」，甲骨文習見。宋人為殷人之後，必然多有殷商時期的措辭遺存，清華簡中涉及伊尹的諸篇如《說命》、《尹至》、《尹誥》等皆可為證。越地近宋，因此受宋文化影響勢所難免。[4]

毛玉靜（201905）：隍，審紐蒸部；徵，端紐蒸部。疊韻。出土文獻及古籍中，升讀為登的情況頗多。而徵與登也常常互通。《尚書・舜典》中有：「舜生三十徵庸。」正義引鄭本「徵庸」即作「登庸」。[5]

滕勝霖（201905）：「服信」，信服，「隍」讀作「徵」。楚簡中多以「謹」「㞷」「阩」「隍」等表｛徵｝，「徵」應是「㞷」後起繁體。「隍」書紐蒸部，「徵」端紐蒸部，齒舌音關係密切，韻部相同可通。《爾雅・釋言》：「徵，召也。」楚簡中「降」「隍」二字形近易訛，在表示｛徵｝意義上易導致誤解。「徵人」與文獻中「徵民」不同，《大戴禮記・誥志》：「事以靖民，非以徵民；故地廣而民眾，長之祿也。」[6]（佑仁案：〈誥志〉句作「故地廣而民眾，非以為災，長之祿也。」）

江秋貞（202007）：第六章的「備農」應釋為「皆農」；同樣的，第七章這裡的「備信」也應該釋為「皆信」，不必讀為「服信」。在釋義上，以子居說的有道理，當訓皆、盡。因為這裡的「備信」是總結第六章句踐的作為，從市政（征）到獄訟，庶民交接、言語、貨資、市賈都不敢反背欺詒，這就是「皆信」。

「隍」字，在簡1出現過：「赶隍（登）於會稽之山」，在此句中「隍」作「登」文意可通。此處的「隍」依然可以讀為「登」，而「登人」即「增加人口數」的意思。「雩（越）邦備訐（信），王乃好隍（登）人」意即「越國皆誠信之後，王就希望增加國家人口數」。[7]

佑仁謹案：

《越公其釋》全篇「備」字均應讀作「服」，但依據上下文例的差異，有三種不同義項，如下：

義項	本篇文例	吳越爭霸相關文獻
（一）服事、服從	1. 簡6：齊滕同心，以臣事吳，男女備（服）。 2. 簡25：越王乃盟，男女備（服），師乃還。 3. 簡61-62：王卒既備（服），舟乘既成。 4. 簡71：孤請成，男女備（服）。	1. 《國語・吳語》：「今天降衷於吳，齊師受服。」[8] 2. 《國語・吳語》：「越國南則楚，西則晉，北則齊，春秋皮幣、玉帛、子女以賓服焉。」[9]

		3. 《國語・吳語》：「孤敢請成，男女服為臣御。」[10]
		4. 《越絕書・請糴內傳》：「吳王曰：『我卑服越，有其社稷。句踐既服為臣，為我駕舍，卻行馬前，諸侯莫不聞知』。」[11]
（二）衣服、服飾	1. 簡55：爵位之次凥、備（服）飾、羣物品采之愆于故常。	1. 《國語・越語上》：「美其服，飽其食。」[12]
（三）具備、完備	1. 簡37：越邦備（服）農多食。 2. 簡44：越邦備（服）信，王乃好徵人。 3. 簡50：越邦皆備（服）徵人，多人，王乃好兵。	1. 《吳越春秋》：「越王服誠行仁。」[13] 2. 〈中山王�963鼎〉：「越人修教備信。」

以上三類「服」字，第一類是指服事、服從，表示服從而願為某人做事。第二類是讀為「服飾」之｛服｝。第三類「服」字，均與「五政」有關，用法應該一致看待。原整理者認為「備（服）農」猶「服田」，此說固能解釋本條，但無法套用在「服信」、「服徵人」、「服舟」等條的釋義。子居與江秋貞把「備」訓為

4 子居：〈清華簡七《越公其事》第七、第八章解析〉，中國先秦史網站，2018年8月4（2021年5月10日上網）。

5 毛玉靜：《《清華大學藏戰國竹簡（柒）》字用研究》（合肥：安徽大學碩士論文，2019），頁122。

6 滕勝霖：《《清華大學藏戰國竹簡（柒）》集釋及相關問題研究》（重慶：西南大學碩士論文，2019），頁326。

7 江秋貞：《《清華大學藏戰國竹簡（柒）・越公其事》考釋》（臺北：臺灣師範大學博士論文，2020），頁463。江秋貞：《《清華大學藏戰國竹簡（柒）・越公其事》考釋》（臺北：花木蘭文化事業有限公司，2022），頁410-411。

8 （三國吳）韋昭注，徐元誥集解：《國語集解》（北京：中華書局，2002），頁544。

9 （三國吳）韋昭注，徐元誥集解：《國語集解》（北京：中華書局，2002），頁557。

10 （三國吳）韋昭注，徐元誥集解：《國語集解》（北京：中華書局，2002），頁561。

11 李步嘉：《越絕書校釋》（北京：中華書局，2013），頁128。

12 （三國吳）韋昭注、徐元誥集解：《國語集解》（北京：中華書局，2002），頁571。

13 周生春：《吳越春秋輯校彙考》（上海：上海古籍出版社，1997），頁148。

「皆」，但第 8 章云「越邦皆備徵人」，句中已有「皆」字，再把「備」理解成為「皆」，語意便重複了。故筆者認為此「備」當理解為具備、完備之｛備｝。

「陸人」，原整理者隸定 𦝢 為「𨽰」，並將二字讀為「徵人」，類同《商君書》「徠民」一語。不過細審字形，此字下半並不從「止」。

王進鋒讀為「升」，子居讀為「登人」，毛玉靜讀「登」，滕勝霖讀「徵」，但認為「徵人」與文獻中「徵民」（即「懲民」見《大戴禮記·誥志》：「事以靖民，非以徵民；故地廣而民眾，非以為災，長之祿也。」）不同。[14]江秋貞認為「登人」即「增加人口數」的意思。

筆者贊同原整理者的讀法，《商君書·來民》的中心思想是鼓勵人民移入秦國，這點和《越公其事》施政方針接近，清華陸《子產》簡 13 亦有「有以徠民」句。

子居讀作「登人」，引《周禮·秋官司寇·司民》「司民掌登萬民之數」句，鄭玄《注》：「登，上也。」[15]此處的「登萬民之數」是指彙整人口數量往上呈報，乃國家對於人口數量進行調查，與《越公其事》徵徠其他國家人民至越地的內涵是不同的。

江秋貞讀作「登人」，訓為「增加人口數」，「登」確實可訓為「增加」，此說容易直接聯想到：利用現有人口的自然繁衍來增加國家人口數[16]，但第七章的內容完全不涉及婦女生育問題，可見此處不應讀為「登人」。故「登人」（增加人口）與「徵人」（招徠人民）筆者認為後者更能突顯本章的主旨。

本章所謂的「徵民」，並非鼓勵越人生產，繁衍後代，而是利用越國重農耕、大多食、好信等有利條件，使他國人民「乃波徂（往）遝（歸）之」以壯大國家，則「陸人」一詞還是理解為（從他國）招徠人口，可能會更符合《越公其事》的原意。《商君書·來民》：「今以草茅之地徠三晉之民，而使之事本，此其損敵也，與戰勝同實，而秦得之以為粟，此反行兩登之計也。」[17]把敵國人民招來本國，相形之下，彼消我長，敵減我增，我國人力變多，敵國人力變少，一往一來，效果加倍，可見句踐重視「徵人」的原因。

「好」在《廣韻》中有上聲（呼皓切）和去聲（呼到切）兩個音讀[18]，此處應該讀去聲，表示喜好。

---

[14] 黃懷信、孔德立、周海生：《大戴禮記彙校集解》（西安：三秦出版社，2004），頁 1060。

[15] 子居：〈清華簡七《越公其事》第七、第八章解析〉，中國先秦史網站，2018.8 月 4（2021.5.10 上網）。

[16] 如《國語·越語上》記載句踐鼓勵生育的措施有「令壯者無取老婦，令老者無取壯妻。女子十七不嫁，其父母有罪；丈夫二十不娶，其父母有罪。……生三人，公與之母；生二人，公與之餼。」（三國吳）韋昭注，徐元誥集解：《國語集解》（北京：中華書局，2002），頁 570-571。

[17] 蔣禮鴻撰：《商君書錐指》（北京：中華書局，1986），頁 93。

[18] 周祖謨：《廣韻校本》（北京：中華書局，2011），頁 305、421。

〔2〕王乃遫（趣）使（使）人戠（察）睛（省）

王	乃	遫	使	人	戠	睛

原整理者（201704）：遫，即「趣」字。《說文》：「疾也。」《國語‧晉語三》：「三軍之士皆在，有人坐待刑，而不能面夷，趣行事乎！」睛，即「靚」，讀為「省」。《禮記‧禮器》：「禮不可不省也」，鄭玄注：「省，察也。」[19]

程浩（201704）：此處的「睛」字與「察」聯用，很明顯應該讀為「省察」之「省」。[20]

王寧（20170430）：「靚」當讀為「省」，「察靚」整理者讀「察省」是。[21]

海天遊蹤（20170430）：整理者將「趣」訓為疾，應該是將「使人」理解為動賓結構；若將「使人」理解為「使者」，則「趣」當訓為督促。[22]

子居（20180804）：「趣」當讀為促，訓為速，察省，即先秦傳世文獻中的「省察」，見《楚辭‧九章‧惜往日》：「弗省察而按實兮，聽讒人之虛辭。」[23]

何有祖（20180817-20）：程浩先生把「睛」讀作「省察」之「省」，可從。上博簡《容成氏》3號簡「凡民俾敂者，教而謀之，飲而食之，思（使）役百官而月青之。」其中「思（使）役百官而月青之」的「青」，整理者讀作「請」，也應當讀作「省」，訓作省察。[24]

滕勝霖（201905）：「遫」整理者之說可從，包山簡142：「失遫至州巷」，望山簡22：「貞走遫（趨）事王」。[25]

江秋貞（202010）：「遫」作「趨」，《戰國策‧東周策》：「君弗如急北兵趨趙以秦魏」吳師道注：「趨即趣，促也。」此處「遫使人」，即「趨促辦事

---

[19] 李學勤主編：《清華大學藏戰國竹簡（柒）》（上海：中西書局，2017），頁137。

[20] 程浩：〈清華簡第七輯整理報告拾遺〉，《出土文獻》第10輯（上海：中西書局，2017.4），頁130-137。

[21] 王寧：〈清華七《越公其事》初讀〉，武漢網，跟帖第109樓，2017.4.30（2020.11.30上網）。

[22] 海天遊蹤：〈清華七《越公其事》初讀〉，武漢網，跟帖第116樓，2017.4.30（2019.11.19上網）。

[23] 子居：〈清華簡七《越公其事》第七、第八章解析〉，中國先秦史網站，2018.8.4（2021.5.10上網）。

[24] 何有祖：〈《越公其事》補釋（五則）〉，收入中山大學古文字研究所編：《文字、文獻與文明——第七屆出土文獻青年學者論壇暨國際學術研討會》（廣州：中山大學古文字研究所，2018），頁161。

[25] 滕勝霖：《《清華大學藏戰國竹簡（柒）》集釋及相關問題研究》（重慶：西南大學碩士論文，2019），頁326。

員」之意。「靚」，讀為「省」。靚上古音在從母耕部，省上古音在心母耕部，聲韻可通。[26]

湯志彪（20211130）：簡文「趣」當讀作「驟」。「趣」「驟」均從「取」聲，兩者自可通。「驟」訓「數」是古書常訓，茲舉數例予以說明，《左傳・文公十四年》：「公子商人驟施於國，而多聚士，盡其家，貸於公有司以繼之。」杜預注：「驟，數也。」「趣使人」「歸使人」等簡文就是指經常派遣官吏到各地督促並向越王反饋各地社情民意的意思。「王乃趣使人察省城市邊縣」「王乃歸使人請問群大臣及邊縣城市之多兵、無兵者」，即指越王多次、反覆察省、督促各地的意思。[27]

佑仁謹案：

「迺（趣）使人」一詞，原整理者讀「趣」訓「疾也」，海天遊蹤（蘇建洲）把「使人」訓為使者，「趣」訓為「督促」，子居將「趣」讀為「促」，謂速也。江秋貞讀為「趨」訓為「趨促」，湯志彪讀作「驟」，訓為「數」，有經常之意。

「趣使」指驅使、役使（某人作某事），參第三章注釋1「一覽表3.『趣』字訓讀一覽表」中的「趣3」。《韓非子・外儲說右下》：「救火者，令吏挈壺甕而走火則一人之用也，操鞭箠指麾而趣使人則制萬夫。是以聖人不親細民，明主不躬小事。」[28]「趣使」為動詞，「人」為受詞，與簡文用法完全相同。簡72「乃使（使）人告於吳王曰」的「使人」亦是 V+N 的動賓結構。

「察省」從原整理者讀，「𥹉」字原整理者隸定作「賾」，嚴格來說左半的意符當釋為「視」，古文字「見」、「視」有分，但戰國時代亦偶見混用。

〔3〕成（城）坿（市）鄒（邊）還（縣）尖=（小大）遠伲（邇）之𣂏（勹）、茖（落）

成	坿	鄒	還	尖=	遠	伲
成	坿	鄒	還	尖=	遠	伲

之	𣂏	茖
之	𣂏	茖

原整理者（201704）：匋，《說文》：「飽也。从勹、𣫇聲。民祭，祝曰：『厭匋。』」字見作冊矢令簋（《集成》四三○○）、毛公旅鼎（《集成》二七

[26] 江秋貞：《〈清華大學藏戰國竹簡（柒）・越公其事〉考釋》（臺北：臺灣師範大學博士論文，2020），頁467、468。江秋貞：《〈清華大學藏戰國竹簡（柒）・越公其事〉考釋》（臺北：花木蘭文化事業有限公司，2022），頁415。

[27] 湯志彪：〈清華簡（柒）字詞研究四則〉，《簡帛》第23輯（上海：上海古籍出版社，2021.11），頁118。

[28] （清）王先慎撰，鍾哲點校：《韓非子集解》（北京：中華書局，2013），頁342。

二四）等銅器銘文。簡文中讀為「勼」。《說文》：「聚也。从勹，九聲。讀若鳩。」古書中多作「鳩」，如鳩聚、鳩集等。茖，古書多作「落」，零落。《史記・汲鄭列傳》：「鄭莊、汲黯始列為九卿，廉，內行修絜。此兩人中廢，家貧，賓客益落。」[29]

難言（20170424）：見讀書會將「𣁳」括讀為「勼」，不當讀為「聚」嗎？[30]

王寧（20170430）：從全文的敘述觀之，「勼」、「落」均當為名詞，是指人的居住之地，「勼」為「聚」，即《史記・五帝本紀》「一年而所居成聚，二年成邑，三年成都」之「聚」；「落」當從《廣雅・釋詁二》訓「尻（居）」，《列女傳・楚老萊妻》：「民從而家者，一年成落，三年成聚。」是聚大於落，邑大於聚，都大於邑。蓋「勼（聚）」大人多，「落」小人少，越王希望人口多，所以他見勼（聚）的首領就很高興，見落的首領就不痛快。[31]

王進鋒（20171026-28）：「城市邊縣小大遠邇」是「城市小大遠邇邊縣」的倒裝。清華簡《越公其事》35-36號簡「舉越庶民，乃夫婦皆耕，至於邊縣小大遠邇，亦夫婦皆耕，越邦乃大多食」也是「小大遠邇邊縣」的倒裝。用法與我們這裡討論的這段文字相同。「城市邊縣」意指「城市的邊縣」。[32]

黃愛梅（20171118）：「勼」、「落」當為兩種聚居形態的名稱，或即「聚」、「落」。《說文解字卷八・伙部》：「聚，會也。……邑落云聚。」段注云：「張晏曰：聚，邑落名也。韋昭曰：小鄉曰聚。按邑落，謂邑中村落。」落，《康熙字典・艸部》引《博雅》言「居也」，引《綱目集覽》：「人所聚居，故謂之村落、屯落、聚落。」《越公其事》後文「王則唯勼、落是趣，及于左右」，此「勼」「落」亦為聚落之義。聚—邑—都，反映了古代聚落間的等級關係，以「小大遠邇」修飾「勼」、「落」，說明了聚、落是越國最基層的聚落形態。而從「其勼者，王見其執事人」、「其落者，王見其執事人」並根據其管理狀況給予飲食這兩句來看，越王勾踐的「徵人」之政，實在是深入到了越國的地方基層。[33]

子居（20180804）：「落」當訓散，與「勼」對言，整理者所引《史記》句《索隱》：「落猶零落，謂散也。」可證這樣用法的「落」義為「散」，是零落的引申，《逸周書・酆保》：「外用四蠹、五落、六容、七惡。」朱右曾《集訓

[29] 李學勤主編：《清華大學藏戰國竹簡（柒）》（上海：中西書局，2017），頁137-138。

[30] 難言：〈清華七《越公其事》初讀〉，武漢網，跟帖第7樓，2017.4.24（2020.11.30上網）。

[31] 王寧：〈清華七《越公其事》初讀〉，武漢網，跟帖第109樓，2017.4.30（2020.11.30上網）。

[32] 王進鋒：〈周代的縣與越縣——由清華簡〈越公其事〉中的相關內容引發的討論〉，收入香港浸會大學饒宗頤國學院、澳門大學中國語言文學系、清華大學出土文獻研究與保護中心編：《《清華簡》國際會議論文集》，香港：香港浸會大學饒宗頤國學院、澳門：澳門大學中國語言文學系，2017.10.26-28，頁69。

[33] 黃愛梅：〈《越公其事》與吳、越史事——讀《清華簡（柒）・越公其事》札記〉，收入華東師範大學歷史系編：《「第二屆出土文獻與先秦史研究」工作坊論文集》（上海：華東師範大學歷史學系，2017），頁66。又見黃愛梅：〈《清華簡（柒）・越公其事》的敘事立場及越國史事〉，收入華東師範大學歷史系編：《新史料與古史書寫——40年探索歷程的回顧與思考學術研討會論文集》（上海：華東師範大學歷史學系，2017），頁225。

校釋》：「落，散。」《漢書・鄭當時傳》同樣的「賓客益落」句，顏師古注：「落，散也。」亦皆可證，因此「勾落」猶言「聚散」，《越公其事》中用以指人口的增減。《國語・吳語》：「申胥諫曰：不可許也。夫越非實忠心好吳也，又非懾畏吾兵甲之強也。大夫種勇而善謀，將還玩吳國于股掌之上，以得其志。夫固知君王之蓋威以好勝也，故婉約其辭，以從逸王志，使淫樂于諸夏之國，以自傷也。使吾甲兵鈍弊，民人離落，而日以憔悴，然後安受吾燼。夫越王好信以愛民，四方歸之，年穀時熟，日長炎炎。及吾猶可以戰也，為虺弗摧，為蛇將若何？」更可見「離落」即「離散」。[34]

翁倩（201812）：此處城市、邊縣對舉，邊縣為城市之外的地方。傳世文獻中，「邊縣」指靠近邊界的縣。《後漢書・明帝紀》：「詔三公募郡國中都官死罪繫囚，減罪一等，勿笞，詣度遼將軍營，屯朔方、五原之邊縣。」可見，「邊縣」的範圍縮小了。[35]

王進鋒（201904）：越國在距離首都遠近不等的地方，設置了大小有別的多處城市。越國的城市作為商業匯集之地，應當處在各個區域的核心位置；而縣設置在邊境地區，兩者的設置區域正好相對；這可能正是《越公其事》中「城市」與「邊縣」經常相對而言的原因。「城市、邊縣小大遠邇之勼、茖」應讀為「小大遠邇城市、邊縣之勼、茖」，勼、茖是修飾城市、邊縣的，它們應當是一種狀態，而不是具體的名詞。王見到「勼」時，會很高興，還會賜予飲食；見到「茖」時，則不高興，還不賜予飲食，如果把「勼」「茖」理解為聚落，則明顯不通，為什麼越王會顧此失彼？「勼」與「茖」只能是兩種相反的狀態。勼，通假為勾，《說文・勹部》：「勾，聚也。」《釋名・釋宮室》：「勾，聚也。」茖，通假為落。落，零落、散落。《逸周書・酆保》「五落」，朱右曾《逸周書集訓校釋》：「落，散也。」意思即：越王迅速派人視察城市和小大遠近邊縣的聚集和零落。[36]

滕勝霖（201905）：「廄」，從广叚聲，或寫作從勹叚聲，如本簡後一「勼」寫作「🈳」。郭店簡中省去「殳」寫作「🈳」（《尊德義》簡24）、「🈳」（《尊德義》簡26），讀為「究」。楚簡中記有官職「廄尹」「大廄」等，後者疑為管理馬匹之機構。簡文中整理者讀作「勾」可從，聚集義。「茖」，從艸各聲，整理者讀作「落」可從，《上博五・三德》簡6、17：「土地乃坼，民人乃茖（落）。」《後漢書・仇覽傳》：「廬落整頓」，李賢注：「今人謂院為落也。」黃愛梅認

[34] 子居：〈清華簡七《越公其事》第七、第八章解析〉，中國先秦史網站，2018.8.4（2021.5.10上網）。

[35] 翁倩：〈清華簡《越公其事》雙音詞初探〉，《廣東開放大學學報》2018第6期（2018.12），頁74。

[36] 王進鋒：〈清華簡《越公其事》與春秋時期越國的縣制〉，《歷史地理》第38輯（上海：復旦大學出版社，2019.4），頁81-84。

為「勹」「落」是兩種聚居形態的名稱可從，簡文中「勹」「落」的範圍小於「城市小大遠邇邊縣」。[37]

　　張朝然（201906）：「甸」，簡文中讀為「勹」。「勹」、「落」均指人的居住之地。「勹」為「聚」，指的是庶民百姓聚居的地方，所占土地和人口較多。「落」，指的是庶民分落散居的地方，所占土地和人口較少。正如下文所提，王見勹之執事人，必飲食賜予之；王見落之執事人，弗予飲食。[38]

　　吳萱萱（20200630）：「勹」與「落」皆為百姓的聚居地，而兩者的區別則在於，「勹」的規模大於「落」。至於「」，整理者將其讀為「比視」，又將「比」釋為「考校」。綜上可知，句踐在實施好徵人之策時，會省察全國範圍內大小不一的百姓聚居地。[39]

　　江秋貞（202010）：「甸」讀為「勹」，上古音在見母幽部。「聚」，上古音在從母侯部，兩者聲近韻旁轉，可通。觀全章文義，甸，糾聚也；落，散佚也。難言、王進鋒、子居所釋較佳。「王乃迤（趣）使（使）人戡（察）賭（省）成（城）市鄈（邊）還（縣）尖=（小大）遠（邇）之甸（勹）、苔（落）」意指「越王趨促辦事員省察城市邊縣大小遠近人口的增減」。[40]

　　佑仁謹案：
　　關於「甸（勹）」，甲骨文有一個從「勹」從「皂」（「簋」之初文）字，如下：

（《合集》09100）　　　　（《合集》17952）

（《合集》17953）　　　　（《合集》20326）

37 滕勝霖：《《清華大學藏戰國竹簡（柒）》集釋及相關問題研究》（重慶：西南大學碩士論文，2019），頁327-328。

38 張朝然：《清華簡《越公其事》集釋及相關問題初探》（石家莊：河北師範大學碩士論文，2019），頁44。

39 吳萱萱：《《越公其事》中句踐滅吳故事考論》（杭州：杭州師範大學碩士論文，2020），頁31。

40 江秋貞：《《清華大學藏戰國竹簡（柒）・越公其事》考釋》（臺北：臺灣師範大學博士論文，2020），頁467、468。江秋貞：《《清華大學藏戰國竹簡（柒）・越公其事》考釋》（臺北：花木蘭文化事業有限公司，2022），頁415。

《說文》：「䭇，飽也。从勹㱿聲。民祭，祝曰：『厭䭇。』」[41]這種寫法在西周到戰國時代的文字中亦見：

![1周早.晨簋]	![2周早.毛公旅鼎]	![3周早.作冊夨令簋]	![4戰.越公其事.簡44]
1 周早.晨簋 集成 03367	2 周早.毛公旅鼎 集成 02724	3 周早.作冊夨令簋 集成 04300	4 戰.越公其事.簡 44
![5戰.越公其事.簡44]	![6戰.越公其事.簡45]	![7戰.越公其事.簡48]	![8戰.越公其事.簡48]
5 戰.越公其事.簡 44	6 戰.越公其事.簡 45	7 戰.越公其事.簡 48	8 戰.越公其事.簡 48

謝明文認為這種「䭇」字，只是將甲骨文「䣛」字的「皀」聲改成「㱿」聲而已[42]。

滕勝霖將本處的「㦴」隸定作「廄」，認為从广、㱿聲，就文字源流及文字構形來看，「㦴」右上部件肯定不能釋成从「广」。清華柒《越公其事》第七章共計 5 例「䭇」字，除首次出現即本處的「㦴」作反「人」之形外，其餘 4 處均从「宀」（△5～8）。「䭇」字所从之「宀」，可能是从反「人」進一步訛寫，亦可能是《說文》訓為「馬舍」之「廄」的異體，將「䭇」的「宀」旁改易成「广」，就是《說文》的「廄」。

古文字「䭇」字从「㱿」聲，〈晨簋〉之「䭇」即為器名。金文「㱿」旁本从「殳」，演變過程中義符替換成「攴」，即如《越公其事》簡 44 此形。

早期不少學者將「䭇」字與「勹」字聲系聯繫，例如馬敘倫以為「䭇字从ᒫ或ᒫ或ᓂ或從宀，均無飽義。如以聲訓，則䭇字當從殳、勹聲。」[43]〈作冊夨令簋〉文例為「用䭇寮（僚）人」，張桂光直接將「䭇」讀為「飽」，認為是使動用法[44]，〈毛公旅方鼎〉銘文「我用䭇㝮卿我友䭇」，李春桃、董珊均讀「飽」[45]，字表中△1 為器之自名，應讀為「簋」，△2～3 諸例「殷周金文暨青銅器資料庫」

---

[41] （東漢）許慎撰，（清）段玉裁注，李添富總校訂：《新添古音說文解字注》（臺北：洪葉文化事業有限公司，2016），頁 37。

[42] 謝明文：〈說腹飽〉，《商周文字論集》（上海：上海古籍出版社，2017），頁 49-53。

[43] 馬敘倫：《說文解字六書疏證》（上海：上海書局，1985.4），卷 17，頁 65。

[44] 張桂光：〈商周金文詞彙分類的模糊性和語法功能的靈活性〉，陳偉武主編：《古文字論壇》第 1 輯（曾憲通教授八十慶壽專號）（廣州：中山大學出版社，2015），頁 90。

[45] 李春桃：〈從斗形爵的稱謂談到三足爵的命名〉，「出土文獻與中國古代文明再認識」青年學術論壇，河南開封，2016.10.28-30。又見《中研院歷史語言研究所集刊》，第 89 本第 1 分（臺北：中央研究院歷史語言研究所，2018.3），頁 36。

均讀「飽」[46]。「飽」字幫紐、幽部,「篦」字見紐、幽部,韻部相同,聲紐稍異,唇音與牙音相通的例證不算少見,例如郭店《窮達以時》簡 2-3:「舜耕於歷山,陶拍於河叵(浦)。」「叵」是見系字,「浦」為幫系字。如果「𢻻」與「勹」聲古音接近的話,那麼《說文》小篆的「𢻻」當理解為雙聲字。

確定字形以後,接著討論「𢻻」的訓讀問題。「𢻻」,原整理者讀「勹」,並引《說文》訓為「聚也」。難言(網名)認為可讀為「聚」。黃愛梅認為「勹」當是聚居形態的名稱,讀「聚」。王進鋒依據《釋名・釋宮室》、《玉篇・勹部》將「勹」訓為「聚」,但他不認同理解為聚落之意。江秋貞認為「𢻻」不是名詞,因為文獻無此用法,「𢻻」應訓為糾聚也。

難言、江秋貞都主張將「𢻻」直接讀為「聚」,但「𢻻」與「九」是見紐、幽部,「聚」則為從紐、侯部,聲紐、韻部皆不同,「𢻻」與「九」是見系字,「聚」是精系字,或許可以透過輾轉通假或旁對轉的方法聯繫「𢻻」和「聚」,但不免曲折。除此之外,《越公其事》本身就有{聚}字,簡 62 云:「越王句踐乃命邊人菆(聚)怨。」「菆」字即從「取」聲。在「𢻻」與「聚」聲韻有間隔,且無法提出直接通假用例的情況下,將本處的「𢻻」直接讀「聚」的說法,筆者仍是比較保留。

黃愛梅將「𢻻」讀為「勹」,再利用《說文》「勹,聚也」,把「聚」當成「聚落」(村落,人們聚居之地)之意,這個說法也值得懷疑。關於「勹」的訓解,許慎《說文解字》:「勹,聚也。從勹九聲,讀若鳩。」段玉裁《注》:「《釋詁》曰:『鳩,聚也。』《左傳》作『鳩』,《古文尚書》作『逑』,《辵部》曰:『逑,斂聚也。』《莊子》作『九』。今字則『鳩』行而『勹』廢矣。」[47]顧野王《玉篇》:「勹,今作鳩。」[48]《集韻》:「勹,通作鳩。」[49]朱駿聲《說文通訓定聲》:「勹,經傳皆以鳩為之。」[50]

無論是「勹」,還是與之音義皆近的「鳩」、「逑」、「收」等字,故訓中均有「聚」之意。但必須留意的是,這個「聚」是動詞,即聚集、斂聚、收集之意。黃愛梅說「勹,聚也」,將「聚」理解為「聚落」之「聚」已經轉化為名詞,其說不夠允當。若就簡 48「是以𢻻邑」來看,這個「𢻻」字的詞性應該是動詞。

筆者支持原整理者將「勹」依《說文》訓為「聚也」,是動詞,表示人口的聚集。簡 45 云:「亓(其)𢻻(勹)者,王見亓(其)執事人則忄(怡)㤅(豫)憙(憙)也。」「其𢻻者」則為名詞詞組性質。

46　中央研究院歷史語言研究所「殷周金文暨青銅器資料庫」:https://bronze.asdc.sinica.edu.tw/qry_bronze.php。(2023.4.14 上網)

47　(東漢)許慎撰,(清)段玉裁注,李添富總校訂:《新添古音說文解字注》(臺北:洪葉文化事業有限公司,2016),頁 437。

48　(隋)顧野王:《宋本玉篇》(北京:中國書店,1983),頁 509。

49　趙振鐸校:《集韻校本》(上海:上海辭書出版社,2012.12),頁 540。

50　(清)朱駿聲:《說文通訓定聲》(北京:中華書局,2016),頁 252。

　　「茖（落）」學者均讀作「落」，惟王寧、黃愛梅均理解為名詞性質，筆者則比較傾向「落」是動詞，訓為零落。將「落」理解為動詞，可凸顯人口正在減少中，比解釋為名詞的聚落義要更加鮮明。

〔4〕王則貱₌（必視）

王	則	貱
王	則	貱

　　原整理者（201704）：貱，疑讀為「比視」，與下文「必聽」相對應。所從必旁缺筆，字又見第五十一簡。比，考校。《周禮·內宰》：「比其小大與其麤良而賞罰之。」《漢書·石奮傳》：「是以切比閭里，知吏姦邪。」顏師古注：「比，校考也。」第四十六簡「王既必聽之」之「必」，用法相同。[51]

　　鄭邦宏（20170423）：「貱」字原作「󰀀」，簡51之字作「󰀁」，據文例，二字為一字無疑，簡51「󰀁」此字下有合文符號，亦可證簡44「󰀀」下漏寫了合文符號。但二字相較，右所從有異，整理者認為是「所從必旁缺筆」。「󰀀」右所從，使我們聯想到了「󰀂（《清華簡（參）·赤鵠之集湯之屋》簡13）」、「󰀃（《清華簡（參）·赤鵠之集湯之屋》簡14）」。「󰀂」，當從劉樂賢先生釋為「坴」，「埱」字的異體。將「󰀀」的右邊與「󰀂」所從之「朿」相比較，「󰀀」右邊所從較「朿」僅少右邊一短捺筆，這可能是省簡造成，因此，其右邊所從應也是「朿」，應隸定作「貹」。按之文例以及簡51之「󰀁」，「󰀀」右邊所從之「朿」，應是「必」的形近訛寫。[52]

　　王寧（20170501）：簡51整理者讀「比視」，據鄭說則非，當讀「督視」，義同典籍習見之「督察」。[53]

　　鄭邦宏（201710）：（簡44「必視」之「必」讀）「比」，當訓為「密切」。《說文·比部》：「比，密也。二人為從，反從為比。」段玉裁注：比，「要密義足以括之，其本義謂相親密也」。由「親密」引申為「稠密」、「密切」。「視」，則當訓為「監視」。《爾雅·釋詁下》：「監，視也。」「王則比視」，賓語承前省略，似當理解為：王則對這事（指「城市邊縣小大遠近之勾、落」、「羣大臣及邊縣之多兵、無兵者」兩事）密切監視；換句話說就是王對「城市邊縣小大遠近之勾、落」、「羣大臣及邊縣之多兵、無兵者」兩事密切關注。這樣也就自然過渡到下文「唯勾、落是察省，問之于左右」、「唯多兵、無兵者是察，問于左右」。[54]

---

[51] 李學勤主編：《清華大學藏戰國竹簡（柒）》（上海：中西書局，2017），頁138。

[52] 參清華大學出土文獻讀書會（石小力整理）：〈清華七整理報告補正〉，清華網，2017.4.23（2021.5.10上網）。

[53] 王寧：〈清華七《越公其事》初讀〉，武漢網，跟帖第116樓，2017.5.1（2019.11.19上網）。

[54] 鄭邦宏：〈讀清華簡（柒）札記〉，《出土文獻》第11輯（上海：中西書局，2017.10），頁254。

王進鋒（**20171026-28**）：隸作「賊」，通假為「與」。[55]

子居（**20180804**）：觍當讀為「畢見」，《墨子・所染》：「五入必，而已則為五色矣。」孫詒讓《閒詁》：「必，讀為畢。」「畢」訓「皆」，《儀禮・士昏禮》：「從者畢玄端。」鄭玄注：「畢，猶皆也。」《禮記・月令》：「乃修闔扇，寢廟畢備。」鄭玄注：「畢，猶皆也。」可證。[56]

滕勝霖（**201905**）：鄭邦宏將「𪏽」與簡51「𫞩」結合起來可從，此字亦應看作「必視」合文，楚簡中合文未見合文符號常見，如《郭店・六德》簡33「𥫃」，楚帛書「𠦃」等。「必」「比」相通文獻常見，《上博七・吳命》簡9：「必（比）五六日，皆敝邑之期也。」「比」，鄭邦宏認為是「密切」義可從，「比視」意思為密切審查。本章所講調查勾、落，猶《後漢書・禮儀志中》所載「案戶比民」，《周禮・天官・宮正》：「夕擊柝而比之」，孫詒讓正義：「比，謂依在版之名籍，周歷諸次，而校其在否。」《周禮・地官・縣正》：「縣正各掌其縣之政令徵比」，鄭玄注：「比，案比。」[57]

何家歡（**201806**）：鄭說殆誤。《說文・土部》：「埱，气出也。一曰始也。」無論此字訓「氣出也」還是訓「始也」，均不得通文意。且清華簡（三）《赤鵠之集湯之屋》𡎚字所在之句為：「殺黃它（蛇）與白兔，𡎚坴（地）斬（陵）。」𡎚字，整理者訓「發」，又疑訓「截」。其義簡文於此處亦不通。[58]

江秋貞（**202007**）：羅凡晸老師對此問題提出看法：簡44「𪏽」和簡51「𫞩」兩字為同一字的不同寫法。它們被視為不同的原因可能是書法筆畫不同的緣故。簡44「𪏽」字的「𢦏」形的下兩撇都往左撇；簡51「𫞩」的「𢏚」形的下兩撇都往右撇，其一左一右而造成字形的不同。

　　〈越公其事〉的「𪏽」字和「朮」旁無關，而是以原考釋所隸「觍」字為佳，和簡51的「觍＝」同義。「比視」，「比」為「考校」義，「比視」為「考校審視」之義。雖然目前在先秦文獻典籍中未見「比視」一詞，但在《廣韻・質韻》：「必，審也。」如果釋為「必視」也是有可能。「王則觍（觍＝，比視），隹（唯）𨂒（勾）、荅（落）是戠（察）睛（省），䛊（問）之于右（左）右」句意為：「越王於是審視了（使人帶回來的）人口增減的情況，並且問過身邊的大臣。[59]

[55] 王進鋒：〈周代的縣與越縣——由清華簡〈越公其事〉中的相關內容引發的討論〉，收入香港浸會大學饒宗頤國學院、澳門大學中國語言文學系、清華大學出土文獻研究與保護中心編：《《清華簡》國際會議論文集》（香港：香港浸會大學饒宗頤國學院、澳門：澳門大學中國語言文學系，2017），頁70。

[56] 子居：〈清華簡七《越公其事》第七、第八章解析〉，中國先秦史網站，2018.8.4（2021.5.10上網）。

[57] 滕勝霖：《《清華大學藏戰國竹簡（柒）》集釋及相關問題研究》（重慶：西南大學碩士論文，2019），頁329。

[58] 何家歡：《清華簡（柒）《越公其事》集釋》（保定：河北大學碩士論文，2018），頁47-48。

[59] 江秋貞：《《清華大學藏戰國竹簡（柒）・越公其事》考釋》（臺北：臺灣師範大學博士論文，2020），頁471-474。江秋貞：《《清華大學藏戰國竹簡（柒）・越公其事》考釋》（臺北：花木蘭文化事業有限公司，2022），頁418-421。

季旭昇師（20201212）：從〈越公其事〉所敘述越王句踐雪恥圖強的模式來看，越王句踐雪恥圖強的模式幾乎都是一樣的，即：句踐既完A，於是要進行B，句踐先派人到各地去進行省察B，然後句踐才對B事進行「𥄗＝」的動作。因此簡44的「🔲」與簡51的「🔲」雖然有些微的不同，但原考釋與大部分的學者都以為二者是同字，這是合理的。而簡44此字的右旁不成字，因此把簡44此字認為是簡51此字的訛寫，應該是很合理的。但此字是什麼字，應如何解釋，則還有討論的空間。句踐雪恥圖強的動作，有一定的模式，這個模式，敘述得最完整的應該是第七章。越王句踐的模式可以歸納如下：

A前一階段完成的工作

B這一階段要完成的工作

C派人赴各地去推行此一工作

D王𥄗之

E各地上會，廷會考校獎懲

F完成任務

原考釋釋為「比視」，本來意思是不錯的，但又釋「比」為「考校」，這就把D段工作與E段工作混淆了。鄭邦宏先生讀「必」為「比」，認為「比」有「皆、都」義，就文義而言，比原考釋合理（佑仁案：此處乃釋簡45「王必親聽之」之「必」字）。依照鄭邦宏先生的意見，把「必」讀為「比」，釋為「皆、都」，其實是說得通的。前後文義銜接，非常流暢合理。簡44說「王乃趣使人察省城市邊縣小大遠邇之勾、落，王則必（比）視，唯勾、落是察省」，前後文義銜接，也非常流暢合理。[60]

湯志彪（20211130）：這兩段簡文所言的「城市邊縣」「群大臣及邊縣城市之多兵、無兵者」均屬越國本國所有，將「𥄗」解釋作「密切監視」進而又理解作「密切關注」均不合適。同時，簡文記越王句踐如何「省察」越國之事，理應與上下文的「察省」對應，而不是「監視」「關注」。因此，「𥄗」當從整理者意見，讀作「比視」，不過，「視」在此當訓作「察視」「相察」等義，古書常見，不贅。[61]

陳一（202203）：讀為「比視」即可，季旭昇說可從。「🔲」右旁未必不能釋為「必」。「必」字金文作「🔲」（南宮乎鐘），包山簡127作「🔲」，上博簡（七）《吳命》簡5作「🔲」。其演變過程如下：「🔲」承金文而來，保留其形體；後下端一撇退化為飾點，並且左端原本向左下的短撇變得與整個形體的方向相諧同（向右下），作「🔲」；後飾點徹底消失，變作楚簡中常見形體「🔲」（《越公其事》簡42）、「🔲」（清華簡（玖）《治政之道》簡6），甚至是

---

[60] 季旭昇師：〈談清華柒〈越公其事〉的「必視」及相關問題〉，福建師範大學文學院、萬卷樓圖書股份有限公司主編：《《中國文字》出刊100期暨文字學國際學術研討會會議論文集》（臺北：臺灣師範大學國文學系，2020），頁20-21。

[61] 湯志彪：〈清華簡（柒）字詞研究四則〉，《簡帛》第23輯（上海：上海古籍出版社，2021），頁117。

「」（上博簡（四）《曹沫之陳》）。「」、「」蓋為極少數尚未演變完成的楚簡早期形體。[62]

佑仁謹案：

首先，如同鄭邦宏所言，「王則毖」一詞又見於簡51，該處「毖」字下添有「＝」合文符號，可見本處遺漏「＝」。

《越公其事》第七、八章中，出現好幾次「王必……」或「王……必……」用法，學者對其釋讀有很大的爭議。先將其文例以今讀列出，並標註疑難字句的位置：

> 越邦服信，王乃好徵人。王乃趣使人察省城市邊縣小大遠邇之勾、落，王則必視【疑難一】，唯勾、落是察省，問之于左右。王既察知之，乃命上會，王必親聽之【疑難二】。其勾者，王見其執事人則怡豫憙也。不可以笑笑也，則必飲食賜予之。其落者，王見其執事人，則顰感不豫，弗予飲食。

> 王既必聽之【疑難三】，乃品野會，三品交于王府，三品年壽扑毆，由賢由毀。有選切，有賞罰，善人則由，譖民則附。是以勸民，是以收賓，是以勾邑。王則唯勾、落是趣，及于左右。舉越邦乃皆好徵人，方和于其地。東夷、西夷、古蔑、句吳四方之民，乃皆聞越地之多食、政薄而好信，乃波往歸之，越地乃大多人。（以上屬第七章）

> 王乃歸使人省問羣大臣及邊縣城市之多兵、無兵者，王則必視【疑難四】。唯多兵、無兵者是察，問于左右。（以上屬第八章）

上述共有四個以「必△」成詞的疑難問題，以下先將學者的說法羅列出來，最後再進行綜合判斷：

疑難一　王則必視（簡44）

原整理者將「毖」疑讀為「比視」，與下文「必聽」相對應，又訓「比」為考校。王寧認為當讀為「督視」，義同典籍習見之「督察」。鄭邦宏以為「」字下漏寫合文符號，「」右半所從應是「必」的形近訛寫，並將「比」訓為「密切」，「視」訓為「監視」是指王對這事（指「城市邊縣小大遠近之勾、落」、「羣大臣及邊縣之多兵、無兵者」兩事）密切監視；換句話說就是王對「城市邊縣小大遠近之勾、落」、「羣大臣及邊縣之多兵、無兵者」兩事密切關注。

王進鋒將「毖」隸作「賊」，通假為「與」。子居以為「毖」當讀為「畢見」，

「畢」訓「皆」。滕勝霖以為本章所講乃調查勾、落，猶《後漢書・禮儀志中》所載「案戶比民」。江秋貞以為《越公其事》的「」、「」兩字，在未確定是否從「朮」的情況下，還是不應釋為「賍」，若《越公其事》的「」字和「朮」旁無關，而是以原考釋所隸「眲」字為佳，和簡51的「眲=」同義。「比」為「考校」義，「比視」即「考校審視」之義。她認為目前先秦文獻典籍中雖未見「比視」一詞，但《廣韻・質韻》：「必，審也。」如果釋為「必視」也是有可能。季旭昇師以為從《越公其事》文義來看，原整理者以為簡51的「」是「必視」的合文，字形上是合理的，但釋為「考校」則不妥。

雖然各家說法差異很大，但有兩點定論：一、「必視」原文作「眲」，鄭邦宏指出右下漏寫合文符號，可信。二、透過簡51「」，應該就是「必視」無誤[63]。將「」隸定作「賍」或「賊」，均不確。

疑難二　王必親聽之（簡45）

鄭邦宏以為「必」當讀為「比」，用為範圍副詞，語義相當於「皆、都」。[64]蕭旭以為「必」讀如字，副詞，猶言必定，簡40「王必親見而聽之」、簡45「王必親聽之」皆同。[65]滕勝霖從鄭邦宏之說，「必」讀為「比」，訓作「皆」，楊樹達《詞詮》卷一：「比，表數副詞，皆也。」。[66]江秋貞以為簡45的「王必親聖之」的「必」和簡40「王必親見而聽之」的「必」都是同樣意思，「必」猶「定」也。本句「王既戠（察）智（知）之，乃命上會，王必親聖（聽）之」意指「越王既審察清楚後，就傳令有關單位進行會計統算，越王一定親自前往審聽。」[67]

簡45「必聽」一詞有兩種讀法，一是「必聽」讀如字（蕭旭、江秋貞），二是讀「比聽」，「比」訓為皆（鄭邦宏、滕勝霖）。

疑難三　王既必聽之（簡46）

---

[63] 關於「」是否能釋為「朮」的問題，季旭昇師有非常仔細的探討，參季旭昇師：〈談清華柒〈越公其事〉的「必視」及相關問題〉，福建師範大學文學院、萬卷樓圖書股份有限公司主編：《《中國文字》出刊100期暨文字學國際學術研討會會議論文集》（臺北：臺灣師範大學國文學系，2020），頁17-27。

[64] 清華大學出土文獻讀書會，石小力整理：〈清華七整理報告補正〉，清華網，2017.4.23（2021.5.10上網）。此觀點又見於鄭邦宏：《讀清華簡（柒）札記》，《出土文獻》第11輯（上海：中西書局，2017.10），頁255。

[65] 蕭旭：〈清華簡（七）校補（二）〉，復旦網，2017.6.5（2021.5.10上網）。

[66] 滕勝霖：《《清華大學藏戰國竹簡（柒）》集釋及相關問題研究》（重慶：西南大學碩士論文，2019），頁330。

[67] 江秋貞：《《清華大學藏戰國竹簡（柒）・越公其事》考釋》（臺北：臺灣師範大學博士論文，2020），頁476。江秋貞：《《清華大學藏戰國竹簡（柒）・越公其事》考釋》（臺北：花木蘭文化事業有限公司，2022），頁423。

原整理者以為「必」讀為「比」，訓為考校 [68]。鄭邦宏以為「必」讀為「比」，用為範圍副詞，語義相當於「皆、都」[69]。蕭旭以為「必」讀如字，副詞，猶言必定，簡 40「王必親見而聽之」、簡 45「王必親聽之」皆同 [70]。郭洗凡以為整理者觀點可從，「必」讀為「比」，與上文「王見示（其）執事人」可聯繫，指的是考察比較官員成績，審查越國人民的意思 [71]。子居以為「必」字當讀為「畢」，「既畢聽之」即越王句踐已對各地區的情況有了全面瞭解，由此可知當已是經過了一年的時間 [72]。江秋貞以為子居讀為「畢」，就上下文來看，是比較合理的。[73]杜建婷認為前文有「王必親聖（聽）之」，當與此句「王既必（比）聖（聽）之」同義，「必」如字讀即可 [74]。

簡 46 的「必」有讀如字（蕭旭、杜建婷），讀為「比」訓為考校（原整理者、郭洗凡），讀「比」訓為皆、都（鄭邦宏），讀成「畢」（子居、江秋貞）共四種說法。

疑難四 王則必視（簡 51）

此文例與【疑難一】相同。「⿰？？」，原整理者讀為「比視」，訓為比校，治理 [75]。鄭邦宏認為原整理者的說法比較突兀，他將「比視」訓為「密切監視」[76]。王寧讀為「督視」[77]。子居讀為「畢見」[78]。沈雨馨認為「比視」是王在軍事上採取的監視行動 [79]。滕勝霖為讀「比視」，訓為密切審查 [80]。江秋貞讀為「比視」，

---

68 李學勤主編：《清華大學藏戰國竹簡（柒）》（上海：中西書局，2017），頁 138。

69 參清華大學出土文獻讀書會（石小力整理）：〈清華七整理報告補正〉，清華網，2017.4.23（2021.5.10 上網）。

70 蕭旭：〈清華簡（七）校補（二）〉，復旦網，2017.6.5（2021.5.10 上網）。

71 郭洗凡：《清華簡《越公其事》集釋》（合肥：安徽大學碩士論文，2018），頁 78。

72 子居：〈清華簡七《越公其事》第七、第八章解析〉，中國先秦史網站，2018.8.4（2021.5.10 上網）。

73 江秋貞：《《清華大學藏戰國竹簡（柒）·越公其事》考釋》（臺北：臺灣師範大學博士論文，2020），頁 485。江秋貞：《《清華大學藏戰國竹簡（柒）·越公其事》考釋》（臺北：花木蘭文化事業有限公司，2022），頁 431。

74 杜建婷：《清華簡第七輯文字集釋》（廣州：中山大學碩士論文，2019.6），頁 23。

75 李學勤主編：《清華大學藏戰國竹簡（柒）》（上海：中西書局，2017），頁 140。

76 參清華大學出土文獻讀書會（石小力整理）：〈清華七整理報告補正〉，清華網，2017.4.23（2021.5.11 上網）。

77 王寧：〈清華七《越公其事》初讀〉，武漢網，跟帖第 116 樓，2017.4.30（2019.11.19 上網）。

78 子居：〈清華簡七《越公其事》第八章解析〉，中國先秦史網站，2018.8.4（2021.5.10 上網）。

79 沈雨馨：《《清華大學藏戰國竹簡（柒）》集釋》（北京：首都師範大學碩士論文，2019），頁 70。

80 滕勝霖：《《清華大學藏戰國竹簡（柒）》集釋及相關問題研究》（重慶：西南大學碩士論文，2019），頁 349。

訓為「考校審視」[81]。季旭昇師認為「𰯀」字右旁很接近楚系「必」字寫法，認為鄭邦宏將「必」讀為「比」，釋為「皆、都」，語意說得通且前後文義銜接，非常流暢合理[82]。

為方便讀者理解，筆者將【疑難一】至【疑難四】各家說法精簡為下表：

	簡文		訓讀意見	學者	贊同者
1	【疑難一】 王則必視 （簡44）	比視	「必」讀為「比」，訓為考校。	原整理者	江秋貞
		比視	「比」為密切，「視」為監視。	鄭邦宏	
		比視	讀「督視」。	王寧	
		畢見	「畢」訓「皆」。	子居	
		比視	「比」訓為密切，「視」為監視，「比視」猶案比。	滕勝霖	
		必視	「必」訓審也。	江秋貞 （又說）	
		比視	「比」訓皆、都。	季旭昇師	
2	【疑難二】 王必親聽之 （簡45）	比聽	「比」訓皆、都。	鄭邦宏	滕勝霖
		必聽	「必」，猶言必定。	蕭旭	江秋貞
3	【疑難三】 王既必聽之 （簡46）	必聽	「必」讀為「比」，訓為考校。	原整理者	郭洗凡
		比聽	「比」訓皆、都。	鄭邦宏	
		必聽	「必」，猶言必定。	蕭旭	杜建婷
		畢聽	「畢」訓「皆」。	子居	江秋貞
4	【疑難四】 王則必視 （簡51）	比視	訓為比校、治理。	原整理者	江秋貞
		比視	「比」為密切，「視」為監視。	鄭邦宏	
		比視	讀「督視」。	王寧	
		畢見	「畢」訓「皆」。	子居	

---

[81] 江秋貞：《《清華大學藏戰國竹簡（柒）·越公其事》考釋》（臺北：臺灣師範大學博士論文，2020），頁536。江秋貞：《《清華大學藏戰國竹簡（柒）·越公其事》考釋》（臺北：花木蘭文化事業有限公司，2022），頁479。

[82] 季旭昇師：〈談清華柒〈越公其事〉的「必視」及相關問題〉，收入福建師範大學文學院、萬卷樓圖書公司主編：《《中國文字》出刊100期暨文字學國際學術研討會會議論文集》（臺北：臺灣師範大學國文學系，2020），頁20-28。

		比視	王在軍上採取的監視行動。	沈雨馨	
		比視	「比」訓為密切，「視」為監視。	滕勝霖	
		比視	「比」訓皆、都。	季旭昇師	

上述【疑難一】至【疑難四】的「必」字，其主詞都是「王」（句踐），而後文都加動詞，顯然是同一個讀法、同一種解釋。但部分學者卻拆成多種解釋，例如鄭邦宏將【疑難一】、【疑難四】讀為「比」解釋為「密切」，【疑難二】、【疑難三】讀為「比」，釋為皆、都。江秋貞把【疑難一】、【疑難四】解為「比」，訓為考校，【疑難二】「必」讀如字，【疑難三】則讀為「畢」，將用法分成三類。筆者認為這四處的「必」字釋讀應該一致。

綜觀竹簡全文，「王必……」句法為《越公其事》常見的敘事口吻，文例如下：

1　王必飲食之。（第五章，簡 32）
2　王必與之坐食。（第五章，簡 33）
3　王必親見而聽之，察之而信。（第六章，簡 40）
4　王必親聽之，稽之而信。（第六章，簡 42）

延續前述第五章、第六章的「王必……」句式，第七章的「王則必視」、「王必親聽之」、「王既必聽之」以及第八章的「王則必視」，其「必」字用法本無二致。值得留意的是，第六章「王必親見而聖（聽）之」與本處的「王則必視」、「王必親聽之」僅繁簡敘述有別而已。另外，本章的「王必親聽之」又見於第六章簡 42，就語法來看，「必」肯定不能讀成「比」，它就是前述的「王必……」句法，而後文接著說「王既必聽之」，它和「王必親聽之」只差在後者多了一個「既」字，「既」為副詞，表示行動完成，則「王既必聽之」的「必」不能讀成「比」。「必聽」、「必視」的「必」均應讀如字。

《越公其事》的「必視」、「必聽」展現句踐對於政事親力親為的態度，可見他對「五政」的重視程度，「王必……」亦顯示出他堅定、篤定的意志，把復國決心表達得淋漓盡致。「必」訓為副詞「必定」，本來是個簡單的問題，但原整理者將第七章幾處「必」字讀成「比」後，反而干擾了學者的判斷。

有些學者把「必」讀為「比」，訓為「皆」、「都」等副詞，或是把「必見」讀作「畢見」，「畢」訓「皆」。事實上就語意來看，這樣的解釋和「必」的意思相去不遠，與其繞一圈回到原點，逕讀如字更簡易直接。

確定第七章的「必」當讀如字以後，筆者希望能夠疏通簡文的內容大要，以下將第七章分成幾個段落說明，並保留與幾個「必」字相關的原文：

	第七章分段	說明
A	越國具備信用以後，句踐指示加強招徠人民。	「王則必視」指王派人察看各地人口。王未來一定會察看人口彙報資料，並訊問左右相關情況。
B	王派人察看各地方人口的增減情況，<u>王則必視</u>，重視人口增減，訊問左右。	
C	<u>王既察知之</u>，命令上傳人口普查情況，<u>王必親聽之</u>。見到「勹」的執事人給予飲食，見到「落」的執事人則給予壞臉色。	「王既察知之」表示已經完成 B 工作，將舉行「上會」，由各地執事人直接向國君報告人口情況。「王必親聽之」表示屆時句踐一定會親自聆聽各位執事人的報告，針對「勹」和「落」的情況，給予差別待遇。
D	<u>王既必聽之</u>，乃品野會。	「既」，已經、完成。王已經完成親聽執事人「上會」的工作，進一步執行「品野會」。「上會」內容只是給予飲食或否，而「品野會」則對「勹」、「落」的執事人有更確切的賞罰。透過一連串的施政措施，越國逐漸招納人民，為復興大業奠定最穩固的基礎。

〔5〕隹（唯）勹（勹）、荅（落）是戩（察）賭（省）

隹	勹	荅	是	戩	賭

　　滕勝霖（201905）：此句表示強調，特別對「勹」「落」調查，從近臣那裏聽取情況。從簡文記載越王賞罰的情況可知，「勹」指人口聚集多的地方，「落」指人口稀疏的地方。[83]

佑仁謹案：
關於「勹」、「荅」的釋讀，請參考本章注釋2。

〔6〕翻（問）之于右（左）右

---

[83] 滕勝霖：《《清華大學藏戰國竹簡（柒）》集釋及相關問題研究》（重慶：西南大學碩士論文，2019），頁329。

聞	之	于	右	右

子居（20180804）：「問之於左右」句的「之」是補寫的文字，對照《越公其事》第八章的「問於左右」可見，《越公其事》第七章此處的原文或當也是「問於左右」，則補寫的「之」字很可能是為了更符合當時抄者或讀者的語言習慣。[84]

佑仁謹案：

本篇的｛聞｝與｛問｝都使用「聞」來表示，此處文例讀為「問」。

「問」字下的「之」確實是補字，但是否如子居所言，是為了「更符合當時抄者或讀者的語言習慣」，目前無法證明，有待棗紙簡公布，或許答案會更加明朗。

〔7〕王既戠（察）智（知）之

王	既	戠	智	之
王	既	戠	智	之

江秋貞（202007）：「王既戠（察）智（知）之」的「既」應該有終了之意。《易・既濟・象傳》：「承在火上，濟既。」（佑仁案：應作「水在火上，既濟」）焦循章句：「既，猶終也。」《詩・小雅・正月》：「既克有定」陳奐撰疏（佑仁案：應作「傳疏」）：「既，猶終也。」「王既戠（察）智（知）之」意指越王已經審察完畢使人所帶回來各地人口增長的資料，也問過左右大臣，於是舉行「上會」。[85]

佑仁謹案：

「既」，指已經。王派人省察邊縣城市人口情況，從左右大臣處知曉大致情況後，命令執事人報告人口統計情況，王一定會親自聆聽報告。本文讀為「察」的字有以下幾種寫法：

編號	字形	隸定	簡號	文例
A		戠	簡33	其見有戠（察？）、有司及王左右，先詣王訓而將耕者，王必與之坐食。

---

[84] 子居：〈清華簡七《越公其事》第七、第八章解析〉，中國先秦史網站，2018.8.4（2021.5.10上網）。

[85] 江秋貞：《《清華大學藏戰國竹簡（柒）・越公其事》考釋》（臺北：臺灣師範大學博士論文，2020），頁475-476。江秋貞：《《清華大學藏戰國竹簡（柒）・越公其事》考釋》（臺北：花木蘭文化事業有限公司，2022），頁422。

B		戩	簡 38	凡市賈爭訟，反背欺詒，戩（察）之而孚，則詰誅之。因其過以為之罰。
C		戩	簡 40	凡此物也，王必親見而聽之，戩（察）之而信。
D		戩	簡 44-1	王乃趣使人戩（察）省城市邊縣小大遠邇之聚、落。
E		戩	簡 44-2	隹勾落是戩（察）省。
F		戩	簡 45	王既戩（察）知之，乃命上會，王必親聽之。

以上諸字的左半，即楚簡常用為「察」、「淺」、「竊」之字，劉釗將之隸定為「羏」，認為是「辛」字變體，「辛」古音在溪紐元部，與「察」、「淺」、「竊」音近可通。[86]而劉洪濤以為「辛」字聲紐屬牙喉音，與「察」、「淺」、「竊」等所屬的齒音關係不密切，他認為該字可能是剬削之「剬」的表意本字，甲骨文寫作「𩭾」（《前》7.31.4[87]），象雙手持工具在崖洞削玉石之形。[88]賈連翔認為A字當从「羐」聲，將「其見有戩」的「戩」讀為「班」或「弁」。[89]除A字外，上述B～E諸字均應讀為「察」，當無可疑。

〔8〕乃命上會，王必親聖（聽）之

乃	命	上	會	王	必	親
聖	之					

　　原整理者（201704）：會，《周禮・職幣》「歲終，則會其出」，鄭玄注：「會，計也。」上會，即上計。《晏子春秋・外篇上二十》：「晏子對曰：『臣

---

86 劉釗：〈利用郭店楚簡字形考釋金文一例〉，《古文字研究》第 24 輯（北京：中華書局，2004），頁 277-281。

87 中國社會科學院考古研究所編輯：《甲骨文編》〈北京：中華書局，1965〉，頁 691。

88 劉洪濤：〈談古文字中用作「察」、「淺」、「竊」之字的考釋〉，《古文字研究》第 30 輯（北京：中華書局，2014），頁 315-319。

89 賈連翔：〈試析戰國竹簡中的「羐」及相關諸字〉，收入中山大學古文字研究所編：《文字、文獻與文明——第七屆出土文獻青年學者論壇暨國際學術研討會》（廣州：中山大學古文字研究所，2018），頁 188。

請改道易行而治東阿，三年不治，臣請死之。』景公許。於是明年上計，景公迎而賀之。」[90]

鄭邦宏（20170423）：簡 45 與 46 之「必」皆當讀爲「比」，用爲範圍副詞，語義相當於「皆、都」。關於「比」的這一用法，清人王念孫、王引之父子早有論說（原注：王引之撰，李花蕾校點：《經傳釋詞》，上海古籍出版社，2016 年，第 214-215 頁）。[91]

蕭旭（20170605）：「必」讀如字，副詞，猶言必定。簡 40「王必親見而聽之」，簡 45「王必親聽之」，皆同。[92]

子居（20180804）：據《周禮・天官冢宰・小宰》：「八曰聽出入以要會。」鄭玄注引鄭司農云：「月計曰要，歲計曰會。」可知，此處的「會」也當解為「歲計」。由整理者所引及《周禮・天官冢宰・大宰》：「歲終，則令百官府各正其治，受其會，聽其致事，而詔王廢置。」鄭玄注：「會，大計也。」《商君書・禁使》：「十二月而計書以定，事以一歲別計，而主以一聽。」可見，上計往往是計於歲終。[93]

王進鋒（201904）：「上會」，上計，即由城市、邊縣的長官定期向越王呈上計文書，報告地方治理狀況。[94]

滕勝霖（201905）：「會」見紐月部，「計」見紐質部，二者為同源關係，月部與質部押韻文獻常見。「上計」，戰國、秦、漢時地方官於年終將境內戶口、賦稅、盜賊、獄訟等項編造計簿，遣吏逐級上報，奏呈朝廷，借資考績。「必」從鄭邦宏之說，讀為「比」，訓作「皆」。楊樹達《詞詮》卷一：「比，表數副詞，皆也。」。[95]

江秋貞（202007）：原考釋釋「會」為「計」，「上會」即「上計」，非常正確。季師在〈《上博五・鮑叔牙與隰朋之諫》「乃命有司著作浮」解——兼談先秦吏治的上計〉一文中對先秦的上計制度做了詳細的探討，該文謂上計應該在春秋時代已開始，有日計、月計、歲計。窄義的會指歲計，寬義的會就是上計。在戰國時期趨於成熟，中央政府以此對地方政府實行監督和政績考核。《韓非子・外儲說左下》：「西門豹為鄴令，清剋潔愨，秋毫之端無私利也，而甚簡左右，左右因相與比周而惡之，居期年，<u>上計</u>，君收其璽。」西門豹因為為官清廉，擋

---

[90] 李學勤主編：《清華大學藏戰國竹簡（柒）》（上海：中西書局，2017），頁 138。

[91] 清華大學出土文獻讀書會，石小力整理：〈清華七整理報告補正〉，清華網，2017.4.23（2021.5.10 上網）。此觀點又見於鄭邦宏：《讀清華簡（柒）札記》，《出土文獻》第 11 輯（上海：中西書局，2017.10），頁 255。

[92] 蕭旭：〈清華簡（七）校補（二）〉，復旦網，2017.6.5（2021.5.10 上網）。

[93] 子居：〈清華簡七《越公其事》第七、第八章解析〉，中國先秦史網站，2018.8.4（2021.5.10 上網）。

[94] 王進鋒：〈清華簡《越公其事》與春秋時期越國的縣制〉，《歷史地理》第 38 輯（上海：復旦大學出版社，2019.4），頁 79

[95] 滕勝霖：《《清華大學藏戰國竹簡（柒）》集釋及相關問題研究》（重慶：西南大學碩士論文，2019），頁 330。

人財路，在上計時相關官吏聯合整他，使他歲計的績效不好，君主因而把他的官璽沒收。這裡指越王要各地官吏上報人口增長的統計，再由相關單位考核地方官員人口政策的績效如何。簡45的「王必親聖之」的「必」和簡40「王必親見而聽之」的「必」都是同樣的意思。《論語·學而篇》：「雖曰未學，吾必謂之學矣。」「必」猶「定」也。本句意指「越王既審察清楚後，就傳令有關單位進行會計統算，越王一定親自前往審聽」。[96]

佑仁謹案：

此處「必聽」有兩種說法，一說依本字讀作「必聽」；一說讀作「比聽」，指副詞，「比」之語義相當於「皆、都」。「必」讀如字，訓為必定，較讀為「比」來得更為適切。關於「必」字，請參本章注釋4。

「上會」原整理者指出「上會，即上計」，可信。《周禮·小宰》：「以官府之八成，經邦治。……八曰聽出入以要會。」鄭玄《注》引鄭司農云：「要會，謂計最之簿書，月計曰要，歲計曰會，故〈宰夫職〉曰：『歲終，則令羣吏正歲會；月終則令正月要』。」鄭玄云：「書契，謂出予受入之凡要。凡簿書之最目，獄訟之要辭，皆曰契。」[97]孫詒讓《周禮正義》云：「要會則既出既入之後，總計其數，以待校覈也。」[98]依據《周禮·宰夫》職的規定，一年有「歲會」，一月有「月要」，一旬有「日成」，官吏每天要登錄「日成」，則《越公其事》的「上計」應是對於年度計畫的人口普查。

季旭昇師曾對先秦「上計」制度進行研究，他指出「上計應該在春秋時代已開始，逐漸形成嚴密的制度。但目前所見的記載仍是比較粗略的，主要是與錢財有關的事務的統計。」[99]就《越公其事》來看，「上計」的內容除了與錢財事務有關，也可依據「人口數量」對國君進行彙報。

《後漢書·百官志五》：「（州郡屬官）本注曰：皆掌治民，顯善勸義，禁姦罰惡，理訟平賊，恤民時務，秋冬集課，上計於所屬郡國。」劉昭《注》引胡廣曰：「秋冬歲盡，各計縣戶口墾田，錢穀入出，盜賊多少，上其集簿。」[100]先秦時期，地方官吏將境內的戶口、稅賦、盜賊、訴訟等情況，編造計簿，遣吏逐

96 江秋貞：《《清華大學藏戰國竹簡（柒）·越公其事》考釋》（臺北：臺灣師範大學博士論文，2020），頁476。江秋貞：《《清華大學藏戰國竹簡（柒）·越公其事》考釋》（臺北：花木蘭文化事業有限公司，2022），頁422-423。

97 （東漢）鄭玄注，（唐）賈公彥疏，李學勤主編：《十三經注疏·周禮注疏》（北京：北京大學出版社，2000），頁68-69。

98 （清）孫詒讓撰，王文錦、陳玉霞點校：《周禮正義》（北京：中華書局，1987），頁176。

99 季旭昇師：〈《上博五·鮑叔牙與隰朋之諫》「乃命有司著作浮」解——兼談先秦吏治的上計〉，陳致主編：《簡帛·經典·古史》（上海：上海古籍出版社，2013），頁108-112。

100 （劉宋）范曄撰，（唐）李賢等注：《後漢書》（北京：中華書局，1973），頁3622-3623。

級上報，奏呈朝廷，借資考績，謂之「上計」。[101]就此看來，「上會」或「上計」的「上」指上奏、呈報之意，「會」、「計」則指年度統計。

關於「計」和「會」的語音問題，原整理者認為「上會，即上計」，是由訓讀方式聯繫「會」與「計」的關係，滕勝霖則認為「會」是見紐月部，「計」是見紐質部，月部與質部押韻文獻常見，二者為同源關係，以通假角度聯繫「會」與「計」。「月質旁轉」確實符合聲韻學理[102]，而先秦文獻中，「會計」已經連用，《周禮・地官・舍人》：「歲終，則會計其政。」[103]《墨子・號令》：「里中父老小不舉守之事及會計者。」[104]截至目前（2023 年 5 月），「會」字聲系與「計」字聲系尚無直接通假的例證，滕勝霖之說有賴更多資料證明。

〔9〕亓（其）飼（勾）者，王見亓（其）執事人則旬（怡）念（豫）憙（喜）也

亓	飼	者	王	見	亓	執
事	人	則	旬	念	憙	也

原整理者（201704）：旬，讀為「怡」。念，當為豫樂之「豫」。怡、豫，同義連用。《三國志・吳志・諸葛恪傳》：「近漢之世，燕、蓋交遘，有上官之變，以身值此，何敢怡豫邪？」[105]

吳德貞（201805）：念或可讀如字，與「豫」義近，不必破讀為「豫」。《說文・心部》：「念，喜也。」[106]

子居（20180804）：《尚書・顧命》：「惟四月哉生魄，王不懌。」《漢書・律曆志》引《顧命》曰：「惟四月哉生霸，王有疾不豫。」可見「豫」、「懌」音義皆通，「怡」、「夷」音義同。「怡豫」當即《詩》中的「夷懌」。[107]

毛玉靜（201905）：「憙」為「憙」的省寫。[108]

101 「上計」，參《漢語大詞典（繁體 2.0 版）》（香港：商務印書館，2002）。
102 參陳新雄師：《古音研究》（臺北：五南出版社，2000），頁 459。
103 （東漢）鄭玄注，（唐）賈公彥疏，李學勤主編：《十三經注疏・周禮注疏》（北京：北京大學出版社，2000），頁 504。
104 吳毓江撰、孫啟治點校：《墨子校注》（北京：中華書局，1993），頁 916。
105 李學勤主編：《清華大學藏戰國竹簡（柒）》（上海：中西書局，2017），頁 138。
106 吳德貞：《清華簡《越公其事》集釋》（武漢：武漢大學碩士論文，2018），頁 71。
107 子居：〈清華簡七《越公其事》第七、第八章解析〉，中國先秦史網站，2018.8.4（2021.5.10 上網）。
108 毛玉靜：《《清華大學藏戰國竹簡（柒）》字用研究》（合肥：安徽大學碩士論文，2019），頁 34。

　　滕勝霖（201905）：「㤅」又見於包山簡5「🔲」、古璽之中等，多用作人名。「怡豫」，整理者之說可從，安樂、歡樂義。「憙」，從心喜省聲，「憙」之異體。[109]

　　吳萱萱（20200630）：從上不難看出，句踐偏向於「勾」，而不喜「落」。其原因或如王寧所言，「勾」的人數多於「落」的人數，更符合句踐「聚人口」的初衷。除卻對「勾」與「落」的管理，句踐還會審查、評價「野會」的等次。[110]

　　江秋貞（202007）：「㤅」，《說文》訓為「忘也；嘾也。從心，余聲。《周書》曰：『有疾不㤅。』㤅，喜也。」但畢竟《說文》所訓「㤅」的本義是「忘」，所引《周書》訓「㤅，喜也」，只能視為假借，出土材料的訓解，釋義應儘量明確，少用假借義。[111]

　　佑仁謹案：

　　「刍㤅」原整理者讀「怡豫」，吳德貞認為「㤅」可讀如字，有一定道理，因為《玉篇・心部》：「㤅，悅也。」[112]《說文・心部》：「㤅，忘也。嘾也。從心，余聲。《周書》曰：『有疾，不㤅。』㤅，喜也。」[113]可見字典中「㤅」有訓成喜悅、開心的意思。江秋貞認為《說文》「㤅」訓「忘」，故「㤅」的本義是「忘」，訓作「喜」是假借義，她認為「釋義應儘量明確，少用假借義」，因此還是將「㤅」讀成「豫」。《說文》解釋「㤅」字時，共收錄「忘也」、「嘾也」、「喜也」三種解釋，究竟哪一個是本義，還有討論的空間，段玉裁在「忘也」下注云：「此義未聞，恐有譌字。」[114]可見把「忘也」當本義不一定可信。此處筆者也贊成將「㤅」讀成「豫」，因為「怡豫」一詞見於《三國志・吳志・諸葛恪傳》，於古籍有實際用例。

　　關於「🔲」字，毛玉靜認為「憙」為「憙」的省寫。滕勝霖認為「憙」，從心、喜省聲，是「憙」之異體。「憙」的「豈」旁究竟是不是「喜」的省聲，這必須從「豈」和「喜」的關係進行探究。

　　古文字中常見字形從「豈」，而聲音卻與「喜」聲密切相關之字，例如「熹」

---

[109] 滕勝霖：《《清華大學藏戰國竹簡（柒）》集釋及相關問題研究》（重慶：西南大學碩士論文，2019），頁 330。

[110] 吳萱萱：《《越公其事》中句踐滅吳故事考論》（杭州：杭州師範大學碩士論文，2020），頁 31-32。

[111] 江秋貞：《《清華大學藏戰國竹簡（柒）・越公其事》考釋》（臺北：臺灣師範大學博士論文，2020），頁 478-479。江秋貞：《《清華大學藏戰國竹簡（柒）・越公其事》考釋》（臺北：花木蘭文化事業有限公司，2022），頁 425。

[112] （梁）顧野王：《宋本玉篇》（北京：中國書店，1983），頁 160。

[113] （東漢）許慎撰，（清）段玉裁注，李添富總校訂：《新添古音說文解字注》（臺北：洪葉文化事業有限公司，2016），頁 513。

[114] （東漢）許慎撰，（清）段玉裁注，李添富總校訂：《新添古音說文解字注》（臺北：洪葉文化事業有限公司，2016），頁 513。

在甲骨文作「🙂」（《合集》15667）、「🙂」（《合集》32536）[115]，字形從「豈」。楚簡中句末語氣詞｛矣｝，常用「豈」字表示，例如上博八《子道餓》簡1：「門人柬（諫）曰：『虐（吾）子齒年長豈（喜－矣）』。」上博三《仲弓》簡2＋5：「夫季是（氏），河東之成（盛）家也，亦可㠯（以）行豈（喜－矣）。」郭店《性自命出》簡51：「雖未之為，斯人信之豈（喜－矣）。」上博五《弟子問》簡6：「子曰：『貧戔（賤）而不約者，虐（吾）見之豈（喜－矣）』。」學界多習慣以「豈（喜－矣）」表示[116]，認為「豈」即「喜」，可假借為「矣」。但也有學者作「豈〈喜（矣）〉」，殆將「豈」理解為「喜」的誤字。[117]

唐蘭在《殷墟文字記》中，分析「鼓」又可作「皼」、「娭」又可以作「嬉」等現象，主張「可證古音豈、喜相近也」[118]。陳劍在〈早期古文字「表意字一形多用」綜論〉（未刊稿）則認為「楚簡文字中以『豈』、『欨』為『矣』，即亦音『喜』，則未必與早期之一形兩用有關／未必由之承襲而來，而更可能係晚起之省略現象」，也就是他認為可以讀為「矣」的「豈」當是「喜」的省聲。

此外，楚簡還習慣用「惪」表示｛喜｝，本處的「惪（喜）」即是此種用法。唐蘭主要是從異字關係推論「豈」、「喜」同音，若就聲韻學理來看，「豈」是端紐侯部，「喜」是曉紐之部，聲韻均有較大差異，則讀為「矣」的「豈」以及讀為「喜」的「惪」，其「豈」可能都是「喜」的省聲。

「執事人」一詞《越公其事》兩見，均見於本章。「執事人」指主管具體事務者，並非職官專名，而是一種泛稱。上博九《靈王遂申》中成公乾令其子成公虎搬蔡器，「執事人夾蔡人之軍門，命人毋敢徒出」句中的「執事人」指負責固守軍門的官員，而《越公其事》本處「勾」或「落」的執事人，應是句踐在各地負責招徠人口的官員。

〔10〕不可㠯芺＝（笑笑）也

𡕨	𠮠	𦬣	𠃌
不	可	芺＝	也

原整理者（201704）：笑笑當為喜樂貌。[119]

王進鋒（20171026-28）：疑「笑笑」前的□是一個意為「僅」的字。「不可

---

[115] 劉釗、洪颺、張新俊編纂：《新甲骨文編（增訂本）》（福州：福建人民出版社，2014.12），頁588。

[116] 陳劍：〈談談《上博五》的竹簡分篇、拼合與編聯問題〉，武漢網，2006.2.19（2021.5.10上網）。

[117] 張琴：《《上海博物館藏戰國楚竹書（一－九）》異體字整理與研究》（上海：華東師範大學碩士論文，2020），頁54。

[118] 唐蘭：《殷虛文字記》（上海：上海古籍出版社，2016.12），頁68。

[119] 李學勤主編：《清華大學藏戰國竹簡（柒）》（上海：中西書局，2017），頁138。

□笑笑也」，意為不可以僅僅喜樂，還要有實際的獎賞行為。[120]

子居（20180804）：由於「笑」字前一字殘缺，因此原文也可能是「□＝芺＝」這樣的形式，若考慮到通假，則「芺＝」也完全可能讀為「夭夭」等內容，且由於「怡豫喜也」已和下文的「憂戚不豫」對應，「□芺＝」之前又有「不可」一詞，故整理者讀為「芺＝」為「笑笑」解為「喜樂貌」應該說尚缺乏足夠的證據支持。[121]

毛玉靜（201905）：古文字中，笑皆從艸，從犬。後小篆訛為從竹，從犬。唐李陽冰勘定《說文》改為從竹，從夭。[122]

滕勝霖（201905）：「」，從艸從犬，楚簡中多以之表｛笑｝，曾憲通認為「芺」本從艸聲。楚簡中表示｛笑｝的字形還可寫作從犬兆聲，如「」（《上博五·鮑叔牙》簡8）。「芺」前由於簡45簡尾殘缺一或兩字，不能明確補之，王進鋒補為「僅」可能不準確，目前楚簡中尚未見到「僅」字的寫法，故此處存疑。[123]

江秋貞（202007）：季師以為「可」字形稍短，底下留下的空間超過一個字的長度，較合理的推測應該是「蟲」，其下還有一個字的空間。……因為前面有「不可」兩字，故可以推斷「□芺＝」應屬貶意詞。經過和季師討論後判斷：「不蟲□芺＝也」應該是形容「執事人」的句子，全句應該讀為「其勾者，王見其執事人則怡豫惪也；不蟲□芺＝也，則必飲食賜予之」。「蟲□」似可補作「蟲擾」，「芺＝」似可讀為「懆＝」，《毛詩·小雅·白華》毛傳：「懆懆，憂愁貌。」《說文》：「懆，愁不安也，從心喿聲。」《詩》曰：「念子懆懆。」芺（笑），私妙切，心紐宵部；懆，采老切，清紐宵部，二字聲紐同為精系齒音，韻部相同，自可通假。「蟲擾懆＝」的意思是：「苛刻擾民，過於憂愁。」對於人口增加的城市，王看到就開心，而他們（邊縣的執事人）的態度又不苛刻擾民、不過於憂愁的，越王一定賜予飲食賞賜他們。[124]

---

[120] 王進鋒：〈周代的縣與越縣——由清華簡〈越公其事〉中的相關內容引發的討論〉，收入香港浸會大學饒宗頤國學院、澳門大學中國語言文學系、清華大學出土文獻研究與保護中心編：《《清華簡》國際會議論文集》（香港：香港浸會大學饒宗頤國學院、澳門：澳門大學中國語言文學系，2017），頁70。

[121] 子居：〈清華簡七《越公其事》第七、第八章解析〉，中國先秦史網站，2018.8.4（2021.5.10上網）。

[122] 毛玉靜：《《清華大學藏戰國竹簡（柒）》字用研究》（合肥：安徽大學碩士論文，2019），頁42。

[123] 滕勝霖：《《清華大學藏戰國竹簡（柒）》集釋及相關問題研究》（重慶：西南大學碩士論文，2019），頁330。

[124] 江秋貞：《《清華大學藏戰國竹簡（柒）·越公其事》考釋》（臺北：臺灣師範大學博士論文，2020），頁480-481。江秋貞：《《清華大學藏戰國竹簡（柒）·越公其事》考釋》（臺北：花木蘭文化事業有限公司，2022），頁426-427。

佑仁謹案：

本處的文例為「不可□芺=」，原整理者讀「芺=」為「笑笑」，就原大圖板來看，「可」字下約有 3.1 公分，滕勝霖認為「簡尾殘缺一或兩字」，筆者認為簡 45「可」字位置與簡 44「唯勾落是戠（察）省」的「戠」字相同，若以之為比對依據，簡 45 應只有一字的補字空間，沒有補兩字的可能。

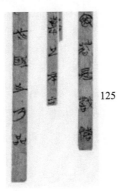

125

原整理者並未提出補字意見，王進鋒補「僅」，文例為「不可僅笑笑」，指不可以僅僅喜樂，還要有實際的獎賞。筆者認為在缺字的情況下，無法完全排除補「僅」的可能，只是「不可僅笑笑」在文義上比較突兀。

季旭昇師、江秋貞補「擾」，文例為「不▨擾懆懆」，指邊縣執事人的態度不苛刻擾民、不過於憂愁。和其他學者比較不同的地方是，他們認為這句話的主語不是句踐而是執事人。本處句踐省察聚落執事人的全文為：

> 其觳者，王見其執事人則怡豫喜也。不可□笑笑也，則必飲食賜予之。其落者，王見其執事人則憂感不豫，弗予飲食。

此處主旨乃句踐面對執事人的態度差異，對於「觳者」之執事人句踐賜予飲食，對「落者」之執事人則是皺著眉頭不予飲食，很明顯「不可□芺=」是針對句踐的形容，主語不可能改換為執事人。「怡豫喜」和「不可□笑笑也」的主詞也是同一人，把前一句主詞理解為句踐，後一句理解為執事人，就文例來看，缺乏中間的轉折。

筆者認為「可」字當讀如字，後補「以」字。出土文獻裡，「芺」字從艸從犬，本應為植物名，楚簡中用作｛笑｝，用例甚多，如郭店《老子乙》簡 9-10：「下士昏（聞）道，大芺（笑）之。弗大芺（笑），不足以為道矣。」上博三《周易》簡 42：「若一斛（握）于芺（笑），勿卹（恤），進（往）亡（无）咎。」上博六《申公臣靈王》簡 7：「王曰：『不穀（穀）以芺（笑）繡（陳）公，氏

---

125 李學勤主編：《清華大學藏戰國竹簡（柒）》（上海：中西書局，2017），頁 11。

（是）言棄之』。」楚簡中「芺」字幾乎都讀作「笑」，很少例外，[126]故本處的「芺＝」讀成「笑笑」，還是最理想的方案。依據筆者的理解，文例應為「不可以笑笑」，「不可以」一詞是先秦常用語，《論語‧泰伯》：「曾子曰：『士不可以不弘毅，任重而道遠。』」[127]《孟子‧公孫丑》：「寡人如就見者也，有寒疾，不可以風。」[128]《荀子‧勸學》：「君子曰：學不可以已。」[129]可參。

「笑」，指因喜悅而顯露愉悅的表情，或發出欣喜的聲音，唐玄應《一切經音義》卷二引《字林》：「笑，喜也。」[130]《增韻‧笑韻》：「笑，喜而解顏啟齒也。」[131]《素問‧陰陽應象大論》：「在聲為笑。」王冰《注》：「笑，喜聲也。」[132]《論語‧憲問》：「樂然後笑，人不厭其笑。」[133]簡文「笑笑」疑為加強喜悅之意而以疊詞形式呈現。

「不可以笑笑」，筆者認為是指句踐面對回報人口增長的執事人，內心可以感到開心，但容貌上不能夠顯露出過於開心的表情，請執事人賡續增加人口。

〔11〕則必畜（飲）飤（食）賜㑇（予）之

則	必	畜	飤	賜	㑇	之

子居（20180804）：「賜予」一詞，於先秦傳世文獻中，《周禮‧天官冢宰》八見，《管子》的《經言》、《幼官》、《小匡》篇各一見，《荀子‧大略》一見，《韓非子》的《二柄》、《說疑》、《外儲說右下》各一見，該詞的另形式「賜與」，三見於《管子‧幼官》，一見於《逸周書‧諡法》，一見於《韓非子‧外儲說右下》，一見於《禮記‧雜記》，一見於《大戴禮記‧曾子立事》，因此，雖然是同一詞彙，但因為用字不同，仍然可以分出兩個略為有別的分支，《管子》和《韓非子》的兩種形式混用則是這兩個分支的交匯，《越公其事》

[126] 參曾憲通、陳偉武主編：《出土戰國文獻字詞集釋》（北京：中華書局，2018），第1冊，頁346-350。黃德寬主編：《古文字譜系疏證》（北京：商務印書館，2007），頁757。

[127] （魏）何晏集解，（北宋）邢昺疏，李學勤主編：《十三經注疏‧論語注疏》（北京：北京大學出版社，2000），頁115。

[128] （戰國）孟子著，（東漢）趙岐注，（北宋）孫奭疏，李學勤主編：《十三經注疏‧孟子正義》（北京：北京大學出版社，2000），頁123。

[129] （清）王先謙撰，沈嘯寰、王星賢點校：《荀子集解》（北京：中華書局，1988），頁1。

[130] 徐時儀校注：《一切經音義三種校本合刊》（上海：上海古籍出版社，2012），頁493。

[131] （宋）毛晃增注，毛居正重增：《增修互注禮部韻略》，收入（清）永瑢、紀昀等編纂：《文淵閣四庫全書》（臺北：商務印書館，1986），頁522。

[132] （唐）王冰注，（北宋）林億等校正，孫兆改誤：《重廣補注黃帝內經素問》（北京：學苑出版社，2009，嘉靖二十九年顧從德影宋刻本），卷2，頁5上。

[133] （魏）何晏集解，（北宋）邢昺疏，李學勤主編：《十三經注疏‧論語注疏》（北京：北京大學出版社，2000），頁214。

所用「賜爰」顯然是最可能是源自《周禮》。由此亦可見《周禮》對《越公其事》構成的影響。[134]

毛玉靜（201905）：爰－予。二字皆為喻紐魚部，雙聲疊韻。「爰」即「余」之增繁字。三年雈余令戈，何琳儀先生認為，「雈余」即「扶予」。[135]

佑仁謹案：

「飲食」又見第五章「王必飲食之」（簡32）、「王亦飲食之」（簡33），此二例的「飲食」均指給予某人吃喝，參第五章注釋10。不過本章的「則必飲食賜予之」中的「飲食」則更像是指名詞：食物與飲品。

「飲食」在《越公其事》中常做為獎賞，對於勤懇耕種的農夫，或是徵人有功的執事人，句踐都會賜予飲食。徵人無功的執事人，句踐則不賜予飲食。當句踐犯錯時，亦苛扣自己飲食。可見「飲食」在《越公其事》中，常作為獎勵或懲罰之用。簡46有兩個{予}字，寫法是：

字形	爰	余
釋讀	爰（予）	余（予）

兩個{予}字分別作爰（予）、余（予），寫法稍有不同。「余」隸定作「余」，讀為「予」，沒有疑義。至於「爰」原整理者隸定作「爰」，毛玉靜認為「爰」即「余」之增繁字。此字見於甲骨文、金文[136]、古陶[137]、戰國文字[138]，可以隸作「叙」，當係「敘」之異體。

---

[134] 子居：〈清華簡七《越公其事》第七、第八章解析〉，中國先秦史網站，2018.8.4（2021.5.10上網）。

[135] 毛玉靜：《《清華大學藏戰國竹簡（柒）》字用研究》（合肥：安徽大學碩士論文，2019），頁94。

[136] 可參《古文字譜系疏證》，惟其所著錄之〈攻敔工叙戟〉，所謂的「工叙」當為夫差之誤釋。黃德寬主編：《古文字譜系疏證》（北京：商務印書館，2007），頁1495。

[137] 參徐谷甫、王延林：《古陶字彙》（上海：上海書店，1994），頁121。

[138] 徐在國、程燕、張振謙：《戰國文字字形表》（上海：上海古籍出版社，2017.9），頁446。

「夋」、「余」在本簡中都讀「予」，「余」、「予」通假例證甚多，如：「余一人」（《左傳·成公二年》[139]）亦可作「予一人」（《論語·堯曰》[140]），「余小子」（《禮記·曲禮下》[141]）又可作「予小子」（《論語·堯曰》[142]）。

〔12〕亓（其）茖（落）者，王見亓（其）執事人

亓	茖	者	王	見	亓	執
事	人					

佑仁謹案：

「落」，零落，此指人口下降。關於「執事人」的內涵參本章注釋9。

〔13〕則顤（顰）慼（蹙）不忞（豫），弗余（予）酓（飲）飤（食）

則	顤	慼	不	忞	弗	余
酓	飤					

原整理者（201704）：憂慼，《墨子·尚賢中》：「是以美善在上，而所怨謗在下，寧樂在君，憂慼在臣。」[143]

斯行之（20170424-25）：越公其事簡46有個整理者括注為「憂」的字，原隸定作「顤」，「心」上部分整理者隸定為「百」，實際是「鼻」。整個字應該分析為下從心、上從「顤」。劉釗先生曾對「癟」字的源流進行考證，指出「癟」字的聲符「鼻」本來應該作「鼻」形，從「侖」是訛變的寫法，可惜當時未能見

---

[139] （晉）杜預注，（唐）孔穎達正義，李學勤主編：《十三經注疏·春秋左傳正義》（北京：北京大學出版社，2000），頁815-816。

[140] （魏）何晏集解，（北宋）邢昺疏，李學勤主編：《十三經注疏·論語注疏》（北京：北京大學出版社，2000），頁303。

[141] （東漢）鄭玄注，（唐）孔穎達疏，李學勤主編：《十三經注疏·禮記正義》（北京：北京大學出版社，2000），頁124。

[142] （魏）何晏集解，（北宋）邢昺疏，李學勤主編：《十三經注疏·論語注疏》（北京：北京大學出版社，2000），頁302。

[143] 李學勤主編：《清華大學藏戰國竹簡（柒）》（上海：中西書局，2017），頁138。

到單獨成字的「鼻」或除「癉」字外含有「鼻」形的合體字。越公其事的這個字可以說補上了這個缺憾。

此字從心，當是表示心理狀態。「顳」字最有可能以「鼻」為基本聲符，「癉」字上古音為並母質部，「鼻」字的讀音當與之接近。蒙鄔可晶先生提示，「～戚」可讀為「顰慼」。「顰」並母真部，與「鼻」字聲母相同、韻部對轉，「慼」從戚得聲，相通均無問題。那麼「顳」字大概可以看作「顰」的異體了。[144]

劉雲、袁瑩（201803）：我們認為A（）應分析為兩部分：「心」旁和除去「心」旁的部分。下文我們用B代表A除去「心」旁的這一部分。西周金文中數見古書成語「柔遠能邇」，其中表示「柔」這個詞的字或作（逨盤，《銘圖》14543）（佑仁案：《新收》NA0757）。下文我們用C代表該字。C的左旁為「西」，右旁為「夒」。上古音「夒」屬泥母幽部，「柔」屬日母幽部，兩者聲母都是舌音，韻部相同，語音很近，C所從的「夒」顯然是其聲旁。我們認為B就是從C演變而來的。B所從的「頁」與「冊」，其實是一個整體，它是從C所從的「夒」演變而來的，A顯然就是一個從「心」B聲之字。「夒」與「憂」語音關係密切，前人多有論及。A在簡文中與「慼」連言，「慼」常用為憂愁義，我們將A釋為「憂」，「憂」亦常用為憂愁義，兩者連言十分通順。[145]

何家歡（201806）：此字當隸定為顳，當係憂字。此字上部疑是夏字之省。楚文字夏字異體較多，有作（顕）、作（顕）、作（昰）、作（顕）。清華簡又出（《厚父》簡二），整理者隸定為頢，亦釋作夏。簡文上部分右邊即「」之右部分，與下邊的「心」組成「憂」字；上部分左邊當係侖字。《說文・亼部》：「侖，思也。」，乃是此字之義符。[146]

翁倩（201812）：憂慼－慼憂、戚憂。《越公其事》簡46：「其落者，王見其執事人，則憂慼不豫，弗予飲食。」《左傳・僖公十五年》：「晉人慼憂以重我，天地以要我。」歐陽修《國學試策》之二：「戚憂未弭，子夏不能成聲；感慨形言，孟嘗所以拔泣。」[147]

子居（20180804）：「憂戚」一詞，先秦文獻又或作「戚憂」，見《左傳・僖公十五年》：「且晉人慼憂以重我，天地以要我。」賜食是表示慰勞，勾者說明其執事人勤勞於登人之政，落者說明其執事人惰於登人之政，所以有賜食或不

[144] 斯行之：〈清華七《越公其事》初讀〉，武漢網，跟帖第18樓，2017.4.24、4.25（2019.11.19上網）。

[145] 劉雲、袁瑩：〈釋清華簡《越公其事》之「憂」字〉，《漢字漢語研究》，2018第1期（2018.3），頁36-38。

[146] 何家歡：《清華簡（柒）《越公其事》集釋》（保定：河北大學碩士論文，2018），頁34-35。

[147] 翁倩：〈清華簡《越公其事》雙音詞初探〉，《廣東開放大學學報》，2018第6期（2018.12），頁75。

賜食之別。[148]

    沈雨馨（201904）：簡文中表「憂」字形較為多樣，《厚父》簡2作 ![字形]。[149]

    毛玉靜（201905）：顯，從兩頁，從心，是憂的增繁字。[150]

    滕勝霖（201905）：「![字形]」從頁從心鼏聲，本文同意整理者釋作「憂」，將此字理解為「憂」字異體。楚簡中「憂」字異寫較多，如下揭字形：

    A.「![字形]」（《郭店・老子乙》簡4）

    B.「![字形]」（《郭店・唐虞之道》簡16），「![字形]」（《郭店・老子甲》簡34）「![字形]」（《上博四・內》簡4）

    C.「![字形]」（天卜），「![字形]」（天卜）

    D.「![字形]」（《郭店・五行》簡5），「![字形]」（《郭店・語叢二》簡7）

    「![字形]」除去「鼏」外與A類字形很相近，其右上部件「鼏」尚不明其來歷，故暫讀為「憂」。「感」，從心戚聲，或寫作「![字形]」（《郭店・性自命出》簡30）。「憂戚」，憂愁煩惱。《莊子・讓王》：「君固愁身傷生，以憂戚不得也。」[151]

    杜建婷（201906）：「斯行之」所說是也，「憂／惪」楚文字多見，未見此形，有可能讀為其他字，「![字形]」左旁當從「自」，從「冊」，從「心」，右旁從「頁」。「鼏」似不成字，「斯行之」認為「鼏」與「覃」音通，不知所據。[152]

    江秋貞（202007）：季師以為斯行之用劉釗說是對的，「鼏」應就是「扁」，下面加「心」旁，隸定「惼」，心胸狹窄、性情急躁。通「褊」。《廣韻・上聲・銑韻》：「惼，惼懁，性狹。」《莊子・山木》：「方舟而濟於河，有虛船來觸舟，雖有惼心之人，不怒。」再加義符「頁」則變成「顯」，「顯感」可以從鄔可晶讀為「覃慼」，指皺眉慼額，心情不樂。「亓茖者，王見亓執事人，則顯感不念，弗余舍飤」意指「那些人口減少的，越王見到那裡的官員，就會皺眉慼額，心情不樂，也不給他們飲食獎賞」。[153]

    程燕（202007）：「![字形]」這個被整理者釋為「憂」的字與楚簡文字「憂」形體不類，已有學者提出不同的觀點。……按：郭永秉先生將《越公其事》的字和新蔡簡的字聯繫起來，極有眼光。高佑仁先生認為「首」大概是由「自」訛變的，

---

[148] 子居：〈清華簡七《越公其事》第七、第八章解析〉，中國先秦史網站，2018.8.4（2021.5.10上網）。

[149] 沈雨馨：《《清華大學藏戰國竹簡（柒）》集釋》（北京：首都師範大學碩士論文，2019），頁67。

[150] 毛玉靜：《《清華大學藏戰國竹簡（柒）》字用研究》（合肥：安徽大學碩士論文，2019），頁34。

[151] 滕勝霖：《《清華大學藏戰國竹簡（柒）》集釋及相關問題研究》（重慶：西南大學碩士論文，2019），頁332-333。

[152] 杜建婷：《清華簡第七輯文字集釋》（廣州：中山大學碩士論文，2019），頁263。

[153] 江秋貞：《《清華大學藏戰國竹簡（柒）・越公其事》考釋》（臺北：臺灣師範大學博士論文，2020），頁483-484。江秋貞：《《清華大學藏戰國竹簡（柒）・越公其事》考釋》（臺北：花木蘭文化事業有限公司，2022），頁430。

雖然方向反了，但能指出二字近訛變的關係，非常難得。滕勝霖博士認為「鼻」即「扁」的說法非常正確，但他沒有具體分析字形。「顤」，從「心」，從「頁」，「鼻」聲。「鼻」與上文所說的清華十《四告》字形相同（佑仁案：🀄，《四告》簡16），即「篇」之訛形。然則「顤感」可從鄔可晶先生讀作「顰蹙」。「扁」幫紐真部，「顰」並紐真部，二者聲紐同屬脣音，疊韻相通。帛書《周易・復》：「六三，編復，歷，無咎。」《周易・巽》：「九三，編筭，閭」兩處「編」傳世本皆作「顰」（佑仁案：傳世本作「頻復屬」、「頻巽」）。「顰蹙」與上文「怡舒」意思相反，憂愁不樂之狀也。簡文意謂越王見到落的執事人心裡憂愁不開心，不給他們飲品和食物。[154]

佑仁謹案：

原整理者隸定為「顤感」，讀為「憂戚」。翁倩、子居、沈雨馨、毛玉靜、滕勝霖從之。何家歡認為當隸定為頹，當係憂字，上部疑是夏字之省。

「🀄」字應從斯行之之說，以「扁」（瘤－扁）為聲符[155]，「憂」為意符，故「顤」當依鄔可晶之說，讀作「顰蹙」。「頻」、「扁」通假，程燕已有討論，今再略作補充，《周易・復・六三》「頻復」[156]，馬王堆帛書本作「編復」。《周易・巽・九三》「頻巽，吝」[157]，帛書本「頻」作「編」。丁四新指出「『編』，阜本、今本作『頻』，《釋文》：『如字，本又作顰。顰，眉也。鄭作顰，音同。馬云：憂頻也。』案：《集解》引虞翻曰：『頻蹙也。』王弼《注》：『頻，頻蹙之貌也。』《說文・瀕部》：『瀕，水厓，人所賓附，頻蹙不前而止。』同部：『顰，涉水顰蹙（戚）。』段玉裁《注》：『戚，古音同蹴，迫也。各本作蹙，誤。顰戚，謂顰眉蹙頞也。許必言涉水者，為其字之從瀕也。』『戚』謂『蹙頞』，『顰蹙』包含『憂』義。宋翔鳳《考異》按：『頻、顰俱有「頻蹙」之訓，字可通叚。』李富孫《異文釋》案：『是頻與顰音義相同。』『頻』、『顰』為古今字。『編』、『顰』，均讀作『頻』或『顰』。『編』（幫紐元部）、『顰』（並紐真部）音近。」[158]可知「扁」聲與「頻」字聲系相通。「顰蹙」，指皺眉蹙額，形容憂愁不樂，又可作「顰顣」。

肩水金關漢簡壹〈甘露二年丞相御史律令〉內容是一份拘捕令，通緝一位叫

---

154 程燕：〈「扁」字考——兼談多元結構的會意字〉，《出土文獻》第7輯（上海：中西書局，2021.9），頁51-52。

155 關於「鼻」字的構形內涵可參，劉釗：〈「瘤」字源流考〉，復旦大學出土文獻與古文字研究中心網站，2009.5.8（2023.4.25上網）。又見《第二十屆中國文字學國際學術研討會論文集》，高雄：中山大學中國文學系主辦，2009.5.1-2，頁47-58。劉釗：《書馨集》（上海：上海古籍出版社，2013），頁305-319。

156 （魏）王弼注，（唐）孔穎達正義，李學勤主編：《十三經注疏・周易正義》（北京：北京大學出版社，2000），頁416。

157 （魏）王弼注，（唐）孔穎達正義，李學勤主編：《十三經注疏・周易正義》（北京：北京大學出版社，2000），頁273。

158 丁四新：《楚竹簡與漢帛書《周易》校注》（上海：上海古籍出版社，2011.4），頁383-384。

作「麗戎」的嫌犯，內容指出他「時年可廿三四歲，至今年可六十。所為人中壯，黃色，小頭，黑髮，隋面，拘頤，常戚額胸頻狀，身小長，詐魔少言。」(73EJT1:1) 其中的「戚額胸頻狀」之「戚」，通「蹙」。《孟子・萬章上》：「舜見瞽瞍，其容有蹙。」朱熹《集注》：「蹙，顰蹙不自安也。」[159] 蹙額，指皺著眉頭；胸頻，亦指皺著眉頭。胸，通「句」，《說文・句部》：「句，曲也。」[160] 頻，通「顰」，《玉篇・頻部》：「顰，《易》本作頻。」「顰蹙，憂愁不樂之狀也。」[161] 戚額、胸頻，意思皆為皺著眉頭。[162]

滕勝霖認為字形從「鼻」聲，但最後仍讀作「憂」，將全字視為「憂」的異體。如果「顠」字從「瘺／扁」為聲，那麼讀為「憂」，古音通假上可能無法成立，「憂」影紐幽部、「扁」幫紐真部，聲韻均不接近。

就「」字來看，其偏旁所從的「憂」，應當理解為意符。石鼓文〈作原〉有「」字，何琳儀隸定作「夓」，認為字從憂、圣聲。石鼓文「旉夓」讀「游敖」。[163] 如果何琳儀對石鼓文「夓」字的理解可信，則「」的「憂」旁確實有當意符的情況。

「恙」讀作「豫」，訓為喜悅、歡快。《國語・晉語四》：「坤，母也；震，長男也。母老子彊，故曰豫。」韋昭《注》：「豫，樂也。」[164]「則顠（顰）戚（蹙）不恙（豫）」這句話使用三個從「心」旁的單字，「顰蹙」、「不豫」都是用來表示負面情緒。

「飲食」，程燕理解為「飲品和食物」，可信，參第五章注釋 10。

〔14〕王既必聖（聽）之

王	既	必	聖	之
王	既	必	聖	之

原整理者（201704）：必，讀為「比」，考校。聽，審查。《周禮・小司寇》：「以五聲聽獄訟，求民情。一曰辭聽，二曰色聽，三曰氣聽，四曰耳聽，五曰目聽。」[165]

[159] （南宋）朱熹撰：《四書章句集注》（北京：中華書局，1983），頁 306。

[160] （東漢）許慎撰，（清）段玉裁注，李添富總校訂：《新添古音說文解字注》（臺北：洪葉文化事業有限公司，2016），頁 88。

[161] （南朝梁）顧野王：《宋本玉篇》（北京：中國書店，1983），頁 79。

[162] 劉倩倩：〈《甘露二年丞相御史律令》校注〉，復旦網，2015.1.12（2023.5.9 上網）。

[163] 何琳儀：《戰國古文字典》（北京：中華書局，1998），頁 284。關於「圣」字的釋讀，可參陳治軍：〈釋「圣朱」及從圣的字〉，《紀念何琳儀先生誕生七十週年暨古文字學國際學術研討會論文集》，2013.8.1-4，頁 300-313。《漢語言文字研究》第 1 輯（上海：上海古籍出版社，2015.2），頁 322-333。

[164] （三國吳）韋昭注，徐元誥集解：《國語集解》（北京：中華書局，2002），頁 242。

[165] 李學勤主編：《清華大學藏戰國竹簡（柒）》（上海：中西書局，2017），頁 138。

暮四郎（**20170430**）：我們懷疑應當斷讀為「王既必（比）聖（聽）之，乃品。野會厽（三）品，交（效）于王府厽（三）品，年壽攴數，由賢由毀」。[166]

王寧（**20170522**）：比，皆。從鄭邦宏。[167]

蕭旭（**20170605**）：「必」讀如字，副詞，猶言必定。簡40「王必親見而聽之」，簡45「王必親聽之」，皆同。[168]

郭洗凡（**201803**）：整理者觀點可從，「必」，讀為「比」，與上文的「王見亓（其）執事人」聯繫起來，指的是考察比較官員成績，審查越國人民的意思更加合適。[169]

子居（**20180804**）：「必」字當如上文解析所言讀為「畢」，「既畢聽之」即越王勾踐已對各地區的情況有了全面瞭解，由此可知當已是經過了一年的時間。[170]

杜建婷（**201906**）：諸多學者認為此處之「比聽」當與上文之「比視」同構。筆者以為不然，前文見「王必親聖（聽）之」，當與此句「王既必（比）聖（聽）之」同義，「必」如字讀即可。[171]

江秋貞（**202007**）：鄭邦宏讀為「比」，用為範圍副詞，語義相當於「皆、都」；子居讀為「畢」，就上下文來看，是比較合理的。上文說「乃命上會，王必親聖（聽）之」，接著此處的「王既畢聽之」，自然是「王全部都聽完了」。[172]

佑仁謹案：

「必」字，有些學者改讀為「比」，實可不必，讀如字即可，「必（親）聽」指一定（親自）聆聽。第七章前頭談及「乃命上會，王必親聽之」，可見「必」應理解為必然、必定，乃副詞，與「親」字一同修飾動詞「聽」。對於「句」者之執事人，王內心喜悅，賜予飲食；對於「落」者之執事人，王皺著眉頭，不給予飲食。此處「王既必聽之」表示王已經完成親聽上會的程序，可參本章注釋4。

〔15〕乃品坒（冶—野）會

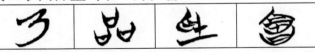

---

[166] 暮四郎：〈清華七《越公其事》初讀〉，武漢網，跟帖第 112 樓，2017.4.30（2019.11.19 上網）。

[167] 王寧：〈清華簡七〈越公其事〉讀札一則〉，復旦網，2017.5.22（2021.5.10 上網）。

[168] 蕭旭：〈清華簡（七）校補（二）〉，復旦網，2017.6.5（2021.5.10 上網）。

[169] 郭洗凡：《清華簡《越公其事》集釋》（合肥：安徽大學碩士論文，2018），頁78。

[170] 子居：〈清華簡七《越公其事》第七、第八章解析〉，中國先秦史網站，2018.8.4（2021.5.10 上網）。

[171] 杜建婷：《清華簡第七輯文字集釋》（廣州：中山大學碩士論文，2019），頁23。

[172] 江秋貞：《《清華大學藏戰國竹簡（柒）·越公其事》考釋》（臺北：臺灣師範大學博士論文，2020），頁485。江秋貞：《《清華大學藏戰國竹簡（柒）·越公其事》考釋》（臺北：花木蘭文化事業有限公司，2022），頁431。

乃	品	坓	會

原整理者（201704）：品，評價其等次。顏延之《赭白馬賦》：「料武藝，品驍騰。」「坓」字見於楚璽「會亓坓鉢」（《古璽彙編》〇二五三），清華簡《管仲》作「垰」，當是一字之異，並讀為野，與都、縣相對應的行政區域。《周禮·司會》「掌國之官府、郊野、縣都之百物財用」，鄭玄注：「野，甸稍也。甸去國二百里，稍三百里。」[173]

侯建科（201705）：從字形上來看，正如李守奎先生（佑仁案：指《越公其事》整理者）所言，兩字為一字無疑（佑仁案：指本處「坓」字、《管仲》簡9垰）。但我們本文第二章中已經說過（佑仁案：該章將《程寤》簡1垰、《管仲》垰字釋為「廷」），如果把其皆釋為「野」的話，那麼我們還需要考慮幾點：第一，《管仲》篇當中「野里」連用能否去表示「國家」還有待去討論，從目前的典籍中並未見到「野里」連用的確切例證；第二，如果我們將其釋為「野」的話，那麼其文字構形理據在哪裏，這也是需要我們去考慮的，僅從璽印文例上得到合理解釋（《璽彙》0253「會亓野」指會亓之野，《璽彙》3995、3996「東野」為複姓，方足小布中的「野王」為地名，戰國為韓地，在今河南省沁陽縣。）從目前來看並無法滿足釋為「野」的條件。[174]

王寧（20170522）：意者此字（垰）是從土刀聲，它可能本是《說文》「垗」的或字，云：「畔也。為四時界，祭其中。」……簡文此字當是從刀從土，會其劃分、分割土地義，從「刀」與從「兆」為「分」意正同，兼從刀聲。在此疑讀為「朝」，「刀」、「朝」（陟遙切）音同端紐宵部，「垗」、「朝」（直遙切）同定紐宵部，並音近。「坓」隸定為「坓」，疑讀為「朝」，「坓會」可能讀為《左傳·僖公四年》「凡諸侯薨于朝會」的「朝會」，是古書裡習見的詞語。相關句讀調整為「坓會厽品」，「會」既有會合義，也有即會計之義。本簡文所謂的「朝會」就是每年舉行的年終會計，可能在朝廷舉行，以評定各級官員的功勞政績。「品」是等級、檔次，「朝會三品」即朝會時的評定有三個等次。[175]

羅雲君（201805）：「坓」可從王說，訓為朝。……「王既必（比）聖（聽）之」以後，「乃品坓（朝）會」，即在朝堂上對各地的「上會」作出評定，具體的做法是，「厽（三）品交于王寶（府）」即參加朝會的執事將「上會」之物交於王府，「厽（三）品年（佞）謃（禱）攴（扑）甼（毆）」即王府有司根據各地的「上會」之物來判定賞罰，其標準是「由叹（賢）由毀」，如此，前後文意通順，後文相關字詞及句讀亦可依此解讀。[176]

子居（20180804）：清華簡《子儀》有「臨上品之」句（佑仁案：簡15），與此處的「乃品」類似。清華簡《管仲》整理者讀「坓」為「廷」，原句為「廷

[173] 李學勤主編：《清華大學藏戰國竹簡（柒）》（上海：中西書局，2017），頁138。

[174] 侯建科：《清華簡（壹—陸）異體字整理與研究》（重慶：西南大學碩士論文，2017），頁268、91-93。

[175] 王寧：〈清華簡七〈越公其事〉讀札一則〉，武漢網，2017.5.22（2021.5.10上網）。

[176] 羅雲君：《清華簡《越公其事》研究》（長春：東北師範大學碩士論文，2018），頁82-83。

里零落」，考慮到「廷里零落」改讀為「野里零落」明顯不辭，王者若非外事也少有會於野的情況，因此《越公其事》此處讀為「野會」自然不如讀為「廷會」合理，故「坒」字當從清華簡《管仲》整理者讀為「廷」而非讀為「野」。「廷會」即「朝會」，君南面坐於朝堂，臣北面立於廷中。[177]

王進鋒（201904）：「上會」，上計，即由城市、邊縣的長官定期向越王呈上計文書，報告地方治理狀況。以上的第一個「品」是動詞，意為評價等次；「坒」即「野」字；「品野會」，即對野地上計來的物品評定等次。上面這段文字大意為：越王派人視察大小遠近城市和邊縣裡人口的聚集和疏散；之後，越王命令城市、邊縣的長官上計，並親自聆聽他們的彙報；再後，越王對城市、邊縣進獻上來的物品評定等級。可見，簡文中的「野」就是指代城市、邊縣。[178]

沈雨馨（201904）：野，甲骨、金文字形大都作「㙒」。楚簡作「□」（包山171）。後又衍生出從田、從土、予聲的結構，發展成為現代規範字。秦系文字中已經添加聲符「予」作𡒁（雲夢簡・甲144）。此處按上下文意見，可為野。[179]

滕勝霖（201905）：品，簡文用作動詞，義為定等級。「坒」，整理者之說可從，釋作「野」。字形又見於齊璽「𡉈」（《璽彙》253），《清華陸・管仲》簡9「坒」等。其中《管仲》簡9：「坒里零落，草木不辟。」整理者釋作「廷」，石小力改釋作「野」。網友「天嬲」認為從參聲，讀作「墅」。「坒會」應讀作「野會」，與後一句「交於官府」相對。「野」，邊鄙。此句是講邊鄙的考校分為三個等級。[180]

張朝然（201906）：網友暮四郎的斷讀似乎可行。「王既必（比）聖（聽）之，乃品。坒（野）會厽（三）品，交于王府厽（三）品，年禱攴數，由賢由毀」。「乃品」，此處「品」作動詞，當為評定品級之義。「坒」按整理者之說，讀為野，與都、縣相對應的行政區域。「坒會」即是指鄉野之地，距離國都府較遠的地方。「厽（三）品」此處的「品」應為等級的意思。「年禱攴數」則按蕭旭說。指的是獎勵和懲罰。「年禱」和「攴數」分別與下文「賢」和「毀」相對應。「坒（野）會厽（三）品，交于王府厽（三）品，年禱攴數，由賢由毀」大意是指越王是對於王府之地獎勵上等三品之物，對於郊野之地給予下等三品之物。表現了越王有賞有罰。[181]

[177] 子居：〈清華簡七《越公其事》第七、第八章解析〉，中國先秦史網站，2018.8.4（2021.5.10上網）。

[178] 王進鋒：〈清華簡《越公其事》與春秋時期越國的縣制〉，《歷史地理》第38輯（上海：復旦大學出版社，2019.4），頁79。

[179] 沈雨馨：《清華大學藏戰國竹簡（柒）》集釋》（北京：首都師範大學碩士論文，2019），頁67。

[180] 滕勝霖：《《清華大學藏戰國竹簡（柒）》集釋及相關問題研究》（重慶：西南大學碩士論文，2019），頁333-335。

[181] 張朝然：《清華簡《越公其事》集釋及相關問題初探》（石家莊：河北師範大學碩士論文，2019），頁45-46。

　　江秋貞（202007）：此字原考釋隸為「𡈁」，筆者隸為「𡈁」。筆者認為「乃品」的語意應是指公開考核品等。原考釋「品」字為評價其等次，可從。本簡「𡈁」字就字形來看釋為「野」字有清華簡《管仲》簡9的「野里零落」為依據似乎比較佔優勢，但是文獻未見「野會」一詞，又無法確切斷定。筆者和季師討論後，鑑於「東野」姓及「野里零落」一句，把「𡈁」釋為「野」字較佳。但是「野會」不好理解，不明白為何越王要在郊外會見臣子？筆者認為「野」字可讀為「與」。「野」和「與」上古音均在以母魚部，聲韻可通。「與」作「參與」之意。簡文「王既必聽之，乃品，野（與）會三品」意指「王全都聽完之後，於是評列等次，參與考評，列出三品」。[182]

　　佑仁謹案：

　　關於句讀，暮四郎斷讀為「王既必（比）聖（聽）之，乃品。野會厽（三）品，交（效）于王府厽（三）品，年讀攴數，由賢由毀」，滕勝霖、張朝然從之。筆者則比較贊同原整理者的句讀：「王既必聽之，乃品野會，三品交于王府，三品年讀扑毀，由賢由毀。」

　　「品」，原整理者解釋為評價其等次，滕勝霖、江秋貞從之。子居認為與清華簡《子儀》「臨上品之」類似。王進鋒認為是動詞指「評價等次」，張朝然也認為是動詞指「評定品級」。

　　筆者認為「品」是動詞，指評定其優劣順序，《漢書·揚雄傳下》：「稱述品藻。」顏師古《注》：「品藻者，定其差品及文質。」四鄰人民歸入越國，但各區域招來的人數必定有多有少，透過此次「野會」，進行績效考察，評判各地成效的優劣，作為賞罰的標準。

　　「𡈁（冶－野）」，原整理者認為字又見清華陸《管仲》簡9，字形作「𡈁（𡈁）」，讀「野」，王進鋒從之。沈雨馨將字釋為「野」。滕勝霖也支持原整理者之說，讀作「野」，「野」指邊鄙。張朝然讀「野」，「野會」指鄉野之地，距離國都府較遠的地方。侯建科認為從典籍例證與文字構形理據來看，並無法滿足將該字釋為「野」的條件。王寧認為字从土从刀，刀亦聲，疑讀為「朝」，羅雲君從之。子居認為該字讀為「廷」，「廷會」即「朝會」。江秋貞認為「此字原考釋隸為『𡈁』，筆者隸為『𡈁』，事實上兩種寫法並無差別，都是從『爪』，『爪』作為偏旁部件常寫作『⺤』，例如「爲」、「采」、「乳」、「俘」等均是其例。

　　侯建科指出若「將其釋為『野』的話，那麼其文字構形理據在哪裏，這也是需要我們去考慮的，……從目前來看並無法滿足釋為『野』的條件」，關於「𡈁」

---

[182] 江秋貞：《《清華大學藏戰國竹簡（柒）·越公其事》考釋》（臺北：臺灣師範大學博士論文，2020），頁490-492。江秋貞：《《清華大學藏戰國竹簡（柒）·越公其事》考釋》（臺北：花木蘭文化事業有限公司，2022），頁436-438。

與「野」字關係，須從「冶」字談起，我們先將「冶」之古文字表列如下：

1.古錢大辭典 39	2.璽彙1569	3.璽彙0253	4.璽彙2528	5.璽彙3996
6.清華柒.越公 其事47	7.清華捌.治邦 之道27	8.清華玖.治政 之道36	9.清華玖.禱詞 16	10.清華玖.禱詞 19

戰國文字中有一種從爪從土的「冶」字，吳良寶依據戰國地名將△1釋為「野」（《中國東周時期金屬貨幣研究》[183]、《先秦貨幣文編》[184]）。趙平安指出△3釋文「會亓野璽」，「會亓」指「會亓」（地名）之野，「野」與「國」相對。△5為複姓「東野」，如《莊子·達生》有善御者東野稷[185]。清華簡△6～9文例則均讀為「野」。「冶」字本從「刀」，趙平安認為「爪」乃「刀」之訛，「冶」、「野」音近可通。（〈談談戰國文字中用為「野」的「冶」字〉[186]），戰國文字的「冶」字作「⿰」（韓〈廿四年邮陰令戈〉，《集成》11356），與「⿱」之差別在於後者「刀」訛寫成「爪」，此外「冶」、「野」二字均為定紐魚部，聲音可通。目前清華簡所見其他與「⿱」字有關的詞例有：

1　《治邦之道》簡27：「及其⿱（野）里四邊。」
2　《治政之道》簡36-37：「及其⿱（野）里四邊。」
3　《禱詞》簡15-16：「使此淳女乘此美馬，以周此邑之⿱（野），使吾邑昌，去敖其咎殃。」
4　《禱詞》簡18-19：「使此女之乘此美馬，以周此邑之⿱（野）。」

《禱詞》「邑之⿱（野）」一語，指都邑之郊野區域[187]。《文選》顏延之〈宋文皇帝元皇后哀策文〉云：「邑野淪藹，戎夏悲謹。」李周翰《注》：「邑野，都

---

183 吳良寶：《中國東周時期金屬貨幣研究》（北京：社科文獻出版社，2005），頁194。
184 吳良寶：《先秦貨幣文編》（福州：福建人民出版社，2006），頁201。
185 （清）王先謙：《莊子集解》（北京：中華書局，1987），頁164。
186 趙平安：〈談談戰國文字中用為「野」的「冶」字〉，第十三屆北京論壇「出土文獻與中國古代文明」，2016.11.5。收入趙平安：《新出簡帛與古文字古文獻研究續集》（北京：商務印書館，2018.6），頁110-117。又載《嶺南學報》2018第2期（2018.12），頁49-55轉10。
187 西漢《焦氏易林》震之「兌：馬能負乘，見邑之野」意思與《禱辭》此二句近之。

邑郊野也。」[188]《國語‧魯語上》：「展禽使乙喜以膏沐犒師，曰：『寡君不佞，不能事疆場之司，使君盛怒，以暴露於敝邑之野，敢犒輿師。』」[189]「邑之野」，文例與《越公其事》相同。《治邦之道》、《治政之道》的「野里」則指鄉村。《玉臺新詠》樂府詩〈為焦仲卿妻作〉：「昔作女兒時，生小出野里。」[190]由上述內容來看，「𡐭」讀成「野」文通字順。

《越公其事》「野會」的「野」指邊鄙或邊境。《公羊傳‧桓公十一年》：「古者鄭國處于留。先鄭伯有善于鄶公者，通乎夫人，以取其國而遷鄭焉，而野留。」何休《注》：「野，鄙也。」[191]邊鄙是和鄰國接壤的地方，也是移入人口的重要地帶，因此句踐在郊野進行績效評比。

「會」，王寧認為「會」既有會合義，也有會計之義。王進鋒認為「品野會」是對野地上計來的物品評定等次。不少學者將「野會」的「會」與前述「上會」聯繫起來，甚是。在前一段中（簡45-46）已論及「乃命上會，王必親聖（聽）之」，人口增加時，句踐內心欣喜，故賜予飲食，人口減少時，則不賜予飲食，此時王只是對人口增減有初步了解，是否給予飲食都還談不上真正賞罰。而句踐聽完臣子報告後（王既必聽之），進一步在邑野進行「會」，依據上計的資料劃分出優劣標準，依據績效加以獎懲。

〔16〕𡐭（三）品交于王賹（府）

𡐭	品	交	于	王	賹
品	𠯮	交	于	王	賹

原整理者（201704）：三品交於王府，疑指優秀的三分之一交給王府，提拔使用。[192]

心包（20170425）：「交」要破讀為「效」，訓為「致」，「上授」，（參裘錫圭先生〈釋受〉）文獻常見。[193]

王寧（20170522）：「交」讀為「月計日要」的「要」，是每月在王府裡舉行的政績考評會，也有三個等次。[194]

子居（20180804）：「三品」義為三類而非「三分之一」。《越公其事》此處的「三品」當是指上年年末人口記錄的底檔，交於王府用於備查。《鹽鐵論‧

[188] （南朝梁）蕭統編，（唐）李善等注：《六臣注文選》（北京：中華書局，2012），卷58，頁1071。

[189] （三國吳）韋昭注，徐元誥集解：《國語集解》（北京：中華書局，2002），頁151。

[190] （南朝梁）徐陵，（清）吳兆宜注：《玉臺新詠箋注》（北京：中華書局，1999），頁46。

[191] （東漢）何休注，（唐）徐彥疏，李學勤主編：《十三經注疏‧春秋公羊傳注疏》（北京：北京大學出版社，2000），頁113-114。

[192] 李學勤主編：《清華大學藏戰國竹簡（柒）》（上海：中西書局，2017），頁1。

[193] 心包：〈清華七《越公其事》初讀〉，武漢網，跟帖第27樓，2017.4.25（2019.11.19上網）。

[194] 王寧：〈清華簡七《越公其事》讀札一則〉，武漢網，2017.5.22（2021.5.10上網）。

令品》：「鹽、鐵令品，令品甚明。」（佑仁案：應為《鹽鐵論‧復古》）王利器《鹽鐵論校注》：「『鹽、鐵令品』謂有關鹽、鐵法令條文。……及此言『令品』都是說以法令形式規定的制度。」這種「以法令形式規定的制度」蓋因以類相繫，所以往往名「品」。反觀《越公其事》的「三品」，因為需要「交於王府」，所以不是向下頒佈的法令，又下文稱「三品年討攴數」，則可知會用於數字核對，所以最有可能是指上年年末人口記錄的底檔。[195]

羅雲君（201805）：「三品」當泛指「上會」之物。「交」可如字讀，訓為上交。[196]

滕勝霖（201905）：「交」讀作「校」，考核義。如薛培武說讀作「效」，文獻中「效功」、「效試」等亦常見。「校于官府三品」義為「官府的考察分為三個等級」。[197]

王青（201910）：「三品」，猶下品之人。以下幾句指出這類人的惡行。[198]

杜建婷（201906）：整理者如字讀，訓為「提拔使用」，典籍所見「交」，未見有此意義，應破讀。王寧讀為「要」，訓為「月計」，即「會計、簿書」，於文意不協，恐不妥。從「心包」讀為「效」，「交」古音為見母宵部，「效」古音為匣母宵部，二者韻部相同，聲母皆為喉音，音理可通。[199]

江秋貞（202007）：筆者和季師討論後認為這裡應該斷讀應為「王既必（比／畢）聖（聽）之，乃品，與會厽（三）品，交于王府，厽（三）品年（進）謂（酬）攴（扑）嚻（毆），由臤（賢）由毀，又（有）叀（饔）戕（戲），又（有）賞罰」。「交」字如字讀即可，意指把三品的評列都交給王府去辦理獎懲。越王在品評會議中依人口增減的績效把執事者分三等，交給王府辦理獎懲，上等的進升獎酬，下等的扑毆，賢（好的）饔賞，毀（壞的）戲罰。[200]

佑仁謹案：

簡47云：「厽（三）品交于王寳（府），厽（三）品年謂（讀）攴（扑）嚻（毆）。」這兩句話均以「三品」開頭，原整理者認為前一個「三品」是「優秀的三分之一」，後一個「三品」則是下三品之人，筆者則認為本章兩個「三品」，文例一樣，應該是同一個意思。

---

[195] 子居：〈清華簡七《越公其事》第七、第八章解析〉，中國先秦史網站，2018.8.4（2021.5.10上網）。

[196] 羅雲君：《清華簡《越公其事》研究》（長春：東北師範大學碩士論文，2018），頁83。

[197] 滕勝霖：《《清華大學藏戰國竹簡（柒）》集釋及相關問題研究》（重慶：西南大學碩士論文，2019），頁334-335。

[198] 王青：〈清華簡《越公其事》補釋〉，收入華東師範大學歷史學系編：《出土文獻與商周社會學術研討會會議論文集》（上海：華東師範大學歷史學系，2019），頁328。

[199] 杜建婷：《清華簡第七輯文字集釋》（廣州：中山大學碩士論文，2019），頁246-247。

[200] 江秋貞：《《清華大學藏戰國竹簡（柒）‧越公其事》考釋》（臺北：臺灣師範大學博士論文，2020），頁490-492。江秋貞：《《清華大學藏戰國竹簡（柒）‧越公其事》考釋》（臺北：花木蘭文化事業有限公司，2022），頁436-438。

　　子居認為「三品」指「三類」，意指上年年末人口記錄的底檔，交於王府用於備查。羅雲君認為「三品」當泛指「上會」之物。王青認為「三品」指下品之人。筆者認為「三品」應作名詞用，指將各地招徠人口的執事人考績分成三類。

　　「交」，原整理者讀如字，子居、羅雲君從之。心包讀為「效」，訓為致，杜建婷從之。王寧讀為「月計曰要」的「要」，滕勝霖讀為「校」，指考核。筆者贊成原整理者之說，讀如字，指「交給」、「交予」。

　　「王府」，「府」指儲藏文書、財務、器物之處[201]。《說文·广部》：「府，文書藏也。」段玉裁《注》：「文書所藏之處曰府，引伸之為府吏胥徒之府。」[202]《尚書·大禹謨》：「地平天成，六府三事允治。」孔穎達《疏》：「府者，藏財之處。」[203]「王府」指帝王收藏財物或文書的府庫。《尚書·五子之歌》：「關石和鈞，王府則有。」孔穎達《疏》：「人既足用，王之府藏則皆有矣。」[204]《後漢書·桓帝紀》：「司隸校尉李膺等二百餘人受誣為黨人，並坐下獄，書名王府。」[205]

　　簡文「三品交于王府」指將各地招徠人口的執事人考績分成三類，並將結果送至句踐府庫備查，作為賞罰的依據。

〔17〕厽（三）品年譸（譸）攴（扑）斁（毆）

厽	品	年	譸	攴	斁

　　原整理者（201704）：年，讀為「佞」。《大戴禮記·公符》「使王近於民，遠於年」，《說苑·脩文》引「年」作「佞」。譸，即「譸」，欺誆。《說文》：「譸，詶也。從言，壽聲。讀若醻。《周書》曰：『無或譸張為幻。』」佞，譸，同義詞連用。攴，《說文》：「小擊也。」文獻多作「扑」。《戰國策·楚策一》：「吾將深入吳軍，若扑一人，若掉一人。」斁，楚文字多讀為「數」，簡文疑讀為「毆」。婁、區皆侯部字，婁聲之「屢」、「窶」與區聲之「軀」、「摳」等皆牙音，讀音相近。三品佞譸扑毆，大意是對於下三品佞譸之執事人予以扶擊懲罰。[206]

201 李學勤指出「『府』是儲藏的機構，《周禮》大府、玉府、內府、外府，都有保藏的功能。」參李學勤：〈滎陽上官皿與安邑下官鍾〉，《文物》，2003第10期（2003.10），頁79。收入李學勤：《文物中的古文明》（北京：商務印書館，2008），頁323。

202 （東漢）許慎撰，（清）段玉裁注，李添富總校訂：《新添古音說文解字注》（臺北：洪葉文化事業有限公司，2016），頁447。

203 （漢）孔安國傳，（唐）孔穎達正義，李學勤主編：《十三經注疏·尚書正義》（北京：北京大學出版社，2000），頁106。

204 （漢）孔安國傳，（唐）孔穎達正義，李學勤主編：《十三經注疏·尚書正義》（北京：北京大學出版社，2000），頁214。

205 （南朝宋）范曄撰，（唐）李賢等注：《後漢書》（北京：中華書局，1973），頁318。

206 李學勤主編：《清華大學藏戰國竹簡（柒）》（上海：中西書局，2017），頁138-139。

ee（20170425）：《越公其事》簡47疑讀為：三品年禱（籌）攴（枚）譽（數）。[207]

王寧（20170522）：從ee先生意見，讀「攴」為「枚」，讀「譽（讀）」為「數」，即卜筮。「禱」、「祝」端、章準雙聲、幽覺對轉疊韻，音近可通。「年禱」當即《周禮・大祝》中的「年祝」，「年禱」疑是定期舉行的祝禱儀式，根據神示確定官員任職期限的長短。年祝枚數，由賢由毀，這兩句是倒裝，意思是根據別人對官員的讚揚和批評，通過年祝和占卜來確定其評定的等次。[208]

蕭旭（20170605）：「年禱攴譽」是說獎懲，故下句「由賢由毀」與之相應。年，讀為任，任用。禱，讀為酬，酬報、賞賜。「攴」讀如字。整理者讀譽為毆，是也；或讀為誅，責也。攴毆，撞擊也。攴誅，撞擊責讓也。[209]

單育辰（20171026-28）：「三品年譖攴譽」，疑讀為：「三品年籌（籌）攴（枚）譽（數）。」「攴」讀為「枚」的證據為王家臺秦簡多見的「攴占」，實即「枚占」。上博二《容成氏》有「坎譽（數）」一詞，學者釋為「枚數」。「三品年籌枚數」的意思是三品人民數量每年用算籌計數，一支支統計。[210]

林少平（20180127）：整理者讀「年禱」作「佞禱」似也可行。《公羊傳・襄公三十年》「年夫」，《釋文》：「年音佞。二傳作佞夫。」《大戴禮・公符》：「使王近於民，遠於年，嗇於時，惠於財，親賢使能。」馬王堆《成法》：「滑（猾）民將生，年（佞）辨用知（智）。」韓愈〈上宰相書〉：「妖淫諛佞禱張之說，無所出於其中。」「攴（撲）△」似不必讀作「撲毆」，可逕讀為「撲數」，即鞭撲與數責。如此，後文「由賢由毀」則與數量多少無涉，乃是讚毀之詞。[211]

郭洗凡（201803）：「年禱」即《周禮・大祝》中的「年祝」。鄭玄注：「求多福，歷年得正命也。」指的是古代一種特別的祭祀儀式，用神的指示來決定任命官員的官職和時間。[212]

何家歡（201806）：疑王寧之說非是。《周禮・大祝》：「掌六祝之辭，以事鬼神示，祈福祥，求永貞。一曰順祝，二曰年祝，三曰吉祝，四曰儀祝（佑仁案：應為「化祝」），五曰瑞祝，六曰筴祝。」「年祝」乃是「事鬼神」之辭，不合於「五政之律」務實之內容。「枚數」，義為門釘之數。《左傳・襄公二十一年》：「東閭之役，臣左驂迫，還于門中，識其枚數。」「攴譽」若讀為「枚數」，則文意不通。整理者之說可從。[213]

子居（20180804）：「年」字讀為原字當是，譖讀為討，訓為治，《說文・

---

[207] ee：〈清華七《越公其事》初讀〉，武漢網，跟帖第29樓，2017.4.25（2019.11.19上網）。

[208] 王寧：〈清華簡七〈越公其事〉讀札一則〉，武漢網，2017.5.22（2021.5.10上網）。

[209] 蕭旭：〈清華簡（七）校補（二）〉，復旦網，2017.6.5（2021.5.10上網）。

[210] 單育辰：〈《清華大學藏戰國竹簡（柒）》釋文訂補〉，收入香港浸會大學饒宗頤國學院、澳門大學中國語言文學系、清華大學出土文獻研究與保護中心編：《《清華簡》國際會議論文集》（香港：香港浸會大學饒宗頤國學院、澳門：澳門大學中國語言文學系，2017），頁177。

[211] 林少平：〈清華七《越公其事》初讀〉，武漢網，跟帖第222樓，2018.1.27（2020.11.30上網）。

[212] 郭洗凡：《清華簡《越公其事》集釋》（合肥：安徽大學碩士論文，2018），頁80。

[213] 何家歡：《清華簡（柒）《越公其事》集釋》（保定：河北大學碩士論文，2018），頁48。

言部》：「討，治也。」《左傳·宣公十二年》：「楚自克庸以來，其君無日不討國人而訓之。」杜預注：「討，治也。」《左傳·襄公九年》：「使華閱討右官，官庀其司。」杜預注：「討，治也。」「攴」又見於北大簡《禹九策》：「禹九策，黃帝之攴，以卜天下之幾。」筆者在〈北大簡〈禹九策〉試析〉中曾提到：「攴即扑，扑與策同，《左傳·文公十八年》：『二人浴于池，歜以扑抶職。』杜預注：『撲，筡也。』《說文·竹部》：『策，馬筡也。』」因此「攴數」即「策數」，《管子·乘馬數》：「君不知其失諸春策，又失諸夏秋之策數也。」故「年討攴數」猶言「歲終則會」，蓋句踐之前越國並未把這一措施作為硬性規定加以嚴格貫徹執行。《商君書·去強》：「強國知十三數：境內倉口之數，壯男壯女之數，老弱之數，官士之數，以言說取食者之數，利民之數，馬牛芻稾之數。」《越公其事》本章主旨為「登人」，因此這裡的「攴數」考核當也是主要以人口數字為準，「年討攴數」即在年末與上年的人口數核對比較。[214]

滕勝霖（201905）：單育辰之說可從。「籌」，算籌。《北大簡·老子》簡192：「善數者不用檮（籌）筴。」「㝵𥃩」讓我們想到《上博二·容成氏》簡2「妻者坆（事）𥃩（數）」中提到的天文算數，但「坆」從士聲，又見於仰天湖簡12「坄」，《馬王堆伍·陰陽五行甲》欄6「坴」等，「攴」與其無關。本文認為「攴數」讀作「枚數」。「年籌枚數」意思是「每年對地方及官府的考察用算籌一一計數」。《儀禮·鄉射禮》：「司射釋弓視算如初；釋獲者以賢獲與鈞告如初。」與簡文「年籌枚數，由賢由毀」可對照。[215]

史玥然（201906）：整理者的意見可從。「年譖攴𥃩」讀為「佞禱扑毆」。《古文字通假字典》367頁解釋「年」字，在《老子·十六經·成法》（佑仁案：應為「馬王堆帛書《老子》乙本前古佚書《十六經·成法》」）影本注讀「年」為「佞」，二字可通假。「品」指評價等次，「禱」指事神求福消災，「毆」從攴區聲，表示捶打物。《字源》238頁解釋「毆」字初時作敺，西周至春秋都是從攴區聲。這句話的大意是對於下三品佞禱之執事人予以懲罰。下句「由賢由毀」是申訴或交於王府、或扑毆的理由。[216]

杜建婷（201906）：從整理者讀。《左傳·襄公三十年》：「天王殺其弟佞夫。」其中之「佞夫」，《公羊傳》作年夫。「年」古音為泥母真部，「佞」古音為泥母耕部，二者音近可通。

（譖）「ee」、王寧、蕭旭之說恐皆於上下文義不協，整理者之說可從。

（攴）「ee」和王寧之說恐於上下文義不協。蕭旭認為「攴」如字讀，是也。「攴」如字讀或從整理者讀為「扑」，皆可。

---

[214] 子居：〈清華簡七《越公其事》第七、第八章解析〉，中國先秦史網站，2018.8.4（2021.5.10上網）。

[215] 滕勝霖：《《清華大學藏戰國竹簡（柒）》集釋及相關問題研究》（重慶：西南大學碩士論文，2019），頁336-337。

[216] 史玥然：《清華簡《越公其事》集釋及其漢字教學設計》（太原：山西大學碩士論文，2019），頁59。

（譽）從整理者斷讀。王寧將「年譖攴譽」讀為「年祝枚數」，將「年祝枚數，由賢由毀」解釋為「根據別人對官員的讚揚和批評，通過年祝和占卜來確定其評定的等次」，恐前後相矛盾，且整句於上下文義不協。[217]

王青（201910）：「年」，原考釋讀為「佞」，甚是。當訓為偽善。「譖張為幻」，見《尚書・無逸》，意為製造假像。「佞譖」，意即造謠生事。「撲毆」，意為打架鬥毆。由賢由毀，意謂用賢用毀，肆意虛美詆毀別人。三品之人既下文所言「僭人」。[218]

薛培武（20200106）：ee及滕勝霖此兩說在語法上不能成立，若將「譖」也看作動詞，「年譖枚數」無法構成獨立完整的短語。其實，「枚」在先秦文獻中可訓為「個」，「枚數」即「個數」。《玉篇・木部》「枚，箇也」，《墨子・備城門》「槍十二枚」。「枚數」充當名詞，「譖」順理成章是動詞用法無疑，其賓語即「枚數」。「譖」若讀為「籌」則「籌數枚」是否可理解為用「算籌」計算個數呢。我們認為可能性不大，第一、「籌」在先秦文獻中似不見這種名詞活用為動詞的用法。第二、從情理上來看，如果真的能用「算籌」計算個數，用「心算」照樣能算出個數，何必用「算籌」這種多此一舉的辦法呢。

我們認為「譖」應做他讀，「譖」當讀為「讎」，訓為「校對、核對」，「讎」與「儔」在表示「匹、仇」這個意義上記錄的是同一個詞，「譖」讀為「讎」，讀音上當無問題。「年讎枚數」意即「每年核對個數」。睡虎地秦簡《秦律十八種・尉雜》「歲讎辟律于御史」（簡199），「讎」即「校對、核對」，「歲讎」與「年讎」句式、意義一律。「年讎枚數」後面的內容，即是說根據「核對」好的「個數」多少對其進行賞罰等。[219]

單育辰（202006）：「三品年譖攴譽」應為「三品年譖（籌）攴（枚）譽（數）。」「三品交（效）于王府，三品年籌枚數」，「效」字從網友心包讀，其句意參照上文，是說把人民分為三品，這三品的人民數量要致送於王府，這三品的人民數量每年用算籌計數，一支支統計。此句的兩個「三品」所指應統一，似無上中下三品之分。[220]

江秋貞（202007）：「厽（三）品年（進）譖（酬）攴（扑）譽（逐）」的「年」原考釋釋「佞」，可能是因為「譖」字釋為「譖」的關係，因為「譖」作「欺詐」解。前面簡46曾描述面露憂戚的官員，越王不給予飲食獎賞，「憂戚」

---

217 杜建婷：《清華簡第七輯文字集釋》（廣州：中山大學碩士論文，2019），頁161、71、94、72。

218 王青：〈清華簡《越公其事》補釋〉，收入華東師範大學歷史學系編：《出土文獻與商周社會學術研討會會議論文集》（上海：華東師範大學歷史學系，2019），頁328-239。

219 薛培武：〈《越公其事》「年譖攴數」新詁〉，西南大學漢語言文獻研究所－出土文獻與民族古文字論壇，2020.1.6。（2020.1.9上網）。

220 單育辰：〈《清華大學藏戰國竹簡（柒）》釋文訂補〉，收入香港浸會大學饒宗頤國學院、澳門大學中國語言文學系、清華大學出土文獻研究與保護中心編：《《清華簡》國際會議論文集》（香港：香港浸會大學饒宗頤國學院、澳門：澳門大學中國語言文學系，2017.10.26-28，頁177。收入李學勤主編：《出土文獻》第2輯（上海：中西書局，2020.6），頁70-71。

不是「張誆」之人，所以此處若釋為「佞譸」張誆者很難理解。季師以為此四字多數學者釋為四種懲處手段，則「賢」者沒有獎勵，簡文敘述前後不夠對應。蕭旭釋「年譸」為「任酬」，可以避開這種缺陷，但「年」讀為「任」，《漢字通用聲素研究》頁843雖然列了兩條例證，但就文義而〔言〕，並不是很適當，因為這些執事人本來就是被任用的人，現在因為表現良好而被「任」，似乎表現不出獎賞的意義（「任」沒有「晉陞」的意義）。不妨改讀為「進」，「年」，奴顛切，上古聲紐屬泥，韻部屬真；「進」，即刃切，聲屬精紐，韻屬真部。二字聲紐舌齒音近，韻同屬真部，應該可以通假。《釋名》：「年，進也，進而前也。」「卜數」，原考釋讀「扑毆」，也嫌文義重複。蕭旭以為或讀「卜誅」，撻擊責讓也；林少平讀「撲數」，即鞭撲與數責，可以避免文義重複的缺失，但是責讓、數責，似嫌太輕，句踐生聚教訓，勵精圖治，全篇下的功夫極深，所用的手段應該比責讓、數責要重，疑可讀為「逐」，即黜免官職，驅逐、放逐，「數」，桑谷切，心紐屋部；「逐」直六切，澄紐（上古歸舌頭）覺部，二字聲為舌齒音近，韻為旁轉。「年（進）譸（酬）攴（扑）斁（逐）」是四種獎懲動作，表現最好的晉陞，其次獎賞，表現不好的扑擊，最不好的罷黜。[221]

佑仁謹案：

「三品」，原整理者釋為下三品之人，王青認為猶下品之人。「三品」一詞已見於前一句，視為下品之人並不合理，請參見本章注釋17。

「年」，原整理者讀「佞」，林少平、史玥然、杜建婷從之。蕭旭讀為「任」，訓為任用。王青讀為「佞」，訓為偽善。季旭昇師認為「年」應讀「進」。

「譸」字，原整理者讀「譸」，指欺誆，林少平、杜建婷從之。ee（單育辰）讀為「籌」，滕勝霖從之。王寧讀為「祝」，「年譸」當即《周禮‧大祝》的「年祝」，疑是定期舉行的祝禱儀式，郭洗凡從之。蕭旭讀為「酬」，訓為酬報、賞賜。子居認為應讀為「討」，訓為「治」。史玥然讀「禱」，指事神求福消災。王青認為「佞譸」意即造謠生事。薛培武讀「讎」指校對、核對。季旭昇師讀為「酬」。

其中，王寧、郭洗凡、史玥然都將「譸」字與「祝」、「禱」聯繫，王寧甚至認為是「通過年祝和占卜來確定其評定的等次」。《越公其事》中，句踐除了在夫椒之戰大敗之後，進行「建宗廟，修社位，乃大薦攻」的祭祀活動，其目的是「以祈民之寧」，祭祀死去的將士以安民心。除此之外，《越公其事》看不出太多神鬼思想，尤其本章重點在於利用多食、政薄以招徠四方之民，其復興家園的手段非常務實，若用祝禱評定執事人的工作績效，不只對兢兢業業的人不公平，亦不合乎情理。

---

[221] 江秋貞：《《清華大學藏戰國竹簡（柒）‧越公其事》考釋》（臺北：臺灣師範大學博士論文，2020），頁496-497。江秋貞：《《清華大學藏戰國竹簡（柒）‧越公其事》考釋》（臺北：花木蘭文化事業有限公司，2022），頁442。

　　本處的「年𦤮」該怎麼解釋，還是一個疑難問題，但筆者認為它應當不是負面表述，因為後文「由賢由毀」，「賢」是指（人口）增多，「毀」是指（人口）減少，依據人口增加或減少決定「年𦤮攴𦥑」，故前二字應是獎賞一類的正面表述，後二句則為懲罰一類的負面表述，如此一來「由賢由毀」才有著落。

　　「𦤮」字從「甘」，楚簡一般從「𤔔」（疇）聲之字，下半都從「甘」不從「曰」或「日」。

　　「攴𦥑」，「攴」在楚簡中一般只出現在偏旁，很少以獨體出現。清華簡出現2例寶貴例子，1例見於本處，另1例見於清華玖《禱辭》簡14，該條文例為：「明家及亓（其）攴〈丈〉人、者（諸）母、眚（小）重（童）、者（諸）婦、婢子、豎（豎）子。」原整理者已經指出此「攴」字當是「丈」的訛字[222]。若此，則《越公其事》本處的「攴」，是楚簡唯一確切無誤的「攴」字。關於「攴𦥑」的釋讀，整理各家說法如下：

1　讀為「扑毆」，訓為「抶擊」：原整理者主之，何家歡、毛玉靜[223]、史玥然、杜建婷從之。
2　讀「枚數」：ee（單育辰）主之，王寧、滕勝霖、薛培武從之。單育辰認為「三品年籌枚數」的意思是這三品的人民數量每年用算籌計數，一支支統計。王寧認為「數」，即卜筮。
3　讀「攴毆」，指撻擊：蕭旭主之。
4　讀「攴誅」，撻擊責讓也：蕭旭（又說）主之。
5　讀「撲數」，即鞭撲與數責：林少平主之。
6　讀「攴數」，即「策數」：子居主之。
7　讀「撲毆」，意為打架鬥毆：王青主之。
8　讀「扑逐」，指扑擊和罷黜：江秋貞主之。

先談「攴」字，有讀為「攴」、「扑」、「撲」、「枚」四種用法。前三種雖然字形不同，但音義接近，都是撲打、撲擊之義。至於讀「枚」之說，今本《歸藏》有很多「枚占」一詞，例如「武王伐商，枚占耆老曰：『不吉。』」「羿請不死之藥於西王母，姮娥竊之以奔月，將往，枚筮之于有黃，有黃占之曰」，王家臺秦簡均作「攴占」[224]。「攴」為滂紐屋部，「枚」為明紐微部，聲紐接近，但「屋」部乃合口音，「微」部乃開口音，開合不同，通假難以成立，「攴」或解成「枚」

[222] 《禱辭》原整理者指出：「攴，疑是『丈』的訛字。丈人，義為一家之長，《史記・刺客列傳》『家丈人召使前擊筑』，司馬貞索隱引劉氏云：『謂主人翁也。』攴字亦可讀『僕』，朱駿聲《說文通訓定聲》有說，但『僕人』放在此處與下文的『諸母、小童、諸婦、婢子、豎子』不諧。」李學勤主編：《清華大學藏戰國竹簡（玖）》（上海：中西書局，2019），頁187。
[223] 毛玉靜：《《清華大學藏戰國竹簡（柒）》字用研究》（合肥：安徽大學碩士論文，2019），頁123。
[224] 參王寧：〈傳本《歸藏》輯校〉，復旦網，2009.11.30（2023.4.25上網）。

字之省較佳。

「𧮫」字从「言」、「妻」省聲，楚簡常讀「數」。在此句中，「𧮫」該怎麼理解？學者讀法大異其趣。林少平釋為「數責」，即斥責。就整體語境來看，意思稍嫌太輕，句踐一聲令下，舉國鼓勵四方之民移入，但工作不利的官員卻只有面責，連懲罰都談不上，此說比較費解。

就現有的說法來看，筆者比較傾向讀為「撲毆」，即原整理者之說。「數」心紐鐸部，「毆」影紐侯部，原整理者在討論兩字通假時，只說「妻、區皆侯部字，妻聲之『屨』、『婁』與區聲之『軀』、『摳』等皆牙音，讀音相近」，僅談到二字都是牙音，通假敘述還是很粗疏，「妻」、「區」聲系雖沒有直接通假的例證，但他們都能與「冓」、「朱」、「句」等字相通[225]，佐證「數」讀「毆」應可成立。「撲毆」當屬同義複詞，句踐檢核招徠人口的工作情況，對於成效不彰的執事人予以撲毆。

〔18〕由臤（賢）由毀

由	臤	由	毀
由	臤	由	毀

原整理者（201704）：由，依據。賢，善。毀，損。此句申述或交於王府，或扑毆的理由。[226]

zzusdy：「由」與「背」相對，訓為進用。[227]

王寧（201705）：「賢」訓「善」當是誇獎、讚揚的意思，「毀」即《說文》之「嫛」，云：「惡也」，段注：「許意蓋謂毀物為『毀』，謗人為『嫛』」，即毀謗、批評的意思。年祝枚數，由賢由毀，這兩句是倒裝，意思是根據別人對官員的讚揚和批評，通過年祝和占卜來確定其評定的等次。《風俗通義・怪神》及《後漢書・第五鍾離宋寒列傳》皆言「會稽俗多淫祀，好卜筮」，是越人的遺風，故在考評官員時也要用祝禱和卜筮來確定。[228]

王進鋒（20171026-28）：臤，通假為牽。《說文・牛部》「牽，引前也」；《玉篇・牛部》「牽，引前也」。在簡文中意指擢升某些人員。毀，撤除、廢除。「有牽有毀」就是有擢升也有廢除。[229]

---

[225] 相關證據可參「古音小鏡」之「上古音／假借・繫聯」：http://www.kaom.net/sgy_jj_xilian8.php （2023.4.25 上網）。

[226] 李學勤主編：《清華大學藏戰國竹簡（柒）》（上海：中西書局，2017），頁139。

[227] 案：此集釋應出自武漢網〈清華七《越公其事》初讀〉，2021.6.7 查索時已被刪帖。

[228] 王寧：〈清華簡七〈越公其事〉讀札一則〉，武漢網，2017.5.22（2021.5.10 上網）。

[229] 王進鋒：〈周代的縣與越縣——由清華簡〈越公其事〉中的相關內容引發的討論〉，收入香港浸會大學饒宗頤國學院、澳門大學中國語言文學系、清華大學出土文獻研究與保護中心編：《《清華簡》國際會議論文集》（香港：香港浸會大學饒宗頤國學院、澳門：澳門大學中國語言文學系，2017），頁70。

　　林少平（**20180127**）：攴（撲）毇（毇）可逕讀為「撲」數，即鞭撲與數責。如此，後文「由賢由毀」則與數量多少無涉，乃是贊毀之詞。[230]

　　易泉（**20180127**）：此處與訓作「多」的「賢」相對應，「毀」當指「減損」。由賢由毀，指依據（年籌枚數的）多（增加）與少（減損）（來確定執事人一年功勞）。賢、毀並言也見於《鄭武夫人規孺子》「既得圖乃為之毀，圖所賢者焉，申之以龜筮，故君與大夫晏焉，不相得惡」，蔣偉男先生指出「毀」理解為與「圖」語義相近的「計劃」、「圖謀」。「圖其賢者焉」則是指慎重考慮計策之中更善者（蔣偉男：〈簡牘「毀」字補說〉，簡帛網2016年4月23日）。現在看來，這裡「賢者」應指多出或多餘的部分，與上文「既得圖乃為之毀」的「為之毀」（毀，可指減損，這算是一種改造）相呼應。既得圖乃為之毀，圖所賢者焉，申之以龜筮，指得「圖」之後進一步推敲改造（做減損），謀劃「圖」中多餘的（不妥的）部分。再申之以龜筮（用占卜結果將其固化）。[231]

　　毛玉靜（**201905**）：毇，諧聲通假。郭店《窮達以時》簡一、二中有「唯毇弗行矣。」《五行》中亦有此字，皆讀為「賢」。[232]

　　滕勝霖（**201905**）：「易泉」之說可從。「由」，《論語・泰伯》：「民可使由之，不可使知之。」鄭玄注：「由，從也。」「賢」在文獻中有「多於」「勝過」的意思，如《呂氏春秋・順民》「則賢於千里之地」，高誘注：「賢猶多也。」「賢」「毀」對應又見於《清華陸・鄭武夫人教孺子》簡2：「既得圖，乃為之毀圖所賢者，焉申之以龜筮。」其中「毀」是「撤除」義。「由賢由毀」義為「根據算籌的多少」。[233]

　　杜建婷（**201906**）：「賢」或可從沈培先生訓為「多」（佑仁案：沈培〈清華簡《鄭武夫人教孺子》「乃為之毀圖所賢者」釋義〉[234]）。《詩・大雅・行葦》：「序賓以賢。」鄭玄箋：「謂以射中多少為次第。」[235]

　　江秋貞（**202007**）：「由毇（賢）由毀」可依原考釋所釋「由，依據。賢，善。毀，損」。「由」可以釋為「從也」、「因也」。「由毇（賢）由毀」可以釋為「因善因損」，意指依據執事人員表現良或缺失而有後面的「又（有）夒（爨）

---

[230] 林少平：〈清華七《越公其事》初讀〉，武漢網，跟帖第 222 樓，2018.1.27（2020.11.30 上網）。

[231] 易泉：〈清華七《越公其事》初讀〉，武漢網，跟帖第 221 樓，2018.1.27（2019.11.19 上網）。

[232] 毛玉靜：《《清華大學藏戰國竹簡（柒）》字用研究》（合肥：安徽大學碩士論文，2019），頁 77。

[233] 滕勝霖：《《清華大學藏戰國竹簡（柒）》集釋及相關問題研究》（重慶：西南大學碩士論文，2019），頁 338。

[234] 沈培：〈清華簡《鄭武夫人教孺子》「乃為之毀圖所賢者」釋義〉，單周堯教授七秩華誕國際學術研討會，2017.12.9。收入李雄溪、招祥麒、郭鵬飛、許子濱編：《單周堯教授七秩華誕國際學術研討會論文集》（北京：中華書局，2021.11），頁 965-977。

[235] 杜建婷：《清華簡第七輯文字集釋》（廣州：中山大學碩士論文，2019），頁 87。

戠（識），又（有）賞罰」。[236]

佑仁謹案：

「由賢由毀」，「由」訓為依據，從原整理者之說。「賢」依據易泉之說，訓為「多」，指人口增多。陳劍解釋〈柞伯簋〉「敬有賢則獲」一句時指出：

> 「賢」在古代有「多於」、「勝過」一類的意思。如《呂氏春秋・順民》「則賢於千里之地」高誘注：「賢猶多也。」《小爾雅・廣詁》：「賢，多也。」《論語・陽貨》「為之，猶賢乎已」皇侃疏：「賢猶勝也。」《淮南子・說山》「無以歲賢昔、日愈昨也」高誘注：「賢、愈，猶勝也。」賢、愈可互訓，愈又常訓為「勝」，材料很多，不具引。「多於」和「勝過」在意義上有相通之處，勝過的具體表現往往就是在某一方面多於相比較的對象。這種用法的賢字，在古書有關射禮和相類的投壺禮的記載中屢次出現。例如：
>
> 1.《儀禮・鄉射禮》：「釋獲者東面於中西坐，先數右獲……司射復位，釋獲者遂進取賢獲，執以升，自西階，盡階，不升堂。告於賓。若右勝，則曰：『右賢於左。』若左勝，則曰：『左賢於右。』以純數告……」鄭玄注：「賢猶勝也。」
> 2.《儀禮・鄉射禮》：「司射釋弓視筭如初；釋獲者以賢獲與鈞告如初。」
>
> 與上兩例基本相同的話又見於《儀禮・大射儀》，不具引。
>
> 3.《禮記・投壺》：「（司射）遂以奇筭告曰：『某賢於某若干純。』」段玉裁《說文解字注》「賢」字下引戴震對此的解釋：「賢，多也。」[237]
> 4.《大戴禮記・投壺》：「有勝則司射以其算告曰：『某黨賢於某黨，賢若干純。』」
> 5.《毛詩・大雅・行葦》：「敦弓既堅，四鍭既鈞；舍矢既均，序賓以賢。」鄭玄箋：「謂以射中多少為次第。」
>
> 《儀禮・鄉射禮》「獲者坐而獲」鄭玄注說：「射者中，則大言獲。獲，得也。射講武，田之類，是以中為獲也。」射禮起源於田獵，而田獵是以射中禽獸為「獲」的，因此射禮中射中目標也叫「獲」。把簋銘的「△獲」讀為「賢獲」，把「有賢獲」解釋為「射中目標的次數比別人多」，顯然

---

[236] 江秋貞：《《清華大學藏戰國竹簡（柒）・越公其事》考釋》（臺北：臺灣師範大學博士論文，2020），頁500。江秋貞：《《清華大學藏戰國竹簡（柒）・越公其事》考釋》（臺北：花木蘭文化事業有限公司，2022），頁446。

[237] （東漢）許慎撰，（清）段玉裁注，李添富總校訂：《新添古音說文解字注》（臺北：洪葉文化事業有限公司，2016），頁282。

文從字順。[238]

石鼓文〈鑾車〉：「□□多賢，迺（陳）禽□□，遴（吾）隻（獲）允異。」清‧王紹蘭《說文段注訂補》「賢」字下解釋說：「尋其上下文，理當為獲獸眾多之義。」（王紹蘭《說文段注訂補》卷三頁七）董珊認為此即「獵較」之禮俗，指在田獵結束後比較獵物多寡，是射禮的起源[239]。可見「賢」確實能指「多」。

「毀」訓為減損、減少，《左傳‧莊公三十年》：「鬥穀於菟為令尹，自毀其家，以紓楚國之難。」杜預《注》：「毀，減也。」[240]指自己減損家財，以解除楚國的危難。又如〈鄂君啟車節〉（《集成》12110-12112）云：「如馬，如牛，如德（犆），屯十以當一車，如擔徒，屯廿擔以當一車，以毀於五十乘之中。」意即馬、牛、犆等馱運的貨物，十件加總可抵一車，人力擔負的貨物，二十件加總可抵一車，前述貨物按比例從五十輛貨物之中減去，意即一併計入五十車的限額。

本處「由賢由毀」之「賢」與「毀」為對文關係，應就人口增加與人口減損而言。

〔19〕又（有）龔（選）散（切），又（有）賞罰

又	龔	散	又	賞	罰

原整理者（201704）：龏歲，疑讀為「算會」。又疑是反義，「龏」讀為「贊」，「歲」讀為「劌」，傷也。[241]

王寧（20170522）：「歲」應該就是「竄」，「龏」字很可能是一個與之含義相反的詞，猶「賞罰」然，「龏」疑讀為選賢之「選」。「龏歲」與「賞罰」對舉，當也是一種獎罰的手段。故此二句當讀為「有選竄，有賞罰」，「選竄」蓋對政績評定好的官員予以選拔使用，對於政績評定差的官員則驅逐流放。[242]

郭洗凡（201803）：「龏」與「贊」均為上古元部字，韻部相同，可以通假。[243]

子居（20180804）：歲當讀為原字，算歲即歲計。「有算歲，有賞罰」即將

[238] 陳劍：〈柞伯簋銘補釋〉，《傳統文化與現代化》，1999第1期，頁50-53；又收入《甲骨金文考釋論集》（北京：線裝書局，2007.4），頁2-3。
[239] 董珊：〈石鼓文考證〉，復旦網，2009.4.29（2021.5.10上網）。又見《出土文獻與古文字研究》第3輯（上海：復旦大學出版社，2010），頁131。
[240] （晉）杜預注，（唐）孔穎達正義，李學勤主編：《十三經注疏‧春秋左傳正義》（北京：北京大學出版社，2000），頁338。
[241] 李學勤主編：《清華大學藏戰國竹簡（柒）》（上海：中西書局，2017），頁139。
[242] 王寧：〈清華簡七《越公其事》讀札一則〉，武漢網，2017.5.22（2021.5.10上網）。
[243] 郭洗凡：《清華簡《越公其事》集釋》（合肥：安徽大學碩士論文，2018），頁80。

歲計與相關賞罰列為常制。[244]

縢勝霖（201905）：本文認為「龔戠」可不必破讀，或用作本義，意思是越王對徵人情況的考察有按龔月和按年之分。「龔戠」並舉可參看望山簡8：「【郙客困】芻騂（問）王藏郚戠=（之歲）龔（爨）月癸丑【之日】☑」，秦漢時期在特定月份對官吏定期考察常見，如：《睡虎地‧秦律十八種‧廄苑律》：「以四月、七月、十月、正月臚田牛。卒歲，以正月大課之」與簡文情況類似。[245]

史玥然（201906）：「爨」「贊」都屬於上古元部字，「燹」和「爨」可通用，「龔」從炅允聲，形旁炅表從火取義，「爨」「龔」聲同類、韻同部，是音近義屬的通假字。「劇」，表示割、刺傷。見於《禮記‧聘義》「廉而不劇，義也」。鄭玄注：「劇，傷也。」[246]

江秋貞（202007）：「龔」字形「」是戰國六國時特有的寫法，到秦時才採用會意兼形聲字的「爨（）」（秦睡42.192《篆》）。從「爨」字形看從臼持甄置竈上，其下從林從火，會爨炊之意。簡文「爨」可以如字讀，表示有薪火炊食，和之前越王賜飲食的意義同。原考釋認為「歲」讀為「劇」，傷也，此說可以參考。《老子‧五十八章》：「廉而不劇」王弼注：「劇，傷也。」《荀子‧不苟》：「廉而不劇」，楊倞注引說文云：「劇，利傷也。」「又（有）龔（爨）戠（劇），又（有）賞罰」即意指「有飲食利傷，有獎賞處罰」。[247]

佑仁謹案：

「龔歲」，原整理者讀為「算會」，又疑讀為「贊劇」。王寧讀為「選竄」，指對政績評定好的官員予以選拔使用，對於政績評定差的官員則驅逐流放。縢勝霖認為「龔戠」並舉又見於望山簡8「【郙客困】芻問王藏郚之歲爨月癸丑【之日】☑」。江秋貞認為簡文「爨」可讀如字，表示有薪火炊食，而原整理者讀「劇」之說，亦可以參考。

睡虎地秦簡《日書》「秦楚月名對照表」云「（夏曆）八月楚龔（爨）月」，「龔」有時又能寫作「爨」，二者音通當無疑義[248]。「龔」字在楚簡中有很多異

---

[244] 子居：〈清華簡七《越公其事》第七、第八章解析〉，中國先秦史網站，2018.8.4（2021.5.10上網）。

[245] 縢勝霖：《《清華大學藏戰國竹簡（柒）》集釋及相關問題研究》（重慶：西南大學碩士論文，2019），頁338。

[246] 史玥然：《清華簡《越公其事》集釋及其漢字教學設計》（太原：山西大學碩士論文，2019），頁60。

[247] 江秋貞：《《清華大學藏戰國竹簡（柒）‧越公其事》考釋》（臺北：臺灣師範大學博士論文，2020），頁501-502。江秋貞：《《清華大學藏戰國竹簡（柒）‧越公其事》考釋》（臺北：花木蘭文化事業有限公司，2022），頁447-448。

[248] 曾憲通：〈楚月名初探——兼談昭固墓竹簡的年代問題〉，《中山大學學報（哲學社會科學版）》1980第1期（1980.3），頁97-107，後改以〈楚月名初探——兼談昭固墓竹簡的年代問題〉發表於《古文字研究》第5輯（北京：中華書局，1981.1），頁303-319。又見曾憲通：《曾憲通學術文集》（汕頭：汕頭大學出版社，2002），頁190-191。

體寫法，如下：

字形					
出處	1　包.71	2　包.76	3　包.143	4　包.221	5　望1卜
字形					
出處	6　望1卜	7　天卜	8　天卜	9　天卜	10　天策

　　字從「允」得聲，與「爨」可以相通。「允」旁的「人」形或可省略，中從「日」而「日」形又常訛作「田」形，古文字常見[249]，下從「火」，「火」形有「灻」、「灿」之不同寫法。[250]

　　現在我們逐一檢討學界對於「🔲」的釋讀意見。原整理者一說讀為「算會」，《越公其事》「會」字共見6例，其中1例還與本處「歲」字同見於簡47，而以「歲」表﹛會﹜的用法非常特殊，除非有強而有力的證據，否則猜測成分較高。

　　滕勝霖認為應該讀成「爨歲」，但其引證之文例「王栽郢之歲爨（爨）月癸丑」，原文是「歲爨」而非「爨歲」，與簡文文例不盡相合。楚簡常見大事紀年法，「王栽郢之歲」是年代，「爨月癸丑」則為月日，說越王對徵人情況的考察有按爨月與按年之分，恐仍需要更多佐證。

　　江秋貞指出「從字形分析：『夋』字形『🔲』是戰國六國時特有的寫法，到秦時才採用會意兼形聲字的『爨（🔲）』」，會讓人誤會為秦統一六國才出現「爨」字。其實「爨」在戰國時代也已經出現「🔲」、「🔲」（《集粹》[251]），許慎在《說文》小篆「🔲」外也收錄了籀文「🔲」，「🔲」是東土六國寫法的﹛爨﹜字，秦系的「爨」有可能與「夋」同時存在，未必是秦代之後才出現。「夋」到漢代也沒有完全消失，「🔲」（馬.陰甲.098）可證。

　　原整理者又讀「歲」為「劌」，史玥然、江秋貞也接納此說，「劌」指割、刺傷。績效不佳者當予以懲處，可以理解，但刺傷身體恐對生命造成傷害，盱衡情理，這些執事人為句踐效命，考績不良，撲毆即可，以銳器刺傷是一種肉刑，有危及性命之虞，此舉已經超過懲罰應有的程度。

　　「爨」字，筆者贊同王寧之說，讀為「選」，指「選拔」，成效優良的執事人予以選用擔任更高職位。「歲」，筆者讀為「切」，《淮南子・氾論》「直而不以切」[252]，《文子・上義》「切」作「劌」，「劌」從「歲」聲。此處訓為譴

---

[249] 何琳儀：《戰國文字通論（訂補）》（南京：江蘇教育出版社，2003），頁235。

[250] 參高佑仁：〈讀《上博六》札記五則〉，《興大中文學報》第30期（2011.12），頁16。

[251] 湯餘惠主編，《戰國文字編》（福州：福建人民出版社，2005），頁168。

[252] 何寧：《淮南子集釋》（北京：中華書局，1998），頁966。

責、批評[253]。《古今韻會舉要·屑韻》:「切,譏切也。」[254]《史記·三王世家》:「陛下讓文武,躬自切,及皇子未教。」[255]《後漢書·陳寵傳》:「災眚變咎,輒切免公台。」李賢《注》:「切,責也。」[256]讀「切」指績效不佳者,將被當面責罵。

〔20〕善人則由,晉(僭)民則伓(附)

善	人	則	由	晉	民	則
伓						

原整理者(201704):善人,《論語·述而》「善人,吾不得而見之矣;得見有恆者,斯可矣」,邢昺疏:「善人,即君子也。」《國語·周語下》:「唯善人能受盡言,齊其有乎?」由,用。僭民,與「善人」相對,猶「僭人」。《詩·巷伯》:「取彼譖人,投畀豺虎。」伓,讀為「背」,棄。《史記·孟嘗君列傳》:「客見文一日廢,皆背文而去,莫顧文者。」或可讀「否」。[257]

王寧(20170522):「僭民」即古書習見之「讒人」,「伓」當讀為「否」,是對前一個動詞的否定詞,簡文此處的「否」即「不由」,即不用。[258]

蕭旭(20170605):伓,讀為仆,字亦作踣,倒覆也。[259]

王進鋒(20171026-28):由,通假為迪。迪,進用,任用。僭,不信。伓通假為否。僭民則否,意思為「不信的人不會被任用」。[260]

郭洗凡(201803):整理者觀點可從,「伓」從人不聲,「不」為上古之部字,「背」是職部字,二字對轉可通假。此字讀「背」合適,指的是「背棄」,「拋棄」的含意。[261]

子居(20180804):善人指賢人,僭與讒通,馬王堆帛書《黃帝書·成法》:

[253] 王利器:《文子疏證》(北京:中華書局,2000),頁848。
[254] (宋)黃公紹、熊忠著,甯忌浮整理:《古今韻會舉要》(北京:中華書局,2000),頁442。
[255] (西漢)司馬遷撰,(南朝宋)裴駰集解,(唐)司馬貞索引、張守節正義:《史記》(北京:中華書局,2014),頁2566。
[256] (南朝宋)范曄撰,(唐)李賢等注:《後漢書》(北京:中華書局,1973),頁1565。
[257] 李學勤主編:《清華大學藏戰國竹簡(柒)》(上海:中西書局,2017),頁139。
[258] 王寧:〈清華簡七〈越公其事〉讀札一則〉,武漢網,2017.5.22(2021.5.10上網)。
[259] 蕭旭:〈清華簡(七)校補(二)〉,復旦網,2017.6.5(2021.5.10上網)。
[260] 王進鋒:〈周代的縣與越縣——由清華簡〈越公其事〉中的相關內容引發的討論〉,收入香港浸會大學饒宗頤國學院、澳門大學中國語言文學系、清華大學出土文獻研究與保護中心編:《《清華簡》國際會議論文集》(香港:香港浸會大學饒宗頤國學院、澳門:澳門大學中國語言文學系,2017),頁70。
[261] 郭洗凡:《清華簡《越公其事》集釋》(合肥:安徽大學碩士論文,2018),頁81。

「夫是故讒民皆退，賢人咸起。」以「賢人」與「讒民」對言，用法與《越公其事》此處以「善人」與「譖民」對言同。因為考核的是各地區人口增減情況，所以考核物件皆是官吏，先秦所說「賢人」罕有一般民眾，此點人所盡知，故由此亦可見「譖民」之「民」同樣不是指現在所說的民眾。「怀」字的「棄」義指的是背棄，而君主無論如何評定、處置臣屬都顯然不宜說是「背棄」，因此「怀」當讀為「否」。[262]

　　毛玉靜（201905）：從整理者所言較為貼切。怀，並紐之部；背，幫紐職部。之職陰入對轉，幫並旁紐。郭店簡《忠信之道》、上博《從政》、《緇衣》皆有從「不」之「怀」通「背」之例。[263]

　　滕勝霖（201905）：「由」，任用義。「譖」，《詩經‧大雅‧桑柔》：「朋友已譖」，鄭玄箋：「譖，不信也。」「怀」，讀作「否」。本句義為「有道德之人就任用，不信之人就不任用。」[264]

　　史玥然（201906）：「怀」通「背」，表示背叛、背離。馬王堆漢墓帛書《經法‧四度》作「怀約則窘（窘），達刑則傷」。[265]

　　杜建婷（201906）：「怀」古音為滂母之部，「背」古音為幫母職部，「否」古音為幫母之部。從音理上來講，「背」、「否」和「怀」皆可通。從意義上來講，「背」訓為「棄」和「否」訓為「不」，亦可通也。此處的「怀」讀為「背」或「否」皆可。[266]

　　江秋貞（202007）：「善人則由（迪），譖（慘）民則怀（附）」應該是指外地來的人，「善人」指好人、好的人才，「由」似可讀為「迪」，進用，任用。《書‧牧誓》：「昏棄厥遺王父母弟不迪。」王引之《經傳釋詞》卷六：「《史記‧周本紀》『不迪』作『不用』，迪為『不用』之用。」也就是在登人的過程中，外地來的善人、人才會被任用。「譖民」各家之說都不好理解，疑讀為「慘民」，慘，憂傷，《毛詩‧小雅‧雨無正》「慘慘日瘁」，箋云：「慘慘，憂之。」「怀」讀為「附」，來歸附。「善人則由（迪），譖（慘）民則怀（附）」意指「從外邦來的好的人才會被錄用，生活困苦的人也都來歸附」。[267]

[262] 子居：〈清華簡七《越公其事》第七、第八章解析〉，中國先秦史網站，2018.8.4（2021.5.10上網）。

[263] 毛玉靜：《《清華大學藏戰國竹簡（柒）》字用研究》（合肥：安徽大學碩士論文，2019），頁132。

[264] 滕勝霖：《《清華大學藏戰國竹簡（柒）》集釋及相關問題研究》（重慶：西南大學碩士論文，2019），頁339。

[265] 史玥然：《清華簡《越公其事》集釋及其漢字教學設計》（太原：山西大學碩士論文，2019），頁60。

[266] 杜建婷：《清華簡第七輯文字集釋》（廣州：中山大學碩士論文，2019），頁209。

[267] 江秋貞：《《清華大學藏戰國竹簡（柒）‧越公其事》考釋》（臺北：臺灣師範大學博士論文，2020），頁505。江秋貞：《《清華大學藏戰國竹簡（柒）‧越公其事》考釋》（臺北：花木蘭文化事業有限公司，2022），頁450-451。

佑仁謹案：

關於「善人則由」一詞，原整理者認為「善人」即君子。子居認為「善人」指賢人。江秋貞認為「善人」指好人、好的人才。本處的「善人」即好人，可以有兩層意涵：

1　心地善良的人，比較著重於道德層面，《廣韻》：「善，良也。」[268]《文選》鮑照〈數詩〉：「善宦一朝通。」呂向《注》：「善，猶良也。」[269]《論語·述而》：「善人，吾不得而見之矣，得見有恒者，斯可矣。」邢昺《疏》：「善人，即君子也。」[270]

2　有才能的人，比較著重在技能方面，《論語·公冶長》：「願無伐善，無施勞。」朱熹《集注》：「善，謂有能。」[271]《大戴禮記·子張問入官》：「必以其善，以赦其過。」王聘珍《解詁》：「善，賢能也。」[272]

第二種「善人」比較近乎句踐復興國家所需的人才。

「由」，王進鋒讀為「迪」，指進用、任用。滕勝霖將「由」訓為任用義，江秋貞認為「由」似可讀為「迪」，進用，任用。繇、由、迪，聲音接近且都訓為「用」，其語源如何演變？本字當作何字？還有待後續考察。就此處文例來看，既然字正作「由」，且「由」有訓為「任用」之例，則逕如字即可。

《尚書·大誥》：「爽邦由哲。」孔穎達《疏》：「由，用也。」[273]《左傳·襄公三十年》：「以晉國之多虞，不能由吾子，使吾子辱在泥塗久矣，武之罪也。」杜預《注》：「由，用也。」[274]《漢書·律曆志上》：「準繩連體，衡權合德，百工繇焉，以定法式。」顏師古《注》：「繇讀與由同。由，用也。」《漢書·杜欽傳》：「廢而不由，則女德不厭。」顏師古《注》：「由，用也。」[275]《論語·泰伯》：「民可使由之。」孔穎達《疏》云：「由，用也。」[276]《尚書·盤

[268] 周祖謨：《廣韻校本》（北京：中華書局，2011），頁293。

[269] （南朝梁）蕭統編，（唐）李善等注：《六臣注文選》（北京：中華書局，2012），頁566。

[270] （魏）何晏集解，（北宋）邢昺疏，李學勤主編：《十三經注疏·論語注疏》（北京：北京大學出版社，2000），頁104。

[271] （南宋）朱熹撰：《四書章句集注》（北京：中華書局，1983），頁82。

[272] 黃懷信、孔德立、周海生：《大戴禮記彙校集解》（西安：三秦出版社，2004），頁879。

[273] （西漢）孔安國傳，（唐）孔穎達正義，李學勤主編：《十三經注疏·尚書正義》（北京：北京大學出版社，2000），頁415。

[274] （西晉）杜預注，（唐）孔穎達正義，李學勤主編：《十三經注疏·春秋左傳正義》（北京：北京大學出版社，2000），頁1281。

[275] （漢）班固撰，（清）王先謙補注：《漢書補注》（上海：上海古籍出版社，2008），頁1171；4276。

[276] （魏）何晏集解，（北宋）邢昺疏，李學勤主編：《十三經注疏·論語注疏》（北京：北京大學出版社，2000），頁115。

庚下》：「肆予沖人，非廢厥謀，弔由靈。」屈萬里《尚書集釋》：「由，用也；義見《詩・君子陽陽》毛《傳》。靈、命古通。〈呂刑〉『苗民弗用靈』，《禮記・緇衣篇》引作『苗民匪用命』可證（以上參孫氏《尚書駢枝》說）。弔由靈，與〈呂刑〉之『弗用靈』同意。」[277]可參。

「譖民」，原整理者讀為「譖民」，認為猶「譖人」。王寧認為「譖民」即「讒人」。王進鋒訓「譖」為「不信」，簡文「譖民則否」，意為「不信的人不會被任用」，滕勝霖從之。子居認為「譖」與「讒」通，而譖民的「民」內涵並非現在所說的「民眾」。江秋貞引述季旭昇師的意見，認為「譖民」疑讀為「憯民」，「憯」訓為憂傷[278]。

「伓」，原整理者讀「背」或「否」，杜建婷均從之。王寧讀「否」，即不由、不用，王進鋒、子居、滕勝霖從之。蕭旭讀「仆」，倒覆也。郭洗凡讀「背」，指背棄、拋棄，史玥然從之。子居讀為「否」。江秋貞認為「伓」讀為「附」，指來歸附，「譖（憯）民則伓（附）」意指「從外邦來的好的人才會被錄用，生活困苦的人也都來歸附」。

「譖民則伓」筆者依江秋貞之說，讀成「譖（憯）民則伓（附）」，馬王堆漢墓帛書《老子・德經》甲本：「禍莫大於不知足，咎莫憯於欲得。」[279]《淮南子・人間訓》：「子發視決吾罪而被吾刑，吾怨之憯於骨髓。」高誘《注》：「憯，痛也。」[280]生活過得困苦，心情自然慘痛。古人安土重遷，不會輕易離開原處所，會徙居他鄉的人，往往是身上沒資產，而這種人的心情自然比較抑鬱、苦悶，釋作「憯民」是比較理想的方案。「伓」讀為「附」，指依附。

〔21〕是以慸（勸）民，是以收敬（賓），是以匔（勾）邑

是	以	慸	民	是	以	收
敬	是	以	匔	邑		

　　原整理者（201704）：勸，字多異寫。收，聚。《詩・維天之命》「假以溢我，我其收之」，毛傳：「收，聚也。」敬，疑讀為「賓」。「收賓」與下文「匔（勾）邑」結構與語義相類。匔邑，使人聚集成邑。[281]

277 屈萬里：《尚書集釋》（上海：中西書局，2014），頁96，注釋91。
278 江秋貞：《〈清華大學藏戰國竹簡（柒）・越公其事〉考釋》（臺北：臺灣師範大學博士論文，2020），頁505。江秋貞：《〈清華大學藏戰國竹簡（柒）・越公其事〉考釋》（臺北：花木蘭文化事業有限公司，2022），頁450-451。
279 高明：《帛書老子校注》（北京：中華書局，1996），頁48。
280 何寧：《淮南子集釋》（北京：中華書局，1998），頁1308。
281 李學勤主編：《清華大學藏戰國竹簡（柒）》（上海：中西書局，2017），頁139。

zzusdy（20170428）：簡四八所謂「收」並不是「收」，左邊是「以」右邊似是「反」或「夂」？[282]

王寧（20170522）：「敓」當是擯棄之「擯」的或體，古與「賓」通用，《爾雅‧釋詁》：「賓、協，服也」，郭璞注：「皆謂喜而服從。」邢疏：「賓者，懷德而服也。《旅獒》云：『四夷咸賓』」。「收賓」可能是指收聚從越國以外的地方前來歸附的人口，故與「匈邑」對舉，「匈（勹）邑」即「聚邑」，謂聚人而成邑。簡46-48應該是：「王既比聽之，乃品：朝會三品，要于王府三品。年祝枚數，由賢由毀。有選竄，有賞罰。善人則由，譖民則否。是以勸民，是以收賓，是以勹邑。」[283]

子居（20180804）：整理者所說是，該字在原書字表中似是影像處理有問題，由書中原簡照片可見，「以」形與「夂」形間存在明顯的間隔，筆者以為，該字或即「㪔」字，「㪔」為「施」字異體，「施」與「延」通，可訓為引、進，因此「㪔敓」可讀為「延賓」。由「勹邑」可見，越國被吳王夫差遷移後，當是置於吳國邊地，此時的越國周邊多有未開化地區，因此可以通過聚集遷居者的方式形成新的居邑。[284]

吳祺（201805）：簡文「敓」似當讀為「貧」，「敓」當分析為從「夂」「宀」聲之字。上古音「宀」幫母真部字。「貧」從「分」聲，上古音「分」為幫母文部字。二者聲母雙聲，韻部方面，真部與文部關係密切。簡文之「收敓」當即「收貧」，即收恤無財者之義。上博竹書《顏淵問於孔子》篇簡11與簡12均有「豫絞而收貧」之語，復旦吉大讀書會已指出，簡文「收貧」與《管子‧輕重甲》「君出四十倍之粟，以振孤寡，收貧病，視獨老」之「收貧」，正可相互參看，此說可從。[285]

滕勝霖（201905）：「收」，從攴丩聲，簡文此字「丩」字右側一筆與「攴」左側一筆略有重合，看似一豎，實與「收」字常見寫法一樣。「敓」，本文懷疑是「寇」字異體，「寇」字在西周金文中寫作從宀從元從攴，如：「（圖）」（智鼎，《集成》2838），「（圖）」（虞嗣寇壺，《集成》9695）等。楚簡字形中多從戈，如：「（圖）」（包山簡102），「（圖）」（九店簡56.32）等。「戈」寫於「宀」外，如：「（圖）」（二十一年安邑戈），「（圖）」（《古璽匯考》103）等。「收」，約束、控制。「寇」，暴亂。《尚書‧舜典》：「寇賊姦宄」，孔安國傳：「羣

---

[282] zzusdy：〈清華七《越公其事》初讀〉，武漢網，跟帖第74樓，2017.4.28（2019.11.19上網）。

[283] 王寧：〈清華簡七〈越公其事〉讀札一則〉，武漢網，2017.5.22（2021.5.10上網）。

[284] 子居：〈清華簡七《越公其事》第七、第八章解析〉，中國先秦史網站，2018.8.4（2021.5.10上網）。

[285] 吳祺：〈戰國竹書訓詁叢札〉，收入鄔文玲、戴衛紅主編：《簡帛研究二○一八（春夏卷）》（桂林：廣西師範大學出版社，2018），頁23-32。又見吳祺：《戰國竹書訓詁方法探論》（上海：華東師範大學博士論文，2019），頁397-399。

行攻劫曰寇。」徵人聚集之處易生暴亂，故需加以控制。[286]

杜建婷（201906）：敂為何字還不確定，「收」義亦暫存疑。同篇《越公其事》06簡見「賓」作「」，其字形左上角和「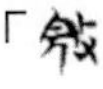」左旁為同一部件，王寧認為「」為「擯」之或體，當可從。從王寧釋讀，「賓」當訓為「服從、歸順」。[287]

范天培（20191217）：簡文此字從構形來看，似非是「敂」或「從攴丂聲」，應當為「寇」字。簡文「收寇」一詞，意當為「拘捕盜寇」。「收寇」一詞亦見於《太玄經．積》：「決欲收寇。」[288]

黃一村、侯瑞華（202006）：䕭（勸）民、收敂、匌（匀）邑顯然應該理解為越國內政得到改善，致力於安定境內百姓、充實城邑人口。而簡文中的「賓」正是指客民，與所勸勉之「民」相對。傳世文獻中的「賓萌」是並列結構，「賓」與「萌」皆指外來客居之民。所謂「收敂（賓）」即指聚集、招徠外來客居之民。[289]

江秋貞（202010）：「（敂）」，原考釋釋為「賓」，可從。范天培釋「敂」為「寇」有待商榷。季師《說文新證》頁245「寇」字其義為「暴也，殘害人之謂寇」。「寇」字如（戰.楚.包2.102）、（戰.晉.璽彙3834）、（春戰.晉.侯馬156:23）、（戰.燕.璽彙5691）。筆者觀「寇」字和簡48的「」確實很類似，但是否可以逕釋為「寇」還有待字義的研判。若簡文釋為「收寇」為「拘捕盜賊」，在〈越公其事〉第七章為「登人」的主旨下，若把一些盜賊拘捕起來有助於人口的增加嗎？這些為盜為寇的麻煩人物恐會增加越國治理的難度吧！故筆者認為本章的主旨在「登人」，除了增加人口之意，釋為「收賓」也有納賢人之意，不太可能是收一些賊寇或敗敵招致困擾。目前楚文字的「賓」多作「」（戰.楚.上七.吳5）形未見从「文」或「戈」形，如何釋為「賓」？[290]

佑仁謹案：

「勸」，原整理者稱「字多異寫」。楚簡的｛勸｝一般都用「懽」字表示，而本處當讀為「勸」為妥。《越公其事》除了有「䕭」字外，也出現一例「勸」

---

[286] 滕勝霖：《《清華大學藏戰國竹簡（柒）》集釋及相關問題研究》（重慶：西南大學碩士論文，2019），頁340。

[287] 杜建婷：《清華簡第七輯文字集釋》（廣州：中山大學碩士論文，2019），頁99-102。

[288] 范天培：〈說《越公其事》簡四八的「說寇」〉，簡帛網，2019.12.17（2021.6.6上網）。參范天培：〈說《越公其事》簡四八的「收寇」〉，武漢網，2019.12.17。又見范天培：《清華大學藏戰國竹簡（肆）～（柒）字根研究》（臺北：臺灣師範大學碩士論文，2020），頁730-731。

[289] 黃一村、侯瑞華：〈《越公其事》零拾〉，《出土文獻》第2輯（上海：中西書局，2020.6），頁75-76。

[290] 江秋貞：《《清華大學藏戰國竹簡（柒）．越公其事》考釋》（臺北：臺灣師範大學博士論文，2020），頁509-510。江秋貞：《《清華大學藏戰國竹簡（柒）．越公其事》考釋》（臺北：花木蘭文化事業有限公司，2022），頁454-455。

字作「🖼」（簡31），這是楚簡中極其少見从「力」、「堇」聲的「勸」字。「勸民」為古籍習語，本處是說透過「三品交于王府」等一系列手段，達到鼓勵執事人的效果。

「🖼」，原整理者釋「收」，吳祺、范天培、黃一村與侯瑞華從之。Zzusdy（王凱博）認為左从「以」右似是从「反」或「攴」，子居主張該字或即「敀」字，為「施」字異體。滕勝霖認為「丩」右側與「攴」左側略有一筆重合。江秋貞認為字應為「收」字無誤。筆者認為原整理者釋「收」無誤，字从「攴」、「丩」聲，右半乍看豎筆直下，其實不然，「卜」與「丩」旁之筆畫偶然連接，zzusdy因而誤釋成从「以」从「反」，子居釋作从「台」，亦不妥當。

「🖼」，原整理者讀「賓」，王寧釋為擯棄之「擯」的或體，古與「賓」通用，杜建婷從之，認為「賓」當訓為「服從、歸順」。吳祺認為「🖼」字形从「攴」、「宀」聲，似當讀為「貧」。毛玉靜認為左下的「丂」實為「万」，「宀」即為「賓」的異體字[291]。滕勝霖懷疑是「寇」字異體，「寇」指暴亂，認為徵人聚集之處易生暴亂，故需加以控制。范天培也認為簡文應釋為「收寇」，意當為「拘捕盜寇」。

滕勝霖和范天培都認為本處之「🖼」是「寇」，江秋貞也認為「『寇』字和簡48的『🖼』確實很類似，但是否可以逕釋為『寇』還有待字義的研判。」所以接下來要進一步談談「寇」字。甲骨文、金文有個被隸定成「宋」的單字[292]：

🖼	🖼	🖼	🖼	🖼
合集13572	合集26992	合集00580正	啟卣蓋 集成05410	啟卣器 集成05410

郭沫若釋「宰」，葉玉森改釋「寇」，葉玉森認為「🖼、🖼、🖼等形疑寇之初文，象盜寇手持干梃入室抨擊，小點或象室中什物狼藉形。」[293]李孝定同意葉玉森之說，他認為「🖼」象人手持兵杖形，即小篆「🖼」字來源，後衍變為人形附加一手，其後手形與人形相分離成「🖼」，再變為「🖼」，並認為演變為金文「🖼（寇）」時，「人形均已無手執杖形」[294]。鍾柏生認為「從卜辭🖼演進為金文🖼（啟卣）、

---

[291] 毛玉靜：《《清華大學藏戰國竹簡（柒）》字用研究》（合肥：安徽大學碩士論文，2019），頁78。

[292] 關於「宋」在甲骨文中的用法，蕭良瓊有比較完整的論述。蕭良瓊：〈「臣」、「宰」申議〉，《甲骨文與殷商史》第3輯（上海：上海古籍出版社，1991.8），頁374。

[293] 李孝定：《甲骨文字集釋》（臺北：中央研究院史語所，19770），頁1065。

[294] 李孝定：《甲骨文字集釋》（臺北：中央研究院史語所，19770），頁1066-1067。

（智鼎）、（虞司寇壺）、（前寇良父壺），最後為小篆，其組成寇字的、、偏旁在文字演化每一階段都完全具備。唯一的差別是形，甲骨文置於人形之前而金文為人形之後。」[295]葉玉森釋「寇」之說得到甲骨學界普遍的認可[296]。

朱歧祥《甲骨文詞譜》指出「从人持械於宀中。隸作寇。《說文》：『暴也。从攴从完。』字引申有疾亂意，示遊蕩不羈之部族，殷人每追討之。卜辭習作『多寇』，主要見於第一期。武丁曾招降寇眾，助取西北外族舌方。字亦有用為祭牲。」[297]何琳儀、黃錫全則將甲骨文「」與金文寫法「」（啟卣蓋）、「」（啟卣器）聯繫起來，認為這種寫法是「寇」的初文[298]。董珊主張〈啟卣〉文例應讀為「王出獸（狩）南山寇」，認為「『南山寇』，可能是位於終南山附近的戎人為寇。」[299]「」在甲骨文中是族名，黃天樹指出卜辭中有「追寇」、「執寇」、「逸寇」、「刜寇」等用法，還有用五百「寇」作為人牲記錄，在特殊情況下「寇」也能編入軍隊參加戰爭[300]。

上述是學者們對於「」字的認識，總的來說，「」釋作「寇」主要是從文字的形義入手，目前沒有「」就是「寇」字的鐵證。現有確切的「寇」字見於西周金文，字形作：

字形					
出處	智鼎	庚季鼎	虞司寇壺	虞司寇壺	

[295] 鍾柏生：〈卜辭中所見殷代的軍政之一－戰爭啟動的過程及其準備工作〉《中國文字》新十四期（美國：藝文印書館，1991.5），頁 95-156。

[296] 例如《甲骨文字編》、《新甲骨文編（增訂本）》、《甲骨文詞譜》均入「寇」字。林澐、劉釗、朱歧祥、林志強、黃天樹、許進雄、蔡哲茂等人均贊成釋「寇」。林澐：《商史三題》（臺北：中研院史語所，2018），頁 110-111。李宗焜：《甲骨文字編》（北京：中華書局，2012），頁 766。劉釗主編：《新甲骨文編〈增訂本〉》（福州：福建人民出版社，2014.12），頁 197。朱歧祥：《甲骨文詞譜》（臺北：里仁書局，2013.12），頁 516。林志強：〈漢字偏旁的切分與漢字的分析〉，《第二十八屆中國文字學國際學術研討會論文集》（臺北：國立臺灣大學、中國文字學會，2017），頁 282。黃天樹：〈甲骨文「寇」、「農」二字補釋〉，「李學勤先生學術成就與學術思想國際學術研討會」會議論文，北京：清華大學出土文獻研究與保護中心，2019.12.7-8，頁 182-183。許進雄：《新編進階甲骨文字典》（新北：字畝文化出版，2020.3），頁 228。蔡哲茂：〈說卜辭中的「寇」與商王朝對異族的統治政策〉，《古文字研究》第 33 輯（北京：中華書局，2020.8），頁 20-28。

[297] 朱歧祥編撰：《甲骨文詞譜》（臺北：里仁書局，2013.12），頁 516-518。

[298] 何琳儀、黃錫全：〈啟卣、啟尊銘文考釋〉，《古文字研究》第 9 輯（北京：中華書局，1984），頁 374-375。

[299] 董珊：〈啟尊、啟卣新考〉，《文博》，2012 第 5 期（2012.○），頁 49-53。

[300] 黃天樹：〈甲骨文「寇」、「農」二字補釋〉，「李學勤先生學術成就與學術思想國際學術研討會」會議論文，（北京：清華大學出土文獻研究與保護中心，2019.12.7-8），頁 182-183。

	集成02838 （西周中）	集成02781 （西周中）	集成09694 （西周晚）	集成09695 （西周晚）
字形				
出處	司寇良父壺 集成09641 （西周晚）	揚簋 集成04294 （西周晚）	揚簋 集成04295 （西周晚）	

「寇」字金文從「宀」從「元」從「攴」，像暴徒入室攻擊人頭，已有不少學者指出「寇」與「元」的聲音聯繫[301]。西周金文「寇」字除〈庚季鼎〉字形殘泐較難辨別外，其餘諸例都從「攴」。利用官名「司寇」可斷定這是確切無疑的「寇」字。

何琳儀、黃錫全認為「」是「寇」的初文，約在西周中期以後，「寇」字由「」演變為「」，而「其遭變之跡宛然可尋」[302]。不過，「（寇）」字中的「人」是手持棍棒的攻擊者，而「（寇）」字的人則是被攻擊者，字形意象轉換非常激烈，並非何琳儀、黃錫全所言的「其遭變之跡宛然可尋」，若要將「寇」與金文的「寇」連結起來，目前仍缺乏強而有力的證據。

是以，季旭昇師《說文新證》、李學勤《字源》、張亞初《商周古文字源流疏證》、董蓮池《說文解字考正》等書，在討論「寇」字時，均不收甲骨文、金文的「寇」字諸形。

春秋時期的「寇」字如下：

 （寇）					（寇）
魯少司寇盤 集成10154	鑄司寇獸鼎 集成02474	鑄司寇鼎 新收NA1917	侯馬152：21	侯馬156：23	侯馬203：3

春秋時期的字形基本沿襲西周寫法從「攴」，值得留意是春秋、戰國之際的侯馬

---

301 葉玉英認為由甲骨文的從「人」演變至金文的從「元」，是一種變形音化。葉玉英：〈基於古文字材料的上古漢語清鼻流音考察〉，第二屆古文字與出土文獻語言研究學術研討會論文集（重慶：西南大學 2017.10.27-30），頁 370。張亞初認為「寇」字從「元」，元亦聲。張亞初：《商周古文字源流疏證》（北京：中華書局，2014.9），頁 1822。

302 何琳儀、黃錫全：〈啟卣、啟尊銘文考釋〉，《古文字研究》第 9 輯（北京：中華書局，1984），頁 374-375。

盟書，其中常見「司寇結」一名，「司寇」為該人之氏[303]，其「寇」字又作「（）」，細審字形，可發現摹本無誤，確係從「戈」[304]。該例是目前出土文獻中所見，最早將「寇」寫成從「戈」的例證，為戰國文字從「戈」一系的「寇」字揭開序幕。

　　戰國時代的「寇」寫法必須分系探討：

一　楚系

上博八・子道餓・簡4-3	上博八・子道餓・簡4-14	上博八・子道餓・簡5	包山・簡102正-18
九店・M56・簡32-30	上博三・周易・簡2	上博三・周易・簡37	璽彙0065
清華參・芮良夫・簡10	清華陸・孺子・簡9	清華捌・邦政・簡10	

　　戰國時代楚文字的「寇」均從「戈」旁[305]，少數從「弋」（如上博三《周易》兩形）[306]。目前筆者尚未看到從「攴」的「寇」字，而從「戈」的「寇」字是戰國時代所流行的一種新構形，「攴」、「戈」、「弋」都有攻擊意味，故可偏旁替換。

---

[303] 《侯馬盟書》認為是「複姓司寇」。朱德熙指出侯馬盟書所記人名，均無列舉官職，因此「司寇結」的「司寇」當為氏而非職官。朱德熙：《朱德熙古文字論集》（北京：中華書局，1995.2），頁55。山西省文物工作委員會：《侯馬盟書》（北京：文物出版社，1976），頁327。

[304] 曾志雄已經指出「另有一例『攴』旁作『戈』旁（203：3）」，參曾志雄：《侯馬盟書研究》（香港：香港中文大學博士論文，1993），頁184。

[305] 李展鵬：《《上海博物館藏戰國楚竹書（八）》文字編》，中山大學碩士論文，2012.5，頁32。徐在國：《上博楚簡文字聲系（一～八）》（合肥：安徽大學出版社，2013.12），頁1048。徐在國：《上博藏戰國楚竹書字彙》（合肥：安徽大學出版社，2012.10），頁339。清華大學出土文獻研究與保護中心：《清華大學藏戰國竹簡（捌）》（上海：中西書局，2018），頁232，清華大學出土文獻與保護研究中心編：《清華大學藏戰國竹簡（陸）》（上海：中西書局，2016），頁168，李學勤主編，沈建華、賈連翔編：《清華大學藏戰國竹簡（壹－參）文字編》（上海，中西書局，2014），頁92。

[306] 李守奎、曲冰、孫偉龍編：《上海博物館藏戰國楚竹書（一～五）文字編》（北京：作家出版社，2007），頁171。

二 燕系

璽彙3838	璽彙5691	陶錄4.28.1	《彙考》335

目前所見燕系資料的「寇」字均从「戈」，蘇建洲指出燕系「寇」字「皆以戈旁代替攴旁」[307]。

三 齊魯系

陳御寇戈 集成11083	《璽彙》0220

字形與一般東土六國文字一樣，均从「戈」。

四 三晉系

《古璽彙編》補編2592	《古璽彙編》補編882	《古璽彙編》補編886	《古璽彙編》補編883
《古璽彙編》補編884	《古璽彙編》補編888	六年鄭令戈 集成11397	《璽彙》0066

三晉系文字絕大多數从「戈」[308]，少數从「弋」[309]。曹錦炎《古璽通論》曾指出「三晉璽文字也很有自己的地域特色。『寇』字寫作『伐』，从『伐』。」[310]

---

307 蘇建洲：《戰國燕系文字研究》（臺北：臺灣師範大學碩士論文，2001），頁147。

308 張泰康：《《古璽彙編》補編》（天津：天津師範大學碩士論文，2021），頁148。

309 湯志彪：《三晉文字編》（北京：作家出版社，2013），頁2099。

310 曹錦炎：《古璽通論（修訂本）》（浙江：浙江大學出版社，2017），頁103。

五 秦系

陶錄6.283.1	《秦封泥彙考》654	睡虎地.日乙189	里耶.8-2101	嶽麓參.243

　　《說文》小篆作「窚」，目前出土所見秦系文字之「寇」均從「攴」[311]。秦人由宗周故地興起，故文字寫法多遵從西周構形，與東土六國大異其趣。另外，秦簡中常見以「寇」表 {冠} 的現象，有些學者認為是誤字，有些學者則認為這是秦人的特殊用法[312]，尚有待日後考驗。傳抄古文有以下兩個「寇」字：

　　　寇（傳抄古文字編.海.4.47）

　　　寇（傳抄古文字編.海.4.47）

如果二字構形源自戰國時代，那麼它們當係秦系文字。前文有系統的整理秦漢以前的「寇」字，我們有以下幾點結論：

1 甲骨文的「寇」能否釋為「寇」，目前無強而有力的證據。
2 確切無疑的「寇」首見於西周時期，字均從「攴」，沒有例外。
3 「寇」字最早改「攴」為「戈」的字形，見於春秋戰國之際的侯馬盟書。
4 戰國時代，東土六國確定的「寇」字幾乎都從「戈」，少數進一步訛寫成「弋」。
5 戰國時代只有秦系文字從「攴」。

---

[311] 徐善飛：《近四十年出土秦漢篆文整理與研究》（上海：華東師範大學碩士論文，2010），頁 65。蔣偉男：《《里耶秦簡（壹）》文字編》（合肥：安徽大學碩士論文，2015），頁 50。單曉偉：《秦文字疏證》（合肥：安徽大學博士論文，2010），頁 147-148。單曉偉：《秦文字字形表》（上海：上海古籍出版社，2017），頁 135。

[312] 王偉：〈《嶽麓書院藏秦簡（肆）》242 號簡文勘誤——兼論秦文字中用為「冠」的「寇」字〉，《簡帛》第 20 輯（上海：上海古籍出版社，2020.5），頁 83-86。王偉：〈《嶽麓書院藏秦簡》（肆）校讀三則〉，《秦始皇帝陵博物院》，總 7 輯（2017.9），頁 147。孫紫娟：《秦璽印封泥通假字彙編》（長春：東北師範大學碩士論文，2021），頁 39。陳曼曼：《秦簡牘文字形體混同現象研究》（重慶：西南大學碩士學位論文，2019），「秦簡牘文字中『冠』和『寇』數量及混同情況表」，頁 70。王強：《孔家坡漢墓簡牘校釋》（長春：吉林大學碩士論文，2014.4），頁 36。

確定上述幾點結論後，回頭檢視學者的釋讀意見。滕勝霖論證「」為寇字時，使用的佐證是「」（智鼎《集成》02838）、「」（虞嗣寇壺《集成》09695），二字均屬西周時期文字，以戰國楚系文字檢視，「」顯然不可能是「寇」，因為東土六國的「寇」均从「戈」而不从「攴」。

句意方面，滕勝霖將「收寇」理解為控制暴亂，范天培則釋為「拘捕盜寇」，但觀諸簡文語境：「是以勸民，是以收敬，是以勾邑。」意指經過前述的「三品交於王府」、「攴（扑）詈（毆）」、「由叙（賢）由毀」、「賞罰」等措施，而達到「勸民」、「收敬」、「勾邑」效果。第七章主旨在徵民（自外地招徠人民），並無涉及「暴亂」或「盜寇」之事，本處的「收寇」一語，放在前後文中顯得格外突兀。

楚簡「賓」字作「」（郭.語1.88）、「」（郭.語3.55）、「」（上博二.容.5）、「」（清華拾.四時.4）、「」（清華拾壹.五紀.49）、「」（清華拾壹.五紀.75）、「」（清華拾壹.五紀.115），尤其值得留意的是，《越公其事》本身也有確信無疑的「賓」字見於簡6，字形作「」，文例為「四方諸侯其有敢不賓于吳邦？」其「賓」字的「丏」旁寫法與本處疑難字「」完全相同，可見「」應該是从攴、丏（賓）聲的單字。

「收賓」的「收」字，就本章主題來看，當理解為收聚、收納，「」字原整理者讀「賓」，但沒有具體分析「賓」的意思，吳祺認為原整理者將「收賓」理解為「收聚賓客」，實為誤解[313]。王寧認為「賓」訓「服」，子居將「故敬」讀為「延賓」，吳祺則改讀為「貧」，黃一村、侯瑞華認為「賓」指客民，與所勸勉之「民」相對。江秋貞認為「收賓」有「有納賢人之意」。

先談王寧訓「賓」為「服」之說，「賓」訓為「服」，一般都當動詞用，《國語・楚語上》：「蠻夷戎狄，其不賓也久矣。」韋昭《注》：「賓，服也。」「賓服」可作同義複詞，例如《墨子・節用中》：「古者堯治天下，南撫交阯，北降幽都，東西至日所出入，莫不賓服。」[314]但是本處的「收△」參照前後文例「勸民」、「勾邑」明顯應為「V＋N」結構，「賓」作名詞使用。

邊境招來人民，大多屬於顛沛流離、無家可歸的弱者，他們看上越國「大多食」、「政薄好信」等最實際的民生優惠，因此投靠越國，所以「」是賓客的可能性很低。吳祺讀為「貧」，「貧」並紐、文部，「賓」幫紐真部，《史記・司馬相如列傳》：「璸斒文鱗。」《漢書・司馬相如》、《文選・上林賦》「璸」作「玢」。此說通假沒有疑義，但可議者，惟句踐招徠人民不是要救濟天下，而是為了個人的復興大業，有很強的目的性。越國最終兼併吳國，靠的還是堅實的

---

[313] 吳祺：〈戰國竹書訓詁叢札〉，收入鄔文玲、戴衛紅主編：《簡帛研究二〇一八》（春夏卷），（桂林：廣西師範大學出版社，2018），頁23-32。又見吳祺：《戰國竹書訓詁方法探論》（上海：華東師範大學博士論文，2019），頁397-399。

[314] 吳毓江撰、孫啟治點校：《墨子校注》（北京：中華書局，1993），頁255。

戰力，相信「貧者」裡有很大一部分都是老弱婦孺，正是因為不足自給或家中無所依靠，才成為貧者，貧者在征戰中幫助不大，何以簡文要把「收貧」列為目標之一，是其問題。

黃一村、侯瑞華認為「賓」為「賓萌」之「賓」，即「客民」，這個說法很有啟發性。《呂氏春秋‧高義篇》曾記載一個故事：越王叫公上過請墨子至越，要賜他書社三百。墨子謝絕說：「若越王聽吾言，用吾道，翟度身而衣，量腹而食，比於賓萌，未敢求仕。越王不聽吾言，不用吾道，雖全越以與我，吾無所用之。」這段話在《墨子‧魯問篇》作「意越王將聽吾言，用我道，則翟將往，量腹而食，度身而衣，自比於群臣，奚能以封為哉！」[315]《呂氏春秋》把「自比於群臣」改為「比於賓萌」，「賓萌」意即客耕之民，他們自己沒有土地而耕種地主的土地，從墨子所說「量腹而食，度身而衣」來看，應解釋為雇農，雇農的衣食仰給於主家。[316]裘錫圭認為「把賓萌解釋為外來的氓或雇農，顯然要合理得多。」[317]可見賓萌的地位很低。

「賓」訓「客」是古籍的常訓，對主人而言，來訪者為「賓」，對於地主而言，傭耕者為「客」。《後漢書‧鄭玄傳》：「玄自游學，十餘年乃歸鄉里。家貧，客耕東萊，學徒相隨已數百千人。」[318]「客耕」指租種別人的土地。南宋‧陸游〈初夏閑居〉詩其四：「陂塘移稻客相呼。」自注云：「鄉中謂傭耕者為客。」傭耕者稱「客」的用法，秦漢以後依舊沿用。

回到簡文，「收賓」的「賓」確實有可能是「賓萌」之「賓」，這些為人耕稼者，沒有自身土地，流離失所，因此選擇遠離原生國家，轉赴他國以尋求衣食溫飽的機會。而耕種技術正是句踐復興大業上亟需仰賴的能力，句踐招來四面八方的善耕者，並投入生產工作，逐漸使越國國富兵強。

「匓（勾）邑」即聚邑，將都邑四周人口聚集起來，使人民數量增加，參本章注釋3。

〔22〕王則隹（唯）匓（勾）、著（落）是徹（趣）

王	則	隹	匓	著	是	徹

郭洗凡（201803）：「匓」作「勾」，古同「鳩」、「解」，聚集的意思。邵瑛《群經正字》：「今經典統借用鳩字。」《說文》：「勾，聚也。」又如：

315　吳毓江撰、孫啟治點校：《墨子校注》（北京：中華書局，1993），頁 737。

316　林甘泉：〈中國封建土地所有制的形成〉，《歷史研究》1963 第 1 期（1963.2），頁 115。收入林甘泉主編：《中國封建土地制度史》第 1 卷（北京：中國社會科學出版社，1990），頁○。

317　裘錫圭：《裘錫圭學術文集》第 5 卷（古代歷史、思想、民俗卷）（上海：復旦大學出版社，2012），頁 37。

318　（劉宋）范曄撰，（唐）李賢等注：《後漢書》（北京：中華書局，1973），頁 1207。

「勾合」，集合、匯合的意思。[319]

　　王青（201910）：原整理者指出「匋」，古書多作「鳩」，如鳩聚、鳩集等。「茖」，古書多作「落」，零落。按，原考可從，但「聚落」為居住點，非零落也。《風俗通・怪神》「渤海都邑鄉亭聚落，皆為立祠」，注謂：「《文選・東京賦》注：『小於鄉曰聚。』又〈吳都賦〉注：『落，居也。』」《漢書》卷二九：「稍築室宅，遂成聚落」，是皆為證。[320]

　　江秋貞（202007）：「王則佳（唯）匋（勾）、茖（落）是徹（趣）」的「是」字是用來指前置賓語「匋、茖」。《詩・小雅・節南山》：「秉國之君，四方是維。」（佑仁案：應作「秉國之均，四方是維」）「四方是維」就是「維四方」之意，故「王則佳匋、茖是徹」則是「王則唯徹匋、茖」。「徹」通「趣」字即「趨」、「向」之意，《逸周書・大聚解》：「商賈趣市以合其用」，朱右曾集訓校釋：「趣，趨同。」《漢書・鄭當時傳》：「常趣和承意」顏師古注：「趣，向也。」「是以勸民，是以收敬（賓），是以匋（勾）邑，王則佳（唯）匋（勾）、茖（落）是徹（趣）」的「匋（勾）、茖（落）」還是指人口的聚增或零落為主，非名詞。全句意指「因此勸勉人民，因此收服前來歸附之人，因此聚集人口形成為城邑，越王唯有以人口之聚增或零落為心之所向」。[321]

　　佑仁謹案：

　　筆者贊成原整理者將「匋」讀為「勾」，但是古籍中「勾」訓作「聚」的用法都屬動詞而非名詞，因此王青將「匋（勾）茖（落）」理解為名詞的「聚落」之意，恐有疑義。簡文「是以收敬（賓），是以匋（勾）邑」的「勾邑」之「勾」顯然不能當名詞用。「匋（勾）」、「茖（落）」理解為動詞，指聚集與零落，參本章注釋3。

　　「趣」即「趨」，指趨向、依歸。「王則佳（唯）匋（勾）、茖（落）是徹（趣）」，句法類似「唯你是問」、「唯利是圖」、「唯才是用」，「是」乃「表賓語提前之助詞」，動詞居於「是」字之後。簡文意思是將人口的聚集與凋零做為施政最終依歸。

〔23〕譶（及）于右（左）右

譶	于	右	右
譶	于	右	右

---

[319] 郭洗凡：《清華簡《越公其事》集釋》（合肥：安徽大學碩士論文，2018），頁81。

[320] 王青：〈清華簡《越公其事》補釋〉，收入華東師範大學歷史學系編：《出土文獻與商周社會學術研討會會議論文集》（上海：華東師範大學歷史學系，2019），頁329。

[321] 江秋貞：《《清華大學藏戰國竹簡（柒）・越公其事》考釋》（臺北：臺灣師範大學博士論文，2020），頁510。江秋貞：《《清華大學藏戰國竹簡（柒）・越公其事》考釋》（臺北：花木蘭文化事業有限公司，2022），頁455。

明珍（20170502）：譶，《說文》：「疾言也。」段玉裁注引：「譶，言不止也。」此字不需要通讀為「及」，直接釋為「疾言」即可。越王「譶于左右」，意思是越王疾言於左右，即今之再三叮嚀、耳提面命。[322]

子居（20180804）：此處的「譶」也當讀為「習」，見筆者《清華簡七〈越公其事〉第六章解析》。[323]

江秋貞（202007）：簡文「譶于右（左）右，擧（舉）雩（越）乃皆好訏（信）」意指，從延及越王左右臣子，再到越國全境都喜好誠信。明珍之說更能凸顯越王興邦復仇的急切。本章此處的「譶于右（左）右」意思和簡43一樣，越王疾言於左右臣子。二說皆可通。[324]

佑仁謹案：

「譶」字明珍（駱珍伊）讀如字，訓為「疾言」，表示再三叮嚀、耳提面命。子居讀「習」，指左右習慣於好信、守信。江秋貞認為讀「及」或讀如字，文意均能說得通。

「譶」，《說文》訓為「疾言也。從三言。讀若沓。」就文意來說，只有臣子怠惰，不聽指揮，國君才需要以「疾言」（急切地說話）來表示問題的急迫。然而在《越公其事》中，句踐完全是以政治強人的姿態領導越國，為了讓國家休養生息，他可以「不咎不忌，不戮不罰」，而著手市政改革時，他能夠「市賈爭訟，反背欺詒，察之而孚，則詰誅之」，可見施政之寬嚴，完全是句踐一人的意志。只要他一聲令下，臣民即同心協力完成任務，沒有其他商量的餘地。筆者認為嘮叨多言、聒噪不安，並不符合《越公其事》中句踐的霸主形象。

是以筆者認為「譶」應進一步讀為「及」，「及於左右」是指句踐招納人民的態度，風行草偃，也深深影響臣下，因此越國上下都認真執行徵人的政策，使得人口大量增加。

〔24〕擧（舉）雩（越）邦乃皆好𨸫（徵）人

擧	雩	邦	乃	皆	好	𨸫
擧	雩	邦	乃	皆	好	𨸫
人						
人						

---

[322] 明珍：〈清華七《越公其事》初讀〉，武漢網，跟帖第138樓，2017.5.2（2020.12.1上網）。

[323] 子居：〈清華簡七《越公其事》第七、第八章解析〉，中國先秦史網站，2018.8.4（2021.5.10上網）。

[324] 江秋貞：《《清華大學藏戰國竹簡（柒）‧越公其事》考釋》（臺北：臺灣師範大學博士論文，2020），頁510。江秋貞：《《清華大學藏戰國竹簡（柒）‧越公其事》考釋》（臺北：花木蘭文化事業有限公司，2022），頁455。

王青（**201910**）：認為「陞」，本義即進、登、升，不必讀為表示「召」義的「徵」，「陞人」，意思是鼓勵人向善向上，此是將人分為三品的用意所在。第50簡的「陞人」，指上品之人。[325]

江秋貞（**202007**）：「罍（舉）雫（越）邦乃皆好陞（登）人」意指「越國全境都喜好增加人口。」[326]

佑仁謹案：

「舉」訓為皆、全。《左傳・哀公六年》：「僖子不對而泣曰：『君舉不信羣臣乎？』」[327]《孟子・梁惠王下》：「百姓聞王鐘鼓之聲，管籥之音，舉疾首蹙頞而相告。」焦循《正義》引《音義》云：「丁云：「舉，猶皆也。屬下句。」[328]

「好徵人」，江秋貞語譯為「喜好增加人口」，語意稍嫌奇怪，「好」字筆者翻譯成「重視」，指的是整個越國都重視招徠人口。「徵人」指招徠人民，見本章注釋1。

〔25〕方和于亓（其）陞（地）

方	和	于	亓	陞
方	和	于	亓	陞

滕勝霖（**201905**）：「方」，表示時間，相當於「始」「才」，《詩經・大雅・行葦》：「方苞方體，維葉泥泥。」孔穎達疏：「此葦方欲茂盛，方欲成體。」「和」，附和，響應。《商君書・更法》：「論至德者不和於俗，成大功者不謀於眾。」。[329]

子居（**20180804**）：之所以說「方和于其地」，當即是因為越人本是被吳王新遷至此地，因此不難想見與原住民有較多的利益衝突，經過《越公其事》此章所述「登人」舉措，才使得各級行政皆以民心向背為重，獲得周邊地區民眾的支援。[330]

[325] 王青：〈清華簡《越公其事》補釋〉，收入華東師範大學歷史學系編：《出土文獻與商周社會學術研討會會議論文集》（上海：華東師範大學歷史學系，2019），頁329。

[326] 江秋貞：《《清華大學藏戰國竹簡（柒）・越公其事》考釋》（臺北：臺灣師範大學博士論文，2020），頁512。江秋貞：《《清華大學藏戰國竹簡（柒）・越公其事》考釋》（臺北：花木蘭文化事業有限公司，2022），頁457。

[327] （晉）杜預注，（唐）孔穎達正義，李學勤主編：《十三經注疏・春秋左傳正義》（北京：北京大學出版社，2000），頁1887。

[328] （清）焦循撰，沈文倬點校：《孟子正義》（北京：中華書局，2018），頁110。

[329] 滕勝霖：《《清華大學藏戰國竹簡（柒）》集釋及相關問題研究》（重慶：西南大學碩士論文，2019），頁340。

[330] 子居：〈清華簡七《越公其事》第七、第八章解析〉，中國先秦史網站，2018.8.4（2021.5.10上網）。

江秋貞（202007）：「方和于亓（其）塦（地）」指的是越地大大地和諧，「方」釋為「大」，參《故訓匯纂》頁990第141-154義項。「東尸（夷）、西尸（夷）、古蔑、句虘（吳）四方之民」即四方鄰國。「乃皆馘（聞）雪（越）塦（地）之多飤（食）」指的是「都知道越國糧食充裕，此呼應第五章之「越邦乃大多食」。[331]

佑仁謹案：

「方」，滕勝霖訓作「始」、「才」，江秋貞訓作「大」。

先談「方」字，本處似乎沒有必要凸顯句踐「始／才」和於地，難道以前就不「合于其地」嗎？江秋貞訓「大」，並引《故訓彙纂》以證，「方」字訓「大」者，實為「滂」之假，「滂」本指水流盛大，後引申為土地、洪水、眼淚之大（多），乃形容詞。但江秋貞將「方和」解釋成「大大地和諧」，就語法來看，這個「方（滂）」字乃副詞性質，且「方（滂）」很少用來修飾「和諧」一語。筆者認為「方」指（未來）將、將會。《毛詩·秦風·小戎》：「方何為期，胡然我念之？」馬瑞辰《通釋》：「『方』之言『將』也。」[332]東漢·荀悅《前漢紀·高祖紀》：「信方斬，歎曰：『悔不用蒯通之言，為女子所執。』」[333]

「和」，滕勝霖訓作「附和，響應」，江秋貞訓作「和諧」。筆者贊同江秋貞之說。簡文「方和于其地」指歸慕越國的四方人民，亦能與越地和諧相處。

〔26〕東尸（夷）、西尸（夷）、古蔑、句虘（吳）四方之民

東	尸	西	尸	古	蔑	句

虘	四	方	之	民

原整理者（201704）：東夷、西夷，多見於古書，多為中原對東、西邊裔之稱謂。越之西是楚，東是海，「東夷」、「西夷」或為誇大之辭。古蔑，《國語》作「姑蔑」；句吳，《國語》作「句無」。此指四方諸侯之國。《詩·下武》：「受天之祜，四方來賀」。此以越地為中心之四方。[334]

cbnd（20170506）：東夷、西夷、姑蔑、句吳四方之民乃皆聞越地之多飲食，

331 江秋貞：《《清華大學藏戰國竹簡（柒）·越公其事》考釋》（臺北：臺灣師範大學博士論文，2020），頁512。江秋貞：《《清華大學藏戰國竹簡（柒）·越公其事》考釋》（臺北：花木蘭文化事業有限公司，2022），頁457。

332 （清）馬瑞辰：《毛詩傳箋通釋》（北京：中華書局，1989），頁377。

333 （東漢）荀悅，（東晉）袁宏：《兩漢紀》（北京：北京大學出版社，2017），頁51。

334 李學勤主編：《清華大學藏戰國竹簡（柒）》（上海：中西書局，2017），頁139。

政薄而好信，乃波往歸之，越地乃大多人。[335]

子居（20180804）：越人被吳王遷徙後，新居地很可能是在此時的吳國都城東北，因此大致上可將東夷、西夷、姑蔑、句吳定為越國的「四方」，東夷當即是東海海濱之夷，《左傳·僖公四年》：「若出於東方，觀兵於東夷，循海而歸，其可也。」西夷當即城父等地之夷，《左傳·僖公二十三年》：「秋，楚成得臣帥師伐陳，討其貳於宋也。遂取焦、夷，城頓而還。」杜預注：「夷，一名城父，今譙郡城父縣。」此時姑蔑大致在越國西北，句吳大致則在越國西南，彼時吳國都邗，石泉先生已指出在清江市西，北大簡《周訓·五月》：「越之城旦發墓于邗，吳既為虛，其孰衛闔廬？」[336]

黃愛梅（20181013-14）：在這裡所謂東夷、西夷之東、西，都是以越國為中心的方位。對比第九章「王乃趣設戍於東夷、西夷」來看，「東夷」與「西夷」並非如整理者所言「或為誇大之辭」，且古（姑）蔑、句吳都是確實的諸侯國，越之東夷、西夷應該也是確有所指。越之「東夷、西夷」，應該是指鬆散服屬於越的其東部與西部的夷人勢力。

姑蔑，在古籍中有南、北二說。《國語·越語上》：「勾踐之地，南至於句無，北至於禦兒，東至於鄞，西至於姑蔑。」徐元誥《集解》說：「姑蔑，今太末是也。」並引沈鎔的說法：「今浙江龍遊縣北有姑蔑城，故姑蔑地也。」此姑蔑應為南姑蔑。《越公其事》中將「姑蔑」與「句吳」並列，說明其國應在越國周邊，《越語》所言越西之姑蔑當是，只是此時恐尚未被越國所併。因此姑蔑在越國西境，這句話的斷句亦有可能為「東夷、西夷姑蔑、句吳」云云。[337]

滕勝霖（201905）：簡文中講到的「東夷」「西夷」應為故事化誇張手法，若確有所指，本文認為可能指吳越地區的徐人。「古蔑」又作「姑末」，在浙江龍游縣北。《國語·越語上》：「西至於姑蔑」，《左傳·哀公十三年》：「（吳王孫）彌庸見姑蔑之旗。」杜預注：「姑蔑，今東陽太末縣。」「句無」，在今浙江省諸暨縣。《國語·越語上》：「句踐之地，南至於句無。」韋昭注：「今諸暨有句無亭是也。」[338]

彭華（202103）：《國語》的「句無」，就是《越公其事》的「句吳」。《國語》的「姑蔑」，就是《越公其事》的「古蔑」，也就是《逸周書·王會解》的「姑妹」，也就是「太末」或「大末」。《越絕書·外傳記地傳》：「姑末，今大末。」《國語》韋昭注：「姑蔑，今太湖是也。」韋昭以太湖註釋姑蔑，

---

[335] cbnd：〈清華七《越公其事》初讀〉，武漢網，跟帖第 155 樓，2017.5.6（2019.11.19 上網）。

[336] 子居：〈清華簡七《越公其事》第七、第八章解析〉，中國先秦史網站，2018.8.4（2021.5.10 上網）。

[337] 黃愛梅：〈《清華簡（柒）·越公其事》的敘事立場及越國史事〉，收入華東師範大學歷史系編：《新史料與古史書寫——40 年探索歷程的回顧與思考學術研討會論文集》（上海：華東師範大學歷史學系，2017），頁 223。

[338] 滕勝霖：《《清華大學藏戰國竹簡（柒）》集釋及相關問題研究》（重慶：西南大學碩士論文，2019），頁 341。

其認識應當來源於《爾雅》。《爾雅·釋地》：「吳越之間有具區。」郭璞注：「今吳縣南太湖，即震澤是也。」具區（太湖）既然介於吳越之間，自然可以理解為吳越兩國以具區為界。與「句無」「姑蔑」一樣，「東夷」和「西夷」也有一個古越語的漢字記音，但「東夷」和「西夷」的漢字記音不在詞頭，而在詞尾，即兩個「夷」字。研究者認為古越語的命名格式是「中心詞在前，修飾成分在後」，看來有修正的必要。進一步說，《越公其事》在敘述「四方之民」時所說東夷、西夷、古蔑、句吳四方，居然都出現了古越語的漢字記音，並且是兩兩相對的漢字記音（東夷與西夷、古蔑與句吳），這恐怕不是巧合，應該是作者有意為之。[339]

佑仁謹案：

關於「東𡰥（夷）」的問題，古代華夏民族居於中原，為文明之中心，故自稱「中國」，而將分在周邊地區，不屬華夏統治的民族加上「夷」、「蠻」、「戎」、「狄」等鄙稱，故「夷」是與「中國」相對而言的泛稱，並非特定民族的專名。《孟子·梁惠王上》記載孟子對齊宣王說：「蒞中國而撫四夷也。」[340]此處的「中國」指華夏諸侯國，「四夷」則是周邊其他各種民族。《後漢書·東夷列傳》云：「東方曰『夷』。」[341]許慎《說文解字》云：「夷，東方之人也。」[342]「夷」也是對於東方部族的專稱。

「東夷」一詞首見於甲骨文賓組卜辭（《合集》08410），在西周時期「東夷」是指周王室以東的民族，金文中常見「伐東夷」（保員簋，《新收》NA1442）或「征東夷」（伯懋父簋，《集成》04238）。往後，「東夷」一詞的具體內涵，亦隨著時空變化而有不同的解釋。

現今學術界一般將「東夷」理解為黃河下游山東及江蘇北部一帶的文化。郭沫若指出：「河北、山西的北部是所謂北狄，陝西的大部分是所謂西戎，黃河的下游是所謂東夷。」[343]嚴文明認為「山東和江蘇北部的青蓮崗文化、大汶口文化及其後的龍山文化，都應當是遠古夷人的文化」[344]，而王文光、江也川認為「從譚其驤主編的《中國歷史地圖集》來看先秦時期的東夷分佈在黃河流域以南和淮河流域以北地區」[345]，均與《越公其事》所謂的「東夷」明顯有別。

[339] 彭華：〈四方之民與四至之境——清華簡《越公其事》研究之一〉，《出土文獻》第 5 輯（上海：中西書局，2021.3），頁 57-60。

[340] （戰國）孟子著，（漢）趙岐注，（宋）孫奭疏，李學勤主編：《十三經注疏·孟子正義》（北京：北京大學出版社，2000），頁 27。

[341] （劉宋）范曄撰，（唐）李賢等注：《後漢書》（北京：中華書局，1973），頁 2807。

[342] （東漢）許慎撰，（清）段玉裁注，李添富總校訂：《新添古音說文解字注》（臺北：洪葉文化事業有限公司，2016），頁 498。

[343] 郭沫若：《中國古代社會研究》（北京：商務印書館，2011.12），頁 96。

[344] 嚴文明：〈東夷文化的探索〉，《文物》，1989 第 9 期，頁 2。

[345] 王文光、江也川：〈先秦、秦漢時期的東夷研究——以《後漢書·東夷列傳》為中心〉，《學術探索》，2016 第 12 期，頁 104。

　　回到簡文，原整理者謂「越之西是楚，東是海，『東夷』、『西夷』或為誇大之辭」，言下之意，越國東西均無其他部族，「東夷」、「西夷」只是個虛稱。子居引用不少《左傳》中的「東夷」，但其內涵與《越公其事》以越國為核心所指涉的「東夷」不同。黃愛梅提及《左傳·僖公四年》「觀兵於東夷」，《正義》釋「東夷」為「郯、莒、徐夷也」[346]，就譚其驤《中國歷史地圖集》「春秋時期全圖」來看[347]，這些小國均位於越之北方，不可能是簡文所指的「東夷」。如果越國東部臨海，「東夷」有可能如原整理者所言是個虛稱，但也可能越國東部確實存在著小國家，只是其歷史未見古籍記載。

　　關於「西𡰥（夷）」，彭華認為「東夷」與「西夷」的「夷」是古越語漢字記音字，其本義即「海」。他主張「東夷」（東海）與「西夷」（西海）指的是今杭州灣東部和西部，乃吳、越兩國的天然分界處。「東海」應指杭州灣出海口的南面，即今浙江省寧波市鎮海區、北侖區至舟山島一帶，學界所熟知的「甬東」或「甬句東」即在此。相對於「東海」的「西海」，應該就是杭州灣的西部，即錢塘江流入杭州灣處的兩岸。而杭州灣的西岸地帶，正好就是吳越兩國的分界所在。[348]

　　「夷，海也」之說見於《越絕書·卷第三·越絕吳內傳第四》記載句踐返國六年，為討伐吳國積極備戰：

> 越王句踐反國六年，皆得士民之眾，而欲伐吳。於是乃使之維甲。維甲者，治甲系斷。修內矛赤雞稽縣者也，越人謂「人鑯」也。方舟航買儀塵者，越人往如江也。治須慮者，越人謂船為「須慮」。亟怒紛紛者，怒貌也，怒至。士擊高文者，躍勇士也。習之於夷。夷，海也。宿之於萊。萊，野也。致之於單。單者，堵也。[349]

鄭張尚芳認為這條材料越語對音的漢字記錄[350]，「人鑯」、「須慮」、「夷」、「萊」、「單」都是越語詞彙。依據《越絕書》「夷，海也」之訓，前引彭華認為簡文「東夷」、「西夷」當釋為「東海」、「西海」，此說恐無必然性，《越公其事》簡23即有「海」字，而本處的東、西夷應是四方移民來源之一，當是越國周圍的小國。而第九章還有「王乃趣埶（設）戍于東𡰥（夷）、西𡰥（夷）」

[346] 黃愛梅：〈《清華簡（柒）·越公其事》的敘事立場及越國史事〉，收入華東師範大學歷史系編：《新史料與古史書寫——40 年探索歷程的回顧與思考學術研討會論文集》（上海：華東師範大學歷史學系，2017），頁 223。

[347] 譚其驤：《中國歷史地圖集（第一冊）》（北京：中國地圖出版社，1996），頁 20-21。

[348] 彭華：〈四方之民與四至之境——清華簡《越公其事》研究之一〉，《出土文獻》2021 年第 f1 期（2021.3），頁 57-60。

[349] 李步嘉：《越絕書校釋》（北京：中華書局，2013），頁 85。

[350] 鄭張尚芳：〈句踐「維甲」令中之古越語的解讀〉，《民族語文》，1999 第 4 期，頁 2。收入《鄭張尚芳語言學論文集》（北京：中華書局，2012），頁 651。

一句，《說文》云：「戍，守邊也。」[351]从「戍」字用法來看，東夷、西夷肯定不是東海、西海。筆者認為簡文的「東夷」、「西夷」當為越國東方、西方部族之泛稱。

「古蔑」，原整理者釋為「姑蔑」，滕勝霖認為「古蔑」又作「姑末」，在浙江省龍游縣北。《左傳・哀公十三年》：「（吳王孫）彌庸見姑蔑之旗。」杜預《注》：「姑蔑，今東陽太末縣。」[352]《國語・越語上》：「西至於姑蔑。」韋昭《注》：「姑蔑，今太湖是也。」[353]彭華認為《國語》的「姑蔑」，就是《越公其事》的「古蔑」，也就是《逸周書・王會解》的「姑妹」[354]，也就是「太末」或「大末」。《越絕書・外傳記地傳》：「姑末，今大末。」[355]

首先，「姑蔑」在《左傳》中分屬兩個地望：第一個「姑蔑」位為魯地，見於《左傳・隱公元年》：「三月，公及邾儀父盟于蔑，邾子克也。」[356]《左傳集解》：「蔑，姑蔑，魯地。魯國卞縣南有姑城。」[357]此「蔑」在《左傳・定公十二年》稱「姑蔑」。這個「姑蔑」為魯隱公與邾儀父結盟之處，子居以魯地「姑蔑」證《越公其事》之「姑蔑」，顯然不妥。

《左傳》第二個「姑蔑」位於越國，當即簡文所指。「姑蔑」的「姑」為吳越地區常用的詞頭[358]，其地望古來並無疑義。《左傳・哀公十三年》：「六月，丙子，越子伐吳，為二隧。疇無餘、謳陽自南方，先及郊。吳大子友、王子地、王孫彌庸、壽於姚自泓上觀之。彌庸見姑蔑之旗，曰：『吾父之旗也，不可以見讎而弗殺也。』」杜預《注》云：「姑蔑，越地。今東陽大宋縣。」[359]據《大清一統志》，姑蔑故城在今浙江龍遊鎮之北（龍遊本縣，已廢，地併入衢縣及金華縣）[360]。在今浙江省衢州市龍游縣，龍游縣在衢州市西境，吳之姑蔑在此。《水經注》卷40載：「浙江又東北流至錢塘出入焉。水源西出太末縣，縣是越之西鄙，

351 （東漢）許慎撰，（清）段玉裁注，李添富總校訂：《新添古音說文解字注》（臺北：洪葉文化事業有限公司，2016），頁636。

352 （西晉）杜預注，（唐）孔穎達正義，李學勤主編：《十三經注疏・春秋左傳正義》（北京：北京大學出版社，2000），頁1923。

353 （三國吳）韋昭注，徐元誥集解：《國語集解》（北京：中華書局，2002），頁570。

354 黃懷信、張懋鎔、田旭東：《逸周書彙校集注》（上海：上海古籍出版社，2007），頁838。

355 李步嘉：《越絕書校釋》（北京：中華書局，2013），頁229。

356 （西晉）杜預注，（唐）孔穎達正義，李學勤主編：《十三經注疏・春秋左傳正義》（北京：北京大學出版社，2000），頁56。

357 （春秋）左丘明傳，（晉）杜預集解：《春秋左傳集解》（上海：上海人民出版社，1977），頁3。

358 董珊：〈越王差徐戈考〉，見復旦網，2008.10.15。收入《故宮博物院院刊》，2008第4期，頁24-39。

359 （晉）杜預注，（唐）孔穎達正義，李學勤主編：《十三經注疏・春秋左傳正義》（北京：北京大學出版社，2000），頁1923。

360 （清）徐乾學等編：《嘉慶重修一統志》（臺北：商務印書館，1934，上海涵芬樓景印清史館藏進呈寫本），卷166，頁8下。

姑蔑之地也，秦以為縣。」[361]韓愈〈衢州徐偃王廟碑〉：「姑蔑之墟，太末之里。」
朱熹《注》：「今衢州有姑蔑城。」[362]依照孫敬明的研究，西周時期「姑幕」南
遷至魯地的「姑蔑」，「蔑」、「幕」同音通假，而其在春秋晚期再度南遷，是
為越之「姑蔑」，乃地名相沿用[363]。此說是否能成立，尚有待日後檢驗。

「姑蔑」是越國哪個方向的邊鄙，古籍有兩種說法：

1　南鄙之說

《越絕書·外傳記地傳》云：「三年，吳王復還封句踐於越，東西百
里，北鄉臣事吳，東為右，西為左。大越故界，浙江至就李，南姑
末、寫干。」[364]

2　西鄙之說

《國語·越語上》云：「勾踐之地，南至於句無，北至於禦兒，東至於鄞，
西至於姑蔑，廣運百里。」[365]《大事表》云：「越境西至姑蔑，即此。秦
置大末縣，屬會稽郡。晉改屬東陽郡。今為衢州府龍游縣。」[366]

依照許起墉《《左傳》楚、陳、蔡、吳、越交通路線研究》研究成果，「若按吳
王封勾踐至平原後算起，越國四向交通，北向：『會稽－禦兒－橋李－平原』，
西北向：『會稽－冥』，南向為：『會稽－甬東－姑蔑』，東向『會稽－鄞』。」
其所繪製的路線如下：

[361] （北魏）酈道元著，（清）王先謙校：《水經注》（成都：巴蜀書社，1985），頁603。
[362] （唐）韓愈著，閻琦校注：《韓昌黎文集注釋》（西安：三秦出版社，2004），頁97。
[363] 孫敬明：〈東夷方國——姑蔑兩考〉，《考古發現與齊史類徵》（濟南：齊魯書社，2006），頁577-581。
[364] 李步嘉：《越絕書校釋》（北京：中華書局，2013），頁229。
[365] （三國吳）韋昭注，徐元誥集解：《國語集解》（北京：中華書局，2002），頁570。
[366] （清）顧棟高，吳樹平、李解民點校：《春秋大事表》（北京：中華書局，1993），頁885-886。

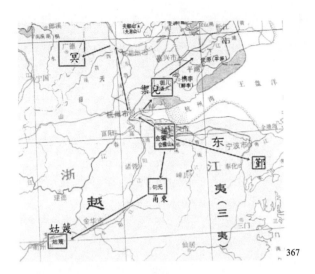

句踐敗降之後，降於夫差，爾後夫差返還越國土地，並非一次全部歸還，而是有初封、增封等過程，故「南鄙說」與「西鄙說」，當是不同時間所造成的差異。又，姑蔑在會稽西南，稱南鄙、西鄙均可，故有此異說。依據《吳越春秋‧勾踐歸國外傳》說法，句踐初封與增封受國地域為：

	東鄙	西鄙	南鄙	北鄙
初封	東至炭瀆	西止周宗	南造於山	北薄於海
增封	東至於勾、甬	西至於檇李	南至於姑末	北至於平原

「姑末」即姑蔑，則「姑蔑」當為越之南鄙為妥。

黃愛梅認為「這句話的斷句亦有可能為『東夷、西夷姑蔑、句吳』」。此說可商，「『東夷』、『西夷』」二地又見第九章簡57，「西夷」後並無「姑蔑」，則「西夷」肯定不當與「姑蔑」連言。

「句虞（吳）」即古籍之「句無」，《國語‧越語上》云：「句踐之地，南至於句無。」韋昭《注》：「今諸暨有句無亭是也。」[368]《路史‧卷27》：「諸暨有諸山暨浦，允常之都。」「句吳」在今浙江省諸暨縣南。

俞志慧提出異議，他認為「頗疑句無就是姑篾，無、篾（蔑）同屬古音明母，今諸暨、義烏（佑仁案：原書誤作「鳥」）方言仍謂『無』作『末』，姑、句則同為古越語詞頭。」[369]此說恐不可信，《越公其事》「古蔑、句虞（吳）」連稱，則二地不可能是同音假借。

367　許起瑭：《《左傳》楚、陳、蔡、吳、越交通路線研究》（臺南：成功大學碩士論文，2019），頁94。

368　（三國吳）韋昭注，徐元誥集解：《國語集解》（北京：中華書局，2002），頁570。

369　俞志慧：《《國語》韋昭注辨正》（北京：中華書局，2009），頁249。

〔27〕乃皆翻（聞）雫（越）堅（地）之多飤（食）、政溥（薄）而好訐（信）

乃	皆	翻	雫	堅	之	多
飤	政	溥	而	好	訐	

原整理者（201704）：政溥，讀為「政薄」，與第三十九簡「政重」相對。[370]

王磊（20170517）：「政薄」即「賦稅輕少」，《周禮·地官司徒》：「以為地灋而待政令，以荒政十有二聚萬民：一曰散利，二曰薄征，三曰緩刑，四曰弛力，……。」「薄征」即「減輕賦稅」的意思。[371]

吳德貞（201805）：簡39讀為「征重」，則此處當讀為「征薄」，指「賦薄」。[372]

子居（20180804）：先秦時形容政事時所用的「薄」，多是指稅賦而言，據《國語·越語上》勾踐曾「十年不收于國」，自然是「政薄」之極。[373]

吳萱萱（20200630）：「政薄」可被理解為所徵賦稅輕薄之意。[374]

江秋貞（202007）：原考釋所釋「政溥」，讀為「政薄」，不夠明確。第六章簡37有「王乃好訐，乃攸市政」，此「市政」為「市征」意即市場貿易稅收，故此處的「政薄」指的是「征薄」，解釋為市場貿易的稅收很輕。第39簡的「政重」也是指「征重」即和「政薄」相對。[375]

佑仁謹案：

「政溥」，原整理者讀「政薄」，認為與簡39的「政重」相對。王磊、吳德貞、子居、江秋貞都將「政」理解為稅賦。

此處的「政薄」確實當如原整理者所言，對應「五政」中的第二政——「市政」。吳越爭霸故事中，有許多與徵賦寬緩有關的文例：

[370] 李學勤主編：《清華大學藏戰國竹簡（柒）》（上海：中西書局，2017），頁139。

[371] 王磊：〈清華七〈越公其事〉札記六則〉，武漢網，2017.5.17（2021.5.10上網）。

[372] 吳德貞：《清華簡《越公其事》集釋》（武漢：武漢大學碩士論文，2018），頁75-76。

[373] 子居：〈清華簡七《越公其事》第七、第八章解析〉，中國先秦史網站，2018.8.4（2021.5.10上網）。

[374] 吳萱萱：《《越公其事》中句踐滅吳故事考論》（杭州：杭州師範大學碩士論文，2020），頁29。

[375] 江秋貞：《清華大學藏戰國竹簡（柒）·越公其事》考釋》（臺北：臺灣師範大學博士論文，2020），頁513。江秋貞：《《清華大學藏戰國竹簡（柒）·越公其事》考釋》（臺北：花木蘭文化事業有限公司，2022），頁458。

1 申胥進諫曰：「昔天以越賜吳，而王弗受。夫天命有反，今越王句踐恐懼而改其謀，舍其惎令，輕其征賦，施民所善，去民所惡，身自約也，裕其眾庶，其民殷眾，以多甲兵。」（《國語·吳語》）

2 句踐之地，南至於句無，北至於禦兒，東至於鄞，西至於姑蔑，廣運百里。……非其身之所種則不食，非其夫人之所織則不衣。十年不收於國，民俱有三年之食。（《國語·越語上》[376]）

3 昔者，越王句踐既得反國，欲陰謀吳。乃召計倪而問焉，……計倪對曰：「人之生無幾，必先憂積蓄，以備妖祥。凡人生或老或弱，或疆或怯，不早備生，不能相葬。王其審之。必先省賦斂，勸農桑。饑饉在問，或水或塘。」（《越絕書·計倪內經》[377]）

4 於是越王內修其德，外布其道，君不名教，臣不名謀，民不名使，官不名事。國中蕩蕩無有政令。越王內實府庫，墾其田疇，民富國彊，眾安道泰。越王遂師八臣與其四友，時問政焉。大夫種曰：「愛民而已。」越王曰：「奈何？」種曰：「利之無害，成之無敗，生之無殺，與之無奪。」越王曰：「願聞。」種曰：「無奪民所好則利也，民不失其時則成之，省刑去罰則生之，薄其賦歛則與之，無多臺游則樂之，靜而無苛則喜之。民失所好則害之，農失其時則敗之，有罪不赦則殺之，重賦厚歛則奪之，多作臺游以罷民則苦之，勞擾民力則怒之，臣聞善為國者遇民如父母之愛其子，如兄之愛其弟。聞有飢寒為之哀，見其勞苦為之悲。」越王乃緩刑薄罰，省其賦歛，於是人民殷富，皆有帶甲之勇。」（《吳越春秋·勾踐歸國外傳》[378]）

此處是說，四方人民聽聞越國糧食多且徵賦較輕，且為政者講究信用，故爭相歸往。

〔28〕乃波徃（往）遷（歸）之

乃	波	徃	遷	之
乃	波	徃	遷	之

原整理者（201704）：波往，比喻之辭，喻其多。[379]

胡敕瑞（20170429）：「波」古漢語有奔跑一義，如「波迸」、「波逃」、「波奔」，均是同義連用結構，與簡文的「波往」結構和意義相近。這些詞語中

[376] （三國吳）韋昭注，徐元誥集解：《國語集解》（北京：中華書局，2002），頁 540-541、570-571。

[377] 李步嘉：《越絕書校釋》（北京：中華書局，2013），頁 110。

[378] 周生春：《吳越春秋輯校彙考》（上海：上海古籍出版社，1997），頁 136

[379] 李學勤主編：《清華大學藏戰國竹簡（柒）》（上海：中西書局，2017），頁 139。

的「波」均非比喻之詞，「波」義為奔跑。蔣禮鴻先生將「波」的奔逃義追溯到南齊王琰的《冥祥記》。其實東漢已見「奔波」一詞，如《昌言·佚文》：「救患赴急，跋涉奔波者，憂樂之盡也。」「奔波」猶如「波奔」，「波」「奔」同義連文，次序顛倒而詞義不變。這種次序顛倒而詞義不變的現象，也有助於說明「波」並非比喻之詞。表示奔跑義的「波」也許是一個古已有之的方言詞。現在清華簡出現了「波」的奔跑義，一下子把源頭追溯到了上古。[380]

　　cbnd（20170506）：「波」字疑讀作「播」。「播」有遷徙義。《後漢書·獻帝紀贊》：「獻生不辰，身播國屯。」李賢注：「播，遷也。」「波（播）往歸之」是說東夷、西夷、姑篾、句吳四方之民遷徙歸往越地。[381]

　　陳偉（20170427）：「波」恐當讀為「頗」，皆、悉義。以皆或盡悉之義解釋簡文，似無不合。[382]

　　郭洗凡（201803）：「波」和「頗」均為上古歌部字，二者音可通，「頗」在這裡是「皆」、「都」的意思。簡文的意思是說東夷、西夷、姑篾、句吳的越國人民都回到了越國的地方。[383]

　　滕勝霖（201905）：讀作「頗」，訓作「皆」。「歸」，歸附。「乃頗往歸之」義為四方之民於是都去歸附越地。[384]

　　張朝然（201906）：陳偉先生的觀點可從。「乃頗往歸之」意思為東夷、西夷、姑篾、句吳的百姓皆來到了越邦。「往」和「歸」應為同義，表示去、到之義。[385]

　　王青（201910）：「波」當讀為「彼」，指前一句簡文所提東夷、西夷、古篾、句吳等邦國之人。「乃彼」，意若「彼乃」。[386]

　　沈培（201910）：胡敕瑞先生把「波」解釋為「奔跑」，大致可從。要注意的是，這種「播」的準確含義是「分散」「離散」「逃散」。簡文說「東夷、西夷、姑篾、句吳四方之民……乃波往歸之」，是指四面八方的人分散而逃往越國（作者原注：也許會有人把「波往」理解為「像波浪一樣往」，但這也是不確切

---

[380] 胡敕瑞：〈清華大學藏戰國竹簡（柒）《越公其事》札記三則〉，清華網，2017.4.29，後改題〈清華大學藏戰國竹簡（柒）《越公其事》札記〉，收入李學勤主編：《出土文獻》第12輯（上海：中西書局，2018.4），頁167-168。

[381] cbnd：〈清華七《越公其事》初讀〉，武漢網，跟帖第155樓，2017.5.6（2019.11.19上網）。

[382] 陳偉：〈清華簡七《越公其事》校讀〉，武漢網，2017.4.27。收入復旦大學出土文獻與古文字研究中心主編：《「出土文獻與傳世典籍的詮釋」國際學術研討會議程論文集》（上海：復旦大學出土文獻與古文字研究中心，2017），頁32、33。後正式出版，見復旦大學出土文獻與古文字研究中心主編：《出土文獻與傳世典籍的詮釋》（上海：中西書局，2019），頁318。

[383] 郭洗凡：《清華簡《越公其事》集釋》（合肥：安徽大學碩士論文，2018），頁82。

[384] 滕勝霖：《《清華大學藏戰國竹簡（柒）》集釋及相關問題研究》（重慶：西南大學碩士論文，2019），頁343。

[385] 張朝然：《清華簡《越公其事》集釋及相關問題初探》（石家莊：河北師範大學碩士論文，2019），頁46。

[386] 王青：〈清華簡《越公其事》補釋〉，收入華東師範大學歷史學系編：《出土文獻與商周社會學術研討會會議論文集》（上海：華東師範大學歷史學系，2019），頁329。

的。「波浪」之「波」是從「播」來的，之所以叫「波浪」，跟「播」的上下激盪、相撞分散相關。後來用「波」這個字專門表示名詞義的「波」，但仍然還可以看到用「波」表示動詞的用法。只有當「波」固定表示名詞義時，「波往」才可以理解為「像波浪一樣往」。先秦時代沒有必要這麼曲折去理解，就應當按照「波」的動詞義去理解。）胡文當中所引的敦煌變文等中古漢語材料，如「莫遣波逃星散去」「遺氓波散」「五百弟子奔波迸散」等都顯示「波」與「散」有密切關係。可見這個詞中古以後雖然可以理解為「奔跑」義，但仍然保留著「分散」這個義素。「播遷」的「播」也應該是「離散」的意思。[387]

杜建婷（201906）：「波」可讀為「頗」，訓為「皆、都」。[388]

江秋貞（202007）：本文贊成陳偉讀為「頗」，但釋為「多」。「頗」在先秦最早多釋為「少（略有）」，其後漸漸釋為「多」，到了《漢書》，才多到「皆」。[389]

湯志彪（202111）：此處的「波」如字讀，本指「波浪」，是名詞，在簡文中作狀語。名詞作狀語用於描繪動詞所表示的行動的方式或狀態，習見於古代漢語。清華簡（貳）《繫年》簡136有「犬逺（逸）而還」，整理者認為：「犬逺，讀為『犬逸』，像犬一樣地逃逸。」甚是。準此，簡文的「波往」當理解作「像波浪一樣往歸之」。[390]

佑仁謹案：
關於「波」字，學界有以下幾種解讀方式：

1 原整理者認為「波往」是喻其多。
2 胡敕瑞認為「波」古漢語有奔跑義，見於東漢時代仲長統《昌言》，依據《越公其事》則可將此詞推到上古。王凱博從之。
3 cbnd認為「波」讀成「播」，有遷徙義。
4 陳偉認為「波」讀成「頗」，為皆、悉義。郭洗凡、子居[391]、滕勝霖、張朝然、杜建婷、江秋貞從之。
5 王青認為「波」讀成「彼」，指東夷、西夷、古蔑、句吳等邦國之人。
6 沈培認為「波」的意思是「分散」「離散」「逃散」，也就是指四面八

387 沈培：〈說古書中跟「波」、「播」相關的幾個問題〉，《歷史語言學研究》第 13 輯（北京：商務印書館，2019.10），頁 26-42。

388 杜建婷：《清華簡第七輯文字集釋》（廣州：中山大學碩士論文，2019），頁 273。

389 江秋貞：《〈清華大學藏戰國竹簡（柒）・越公其事〉考釋》（臺北：臺灣師範大學博士論文，2020），頁 517。江秋貞：《〈清華大學藏戰國竹簡（柒）・越公其事〉考釋》（臺北：花木蘭文化事業有限公司，2022），頁 462。

390 湯志彪：〈清華簡（柒）字詞研究四則〉，《簡帛》第 23 輯（上海：上海古籍出版社，2021），頁 119-120。

391 子居：〈清華簡七《越公其事》第七、第八章解析〉，中國先秦史網站，2018.8.4（2021.5.10上網）。

方的人分散而逃往越國。

    7   湯志彪認為「波」讀如字，本指波浪，簡文中將名詞當狀語使用。「波往」當理解作「像波浪一樣往歸之」。

「波往」一詞於古籍中未曾出現，所以各家說法均不無可能，但都只是推論。本文比較贊同沈培的看法，「波浪」的{波}是由「播」演變而來，「播」本指播種，東西被播撒之後，意味著離開自己，故「播」有逃離、逃散的意思，「波往」雖然可以理解為「奔跑」義，但仍然保留著「分散」這個義項，故「波往」應當理解為離開家鄉，逃往越國。[392]

此外，楚簡的{歸}常寫成「遑」，從帚從辵。「往歸」指前往歸附，《史記·周本紀》：「伯夷、叔齊在孤竹，聞西伯善養老，盍往歸之。」《史記·魏公子列傳》：「士以此方數千里爭往歸之，致食客三千人。」[393]

〔29〕雫（越）墬（地）乃大多人

雫	墬	乃	大	多	人
雫	墬	乃	大	多	人

佑仁謹案：

《越公其事》有多處「大多△」的用法，例如：

    1   大多食。（簡36下）
    2   大多人。（簡49）
    3   大多兵。（簡52）

「大多△」，△可帶入「食」、「人」、「兵」等字，均為名詞。「多」為動詞，訓為「增加」，修飾△字，而「大」則為副詞，「大多」可以理解為「大大地增加（糧食、人口、兵器）」。

---

[392] 沈培：〈說古書中跟「波」、「播」相關的幾個問題〉，《歷史語言學研究》第 13 輯（北京：商務印書館，2019.10），頁 26-42。

[393] （西漢）司馬遷撰，（南朝宋）裴駰集解，（唐）司馬貞索引、張守節正義：《史記》（北京：中華書局，2014），頁 151；2889。

第八章

本章談的是「五政」中的第四政——好兵。

在農業發展、市場規劃、人口數量均達到一定水準後,句踐開始重視五兵之「利」,「利」字一語雙關,既指句踐日思夜想如何強化兵器的銳利,也可以理解為句踐探究如何利用軍事的優越性而獲得利益。

句踐將兵器帶在身邊,日夜摩挲鑽研,他派遣使者詢問大臣及邊縣城市是否擁有武器,他的態度深深影響左右大臣,終日都在研究如何讓兵器更為銳利。上行下效,最終讓全越國擁有大量精良的器械,成為消滅吳國最堅實的後盾。

釋文

雪(越)邦皆備(服)墬(徵)人〔1〕,多人,王乃好兵〔2〕。凡五兵之利〔3〕,王日悉(玩)之〔4〕,居者(諸)左右〔5〕;凡金革之攻〔6〕,王日龠(侖-論)賸(省)【五〇】亓(其)事〔7〕,以䚶(問)五兵之利〔8〕。王乃歸(歸)徒(使)人情(省)䚶(問)羣(群)大臣及鄥(邊)鄁(縣)成(城)市(坲)之多兵、亡(無)兵者〔9〕,王則眯=(必視)〔10〕。佳(唯)多【五一】兵、亡(無)兵者是戢(察),䚶(問)于左右〔11〕。與(舉)雪(越)邦爭=(至于)鄥(邊)還(縣)成(城)坲(市)乃皆好兵甲〔12〕,雪(越)邦乃大多兵。〔13〕【五二】

語譯

　　越國重視招來人民以後，人口益增，句踐開始喜好軍事。凡是兵器的銳利，句踐日夜鑽研，把兵器放在身邊。凡是器械裝備之整治，句踐日夜與大臣討論，訊問大臣兵器的銳利。王於是派遣使者察問大臣及邊縣城市裡，擁有兵器或沒有兵器的，句踐一定親自檢視。以「兵器之有無」，訊問身邊大臣。整個越國從邊縣到城市都喜好器械鎧甲，越國大大地增加兵力。

〔1〕雩（越）邦皆備（服）陞（徵）人

雩	邦	皆	備	陞	人

　　滕勝霖（201905）：「服」，實行。《逸周書·武穆》：「明義倡爾眾教之以服」，朱右曾集訓校釋：「服，行也。」[1]

　　王青（201910）：依古無輕唇音之例，「備」可讀為「服」，但備之意仍然是存在的。如《左傳》桓公六年「粢盛豐備」、《唐虞之道》第3簡「聖道備嘻」，等皆為齊備之義，不可改用「服」之義。此簡文意謂皆擁有那些向善之人，因東夷等歸化之人故而有眾多的人。[2]

　　江秋貞（202007）：第八章開頭「雩邦皆（佑仁按：「皆」，原文漏寫）備陞人，多人，王乃好兵」和第六章、第七章開頭一致的寫法。「雩邦皆（佑仁按：「皆」，原文漏寫）備陞人」的「備」如第六、七章一樣，如字讀即可，均為「皆盡」之意。「陞」讀為「登」，「越邦盡登人，多人，王乃好兵」，意即「越邦皆盡完成增力人口的措施後，人口愈來愈多，越王於是喜好兵事」。[3]

　　佑仁謹案：

　　「五政」各章（第五章至第九章）首尾關係密切，後一章開頭，必先概括前一章的主旨。「徵人」為第七章之施政綱領，指越國招徠四方人民，以利人口總數提升，請參第七章注釋1。

---

[1] 滕勝霖：《《清華大學藏戰國竹簡（柒）》集釋及相關問題研究》（重慶：西南大學碩士論文，2019），頁345-346。

[2] 王青：〈清華簡《越公其事》補釋〉，收入華東師範大學歷史學系編：《出土文獻與商周社會學術研討會會議論文集》（上海：華東師範大學歷史學系，2019），頁330。

[3] 江秋貞：《《清華大學藏戰國竹簡（柒）·越公其事》考釋》（臺北：臺灣師範大學博士論文，2020），頁521。江秋貞：《《清華大學藏戰國竹簡（柒）·越公其事》考釋》（臺北：花木蘭文化事業公司，2022），頁465。

〔2〕多人，王乃好兵。

多	人	王	乃	好	兵
多	人	王	乃	好	兵

佑仁謹案：

簡文「王乃好兵」，「兵」是本章施政的重點。不過「兵」字在古籍中有多種意涵，小到具體的兵器，大到抽象的戰法，且用以解釋簡文，好像也都能說得通，因此「王乃好兵」的「兵」該如何詮解，是無法迴避的問題。

首先，古籍中的「兵」至少有以下幾種義項：

1　指兵器（本義）：《韓非子・內儲說下》云：「（費）無極教（郤）宛曰：『令尹甚傲而好兵，子必謹敬，先亟陳兵堂下及門庭。』」[4]此處的「兵」指兵器。

2　指軍事、軍隊：《左傳・隱公四年》：「夫兵猶火也，弗戢，將自焚也。」[5]《孫子・計》：「兵者，國之大事。」[6]「兵」指軍事。

3　指戰爭：《晏子春秋・問篇・景公問古者離散其民如何晏子對以今聞公令如寇讎》：「好辯以為忠，流湎而忘國，好兵而忘民。」[7]《晏子春秋・問篇・晏子使晉晉平公問先君得眾若何晏子對以如美淵澤》：「不好鐘鼓，好兵作武。」[8]《漢書・荊燕吳傳》：「聞膠西王勇，好兵，諸侯皆畏憚之。」[9]

4　指兵法：《戰國策・趙策・鄭同北見趙王》：「鄭同曰：『臣南方草鄙之人也，何足問？雖然，王致之於前，安敢不對乎？臣少之時，親嘗教以兵。』趙王曰：『寡人不好兵。』」[10]此處的「兵」指兵法。

如上所述，兵器、軍隊、戰爭、兵法等意涵都可以作為「兵」的解釋，只是廣狹有別，簡文的「兵」到底應廣義地理解為軍隊、戰爭，還是狹義地解釋為兵

---

[4]　（清）王先慎撰，鍾哲點校：《韓非子集解》（北京：中華書局，2013），頁270。

[5]　（晉）杜預注，（唐）孔穎達正義，李學勤主編：《十三經注疏・春秋左傳正義》（北京：北京大學出版社，2000），頁100。

[6]　（春秋）孫武撰，（三國）曹操等注，楊丙安校理：《十一家注孫子校理》（北京：中華書局，1999），頁1。

[7]　吳則虞：《晏子春秋集釋》（北京：中華書局，1982），頁234。

[8]　吳則虞：《晏子春秋集釋》（北京：中華書局，1982），頁264。

[9]　（東漢）班固，（清）王先謙：《漢書補注》（上海：上海古籍出版社，2008），頁3230。

[10]　諸祖耿：《戰國策集注彙考》（南京：鳳凰出版社，2008），頁1052。

器呢？綜合來說，筆者認為簡文「王乃好兵」的「兵」，解釋為「兵器」是最好的選項。此乃基於以下幾點理由：

1　《越公其事》的「五政」以五個章節來論述，各章開頭常標舉王的施政目標，中間經過各種作為與努力，最後則以達到目標做為結尾。例如第五章開頭說「王好農功」，最後則云「越邦乃大多食」；第六章開頭說「王乃好信，乃修市政」，最後則云「舉越邦乃皆好信」，第七章開頭說「王乃好徵人」，最後則云「越地乃大多人」；第九章開頭說「王乃敕民、修令、審刑」，最後則云「民乃敕齊」，結構非常一致。本章先敘述越國人口增多以後，句踐開始「好兵」，而結尾則云「舉越邦至于邊縣城市乃皆好兵甲」，則「好兵」顯然當與「好兵甲」內涵一致，則「兵」當理解為兵器無疑。

2　古籍的記載對於詮解簡文亦有所幫助。《國語・吳語》云：「今越王句踐恐懼而改其謀，舍其愆令，輕其征賦，施民所善，去民所惡，身自約也，裕其眾庶，其民殷眾，以多甲兵。」[11]這段話有好幾處關鍵字能扣合「五政」主題，例如「輕其征賦，施民所善」合於「王乃好信，乃修市政。」（第六章）、「政薄而好信」（第七章），「裕其眾庶，其民殷眾」合於「越地乃大多人」（第八章），而「以多甲兵」一句則與本章「乃皆好兵甲」、「越邦乃大多兵」契合，可見「兵」應該是指兵器。

此外，依據《越絕書》記載，句踐曾向文種詢問討伐吳國的方法，文種提出「九術」（九種方法），其中「九曰『堅厲甲兵，以承其弊』」[12]，磨勵兵器堅固盾甲，其說法與本章主旨相合。

〔3〕凡五兵之利

凡	五	兵	之	利

原整理者（201704）：五兵，《周禮・司兵》「掌五兵、五盾」，鄭玄注引鄭司農云：「五兵者，戈、殳、戟、酋矛、夷矛。」此指車之五兵。步卒之五兵，則無夷矛而有弓矢，見〈司兵〉鄭玄注。[13]

子居（20180804）：由《國語・吳語》：「越王乃中分其師以為左右軍，以其私卒君子六千人為中軍。明日將舟戰于江。」《國語・越語上》：「子胥諫曰：

[11]（三國吳）韋昭注，徐元誥集解：《國語集解》（北京：中華書局，2002），頁540-541。

[12] 李步嘉：《越絕書校釋》（北京：中華書局，2013），頁321。

[13] 李學勤主編：《清華大學藏戰國竹簡（柒）》（上海：中西書局，2017），頁140。

不可。夫吳之與越也，仇讎敵戰之國也。三江環之，民無所移，有吳則無越，有越則無吳，將不可改于是矣。員聞之，陸人居陸，水人居水。夫上黨之國，我攻而勝之，吾不能居其地，不能乘其車。夫越國，吾攻而勝之，吾能居其地，吾能乘其舟。」《墨子・魯問》：「昔者楚人與越人舟戰于江。」等內容及諸書所記「焚舟失火」故事可見，越人當是習於水戰而不擅長使用戰車，因此《越公其事》的「五兵」當非車之五兵。[14]

　　滕勝霖（201905）：「五兵」分車之五兵與步卒之五兵，較早見於《左傳・昭公二十七年》費無極之奸計：「令尹好甲兵，子出之，吾擇焉，取五甲五兵。」本文傾向於指步卒之五兵，即「戈、殳、戟、酋矛、弓矢」。「利」，鋒利。《說文・刀部》：「銛也。從刀。和然後利，從和省。」段玉裁注：「銛者、臿屬。引伸為銛利字。」[15]

　　江秋貞（202007）：原考釋的「車之五兵」為「戈、殳、戟、酋矛、夷矛」和「步卒之五兵」為「戈、殳、戟、酋矛、弓矢」，但是原考釋沒有說明在這裡究竟是「車之五兵」還是「步卒之五兵」，只有子居認為越人習於水戰，不習陸戰，故應該不是原考釋所說的「車之五兵」。「五兵」究竟是什麼？有待了解。

　　從本章最末句來看，句踐要的是「多兵」，因此筆者認為此處的「利」應該採最寬義解釋，可以釋為「銳利、利害、利益（包括品質與數量）」，「五兵之利」指「五兵的銳利、利益、利害」。[16]

　　佑仁謹案：

　　子居依據越人「習於水戰而不擅長使用戰車」進而主張《越公其事》的「五兵」當非車之五兵，此說似是而非，越人不擅長車戰，不代表就沒有車戰，這是兩回事。《國語・吳語》載句踐之言云：「吾欲與之徼天之衷，唯是車馬、兵甲、卒伍既具，無以行之。」[17]表明句踐日夜思欲復仇，車馬、武器、士兵均已備妥，只差沒有動武。《越絕書・外傳紀策考》云：「吳王夫差興師伐越，敗兵就李。大風發狂，日夜不止。車敗馬失，騎士墮死。大船陵居，小船沒水。」[18]夫差興師而遇大風，遂導致「車敗馬失」。《吳越春秋・勾踐十三年》云：「越王又問相國范蠡曰：『孤有報復之謀，水戰則乘舟，陸行則乘輿，輿舟之利，頓於兵弩。』」

14　子居：〈清華簡七《越公其事》第八章解析〉，中國先秦史網站，2018.8.4（2021.5.10上網）。

15　滕勝霖：《《清華大學藏戰國竹簡（柒）》集釋及相關問題研究》（重慶：西南大學碩士論文，2019），頁345-346。

16　江秋貞：《《清華大學藏戰國竹簡（柒）・越公其事》考釋》（臺北：臺灣師範大學博士論文，2020），頁521-522。江秋貞：《《清華大學藏戰國竹簡（柒）・越公其事》考釋》（臺北：花木蘭文化事業公司，2022），頁465。

17　（三國吳）韋昭注，徐元誥集解：《國語集解》（北京：中華書局，2002），頁556。

18　李步嘉：《越絕書校釋》（北京：中華書局，2013），頁152。

[19]水戰乘舟，陸戰乘車，各有不同。吳越地理由於「三江環之」，故水利便捷，習於水戰，但不代表沒有車戰。

「五兵」一詞，古籍常見，本處僅舉經部典籍為例，如下：

> 1 《左傳‧昭公二十七年》：「取五甲五兵，（費無極）曰：『寘諸門。令尹至，必觀之，而從以酬之。』」[20]
> 2 《春秋穀梁傳‧莊公二十五年》：「天子救日，置五麾，陳五兵、五鼓，諸侯置三麾，陳三鼓、三兵。」[21]
> 3 《周禮‧夏官司馬》：「司兵掌五兵、五盾，……大喪，廞五兵。軍事，建車之五兵，會同亦如之。」[22]
> 4 《大戴禮記‧虞戴德》：「天子以歲二月為壇于東郊，建五色，設五兵，具五味，陳六律品，奏五聲，聽明教。」[23]

經部以外，又見於《荀子‧榮辱》、《荀子‧儒效》[24]、《墨子‧節用上》、《墨子‧迎敵祠》、《墨子‧旗幟》[25]、《莊子‧天道》[26]、《商君書‧賞刑》[27]、《管子‧小匡》、《管子‧四時》[28]、《淮南子‧兵略訓》、《淮南子‧泰族訓》[29]、《呂氏春秋‧精通》[30]、《戰國策‧齊策‧蘇秦說齊閔王》[31]、《黃帝內經‧靈樞

---

[19] 周生春：《吳越春秋輯校彙考》（上海：上海古籍出版社，1997），頁 151。

[20] （晉）杜預注，（唐）孔穎達正義，李學勤主編：《十三經注疏‧春秋左傳正義》（北京：北京大學出版社，2000），頁 1709。

[21] （晉）范寧注，（唐）楊士勛疏，李學勤主編：《十三經注疏‧春秋穀梁傳注疏》（北京：北京大學出版社，2000），頁 106-107。

[22] （東漢）鄭玄注，（唐）賈公彥疏，李學勤主編：《十三經注疏‧周禮注疏》（北京：北京大學出版社，2000），頁 988-989。

[23] 黃懷信、孔德立、周海生：《大戴禮記彙校集解》（西安：三秦出版社，2004），頁 1038。

[24] （清）王先謙撰，沈嘯寰、王星賢點校：《荀子集解》（北京：中華書局，1988），頁 53、136。

[25] （清）孫詒讓撰，吳毓江撰、孫啟治點校：《墨子校注》（北京：中華書局，1993），頁 247、896、904。

[26] （清）王先謙：《莊子集解》（北京：中華書局，1987），頁 115。

[27] 蔣禮鴻撰：《商君書錐指》（北京：中華書局，1986），頁 100。

[28] 黎翔鳳撰，梁運華整理：《管子校注》（北京：中華書局，2004），頁 440、851。

[29] 何寧：《淮南子集釋》（北京：中華書局，1998），頁 1052、1415。

[30] 許維遹撰，梁運華整理：《呂氏春秋集釋》（北京：中華書局，2009），頁 212。

[31] 諸祖耿：《戰國策集注彙考（增補本）》（南京：鳳凰出版社，2008），頁 638。

經・玉版》[32]、《說苑・談叢》[33]、《潛夫論・勸將》[34]、馬王堆帛書〈五十二病方・髼〉391／381[35]等，用例甚多。

　　雖然古籍「五兵」一詞十分常見，但真正指實「五兵」內涵者，僅見於《世本》與《司馬法》：

　　1　《世本》：「蚩尤作五兵：戈、矛、戟、酋矛、夷矛。黃帝誅之涿鹿之野。」[36]
　　2　《司馬法・定爵》：「順天、阜財、懌眾、利地、右兵，是謂五慮。……右兵，弓矢禦，殳矛守，戈戟助。凡五兵五當，長以衛短，短以救長。」[37]

　　更多的「五兵」解釋是出自注疏家的分析，除了原整理者引述《周禮・夏官・司兵》鄭注引鄭眾（鄭司農）說之外，例如：

　　1　《穀梁傳・莊公二十五年》：「天子救日，置五麾，陳五兵五鼓。」范寧《注》：「五兵：矛、戟、鉞、楯、弓矢。」[38]
　　2　《漢書・吾丘壽王傳》：「古者作五兵。」顏師古《注》：「五兵，謂矛、戟、弓、劍、戈。」[39]

---

[32] 龍伯堅編著，龍式昭整理：《黃帝內經集釋》（天津：天津科學技術出版社，2016），卷17，頁1889。

[33] （西漢）劉向撰，向宗魯校證：《說苑校證》（北京：中華書局，1987），頁403。

[34] （東漢）王符撰，（清）汪繼培箋，彭鐸校正：《潛夫論箋校正》（北京：中華書局，1985），頁244。

[35] 裘錫圭主編：《長沙馬王堆漢墓帛書集成》（北京：中華書局，2014），第5冊，頁285。

[36] 《世本八種》有五家均據《路史・後紀四・蚩尤傳》「發葛盧雕狐之金，啟九治作兵刑劍撥，劍撥作而歲之，諸侯相兼者二十一」注引《世本》，輯作「蚩尤作五兵：戈、矛、戟、酋矛、夷矛。黃帝誅之涿鹿之野。」其中「五兵」與《周禮・夏官・司兵》鄭玄注引鄭眾說法，僅在「矛」與「殳」有所不同。（東漢）宋衷注，（清）王謨諿本：《世本八種》（北京：中華書局，2008），頁37。（東漢）宋衷注，（清）秦嘉諿諿本：《世本八種》（北京：中華書局，2008），頁359。（東漢）宋衷注，（清）張澍粹集補注本：《世本八種》（北京：中華書局，2008），頁14。（東漢）宋衷注，（清）雷學淇校輯本：《世本八種》（北京：中華書局，2008），頁76。（東漢）宋衷注，（清）茆泮林輯本：《世本八種》（北京：中華書局，2008），頁109。（南宋）羅泌撰，（清）陸費逵總勘、高時顯、吳汝霖輯校：《路史》，《四部備要・史部》（北京：中華書局，2016據上海中華書局1921-1934第一版復刻重製），頁80。

[37] 陳曦譯注：《吳子・司馬法》（北京：中華書局，2018），頁316。

[38] （東晉）范寧注，（唐）楊士勛疏，李學勤主編：《十三經注疏・春秋穀梁傳注疏》（北京：北京大學出版社，2000），頁106。

[39] （東漢）班固撰，（清）王先謙補注：《漢書補注》（上海：上海古籍出版社，2008），頁4444-4445。

3 《後漢書·百官志第五》：「亭有亭長，以禁盜賊。」《注》引《漢官儀》曰：「尉、游徼、亭長皆習設備五兵。五兵：弓弩，戟，楯，刀劍，甲鎧。」[40]

我們可將各家說法製表如下：

	弓矢	殳	矛	戈	戟	鈹	楯	劍	鎧
《世本》（輯自《路史》）			酋矛 夷矛	○	○				
《司馬法·定爵》	○	○		○	○				
《周禮·司兵》鄭司農（車卒五兵）		○	酋矛 夷矛	○	○				
《周禮·司兵》鄭玄注（步卒五兵）	○	○	酋矛	○	○				
《穀梁傳·莊公二十五年》范寧注	○		○		○	○	○		
《漢書·吾丘壽王傳》顏師古注	○		○	○	○			○	
《後漢書》注	弓弩				○		○	刀劍	甲鎧

孫詒讓在《墨子閒詁·節用上》曾指出「《周禮·司兵》云：『掌五兵五盾』，又『軍事，建車之五兵』，鄭眾《注》云：『五兵者，戈、殳、戟、酋矛、夷矛。』鄭康成云：『步卒之五兵，則無夷矛而有弓矢。』《司馬法·定爵篇》云：『弓矢圉（佑仁案：一本作「禦」），殳矛守，戈戟助。凡五兵，當長以衛短，短以救長（佑仁案：一本作「凡五兵五當」[41]）。』案：五兵古說多差異，惟鄭君與《司馬法》合，當為定論。此甲盾、五兵並舉，而衛宏《漢舊儀》說五兵有甲鎧，《周禮·肆師》賈《疏》引《五經異義》《公羊》說、《穀梁》莊二十五年范寧《注》、〈曾子問〉孔《疏》引《禮記隱義》、揚雄《太玄經·玄數》說五兵並有盾，皆非也。」[42]是以《司馬法》與鄭玄「步卒五兵」之說為定論。

從上表的整理可知《世本》、《司馬法》、《周禮·司兵》鄭眾、鄭玄說的「五兵」內涵較一致，其餘則眾說紛紜。《穀梁傳·莊公二十五年》范寧《注》與《漢官儀》甚至將「楯」（即「盾」）納入，但《周禮·夏官·司兵》則云「掌五兵 五盾」，「兵」與「盾」顯然是分開來講，「盾」為防禦類工具，不該是「五兵」的內涵。從這個角度來看，各書「五兵」的內涵可能未必能夠等量齊觀。

---

40 （劉宋）范曄撰，（唐）李賢等注：《後漢書》（北京：中華書局，1973），第 12 冊，頁 3624。
41 陳曦譯注：《吳子·司馬法》（北京：中華書局，2018），頁 316、319-320。
42 （清）孫詒讓撰，吳毓江撰、孫啟治點校：《墨子校注》（北京：中華書局，1993），頁 251。

　　總的來說，傳統對於「五兵」的解釋多以鄭眾、鄭玄之說為依歸，但《周禮・夏官・司兵》所謂的「五兵」，究竟是「車卒五兵」還是「步卒五兵」，還是沒有定論。（這種情況有點類似文字學者對於《周禮・地官・保氏》「六書」的看法[43]）因此，我們可以把兩鄭的觀點視為漢人對「五兵」的認識，但這是否即《越公其事》的「五兵」？筆者對此仍比較保留。理由請見下文分析。

　　目前出土所見吳越帶銘兵器甚多，我們將董珊《吳越題銘研究》[44]一書內容加以彙整，可知吳越君王所鑄造兵器的類別與數量情況，如下：

國別	國君	劍	戈	矛	戟	鈹
吳國	諸樊	5	1			
	餘祭	5		1	1	
	餘眛	1				
	季札	2				
	僚		2			
	闔盧	8	5			
	夫差	16	2		1	1
越國	允常	1				
	句踐	3				
	與夷	13	3	4		
	不壽	5				
	朱句	25		1		
	翳	9		2		
	諸咎	1		1		
	初無餘	1	2			
	無顓	4				
	無法判定	12	1	1		
總計		111	16	10	2	1

從上表可知，「劍」之比例最高，比其他項兵器的總和還高。其次為戈、矛，而戟、鈹的數量則非常少，儘管這只是春秋戰國時期留存至今的一部分資料，但管中窺豹，可見一斑。現存句踐兵器共有3件，均為「劍」，分別為：湖北江陵望

---

[43] 「六書」一詞首見於《周禮・地官・保氏》，而班固、鄭眾、許慎等漢代學者對於六書的排序、稱呼等概念卻不一致，諸人對於「六書」的理解均傳承自劉歆〈七略〉，然而《周禮》的「六書」是否為漢字六種構形方式，仍有很大爭議。「六書」更可能是六種字體，這種解釋比較符合學習者（國子）的年紀。

[44] 董珊：《吳越題名研究》（北京：科學出版社，2014）。

山1號楚墓出土的越王句踐劍（《集成》11621），安徽壽縣出土的越王之子句踐劍（《集成》11594、11595）。依照兩鄭的說法，「劍」均排除於「五兵」中，這種「五兵」的概念，如用出土文獻加以檢視，顯然是不合理的。

「利」字滕勝霖訓為鋒利，江秋貞認為當採最寬義解釋，可以釋為「銳利、利害、利益（包括品質與數量）」。簡文說「五兵之利，王日玩之」，後文又說：「王日論省其事，以問五兵之利。」可見這個所謂的「利」，句踐不僅時時鑽研，也常與左右大臣討論。「利」究竟是狹義的「銳利」，還是採最寬義的「利益」，其實二說在簡文中都說得通，孰是孰非，值得仔細分析。

古籍中「兵之利」一語常見，例如《孫子‧作戰》云：「故不盡知用兵之害者，則不能盡知用兵之利也。」[45]《孫子‧行軍》云：「邱陵隄防，必處其陽，而右背之，此兵之利，地之助也。」[46]這裡的「利」都是指「利益」，不過必須留意的是，文中的「兵」均泛指軍事、戰爭，和簡文「兵」指兵器並不相同。

綜合考慮，筆者認為「利」仍以解釋為銳利、鋒利為上，理由有以下幾點：

1　從主題要旨來看：第八章主題是「兵器」，「利」的本義為鋒利。《說文‧刀部》：「利，銛也。」[47]《玉篇‧刀部》：「利，剡也。」[48]《易‧繫辭上》：「二人同心，其利斷金。」孔穎達《疏》：「二人若同齊其心，其纖〔鐵〕利能斷截於金。」[49]則簡文「利」最簡易直接的解釋還是「鋒利」。

2　從對文關係來看：此處「五兵之利」當對應後文的「金革之攻」，此點並無疑義，而「金革之攻」的「攻」訓為「堅」（從吳祺之說，《詩‧小雅‧車攻》：「我車既攻。」毛《傳》：「攻，堅也。」參本章注釋6），「利」與「攻」對應得非常妥貼，銳利與堅硬均是兵器的要素，若將「利」解釋為利益，便無法與「堅硬」對文，此亦為「兵」當訓作「兵器」的證據。

---

[45]　（東周）孫武撰，（東漢）曹操等注，楊丙安校理：《十一家注孫子校理》（北京：中華書局，1999），頁32。

[46]　（東周）孫武撰，（東漢）曹操等注，楊丙安校理：《十一家注孫子校理》（北京：中華書局，1999.3），頁190。

[47]　（東漢）許慎撰，（清）段玉裁注，李添富總校訂：《新添古音說文解字注》（臺北：洪葉文化事業公司，2016），頁180。

[48]　（梁）顧野王：《宋本玉篇》（北京：中國書店，1983），頁318。

[49]　（魏）王弼注，（唐）孔穎達正義，李學勤主編：《十三經注疏‧周易正義》（北京：北京大學出版社，2000），頁325。

〔4〕王日忨（玩）之

王	日	忨	之
王	日	忨	之

原整理者（201704）：「忨」，讀為「翫」，習，鑽研。嵇康〈琴賦序〉：「余少好音聲，長而翫之。」[50]

郭洗凡（201803）：「忨」可看作「忨」，今本《左傳》「忨」作「翫」。[51]

子居（20180804）：忨即忨字，已見於《越公其事》第三章，翫即玩，《易傳・繫辭上》：「所樂而玩者，爻之辭也。」陸德明《釋文》：「玩，研玩也。」焦循《章句》：「玩，習也。」《廣雅・釋詁》：「忨，貪也。」（佑仁案：應為「《廣雅・釋詁》：『忨，翫也。』或《說文解字》：『忨，貪也。』」）王念孫《疏證》：「忨、翫、玩並通。」因此忨可逕讀為玩。[52]

滕勝霖（201905）：「忨」，從心元聲，在楚簡中多表示心願義。整理者讀作「翫」可從，《左傳・僖公五年》：「寇不可翫」，杜預注：「翫，習也。」《後漢書・臧宮傳》：「先志翫兵之日」，李賢注：「翫，習也。」。[53]

史玥然（201906）：簡24中整理者認為「孤之忨（願）」的「忨」為字本義，意思是貪愛、苟安。本簡中是「忨」的第二種用法，「忨」「忨」「翫」三字同源，義皆略同。「翫」表示鑽研、修煉的意思，例如晉孫綽〈游天台山賦〉「非夫遺世翫道，絕粒茹芝者，烏能輕舉而宅之」。[54]

江秋貞（202007）：「翫」多當作「習慣、滿足」例如：《左傳・昭公元年》：「趙孟將死矣。主民，翫歲而愒日，其與幾何？」楊伯峻注：「此言趙孟之習厭于日月之流逝又急于己之難長久。」「翫」字又當作「戲弄」《左傳・昭公二十年》：「夫火烈，民望而畏之，故鮮死焉；水懦弱，民狎而翫之，則多死焉。」以上的「翫」字都不是很正經的意思，當「鑽研」解雖好，但是時代太晚。這裡若把越王「好兵」認為是較輕慢的態度就不適合，故筆者認為「忨」字可以讀為「研」，「忨」，上古音在疑母元部，「研」的上古音也在疑母元部，聲韻皆同，故把「王必忨之」釋為「王必研之」，指的是「越王必定鑽研五兵之利」比較合乎文意。[55]

---

50 李學勤主編：《清華大學藏戰國竹簡（柒）》（上海：中西書局，2017），頁140。

51 郭洗凡：《清華簡《越公其事》集釋》（合肥：安徽大學碩士論文，2018），頁83。

52 子居：〈清華簡七《越公其事》第八章解析〉，中國先秦史網站，2018.8.4（2021.5.10 上網）。

53 滕勝霖：《《清華大學藏戰國竹簡（柒）》集釋及相關問題研究》（重慶：西南大學碩士論文，2019），頁345-346。

54 史玥然：《清華簡《越公其事》集釋及其漢字教學設計》（太原：山西大學碩士論文，2019），頁61。

55 江秋貞：《《清華大學藏戰國竹簡（柒）・越公其事》考釋》（臺北：臺灣師範大學博士論文，2020），頁521-522。江秋貞：《《清華大學藏戰國竹簡（柒）・越公其事》考釋》（臺北：花木蘭文化事業公司，2022），頁465-466。

佑仁謹案：

原整理者讀「翫」，訓為「習」，滕勝霖從之。郭洗凡認為簡文的「忨」可看作「忨」。子居讀「翫」，認為「翫」即「玩」。史玥然認為「翫」表示鑽研、修煉的意思。江秋貞認為「翫」字當作「習慣、滿足」或「戲弄」義都不是很正經，當「鑽研」解雖好但時代太晚，故將「忨」讀為「研」，指鑽研。

「忨」字原整理者讀「翫」，多數學者贊成此說，江秋貞表示不贊同，她的看法可分成三點：

1 用例太晚：「翫」訓為「鑽研」必須晚到三國時代的嵇康〈琴賦序〉。
2 負面意涵：先秦「翫」字用法都不是正面用法。
3 義有偏差：先秦常訓「翫」為「習」，但「習」為習慣、滿足之義。

筆者認為江秋貞的觀察非常深入，雖然先秦故訓「翫，習也」常見，但細審文義，此「習」並非指「研習」，而是指滿足（《說文》：「翫，習猒也。」[56]），確定有鑽研、研究之義的「翫」字用法時代已晚，且「翫」在先秦時代幾乎都是負面意涵。確實如江秋貞的結論，「忨」字讀「翫」並不妥當。

不過，江秋貞把「忨」改讀為「研」，筆者認為恐有問題。「忨」是合口，「研」是開口，雖然二字古音都是疑紐元部，但開合有別差異大。故此處「忨」當讀作「玩」，訓為研玩、鑽研。《周易·繫辭上》：「是故君子所居而安者，易之序也。所樂而玩者，爻之辭也。」陸德明《釋文》：「玩，研玩也。」[57]《列子·黃帝》：「仲尼曰：『譆！吾與若玩其文也久矣，而未達其實，而固且道與。』」[58]殷敬順《沖虛至德真經釋文》：「玩，五貫切。習也。」[59]此「玩」當指孔子與弟子間鑽研學問。東漢·王充《論衡·案書》：「劉子政玩弄《左氏》，童僕妻子皆呻吟之。」[60]此處的「玩弄」也當是研習之意。

---

[56] （東漢）許慎撰，（清）段玉裁注，李添富總校訂：《新添古音說文解字注》（臺北：洪葉文化事業公司，2016），頁139。

[57] （魏）王弼注，（唐）孔穎達正義，李學勤主編：《十三經注疏·周易正義》（北京：北京大學出版社，2000），頁309-310。（唐）陸德明撰：《經典釋文》（北京：中華書局，1983），卷2，頁31。

[58] 楊伯峻撰：《列子集釋》（北京：中華書局，2013），頁63。

[59] （唐）殷敬順撰，（北宋）陳景元補遺：《沖虛至德真經釋文》（臺北：商務印書館，1973），頁16。

[60] 黃暉：《論衡校釋（附劉盼遂集解）》（北京：中華書局，1990），頁1164。

「酕」字从習、元聲，《說文》解為「習猒也」[61]，《章太炎說文解字授課筆記》錢玄同云：「厭故喜新曰『酕』。」[62]依據《說文》「酕」本指因熟習而厭膩。漢代之後「酕」可能接收「玩」字「鑽研」一義，所以《三國志・魏志・高貴鄉公髦傳》：「主者宜敕自今以後，羣臣皆當玩習古義，脩明經典，稱朕意焉。」[63]北齊・顏之推《顏氏家訓・雜藝》：「吾幼承門業，加性愛重，所見法書亦多，而酕習功夫頗至，遂不能佳者，良由無分故也。」[64]可見秦漢以後的文獻，「酕」字已具備鑽研之意。

〔5〕居者（諸）左右

居	者	左	右
狜	耂	左	弓

原整理者（201704）：居，安置。[65]

蘇建洲（202012）：《越公其事》的「左」除寫作楚簡常見的 㝅（字形表178頁），另有與西周金文、曾侯乙簡寫法相合的字形作 左50、左52、左67，這也是保存了早期文字的寫法特點。[66]

江秋貞（202007）：「居者左右」的「居」，原考釋釋「安置」可從。「左右」，在此不指「近臣」，而是指「身邊」。《詩・大雅・文王》：「文王陟降，在帝左右。」「凡五兵之利，王日恖之，居者左右」指「凡五兵之利，王必定鑽研它，把它安置在身邊」。[67]

佑仁謹案：

今日楷書「左」、「右」二字是以「工」、「口」來區分，古文字卻不是如此，基本上是以左手（ƒ，《合集》24593）與右手（彐，《合集》05596）作為字形區分。「左」字在西周早期加「口」或「言」[68]，西周中期以後「左」字出現从「工」的寫法，戰國時代的「左」从「口」與从「工」兩種寫法並存，但各系

---

[61] （東漢）許慎撰，（清）段玉裁注，李添富總校訂：《新添古音說文解字注》（臺北：洪葉文化事業公司，2016），頁139。

[62] 章太炎講授，朱希祖、錢玄同、周樹人記錄：《章太炎說文解字授課筆記》（北京：中華書局，2008），頁155。

[63] 盧弼：《三國志集解》（北京：中華書局，1982），頁157。

[64] 王利器撰：《顏氏家訓集解（增補本）》（北京：中華書局，2002），頁567。

[65] 李學勤主編：《清華大學藏戰國竹簡（柒）》（上海：中西書局，2017），頁140。

[66] 蘇建洲：〈談清華七《越公其事》簡三的幾個字〉，復旦網，2017.5.20（2020.12.1上網）。

[67] 江秋貞：《《清華大學藏戰國竹簡（柒）・越公其事》考釋》（臺北：臺灣師範大學博士論文，2020），頁521-522。江秋貞：《《清華大學藏戰國竹簡（柒）・越公其事》考釋》（臺北：花木蘭文化事業公司，2022），頁466。

[68] 李學勤主編：《字源》（天津：天津古籍出版社，2013），頁410。

文字有所偏重，例如三晉絕大多數都從「工」，少數從「口」[69]。楚系文字方面，上博簡、郭店簡、包山簡基本上多從「口」，清華簡則是從「工」、從「口」同時存在。秦系文字「左」字從「工」，「右」字從「口」[70]，可藉由「工」、「口」的差異辨識「左」、「右」二字，但上半「ナ（左）」、「又（右）」的區分還是非常清楚，漢代以後，既然「左」、「右」已可利用「工」、「口」作區別，則二字上半逐漸類化作「ナ」。

　　簡文「凡五兵之利，王日玩之，居諸左右」，指句踐對於兵器的銳利，日日加以鑽研，並且「居諸左右」，此處從原整理者將「居」字釋「安置」之意，「左右」則從江秋貞之說，訓為「（王之）身邊」[71]。然而句踐又是將什麼東西放在身邊呢？由語境與前後文來看，放在句踐身邊、置於左右的東西自然是兵器之屬，也就是前述的「五兵」。句踐喜好鑽研兵器之利且愛不忍釋，將兵器置於身邊日夜摩挲鑽研。上有所好，下必甚焉，句踐愛好兵甲，必然直接影響臣民的興趣，最終促使越國兵器大盛。

〔6〕凡金革之攻，

ᐁ	金	革	之	攻
凡	金	革	之	攻

　　原整理者（201704）：金革，武器裝備。《禮記·中庸》「衽金革，死而不厭」，孔穎達疏：「金革，謂軍戎器械也。」金革之攻，指武器製作。[72]

　　子居（20180804）：金是金屬製的兵器，革是皮革製的甲盾，所以「金革」猶下文的「兵甲」。《越公其事》此章的作者一方面說「五兵」，另一方面又說「金革」、「兵甲」，可見在《越公其事》此章作者的觀念中，甲盾是在五兵之列的，因此不難看出，這是一種由齊地影響到周邊的故說。[73]

　　滕勝霖（201905）：「攻」，修治義。《尚書·甘誓》：「左不攻於左。」孔安國傳：「攻，治也。」楚系文字中常見「大攻尹」（見鄂君啟節、曾侯乙簡145等）、「攻尹」（包山簡26）等，讀作「工尹」，官名，掌百工之官。[74]

　　吳祺（201911）：簡文「攻」當訓為「堅」。傳世典籍中有此古訓記載，如《廣雅·釋詁一》：「攻，堅也。」《詩·小雅·車攻》：「我車既攻。」毛《傳》：「攻，堅也。」這種用法的「攻」，古書中亦常用「功」來表示。「功」古亦有

69 湯志彪：《三晉文字編》（北京：作家出版社，2013），頁 657-663。
70 王輝：《秦文字編》（北京：中華書局，2015），頁 213-218、705-718。
71 《越公其事》共出現 7 次「左右」，除本處外均為「左右大臣」之意。
72 李學勤主編：《清華大學藏戰國竹簡（柒）》（上海：中西書局，2017），頁 140。
73 子居：〈清華簡七《越公其事》第八章解析〉，中國先秦史網站，2018.8.4（2021.5.10 上網）。
74 滕勝霖：《《清華大學藏戰國竹簡（柒）》集釋及相關問題研究》（重慶：西南大學碩士論文，2019），頁 346。

堅利、精好之義。簡文「金革之攻（功）」應是指軍戎器械的堅利而言，與前文「五兵之利」正相對應。[75]

　　江秋貞（202007）：「攻」是「攻治」，《周禮・考工記序》：「凡攻木之工七，攻金之工六，攻皮之工五。」鄭注：「攻，猶治也。」[76]

　　佑仁謹案：

　　「金革」，原整理者認為「金革」為武器裝備，江秋貞從之。子居認為「金」是金屬製的兵器，「革」是皮革製的甲盾，「金革」猶下文的「兵甲」。吳祺認為「金革」乃「軍戎器械」。

　　《禮記・中庸》：「衽金革，死而不厭。」朱熹《集注》：「金，戈兵之屬；革，甲冑之屬。」[77]金、革本是不同的材質，在此泛指兵器與甲冑等武器裝備。

　　「攻」，原整理者認為「金革之攻，指武器製作」，滕勝霖認為「攻」乃修治義，吳祺訓為「堅」，指堅利、精好。江秋貞認為「攻」是「攻治」。筆者傾向吳祺訓「堅」之說，因為「金革之攻」與前文的「五兵之利」對文，而「堅」（堅固）和「利」（鋒利）正可相呼應。

〔7〕王日龠（龠－論）賎（省）元（其）事

王	日	龠	賎	亓	事
王	日	龠	賎	亓	事

　　原整理者（201704）：論，研究。《管子・七法》：「故聚天下之精財，論百工之銳器。」省，察也。[78]

　　子居（20180804）：勾踐不大可能每天親自研究兵器，應該只會交給專門的工匠來做，所以「論」不當訓為研究，而當訓為考、察，與「省」是同義連用。[79]

　　滕勝霖（201905）：楚文字多在「龠」中間加「吅」與「龠」混同。「龠」讀作「論」常見，如《上博一・性情論》簡9：「聖人比其類而龠（論）會之。」「賎」，從視省生聲，省之異體，本篇多異寫，又見於簡30、44，寫作從視省青聲，查看義。[80]

---

[75] 吳祺：《戰國竹書訓詁方法探論》（上海：華東師範大學博士論文，2019），頁390-391。

[76] 江秋貞：《《清華大學藏戰國竹簡（柒）・越公其事》考釋》（臺北：臺灣師範大學博士論文，2020），頁523。江秋貞：《《清華大學藏戰國竹簡（柒）・越公其事》考釋》（臺北：花木蘭文化事業公司，2022），頁467。

[77] （宋）朱熹撰：《四書章句集注》（北京：中華書局，1983），頁21。

[78] 李學勤主編：《清華大學藏戰國竹簡（柒）》（上海：中西書局，2017），頁140。

[79] 子居：〈清華簡七《越公其事》第八章解析〉，中國先秦史網站，2018.8.4（2021.5.10上網）。

[80] 滕勝霖：《《清華大學藏戰國竹簡（柒）》集釋及相關問題研究》（重慶：西南大學碩士論文，2019），頁346。

江秋貞（202007）：「王日侖眚亓事，以騏五兵之利」指「越王每日研究視察和金革之攻有關的事，以考察過問五兵之利」。[81]

佑仁謹案：

先討論「侖」、「龠」的字形問題，滕勝霖指出「侖」字常在中間加上「口口」，而與「龠」字混同，其說是。關於二字混同的問題，已有不少學者進行研究[82]，謝明文指出「不管是作為偏旁還是作為獨體字，『侖』形都可以寫作『龠』形」[83]，季旭昇師釋「侖」的本義為「編簡管有條理」[84]，則「簡」、「侖」二字的初形本義關係可能十分密切[85]，有待日後進一步研究。

原整理者將「論」解釋為研究，滕勝霖、江秋貞從之。子居認為句踐不大可能親自研究兵器，應只會交給專門的工匠來做，故當訓為考、察。其實「研究」與「考察」意思相去不遠，但「研究」強調了句踐鑽研兵器的主動性，「考察」則是句踐被動聽聞相關單位的報告，差異在主動與被動的不同。筆者認為，依照句踐在《越公其事》中事必躬親的形象，再加上簡文前述「王日玩之，居諸左右」，可知本處「論」仍以原整理者訓為「研究」為佳。出土銅器中大量吳越君王所鑄的「自作用△（劍、戈、矛、戟）」，雖然「自作」並不代表國君親自冶煉製造，但卻可以突顯國君對於鑄造兵器積極參與的程度。

「眚」（省），《越公其事》共見五個{省}，均以「生」聲或「青」聲（「青」字從「生」得聲）來表示。本處的「省」訓為考察、視察，應無疑義。

〔8〕以騏（問）五兵之利。

以	騏	五	兵	之	利

---

[81] 江秋貞：《《清華大學藏戰國竹簡（柒）・越公其事》考釋》（臺北：臺灣師範大學博士論文，2020），頁 524-525。江秋貞：《《清華大學藏戰國竹簡（柒）・越公其事》考釋》（臺北：花木蘭文化事業公司，2022），頁 467-468。

[82] 袁瑩：《戰國文字形體混同現象研究》（上海：中西書局，2019），頁 73。陳偉：《楚地出土戰國簡冊〔十四種〕》（北京：經濟科學出版社，2009），頁 207 注 31。馬慎渝：《古文字字形演變之實證——以《說文解字》第五卷（下卷）為例》（臺北：世新大學碩士論文，2014），頁 108。

[83] 謝明文：〈讀《清華簡（參）》札記二則〉，《簡帛》第 12 輯（上海：上海古籍出版社，2016.5），頁 37。

[84] 季旭昇師：《說文新證》（臺北：藝文印書館，2014），頁 440。

[85] 《字源》「侖」字云「疑與『龠』字有某種連繫」，參李學勤主編：《字源》（天津：天津古籍出版社，2013），頁 463。

佑仁謹案：

越王日夜與臣子論省如何使金革堅固，句踐「以𦖫五兵之利」，簡文的「𦖫」其實讀「問」（詢問）或「聞」（聞知）均可通，但是讀「問」，可以凸顯越王對於探索兵器知識的主動性，文義更為妥當。

〔9〕王乃歸（歸）徏（使）人情（省）𦖫（問）羣大臣及鄝（邊）鄑（縣）成（城）市（坁）之多兵、亡（無）兵者，

王	乃	歸	徏	人	情	𦖫
羣	大	臣	及	鄝	鄑	成
坁	之	多	兵	亡	兵	者

　　原整理者（201704）：歸，疑讀為「親」。又疑讀為緝部之「急」，義同「趣」、「促」等。情，讀為「請」，詢問。《禮記・樂記》「賓牟賈起，免席而請」，孔穎達疏：「此一經是賓牟賈問詞也。」請、問，同義詞連言。鄑，簡文所從「肙」旁與楚文字「達」所從相同，當係訛書。前異文作「㙟」、「還」、「酄」，讀為「縣」。[86]

　　ee（20170425）：《越公其事》簡51：「王乃[視＋帚]使人，請（省）問羣大臣及邊縣城市之多兵無兵者」，[視＋帚]字應是從「歸」省（參見49之「歸」字寫法），可讀為「饋」，此句並改斷如上。[87]

　　易泉（20170429）：此處似斷讀作王乃帚（左從視）（歸），使人請（省）問羣大臣及邊縣城市之多兵、無兵者，王則比視。唯多兵、無兵者是察問於左右。[88]

　　海天遊蹤（20170429）：網友ee是將「使人」理解為使者，是一個詞組；易泉則是視「使」為使令的意思。但他們的解釋似乎都存在問題，比如王為何要饋食使者？而讀為「王乃歸」，也屬前無所承，天外飛來一筆。特別是比對簡44「王乃逑（趣）徏（使）人」與「歸徏（使）人」相對應，可知「歸」與「使」之間不能斷開。裘錫圭先生已在多篇文章指出「歸」從「帚」聲。「歸」可分析為「帚」聲，讀為「歸」。《湯處於湯丘》05「遑（歸）必夜」便是很好的例證（佑仁案：此句原文闕「遑」、「好」二字，據簡文及文意逕補之）。筆者認為「徏人」若是動賓結構，整理者釋為「親」不失為一種好說法，但是歸與親、急

86　李學勤主編：《清華大學藏戰國竹簡（柒）》（上海：中西書局，2017），頁140。
87　ee：〈清華七《越公其事》初讀〉，武漢網，跟帖第29樓，2017.4.25（2019.11.19上網）。
88　易泉：〈清華七《越公其事》初讀〉，武漢網，跟帖第98樓，2017.4.29（2019.11.19上網）。

聲音距離較遠，只能理解為寫錯字，即「歸〈親〉」這種說法存在不確定性。若是將「使人」理解為一個詞組——使者，則可以考慮讀為「謂」。「歸」、「謂」聲音極為密切。「乃謂」、「王乃謂」古書很常見。「謂」是使、令的意思。簡文讀為「王乃謂使（使）人請（省）䚋問群大臣及邊縣城市之多兵、無兵者」。意思是說：王乃命令使人……。[89]

王寧（20170430）：ee 和海天遊蹤先生對字形的分析可從，此字當即後世字書中的「覺」字，又作「臂」、「睌」等形，《廣韻》、《集韻》訓「大視」或「視貌」。簡文中讀為「謂」可通，亦可讀為「委」，簡21有「匷」的「委」字，言「孤用（因）委命重臣」，此處則借「覺」為「委」，任、屬義。[90]

難言（2017）：簡51歸也有可能讀「潛」？暗地派人……。檢索文獻有「潛使人+VP」，但時代較晚。[91]

心包（20170501）：「視／帝」，難言兄讀為「潛」，意思很好，如果從「歸」／「慧」聲考慮的話，是否可以讀「微」，這樣「視」旁亦可以得到合理的解釋（職），《列女傳・仁智・魯臧孫母》「文仲微使人遺公書，恐得其書……」，意思和「潛」、「竊」差不多，暗中。當然，也可以用「私下」這個義項來解釋，更加貼切。[92]

單育辰（20171026-27）：「賹」字疑从「歸」省（參簡49之「歸」字寫法），包山簡145反：「小人以八月甲戌之日舍（予）肉祿之舍人□□賹客之齎（資），金十兩又一兩。」「賹」字作「」形，左上部比較模糊，也可能不从「𦥑」，但即使這樣的話，仍可以理解為从「歸」省，「賹」字我們讀為「饋」，「歸」、「饋」二字典籍經常通用，從文義看，還是很合適的。《越公其事》的「歸」可以與包山簡的「賹」對比，也讀為「饋」，是饋食的意思。另外，應在《越公其事》簡51「使人」後加逗號。其後的「情」應讀為「省」，是省察的意思，此篇一詞多形現象非常突出，如簡30、簡44的「睛」、簡50的「胜」同「情」一樣，都表示省察的「省」。[93]

蕭旭（20170605）：整理者句讀是，蘇建洲對文義的理解亦得之。歸，讀為歸。《方言》卷13：「歸，使也。」《玉篇》同。《集韻》：「歸，往也，使也。」歸使人，猶言派遣使者。字亦作歸，《廣雅》：「歸，往也。」用為使動，猶言使……往、使……去，故又訓使也。[94]

---

[89] 海天遊蹤：〈清華七《越公其事》初讀〉，武漢網，跟帖第115樓，2017.4.30（2019.11.19 上網）。

[90] 王寧：〈清華七《越公其事》初讀〉，武漢網，跟帖第116樓，2017.4.30（2019.11.19 上網）。

[91] 難言：〈清華七《越公其事》初讀〉，武漢網，跟帖第121樓，2017.5.1（2019.11.19 上網）。

[92] 心包：〈清華七《越公其事》初讀〉，武漢網，跟帖第130樓，2017.5.1（2019.11.19 上網）。

[93] 單育辰：〈《清華大學藏戰國竹簡（柒）》釋文訂補〉，收入香港浸會大學饒宗頤國學院、澳門大學中國語言文學系、清華大學出土文獻研究與保護中心編：《《清華簡》國際會議論文集》（香港：香港浸會大學饒宗頤國學院、澳門：澳門大學中國語言文學系，2017），頁173。

[94] 蕭旭：〈清華簡（七）校補（二）〉，復旦網，2017.6.5（2021.5.10 上網）。

陳偉武（**20171026-28**）：試比較簡44-45：「王乃逨（趣）使（使）人戜（察）
覲（省）成（城）市鄺（邊）還（縣）尖=（小大）遠泥（邇）之匐（勾）、荅（落），
王則貱（比視）。」■可隸定為「歸」，從古文「視」，「侵省聲」。在此當讀
為「侵」，《說文》：「侵，漸進也。」簡51句式與簡44-45相當，「歸（侵）」
字適與表急速的「逨（趣）」反義。[95]

郭洗凡（**201803**）：整理者的觀點可從。「親」，至也，密切之至，《段注》：
「李斯刻石文作親，左省一畫。」在簡文中指的是為了使兩國之間關係變得親密
的使者。[96]

何家歡（**201806**）：海天遊蹤之說可從。從此篇親字字形來看，除此條外，
簡文「親」共出現10次，共有兩種寫法，其一為楚文字常見寫法，凡八見，作■
（簡4），從辛從見；其二借「新」為「親」，凡兩見，作■（簡15）。整體來看，
此篇「親」字寫法較為固定，此處■字不當為「親」。又簡文從見之字共有三
字，除此處字外，簡4有■字，簡21有睛字，皆從右部分得聲，以此看來，歸亦
應從右部分「帚」得聲。[97]

翁倩（**201806**）：請問，《越公其事》簡51：「王乃親使人請問羣大臣及邊
縣城市之多兵、無兵者」。此處為同義詞連言。傳世文獻中，「請問」有三個意
思，一是敬辭，用於請求對方解答問題。《水滸傳》第二七回：「張青道：『請
問都頭，今得何罪？配到何處去？』」二是猶試問。杜甫〈漁陽〉詩：「繫書請
問燕者舊，今日何須十萬兵。」三是指請安問候，曾鞏〈撫州顏魯公祠堂記〉：
「李輔國遷太上皇居西宮，公首率百官請問起居，又輒斥。」可見，第一個解釋
與《越公其事》中的「請問」意思相近，但已經多了「請求」的內涵。[98]

子居（**20180804**）：歸當為微部字，再結合整理者所言「義同『趣』、『促』
等」，則歸或即「睢」字，讀為「催」，《說文・人部》：「催，相儔也。從人
崔聲。《詩》曰：室人交徧催我。」《集韻・隊韻》：「催，促也。」《正字通・
人部》：「催，本作趣。古有趣無催，催、促皆後人所增。催、趣同聲，實一字。」
「情」當是前文「靚」字異文，所以仍當讀為「省」而非「請」。[99]

章水根（**201809**）：第七章簡44有「王乃趣使人」，本簡與之句式相同，可
證整理者謂此字與「趣」「促」同義是可取的，考釋此字時亦應順此方向著手。
筆者懷疑此字可能從「侵」省聲，讀為「慢」。「侵」「慢」皆在清母侵部，二
字雙聲疊韻，又馬王堆帛書《周易・乾》「初九，浸龍勿用」，「浸龍勿用」即

95 陳偉武：〈清華簡第七冊釋讀小記（初稿）〉，收入香港浸會大學饒宗頤國學院、澳門大學中
國語言文學系、清華大學出土文獻研究與保護中心編：《《清華簡》國際會議論文集》（香
港：香港浸會大學饒宗頤國學院、澳門：澳門大學中國語言文學系，2017），頁157。

96 郭洗凡：《清華簡《越公其事》集釋》（合肥：安徽大學碩士論文，2018），頁84-85。

97 何家歡：《清華簡（柒）《越公其事》集釋》（保定：河北大學碩士論文，2018），頁35-36。

98 翁倩：〈清華簡《越公其事》雙音詞初探〉，《廣東開放大學學報》總第132期（2018.12），
頁74。

99 子居：〈清華簡七《越公其事》第八章解析〉，中國先秦史網站，2018.8.4（2021.5.10上網）。

「潛龍勿用」，《二三子問》中又作「寑龍勿用」，可證「侵」聲字與「晉」聲字可通用，則「歸」「憯」亦可通用。「憯」可訓為「速」，急速之義，與「趣」「促」同義。《墨子・明鬼下》「鬼神之誅，若此之憯遬也」，孫詒讓《墨子閒詁》「憯、速義同」。[100]

沈雨馨（201904）：親可從，說王親派使者前去。親，《說文》：「至也。從見親聲。」（佑仁案：應為「从見亲聲」）《詩・小雅》：「弗躬弗親。」《箋》：「言不躬而親之也。」[101]

滕勝霖（201905）：「𧴀」，從視省㝱聲。《郭店・語叢二》簡17-18：「𣼓（侵）生於欲，惡生於𣼓（侵），逃生於惡。」李零、連劭名、劉釗等學者讀作「侵」可從。簡帛中從「㝱」聲之字與「潛」相通常見，「潛」，暗中義。「情」，讀作「請」，詢問義。簡文意思是「越王暗中派人去詢問各位大臣和邊縣城市武器多少及有無的情況」。[102]

張朝然（201906）：「歸使人」的意思當與簡四十四的「趣使人」義相同。「歸使」與「B使」相對應，表示安排、派遣的意思。[103]

史玥然（201906）：整理者的意見可從。「親」，至也，密切之至。段玉裁：「李斯刻石文作親，左省一畫。」（佑仁案：「李斯刻石文作𧠐」）在簡文中指的是為了使兩國之間關係變得親密的使者。[104]

蘇建洲（202005）：「肙／怨」與「還」音近可通，那麼｛縣｝寫作「還」「肙」是很自然的。簡文𦥑顯然是𢟪（「𢟪（怨）」偏旁，《孔子詩論》03）的錯字。[105]

吳萱萱（20200630）：「歸」與「委」同屬微部，諧聲。故而我們可明晰「歸」多含「委派」之意。由此可知，句踐所行乃是委派他人前往詢問國中兵器擁有狀況，然後對持有大量兵器的百姓以及不曾擁有兵器的百姓進行治理。之後，句踐的好兵之策終究是引起了舉國上下對兵甲之事的重視，兵器也因此大量增長。[106]

江秋貞（202007）：「使人」可以理解為一個動賓結構，和簡44的「趣使人」的「使人」即「使者」一樣。「𧴀」字是否有可能從「帝」聲呢？「帝（之

---

[100] 章水根：〈清華簡《越公其事》箚記五則〉，《中國簡帛學刊》第2輯（濟南：齊魯書社，2018.9），頁60-61。

[101] 沈雨馨：《《清華大學藏戰國竹簡（柒）》集釋》（北京：首都師範大學碩士論文，2019），頁69。

[102] 滕勝霖：《《清華大學藏戰國竹簡（柒）》集釋及相關問題研究》（重慶：西南大學碩士論文，2019），頁348-349。

[103] 張朝然：《清華簡《越公其事》集釋及相關問題初探》（石家莊：河北師範大學碩士論文，2019），頁47。

[104] 史玥然：《清華簡《越公其事》集釋及其漢字教學設計》（太原：山西大學碩士論文，2019），頁62。

[105] 蘇建洲：〈說「忿連」〉，《簡帛》第20輯（上海：上海古籍出版社，2020.5），頁48-50。

[106] 吳萱萱：《《越公其事》中句踐滅吳故事考論》（杭州：杭州師範大學碩士論文，2020），頁33。

九切）」，上古音在章（莊）母幽部，「趣」在清母侯部。上古正齒音莊初牀疏古歸精清從心，故聲母章（莊）母和清母可通，韻部侯幽旁轉，所以「歸」字和簡3的「迡聖命」的「迡」及簡44「迡使人」的「迡」一樣，只是換一個聲音相似的字。我們可以逕讀為「歸」本字，釋為「趨」、「促」之意即可，不讀為「歸」或是其他讀音相類的字。此句的「使人」應作為一個動賓結構，即「辦事員」之意。整句的意思是「王於是急派人去省問各大臣子及邊縣城市多兵器或無兵器的情況」。[107]

　　湯志彪（20211130）：「歸」字當讀作「幾」。「歸」字與「歸」字所从聲符相同，上古音「歸」「幾」均是見母微部字，兩字雙聲疊韻，當可通假。「幾」可訓作「數」，簡文「趣」當讀作「驟」。「趣」「驟」均从「取」聲，兩者自可通。「驟」訓「數」是古書常訓。「數使」一詞習見於文獻，「趣使人」「歸使人」等簡文就是指經常派遣官吏到各地督促並向越王反饋各地社情民意的意思。如此一來，「王乃趣使人察省城市邊縣」「王乃歸使人請問群大臣及邊縣城市之多兵、無兵者」，即指越王多次、反覆察省、督促各地的意思，然則整理者對「比視」的解釋廓然暢通，鄭邦宏先生的疑惑亦可渙然冰釋。「趣使人」「歸使人」與「比視」前後對應，邏輯嚴密。[108]

　　陳一（202203）：第七章「王乃迡（趣）使人察省城市邊縣小大遠邇之匃落」與此句相似，疑此「歸」亦可讀為「趣／趨」。「歸」从帚得聲，帚，章母幽部，趣／趨，清母侯部，幽侯旁轉。[109]

　　佑仁謹案：

　　「歸」字原整理者認為疑讀為「親」或「急」，郭洗凡、沈雨馨亦讀「親」。單育辰（ee）讀為「饋」，易泉讀為「歸」，蕭旭從之。海天遊蹤（蘇建洲）讀為「謂」，何家歡從之。難言讀為「潛」，心包讀為「微」，陳偉武讀「侵」，子居讀「催」，章水根讀「憘」，滕勝霖讀「潛」，吳萱萱釋為「委派」，江秋貞讀如字釋為「趨」、「促」，湯志彪讀「幾」，陳一讀「趣／趨」。

　　裘錫圭〈說從「㞷」聲的从「貝」與从「辵」之字〉一文指出：

　　　　我在〈殷墟甲骨文「彗」字補說〉中，根據「帚」、「彐」（即彗字所从）二形在較早的古文字中可以通用的現象，推測「帚」在古代也可讀為「彗」，認為「甲骨文『歸』字作『歸』，似應為从『𠂤』（卜辭多用作『師』）『帚』聲之字。……此『帚』旁大概就讀『彗』的音」。今按，《甲骨文

107 江秋貞：《《清華大學藏戰國竹簡（柒）・越公其事》考釋》（臺北：臺灣師範大學博士論文，2020），頁529-534。江秋貞：《《清華大學藏戰國竹簡（柒）・越公其事》考釋》（臺北：花木蘭文化事業公司，2022），頁473-477。

108 湯志彪：〈清華簡（柒）字詞研究四則〉，《簡帛》第23輯（上海：上海古籍出版社，2021.11），頁116-118。

109 陳一：《清華簡（柒）》疑難字詞補釋》（天津：天津師範大學碩士論文，2022），頁109。

合集》32896兩次出現『王其令望乘（賓組、歷組卜辭時常提到的一位將領）帚』之文，此「帚」字當讀為「歸」，可證「歸」確從「帚」聲而不從「𠂤」聲。「歸」字籀文作「嫃」，楚簡「歸」字往往作「遃」，其實也都是「帚」為「歸」字聲旁的反映。[110]

他認為「帚」讀為「彗」，在「歸」字中當聲符使用。

原整理者讀「歸」為「親」，殆是將「歸」理解為「侵」（清紐侵部）省聲，而由「侵」通假成「親」（清紐真部）。然而正如海天遊蹤所言，依據裴錫圭的研究，「歸」當從「帚」聲，「帚」能與「彗」通假，則讀音必定近似，如此一來，「歸」若要釋為「親」，則只有誤字一途。「歸」字讀法眾多，筆者支持讀「歸」之說，「歸」從「帚」聲，已見前引裴錫圭之說，「歸」應理解為往、就，《廣雅・釋詁一》：「歸，往也。」又〈釋詁三〉：「歸，就也。」[111]

關於「使人」的問題，單育辰將文例讀為「饋使人」，並在「人」字下點斷，將「饋」訓為饋食，則「使人」當是使者之義。海天遊蹤、蕭旭則更明白指出「使人」就是「使者」。江秋貞認為「『彼人』可以理解為一個動賓結構，和簡44的『趣使人』的『使人』即『使者』一樣」，又云「此句的『彼人』應作為一個動賓結構，即『辦事員』之意。」江秋貞的說法有矛盾，若「使人」要訓為「使者」或「辦事員」，則詞性當屬於名詞而非動賓結構，推測其意應為「歸使人」為「動賓結構」，「使人」應為名詞，指「使者」。「使人」究竟該怎麼解釋呢？先將《越公其事》所有讀為｛使｝的文例羅列如下：

1　乃吏（使）大夫種行成於吳師曰。【第一章，簡1】
2　亦茲（使）句踐繼蓁於越邦。【第一章，簡5-6】
3　勿茲（使）句踐繼蓁於越邦矣。【第一章，簡7】
4　吳王聞越使（使）之柔以剛也。【第二章，簡9】
5　吳王乃出，親見使者曰：「君越公不命使（使）人而大夫親辱。」【第三章，簡15下】
6　茲（使）吾二邑之父兄子弟朝夕殘然。【第三章，簡16】
7　用事（使）徒遽趣聽命。【第三章，簡17】
8　不茲（使）達氣，麗甲纓胄。【第三章，簡20】
9　孤用入守於宗廟，以須使（使）人。【第三章，簡22-23】
10　使（使）者返命，越王乃盟。【第三章，簡24-25】
11　王並無好修于民三工之堵，茲（使）民暇自相。【第四章，簡28】

---

[110] 裴錫圭：〈說從「𥫸」聲的從「貝」與從「辵」之字〉，《文史》2012第3期（2012.8），頁21-22。

[111] （清）王念孫著，張其昀點校：《廣雅疏證》（北京：中華書局，2019年），上冊，頁10、182。

12　王乃趣（趣）使（使）人察省城市邊縣小大遠邇之勹、落。【第七章，簡44】

13　王乃歸（歸）使（使）人省問羣大臣及邊縣城市之多兵、無兵者。【第八章，簡51】

14　不茲（使）命疑，王則自罰。【第九章，簡57】

15　乃使（使）人告於吳王曰：「天以吳土賜越，句踐不敢弗受。」【第十一章，簡72-73】

「使人」當名詞用時，有兩種意涵：第一種是指被指揮、被役使的人，這是比較廣義的用法，第二種是專指奉命出使的外交人員，義同於「使者」，乃比較狹義的用法。《越公其事》簡文中「使人」當「使者」一詞，見於第5條，該條記載吳王親見使者（大夫種），並向大夫種表示句踐未派「使人」（指「使者」），而是由大夫種親自擔綱請成的重任。

至於第12、13兩條的「使人」之句式為「乃△使人」，此二條是王派人調查各城市邊境人口增減、兵器有無的情況，「乃△使人」可參證第15條的「乃使人」。12、13條的主詞都是句踐，「使」字前都有「乃」（「乃」在《越公其事》全篇扮演非常重要的敘述作用，類似今語「於是」），因此筆者比較傾向「使人」是「V+N」的動賓結構。不過，「使人」訓為使者之說，恐怕也不能完全排除。

「情䚹」，原整理者認為「情」讀為「請」，訓為詢問，「請」、「問」同義詞連言，ee、滕勝霖、湯志彪從之。易泉讀成「省問」，海天遊蹤、單育辰、子居、江秋貞從之。翁倩認為「請問」是「請求對方解答問題」。

筆者贊同易泉讀為「省問」之說，「省問」指審察詢問。東漢‧王符《潛夫論‧述赦》：「下土冤民，能至闕者，萬無數人；其得省問者，不過百一。」[112]

另外，古籍中有「清問」一詞，《漢語大辭典》解釋為「清審詳問」[113]，見《尚書‧呂刑》：「皇帝清問下民，鰥寡有辭于苗。」孔《傳》：「帝堯詳問民患，皆有辭怨於苗民。」孔穎達《疏》：「君帝帝堯清審詳問下民所患。」[114]《墨子‧尚賢中》：「先王之書〈呂刑〉道之曰：『皇帝清問下民，有辭有苗。』」[115]頗疑此處「清問」與簡文的「省問」意思一樣，「問」皆訓作「詢問」自不待言，「審查」（省）和「清審」（清）意義也相合。

本篇有五處｛省｝字，如下：

112 （東漢）王符撰，（清）汪繼培箋，彭鐸校正：《潛夫論箋校正》（北京：中華書局，1985），頁176-177。

113 漢語大詞典編輯委員會、漢語大詞典編纂處：《漢語大詞典》（上海：上海辭書出版社，1986），第5冊，頁1318。

114 （漢）孔安國傳，（唐）孔穎達正義，李學勤主編：《十三經注疏‧尚書正義》（北京：北京大學出版社，2000），頁635。

115 吳毓江撰、孫啟治點校：《墨子校注》（北京：中華書局，1993），頁78。

1 王親涉溝塘幽塗，日睛（省）農事以勸勉農夫。【簡30-31】
2 王乃趣使人察睛（省）城市邊縣小大遠邇之匃、落。【簡44】
3 王則必視，唯匃、落是察睛（省）。【簡44】
4 凡金革之攻，王日論脲（省）其事。【簡50-51】
5 王乃歸使人情（省）問羣大臣及邊縣城市之多兵、無兵者。【簡51】

均以「生」聲或「青」聲（「青」亦從「生」聲）表示。

「邊鄠（縣）」，原整理者認為「鄠」字「所從『肙』旁與楚文字『達』所從相同，當係訛書。前異文作『復』、『還』、『鄹』，讀為『縣』。」指出「鄠（**字形**）」右半聲符「肙」構形與楚簡的「達」相同，意即與楚簡「肙」之寫法有別，應當是訛字。滕勝霖認為原整理者讀「縣」，但他認為字形上「**字形**」從邑、肙聲，中間部分寫作「由」與「肙」字常見寫法不同，「肙」字從「口」加羨符「卜」，「口」或訛作從「日」。江秋貞認為不必視為訛書，簡文「鄠」字之形「**字形**」和「達」字應該無涉。[116]

首先，「**字形**」原整理者讀「縣」，毫無疑問是正確的。至於是否係「達」的誤寫，請參下表對照：

	楚簡的「憲」	本簡的「鄠」	楚簡的「達」
編號	A	B	C
字形			
出處	上博一《孔子詩論》27	清華柒《越公其事》51	包2.121

A、B的構形差別在於A的「卜」形，B則寫成「十」形。而B、C的差別則在於B的「口」旁C是寫成「甘」。就筆者的判斷來看，本簡的B字確實與楚簡「達」寫法很接近，然而B這種寫法的「肙」，除本篇外，尚未看到第二例，而B的寫法與C近似，B確實有受C干擾而誤寫的可能性。

「多兵、無兵者」指擁有大量武器與沒有武器的邊縣城市。

〔10〕王則毖＝（必視）。

王	則	毖＝

---

[116] 江秋貞：《《清華大學藏戰國竹簡（柒）‧越公其事》考釋》（臺北：臺灣師範大學博士論文，2020），頁532-533。江秋貞：《《清華大學藏戰國竹簡（柒）‧越公其事》考釋》（臺北：花木蘭文化事業公司，2022），頁476。

原整理者（**201704**）：鈅，合文，讀為「比視」，比校，治理。[117]

鄭邦宏（**20170423**）：將「必視」讀為「比視」是正確的，但將「比」訓為「考校」，「比視」訓為「比校，治理」，於文意較為突兀。據文意「王則比視」前是王派使者去了解情況，也就是說王對現實情況是不清楚的，無從談「比校，治理」。「比」當訓為「密切」；「視」則應訓為「監視」。「王則比視」，賓語承前省略，似當理解為：王則對這事（指「城市邊縣小大遠近之勾、落」、「羣大臣及邊縣之多兵、無兵者」兩事）密切監視；換句話說就是王對「城市邊縣小大遠近之勾、落」、「羣大臣及邊縣之多兵、無兵者」兩事密切關注。這樣也就自然過渡到下文「唯勾、落是察省，問之于左右」、「唯多兵、無兵者是察，問于左右」。[118]

王寧（**20170430**）：「鈅」當是「䁙」字，讀「督視」，說已見上。[119]

子居（**20180804**）：鈅當讀為畢見，《越公其事》第八章此段內容明顯是第七章類似部分的簡單改寫，此章所述也當同是歲會時的核查內容，因此實際上並不宜單獨成章，《越公其事》第四至九章的作者之所以將此內容單列一章，推測蓋即因為舊傳勾踐「五政」內容有衍生自《逸周書》的「好兵」之說，而對於具體情況，該章作者顯然曉解有限，故敘述上只是簡單重複了上一章的內容，而別無新內容可述。[120]

沈雨馨（**201904**）：「王則鈅＝（比視）」便是王在軍事上採取的監視行動。[121]

滕勝霖（**201905**）：「鈅」讀作「比視」，密切審查義。[122]

杜建婷（**201906**）：先秦典籍所見之可訓為「密切」義的「比」，似乎沒有放在動詞前之例，多見作為動詞或單獨作為修飾語使用，《尚書‧伊訓》：「遠者德，比頑童。」《論語‧里仁》：「君子之於天下也，無適也，無莫也，義與之比。」邢昺疏：「比，親也。」[123]

江秋貞（**202007**）：這裡簡51的「王則鈅＝（⿰𠂉⿱比兂）」和簡44的「王則鈅（⿰𠂉⿱比兂）」句型相同，差別只在簡51的「鈅＝」有合文符號，而簡44的「鈅」則

---

[117] 李學勤主編：《清華大學藏戰國竹簡（柒）》（上海：中西書局，2017），頁140。

[118] 參清華大學出土文獻讀書會（石小力整理）：〈清華七整理報告補正〉，清華網，2017.4.23（2021.5.11上網）。

[119] 王寧：〈清華七《越公其事》初讀〉，武漢網，跟帖第116樓，2017.4.30（2019.11.19上網）。

[120] 子居：〈清華簡七《越公其事》第八章解析〉，中國先秦史網站，2018.8.4（2021.5.10上網）。

[121] 沈雨馨：《《清華大學藏戰國竹簡（柒）》集釋》（北京：首都師範大學碩士論文，2019），頁70。

[122] 滕勝霖：《《清華大學藏戰國竹簡（柒）》集釋及相關問題研究》（重慶：西南大學碩士論文，2019），頁349。

[123] 杜建婷：《清華簡第七輯文字集釋》（廣東：中山大學碩士論文，2019.6），頁368。

無。筆者在第七章的「王則貺」一句已經討論過「貺﹦」，為「比視」，原考釋釋「比」為「考校」義，可從。「比視」為「考校審視」之義。[124]

　　季旭昇師（20201212）：「比視」，從楚系文字的寫法來看，簡51的「⿰」字右旁所從，很接近楚系「必」字的寫法。雖然大多數楚系「必」字作（《上二‧民2》），三個豎筆都在下端向右折筆；但是也有一些不作折筆，如：（《上一‧孔》16）、（《上五‧鮑》3）、　（《上六‧競》11），最後一形與《越》51的右旁簡直是一模一樣，所以《越公其事》原考釋隸此字為從「必」，也不能說沒有道理。相反的，楚簡已往沒有看到確切無疑的「朮」字或「朮」旁，金文的「朮」旁見「叔」字的左旁，西周早期的叔卣作　、晚期的克鼎作，其左旁的「朮」與《越公其事》此二形的右旁相去甚遠。《越公其事》的「⿰」與「⿰」，這兩個字形，和《清華簡（參）‧赤之集湯之屋》）的「　」（簡13）、「　」（簡14），以及《語叢四》的都不同，沒有必要非改隸為「　」不可。從文義來看，《越公其事》原考釋以為簡51的「貺」是「必視」的合文，字形上是合理的，但釋為「考校」則不妥。簡51「王乃歸（逯？）使人省問群大臣及邊縣城市之多兵、無兵者，王則必視，唯多兵、無兵者是察」，依照鄭邦宏先生的意見，把「必」讀為「比」，釋為「皆、都」，其實是說得通的。前後文義銜接，非常流暢合理。簡44說「王乃趣使人察省城市邊縣小大遠邇之勾、落，王則必（比）視，唯勾、落是察省」，前後文義銜接，也非常流暢合理。我們認為如隸為「朮視」，應讀為「周視」。後世的「孰視」、「熟視」可能就是出自《越公其事》的「朮視」。「孰視」一詞最早見《莊子‧外篇‧知北遊》、《戰國策‧秦一‧陳軫去楚之秦》，「熟視」則先秦未見，首見漢代。從詞源來看，「朮視」、「孰視」、「熟視」三者音義俱近，可能是同一個詞的分化。[125]

　　湯志彪（202111）：這兩段簡文（佑仁案：指「簡44」與「簡51」）所言的「城市邊縣」「群大臣及邊縣城市之多兵、無兵者」均屬越國本國所有，將「貺」解釋作「密切監視」進而又理解作「密切關注」均不合適。同時，簡文記越王勾踐如何「省察」越國之事，理應與上下文的「察省」對應，而不是「監視」「關注」。因此，「貺」當從整理者意見，讀作「比視」，不過，「視」在此當訓作「察視」「相察」等義，古書常見，不贅。[126]

---

[124] 江秋貞：《《清華大學藏戰國竹簡（柒）‧越公其事》考釋》（臺北：臺灣師範大學博士論文，2020），頁536。江秋貞：《《清華大學藏戰國竹簡（柒）‧越公其事》考釋》（臺北：花木蘭文化事業公司，2022），頁479。

[125] 季旭昇師：〈談清華柒《越公其事》的「必視」及相關問題〉收入福建師範大學文學院、萬卷樓圖書股份公司主編：《《中國文字》出刊100期暨文字學國際學術研討會會議論文集》（臺北：臺灣師範大學國文學系，2020），頁20-28。

[126] 湯志彪：〈清華簡（柒）字詞研究四則〉，《簡帛》第23輯（上海：上海古籍出版社，2021.11），頁116-117。

佑仁謹案：

「𥾑」，原整理者讀為「比視」，訓為比校、治理。鄭邦宏認為原整理者的說法比較突兀，他將「比視」訓為「密切監視」，滕勝霖從之，訓為密切審查。王寧讀為「督視」。子居讀為「畢見」。沈雨馨認為「比視」乃王在軍事上採取的監視行動。杜建婷以邢昺《論語註疏》「比，親也」說法證之。江秋貞讀為「比視」，訓為「考校審視」。季旭昇師認為「𥾑」字右旁很接近楚系「必」字寫法，他認為將「必」讀為「比」釋為「皆、都」，語意說得通，前後文義銜接，非常流暢合理。

《越公其事》共有兩處「必視」文例，如下：

> 1　越邦服信，王乃好徵人。王乃趣使人察省城市邊縣小大遠邇之勾、落，<u>王則𥾑（必視）</u>，唯勾、落是察省，問之于左右。王既察知之，乃命上會，王必親聽之。其勾者，王見其執事人則怡豫喜也。【第七章，簡44-45】
>
> 2　越邦皆服徵人，多人，王乃好兵。凡五兵之利，王日翫之，居諸左右；凡金革之攻，王日論省其事，以問五兵之利，王乃歸使人省問羣大臣及邊縣城市之多兵、無兵者，<u>王則𥾑＝（必視）</u>。唯多兵、無兵者是察，問于左右。【第八章，簡50-52】

這兩處的「必視」就文法與語意來看應該是一樣的，「𥾑」右半是「必」，左半是「視」，直接讀如「必視」即可（第七章的「𥾑」漏合文符），「必」為副詞，指一定、必定。《字彙・心部》：「必，定辭。」[127]《毛詩・齊風・南山》：「取妻如之何？必告父母。」[128]《史記・項羽本紀》：「我倚名族，亡秦必矣。」[129]「視」字訓為「考察」，《釋名・釋言語》：「視，是也，察其是非也。」[130]《論語・為政》：「視其所以，觀其所由。」[131]《國語・周語中》：「司空視塗，司寇詰姦。」徐元誥《集解》：「視，猶察也。」《國語・晉語八》：「叔魚生，其母視之。」韋昭《注》：「視，相察也。」[132]（「必」字相關論述亦可參看第七章注釋4）簡文是說王派人察考大臣與城市、邊縣是否擁有兵器，且王一定會察看調查的結果。

子居認為本章內容較前一章來得簡單，故第八章內容係第七章類似部分的「簡單改寫」或「重複」，故不宜「單獨成章」，此說可商。《越公其事》「五

---

[127] （明）梅膺祚：《字彙》（臺北：世界書局，2018，掃葉山房藏版），卯卷，頁3。

[128] （西漢）毛公傳，（東漢）鄭玄箋，（唐）孔穎達等正義，李學勤主編：《十三經注疏・毛詩正義》（北京：北京大學出版社，2000），頁403。

[129] （西漢）司馬遷撰，（南朝宋）裴駰集解，（唐）司馬貞索引、張守節正義：《史記》（北京：中華書局，2014），頁383。

[130] （東漢）劉熙撰：《釋名》（北京：中華書局，2016），頁33。

[131] （魏）何晏集解，（北宋）邢昺疏，李學勤主編：《十三經注疏・論語注疏》（北京：北京大學出版社，2000），頁20。

[132] （三國吳）韋昭注，徐元誥集解：《國語集解》（北京：中華書局，2002），頁67、422。

政」內容係在第五章至第九章，一政一章，除本章之外，其餘諸章均達六簡以上的篇幅，而本章則只有三簡不到（簡 52 尾端留白，字未滿寫），篇幅只有其他章的一半，論述確實較為簡單。第七章與第八章共通的鋪陳模式如下：

1　越國已具備 A（前一章的施政目標）。
2　句踐開始進行 B（本章的施政目標）。
3　王派人考察各地 B 的改革情況並且考察結果。
4　越國達成 B 的施政目標。

但是第七章的施政目標是「徵人」，利用各地「勾」、「落」的情況，使得越國達到「大多人」的結果。而本章則是「好兵」，利用句踐日夜論兵，並派人察考各地兵器之有無，使得越國達到「大多兵」的情況，可見第七章與第八章的主題並不相同，並無第八章重複第七章內容，或是第八章不宜單獨成章的問題。

〔11〕隹（唯）多兵、亡（無）兵者是戠（察），𧧻（問）于左右。

隹	多	兵	亡	兵	者	是
戠	𧧻	于	左	右		

　　江秋貞（202007）：「王則眽=（比視）。隹（唯）多兵、亡（無）兵者是戠（察），𧧻（問）于左右」此句式和第七章「王則眽（比視），隹（唯）匌（勾）、荅（落）是戠（察）睛（省），𦔻（問）之于右（左）右」一樣。此處的翻譯為「越王就詳細周密地視察，邊縣城市多兵或無兵的情況，並且問身邊的大臣」。[133]

　　佑仁謹案：

　　此處「多兵」、「無兵」的「兵」都是指兵器而言，《越絕書・外傳記寶劍》：「倉穀粟索，庫無兵革。」[134]西晉・潘尼〈贈河陽詩〉注云：「魏聞童子為君，庫無兵，倉無粟，乃起兵擊之，（東）阿人父率子，兄率弟，以私兵戰，遂敗魏

[133] 江秋貞：《《清華大學藏戰國竹簡（柒）・越公其事》考釋》（臺北：臺灣師範大學博士論文，2020），頁 536-537。江秋貞：《《清華大學藏戰國竹簡（柒）・越公其事》考釋》（臺北：花木蘭文化事業公司，2022），頁 479。
[134] 李步嘉：《越絕書校釋》（北京：中華書局，2013），頁 303。

師」,「庫」乃儲藏戰車兵甲之處[135]。回到簡文,本處是句踐著重各地邊縣、城市是否擁有器械,並以此訊問身邊大臣。

〔12〕與(舉)雪(越)邦爭=(至于)鄁(邊)還(縣)成(城)坫(市)乃皆好兵甲,

鄁	雪	骒	義	晹	邊	戌
與	雪	邦	爭=	鄁	還	成

坴	𠄎	丗	𡎚	尓	甲
坫	乃	皆	好	兵	甲

　　王進鋒(20171026-28):此處「邊縣」與「城市」相對,說明此處「縣」是位於城市的周邊地區。[136]

　　子居(20180804):「兵甲」即前文的「金革」,越國此時大量儲備武器,自然是為了帶動崇武尚勇風氣,以便日後與吳國爭霸。[137]

　　滕勝霖(201905):「好兵甲」指越邦百姓皆喜好鑄造武器、軍備,與文獻中「好兵」意義不同。[138]

　　佑仁謹案:

　　本章開頭提到「王乃好兵」,此為第八章的整體目標,結尾則說越國「皆好兵甲」,除了表示已達到施政目標之外,本章開頭的「兵」顯然就是此處「兵甲」的省稱,則「好兵」的「兵」除了兵器之外,也包含鎧甲在其中。滕勝霖表示「好兵甲」指越邦百姓皆喜好鑄造武器與軍備,與文獻中「好兵」意義不同。依據筆者的統計,古籍中「好兵」的「兵」至少有四種解釋,分別是兵器、軍隊、戰爭、兵法等(參本章注釋2),其中即有「兵器」一義,故不能簡單地說本處的「好兵甲」與文獻中「好兵」意義不同。

---

[135] 子奇年十八而治理東阿縣,將庫兵鍛造成農具並開倉濟貧,讓魏國誤以為東阿縣「庫無兵,倉無粟」,故出兵擊之,東阿縣人民承子奇之恩惠,故以私兵群起反抗,致使魏國大敗。(南朝梁)蕭統編,(唐)李善等注:《六臣注文選》(北京:中華書局,2012),卷24,頁460-461。

[136] 王進鋒:〈周代的縣與越縣——由清華簡〈越公其事〉中的相關內容引發的討論〉,收入香港浸會大學饒宗頤國學院、澳門大學中國語言文學系、清華大學出土文獻研究與保護中心編:《《清華簡》國際會議論文集》(香港:香港浸會大學饒宗頤國學院、澳門:澳門大學中國語言文學系,2017),頁79。

[137] 子居:〈清華簡七《越公其事》第八章解析〉,中國先秦史網站,2018.8.4(2021.5.10上網)。

[138] 滕勝霖:《《清華大學藏戰國竹簡(柒)》集釋及相關問題研究》(重慶:西南大學碩士論文,2019),頁349。

此處的「至於」與「凡」語意接近，簡 34「凡王左右大臣乃莫不耕」，其中「凡」裹紙簡 37 作「至於」，可證。「凡」，舉凡，概括之詞，意思是整個越國邊縣城市都重視兵甲。

〔13〕雩（越）邦乃大多兵。

雩	邦	乃	大	多	兵
雩	邦	乃	大	多	兵

江秋貞（202007）：「與（舉）雩（越）𠦂=（至于）鄩（邊）還（縣）成（城）市乃皆好兵甲，雩（越）乃大多兵」意指：全越國至於邊縣城市都好兵甲，越國於是兵力充足。[139]

佑仁謹案：

《越公其事》有很多「大多△」的用法（參第五章注釋 26），此處的「大多兵」指越國大大地增多了兵器數量。

《越公其事》和傳統吳越爭霸史事有不少可以聯繫之處，例如《國語·吳語》云：

> 吳王夫差既許越成，乃大戒師徒，將以伐齊。申胥進諫曰：「昔天以越賜吳，而王弗受。夫天命有反，今越王句踐恐懼而改其謀，舍其忿令，輕其征賦，施民所善，去民所惡，身自約也，裕其眾庶，其民殷眾，以多甲兵。越之在吳也，猶人之有腹心之疾也。夫越王之不忘敗吳，於其心也怵然，服士以伺吾間。今王非越是圖，而齊、魯以為憂。夫齊、魯譬諸疾，疥癬也，豈能涉江、淮以與我爭此地哉？將必越實有吳土。[140]

句踐戰敗而請成，夫差許諾，伍子胥勸諫，表示句踐在大敗之後整軍經武，輕稅賦，使人民富有並能繁衍子孫，最後能「以多甲兵」，正是本處簡文的「大多兵」。又《吳越春秋·勾踐歸國外傳·勾踐七年》云：

> 越王曰：「願聞。」（文）種曰：「無奪民所好則利也，民不失其時則成之，省刑去罰則生之，薄其賦斂則與之，無多臺游則樂之，靜而無苛則喜之；民失所好則害之，農失其時則敗之，有罪不赦則殺之，重賦厚斂則奪之，多作臺游以罷民則苦之，勞擾民力則怒之，臣聞善為國者遇民如父母之愛

---

[139] 江秋貞：《《清華大學藏戰國竹簡（柒）·越公其事》考釋》（臺北：臺灣師範大學博士論文，2020），頁 537。江秋貞：《《清華大學藏戰國竹簡（柒）·越公其事》考釋》（臺北：花木蘭文化事業公司，2022），頁 479。

[140]（三國吳）韋昭注，徐元誥集解：《國語集解》（北京：中華書局，2002），頁 540-541。

其子，如兄之愛其弟。聞有飢寒為之哀，見其勞苦為之悲。」<u>越王乃緩刑</u><u>薄罰</u>，<u>省其賦斂</u>，<u>於是人民殷富</u>，<u>皆有帶甲之勇</u>。[141]

越王在聽聞大夫文種的訓誨之後，省刑薄賦，使人民富裕，熟習兵器使用，記載與《越公其事》可謂如出一轍。

《越絕書・外傳枕中》記載句踐詢問范蠡「復吳仇」的方法，范蠡認為「兵之要在於人，人之要在於穀。故民眾則主安，穀多則兵彊」[142]，軍隊的關鍵在人，人的關鍵在糧食，此說與《越公其事》的五政說法近似，「五政」之首為農政，使越國生產的糧食增加，修市政使全國經濟提升，接著大徵人，人口增加之後，舉國投入軍事器械的製造，全民皆兵。雖然《越絕書》的「兵」是指「軍隊」，與簡文的「兵器」意涵不同，但是所闡述的概念是相通的。

《吳越春秋・勾踐伐吳外傳・勾踐二十五年》記載句踐曾對孔子說「悅兵敢死，越之常也。」[143]越人好武輕死的個性，除源於民族性外，句踐的鼓舞可能也脫不了關係。

---

[141] 周生春：《吳越春秋輯校彙考》（上海：上海古籍出版社，1997），頁136。
[142] 李步嘉：《越絕書校釋》（北京：中華書局，2013），頁342。
[143] 周生春：《吳越春秋輯校彙考》（上海：上海古籍出版社，1997），頁177。

第九章

　　本章談的是完善「五政」的最後一塊拼圖——整民、修令及審刑。

　　有別於夫椒大敗之初「不戮不罰」的寬民政策（見第四章），當國政逐漸步上軌道以後，句踐開始採用高壓統治，《越公其事》共見「戮」字六次，其中五次見於本章，均指施以肉刑，可見一斑。

　　本章句踐所施行的政令，從與自己有血緣關係的王孫做起，逐步向外擴及王宮中人、邦人、領御、庶姓、民司事等類別，有條不紊、層層遞進。只要處所、服飾、音樂不符合規範，都將用刑。對於延誤工期或未準時報到服役者，亦一律用刑。

　　句踐為了樹立自身威信，頒布的政令若有失當，小則禁食，嚴重者則施以墨刑，因此人民無不服從句踐的命令。句踐以身作則的態度，應是他能整軍經武消滅吳國的重要因素。

釋文（一）

　　雪（越）邦多兵〔1〕，王乃整（整）民、攸（修）命（令）、睿（審）荆（刑）〔2〕，乃出共（恭）敬（敬）王孫（孫）之寺（志）〔3〕，以受（授）夫=（大夫）住（種），則賞穀（穀／祿）之〔4〕；乃出不共（恭）不敬（敬）【五三】王孫（孫）之寺（志），以受（授）軛（范）羅（蠡），則繆（戮）殺之。〔5〕乃徹（趣）詢（徇）于王宮〔6〕，亦徹（趣）取繆（戮）〔7〕。王乃大詢（徇）命于邦〔8〕，寺（時）詢（徇）寺（是）命〔9〕，及羣（群）【五四】敷（禁）御，及凡庶眚（姓）、凡民司事〔10〕。樵（爵）立（位）之宋（次）尻（舍）、備（服）衼（飾）、羣勿（物）品采之侃（愆）于者（故）

裳（常）〔11〕，及風音、誦詩、訶（歌）詠（謠）【五五】之非邶（越）裳（常）聿（律）〔12〕，巳（夷）訐（譁）䜌（蠻）吳，乃徹（趣）取戮（戮）〔13〕。

語譯（一）

在越國擁有大量兵甲之後，句踐開始整飭人民、修改法令、審度刑法。句踐拿出恭敬王孫的記錄，交予文種負責賞穀（或賞祿）；拿出態度不恭敬王孫的記錄，交予范蠡負責刑戮。句踐快速地宣令王宮中人，立即將不恭敬之人逮捕刑戮。句踐更大範圍地向國人宣布政令，並時常提醒這些政令，更擴及掌管禁令的人、與王不同姓的貴族以及管理人民的有司。不同爵位的辦公處所、服飾、類別，如果有不符合舊常的規範；或是地方樂曲、越國的詩歌、越國的民間歌謠，不合乎越國固有音律；或是使用蠻夷的語言詞彙，句踐都予以逮捕刑戮。

釋文（二）

王乃徹（趣）夆=（至于）沟（溝）塦（塘）之工（功）〔14〕，乃徹（趣）取戮（戮）于迻（後）至迻（後）成〔15〕。王乃徹（趣）【五六】埶（設）戍于東巳（夷）、西巳（夷）〔16〕，乃徹（趣）取戮（戮）于迻（後）至不共（恭）〔17〕。王又（有）逵（失）命〔18〕，可逯（復）弗逯（復）〔19〕，不茲（使）命朕（疑），王則自罰〔20〕，少（小）逵（失）命【五七】禽（禁）飤（食）〔21〕，大逵（失）蠪=（剌墨），以礪（勵）萬民。〔22〕雩（越）邦庶民則皆暑（震）僮（動），犰（明）鬼（畏）句戈（踐）〔24〕，亡（無）

敢不戟（敬）〔25〕。詢（徇）命若命〔26〕，斁（禁）御莫【五八】

徧（叛）〔27〕，民乃整（整）齊。〔28〕【五九上】

語譯（二）

　　句踐於是馬上前往溝塘等水利設施，立即逮捕刑戮那些晚到或延誤工期的人。句踐於是馬上在東夷、西夷設立戍守，立即逮捕刑戮那些晚到或不恭敬的人。句踐有失當的政令，可以撤回卻不要撤回，目的是不讓政令受到懷疑，句踐會自我懲罰，小的失當禁止飲食，大的失當施以墨刑，藉以砥礪萬民。越國平民無不震驚，敬畏句踐，沒有人敢不敬重他。句踐發號政令，人民順從命令，無人敢違背禁令，人民井然有序。

〔1〕雩（越）邦多兵

雩	邦	多	兵
雩	邦	多	兵

佑仁謹案：
　　此承第八章末尾「舉越邦至于邊縣城市乃皆好兵甲，越邦乃大多兵」（簡52）而來。

〔2〕王乃整（整）民、攸（修）命（令）、睿（審）荆（刑）

王	乃	整	民	攸	命	睿
王	乃	整	民	攸	命	睿

荆
荆

　　原整理者（201704）：整，字從止，敕聲，讀為「敕」，整治。《漢書·息夫躬傳》「可遣大將軍行邊兵、敕武備」，顏師古注：「敕，整也。」審刑，審罰。「審刑」一詞見於《管子·問》：「審刑當罪，則人不易訟。」[1]
　　王挺斌（20170423）：「整」也見於59號簡，兩個字形寫作「整」、「整」，有可能就是「整」字。「整」字的古文字形體如下：

[1] 李學勤主編：《清華大學藏戰國竹簡（柒）》（上海：中西書局，2017），頁141。

蔡侯申盤 《集成》10171	晉侯穌編鐘	上博九.陳公治 兵.簡7	上博九.陳公治 兵.簡9	上博九.陳公治 兵.簡11

晉侯穌編鐘銘文之「整」，辭例作「公族整師」；上博簡諸例「整」，辭例為「整師徒」。這些「整」都是整頓、整理之義，與《越公其事》「整」字用法相合。《越公其事》的「整」，意符兼聲符「正」減省為「止」，這種情況與「是」字相類似。戰國文字正常寫法的「是」字，下部都是「正」。「正」、「是」古音也很近，「正」在耕部，「是」在支部，兩者有嚴格的對轉關係，所以「正」也可以看成是「是」的聲符。然而，有些「是」字所從的「正」卻省寫為「止」，如上博簡《志書乃言》1號簡「🔲」、2號簡「🔲」（佑仁案：《志書乃言》「是」字簡1作「🔲」，簡2作「🔲」）。[2]

　　趙嘉仁（20170424）：「整」字，不必釋為「敕」，訓為「整」。「整民」典籍多見，「整民」即整齊人民之意。「整齊」更是成詞。[3]

　　季旭昇師（20171014-15）：仔細體會這一段，越王句踐所要整飭的是「令出必行」，而不是要推行各種「禁禦」（禁止奸盜等犯罪活動）。這一小段承前段「大多兵」之後，開始進行「敕民」、「修令」、「審刑」，這三個動作其實只是圍繞著「修令」（加強命令，使「令出必達」，看下一章便知道），「敕民」是它的目的（「敕」訓為告誡、整飭），「審刑」是它的輔助手段。[4]

　　郭洗凡（201803）：解釋「整」為是，指的是越王整頓越國人民，《左傳・莊公二十三年》：「夫禮，所以整民也。故會以訓上下之則，制財用之節，貢賦多少（佑仁案：「貢賦多少」為杜預《注》）；朝以正班爵之義，帥長幼之序：征伐以討其不然。」[5]

　　何家歡（201806）：當讀作「敕」。古代「正」「整」通用乃先秦古書通例，楚簡亦然。此字上部顯係「敕」字，下部加「止」乃為加綴聲符之用。「止」為之部字，「敕」為職部字，韻部相近。《秦公殷》：「萬民是🔲（敕）。」其義與簡文此句相類，可資比勘。[6]

---

[2] 參清華大學出土文獻讀書會（石小力整理）：〈清華七整理報告補正〉，清華網，2017.4.23（2021.5.24 上網）。

[3] 趙嘉仁：〈讀清華簡（七）散札（草稿）〉，復旦網「學術討論」，2017.4.24（2017.6.22 上網）。

[4] 季旭昇師：〈清華柒「流XX」、「領御」試讀〉，收入復旦大學出土文獻與古文字研究中心主編：《「出土文獻與傳世典籍的詮釋」國際學術研討會議程論文集》（上海：復旦大學出土文獻與古文字研究中心，2017），頁193。後正式出版，見復旦大學出土文獻與古文字研究中心主編：《出土文獻與傳世典籍的詮釋》（上海：中西書局，2019），頁134。

[5] 郭洗凡：《清華簡《越公其事》集釋》（合肥：安徽大學碩士論文，2018），頁86-87。

[6] 何家歡：《清華簡（柒）《越公其事》集釋》（保定：河北大學碩士論文，2018），頁36。

子居（**20180902**）：這次「修令」即針對於之前第四章「縱經遊民」的寬政而實行的改變，其內容主要為禁令，「審刑」則是為推行禁令而在懲治措施上的嚴屬化。[7]

滕勝霖（**201905**）：金文中「整」多從束，如「![字形]」（晉侯蘇鐘）、「![字形]」（晉侯盨）等，楚簡中左上部件多寫作「木」，古文字「束」「木」部件作表意偏旁時可以通用，楚簡中「敕」字寫作「![字形]」（《上博五·姑成》簡 1），本簡「![字形]」與「敕」不類，與《清華陸·子產》簡 5「![字形]」「![字形]」相似。《爾雅·釋言》：「服，整也。」邢昺疏：「整，謂整治也。」《國語·晉語五》：「盍亟索士整庀州黎焉。」韋昭注：「整，整頓也。」「修令」，確定政令。「![字形]」，從宀采聲，其下部件或為後加羡符，寫作「日」或「田」。其實早期「審」字字形從米聲，後從采聲，「米」「采」不僅形近，且聲韻關係密切，「審」，考察、研究義。[8]

杜建婷（**201906**）：古文字形體中，「正」和「止」作為部件使用時，界線並不是很清楚，有些字或從「正」，或從「止」。同篇《越公其事》簡 59 見![字形]，辭例為「民乃![字形]齊」，釋作「整」，當無誤。「整」訓為「整頓、整治」。[9]

張朝然（**201906**）：「敕民」即治理百姓之意。[10]

史玥然（**201906**）：「整」，從攴從束從正，本義整理、整頓，這裡指越王整頓越國人民，「整」是「整」的異體字。[11]

吳萱萱（**202006**）：將「整」訓為「敕」更為妥帖。《說文解字》對「整」字的釋義為：「齊也。」而其將「敕」訓釋為：「誡也。」句踐整治百姓，並非只是關注民心的整齊一致，同時也在注意對民眾的訓誡，以使之謹守命令、遵從賞罰。「敕」之解釋在統一民心之餘，亦有訓誡教導之意，比「整」字更適合用於此處。[12]

江秋貞（**202007**）：「整」字在此章中兩見，「整」字讀為「敕」釋為「整治」、「整飭」都很符合越王要教民「恭敬」、「徇命若命」的主旨。「修令」的「修」可以釋為「治」，簡文中的「修令、審刑」也可以是「修審令刑」的一文。「修審令刑」可以釋為「修審考核命令刑罰」。「邦多兵，王乃整民。攸命、

7 子居：〈清華簡七《越公其事》第九章解析〉，中國先秦史網站，2018.9.2（2021.5.11 上網）。
8 滕勝霖：《《清華大學藏戰國竹簡（柒）》集釋及相關問題研究》（重慶：西南大學碩士論文，2019），頁 353。
9 杜建婷：《清華簡第七輯文字集釋》（廣州：中山大學碩士論文，2019），頁 98。
10 張朝然：《清華簡《越公其事》集釋及相關問題初探》（石家莊：河北師範大學碩士論文，2019），頁 48。
11 史玥然：《清華簡《越公其事》集釋及其漢字教學設計》（太原：山西大學碩士論文，2019），頁 62。
12 吳萱萱：《《越公其事》中句踐滅吳故事考論》（杭州：杭州師範大學碩士論文，2020），頁 34。

審刑」意即「越國大大增加兵器後，越王於是開始整治人民。他修審考核命令和刑罰。」[13]

滕勝霖（202107）：「」，王挺斌之說可從，應改釋為「整」，或從正「」（《清華陸・子產》簡5）或從東「」（《清華捌・攝命》簡15），或從木「」（《上博九・陳公》簡9）《國語・晉語五》：「盍盍索士整庇州黎焉。」韋昭注：「整，整頓也。」「修令」，確定政令。「」，從宀采聲，日為羨符，早期「審」字字形從米，後改從采，考察、研究義。《尚書・呂刑》：「其罪惟均，其審克之。」孔傳：「其當清察，能使之不行。」「刑」，《論語・為政》：「齊之以刑」，邢昺疏：「謂刑罰也。」[14]

佑仁謹案：

「整」，原整理者讀「敕」，訓整治，何家歡、子居、張朝然、吳萱萱從之。王挺斌認為釋作「整」，並舉「是」字字形說明「整」意符兼聲符的「正」減省為「止」，郭洗凡、滕勝霖、杜建婷、史玥然均贊成讀「整」。趙嘉仁釋為「整」，認為「整民」即整齊人民之意。季旭昇師認為「敕」訓為告誡、整飭，江秋貞從之。

「敕」、「整」音義均非常密切，頗疑二者具有同源關係。就古音來看，「敕」是透紐職部，「整」是端紐耕部，聲紐都是舌頭音，韻部則為職耕旁對轉。就字義上來看，《毛詩・小雅・楚茨》：「既齊既稷，既匡既敕。」朱熹《集傳》：「敕，戒。」[15]《漢書・息夫躬傳》：「可遣大將軍行邊兵，敕武備，斬一郡守以立威。」顏師古《注》：「敕，整也。」[16]《毛詩・小雅・六月》：「玁狁匪茹，整居焦穫。」鄭玄《箋》：「乃自整齊而處周之焦穫。」[17]「敕」和「整」都有讓事物整飭、整齊之義，所以「」讀成「敕」或「整」其實都對。

古籍有「敕民」一詞，見《晏子春秋・問篇》：「晏子對曰：『舉賢以臨國，官能以敕民，則其道也。舉賢官能，則民與若矣。』」[18]亦有「整民」之說，見

13　江秋貞：《〈清華大學藏戰國竹簡（柒）・越公其事〉考釋》（臺北：臺灣師範大學博士論文，2020），頁542-544。江秋貞：《〈清華大學藏戰國竹簡（柒）・越公其事〉考釋》（臺北：花木蘭文化事業公司，2022），頁483-484。

14　滕勝霖：《〈清華大學藏戰國竹簡（柒）〉集釋》（成都：西南師範大學出版社，2021），頁349-350。

15　（南宋）朱熹：《詩集傳》（北京：中華書局，2011），頁204。

16　（漢）班固撰，（清）王先謙補注：《漢書補注》（上海：上海古籍出版社，2008），頁3583-3584。

17　（漢）毛亨傳，（漢）鄭玄箋，（唐）孔穎達等正義，李學勤主編：《十三經注疏・毛詩正義》（北京：北京大學出版社，2000），頁743。

18　吳則虞：《晏子春秋集釋》（北京：中華書局，1982），頁212。

《左傳·莊公二十三年》:「二十三年,夏,公如齊觀社,非禮也。曹劌諫曰:『不可!夫禮,所以整民也。』」[19]

晉公盆《集成》10342	上博九《陳公治兵》7	上博九《陳公治兵》9	上博九《陳公治兵》11	水泉子漢簡《蒼頡篇》23
蔡侯申盤《集成》10171	晉侯穌鐘《近出》43	洛泉軒 290.蘇整	印典一 669.楊整	清華陸《子產》5
清華陸《子產》5	秦封泥集存文字編.198			

目前「整」字最早見於春秋中期的晉公盆,字形从「束」,「束」本象橐形[20],戰國文字有些繼續保留从「束」的寫法,如本處以及《子產》,有些則類化作「木」,例如《陳公治兵》諸例。

本處的「敊」究竟是「敕」增繁「止」旁[21],還是「整」簡化「正」旁為「止」,一時間難以下定論,讀為「敕」還是「整」,文義均說得通,不過由於本章末尾有「民乃整(整)齊。」「整齊」為先秦習語,據此本處亦宜讀為「整」。

古代字書中有「整」字,與簡文的「敊」隸定相符,「整」是「整」的異體字,字形見於《龍龕手鑑·止部》,而教育部異體字字典[22]中,「整」字下收有許多改「正」旁為「止」的異體構形,例如「𢽉」、「𢿎」、「𢿌」、「𢽳」、「𢽱」、「𢿛」,這些見於晚期字書的字體是否與簡文的「敊」有關,還有討論空間。

---

[19] (晉)杜預注,(唐)孔穎達正義,李學勤主編:《十三經注疏·春秋左傳正義》(北京:北京大學出版社,2000),頁 315。

[20] 季旭昇師:《說文新證》(臺北:藝文印書館,2014),頁 512。

[21] 秦印中有「遨」字形作「𤣥」(秦印文字彙編.32),所以簡文的从「止」的「整」也可能是「遨」的異體。

[22] 教育部異體字字典(臺灣學術網路 13 版〔正式 6 版〕):https://dict.variants.moe.edu.tw/variants/rbt/word_attribute.rbt?quote_code=QTAxNzZQw(2023.5.14 上網)。

　　滕勝霖舊說在討論「敕」字時引及上博五《姑成家父》簡1的「🔲」，該字於文例用為晉厲公之「厲」，《姑成家父》原整理者隸定作「敕」，季旭昇師指出「所隸『敕』字與『敕封』之『敕』同形，讀者易生誤會。依甲金文原形應隸為『敕』，即後世『剌』字之異體。」[23]也就是古文字有「敕／敕」（音彳ㄟ）、敕／剌（音ㄌㄚ丶），是兩個形音義不一樣的字，《姑成家父》的「🔲」實為「敕／剌」（音ㄌㄚ丶）字，故可讀為「厲」，但原整理者隸定作「敕」容易與「敕／敕」（音彳ㄟ）搞混，故建議將「敕」隸作「敕」。「敕」字常作「敕」形，如「🔲」（公簋，《集成》04315），而「敕」則是「剌」之異體，楚簡作「🔲」（天策），《姑成家父》簡1的「🔲」右旁從「攴」，「刀」、「攴」替換為戰國文字之通則。滕勝霖舊說所舉的「🔲」實為「敕／剌」（音ㄌㄚ丶），而《越公其事》的「🔲」字實從「敕／敕」（音彳ㄟ），二者是無關的兩字。

　　季旭昇師認為「修令」乃為使「令出必達」而「加強命令」，子居認為「修令」即針對之前第四章「總經遊民」寬政而實行的改變，其內容主要為禁令。滕勝霖認為「修令」為「確定政令」，江秋貞認為「修令」的「修」可以釋為「治」，簡文「修令審刑」也可以是「修審令刑」的互文，指「修審考核命令刑罰」。

　　古籍中「修令」的用例如下：

> 《左傳・昭公元年》：「君子有四時：朝以聽政，晝以訪問，夕以脩令，夜以安身。」[24]
> 《管子・法法》：「不法法則事毋常，法不法則令不行，令而不行，則令不法也。法而不行，則脩令者不審也。審而不行，則賞罰輕也。重而不行，則賞罰不信也。信而不行，則不以身先之也。故曰：『禁勝於身，則令行於民矣』。」[25]
> 《國語・吳語》：「吾修令寬刑，施民所欲，去民所惡，稱其善，掩其惡，求以報吳。」[26]

筆者認為「修」指修改，即修改那些不周全或過時的法令。〈始皇廿六年詔書〉：「廿六年，皇帝盡并兼天下諸侯，黔首大安，立號為『皇帝』，乃詔丞相狀、綰：『法度量則，不壹、歉疑者，皆明壹之。』」（商鞅量，《集成》10372）

　　子居主張「審刑」是為推行禁令而在懲治措施上的嚴厲化。「審刑」就字面上看是指審度刑法，而套用在第九章的敘述背景，句踐已為伐吳大業備戰，由第四章所謂的「不戮不罰」往嚴刑峻法靠攏。

23　季旭昇師：〈上博五芻議（下）〉，武漢網，2006.2.18。
24　（晉）杜預注，（唐）孔穎達正義，李學勤主編：《十三經注疏・春秋左傳正義》（北京：北京大學出版社，2000），頁1336-1337。
25　黎翔鳳撰、梁運華整理：《管子校注》（北京：中華書局，2004.6），頁293。
26　（三國吳）韋昭注，徐元誥集解：《國語集解》（北京：中華書局，2002），頁557。

〔3〕乃出共（恭）敬（敬）王孫（孫）之等（志）

乃	出	共	敬	王	孫	之

等

原整理者（201704）：「乃出恭敬」的主語是所整敕的臣民。出，顯露。孫，疑從孫聲，讀為「訊」或「詢」，詢問。《詩·正月》「召彼故老，訊之占夢」，毛傳：「訊，問也。」等，疑讀為「等」，區別。《國語·魯語上》：「夫宗廟之有昭穆也，以次世之長幼，而等胄之親疏也。」[27]

紫竹道人（20170429）：簡53-54：「乃出恭敬，王訊之，等以授大夫種，則賞穀之；乃出不恭不敬，王訊之，等以授范蠡，則戮殺之。」我懷疑「等」可能即包山司法文書簡的大題「廷等」之「等」（此類「等」字包山簡數見），當讀為所記文書之「志」，在這裡用為動詞，當記錄成文書講。其意謂把王所訊問之恭敬者與不恭不敬者的情況記錄在案，然後授予文種、范蠡，據此以行賞罰。[28]

王寧（20170429）：簡53、54的「王孫之」均當與「等（等）」讀為一句，「孫」整理者讀為「訊」，疑非，當讀「愻」，《說文》：「愻，順也。」《爾雅·釋詁》：「順，敘也。」「愻之等」即敘之等，簡文意思是先由王排列出等級、檔次，然後交給大夫種和范蠡根據等級來賞、罰。[29]

悅園（20170429）：簡54、56、57均有「取戮」一詞，整理者訓取為逮捕，戮為懲罰，疑「取戮」與簡54「戮殺」同義，取，《說文》：「捕取也。從又，從耳。《周禮》：『獲者取左耳。』」取從手持耳會意，引申則當有殺義。[30]

暮四郎（20170430）：似可得出如下初步判斷：第一，「乃出」的主語似乎仍然是王。第二，「乃出」與後文「以授」相應，這一節應當斷讀為：乃出恭敬王孫（孫）之等（等），以受（授）大夫種，則賞穀（購）之；乃出不恭不敬王孫（孫）之等（等），以受（授）范羅（蠡），則戮殺之。「等」意爲疇類，「之等」猶之類。[31]

心包（20170502）：「等」，整理者屬下，讀為「等」，學者或以其用為動詞「志」，或屬上讀，讀為「定」，都有一定道理，這裡提供另一種思路，或屬

27 李學勤主編：《清華大學藏戰國竹簡（柒）》（上海：中西書局，2017），頁 141-142。
28 紫竹道人：〈清華七《越公其事》初讀〉，武漢網，跟帖第 88 樓，2017.4.29（2019.11.19 上網）。
29 王寧：〈清華七《越公其事》初讀〉，武漢網，跟帖第 99 樓，2017.4.29（2021.1.21 上網）。
30 悅園：〈清華七《越公其事》初讀〉，武漢網，跟帖第 95 樓，2017.4.29（2019.11.19 上網）。
31 暮四郎：〈清華七《越公其事》初讀〉，武漢網，跟帖第 113 樓，2017.4.30（2020.12.1 上網）。

下讀，讀為「是」，訓為「理」、「正」。《說文》「諟，理也」，《左傳・襄公二十六年》「君與大夫不善是也」，杜注：「不是其曲直」，《國語・楚語上》「或諟王孫啟於成王，王弗是」，注曰：「是，理也」，此處是說由王定奪，然後授予大臣賞罰之。[32]

郭洗凡（201803）：王寧的觀點可從。「愻」和「孫」都為上古文部字，二者音可通。「𥿄」讀為「志」，意思是把越王經過訊問把態度恭敬或者不恭敬的人全部記錄下來，然後告訴文種、范蠡，根據這些記錄對這些官員獎勵或者懲罰。[33]

子居（20180902）：對照下文的「乃趣詢于王宮」可見，整理者所言「『乃出恭敬』的主語是所整敕的臣民」顯然不確，故暮四郎所說當是。此處「恭敬」所指主要是能聽命守職，《左傳・僖公五年》：「守官廢命，不敬。」《左傳・成公二年》：「蠻夷戎狄，不式王命，淫湎毀常，王命伐之，則有獻捷，王親受而勞之，所以懲不敬，勸有功也。」皆可見受命盡職為「恭敬」，棄命違常為「不恭」、「不敬」。王孫往往會職掌重職，此點《左傳》習見。[34]

滕勝霖（201905）：「乃出恭敬」的主語是越邦臣民。「𥧄」，從宀孫聲，整理者讀作「訊」可從，審問義。「𥿄」，從羽寺聲，鄔可晶之說可從，讀作「志」。[35]

杜建婷（201906）：「王寧」讀為「愻」，又輾轉訓為「敘」，即「排序」，恐不妥。若「愻」讀為「敘」，「王敘之等」中之「等」似多餘，應為「王敘之」。「孫」古音為心母文部，「訊」古音為心母真部，「詢」古音為心母真部，「訊」、「詢」和「孫」音理可通。[36]

王青（201910）：原整理者在「之」字後斷句。按，「王𥧄之等」，當連讀。「孫」在古文獻裡多假借讀為「順」，用為動詞，理而順也。簡53這四個字依然如此讀，意即分門別類，讓不同的人（如大夫種、范蠡）加以管理。[37]

江秋貞（202011）：越王想透過「修令審刑」讓身邊的王孫貴族要能恭敬遵從王的命令，再漸漸向外擴及到更外圍的管理階層。以「越王」為核心，以王宮內的「王孫」開始擴及到「群領御」，再到「凡庶姓」，再擴及到「民司事」，最後讓外圍的「庶民」都能夠唯王命是從。整個就是讓邦國從上（王孫）到下（庶

[32] 心包：〈清華七《越公其事》初讀〉，武漢網，跟帖第139樓，2017.5.2（2019.11.19上網）。
[33] 郭洗凡：《清華簡《越公其事》集釋》（合肥：安徽大學碩士論文，2018），頁86。
[34] 子居：〈清華簡七《越公其事》第九章解析〉，中國先秦史網站，2018.9.2（2021.5.11上網）。
[35] 滕勝霖：《《清華大學藏戰國竹簡（柒）》集釋及相關問題研究》（重慶：西南大學碩士論文，2019），頁355。滕勝霖：《《清華大學藏戰國竹簡（柒）》集釋》（重慶：西南師範大學出版社，2021），頁351-352。
[36] 杜建婷：《清華簡第七輯文字集釋》（廣州：中山大學碩士論文，2019），頁190。
[37] 王青：〈清華簡《越公其事》補釋〉，收入華東師範大學歷史學系編：《出土文獻與商周社會學術研討會會議論文集》（上海：華東師範大學歷史學系，2019），頁330。

民），從內（王孫）到外（庶民）都唯越王之命是遵。簡文「出……之志」也可以把它釋為「做出……的文書紀錄」。[38]

　　陳一（202203）：「乃出」主語仍為「王」。乃，訓為如、若。出，訓為見，「𤕦」仍應讀為「訊」。訊，《公羊傳・僖公十年》：「君嘗訊臣矣。」何休注：「上問下曰訊。」之，指示代詞作定語。等，《廣雅・釋詁一》：「等，輩也。」[39]

　　佑仁謹案：

關於「乃出恭敬」的主語是誰，學者的看法不同，茲將意見整理成下表：

意見提出者	「乃出恭敬」的主語	贊成者
原整理者	臣民	滕勝霖
暮四郎	王	王寧、郭洗凡、子居、江秋貞

原整理者認為是「臣民」，暮四郎則主張為「王」，這兩種說法都各有支持者，本處的原文是「王乃整民、修令、審刑，乃出恭敬王𤕦之䝮」，「乃出恭敬」一句的主詞省略，不過，其主詞應該就是前文的「王」（句踐），因此暮四郎的說法是正確的。「王𤕦之䝮」的訓讀乃至於整段話的句讀，都有不少爭議，茲整理如下：

學者	斷句	𤕦	䝮	贊成者
原整理者	乃出恭敬，王訊之，等以受大夫種	訊或詢，詢問。	等，區別。	「訊」之說，滕勝霖從之。
紫竹道人	乃出恭敬，王訊之，等以授大夫種	訊	志，紀錄成文書。	「志」之說，郭洗凡、滕勝霖從之。
悅園	乃出恭敬，王訊之寁，以授大夫種	訊	寁	句讀陳一從之。
王寧	王𤕦之等	𤕦，即順也、敘也。	等，等級、檔次。	「𤕦」之說，郭洗凡從之。

38 江秋貞：《《清華大學藏戰國竹簡（柒）・越公其事》考釋》（臺北：臺灣師範大學博士論文，2020），頁 553-557。江秋貞：《《清華大學藏戰國竹簡（柒）・越公其事》考釋》（臺北：花木蘭文化事業公司，2022），頁 493-497。

39 陳一：《清華簡（柒）》疑難字詞補釋》（天津：天津師範大學碩士論文，2022），頁 109-110。

暮四郎	乃出恭敬王孫之等，以授大夫種	孫	等，疇類。	子居、羅小虎、吳德貞從之。
心包	乃出恭敬，王訊之，是以授大夫種	訊	是，理，正。	
王青	「王孫之等」連讀	順	等	
季師旭昇	乃出共䛑王孫之䎃，以受夫=住則賞斀之	孫	志，紀錄成文書。	
江秋貞	乃出恭敬王孫之䎃（等／志），以授大夫種	孫	志	
陳一	乃出恭敬，王訊之等，以受大夫種	訊	等，輩也。	

原整理者將「孫」讀為「訊」或「詢」，訓成「問」，不確。王寧讀作「愻」指順、敘。王青讀「順」。暮四郎將文例讀成「王孫」，可信。

「王孫」原意指王的子孫後代，後來也做為姓氏使用，《通志·氏族略第五》云：「王孫氏，姬姓，周大夫王孫滿之後。滿，頃王孫也。」[40]王孫滿為周頃王之後，故稱「王孫」。淮南小山〈招隱士〉：「王孫 游兮不歸」，王夫之《通釋》：「秦漢以上，士皆王侯之裔，故稱王 孫。」[41]春秋戰國之際，諸侯國的王族庶支後裔也常以「王孫」為稱。此處的「王孫」是指句踐王室宗親，而本章的重點是在越國大多兵以後，句踐開始整頓國家，而句踐的改革是由內而外，從與自己最親近的王孫開始，逐漸向外延伸。

「䎃」從羽、寺聲，原整理者讀為「等」，訓為區別。紫竹道人（鄔可晶）讀為「志」，訓為記錄，滕勝霖、江秋貞從之。王寧讀「等」，訓為等級、檔次，郭洗凡從之。暮四郎、王青亦讀「等」。杜建婷以為「等」似多餘，「王敘之等」即「王敘之」。悅園讀為「寔」[42]。心包讀「是」，訓理、正[43]。季旭昇師認為：

越王於是先把王孫（「王孫」的解釋採用「暮四郎」的說法）中「恭敬」與「不恭敬」的判決記錄（「等」的解釋採用「紫竹道人」的說法）交付執行，恭敬的有賞，不恭敬的殺戮之。[44]

40 （南宋）鄭樵：《通志》（北京：中華書局，1987），卷29，頁473。

41 黃靈庚：《楚辭章句疏證（增訂版）》（北京：中華書局，2018），頁2150。

42 悅園：〈清華七《越公其事》初讀〉，武漢網，跟帖第95樓，2017.4.29（2019.11.19上網）。

43 心包：〈清華七《越公其事》初讀〉，武漢網，跟帖第139樓，2017.5.2（2019.11.19上網）。

44 季旭昇師：〈清華柒「流XX」、「領御」試讀〉，收入復旦大學出土文獻與古文字研究中心主編：《「出土文獻與傳世典籍的詮釋」國際學術研討會議程論文集》（上海：復旦大學出土文獻與古文字研究中心，2017），頁194。後正式出版，見復旦大學出土文獻與古文字研究中心主編：《出土文獻與傳世典籍的詮釋》（上海：中西書局，2019），頁134。

筆者認為這個說法文通字順，文意已非常顯豁。句踐拿出恭敬王孫的文書記錄，交予文種賞穀（或賞祿），拿出不恭敬王孫的文書記錄，交與范蠡施以刑戮。先從與句踐有血緣關係的王孫整頓起，逐漸向外擴及王宮中人、邦人、領御、凡庶姓等類別。

〔4〕以受（授）夫＝（大夫）住（種），則賞穀（穀／祿）之

以	受	夫＝	住	則	賞	穀

之

原整理者（201704）：賞穀，賞賜俸養。穀，養，給以俸祿。《詩・小弁》：「民莫不穀，我獨于罹。」[45]

悅園（20170429）：簡54、56、57均有「取戮」一詞，整理者訓取為逮捕，戮為懲罰，疑「取戮」與簡54「戮殺」同義，取，《說文》：「捕取也。從又，從耳。《周禮》：『獲者取左耳。』」取從手持耳會意，引申則當有殺義。[46]

胡敕瑞（20170429）：整理者讀「賞穀」為「賞穀」可備一說。不過似乎不如讀為「賞購」好。簡文中「則賞購之」與「則戮殺之」形成對文。「賞購」謂獎勵有功而為善者，「戮殺」謂懲罰有過而為不善者。無論從詞義文意，還是從聲音假借，把簡文中的「賞穀」讀為「賞購」都很合適。簡文的大意是，越王句踐授任大夫種獎賞那些恭敬的人，授任范蠡殺戮那些不恭敬的人。[47]

暮四郎（20170430）：「等」意為疇類，「之等」猶之類。「恭敬王窬（孫）之翼（等）」、「不恭不敬王窬（孫）之翼（等）」，可能是說恭敬的王孫、不恭敬的王孫。句踐欲整飭民眾，修其政令，先挑選王孫之中恭敬者予以賞賜，不恭敬者施以刑戮，自然可以收到很好的儆示民眾的效果。[48]

郭洗凡（201803）：簡文中的「穀」從得聲（佑仁案：應為「從彀得聲」），古音為見紐屋部；「購」，從冓得聲，古音為見紐侯部。「穀」「購」聲紐相同，韻部為陰入對轉。朱駿聲《說文通訓定聲》：「《說文》一曰『穀瞀』即《荀子・

---

[45] 李學勤主編：《清華大學藏戰國竹簡（柒）》（上海：中西書局，2017），頁142。

[46] 悅園：〈清華七《越公其事》初讀〉，武漢網，跟帖第95樓，2017.4.29（2019.11.19上網）。

[47] 胡敕瑞：〈清華大學藏戰國竹簡（柒）《越公其事》札記三則〉，清華網，2017.4.29，後改題〈清華大學藏戰國竹簡（柒）《越公其事》札記〉，收入李學勤主編：《出土文獻》第12輯（上海：中西書局，2018.4），頁169-170。

[48] 暮四郎：〈清華七《越公其事》初讀〉，武漢網，跟帖第113樓，2017.4.30（2020.12.1上網）。

儒效》之『溝瞀』，愚無知之兒。」「賞穀」讀為「賞購」，大意是，越王勾踐命令大夫種獎勵那些態度恭敬的人，同時讓范蠡處決那些態度不恭敬的人。[49]

　　吳德貞（201805）：從胡敕瑞說讀為「購」。購從冓得聲，侯部見紐；穀，屋部見紐，兩個字古音很近。古溝、穀通用。《說文》：「穀，穀瞀也。」《荀子・儒效篇》：「愚陋溝瞀。」王念孫《廣雅疏證》謂「穀瞀」與「溝瞀」字異而義同。則「穀」「購」二字可通假。[50]

　　子居（20180902）：「賞穀」一詞，傳世文獻多作「賞祿」或「祿賞」，故此處也不排除直接讀為「賞祿」的可能。由此處大夫種負責「賞穀」，范蠡負責「戮殺」可見，二人的分職非常明顯。[51]

　　吳祺（201911）：根據古訓記載及古書用例可知，「購」在古書中多為懸賞徵求、懸賞緝捕一類的含義，「購」與簡文「賞」的賞賜義並非十分吻合。[52]

　　黃一村、侯瑞華（202006）：這裡的「穀」或許應從整理者讀「穀」，是「祿」的意思。《詩經・小雅・天保》「天保定爾，俾爾戩穀」，毛傳「穀，祿也」，《孟子・滕文公上》有「夫仁政，必自經界始。經界不正，井地不鈞，穀祿不平。是故暴君汙吏必慢其經界。」趙岐注「穀，所以為祿也」，可見「穀」與「祿」關係密切。「賞祿」做為獎賞手段，古書常見，簡文可以理解為勾踐對於恭敬之人則賞之、祿之，對於不恭不敬之人則戮之、殺之。[53]

　　吳萱萱（202006）：上文可被理解為，對於顯露恭敬態度的百姓，勾踐授意大夫文種獎賞他們；對於顯露不恭敬態度的百姓，越王授意范蠡懲罰與誅殺他們。為了敕民，統一思想、集聚民心，勾踐還修正法令。[54]

　　月有暈（202012）：也有可能讀作「購」，獎賞之義。睡虎地秦簡《法律答問》：「甲告乙賊傷人，問乙賊殺人，非傷毆（也），甲當購，購幾可（何）？當購二兩。」[55]

　　江秋貞（202011）：「賞敦」如果釋作「賞購／購賞」一詞不妥，原因是在先秦古代典籍中「購賞」多用為負面的懸賞，而不是一般的賞賜。筆者認為原考釋釋「賞穀」、子居釋「賞祿」，當作賞賜俸祿都是很不錯的解釋。「乃出共戠

---

[49] 郭洗凡：《清華簡《越公其事》集釋》（合肥：安徽大學碩士論文，2018），頁86-87。

[50] 吳德貞：《清華簡《越公其事》集釋》（武漢：武漢大學碩士論文，2018），頁81。

[51] 子居：〈清華簡七《越公其事》第九章解析〉，中國先秦史網站，2018.9.2（2021.5.11上網）。

[52] 吳祺：《戰國竹書訓詁方法探論》（上海：華東師範大學博士論文，2019），頁276-277。

[53] 黃一村、侯瑞華：〈《越公其事》零拾〉，《出土文獻》2020第2期（2020.6），頁76-77。

[54] 吳萱萱：《《越公其事》中句踐滅吳故事考論》（杭州：杭州師範大學碩士論文，2020），頁34。

[55] 網友月有暈於復旦網論壇發表，然2020.12.1覆核時文章已刪除，此轉引自江秋貞：《《清華大學藏戰國竹簡（柒）・越公其事》考釋》（臺北：臺灣師範大學博士論文，2020），頁548。

王篡之鞏以受夫＝住則賞敫之」意指「（越王修審考核命令刑罰），於是做出恭敬的王孫之類的紀錄文書，把他們交給文種大夫，就賞賜他們俸祿」。[56]

難言（20211207）：趙曉斌先生文中（佑仁案：指棗紙簡），簡39「賞，敫（穀）」，當連讀「賞購」，該詞見《越公其事》簡53，參胡敕瑞先生：《清華大學藏戰國竹簡（柒）·越公其事》札記三則。[57]

陳一（202203）：「敫」亦讀為「穀」即可，「穀」為較「賞」更寬宏的賞賜，「殺」為較「戮」更嚴重的懲罰，「賞穀」與「戮殺」對偶。如果見到恭敬對待王命的，王問詢這些人，把他們交予大夫文種，就賞賜俸養他們；如果見到不恭敬對待王命的，王問詢這些人，把他們交予范蠡，就懲罰誅殺他們。[58]

佑仁謹案：

「賞敫」，原整理者認為讀為「賞穀」，指賞賜俸養。胡敕瑞認為原整理者的意見可備一說，但不如讀為「賞購」，郭洗凡、吳德貞、滕勝霖[59]、月有暈從之。子居認為不能排除直接讀為「賞祿」的可能。黃一村、侯瑞華也把文例讀成「賞祿」。難言則指出棗紙簡《吳王夫差起師伐越》簡39的「賞，敫（穀）」，也當連讀成「賞購」。江秋貞認為「賞購」一說不可信，將「賞敫」讀為「賞穀」，而語譯則作「賞賜俸祿」。

從學者的意見來看，讀成「賞購」是最多學者支持的說法，江秋貞指出古籍中「賞購」或「購賞」多用為負面的懸賞，而非一般的賞賜，筆者認為她的觀察敏銳而可信。

筆者認為「敫」讀成「穀」或「祿」均可。春秋戰國秦漢時期的俸祿型態有「貨幣」和「實物」兩種，俸祿的「實物」，通常是「穀」（原糧）[60]，常德夕陽坡戰國楚簡還保留楚王賞賜臣下「歲穀」的紀錄[61]，《孟子·滕文公上》：「穀祿不平，是故暴君汙吏必慢其經界。」[62]「穀祿」即「俸祿」。安大二《曹沫之陳》簡17「貴位重食」，李家浩認為「食，指俸祿」[63]。

[56] 江秋貞：《〈清華大學藏戰國竹簡（柒）·越公其事〉考釋》（臺北：臺灣師範大學博士論文，2020），頁553-557。江秋貞：《〈清華大學藏戰國竹簡（柒）·越公其事〉考釋》（臺北：花木蘭文化事業公司，2022），頁493-497。

[57] 難言：〈清華七《越公其事》初讀〉，武漢網，跟帖第240樓，2021.12.7（2022.3.17上網）。

[58] 陳一：《清華簡（柒）疑難字詞補釋》（天津：天津師範大學碩士論文，2022），頁109-110。

[59] 滕勝霖：《〈清華大學藏戰國竹簡（柒）〉集釋及相關問題研究》（重慶：西南大學碩士論文，2019），頁356。滕勝霖：《〈清華大學藏戰國竹簡（柒）〉集釋》（重慶：西南師範大學出版社，2021），頁352。

[60] 詹今慧：《周秦漢出土法律文獻研究》（臺北：政治大學博士論文，2012），頁245。

[61] 羅運環：〈論楚國的客卿制度〉，《武漢大學學報》，1990第3期，頁78。

[62] （戰國）孟子著，（漢）趙岐注，（宋）孫奭疏，李學勤主編：《十三經注疏·孟子正義》（北京：北京大學出版社，2000），頁163。

[63] 安徽大學漢字發展與應用研究中心：《安徽大學藏戰國竹簡（二）》（上海：中西書局，2022），頁63。

　　春秋時代按照爵位授予采邑，給予一定數量的土地與勞動者，《左傳・僖公十四年》：「晉侯賞從亡者。介之推不言祿，祿亦弗及。……其母曰：『亦使知之，若何？』對曰：『言，身之文也。身將隱，焉用文之？是求顯也。』其母曰：『能如是乎！與女偕隱。』遂隱而死。晉侯求之，不獲，以緜上為之田，曰：『以志吾過，且旌善人。』」[64]介之推所應享受的「祿」，即文公後來贈予緜上之「田」。黃惠賢、陳鋒撰著《中國俸祿制度史》指出春秋戰國時代：

> 各國都儲備了可觀的糧食，燕、趙兩國，「粟支數年」，楚國「粟支十年」，齊國「粟如丘山」。這些粟除了供給各國軍隊食用外，也用於官吏的報酬。《史記》卷47《孔子世家》：孔子曾任魯國大司寇，後周遊列國至衛，「（衛靈公）問孔子：『居魯得粟幾何？』對曰：『奉（俸）粟六萬。』衛人亦致粟六萬。」關於「奉粟六萬」的量詞，唐張守節《正義》認為是周代小斗，六萬小斗相當於唐代二千石。六萬小斗或二千石粟，當是孔子一年的官俸。此事在春秋末，是以穀物作為官員俸祿較早的一例。戰國時，以穀物為俸祿的情況便呈普遍化的趨勢。……《墨子・貴義第四十七》：「子墨子仕人於衛，所仕者至而反。子墨子曰：『何故？』曰：『待女（汝）以千盆，授我五百盆，故去之也。』（佑仁案：應為「子墨子曰：『何故反？』曰：『與我言而不當，曰「待女以千盆」，授我五百盆，故去之也。』[65]）子墨子曰：『授子過千盆，則子去之乎？』對曰：『不去。』子墨子曰：『然則非為其不審也，為其寡也。』」這是說墨子推薦弟子到衛國做官，衛國本答應給這位弟子1000盆的俸祿，後實際只給了500盆，減去一半，這位弟子嫌少便辭官跑了回去。「盆」亦為當時量穀物的器具，《荀子・富國篇》說：「今是土之生五穀也，人善治之，則畝數盆。」《呂氏春秋・異寶篇》：「荊國之法，得伍員者，爵執珪，祿萬檐，金千鎰。」高誘注云：「萬簷，萬石也。」[66]

衛靈公問孔子「居魯得祿幾何」，對以「奉粟六萬」[67]，可知簡文的「穀」實際上就是指俸祿，《論語・憲問》：「憲問恥。子曰：『邦有道，穀。邦無道，穀，恥也。』」何晏《集解》引孔《注》：「君無道而在其朝，食其祿，是恥辱。」[68]《毛詩・小雅・天保》：「天保定爾，俾爾戩穀。」毛《傳》：「戩，福。穀，

---

64 （晉）杜預注，（唐）孔穎達正義，李學勤主編：《十三經注疏・春秋左傳正義》（北京：北京大學出版社，2000），頁479-480。

65 （清）孫詒讓撰，孫啟治點校：《墨子閒詁》（北京：中華書局，2001），頁446。

66 黃惠賢、陳鋒：《中國俸祿制度史（修訂版）》（武漢：武漢大學出版社，2012），頁19-20。

67 （西漢）司馬遷撰，（南朝宋）裴駰集解，（唐）司馬貞索引、張守節正義：《史記》（北京：中華書局，2014），頁2325。

68 （魏）何晏集解，（宋）邢昺疏，李學勤主編：《十三經注疏・論語注疏》（北京：北京大學出版社，2000），頁206。

祿。」[69]《孟子·滕文公上》：「經界不正，井地不鈞，穀祿不平。」趙岐《注》：「穀，所以為祿也。」[70]均是以稻穀為俸祿的證據。

〔5〕乃出不共（恭）不敬（敬）王孫（孫）之等（志），以受（授）靶（范）羅（蠡），則戮（戮）殺之。

乃	出	不	共	不	敬	王
孫	之	等	以	受	靶	羅
則	戮	殺	之			

原整理者（201704）：靶羅，即范蠡，見清華簡《良臣》等。戮殺，疑指懲罰與誅殺，或即殺戮。《史記·大宛列傳》：「郁成食不肯出，窺知申生軍日少，晨用三千人攻，戮殺申生等。」[71]

季旭昇師（20171014-15）：越王於是先把王孫中「恭敬」與「不恭敬」的判決記錄（「等」）交付執行，恭敬的有賞，不恭敬的殺戮之。[72]

翁倩（201806）：戮殺─殺僇、殺戮。《越公其事》簡53-54：「乃出不恭不敬，王訊之，等以授范蠡，則戮殺之」。《呂氏春秋·論人》：「昔上世之亡主，以罪為在人，故日殺僇而不止，以至於亡而不悟。」杜甫〈佳人〉詩：「兄弟遭殺戮。官高何足論！」[73]

子居（20180902）：「戮」當訓為刑，「戮殺」即刑殺，《管子·立政》：「孟春之朝，君自聽朝，論爵賞校官，終五日。季冬之夕，君自聽朝，論罰罪刑殺，亦終五日。」《管子·法禁》：「法制不議，則民不相私。刑殺毋赦，則民不偷於為善。」所言「刑殺」即對應此處的「戮殺」。《管子·立政》雖然將刑賞的時間與季節對應了，但所述刑賞之事則與《越公其事》此段「乃出恭敬王孫

[69] （西漢）毛公傳，（東漢）鄭玄箋，（唐）孔穎達等正義，李學勤主編：《十三經注疏·毛詩正義》（北京：北京大學出版社，2000），頁683。

[70] （戰國）孟子著，（漢）趙岐注，（宋）孫奭疏，李學勤主編：《十三經注疏·孟子正義》（北京：北京大學出版社，2000），頁163。

[71] 李學勤主編：《清華大學藏戰國竹簡（柒）》（上海：中西書局，2017），頁142。

[72] 季旭昇師：〈清華柒「流ＸＸ」、「領御」試讀〉，收入復旦大學出土文獻與古文字研究中心主編：《「出土文獻與傳世典籍的詮釋」國際學術研討會議程論文集》（上海：復旦大學出土文獻與古文字研究中心，2017），頁194。後正式出版，見復旦大學出土文獻與古文字研究中心主編：《出土文獻與傳世典籍的詮釋》（上海：中西書局，2019），頁134。

[73] 翁倩：〈清華簡《越公其事》雙音詞初探〉，《廣東開放大學學報》，2018第6期，頁75。

之等，以授大夫種，則賞穀之，乃出不恭不敬王孫之等，以授范蠡，則戮殺之」類似。[74]

滕勝霖（201905）：本文認為「戮殺」是偏義複合詞，義為「懲罰」，程度恐未達到殺伐至死。「殺」有「治」義，劉向《別錄》：「殺青者，直治竹作簡書之耳。……吳越曰殺，亦治也。」《本草綱目・草部・青蒿》：「殺風毒心痛熱黃。」「殺」亦「治」義。由簡文可知，越邦臣民「不恭不敬」不至於殺死，若理解為殺戮，也與越王徵人之策相悖，故「戮殺」應是懲罰治理義，或直接理解為懲罰義。[75]

白於藍、岳拯士（202006）：簡文分別以兩個「乃」字引出越王勾踐對「出恭敬」和「出不恭不敬」的處理辦法，「乃出恭敬」和「乃出不恭不敬」的主語顯然不應該是指越王勾踐本人，而應該就是「所整救的臣民」，整理者的看法正確可從。「乃」字古可表假設，有「若」、「如果」之義。「出」字古有「行」義。「乃出恭敬」即若行恭敬（之事）之義，「乃出不恭不敬」即若行不恭不敬（之事）之義。至於斷句問題，悅園等人將「翠」字上讀，正確可從。筆者認為「寋」當讀作「申」。「申」字古有「說明」、「申述」之義。「王寋（申）之翠（等）」之「之」是代詞，前後分別指代「出恭敬」和「出不恭不敬」之事。簡文本段文字大意是講越王勾踐針對「恭敬」和「不恭不敬」之事進行了具體規定，申明了等差，並讓大夫種和范蠡分別去具體執行相應的獎懲。[76]

江秋貞（202007）：「乃出不共不敬王寋之翠，以受軹羅，則戮殺之」應釋為「（越王修審考核命令刑罰），於是做出不恭敬的王孫之類的紀錄文書，把他們交給范蠡，就殺掉他們」。[77]

佑仁謹案：

「王孫」的解釋可參考本章注釋2。

「范蠡」之名見清華參《良臣》簡7：「越王句踐有大（舌）同（庸），有軹（范）羅（蠡）。」原整理者指出「『蠡』與『羅』通」[78]，范蠡是輔佐句踐稱霸的重要謀臣，為句踐五位重要大夫之一，古籍又稱「子范子」[79]（《國語・越語

---

[74] 子居：〈清華簡七《越公其事》第九章解析〉，中國先秦史網站，2018.9.2（2021.5.11上網）。

[75] 《《清華大學藏戰國竹簡（柒）》集釋》已無此說。滕勝霖：《《清華大學藏戰國竹簡（柒）》集釋及相關問題研究》（重慶：西南大學碩士論文，2019），頁356-357。

[76] 白於藍、岳拯士：〈清華簡《越公其事》校釋（六則）〉，《中國文字》總第3期（2020.6），頁191-192。

[77] 江秋貞：《《清華大學藏戰國竹簡（柒）・越公其事》考釋》（臺北：臺灣師範大學博士論文，2020），頁558。江秋貞：《《清華大學藏戰國竹簡（柒）・越公其事》考釋》（臺北：花木蘭文化事業公司，2022），頁498。

[78] 李學勤主編：《清華大學藏戰國竹簡（參）》（上海：中西書局，2012），頁161。

[79] （三國吳）韋昭注，徐元誥集解：《國語集解》（北京：中華書局，2002），頁587。

下》）、「范伯」[80]（《越絕書‧越絕外傳記范伯》）或「范子」[81]（《越絕書‧越絕外傳枕中》）。

有關范蠡之國屬，文獻記載不一，《史記‧越王句踐世家》裴駰《集解》：「太史公《素王妙論》曰：『蠡本南陽人。』《列仙傳》云：『蠡，徐人。』」張守節《正義》：「《吳越春秋》云：『蠡字少伯，乃楚宛三戶人也。』《越絕》云：『在越為范蠡，在齊為鴟夷子皮，在陶為朱公。』又云：『居楚為范伯』。」[82]但范蠡在越國成為重臣則無疑。

「戮殺」指將不恭敬的王孫施以刑罰或誅殺，參第四章注釋6。

〔6〕乃徹（趣）詢（徇）于王宮

乃	徹	詢	于	王	宮

整理者注（201704）：簡文「詢」作「訽」，從昀聲，讀為「徇」，當眾宣布教令。《左傳》桓公十三年：「莫敖使徇于師曰：『諫者有刑。』」杜預注：「徇，宣令也。」王宮，越王之宮殿。[83]

季旭昇師（20171014-15）：「王宮」指「王宮中人」。[84]

子居（20180902）：《越公其事》此處所「徇」的內容尚不是後文的「令」，而只是按前文的「不恭不敬」這樣的標準執行刑戮，此處的「徇」只當訓為巡行、巡示，先秦時的「徇」字本身並無「宣令」義。[85]

滕勝霖（201905）：「詢」讀作「徇」可從，如《清華伍‧三壽》簡17：「惠民由任，均（徇）句過淫」。「徇」，當眾宣佈命令。[86]

江秋貞（202011）：原考釋把「詢」釋為當眾宣令，子居則認為只有巡行之意，沒有宣令之意。筆者認為簡文這裡的「詢于王宮」可以是一邊巡行，一邊宣令，《史記‧司馬穰苴列傳》：「以徇三軍」張守節正義：「徇，行示也。」「徇」

[80] 「昔者，范蠡其始居楚，曰范伯。」李步嘉：《越絕書校釋》（北京：中華書局，2013），頁173。

[81] 李步嘉：《越絕書校釋》（北京：中華書局，2013），頁337。

[82] （西漢）司馬遷撰，（南朝宋）裴駰集解，（唐）司馬貞索引、張守節正義：《史記》（北京：中華書局，2014），頁2113。

[83] 李學勤主編：《清華大學藏戰國竹簡（柒）》（上海：中西書局，2017），頁142。

[84] 季旭昇師：〈清華柒「流XX」、「領御」試讀〉，收入復旦大學出土文獻與古文字研究中心主編：《「出土文獻與傳世典籍的詮釋」國際學術研討會議程論文集》（上海：復旦大學出土文獻與古文字研究中心，2017），頁194。後正式出版，見復旦大學出土文獻與古文字研究中心主編：《出土文獻與傳世典籍的詮釋》（上海：中西書局，2019），頁134。

[85] 子居：〈清華簡七《越公其事》第九章解析〉，中國先秦史網站，2018.9.2（2021.5.11上網）。

[86] 滕勝霖：《《清華大學藏戰國竹簡（柒）》集釋及相關問題研究》（重慶：西南大學碩士論文，2019），頁357。滕勝霖：《《清華大學藏戰國竹簡（柒）》集釋》（重慶：西南師範大學出版社，2021），頁353。

可以作為一邊巡行，一邊宣令示眾的意思。「王宮」也是針對王宮之人。「詢于王宮」就是對王宮中之人巡行並宣示教令。「取繆」有「逮捕懲罰」之意也有「殺戮」之意。簡文有「取繆于後至不恭」，故「取繆」應為「逮捕殺戮」之意。「乃徹詢于王宮，亦徹取繆」意指「（王）於是急著巡行宣令於王宮之人，也急著（把不恭敬宣令者）逮捕殺戮」。[87]

佑仁謹案：

「趣」，為時間副詞[88]，指速、趕快，修飾「詢」。「趣」在簡文多次出現，訓讀方式不一，可參第三章注釋 11「一覽表 3.『趣』字訓讀一覽表」。

「詢」原整理者讀「徇」，訓作當眾宣布教令。子居認為先秦時的「徇」字本身並無「宣令」義，故訓為巡行、巡示。江秋貞受其影響訓作「一邊巡行，一邊宣令」。

子居說先秦「徇」字沒有宣令義，《國語・吳語》云：

> 王乃之壇列，鼓而行之，至於軍，斬有罪者以徇，曰：「莫如此以環瑱通相問也。」明日徙舍，斬有罪者以徇，曰：「莫如此不從其伍之令。」明日徙舍，斬有罪者以徇，曰：「莫如此不用王命。」明日徙舍，至於禦兒，斬有罪者以徇，曰：「莫如此淫逸不可禁也。」
> 王乃命有司大徇於軍曰：「有父母者老而無昆弟者，以告。」王親命之曰：「我有大事，子有父母者老，而子為我死，子之父母將轉於溝壑，子為我禮已重矣。子歸，歿而父母之世。後若有事，吾與子圖之。」明日徇於軍曰：「有兄弟四五人皆在此者，以告。」王親命之曰：「我有大事，子有昆弟四五人皆在此，事若不捷，則是盡也。擇子之所欲歸者一人。」明日徇於軍曰：「有眩瞀之疾者，以告。」王親命之曰：「我有大事，子有眩瞀之疾，其歸若已。後若有事，吾與子圖之。」明日徇於軍曰：「筋力不足以勝甲兵，志行不足以聽命者歸，莫告。」明日，遷軍接龢，斬有罪者以徇，曰：「莫如此志行不果。」於是人有致死之心。王乃命有司大徇於軍曰：「謂二三子歸而不歸，處而不處，進而不進，退而不退，左而不左，右而不右，身斬，妻子鬻。」[89]

此處大量記載句踐「徇於軍」的內容，而各條「曰」字下的文句，就是句踐宣示的具體內容。與本段類似的內容還可以見於《吳越春秋・勾踐伐吳外傳第十》句

87 江秋貞：《〈清華大學藏戰國竹簡（柒）・越公其事〉考釋》（臺北：臺灣師範大學博士論文，2020），頁 559-560。江秋貞：《〈清華大學藏戰國竹簡（柒）・越公其事〉考釋》（臺北：花木蘭文化事業公司，2022），頁 499。
88 楊樹達《詞詮》卷六：「趣，時間副詞。疾也。」楊樹達：《詞詮》（北京：中華書局，1978），頁 318。
89 （三國吳）韋昭注，徐元誥集解：《國語集解》（北京：中華書局，2002），頁 559-560。

踐二十一年 [90]。《左傳·桓公十三年》：「莫敖使徇于師。」杜預《注》：「徇，宣令也。」[91]《史記·秦本紀》云：「及孝公卒，太子立，宗室多怨（商）鞅，鞅亡，因以為反，而卒車裂以徇秦國。」[92]這裡顯然也是宣令之意，可見子居說先秦「徇」沒有宣令義，並不可信。

將本處簡文的「徇」理解為巡視並不理想，此外簡文「徇於王宮」的「王宮」，季旭昇師已經指出是指「王宮中人」，是人而非建築，既然對象是「人」，自然沒有巡視，或一邊巡行一邊宣令的問題。

筆者贊成原整理者之說讀成「徇」，由於「五政」將成，伐吳復國時刻已慢慢逼近，因此句踐不再「不咎不忌，不戮不罰」，而是從最親近的王孫以及王宮之人開始，敦促全國務必繃緊神經，刑戮不敬王命者，以收殺雞儆猴之效。

〔7〕亦徝（趣）取戮（戮）

亦	徝	取	戮
亦	徝	取	戮

　　　　整理者注（201704）：取，逮捕。《詩·七月》：「取彼狐狸，為公子裘。」《新唐書·權懷恩傳》：「賞罰明，見惡輒取。」指對王宮內之不恭不敬之人予以懲罰。戮，懲罰。[93]

　　　　悅園（20170429）：疑「取戮」與簡54「戮殺」同義。[94]

　　　　毛玉靜（201905）：「戮」與「戮」是替換義符的異體字。[95]

　　　　滕勝霖（201905）：「取」，逮捕義，《上博三·周易》簡56：「取彼在穴。」「戮」，懲罰義。本句義為「越王趕快在王宮中宣佈命令，（若有不嚴肅無禮之人），也趕快逮捕懲罰他。」[96]

　　　　杜建婷（201906）：可從整理者讀為「逮捕」，「取戮」即「逮捕並懲罰」。[97]

[90] 周生春撰：《吳越春秋輯校彙考》（上海：上海古籍出版社，1997），頁164-166。

[91] （晉）杜預注，（唐）孔穎達正義，李學勤主編：《十三經注疏·春秋左傳正義》（北京：北京大學出版社，2000），頁230。

[92] （西漢）司馬遷撰，（南朝宋）裴駰集解，（唐）司馬貞索引、張守節正義：《史記》（北京：中華書局，2014），頁259。

[93] 李學勤主編：《清華大學藏戰國竹簡（柒）》（上海：中西書局，2017），頁142。

[94] 悅園：〈清華七《越公其事》初讀〉，武漢網，跟帖第95樓，2017.4.29（2021.5.17上網）。

[95] 毛玉靜：《清華大學藏戰國竹簡（柒）》字用研究》（合肥：安徽大學碩士論文，2019），頁23。

[96] 滕勝霖：《《清華大學藏戰國竹簡（柒）》集釋及相關問題研究》（重慶：西南大學碩士論文，2019），頁357。滕勝霖：《《清華大學藏戰國竹簡（柒）》集釋》（重慶：西南師範大學出版社，2021），頁353。

[97] 杜建婷：《清華簡第七輯文字集釋》（廣州：中山大學碩士論文，2019），頁84。

佑仁謹案：

「取戮」指違反規範者即逮捕用刑。「戮」字參第四章注釋6。

《越公其事》的{戮}共出現六次，後四例寫法比較一致，呈現人跪跽之形，左半則有三道斜筆，第一例將斜筆省略成兩道，第二例則是聲化成「糸」。結構方面，第一例右從戈，其餘諸例則左從「歺」。

1	2	3	4	5	6
簡27	簡54	簡54	簡56	簡56	簡57

〔8〕王乃大詢（徇）命于邦

王	乃	大	詢	命	于	邦

羅小虎（20170727）：「徇命」之「命」，應該讀為「令」。「徇令」同義連文，用作動詞。「大令」用作動詞，古書可見。《國語・吳語》：「王乃命有司大令於國曰：『苟任戎者，皆造於國門之外。』」簡文中的「大徇令於邦」與此例子中的「大令於國」，意思幾乎完全相同。[98]

季旭昇師（20171014-15）：「邦」指「邦人」（與王同姓的貴族）。[99]

沈雨馨（201904）：詢，《說文》：「謀也。从言旬聲。」《書・舜典》「詢事考言」。《詩・小雅》「周爰咨詢。」古文中「命」、「令」本為一字。[100]

吳德貞（201805）：「命」讀「令」可從，徇令即是指下文的「時令」和「群禁禦」。[101]

翁倩（201806）：徇命。《越公其事》簡54：「王乃大徇命于邦。」此處指宣佈命令。傳世文獻中，猶言捐軀。徇，通「殉」。《隋書・列女傳・鄭善果母》：「今此秩俸，乃是天子報爾先人之徇命也。」《越公其事》中的「徇命」更接近本義，而傳世文獻中詞義已發生轉移。[102]

[98] 羅小虎：〈清華七《越公其事》初讀〉，武漢網，跟帖第205樓，2017.7.27（2021.1.21上網）。

[99] 季旭昇師：〈清華柒「流ＸＸ」、「領御」試讀〉，收入復旦大學出土文獻與古文字研究中心主編：《「出土文獻與傳世典籍的詮釋」國際學術研討會議程論文集》（上海：復旦大學出土文獻與古文字研究中心，2017），頁194。後正式出版，見復旦大學出土文獻與古文字研究中心主編：《出土文獻與傳世典籍的詮釋》（上海：中西書局，2019），頁134。

[100] 沈雨馨：《《清華大學藏戰國竹簡（柒）》集釋》（北京：首都師範大學碩士論文，2019），頁71。

[101] 吳德貞：《清華簡《越公其事》集釋》（武漢：武漢大學碩士論文，2018），頁82。

[102] 翁倩：〈清華簡《越公其事》雙音詞初探〉，《廣東開放大學學報》，2018第6期，頁74。

張朝然（201906）：詢，讀為「徇」，意為當眾宣佈、宣示。「大」，此處為副詞，表示範圍很大、程度很深。「大徇令」即當眾宣佈教令。上文「徇于王宮」，地點在王宮，並且宣佈者疑為范蠡；而此處宣佈命令是對於整個越邦，政令範圍更廣，宣佈者為越王本人，故用「大徇」表示。[103]

江秋貞（202007）：「大詢命于邦」的「邦」就是「國」之意，比「王宮」的概念範圍更大。「時詢時命」，可以釋為「時時詢命」，「時時」有「常常」之意。《史記·袁盎晁錯列傳》：「袁盎雖家居，景帝時時使人問籌策。」簡文「時詢時命」可以釋為「常常巡行示令」之意。今天各家學者認為「是詢是命」或「是詢時命」都可以解釋得通，「是」和「時」均可，「是」字強調在空間上，「時」可以強調在時間上。「王乃大詢命于邦，寺詢寺命」意指「越王於是擴大巡行宣令於整個邦國，時時巡行宣令。」[104]

佑仁謹案：

《越公其事》習慣使用副詞「大」修飾動詞，例如「大薦攻」、「大多人」、「大多兵」乃至於本處的「大徇命」，均是其例。

子居認為「大」字補寫於「乃」字下，是抄寫者為了需要著重渲染的內容[105]，江秋貞則提出兩個可能：一是「大」字是書手漏寫而補抄，二是原抄本沒有，書手為強調「徇命」故自行增補上去，並認為前一種推論可能性比較高。

可以確定的是「大」應該是抄寫者的字跡，至於是否為書手為了刻意渲染「徇命」而增加「大」字，筆者認為可能性很低，《越公其事》簡文的樣貌非常乾淨，除了少數補字外，並不像一般手稿會有塗改、修正的情況，書手應該只是負責抄寫的工作，未對作品本身進行主觀改動。《越公其事》的補字（指該書手抄寫時發現漏寫，故補字在兩字之間）如下：

余〔其〕與吳	是〔以〕收賓	問〔之〕于左右	王乃〔大〕徇命于邦
簡23	簡48	簡45	簡54

從這幾個例子來看，都不像是子居所言補寫是「為了更符合當時抄者或讀者的語言習慣」，更像是一般漏字補寫的情況。期待棗紙簡正式公布之後，能徹底解決此一問題。

---

[103] 張朝然：《清華簡《越公其事》集釋及相關問題初探》（石家莊：河北師範大學碩士論文，2019），頁48。

[104] 江秋貞：《《清華大學藏戰國竹簡（柒）·越公其事》考釋》（臺北：臺灣師範大學博士論文，2020），頁562-563。江秋貞：《《清華大學藏戰國竹簡（柒）·越公其事》考釋》（臺北：花木蘭文化事業公司，2022），頁501-502。

[105] 子居：〈清華簡七《越公其事》第九章解析〉，中國先秦史網站，2018.9.2（2021.5.11上網）。

〔9〕寺（時）詢（徇）寺（是）命

寺	詢	寺	命

原整理者（201704）：寺，疑讀為「時」，適時。《孟子·萬章下》「孔子，聖之時者也」，趙岐注：「孔子時行則行，時止則止。」詢、命，同義詞連用，發布命令。[106]

ee（20170430）：第一個「寺」也應讀為「是」。[107]

暮四郎（20170430）：我們懷疑此句應當讀為「寺（時）詢（徇）寺（時）命（令）」，簡53「修命」之「命」即用作「令」。第一個「時」是副詞，意為適時，第二個「時」是形容詞，「時令」見《禮記·月令》「天子乃與公、卿、大夫共飭國典，論時令，以待來歲之宜」，指根據不同的季節、月份頒佈的命令，如《月令》孟春禁止伐木、毋覆巢之類。[108]

羅小虎（20170727）：「徇命」之「命」，應該讀為「令」。簡五三「修命」，整理報告理解為「修令」。《說文·卩部》：「令，發號也。」「徇令」同義連文，用作動詞。寺（時）詢（徇）寺（是）命，這兩個「寺」都可理解為「時」，「時時」、「經常」。此句中的「命」也當理解為「令」，都是動詞。[109]

單育辰（20171026-27）：「寺（是）詢（徇）寺（是）命」，兩個「寺」都應讀為「是」，「是V1是V2」這種句式典籍中十分常見，如《尚書·牧誓》「是崇是長，是信是使」、《詩·小雅·常棣》：「是究是圖」、《左傳·僖公二十八年》：「是糾是殛」等。「戁御」我們讀為「禁禦」，並指出可對照《左傳·昭公六年》「猶不可禁禦」《子產》與《左傳》的「禁禦」都是禁止防禦的意思。《越公其事》的「戁禦」也應該讀為「禁禦」，其義也是禁止防禦。上文云「乃趣徇于王宮，亦趣取戁」，可知這句徇命的對象是王宮；後面緊接著又說：「王乃大徇命于邦」，其後徇命的對象則是邦，「及羣禁禦」正接其後，可見「禁禦」的對象已經是邦國，而不是宮中，這也是不能把「禁禦」理解為親近侍從的原因。[110]

---

[106] 李學勤主編：《清華大學藏戰國竹簡（柒）》（上海：中西書局，2017），頁142。

[107] ee：〈清華七《越公其事》初讀〉，武漢網，跟帖第50樓，2017.4.27（2019.11.19上網）。

[108] 暮四郎：〈清華七《越公其事》初讀〉，武漢網，跟帖第114樓，2017.4.30（2019.11.12上網）。

[109] 羅小虎：〈清華七《越公其事》初讀〉，武漢網，跟帖第205樓，2017.7.27（2019.11.19上網）。

[110] 單育辰：〈《清華大學藏戰國竹簡（柒）》釋文訂補〉，收入香港浸會大學饒宗頤國學院、澳門大學中國語言文學系、清華大學出土文獻研究與保護中心編：《《清華簡》國際會議論文集》（香港：香港浸會大學饒宗頤國學院、澳門：澳門大學中國語言文學系，2017），頁176

郭洗凡（201803）：「徇」從彳旬聲，「旬」與「昀」均為上古真部字，「命」和「令」都是上古耕部字，因此「徇命」可讀為「徇令」，在簡文中作發號施令的意思。[111]

吳德貞（201805）：第一個「寺」讀為「是」。第二個「寺」從「暮四郎」讀為「時」，「命」破讀為「令」，「時令」即指「隨時之政令」，「群禁御」是指「固定的禁令」，不隨節令變化而改動。「是徇時令及群禁御」可與後文「詢（徇）命若命，龔（禁）御莫懺（躐）」相對應。[112]

滕勝霖（201905）：本文認為單育辰讀作「是徇是命」可從，「是A是B」這類句式在文獻中常見，且兩個詞語在表達方面前後非並列關係，而是呈遞進關係，如：《詩經·小雅·鹿鳴》：「是則是效」，言先有準則，後有效法。「寺」邪紐之部，「是」禪紐支部，二字韻部相隔，文獻中亦未見直接相通之例，{是}在簡帛中多以「氏」「躓」等字表示，但「寺」「時」相通常見，且「時」訓作「是」常見，故簡文中「寺徇寺命」讀作「是徇是命」可通。[113]

張朝然（201906）：「時徇是命」，表示適時宣佈這樣的命令。「是命」即下文所提該「命」所涉及的「羣臣禁禦、庶姓和司事」要遵守的政令。[114]

杜建婷（201906）：前後兩個「寺」似乎皆可讀為「時」，訓為「適時」。「王乃大詢（徇）命于邦，寺詢（徇）寺命」，後半句的「徇」、「命（令）」當與前半句的「徇」、「命（令）」相對應。「徇」、「命（令）」同義連用，意為「發佈命令」，「寺（時）詢（徇）寺（時）命」即是「適時發佈命令」。[115]

佑仁謹案：

先將各家說法整理如下：

	寺	徇	寺	命
原整理者	讀「時」，適時		讀「是」	
Ee （單育辰）	讀「是」		讀「是」	
暮四郎	讀「時」，副詞，適時		讀「時」，是形容詞，「時令」指根據不同	

[111] 郭洗凡：《清華簡《越公其事》集釋》（合肥：安徽大學碩士論文，2018），頁88。

[112] 吳德貞：《清華簡《越公其事》集釋》（武漢：武漢大學碩士論文，2018），頁83。

[113] 滕勝霖：《《清華大學藏戰國竹簡（柒）》集釋及相關問題研究》（重慶：西南大學碩士論文，2019），頁358-359。滕勝霖：《《清華大學藏戰國竹簡（柒）》集釋》（重慶：西南師範大學出版社，2021），頁354。

[114] 張朝然：《清華簡《越公其事》集釋及相關問題初探》（石家莊：河北師範大學碩士論文，2019），頁49。

[115] 杜建婷：《清華簡第七輯文字集釋》（廣州：中山大學碩士論文，2019），頁93。

		的季節、月份頒佈的命令	
羅小虎	讀「時」，時時、經常	讀「時」，時時、經常	
吳德貞	讀「是」	讀「時」，隨時	
滕勝霖	讀「是」	讀「是」	
張朝然	讀「時」，適時	讀「是」，「是命」即羣臣禁禦、庶姓和司事要遵守的政令	
杜建婷	讀「時」，時時、經常	讀「時」，時時、經常	

　　筆者比較傾向原整理者的讀法，將第一個「寺」讀為「時」，第二個「寺」讀為「是」，文例為「寺（時）詢（徇）寺（是）命」，「時」的意思，原整理者訓為「適時」，筆者認為訓為「時時」、「經常」較妥，《史記・呂太后本紀》：「呂祿信酈寄，時與出游獵。」[116]

　　第二個「寺」字可讀成「是」，《尚書・湯誓》：「時日曷喪。」[117]《史記・殷本記》「時」作「是」[118]。《尚書・無逸》：「其在高宗，時舊勞于外。」[119]《中論・夭壽》引「時」作「寔」。可見「寺」、「是」通假沒有疑義。「是」應訓為「此」，《廣雅・釋言》：「是，此也。」《論語・述而》：「子於是日哭，則不歌。」孔穎達《疏》：「言孔子於是日聞喪，或弔人而哭，則終是日不歌也。」[120]「寺（時）詢（徇）寺（是）命」是說句踐在對邦人進行宣令，並且向邦人時時提醒這些命令。

〔10〕及羣（群）斁（禁）御，及凡庶眚（姓）、凡民司事

及	羣	斁	御	及	凡	庶

[116] （西漢）司馬遷撰，（南朝宋）裴駰集解，（唐）司馬貞索引、張守節正義：《史記》（北京：中華書局，2014），頁517。

[117] （漢）孔安國傳，（唐）孔穎達正義，李學勤主編：《十三經注疏・尚書正義》（北京：北京大學出版社，2000），頁228。

[118] （西漢）司馬遷撰，（南朝宋）裴駰集解，（唐）司馬貞索引、張守節正義：《史記》（北京：中華書局，2014），頁124。

[119] （漢）孔安國傳，（唐）孔穎達正義，李學勤主編：《十三經注疏・尚書正義》（北京：北京大學出版社，2000），頁508。

[120] （魏）何晏集解，（宋）邢昺疏，李學勤主編：《十三經注疏・論語注疏》（北京：北京大學出版社，2000），頁97。

書	凡	民	司	事

原整理者（201704）：敦，見於西周金文楚公家鐘（《集成》四三—四五），從㐭聲。敦御，讀為「禁御」，身邊親近的侍從。凡，所有的。《易・益》：「凡益之道，與時偕行。」庶姓，與越王不同的眾姓。司事，有司，參看第六章注釋〔十六〕。[121]

暮四郎（20170430）：「群禁御」則泛化，指諸種禁令。[122]

ee（20170514）：《越公其事》簡54＋55＋56改標點如下：「王乃大徇命于邦，是徇是命，及羣【54】禁禦：及凡庶姓、凡民司事唯位之次序、服飾、羣物品采之悆于故常，及風音誦詩歌謠【55】之非越常律，夷歈蠻謳，乃趣取戮；王乃趣至于溝塘之功，乃趣取戮于後至後成；王乃趣【56】設戍于東夷西夷，乃趣取戮于後至不恭。王有失命：可復弗復、不兹（使）命疑，王則自罰。」下面所述種種都是「禁禦」的內容。[123]

羅小虎（20170727）：「御」，其實也有禁止之意。《左傳・襄公四年》：「匠慶用蒲圃之檟，季孫不御。」杜預注：「御，止也。」《睡虎地秦墓竹簡・田律》：「田嗇夫、部佐謹禁御之，有不從令者有辠。」不過此處的「禁御」應該理解為名詞，義為禁令。簡五九有「禁御莫躐」，與此「禁御」當等同視之。[124]

季旭昇師（20171014-15）：「敦御」應該讀為「領御」，即「領導統御者」，他是管得到「凡庶姓」，更是「凡民長事」的長官。「王宮」指「王宮中人」，「邦」指「邦人」（「與王同姓的貴族」），「庶姓」指「與越王不同的眾姓」，「民司事」指「管理人民的有司」。以上四類都是「人」，「敦御」當然也是「人」，不會是「禁令」。原考釋也理解這一點，因此釋為「禁御」，指「身邊親近的侍從」。但是，從前後文來看，把「敦御」釋為這樣的層級似乎不是很準確，「身邊親近的侍從」應該包括在「王宮」之中，沒有單獨列為一類的必要。我們以為「敦御」應該讀為「領御」，即「領導統御者」，他是管得到「凡庶姓」，更是「凡民長事」的長官。[125]

---

[121] 李學勤主編：《清華大學藏戰國竹簡（柒）》（上海：中西書局，2017），頁142。

[122] 暮四郎：〈清華七《越公其事》初讀〉，武漢網，跟帖第114樓，2017.4.30。（2021.5.7上網）。

[123] ee：〈清華七《越公其事》初讀〉，武漢網，跟帖第174樓，2017.5.14（2021.5.17上網）。

[124] 羅小虎：〈清華七《越公其事》初讀〉，武漢網，跟帖第205樓，2017.7.27（2019.11.19上網）。

[125] 季旭昇師：〈清華柒「流XX」、「領御」試讀〉，收入復旦大學出土文獻與古文字研究中心主編：《「出土文獻與傳世典籍的詮釋」國際學術研討會議程論文集》（上海：復旦大學出土文獻與古文字研究中心，2017），頁194。後正式出版，見復旦大學出土文獻與古文字研究中心主編：《出土文獻與傳世典籍的詮釋》（上海：中西書局，2019），頁128-135。

郭洗凡（201803）：羅小虎的觀點可從，「敷禦」的意思是禁止的命令，在簡文中作名詞使用。[126]

子居（20180902）：「群禁禦」當是指各種刑禁內容，如宮中之禁、山澤苑囿之禁、市井之禁、水火之禁等。先秦典籍所記各種刑禁內容頗多，其中以《周禮》最為詳細，《周禮》中多稱為「刑禁」或「禁令」，《越公其事》中由「王孫」至「王宮」至「庶姓」至「民司事」，當是有親疏、貴賤逐級降低的關係，對照《越公其事》前幾章內容可見，「王孫」對應越國王族，「徇于王宮」所針對的即之前各章的「左右」，「庶姓」大致對應異姓諸「大臣」，「民司事」、「邑司事」、「官師之人」則基本多為低級官吏。[127]

毛玉靜（201905）：敷，來紐侵部；禁，見紐侵部。疊韻。[128]

滕勝霖（201905）：「及」，連詞，「與」「和」義。本文認為「敷御」讀作「禁御」可從，「夢」又見於《清華陸・子產》簡22、25，寫作「夢」「夢」「夢」。徐在國認為是「廩」字繁體，加「泉」為義符，表示倉廩就像泉水一樣不竭，讀作「禁」。「禁」從林聲，「禁御」應不是指身邊侍從，因簡文已明確指出「大徇命于邦」非「徇于王宮」，故不應是居於王宮的身邊侍從，而是指本章下面提到的各類禁止的措施。故「禁御」下改作冒號。[129]

史玥然（201906）：結合上下簡文「及群敷御，及凡庶眚（姓）、凡民司事」，可以看出「御」「眚」「司事」為名詞，表示身份。「敷」「庶」「民」為定語，修飾界定名詞。「凡」表示所有的。「庶姓」指和越王不同姓的眾姓。「司事」表示有司，官職名。「敷御」解釋為「君王身邊親近的侍從守衛」更加合適。[130]

江秋貞（202007）：第一章簡6「庶眚」：庶，眾也。「庶姓」與「庶官」、「庶民」結構相同，當指越之諸姓。第九章簡55「庶眚」：與越王不同的眾姓。「庶姓」應該指越國的整個統治階層，非一般百姓。第九章簡55的「庶姓」也是指不同生的宗親，和一般百姓的「庶民」是有區別的。「司事」指的是「城邑中擔任官職的人」，「官師」指的是「有所執掌的各級官吏」。「及羣敷御，及凡庶眚、凡民司事」意指「（越王擴大宣令）擴及到身邊的侍從近臣、及各個異姓諸大臣及各個管理人民事務的官吏」。[131]

---

[126] 郭洗凡：《清華簡《越公其事》集釋》（合肥：安徽大學碩士論文，2018），頁 89-90。

[127] 子居：〈清華簡七《越公其事》第九章解析〉，中國先秦史網站，2018.9.2（2021.5.11 上網）。

[128] 毛玉靜：《《清華大學藏戰國竹簡（柒）》字用研究》（合肥：安徽大學碩士論文，2019），頁 123。

[129] 滕勝霖：《《清華大學藏戰國竹簡（柒）》集釋及相關問題研究》（重慶：西南大學碩士論文，2019），頁 360。滕勝霖：《《清華大學藏戰國竹簡（柒）》集釋》（重慶：西南師範大學出版社，2021），頁 356。

[130] 史玥然：《清華簡《越公其事》集釋及其漢字教學設計》（太原：山西大學碩士論文，2019），頁 65。

[131] 江秋貞：《《清華大學藏戰國竹簡（柒）・越公其事》考釋》（臺北：臺灣師範大學博士論文，2020），頁 566-567。江秋貞：《《清華大學藏戰國竹簡（柒）・越公其事》考釋》（臺北：花木蘭文化事業公司，2022），頁 505-506。

佑仁謹案：

「獻御」，原整理者讀「禁御」，指身邊親近的侍從，史玥然、江秋貞從之。暮四郎認為指諸種禁令。ee（單育辰）讀「禁禦」。羅小虎認為「禁御」應該理解為名詞，義為禁令，郭洗凡、吳德貞、子居、滕勝霖之說皆近之。季旭昇師認為「王宮」、「邦」、「凡庶姓」、「凡民司事」都是「人」，則「獻御」當然是「人」而不會是禁令，所言甚是。

「獻」字在西周金文中作：

西周中晚.楚公豪鐘／集成00043	西周中晚.楚公豪鐘／集成00044	西周中晚.楚公豪鐘／集成00045	西周晚.吳生殘鐘／集成00105	春秋.濫盂.新浪網 [132]
清華陸.子產.22	清華陸.子產.22	清華陸.子產.25		

此字從攵、稟聲，楚公豪鐘的文例為「△鐘」，《禮記·月令》、《國語·周語》均作「林鐘」[133]。季旭昇師認為《子產》簡25「以咸獻御」的意思就是「以完成治理國家的任務」，在《越公其事》中也當釋為「領御」[134]，唯《子產》中是動詞，《越公其事》則訓為對人民具有領導統御權力之人，當成名詞使用。筆者認為「群禁御」指負責掌管禁令的人。

「凡」，原整理者訓為「所有的」，可信。王除了徇命於王孫外，分別又對「王宮」（王宮中人）、「邦」（與王同姓之貴族）、「群禁禦」（掌管禁令者）、

---

132 蘇影：《山東出土金文字形全編》，《山東出土金文整理與研究》（上海：華東師大博士論文，2014.6），頁306。拓本可見蘇影：〈山東沂水春秋古墓新出銅盂銘「濫」字釋讀〉，《現代語文》2013第2期（2013.6），頁86。

133 （東漢）鄭玄注，（唐）孔穎達疏，李學勤主編：《十三經注疏·禮記正義》（北京：北京大學出版社，2000），頁594。（三國吳）韋昭注，徐元誥集解：《國語集解》（北京：中華書局，2002），頁120。

134 季旭昇師：〈清華柒「流XX」、「領御」試讀〉，收入復旦大學出土文獻與古文字研究中心主編：《「出土文獻與傳世典籍的詮釋」國際學術研討會議程論文集》（上海：復旦大學出土文獻與古文字研究中心，2017），頁195。

「凡庶姓」（與王不同姓的貴族）、「凡民司事」（管理人民的有司）等五類人進行宣令。

〔11〕糫（爵）立（位）之宋（次）尻（舍）、備（服）衹（飾）、羣勿（物）品采之侃（愆）于者（故）裳（常）

糫	立	之	宋	尻	備	衹
糫	立	之	宋	尻	備	衹
羣	勿	品	采	之	侃	于
羣	勿	品	采	之	侃	于
者	裳					
者	裳					

　　原整理者（201704）：糫，疑讀為「唯」。立，讀為「位」，職位。《詩・小明》：「靖共爾位，正直是與。」次尻，次舍。《周禮・宮正》「次舍之眾寡」，孫詒讓《正義》：「凡吏士有職事常居宮內者為官府，官府之小者為舍。」服飾，《周禮・典瑞》「辨其名物，與其用事，設其服飾」，鄭玄注：「服飾，服玉之飾，謂繅藉。」品采，種類及其等差。《禮記・郊特牲》：「籩豆之薦，水土之品也。」《國語・周語中》：「品其百籩，修其簠簋。」侃，讀為「愆」，過失。《詩・假樂》：「不愆不忘，率由舊章。」故常，舊規常例。《莊子・天運》：「變化齊一，不主故常。」[135]

　　魏棟（20170423）：「糫立（應）」的性質可能與「杂（崇）應」相似。在應這種建築中放置「訐（錞釪）」和「吳（敔）」這樣的樂器是合適的。「次尻、服飾、羣物品采之愆於故常」與「風音誦詩歌謠之非越常律」都是定語後置結構，「愆於故常」與「非越常律」為後置定語，愆訓違背，兩句的意思分別是違背舊規常例的「次尻、服飾、羣物品采」及不合越國常法的「風音誦詩歌謠」。[136]

　　秦樺林（20170423）：「愆于故常」，「愆」當訓「過」。[137]

　　袁金平（20170512）：「糫」或可讀作「集」。《爾雅・釋言》：「集，會也。」簡文「集立」，猶言會立也。《史記・張釋之馮唐列傳》：「三公九卿盡

135　李學勤主編：《清華大學藏戰國竹簡（柒）》（上海：中西書局，2017），頁142。

136　魏棟：〈清華簡〈越公其事〉「夷訏蠻吳」及相關問題試析〉，復旦網，2017.4.23（2023.04.01上網）。收入中國社會科學院語言研究所、簡帛語言文字研究學科主編：《第三屆出土文獻與上古漢語研究（簡帛專題）學術研討會暨2017中國社會科學院社會科學論壇論文集》（北京：中國社會科學院語言研究所、簡帛語言文字研究學科，2017），頁178-179。

137　魏棟：〈清華簡〈越公其事〉「夷訏蠻吳」及相關問題試析〉「學者評論區」1樓，復旦網，2017.4.23（2020.12.1上網）。

會立。」[138]

　　王寧（20170526）：此句疑當讀為「粖立（位）之次，尻、服飾、羣物品采之愸于故常」。「粖」字《龍龕手鑑》以為「精」字或體，可能正弄反了。這個字可能是雜米之「雜」的專字，是雜糅、混同之義，「雜位之次」就是使位次雜糅無所分別。[139]

　　zzusdy（20170619）：「粖」當釋與金文中「粖（糕—稱）」字同，讀為「爵」，可參看周忠兵先生〈遹簋銘文中的「爵」字補釋〉一文。「爵位之次處、服飾、群物品采之愸于故常」，比較通適。[140]

　　易泉（20180110）：粖，從米從佳，如以米為聲，疑可讀作「救」。《尚書·洛誥》孫星衍疏引鄭玄曰：「救，安也」。《爾雅·釋言》：「救，撫也。」「粖（救）……故常」應與上文的「民司事」連讀。[141]

　　林少平（20180127）：《龍龕手鑒》認為「粖」同「精」字。古文「精」通「星」。簡文「粖立」可讀作「星位」。漢王充《論衡·命義》：「貴或秩有高下，富或貲有多少，皆星位尊卑大小之所授也。」「星位」之說正與文意相吻合。[142]

　　郭洗凡（201803）：魏棟的觀點可從，簡文的大意是如果有人在粖立中使用不符合越國規定「次尻、服飾、羣物」，唱不符合越國風格的歌曲，使用蠻夷等其他地方的錞釬和樂器，勾踐就會立刻對這些人進行懲罰。是「五政」的一項重要措施，用來加深規範越國的禮節。[143]

　　段凱（201804）：「宎尻」讀作「次緒／序」訓為「依次排列的順序」，與「品采」正相對應。據此，簡文「粖（唯）立（位）之宎（次）尻（緒／序）、備（服）衻（飾）、羣勿（物）品采之侃（愸）于者（故）棠（常）」，大意為職位的次第順序、服飾群物的種類及等差不越於舊規常例。[144]

　　吳德貞（201805）：整句話是說所有庶姓、民司事的居所、服飾、使用物品之種類等級不合自身爵位之舊規常例，（則要受到懲罰）。[145]

　　子居（20180902）：越之王孫、越王左右多只有「恭敬」與否的問題，而越的庶姓、民司事則普遍存在「爵位之次序、服飾、群物品采之愸于故常」的情況。這裡所說的「故常」，當即是越被吳王夫差東遷之前，原居於淮北徐西時的意識

[138] 魏棟：〈清華簡〈越公其事〉「夷訏蠻吳」及相關問題試析〉「學者評論區」5 樓，復旦網，2017.4.23（2020.12.1 上網）。

[139] 王寧：〈清華七《越公其事》初讀〉，武漢網，跟帖第 187 樓，2017.5.26（2019.11.19 上網）。

[140] zzusdy：〈清華七《越公其事》初讀〉，武漢網，跟帖第 193 樓，2017.6.19（2019.11.19 上網）。

[141] 易泉：〈清華七《越公其事》初讀〉，武漢網，跟帖第 215 樓，2018.1.10（2019.11.19 上網）。

[142] 林少平：〈清華七《越公其事》初讀〉，武漢網，跟帖第 223 樓，2018.1.27（2019.11.19 上網）。

[143] 郭洗凡：《清華簡《越公其事》集釋》（合肥：安徽大學碩士論文，2018），頁 91-92。

[144] 段凱：〈讀清華簡第七冊札記二則〉，《出土文獻》第 12 輯（上海：中西書局，2018.4），頁 176。

[145] 吳德貞：《清華簡《越公其事》集釋》（武漢：武漢大學碩士論文，2018），頁 83-84。

形態和文化習俗，考慮到彼時越國的位置，是「故常」當原是較接近於宋、鄭、陳、蔡等國文化的，而在東遷之後，由於無可避免地要多任用當地異姓和民間豪族，所以才會出現「爵位之次序、服飾、群物品采之愆于故常」的情況。[146]

　　王凱博（201810）：⿰糹雠與金文中「糕」的一種省體「雠」當釋作同字。金文「雠」、「樵」及其異體如：⿱雙米《集成》4628.1、⿱雙米《集成》4628.2／伯公父⿱⿰糹雠《通鑑》4989／伯句簋，《越公其事》簡55⿰糹雠正來源於金文中「雠」，其與伯公父簋銘左右寫的最相近，這類寫法的「雠」不能簡單據形分析作從「米」、「隹」聲之字。知道了⿱雙米當釋為「糕」後，由辭例「雠立（位）之宋（次）尻（處）」可知，「雠」顯然應讀為「爵」。簡文「雠立」即文獻中「爵位」一詞（如《禮記・禮運》「頒爵位」），是指封爵、職位。[147]

　　滕勝霖（201905）：「袥」讀作「飾」，可從。「物」，指典章制度。「品」，整理者解釋為種類，我們理解為等級，《漢書・揚雄傳下》：「稱述品藻。」顏師古注：「品藻者，定其差品及文質。」「采」，讀為「綵」，廖名春認為「綵物」指區別等級的旌級、衣物，見帛書《二三子問》。「群物品采」指「眾多典章制度的等級」。「侃」，讀作「愆」，違背義。「⿱老⿱⿰丿丨」，從老省古聲，讀作「故」可從。「服飾、群物品綵之愆於故常」是「主＋之＋謂」式結構作分句，日本學者大西克也曾根據出土文獻認為周秦地區的語言自來不用「主＋之＋謂」，而祇用「主＋謂」。[148]

　　江秋貞（202007）：簡文「雠立之宋尻、備袥、羣勿品采之侃于⿱老⿱⿰丿丨棠」可以釋讀為「爵位之次舍、服飾、群物采之愆於故常」，意思是「爵位的住宅、服飾、及各種采章品制之物和故舊不同而有所過失」。[149]

　　陳一（202203）：伯公父簋「⿱雙米」字可證「⿰糹雠」應釋為「樵（穗）」、讀為「爵」。焦，精母宵部，爵，精母藥部，雙聲，陰入對轉，音近可通。《說文・火部》：「⿱雙火，火所傷也。從火雠聲。」可知「焦」字從隹得聲，隹、爵可通。「爵位」一詞見於《禮記》、《韓非子》、《呂氏春秋》、《孔子家語》、《逸周書》等書。包山簡202：「虘雀（爵）立（位）遲踐，以其故敚之。」郭店簡《尊德義》簡2：「雀（爵）立（位）所以信其然也。」均以「雀立」表示「爵位」。尻，見母魚部，序，邪母魚部，疊韻可通。《國語・魯語上》：「終則講

146 子居：〈清華簡七《越公其事》第九章解析〉，中國先秦史網站，2018.9.2（2021.5.11上網）。

147 王凱博：〈清華簡《越公其事》補釋三則〉，《出土文獻》第13輯（上海：中西書局，2018.10），頁132。

148 滕勝霖：《《清華大學藏戰國竹簡（柒）》集釋及相關問題研究》（重慶：西南大學碩士論文，2019），頁363-364。滕勝霖：《《清華大學藏戰國竹簡（柒）》集釋》（重慶：西南師範大學出版社，2021），頁359。

149 江秋貞：《《清華大學藏戰國竹簡（柒）・越公其事》考釋》（臺北：臺灣師範大學博士論文，2020），頁572-574。江秋貞：《《清華大學藏戰國竹簡（柒）・越公其事》考釋》（臺北：花木蘭文化事業公司，2022），頁511-513。

於會，以正班爵之義。」下韋昭注云「以正爵位次序尊卑之義也。」可知讀「爵位之次序」不誤。[150]

佑仁謹案：

「糱」字的釋讀，諸家說法如下：

學者	釋字	訓讀
原整理者	糱，疑讀為「唯」	
魏棟	糱並非虛詞	「糱立（応）」的性質可能與「柰（祟）応」相似
趙嘉仁[151]	糱，疑讀為「唯」	
袁金平	糱，或可讀作「集」	簡文「集立」，猶言「會立」
王寧	糱，雜米之「雜」的專字	雜糅、混同
zzusdy（王凱博）	「糱」和金文中「穛」的省體或其異體字「穛」、「穛」有關係	「糱立」應讀為「爵位」，指封爵、職位
易泉	糱，從米從隹，如以米為聲，疑可讀作「粻」	粻，安也；撫也
林少平	「糱」同「精」	古文「精」通「星」。簡文「糱立」可讀作「星位」
子居	從王凱博（zzusdy）之說	「糱立」應讀為「爵位」
張朝然[152]	從魏棟之說	「祟位」在此處或代指祭祀
吳祺[153]	「糱（穛－穛）」，讀為爵	
江秋貞	「糱」應釋為「爵」	「糱立」應讀為「爵位」
陳一	釋為「穛（穛）」讀為「爵」	

對於「糱」字隸定，各家沒有太大爭議，而釋讀大概可以分成以下幾點：

1　讀為「唯」。
2　讀為「集」。
3　讀為「爵」。
4　「雜米」之「雜」之專字。
5　金文「糱」之異體字。

---

[150] 陳一：《清華簡（柒）》疑難字詞補釋》（天津：天津師範大學碩士論文，2022），頁110。

[151] 趙嘉仁：〈讀清華簡（七）散札（草稿）〉，復旦網「學術討論」，2017.4.24（2017.6.22上網）。

[152] 張朝然：《清華簡《越公其事》集釋及相關問題初探》（石家莊：河北師範大學碩士論文，2019），頁50。

[153] 吳祺：《戰國竹書訓詁方法探論》（上海：華東師範大學博士論文，2019），頁65。

6 從米聲，讀為「救」。

7 「粞」同「精」。

雖然各家說法不一，但將訓讀意見置入文中，文句比較通順者，僅「粞（爵）立（位）」一說，其餘「唯位」、「集立」、「雜位」、「星位」等諸說，或文意不通，或無古籍用例，恐難成立。

「粞」見於西周中期的伯旬簋（《金文通鑑》4989，《新收》NB3002），文例作「用盛稻粱△」，伯公父簋（《集成》04628）作「用盛△稻糯粱」，所謂的「△」，伯紳簋（《金文通鑑》5100）、弭仲簋（《集成》04627）都作「糙」，可見「粞」應該是「糙」的省體。黃錫全〈金文中的「稻糙糯粱」略議〉指出：

> 《說文》：「糙，早取穀也。從米，焦聲。一曰小。」段玉裁《說文解字注》：「穛即糙字，亦作穛。古爵與焦同音通用也。」《玉篇》：「穛，小也。早熟也。或作穛。」《集韻》糙，或作穛。「早熟」之義顯然來源於《說文》及王逸注。但穛或作穛、糙為同字異體則無問題。爵，精母藥部；焦，精母宵部，二字音近字通。如《說文》噍字或作嚼，典籍醮或作漈，爤本亦作爐，蕉即爤等。穛、糙當即穛。[154]

透過以上論述，可知「焦」與「爵」字聲系關係十分密切，「糙」可以讀「爵」沒有疑義，則「粞」當是「糙」之省（即從「米」、「焦」省聲）。

林少平依據《龍龕手鏡》將「粞」視為「精」的異體，檢覈原書，《龍龕手鏡》解釋「粞」字時認為「誤，《新藏》作『精』。」依釋行均之意當指「粞」是「精」的誤寫[155]，「精」誤寫成「粞」時間已經非常晚，與簡文的「粞」應無關係。

簡文的「宋尻」，原整理者讀「次舍」，江秋貞從之。zzusdy（王凱博）讀「次處」，段凱讀「次緒」或「次序」，陳一從之。吳德貞讀「居所」。從簡文的前後用詞「爵位」、「服飾」來看，都是比較具體的事物，所以筆者支持「次舍」之說。不過，原整理者並未對聲韻通假提出說明，在此補充這部分的不足。「尻」在楚簡中常讀作「居」，而「居」與「余」字聲系有通假的例證，例如《莊子・應帝王》：「其臥徐徐。」[156]《淮南子・覽冥》「徐徐」作「倨倨」[157]。「尻」在楚簡中也常讀作「處」，「虍」與「余」字聲系亦有通假例證，如《說文》：「酴，讀若廬。」[158]

---

[154] 黃錫全：〈金文中的「稻糙糯粱」略議〉，《古文字研究》第33輯（北京：中華書局，2020.8），頁256。

[155] 劉玉環：《秦漢簡帛訛字研究》（北京：中國書籍出版社，2013），頁26。

[156] （清）王先謙：《莊子集解》（北京：中華書局，1987），頁70。

[157] 何寧：《淮南子集釋》（北京：中華書局，1998），頁481。

[158] （漢）許慎撰：《說文解字》（北京：中華書局，1978），頁312。

《周禮‧天官‧宮伯》：「授八次八舍之職事。」鄭玄《注》：「鄭司農云：『庶子衛王宮，在內為次，在外為舍。』玄謂次，其宿衛所在。舍，其休沐之處。」[159]《周禮‧地官‧司市》：「以次敘分地而經市。」鄭玄《注》：「次謂吏所治舍，思次、介次也，若今市亭然。」[160]孫詒讓《正義》：「凡官吏治事處，通謂之次。」《周禮‧天官‧宮正》：「次舍之眾寡。」孫詒讓《正義》：「凡吏士有職事常居宮內者為官府，官府之小者為舍。其官府本在外而入內治事，或無專職而入共守衛，使令暫居更直者為次……凡次多在路門外應門內近治朝之處，舍則當在應門之外皋門之內，與次不同處也。」[161]「次舍」指宮中官員的辦公、居止之處。簡文乃指依據爵位的高低不同，辦公處所的位置、大小均有一定差異。

「服飾」、「品采」、「侃（愆）」、「故常」等字詞依原整理者之說。簡文表示不同爵位的辦公處所、服飾、類別若有不符合舊常的規範，句踐將會予以刑戮。

〔12〕及風音、誦詩、訶（歌）謠（謠）之非邨（越）裳（常）聿（律）

及	風	音	誦	詩	訶	謠
之	非	邨	裳	聿		

原整理者（201704）：風，《管子‧輕重己》：「吹塤箎之風，鑿動金石之音。」誦，《詩‧烝民》「吉甫作誦，穆如清風」，鄭玄箋：「吉甫作此工歌之誦，其調和人之性如清風之養萬物然。」歌謠，《詩‧園有桃》「心之憂矣，我歌且謠」，毛傳：「曲合樂曰歌，徒歌曰謠。」常律，《國語‧越語下》「肆與大夫觴飲，無忘國常」，韋昭注：「常，舊法。」風音、歌謠等後皆凝結成詞。[162]

魏棟（20170423）：若有人在粹應中使用違背舊規常例的「次尻、服飾、羣物」，奏唱不合越國常法的「風音誦詩歌謠」並使用蠻夷的樂器錞釪和鐓，句踐就會馬上逮捕並懲罰這些人。《越公其事》記載句踐矢志滅吳，採取了被稱為「五政」的改革措施。本句所言就是「五政」之一「整民、修令、審刑」的一項重要

[159]（漢）鄭玄注，（唐）賈公彥疏，李學勤主編：《十三經注疏‧周禮注疏》（北京：北京大學出版社，2000），頁93。

[160]（漢）鄭玄注，（唐）賈公彥疏，李學勤主編：《十三經注疏‧周禮注疏》（北京：北京大學出版社，2000），頁93、433。

[161]（清）孫詒讓撰，王文錦、陳玉霞點校：《周禮正義》（北京：中華書局，1987），頁1054；212、214。

[162] 李學勤主編：《清華大學藏戰國竹簡（柒）》（上海：中西書局，2017），頁142-143。

舉措。[163]

斯行之（20170427）：此處的「風」當指民間歌樂。《左傳‧成公九年》載鍾儀彈琴操南音，范文子評價其「言稱先職，不背本也；樂操土風，不忘舊也。」《呂氏春秋‧音初》：「塗山氏之女乃令其妾待禹于塗山之陽，女乃作歌，歌曰：『候人兮猗』，實始作為南音（高注：南方國風之音）。周公及召公取風焉，以為《周南》、《召南》。」[164]

季旭昇師（20171014-15）：「粦（爵）立（位）之宋（次）尻、備（服）衸（飾）、羣勿（物）品采之侃（愆）于者（故）棠（常），及風音誦詩訶（歌）諑（謠）之非邨（越）棠（常）聿（律），尼（夷）訏（歈）蠿（蠻）吳，乃徹（趣）取㩠（戮）。」則是對以上這些宣達命令的主要內容，從這些內容來看，都是要他們遵守「故常」，而不是從反面禁止他們做什麼。[165]

郭洗凡（201803）：「風」指的是流傳於民間人民大眾中的歌謠，與《詩經》中的風部相對應。[166]

何家歡（201806）：風、音、誦、詩、歌、謠，此處皆單獨成詞。風，教化。音，音樂。誦，歌詞。詩，一種文學體裁。歌，配樂之詩。謠，曲調。[167]

黃愛梅（20181013-14）：《越公其事》言「風音誦詩歌謠」有「常律」，此「律」同樣當釋為音律。眾所周知，古越語與中原古華夏語有很大差別。西漢劉向編著的《說苑》中收錄一首《越人歌》，用漢字記音32字，楚人譯為華夏語為54字。學者們研究此段古越語記音材料後認為，古越語是一種早期侗台語。因此《越公其事》所言的「越常律」，應與中原不同，且越國此時已有對於本國樂音的規範準則（「律」）。[168]

李凱（20190325）：如果越國「次居、服飾、群物」違背「故常」的制度要求，或是奏唱不合越國「常律」的「風音誦詩歌謠」，表演「夷訏蠻吳」的內容，勾踐就會馬上逮捕並懲罰這些人。按《左傳》記載黃池之會為魯哀公十三年（前

---

163 魏棟：〈清華簡〈越公其事〉「夷訏蠻吳」及相關問題試析〉，復旦網，2017.4.23（2020.12.1上網）。收入中國社會科學院語言研究所、簡帛語言文字研究學科主編：《第三屆出土文獻與上古漢語研究（簡帛專題）學術研討會暨2017中國社會科學院社會科學論壇論文集》（北京：中國社會科學院語言研究所、簡帛語言文字研究學科，2017），頁179。

164 斯行之：〈清華七《越公其事》初讀〉，武漢網，跟帖第65樓，2017.4.27（2019.11.19上網）。

165 季旭昇師：〈清華柒「流XX」、「領御」試讀〉，收入復旦大學出土文獻與古文字研究中心主編：《「出土文獻與傳世典籍的詮釋」國際學術研討會議程論文集》（上海：復旦大學出土文獻與古文字研究中心，2017），頁194、195。後正式出版，見復旦大學出土文獻與古文字研究中心主編：《出土文獻與傳世典籍的詮釋》（上海：中西書局，2019），頁134、135。

166 郭洗凡：《清華簡《越公其事》集釋》（合肥：安徽大學碩士論文，2018），頁89-90。

167 何家歡：《清華簡（柒）《越公其事》集釋》（保定：河北大學碩士論文，2018），頁37。

168 黃愛梅：〈《越公其事》與吳、越史事——讀《清華簡（柒）‧越公其事》札記〉，收入華東師範大學歷史系編：《「第二屆出土文獻與先秦史研究」工作坊論文集》（上海：華東師範大學歷史學系，2017），頁68。又見黃愛梅：〈《清華簡（柒）‧越公其事》的敘事立場及越國史事〉收入華東師範大學歷史系編：《新史料與古史書寫——40年探索歷程的回顧與思考學術研討會論文集》（上海：華東師範大學歷史學系，2017），頁228。

482年），而孔子「自衛反魯」據《左傳》應是在魯哀公十一年（前484年），相距甚近；而孔子和句踐所作之事又有很大相似度。春秋末葉社會動盪，禮壞樂崩，新的文化因素也悄然生長。以官方的音律與詩歌節律對眾多詩樂進行整合，恐不是某一諸侯國的偶然事件。[169]

段思靖（201905）：「越」字與「常」字之間有空白，從形制上看不是編繩處。整理者將「越常」連讀，文義可通。未詳此處為何留白。[170]

滕勝霖（201905）：「風音」指樂器演奏之聲音，「誦」指詩篇，「誦詩」，指越地詩歌，《吳越春秋》中曾記載有大量越地詩歌，如：采葛婦作《苦之詩》，《木客之吟》，《河梁之詩》等。「歌謠」，越地之民謠，本句同樣是「主＋之＋謂」式結構，大意為「以及越邦的樂曲、詩歌、民謠不符合越地通常格律的」。[171]

江秋貞（202007）：「風音誦詩訏謰之非邙業聿」意指「風音誦詩歌謠不合於越國常律」。[172]

佑仁謹案：

先談「風音誦詩歌謠」六字的句讀問題，整理者將六字連讀，中無點斷，學界基本上都承襲這種說法，例如陳偉[173]、季旭昇師、郭洗凡、羅雲君[174]、黃愛梅、李凱、江秋貞等。滕勝霖則作「風音、誦詩、歌謠」，何家歡分得最細，將六字中間都用頓號區隔。

原整理者的作法並不理想，將六字連成一句，等於沒有處理句讀，但字字點斷的分法亦不理想。何家歡將「音」理解為音樂，「謠」理解為曲調，但音樂和曲調該怎麼區分[175]？他將「風」理解為「教化」，而其餘五種則都屬於音樂或文學形式，「風」（教化）與其他五種類別顯得格格不入，可見這樣的分法又過細。

筆者贊成滕勝霖之說，此處應分成「風音、誦詩、歌謠」三項，討論如下：

---

169 李凱：〈孔子「正樂」問題新證〉，《古籍整理研究學刊》2019 第 2 期（2019.3），頁 86-87。
170 段思靖：《清華簡《越公其事》集釋》（長春：吉林大學碩士論文，2019），頁 125。
171 滕勝霖：《《清華大學藏戰國竹簡（柒）》集釋及相關問題研究》（重慶：西南大學碩士論文，2019），頁 364-365。滕勝霖：《《清華大學藏戰國竹簡（柒）》集釋》（重慶：西南師範大學出版社，2021），頁 360。
172 江秋貞：《《清華大學藏戰國竹簡（柒）·越公其事》考釋》（臺北：臺灣師範大學博士論文，2020），頁 576-577。江秋貞：《《清華大學藏戰國竹簡（柒）·越公其事》考釋》（臺北：花木蘭文化事業公司，2022），頁 515。
173 陳偉：〈清華簡七《越公其事》校釋〉，武漢網，2017.4.27。收入復旦大學出土文獻與古文字研究中心主編：《「出土文獻與傳世典籍的詮釋」國際學術研討會議程論文集》（上海：復旦大學出土文獻與古文字研究中心，2017），頁 33。後正式出版，見復旦大學出土文獻與古文字研究中心主編：《出土文獻與傳世典籍的詮釋》（上海：中西書局，2019），頁 139。
174 羅雲君：《清華簡《越公其事》研究》（長春：東北師範大學碩士論文，2018），頁 98。
175 何家歡將「謠」訓為「曲調」，又引毛傳：「曲合樂曰歌，徒歌曰謠。」筆者認為「徒歌」指無樂器伴奏唱歌，可見「謠」與「曲調」不能畫上等號。

1 風音：指越國地方樂曲

「風」，指土風，《左傳·成公九年》：「言稱先職，不背本也。樂操土風，不忘舊也。」楊伯峻《注》：「土風，本鄉本土樂調，即南音。」[176]鄭樵〈通志總序〉：「風土之音曰風。」[177]劉勰《文心雕龍·樂府》：「匹夫庶婦，謳吟土風，詩官採言，樂胥被律，志感絲篁，氣變金石。」[178]「音」，音樂。《禮記·樂記》：「凡音之起，由人心生也。」鄭玄《注》：「宮、商、角、徵、羽雜比曰音。」[179]西漢·桓寬《鹽鐵論·相刺》：「好音生於鄭、衛，而人皆樂之於耳。」[180]

2 誦詩：指越國的詩歌

「誦」指宜於誦讀的韻文，如詩歌、順口溜之類。《毛詩·大雅·烝民》：「吉甫作誦，穆如清風。」鄭玄《箋》：「吉甫作此工歌之誦，其調和人之性如清風之養萬物然。」[181]「詩」是一種叶韻的文學體裁，通過有節奏、韻律的語言反映生活，抒發情感。

3 歌謠：指越國的民間歌謠

《毛詩·魏風·園有桃》：「心之憂矣，我歌且謠。」毛《傳》：「曲合樂曰歌，徒歌曰謠。」[182]《漢書·藝文志》：「自孝武立樂府而采歌謠，於是有代趙之謳，秦楚之風，皆感於哀樂，緣事而發，亦可以觀風俗，知薄厚云。」[183]

簡文「非越常律」，「常」有固定、永恆、正常之義，例如「常征」指固定的稅額，「常賦」指固定的賦稅，「常令」指固定的法令，「常主」指固定的主人，「常式」指固定的制度，「常刑」指一定的刑法，「常名」指永恆之名，「常例」指固定的法典、制度、「常音」指正常的音調。簡文「非越常律」，指前述風音、誦詩、歌謠等內容，出現不合於越國固有音律的情況。

---

[176] 楊伯峻編著：《春秋左傳注》（北京：中華書局，2016），頁923。

[177] （南宋）鄭樵撰：《通志》（北京：中華書局，1987），第1冊，頁2。

[178] （南朝梁）劉勰著，范文瀾注：《文心雕龍注》（北京：人民文學出版社，2014），頁101。

[179] （東漢）鄭玄注，（唐）孔穎達疏，李學勤主編：《十三經注疏·禮記正義》（北京：北京大學出版社，2000），頁1251。

[180] 王利器撰：《鹽鐵論校注》（北京：中華書局，1992），頁254。

[181] （西漢）毛公傳，（東漢）鄭玄箋，（唐）孔穎達等正義，李學勤主編：《十三經注疏·毛詩正義》（北京：北京大學出版社，2000），頁1439-1440。

[182] （西漢）毛公傳，（東漢）鄭玄箋，（唐）孔穎達等正義，李學勤主編：《十三經注疏·毛詩正義》（北京：北京大學出版社，2000），頁427。

[183] （漢）班固撰，（清）王先謙補注：《漢書補注》（上海：上海古籍出版社，2008），頁3024。

〔13〕尼（夷）訏（譁）䜌（蠻）吳，乃㣤（趣）取戮（戮）

尼	訏	䜌	吳	乃	㣤	取

戮

原整理者（201704）：夷訏蠻吳，指越周邊之歌謠習俗等而言。訏，疑讀為「鄅」，《說文》：「妘姓之國。从邑，禹聲。《春秋傳》曰：『鄅人籍稻。』讀若規榘之榘。」《春秋·昭公十八年》「邾人入鄅」，楊伯峻注：「鄅國，妘姓，子爵，在今山東臨沂縣北十五里。」又疑訏、吳並指欺詐不實。訏，虛誇詭詐。賈誼《新書·禮容語下》：「今郤伯之語犯，郤叔訏，郤季伐。犯則凌人，訏則誣人，伐則揜人。」吳，讀為「虞」。《左傳·宣公十五年》：「我無爾詐，爾無我虞。」[184]

王寧（201704）：夷訏蠻吳，當讀「夷譁（呼）蠻吳」，「吳」即《詩·泮水》「不吳不揚」之「吳」，《傳》、《箋》皆訓「譁」，或者逕讀「夷呼蠻譁」，「夷呼蠻譁，乃趣取戮」大約是說用蠻夷語言（非越國語言）大聲說話吵嚷的，就立刻抓來殺頭。[185]

魏棟（20170423）：「訏」「吳」皆應視作樂器，「訏」可讀作從于得聲的「竽」或「釪」；吳、吾皆魚部疑母字，可讀作從吾得聲的「敔」。「夷訏（釪）蠻吳（敔）」指蠻夷所用的樂器錞釪和敔，將之連屬於「風音誦詩歌謠之非越常律」之下是合適的。「夷訏」「蠻吳」為互文，指蠻夷的錞釪和敔。「趣」訓疾、馬上，「取」訓逮捕，「戮」訓懲罰。「夷訏蠻吳」所在文句的大意是若有人在糴庶中奏唱不合越國常法的「風音誦詩歌謠」並使用蠻夷的樂器錞釪和敔，勾踐就會馬上逮捕並懲罰這些人。[186]

紫竹道人（201704）：疑「夷訏蠻吳」乃互文足義，即「蠻夷之吳訏」，「吳訏」或「訏吳」猶《呂氏春秋·淫辭》「今舉大木者，前呼『輿謣』」之「輿謣」，《淮南子·道應》作「邪許」，他書或作「邪所」。「吳訏」、「輿謣」、「邪許」就是所謂的「勞動號子」。簡文在這裡是「極言之」，意謂不但不許唱「非

---

[184] 李學勤主編：《清華大學藏戰國竹簡（柒）》（上海：中西書局，2017），頁143。

[185] 王寧之說見於ee〈清華七〈越公其事〉初讀〉第2樓跟帖，然覆核原文已被刪除，此出處自段思靖《清華簡〈越公其事〉集釋》所錄。ee：〈清華七〈越公其事〉初讀〉第2樓跟帖，武漢網，2017.4.24。段思靖：《清華簡〈越公其事〉集釋》（長春：吉林大學碩士論文，2019），頁126。

[186] 魏棟：〈清華簡〈越公其事〉「夷籲蠻吳」及相關問題試析〉，復旦網，2017.4.23（2020.12.1上網）。收入中國社會科學院語言研究所、簡帛語言文字研究學科主編：《第三屆出土文獻與上古漢語研究（簡帛專題）學術研討會暨2017中國社會科學院社會科學論壇論文集》（北京：中國社會科學院語言研究所、簡帛語言文字研究學科，2017），頁178、179。

越常律」的風謠，甚至連「杭育杭育」這樣的「勞動號子」都不能唱出他族的音調。[187]

　　暮四郎（20170501）：「訏」、「吳」都應當是指歌謠之類。「訏」（魚部曉母）與〈招魂〉「吳歈蔡謳」之「歈」（侯部喻母）有密切關聯。「吳」（魚部疑母）似當讀為「謳」（侯部影母）。「謳」在先秦兩漢典籍中常與「歌」並言。《漢書・藝文志》「自孝武立樂府而采歌謠，於是有代趙之謳，秦楚之風」。「夷訏蠻吳」就是「夷歈蠻謳」，與〈招魂〉「吳歈蔡謳」可以互相參看。[188]

　　ee（20170514）：《越公其事》簡54＋55＋56改標點如下：「王乃大徇命于邦，是徇是命，及羣【54】禁禦：及凡庶姓、凡民司事唯位之次序、服飾、羣物品采之愆于故常，及風音誦詩歌謠【55】之非越常律，夷歈蠻謳，乃趣取戮；王乃趣至於溝塘之功，乃趣取戮於後至後成；王乃趣【56】設戍於東夷西夷，乃趣取戮於後至不恭。王有失命：可復弗復、不茲（使）命疑，王則自罰。」下面所述種種都是「羣禁禦」的內容。[189]

　　陳偉（20170522）：對越國而言，鄰國偏小，難與夷、蠻相副（如果將「吳」也理解為國，亦然）。簡文此段在說「風音誦詩歌謠之非越常律」，亦與欺詐無涉。頗疑應讀為「譁」。喧嘩義。《書・費誓》：「公曰：嗟！人無譁，聽命！」孔傳：「使無喧嘩，欲其靜聽誓命。」相應地，「吳」也當作類似理解。《詩・周頌・絲衣》：「不吳不敖，胡考之休。」《毛傳》：「吳，譁也。」[190]

　　羅雲君（201805）：「訏」與「歈」音近，「𡰥（夷）訏（歈）継（蠻）吳」泛指越國周邊之歌謠習俗。越國自有其「常律」，一方面規範越國境內「非常律」之「風音誦詩訶（歌）謠（謠）」，另一方面禁止「𡰥（夷）訏（歈）継（蠻）吳」的傳播，以此確立越國「常律」之地位，以達到「整民」的目的。[191]

　　何家歡（201806）：「訏」疑當讀為「華」。「夷華」可能是「華夷」，是少數民族的一支。若此，則「蠻吳」當訓「吳蠻」，即「虞蠻」，虞亦是少數民族一支。「夷訏蠻吳」即泛指少數民族，這些少數民族風俗習慣與越邦風俗不同，故要「取戮」。[192]

187 紫竹道人此說見於ee〈清華七〈越公其事〉初讀〉第4樓跟帖，然覆核原文已被刪除，此處依據段思靖《清華簡《越公其事》集釋》所補。ee：〈清華七〈越公其事〉初讀〉第4樓跟帖，武漢網，2017.4.30，段思靖：《清華簡《越公其事》集釋》（長春：吉林大學碩士論文，2019），頁127。

188 暮四郎：〈清華七《越公其事》初讀〉，武漢網，跟帖第119樓，2017.5.1（2019.11.19上網）。

189 ee：〈清華七《越公其事》初讀〉，武漢網，跟帖第174樓，2017.5.14（2019.11.19上網）。

190 陳偉：〈清華簡七《越公其事》校釋〉，武漢網，2017.4.27。收入復旦大學出土文獻與古文字研究中心主編：《「出土文獻與傳世典籍的詮釋」國際學術研討會議程論文集》（上海：復旦大學出土文獻與古文字研究中心，2017），頁33。後正式出版，見復旦大學出土文獻與古文字研究中心主編：《出土文獻與傳世典籍的詮釋》（上海：中西書局，2019），頁318-319。

191 羅雲君：《清華簡《越公其事》研究》（長春：東北師範大學碩士論文，2018），頁100。

192 何家歡：《清華簡（柒）《越公其事》集釋》（保定：河北大學碩士論文，2018），頁49-50。

子居（20180902）：「訏」、「吳」當皆訓為大聲、大言，《說文・矢部》：「一曰：吳，大言也。」「夷訏蠻吳」當是指持蠻夷方言大聲言談，《呂氏春秋・為欲》：「蠻夷反舌殊俗異習之國，其衣服冠帶，宮室居處，舟車器械，聲色滋味皆異，其為欲使一也。」高誘注：「反舌，夷語。與中國相反，故曰反舌也。」可知夷語往往與中原語言的語序不同，《越公其事》此章記越王勾踐排斥「夷訏蠻吳」，則可說明舊越語言更接近周語而非夷語。[193]

黃愛梅（20181013-14）：《越公其事》言「夷鄖蠻吳」，很顯然將鄰國鄖、吳的「風音誦詩歌謠」皆視作蠻夷之音，與「非越常律」一樣，流傳者是要被嚴懲的（「乃趣取戮」）。[194]

沈雨馨（201904）：上文有「羣勿品采之侃于耆𢼸」及風音、誦詩、歌謠之非越常律，則「尼訏繼吳」當與樂律有關。魏棟意見可備一說。也就是說「夷」、「蠻」這些地方不符合越國規定的民風歌曲，以及前文的服飾、眾物，都是要懲罰整頓的。[195]

滕勝霖（201905）：「訏」讀作「譁」，「吳」讀作「謳」可從。實際上「訏」「吳」「譁」三字音韻相近，聲紐均屬牙喉音，韻部皆為魚部。「謳」，歌謠義。本句是對前文提到的「爵位之次序、服飾、羣物品綵之忿于故常及風音、誦詩、歌謠之非越常律，夷譁蠻謳」的懲處結果，即「乃趣取戮」。本句大意是：「有像少數民族那樣喧嘩、歌唱的，就趕緊懲罰他。」[196]

張朝然（201906）：「訏」在此處疑取本義，《說文》「詭言為也。」（佑仁案：應為「詭譌也」）「訏」疑指非越邦語言的誦、詩、歌、謠。「吳」，讀為「敔」，指古代一種樂器。「夷訏蠻敔」一句中，「夷」和「蠻」相對應，指非越邦的地方，「訏」和「敔」相對應，指簡文上句中提到的風、音、誦、詩、歌、謠。表示越邦不允許說其他「夷蠻」之地的語言和用他們的樂器。[197]（佑仁案：原文中的「訏」作者均誤寫成「許」，今正）

吳萱萱（202006）：前文已經寫到不符合越國常規律調的夷鄖蠻吳等越國周邊地區的風音、誦詩、歌謠，後文當是對此的概括、總結，而「蠻夷喧嘩」正是對此現象的總體評價。故而在與前文的銜接上，陳偉的注釋更為接近原意。綜上

---

[193] 子居：〈清華簡七《越公其事》第九章解析〉，中國先秦史網站，2018.9.2（2021.5.11 上網）。

[194] 黃愛梅：〈《清華簡（柒）・越公其事》的敘事立場及越國史事〉，收入華東師範大學歷史系編：《新史料與古史書寫——40 年探索歷程的回顧與思考學術研討會論文集》（上海：華東師範大學歷史學系，2017），頁 224-228。

[195] 沈雨馨：《清華大學藏戰國竹簡（柒）》集釋》（北京：首都師範大學碩士論文，2019），頁 73。

[196] 滕勝霖：《清華大學藏戰國竹簡（柒）》集釋及相關問題研究》（重慶：西南大學碩士論文，2019），頁 367-368。滕勝霖：《清華大學藏戰國竹簡（柒）》集釋》（重慶：西南師範大學出版社，2021），頁 362。

[197] 張朝然：《清華簡《越公其事》集釋及相關問題初探》（石家莊：河北師範大學碩士論文，2019），頁 51。

可知，當有人做出有悖於舊規常例的事情時，句踐就會予以懲治。於是，在句踐的治理之下，百姓沒有不遵從命令的，敕民之策成效顯著。[198]

江秋貞（202007）：「夷訐蠻吳」可以視同「夷歈蠻謳」，指越國之外的「蠻夷歌謠」，如此解釋非常合理通順。「尼訐繼吳，乃徹取戮」意指「唱著蠻夷歌謠，於是都急著殺戮」。[199]

陳一（202203）：可逕讀為「夷越蠻吳」。夷、蠻用為使動，「夷越蠻吳」即「蠻夷吳越」，意為「使吳越的風音、誦詩、歌謠變得與蠻夷相同。」吳越同宗，此時雖為仇讎，但文化上一致對外。[200]

佑仁謹案：

「趣取」與簡54「亦徹（趣）取戮」文例相同，從此句開始，連續五句「乃趣」，其「趣」均應訓為趕快、立即，參第三章注釋11「一覽表3.『趣』字訓讀一覽表」。

學界對於「夷訐繼吳」四字的理解分歧很大。筆者認為「夷」、「繼」就是「夷蠻」，又可稱「蠻夷」，此處用「夷」、「蠻」泛指越國周圍的國家，殆即簡48、49「東夷、西夷、古蔑、句吳四方之民」等國家，用「夷蠻」一詞稱呼這些國家當然有鄙視的意味。

至於「訐」、「吳」，筆者從陳偉之說，將「訐」讀為「譁」，古文字中「于」聲與「華」聲有非常多相通的證據[201]，「吳」也訓為「譁」，《毛詩・周頌・絲衣》：「不吳不敖，胡考之休。」毛《傳》：「吳，譁也。」[202]《顏氏家訓・音詞》云：「各有土風，遞相非笑。」[203]這些國家所使用的語言辭彙與越國稍有不同，故以喧譁來形容這些國家的方音。

為了備戰伐吳，越國施行高壓統治，為防止越人受到他國音樂與語言辭彙的影響，製造越人對吳國的仇恨，為復國大業建立基礎，故相當程度阻斷國民與他國的交流。簡文「風音誦詩歌謠之非越常律」講的是音樂，而「夷訐繼吳」談的則是語言。筆者學生邱郁茹看過此段敘述後認為：「五政前有『徵人』，這些來自東夷、西夷與其他地區的人，定居於越國之後，越王為使這些人長居久住並能

---

198 吳萱萱：《《越公其事》中句踐滅吳故事考論》（杭州：杭州師範大學碩士論文，2020），頁35。

199 江秋貞：《《清華大學藏戰國竹簡（柒）・越公其事》考釋》（臺北：臺灣師範大學博士論文，2020），頁584-586。江秋貞：《《清華大學藏戰國竹簡（柒）・越公其事》考釋》（臺北：花木蘭文化事業公司，2022），頁523-524。

200 陳一：《清華簡（柒）》疑難字詞補釋》（天津：天津師範大學碩士論文，2022），頁110-111。

201 高亨、董治安編纂：《古字通假會典》（濟南：齊魯書社，1997），頁826-827。白於藍：《簡帛古書通假字大系》（福州：福建人民出版社，2012），頁394。

202 （西漢）毛公傳，（東漢）鄭玄箋，（唐）孔穎達等正義，李學勤主編：《十三經注疏・毛詩正義》（北京：北京大學出版社，2000），頁1608。

203 王利器撰：《顏氏家訓集解（增補本）》（北京：中華書局，1996），頁529。

為越國效力，故禁其原生文化，而一概以越國制度為準，也很合乎『五政』目標。將使用不同語言、帶來不同地區文化的移住人口統一在越國文化制度之下，也能鞏固統治。」（2023.5.24）其說有道理。

〔14〕王乃徹（趣）㝵=（至于）洶（溝）塴（塘）之工（功）

王	乃	徹	㝵=	洶	塴	之
工						

原整理者（201704）：至，疑同「致」，致力於。溝塘之功，指水利工程。[204]

子居（20180902）：先秦時的「致於」並沒有「致力於」的意思，因此整理者所說明顯不確。此處的「至」當訓為「及」，「至於」即「及於」。由此處越王大興「溝塘之功」也可見，已與《越公其事》第四章的「縱經遊民，不稱力役、坳塗、溝塘之功」截然相反。[205]

毛玉靜（201905）：塴，喻紐陽部；塘，定紐陽部。定喻準旁紐。戰國貨幣中有「易」讀為「唐」的（《錢典》五〇七、五〇八）。簡文中塴讀為塘符合上下文義。[206]

滕勝霖（201905）：「至於」，從整理者之說，理解為「致力於」（佑仁案：後說已無）。前者休養生息，現在國力漸強，越王致力於水道、堤防的修建。越邦的水利工程可參看《越絕書·記地傳》，如富中大塘、練塘、滅吳之後又修建的吳塘等。[207]

江秋貞（202007）：原考釋認為至，疑同「致」，致力於，非也。這裡應該如子居之言：此處的「至」當訓為「及」，「至於」即「及於」。原考釋認為「溝塘之功，指水利工程」，可從。「乃徹取㝵于遂至遂成」的「于（於）」是介詞

[204] 李學勤主編：《清華大學藏戰國竹簡（柒）》（上海：中西書局，2017），頁124。
[205] 子居：〈清華簡七《越公其事》第九章解析〉，中國先秦史網站，2018.9.2（2021.5.11上網）。
[206] 毛玉靜：《《清華大學藏戰國竹簡（柒）》字用研究》（合肥：安徽大學碩士論文，2019），頁124。
[207] 滕勝霖：《《清華大學藏戰國竹簡（柒）》集釋及相關問題研究》（重慶：西南大學碩士論文，2019），頁368。滕勝霖：《《清華大學藏戰國竹簡（柒）》集釋》（重慶：西南師範大學出版社，2021），頁363。

「對於」之意。《孫子・虛實》：「以吾度之，越人之兵雖多，亦奚益於勝敗哉！」《史記・老子韓非列傳》：「是皆無益於子之身。」[208]

佑仁謹案：

「至于」，原整理者讀為「致於」，訓為「致力於」，滕勝霖從之。子居認為「至」當訓為「及」，「至於」即「及於」，江秋貞從之。

合文「至于」一詞在《越公其事》共見 7 次（即簡 13、29、35、41、52、56、70），非合文的「至於」則有 1 例（簡 68）。除本處待考用例外，《越公其事》的「至于（或於）」均指「到了（某處或某時）」，「于／於」後面都是接時間或空間用語，因此原整理者理解為「致力於」的說法，可能比較不妥，故本處「至于」的「至」與下一句「後至」之「至」，均讀如字。此外，就句踐復國的整個歷程來看，第十章越國就向吳國宣戰，第十一章吳國滅亡，故事便結束，第九章才「致力於」水利發展，稍嫌太晚。《越公其事》中，句踐透過「五政」重整國事，「五政」之首就是「農功」，其中簡 30-31 提到「王親涉溝塘幽塗，日省農事以勸勉農夫」，可見在第五章中，越國就已經開始整建水利設施，才能夠讓越國農業得到發展，達到「大多食」的狀態。

本處簡文說句踐快速到達溝塘之功，可見句踐在完成農功以後，水利、道路等設施的興建仍未停歇，在「五政」即將結束時（即本章），句踐趕赴各處溝塘，視察施工情況與進度。

「泃（溝）壆（塘）之工（功）」考釋請參考第四章注釋 9。

〔15〕乃徹（趣）取殄（戮）于逡（後）至逡（後）成

乃	徹	取	殄	于	逡	至

逡	成					

原整理者（201704）：後至，晚到。後成，此指工期延誤。[209]

[208] 江秋貞：《《清華大學藏戰國竹簡（柒）・越公其事》考釋》（臺北：臺灣師範大學博士論文，2020），頁 588-589。江秋貞：《《清華大學藏戰國竹簡（柒）・越公其事》考釋》（臺北：花木蘭文化事業公司，2022），頁 527。

[209] 李學勤主編：《清華大學藏戰國竹簡（柒）》（上海：中西書局，2017），頁 143。

　　季旭昇師（20171014-15）：越王接著對「溝塘之功」宣達命令，未能如期完成「溝塘之功」的就「取戮」。「溝塘之功」是關涉農業生產的基本建設，必須抓緊。[210]

　　郭洗凡（201803）：簡文大意是越王勾踐在越國興修水利工程，如果有人遲到或者延誤工程日期的就會得到懲罰，在東夷西夷地區進行軍事防守，逮捕、懲罰那些遲到以及不認真做事的人。[211]

　　子居（20180902）：「後至」、「後成」皆屬於遲於命令所規定時間範圍的違命失期行為，因此為刑戮所及，這樣的尚刑傾向有明顯的法家特色。[212]

　　江秋貞（202007）：古代有關「後至」的文例，都是「晚到」的意思，但是「溝塘水利工程」用「晚到」來形容，很奇怪。後面一詞「後成」，原考釋釋「後成」，此指工期延誤，可從。雖然未見古代文獻有「後成」當作「工程延期」之意，但是承前面的文意，「沟壔之工」、「後至」及「取戮」的對象，我們應該把「後至後成」整個當作「工期延後完成」之意。「王乃徹〓＝沟壔之工，乃徹取戮于後至後成」意指「越王又很快地處理到溝塘水利工事，急著對於那些工程延後完成的人處以殺戮懲處」。[213]

　　佑仁謹案：

　　「後至」，原整理者訓為「晚到」，江秋貞認為「『溝塘水利工程』用『晚到』來形容，很奇怪」，所以她將「後至後成」整個當作「工期延後完成」之意。用「後至」形容「溝塘之功」確實奇怪，但把「後至」和「後成」結合起來理解為「工期延後完成」，恐怕也沒有徹底解決問題。

　　筆者認為「後成」指「溝塘之功」沒有在句踐要求的時間內完成，此應無疑義。而「後至」的對象不應是「溝塘之功」，而是具有行為能力的「人」，才會出現「後至」（未在要求時間內抵達）的問題，故「後至」所指應是那些依規定要前往修築水利工事的人。

　　〔16〕王乃徹（趣）執（設）戍于東尸（夷）、西尸（夷）

王	乃	徹	轂	戍	于	東

---

[210] 季旭昇師：〈清華柒「流ＸＸ」、「領御」試讀〉，收入復旦大學出土文獻與古文字研究中心主編：《「出土文獻與傳世典籍的詮釋」國際學術研討會議程論文集》（上海：復旦大學出土文獻與古文字研究中心，2017），頁195。後正式出版，見復旦大學出土文獻與古文字研究中心主編：《出土文獻與傳世典籍的詮釋》（上海：中西書局，2019），頁135。

[211] 郭洗凡：《清華簡《越公其事》集釋》（合肥：安徽大學碩士論文，2018），頁92。

[212] 子居：〈清華簡七〈越公其事〉第九章解析〉，中國先秦史網站，2018.9.2（2021.5.11上網）。

[213] 江秋貞：《《清華大學藏戰國竹簡（柒）‧越公其事》考釋》（臺北：臺灣師範大學博士論文，2020），頁588-589。江秋貞：《《清華大學藏戰國竹簡（柒）‧越公其事》考釋》（臺北：花木蘭文化事業公司，2022），頁527。

王	乃	徹	埶	戍	于	東
𢆡	𢎺	𢆡				
巳	西	巳				

原整理者（201704）：埶，讀為「設」。《史記‧刺客列傳》：「（俠累）宗族盛多，居處兵衛甚設。」戍，《詩‧揚之水》「彼其之子，不與我戍申」，毛傳：「戍，守也。」設戍，《國語‧吳語》作「設戍」，云：「王不如設戍，約辭行成以喜其民，以廣侈吳王之心。」[214]

羅雲君（201805）：將東夷和西夷理解為小國失當，或可理解為越國境內未服勢力或楚越、吳越邊境大國勢力真空地帶的部族。[215]

子居（20180902）：《吳語》的「設戍」並非「設戍」，整理者所說誤。春秋至戰國中期的「戍」基本皆為各國久駐兵於本國領土之外，由於大國的不斷兼併擴張，才導致「戍」的字義由駐兵於外逐漸轉變為駐兵於邊，至戰國之末才由此引申出凡駐兵久守即稱「戍」，而《吳語》的「設戍」只是大夫種讓越王勾踐要因「吳王夫差起師伐越」而做基本防禦準備，與「設戍」完全不是一個概念。[216]

吳祺（201911）：原整理者讀「埶」為「設」。這裡的「埶（設）」為設立、設置之義。[217]

江秋貞（202007）：「設」有「設置」意。「設戍」就是設置軍事防衛。「東（夷）、西（夷）」（佑仁案：應為「東尼（夷）、西尼（夷）」）不一定指真正的方位，而是指越國邊界的國家。[218]

彭華（202103）：東夷、西夷、古蔑、句吳四詞屬於並列關係，而古蔑、句吳是眾所周知的地名，故東夷、西夷也應當是地名。東夷、西夷究竟指的是什麼呢？「東夷」與「西夷」的「夷」也是古越語的漢字記音，其本義即「海」。句踐時期的越國，其主體部分在今浙江省，而浙江省位於東海之濱。因此，此「東海」肯定不是今之黃海，而是今之東海，並且應該是今東海之北部。縮小範圍，更具體點說，此「東海」應該指的是杭州灣的出海口，並且特指杭州灣出海口的南面，即今浙江省寧波市鎮海區、北崙區至舟山島一帶。學人所熟知的「甬東」或「甬句東」，即在此。[219]

214 李學勤主編：《清華大學藏戰國竹簡（柒）》（上海：中西書局，2017），頁143。

215 羅雲君：《清華簡《越公其事》研究》（長春：東北師範大學碩士論文，2018），頁101。

216 子居：〈清華簡七《越公其事》第九章解析〉，中國先秦史網站，2018.9.2（2021.5.11 上網）。

217 吳祺：《戰國竹書訓詁方法探論》（上海：華東師範大學博士論文，2019），頁252。

218 江秋貞：《《清華大學藏戰國竹簡（柒）‧越公其事》考釋》（臺北：臺灣師範大學博士論文，2020），頁590。江秋貞：《《清華大學藏戰國竹簡（柒）‧越公其事》考釋》（臺北：花木蘭文化事業公司，2022），頁528-529。

219 彭華：〈四方之民與四至之境──清華簡《越公其事》研究之一〉，《出土文獻》2021 第1期（2021.3），頁57。

佑仁謹案：

簡文「設戍」，原整理者認為即《國語・吳語》的「設戍」，我們先將〈吳語〉原文列出如下：

> 吳王夫差起師伐越，越王句踐起師逆之。大夫種乃獻謀，曰：「夫吳之與越，唯天所授，王其無庸戰。夫申胥、華登簡服吳國之士於甲兵，而未嘗有所挫也。夫一人善射，百夫決拾，勝未可成也。夫謀必素見成事焉，而後履之，不可以授命。王不如設戍，約辭行成以喜其民，以廣侈吳王之心。吾以卜之於天，天若棄吳，必許吾成而不吾足也，將必寬然有伯諸侯之心焉。既罷弊其民，而天奪之食，安受其燼，乃無有命矣。」

「設戍」，韋昭《注》：「言不如設兵自守，卑約其辭以求平於吳，吳民必喜。」[220]此段內容講述句踐3年（西元前494年），句踐兵敗於夫椒，文種建議「王不如設戍」，以卑下的態度向吳王請成，讓夫差自滿，使吳民喜悅，等吳民疲憊，糧食減少，就是越國取而代之的時機了。「王不如設戍」一句，黃永堂翻譯作「大王不如設兵防守會稽」[221]，陳桐生翻譯作「大王不如設兵防守」[222]，鄔國義、胡果文、李曉路翻譯作「您不如勒兵自守」[223]，因此該段大意當是對外以謙卑的態度面對吳國，對內仍舊擁兵自固。

反觀簡文的「設戍」，《說文・戈部》：「戍，守邊也。」[224]《詩・王風・揚之水》：「彼其之子，不與我戍申。」毛《傳》：「戍，守也。」[225]《史記・周本紀》：「遂與之卒，言戍周。」張守節《正義》：「戍，守也。」[226]

「設戍」與「設戍」的意思差不多，都是設兵防守之意，雖然《國語・吳語》的語境與簡文並不同，但是用法近似，原整理者將二者聯繫起來考慮自有其道理。此處「戍」（戍）與「戎」（我，曾179）字的楚簡寫法非常接近，漢代文字「戍」作「⿰」（平都犁斛）、「戍」（張家山漢簡二.76），「戎」作「⿰」（《漢印文字徵》12.16）、「戎」（北大漢簡壹.老.24.14），可見跨入漢代後兩字寫法仍非常近似。因為二字形近，不免讓人直接懷疑今本《國語・吳語》的「設戍」是否為簡本「設戍」之誤？但由於二說於文義上都說得通，是否為誤字，可能也

---

[220] （三國吳）韋昭注，徐元誥集解：《國語》（北京：中華書局，2002），頁536-537。

[221] 黃永堂：《國語全譯》（貴陽：貴州人民出版社，1995），頁671。

[222] 陳桐生譯注：《國語》（北京：中華書局，2013），頁659。

[223] 鄔國義、胡果文、李曉路：《國語譯注》（上海：上海古籍出版社，2017），頁552。

[224] （東漢）許慎撰，（清）段玉裁注，李添富總校訂：《新添古音說文解字注》（臺北：洪葉文化事業公司，2016），頁636。

[225] （西漢）毛公傳，（東漢）鄭玄箋，（唐）孔穎達等正義，李學勤主編：《十三經注疏・毛詩正義》（北京：北京大學出版社，2000），頁304。

[226] （漢）司馬遷撰，（宋）裴駰集解，（唐）司馬貞索引、張守節正義：《史記》（北京：中華書局，2014），頁207-208。

不宜做過多的推論。

〔17〕乃徹（趣）取廖（戮）于送（後）至不共（恭）

乃	徹	取	廖	于	送	至

不	共

原整理者（201704）讀作「恭」，無說。[227]

魏棟（20170425）：「後至」與「不共」為「副詞+V」結構，這種偏正結構構成名詞性短語。「後至」已經包含「不共（恭）」的成分，「共」應改讀為「供」，訓為供事，《書・舜典》：「汝共工。」孔安國傳：「共謂供其職事。」「不共（供）」指不供職事的人。「取戮于後至、不共」就是「取戮後至、不共」，大意是句踐在東夷西夷地區設置軍事守備，逮捕、懲罰那些晚到以及不供職事的人。[228]

季旭昇師（20171014-15）：越王接著對四周的小國宣達命令，「後至不恭」的就「取戮」。宣達命令由宮中向外擴散，至此已擴散到極致了。接著越王就要身為表率，要求自己也要遵守施政的要求。[229]

滕勝霖（201905）：「共」，整理者讀作「恭」，本文同意魏棟之說，讀作「供」。《上博六・莊王》簡1：「以共（供）春秋之嘗，以待四鄰之賓。」《清華伍・三壽》簡19-20：「措勤不居，攝祗不易，共（供）皇思修，納諫受誓，神民莫則，時名曰智。」本句大意是「越王於是趕快在與東夷、西夷接壤的邊境設置戍守的士兵，於是趕快逮捕並懲罰晚到或不提供服役的人。」[230]

江秋貞（202007）：「後至不共」的「後至」如前的「後至後成」；「不共」，原考釋沒有解釋，指的應該是簡53的「不共不戭（敬）」的「不共」，也就是「不恭敬」的意思，不是魏棟的「不供職事之人」。「王乃徹執戍于東尸、西尸，

---

227 李學勤主編：《清華大學藏戰國竹簡（柒）》（上海：中西書局，2017），頁141。

228 魏棟：《讀清華簡〈越公其事〉札記（一）》，清華網，2017.4.25。（2021.5.11上網）。

229 季旭昇師：〈清華柒「流XX」、「領御」試讀〉，收入復旦大學出土文獻與古文字研究中心主編：《「出土文獻與傳世典籍的詮釋」國際學術研討會議程論文集》（上海：復旦大學出土文獻與古文字研究中心，2017），頁195。後正式出版，見復旦大學出土文獻與古文字研究中心主編：《出土文獻與傳世典籍的詮釋》（上海：中西書局，2019），頁135。

230 滕勝霖：《《清華大學藏戰國竹簡（柒）》集釋及相關問題研究》（重慶：西南大學碩士論文，2019），頁369。滕勝霖：《《清華大學藏戰國竹簡（柒）》集釋》（重慶：西南師範大學出版社，2021），頁364。

乃徹取膠于遂至不共」指「越王於是很快地設置軍事兵力到越國邊界，並對於那些工作不能按時完成及態度不恭敬之人都殺戮」。[231]

佑仁謹案：

「共」，原整理者在釋文中已明確讀成「恭」[232]。魏棟認為「不共」應讀為「不供」，即「不供職事之人」。本章出現三次「共」，除本次外，前兩次的文例為：

> 乃出共（恭）敬王孫之志，以授大夫種，則賞穀之；乃出不共（恭）不敬王孫之志，以授范蠡，則戮殺之。【簡53-54】

兩例「共」字均讀「恭」，這裡的「共」還是應讀成「恭」。魏棟認為「『後至』已經包含『不共』的成分」，筆者認為「後至」與「不恭」應該是兩個不同概念，前者是未準時報到服役，而後者則是服役時態度不佳、怠慢其職。

魏棟將「戮」翻譯成「逮捕、懲罰」，恐非，還是理當訓為「刑戮」，參第四章注釋6。

〔18〕王又（有）遳（失）命

王	又	遳	命

原整理者（201704）： 失命，失誤之命令，與《左傳》之「失命」不同。《左傳・昭公十三年》「臣過失命，未之致也」，孔穎達疏：「言臣罪過，漏失君命。」[233]

羅雲君（201805）： 「失命」或可從《左傳》之「失命」。簡文中「失命」說的是當是有命不踐行之義，後文也有「小失」、「大失」之說，顯然是跟不踐行命令有關。句踐在越國所徇之命，越邦上下無人不遵，作為越國之君的句踐更要以身作則，來幫助政、命的推行，才會有「王又（有）失命」，出現「可復弗復」的情況即應該句踐本人也當遵從的命令卻不踐行，為了使越國上下不疑王命，於是「王則自罰」，具體的自罰辦法是「小失飲食，大失蟸＝」，這樣解讀，文順意達。[234]

---

[231] 江秋貞：《《清華大學藏戰國竹簡（柒）・越公其事》考釋》（臺北：臺灣師範大學博士論文，2020），頁590-591。江秋貞：《《清華大學藏戰國竹簡（柒）・越公其事》考釋》（臺北：花木蘭文化事業公司，2022），頁529-530。

[232] 李學勤主編：《清華大學藏戰國竹簡（柒）》（上海：中西書局，2017），頁141。

[233] 李學勤主編：《清華大學藏戰國竹簡（柒）》（上海：中西書局，2017），頁143。

[234] 羅雲君：《清華簡《越公其事》研究》（長春：東北師範大學碩士論文，2018），頁101-102。

子居（**20180902**）：「失命」應該是指沒有執行命令，如《司馬法・仁本》：「其有失命、亂常、背德、逆天之時而危有功之君，遍告于諸侯，彰明有罪。」先秦傳世文獻又作「失令」。[235]

滕勝霖（**201905**）：「失命」即失誤之命令。[236]

江秋貞（**202011**）：原考釋釋「失命」為「失誤之命令」，可從。我們從後面的「王乃試民」到人民「無敢躐命」，這裡越王要測試的是人民對王命的忠誠度，不在乎越王的命令是真假好壞，所以一個「失誤的命令」人民竟也是不疑有他地遵從，就達到越王要求的效果。[237]

佑仁謹案：

「失命」有兩種說法，原整理者與石小力（說詳注釋19）都理解為失誤的命令，羅雲君、子居則認為是沒有踐履命令。前者是說王有錯誤的政令，原本可以改但卻不改，因為不希望讓人民有「朝令夕改」的疑惑，句踐則以「自罰」表示負責，此說是以「令出不改」強調政令的權威性。後者是指句踐所發出的政令舉國上下都必須徹底執行，如果句踐可以做到卻未踐履，為了不讓人民對政令感到懷疑，句踐自罰以示負責。這兩種說法在文意上都說得通，但筆者更傾向前說。《管子・法法》全篇內容可參。如「號令已出又易之，禮義已行又止之，度量已制又頡之，刑法已錯又移之，如是，則慶賞雖重，民不勸也；殺戮雖繁，民不畏也。」[238]

〔19〕可遑（復）弗遑（復）

可	遑	弗	遑

原整理者（**201704**）：復，踐行。《論語・學而》「信近於義，言可復也」，朱熹《集注》：「復，踐言也。」可復弗復，可以踐行卻不踐行，意思是空言不行。[239]

石小力（**20170425**）：「復」字整理者訓為「踐行」，不確，疑當訓為「返還」，在句中指的是收回成命。這句話大意是越王發佈了有失誤的命令，本來可

---

235 子居：〈清華簡七《越公其事》第九章解析〉，中國先秦史網站，2018.9.2（2021.5.11上網）。

236 滕勝霖：《清華大學藏戰國竹簡（柒）》集釋及相關問題研究》（重慶：西南大學碩士論文，2019），頁370。滕勝霖：《清華大學藏戰國竹簡（柒）》集釋》（重慶：西南師範大學出版社，2021），頁365。

237 江秋貞：《清華大學藏戰國竹簡（柒）・越公其事》考釋》（臺北：臺灣師範大學博士論文，2020），頁594。江秋貞：《清華大學藏戰國竹簡（柒）・越公其事》考釋》（臺北：花木蘭文化事業公司，2022），頁532。

238 黎翔鳳撰、梁運華整理：《管子校注》（北京：中華書局，2004.6），頁295。

239 李學勤主編：《清華大學藏戰國竹簡（柒）》（上海：中西書局，2017），頁143。

以返回修改後重新發佈，卻不修改，這樣做的目的是為了不使王發佈的命令被民眾懷疑，也就是說，王發佈的命令不管對錯，一定要予以執行，一言九鼎，命出不改。[240]

石小力（**201710**）：我在武漢大學簡帛論壇上曾疑當訓為「返還」，在句中指的是收回成命。嶽麓秦簡《為吏治官及黔首》簡35：「勿言可復。」「復」字，王輝先生認為是返還、收回等義。現在看來，「復」字也可以直接訓為再次。「可復弗復」承前省略了賓語「命」，補足賓語後當為「可復命弗復命」。這句話大意是越王發布了有失誤的命令，本來可以修正後再次發布，卻不再次發布，這樣做的目的是為了不使王發布的命令被民眾懷疑，也就是說，王發布的命令不管對錯，一定要予以執行，一言九鼎，命出不改。「復命」見於古書。《左傳·襄公三十年》：「伯有既死，使大史命伯石為卿，辭，大史退，則請命焉，復命之，又辭，如是三，乃受策入拜。」[241]

羅小虎（**20171105**）：復，收復之意。復命，即收復命令。把失誤的命令收復過來。這句話的前半部分意思是說，有失誤的命令，雖然可以收回來但卻不收回來，是為了不讓命令被百姓懷疑。於是，勾踐為此要自我處罰。整理報告把「復」釋讀為「覆」，理解為審慎，其實應該是「收回」的意思。這句話的意思是說，發佈命令又收回來，所以知道自己有所失誤。[242]

吳德貞（**201805**）：「復」可訓為「反」，《詩·小雅·黃鳥》「復我邦族」，鄭玄注：「復，反也。」「可復弗復」即是指（越王）可以收回失命卻不這樣做，目的是「不使命疑」，即不讓百姓懷疑命令的正確與否，只管照命令列事。[243]

羅雲君（**201805**）：「復」字可從整理報告意見，訓為踐行，可引申為遵守或者執行。「可復弗復」應該是指句踐本人也當遵從的命令卻不踐行的情況。[244]

王挺斌（**201806**）：《越公其事》文可與《荀子·王霸》「政令已陳，雖覩利敗，不欺其民」合觀。不難體會，這種「復」確實帶有「修正後再次發佈」的意味，從中可以提煉出「修改／修正」與「再次」兩個義素，前後關係十分密切而自然。「復」在語境中的意思略為偏向修改、修正之義。我們不妨以「更」、「改」、「貳」、「反」進行比較。「復」本義為返回，引申有又、再之義，而在語境中可以臨時被賦予重新修改、變改之義。然無論如何，整理者意識到「復」帶有更換、更改的意思，似已十分可貴。[245]

[240] 石小力：〈清華七《越公其事》初讀〉，武漢網，跟帖第30樓，2017.4.25（2019.11.19上網）。

[241] 石小力：〈清華簡第七冊字詞釋讀箚記〉，《出土文獻》第11輯（上海：中西書局，2017.10），頁246。

[242] 羅小虎：〈清華七《越公其事》初讀〉，武漢網，跟帖第211樓，2017.11.5（2019.11.19上網）。

[243] 吳德貞：《清華簡《越公其事》集釋》（武漢：武漢大學碩士論文，2018），頁87。

[244] 羅雲君：《清華簡《越公其事》研究》（長春：東北師範大學碩士論文，2018），頁102。

[245] 王挺斌：《戰國秦漢簡帛古書訓釋研究》（北京：清華大學博士論文，2018），頁118-119。

子居（20180902）：「復」可解為回歸、恢復，「可復不復」即有可以恢復為「故常」的情況而越王勾踐沒有恢復。《越公其事》此處當是說越王勾踐自己沒有嚴格遵行自己所發佈的禁令。[246]

滕勝霖（201905）：「復」，返回義，《周易・泰卦・爻辭》：「九三，無平不陂，無往不復。」高亨注：「復，返也。」[247]

湯志彪（20211130）：從簡文原意來看，「王有失命」明確越王知道錯誤的命令，那麼後面的簡文當是對錯誤命令所施行的措施，有明知故犯之嫌，若然，則越王要自我懲戒。由此，這裡的「復」當訓作「過」，指過止。《淮南子・時則》：「規之為度也，轉而不復。」高誘注：「復，過也。」即其明證。若然，則「可復弗復，不使命膝」兩句乃是闡述同一個意思且層層遞進。[248]

江秋貞（202011）：「可復弗復」的「復」不是原考釋的「實踐」之意，而是如石小力言「返還」之意比較接近。「可復弗復」指發布了失誤的命令，即使可以收回命令回復到沒有失誤的情況，但是還是刻意不收回。「不使命疑」不是原考釋的「不使命疑卻使人疑」之省略，而是指不使這個「失命」被人懷疑（「疑」字取被動義）。「王又違命，可還弗還，不茲命膝」指「越王發布失誤的命令的時候，即使可以收回命令卻刻意不收回，不讓這個『失命』被人民懷疑」。[249]

佑仁謹案：

先將各家說法羅列如下：

釋讀	「可復弗復」之解釋	主張者
讀「復」，訓為踐行	可以踐行卻不踐行，意思是空言不行	原整理者主之，羅雲君從之
讀「復」，訓為返還	越王發佈了有失誤的命令，本來可以返回修改後重新發佈，卻不修改	石小力前說主之，吳德貞、滕勝霖、江秋貞從之
讀「復」，訓為再次	越王發布了有失誤的命令，本來可以修正後再次發布，卻不再次發布	石小力後說主之

246 子居：〈清華簡七《越公其事》第九章解析〉，中國先秦史網站，2018.9.2（2021.5.11 上網）。

247 滕勝霖：《《清華大學藏戰國竹簡（柒）》集釋及相關問題研究》（重慶：西南大學碩士論文，2019），頁 370。滕勝霖：《《清華大學藏戰國竹簡（柒）》集釋》（重慶：西南師範大學出版社，2021），頁 365。

248 湯志彪：〈清華簡（柒）字詞研究四則〉，《簡帛》第 23 輯（上海：上海古籍出版社，2021.11），頁 120-121。

249 江秋貞：《《清華大學藏戰國竹簡（柒）・越公其事》考釋》（臺北：臺灣師範大學博士論文，2020），頁 594。江秋貞：《《清華大學藏戰國竹簡（柒）・越公其事》考釋》（臺北：花木蘭文化事業公司，2022），頁 532。

讀「復」，訓為收復	有失誤的命令，雖然可以收回來但卻不收回來	羅小虎主之
讀「復」，訓為修改、修正	—	王挺斌主之
讀「復」，訓為回歸、恢復	有可以恢復為「故常」的情況而越王句踐沒有恢復	子居
讀「復」，訓為「過」，指過止	—	湯志彪

原整理者訓為「踐行」，學者則多從「復」字義項中提出可能方案，例如石小力將「復」理解為「再次」，王挺斌依據「更」、「改」、「貳」、「反」等，論證諸字有「又」、「再」的用法外，又有修改、改變的義項，說明「復」在簡文中可以理解為「再次修改」之義，子居訓為回歸、恢復。湯志彪則訓為遏止。

「復」有返還、再次的概念，然而是否能引申出「修改」義，仍有待研究。筆者認為最簡易直接的方式是將「復」訓為收復、收回、恢復，實質意思也就是撤除，即「恢復（或收回）」到下命前的狀態。「可復弗復」指「可以收回（政令）卻不收回」，核心思想就是石小力所謂的「命出不改」，句踐一言九鼎，軍令如山，即使政令失誤仍不得移易，而改以自我懲罰來平息民怨。

〔20〕不茲（使）命𣄠（疑），王則自罰

不	茲	命	𣄠	王	則	自

罰

原整理者（201704）：命，教令。不使命疑，疑為「不使命疑卻使人疑」之省略。教令不能使人產生疑惑，如果使人疑惑則是過錯。可復弗復與不使命疑（卻使人疑）是兩種失命。[250]

子居（20180902）：𣄠當即睽字，為瞬字異體，又或作眴，𣄠當可讀為徇，「不茲命徇」即沒有以禁令巡示於人，指沒有貫徹禁令。[251]

湯志彪（20211130）：此處的「𣄠」當讀作「已」。「𣄠」從「矣」聲，上古音「矣」是匣母之部字，「已」是餘母之部字，兩字疊韻，聲母關係密切，可通。「已」訓作「止」，理解作廢止，為古書常訓，不勝枚舉。上文的「復」是過止，此處的「已」當廢止講。簡文「王有失命，可復弗復，不使命已，王則自

---

[250] 李學勤主編：《清華大學藏戰國竹簡（柒）》（上海：中西書局，2017），頁143。

[251] 子居：〈清華簡七《越公其事》第九章解析〉，中國先秦史網站，2018.9.2（2021.5.11上網）。

罰」大意是，若王命有過失，可遏止而不遏止，不廢止錯誤的命令而繼續施行，王則自我懲罰。[252]

佑仁謹案：

原整理者隸定作「睞」讀「疑」，子居讀「徇」，湯志彪讀作「已」當廢止講。

先談子居的說法，子居認為「睞當即睒字，為瞬字異體，又或作眴」，然而「瞬」見於《敦煌俗字譜》，出現的時間非常晚。就古音來看，「瞬」古音透紐歌部，「睞」匣紐之部，聲韻均差異很大，所以從音理與睒字出現的時間來看，「睞」讀為「徇」之說，難以遽信。

至於湯志彪將「睞」讀為「已」之說，句末虛詞的「矣」與「已」常通用不別，二字聲音通假並無疑義。問題是，將「已」訓為廢止，指「政令不要廢止」，這層意涵其實在前一句「可復弗復」已展現出來，文意不需要重複。

筆者支持原整理者讀「疑」之說，不過其所謂「疑為『不使命疑卻使人疑』之省略。教令不能使人產生疑惑，如果使人疑惑則是過錯。」並不可信。「不使命疑」指不讓人對政令感到疑惑，確立政令不可移易的獨特性。

〔21〕少（小）邌（失）命舍（禁）飤（食）

少	邌	命	舍	飤
少	邌	命	舍	飤

原整理者（201704）：小失，小的過失。飲食，意為減少飲食或降低飲食標準以為懲罰。[253]

林少平（20171105）：當讀作「厭食」，即減損飲食。厭，《左傳・文公二年》注：「厭猶損也。」《漢書・賈山傳》：「陛下即位，親自勉以厚天下，損食膳，不聽樂，減外徭衛卒，止歲貢」。[254]

郭洗凡（201803）：林少平的觀點可從。「厭食」意為越王減少自己的飲食數量和標準對自己進行懲罰。[255]

羅雲君（201805）：「小」當作副詞，表示程度，結合前後語境來看，「小失」當指輕微程度違背所頒行政令的情況。[256]

[252] 湯志彪：〈清華簡（柒）字詞研究四則〉，《簡帛》第23輯（上海：上海古籍出版社，2021.11），頁120-121。

[253] 李學勤主編：《清華大學藏戰國竹簡（柒）》（上海：中西書局，2017），頁143。

[254] 林少平：〈清華七《越公其事》初讀〉，武漢網，跟帖第212樓，2017.11.5（2019.11.19上網）。

[255] 郭洗凡：《清華簡《越公其事》集釋》（合肥：安徽大學碩士論文，2018），頁94-95。

[256] 羅雲君：《清華簡《越公其事》研究》（長春：東北師範大學碩士論文，2018），頁103。

滕勝霖（201905）：「酓」在楚系文字中多以表示｛飲｝，少有例外，故「酓飤」仍從整理者之說，讀作「飲食」。「小則飲食，大則墨準。」存在省略，故本句大意是「小的過失則減少飲食，大的過失就按法律懲處，以此來勉勵廣大百姓。」[257]

杜建婷（201906）：林少平之說不妥，《趙簡子》簡 10 見：「……王者亦飲之。」《越公》簡 46 亦見「酓飤（食）」其中「酓」整理者皆讀為「飲」，「小失飲食」即「小的過失在飲食方面有所懲罰」。[258]

白於藍、岳拯士（202006）：「酓飤」一詞，「飲食」二字並無「減少飲食或降低飲食標準」之義，整理者的看法有增字解經之嫌。「酓」可讀為「減」。上古音「酓」為影紐侵部字，「減」為見紐侵部字，兩字聲母同為喉牙音，韻則疊韻，音近可通。「減食」一詞典籍習見，指減少飯食，簡文中「減食」與「續墨（或繪墨）」文辭對應。簡文本段文字大意是講越王勾踐對自身「失命」的懲罰，出現「小失」則給自己減食，出現「大失」則給自己續墨，以此來勸勉萬民。[259]

佑仁謹案：

「失命」（違誤命令）還可細分成兩種狀況：「小失」（輕微違誤）與「大失」（嚴重違誤）。

「小失命飲食」一句的大體意涵，應指句踐若發生小的政令失策，則以「食物」作為懲罰。不過落實到字面解釋時會發現幾個問題：

1　文中的「命」很難解釋，「命」最常見的是「命令」之義，但將此義套入文中，會變成發生小過失反而得到飲食，和常理不合。飲食是一種物質享受，《越公其事》第五章中，對勤於耕種者「王亦飲食之」，在朝的重要官員若能率領耕種者「王必與之坐食」，可見「飲食」是句踐治國時常見的獎勵，卻和本句該有的語境不同。

2　原整理者和杜建婷在串講文意時都指出，「小失命飲食」是指在飲食方面有所「懲罰」，但是簡文這五個字沒有哪個字具有「懲罰」之意，又或者說，這五個字若按照字面理解，並不能夠組成負面的意涵。

也許是因為有這樣的矛盾，所以林少平把「酓飤」改成「厭食」，指減損飲食。《左傳・文公二年》：「晉人以公不朝來討。公如晉。夏，四月，己巳，晉人使陽處父盟公以恥之。書曰『及晉處父盟』，以厭之也。」杜預《注》：「『厭』

[257]　《《清華大學藏戰國竹簡（柒）》集釋》已無此說。滕勝霖：《《清華大學藏戰國竹簡（柒）》集釋及相關問題研究》（重慶：西南大學碩士論文，2019），頁 374。

[258]　杜建婷：《清華簡第七輯文字集釋》（廣州：中山大學碩士論文，2019），頁 224。

[259]　白於藍、岳拯士：〈清華簡《越公其事》校釋（六則）〉，《中國文字》總第 3 期（2020.6），頁 193。

猶『損』也。」[260]晉人因魯文公沒有去朝見而問罪，後來文公前往晉國。四月己巳，晉人派陽處父和魯文公簽訂盟約來羞辱他，《春秋》所謂「及晉處父盟」是表示厭惡的意思。以「『厭』猶『損』也」之說來詮解簡文並不適切，利用杜預之說並把「損」進一步訓為減少，恐怕有過度引申的嫌疑。

　　另一方面，「減損飲食」語意過輕，不如將「酓飤」讀為「禁食」，「酓」從「今」聲，「今」是「噤」的初文[261]，《荀子・非十二子》：「其纓禁緩。」楊倞《注》：「禁緩，未詳。或曰：禁讀為紟，紟，帶也。」[262]《後漢書・班固傳》：「伶休兜離。」李賢《注》：「鄭玄注《周禮》云：『四夷之樂，東方曰〈鞮〉，南方曰〈任〉，西方曰〈株〉，北方曰〈禁〉。』『禁』，《字書》作『伶』……《周禮》『伶』作『禁』。」[263]朱駿聲《說文通訓定聲・臨部》：「禁，叚借為『紟』。」[264]

　　「禁食」指禁止飲食，簡文是說：為了不讓政令使人民疑惑，頒布失當的政令時句踐會自我懲罰，「小失命（微小的失誤政令）」會禁止飲食，幾餐不食不會造成死亡，但會產生飢餓感，令身體感到難受，句踐是以此方式自罰。「大失（大的失誤政令）」則會對句踐本人施以墨刑，以此作為警戒。

〔22〕大遟（失）蠿=（劃墨），以礪（勵）萬民

大	遟	蠿=	以	礪	萬	民

　　原整理者（201704）：大失，大的過失。蠿，合文，疑讀為「繢墨」或「繪墨」，在某個部位畫墨。《周禮・考工記・畫繢》：「畫繢之事，雜五色。」墨為五刑之一。《書・呂刑》：「墨辟疑赦，其罰百鍰，閱實其罪。」[265]

　　王挺斌（20170423）：「蠿=」，頗疑即古書中的「徽墨」或「徽纆」。「徽」古音屬曉母微部，「惠」字則是匣母質部。「惠」字讀為「徽」，在音理上完全可以說得通。「徽墨」，亦作「徽纆」，指繩索，「徽墨」或「徽纆」指的是拘繫罪人。[266]

　　易泉（20170426）：墨斷，字左所從與包山文書 16 號簡「斷」字左部同，可看作從墨從斷省，讀作墨斷。《漢書・刑法志》「墨罪五百」顏師古注：「墨，

[260]　（晉）杜預注，（唐）孔穎達正義，李學勤主編：《十三經注疏・春秋左傳正義》（北京：北京大學出社，2000），頁 567-568。

[261]　裘錫圭：《文字學概要（修訂本）》（北京：商務印書館，2013），頁 139。

[262]　（清）王先謙撰，沈嘯寰、王星賢點校：《荀子集解》（北京：中華書局，1988），頁 103。

[263]　（劉宋）范曄撰，（唐）李賢等注：《後漢書》（北京：中華書局，1973），第 5 冊，頁 1368。

[264]　（清）朱駿聲撰：《說文定訓定聲》（北京：中華書局，1973），頁 100。

[265]　李學勤主編：《清華大學藏戰國竹簡（柒）》（上海：中西書局，2017），頁 143。

[266]　參清華大學出土文獻讀書會（石小力整理）：〈清華七整理報告補正〉，清華網，2017.4.23（2021.5.24 上網）。

黥也，鑿其面以墨涅之。」越王自身不會施以黥刑，此處墨斷，當與墨刑有別，但塗墨以自省則頗有可能。[267]

難言（20170430）：似可理解為「專默／嘿」，「默／嘿」是淵默不言，「專」理解為謹慎或專獨皆可。「小失飲食，大失專默」是說：有小的失命則減損或不用食膳，有大的失命則「專默」反省、反思，即恭謹淵默反省過失，或獨處靜默以省察。左塚漆梮有「恭默」，文獻中「允恭玄默」、「恭默思道，夢帝賚予良弼」、「言淵色以自詰也，靜默以審慮」可參考。[268]

王寧（20170501）：易泉先生在34樓讀末合文為「墨斷」，並與《韓詩外傳》卷八載越人「剸墨文身翦髮」習俗聯繫起來，思路應該是對的。楚簡「斷」字多作「剸」，蓋從刀專聲，傳抄古文仍之。此處合文當讀「墨專（斷）」或「專（斷）墨」，即典籍常見的說吳、越之人「斷髮文身」或「文身斷髮」，「專（斷）」即「斷髮」，「墨」即文身。疑越人雖有斷髮文身之習俗，但主要是平民或刑徒，貴族不與。勾踐自認為發佈命令失誤，進行自我懲罰，小的失誤就縮減飲食，大的失誤就像平民或刑徒一樣割掉一部分頭髮、在身上刺上某種紋飾作為懲戒，也是非常合理的。這種「墨」是文（紋）身，未必如墨刑一樣是刺在臉上。[269]

東潮（20170501）：越王有斷髮紋身的行為也不奇怪，本身是越人，隨俗而治國，也不是什麼懲罰措施。關鍵的證據要從斷髮紋身是否是越地的懲罰措施方面考慮。太伯作為「中原人士」跑到吳越之地，斷髮紋身對他來說難以接受，因為地域文化不一樣。而勾踐祖上就在越地，他本人就是在越地出生、成長，深受越文化的影響，拿一個在當地人看來十分平常的行為作為懲罰自己的措施，這不是對越國人民開玩笑麼。簡文左邊那個字也不絕對釋為「專」所從，「叀（惠）」的可能性依然存在，關鍵還是看辭例文義。[270]

王寧（20170518）：（（圖））此合文當是「埴」字的異體，即古人摶埏製作陶器的黏土。「埴」與「專」讀為「埴專」，即黏土磚，在簡文中讀為「置笪」，即對自己施行笪笞。[271]

蕭旭（20170605）：「鏙」字左側疑是「專」省文，讀為「墨繀（縛）」。繀（縛），白絹、白繒。《玉篇殘卷》：「絹，《說文》：『生霜如陵稍也。』今以為『繀』字。《字書》：『生繒也。』」越王有大過，則墨其絹以代墨刑而自罰，所謂象刑耳。《初學記》卷20引《白虎通》：「犯墨者蒙巾，犯剕者赭其衣，犯髕者以墨幪（蒙）其髕處而畫之，犯宮者履扉，犯大辟者布衣無領。」唐虞墨其巾以代墨刑，越王亦其類也。[272]

---

[267] 易泉：〈清華七《越公其事》初讀〉，武漢網，跟帖第34樓，2017.4.26（2019.11.19上網）。

[268] 難言：〈清華七《越公其事》初讀〉，武漢網，跟帖第110樓，2017.4.30（2019.11.19上網）。

[269] 王寧：〈清華七《越公其事》初讀〉，武漢網，跟帖第116樓，2017.5.1（2019.11.19上網）。

[270] 東潮：〈清華七《越公其事》初讀〉，武漢網，跟帖第126樓，2017.5.1（2019.11.19上網）。

[271] 王寧：〈說清華簡七《越公其事》的「墨」、「叀」合文〉，知北游_新浪博客網站，2017.5.15。（2021.5.18上網）。

[272] 蕭旭：〈清華簡（七）校補（二）〉，復旦網，2017.6.5。（2021.5.11上網）。

季旭昇師（20171014-15）：越王句踐對自己不能改正過失，也進行自罰。過之小者罰自己的飲食，過之大者以繩索捆綁自己，以示處罰，以勵萬民。[273]

袁金平（20171026-28）：當讀作「準墨」或「墨準」，亦是「法度」之稱。「大失墨準」意謂越王若有大的過失，則依據「法度」懲罰自身，旨在宣示萬民，位高權重如己者，猶不能置自身於法令制度之外，從而起到警示、勸勉之效。[274]

林少平（20171105）：「𪓣」當讀作「專默」。默，作靜思義。《易・繫辭》：「君子之道，或默或語。」《書・說命》：「恭默思道。」專，純篤義。《易・繫辭》：「夫乾，其靜也專。」「專默」與《史記》所言「苦身焦思」、《吳越春秋》「愁心苦志」近義。[275]

羅小虎（20171105）：𪓣，此字合文。分開來看，當是叀、墨二字，可釋讀為「徽纆」。「徽纆」連文，古書有見：《周易・坎》：「係用徽纆。」這裡的徽纆用為動詞，與前面的飲食一致。所以這句話的意思是說，如果有大的失誤的命令，那麼勾踐就把自己捆綁起來，自我懲罰。[276]

郭洗凡（201803）：「𪓣」合文，是叀、墨兩個字，羅小虎的觀點可從，代指繩索，懲罰監禁那些犯罪的人，簡文的意思是一旦有過大的失誤或者不合理的命令，越王勾踐會懲罰自己。[277]

羅雲君（201805）：「𪓣」與句踐自罰有關，相較之下，「𪓣＝」為「墨專（斷）」或「專（斷）墨」的可能性較大，與吳越「斷髮文身」之俗相關。[278]

何家歡（201806）：簡文此字左邊為🖼，很像西周叔專父盨中專字之形🖼，讀作劓。《說文・首部》：「𩠀，截也。从首从斷。或从刀專聲。」可知劓字所從之專乃是聲符。則簡文中此字左部則只保留聲符。「劓墨」義當同於「鯨刑」。[279]

趙晶（201808）：整理者的意見更為可取，只是「墨」不必解釋「墨刑」，讀為「黑」即可。「繪黑」或「續黑」即象刑。《慎子》逸文載：「有虞之誅，以幪巾當墨，以草纓當劓，以菲履當刖，以艾韠當宮，布衣無領當大辟，此有虞

[273] 季旭昇師：〈清華柒「流XX」、「領御」試讀〉，收入復旦大學出土文獻與古文字研究中心主編：《「出土文獻與傳世典籍的詮釋」國際學術研討會議程論文集》（上海：復旦大學出土文獻與古文字研究中心，2017），頁195。後正式出版，見復旦大學出土文獻與古文字研究中心主編：《出土文獻與傳世典籍的詮釋》（上海：中西書局，2019），頁135。

[274] 袁金平：《清華簡〈越公其事〉合文「叀墨」新釋》，香港浸會大學饒宗頤國學院，澳門大學中國語言文學系，清華大學出土文獻研究與保護中心：《〈清華簡〉國際會議論文集》，2017.10.26-28，頁59-65。

[275] 林少平：〈清華七《越公其事》初讀〉，武漢網，跟帖第212樓，2017.11.5（2019.11.19上網）。

[276] 林少平：〈清華七《越公其事》初讀〉，武漢網，跟帖第211樓，2017.11.5（2019.11.19上網）。

[277] 郭洗凡：《清華簡《越公其事》集釋》（合肥：安徽大學碩士論文，2018），頁94-95。

[278] 羅雲君：《清華簡《越公其事》研究》（長春：東北師範大學碩士論文，2018），頁105。

[279] 何家歡：《清華簡（柒）《越公其事》集釋》（保定：河北大學碩士論文，2018），頁38。

之誅也。斬人肢體，鑿其肌膚，謂之刑；畫衣冠，易章服，謂之戮。上世用戮而民不犯也，當世用刑而民不從。」（佑仁案：應為「異章服」）繪黑即如畫衣冠一樣的象刑。[280]

子居（20180902）：「蠭＝」正當讀為「剸墨」，即黥刑。《禮記・文王世子》：「其刑罪，則纖剸。」鄭玄注：「剸，割也。」《國語・周語上》：「於是乎有蠻夷之國，有斧鉞刀墨之民。」韋昭注：「刀墨，謂以刀刻其額而墨涅之。」可見無論是「剸」「劓」「刀」皆是言其割刻，故《韓詩外傳》卷八：「上國使適越，亦將劓墨文身翦髮，而後得以俗見，可乎？」所言「劓墨」自可與《國語》的「刀墨」和《越公其事》此處的「剸墨」對應。「小失」罰以「飲食」，「大失」罰以「剸墨」，也正與史籍所記越王勾踐的隱忍性格相應。[281]

沈雨馨（201904）：墨刑，五刑之一。指在罪輕者前額刺字，並染上墨色顏料。《尚書・伊訓》「臣下不匡，其刑墨，具訓于蒙士」。[282]

滕勝霖（201905）：本文同意袁金平之說，「」左側確是「叀」，李學勤、宋華強、黃天樹、楊安等學者將金文中此類字讀作「助」可從，「叀」即紡塼的表意初文，以之為聲符的字多與「專」音近，如：「」（「傳」，《郭店・語叢二》簡20），「」（「傳」，《清華伍・厚父》簡8），「」（「蚓」，《清華柒・趙簡子》簡5）等，袁金平讀作「準」可從，「叀」「準」聲紐相同，韻部旁轉可通。「墨」「繩」詞義相近，《上博五・鮑叔牙》簡3：「畝繩緟（短），田繩長，百糧筐。」[283]

孔德超（201905）：王寧先生認為「蠭＝」讀為「斷墨」可從，但是他對詞語的理解值得商榷。《禮記・王制》：「東方曰夷，被髮文身，有不火食者矣。」孔穎達疏：「越俗斷髮文身，以辟蛟龍之害，故刻其肌，以丹青涅之。」《史記・越王句踐世家》：「越王句踐，其先禹之苗裔，而夏后帝少康之庶子也。封於會稽，以奉守禹之祀。文身斷髮，披草萊而邑焉。」據上可知，文身斷髮乃是吳越兩地之俗，作為「大失」之懲罰措施顯然說不通。墨刑為先秦五刑之一，越王身先士卒，勇作表率，故以「墨刑」作為處罰可以理解。[284]

張朝然（201906）：（蠭）王寧先生所讀可從。當讀「墨專」或「專墨」。「墨剸」或為古代的墨刑。《周禮・司刑》一節中「墨罪五百」一句後，鄭玄注

---

[280] 趙晶：〈清華簡柒《越公其事》閱讀箚記二則〉，收入清華大學歷史系、清華大學出土文獻研究與保護中心編：《第一屆出土文獻與古代文明青年學者研討會論文集（二）》（北京：清華大學歷史系、清華大學出土文獻研究與保護中心，2018），頁12。

[281] 子居：〈清華簡七《越公其事》第九章解析〉，中國先秦史網站，2018.9.2（2021.5.11 上網）。

[282] 沈雨馨：《《清華大學藏戰國竹簡（柒）》集釋》（北京：首都師範大學碩士論文，2019），頁74。

[283] 滕勝霖：《《清華大學藏戰國竹簡（柒）》集釋及相關問題研究》（重慶：西南大學碩士論文，2019），頁374。滕勝霖：《《清華大學藏戰國竹簡（柒）》集釋》（重慶：西南師範大學出版社，2021），頁368-369。

[284] 孔德超：〈清華簡《越公其事》文學性探析〉，《重慶三峽學院學報》2019 第3期（2019.5），頁91。

云：「墨，黥也，先刻其面，以墨窒之。」言刻額為瘡，墨窒瘡孔，令變色也。由於簡文中字形只有「専」字，並無「劃」字右邊的「刂」，故此處認為越王是將墨塗在臉上以自罰。懲罰形式效仿墨刑，「以勵萬民」。[285]

吳萱萱（2020206）：王挺斌懷疑此字為「古書中的『徽墨』或『徽纆』」，意為拘繫罪人。此說可作為參考，因古時以繩索捆綁作為懲罰的「面縛」亦可堪常見，如《左傳‧昭公四年》：「賴子面縛銜璧，士袒，輿櫬從之，造於中軍。」《左傳‧襄公十八年》：「（州綽）乃弛弓而自後縛之。其右具丙亦舍兵而縛郭最，皆衿甲而縛，坐於中軍之鼓下。」[286]

江秋貞（202007）：本簡「鏙=」的合文字形左旁讀「専」、「惠」都有可能。各家學者的說法在先秦兩漢的典籍中未見有相關的文例，其中只有王挺斌說的「徽墨／纆」最有可能，「徽纆」一詞出現在《周易‧☷☵坎》：「上六：係用徽纆，寘于叢棘，三歲不得，凶。」唐孔穎達正義：「係用徽纆，寘于叢棘者，險陷之極，不可升上，嚴法峻整，難可犯觸。上六居此險陷之處，犯其峻整之威，所以被繫用其徽纆之繩，置於叢棘，謂囚執之處以棘叢而禁之也。」看來這個詞的意思是被用徽纆之繩繫綁起來，囚執他在一個充滿叢草荊棘之處，做為犯法後受到嚴屬的酷刑。原考釋所說的「小失，小的過失。飲食，意為減少飲食或降低飲食標準以懲罰。大失，大的過失」，可從。「王則自罰，少達舍飲，大達鏙=，以礪萬民」意指「越王自己處罰自己，犯的過失小，就減少飲食或停食；犯的過失大，就用繩子綑綁自己將自己置於叢草荊棘中接受到最嚴屬的酷刑，越王以此來砥礪警惕所有百姓。」[287]

佑仁謹案：

「鏙」以合文型態出現，右半從「墨」沒有疑義，左半有兩種釋讀意見：一是釋「叀（惠）」，一是釋「叀（専）」，左半偏旁隸定會影響字句的釋讀，學者意見可以整理成以下幾類：

1 將左半釋為「叀（惠）」

（1）讀「績墨」或「繪墨」，指在某個部位畫墨。（原整理者主之）
（2）讀「徽墨」或「徽纆」，本為繩索名，後引申為拘繫罪人。（王挺斌主之，季旭昇師、羅小虎、郭洗凡、吳萱萱、江秋貞從之）

---

[285] 張朝然：《清華簡《越公其事》集釋及相關問題初探》（石家莊：河北師範大學碩士論文，2019），頁52。

[286] 吳萱萱：《《越公其事》中句踐滅吳故事考論》（杭州：杭州師範大學碩士論文，2020），頁40。

[287] 江秋貞：《《清華大學藏戰國竹簡（柒）‧越公其事》考釋》（臺北：臺灣師範大學博士論文，2020），頁602-606。江秋貞：《《清華大學藏戰國竹簡（柒）‧越公其事》考釋》（臺北：花木蘭文化事業公司，2022），頁540-544。

（3）讀「繪黑」或「繢黑」，指如畫衣冠一樣的象刑。（趙晶主之）

2　將左半釋為「叀（專）」

（1）讀「墨斷」，指在人身上施墨以自省，不加以黥刑。（易泉主之）
（2）讀「專默」，指恭謹淵默反省過失，或獨處靜默以省察。（難言主之，林少平從之）
（3）讀「墨斷」或「斷墨」，吳越之人常「斷髮文身」，「斷」即「斷髮」，「墨」即文身。（王寧前說主之，羅雲君從之）
（4）讀「置筁」，即對自己施行筁笞。（王寧後說主之）
（5）讀「墨縳（縛）」，「縳（縛）」指白絹、白繒，指墨其絹以代墨刑。（蕭旭主之）
（6）讀「準墨」或「墨準」，亦即「法度」，指依據「法度」懲罰自身。（袁金平主之，滕勝霖從之）
（7）讀「劓墨」，義同於「鯨刑」。（何家歡主之，子居從之）
（8）讀「墨專」或「專墨」，將墨塗在臉上以自罰。（張朝然主之）
（9）讀「斷墨」，指墨刑。（孔德超主之）

從上述整理情況來看，將「ȳ」左半看成從「叀（專）」的學者比較多，但若就單一說法而言，王挺斌讀成「黴墨」或「黴繩」之說得到最多學者支持。

部分說法可以優先排除，例如何家歡依據〈叔專父盨〉（《集成》04454）的「專」認為簡文讀為「劓」，蓋「專」、「專」是兩個形音義有別的字，故不可信。

首先要面對的是，該字究竟是從「叀（惠）」還是從「叀（專）」？江秋貞曾經系統整理古文字中的「叀（惠）」與「叀（專）」，在戰國文字方面，其彙整結果是：

「田」形下沒有筆畫：（叀）「口～（惠）而實弗从」（郭.忠.五）、（惠）「～公首以玕」（天卜）、（惠）「訓至～公」（天卜）、（惠）「十曰口～而不係」（上（二）.從（乙）.一）、（惠）「～則民材足」（郭.尊.三二）、「蕙」「～（惠）王」（新甲三.二一三）

「田」形下有筆畫：「惠」，「《說文·叀部》：惠，仁也，从心从叀，古文惠从芔」、「蕫」「～（助）余孚（教）保子今可（分）」（上博八.有 1）、「能與余相～（助）今可（分）」（上博八.有 1）、（清華一.皇門四）「助」，或逕釋為「叀」，認為是繁體的「叀」，从三

個「屮」字形。讀為「惠」與助義的「惠」是同義關係，而非音近通用關係（劉洪濤）。

⿰辶⿱⿻田⿱（遬）「遬乎置郵而～（傳）命」（郭.尊二八）、⿰彳⿱（徸）「番而不～（傳）」（郭.唐一）、⿰辶⿱（遱）「若兩轉之相～（轉）」（郭.語四.二〇）

她認為「戰國文字的『叀』變化比較多，『田』形下沒有筆畫的从『心』讀為『惠』沒有爭議。但『田』形下有筆畫的可讀為『惠』聲字，如：⿰⿱、⿰⿱，也讀為『專』聲字，如：⿰辶、⿰彳、⿰辶。所以到了戰國楚文字就可能會遇到讀如『惠』聲或『專』聲的問題。」也就是說，「田」形下有筆畫者，字形上已沒有辦法區分究竟是「叀（惠）」或「叀（專）」。筆者認為此結論有商榷的空間。

「⿱」在楚簡中可以釋作「叀（專）」，這點沒有疑問，而「叀（惠）」一般則是从「心」旁（《越公其事》第一章簡5有「惠」，字正从「心」），且「田」下沒有「乀」形，我們可以清華拾壹《五紀》中的「叀（專）」和「惠」字為例：

叀（專）：⿱（簡 73）⿱（簡 74）
惠：⿱（簡 122）

《五紀》的「叀（專）」和「⿱」同形，而「惠」从心，並且沒有「乀」。江秋貞之所以認為「⿱」也能釋作「惠」，最主要是依據「⿱」（《皇門》簡4）一類的寫法，我們先將相關字形整理如下：

字形	出處	文例
⿱	上博八.有皇將起.簡 1 上	有凰將起今兮，董（助）余教保子今兮
⿱	上博八.有皇將起.簡 3、簡 1 下	勵余子其遬長今兮，能與余相董（助）今兮
⿱	清華壹.皇門.簡 2-3	以䕾（助）厥辟，勤卹王邦王家
⿱	清華壹.皇門.簡 4	是人斯䕾（助）王恭明祀
⿱	清華壹.皇門.簡 5	是人斯既䕾（助）厥辟勤勞王邦王家
⿱	清華壹.皇門.簡 9	俾王之無依無䕾（助）
⿱	清華壹.皇門.簡 12	以䕾（助）余一人憂

《有皇將起》簡 3+簡 1 下比較完整的文例為：「☒大路﹛魚部﹜今兮，敕葳與楮﹛魚部﹜今兮。勵余子其速長﹛陽部﹜今兮，能與余相董（助）﹛魚部﹜今可兮。可期成夫今兮，能為余拜楮柧﹛魚部﹜今兮。」文中魚陽通諧，故「董」應當讀為魚部字的「助」，若讀成脂部的「惠」則不叶韻矣。而《皇門》簡的「𩁹」則是從「董」、「助」聲的二聲字，可見其與「惠」字無關。在字形方面，這類字的「中」刑寫法也與「重（專）」有明顯的差別，故將「𩁹」字理解成從「重（惠）」聲，並將字讀成「續」、「繪」、「徽」等說，難以成立。

至於將左半釋為「重（專）」之說，學者們提出非常多通讀的可能。這裡要特別留意句踐自罰的方式：「小失命」是禁止飲食，「大失命」則肯定要比「小失」的懲罰更重。在學者的釋讀中，有些明顯失之過「輕」，例如讀成「專默」，指恭謹淵默反省過失；讀成「墨斷」，指在人身上施墨但不加以黥刑；讀成「墨緆（縛）」，指墨其絹以代墨刑；讀「墨專」或「專墨」，將墨塗在臉上以自罰。讓句踐靜默反省，這比禁止飲食的「小失」還不痛不癢。在臉或白絹上施墨，簡直形同兒戲，完全達不到讓「越邦庶民則皆震動」的效果。

筆者贊同讀「剸墨」之說，即在臉上施以墨刑，「剸」可訓作「割」，《禮記‧文王世子》：「其刑罪，則纖剸。」鄭玄《注》：「剸，割也。」[288]《後漢書‧杜篤傳》：「蓋夫燔魚剸蛇。」李賢《注》：「剸，割也。」[289]王褒〈聖主得賢臣頌〉：「水斷蛟龍，陸剸犀革。」[290]《廣韻‧獮韻》：「剸，細割也。」[291]

〔23〕雩（越）邦庶民則皆𦥑（震）𢝺（動）

雩	邦	庶	民	則	皆	𦥑
𢝺						

---

[288] （東漢）鄭玄注，（唐）孔穎達疏，李學勤主編：《十三經注疏‧禮記正義》（北京：北京大學出版社，2000），頁 752。

[289] （劉宋）范曄撰，（唐）李賢等注：《後漢書》（北京：中華書局，1973），第 9 冊，頁 2606-2607。

[290] （梁）蕭統編，（唐）李善等注：《六臣注文選》（北京：中華書局，2012），頁 882。

[291] 周祖謨：《廣韻校本》（北京：中華書局，2011），頁 296。

原整理者（201704）：畾僮，讀為「震動」。《書‧盤庚下》：「爾謂朕：『曷震動萬民以遷？』」《國語‧周語上》：「民用莫不震動，恪恭於農，修其疆畔，日服其鎛，不解於時，財用不乏，民用和同。」[292]

子居（20180902）：震動指被驚動。越王勾踐為貫徹法令，不僅會刑及王族、刑及左右、刑及百官，甚至不惜自刑以申命，由此才使越邦庶民驚懼敬服。[293]

江秋貞（202007）：原考釋釋「畾僮」為「震動」，子居解釋為「驚動」，非常好。這裡是指越王對於自己的懲罰（「王則自罰」）以如此極端的方式（「大失徽纆」）表示對法令的嚴視，以教育百姓也要重視王令，甚至「激勵萬民」的士氣。「雩邦庶民則皆畾僮」意為「越國百姓都震驚了」。[294]

佑仁謹案：

「畾僮」，原整理者讀「震動」，可信。子居、江秋貞進一步將「震動」理解為震驚，亦可信。

〔24〕犹（明）鬼（畏）句戈（踐）

犹	鬼	句	戈
犹	鬼	句	戈

原整理者（201704）：犹，讀為「荒」，大。《書‧酒誥》：「惟荒腆于酒。」鬼，讀為「畏」。荒畏，非常敬畏。[295]

蕭旭（20170605）：犹讀為茫，怖遽、害怕。《方言》卷2：「茫、矜、奄，遽也。吳、揚曰茫，陳潁之間曰奄，秦、晉或曰矜或曰遽。」字亦作𠌌，《廣雅》：「𠌌，遽也。」俗字作恾、忙，P.2011 王仁昫《刊謬補缺切韻》：「恾，怖。𠌌，遽。」《玄應音義》卷19：「蒼茫：又作𠌌，同。𠌌，遽也。經文從心作恾，非體也。」（佑仁案：應為「又作𠌌，同莫剛反」）[296]

郭洗凡（201803）：「荒」，荒蕪的含義。[297]

仲時（20180410）：簡58「犹鬼（畏）勾踐」之「犹」，應與上博《曹沫之陳》簡61「勇者喜之，宄者慼之」之「宄」有關，與「勇」相反。[298]

292 李學勤主編：《清華大學藏戰國竹簡（柒）》（上海：中西書局，2017），頁143。
293 子居：〈清華簡七《越公其事》第九章解析〉，中國先秦史網站，2018.9.2（2021.5.11上網）。
294 江秋貞：《《清華大學藏戰國竹簡（柒）‧越公其事》考釋》（臺北：臺灣師範大學博士論文，2020），頁607-608。江秋貞：《《清華大學藏戰國竹簡（柒）‧越公其事》考釋》（臺北：花木蘭文化事業公司，2022），頁545。
295 李學勤主編：《清華大學藏戰國竹簡（柒）》（上海：中西書局，2017），頁143。
296 蕭旭：〈清華簡（七）校補（二）〉，復旦網，2017.6.5（2021.5.17上網）。
297 郭洗凡：《清華簡《越公其事》集釋》（合肥：安徽大學碩士論文，2018），頁95。
298 仲時：〈清華七《越公其事》初讀〉，武漢網，跟帖第229樓，2018.4.10（2020.12.3上網）。

子居（20180902）：「狂」音「無」，當為魚部字，可參看筆者《清華簡七《越公其事》第三章解析》相關部分，此處可讀為「假」或「憮（憮）」，《爾雅・釋詁》：「假，大也。」《詩經・小雅・巧言》：「無罪無辜，亂如此憮。」毛傳：「憮，大也。」[299]

張富海（20181117）：簡文「狂畏句踐」之「狂」可以讀為訓尊的「明」。古者多謂尊為明。《禮運》：「故君者所明也，非明人者也。」《大傳》：「庶子不祭，明其宗也。」鄭注並曰：「明猶尊也。」是「明」有尊敬義，尊敬義的「明」多用作及物動詞，其實語可以是鬼神，也可以是人，因此簡文「明畏句踐」的說法是可以成立的。「明畏」猶古書常見的「敬畏」、「寅畏」、「祇畏」、「祇懼」，又清華簡《周公之琴舞》簡11「弼（弗）敢亢（荒）才（在）立（位），龏（恭）畏才（在）上」之「恭畏」，《墨子・尚賢上》「故當是時，雖在於厚祿尊位之臣，莫不敬懼而施」之「敬懼」，都是表示尊敬的詞和表示畏懼的詞相組合。下面把上引要段簡文串釋一遍：越國老百姓就都受到了震動，個個敬畏句踐，做事沒有敢不敬慎的，王宣佈命令，就順從命令，王的近侍也沒有人違背王命，於是人民得以整斂。[300]

滕勝霖（201905）：「亢」從整理者之說，讀作「荒」。《上博三・互先》簡5：「知既而亢（荒）思不殄。」簡文「亢」表程度，此句大意是「越邦百姓於是都感到震驚，非常敬畏句踐，沒有敢不尊敬他的」。[301]

周悅、白於藍（202007）：「狂」當讀作「惶」。「狂」從亡聲，「惶」從「皇」聲。典籍中「惶」常可訓為恐、懼。典籍中「畏」亦常可訓為懼。簡文之「狂（惶）畏」當為同義複詞。「惶畏」一詞見於典籍。《風俗通義・十反》：「臣吏惶畏天威，莫敢盡情。」即其例。典籍中亦見有「惶懼」，總之，簡文之「狂畏」可讀作「惶畏」，與「惶懼」同義，指惶恐畏懼。[302]

韋婷（20200131）：「狂畏」與「崞用可畏」「皇敬」的意思相近，且「亡」「皇」「兄」音近可通，「狂畏」之「狂」亦宜讀作「況」，訓作滋、益。該句的意思是越邦的庶民皆驚動，更加敬畏越王句踐，不敢有不敬的行為。[303]

---

[299] 子居：〈清華簡七《越公其事》第九章解析〉，中國先秦史網站，2018.9.2（2021.5.11上網）。

[300] 張富海：〈讀清華簡《越公其事》札記一則〉，《紀念清華簡入藏暨清華大學出土文獻研究與保護中心成立十周年國際學術研討會論文集》，2018.11.17-18，頁454-456。

[301] 滕勝霖：《《清華大學藏戰國竹簡（柒）》集釋及相關問題研究》（重慶：西南大學碩士論文，2019），頁375。滕勝霖：《《清華大學藏戰國竹簡（柒）》集釋》（重慶：西南師範大學出版社，2021），頁369。

[302] 周悅、白於藍：〈清華簡補釋三則〉，《中國文字研究》2020第1期（2020.3），頁89-90。

[303] 韋婷：〈清華簡研讀零札三則〉，《簡帛研究》2019第2期（2020.1），頁30-31。

江秋貞（202007）：子居釋「犷」為「大」，張富海訓「荒」為「明」都可從，但是不如逕釋為「荒」即可。「犷鬼句戋，亡敢不敬」意指「（百姓）對勾踐非常敬畏，沒有人敢對王不敬。」[304]

陳一（202203）：「氓」即上句之「庶民」。原句當斷讀為「越邦庶民則皆震動。氓畏句踐，無敢不敬。」意為「越國百姓於是都內心震動。百姓敬畏句踐，沒有敢不禮敬的。」[305]

佑仁謹案：

「犷鬼」，原整理者讀「荒畏」，訓為非常敬畏，滕勝霖、杜建婷（說詳本章注釋26）、江秋貞從之。「犷」，蕭旭讀「茫」，指怖遽、害怕。仲時認為「犷」的訓解與「勇」意相反。子居認為「犷」應讀為「假」或「憮（憮）」，訓大。張富海認為「犷」可以讀為「明」，明有尊敬義，「明畏」猶「敬畏」。周悅、白於藍認為「犷」當讀作「惶」，「惶畏」指惶恐畏懼。韋婷認為「犷」宜讀「況」，訓作滋、益，「況畏」指更加敬畏。陳一釋為「氓」。

筆者傾向接受張富海說法，「犷」應讀為「明」，訓為尊崇、尊敬。郭店《尊德義》簡29：「亡（明）德者，且莫大乎禮樂。」陳偉《郭店竹書別釋》：「亡、明為明母雙聲，陽部疊韻。所從之字如『氓』、『吣』與『萌』在古書中常可通用。典籍習見『明德』一說。」[306]清華肆《別卦》簡5「㫃=」，今本《周易》作「明夷」。「亡」、「明」通假沒有疑義。「犷」，又見於清華玖《迺命一》簡1，字形作「犷」。

〔25〕亡（無）敢不戋（敬）

亡	敢	不	戋

佑仁謹案：

句踐大量殺戮不服從政令的人，使人民心生畏懼；另一方面對自己也同樣嚴苛，「小失」禁食，「大失」剭墨，無人敢不敬畏句踐發出的政令。

〔26〕詢（徇）命若命

[304] 江秋貞：《〈清華大學藏戰國竹簡（柒）・越公其事〉考釋》（臺北：臺灣師範大學博士論文，2020），頁609。江秋貞：《〈清華大學藏戰國竹簡（柒）・越公其事〉考釋》（臺北：花木蘭文化事業公司，2022），頁546-547。

[305] 陳一：《〈清華簡（柒）〉疑難字詞補釋》（天津：天津師範大學碩士論文，2022），頁98。

[306] 陳偉：《郭店竹書別釋》（武漢：湖北教育出版社，2002），頁161。

詢	命	若	命

原整理者（201704）：若，順。《穀梁傳》莊公元年「不若於道者，天絕之也」，范甯注：「若，順。」詢命若命，大意是上面發布命令，下面則如命踐行。[307]

魏棟（20170423）：這段引文主要是講勾踐「自罰」後，庶民「若命」，近禦「莫躝」，於是越國形成了「民乃敕齊」的良好局面。[308]

心包（20170426）：似斷為「無敢不敬詢（徇）命若（諾）命。禁禦莫躝，民乃整齊。」若讀為「諾」，即「應命」。[309]

林少平（20170426）：《爾雅·釋詁》：「詢，信也。」「詢命」即「信命」，是指使者傳遞的命令。《三國志·魏志·公孫瓚傳》：「關東義兵起，卓遂劫帝西遷，徵虞為太傅，道路隔塞，信命不得至。」如此，則「無敢不敬詢命」方可解釋得通。「若命」讀為「諾命」可信。馬王堆漢墓帛書《經法》：「已若必信，則處於度之內也。」「諾命」即「應命」，是指承領命令，是對前文「無敢不敬詢命」的進一步說明。[310]

易泉（20170426）：徇，訓作順，《左傳·文公十一年》「國人弗徇」，杜預注：「徇，順也。」徇命即順命，指遵循上命。「無敢不敬徇命」當連讀。「若」訓如果。若命，若果有命下達。[311]

羅小虎（20170823）：徇，當理解為「順」。詢、徇二字聲符相同，通假是很自然的。「徇」字理解為順，應與「循」字有關。「徇」「循」在「撫循」、「順」等意義上是古今字。簡文中用「詢」而沒有明確用「徇」，似乎釋讀為「循」字的可能性也存在。筆者也注意到，「循」字用作「順」義，更加普遍一些。兩個「命」字，應理解為「令」。詢命，即是徇令、循令。「循令」一詞，古書有見：《韓非子·孤憤》：「人臣循令而從事，案法而治官，非謂重人也。」《荀子·正名》：「其民莫敢託為奇辭以亂正名，故壹於道法而謹於循令矣。」[312]

季旭昇師（20171014-15）：「徇命若命」，指宣達的命令，所有人都順從命令。[313]

---

[307] 李學勤主編：《清華大學藏戰國竹簡（柒）》（上海：中西書局，2017），頁144。

[308] 參清華大學出土文獻讀書會（石小力整理）：〈清華七整理報告補正〉，清華網，2017.4.23（2021.5.24上網）。

[309] 心包：〈清華七《越公其事》初讀〉，武漢網，跟帖第41樓，2017.4.26（2019.11.21上網）。

[310] 林少平：〈清華七《越公其事》初讀〉，武漢網，跟帖第42樓，2017.4.26（2019.11.21上網）。

[311] 易泉：〈清華七《越公其事》初讀〉，武漢網，跟帖第36樓，2017.4.26（2019.11.21上網）。

[312] 羅小虎：〈清華七《越公其事》初讀〉，武漢網，跟帖第207樓，2017.8.23（2019.11.21上網）。羅濤：〈《清華大學藏戰國竹簡（七）》釋讀拾遺〉，《漢字漢語研究》，2019第4期、總第8期（2019.12），頁85-86。

[313] 季旭昇師：〈清華柒「流XX」、「領御」試讀〉，收入復旦大學出土文獻與古文字研究中心主編：《「出土文獻與傳世典籍的詮釋」國際學術研討會議程論文集》（上海：復旦大學出土文獻與古文字研究中心，2017），頁195。後正式出版，見復旦大學出土文獻與古文字研究中心主編：《出土文獻與傳世典籍的詮釋》（上海：中西書局，2019），頁135。

子居（**20180902**）：由整理者說「下面則如命踐行」可見，「若命」即「如令」，《管子・輕重丁》：「不如令者，不得從天子。」《墨子・號令》：「不如令，及後縛者，皆斷。」《尉繚子・踵軍令》：「令行而起，不如令者有誅。」《韓非子・飾邪》：「先令者殺，後令者斬，則古者先貴如令矣。」所說「如令」即與《越公其事》此處「如命」同義。[314]

張富海（**20181117-18**）：這樣解釋「徇命」與上文「王大徇命于邦」之「徇命」指宣示命令不一致，而且「徇」之順義不是一般的順從，而是曲從，如「徇私」之「徇」，用在簡文此處並不合適。「若命」理解為如果有命令，也與前文不符，因為勾踐下命令是既有的事實，不需要假設。所以，整理者和魏棟先生的理解雖然不無可怪之處，但不管從文意上還是從韻律上來看，仍是比較合理的。[315]

滕勝霖（**201905**）：《逸周書・成開》：「百姓若敬。」朱右曾集訓校釋：「若，順也。」本句大意是「越王宣佈的命令，下級都順從。」[316]

杜建婷（**201906**）：「詢（徇）命若命」的主語當為「越邦庶民」，當斷讀為「雫（越）邦庶民則皆𦥑（震）僮（動），犾（荒）鬼（畏）句戔（踐），亡（無）敢不𢽥（敬），詢（徇）命若命，𢾭（禁）御莫【五八】𧾷（躍），民乃整（敕）齊。」其中的「徇」當訓為「順」，「若」如字讀訓為「順從」或讀為「諾」皆可。[317]

江秋貞（**202007**）：「詢命若命」的「詢」與簡54「乃徹詢于王宮」的「詢」一樣，作為一邊巡行，一邊宣令示眾的意思。「若」字如原考釋的「順」，可從。「詢命若命」也呼應前面的「詢于王宮」、「大詢命于邦，寺詢寺命」，指這些宣示的命令擴及到王宮及全國所有人都順從命令。至於斷句的部分，魏棟提出在「亡敢不𢽥」下用逗號，在「詢命若命」下用分號。其實可不必。就如原考釋的斷句即可：「雫邦庶民則皆𦥑僮，犾鬼句戔，亡敢不𢽥。詢命若命，𢾭御莫𧾷，民乃整齊。」「詢命若命」很明顯指的是全國人民百姓，不致誤會。「詢命若命」指的是「上面領導者上面一邊巡行，一邊宣令示眾，下面百姓則順從命令踐行」。[318]

---

[314] 子居：〈清華簡七《越公其事》第九章解析〉，中國先秦史網站，2018.9.2（2021.5.11 上網）。

[315] 張富海：〈讀清華簡《越公其事》札記一則〉，《紀念清華簡入藏暨清華大學出土文獻研究與保護中心成立十周年國際學術研討會論文集》，2018.11.17-18，頁 452-453。

[316] 滕勝霖：《《清華大學藏戰國竹簡（柒）》集釋及相關問題研究》（重慶：西南大學碩士論文，2019），頁 377。滕勝霖：《《清華大學藏戰國竹簡（柒）》集釋》（重慶：西南師範大學出版社，2021），頁 371。

[317] 杜建婷：《清華簡第七輯文字集釋》（廣州：中山大學碩士論文，2019），頁 11。

[318] 江秋貞：《《清華大學藏戰國竹簡（柒）・越公其事》考釋》（臺北：臺灣師範大學博士論文，2020），頁 612-613。江秋貞：《《清華大學藏戰國竹簡（柒）・越公其事》考釋》（臺北：花木蘭文化事業公司，2022），頁 549-550。

佑仁謹案：

「詢」字從原整理者之說，與本章「乃趣詢（徇）于王宮，亦趣取戮。王乃大詢（徇）命于邦，時詢（徇）是命」的諸「詢」字一樣，均讀成「徇」，訓成宣令。（參本章注釋6）「若」字從原整理者之說，訓為「順」，「若命」指順從命令。「徇命若命」指（句踐）發布命令，（人民）順從命令，國家井然有序。

〔27〕敫（禁）御莫徧（叛）

敫	御	莫	徧

原整理者（201704）：躝，逾越，不守規矩。越王身邊的親近不敢凌越不尊，民乃整飭。又疑即整齊。《商君書・賞刑》：「當此時也，賞祿不行，而民整齊。」[319]

ee（20170423）：簡57＋58：「敫（近）禦莫【58】躝」，「敫（近）禦」還是讀為「禁禦」好一些（佑仁案：原整理者均作「敫（禁）」[320]，清華六《子產》簡25「以咸敫禦」、《左傳・昭公六年》「昔先王議事以制，不為刑辟，懼民之有爭心也。猶不可禁禦，是故閑之以義，糾之以政，行之以禮，守之以信，奉之以仁。」[321]

何家興（20170507）：我們認為該字可能是「徧」。[322]

季旭昇師（20171014-15）：這一句中的「敫御」顯不是指人，它應該理解為長官的「領導統御」，人民對長官的「領導統御」都不敢逾越，社會就守法有序，整齊聽命。[323]

單育辰（20171026）：應讀為「禁禦」，禁止防禦之義。[324]

子居（20180902）：「不恭不敬」不是指的「不尊」，「惩于故常」也不是指的「凌越」，因此將「躝」定為「躝」並解釋為「逾越」，目前來看並無任何證據。[325]

---

[319] 李學勤主編：《清華大學藏戰國竹簡（柒）》（上海：中西書局，2017），頁144。

[320] 李學勤主編：《清華大學藏戰國竹簡（柒）》（上海：中西書局，2017），頁141。

[321] ee：〈清華七《越公其事》初讀〉，武漢網，跟帖第1樓，2017.4.23（2019.11.21上網）。

[322] 何家興：〈〈越公其事〉「徧」字補說〉，清華網，2017.5.7（2021.5.17上網）。

[323] 季旭昇師：〈清華柒「流XX」、「領御」試讀〉，收入復旦大學出土文獻與古文字研究中心主編：《「出土文獻與傳世典籍的詮釋」國際學術研討會議程論文集》（上海：復旦大學出土文獻與古文字研究中心，2017），頁195。後正式出版，見復旦大學出土文獻與古文字研究中心主編：《出土文獻與傳世典籍的詮釋》（上海：中西書局，2019），頁135。

[324] 單育辰：〈〈清華大學藏戰國竹簡（柒）〉釋文訂補〉，香港浸會大學饒宗頤國學院，澳門大學中國語言文學系，清華大學出土文獻研究與保護中心：《〈清華簡〉國際會議論文集》，2017.10.26-28，頁176。

[325] 子居：〈清華簡七《越公其事》第九章解析〉，中國先秦史網站，2018.9.2（2021.5.11上網）。

張富海（**20181117-18**）：「禁御莫躐」之「躐」，即《禮記・學記》「學不躐等」之「躐」，理解為逾越也是切合文意的。緊接此段簡文的第十章首句云：「王監雫（越）邦之既苟（敬），亡（無）敢懺（躐）命，王乃犾（試）民。」從「無敢躐命」可知，「禁御莫躐」之「躐」的賓語是前面出現的「徇命若命」的「命」，不過承前省略了。簡文「無敢不敬」以下大意是：（越國老百姓）做事沒有敢不敬慎的，王宣佈命令，就順從命令，王的近侍也沒有人違背王命，於是民得以整飭（即全國人民的思想行動皆統一於王意志）。[326]

滕勝霖（**201905**）：「敷御」仍指禁止的措施。「徧」，何家興隸定作「徧」，讀為「偏」，其說可從。「偏」，義為不公正。《呂氏春秋・貴公》：「其得之以公，其失之必以偏。」高誘注：「偏，私不正也。」「禁御莫偏」與《莊子・田子方》：「典法無更，偏令無出。」相類，本句意思是各項禁令不敢有失偏頗，百姓於是變得有秩序。[327]

吳萱萱（**202006**）：此字或可訓為「偏」，因其曾出現於《郭店楚墓竹簡・六德》簡43：道不可徧也，能守一曲焉。由於與古文「扁」皆從冊，此字被劉國勝訓為「徧」。結合上下文，《越公其事》此處之「徧」當讀為「偏」。「禁禦莫偏」亦即越王之近人都不敢偏離命令之意。何家興在《清華簡〈越公其事〉「徧」字補說》中也認可「徧」讀為「偏」的說法。由上可知，越國百姓深受句踐自罰之舉的震撼，從而恭敬地順從句踐的命令。[328]

杜建婷（**201906**）：「敷（禁）御莫懺（躐）」的主語當為「越邦庶民」，其意為「禁令不凌越」。[329]

江秋貞（**202007**）：「懺」字應改隸作「徧」字，文句應改為「敷御莫徧」才是。「徧」即「偏」，「不公正，偏頗」之意。《書・洪範》：「無偏無陂，遵王之義。」孔安國傳：「不平也。」《大戴禮記・曾子天圓》：「偏則風」王聘珍解詁：「偏，不正也。」「敷御莫徧，民乃整齊」的「敷御」和簡55「群敷御」一樣，都作名詞，指的是領導統御的階層。上面說到越王在自己失命的情況下都會那麼嚴屬地自我懲罰了，那麼其他的統御階層或管理者也就更不敢有偏頗不正的情形出現，唯王命是遵。「敷御莫徧，民乃整齊」意指「領導統御者，對王命不敢有偏頗不正的情形出現，人民也就會被治理得整整齊齊的」。[330]

---

[326] 張富海：〈讀清華簡《越公其事》札記一則〉，《紀念清華簡入藏暨清華大學出土文獻研究與保護中心成立十周年國際學術研討會論文集》，2018.11.17-18，頁452-453。

[327] 滕勝霖：《《清華大學藏戰國竹簡（柒）》集釋及相關問題研究》（重慶：西南大學碩士論文，2019），頁378。

[328] 吳萱萱：《《越公其事》中句踐滅吳故事考論》（杭州：杭州師範大學碩士論文，2020），頁40-41。

[329] 杜建婷：《清華簡第七輯文字集釋》（廣州：中山大學碩士論文，2019），頁103。

[330] 江秋貞：《《清華大學藏戰國竹簡（柒）・越公其事》考釋》（臺北：臺灣師範大學博士論文，2020），頁616-619。江秋貞：《《清華大學藏戰國竹簡（柒）・越公其事》考釋》（臺北：花木蘭文化事業公司，2022），頁553-555。

滕勝霖（202107）：「斁御」仍指禁止的措施。「🔲」，隸定為「徽」，讀作「躐」可從，踰越義。[331]

佑仁謹案：

「斁御」，依 ee 讀為「禁御」，可參考本章注釋 10。與簡 54-55「及羣禁御，及凡庶眚（姓）、凡民司事」不同的是，「群禁御」是掌管禁御的人，本處的「禁御」確實如季旭昇師所言並不是指人，而是各類禁止之事。

「🔲」字，原整理者隸定「徽」，此從何家興改隸定作「徧」。筆者贊同子居讀「叛」訓為「違背」之說[332]，本句說「禁御莫叛」，而第十章開頭則說「無敢叛命」，兩句的主詞都應該是人民，「莫叛」指沒有人民敢違背（禁御），「叛命」指違背王命，句踐是禁御的發布者，故禁御可以與王命畫上等號。

〔28〕民乃整（整）齊

民	乃	整	齊
🔲	🔲	🔲	🔲

佑仁謹案：

第九章是「五政」的結尾，整段論述可以「目的」、「方法」和「成效」來區分：

1　目的

建立句踐政令的權威性，用簡文的話來說則是「不使命疑」，不容許對句踐政令有懷疑的空間，政令一出，使命必達，沒有其他的選項。

2　手段

對人刑戮，對己自罰。雖然對於積極配合的下屬會賜予穀祿，但本章的敘述重點無疑在於刑戮。句踐大敗於夫椒之初，施政目標在於讓人民休養生息，因此第四章說「王乃不咎不忌，不戮不罰」，推行較為寬緩的政策。但當國政開始進入軌道以後，句踐也開始嚴刑峻法，利用刑戮使人民害怕而遵守王命。「戮」字

---

[331] 滕勝霖：《《清華大學藏戰國竹簡（柒）》集釋》（重慶：西南師範大學出版社，2021），372。

[332] 子居於〈清華簡七《越公其事》第九章解析〉裡，引述〈清華簡七《越公其事》第十、十一章解析〉中的意見，將字讀為「叛」。參子居：〈清華簡七《越公其事》第九章解析〉，中國先秦史網站，2018.9.2（2021.5.11 上網）。

在《越公其事》見六次，其中五次均見本章，是本章高頻率出現的詞。不過，若句踐自身發出不當的政令，也以自罰的方式以示懲戒。

3 成效

以結果論來說，句踐成功利用刑戮樹立權威性，故簡文最後云「民乃整齊」。

第十章

　　句踐完成「五政」以後，以自焚舟室測試成果，越人無不前仆後繼救火，王大喜，自知反攻時機已然成熟。句踐精選六千名心腹部隊，令邊人刻意挑起吳越的怨恨，並將士卒分成左右兩軍，趁著黃昏命令左軍溯江而上五里，右軍順水而下五里，中夜兩軍渡過江水，鳴鼓待命，吳國部隊聽聞鼓聲大驚失色，吳師驚慌失措中將部隊分成兩軍以抵禦越軍，此刻氣定神閒的句踐派出心腹部隊靜悄悄地渡江，給予吳軍正面痛擊，使得吳軍大亂，接連在笠澤、沒、郊三次敗戰，越軍在吳人閣奴的幫助下進入吳國，並給予吳國襲擊，為夫差亡國沒身（第十一章）留下伏筆。

釋文（一）

　　王監雩（越）邦之既苟（敬）〔1〕，亡（無）敢徧（叛）命〔2〕，王乃犾（試）民〔3〕。乃斅（竊）焚舟室，鼓命邦人【五九下】救火。〔4〕嬰（舉）邦走火，進者莫退〔5〕，王思（懼），鼓而退之〔6〕，死者言＝（三百）人。王大憙（喜）〔7〕，女（焉）訇（始）醫（絕）吳之行李（李／使）〔8〕，母（毋）或（有）遣（往）【六〇】坴（來）以交（徼）之此（訕）〔9〕。乃諲（屬）邦政於夫＝（大夫）住（種）〔10〕，乃命軏（范）羅（蠡）、太（舌）甬（庸）大鬲（歷）雩（越）民〔11〕，必（比）卒（卒）加（勒）兵〔12〕，乃由（抽）王卒（卒）君子卒＝（六千）。〔13〕

語譯（一）

　　句踐察覺人民無不效忠國家，不敢背叛命令，於是計畫測試人民。句踐偷偷地焚燒船宮，並擊鼓命令國人救火，國人均奔赴火場，無不前進，不敢後退，句踐感到害怕，命令擊鼓撤退，死亡者共計三百人。句踐大喜，於是開始斷絕吳國外交人員進入，利用吳越斷絕往來招致彼此的怨恨。句踐將政事囑託給大夫種，命令范蠡、舌庸清點人口數量，考校兵員管理部隊，抽擢六千人成為國君的心腹部隊。

釋文（二）

　　王【六一】卒（卒）既備，舟鞏（乘）既成，吳帀（師）未迡（起）〔14〕，雩（越）王句戈（踐）乃命鄦（邊）人敃（聚）悬（怨）〔15〕，弁（變）矞（亂）厶（私）成，舀（挑）起悬（怨）晉（惡）〔16〕，鄦（邊）人乃【六二】相攷（攻）也〔17〕，吳帀（師）乃迡（起），吳王起帀（師），軍於江北。〔18〕雩（越）王起帀（師），軍於江南。雩（越）王乃中分亓（其）帀（師）以為右（左）【六三】軍、右軍，以亓（其）厶（私）卒（卒）君子卒=（六千）以為中軍。〔19〕若明日牆（將）舟戰（戰）於江〔20〕。

語譯（二）

　　王卒既已形成，舟船戰車也已完備，吳國部隊尚未起師，句踐於是命令邊境官兵積累彼此的怨恨，改變私下的和平協定，挑起彼此的怨恨與憎惡，邊境的官吏開始互相攻伐，吳國部隊於是出兵，吳王夫差駐紮於笠澤江北；越王句踐起兵，

駐紮在笠澤江南。越王將部隊分成左軍與右軍，又以六千人心腹部隊為中軍，裝出明天將在笠澤江上決戰的態勢。

釋文（三）

及昏，乃命右（左）軍監（銜）梲（枚）鮴（溯）江五【六四】里以須〔21〕，亦命右軍監（銜）梲（枚）渝江五里以須〔22〕，麥（夜）中，乃命右（左）軍、右軍涉江，鳴鼓，中水以颰〔23〕。【六五】吳帀（師）乃大戏（駭），曰〔24〕：「雩（越）人分為二帀（師）〔25〕，涉江牆（將）以夾 攻我師 」，乃不颰 旦〔26〕，乃中分亓（其）帀（師），牆（將）以迎（禦）之。【六六】〔27〕雩（越）王句戏（踐）乃以亓（其）厶（私）夲（卒）夲=（六千）敽（竊）涉〔28〕，不鼓不喿（噪）以滯（侵）攻之，大戞（亂）吳帀（師）。〔29〕左軍、右軍乃述（遂）涉戉（攻）之。【六七】吳帀（師）乃大北〔30〕，疋（三）戩（戰）疋（三）北，乃至於吳〔31〕。雩（越）帀（師）乃因軍吳=（吳〔32〕，吳）人昆（閽）奴乃內（納）雩（越）=帀=（越師〔33〕，越師）乃述（遂）閣（襲）吳。〔34〕【六八】

語譯（三）

到了黃昏，句踐命令左軍銜枚逆著笠澤江而上五里待命，又命令右軍銜枚順著笠澤江而下五里待命，夜半，命令左右兩軍橫渡笠澤江，擊鼓並在江面上待命。吳軍大大震驚地說：「越軍分成兩師，涉過笠澤江要夾擊我軍」，未等到天亮，

便將部隊分成兩半，用以抵禦越軍的攻擊。句踐於是派遣六千心腹部隊偷偷地渡過笠澤江，不擊鼓也不呼噪，出其不意地攻擊吳師，吳國部隊大亂。越國左右兩軍渡過笠澤江攻擊吳軍，吳軍大敗，連續在笠澤、沒、郊三次交鋒三次敗陣，越軍跨入吳地。越軍駐紮在吳地，吳人闇奴（開啟城門）接納越軍，越軍於是（進入吳都）襲擊吳師。

〔1〕王監雩（越）邦之既苟（敬）

王	監	雩	邦	之	既	苟
王	監	雩	邦	之	既	苟

原整理者（201704）：監，明察。《書・酒誥》：「人無于水監，當於民監。」苟，《說文》：「自急敕也。从羊省，从包省，从口，口猶慎言也。」《廣韻》紀力切，與艸部「苟」異字，「敬」字所從。簡文中用為「敬」。[1]

羅雲君（201805）：從「五政」敘述的結構來看，此「王監雩（越）邦之既苟（敬），亡（無）敢徹（蹕）命」乃是對第九章的總結，因此第九章的主題包括兩方面，其一與「敬」相關，其二與「命」相關。[2]

王永昌（201806）：第一，清華簡《越公其事》簡59中的「敬」字作「荂」，較《厚父》中的「敬」字多一飾符「口」，但從其字形特徵的角度來看，與《厚父》中的「敬」屬於一類，所以，我們認為該「敬」字應當也是受到了晉系文字的影響。[3]

朱歧祥（20181201）：本章前半段是以越國「王」的口吻，記錄越王句踐磨勵士氣，但自10：63簡始，則見「吳王」「越王」、「吳師」「越師」的對稱書寫，行文轉作中性客觀的敘述越伐吳一事。單純的一段文字書寫，前後敘事的出發立場不同，很可怪異。特別值得注意的，是十、十一兩章簡文習見的國名「越」字，大都書作冷僻罕用的「雩」字（這種字形一般不見用於金文，但僅出現於戰國中山國銅器中），但在十一章72簡中，卻又偶一見常態的「郕」字寫法。[4]

滕勝霖（201905）：「荂」，又見於《清華伍・厚父》簡9「丂」等。本篇「敬」字異體又寫作「敓」（簡53）、「敨」（簡59），這類寫法又見於《郭

[1] 李學勤主編：《清華大學藏戰國竹簡（柒）》（上海：中西書局，2017），頁146。

[2] 羅雲君：《清華簡《越公其事》研究》（長春：東北師範大學碩士論文，2018），頁107。

[3] 王永昌：《清華簡文字與晉系文字對比研究》（長春：吉林大學博士論文，2018），頁42。

[4] 朱歧祥：〈談《清華簡》（七）〈越公其事〉的兩章文字校讀〉，收入紐倫堡－埃爾蘭根孔子學院、埃爾蘭根－紐倫堡大學、世界漢字學會、華東師範大學中國文字研究與應用中心、慶星大學韓國漢字研究所漢字文明研究事業團編：《世界漢字學會第六屆年會暨國際學術研討會「漢字認知工具與表意文字歷史研究」論文集》（紐倫堡：紐倫堡－埃爾蘭根孔子學院，2018），頁38。後收入東海大學中國文學系編：《中華文化與文學學術研討系列第二十四次會議——龍宇純先生學術研討會論文集》（臺中：東海大學中國文學系，2018），頁71-72。

店・五行》簡 31「」,《清華伍・厚父》簡 12「」等,與楚系文字中「敬」字上部所從類似「羊」的常見寫法不同,如:「」(《郭店・語叢一》簡 95),「」(《上博九・史蒥》簡 8)。類似「」的寫法多見於三晉文字中,如:「」(中山王鼎)。[5]

　　江秋貞(202007):「監」,《國語・周語上》「使監謗者」、「后稷監之」、《晉語三》:「監戒而謀」章昭注:「監,察也。」「既」,盡也。《易・臨》「既憂之,無咎。」孔穎達疏。《說卦》:「既成萬物也。」焦循章句。本簡 59 下「苟」字形「」和簡 53「敬」(、)、簡 58「敬」()字相較省了右旁「戈」形。「敬」上古音在見母耕部,「苟」是見母職部,聲同韻旁對轉。[6]

　　滕勝霖(202107):「」,又見於《清華伍・厚父》簡 9「」等。本篇或加戈寫作「」(簡 53)、「」(簡 59),與楚系文字上面類似「羊」的寫法不同(「」、「」、「」),而多見於三晉文字,如「」(《璽彙》4169)、「」(《璽彙》4227)等。[7]

　　佑仁謹案:

　　「監」,原整理者訓「明察」,朱歧祥訓為「監察」,筆者認為當訓成「察覺」,《尚書・呂刑》:「上帝監民,罔有馨香。」孔《傳》:「天視苗民無有馨香之行。」[8]《孟子・公孫丑下》:「周公使管叔監殷,管叔以殷畔。」[9]簡文是說句踐察覺越民無不敬畏其命令,於是想要透過焚舟室檢驗實際成效。

　　「苟」、「苟」不同字,「苟」字《廣韻》紀力切,音ㄐㄧˋ,從「艸」的「苟」《廣韻》古厚切[10],音ㄍㄡˇ,兩者為不同字。從用字習慣上看,楚簡一般以「句」(或從「句」聲系之字)表示{苟},而{敬}則用「苟」(見紐、職部)、「敬」(見紐、耕部)表示。嚴格來說,「苟」與「苟」形、音、義均不同,應當有別。

[5] 滕勝霖:《〈清華大學藏戰國竹簡(柒)〉集釋及相關問題研究》(重慶:西南大學碩士論文,2019),頁 382-383。

[6] 江秋貞:《〈清華大學藏戰國竹簡(柒)・越公其事〉考釋》(臺北:臺灣師範大學博士論文,2020),頁 623-624。江秋貞:《〈清華大學藏戰國竹簡(柒)・越公其事〉考釋》(臺北:花木蘭文化事業公司,2022),頁 559。

[7] 滕勝霖:《〈清華大學藏戰國竹簡(柒)〉集釋》(重慶:西南師範大學出版社,2021),頁 377。

[8] (西漢)孔安國傳,(唐)孔穎達正義,李學勤主編:《十三經注疏・尚書正義》(北京:北京大學出版社,2000),頁 631。

[9] (戰國)孟子著,(漢)趙岐注,(宋)孫奭疏,李學勤主編:《十三經注疏・孟子正義》(北京:北京大學出版社,2000),頁 140。

[10] 周祖謨:《廣韻校本》(北京:中華書局,2011),頁 528、328。

　　王永昌、滕勝霖等人都已經指出，本處的「者」可能受到晉系文字影響。晉系「苟」字的上半結構很特別，字形作「丫」（苟，好盗壺，《集成》09734）、「亼」（苟，《璽彙》4148），而楚簡的「苟」寫法作「者」（上博一・孔.6），可見本處的「者」確實較接近三晉文字，二人的說法可信。不過，必須再說明的是，三晉系統的「苟」或「敬」，從來不從「口」旁[11]，而「敬」字從「口」是楚系文字的常態，換言之，本處的「敬」同時存在晉系與楚系的部分特徵，是糅合兩系字形而成。

　　朱歧祥指出本文中對於句踐一人的稱呼並不固定，有「王」、「越王」、「越王句踐」、「句踐」、「越公」等五種不同方式，而｛越｝也有「雩」、「郙」兩種寫法，令人費解。《越公其事》由於竹簡篇幅較長，又是以句踐復國為中心敘事，發話者身分不同（例如文種、夫差、伍子胥、敘事觀點等），對「句踐」的稱謂理應不會一致。

　　關於「越」可寫成「雩」或「郙」的問題，「雩」是晉系｛越｝的寫法，「郙」則是楚人｛越｝的寫法，由於古本文獻流傳過程十分複雜，清華簡《越公其事》只是該篇的其中一個戰國時代抄本，從文本創作出來到寫定為清華簡的樣貌，中間不知道經過多少人的傳抄，一個國名有兩種書寫形式，這是完全可能的事。

〔2〕亡（無）敢偏（叛）命

亡	敢	偏	命

　　原整理者（201704）：躐命，不聽從命令。[12]

　　何家興（20170507）：疑即承上所說的「禁御無敢偏（偏）命」，意思是禁御不敢行不正之令，越王於是試民。[13]

　　子居（20171213）：「偏」當讀為「叛」，《左傳・襄公三十一年》：「吾愛之，不吾叛也。」孔疏引劉炫云：「叛，違也。」《論語・雍也》：「君子博學於文，約之以禮，亦可以弗畔矣。」何晏《集解》引鄭玄注：「弗畔，不違道。」故「叛命」即違命，「莫叛」即莫違。[14]

---

[11] 湯志彪：《三晉文字編》（北京：作家出版社，2013），頁1345-1352。

[12] 李學勤主編：《清華大學藏戰國竹簡（柒）》（上海：中西書局，2017），頁146。

[13] 何家興：〈《越公其事》「偏」字補說〉，清華網，2017.5.7（2021.5.17上網）。

[14] 子居：〈清華簡七《越公其事》第十、十一章解析〉，中國先秦史網站，2017.12.13（2021.5.17上網）。

毛玉靜（201905）：銀雀山漢墓竹簡《孫臏兵法·官一》：「邅軍以索陣。」張震澤校理：「邅即躐，從辵與從足同。」我們知道，從「彳」、從「辵」、從「足」皆同，所以，𢓊可視為躐的異體字。[15]

滕勝霖（201905）：「徧」，「命」讀作「令」，「無敢徧令」指官吏不敢發佈偏頗的政令。「弋」讀作「試」可從，簡帛中「弋」「試」相通的例子如：《郭店·唐虞之道》簡9「古者虞舜篤事瞽瞍，乃弋（試）其孝」，《上博一·緇衣》簡1「惡惡如惡巷伯，則民咸服而刑不刉（試）。」等。[16]

杜建婷（201906）：從整理者讀為「躐」，或可訓為「凌越、超越」。《禮記·學記》：「幼者聽而無問，學不躐等也。」[17]

江秋貞（202007）：「𢓊」（𤽝），筆者認為應該從何家興改隸為「徧」，為「亡敢徧命」。「徧」即「偏」，《書·洪範》：「無偏無陂，遵王之義。」孔安國傳：「不平也。」《大戴禮記·曾子天圓》：「偏則風」王聘珍解詁：「偏，不正也。」「亡敢徧命」意即「不敢對王命有所偏頗不正」。子居認為「𢓊」釋為「徧」是對的，但是再釋「徧」為「叛」則不必。「王監雫邦之既苟，亡敢徧命」意指「越王查察全越國都已恭敬遵從，對王的命令不敢有所偏頗的時候。」[18]

佑仁謹案：

何佳興改隸「徧」，何家興、滕勝霖、江秋貞均讀為「偏」。

文字可隸作「徧」，但讀為「偏命」語意不順，滕勝霖把「無敢偏令」翻譯成「官吏不敢發佈偏頗的政令」，江秋貞翻譯為「對王的命令不敢有所偏頗的時候」，都把「偏命」理解「偏頗命令」，這種說法是將「偏」當成「命」的形容詞。本章一開始的重點應是「試民」，和官吏無關，故滕勝霖之說有問題。而人民是受命者，如何能「偏頗」王的命令，再者古籍中也無「偏命」一詞，故江秋貞之說也有疑義。筆者贊同子居之說讀為「叛命」，「叛」指違背王命[19]。《後

---

[15] 毛玉靜：《《清華大學藏戰國竹簡（柒）》字用研究》（合肥：安徽大學碩士論文，2019），頁24。

[16] 滕勝霖：《《清華大學藏戰國竹簡（柒）》集釋及相關問題研究》（重慶：西南大學碩士論文，2019），頁382-383。滕勝霖：《《清華大學藏戰國竹簡（柒）》集釋》（重慶：西南師範大學出版社，2021），頁377。

[17] 杜建婷：《清華簡第七輯文字集釋》（廣州：中山大學碩士論文，2019），頁50。

[18] 江秋貞：《《清華大學藏戰國竹簡（柒）·越公其事》考釋》（臺北：臺灣師範大學博士論文，2020），頁623-624。江秋貞：《《清華大學藏戰國竹簡（柒）·越公其事》考釋》（臺北：花木蘭文化事業公司，2022），頁559-560。

[19] 子居：〈清華簡七《越公其事》第十、十一章解析〉，中國先秦史網站，2017.12.13（2021.5.17上網）。

漢書・左雄傳》：「今之墨綬，猶古之諸侯，拜爵王庭，輿服有庸，而齊於匹豎，叛命避負，非所以崇憲明理，惠育元元也。」[20]可參。

〔3〕王乃犾（試）民

王	乃	犾	民
王	乃	犾	民

原整理者（201704）：犾，讀為「試」，試探。《呂氏春秋・用民》：「句踐試其民於寢宮，民爭入水火。」[21]

子居（20171213）：所謂「試民」即傳世文獻中的「蒐」、「閱」，所試的「民」皆是兵士，《尉繚子・勒卒令》：「三軍之眾，有分有合，為大戰之法，教成，試之以閱。」即此「試民」。春秋時所謂野人的無職者，雖然在「人」的範疇內，但並不在「民」的範疇之內。《墨子・兼愛中》稱「昔越王句踐好士之勇，教馴其臣和合之，焚舟失火。」《越公其事》則稱「王乃試民……鼓命邦人救火」，猶可見「民」本對應於「邦人」、「臣」，等級身份則至少是「士」。[22]

朱歧祥（20181201）：簡文復言越王「試民」，「鼓命救火」，「鼓而退之」，相對於同文的《墨子・兼愛中》：「昔越王句踐好士之勇，……越王親自鼓其士而進之。……越王擊金而退之。」，足見越王好「士」之勇，故培訓和測試的對象是「士」而並非泛指老百姓的「民」，此其一。古人用武，早有鳴金收兵之例，簡文卻言越民鼓進而又鼓退，恐與史實不符，此其二。簡文語意可商。同時，試字從犬，屬新創製的字。[23]

江秋貞（202007）：第九章最末說「民乃整齊」，而第十章開頭卻說「王監雩（越）邦之既苟（敬）」可見得「敬」就指「民乃整齊」，意指「越國全體臣民對越王的法律命令嚴格遵守」。「犾」字形從「犬」，「弋」聲，原考釋讀為

---

[20] （劉宋）范曄撰，（唐）李賢等注：《後漢書》（北京：中華書局，1973），第 7 冊，頁 2017-2018。

[21] 李學勤主編：《清華大學藏戰國竹簡（柒）》（上海：中西書局，2017），頁 146。

[22] 子居：〈清華簡七《越公其事》第十、十一章解析〉，中國先秦史網站，2017.12.13（2021.5.17上網）。

[23] 朱歧祥：〈談《清華簡》（七）〈越公其事〉的兩章文字校讀〉，收入紐倫堡－埃爾蘭根孔子學院、埃爾蘭根－紐倫堡大學、世界漢字學會、華東師範大學中國文字研究與應用中心、慶星大學韓國漢字研究所漢字文明研究事業團編：《世界漢字學會第六屆年會暨國際學術研討會「漢字認知工具與表意文字歷史研究」論文集》（紐倫堡：紐倫堡－埃爾蘭根孔子學院，2018），頁 39。後收入東海大學中國文學系編：《中華文化與文學學術研討系列第二十四次會議——龍宇純先生學術研討會論文集》（臺中：東海大學中國文學系，2018），頁 72。

「試」可從，「試」即是「考驗」、「試驗」。「試民」就是「考驗人民」。「王乃犾民」指「越王開始試探考驗人民（是否真的唯王命是從）。」[24]

佑仁謹案：

原整理者讀「試」，可信。「試」從「式」得聲，而「式」亦以「弋」為聲，故「犾」、「試」聲通，沒有疑義。

古籍中有許多句踐焚舟（或焚宮殿）以「試民」的記載，例如《墨子・兼愛中》：「昔越王句踐好士之勇，教馴其臣和合之，焚舟失火，試其士曰：『越國之寶盡在此！』」[25]《韓非子・內儲說》：「越王問於大夫文種曰：『吾欲伐吳，可乎？』對曰：『可矣。吾賞厚而信，罰嚴而必。君欲知之，何不試焚宮室。』於是遂焚宮室。」又「故越王將復吳而試其教，燔臺而鼓之，使民赴火者。」[26]《呂氏春秋・用民》：「句踐試其民於寢宮，民爭入水火，死者千餘矣。」[27]不只句踐，闔廬也有試民的記載。《呂氏春秋・用民》：「闔廬試其民於五湖，劍皆加於肩，地流血幾不可止。」[28]綜上所述，本處讀「試」沒有疑義。

子居認為此處的「試民」與「蒐」、「閱」有關，筆者認為本處句踐以出其不意的方式測驗國人反應，目的是為了考驗臣民在危急之時，是否仍效忠於王令，結果國人無不捨命救火，故王大喜。故本章敘述與大蒐禮的校閱軍隊並無關係。另外，子居主張「試民」之「民」乃「兵士」，筆者則認為測試的對象不僅是「兵士」，因為簡文云「王乃試民，乃竊焚舟室，鼓命邦人救火」，就可見「民」就是「邦人」，指居住在都城之內的所有人，並不專指兵士。《周禮・地官・泉府》：「國人、郊人從其有司。」賈公彥《疏》：「云『國人』者，謂住在國城之內，即六鄉之民也。」[29]

有學者認為古人用武有鳴金收兵之例，簡文言越王鼓進而又鼓退，恐與史實不符。先秦戰爭常見「擊鼓進軍，鳴金收兵」的記載，例如《荀子・議兵》：「聞鼓聲而進，聞金聲而退。」[30]又如《漢書・李陵列傳》：「聞鼓聲而縱，聞金聲而止。」[31]但這並非絕對，例如上博九《陳公治兵》簡 13 云：「鼓以進之，鼙

24 江秋貞：《《清華大學藏戰國竹簡（柒）・越公其事》考釋》（臺北：臺灣師範大學博士論文，2020），頁 625。江秋貞：《《清華大學藏戰國竹簡（柒）・越公其事》考釋》（臺北：花木蘭文化事業公司，2022），頁 561。

25 吳毓江撰、孫啟治點校：《墨子校注》（北京：中華書局，1993），頁 159-160。

26 （清）王先慎撰，鍾哲點校：《韓非子集解》（北京：中華書局，2013），頁 229、231。

27 許維遹撰，梁運華整理：《呂氏春秋集釋》（北京：中華書局，2009.9），頁 524。

28 許維遹撰，梁運華整理：《呂氏春秋集釋》（北京：中華書局，2009.9），頁 524。

29 （東漢）鄭玄注，（唐）賈公彥疏，李學勤主編：《十三經注疏・周禮注疏》（北京：北京大學出版社，2000），頁 449。

30 （清）王先謙撰，沈嘯寰、王星賢點校：《荀子集解》（北京：中華書局，1988），頁 278。

31 （東漢）班固撰，（清）王先謙補注：《漢書補注》（上海：上海古籍出版社，2008），卷 54，頁 3955。

以止之。」《儀禮・大射》：「應鼙在其東。」鄭玄《注》：「鼙，小鼓也。」
[32]清・戴震《樂器考》：「《儀禮》有朔鼙、應鼙。鼙者，小鼓，與大鼓為節。」
[33]可見「鼙」是一種小鼓，《陳公治兵》字从「壴」（「鼓」之初文），在簡文
中即是以敲鼙鼓使部隊停止前進。又如上博二《容成氏》簡 48「三鼓而進之，
三鼓而退之」，《吳越春秋》也說「（孫武）令三百人皆被甲兜鍪，操劍盾而立。
告以軍法，隨鼓進退，左右迴旋，使知其禁。」[34]可見以擊鼓作為進與退的信號，
並未與史實相違。

〔4〕乃敼（竊）焚舟室，鼓命邦人救火。

乃	敼	焚	舟	室	鼓	命

邦	人	救	火

　　原整理者（201704）：「竊從敼，《字彙補》：『敼，古竊字。』《墨子・
兼愛中》：『昔越王句踐好士之勇，教馴其臣和合之，焚舟失火。』《太平御覽・
宮室部》引《墨子》作『自焚其室』。黃紹箕云：『《御覽》引作「焚其室」，
竊疑本當作「焚舟室」，《越絕外傳・記越地傳》云：「舟室者，句踐船宮也。」
蓋即教舟師之地。故下篇云「伏水火而死者，不可勝數也」，言或赴火或蹈水，
死者甚眾也。後人不喻舟室之義，則誤刪「舟」字，校本書者又刪「室」字，遂
致歧互矣。』詳見孫詒讓《墨子閒詁》。鼓字作「鼗」，左側訛書。鼓命，擊鼓
而命。救火，《國語・晉語四》：『呂甥、冀芮畏偪，悔納公，謀作亂，將以己
丑焚公宮，公出救火而遂弒之。』」[35]

　　子居（20171213）：先秦時一般多是鼓之而進，鳴金而退，《墨子・兼愛下》
稱「不鼓而退」尚為不失，《越公其事》稱「鼓而退之」則當是誤解了《墨子・
兼愛下》的「不鼓」，因此這一方面說明《越公其事》當晚於《墨子・兼愛下》。
[36]

[32] （東漢）鄭玄注，（唐）賈公彥疏，李學勤主編：《十三經注疏・儀禮注疏》（北京：北京
　　大學出版社，2000），頁 348。
[33] （清）戴震撰：《戴震集》（上海：上海古籍出版社，2009），頁 33。
[34] 周生春：《吳越春秋輯校彙考》（上海：上海古籍出版社，1997），頁 51。
[35] 李學勤主編：《清華大學藏戰國竹簡（柒）》（上海：中西書局，2017），頁 146。
[36] 子居：〈清華簡七《越公其事》第十、十一章解析〉，中國先秦史網站，2017.12.13（2021.5.17
　　上網）。

郭洗凡（**201803**）：金文「鼓」字有的從「攴」，有的從「支」，古文字中凡是像手拿物品擊打的動作，從「攴」、「支」或者「殳」都可以，沒有明顯的區別。[37]

王妍（**20180820**）：邦人即「國人」，應該指是居住在越國都邑的貴族階層。「舟室」為勾踐藏寶之所，「舟室」即勾踐船宮，作為藏寶之所比較合理。所以「舟室」應為勾踐所建一處宮殿。再結合整理者注，此段大意應為，越王勾踐觀察到越國士臣已經日益恭敬，沒有敢違背自己命令的。[38]

朱歧祥（**20181201**）：簡文中的「舟室」一詞罕見。對應同文，在《墨子·兼愛中》言「焚舟失火」、《太平御覽》引《墨子》作「自焚其室」、《韓非子·內儲說上》則是「遂焚宮室」。簡文的「焚舟室」這一特別用例，似是文獻中的「焚舟」與「焚室」二詞的併合。[39]

沈雨馨（**201904**）：鼓，楚簡中字形多作![字形]（《越公》08）或![字形]（《越公》65），楚文字表動作的字中，右側「攴」、「夂」、「又」常互用，「壴」訛。《說文》：「郭也。春分之音，萬物郭皮甲而出，故謂之鼓。從壴，支象其手擊之也。」[40]

毛玉靜（**201905**）：「竊」字較簡文，增加了義符偏旁「穴」，並更換「攵」為「米」部。[41]

江秋貞（**202007**）：「竊」，《孟子·離婁下》：「其義則丘竊取之矣」，焦循正義：「竊，私也」。「乃敫焚舟室」即「私自偷偷放火燒船屋」。簡 59「鼓」字作![字形]形，原考釋認為是訛書，筆者認為「![字形]」形不一定是訛書。這個從「朝」形的「鼓」字，出現在〈越公其事〉簡文中，正好可以提供我們一種新的「鼓」形的認識。「鼓」作動詞「擊鼓」義。原考釋說「鼓命」，擊鼓而命，可從。「邦人」，西周到春秋大約採行的制度，居住在城邑之內的國人，住

---

[37] 郭洗凡：《清華簡《越公其事》集釋》（合肥：安徽大學碩士論文，2018），頁 97。

[38] 王妍：〈清華簡《越公其事》所見勾踐「竊焚舟室」淺說〉，《大觀（論壇）》2018 第 8 期、總 150 期（2018.8），頁 31-32。王妍：《清華簡《越公其事》研究》（煙臺：煙臺大學碩士論文，2019），頁 20。

[39] 朱歧祥：〈談《清華簡》（七）〈越公其事〉的兩章文字校讀〉，收入紐倫堡－埃爾蘭根孔子學院、埃爾蘭根－紐倫堡大學、世界漢字學會、華東師範大學中國文字研究與應用中心、慶星大學韓國漢字研究所漢字文明研究事業團：《世界漢字學會第六屆年會暨國際學術研討會「漢字認知工具與表意文字歷史研究」論文集》（紐倫堡：紐倫堡－埃爾蘭根孔子學院，2018），頁 34-43。後收入東海大學中國文學系編：《中華文化與文學學術研討系列第二十四次會議——龍宇純先生學術研討會論文集》（臺中：東海大學中國文學系，2018），頁 72。

[40] 沈雨馨：《《清華大學藏戰國竹簡（柒）》集釋》（北京：首都師範大學碩士論文，2019），頁 75。

[41] 毛玉靜：《《清華大學藏戰國竹簡（柒）》字用研究》（合肥：安徽大學碩士論文，2019），頁 8。

在城外的基本上是野人。春秋末期越國的邦人，其範圍是否有擴大，還須要考慮。「鼓命邦人救火」指「擊鼓命令國人救火」。[42]

佑仁謹案：

「竊」字形作「🐛」（簡 59 下）、「🐛」（簡 67），後者為「叜」，前者則在此基本構形上，加上「肉」、「又」等偏旁。包山簡有兩個從「米」、「叜」聲的字：「🐛」（包 2.120）、「🐛」（包.121），包山簡該段內容記載邦倅竊馬，故「米」旁當為意符。清華簡中「竊」字作「🐛」（清華壹.楚居.4）、「🐛」（清華貳.繫年 79），兩字均從「米」，只是「米」字安放的位置不同。本處的「🐛（竊）」與前述「竊」字仍有一點不同，過去所見的「竊」字一般都從「米」，但「🐛」將「米」換為「肉」，殆「米」、「肉」都是日常生活中容易被竊取之物，故可偏旁替換。

「舟室」，原整理者已經指出《墨子‧兼愛中》的「焚舟失火」在《太平御覽‧宮室部》引作「自焚其室」。黃紹箕依據《越絕外傳‧記越地傳》主張《墨子》「焚舟失火」一詞當作「焚舟室」。朱歧祥則認為簡文的「焚舟室」是文獻「焚舟」與「焚室」二詞的併合。

春秋時代，吳越二國的水軍十分發達，均有「舟室」之建設。關於吳國的舟室，《越絕書‧外傳記吳地傳》云：「欐溪城者，闔廬所置船宮也。闔廬所造。」[43]《玉篇‧木部》：「欐，小船也。又梁棟名。」[44]《說文‧木部》：「檌，江中大船也。從木蠡聲。」段《注》：「《越絕書》曰：『欐溪城者，闔廬所置船宮也。』蓋欐與檌故通用。」[45]

至於越國的舟室，《越絕書‧外傳記越地傳》指出「舟室者，句踐船宮也，去縣五十里。」[46]原整理者認為舟室「蓋即教舟師之地」，筆者認為「舟室」就字面來看是蓋在舟船上的宮室，它是一個泛稱，既可作為居住的處所，也能在此訓練舟師，或作為鑄造、修葺戰船的基地。

「鼓」，郭洗凡認為金文「鼓」字有的從「攴」，有的從「支」，古文字中凡是象手拿物品擊打的動作，從「攴」、「支」或者「殳」都可以，沒有明顯的區別。《越公其事》的「鼓」字，除簡 65 右半從「支」外，其寫法近似於從「午」

---

42 江秋貞：《《清華大學藏戰國竹簡（柒）‧越公其事》考釋》（臺北：臺灣師範大學博士論文，2020），頁 627-628。江秋貞：《《清華大學藏戰國竹簡（柒）‧越公其事》考釋》（臺北：花木蘭文化事業公司，2022），頁 563-564。

43 李步嘉：《越絕書校釋》（北京：中華書局，2013），頁 35。

44 （梁）顧野王：《宋本玉篇》（北京：中國書店，1983），頁 238。

45 （東漢）許慎撰，（清）段玉裁注，李添富總校訂：《新添古音說文解字注》（臺北：洪葉文化事業公司，2016），頁 270。

46 李步嘉：《越絕書校釋》（北京：中華書局，2013），頁 227。

從「又」，周陽光認為右上結構乃受到「午」字形的影響，添加了短橫飾筆。[47]
段凱認為《越公其事》簡60此字「其左旁『壴』反過來受右旁『攴』類化，類
化方向雖然不同，但類化方法上是一樣的。」[48]江秋貞認為《越公其事》「鼓」
字共有🔲（簡8）、🔲（簡59）、🔲（簡60）、🔲（簡65）、🔲（簡67）
等五例。其中簡8、59、67同形，「鼓」字左旁都寫成「朝」形，但簡60、65
則是一般常見的字形。她認為五個字之中有兩個寫了標準寫法，而「同一書手寫
錯三個字，而且沒有更正，這種情形不太可能。」所以不是誤字，而是一種新的
「鼓」字寫法。

「鼓」字，《說文》認為從「攴」，[49]但事實上這個「攴」旁應是鼓槌的訛
變，字形演進到秦漢文字中恰好與「攴」的寫法相同。「攴」字必須到秦漢才出
現，古文字的「鼓」字自然不可能從「攴」，郭洗凡所謂從「攴」與「攴」、「殳」
相同的說法並不可信。本篇出現五次「鼓」，雖然都讀成「鼓」，但寫法卻稍有
不同，本處的「鼓」字作🔲，筆者認為「午」旁可以聲化的角度思考，「鼓」
為見紐魚部，「午」為疑紐魚部，韻部相同，見疑都是牙音，所以「鼓」字從「午」
乃聲化的結果。

當大火蔓延，救火者仍前仆後繼地救火，句踐怕死傷擴大，因而擊鼓使退，
前、後兩處擊鼓的動機不同，並未矛盾。

〔5〕舉（舉）邦走火，進者莫退

🔲	🔲	🔲	🔲	🔲	🔲	🔲
舉	邦	走	火	進	者	莫

🔲
退

原整理者（201704）：走火，奔走救火。《韓非子・外儲說右下》：「救火
者，吏操壺走火，則一人之用也；操鞭使人，則役萬夫。」[50]

子居（20171213）：走火即趨火，本身應該並沒有救火義，所以嚴格的說，
並不是「奔走救火」。由於「走火」在先秦僅見稱於《越公其事》和《韓非子》，

---

[47] 周陽光：〈談清華簡《越公其事》中的「鼓」字〉，《古籍研究》2019第2期（2019.12），
頁210。

[48] 段凱：《《古文四聲韻》（卷一至四）校注》（上海：華東師範大學博士論文，2018.6），頁
635。

[49] （東漢）許慎撰，（清）段玉裁注，李添富總校訂：《新添古音說文解字注》（臺北：洪葉
文化事業公司，2016），頁208。

[50] 李學勤主編：《清華大學藏戰國竹簡（柒）》（上海：中西書局，2017），頁146。

因此二者間當存在著文獻上的傳承脈絡，也即韓非當讀過源自《越公其事》而有所增益的某種語類材料。[51]

　　翁倩（201806）：《越公其事》簡 60：「舉邦走火，進者莫退。」此處指奔走救火。傳世文獻中，「走火」是指失火，《越公其事》中的「走火」為「失火」的結果。[52]

　　江秋貞（202007）：「走火」即為火而奔走，意思等於奔走救火。「舉邦走火」即「全國奔走救火」。「舉邦走火，進者莫退，王懼，鼓而退之，死者吾=人」意即「全國都奔走救火，只有前進沒有後退，越王感到驚懼，擊鼓命令救火者退去，死者有三百人」。[53]

　　佑仁謹案：

　　簡 60「舉邦走火」，原整理者認為「走火，奔走救火」[54]，子居則認為「走火即趨火，本身應該並沒有救火義」[55]，翁倩認為「走火」是「失火」[56]，江秋貞認為「走火」即為火而奔走，意思等於奔走救火[57]，不求甚解認為《越公其事》的「走火」當讀為「趨火」[58]。

　　「舉邦走火」一句在棗紙簡中未見（說詳注釋 9）。「走火」一詞，典籍見於《韓非子・內儲說上》、《韓非子・外儲說右下》，〈內儲說上〉所載即是句踐焚舟宮之事，「走火」字面意思指奔赴火場[59]，所以「走火」又可作「赴火」，見《列女傳・節義・梁節姑姊》[60]、《論衡・率性》[61]，均指進入火場救火。子

51　子居：〈清華簡七《越公其事》第十、十一章解析〉，中國先秦史網站，2017.12.13（2021.5.17上網）。

52　翁倩：〈清華簡《越公其事》雙音詞初探〉，《廣東開放大學學報》總第 132 期（2018.12），頁 74-75。

53　江秋貞：《《清華大學藏戰國竹簡（柒）・越公其事》考釋》（臺北：臺灣師範大學博士論文，2020），頁 630。江秋貞：《《清華大學藏戰國竹簡（柒）・越公其事》考釋》（臺北：花木蘭文化事業公司，2022），頁 565-566。

54　李學勤主編：《清華大學藏戰國竹簡（柒）》（上海：中西書局，2017），頁 146。

55　子居：〈清華簡七《越公其事》第十、十一章解析〉，中國先秦史網站，2017.12.13（2021.5.17上網）。

56　翁倩：〈清華簡《越公其事》雙音詞初探〉，《廣東開放大學學報》總第 132 期（2018.12），頁 74-75。

57　江秋貞：《《清華大學藏戰國竹簡（柒）・越公其事》考釋》（臺北：臺灣師範大學博士論文，2020），頁 630。江秋貞：《《清華大學藏戰國竹簡（柒）・越公其事》考釋》（臺北：花木蘭文化事業公司，2022），頁 565-566。

58　不求甚解：〈清華十《四告》初讀〉，武漢網，跟帖第 171 樓，2020.12.25（2022.3.10上網）。

59　《《韓非子》詞彙資料彙編》「走火」一詞即云「【義】奔走滅火」。何志華、朱國藩、鄭麗娟合編：《《韓非子》詞彙資料彙編》（香港：香港中文大學出版社，2014），頁 132。

60　王照圓著：《列女傳補注》（上海：華東師範大學，2012），頁 217-219。

61　黃暉：《論衡校釋（附劉盼遂集解）》（北京：中華書局，1990.2），頁 80。

居說走火本身沒有救火之意，不能說是錯，然而在失火時奔赴火場，簡文脈絡上就是指救火，所以「舉邦走火」可譯為「全國都奔赴火場（救火）」。

實際上不可能所有人民都投入救火的工作，「舉邦走火」是一種誇飾法，表示句踐一聲令下，則越國上下齊心，均放下手邊工作投入救火。

〔6〕王思（懼），鼓而退之

王	思	鼓	而	退	之

毛玉靜（201905）：思，簡文字形省「隹」，是「懼」之異體。[62]

滕勝霖（201905）：文獻中似未見「鼓而退之」，或可理解為「金鼓」統言而無別，《左傳・僖公二十二年》：「三軍以利用也，金鼓以聲氣也。」[63]

佑仁謹案：

「思」見於《說文》，乃「懼」之古文。[64]毛玉靜認為「思」乃「瞿」聲之省，其實「䀠」本為「瞿」之初文，故不必將「䀠」視為「瞿」之省聲。

此處的「懼」，當是句踐看到邦人無不奮勇救火，深怕將會因而死傷慘重，故擊鼓退之，停止救火。

〔7〕死者言=（三百）人，王大憙（喜）

死	者	言=	人	王	大	憙

朱歧祥（20181201）：此段文字末明確言「死者三百人」，相對的文獻未之見。《墨子・兼愛中》謂「死者左右百人有餘」，《墨子・兼愛下》稱「伏水火而死有不可勝數」，《太平御覽》引《墨子》則是「蹈火而死者百餘人」，皆只言「百人」。簡文所謂「三百人」之數，似是受下文第十一章的「夫婦三百，唯王所安」一句的數目所影響。[65]

---

[62] 毛玉靜：《《清華大學藏戰國竹簡（柒）》字用研究》（合肥：安徽大學碩士論文，2019），頁35。

[63] 滕勝霖：《《清華大學藏戰國竹簡（柒）》集釋及相關問題研究》（重慶：西南大學碩士論文，2019），頁384。滕勝霖：《《清華大學藏戰國竹簡（柒）》集釋》（重慶：西南師範大學出版社，2021），頁378。

[64] （東漢）許慎撰，（清）段玉裁注，李添富總校訂：《新添古音說文解字注》（臺北：洪葉文化事業公司，2016），頁510。

[65] 朱歧祥：〈談《清華簡》（七）〈越公其事〉的兩章文字校讀〉，收入紐倫堡－埃爾蘭根孔子學院、埃爾蘭根－紐倫堡大學、世界漢字學會、華東師範大學中國文字研究與應用中心、慶星大學韓國漢字研究所漢字文明研究事業團編：《世界漢字學會第六屆年會暨國際學術研討會

好好學習（20211120）：昨晚趙曉斌先生《荊州棗紙簡〈吳王夫差起師伐越〉與清華簡〈越公其事〉》一文所公佈的簡 64 有如下一句：王大感，哭泣若宔（主）三。「若主」不好理解，也許「若」可訓為而，是連詞，「宔」疑讀為「踊」，「踊」即跳躍，是古人臨喪時一種表示悲痛的禮儀行為。越王「大感，哭泣若宔（踊）三」，文意似可通。[66]

佑仁謹案：

關於救火而死的人數，《越公其事》記載「死者三百人」，《墨子‧兼愛中》稱「左右百人有餘」[67]，《呂氏春秋‧離俗覽‧用民》稱「死者千餘矣」[68]，棗紙簡稱「死者千人」（說詳注釋 9），人數記載有異。

清華簡作「王大喜」，棗紙簡則作「王大感」。「喜」，指喜悅，句踐為了驗收人民是否效忠自己，故自焚舟室以試民，結果邦人無不捨身救火，符合「試民」的期待，故內心大喜。而棗紙簡的「王大感」，「感」指憂傷，《左傳‧僖公二十四年》：「《詩》曰：『自詒伊感』，其子臧之謂矣。」杜預《注》：「感，憂也。」[69]由於死亡人數眾多，因此句踐流露出哀戚與悲傷。「感」是展現出難過的表情，「喜」是知道試民成功後的心情，清華簡與棗紙簡雖然對於句踐的情緒看似有一百八十度的不同描寫，其實二者並無衝突。

〔8〕女（焉）訇（始）豳（絕）吳之行孛（李／使）

戈	旬	豳	犬	上	彳	孛
女	訇	豳	吳	之	行	孛

原整理者（201704）：《左傳‧僖公三十年》「行李之往來，共其乏困」，杜預注：「行李，使人。」[70]

海天遊蹤（20170430）：簡 60「王大喜，焉始絕吳之行李」，「行李」可括讀為「行使」。「李」是「使」的假借字，行李就是行使，行人使人之謂。通

「漢字認知工具與表意文字歷史研究」論文集》，紐倫堡：紐倫堡－埃爾蘭根孔子學院，2018.10.5-8，頁 34-43。後收入東海大學中國文學系編：《中華文化與文學學術研討系列第二十四次會議——龍宇純先生學術研討會論文集》（臺中：東海大學中國文學系，2018），頁 72。

66 好好學習：〈清華七《越公其事》初讀〉，武漢網，跟帖第 235 樓，2021.11.20（2022.3.10 上網）。

67 吳毓江撰、孫啟治點校：《墨子校注》（北京：中華書局，1993），頁 160。

68 許維遹撰，梁運華整理：《呂氏春秋集釋》（北京：中華書局，2009.9），頁 524。

69 （西晉）杜預注，（唐）孔穎達正義，李學勤主編：《十三經注疏‧春秋左傳正義》（北京：北京大學出版社，2000），頁 486。

70 李學勤主編：《清華大學藏戰國竹簡（柒）》（上海：中西書局，2017），頁 146。

假例證如同《繫年》簡 137：「王命坪（平）亦（夜）悼武君李（使）人於齊陳淏求師。」[71]

　　林少平（20170502）：簡文「焉始絕吳之行李」，其中「行李」或是吳越邊境之要塞。《越絕書》作「就李」，有「范蠡興師戰於就李，闔廬見中於飛矢」的記載，是引發吳越交惡的敏感地名，稱之為「就李之恥」。《三松堂集》引作「醉李」。[72]（佑仁案：《公羊傳》定公十四年「五月，於越敗吳于醉李」。）

　　子居（20171213）：先秦時外交官的標準稱謂是「行人」，凡「行李」、「行理」、「行使」當皆是晚出的詞彙。「焉始」，即《尚書・呂刑》的「爰始」，這個詞彙在先秦傳世文獻中的用例甚少，但在清華簡中則高頻出現，除本篇外，清華簡《繫年》中七見，清華簡《楚居》中一見。[73]

　　滕勝霖（201905）：「焉」，連詞，「行李」，整理者之說可從，義為使者。[74]

　　張朝然（201906）：「焉始絕吳之行李」意思為越王看到越邦子民為其拚命救火，知道滅吳的準備已經足夠。所以，開始斷絕與吳的使者。[75]

　　王青（201910）：女（焉）當連上句讀。[76]

　　江秋貞（202007）：「女」釋「焉」，於是也。《墨子・非攻下》：「湯焉敢奉率其眾。」孫詒讓《閒詁》引王紹蘭云：「焉之為言，於是也。」《墨子第四・魯問》：「焉始為舟戰之器。」王念孫案。「王大憙，女勻鹽吳之行李」意即「越王感到大大心喜，於是開始斷絕和吳國的使者往來。」[77]

　　佑仁謹案：

　　海天遊蹤認為「行李」當讀「行使」，該說可信。林少平將「行李」釋為地名，乃吳越邊境要塞。吳越土地相連，如果把「行李」當地名，以兩國「接地鄰

---

[71] 海天遊蹤：〈清華七《越公其事》初讀〉，武漢網，跟帖第 101 樓，2017.4.30（2019.11.21 上網）。

[72] 林少平：〈清華七《越公其事》初讀〉，武漢網，跟帖第 137 樓，2017.5.2（2019.11.21 上網）。

[73] 子居：〈清華簡七《越公其事》第十、十一章解析〉，中國先秦史網站，2017.12.13（2021.5.17 上網）。

[74] 滕勝霖：《《清華大學藏戰國竹簡（柒）》集釋及相關問題研究》（重慶：西南大學碩士論文，2019），頁 384。滕勝霖：《《清華大學藏戰國竹簡（柒）》集釋》（重慶：西南師範大學出版社，2021），頁 378。

[75] 張朝然：《清華簡《越公其事》集釋及相關問題初探》（石家莊：河北師範大學碩士論文，2019），頁 52。

[76] 王青：〈清華簡《越公其事》補釋〉，收入華東師範大學歷史學系編：《出土文獻與商周社會學術研討會會議論文集》（上海：華東師範大學歷史學系，2019），頁 330。

[77] 江秋貞：《《清華大學藏戰國竹簡（柒）・越公其事》考釋》（臺北：臺灣師範大學博士論文，2020），頁 630。江秋貞：《《清華大學藏戰國竹簡（柒）・越公其事》考釋》（臺北：花木蘭文化事業公司，2022），頁 567。

境」（《說苑》）[78]「吳越為鄰，同俗并土」（《越絕書》）[79]的地理特色來看，即使斷絕「行李」一地的往來，仍然可從別處入境，故釋為地名恐不允當。子居認為「焉始」即《尚書‧呂刑》的「爰始」，王青則認為「女（焉）」當連上句讀。單就文句來看，本處的「焉」上讀或下讀其實都可以，但考慮到簡 29「越王句踐焉始作紀五政之律」的「焉始」一詞連用，故筆者認為此處「焉」字下讀無誤，「焉」訓成「乃」，為句首連接詞。

〔9〕母（毋）或（有）遅（往）坒（來）以交（徼）之此（訿）。

![母]	![或]	![遅]	![坒]	![以]	![交]	![之]
母	或	遅	坒	以	交	之

![此]
此

原整理者（201704）：或，讀為「有」。不要有往來交往。[80]

石小力（20170423）：「此」字整理者屬下讀。今按，當連上讀為「訿」，厭惡、恨也。《管子‧形勢》：「訿食者不肥體。」尹知章注「訿，惡也。」之，代詞，指代夫差或者吳國。本句的大意是勾踐斷絕吳國使人，不再和吳國交往，目的是招引夫差的怨恨，從而挑起兩國之間的戰爭。[81]

馬楠（20170423）：交讀為徼，訓為招致。《吳語》「弗使血食，吾欲與之徼天之衷」，韋注：「徼，要也。」[82]

易泉（20170430）：「此乃」語義重複。「此」當屬上讀，指代「吳之行李（使）」。[83]

悅園（20170430）：易泉先生認為「此」字當上屬，甚確，疑「此」當讀為「些」，語已辭，《說文》新附此字，注云：「些，語辭也。見《楚辭》。」[84]

暮四郎（20170502）：我們贊同將「此」屬上讀的意見。「交」讀為「徼」可信，不過似當解釋為求；「此」可讀為「疵」，意為瑕疵、毛病，這裡指與吳

78 （漢）劉向撰，向宗魯校證：《說苑校證》（北京：中華書局，1987），頁 332。

79 李步嘉：《越絕書校釋》（北京：中華書局，2013），頁 151。

80 李學勤主編：《清華大學藏戰國竹簡（柒）》（上海：中西書局，2017），頁 146。

81 清華大學出土文獻讀書會（石小力整理）：〈清華七整理報告補正〉，清華網，2017.4.23（2021.6.7 上網）。石小力：〈清華簡第七冊字詞釋讀箚記〉，《出土文獻》第 11 輯（上海：中西書局，2017.10），頁 246。

82 清華大學出土文獻讀書會（石小力整理）：〈清華七整理報告補正〉，清華網，2017.4.23（2021.6.7 上網）。

83 易泉：〈清華七《越公其事》初讀〉，武漢網，跟帖第 102 樓，2017.4.30（2019.11.21 上網）。

84 悅園：〈清華七《越公其事》初讀〉，武漢網，跟帖第 111 樓，2017.4.30（2019.11.21 上網）。

國關係中出現的麻煩。「交（徼）之疵」可參看《韓非子‧大體》「不吹毛而求小疵，不洗垢而察難知」。句踐刻意不與吳國往來，以尋求瑕釁、挑起事端。[85]

　　蕭旭（20170605）：「交」讀如字，交接、交往、聯繫義。[86]

　　子居（20171213）：此處的「往來」指聘問類國與國之間的外交交往，「往來以交之」相對於「師以交之」而言，「往來以交之」屬和平狀態，「師以交之」屬交戰狀態。《繫年》第二十三章：「鄭人侵犢關，陽城洹定君率犢關之師與上國之師以交之。」同樣可以看出《繫年》與《越公其事》在措辭上的相似性。[87]

　　郭洗凡（201803）：石小力的觀點可從，「此」當屬上讀，為「訾」，詆毀、非議的意思，《說文解字》：「訾，訾訾，不思稱意也。從言，此聲。」簡文中的意思是勾踐與吳國使臣斷絕友好關係，不再和吳國有聯繫，是為了讓夫差怨恨越國，進而讓吳越開戰。[88]

　　羅雲君（201805）：「交」可如字讀，訓為交往。「母（毋）或（有）遣（往）迲（來）以交之」，「交」與「往來」構成一個義羣，即通過「往來」達到交往的目的，「以」作修飾詞，該句緊承前文「女（焉）殆（始）壐（絕）吳之行李（李）」而言，即越國不僅要斷絕和吳國官方的外交活動，也禁止民間的交往。如此，與下文越國在邊境挑起事端，引發越滅吳之戰，順理成章。[89]

　　何家歡（201806）：此字當係衍文。交訓「交接」，「無有往來以交之」義為「越邦人沒有和吳國往來交接的。」後文「乃屬政於大夫種」亦通，且前後順承關係明晰。先秦古書常見「於此」用於句尾，未見「之此」用例。[90]

　　滕勝霖（201905）：本文同意「易泉」等學者之說，「此」字應上讀，指「吳之行李」。「交」，從馬楠說讀作「徼」，義為截擊。本句大意是「不要有往來交往，截擊吳國使者。」[91]

　　杜建婷（201906）：「交」讀為「徼／邀」，義為「招致、招引」。「此」讀為「訾」，訓為「厭惡、恨」。《管子‧形勢》：「訾食者不肥體。」尹知章注：「訾，惡也。」《逸周書‧太子晉解》：「四荒至，莫有怨訾，乃登為帝。」孔晁注：「訾，歡恨也。」這裡是說，越國意與吳國交戰，於是斷絕使者交往，與之交惡。[92]

85　暮四郎：〈清華七《越公其事》初讀〉，武漢網，跟帖第 133 樓，2017.5.2（2019.11.21 上網）。

86　蕭旭：〈清華簡（七）校補（二）〉，復旦網，2017.6.5（2021.5.17 上網）。

87　子居：〈清華簡七《越公其事》第十、十一章解析〉，中國先秦史網站，2017.12.13（2021.5.17 上網）。

88　郭洗凡：《清華簡《越公其事》集釋》（合肥：安徽大學碩士論文，2018），頁 99-101。

89　羅雲君：《清華簡《越公其事》研究》（長春：東北師範大學碩士論文，2018），頁 109。

90　何家歡：《清華簡（柒）《越公其事》集釋》（保定：河北大學碩士論文，2018），頁 50。

91　滕勝霖：《《清華大學藏戰國竹簡（柒）》集釋及相關問題研究》（重慶：西南大學碩士論文，2019），頁 386。滕勝霖：《《清華大學藏戰國竹簡（柒）》集釋》（重慶：西南師範大學出版社，2021），頁 380。

92　杜建婷：《清華簡第七輯文字集釋》（廣州：中山大學碩士論文，2019），頁 34。

江秋貞（202007）：「此」的釋讀以石小力讀為「訾」，厭惡、恨也，比較適切。「交之此」即「要之訾」，招致吳國的指責怨恨。另外，筆者認為「此」屬上讀的原因是句法的關係。〈越公其事〉這裡寫到越王見舉國唯王命是從後大喜，於是開始一系列布置發動戰爭前的行動：「乃詎（屬）邦政於夫=住；乃命軡羅、太甬大鬲雩民，必卒加兵；乃由 王卒君子卒」三句都是「乃＋（動詞）……」的句型。[93]

趙曉斌（202111）：棗紙簡《吳王》與清華簡《越公》在文本上存少量差異：清華簡《越公》第 59 至 61 號簡：

（上略）王監雩（越）邦之既苟（敬），莫敢儺命。<u>王乃犾（試）民。乃敫（竊）焚舟室</u>，鼓命邦人【59】救火。舉（舉）邦走火，進者莫退，王乃思（懼），鼓而退之，<u>死者音=（三百）人。王大憙（喜）</u>，女（焉）勹（始）豑（絕）吳之行李（李），母（毋）或（有）逬（往）【60】坒（來）以交之。（下略）

棗紙簡《吳王》第 63 至 65 號簡：

（上略）王監郘（越）邦之既苟（敬），莫敢輯命。<u>王乃焚舊舟室，鼓命</u>【63】邦人救火。進者莫遺（復），王乃思（懼），鼓而遺（復）之，<u>死者千人。王大</u><u>戜（感），哭渫（泣）若宔（主）三。</u>【64】吳之行叟（使），母（毋）或交逳（通）以交亓（其）訨。（下略）【65】

清華簡《越公》中用「王乃試民，乃竊焚舟室」、「死者三百人，王大喜」這樣的語句，塑造出的是一個為達目的而不擇手段的當權者形象。而棗紙簡《吳王》修改為「王乃焚舊舟室」、「死者千人。王大感，哭泣若主三。」刪一「竊」字以淡化君王的陰險，添一「舊」字以提示計劃的慎重。「死者」人數從「三百人」增加到「千人」，雖然放大了後果的嚴重性，而由「大喜」改為「大感，哭泣若主三」，則將越王冷酷的一面轉化為具備勇於自責的品德。[94]

陳一（202203）：趙曉斌在清華簡學術年會上所舉荊州棗紙簡《吳王夫差起師伐越》簡 65「吳之行叟（使），母（毋）或交逳（通）以交亓（其）訨。」已證石小力說不誤，「此」當讀為「訨（訾）」，屬上讀。《列子・說符》：「財貨無訾。」《淮南子・人間》訾作此。[95]（佑仁案：《淮南子・人間訓》：「財貨無貲。」[96]）

佑仁謹案：

「或」，原整理者讀「有」，可信。

---

93 江秋貞：《《清華大學藏戰國竹簡（柒）・越公其事》考釋》（臺北：臺灣師範大學博士論文，2020），頁 636-637。江秋貞：《《清華大學藏戰國竹簡（柒）・越公其事》考釋》（臺北：花木蘭文化事業公司，2022），頁 571-572。

94 趙曉斌：〈荊州棗紙簡《吳王夫差起師伐越》與清華簡《越公其事》〉，《清華戰國楚簡國際學術研討會論文集》（北京：清華大學出土文獻研究與保護中心，2021），頁 9-11。

95 陳一：《清華簡（柒）疑難字詞補釋》（天津：天津師範大學碩士論文，2022），頁 111。

96 何寧：《淮南子集釋》（北京：中華書局，1998），卷 18，頁 1304。

「往來」，棗紙簡作「交通」，二義接近，《韓詩外傳》卷十：「（顏）淵願貧如富，賤如貴，無勇而威，與士交通，終身無患難。」[97]「交通」即「往來」。

「交」，原整理者訓為「交往」。馬楠讀為「徼」，訓為招致，杜建婷、江秋貞從之；暮四郎亦讀「徼」，但訓為「求」；滕勝霖讀「徼」，訓為「截擊」。蕭旭讀如字，訓「交」為交接、交往，羅雲君從之。何家歡將「交」訓「交接」。筆者贊成馬楠讀「徼」，訓為招致之說。《越公其事》簡5「君如為惠，交（徼）天地之福」，簡 19「以交（徼）求上下吉祥」，均以「交」表示｛徼｝。古有「徼怨」一詞，即招怨。《左傳・宣公十二年》：「我則不德，而徼怨于楚。」楊伯峻《注》：「徼音邀，求也，要也。」[98]《國語・吳語》：「吾欲與之徼天之衷。」韋昭《注》：「徼，要也。」[99]王符《潛夫論・勸將》：「乃義士且以徼其名，貪夫且以求其賞爾。」[100]「徼」亦可作「邀」。

簡文「毋有往來以交之訿」的「之」字在棗紙簡作「其」，文意更加通順。「之」、「其」在句中都是第三人稱代名詞，《韓非子・揚權》：「探其懷，奪之威。」陳奇猷《集釋》引高亨曰：「之，猶其也。」[101]

「此」字原整理者下讀，石小力改成上讀，讀為「訾」，厭惡、恨也；郭洗凡從之，但認為「訾」是詆毀、非議之意。易泉認為「此」屬上讀，讀如字指代「吳之行李」，滕勝霖從之；悅園則將「此」改讀為「些」，大徐本《說文》新附字云：「些，語辭也。見《楚辭》。」《廣韻・箇韻》：「些，楚語辭。」[102]《楚辭・招魂》：「何為四方些？舍君之樂處，而離彼不祥些。」洪興祖《補注》：「些，《說文》云：『語詞也。』」[103]「些」確實見於楚國文學作品，但本處讀「些」當成句末語助詞，顯然並不理想。

「此」，當從石小力之說屬上讀，並讀為「訾」，依據趙曉斌棗紙簡之釋文，字正作「訿」，「訿」同「訾」，只是部件安放的位置不同。至於「訾」有學者訓為厭惡、恨也，有些學者則訓為詆毀、非議，二說置於簡文文例均可通，實即斷絕吳、越雙邊的往來，加深彼此間的齟齬，為吳越之戰揭開序幕。

〔10〕乃詛（屬）邦政於夫=（大夫）住（種）

---

[97] （漢）韓嬰撰，許維遹校釋：《韓詩外傳集釋》（北京：中華書局，1980），頁 357-358。

[98] 楊伯峻：《春秋左傳注（修訂本）》（北京：中華書局，2016），頁 798-799。

[99] （三國吳）韋昭注，徐元誥集解：《國語集解》（北京：中華書局，2002），頁 556。

[100] （東漢）王符撰，（清）汪繼培箋，彭鐸校正：《潛夫論箋校正》（北京：中華書局，1985），頁 246、248。

[101] （清）王先慎撰，陳奇猷校注：《韓非子集釋》（上海：上海人民出版社，1974），上冊，頁 124、151。

[102] 周祖謨：《廣韻校本》（北京：中華書局，2011），頁 422。

[103] （漢）王逸章句，（南宋）洪興祖補注，朱熹集注，夏劍欽、吳廣平校點：《楚辭章句補注・楚辭集注》（長沙：嶽麓書社，2013），頁 196。

乃	詎	邦	政	於	夫=	住

原整理者（201704）：此，乃。《禮記・大學》：「有德此有人，有人此有土。」詎，讀為「屬」，委託。《左傳・隱公三年》：「宋穆公疾，召大司馬孔父而屬殤公焉。」[104]

子居（20171213）：「此」當訓「是」，「此乃」即「是乃」，相當於傳世文獻中的「於是乃」。「屬邦政于大夫」類似於清華簡《晉文公入於晉》的「屬邦耆老」和《鄭武夫人規孺子》的「孺子如毋知邦政，屬之大夫」，由此可見，清華簡若干篇章皆有著相似的措辭習慣。[105]

滕勝霖（201905）：「詎」，從言豆聲，楚簡中多以之表示｛誅｝｛屬｝。[106]

張朝然（201906）：「此」字，應屬上，指代「絕吳之行李」和「毋有往來以交之」。故「以交之」後應為「，」號。此句「住（種）」後標點應為「。」號。原文為「母（毋）或（有）遉（往）坖（來）以交之，此乃詎（屬）邦政於夫＝（大夫）住（種）。」[107]

黃一村、侯瑞華（202006）：整理者的理解和舉證都是正確的，不煩改讀。從上下文看來「此乃」所要表達的應該是承接關係，即謂勾踐「絕吳之行李」，與吳斷絕往來以邀吳軍之後，開始作戰爭準備，將越國政事託付給大夫種。張玉金先生曾指出，出土戰國文獻中的「此」有一種與「斯」相同的連詞用法，郭店《老子甲》：「天下皆知美之為美也，惡已，皆知善，此其不善已。」將辭例中的「此」換成「斯」，文意不變，「此其不善已」之「此」，今本作「則」。由於「此」「斯」音義皆近，故白於藍先生將「此」直接讀為「斯」。就簡文文意的理解來說，讀「此」與讀「斯」兩種意見都沒有太大問題。「此乃／斯乃」在簡文中作表承接的連詞使用。[108]

吳萱萱（202006）：在句踐下令與吳國斷交之後，於越國而言，伐吳之舉，勢在必行；滅吳報仇，志在必得。經過一番鏖戰，越軍果然大敗吳軍，直擊吳國

---

[104] 李學勤主編：《清華大學藏戰國竹簡（柒）》（上海：中西書局，2017），頁14。

[105] 子居：〈清華簡七《越公其事》第十、十一章解析〉，中國先秦史網站，2017.12.13（2021.5.17上網）。

[106] 滕勝霖：《《清華大學藏戰國竹簡（柒）》集釋及相關問題研究》（重慶：西南大學碩士論文，2019），頁387。滕勝霖：《《清華大學藏戰國竹簡（柒）》集釋》（重慶：西南師範大學出版社，2021），頁381。

[107] 張朝然：《清華簡《越公其事》集釋及相關問題初探》（石家莊：河北師範大學碩士論文，2019），頁53。

[108] 黃一村、侯瑞華：〈《越公其事》零拾〉，《出土文獻》2020第2期（2020.6），頁77-78。

國都。圍吳之際，句踐拒絕了夫差的求和，但願意遣送其赴甬句東以保其性命。夫差於求和無望之後，自戕以謝世。公元前 473 年，吳國滅。[109]

杜建婷（201906）：「豆」古音為定母侯部，「詎」古音為章母屋部，「投」古音為定母侯部。若「豆」為「詎」的聲符，「詎」讀為「屬」或「投」皆可。[110]

佑仁謹案：

原整理者將「此」下讀，依據棗紙簡內容，「此」寫成「訛」，就用字習慣來看，「此」不應理解為連接詞「乃」，而當上讀（請參前一條考釋）。

「詎」字學界有讀「屬」與「投」兩種意見，「投」訓作「托」或「託」的用法比較少見，筆者傾向讀「屬」，訓為囑託。

〔11〕乃命軦（范）羅（蠡）、太（舌）甬（庸）大帚（歷）雩（越）民

乃	命	軦	羅	太	甬	大
帚	雩	民				

原整理者（201704）：太甬，清華簡《良臣》作「大同」。帚，讀為「歷」，數。《楚辭・離騷》「靈氛既告余以吉占兮，歷吉日乎吾將行」，朱熹《集注》：「遍數而實選也。」歷民，即料民。《國語・周語上》「宣王既喪南國之師，乃料民於大原」，韋昭注：「料，數也。」[111]

王挺斌（20170423）：「帚」可讀為「歷」，但是當訓為相視、察看之義，簡文「歷民」之「歷」當即相視之義，與《郊特牲》「歷其卒伍」之「歷」相類。「料民」之「料」訓為數，「料民」即計點人口，與「歷民」在詞義上略有區別。[112]

石小力（20170423）：在《越公其事》篇中，「太甬」也是與「范蠡」連言，古文字中，「大」和「太」一未分化，「甬」屢用為「用」，很顯然整理者的意見是正確的。今據《越公其事》「大同」作「太甬」，且一句之中既出現「太甬」，又出現「大夫種」，人名「種」不用「同」字來表示，而是用「住」字來表示，

---

[109] 吳萱萱：《《越公其事》中句踐滅吳故事考論》（杭州：杭州師範大學碩士論文，2020），頁 41。

[110] 杜建婷：《清華簡第七輯文字集釋》（廣州：中山大學碩士論文，2019），頁 72。

[111] 李學勤主編：《清華大學藏戰國竹簡（柒）》（上海：中西書局，2017），頁 14。

[112] 清華大學出土文獻讀書會(石小力整理)：〈清華七整理報告補正〉，清華網，2017.4.23（2021.6.7上網）。

由此可以確定《良臣》篇「大同」並非「大夫種」。過去，不少學者認為姑慮句鑃（《集成》424）中的「昏同」即「舌庸」，所謂的「昏」字原銘作▨，但與古文字中刮、括等所從的「舌（即昏）」作▨、▨等形有別，故廣瀨薰雄先生指出該字並非「昏」字，銘文的人名待考，與「舌庸」可能並非一人，但同時也不完全否定「昏同」為「舌庸」的可能性，態度十分審慎。現在根據楚簡中，「舌庸」作大同，太甬，「舌」字皆作「大」聲系之字，這進一步降低了姑慮句鑃的人名「昏同」為「舌庸」的可能性。[113]

趙嘉仁（20170424）：頗疑此「咼民」之「咼」應讀為「屬」，「屬民」謂訓練人民或鼓勵、勸勉人民。赦過遺善，則民不勵。有過不赦，有善不遺，勵民之道，於此乎用之矣。[114]

王寧（20170506）：此「太」亦為楚簡中常見的「大」在右邊加一豎筆的寫法，清華簡六《鄭文公問太伯》中「太伯」的「太」也是這個寫法，筆者曾認為「太伯」當作「洩伯」，即洩駕，二者適可互證。現在看來這個所謂的「太」字恐怕的確不是「太」，古書的「太」多作「大」，後或作「泰」，無作此形者。[115]

蕭旭（20170605）：咼，讀為厤。《說文》：「厤，治也。」又「曆」字云：「從甘、厤。厤，調也。」《玉篇》：「厤，理也。」《越絕書・外傳紀策考》：「種躬正內，蠡出治外，內不煩濁，外無不得。」（佑仁案：應為「蠡治出外」）亦謂種擅國政，蠡治萬民也。[116]

林少平（20170925）：簡文「歷」當是指等次編列之義。《禮記・郊特牲》：「季春出火，為焚也。然後簡其車賦，而歷其卒伍，而君親誓社，以習軍旅，左之右之，坐之起之，以觀其習變也。」《注》：「簡歷謂算具陳列之也。」《疏》：「『然後簡其車賦者』謂既焚之後簡選車馬及兵賦器械以習軍旅之屬（佑仁案：「以習軍旅之」衍[117]），『而歷其卒伍者』謂歷其百人之卒、五人之伍」。「歷」與「編」之義相近，《說文》：「編，次簡也。」可知「歷民」與「料民」不同。「料民」側重於統計、核算人數。顯然，「歷民」是「料民」基礎上進一步發展的結果。[118]

孟蓬生（201710）：「歷」訓「數」為常用義。《玉篇・日部》：「歷，數也。」《管子・海王》：「大男食鹽五升少半，大女食鹽三升少半，吾子食鹽二

---

[113] 石小力：〈據清華簡（柒）補證舊說四則〉，清華網，2017.4.23（2018.6.28 上網）。收入張顯成、胡波主編：《簡帛語言文字研究》第 9 輯（成都：巴蜀書社，2017），頁 12-24。

[114] 趙嘉仁：〈讀清華簡（七）散札（草稿）〉，復旦網「學術討論」，2017.4.24（2017.6.22 上網）。

[115] 王寧：〈清華七《越公其事》初讀〉，武漢網，跟帖第 164 樓，2017.5.6（2019.11.21 上網）。

[116] 蕭旭：〈清華簡（七）校補（二）〉，復旦網，2017.6.5（2021.5.17 上網）。

[117] （東漢）鄭玄注，（唐）孔穎達正義，李學勤主編：《禮記正義》（北京：北京大學出版社，2000），頁 924。

[118] 林少平：〈清華簡柒《越公其事》「大歷越民」試解〉，復旦網，2017.9.25（2021.5.17 上網）。

升少半此其大歷也。」尹知章注:「歷,數也。」據此可知「歷數」一詞為同義複合詞。「歷」字也可以作動詞用。「歷……之數」,猶言「計……之數」。在「計數」的意義上,「料」和「鬲」記錄的是同一個詞或兩個同源詞。[119]

子居(20171213):此處的「歷」,包括整理者所引的辭例,都當訓為相、閱視,是由遍經引申而來,而非數義。故「大歷」猶言「大閱」,較之前的「試民」規模更大,之前的「試民」範圍僅是在都城的國人範圍內,「大歷越民」則當是涉及到越土全境。[120]

郭洗凡(201803):林少平的觀點可從,「鬲」讀為「歷」,簡文「歷民」就是「編民」,按等級把越國人民編成戶,為了更方便的調配人民。戰國至秦漢時期,通過按等次編民為戶來調配民力,「料民」側重於統計、核算人數。「歷民」是在「料民」基礎上進行對人民的進一步管理和分類。[121]

毛玉靜(201905):鬲一歷。二字皆為來紐錫部。劉剛先生也提到,戰國文字中其實一直沒有出現過明確的從「厤」得聲的字,「歷」、「曆」等詞都是用與之音近的「鬲」聲字表示的。[122]

滕勝霖(201905):整理者、孟蓬生之說可從。楚簡中「鬲」「歷」相通如:《郭店・窮達以時》簡2:「舜耕於鬲(歷)山。」《清華壹・保訓》簡1:「王念日之多鬲(歷),恐墜寶訓。」孟蓬生已從字義、字音相關的角度論證「料」「鬲」關係密切,「鬲(歷)民」即「料民」,義為計點人口,與文獻中「案戶比民」、第七章徵人之政時清查民戶意思相類。[123]

張朝然(201906):鬲,讀為「歷」,當應為「治理」之意。「大」表示範圍。「大歷越民」即全面的治理越邦的百姓。[124]

王青(201910):「甬」,《釋詁》訓為常,疑太甬即太常,當指太常之官,至於是何人,待考。因上一句簡文提到「屬邦政于大夫種」,所以這裡也不會是指文種。[125]

---

[119] 孟蓬生:〈《清華七・越公其事》字義拾瀋〉,收入西南大學漢語言文獻研究所、四川外國語大學中國語言文學系編:《第二屆古文字與出土文獻語言研究學術研討會論文集》(重慶:西南大學漢語言文獻研究所,2017),頁 215-217。後收入《出土文獻綜合研究集刊》第 8 輯(成都:巴蜀書社,2019),頁 196-201。

[120] 子居:〈清華簡七《越公其事》第十、十一章解析〉,中國先秦史網站,2017.12.13(2021.5.17 上網)。

[121] 郭洗凡:《清華簡《越公其事》集釋》(合肥:安徽大學碩士論文,2018),頁 99-101。

[122] 毛玉靜:《《清華大學藏戰國竹簡(柒)》字用研究》(合肥:安徽大學碩士論文,2019),頁 96。

[123] 滕勝霖:《《清華大學藏戰國竹簡(柒)》集釋及相關問題研究》(重慶:西南大學碩士論文,2019),頁 389。滕勝霖:《《清華大學藏戰國竹簡(柒)》集釋》(重慶:西南師範大學出版社,2021),頁 383。

[124] 張朝然:《清華簡《越公其事》集釋及相關問題初探》(石家莊:河北師範大學碩士論文,2019),頁 54。

江秋貞（202007）：「歷民」不只有王挺斌及心包的「相視察看」之義，林少平的等次編列之義，還有原考釋和孟蓬生的「料民」之義。當越王把國家內政交給文種大夫後，《國語‧吳語》指出在軍事上，越王多仰賴范蠡、太甬的協助，和簡文「乃命范蠡、太甬大歷越民，庀卒勒兵」正好相合，在視察人力資源多寡計算後加以編排調配以作為「庀卒勒兵」的準備。故「冠」讀為「歷」，與「料」含義皆近。《經義述聞‧爾雅上‧艾歷覷胥相也》：「郊特牲曰：簡其車賦而～其卒伍，謂閱視也。」，故「歷民」即「閱視人民」。「乃命軛羅、太甬大冠雩民」意即「（越王）於是命令范蠡、太甬閱視人民」。[126]

佑仁謹案：

「范蠡」，句踐的謀臣，可參第九章注釋5。

「太甬」，原整理者已指出清華參《良臣》作「大同」，其簡7云：「越王句踐有大同 ▆，有范蠡。」關於「大同」是誰，《良臣》原整理者認為即「大夫種」，「大」字下脫合文符號[127]，隨後學界有很多異說，廣瀨薰雄認為「大同」就是見諸古書和姑馮句鑃的「舌庸」[128]，此為學界定論，即越王句踐的五大夫（舌庸、苦成、文種、范蠡、皋如）之一。

值得一提的是，清華貳《繫年》簡106有「吳縵庸」，該人即《左傳》之「吳洩庸」，他與句踐大臣「洩庸」同名，亦是句踐、夫差執政時期的人物，二人容易搞混。任龍龍在討論《越公其事》「洩庸」時，就將《左傳》「吳洩庸」資料納入其中[129]。《左傳‧哀公二年》云：「吳洩庸如蔡納聘。」[130]「洩庸」代表吳國前往蔡國致送聘禮，梁履繩《左通補釋‧三十一》云：

仁和俞葆寅曰：「洩庸是吳臣，自《吳越春秋》（四）、《漢書‧董仲舒傳》、王褒〈四子講德論〉並以越之舌庸為洩庸（詳見攷異），而後人遂混

125 王青：〈清華簡《越公其事》補釋〉，收入華東師範大學歷史學系編：《出土文獻與商周社會學術研討會會議論文集》（上海：華東師範大學歷史學系，2019），頁330-331。

126 江秋貞：《《清華大學藏戰國竹簡（柒）‧越公其事》考釋》（臺北：臺灣師範大學博士論文，2020），頁646。江秋貞：《《清華大學藏戰國竹簡（柒）‧越公其事》考釋》（臺北：花木蘭文化事業公司，2022），頁581。

127 李學勤主編：《清華大學藏戰國竹簡（參）》（上海：中西書局，2012.12），頁161。

128 廣瀨薰雄認為古音「舌」為船母月部，「大」為定母月部，兩者韻母相同，船母、定母同為舌音。齊、楚兩系文字中的有些「達」字從舌聲，《說文》說「達」有或體「达」，可以作為「舌」、「大」相通的一個證據；而「庸」、「用」相通也毫無問題。參廣瀨薰雄：〈釋清華大學藏楚簡（參）〈良臣〉的「大同」——兼論姑馮句鑃所見的「昏同」〉，復旦網，2013.4.24；後經修改發表於《古文字研究》第30輯（北京：中華書局，2014.9），頁415-416。

129 任龍龍：《《左傳》《國語》《戰國策》新證綜理——以上世紀七十年代以來利用出土文獻校讀的成果為中心》（上海：復旦大學碩士論文，2022），頁53。

130 （西晉）杜預注，（唐）孔穎達正義，李學勤主編：《十三經注疏‧春秋左傳正義》（北京：北京大學出版社，2000），頁1869。

為一人。」案：舌庸見〈哀廿六年〉及《外傳·吳語》，當日越方卑事吳，深謀雪恥，焉有任用吳臣，居然在五大夫之列乎？杜氏《世族譜》以洩庸為吳雜人，不言即舌庸（越譜闕），萬氏《氏族略》云：「吳有洩庸，越有舌庸。」是已。[131]

魯哀公二年（西元前 493 年）即句踐四年，而《吳越春秋·勾踐入臣外傳》記載勾踐五年時，大夫洩庸（曳庸）與范蠡、文種等人向句踐提出建言一事[132]。在句踐四年代表吳國出使蔡國，五年卻變成越國重臣，幾無可能，《左傳》的「吳洩庸」應該和《吳越春秋》的「洩庸」是不同人。

〈姑馮句鑃〉云：「姑馮，昏同之子。」楊樹達認為「昏同」就是舌庸[133]，董珊認為「舌」和「昏」容易訛混，「庸」、「同」古音接近[134]。「昏」和「舌」究竟是否為訛字關係[135]，仍有討論空間，但〈姑馮句鑃〉的「昏同」應該就是「舌庸」無誤。除前舉《左傳·哀公二年》的吳國「洩庸」外，「舌庸」（洩庸、曳庸、泄庸）在古籍中的記載尚有：

1　夏，五月，叔孫舒帥師會越皋如、<u>舌庸</u>、宋樂茷納衛侯，文子欲納之。（《左傳·哀公二十六年》）

2　春，越子使 <u>舌庸</u> 來聘，且言邾田，封于駘上。（《左傳·哀公二十七年》）[136]

3　吳王夫差既殺申胥，不稔於歲，乃起師北征。闕為深溝，通於商、魯之閒，北屬之沂，西屬之濟，以會晉公午於黃池。於是越王句踐乃命范蠡、<u>舌庸</u>，率師沿海泝淮以絕吳路，敗王子友於姑熊夷。（韋昭《注》：「王子友，夫差大子也。夫差未及反，越伐吳，吳拒之，獲太子友。」）越王句踐乃率中軍泝江以襲吳，入其郛，焚其姑蘇，徙其大舟。（《國語·吳語》）

---

[131] （清）梁履繩：《左通補釋》，收入楊家駱主編：《左通補釋等二種》（臺北：鼎文出版社，1973.5），頁 425。楊伯峻《春秋左傳注（修訂本）》、方炫琛《左傳人物名號研究》均贊同此說。參楊伯峻：《春秋左傳注（修訂本）》（北京：中華書局，1995），頁 1618。方炫琛：《左傳人物名號研究》（臺北：政治大學博士論文，1983），第 1168 條「洩庸」，頁 381。

[132] 周生春：《吳越春秋輯校彙考》（上海：上海古籍出版社，1997），頁 113-116。

[133] 楊樹達：《積微居金文說（增訂本）》（北京：中華書局，1997），頁 126。

[134] 董珊：《吳越題銘研究》（北京：科學出版社，2014），頁 85。

[135] 孟嚴認為「舌」、「昏」都是月部字，讀音也接近。龍騰遠依據《逸周書·武稱解》「美男破老，美女破舌」王念孫認為「舌」當為「后」的誤字，認為從隸楷階段的文字來看，「舌」、「后」確實存在形訛可能。孟嚴：《《姑成家父》文本集釋及相關問題研究》（長春：吉林大學碩士論文，2009），頁 98。龍騰遠：《用出土文獻檢驗王念孫《讀書雜志》校讀古書得失》（上海：復旦大學碩士論文，2019），頁 61。

[136] （西晉）杜預注，（唐）孔穎達正義，李學勤主編：《十三經注疏·春秋左傳正義》（北京：北京大學出版社，2000），頁 1970、1975。

4　越王句踐乃召五大夫曰：「吳為不道，求殘吾社稷宗廟，以為平原，不使血食。吾欲與之徼天之衷，唯是車馬、兵甲、卒伍既具，無以行之。吾問於王孫包胥，既命孤矣。敢訪諸大夫，問戰奚以而可？句踐願諸大夫言之，皆以情告，無阿孤，孤將以舉大事。」大夫舌庸乃進對曰：「審賞則可以戰乎？」王曰：「聖。」大夫苦成進對曰：「審罰則可以戰乎？」王曰：「猛。」大夫種進對曰：「審物則可以戰乎？」王曰：「辯。」大夫蠡進對曰：「審備則可以戰乎？」王曰：「巧。」大夫皋如進對曰：「審聲則可以戰乎？」王曰：「可矣。」（《國語·吳語》）[137]

5　（勾踐五年）大夫扶同曰：「何言之鄙也！昔湯繫於夏臺，伊尹不離其側。文王囚於石室，太公不棄其國。興衰在天，存亡繫於人。湯改儀而媚於桀，文王服從而幸於紂。夏、殷恃力，而虐二聖，兩君屈己，以得天道。故湯王不以窮自傷，周文不以困為病。」……大夫曳庸曰：「大夫文種者，國之梁棟，君之爪牙。夫驥不可與匹馳，日月不可並照。君王委國於種，則萬綱千紀無不舉者。」……大夫曳庸曰：「奉令受使，結和諸侯，通命達旨，略往遺來，解憂釋患，使無所疑，出不忘命，入不被尤，臣之事也。」（《吳越春秋·勾踐入臣外傳》）

6　（夫差十四年，即句踐十五年）越王聞吳王伐齊，使范蠡、洩庸率師屯海通江，以絕吳路。敗太子友於姑熊夷，通江淮轉襲吳，遂入吳國，燒姑胥臺，徙其大舟。（《吳越春秋·夫差內傳》）

7　（勾踐二十一年）大夫曳庸曰：「審賞，則可戰也。審其賞，明其信，無功不及，有功必加，則士卒不怠。」王曰：「聖哉！」大夫苦成曰：「審罰，則可戰。審罰，則士卒望而畏之，不敢違命。」王曰：「勇哉！」大夫文種曰：「審物，則可戰。審物，則別是非，是非明察，人莫能惑。」王曰：「辨哉！」大夫范蠡曰：「審備，則可戰。審備慎守，以待不虞，備設守固，必可應難。」王曰：「慎哉！」大夫皋如曰：「審聲，則可戰。審於聲音，以別清濁。清濁者，謂吾國君名聞於周室，令諸侯不怨於外。」王曰：「得哉！」大夫扶同曰：「廣恩知分，則可戰。廣恩以博施，知分而不外。」（《吳越春秋·勾踐伐吳外傳》）[138]

8　王問仲舒曰：「粵王句踐與大夫泄庸、種、蠡謀伐吳，遂滅之。孔子稱殷有三仁，寡人亦以為粵有三仁。桓公決疑於管仲，寡人決疑於君。」（《漢書·董仲舒傳》）[139]

---

[137]　（三國吳）韋昭注，徐元誥集解：《國語集解》（北京：中華書局，2002），頁545-546、557-558。

[138]　周生春：《吳越春秋輯校彙考》（上海：上海古籍出版社，1997），頁113-115、119、87、163-164。

[139]　（東漢）班固撰，（清）王先謙補注：《漢書補注》（上海：上海古籍出版社，2008），卷56，頁4052。

魯哀公十三年（西元前 482 年）六月，吳國與晉國於黃池爭奪盟主之位，句踐趁吳國國內空虛，派范蠡、舌庸率軍沿海泝淮，堵住吳軍自黃池回國救援的道路。句踐則率領中軍直攻姑蘇，擄獲太子友。依據《左傳・哀公二十七年》（越王句踐二十九年，西元前 468 年）記載，魯國侵奪邾國之田，越國以霸主身分派舌庸與魯會談，最終劃清魯、邾疆界。透過上述記載均可看出舌庸作為句踐大臣的重要地位。

此外，還有學者將「舌庸」與《越絕書》「逢同」（〈外傳記吳地傳〉、〈請糴內傳〉）、「馮同」（〈外傳記范伯〉、〈德序外傳記〉）和「佚同」（〈計硯內經〉）[140]及《吳越春秋》的「扶同」（〈勾踐入臣外傳〉、〈勾踐歸國外傳〉、〈勾踐伐吳外傳〉）[141]等異名聯繫起來[142]，但李家浩並不贊成，他指出：

> 「舌庸」與「馮同」不是同一個人。一、《吳越春秋》的〈句踐入臣外傳〉和〈句踐伐吳外傳〉所記跟越王句踐對話的諸大夫之中，有扶同、曳庸二人。「曳庸」，《吳越春秋・夫差內傳》作「洩庸」，《漢書・董仲舒傳》作「泄庸」，《文選》卷五一王子淵〈四子講德論〉作「渫庸」。學者多認為「扶同」即「馮同」（見上引郭沫若、楊樹達語），「曳庸」、「洩庸」、「泄庸」、「渫庸」即「舌庸」，謂「曳」、「洩」、「泄」、「渫」、「舌」古音相近，可以通用。二、「舌庸」之「庸」與「馮同」或「扶同」之「同」，古音相近，可以通用（見下文），但是「舌」與「馮」或「扶」古音有別。上古音「馮」屬並母蒸部，「扶」屬並母魚部，「舌」屬船母月部；按照楊氏的說法，「舌庸」之「舌」是「昏」字之誤，「昏」屬見母月部。於此可見，「馮」或「扶」與「舌」或「昏」，不論是聲母還是韻部都不相同。根據這兩點，可以證明舌庸與馮同是兩個人。[143]

《吳越春秋》越王句踐五年（西元前 492 年）與二十一年（西元前 476 年），均記載句踐先後與扶同、曳庸二人對話，又句踐二十四年（西元前 473 年）云「自是之後，計硯佯狂。大夫 曳庸 、扶同 、皋如之徒日益踈遠，不親於朝。」[144]二人名字並列，自然不可能是同一人。

「大鬲」，原整理者讀「大歷」，即「料民」。趙嘉仁讀「鬲」為「厲」，訓為「鼓勵」。「鼓勵人民」之事似乎不必假手臣子，且「鼓勵人民」也與下文

---

140 李步嘉：《越絕書校釋》（北京：中華書局，2013），頁 38、129-132、173、368、113。

141 周生春：《吳越春秋輯校彙考》（上海：上海古籍出版社，1997），頁 113、139、163、172。

142 董珊：《吳越題銘研究》（北京：科學出版社，2014），頁 85。

143 李家浩：〈關於姑馮句鑃的作者是誰的問題〉，《傳統中國研究集刊》第 7 輯（2010.3），頁 6。另外也在〈攻敔王姑義𥜍劍銘文及其所反映的歷史〉一文中亦略有論及，詳陳昭容主編：《古文字與古代史》第 1 輯（臺北：中央研究院歷史語言研究所，2007），頁 296。

144 周生春：《吳越春秋輯校彙考》（上海：上海古籍出版社，1997），頁 172。

的「比卒勒兵」關係不密切。蕭旭讀「鬲」為「麻」，訓為「治理」，張朝然從之，然而前文已提到將邦政囑託大夫種，這裡的「鬲」不可能讀成「麻」訓為「治理」。筆者贊成原整理者之說，「歷民」即清點人口數量。

	越國	吳國
《左傳》	舌庸	洩庸
《國語》	舌庸	—
《史記》〈越王句踐世家〉	逢同 [145]	—
《漢書》〈董仲舒傳〉	泄庸	—
《越絕書》	佚同	逢同、馮同
《吳越春秋》	曳庸、洩庸、扶同	—
〈四子講德論〉	渫庸 [146]	—

〔12〕必（比）卒（卒）劢（勒）兵

必	卒	劢	兵

　　原整理者（201704）：必，讀為「庀」，治理。《國語・魯語下》：「子將庀季氏之政焉。」協，調整。[147]

　　馬楠（20170423）：「劢」疑讀為「勒」。[148]

　　趙嘉仁（20170424）：「庀」，應讀為「比」，為「編次排比」的意思。「劢」，可讀為「勒」，為「統率」、「部署」之意。……典籍有「勒卒」一語，《墨子・

145　（西漢）司馬遷撰，（南朝宋）裴駰集解，（唐）司馬貞索引、張守節正義：《史記》（北京：中華書局，2014），頁 2103。

146　（東漢）王褒：〈四子講德論并序〉，（南朝梁）蕭統編，（唐）李善、呂延濟、劉良、張銑、呂向、李周翰注：《六臣注文選》（北京：中華書局，2012），卷 51，頁 960。

147　李學勤主編：《清華大學藏戰國竹簡（柒）》（上海：中西書局，2017），頁 14。

148　清華大學出土文獻讀書會（石小力整理）：〈清華七整理報告補正〉，清華網，2017.4.23（2021.6.7 上網）。

旗幟》：「勒卒，中教解前後左右。」……「勒卒」與簡文的「劦（勒）兵」義同。[149]

  陳偉（20170427）：「必」疑讀為「比」。《周禮・秋官・大行人》：「春朝諸侯而圖天下之事，秋覲以比邦國之功，夏宗以陳天下之謨，冬遇以協諸侯之慮，時會以發四方之禁，殷同以施天下之政。」鄭玄注：「此六事者，以王見諸侯為文。圖、比、陳、協，皆考績之言。」比卒協兵，即考校兵卒。[150]

  蕭旭（20170605）：讀「必」為比，讀「劦」為協（古字亦作『勰』，又作「協」），是也，皆齊同、和協義。「劦」是「勰」省文，字亦作扒、放，郭店簡《緇衣》：「則民咸放而刑不試。」上博簡（一）作「扒」，今本《緇衣》作「服」。「放（扒）」疑從勰省聲，讀為協。《爾雅》：「協，服也。」邢疏：「協者，和合而服也。」訓服乃和協之引申義。白於藍、孔仲溫逕讀「放（扒）」為「服」，其聲母遠隔。[151]

  子居（20171213）：陳偉先生〈清華簡七〈越公其事〉校讀〉提出：「『必』疑讀為『比』。」所說當是，《韓非子・外儲說左》：「且夫卿必有軍事，是故循車馬，比卒乘，以備戎事。」即其辭例。整理者讀為「協」的「劦」則當讀為「勒」，「勒兵」一詞典籍習見，如《史記・越王句踐世家》：「句踐聞吳王夫差日夜勒兵，且以報越。」《韓詩外傳》卷三：「武王曰：『於戲！天下已定矣。』乃脩武勒兵於寧。」《新序・義勇》：「勝怨楚逐其父，將弒惠王及子西，欲得易甲，陳士勒兵，以示易甲。」皆是其例。[152]

  郭洗凡（201803）：「必」應讀為「比」，排編的意思。「劦」亦作「放」，見於郭店簡《緇衣》「民咸力放而刑不試」。[153]

  滕勝霖（201905）：「必」，趙嘉仁之說可從，讀作「比」，排列義。《尚書・牧誓》：「稱爾戈，比爾干，立爾矛，予其誓。」孫星衍疏：「比者，《說文》云：『相次比也。』」「劦」，「勰」字省體，楚簡中「協」字寫作「勰」，如：「🔲」（《清華壹・尹誥》簡2），「🔲」（《清華參・芮良夫》簡13）等。「勰」字在楚系文字中未見，戰國文字又見於三晉、齊系文字中，如：「🔲」（《璽彙》460），「🔲」（《陶錄》3・11・4）等。「力」「勒」均來紐職部，

[149] 趙嘉仁：〈讀清華簡（七）散札（草稿）〉，復旦網「學術討論」，2017.4.24（2017.6.22 上網）。

[150] 陳偉：〈清華簡七《越公其事》校讀〉，武漢網，2017.4.27（2021.6.7 上網）。收入復旦大學出土文獻與古文字研究中心主編：《「出土文獻與傳世典籍的詮釋」國際學術研討會議程論文集》（上海：復旦大學出土文獻與古文字研究中心，2017），頁 33。後正式出版，見復旦大學出土文獻與古文字研究中心主編：《出土文獻與傳世典籍的詮釋》（上海：中西書局，2019），頁 33。

[151] 蕭旭：〈清華簡（七）校補（二）〉，復旦網，2017.6.5（2021.5.18 上網）。

[152] 子居：〈清華簡七《越公其事》第十、十一章解析〉，中國先秦史網站，2017.12.13（2021.5.17 上網）。

[153] 郭洗凡：《清華簡《越公其事》集釋》（合肥：安徽大學碩士論文，2018），頁 99-101。

文獻相通亦常見，如：《馬王堆參‧春秋事語‧魯桓公與文姜會齊侯於樂章》欄94：「使吾失親戚之，又勒（力）成吾君之過。」「勒兵」一詞文獻常見，義為部署兵馬。《史記‧孫子吳起列傳》：「闔盧曰：『子之十三篇，吾盡觀之矣，可以小試勒兵乎？』」「比卒勒兵」是動賓與動賓組成的並列結構，前後兩詞意義相近。[154]

杜建婷（201906）：「必」古音為幫母質部，「比」古音為幫母脂部，「庀」古音為滂母脂部，從音理上來說，「比」、「庀」與「必」讀音皆可通。從意義上來說，聯繫下文的「協」，「比」訓為「編排」、「和諧」，「庀」訓為「治理」，亦皆可通。[155]

蘇建洲（202006）：甲骨文「劦」從未見省作「劢」者，馬王堆遣策的「脅」字也均作「劦」，如 M1 遣策簡 14「鹿脅」之「脅」作 🖼。因此「劢」並無釋為「劦／協」的條件，比對《封許之命》簡 6「鋚勒」之「勒」寫作 🖼，從四個「力」，是「力」的繁體，那麼本簡的「劢」亦可讀為「勒」。[156]

江秋貞（202007）：「必」讀為「比」為考校義，「比卒」考校士卒，《周禮‧春官‧大胥》：「比樂官」《小胥》：「掌學士之徵令而比之。」鄭玄注：「比，猶考校也。」《夏官‧大司馬》：「比軍眾」，鄭玄注：「比，校次之」，原考釋認為「必」為「庀」治理，非也。「劢」，楚簡未見，偏旁也未見，但甲骨、金文「協」作「劦」，從二「力（耒）」或三「力（耒）」，因此二力有可能讀「協」、也有可能是「力」的複體，讀「協」讀「力（勒）」都有可能，此時應以上下文義為思考的依據。原考釋說「劢」為「協」，協兵，即調整軍隊，語意較泛，查古代典籍未見「協兵」。馬楠讀「勒兵」即治軍，操練或指揮軍隊。《史記‧廉頗藺相如列傳》：「秦軍鼓譟勒兵，武安屋瓦盡振。」《漢書‧武帝紀》：「勒兵十八萬騎，旌旗徑千餘里，威震匈奴。」文意較為合適。「必（比）卒劢（勒）兵」意即「考校士卒，操練士兵」。[157]

佑仁謹案：

「必」，原整理者讀「庀」，訓治理。趙嘉仁、陳偉讀為「比」，但前者訓為「編次排比」，後者訓為「考校」。子居贊成陳偉之說，並提出《韓非子‧外儲說左》：「且夫卿必有軍事，是故循車馬，比卒乘，以備戎事。」即其辭例。

---

[154] 滕勝霖：《《清華大學藏戰國竹簡（柒）》集釋及相關問題研究》（重慶：西南大學碩士論文，2019），頁 391。滕勝霖：《《清華大學藏戰國竹簡（柒）》集釋》（重慶：西南師範大學出版社，2021），頁 384-385。

[155] 杜建婷：《清華簡第七輯文字集釋》（廣州：中山大學碩士論文，2019），頁 24。

[156] 蘇建洲：〈說睡虎地秦簡《葉書》「喜揄史」的「揄」〉，《出土文獻》2020 第 2 期（2020.6），頁 82。

[157] 江秋貞：《《清華大學藏戰國竹簡（柒）‧越公其事》考釋》（臺北：臺灣師範大學博士論文，2020），頁 649。江秋貞：《《清華大學藏戰國竹簡（柒）‧越公其事》考釋》（臺北：花木蘭文化事業公司，2022），頁 583-584。

郭洗凡認為應讀「比」，訓為「排編」。滕勝霖贊成趙嘉仁之說，讀作「比」，排列義。江秋貞主張「必」讀為「比」，為考校義。杜建婷認為兩說皆可通。

「比」即考校，《廣韻·旨韻》：「比，校也。」[158]《周禮·地官·小司徒》：「及三年則大比。」鄭玄《注》：「大比，謂使天下更簡閱民數及其財物也。」[159]《漢書·石奮傳》：「是以切比閭里，知吏姦邪。」顏師古《注》：「比，校考也。」[160]

「絿」字，學界有兩種讀法，其一讀為「協」，其二讀為「勒」，相同字形又見清華拾《司歲》簡 6「絿（劦）念」，《爾雅·釋天》作「協洽」[161]，《史記·天官書》作「叶洽」[162]，所謂的「劦（協）」字構形與本處完全相同。不過，若將《越公其事》此字讀成「協」，「協兵」一詞古籍未見，文意也不好理解。

《封許之命》簡6「鎣勒」之「勒」從四「力」，若本處改讀為「勒兵」，可謂文通字順，古籍用例也多。「勒兵」即治軍，指操練或指揮軍隊。古文字偏旁單複數不別，從二「力」或從四「力」都是「力」字繁構。

〔13〕乃由（抽）王罕（卒）君子卒=（六千）。

乃	由	王	罕	君	子	卒=

原整理者（201704）：由，任用。《左傳·襄公三十年》「以晉國之多虞，不能由吾子，使吾子辱在泥塗久矣」，杜預注：「由，用也。」王卒，《左傳·成公十六年》：「楚之良，在其中軍王族而已。請分良以擊其左右，而三軍萃於王卒，必大敗之。」王卒君子，又見於下文。[163]

陳偉（20170427）：由，疑可讀為「抽」。《左傳·宣公十二年》「抽矢菆」杜預注：「抽，擢也。」《楚辭·九章·抽思》「與美人之抽思兮」，朱熹集注：「抽，拔也。」簡文是說通過考校，從普通兵卒中選拔出王卒。[164]

158 周祖謨：《廣韻校本》（北京：中華書局，2011），頁 250。

159 （東漢）鄭玄注，（唐）賈公彥疏，李學勤主編：《十三經注疏·周禮注疏》（北京：北京大學出版社，2000），頁 324。

160 （東漢）班固撰，（清）王先謙補注：《漢書補注》（上海：上海古籍出版社，2008），卷 46，頁 3600-3601。

161 （晉）郭璞注，（宋）邢昺疏，李學勤主編：《十三經注疏·爾雅注疏》（北京：北京大學出版社，2000），頁 187。

162 （西漢）司馬遷撰，（南朝宋）裴駰集解，（唐）司馬貞索引、張守節正義：《史記》（北京：中華書局，2014），頁 1568。

163 李學勤主編：《清華大學藏戰國竹簡（柒）》（上海：中西書局，2017），頁 146-147。

164 陳偉：〈清華簡七《越公其事》校讀〉，武漢網，2017.4.27。收入復旦大學出土文獻與古文字研究中心主編：《「出土文獻與傳世典籍的詮釋」國際學術研討會議程論文集》（上海：

海天遊蹤（20170428）：「由」應該就是上博簡《子羔》簡8「故夫舜之德其誠賢矣，采諸畎畝之中而使君天下而稱。」的「采」。此字以往有多種讀法，包含「抽」等等，裘錫圭先生《〈上海博物館藏戰國楚竹書（二）・子羔〉釋文注釋》有分析、評論，此從裘先生讀為「擢」。[165]

zzusdy（20170428）：《子羔》「采」似以陳秉新先生讀為「遂」為最適合，他以戰國貨幣地名「武采」即「武遂」，《禮記》「贊桀俊，遂賢良，舉長大」為證據，又舉《孟子》「舜發於畎畝之中，傳說舉於版築之閒⋯⋯」為比較，「遂」即發、舉、進（賢良）之義。至於本篇的「由」用作本字，文意並無不通，「由」即進用（包括《子羔》「采」也可以用為「由」），簡47「善人則由，譖民則背」以「由」與「背」相對，「由」義亦同。[166]

蕭旭（20170605）：「由」讀為抽或擢，皆是，亦可讀為挑，並音近義同，猶言選擇、選取。[167]

子居（20171213）：整理者所舉楚王卒例，是由楚的王族子弟構成的，與《越公其事》中的王卒是簡選出來的明顯有別。《越公其事》的「王卒」，下文又稱「私卒」，因此可知是由個人支配的部隊，與春秋早、中期臨出征之前分配至將領麾下的部隊性質截然不同。[168]

滕勝霖（201905）：「由」，陳偉、蘇建洲之說可從，讀作「擢」。《郭店・唐虞》簡8：「六帝興於古，咸采（由）此也。」「采」為「袖」字小篆聲符（佑仁案：𥭥），裘錫圭讀作「由」。《上博二・子羔》簡8：「采諸畎畝之中」，裘錫圭讀為「擢」可從，「擢」「抽」同源，選拔義。「王卒君子」特指以越王勾踐心腹組成的軍隊。《國語・吳語》：「（越王）以其私卒君子六千人為中軍。」韋昭注：「私卒君子，王所親近有志行者，猶吳所謂賢良，齊所謂士。」《後漢書・鄭玄傳》：「昔齊置士鄉，越有君子軍，皆異賢之意也。」[169]

杜建婷（202006）：整理者如字讀，訓為「任用」，陳偉讀為「抽」，訓為「選拔、任用」，皆可通也。[170]

復旦大學出土文獻與古文字研究中心，2017），頁33。後正式出版，見復旦大學出土文獻與古文字研究中心主編：《出土文獻與傳世典籍的詮釋》（上海：中西書局，2019），頁139。

[165] 海天遊蹤：〈清華七《越公其事》初讀〉，武漢網，跟帖第72樓，2017.4.28（2019.11.21上網）。

[166] zzusdy：〈清華七《越公其事》初讀〉，武漢網，跟帖第73樓，2017.4.28（2019.11.21上網）。

[167] 蕭旭：〈清華簡（七）校補（二）〉，復旦網，2017.6.5。（2021.5.18上網）。

[168] 子居：〈清華簡七《越公其事》第十、十一章解析〉，中國先秦史網站，2017.12.13（2021.5.17上網）。

[169] 滕勝霖：《《清華大學藏戰國竹簡（柒）》集釋及相關問題研究》（重慶：西南大學碩士論文，2019），頁391。滕勝霖：《《清華大學藏戰國竹簡（柒）》集釋》（重慶：西南師範大學出版社，2021），頁385。

[170] 杜建婷：《清華簡第七輯文字集釋》（廣州：中山大學碩士論文，2019），頁195。

蘇建洲（202006）：「王坓（卒）君子卒＝（六千）」的「由」也是拔擢、抽拔一類的意思。「王坓（卒）君子卒＝（六千）」的「由」當如陳偉先生讀為「抽」。而比對秦簡「揄史」「喻為史」，則簡文可理解為「乃抽為王卒君子六千」。「抽為某某（新職）」即文獻常見的「拔為某某（新職）」。[171]

江秋貞（202007）：因為下文尚有「以其私卒君子六千以為中軍」一句，中軍多部署精銳部隊，亦是軍隊的指揮中心，所以，此處的「王坓君子」如原考釋的解釋，可從。「乃由王坓君子卒」意即「於是選拔出國家的精銳士卒六千人」。[172]

陳一（202203）：由，讀為「擢」可從。「王卒君子」即《後漢書‧鄭玄傳》中「君子軍」，為勾踐以心腹組成的軍隊。「比卒協兵，乃擢王卒君子六千。」意為「檢閱考校士兵，整飭武器，於是從中選拔出心腹六千人。」[173]

佑仁謹案：

筆者贊成陳偉、蘇建洲（海天遊蹤）之意見，讀為「抽」或「擢」，由士卒中抽擢六千兵力，讀「抽」或「擢」意思比「由」（任用）更為妥貼。「抽」和「擢」都有拉、拔一類的意思，後引申為提拔、拉拔。《左傳‧宣公十二年》：「抽矢菆。」杜預《注》：「抽，擢也。」[174]《說文‧手部》：「搯，引也。……抽，搯或從由。搙，搯或從秀。」[175]《廣雅‧釋詁三》：「搴、夭、抽、挋、摵、擢、拂、戉、蹹、扴，拔也。」[176]《世說新語‧假譎》：「魏武乃入，抽刃劫新婦。」[177]《說文》：「拔，擢也。」[178]《說文》：「擢，引也。」[179]《說文繫傳》：「臣鍇曰：『為拔擢也。』」[180]《戰國策‧燕策二》：「先王過舉，擢之乎賓客

---

[171] 蘇建洲：〈說睡虎地秦簡《葉書》「喜揄史」的「揄」〉，《出土文獻》2020 第 2 期（2020.6），頁 83、86。

[172] 江秋貞：《《清華大學藏戰國竹簡（柒）‧越公其事》考釋》（臺北：臺灣師範大學博士論文，2020），頁 651-652。江秋貞：《《清華大學藏戰國竹簡（柒）‧越公其事》考釋》（臺北：花木蘭文化事業公司，2022），頁 586。

[173] 陳一：《清華簡（柒）》疑難字詞補釋》（天津：天津師範大學碩士論文，2022），頁 112。

[174] （西晉）杜預注，（唐）孔穎達正義，李學勤主編：《十三經注疏‧春秋左傳正義》（北京：北京大學出版社，2000），頁 749。

[175] （東漢）許慎撰，（清）段玉裁注，李添富總校訂：《新添古音說文解字注》（臺北：洪葉文化事業公司，2016），頁 611。

[176] （清）王念孫著，張其昀點校：《廣雅疏證》（北京：中華書局，2019 年），頁 249。

[177] （南朝宋）劉義慶撰，（南朝梁）劉孝標注，余嘉錫箋疏：《世說新語》（北京：中華書局，2015），頁 939。

[178] （東漢）許慎撰，（清）段玉裁注，李添富總校訂：《新添古音說文解字注》（臺北：洪葉文化事業公司，2016），頁 611。

[179] （東漢）許慎撰，（清）段玉裁注，李添富總校訂：《新添古音說文解字注》（臺北：洪葉文化事業公司，2016），頁 611。

[180] （宋）徐鍇撰：《說文繫傳》（臺北：華文書局，1975），頁 114。

之中，而立之乎群臣之上。」[181]《新序・善謀下》：「漢王既用滕公、蕭何之言，擢拜韓信為上將軍。」[182]可參。

簡文「王卒君子」，指越國的君子軍，「君子」意即國君視同自己兒子撫養的士兵，此乃由國君親自培養忠於自己的親信部隊。《國語・吳語》：「（越王）以其私卒君子六千人為中軍。」韋昭《注》：「私卒君子，王所親近，有志行者。猶吳所謂賢良，齊所謂士。」[183]《史記・越王句踐世家》：「（越王）乃發習流二千人，教士四萬人，君子六千人，諸御千人，伐吳。」裴駰《集解》云：「虞翻曰：『言君養之如子。』」司馬貞《索隱》：「君子謂君所子養有恩惠者。」[184]筆者認為虞翻之說可信，「言君養之如子」故謂之「君子」。

依據《吳越春秋・勾踐伐吳外傳》勾踐十五年（西元前482年）記載，句踐謀劃伐吳，向文種請益時，句踐自言「今孤子、寡婦、疾疹、貧病者，納官其子。欲仕，量其居，好其衣，飽其食，而簡銳之。凡四方之士來者，必朝而禮之，載飯與羹，以游國中。國中僮子戲而遇孤，孤餔而啜之，施以愛，問其名。」[185]讓孤兒、寡婦、生病、貧困等類人的孩子交給國家，給他們充裕的物資，並且鍛鍊他們。國內若有無家可歸的孩子，句踐就提供飲食，詢問其名字，以供日後選用。王所挑選的六千名心腹部隊，很有可能即源自這些人。

〔14〕王翠（卒）既備，舟鞶（乘）既成，吳帀（師）未記（起）

王	翠	既	備	舟	鞶	既
成	吳	帀	未	記		

原整理者（201704）：王卒，優良軍隊。舟，水戰戰具。乘，陸戰戰具。「服」與「成」互文見義。[186]

心包（20170424）：簡62「王卒既備（服），舟車既成」，「備」不用破讀，《廣雅・釋詁》「備，成也」，「飭，備也」。[187]

---

[181] 諸祖耿：《戰國策集注彙考》（南京：鳳凰出版社，2008），頁1613。

[182] （西漢）劉向編著，石光瑛校釋、陳新整理：《新序校釋》（北京：中華書局，2017），頁1263-1264。

[183] （三國吳）韋昭注，徐元誥集解：《國語集解》（北京：中華書局，2002），頁560。

[184] （西漢）司馬遷撰，（南朝宋）裴駰集解，（唐）司馬貞索引、張守節正義：《史記》（北京：中華書局，2014），頁2105。

[185] 周生春：《吳越春秋輯校彙考》（上海：上海古籍出版社，1997），頁160-161。

[186] 李學勤主編：《清華大學藏戰國竹簡（柒）》（上海：中西書局，2017），頁147。

[187] 心包：〈清華七《越公其事》初讀〉，武漢網，跟帖第11樓，2017.4.24（2019.11.21上網）。

子居（20171213）：凡是簡選出的兵士，自然都是非常優良的，所以這與是不是「王卒」無關。網友心包指出 10 樓：「簡 62『王卒既備（服），舟車既成』，『備』不用破讀，《廣雅・釋詁》『備，成也』，『飭，備也』。」所說是。[188]

滕勝霖（201905）：「王卒」即上一句「王卒君子」，指以越王勾踐心腹組成的軍隊。「備」如字讀，形成、完成義。「備」「成」義同，如：《詩經・齊風・猗嗟》：「儀既成兮」，鄭玄箋：「成猶備也。」《周禮・天官・典絲》：「共黼畫組就之物」，鄭玄注：「采色一成曰就。」孫詒讓正義：「成、備義同。」[189]

江秋貞（202007）：心包所言「『備』不用破讀，成也」可從。《詩・小雅・楚茨》：「禮儀既備，鍾鼓既戒。」「備」有「完備、齊備」之意。原考釋釋「舟」，水戰戰具；「乘」，陸戰戰具，可從。「王卒既備，舟轝既成」意即「國家精銳部隊完備，水陸戰具也齊備。」[190]

佑仁謹案：

「備」從心包之說，讀如字，不煩改讀成「服」。《儀禮・燕禮》：「正歌備。」鄭玄《注》：「備亦成也。」[191]《尚書大傳》：「備者，成也。」[192]《逸周書・寶典解》：「明眾以備。」潘振云：「備，成也。」[193]《廣雅・釋詁三》：「備，具也。」《廣雅・釋詁三》：「為、備，成也。」[194]《廣韻・至韻》：「備，具也。」[195]

「成」字本從「戈」，但左上角明顯多一橫筆，筆者在博士論文中曾系統彙整將「戈」寫成「弋」的例證，《越公其事》有十四個「成」字，其中半數（七例）有加橫筆，其餘則無，可見這種裝飾筆畫可有可無[196]。

188 子居：〈清華簡七《越公其事》第十、十一章解析〉，中國先秦史網站，2017.12.13（2021.5.17 上網）。

189 滕勝霖：《《清華大學藏戰國竹簡（柒）》集釋及相關問題研究》（重慶：西南大學碩士論文，2019），頁 392。滕勝霖：《《清華大學藏戰國竹簡（柒）》集釋》（重慶：西南師範大學出版社，2021），頁 385。

190 江秋貞：《《清華大學藏戰國竹簡（柒）・越公其事》考釋》（臺北：臺灣師範大學博士論文，2020），頁 653。江秋貞：《《清華大學藏戰國竹簡（柒）・越公其事》考釋》（臺北：花木蘭文化事業公司，2022），頁 587-588。

191 （東漢）鄭玄注，（唐）賈公彥疏，李學勤主編：《十三經注疏・儀禮注疏》（北京：北京大學出版社，2000），頁 318。

192 《尚書大傳》相傳為伏生所撰，朱維錚主編：《中國經學史基本叢書》（上海：上海書店出版社，2012），第 1 冊，頁 37。

193 黃懷信、張懋鎔、田旭東：《逸周書彙校集注》（上海：上海古籍出版社，2007），頁 298。

194 （清）王念孫著，張其昀點校：《廣雅疏證》（北京：中華書局，2019 年），頁 224、251。

195 周祖謨：《廣韻校本》（北京：中華書局，2011），頁 353。

196 參高佑仁《上博楚簡莊、靈、平三王研究》之「楚簡『弋』旁的構形考察」乙節，高佑仁：《上博楚簡莊、靈、平三王研究》（臺南：成功大學博士論文，2011），頁 353-356。

「舟」、「乘」從原整理者所釋，「乘」此處要讀第四聲，指戰車，《左傳・成公十六年》：「苗賁皇徇曰：『蒐乘、補卒，秣馬、利兵，脩陳、固列，蓐食、申禱，明日復戰！』」[197]

〔15〕雩（越）王句戏（踐）乃命鄔（邊）人菆（聚）悬（怨）

雩	王	句	戏	乃	命	鄔
人	菆	悬				

原整理者（201704）：菆，《說文》：「麻蒸也。」讀為「聚」。聚怨，猶積怨。《淮南子・人間》：「夫積愛成福，積怨成禍。」[198]

趙嘉仁（20170424）：這一段簡文中的「鄔（邊）人」所指，應包括吳越兩國接壤的邊境上的民眾。簡文的意思是說因為吳國軍隊始終不主動出擊，所以越國就想辦法讓兩國的邊人積怨，挑起爭鬥，互相攻擊，促使吳國軍隊不得不動起來。這其實是為越國發動戰爭尋找藉口。[199]

cbnd（20170506）：「菆」字應讀作「取」。「取怨」的意思是招致怨憤，在簡文中可以理解為挑起怨恨，與後面的「挑起怨惡」是差不多的。[200]

子居（20171213）：《左傳・成公十六年》：「怨之所聚，亂之本也。」可證這種亂與怨的關係是先秦共識。由《左傳》可見，自黃池之會起，勾踐即數度伐吳，所以真實情況並非《越公其事》中所描述的這樣。實際上，當時夫差只一心與齊、晉爭鋒，和越國之間根本就不存在什麼「邊人乃相攻也，吳師乃起」的情況，一直都是勾踐在主動攻擊報復吳國。由下文與《國語・吳語》類似章節也可以看到，彼時勾踐是主動進攻方。所以，「王卒既服，舟乘既成，吳師未起，越王句踐乃命邊人聚怨，變亂私成，挑起怨惡，邊人乃相攻也，吳師乃起。」這

---

[197]（西晉）杜預注，（唐）孔穎達正義，李學勤主編：《十三經注疏・春秋左傳正義》（北京：北京大學出版社，2000），頁901。

[198] 李學勤主編：《清華大學藏戰國竹簡（柒）》（上海：中西書局，2017），頁147。

[199] 趙嘉仁：〈讀清華簡（七）散札（草稿）〉，復旦網「學術討論」，2017.4.24（2017.6.22上網）。

[200] cbnd：〈清華七《越公其事》初讀〉，武漢網，跟帖第155樓，2017.5.6（2019.11.21上網）。魏宜輝：〈讀〈清華大學藏戰國竹簡（柒）〉札記〉，收入中國文字學會編：《中國文字學會第九屆學術年會論文集》（北京：中國文字學會，2017），頁683；又見香港浸會大學饒宗頤國學院，澳門大學中國語言文學系，清華大學出土文獻研究與保護中心：《〈清華簡〉國際會議論文集》（香港：香港浸會大學饒宗頤國學院、澳門：澳門大學中國語言文學系，2017），頁185。

段話，很可能是編撰者以己意或其他傳說補入的，只是為了在兩份不同的原始材料間起到一個過渡的作用。[201]

郭洗凡（201803）：整理者觀點可從，「聚」，會也，邑落云聚，聚怨，就是聚集眾人的怨恨之心。[202]

滕勝霖（201905）：「菆」，從艸取聲，魏宜輝之說可從，讀作「取」。「取怨」一詞文獻常見，《禮記·月令》：「毋或敢侵削眾庶兆民，以為天子取怨于下，其有若此者，行罪無赦。」[203]

杜建婷（201906）：「菆」可如字讀，訓為「聚集、叢集」，《禮記·檀弓上》：「天子之殯也，菆塗龍輴以椁。」孔穎達疏：「菆，叢也。謂用木菆棺而四面塗之，故云菆塗也。」「菆怨」義同「聚怨」。[204]

江秋貞（202007）：cbnd、魏宜輝（佑仁案：cbnd 為魏宜輝網名）釋為「取怨」招致怨憤。因為「聚怨」沒有主動招致怨恨的意思，而「取怨」則為主動挑釁，比較符合越王句踐此時的行徑。「邊人」應是吳越兩國邊境的人民。「吳帀未起，雪王句戋乃命鄽人菆悥」意即「吳國的軍隊沒有動作，越王句踐就命令邊境人民主動挑釁招惹怨恨」。[205]

佑仁謹案：

原整理者讀「聚怨」，cnbd（魏宜輝）讀「取怨」。「聚怨」比「取怨」更為適合，「聚怨」一詞見《左傳·文公五年》：「且華而不實，怨之所聚也。犯而聚怨，不可以定身。余懼不獲其利，而離其難。」[206]「取」字有越國主動招惹、招致吳國怨恨之意，而「聚」則是吳越聚集彼此的怨懟，依據前文所述的「毋有往來以交之訕」，當是吳越相互怨憎，而非單一方的情緒，因此讀「聚」比較理想。

[201] 子居：〈清華簡七《越公其事》第十、十一章解析〉，中國先秦史網站，2017.12.13（2021.5.17上網）。

[202] 郭洗凡：《清華簡《越公其事》集釋》（合肥：安徽大學碩士論文，2018），頁102。

[203] 滕勝霖：《《清華大學藏戰國竹簡（柒）》集釋及相關問題研究》（重慶：西南大學碩士論文，2019），頁392。滕勝霖：《《清華大學藏戰國竹簡（柒）》集釋》（重慶：西南師範大學出版社，2021），頁386。

[204] 杜建婷：《清華簡第七輯文字集釋》（廣州：中山大學碩士論文，2019），頁14。

[205] 江秋貞：《《清華大學藏戰國竹簡（柒）·越公其事》考釋》（臺北：臺灣師範大學博士論文，2020），頁654-655。江秋貞：《《清華大學藏戰國竹簡（柒）·越公其事》考釋》（臺北：花木蘭文化事業公司，2022），頁589。

[206] （西晉）杜預注，（唐）孔穎達正義，李學勤主編：《十三經注疏·春秋左傳正義》（北京：北京大學出版社，2000），頁584。

「菆」字，《說文》云：「麻蒸也。从艸取聲。一曰蓐也。」[207]又見於三晉璽印（，《璽彙》0549）[208]，「菆」、「聚」都從「取」得聲，通假沒有問題[209]。

〔16〕弁（變）圏（亂）厶（私）成，舀（挑）起悥（怨）晉（惡）

弁	圏	厶	成	舀	起	悥

晉

原整理者（201704）：變亂，變更，使紊亂。《書・無逸》：「此厥不聽，人乃訓之，乃變亂先王之正刑。」厶成，猶私行。行為變亂，私自枉為。又疑「厶」為「已」之訛。變亂已成指改變已有的和平條約。舀，讀為「挑」。《文選・報任少卿書》「垂餌虎口，橫挑彊胡」，李善注引臣瓚曰：「挑，挑敵求戰也。」[210]

趙嘉仁（20170424）：其中的「弁（變）圏（亂）厶（私）成」，應該是指兩國邊民之間的私下達成的交易約定，所以稱為「私成」。「改變擾亂」這些私下的交易或約定，自然會蓄積怨恨，很容易產生爭鬥，從而互相攻擊，成為發動戰爭的導火索。[211]

暮四郎（20170502）：「變亂私成」中「變亂」是動詞，「私成」是名詞。「私成」或有可能是指吳越兩國的邊人私下達成的和平協定（不一定是正式的文件，也可以是口頭協定）之類，「變亂私成」指打破這種協定。「成」有和解、媾和之義，與此相關。《左傳・隱公六年》；「鄭伯請成于陳，陳侯不許。」[212]

子居（20171213）：「變亂」指變故叛亂，《韓非子・八說》：「法明則內無變亂之患，計得則外無死虜之禍。」「私成」指背著君主所做的私下政治交易。這裡所說的「變亂私成」，指的是讓吳國邊縣守將私成變亂。「舀」與「挑」似無直接通假之例，故筆者以為，「舀」或當讀為「導」，導起猶言引起。[213]

207 （東漢）許慎撰，（清）段玉裁注，李添富總校訂：《新添古音說文解字注》（臺北：洪葉文化事業公司，2016），頁48。

208 湯志彪：《三晉文字編》（北京：作家出版社，2013），頁80。

209 高亨、董治安編纂：《古字通假會典》（濟南：齊魯書社，1997），頁362。

210 李學勤主編：《清華大學藏戰國竹簡（柒）》（上海：中西書局，2017），頁147。

211 趙嘉仁：〈讀清華簡（七）散札（草稿）〉，復旦網「學術討論」，2017.4.24（2017.6.22上網）。

212 暮四郎：〈清華七《越公其事》初讀〉，武漢網，跟帖第134樓，2017.5.2（2019.11.21上網）。

213 子居：〈清華簡七《越公其事》第十、十一章解析〉，中國先秦史網站，2017.12.13（2021.5.17上網）。

郭洗凡（201803）：「暮四郎」的觀點可從，「變亂私成」指打破吳越兩國之間簽訂的和平協議。「成」有和解、和平之義。[214]

毛玉靜（201905）：厶－已，此處讀「已」似更好。[215]

滕勝霖（201905）：「成」，和解義。《戰國策・韓策三》：「以為成而過南陽之道。」鮑彪注：「成，平也，猶和。」「私成」與文獻所載勾踐兵敗會稽後並未與吳簽訂盟約相合。「變亂私成」從黃傑（佑仁案：即暮四郎）之說，應理解為動賓結構。「舀」，從整理者之說，讀作「挑」。楚簡中「舀」「陶」相通，如：《郭店・性自命出》簡24：「聞歌謠，則舀（陶）如也斯奮。」「陶」定紐幽部，「挑」透紐宵部，幽部與宵部相近，如：「繇」既有「由」音（幽部），又有「徭」音（宵部）。「怨惡」，怨恨憎惡。《墨子・尚同上》：「是以內者父子兄弟作怨惡，離散不能相和合。」「怨惡」後需點斷。[216]

張朝然（201906）：「厶」讀為「私」，私下的、不公開的意思。「私成」則有可能是指吳越邊人默守的規定。[217]

杜建婷（201906）：整理者讀為「挑」。「舀」古音為喻母宵部，「挑」古音為透母宵部，二者韻部相同，聲母同為舌音，音理當可通也。「導」古音為定母幽部，與「舀」韻部可旁轉，聲母同為舌音，於音理可通。然鮮見「導起」一詞。筆者以為從整理者將「舀起」讀為「挑起」於上下文義更為通暢。[218]

江秋貞（202007）：原考釋認為「變亂」為「變更」，可從。原考釋釋「私成」釋為「私自枉為」或「口」訛為「已」，「已成」為「已有的和平條約」，則並不妥當。趙嘉仁認為是改變擾亂這些私下的交易或約定，比較接近原考釋第二種說法，但是並沒有把「厶」認為「已」的訛寫。暮四郎認為「變亂吳越兩國的邊人私下達成的和平協定」，他的說法比較接近趙嘉仁的說法。子居則認為「變亂私成」是讓吳國邊將私自變亂。筆者認為簡文的「口（厶）」應釋為「私」，不是訛寫。〈越公其事〉簡7乙「勿使句戔繼薨於越邦巳（矣）」，簡14乙「凡吳之善士將中半死巳（矣）」的「已」或訛為「巳」形。「弁䜌厶成」意指「私自變亂民間的交易或約定」。「舀」讀為「挑」可從。「舀起惡惡，鄙人乃相戕也，

---

[214] 郭洗凡：《清華簡《越公其事》集釋》（合肥：安徽大學碩士論文，2018），頁102。

[215] 毛玉靜：《《清華大學藏戰國竹簡（柒）》字用研究》（合肥：安徽大學碩士論文，2019），頁96。

[216] 滕勝霖：《《清華大學藏戰國竹簡（柒）》集釋及相關問題研究》（重慶：西南大學碩士論文，2019），頁393-394。滕勝霖：《《清華大學藏戰國竹簡（柒）》集釋》（重慶：西南師範大學出版社，2021），頁386-387。

[217] 張朝然：《清華簡《越公其事》集釋及相關問題初探》（石家莊：河北師範大學碩士論文，2019），頁55。

[218] 杜建婷《清華簡第七輯文字集釋》（廣州：中山大學碩士論文，2019），頁165。

吳帀乃起」意指「（越國）挑起怨惡，國境邊的人民於是互相攻擊，吳國軍隊就起兵了」。[219]

佑仁謹案：

「變亂厶（私）成」，「厶」原整理者讀「私」，又疑「厶」為「已」的訛寫。學界一般讀「厶（私）」，但毛玉靜認為「此處讀『已』似更好」，除非有強而有力的證據，否則筆者還是傾向從「厶」入手思考。

「厶」讀「私」可能比較適當，趙嘉仁認為「私成」即兩國邊民私下所訂定的交易約定，暮四郎也認為是「『私成』或有可能是指吳越兩國的邊人私下達成的和平協定（不一定是正式的文件，也可以是口頭協定）之類」，趙嘉仁把條約的約定者當成「邊民」，暮四郎則認為是「邊人」。在《越公其事》中，「邊民」和「邊人」是不同的身分，簡文云「越王句踐乃命邊人聚怨，變亂私成」，可見是「邊人」做怨，而與「邊民」無關。然而雖是邊人作怨，破壞私約，但這不代表雙方的約定者就是邊人，兩國比鄰而處，約定好不相互攻伐，這是高度敏感的政治事件，以兩國邊人（邊境官兵）的層級，若無國君授意，豈可任由邊人擬定和平協定？

滕勝霖引用越向吳請成之後「荒成不盟」（〈吳語〉）記載解釋此處的「私成」，恐怕有問題。句踐兵敗後，是否和夫差有正式的盟誓，古籍本有兩種說法：《國語・吳語》、《戰國策》都認為沒有盟誓[220]，《史記・吳太伯世家》則說「與盟而罷兵去」[221]，更重要的是，《越公其事》第三章清楚寫著「越王乃盟，男女服，師乃還」，盟會後吳國師旅方返。本處若依據「荒成不盟」或「與成而不盟」（〈韓策三〉）來解釋「私成」，將與簡文的敘述自相矛盾。

句踐敗逃會稽山是句踐 3 年（西元前 494 年）之事，本章所敘述的是句踐19 年（西元前 478 年）笠澤之戰，相距十六年之久，可能這段時間，吳越私下有不相互攻擊的不成文協議。

原整理者將「昭」讀作「挑」，子居認為「昭」和「挑」沒有通假之例，故改讀為「導」。關於「昭」與「兆」聲的聯繫，滕勝霖、杜建婷、江秋貞等人均有補證，可信。

〔17〕郻（邊）人乃相玟（攻）也

---

[219] 江秋貞：《《清華大學藏戰國竹簡（柒）・越公其事》考釋》（臺北：臺灣師範大學博士論文，2020），頁 656-658。江秋貞：《《清華大學藏戰國竹簡（柒）・越公其事》考釋》（臺北：花木蘭文化事業公司，2022），頁 591-592。

[220] （三國吳）韋昭注，徐元誥集解：《國語集解》（北京：中華書局，2002），頁 540。諸祖耿：《戰國策集注彙考》（南京：鳳凰出版社，2008），頁 1468。

[221] （西漢）司馬遷撰，（南朝宋）裴駰集解，（唐）司馬貞索引、張守節正義：《史記》（北京：中華書局，2014），頁 1774。

鄁	人	乃	相	戉	也

滕勝霖（201905）：「邊人乃相攻也」，邊境的百姓於是互相攻擊，文獻中類似記載如：《呂氏春秋・察微》講由卑梁之女爭桑而引發吳楚難父之戰，《史記・吳太伯世家》《史記・楚世家》《吳越春秋・王僚使公子光傳第三》等。[222]

佑仁謹案：

滕勝霖認為「邊人」是邊境的百姓。但細審《越公其事》原文，對於「邊境的百姓」的稱呼應該是「邊縣之民」（簡39）。而簡19-20云：「（夫差）孤用率我一二子弟以奔告於邊。邊人為不道，又抗禦寡人之辭」，雙方產生矛盾危機時，夫差還緊急通知邊人切莫滋事，沒想到邊人抗拒夫差命令。上博七《鄭子家喪》甲簡1云：「鄭子家喪，邊人來告。」鄭子家過世時，楚邊人前來告知楚莊王此訊息，這裡所述的「邊人」，均非一般百姓。《國語・魯語上》：「晉人殺厲公，邊人以告。」韋昭《注》：「邊人，疆場之司也。」[223]「邊人」是駐守邊境的官員、士兵等，他們負責守護邊境的安全。

筆者認為簡文所云乃句踐要越國邊人刻意尋釁滋事，用以引起雙邊的仇恨情緒，最終「邊人乃相攻伐」，吳越官員士兵相互攻擊，越國才能師出有名。

〔18〕吳帀（師）乃迅（起），吳王起帀（師），軍於江北。雩（越）王起帀（師），軍於江南。

吳	帀	乃	迅	吳	王	起
帀	軍	於	江	北	雩	王
起	帀	軍	於	江	南	

---

[222] 《《清華大學藏戰國竹簡（柒）》集釋》已無此說。滕勝霖：《《清華大學藏戰國竹簡（柒）》集釋及相關問題研究》（重慶：西南大學碩士論文，2019），頁394。

[223] （三國吳）韋昭注，徐元誥集解：《國語集解》（北京：中華書局，2002），頁172。

原整理者（**201704**）：據《左傳》，吳、越此戰在魯哀公十七年，公元前四七八年。江，《國語‧吳語》「軍於江北」，韋昭注：「松江，去吳五十里。」[224]

子居（**20171213**）：對照《國語‧吳語》：「於是吳王起師，軍於江北，越王軍於江南。」明顯是〈吳語〉更簡潔一些，說明〈吳語〉此章的成文當早於《越公其事》，此節的「江」大致相當於《水經注》的獲水。[225]

熊賢品（**201801**）：此處的「江」，可能就是此前文獻中記載的是蘇州西南的笠澤（今太湖通松江處），即《左傳》哀公十七年中的「笠澤」。[226]

郭洗凡（**201803**）：根據傳世文獻可以充分補充簡文中不明顯的信息。[227]

滕勝霖（**201905**）：《左傳‧哀公十七年》：「三月，越子伐吳。吳子禦之笠澤，夾水而陳。」《吳地記》：「松江，一名松陵，又名笠澤。」據此可知，簡文「江」之所指為笠澤，即今蘇州東流之吳淞江，此江離吳國都城姑蘇不遠。越國軍隊如楚制，分作左、中、右三軍，而春秋晉國、齊國設上、中、下三軍。文獻中越國「三軍」的記載如：《左傳‧哀公十七年》：「越子以三軍潛涉，當吳中軍而鼓之。吳師大亂，遂敗之。」春秋列國大多以中軍最強，如：《左傳‧成公十六年》：「楚之良，在其中軍王族而已。」越國軍隊編制或可通過楚國軍隊編制蠡測。[228]

江秋貞（**202007**）：「軍」在此為動詞，《戰國策‧齊策一》：「軍於邯鄲之郊。」高誘注：「軍，屯也。」「吳王起帀，軍於江北。雪王起帀，軍於江南」意指「吳王發動軍隊，屯師於江北。越國發動軍隊，屯師於江南。」[229]

佑仁謹案：

江秋貞認為「軍」是動詞，訓為「屯」，可信。《左傳‧桓公八年》：「楚子伐隨，軍於漢、淮之間。」[230]簡文中，吳王屯軍「江北」，越王屯軍「江南」，然而，「江」字所指是哪一條河流呢？此處所描寫的乃發生於周敬王四十二年（魯

---

[224] 李學勤主編：《清華大學藏戰國竹簡（柒）》（上海：中西書局，2017），頁 147。

[225] 子居：〈清華簡七《越公其事》第十、十一章解析〉，中國先秦史網站，2017.12.13（2021.5.17上網）。

[226] 熊賢品：〈論清華簡七《越公其事》吳越爭霸故事〉，《東吳學術》2018 第 1 期（2018.1），頁 95。

[227] 郭洗凡：《清華簡《越公其事》集釋》（合肥：安徽大學碩士論文，2018），頁 103。

[228] 滕勝霖：《《清華大學藏戰國竹簡（柒）》集釋及相關問題研究》（重慶：西南大學碩士論文，2019），頁 394-395。滕勝霖：《《清華大學藏戰國竹簡（柒）》集釋》（重慶：西南師範大學出版社，2021），頁 387。

[229] 江秋貞：《《清華大學藏戰國竹簡（柒）‧越公其事》考釋》（臺北：臺灣師範大學博士論文，2020），頁 659。江秋貞：《《清華大學藏戰國竹簡（柒）‧越公其事》考釋》（臺北：花木蘭文化事業公司，2022），頁 593。

[230] （西晉）杜預注，（唐）孔穎達正義，李學勤主編：《十三經注疏‧春秋左傳正義》（北京：北京大學出版社，2000），頁 215。

哀公十七年，西元前 478 年）的「笠澤之戰」，雙方隔著笠澤江南、北兩岸擺開陣勢，句踐率領三軍偷渡，對準吳國中軍襲擊，致使吳軍大亂，越軍最終獲得勝利。可見簡文的「江」應是「笠澤江」，又名「松江」、「淞江」、「松陵江」，異稱甚多，即今之「吳淞江」。

「笠澤」一地，見於《左傳・魯哀公十七年》（西元前 478 年）：「三月，越子伐吳，吳子禦之笠澤，夾水而陳。」[231]《史記・吳太伯世家》也有「越王句踐率兵復伐敗吳師於笠澤」記載，又《史記・夏本紀》：「三江既入，震澤致定。」張守節《正義》：「三江者，在蘇州東南三十里，名三江口。一江西南上七十里至太湖，名曰松江，古笠澤江。」[232]。唐代陸龜蒙隱居松江甫里（今江蘇省蘇州市吳中區甪直鎮），所著有《笠澤叢書》。清代顧祖禹《讀史方輿紀要》卷十九《南直一・三江》引唐陸廣微《吳地記》云：「『淞江』一名『笠澤』，一名『松陵江』，一名『吳淞江』，自太湖分流⋯⋯其江之源，連接太湖。」[233]《國語・越語上》：「三江環之，民無所移。」徐元誥《集解》：「松江首受太湖，經吳江、昆山、嘉定、青浦等縣，至上海縣合黃浦入海，亦名吳松江。」[234]

〔19〕雪（越）王乃中分亓（其）帀（師）以為右（左）軍、右軍，以亓（其）厶（私）夆（卒）君子夆=（六千）以為中軍。

雪	王	乃	中	分	亓	帀
以	為	右	軍	右	軍	以
亓	厶	夆	君	子	夆=	以
為	中	軍				

---

[231] （西晉）杜預注，（唐）孔穎達正義，李學勤主編：《十三經注疏・春秋左傳正義》（北京：北京大學出版社，2000），頁 1953。

[232] （西漢）司馬遷撰，（南朝宋）裴駰集解，（唐）司馬貞索引、張守節正義：《史記》（北京：中華書局，2014），頁 1781、73-74。

[233] （清）顧祖禹撰，賀次君、施和金點校：《讀史方輿紀要》（北京：中華書局，2005），頁 903。

[234] （三國吳）韋昭注，徐元誥集解：《國語集解》（北京：中華書局，2002），頁 568-569。

原整理者（201704）：本簡作「厶卒君子」，與《國語・吳語》同，第六十一簡作「王卒君子」。韋昭注：「王所親近有志行者，猶吳所謂賢良，齊所謂士。」[235]

子居（20171213）：第四章「王作安邦」至第十章「乃由王卒君子六千」部分當是另有材料來源，與「王卒既服」之後的部分材料來源不同，所以才會雖然所指相同但用詞各異。此役越師在江南，吳師在江北，故越師是面北背南，越師的左軍在西，右軍在東。[236]

王永昌（201806）：在典型楚文字包山簡中，「左」字以及「差」所從的「左」旁，其右下皆作「口」，而《良臣》、《祝辭》、《越公其事》（部分）篇中的「左」字或「左」旁則皆作右下從「工」之「𢓊」形，把晉系文字中「左」字的構形特徵與《良臣》、《祝辭》、《越公其事》中多見有晉系文字特徵這一現象結合起來考慮，我們認為，以上清華簡諸篇中的「左」字或「左」旁，應當與晉系文字的影響有關。清華簡《越公其事》中的「左」字出現 11 次，其中 8 例作「𠂇」（簡 63）形，是典型楚文字「左」的寫法；3 例作「𠂇」（簡 7）形，應當是書手在用楚文字轉寫晉系文字底本的《越公其事》時，轉寫不徹底，遺留了一些晉系文字的痕跡。[237]

江秋貞（202007）：此處的「厶𡖍（卒）君子卒＝」即簡 61 的「王𡖍（卒）君子卒」。「私卒君子」即越王令范蠡、太甬「大歷越民，比卒勒兵」之後挑選的精銳部隊，越王把他們安置在中軍以方便發號施令指揮及保護越王安全。「寽王乃中分亓帀以為右軍、右軍，以元厶𡖍君子卒＝以為中軍」意指「越王於是把軍隊中分為左、右兩軍，再把國家精銳士卒六千人安置在中軍。」[238]

佑仁謹案：

「厶卒君子」即前文「王卒君子」，原整理者的理解可信。子居利用這兩個文例的差異，主張第四章「王作安邦」至第十章「乃由王卒君子六千」部分，與「王卒既服」之後的部分材料來源不同，此說不確定性較高。

王永昌認為楚文字的「左」從「口」不從「工」（例如包山簡），因此認為從「工」的「左」字寫法「與晉系文字的影響有關」。蘇建洲則指出「《越公其事》的『左』除寫作楚簡常見的𠂇（字形表 178 頁），另有與西周金文、曾侯乙簡寫法相合的字形作𠂇50、𠂇52、𠂇67，這也是保存了早期文字的寫法特點。」

235 李學勤主編：《清華大學藏戰國竹簡（柒）》（上海：中西書局，2017），頁 147。
236 子居：〈清華簡七《越公其事》第十、十一章解析〉，中國先秦史網站，2017.12.13（2021.5.17 上網）。
237 王永昌：《清華簡文字與晉系文字對比研究》（長春：吉林大學博士論文，2018），頁 23。
238 江秋貞：《《清華大學藏戰國竹簡（柒）・越公其事》考釋》（臺北：臺灣師範大學博士論文，2020），頁 660。江秋貞：《《清華大學藏戰國竹簡（柒）・越公其事》考釋》（臺北：花木蘭文化事業公司，2022），頁 594。

[239]《越公其事》的「左」字究竟是保存早期文字特色，還是受到晉系文字影響，仍需更多材料才能證明。王永昌提到包山簡「差」字所從的「左」都從「口」，故認為從「口」的「左」或「差」是楚文字，從「工」者則為晉系文字，然而檢核新蔡簡「差」字作「◇（◇）」（甲三‧簡 211），曾侯乙墓竹簡「差」作「◇（◇）」（簡 120），清華玖《迺命一》簡 8 有「◇」，字均從「工」。「左」字在三晉文字絕大多數都從「工」，但也有少數從「口」[240]，可見從「工」或「口」並非判斷晉系、楚系的絕對標準。目前所見的楚簡只是當年的一小部分材料，楚簡的「左」字是不是絕對不從「工」，這個問題有待更多出土資料才能確定。

〔20〕若明日，牁（將）舟戰（戰）於江。

◇	◇	◇	◇	◇	◇	◇
若	明	日	牁	舟	戰	於

◇
江

石小力（20170427）：若，當訓為及、至。王引之《經傳釋詞》卷七：「若，猶及也，至也。《書‧召誥》曰：『若翼日乙卯』。《吳語》：『王若今起師以會』。」「若明日」與下文「及昏」、「夜中」相類，皆在句中表示時間。[241]

ee（20170427）：「若明日」後不應加逗號，其義是「擺出好像明日要打仗的樣子」，今本《國語‧吳語》奪去「若」字，文義已不太清晰矣。[242]

陳偉（20170427）：疑「若」讀為「諾」，應許義。《莊子‧外物》「監河侯曰諾」，成玄英疏：「諾，許也。」「明日將舟戰於江」為「諾」的內容，即越、吳雙方約定的交戰時間和方式。這是早期戰爭的古風。但越人半夜偷襲，且涉江而戰，完全破壞了約定。[243]

---

[239] 蘇建洲：〈談清華七《越公其事》簡三的幾個字〉，復旦網，2017.5.20（2020.12.1 上網）。

[240] 有 1 例◇見於《聖彙》0349。湯志彪：《三晉文字編》（北京：作家出版社，2013），頁 657-663。

[241] 石小力：〈清華七《越公其事》初讀〉，武漢網，跟帖第 63 樓，2017.4.27（2019.11.21 上網）。
石小力：〈清華簡第七冊字詞釋讀箚記〉，《出土文獻》第 11 輯（上海：中西書局，2017.10），頁 247。

[242] ee：〈清華七《越公其事》初讀〉，武漢網，跟帖第 50 樓，2017.4.27（2019.11.21 上網）。
單育辰：〈《清華大學藏戰國竹簡（柒）》釋文訂補〉，收入香港浸會大學饒宗頤國學院、澳門大學中國語言文學系、清華大學出土文獻研究與保護中心編：《《清華簡》國際會議論文集》（香港：香港浸會大學饒宗頤國學院、澳門：澳門大學中國語言文學系，2017），頁 177。

[243] 陳偉：〈清華簡七《越公其事》校讀〉，武漢網，2017.4.27（2021.6.7 上網）。收入復旦大學出土文獻與古文字研究中心主編：《「出土文獻與傳世典籍的詮釋」國際學術研討會議程論文集》（上海：復旦大學出土文獻與古文字研究中心，2017），頁 33、34。後正式出版，

郭洗凡（201803）：陳偉的觀點可從，「若」讀為「諾」，均為上古鐸部字，允許，答應的意思。簡文的意思是越國破壞了吳越兩國之間的協定，偷襲吳國的軍隊。[244]

吳德貞（201805）：「諾」可從。此從陳偉先生觀點將整句連讀。[245]

朱歧祥（20181201）：應《國語・吳語》，作「明日將舟戰於江」。簡文句首平白增添一「若」字，似有比附句首語詞的「粵」、「越」類字的功能。然而，「若」字一般不會用作句首語詞，如金文一般只見作「王若曰」、「若言」、「是若」等用例是；且就句意言，於此單句句首時間詞之前，實無增置句首語詞的必要。本句的介詞用「於」，但在第十一章中又三見用「于」。[246]

滕勝霖（201905）：陳偉之說可從，「若」讀作「諾」，許諾義，《上博六・競公瘧》簡 13：「晏子許若（諾）。」若理解為「及、至」義，簡文時間前後順序不好理解。越人善舟戰，《淮南子・齊俗訓》：「胡人便於馬，越人便於舟。」《越絕書・記地傳》：「以船為車，以楫為馬，往若飄風，去則難從。」[247]

張朝然（201906）：陳偉先生認為「若」在此處當為「諾」，似為不妥。簡文後面寫到，越王夜中命左右軍涉江鳴鼓，令其軍在中水以須，而吳師也中分其師以應戰。可以看出吳師是有時間來做出決策應戰的。並且越王是由於中軍襲之所以才大敗吳軍。故此處讀為「諾」不是很合適。網友 ee 把此句翻譯成「好像明日要打仗的樣子」；石小力先生訓為及，至。則句意為「等到明日，將要在江中打仗」，似乎也都合理。筆者認為，此處「若」為助詞，放句首，無實意。[248]

杜建婷（201906）：陳偉認為「若」讀為「諾」，訓為「許諾」，「若」古音為日母鐸部，「諾」古音為泥母鐸部，二者音理可通。且讀為「諾」於上下文亦可通也。[249]

見復旦大學出土文獻與古文字研究中心主編：《出土文獻與傳世典籍的詮釋》（上海：中西書局，2019），頁 139-140。

244 郭洗凡：《清華簡《越公其事》集釋》（合肥：安徽大學碩士論文，2018），頁 103。

245 吳德貞：《清華簡《越公其事》集釋》（武漢：武漢大學碩士論文，2018），頁 95-96。

246 朱歧祥：〈談《清華簡》（七）〈越公其事〉的兩章文字校讀〉，收入紐倫堡－埃爾蘭根孔子學院、埃爾蘭根－紐倫堡大學、世界漢字學會、華東師範大學中國文字研究與應用中心、慶星大學韓國漢字研究所漢字文明研究事業團編：《世界漢字學會第六屆年會暨國際學術研討會「漢字認知工具與表意文字歷史研究」論文集》（紐倫堡：紐倫堡－埃爾蘭根孔子學院，2018），頁 39。後收入東海大學中國文學系編：《中華文化與文學學術研討系列第二十四次會議——龍宇純先生學術研討會論文集》（臺中：東海大學中國文學系，2018），頁 72。

247 滕勝霖：《《清華大學藏戰國竹簡（柒）》集釋及相關問題研究》（重慶：西南大學碩士論文，2019），頁 395。滕勝霖：《《清華大學藏戰國竹簡（柒）》集釋》（重慶：西南師範大學出版社，2021），頁 388。

248 張朝然：《清華簡《越公其事》集釋及相關問題初探》（石家莊：河北師範大學碩士論文，2019），頁 55。

249 杜建婷：《清華簡第七輯文字集釋》（廣州：中山大學碩士論文，2019），頁 12。

吳祺（201911）：石小力則認為此字於簡文當用為虛詞，為「及」「至」之義，並引王引之《經傳釋詞》的說法為證，又指出「若明日」與下文「及昏」「夜中」相類，在簡文中均表示時間。此說正確可從。《書·召誥》曰：「越五日甲寅，位成，若翼日乙卯。」言及翼日乙卯也。《吳語》：「越大夫種曰：『王若今起師以會。』」言及今起師以會戰也。故成二年《左傳》「病未及死」，〈晉語〉作「病未若死」。將簡文「若」理解為虛詞「及」「至」，置於簡文中文從字順。[250]

陳曉聰（202001）：從目前的出土文獻和傳世文獻來看，「越」和「若」帶時間名詞或時間短語的用例主要出現在西周早中期，西周後期已經基本不見使用，或是多在仿古的情境下使用。為什麼《越公其事》此處要用「若明日」呢？我們猜想，這可能反映了書寫者仿古以及求變化的心理。[251]

江秋貞（202007）：筆者認為此處的「若」應如陳偉的看法，讀為「諾」，「許諾」義較合理。在春秋時期即使遇到戰爭也還有講求戰爭禮儀的，如尊周禮的宋襄公為了堅持戰爭禮儀，結果被楚軍大敗。宋襄公倡仁義，和楚交戰時為了師出有名，絕不偷襲和設伏，先下戰帖交代作戰的時間、人數、地點，讓雙方準備好再戰。當楚軍尚在渡河未列陣時，宋襄公仍堅持等楚軍列好陣勢再攻擊，結果宋被人數眾多的楚軍打敗。這裡說明吳越交戰時，即使承諾了，也可能是欺敵的手段。「及昏」的「及」訓為「到、至」。「須」為「等待」。「若明日牂舟戰於江。及昏，乃命右軍監梡鮴江五里以須」意指「（越國）承諾到天亮將船戰於江。但到了黃昏，就命令左軍銜枚溯江五里待命」。[252]

佑仁謹案：

原整理者隸定作「若」，沒有多作解釋。石小力將「若」訓作及、至，指到了第二天，吳祺從之。ee（單育辰）訓為「好像」。陳偉讀作「諾」，應許義，亦即越、吳雙方約定的交戰時間和方式，郭洗凡、吳德貞、滕勝霖、江秋貞從之。杜建婷認為前述兩說均可通。張朝然則認為「若」字為句首助詞，無義。

關於石小力訓「若」為及、至之說，筆者認為恐有可疑，正如杜建婷所言：既說「到了」明日，那麼後文就不應用「將」。陳曉聰也曾語譯文句，認為文意有所牴牾，筆者認為二人的觀察是正確的。石小力引用《國語·吳語》越大夫種曰「王若今起師以會，奪之利，無使夫悛」[253]，並主張「言及今起師以會戰也」，

---

[250] 吳祺：《戰國竹書訓詁方法探論》（上海：華東師範大學博士論文，2019），頁102。

[251] 陳曉聰：〈「越」「若」考——從清華簡柒《越公其事》「若明」講起〉，《簡帛研究》2019第2期（2020.1），頁45、49、50。

[252] 江秋貞：《清華大學藏戰國竹簡（柒）·越公其事》考釋》（臺北：臺灣師範大學博士論文，2020），頁664-665。江秋貞：《清華大學藏戰國竹簡（柒）·越公其事》考釋》（臺北：花木蘭文化事業公司，2022），頁598-599。

[253] （三國吳）韋昭注，徐元誥集解：《國語集解》（北京：中華書局，2002），頁555。

言下之意，《國語‧吳語》此句中的「若」與簡文「若」字一樣都應作「及」、「至」。筆者認為此說的理解恐有失真，「王若今起師以會」的「若」當訓作「假若」、「如果」之意 254，這句話在《吳越春秋‧勾踐伐吳外傳》中作「王若起師以可會，〔奪〕之利犯吳之邊鄙，未可往也」255，即是明證。

陳偉將「若」讀作「諾」，訓為「許諾」，認為吳、越先約定好出兵的時間、人數，這保有早期戰爭的古風。江秋貞認為，春秋時期即使發生戰爭也依然講求禮儀，例如尊周禮的宋襄公為了堅持戰爭禮儀，結果被楚軍大敗。我們知道泓水之戰中，宋襄公為堅持禮儀，不願截擊渡河中的楚軍，不攻擊傷兵，不俘虜老人，最終導致大敗收場，自己也因腿部中箭致死，這是歷史上著名的戰役。然而，拿宋襄公泓水之戰的例子，來比擬本處的吳越之戰，恐有所扞格。吳越之俗，斷髮紋身 256、男女無別、同川而浴 257，其與華夏民族的風俗文化有很大差異，《史記‧天官書》說：「秦、楚、吳、越，夷狄也。」258在戰爭方面，《管子》云：「吳王好劍，而國士輕死。」259《韓非子》云：「故越王好勇，而民多輕死。」260《越公其事》第一章句踐敗逃至會稽山時，曾威脅夫差若不願許成，將派出八千名死士與夫差共死，此即「好勇輕死」最具體的表現。

笠澤一戰句踐之所以能獲得勝利，在於他出奇不意地以六千心腹部隊襲擊吳軍，如果將「若」讀為「諾」，則句踐成為違背約定的小人，《越公其事》以句踐為敘事立場，不當有此類負面表述。另外，《越公其事》全篇有兩個｛諾｝，見於簡 15、簡 24，都直接寫作「諾」。從時空背景、用字習慣來看，讀「諾」的說法應可排除。

這段話在《國語》、《吳越春秋》記載分別為：

> 於是吳王起師，軍於江北，越王軍於江南。越王乃中分其師，以為左右軍，以其私卒君子六千人為中軍。明日 將舟戰於江，及昏，乃令左軍銜枚泝

---

254 《國語全譯》將「王若今起師以會」，翻譯作「大王如果現在起兵和吳國交戰」，參黃永堂譯注：《國語全譯》（貴陽：貴州人民出版社，1995），頁 704。

255 張覺主張「會」字下脫「奪」字，可信。張覺譯注：《吳越春秋全譯》（貴陽：貴州人民出版社，1994），頁 385。張覺：《吳越春秋校證注疏》（北京：知識產權出版社，2014），頁 290。

256 《論衡‧四諱》：「吳、越之俗，斷髮文身。」黃暉撰：《論衡校釋》（北京：中華書局，1990），頁 972。

257 《孔叢子‧刑論》「夫吳、越之俗，男女無別，同川而浴，民輕相犯，故其刑重而不勝，由無禮也。」（漢）孔鮒撰：《孔叢子》（北京：中華書局，2009），頁 52。

258 （西漢）司馬遷撰，（南朝宋）裴駰集解，（唐）司馬貞索引、張守節正義：《史記》（北京：中華書局，2014），頁 1601。

259 黎翔鳳撰、梁運華整理：《管子校注》（北京：中華書局，2004），頁 989。

260 （清）王先慎撰，鍾哲點校：《韓非子集解》（北京：中華書局，2013），頁 44。

江五里以須，亦令右軍銜枚踰江五里以須。夜中，乃命左軍、右軍涉江鳴鼓中水以須。（《國語·吳語》）[261]

於是，吳悉兵屯於江北，越軍於江南。越王中分其師以為左右軍，皆披兕甲。又令安廣之人，佩石碣之矢，張盧生之弩。躬率君子之軍六千人，以為中陣。<u>明日</u>，將戰於江。乃以黃昏，令於左軍，銜枚遡江而上五里，以須吳兵。復令於右軍，銜枚踰江十里，復須吳兵。於夜半，使左軍涉江，鳴鼓中水，以待吳發。（《吳越春秋·勾踐伐吳外傳》）[262]

「明日」前都沒有「若」字，就敘述來看，句踐在黃昏時令左軍銜枚 遡江，夜半即發動攻擊，時序上根本還沒到「明日」。

　　筆者比較贊成單育辰之說，將「若」讀如字。越國之所以能獲得最終勝利，在於句踐的戰法虛虛實實，讓吳國幾次作出重大誤判。句踐命令邊人聚怨，以誘敵深入，又令左右軍在江上擊鼓，讓吳軍誤以為越國兵分二路，等到吳軍分軍之後，再以心腹部隊迎頭痛擊。本處是說裝出好像明天要在江中大戰的姿態，其實當天黃昏就命令軍隊行動，這也是吳軍大駭之故，這個「若」字有畫龍點睛之效。

〔21〕及昏，乃命右（左）軍監（銜）梲（枚）穌（遡）江五里以須

及	昏	乃	命	右	軍	監
梲	穌	江	五	里	以	須

　　原整理者（201704）：監，讀為「銜」，皆為談部。梲，疑即「枚」之形聲異體，「微」與「枚」皆為明母微部。銜枚，見《國語·吳語》。《周禮·大司馬》：「羣司馬振鐸，車徒皆作，遂鼓行，徒銜枚而進。」須，等待。《國語·吳語》「乃令左軍銜枚泝江五里以須」，韋昭注：「須，須後命。」[263]

　　石小力（20170423）：包山楚簡140：「鄧人所漸（斬）木：四百岂（枚）於 正鄭（蔡）君之地蘘溪之中；其百又八十岂（枚）於畢地郏（卷）中。反」陳劍先生釋「岂」。現在《越公其事》中兩例從「岂」之「梲」皆明確用為「枚」，可證陳劍先生之釋讀確實正確無疑。[264]

[261] （三國吳）韋昭注，徐元誥集解：《國語集解》（北京：中華書局，2002），頁560。

[262] 周生春：《吳越春秋輯校彙考》（上海：上海古籍出版社，1997），頁168。

[263] 李學勤主編：《清華大學藏戰國竹簡（柒）》（上海：中西書局，2017），頁147。

[264] 石小力：〈據清華簡（柒）補證舊說四則〉，清華網，2017.4.23（2018.6.28上網）。收入張顯成、胡波主編：《簡帛語言文字研究》第9輯（成都：巴蜀書社，2017），頁12-24。

蕭旭（**20170605**）：監，讀為嗛。《說文》：「嗛，口有所銜也。」「銜」亦借字。[265]

郭洗凡（**201803**）：「微」與「枚」都是明母微部，故「椊」極可能是「枚」之異體。銜枚，古代行軍時候口中銜著枚，防止出聲。[266]

沈雨馨（**201904**）：銜枚而進，夜晚急行前進。[267]

滕勝霖（**201905**）：「監」讀作「銜」，如：《上博二・子羔》簡11：「游於瑤臺之上，有燕監（銜）卵而錯諸其前，取而吞之。」「椊」，楚簡中右側部件「尋」多表示﹛美﹜﹛微﹜，整理者讀作「枚」可從。「銜枚」，《吳越春秋・勾踐伐吳外傳》：「乃以黃昏令於左軍，銜枚溯江而上五里，以須吳兵。」「魿」從木魚聲，「穌」之異體，西周金文以「魿」表示﹛蘇﹜，整理者讀作「溯」可從。[268]

江秋貞（**202007**）：《國語・吳語》相應段落寫的是「乃命左軍銜枚泝江五里以須」。「泝」有逆水而上的意思。如：《左傳・文公十年》：「〔楚子西〕沿漢泝江，將入郢。」[269]

佑仁謹案：

原整理者將「監椊」讀為「銜枚」，並疑「椊」即「枚」之形聲異體。

「監」讀為「銜」，見於上博二《子羔》簡11下：「有燕監（銜）卵而錯諸其前。」《越公其事》簡23：「今大夫儼然監（銜）君王之音。」《銀雀山漢墓竹簡〔貳〕・唐勒》：「去嗛（銜）彎。」[270]可見「監」讀作「銜」，沒有疑義。

蕭旭認為「監」應讀為「嗛」，「銜」是借字。《說文》云：「嗛，口有所銜也。從口兼聲。」[271]《章太炎說文解字授課筆記》朱希祖云：「銜怨亦作嗛。」

---

[265] 蕭旭：〈清華簡（七）校補（二）〉，復旦網，2017.6.5（2021.6.7上網）。
[266] 郭洗凡：《清華簡《越公其事》集釋》（合肥：安徽大學碩士論文，2018），頁104。
[267] 沈雨馨：《《清華大學藏戰國竹簡（柒）》集釋》（北京：首都師範大學碩士論文，2019），頁77。
[268] 滕勝霖：《《清華大學藏戰國竹簡（柒）》集釋及相關問題研究》（重慶：西南大學碩士論文，2019），頁396-397。滕勝霖：《《清華大學藏戰國竹簡（柒）》集釋》（重慶：西南師範大學出版社，2021），頁389。
[269] 江秋貞：《《清華大學藏戰國竹簡（柒）・越公其事》考釋》（臺北：臺灣師範大學博士論文，2020），頁666-667。江秋貞：《《清華大學藏戰國竹簡（柒）・越公其事》考釋》（臺北：花木蘭文化事業公司，2022），頁600。
[270] 銀雀山漢墓竹簡整理小組編：《銀雀山漢墓竹簡（貳）》（北京：文物出版社，2010），頁149。
[271] （東漢）許慎撰，（清）段玉裁注，李添富總校訂：《新添古音說文解字注》（臺北：洪葉文化事業公司，2016），頁55。

錢玄同云：「銜恨之銜即嗛字，有所不足亦謂嗛，引申義。」[272]《說文》：「嚛，嗛也。」段《注》：「玄應引作『銜也』。『嗛』、『銜』音義同。」[273]如同段玉裁所言，「嗛」、「銜」二字音義相同，所以蕭旭讀「嗛」的說法也不能說錯，但是古籍在使用｛銜枚｝一詞時，幾乎都是用「銜」，古籍找不到「嗛枚」的講法，且又有《國語‧吳語》文例可供對讀，故此處讀「銜」沒有疑義。

石小力補充陳劍對包山簡 140 正、反的「兇」字應讀為「枚」的意見，陳劍〈《上博（三）‧仲弓》賸義〉曾指出：

> 《說文》「毛傳曰：『榦曰枚。』引伸為銜枚之枚。為枚數之枚。《豳風》（《東山》『勿士行枚』）傳曰：『枚，微也。』《魯頌》（《閟宮》『閟宮有恤，實實枚枚』）傳曰：『枚枚，礱密也。』皆謂枚為微之假借也。」「枚」作名詞，可指枝幹、行軍時士兵銜在嘴中用以禁止喧嘩的小木條、算籌、馬鞭、鐘乳等，都具有「小而細長」的特點，最初是用於具有細長特點的物品的天然單位詞，逐步擴展到廣泛用於其他物品。[274]

《毛詩‧東山》：「制彼裳衣，勿士行枚。」毛《傳》：「枚，微也。」[275]可見「微」讀「枚」在古籍與楚簡均有例證。

「銜枚」即橫咬在嘴裡的木棍或其他細長之物，《周禮‧秋官司寇‧銜枚氏》云：「銜枚氏掌司囂。……軍旅、田役，令銜枚。」賈公彥《疏》：「以銜枚不得語，是止讙囂之官。……軍旅、田役二者，銜枚氏出令，使六軍之士皆銜枚，止言語也。」[276]《楚辭‧九辯》云：「願銜枚而無言兮，嘗被君之渥洽。」張銑《注》：「銜枚，所以止言者也。」洪興祖《補注》：「《周禮》有銜枚氏。『枚狀如箸，橫銜之。』」[277]可見「銜枚」是用以防止部隊在行進間發出聲音。

《漢書‧高帝紀》：「九月，章邯夜銜枚擊項梁定陶，大破之。」顏師古《注》：「銜枚者，止言語讙囂，欲令敵人不知其來也。《周官》有銜枚氏。枚狀如箸，

[272] 章太炎講授，朱希祖、錢玄同、周樹人記錄：《章太炎說文解字授課筆記》（北京：中華書局，2008），頁 62。

[273] （東漢）許慎撰，（清）段玉裁注，李添富總校訂：《新添古音說文解字注》（臺北：洪葉文化事業公司，2016），頁 61。

[274] 陳劍：〈《上博（三）‧仲弓》賸義〉，《戰國竹書論集》（上海：上海古籍出版社，2013），頁 272。

[275] （漢）毛公傳，（漢）鄭玄箋，（唐）孔穎達等正義，李學勤主編：《十三經注疏‧毛詩正義》（北京：北京大學出版社，2000），頁 608。

[276] （東漢）鄭玄注，（唐）賈公彥疏，李學勤主編：《十三經注疏‧周禮注疏》（北京：北京大學出版社，2000），頁 1160。

[277] （南宋）洪興祖撰，黃靈庚點校：《楚辭補注》（北京：中華書局，2007），頁 307。

橫銜之，繢絜於項。繢者，結礙也。絜，繞也。蓋為結紐而繞項也。」[278]「枚」上有結繩，纏繞於頸上，以防止在行動中掉落。

歐陽脩〈秋聲賦〉云：「又如赴敵之兵，銜枚疾走，不聞號令，但聞人馬之行聲。」[279]「銜枚」是一種手段，其目的是悄然無聲地襲擊敵人，攻其不備。《白虎通德論・誅伐》也說：「入國掩人不備，行不假途，人銜枚，馬韁勒，晝伏夜行，為襲也。」[280]《史記・高祖本紀》：「秦益章邯兵，夜 銜枚 擊項梁。」[281]可知「銜枚」常用於天色昏暗的時候。

正如陳劍所言，「枚」最早是用於細長物品的天然單位詞，其後逐步擴展到廣泛用於其他物品。徐正考已指出漢代銅器的鑒、弩機、燈、鋗等器物，均可用「枚」為單位量詞[282]，徐俊剛則進一步指出包括衣物、布料、各種材質的器皿、竹板、竹筒、筆、鏡、錢、銀環指鐲、醬杯、書箱、筆硯、官紙、葦席、雞等家禽、圭璧、銅人、魚蛇、龜鱉、刀劍、樹木、繩索、印璽等均可使用量詞「枚」[283]，可見「枚」是個運用範圍非常廣的單位量詞。

「穌」疑「穌」之異文，古文字常讀為「蘇」[284]，原整理者讀「溯」，「蘇」、「溯」古音均為心紐魚部，通假沒有疑義。

此處左右軍溯、渝上下五里的說法，《史記・仲尼弟子列傳》載為「越王聞之，涉江襲吳，去城七里而軍。」[285]《越絕書・內傳陳成恒》亦云：「越王聞之，涉江襲吳，去邦七里而軍陣。」[286]兩文獻均記載越軍離吳國國都七里而成陣，與簡文「溯江」或「渝江」五里的記載稍有不同。

〔22〕亦命右軍監（銜）梲（枚）渝江五里以須

亦	命	右	軍	監	梲	渝
江	五	里	以	須		

278　（東漢）班固撰，（清）王先謙補注：《漢書補注》（上海：上海古籍出版社，2008），卷1，頁24。

279　（北宋）歐陽脩著：《歐陽脩全集》（北京：中華書局，2001），頁256。

280　（清）陳立撰，吳則虞點校：《白虎通疏證》（上海：上海古籍出版社，2015），頁224。

281　（西漢）司馬遷撰，（南朝宋）裴駰集解，（唐）司馬貞索引、張守節正義：《史記》（北京：中華書局，2014），頁451。

282　徐正考：《漢代銅器銘文研究》（長春：吉林教育出版社，1999），頁181。

283　徐俊剛：《《長沙東牌樓東漢簡牘》集釋》（長春：吉林大學碩士論文，2014），頁94-95

284　參黃德寬主編：《古文字譜系疏證》（北京：商務印書館，2007），頁1414。

285　（西漢）司馬遷撰，（南朝宋）裴駰集解，（唐）司馬貞索引、張守節正義：《史記》（北京：中華書局，2014），頁2674。

286　李步嘉：《越絕書校釋》（北京：中華書局，2013），頁188。

江	五	里	以	須

原整理者（201704）：渝江，順江流而下，與「溯江」反義。[287]

易泉（201704）：渝，讀作逾，訓作降、下，鄂君啓舟節有「逾江」。[288]

石小力（20171026-28）：今本「踰」字，韋昭注：「度也。」「踰」與「泝」相對而言，「泝」為逆流而上，且左右軍是到了夜中才「涉江」到「中水」的，故韋注訓為「度」不確。陳偉先生將「踰」字（佑仁案：指《左傳》「踰江五里以須」之「踰」）與鄂君啟節「逾漢」、「逾江」、「逾夏」之「逾」字聯繫起來，認為「踰」是沿江而下，與「溯」溯江而上對應。[289]

子居（20171213）：左軍逆流而上，右軍順流而下，因此可知吳越會戰的「江」是東流的。[290]

滕勝霖（201905）：「渝」，整理者理解為「順流而下」可從，李守奎認為「俞」字從、亼（鏾）聲，舟船順流而下義可從。[291]

江秋貞（202007）：《吳越春秋・句踐二十一年》相應段落寫的是「銜枚踰江十里」，「踰」通「逾」。原考釋認為「渝」有順流而下的意思，則和《國語・吳語》的版本有出入。[292]

佑仁謹案：

此句《國語・吳語》作「亦令右軍銜枚踰江五里以須」[293]，《吳越春秋》作「復令於右軍，銜枚踰江十里，復須吳兵」[294]。「令」簡文作「命」，二字乃一字之分化，文意均通，可不改。

《國語・吳語》、《吳越春秋》的「踰」，簡文作「渝」，《國語》韋昭《注》：「踰，度也。」[295]《太平御覽》卷357引賈逵《注》：「徑渡曰踰。」韋昭與賈

---

[287] 李學勤主編：《清華大學藏戰國竹簡（柒）》（上海：中西書局，2017），頁147。

[288] 易泉：〈清華七《越公其事》初讀〉，武漢網，跟帖第103樓，2017.4.30（2019.11.21上網）。

[289] 石小力：〈清華簡《越公其事》與《國語》合證〉，收入香港浸會大學饒宗頤國學院、澳門大學中國語言文學系、清華大學出土文獻研究與保護中心編：《《清華簡》國際會議論文集》，香港：香港浸會大學饒宗頤國學院、澳門：澳門大學中國語言文學系，2017.10.26-28，頁48。後收入《文獻》2018第3期（2018.5）。

[290] 子居：〈清華簡七《越公其事》第十、十一章解析〉，中國先秦史網站，2017.12.13（2021.5.17上網）。

[291] 滕勝霖：《《清華大學藏戰國竹簡（柒）》集釋及相關問題研究》（重慶：西南大學碩士論文，2019），頁396-397。滕勝霖：《《清華大學藏戰國竹簡（柒）》集釋》（重慶：西南師範大學出版社，2021），頁389。

[292] 江秋貞：《《清華大學藏戰國竹簡（柒）・越公其事》考釋》（臺北：臺灣師範大學博士論文，2020），頁666-667。江秋貞：《《清華大學藏戰國竹簡（柒）・越公其事》考釋》（臺北：花木蘭文化事業公司，2022），頁600。

[293] （三國吳）韋昭注，徐元誥集解：《國語集解》（北京：中華書局，2002），頁560。

[294] 周生春：《吳越春秋輯校彙考》（上海：上海古籍出版社，1997），頁168。

[295] （三國吳）韋昭注，徐元誥集解：《國語集解》（北京：中華書局，2002），頁560。

達之說相同。鄂君啓舟節有「逾江」，陳偉很早就指出「渝」是指沿江順流而下，並糾正《國語・吳語》韋昭注的錯誤 [296]，可信。右軍的「渝」能和前述左軍的「溯」形成對比，左右兩軍分別上溯與下渝五里，二者相距十里，度過笠澤攻打吳軍，使吳軍誤判越軍只分成左右兩軍，若依韋昭訓「度」則不可解矣。上博六《莊王既成》簡 3-4「四航以逾」，陳偉首先指出「逾」指「指順水而下」[297]，亦是可信的說法。李守奎曾經指出：

> 如果我們承認陳劍先生所說【圖】字中的【圖】是鎈聲的說法，也承認何景成【圖】為彤字的說法，【圖】（不嬰簋，集成 4328）、【圖】（魯伯俞父瑚，集成 4568）等字可以分析為從彤，鎈聲。本義是舟船順流而下。產生的過程是在上加注音符【圖】，音符發生訛變，中間一撇與△斷開，與水形並列，舟旁移位至△下，就成了楚文字或小篆中的【圖】。《越公其事》中的「渝」，與「暮」「攀」等字構形一樣，都是累增義符構成異體，後來又異體分化。[298]

如果這個說法可信，則「俞」的本義就是指舟船順流而下，而「渝」則是「俞」的後起形聲字。

〔**23**〕麥（夜）中，乃命右（左）軍、右軍涉江，鳴鼓，中水以竢。

麥	中	乃	命	右	軍	右
軍	涉	江	鳴	鼓	中	水
以	竢					

原整理者（201704）：中水，《國語・吳語》「中水以須」，韋昭注：「水中央也。」竢，《說文》：「待也。從立，須聲。」[299]

---

296 陳偉：〈〈鄂君啟節〉之「鄂」地探討〉，《江漢考古》1986 第 2 期（1986.7）。陳偉：《楚「東國」地理研究》（武漢：武漢大學出版社，1992），頁 224。陳偉：〈《鄂君啓節》——延綿 30 年的研讀〉，武漢網，2009.8.25（2021.5.17 上網）。

297 陳偉：〈讀《上博六》條記〉，武漢網，2007.7.9。參高佑仁《上博楚簡莊、平、靈三王研究》（臺南：成功大學博士論文，2011.11），頁 88-90。

298 李守奎：〈《國語》故訓與古文字〉，收入臺灣大學中國文學系、中國文字學會主編：《第28 屆中國文字學國際學術研討會論文集》（臺北：臺灣大學中國文學系、中國文字學會，2017），頁 40。後收入《漢字漢語研究》總第 2 期（2018.6），頁 95-96。

299 李學勤主編：《清華大學藏戰國竹簡（柒）》（上海：中西書局，2017），頁 147。

子居（**20171213**）：《左傳‧哀公十七年》所記為「越子為左右句卒，使夜或左或右，鼓噪而進，吳師分以御之。」並無「中水以須」等等內容，這些內容很可能是演繹出來的。[300]

趙平安（**20190430**）：《越公其事》64-65 簡共出現三個表示等待的𨕙字。前兩個寫作 ，不从立，只有最後一個从立作 。查包山簡、郭店簡、上博簡等戰國楚簡表示等待的「須」也都作「須」，戰國晚期至秦代的秦系簡牘也是如此。傳世文獻中表示等待的「須」一般也只作「須」，《說文句讀》：「經典率借須為𨕙。」可以肯定，表示等待的「𨕙」，原來借鬢髮的「須」（有時也借「需」）表示，「立」旁是後來才加上去的。從現有的資料看，小篆的「𨕙」可能是來源於戰國楚文字的，這也可以看作書同文吸收六國文字的一個例證。[301]

滕勝霖（**201905**）：「㱃」，從夕亦聲，《上博二‧民之》簡 8：「成王不敢康，夙夜基命宥密。」「夜中」，《國語‧吳語》：「吳王昏，乃戒令秣馬食士，夜中，乃令服兵擐甲，係馬舌，出火灶。」韋昭注：「夜中，夜半也。」，傳抄古文寫作「」「」，等待義。[302]

江秋貞（**202007**）：簡 30 的涉字形「」和本簡的涉字「」寫法不同。可見楚文字的字形多變，同音不同形的字很多。「㱃中，乃命右軍、右軍涉江，鳴鼓，中水以𨕙」意指「入夜後，就命令左軍右軍渡江，擊鼓，至水中央待命」。[303]

佑仁謹案：

「夜中」指夜半。《國語‧吳語》：「吳王昏乃戒，令秣馬食士。夜中，乃令服兵擐甲，係馬舌，出火竈。」韋昭《注》：「夜中，夜半也。」[304]

《越公其事》中的「鳴」字很特別，見簡 3「」、簡 65「」，蘇建洲指出：

> 簡文 3 中的「鳴」寫作，簡 65「鳴」寫作，「鳥」旁寫作從「爪」從「隹」，與簡 12「雞」作，以及同一書手的《清華陸‧鄭文公問太伯》甲篇簡 2「雞」作、《清華陸‧子儀》簡 8「鳥」作等等常見的

300　子居：〈清華簡七《越公其事》第十、十一章解析〉，中國先秦史網站，2017.12.13（2021.5.17上網）。

301　趙平安：〈說字小記（八則）〉，《出土文獻》第 14 輯（上海：中西書局，2019.4），頁 112-118。

302　滕勝霖：《《清華大學藏戰國竹簡（柒）》集釋及相關問題研究》（重慶：西南大學碩士論文，2019），頁 397。滕勝霖：《《清華大學藏戰國竹簡（柒）》集釋》（重慶：西南師範大學出版社，2021），頁 390。

303　江秋貞：《《清華大學藏戰國竹簡（柒）‧越公其事》考釋》（臺北：臺灣師範大學博士論文，2020），頁 668。江秋貞：《《清華大學藏戰國竹簡（柒）‧越公其事》考釋》（臺北：花木蘭文化事業公司，2022），頁 601。

304　（三國吳）韋昭注，徐元誥集解：《國語集解》（北京：中華書局，2002），頁 548。

> 「鳥」形不同。一種可能是鳴字「鳥」旁寫錯了，另一種可能鳴字右旁所從實為「烏」，源自一類寫法，是將「烏」誤寫為「鳥」，或是以「烏」來表示鳴叫的意符，《太平廣記・禽鳥三・梁祖》：「見飛烏止於峻坂之間而噪，其聲甚厲。副使李璠曰：『是烏鳴也，將不利乎！』」可以參考。[305]

滕勝霖則認為：

> 「鳴」字右側部件從「爫」從「隹」，類似字形見於春秋晚期王孫遺者鐘「」（《集成》261）。楚系文字中有在文字上方加「爫」的習慣，如「家」寫作「豙」，「卒」寫作「⿱爫卒」等，「」字右側部件可能與此類似，為楚系文字特有寫法。蘇建洲認為與「烏」字寫法有關，但「烏」影紐魚部，「鳴」明紐耕部，韻部較遠，可能性較小。本文認為此字可能是楚系文字早期寫法的遺存。……《越公其事》簡 3「鳴」寫作「」，字形右側部件從「爫」從「隹」，類似字形見於春秋晚期王孫遺者鐘「」（《集成》261）。楚系文字「鳴」多寫作「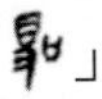」「」等，「」字右側部件「隹」上方加「爫」為楚系文字特有寫法，如：「家」寫作「豙」，「卒」寫作「⿱爫卒」等。[306]

要探討簡 3「」字來源，必須先談談「鳥」字構形。西周金文的「鳥」字形作「」（鴅，西周早期／沈子它簋蓋，《集成》04330），象鳥側面之形，鳥頭結構可分為眼睛與鳥口。此外，還有一種以「目」旁概括整個鳥頭的寫法，例如𩿨公觶的「𩿨」，到了春秋時代，這種寫法的「目」有些還繼續保留，如蔡侯紐鐘（春秋晚期，《集成》00218）；有些「目」旁則開始產生訛寫，例如：王孫遺者鐘、者瀘鐘。

305 蘇建洲：〈北大簡《倉頡篇》釋文及注釋補正〉，收入復旦大學出土文獻與古文字研究中心主編：《「出土文獻與傳世典籍的詮釋」國際學術研討會議程論文集》（上海：復旦大學出土文獻與古文字研究中心，2017），頁 321-322。後正式出版，見復旦大學出土文獻與古文字研究中心主編：《出土文獻與傳世典籍的詮釋》（上海：中西書局，2019），頁 321-322。

306 滕勝霖：《《清華大學藏戰國竹簡（柒）》集釋及相關問題研究》（重慶：西南大學碩士論文，2019），頁 182、427。

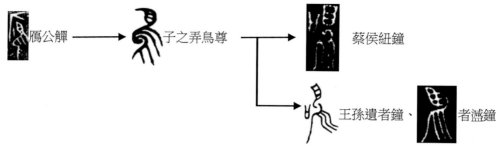

王孫遺者鐘、者瀘鐘這種訛寫的「目」旁，到了春秋、戰國之際，訛變程度更加激烈，在晉系、齊系、楚系等地區都出現一種從「爪」（或近似「爪」形）的寫法，追本溯源應該就是來自於這種「目」的類化。最後，本處《越公其事》的寫法則是在楚系寫法的「鳥」上，在鳥的羽翼上加一道豎筆，寫法遂類化成「隹」。

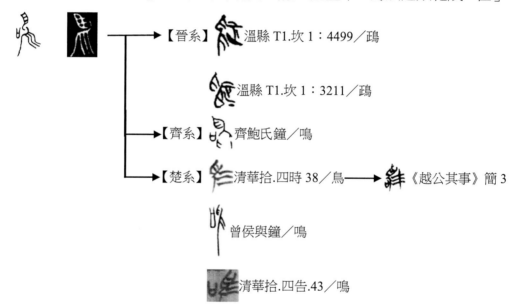

值得留意的是，楚簡的「鳥」一般寫作「⬚」（上博三.周易.12／鳴）、「⬚」（上博五.鬼神之明融師有成氏.5／鳴）、「⬚」（上博八.李頌.1 背／鳴）、⬚（安大一.4／鳴），字形上半均從「目」，這是楚簡中最普遍的「鳥」字寫法。雖然曾侯與鐘的「鳴」字已作「⬚」，然而因為字例較少，沒有引起學者較大的注意。直到清華簡公布，這種寫法才逐漸得到重視。

　　經過上述整理，可知《越公其事》簡3「⬚」字當釋作「鳴」無疑，它是從「口」從「鳥」的會意字[307]，右半並非「烏」字[308]，也沒有錯字成分，而其上

---

[307] 「鳥」端紐幽部、「鳴」明紐耕部，二字古音不近。不過上博一《孔子詩論》簡9的「黃鳴」即今《詩經・秦風・黃鳥》，字形作「鳴」，但文例當讀「鳥」。

半所謂的「爪」旁當是從「目」訛變而來，與楚簡常見以「爪」作為「飾符」如「豪（家）」、「卒（卒）」等字毫無關係，不能等同視之。現在看來，這種從「爪」寫法的「鳥」並非楚簡專利，晉系、齊系都曾出現蹤跡，從它們在清華簡中不斷出現來看，可能與底本來源沒有關係，也就是並非受到底本來源的影響，而是楚系中比較少見的寫法。此外，《越公其事》書手也有典型的「鳥」字寫法，見簡 12 的「」（雞）。

《清華大學藏戰國竹簡（肆）～（柒）字根研究》將簡 3 的「」隸定成「唯」，簡 65 的「」隸定成「鳴」[309]，其實二字完全一樣，隸定不應有別。以下古文字的「鳥」以供參考：

鴈公觶／西周早.集成 06174／鴈	夨方鼎／西周中.集成 02824／鳥	者瀘鐘／春秋早.集成 00194／鳥	子之弄鳥尊／春秋晚.集成 05761／鳥	王孫遺者鐘／春秋晚.集成 00261／鳴
溫縣 T1.坎 1：3211／鴇（晉系）	溫縣 T1.坎 1：3780／鴇（晉系）	溫縣 T1.坎 1：3863／鴇（晉系）	溫縣 T1.坎 1：4499／鴇（晉系）	璽彙.2005／郵毻（晉系）
璽彙.3063／宲鳴（晉系）	齊鮑氏鐘.集成 00142／鳴（齊系）	曾侯與鐘.江漢考古 2014.4／鳴（楚系）	清華壹.祭公 9／𪅀（楚系）	清華拾.四告.43／鳴（楚系）
清華拾.四時 3／鳥（楚系）	清華拾.四時.5／鳴（楚系）	清華拾.四時 9／鳥（楚系）	清華拾.四時 22／鳥（楚系）	清華拾.四時 38／鳥（楚系）

[308] 「鳴」不可能从「烏」，因為如此一來會與「烏」混淆，「鳴」（明紐耕部）、「烏」（影紐魚部）聲音也不同，二字同見於新蔡葛陵簡，寫法有別，參張新俊、張勝波：《新蔡葛陵楚簡文字編》（成都：巴蜀書社，2008），頁 81、87。

[309] 范天培：《清華大學藏戰國竹簡（肆）～（柒）字根研究》（臺北：臺灣師範大學碩士論文，2020），頁 380-381。

清華拾.四時 38／鳥（楚系）	清華拾.四時 38／鳥（楚系）

本章有三個﹛須﹜，都出現在簡 65，前兩個寫成「須」（、），後一個寫成「竪」（），字从「立」。細審構形，後者增添意符「立」自不待言，便是「須」之寫法兩者亦有差別，前者「須」旁表髭鬚的象形部件寫得像「人」形，且重複三次，而後者則寫得像「S」之彎曲形，並只有重複兩次。

「竪」這種寫法只見於《越公其事》與小篆，因此趙平安認為「小篆的『竪』可能是來源於戰國楚文字」。除本處以及《說文》小篆外，滕勝霖已指出「竪」字還見於傳抄古文，寫法作：

汗·尚 47　　 四·尚 1.24　　 選·籀 53 下 [310]

這幾例出自傳抄字書的構形較難判斷國別。五年鄭令矛有「」（《集成》11553），可隸定作「耑」，《龍龕手鑑》將「耑」視為「竪」字或體。

綜上所述，就目前所見的出土資料來看，「竪」確實只見於楚文字的《越公其事》，但傳世字書則見於《汗簡》、《古文四聲韻》，小篆的「竪」是否就是承襲自楚文字，恐怕需要更多材料出現才能判定。

〔24〕吳帀（師）乃大敥（駭）曰

吳	帀	乃	大	敥	曰

毛玉靜（201905）：敥—駭。二字皆從亥聲，諧聲通假。[311]

子居（20171213）：本節的「乃大駭」，《國語·吳語》作「聞之大駭」，後文對應部分《國語》也無「涉江」二字，可見二者在流傳過程中已各有改寫，《國語·吳語》側重了吳師聽到越師左右軍鳴鼓的情況，《越公其事》則側重了越師的涉江行為。[312]

---

310 相關字形可參劉建民：《傳抄古文新編字編》（上海：復旦大學博士論文，2013），頁 530。李春桃：《傳抄古文綜合研究》（長春：吉林大學古籍研究所博士論文，2012），頁 504。

311 毛玉靜：《《清華大學藏戰國竹簡（柒）》字用研究》（合肥：安徽大學碩士論文，2019），頁 82。

312 子居：〈清華簡七《越公其事》第十、十一章解析〉，中國先秦史網站，2017.12.13（2021.5.17 上網）。

　　滕勝霖（201905）：「![字]」從戈亥聲，整理者讀作「駭」可從，驚也。或為「毅」之異體，《說文・殳部》：「毅攺，大剛卯也。以逐精鬼。从殳亥聲。」傳抄古文寫作「![字]」「![字]」。[313]

　　佑仁謹案：
本段內容傳世文獻作：

> 夜中，乃命左軍、右軍涉江鳴鼓中水以須。吳師聞之，大駭，曰：「越人分為二師，將以夾攻我師。」（《國語・吳語》）[314]

> 於夜半，使左軍涉江，鳴鼓中水，以待吳發。吳師聞之中，大駭，相謂曰：「今越軍分為二師，將以使攻我眾。」（《吳越春秋・勾踐伐吳外傳》）[315]

《國語・吳語》與《吳越春秋》的敘事基本一致，但後者有更多細微鋪敘，例如《國語・吳語》的「吳師聞之，大駭」，《吳越春秋》作「吳師聞之中，大駭」，多一「中」字，張覺《吳越春秋校證注疏》認為「中，內心」[316]，可信。《史記・樂書》：「情動於中，故形於聲。」張守節《正義》：「中猶心也。」[317]可參。

　　滕勝霖主張「![字]」或為「毅」之異體，傳抄古文亦有「毅」字。「殳」、「戈」都為攻擊武器，偏旁替換在古文字中很常見。不過在出土文獻中還未看過「毅」字，而傳抄古文的「毅」均從「殳」之變體，不從「戈」，所以「![字]」是否為「毅」的異文，仍需等更多材料出現才能論定。

　　〔25〕雩（越）人分為二帀（師）

![字]	![字]	![字]	![字]	![字]	![字]
雩	人	分	為	二	帀

　　佑仁謹案：

---

[313] 滕勝霖：《《清華大學藏戰國竹簡（柒）》集釋及相關問題研究》（重慶：西南大學碩士論文，2019），頁 397-398。滕勝霖：《《清華大學藏戰國竹簡（柒）》集釋》（重慶：西南師範大學出版社，2021），頁 390。

[314] （三國吳）韋昭注，徐元誥集解：《國語集解》（北京：中華書局，2002），頁 560。

[315] 周生春：《吳越春秋輯校彙考》（上海：上海古籍出版社，1997），頁 168。

[316] 張覺：《吳越春秋校證注疏》：（北京：知識產權出版社，2013.11），頁 307。

[317] （西漢）司馬遷撰，（南朝宋）裴駰集解，（唐）司馬貞索引、張守節正義：《史記》（北京：中華書局，2014），頁 1404-1405。

本句話在古籍中作「越人分為二師」（《國語‧吳語》）[318]、「今越軍分為二師」（《吳越春秋》）[319]。《吳越春秋》稱「越軍」，《國語‧吳語》與《越公其事》作「越人」，越軍本質上就是越國人，故兩種用法均可。

〔26〕涉江牉（將）以夾 攻我師，乃不遡旦

涉	江	牉	以	夾	攻	遡
旦						

原整理者（201704）：殘缺約四到五字，「攻」與「遡」有殘存筆畫，可補為「攻我師乃不遡」或「攻我師不遡」。[320]

吳德貞（201805）：與簡 65、67 相比照，本簡「攻」與「遡」兩殘字之間可補四字，但若補為「攻我師乃不遡」，則全句「將以夾攻我師，乃不遡旦，乃中分其師」的第一個「乃」字稍顯多餘，則此暫據整理者補「攻」、「遡」二字。《國語‧吳語》與簡文殘缺處相關文字是：「吳師聞之，大駭，曰：『越人分為二師，將以夾攻我師。』乃不待旦，亦中分其師，將以禦越。」可參。[321]

朱歧祥（20181201）：《國語‧吳語》作「乃不待旦，亦中分其師」，與簡文大致相同。簡文前二字殘缺，但如對應文獻，恰應補「乃不」二字。可是，如此簡文的前後二句都是以「乃」字帶出，行文唐突怪異，顯非正常該有的用法。「越人分為二師，將以夾攻我師。」《國語‧吳語》，按文獻和簡文的上文都已明言越王令軍「涉江」，簡文此處實不需要一再重複「涉江」二字。[322]

滕勝霖（201905）：竹簡中部殘損約五字，殘筆可補作「攻」「遡」。……旦，天亮義。《書‧太甲上》：「先王昧爽丕顯，坐以待旦。」本句與《左傳‧哀公十七年》：「吳子禦之笠澤，夾水而陳。越子為左右句卒，使夜或左或右，

---

[318] （三國吳）韋昭注，徐元誥集解：《國語集解》（北京：中華書局，2002），頁 560。

[319] 周生春：《吳越春秋輯校彙考》（上海：上海古籍出版社，1997），頁 168。

[320] 李學勤主編：《清華大學藏戰國竹簡（柒）》（上海：中西書局，2017），頁 147。

[321] 吳德貞：《清華簡《越公其事》集釋》（武漢：武漢大學碩士論文，2018），頁 96。

[322] 朱歧祥：〈談《清華簡》（七）〈越公其事〉的兩章文字校讀〉，收入紐倫堡－埃爾蘭根孔子學院、埃爾蘭根－紐倫堡大學、世界漢字學會、華東師範大學中國文字研究與應用中心、慶星大學韓國漢字研究所漢字文明研究事業團編：《世界漢字學會第六屆年會暨國際學術研討會「漢字認知工具與表意文字歷史研究」論文集》（紐倫堡：紐倫堡－埃爾蘭根孔子學院，2018），頁 39-41。後收入東海大學中國文學系編：《中華文化與文學學術研討系列第二十四次會議——龍宇純先生學術研討會論文集》（臺中：東海大學中國文學系，2018），頁 72-74。

鼓噪而進。吳師分以御之。越子以三軍潛涉,當吳中軍而鼓之,吳師大亂,遂敗之。」記載相似。[323]

江秋貞（202007）：筆者參考今本《國語・吳語》「乃不待旦」,認為這一殘句可以補「□（攻）我師。乃不□（遱）旦」,「攻我師」後要斷句。「將以夾□（攻）我師。」一句是以吳軍視角口語寫作,而「乃不遱旦」一句又回到作者視角敘述,其主語是吳師。「吳帀乃大焎,曰：『雩人分為二帀,涉江,牉以夾□（攻）我師。』乃不□（遱）旦」意即「吳師於是非常害怕,說：『越國人分左右二師,渡江要來夾攻我師。』（吳師）於是不等到天亮。」[324]

佑仁謹案：

江秋貞認為「攻」、「遱」不算,中間只能補四字,故原整理者補「攻我師不遱」的方案可以排除,其說可信。

吳德貞認為如果補字方案為「將以夾攻我師,乃不遱旦,乃中分其師」,則後兩句都是乃字開頭,第一個「乃」字稍顯多餘。朱歧祥也認為「前後二句都是以『乃』字帶出,行文唐突怪異,顯非正常該有的用法」。連用兩個「乃」字確實稍嫌累贅,懷疑有一定道理。不過,「乃」是《越公其事》中敘事時慣用的字眼,接續數句使用「乃」的情況,其實並不少見,例如：

1　王作安邦,*乃*因司襲常。王*乃*不咎不忌,不戮不罰。【簡 26-27】
2　邦*乃*暇安,民*乃*蕃滋。【簡 28-29】
3　*乃*無有閒草,越邦*乃*大多食。【簡 34＋36】。
4　王*乃*好信,*乃*修市政。【簡 37】
5　王*乃*好徵人。王*乃*趣使人察省城市邊縣小大遠邇之勾、落。【簡 44】
6　*乃*皆聞越地之多食、政薄而好信,*乃*波往歸之,越地*乃*大多人。【簡 49】
7　舉越邦至于邊縣城市*乃*皆好兵甲,越邦*乃*大多兵。【簡 52】
8　*乃*趣取戮。王*乃*趣至于溝塘之功,*乃*趣取戮於後至後成。王*乃*趣設戮于東夷、西夷,*乃*趣取戮於後至不恭。【簡 56-57】
9　*乃*屬邦政於大夫種,*乃*命范蠡、太甬大歷越民。【簡 61】
10　邊人*乃*相攻也,吳師*乃*起。【簡 62-63】
11　左軍、右軍*乃*遂涉攻之。吳師*乃*大北,三戰三北,*乃*至於吳。越師*乃*因軍吳,吳人閽奴*乃*入越越師,越師*乃*遂襲吳。【簡 68】

---

[323] 滕勝霖：《《清華大學藏戰國竹簡（柒）》集釋及相關問題研究》（重慶：西南大學碩士論文,2019）,頁 397-398。滕勝霖：《《清華大學藏戰國竹簡（柒）》集釋》（重慶：西南師範大學出版社,2021）,頁 390。

[324] 江秋貞：《《清華大學藏戰國竹簡（柒）・越公其事》考釋》（臺北：臺灣師範大學博士論文,2020）,頁 669-670。江秋貞：《《清華大學藏戰國竹簡（柒）・越公其事》考釋》（臺北：花木蘭文化事業公司,2022）,頁 603-604。

上述均是連續數句使用「乃」字，其中第 8 條甚至是連續 6 句使用「乃」字。而第 6、9 條則均是連續 2 句以「乃」字起句。換言之，如果本處當補成「夾攻我師」，乃不嬰旦，乃中分其師」，就《越公其事》的語言風格來看，也是完全有可能的事。

「夾攻」指吳軍誤以為越軍分成左右兩軍涉江進攻，完全沒有預料到另有六千心腹部隊的存在。

〔27〕乃中分元（其）帀（師），牂（將）以迎（禦）之。

乃	中	分	元	帀	牂	以
迎	之					

滕勝霖（201905）：「中分」，均分義，《史記・項羽本紀》：「項王乃與漢約，中分天下。」[325]

佑仁謹案：

滕勝霖認為「『中分』，均分義」，可信。張家山漢簡簡 385《二年律令・置後律》：「□□□□長（？）次子，畀之其財，與中分。其共為也，及息。」整理小組注：「中分，平分。」[326]可為參考。

〔28〕雩（越）王句戈（踐）乃以元（其）厶（私）卒（卒）卒=（六千）敨（竊）涉

雩	王	句	戈	乃	以	元
厶	卒	卒=	敨	涉		

[325] 滕勝霖：《《清華大學藏戰國竹簡（柒）》集釋及相關問題研究》（重慶：西南大學碩士論文，2019），頁 397。滕勝霖：《《清華大學藏戰國竹簡（柒）》集釋》（重慶：西南師範大學出版社，2021），頁 390。

[326] 張家山二四七號漢墓竹簡整理小組編著：《張家山漢墓竹簡〔二四七號墓〕（釋文修訂本）》（北京：文物出版社，2006），頁 61。

原整理者（201704）：竊涉，《國語・吳語》作「潛涉」，韋昭注：「潛，默也。」[327]

魏宜輝（20171026-28）：簡 63-67 講述了越人採取了兵分三路的進攻策略，渡江攻擊吳軍。越人左右兩軍半渡而鳴鼓，使吳人驚恐，分兵左右防禦越人。而越人則以句踐私卒（即中軍）出其不意發起進攻，使吳人的防禦出現混亂。越人左右兩軍協同進攻，吳人大敗。類似的記載也見於《國語・吳語》。與上引簡文對應的部分，《國語・吳語》作「越王乃令其中軍銜枚潛涉，不鼓不譟，以襲攻之，吳師大北。」[328]

毛玉靜（201905）：「竊」字較簡文，增加了義符偏旁「穴」，並更換「攵」為「米」部。[329]

江秋貞（202007）：「乃中分亓币，牂以御之」一句接續上一句「乃不須旦」，表示吳軍知道越軍違反承諾逕行夜襲之後，吳軍也立刻中分其師以迎戰。「乃中分亓币，牂以御之。雩王句戔乃以亓厶𡌧卒=敫涉」，意即「就中分其師，將抵禦越軍。越王句踐於是以他的六千精銳士卒偷偷渡江」。[330]

佑仁謹案：

這段話在《國語・吳語》中的描述為：

> 吳師聞之，大駭，曰：「越人分為二師，將以夾攻我師。」乃不待旦，亦中分其師，將以禦越。越王乃令其中軍銜枚潛涉。不鼓不譟以襲攻之，吳師大北。越之左軍、右軍乃遂涉而從之，又大敗之於沒，又郊敗之，三戰三北，乃至於吳。越師遂入吳國，圍王宮。[331]

《吳越春秋・勾踐伐吳外傳》的敘述則是：

---

[327] 李學勤主編：《清華大學藏戰國竹簡（柒）》（上海：中西書局，2017），頁 147。

[328] 魏宜輝：〈讀〈清華大學藏戰國竹簡（柒）〉札記〉，收入中國文字學會編：《中國文字學會第九屆學術年會論文集》（北京：中國文字學會，2017），頁 683；又見香港浸會大學饒宗頤國學院，澳門大學中國語言文學系，清華大學出土文獻研究與保護中心：《〈清華簡〉國際會議論文集》（香港：香港浸會大學饒宗頤國學院、澳門：澳門大學中國語言文學系，2017），頁 185。

[329] 毛玉靜：《《清華大學藏戰國竹簡（柒）》字用研究》（合肥：安徽大學碩士論文，2019），頁 8。

[330] 江秋貞：《《清華大學藏戰國竹簡（柒）・越公其事》考釋》（臺北：臺灣師範大學博士論文，2020），頁 671。江秋貞：《《清華大學藏戰國竹簡（柒）・越公其事》考釋》（臺北：花木蘭文化事業公司，2022），頁 604-605。

[331] （三國吳）韋昭注，徐元誥集解：《國語集解》（北京：中華書局，2002），頁 560-561。

> 吳師聞之，中大駭，相謂曰：「今越軍分為二師，將以使攻我眾。」亦即
> 以夜暗，中分其師，以圍越。越王陰使左、右軍與吳望戰，以大鼓相聞。
> 潛伏其私卒六千人，銜枚不鼓，攻吳。吳師大敗。越之左、右軍乃遂伐之，
> 大敗之於囿 332，又敗之於郊，又敗之於津 333，如是三戰三北，徑至吳，
> 圍吳於西城。334

句踐將部隊分成左右兩軍，以六千心腹部隊為中軍，又命左軍溯江上行五里待
命，右軍順江而下五里待命。夜半時，命令兩軍渡江在水上等待，吳人發現後也
將部隊分成兩部，準備抵禦越軍。此時句踐命令中軍偷偷渡江，襲擊吳軍，左右
兩軍亦全面進攻，致使吳軍大敗。越軍先後在笠澤、沒、郊三次擊敗吳軍。《國
語・吳語》、《吳越春秋》、《越公其事》的敘述基本一致。

「竊」字，指偷偷地、暗中進行。此義項古籍一般以「私」為訓，《廣雅・
釋詁四》：「竊，私也。」335楊樹達《詞詮》卷六云「竊」為「表態副詞。私也。
凡事不敢公然為之者為竊。」336《史記・孫子吳起列傳》：「（孫臏）說齊使。
齊使以為奇，竊載與之齊。」（孫臏遊說齊國使者，齊使覺得他是個奇人，於是
偷偷地把他載回齊國）337

〔29〕不鼓不喿（噪）以湶（侵）攻之，大醽（亂）吳帀（師）。

不	鼓	不	喿	以	湶	攻
之	大	醽	吳	帀		

---

332 笠澤見載《左傳・哀公十七年》，《國語》、《吳越春秋》均無「笠澤」。〈吳語〉未明言
「三戰三北」的首戰地點，〈越語上〉則無「三戰三敗」之句，僅云「是故敗吳於囿，又敗
之於沒，又郊敗之」，韋昭《注》：「囿，笠澤也。」（西晉）杜預注，（唐）孔穎達正義，
李學勤主編：《十三經注疏・春秋左傳正義》（北京：北京大學出版社，2000），頁 1953。
（三國吳）韋昭注，徐元誥集解：《國語集解》（北京：中華書局，2002），頁 572。

333 「津：渡口，此當指吳國外城的水關。」張覺：《吳越春秋校證注疏》（北京：知識產權出
版社，2014），頁 307。

334 周生春：《吳越春秋輯校彙考》（上海：上海古籍出版社，1997），頁 168-169。

335 （清）王念孫著，張其昀點校：《廣雅疏證》（北京：中華書局，2019），頁 292。

336 楊樹達：《詞詮》（北京：中華書局，1978），頁 313。

337 （西漢）司馬遷撰，（南朝宋）裴駰集解，（唐）司馬貞索引、張守節正義：《史記》（北
京：中華書局，2014），頁 2633。

　　原整理者（201704）：鼓噪，擂鼓吶喊。《墨子・備蛾傳》：「夜半，而城上四面鼓噪，敵人必或，破軍殺將。」侵攻，《國語・吳語》作「襲攻」。侵、襲義近。[338]

　　難言（20170501）：「不鼓不譟而㴯攻之」，似當讀「潛攻」。[339]

　　心包（20170501）：《左傳・莊公二十九年》「凡師，有鐘鼓曰伐，無曰侵，輕曰襲」，似不必破。[340]

　　陳偉武（20171026-28）：「㴯」亦用為「侵」，指悄然侵犯。[341]

　　魏宜輝（20171026-28）：我們懷疑簡文中的「㴯」字有可能就讀作「襲」。竹簡文字中的「㴯」其事就是「浸」字的異體。「浸」字古音為精母侵部字，「襲」為邪母緝部字，二字的聲、韻關係都非常近，從讀音關係上看是可以相通的。[342]

　　黔之菜（20171129）：根據出土簡帛的用字習慣，《越公其事》的「㴯（浸）」字可讀為「潛」。「㴯（浸）攻」就是「潛攻」，即秘密地攻擊。因為偷偷地涉水、秘密地攻擊，所以越國部隊能出奇制勝，一舉大敗吳軍。[343]

　　shenhao19（20171129）：個人認為如果將侵讀為「潛」，其實可以斷為「不鼓不譟以潛，攻之大亂吳師。」文本中的潛、涉是有區別的，國語稱「銜枚潛涉」可能是水深淺的問題。[344]

　　羅雲君（201805）：「不鼓不枭（噪）以㴯（侵）攻之」是越國中軍在吳軍分兵以後，突然襲擊吳軍。與簡【六四】至簡【六五】約定交戰日期後越國出其不意的軍事部署一脈相承。[345]

　　毛玉靜（201905）：從《字源》所說，「䚂」字本義包含治理和紊亂兩個方面。金文中「䚂」可引申為背叛、違亂義，讀若「亂」。召伯簋：「余既訊告我考母命，余勿敢䚂。」上述意義的䚂後世別出「亂」字。[346]

---

[338] 李學勤主編：《清華大學藏戰國竹簡（柒）》（上海：中西書局，2017），頁147。

[339] 難言：〈清華七《越公其事》初讀〉，武漢網，跟帖第121樓，2017.5.1（2019.11.21上網）。

[340] 心包：〈清華七《越公其事》初讀〉，武漢網，跟帖第122樓，2017.5.1（2019.11.21上網）。

[341] 陳偉武：〈清華簡第七冊釋讀小記（初稿）〉，收入香港浸會大學饒宗頤國學院、澳門大學中國語言文學系、清華大學出土文獻研究與保護中心編：《〈清華簡〉國際會議論文集》（香港：香港浸會大學饒宗頤國學院、澳門：澳門大學中國語言文學系，2017），頁157。

[342] 魏宜輝：〈讀〈清華大學藏戰國竹簡（柒）〉札記〉，收入中國文字學會編：《中國文字學會第九屆學術年會論文集》（北京：中國文字學會，2017），頁683；又見香港浸會大學饒宗頤國學院，澳門大學中國語言文學系，清華大學出土文獻研究與保護中心：《〈清華簡〉國際會議論文集》（香港：香港浸會大學饒宗頤國學院、澳門：澳門大學中國語言文學系，2017），頁186。

[343] 黔之菜：〈說《清華簡（柒）・越公其事》之「潛攻」〉，復旦網，2017.11.29（2021.5.18上網）。

[344] 黔之菜：〈說《清華簡（柒）・越公其事》之「潛攻」〉，復旦網，2017.11.29（2021.5.18上網）。案：本條shenhao19集釋收錄於本文中的「學者評論」。

[345] 羅雲君：《清華簡《越公其事》研究》（長春：東北師範大學碩士論文，2018），頁117。

滕勝霖（201905）：從上文講越王派私卒「竊涉」來看，「潛攻」可能更能體現此義。[347]

江秋貞（202007）：「㴑」、「侵」聲韻可通，「㴑」直接釋為「侵」即可，不必曲折釋「潛」、「襲」。「不鼓不㗊以㴑攻之，大亂吳帀」，意指「不擂鼓吶喊，不發出聲音，以侵襲吳國，大亂吳師」。[348]

佑仁謹案：

「鼓噪」，原整理者訓為「擂鼓吶喊」，可信。《墨子・備蛾傅》：「夜半而城上四面鼓噪，敵人必或，破軍殺將。」[349]《吳子・應變》：「若高山深谷，卒然相遇，必先鼓譟而乘之。」[350]「噪」又做「譟」，《後漢書・光武帝紀上》：「城中亦鼓譟而出，中外合埶，震呼動天地，莽兵大潰。」[351]鼓噪除了能團結我方力量外，也能以氣勢強壓敵方。《尉繚子・兵令上》云：「矢射未交，長刃未接，前譟者謂之虛，後譟者謂之實，不譟者謂之秘，虛實者，兵之體也。」[352]交鋒前先吶喊是虛張聲勢，後吶喊是表現出殺敵的情緒，一聲不響則必有密謀。句踐不鼓不噪的策略，使吳軍震驚陷入混亂，導致三戰三敗，就結果來看，這是非常成功的謀略。

原整理者將「㴑攻」讀為「侵攻」，並指出《國語・吳語》作「襲攻」，陳偉武也讀「侵攻」，指悄然侵犯，羅雲君、江秋貞從之。難言讀為「潛攻」，shenhao19、滕勝霖從之，但主張「潛」字下可點斷，文例作「不鼓不譟以潛，攻之大亂吳師」。魏宜輝讀為「襲攻」，認為「侵」讀為「襲」，二字語音可以相通，羅雲君從之。黔之菜認為「侵」、「襲」分別屬於陽聲與入聲韻尾，嚴格來說判然有分，因此主張「㴑」讀為「潛」。心包認為不必破讀。

至於讀「潛攻」之說，「㴑」（清紐侵部）、潛（從紐侵部）二字韻部相同，聲紐則都是齒音，音韻確實很近，且二字「都有浸漸、暗中進入一類意思」[353]。

---

[346] 毛玉靜：《《清華大學藏戰國竹簡（柒）》字用研究》（合肥：安徽大學碩士論文，2019），頁 36-37。

[347] 滕勝霖：《《清華大學藏戰國竹簡（柒）》集釋及相關問題研究》（重慶：西南大學碩士論文，2019），頁 399。滕勝霖：《《清華大學藏戰國竹簡（柒）》集釋》（重慶：西南師範大學出版社，2021），頁 392。

[348] 江秋貞：《《清華大學藏戰國竹簡（柒）・越公其事》考釋》（臺北：臺灣師範大學博士論文，2020），頁 675。江秋貞：《《清華大學藏戰國竹簡（柒）・越公其事》考釋》（臺北：花木蘭文化事業公司，2022），頁 608。

[349] 吳毓江撰、孫啟治點校：《墨子校注》（北京：中華書局，1993），頁 883。

[350] 陳曦譯注：《吳子・司馬法》（北京：中華書局，2018），頁 171

[351] （劉宋）范曄撰，（唐）李賢等注：《後漢書》（北京：中華書局，1973），卷 1，頁 8。

[352] 鍾兆華：《尉繚子校注》（鄭州：中州書畫社，1982），頁 74。

[353] 陳斯鵬：〈舊釋「舜」字及相關問題新解〉，《文史》2019 第 4 輯、總第 129 輯（2019.11），頁 17-18。

「戛」與「牀」字聲系通假的情況可參《簡帛古書通假字大系》[354]。不過，釋字以簡單直截為要，若能據簡文所使用聲符通假成適合的字詞，那麼不必再改易成別的聲符，因此筆者比較贊成將「浧」讀成「侵」，這種改易最小，同時也能讀通原文。

「浧」即「浸」字[355]，在此讀為「侵」，「侵」特指不設鐘鼓的進犯。《左傳・莊公二十九年》：「『夏，鄭人侵許』。凡師有鍾鼓曰伐，無曰侵，輕曰襲。」「輕曰襲」杜預《注》：「掩其不備。」[356]輕裝出擊的「襲」目的是攻其不備，但無用鐘鼓的「侵」，亦貴其神速，使敵國沒有防範。

胡安國《春秋胡氏傳》云：「聲罪致討曰『伐』，潛師掠境曰『侵』。聲罪者，鳴鐘擊鼓，整眾而行，兵法所謂『正』也；潛師者，銜枚臥鼓，出人不意，兵法所謂『奇』也。」[357]杜預《春秋釋例》云：「侵、伐、襲者，師旅討罪之名也。鳴鐘鼓以聲其過曰『伐』；寢鐘鼓以入其境曰『侵』；掩其不備曰『襲』，此所以別興師用兵之狀也。」[358]王力《古代漢語》則說「『伐』是正式的戰爭，所以有鐘鼓，而且進攻的國家總要找一些『聲討』的理由，如『包茅不入』、『無禮』、『貳於楚』等。『侵』就不需要任何理由，只是『不宣而戰』。『侵』與『伐』是不同的，所以《左傳・僖公四年》說：『侵蔡，遂伐楚。』『襲』比『侵』更富於秘密性質，只是偷偷地進攻，所以《左傳・僖公三十二年》說：『若潛師以來，國可得也。』」[359]黃德寬《古代漢語》亦云：「『征』是『有道』伐『無道』，具有褒義色彩；『伐』是有鐘鼓的公開宣戰，是中性詞；『侵』是不宣而戰的侵犯，具有貶義色彩。」[360]王力、黃德寬的說法應是依據《春秋》、《左傳》歸納出來的微言大義，透過字詞寄寓褒貶，但未必適用於所有文獻。例如黃德寬認為「侵」具有貶意，但《越公其事》敘事立場偏重於句踐，本處的「侵攻」並沒有任何褒貶意味。

shenhao19 認為「如果將侵讀為『潛』，其實可以斷為『不鼓不譟以潛，攻之大亂吳師』」，筆者認為前文已經指出與其讀「潛」不如讀「侵」，就句讀來看，「侵攻」應該是一個動詞詞組，不應於中間斷讀。

〔30〕左軍、右軍乃述（遂）涉戉（攻）之。吳市（師）乃大北

354 白於藍：《簡帛古書通假字大系》（福州：福建人民出版社，2012），頁 1370。

355 劉釗：《郭店楚簡校釋》（福州：福建人民出版社，2005），頁 204。

356 （西晉）杜預注，（唐）孔穎達正義，李學勤主編：《十三經注疏・春秋左傳正義》（北京：北京大學出版社，2000），頁 334。

357 （宋）胡安國：《春秋胡氏傳》（杭州：浙江古籍出版社，2010），頁 110。

358 （晉）杜預撰，徐淵整理：《春秋釋例》（北京：中國社會科學出版社，2021），頁 113。

359 王力主編：《古代漢語（校訂重排本）》（北京：中華書局，2007），第 1 冊，頁 49。

360 黃德寬：《古代漢語》（北京：高等教育出版社，2015），下冊，頁 642。

左	軍	右	軍	乃	述	涉
戉	之	吳	帀	乃	大	北

于倩（201806）：春秋楚系金文作「攻」（集成11637），戰國楚系金文作（集成12110），「攴」與「攴」形符互作，楚簡文字中此字有兩形，其一形體繼承自春秋金文作「攻」（越.67），另一形體則作「戉」（越.67），「戈」與「攴」形符互作，其辭例為：不鼓不噪以侵攻之……左軍、右軍乃遂涉，戉（攻）之。（清華七《越公其事》67）同簡同字異寫，但都用為其本義。[361]

佑仁謹案：

簡67有兩個﹛攻﹜字，一者作「攻」（攻），一者作「戉」（戉），于倩、沈雨馨[362]、毛玉靜[363]都已經指出「戈」與「攴」偏旁替換。這兩種寫法均是楚系常見的﹛攻﹜字構形，戰國時代的文字結構雖逐漸走向穩定，但不少字詞仍未有固定寫法，例如《越公其事》有5個「涉」字，除簡30作「涉」，將「水」旁列於「步」字之左側，其於簡65、66、67（2例）等例「水」旁均置於兩「止」中間，可見文字構形尚未固定下來。

原整理者句讀為「左軍、右軍乃述（遂）涉，戉（攻）之」，「涉」字下點斷，學界幾乎都沿襲此說，只有何家歡、鄭邦宏、暨慧琳則將文句連讀[364]，參照前文的「以浧（侵）攻之」，此處的「述（遂）涉戉（攻）之」顯然應該連讀。

〔31〕疋（三）戰（戰）疋（三）北，乃至於吳。

疋	戰	疋	北	乃	至	於
夋						

---

[361] 于倩：《清華簡《越公其事》文字構形研究》（昆明：雲南大學碩士論文，2018），頁93。

[362] 沈雨馨：《《清華大學藏戰國竹簡（柒）》集釋》（北京：首都師範大學碩士論文，2019），頁76。

[363] 毛玉靜：《《清華大學藏戰國竹簡（柒）》字用研究》（合肥：安徽大學碩士論文，2019），頁25。

[364] 何家歡：《清華簡（柒）《越公其事》集釋》（保定：河北大學碩士論文，2018），頁78。鄭邦宏：《出土文獻與古書形近訛誤字校訂》（上海：中西書局，2019.11），頁331。暨慧琳：〈清華簡《子犯子餘》「邦乃遂亡」及相關問題試析〉，《簡帛》第22輯（上海：上海古籍出版社，2021），頁81。

┌─────────┐
│ 吳   │
└─────────┘

原整理者（201704）：疋，讀為「旋」，連詞。旋……旋，義為一邊……一邊。[365]

紫竹道人（20170424）：「疋」當讀為「且」（二聲之字相通之例甚夥，不必贅舉。最直接的例子是：《易‧姤卦》「其行次且」的「且」，上博簡《周易》作「疋」），吳師「且戰且北」。[366]

蕭旭（20170605）：疋，疑讀為數，二字生母雙聲，魚、侯旁轉疊韻。言吳師數戰皆敗北也。《吳語》所載三戰蓋大戰，小戰若干，故簡文曰「數戰數北」。[367]

石小力（20171026-28）：《國語‧吳語》與簡文對應的語句作：「越之左軍、右軍乃遂涉而從之，又大敗之於沒，又郊敗之，三戰三北，乃至於吳。」與「疋戰疋北」對應的是「三戰三北」，這很自然讓我們想到「疋」應該對應今本的「三」字。在清華簡《成人》篇中，「疋」字兩見，兩處都無疑是用為數詞「三」的。這兩則新材料有力地證明，在楚簡中「疋」字可以用為數詞「三」。故簡文的「疋戰疋北」應該讀為《國語》之「三戰三北」。[368]

子居（20171213）：故「疋」當讀為「且」。是即戰於圉、戰於沒、戰於郊，這裡的「沒」地，似即《國語‧越語上》「句踐之地，南至於句無，北至於禦兒，東至於鄞，西至於姑蔑」的「姑蔑」。[369]

滕勝霖（201905）：本文同意鄔可晶之說，「疋」讀作「且」，連詞，表示相承關係。[370]

杜建婷（201906）：「疋」古音為生母魚部，「旋」古音為邪母元部，二者聲韻相差較遠，音理當不可通。「紫竹道人」讀為「且」，蕭旭讀為「數」，「且」古音為清母魚部，「數」古音為生母侯部，二者與「疋」古音音理皆可通。但從上下文義來看，讀為「且」更勝一籌。[371]

---

[365] 李學勤主編：《清華大學藏戰國竹簡（柒）》（上海：中西書局，2017），頁147。

[366] 紫竹道人：〈清華七《越公其事》初讀〉，武漢網，跟帖第16樓，2017.4.24（2019.11.21上網）。

[367] 蕭旭：〈清華簡（七）校補（二）〉，復旦網，2017.6.5（2021.5.18上網）。

[368] 石小力：〈清華簡《越公其事》與《國語》合證〉，收入香港浸會大學饒宗頤國學院、澳門大學中國語言文學系、清華大學出土文獻研究與保護中心編：《《清華簡》國際會議論文集》（香港：香港浸會大學饒宗頤國學院、澳門：澳門大學中國語言文學系，2017），頁54。後收入《文獻》2018第3期（2018.5），頁64-65。

[369] 子居：〈清華簡七《越公其事》第十、十一章解析〉，中國先秦史網站，2017.12.13（2021.5.17上網）。

[370] 滕勝霖：《《清華大學藏戰國竹簡（柒）》集釋及相關問題研究》（重慶：西南大學碩士論文，2019），頁400。

[371] 杜建婷：《清華簡第七輯文字集釋》（廣州：中山大學碩士論文，2019），頁53。

江秋貞（202007）：石小力提出有力的證據：《清華簡（捌）·成人》篇中，「疋」字兩見，文例都無疑是用為數詞「三」的。《清華簡（捌）·成人》篇這兩則新材料有力地證明，在楚簡中「疋」字可以用為數詞「三」的。只能說，這個材料對我們認識楚文字的世界有更新的發現。「左軍、右軍乃述涉，戏之。吳帀乃大北，疋戰疋北，乃至於吳」意指「（越國）左軍、右軍於是跟著渡江，攻打吳師。吳師於是大敗，三戰三敗，一直打到吳國境內」。[372]

滕勝霖（202107）：石小力之說可從，以「疋」表示｛三｝，見《清華玖·成人》簡 14、15。「三戰三北」與今本《國語·吳語》同。[373]

佑仁謹案：

原整理者將「疋」讀為「旋」。紫竹道人（鄔可晶）讀為「且」，子居、滕勝霖前說、杜建婷從之。蕭旭讀為「數」。石小力讀為「三」，江秋貞、滕勝霖後說從之。

筆者贊成石小力之說，「疋」讀為「三」，清華捌《成人》簡 13-16 云：

> 凡五無刑，其一得是謂始生，其二得是謂邦正，其疋（三）得是謂將盈，其四得是謂大成，其五得是謂嘉寧，邦乃和平。其一不得是謂始營，其二不得是謂少昊，其疋（三）不得是謂虐爭，其四不得是謂亂并，其五不得是謂流清，邦則不寧。[374]

其中的｛三｝都用「疋」來表示，可知「疋」應該讀成「三」。「三」心紐侵部、「疋」心紐魚部，聲紐一致，魚部、侵部也偶有通假例證[375]，但是「三」、「疋」在《成人》公布以前，確實很少通假的情況出現。

簡文「疋戰疋北」，即《國語·吳語》的「三戰三北」[376]，「疋」對照的文例就是「三」。所以《越公其事》的｛三｝共有三種寫法，分別為「疋」、「厽」、「三」。

---

[372] 江秋貞：《〈清華大學藏戰國竹簡（柒）·越公其事〉考釋》（臺北：臺灣師範大學博士論文，2020），頁 678-679。江秋貞：《〈清華大學藏戰國竹簡（柒）·越公其事〉考釋》（臺北：花木蘭文化事業公司，2022），頁 611。

[373] 滕勝霖：《〈清華大學藏戰國竹簡（柒）〉集釋》（重慶：西南師範大學出版社，2021），頁 392。

[374] 李學勤主編：《清華大學藏戰國楚竹書（捌）》（上海：中西書局，2019），頁 154-155。

[375] 例如郭店《五行》簡 46：「宋（深），莫敢不宋（深）；淺莫敢不淺。」「宋」匣紐魚部，而「深」審紐侵部。參王琛：《戰國楚簡帛[-n][-m]類十三韻部關係研究》（濟南：山東師範大學碩士論文，2020），頁 185。欒利偉：《戰國楚簡帛類十七韻部關係研究》（濟南：山東師範大學碩士論文，2020），頁 164。

[376] （三國吳）韋昭注，徐元誥集解：《國語集解》（北京：中華書局，2002），頁 561。

　　此事見於《左傳》哀公十七年三月（西元前478年），吳軍在笠澤（今江蘇吳江）夾水而陣，最後擊潰吳軍。《國語‧越語上》的記載更細，此戰在「囿」、「沒」（今蘇州市南郊外）、「郊」（今蘇州市城郊）等處發生戰爭，吳軍「三戰三北」，越軍「三戰三捷」，韋昭云：「囿，笠澤也。」指明《越語上》「囿」就是《左傳》的「笠澤」。

　　不過韋昭將「笠澤」之戰歸為哀公十七年，而「沒溪」、「城郊」之戰則歸於哀公二十年十一月，王引之《經義述聞‧是故敗吳於囿又敗之於沒又郊敗之》則認為三敗皆一時之事，不得分為十七年與二十年 [377]。簡文說「吳師乃大北，三戰三北」，語意一氣呵成，王引之之說與簡文比較相合。

〔32〕雪（越）帀（師）乃因軍吳=（吳）

雪	帀	乃	因	軍	吳=

　　原整理者（201704）：因，就。《國語‧鄭語》：「公曰：『謝西之九州，何如？』對曰：『其民沓貪而忍，不可因也。』」韋昭注：「因，就也。」[378]

　　子居（20171213）：「越師乃因軍吳，吳人昆奴乃入越師，越師乃遂襲吳」句在《國語》中沒有對應部分，考慮到《越公其事》各章末簡後往往有留白，則此句很可能是《越公其事》的編撰者據其他材料而補入的內容，這也說明《越公其事》當晚於〈吳語〉末兩章。[379]

　　江秋貞（202007）：《漢語大辭典》釋「因」指的是「相就、趨赴」的意思。「軍」為動詞「駐紮」。「雪帀乃因軍吳」指的是「越師於是趨赴駐紮吳國」。[380]

　　佑仁謹案：

　　原整理者將「因」訓為「就」，江秋貞則進一步把「因」理解為相就、趨赴[381]，筆者認為不詞，將「因」理解為「相就、趨赴」已經是動詞結構，再加上後

377 （清）王引之：《經義述聞》（上海：上海古籍出版社，2018），頁1281。

378 李學勤主編：《清華大學藏戰國竹簡（柒）》（上海：中西書局，2017），頁148。

379 子居：〈清華簡七《越公其事》第十、十一章解析〉，中國先秦史網站，2017.12.13（2021.5.17上網）。

380 江秋貞：《《清華大學藏戰國竹簡（柒）‧越公其事》考釋》（臺北：臺灣師範大學博士論文，2020），頁685-687。江秋貞：《《清華大學藏戰國竹簡（柒）‧越公其事》考釋》（臺北：花木蘭文化事業公司，2022），頁617。

381 江秋貞：《《清華大學藏戰國竹簡（柒）‧越公其事》考釋》（臺北：臺灣師範大學博士論文，2020），頁685-687。江秋貞：《《清華大學藏戰國竹簡（柒）‧越公其事》考釋》（臺北：花木蘭文化事業公司，2022），頁617。

面的「軍」（駐紮）則文中有兩個動詞，如同她的語譯：「越師於是趨赴駐紮吳國」既「趨赴」又「駐紮」，文意串講並不通順。筆者訓「因」為因而、因此，越國三戰三勝，於是因此駐紮在吳國境內，如此釋讀，文通字順。

江秋貞訓「軍」為駐紮，可信。笠澤之戰，吳越兩軍隔著笠澤江安營紮寨，之後越軍渡江攻擊吳軍，吳軍三戰三北，才有本處的「越師乃因軍吳」，指越軍趁勝追擊，駐紮於吳國境內，最後透過閽奴進入吳國國都並包圍王宮。

〔33〕吳人昆（閽）奴乃內（納）雩（越）=帀=（越師）

吳=	人	昆	奴	乃	內	雩=
帀=						

原整理者（201704）：吳人昆奴，吳人淪為昆奴者。昆奴，未詳，疑是奴之一種。或以為「昆奴」為人名。[382]

程浩（201704）：「昆奴」作為奴之一種抑或人名，古書均未得見。我們猜測這裡的「奴」字或可讀「孥」。包山文書簡122、123有兩個「奴」字，周鳳五先生即將其讀為「孥」。《國語・鄭語》「寄孥與賄焉」，韋昭注云：「孥，妻子也。」「昆」，《玉篇》云「兄弟也」。簡文所謂「吳人昆奴」，就是吳人之兄弟妻子。《越公其事》第十章講「吳人昆孥乃入越師」，是說越國軍隊已經對吳國的兄弟妻子進行了掠奪。[383]

暮四郎（20170502）：「昆」（文部見母）或當讀為「髡」（文部溪母）。古「昆」聲、「君」聲的字通用。「髡」與「君」聲的字可通。「髡」在文獻中常與奴的身份相聯繫，如《周禮・秋官》「墨者使守門，劓者使守關，宮者使守內，刖者使守囿，髡者使守積」，《新書・階級》「是以係、縛、榜、笞、髡、刖、黥、劓之罪，不及士大夫」。「吳人昆奴乃內（入）越師」似與武王伐紂時「紂師皆倒兵以戰，以開武王」之情節甚為相似。[384]

cbnd（20170506）：簡文中釋作「昆」之字可讀作「閽」。守門人可稱「閽人」，「閽奴」即守門的奴僕。這句話是說閽奴打開城門，使越師進入吳都城裡。[385]

---

[382] 李學勤主編：《清華大學藏戰國竹簡（柒）》（上海：中西書局，2017），頁148。

[383] 程浩：〈清華簡第七輯整理報告拾遺〉，《出土文獻》第10輯（上海：中西書局，2017.4），頁136-137。

[384] 暮四郎：〈清華七《越公其事》初讀〉，武漢網，跟帖第136樓，2017.5.2（2021.1.14上網）。

[385] cbnd：〈清華七《越公其事》初讀〉，武漢網，跟帖第156樓，2017.5.6（2019.11.21上網）。

汗天山（**20170508**）：（cbnd）此說應該可信。可為此說補充一條佐證材料：《吳越春秋・夫差內傳第五》二十三年十月，越王復伐吳。吳國困不戰，士卒分散，城門不守，遂屠吳。——其中「城門不守」，大概即是指此事？——如此，簡文當讀為「吳人閽奴乃內（納）越師」，「內」指閽奴打開城門接納、放進，而非指閽奴（守城門者）進入越師。[386]

水之甘（**20170509**）：史籍失載是正常的，《左傳》吳人伐楚，獲俘焉，以為閽，使守舟，吳子餘祭觀舟，閽以刀弒之。事又見《春秋事語》，閽名字無載，不過似乎這樣一來吳的閽人，社會地位很特別。[387]

王寧（**20170509**）：簡 68「吳人昆奴」的「昆奴」讀「閽奴」當是，但不是指守城門的人，而應該是指吳王宮的守門人。古代守城門的是軍卒，即簡文中的「吳人」，宮門的守門人才是閽，即簡文中的「閽奴」，《周禮・閽人》「王宮每門四人」者是。《墨子・非攻中》：「越王句踐視吳上下不相得，收其眾以復其讎，入北郭，徙大內，圍王宮而吳國以亡。」《越絕書・內傳陳成恒》：「越王迎之，戰於五湖。三戰不勝，城門不守，遂圍王宮，殺夫差而僇其相。」「城門不守」是「吳人」入之，王宮被攻破是閽奴入之。[388]

黃人二（**20170602**）：「昆奴」二字所記錄的，可能不是漢語，而是譯音。「崑崙」也可稱為「骨論」，亦可能是波斯人口中的「古侖」，希伯來人的「古實（Cush）」，義淨所說的「掘倫」（敦煌本作「堀倫」）。其所指的，應該就是來自東非洲或南亞、東南亞的「崑崙奴」，經由海陸，來到中國。這人種擅長泅水，戰國時期的吳國，就是以水戰著稱，所以，他們為戰國吳國所用，極為正常，屬外籍傭兵。「崑（昆）崙（侖）」，可省稱「昆」，只是「昆族之人」與「昆族」的差別而已。因為他們有極強大的勞動力，變成被商人販售到東方來的對象，從大多從事低下雜役之類的勞務視之，可稱其為「奴」。簡文「吳人昆奴」，當屬吳國所招兵買馬之「昆族」外籍傭兵。[389]

---

[386] 參汗天山：〈清華七《越公其事》初讀〉，武漢網，跟帖第 165 樓，2017.5.8（2019.11.21 上網）。這個意見侯乃峰後來改寫為「『昆』讀作『閽』當可信。可為此說補充一條佐證材料。《吳越春秋・夫差內傳第五》：『二十三年十月，越王復伐吳。吳國困不戰，士卒分散，城門不守，遂屠吳。』其中所謂『城門不守』，大概就是指此事。如此，簡文當讀為『吳人閽奴乃入越師』，『入越師』即是使越師入，意思是吳國的閽奴（守城門者）打開城門讓越國軍隊進入吳國，而非指閽奴（守城門者）自己進入越師。」文字稍有不同，但見解一致。見侯乃峰：〈讀清華簡（柒）零札〉，收入中國文字學會編：《中國文字學會第九屆學術年會論文集》（北京：中國文字學會，2017），頁 217。收入《中國文字學報》第 9 輯（北京：商務印書館，2018），頁 94。

[387] 水之甘：〈清華七《越公其事》初讀〉，武漢網，跟帖第 166 樓，2017.5.9（2019.11.21 上網）。

[388] 王寧：〈清華七《越公其事》初讀〉，武漢網，跟帖第 167 樓，2017.5.9（2019.11.21 上網）。

[389] 黃人二：〈關於清華簡（柒）疑難字詞的數則釋讀〉，收入靜宜大學中國文學系編：《第二屆漢文化學術研討暨學生論文競賽——「漢文化研究的新知與薪傳」會議論文抽印本》（臺中：靜宜大學中國文學系，2017.6.2-3），頁 15-20。

孟蓬生（**201710**）：「昆」字當釋為「後昆」之「昆」。《爾雅・釋言》：「昆，後也。」郭璞注：「謂先後。」「昆孥」連言，可泛指「兄弟妻子」。簡文言：「越師乃因軍吳，吳人昆奴乃入越師，越師乃襲吳。」「軍」當訓為「圍」，即「包圍」之意。簡文蓋謂越國軍隊包圍了吳地，吳人兄弟妻子紛紛出逃。[390]

石光澤（**20171118**）：「吳人昆奴」，筆者疑其本為越地之人，被吳人俘虜而為昆奴。吳人以俘虜的越人為奴，史書早有記載，《春秋左氏傳・襄公二十九年》：「吳人伐越，獲俘焉，以為閽，使守舟。吳子餘祭觀舟，閽以刀殺之。」此事亦見於馬王堆帛書《春秋事語・吳伐越章》：「吳子餘蔡觀周（舟），閽（閽）人殺之。」整理者將「閽」通假作「閽」，可能是將其與《左傳》對讀。《說文解字》：「閩：東南越，它種。」閩人所指即今浙江、福建一帶的土著，將閩人視作對漢時對越人的稱呼，亦可通。[391]

子居（**20171213**）：昆奴當讀為閽奴，入當讀為納。「吳人閽奴乃納越師」事，當是在越師圍吳的第三年，即《國語・越語下》：「居軍三年，吳師自潰。吳王帥其賢良與其重祿以上姑蘇，使王孫雒行成於越。……范蠡不報於王，擊鼓興師以隨使者，至於姑蘇之宮，不傷越民，遂滅吳。」據《左傳》，越師圍吳實在西元前 475 年，與《越公其事》前文西元前 478 年的吳越笠澤之戰並非同時，越滅吳則在西元前 473 年，《越公其事》在這一點上當是因承襲《國語・吳語》末兩章而導致出現同樣的時間訛錯。[392]

羅雲君（**201805**）：吳國有以戰俘為奴者，如《左傳・襄公二十九年》載「吳人伐越，獲俘焉，以為閽，使守舟，吳子餘祭觀舟，閽以刀弒之」，可見吳國歷次對外作戰，如伐楚伐越滅徐等，獲勝後必然有以俘為「奴」的情況，各種「奴」充斥於吳國。長期受吳人控制的諸「奴」，繁衍生息，其後代仍舊為奴者不在少數，且日益被打上了吳人的印記，從構成上來看，來源多樣，不乏越人後裔在吳為奴者，越國兵臨城下時，在越國的勸誘下與越軍裡應外合也是有可能的，故言「吳人昆奴乃內越師」。在吳越兩軍對峙於吳國都城時，正因為「吳人昆奴」的響應之舉，其後才會有「越師乃遂襲吳」的情況發生。[393]

滕勝霖（**201905**）：魏宜輝、侯乃峰（佑仁案：cbnd、汗天山）等學者將「昆」讀作「閽」可從，守城門之人，「閽奴」與「閽人」義近。《馬王堆參・春秋事

---

[390] 孟蓬生：〈《清華七・越公其事》字義拾瀋〉，收入西南大學漢語言文獻研究所、四川外國語大學中國語言文學系編：《第二屆古文字與出土文獻語言研究學術研討會論文集》（重慶：西南大學漢語言文獻研究所，2017），頁 218。後收入《出土文獻綜合研究集刊》第 8 輯（成都：巴蜀書社，2019），頁 196-201。

[391] 石光澤：〈〈清華大學藏戰國竹簡（柒）・越公其事〉「昆奴」補說〉，收入華東師範大學歷史學系編：《第二屆出土文獻與先秦史研究工作坊論文集》（上海：華東師範大學歷史學系，2017），頁 70、71。

[392] 子居：〈清華簡七《越公其事》第十、十一章解析〉，中國先秦史網站，2017.12.13（2021.5.17上網）。

[393] 羅雲君：《清華簡《越公其事》研究》（長春：東北師範大學碩士論文，2018），頁 119。

語・吳伐越章》「闇人」寫作「閭人」，「虫」「昆」聲韻皆近，「蚰」讀作「昆」可證，故「闇」「昆」可通。[394]

張朝然（201906）：「昆」，《玉篇》云「兄弟也」。《詩・王風・葛藟》有「終遠兄弟，謂他人昆。」昆也指兄弟之意。「奴」，《說文》「從女從又。」朱駿聲曰：「從又。手所持以執事」。可見「奴」字，最早指古代役女子。按程浩先生所說，這裡的「奴」字或可讀「孥」。《國語・鄭語》「寄孥與賄焉」，韋昭注云「孥，妻子也」。故此處「吳人昆奴」是指吳人的兄弟妻子。[395]

王青（201910）：「昆」可訓為「後」。《爾雅・釋言》：「昆，後也。」《國語・晉語二》：「天降禍于晉國，讒言繁興，延及寡君之紹續昆裔。」簡文「吳人昆（後）奴乃內（入）雩（越）師」，指吳人後來淪為奴者，不甘心為奴，因此投奔越師。[396]

江秋貞（202007）：「越師乃遂襲吳」是指越國的軍隊於是完全攻佔吳國。「雩（越）帀（師）乃因軍吳＝（吳，吳）人昆奴乃內（納）雩＝帀＝（越師，越師）乃述（遂）闔（襲）吳」意指「越師於是進軍吳國，吳國守城門者打開城門讓越師進入，越師於是就完全攻佔吳國了」。[397]

彭華、李菲（202010）：「內」讀為「納」更為妥帖。在西周中期以前，「內」字還兼賅「內」、「入」、「納」三項相關聯的意義。「內（納）」應解為「使進入、放入」，在文中意為「城門和王宮的守卒無法堅守，只能打開城門讓越師進入」。笠澤之戰是吳越之間著名的江河戰役，前文及《國語・吳語》亦皆載「吳師大北」，甚至「三戰三北」，吳師的中堅力量應所剩無幾。因此，基於這一前提，筆者並不認為「吳人昆奴」有足夠的戰鬥力倒戈作戰。[398]

佑仁謹案：

「昆奴」之釋讀，意見較為分歧，筆者整理如下：

意見提出者	讀法	釋義	觀點支持者

---

[394] 滕勝霖：《《清華大學藏戰國竹簡（柒）》集釋及相關問題研究》（重慶：西南大學碩士論文，2019），頁 403。滕勝霖：《《清華大學藏戰國竹簡（柒）》集釋》（重慶：西南師範大學出版社，2021），頁 395。

[395] 張朝然：《清華簡《越公其事》集釋及相關問題初探》（石家莊：河北師範大學碩士論文，2019），頁 57。

[396] 王青：〈清華簡《越公其事》補釋〉，收入華東師範大學歷史學系編：《出土文獻與商周社會學術研討會會議論文集》（上海：華東師範大學歷史學系，2019），頁 331。

[397] 江秋貞：《《清華大學藏戰國竹簡（柒）・越公其事》考釋》（臺北：臺灣師範大學博士論文，2020），頁 685-687。江秋貞：《《清華大學藏戰國竹簡（柒）・越公其事》考釋》（臺北：花木蘭文化事業公司，2022），頁 617-619。

[398] 彭華、李菲：〈清華簡《越公其事》研究述評〉，《地方文化研究》2020 第 5 期（2020.10），頁 107。

原整理者	昆奴	疑是奴之一種。或以為「昆奴」乃人名。	
程浩	昆孥	「吳人昆孥」就是吳人之兄弟妻子。「吳人昆孥乃入越師」，是說越國軍隊已經對吳國的兄弟妻子進行了掠奪。	何家歡 張朝然
暮四郎	髡奴	「髡」在文獻中常與奴的身份相聯繫，如《周禮·秋官》「墨者使守門，劓者使守關，宮者使守內，刖者使守囿，髡者使守積。」	
cbnd （魏宜輝）	閽奴	守門的奴僕。	汗天山 水之甘 滕勝霖 杜建婷 江秋貞
王寧	閽奴	「昆奴」讀「閽奴」當是，但不是指守城門的人，而應該是指吳王宮的守門人。《越絕書·內傳陳成恒》：「三戰不勝，城門不守，遂圍王宮。」「城門不守」是「吳人」入之，王宮被攻破是閽奴入之。	
黃人二	崐崙、 骨論、 古侖、 古實、 掘倫、 堀倫	其所指的，應該就是來自東非洲或南亞、東南亞的「崐崙奴」，經由海陸，來到中國。這人種擅長泅水，戰國時期的吳國，就是以水戰著稱，所以，他們為戰國吳國所用，極為正常，屬外籍傭兵。	
孟蓬生	昆孥	「昆孥」連言，可泛指「兄弟妻子」，簡文蓋謂越國軍隊包圍了吳地，吳人兄弟妻子紛紛出逃。	
石光澤	昆奴	本為越地之人，被吳人俘虜而為昆奴。	
熊賢品[399]	閽奴	守城門的奴僕。	
羅雲君	閽奴	吳國有以戰俘為奴者，吳國歷次對外作戰，如伐楚伐越滅徐等，獲勝後必然有以俘為「奴」的情況，各種「奴」充斥於吳國。越國兵臨城下時，在越國的勸	

---

[399] 熊賢品：〈論清華簡七《越公其事》吳越爭霸故事〉，《東吳學術》2018 第 1 期（2018.1），頁 94。

		誘下與越軍裡應外合也是有可能的。	
王青	後奴	指吳人後來淪為奴者，不甘心為奴，因此投奔越師。	
彭華、李菲	閽奴	「閽奴」應指吳王宮的守門人，「吳人」應是城門的守衛士卒。「吳人昆奴乃内越師」，應是《越絕書‧内傳陳成恒》所載「吳人不守」之事[400]。	

　　程浩認為「《越公其事》第十章講『吳人昆孥乃入越師』，是說越國軍隊已經對吳國的兄弟妻子進行了掠奪」，可是簡文的主詞是「吳人昆孥」，受詞是「越師」，而其翻譯則是以越師為主詞，吳國兄弟妻子為受詞，整個顛倒過來，此說完全無法和簡文原文連結起來。另外，何以特別言及掠奪吳人「兄弟妻子」，這恐怕是說不通的。

　　暮四郎讀成「髠奴」，「髠」溪紐文部，「昆」見紐文部，確實有通假的可能。《周禮‧秋官‧掌戮》：「髠者使守積。」[401]「髠」指古代剃髮之刑，而禾穀之聚曰「積」，古人讓受髠刑者負責守護糧倉。暮四郎將「昆」讀成「髠」，除音韻接近外，很難理解越人攻入城門與守護穀倉的受髠刑者有什麼必然關係。

　　王青認為「昆」可以訓為「後」，說法恐有疑義，「昆裔」解釋為後代子孫的用法見於古籍，但將「昆奴」解成「後來淪為奴者」在古籍中並無用例。

　　黃人二認為「昆奴」不是漢語，而是譯音，即來自東非洲或南亞、東南亞的「崑崙奴」，屬外籍傭兵。「崑崙奴」是唐代對於黑人奴隸的總稱，「西域」一詞，最早見於班固《漢書‧西域傳》，漢代以降均指玉門關以西的地區，張騫通西域，歷史上稱為「鑿空」之舉，見《史記‧大宛列傳》，司馬貞《索隱》：「謂西域險阨，本無道路，今鑿空而通之也。」[402]依據石雲濤《早期中西交通與交流史稿》說法，自西周至春秋戰國時期，中國絲綢、銅器已通過歐亞草原之路大量地運往中亞，傳去的還有中國的天文、曆法，絲綢更通過遊牧民族間接地傳到更加遙遠的地方，甚至到達西歐。[403]羅新慧也認為 西北地方青銅冶煉技術受到歐亞北方草原影響。[404]陝西考古研究院在挖掘一批秦墓時，曾於陪葬品中發現具有中西交流特色的琉璃珠。[405]可見中國很早就與歐亞大陸其他文化有所交

400 彭華、李菲：〈清華簡《越公其事》研究述評〉，《地方文化研究》2020 第 5 期、總 47 期（2020.10），頁 107。
401 （東漢）鄭玄注，（唐）賈公彥疏，李學勤主編：《十三經注疏‧周禮注疏》（北京：北京大學出版社，2000），頁 1128。
402 （西漢）司馬遷撰，（南朝宋）裴駰集解，（唐）司馬貞索引、張守節正義：《史記》（北京：中華書局，2014），頁 3847。
403 石雲濤：《早期中西交通與交流史稿（修訂本）》（北京：學苑出版社，2003），頁 105。
404 羅新慧：〈青銅之光：早期的中外文明交流〉，《世界歷史》2023 第 1 期（2023.2），頁 8-13。
405 參張佳：〈陝西咸陽渭城區考古發現戰國秦武將墓〉，《西安晚報》，2019.1.23。

流。不過，吳越爭霸是春秋史事，「崑崙奴」是否早在春秋時期就在吳國擔任外籍傭兵，恐怕需要更多證據才能確定。

　　cbnd（魏宜輝）、汗天山（侯乃峰）、水之甘、王寧、滕勝霖、杜建婷、江秋貞都將「昆奴」讀為「閽奴」。此處簡文，王寧聯繫《越絕書·內傳陳成恒》「三戰不勝，城門不守，遂圍王宮」，侯乃峰聯繫《吳越春秋·夫差內傳第五》「吳國困不戰，士卒分散，城門不守，遂屠吳」，筆者認為都是正確的。

　　《周禮·天官·閽人》：「閽人掌守王宮之中門之禁。」[406]閽人掌管晨昏啟閉宮門的工作，後世通稱守門人為閽人，「閽」從「門」為意符功能。《周禮·天官·冢宰》又說「閽人，王宮每門四人，囿游亦如之」，鄭玄《注》：「閽人，司昏晨以啟閉者。刑人墨者使守門。囿，御苑也。游，離宮也。」則王宮、囿游均有負責的守門人員，而守門工作常以刑餘之徒或廢疾者擔任。《周禮·秋官·掌戮》：「墨者使守門。」鄭玄《注》：「黥者無妨於禁御。」[407]《左傳·莊公十九年》：「初，鬻拳強諫楚子，楚子弗從，臨之以兵，懼而從之。鬻拳曰：『吾懼君以兵，罪莫大焉。』遂自刖也。楚人以為大閽，謂之大伯，使其後掌之。」[408]鬻拳勸諫楚文王時，以兵器威脅文王，文王答應後，鬻拳因自責而砍下雙腳，楚人讓他擔任守門吏，這是史書中非常著名的例子。

　　《馬王堆帛書·春秋事語·吳伐越章》：「吳伐越，復（俘）丌（其）民，以歸，弗復而刑之，使守布周（舟）。紀譜曰：『刑不法[409]使守布周（舟），游（留）丌（其）禍也。刑人佴（恥）刑而哀不辜，□怨（怨）以司（伺）閒（間），千萬必有幸矣。』吳子餘蔡〈蔡〉觀周（舟），閽（閽）人殺之。」[410]吳人伐越而以俘虜為守舟之閽，他們趁吳子餘祭觀舟之際，以刀弒之，此事亦載《左傳·襄公二十九年》[411]。可見這些閽人雖然為吳人服務，但並非心悅誠服，在越軍入吳的關鍵時刻，扮演了重要腳色。

　　汗天山、王寧都提到古籍所言「城門不守」，即此處吳人閽奴引越軍入城之事，所言甚是。筆者將古籍中與之相關的文例羅列如下：

出處	文例

---

[406] （東漢）鄭玄注，（唐）賈公彥疏，李學勤主編：《十三經注疏·周禮注疏》（北京：北京大學出版社，2000），頁222。

[407] （東漢）鄭玄注，（唐）賈公彥疏，李學勤主編：《十三經注疏·周禮注疏》（北京：北京大學出版社，2000），頁21、1128。

[408] （西晉）杜預注，（唐）孔穎達正義，李學勤主編：《十三經注疏·春秋左傳正義》（北京：北京大學出版社，2000），頁299。

[409] 王挺斌：〈馬王堆帛書《春秋事語》「吳伐越章」中「法」字補釋〉，見《首屆「出土文獻語言文字研究」國際學術研討會論文集》，2022.12.17-18，頁497-501。

[410] 裘錫圭主編：《長沙馬王堆漢墓簡帛集成》（北京：中華書局，2014），第3冊，頁193。

[411] （西晉）杜預注，（唐）孔穎達正義，李學勤主編：《十三經注疏·春秋左傳正義》（北京：北京大學出版社，2000），頁1254。

《呂氏春秋‧順民》	吳師大敗，遂大圍王宮，城門不守，禽夫差，戮吳相，殘吳二年而霸，此先順民心也。[412]
《史記‧仲尼弟子列傳》	三戰不勝，城門不守，越遂圍王宮，殺夫差而戮其相。[413]
《越絕書‧內傳陳成恒》	三戰不勝，城門不守，遂圍王宮，殺夫差而僇其相。[414]
《吳越春秋‧二十三年》	吳國困不戰，士卒分散，城門不守，遂屠吳。[415]

依據筆者整理，古籍至少有4處類似文例的記載，其中《呂氏春秋‧順民》將「城門不守」置於「圍王宮」之後，王寧也認為「閽奴」不是指守城門的人，而應該是指吳王宮的守門人。

筆者認為二說均有疑義，參照簡文，應該是吳國被攻破國門（第十章末尾），王宮才進一步被圍（第十一章開頭）。可見本處句踐軍隊尚未進入宮殿中，當是閽奴開城門使越軍進入國都之內。

「內」字，不少學者都讀成「納」，「納」本即由「內」所孳乳之字，故「內」也有「納」意，例如《孟子‧萬章上》：「思天下之民，匹夫匹婦有不被堯、舜之澤者，若己推而內之溝中。」[416]《潛夫論‧德化》：「是故凡立法者，非以司民短而誅過誤，乃以防姦惡而救禍敗，檢淫邪而內正道爾。」汪繼培《箋》：「內，讀為納。」[417]

〔34〕越師乃述（遂）闒（襲）吳。

雩=	帀=	乃	述	闒	吳

黃人二（20170602）：簡68云：「吳師乃大北（背），⋯⋯，越師乃遂襲吳。」吳國部隊於是乎大敗，車轍之跡悖亂，即戰又即敗，一直退回到吳國，都是如此。越國部隊憑藉著這個勝勢，軍臨吳國都城，吳國的傭兵昆奴於是乎就開拔進入到越國部隊裡面，越國部隊便發動迅雷不及掩耳的襲擊。《左傳‧莊公二

---

412 許維遹撰，梁運華整理：《呂氏春秋集釋》（北京：中華書局，2009.9），頁204。

413 （西漢）司馬遷撰，（南朝宋）裴駰集解，（唐）司馬貞索引、張守節正義：《史記》（北京：中華書局，2014），頁2674。

414 李步嘉：《越絕書校釋》（北京：中華書局，2013），頁188。

415 周生春：《吳越春秋輯校彙考》（上海：上海古籍出版社，1997），頁94。

416 （漢）趙岐注、（宋）孫奭疏、李學勤主編：《十三經注疏‧孟子注疏》（北京：北京大學出版社，2000），頁307-308。

417 （東漢）王符撰，（清）汪繼培箋，彭鐸校正：《潛夫論箋校正》（北京：中華書局，1985），頁376-377。

十九年》「凡師有鍾（鐘）鼓曰伐，無曰侵，輕曰襲」杜《注》云「鍾（鐘）鼓無聲」、「掩其不備」，正好為解釋簡文「內（入）」（相當於「侵」）、「襲」二字之注腳。[418]

　　魏宜輝（20171026-28）：「進入」之義。《國語・晉語》：「大國道，小國襲焉曰服；小國傲，大國襲焉曰誅。」韋昭注：「襲，入也。」《楚辭・九辯》：「去白日之昭昭兮，襲長夜之悠悠。」朱熹集注：「襲，入也。」《淮南子・覽冥訓》：「蛇鱔著泥百仞之中，熊羆匍匐邱山礛岩，虎豹襲穴而不敢咆，猨狖顛蹶而失木枝。」高誘注：「襲，入。」簡文這兩句話是說，閽奴打開城門，接納越國軍隊，越國軍隊於是進入吳都城。[419]

　　朱歧祥（20181201）：上文已敘述吳師大敗，又接著三戰三北，越師「乃至於吳」。按文理言，文章至此經已結束戰事，文意本該告一段落，〈吳語〉在第二段句首才會接言「越師遂入吳國」；但簡文在此卻平白的增文，冒出「乃因軍吳」的一句，語意不詳。整理者注言「因，就也。」但如何「就軍於吳」？仍無法清楚說明。簡文接著增列的第二句「吳人昆奴乃入越師」，是吳的奴隸詐降？是納貢？抑或是另有說解？在這裡都顯得句意不清。最後的一句為何需再增言「越師乃遂襲吳」？再偷襲的結果為何？上下文也無法說明。[420]

　　佑仁謹案：

　　《說苑・正諫》：「後十餘年，越襲吳，吳王還與戰，不勝。」[421]《孔子家語・屈節解》：「越王襲吳之國，吳王歸與越戰，滅焉。」[422]均用「襲」字表示此次戰役，與簡文相同。

　　《左傳・襄公二十三年》：「齊侯襲莒。」杜預《注》：「輕行，掩其不備曰襲。」孔穎達《正義》：「是輕者，舍其輜重。倍道輕行，掩其不備曰襲。」[423]此處越軍與吳國閽奴裡應外合，使夫差猝不及防，為越軍攻破姑蘇城。

---

[418] 黃人二：〈關於清華簡（柒）疑難字詞的數則釋讀〉，收入靜宜大學中國文學系編：《第二屆漢文化學術研討會暨學生論文競賽——「漢文化研究的新知與薪傳」會議論文抽印本》（臺中：靜宜大學中國文學系，2017.6.2-3），頁18。

[419] 魏宜輝：〈讀〈清華大學藏戰國竹簡（柒）〉札記〉，收入中國文字學會編：《中國文字學會第九屆學術年會論文集》（北京：中國文字學會，2017），頁684。

[420] 朱歧祥：〈談《清華簡》（七）〈越公其事〉的兩章文字校讀〉，收入紐倫堡－埃爾蘭根孔子學院、埃爾蘭根－紐倫堡大學、世界漢字學會、華東師範大學中國文字研究與應用中心、慶星大學韓國漢字研究所漢字文明研究事業團編：《世界漢字學會第六屆年會暨國際學術研討會「漢字認知工具與表意文字歷史研究」論文集》（紐倫堡：紐倫堡－埃爾蘭根孔子學院，2018），頁40。後收入東海大學中國文學系編：《中華文化與文學學術研討系列第二十四次會議——龍宇純先生學術研討會論文集》（臺中：東海大學中國文學系，2018），頁73。

[421] （漢）劉向撰、向宗魯校證：《說苑校證》（北京：中華書局，1987），頁231。

[422] 王國軒、王秀梅譯注：《孔子家語》（北京：中華書局，2011），頁413。

[423] （西晉）杜預注，（唐）孔穎達正義，李學勤主編：《十三經注疏・春秋左傳正義》（北京：北京大學出版社，2000），頁1132。

　　笠澤之戰中，吳越隔著笠澤對峙，最後句踐帥軍跨過笠澤江對吳軍進攻，分別在笠澤、沒、郊三次擊敗吳軍，此即所謂「三戰三北」，這幾處的戰爭地點都在吳都以外，越軍仍繼續追趕吳軍，此及簡文所謂「乃至於吳」。此後越軍又透過吳人闇奴攻入國都，此即所謂的「乃遂襲吳」。

第十一章

第 11 章為全篇最後一章，內容記載越王句踐攻破吳都以後，包圍姑蘇宮，夫差提及過去曾接受句踐談和，希望句踐能應許吳國請成，以延續吳國政權。不過句踐並沒有同意，但表示願將夫差安置於甬句東，並有專人服侍，讓夫差能安享餘生。夫差辭謝此項安排，表示吳國的土地人民已悉歸句踐所有，他無顏面對天下，生死任憑越公處置，全文至此結束。

釋文（一）

□□□□□衰（襲）吳邦，回（圍）王宮〔1〕。吳王乃思（懼），行成，曰〔2〕：「昔不敎（穀）先秉利於雪=（越，越）公告孤請成，男女【六九】□□□□□□□□□□□□不羕（祥）〔3〕，余不敢蠻（絕）祀，許雪（越）公成，以爭=（至于）今=（今。〔4〕今）吳邦不天，昊（得）辠（罪）於雪=（越【七○】公〔5〕，越公）以親辱於寡人之幣（敝）邑〔6〕。孤請成，男女備（服）。〔7〕」句戉（踐）弗許，曰：「昔天以雪（越）邦賜吳=（吳，吳）弗受。〔8〕今天以吳邦【七一】賜邶（越），句踐敢不聽天之命而聽君之令乎？」

語譯（一）

越國軍隊進入吳國境內，包圍姑蘇宮。夫差恐懼，請求越國談和，夫差說：「以前我先得利於越國，越王句踐向我求和，男女……。……不祥，我不敢斷絕越國國祚，因此答應越國求和。直到現在，吳國不受天所愛，得罪越國，越公御駕親征攻伐吳國，寡人求和，男女皆臣服於越。」句踐拒絕談和，說：「以前上

天將越國賞賜給吳，結果吳國不接受。現在上天將吳國賞賜給越國，我豈敢不遵從上天旨意而接受您的請成。」

釋文（二）

　　句戉（踐）不許吳成，〔9〕乃使（使）人告於吳王曰：「天以吳土賜雩（越），句【七二】戉（踐）不敢弗受〔11〕。殹民生不刕（仍），王亓（其）母（毋）死〔12〕。民生塦（地）上，寓也，亓（其）與幾可（何）〔13〕？不敦（穀）亓（其）牁（將）王於甬句重（東）〔14〕，夫婦【七三】昏＝（三百），唯王所安，以屈聿（盡）王年。」〔15〕吳王乃詞（辭）曰：「天加禬（禍）于吳邦，不才（在）莇（前）逡（後），丁（當）役（投）孤身。〔16〕女（焉）述（遂）逢（失）宗宙（廟）〔17〕。【七四】凡吳土塦（地）民人，雩（越）公是聿（盡）既有之〔18〕，孤余系（奚）面目以夈（視）于天下？〔19〕雩（越）公亓（其）事。」〔20〕【七五】

語譯（二）

　　最後句踐不答應吳國的談和，於是派遣使者告訴吳王：「上天賞賜給吳國越國土地，句踐不敢不接受，人生不再，吳王不應尋死。人寄生在這世界，又能有多久？我將送你到甬句東，夫婦三百家供你差遣，您就在那安享餘生吧。」夫差辭謝：「上天降禍在吳國，不是以前，也不是未來，這是上帝要投棄我。最終失去宗廟，吳國的土地與人民，皆歸越公所擁有，我還要用什麼面目面對天下呢？就任由越公您使役吧。」

〔1〕□□□□□褱（襲）吳邦，回（圍）王宮。

褱	吳	邦	回	王	宮

原整理者（201704）：簡首缺五字，《國語·吳語》為「越師遂入」，擬補為「越王句踐遂」。據《左傳》，越滅吳在魯哀公二十二年，在公元前四七三年。[1]

子居（20171213）：據《左傳》，越滅吳在魯哀公二十二年，西元前四七三年。此節的「王宮」，《國語·吳語》作「王臺」，當即著名的姑蘇宮和姑蘇臺，姑蘇臺為姑蘇宮內臨水的高臺，在西元前 482 年勾踐伐吳入吳都時，曾一度被焚，此後夫差又重修此臺。勾踐「襲吳邦」和「圍王宮」並非同時之時（佑仁案：「時」當為「事」之誤），越圍吳在魯哀公二十年，即勾踐二十二年；越滅吳在魯哀公二十二年，即勾踐二十四年。因此，若有某兩份原始材料，第一份按勾踐紀年記越圍吳事，第二份按魯哀公紀年記越滅吳事，則當某位編撰者將第一份材料的勾踐紀年理解為魯哀公紀年，並將二者合併為一份材料時，越圍吳與越滅吳就會變成同年之事，《國語》和《越公其事》圍吳、滅吳記錄的時間訛誤可能就是這樣產生的。[2]

吳德貞（201805）：應補「越王句踐既」五字。因為上一句話已經講到「遂襲吳」，這裡如果接著說「遂襲吳邦」，語義顯得重複，而說「既襲吳邦」，就形成一種遞進關係，文義更為順暢。簡 26 有「吳人既襲越邦」句，可作參考。[3]

滕勝霖（201905）：簡 69 簡首殘缺，整理者所補「越王勾踐遂」疑與上句「越師乃遂襲吳」重複，《國語·吳語》與本篇出入較多，故不能僅據以補之，今補作「越王勾踐既」。錢穆《先秦諸子繫年·越勾踐元年考》：「《左傳·哀公二十年》越圍吳，二十二年滅吳，為勾踐二十四年，蓋亦首尾三年，故《越語》曰：『居軍三年，吳師自潰。』《越世家》云：『留圍之三年，吳師敗。』均與《左傳》合。」[4]

江秋貞（202007）：「□□□□□閵吳邦」為（佑仁案：「為」當為「的」）「閵」（炎）為「襲」字，和簡 26 、簡 68 的「襲」字比對缺「門」。參考《國語·吳語》的「越師遂入吳國，圍王宮」一句，擬補「雩師遂入既」五字，其斷句為「雩師遂入，既襲吳邦，圍王宮」。「回王宮」的「回」原考釋沒有解釋，們應該是參考《國語·吳語》「圍王宮」，故釋「圍」，可從。「雩師遂入，

---

[1] 李學勤主編：《清華大學藏戰國竹簡（柒）》（上海：中西書局，2017），頁 150。

[2] 子居：〈清華簡七《越公其事》第十、十一章解析〉，中國先秦史網站，2017.12.13（2021.5.24上網）。

[3] 吳德貞：《清華簡《越公其事》集釋》（武漢：武漢大學碩士論文，2018），頁 100。

[4] 滕勝霖：《《清華大學藏戰國竹簡（柒）》集釋及相關問題研究》（重慶：西南大學碩士論文，2019），頁 407。滕勝霖：《《清華大學藏戰國竹簡（柒）》集釋》（重慶：西南師範大學出版社，2021），頁 399-400。

既闌吳邦，回王宮。」意即「越國軍隊於是進入吳國，完全襲佔吳國之後，圍攻吳王的宮殿」。[5]

佑仁謹案：

我們將吳國被滅前的幾次重大事件羅列如下，並加上各國的對應年號：

大事	紀年	魯	吳	越
句踐歸國後首次伐吳	西元前482年	魯哀公13年	夫差14年	句踐15年
笠澤之戰	西元前478年	魯哀公17年	夫差18年	句踐19年
越圍吳	西元前475年	魯哀公20年	夫差21年	句踐22年
越滅吳	西元前473年	魯哀公22年	夫差23年	句踐24年

「圍宮」發生在句踐22年，滅吳則發生於魯哀公22年，雖然國別不同，但都是「22」年，子居因此提出「紀年互誤」之說。《左傳・哀公二十年》載時在楚國的吳公子慶忌「聞越將伐吳，冬，請歸平越。……十一月，越圍吳。」又〈哀公二十二年〉：「冬，十一年，丁卯，越滅吳，請使吳王居甬東。辭曰：『孤老矣，焉能事君？』乃縊。越人以歸。」[6]依據《左傳》所言，「越圍吳」發生在魯哀公二十年十一月（西元前475年），句踐滅吳則是在兩年後的魯哀公二十二年十一月（西元前473年）。《史記・吳太伯世家》云：「二十一年，遂圍吳。二十三年十一月丁卯，越敗吳。越王句踐欲遷吳王夫差於甬東，予百家居之。吳王曰：『孤老矣，不能事君王也。吾悔不用子胥之言，自令陷此。』遂自剄死。越王滅吳，誅太宰嚭，以為不忠，而歸。」[7]〈吳太伯世家〉的「二十一」年、「二十三」年則是採用吳王夫差的紀年。

綜合古籍記載來看，句踐滅吳的整個過程，可分成三部曲（如前表所示），首先西元前478年3月句踐趁吳國災荒，在笠澤與吳國交戰，三戰三勝，但句踐認為滅吳條件尚未成熟，因此返回越國，持續備戰。三年後，西元前475年11月，句踐出兵攻打姑蘇城，越軍沒有強力攻陷城門，而是採用圍城的方式，讓吳軍坐以待斃。西元前473年，被圍困三年的吳國大軍兵困馬疲，「居軍三年，吳師自潰」（《國語・越語下》[8]），「士卒分散，城門不守」（《吳越春秋・夫差內傳》

[5] 江秋貞：《清華大學藏戰國竹簡（柒）越公其事考釋》（臺北：臺灣師範大學博士論文，2020），頁692-693。江秋貞：《《清華大學藏戰國竹簡（柒）・越公其事》考釋》（臺北：花木蘭文化事業公司，2022），頁623-624。

[6] （西晉）杜預注，（唐）孔穎達正義，李學勤主編：《十三經注疏・春秋左傳正義》（北京：北京大學出版社，2000），頁1963-1964。

[7] （西漢）司馬遷撰，（南朝宋）裴駰集解，（唐）司馬貞索引、張守節正義：《史記》（北京：中華書局，2014），頁1781。

[8] （三國吳）韋昭注，徐元誥集解：《國語集解》（北京：中華書局，2002），頁586。

9）、「留圍之三年，吳師敗」（《史記越王句踐世家》[10]）。從句踐歸返越國後，首次伐吳（西元前482年），至笠澤之戰（西元前478年）、圍困姑蘇（西元前475年）最終滅吳（西元前473年），前後剛好十年，因此才有所謂「十年生聚，十年教訓」[11]之說。

《國語・吳語》、《吳越春秋・勾踐伐吳外傳》與《越公其事》的記載比較近似，吳軍在笠澤之役三戰三敗，緊接著句踐便圍困吳王，夫差求成，句踐不准，夫差旋即自殺，吳國滅亡，乍看時間連續，語意一氣呵成。筆者認為它們的記載並非如子居所言是編纂者誤合兩個紀年，而僅是記事繁簡的差異。〈吳語〉、《越公其事》的敘述連貫而下，沒有刻意強調「圍吳」與「滅吳」的時間差。《越公其事》更是從未指明事件發生的紀年，既無紀年，則不能直接視為同一年之事，因此子居推論編纂者混淆「句踐22年」與「魯哀公22年」而致誤，此說並不可信。

已有不少學者指出，可將楚簡的史料類故事理解為「語」類文獻，內容重視歷史事件的教訓與意義，發生的精確時間並非其重點，遂導致事件與史傳記載出現不合的現象。《越公其事》並無標誌出各事件發生的時間點，因此不必以「誤以魯哀年為句踐年」來理解。

「襲」字除見本處外，又見於簡26、27、68（各1例），簡26、68從「門」、「衰」聲，簡27則僅作「衰」，省略義符「門」。本處的「襲」原整理者隸定作「闟」，「衰」上有「門」旁，江秋貞認為本字沒有「門」旁，依照簡26的「闟（𢆶）」，「門」旁右側豎筆會與「衰」的右上（即衣領）筆畫稍微接連，但是本處的「襲」作「𠂇（𤝗）」，無論是彩照還是文字編字形均看不出有「門」部殘筆，因此本字更可能是「衰」而非「闟」，上方沒有「門」旁，與簡27相同。

「襲」在軍事動詞中最常見的是訓為襲擊，帶有偷襲意味，但此用法置於簡文卻不辭，筆者認為「襲」應訓為「入」，進入義。《國語・晉語二》：「大國道，小國襲焉，曰服。小國傲，大國襲焉，曰誅。」韋昭《注》：「襲，入也。」[12]《楚辭・九辯》：「去白日之昭昭兮，襲長夜之悠悠。」朱熹《集注》：「襲，入也。」[13]可參。

《說苑》云伍子胥死「後十餘年，越襲吳，吳王還與戰，不勝，使大夫行成於越，不許，吳王將死，曰：『吾以不用子胥之言至於此，今死者無知則已，死者有知，吾何面目以見子胥也！』遂蒙絮覆面而自剄。」[14]動詞亦用「襲」，指

---

[9] 周生春：《吳越春秋輯校彙考》（上海：上海古籍出版社，1997），頁94。

[10] （西漢）司馬遷撰，（南朝宋）裴駰集解，（唐）司馬貞索引、張守節正義：《史記》（北京：中華書局，2014），頁2105。

[11] 語出《左傳・哀公元年》：「越十年生聚，而十年教訓，二十年之外，吳其為沼乎！」（西晉）杜預注，（唐）孔穎達正義，李學勤主編：《十三經注疏・春秋左傳正義》（北京：北京大學出版社，2000），頁1856。

[12] （三國吳）韋昭注，徐元誥集解：《國語集解》（北京：中華書局，2002），頁284。

[13] （宋）朱熹集注，（清）黎庶昌編：《楚辭集注》（上海：華東師範大學出版社，2016），頁154。

[14] （漢）劉向撰，向宗魯校證：《說苑校證》（北京：中華書局，1987），頁231。

攻城而入也，若將本處的「襲」訓為「入」，剛好能與《國語・吳語》「越師遂入吳國，圍王臺」[15]的「入」對比。

　　開頭的殘文，原整理者補「越王句踐既」五字，吳德貞認為與上一章末尾語義重複，故把補字內容改作「越王句踐遂」。「遂」和「既」語意不同，《越公其事》常用前一章的結束語，作為後一章的開頭，就此觀之，補「遂」比較適當。

　　簡文的「回（圍）王宮」，《國語・吳語》作「圍王臺」，王臺即夫差所修築的姑蘇臺，韋昭《注》：「姑蘇，宮之臺也。」[16]《國語・吳語》的「臺」，公序本作「宮」，明道本作「臺」，徐元誥《集釋》從「臺」[17]，一般流行的注疏本也多從「臺」。《左傳・哀公二十二年》孔穎達疏引《吳語》作「圍王宮」[18]，而《越公其事》也作「宮」，則「宮」字或許比較接近早期樣貌。「宮」與「臺」的概念稍有不同，前者範圍較大，後者範圍較小，姑蘇臺只是吳王宮殿中的一座建築物。史傳中多記夫差築姑蘇臺之事，《墨子・非攻中》云夫差「自恃其力，伐其功，譽其智，怠於教，遂築姑蘇之臺，七年不成。」[19]《太平御覽》卷二百三十六引任昉《述異記》云：「吳王夫差築姑蘇臺，三年乃成，周環詰屈，橫亙五里，崇飾土木，殫耗人力。宮妓千人，又別立春宵宮，為長夜飲。造千石酒鍾，又作大池，池中造青龍舟，陳妓樂，日與西施為水戲。」[20]可參。

〔2〕吳王乃愳（懼），行成，曰

吳	王	乃	愳	行	成	曰

　　朱歧祥（20181201）：「吳王懼，使人行成」《國語・吳語》，簡文的「行成」一詞，應是「使人行成」的省略。全句是指派遣使者求和的意思，參文獻〈吳語〉的「越王許諾，乃命諸稽郢行成於吳」、「吳王懼，使人行成」等句例，見一國家求和都是「命某行成」，或作「使人行成」，一般不會只省言「行成」。如以第一人稱身份直接言求和，則會直言「請成」，見〈吳語〉中的「君告孤請成，男女服從」、「孤敢請成」等用例是。此處簡文承「吳王懼」之後，卻接著

15　（三國吳）韋昭注，徐元誥集解：《國語集解》（北京：中華書局，2002），頁561。
16　（三國吳）韋昭注，徐元誥集解：《國語集解》（北京：中華書局，2002），頁586。
17　自北宋以來《國語》刻本即有明道本和公序本兩個系統，二者都是北宋的版本。（三國吳）韋昭注，徐元誥集解：《國語集解》（北京：中華書局，2002），頁561。
18　（西晉）杜預注，（唐）孔穎達正義，李學勤主編：《十三經注疏・春秋左傳正義》（北京：北京大學出版社，2000），頁1964。
19　吳毓江撰，孫啟治點校：《墨子校注》（北京：中華書局，1993），頁204。
20　（宋）李昉編纂，夏劍欽校點：《太平御覽》（石家莊：河北教育出版社，1994），頁688。

單言「行成」，用法奇特。[21]

佑仁謹案：

先秦文獻中，請求與某國議和的動詞可用「請成」或「行成」，而國君「行成」的用法除本處之外，《國語‧越語上》也記載吳國三戰三敗後，「夫差行成曰：『寡人之師徒，不足以辱君矣。請以金玉、子女賂君之辱。』」[22]《越絕書》云：「子胥微策可謂神，守戰數年，句踐行成。」[23]這些都是史籍中君王請成的實例。《左傳》裡有幾條這樣的敘述：

1　隨人懼，行成。莫敖以王命入盟隨侯。（《左傳‧莊公四年》）
2　冬，十月，諸侯伐鄭。……鄭人恐，乃行成。（《左傳‧襄公九年》）
3　四月，諸侯伐鄭。……圍鄭，觀兵于南門，西濟于濟隧。鄭人懼，乃行成。（《左傳‧襄公十一年》）
4　莒子親鼓之，從而伐之，獲杞梁。莒人行成。（《左傳‧襄公二十三年》）[24]

第 1-3 條都明言受到威脅而感到「懼恐」才提出「行成」的請求，而第 1 條與簡文「吳王乃懼，行成」句式相同，第 2、3 條去其連詞「乃」字，亦與簡文句式相同。，用法與簡文可說如出一轍。簡文雖云「吳王乃懼，行成」，但是實際執行外交任務的肯定另有他人，不可能由國君親自上陣，此句在〈吳語〉作「吳王懼，使人行成」，〈越語下〉作吳王「使王孫雒行成於越」[25]，《史記‧越王句踐世家》云：「吳王使公孫雄肉袒膝行而前，請成越王。」虞翻《集解》：「吳大夫。」[26]已指出負責此項任務的是公孫雄。

〔3〕「昔不教（穀）先秉利於雩＝（越，越）公告孤請成，男女服

---

[21] 朱歧祥：〈談《清華簡》（七）〈越公其事〉的兩章文字校讀〉，收入紐倫堡－埃爾蘭根孔子學院、埃爾蘭根－紐倫堡大學、世界漢字學會、華東師範大學中國文字研究與應用中心、慶星大學韓國漢字研究所漢字文明研究事業團編：《世界漢字學會第六屆年會暨國際學術研討會「漢字認知工具與表意文字歷史研究」論文集》（紐倫堡：紐倫堡－埃爾蘭根孔子學院，2018），頁 41。後收入東海大學中國文學系編：《中華文化與文學學術研討系列第二十四次會議——龍宇純先生學術研討會論文集》（臺中：東海大學中國文學系，2018），頁 75。

[22] （三國吳）韋昭注，徐元誥集解：《國語集解》（北京：中華書局，2002），頁 572。

[23] 李步嘉：《越絕書校釋》（北京：中華書局，2013），頁 271。

[24] （西晉）杜預注，（唐）孔穎達正義，李學勤主編：《十三經注疏‧春秋左傳正義》（北京：北京大學出版社，2000），頁 258、1001、1030、1147。

[25] （三國吳）韋昭注，徐元誥集解：《國語集解》（北京：中華書局，2002），頁 561、586。

[26] （西漢）司馬遷撰，（南朝宋）裴駰集解，（唐）司馬貞索引、張守節正義：《史記》（北京：中華書局，2014），頁 2105-2106。

□□□□□□□□□□□□不羕（祥），

昔	不	敎	先	秉	利	於
雩=	公	告	孤	請	成	男
女	不	羕				

　　原整理者（201704）：秉利於越，即第二章「越邦之利」，擁有戰勝越國之利。秉利，《國語・吳語》作「委制」。所缺字數與《國語・吳語》相合，據補為「服。孤無奈越之先君何，畏天之」。[27]

　　石小力（20171026-28）：今本吳王所言「昔不穀先委制於越君」，與越王勾踐此前委制於吳國的事實恰好相反，故韋昭注曰：「不言越委制於吳，謙而反之。」乃詭辯之說，並不可信。現由今本「委制」簡本作「秉利」，可知今本「委制」乃為簡本「秉利」之形近訛字，當據簡本校正。「委」與「秉」形近易訛，「委」字從女從禾，「秉」字從又持禾，兩個字中皆有禾形，「女」與「又」形體相近，故二字容易發生訛混。「制」與「利」形近易訛，例如《管子・五輔》：「曰：辟田疇，利壇宅。」王念孫：「『利』當為『制』，字之誤也。隸書『制』字或作『刓』，形與『利』相似。」秉利，即執其利，在雙方當中處於有利的形勢，又見於《國語・吳語》：「敢使下臣盡辭，唯天王秉利度義焉。」[28]

　　子居（20171213）：「委制」衍生於典籍習見的「委質」。《越公其事》第十一章中，與《國語・吳語》的「委制」對應的是「秉利」，則很可能是因為編撰者意識到當初夫差並未委制於越，所以才在編撰過程中按自己的理解更改了該詞的緣故。《國語・吳語》末兩章中，夫差除了在第一句中稱「越君」外，餘者皆稱「君」，這與對話式的外交辭令是相符合的。而《越公其事》中，夫差一直稱勾踐為「越公」，是第三者視角的措辭，很容易就可以看出這樣的稱謂是第三方的擬寫而非對話式外交辭令。[29]

---

[27] 李學勤主編：《清華大學藏戰國竹簡（柒）》（上海：中西書局，2017），頁150。

[28] 石小力：〈清華簡《越公其事》與《國語》合證〉，收入香港浸會大學饒宗頤國學院、澳門大學中國語言文學系、清華大學出土文獻研究與保護中心編：《《清華簡》國際會議論文集》（香港：香港浸會大學饒宗頤國學院、澳門：澳門大學中國語言文學系，2017.10.26-28，頁49，又見《文獻》2018第3期（2018.5），頁61。

[29] 子居：〈清華簡七《越公其事》第十、十一章解析〉，中國先秦史網站，2017.12.13（2021.5.24上網）。

　　郭洗凡（**201803**）：「秉利」，執其利，《國語‧吳語》：「敢使下臣盡辭，唯天王秉利度義焉。」指的是在利和義兩個方面多加權衡。[30]

　　朱歧祥（**20181201**）：「昔不穀先委制於越君」《國語‧吳語》，文獻中的「委制」，指託付政制，此言吳王夫差當年曾一度佔領越國，權力足以掌控句踐，這裡用「委制」一詞，屬客氣的謙語，意指吳王委託句踐暫代管越地政制。簡文於此則改作「秉利」。秉，持；利，利益。在語意上自遠不如文獻〈吳語〉中所言「委制」的戒慎小心。[31]

　　滕勝霖（**201905**）：簡 70 簡首殘缺，疑缺 12 字，整理者據《國語‧吳語》所補或可從，簡首第一字改作「備（服）」。「無奈……何」，無可奈何。[32]

　　江秋貞（**202007**）：〈越公其事〉的「秉利」和《國語‧吳語》的「委制」會產生訛混的可能性不大，有可能是兩者出自不同的版本所致，但不能斷然認為是字形相近而訛混的結果。筆者考量上下文意，擬補「男女備，孤無奈越邦之命何，畏天之不羕」意指「（越國）男女上下都來服事，我能對越邦之命怎樣呢？我怕上天不賜予我吉祥」。[33]

　　任龍龍（**202205**）：清華簡「秉利」於文意似更為順暢，若此則不必如韋昭所說「謙而反之」——以外交辭令曲折解釋。不過，「委制」也並非完全不通，且「秉」與「委」的關係石小力說未必可信。[34]

佑仁謹案：

　　原整理者補 12 字，應可信。原整理者已指出簡文的「秉利」在《國語‧吳語》作「委制」，但未申述「秉利」與「委制」間的關係。石小力進一步認為今本的「委制」應是「秉利」的誤字。子居認為「委制」衍生於典籍常見的「委質」，用於外交辭令是一種謙辭，而簡本的「秉利」則是編纂者按自己理解的改動。朱歧祥則認為簡文「秉利」在語意上遠不如〈吳語〉「委制」的戒慎小心。「委制」一詞見於：

[30] 郭洗凡：《清華簡《越公其事》集釋》（合肥：安徽大學碩士論文，2018），頁 108。

[31] 朱歧祥：〈談《清華簡》（七）〈越公其事〉的兩章文字校讀〉，收入紐倫堡－埃爾蘭根孔子學院、埃爾蘭根－紐倫堡大學、世界漢字學會、華東師範大學中國文字研究與應用中心、慶星大學韓國漢字研究所漢字文明研究事業團編：《世界漢字學會第六屆年會暨國際學術研討會「漢字認知工具與表意文字歷史研究」論文集》（紐倫堡：紐倫堡－埃爾蘭根孔子學院，2018），頁 41。後收入東海大學中國文學系編：《中華文化與文學學術研討系列第二十四次會議——龍宇純先生學術研討會論文集》（臺中：東海大學中國文學系，2018），頁 75。

[32] 滕勝霖：《《清華大學藏戰國竹簡（柒）》集釋及相關問題研究》（重慶：西南大學碩士論文，2019），頁 408。滕勝霖：《《清華大學藏戰國竹簡（柒）》集釋》（重慶：西南師範大學出版社，2021），頁 401。

[33] 江秋貞：《《清華大學藏戰國竹簡（柒）‧越公其事》考釋》（臺北：臺灣師範大學博士論文，2020），頁 705-706。江秋貞：《《清華大學藏戰國竹簡（柒）‧越公其事》考釋》（臺北：花木蘭文化事業公司，2022），頁 635-636。

[34] 任龍龍：《《左傳》《國語》《戰國策》新證綜理——以上世紀七十年代以來利用出土文獻校讀的成果為中心》（上海：復旦大學碩士論文，2022），頁 54。

1　《國語・吳語》：「昔不穀先委制於越君，君告孤請成，男女服從。」
2　《國語・越語下》：「上天降禍於越，委制於吳。」
3　《國語・越語下》：「范蠡乃左提鼓，右援枹，以應使者曰：『昔者上天降禍於越，委制於吳，而吳不受。』」
4　《國語・越語下》：「范蠡曰：『君王已委制於執事之人矣。子往矣，無使執事之人得罪於子。』」[35]

上述諸例均出《國語》一書的吳越爭霸史事。張新俊指出：

> 「委命」猶如「委制」。如《國語・越語》「上天降禍於越，委制於吳」，又「君王已委制於執事之人矣」。秦漢文獻中偶爾也說「委身」，如《淮南子・兵略訓》「然懷王北畏孟嘗君，背社稷之守，而委身強秦，兵挫地削，身死不還」。《漢書・匈奴傳下》「假令單于初立，欲委身中國，未知利害，私使伊邪莫演詐降以卜吉凶」。「委命」「委制」「委身」均是受制於人，聽從別人安排的意思。[36]

前述四例「委制」文例裡，後三例都出自〈越語〉，解釋為受制別人，文通義順。但若依據第一條〈吳語〉文例而釋作「委制」，則句意明顯與史實相違。敗逃到會稽山而受制於人的明明是句踐，吳王夫差怎言「委制」於人呢？「委制於吳」，韋昭《注》：「不言越委制於吳，謙而反之。」[37]雖然請成之詞需要態度卑下，仍不應與史事相悖。因此筆者認為《國語・吳語》「昔不穀先委制於越君」的「委制」當是「秉利」之誤，疑是受到〈越語〉「委制」影響所致，錯訛的時間當是秦以後。

　　清華柒《子犯子餘》簡2有「不秉禍利」一詞，劉釗認為「『秉』就應該訓為秉持之『秉』，如果從所秉之事來自天之所賜出發，還可以將『秉』讀為『稟』，義為『承受』。『不秉禍利』中的『禍利』不是並列關係，『禍』是修飾『利』的，『不秉禍利』就是『不持有或不承受因禍帶來的利益』的意思。」並引《越絕書》卷五〈請糴內傳第六〉「且夫君王兼利而弗取」，因此主張「『兼利』，顯然應該是『秉利』之誤。」[38]竹簡「不秉禍利」一句可證《越絕書》「兼利」的「兼」是「秉」的誤字，而本篇的「秉利」《國語》誤作「委制」，「秉」與

35　（三國吳）韋昭注，徐元誥集解：《國語集解》（北京：中華書局，2002），頁561、580、587、588。

36　張新俊：〈清華簡《越公其事》釋詞〉，《第十一屆「黃河學」高層論壇暨「古文字與出土文獻語言研究」國際學術研討會論文集》（開封河南大學，2019.6.21-24），頁321。

37　（三國吳）韋昭注，徐元誥集解：《國語集解》（北京：中華書局，2002），頁561。

38　劉釗：〈利用清華簡（柒）校正古書一則〉，復旦網，2017.5.01。

「兼」、「委」構形接近，存在錯訛的可能。然「秉利」、「委制」的古文字差異很大，因此產生訛寫的時間恐怕要晚到漢代以後。

〔4〕余不敢▨（絕）祀，許雩（越）公成，以㝬＝（至于）今＝（今）。

余	不	敢	▨	祀	許	雩
公	成	以	㝬＝	今＝		

原整理者（201704）：絕祀，斷絕祭祀，謂亡國。《左傳・襄公二十四年》：「若夫保姓受氏，以守宗祊，世不絕祀，無國無之。祿之大者，不可謂不朽。」此處指斷絕他國之祭祀，指滅國。絕祀，與第一章之「屬（繼）蒉（纂）」反義。[39]

子居（20171213）：「余不敢絕祀」句《國語・吳語》作「不敢絕祀」，對照末簡「孤余奚面目以見於天下」句《國語》作「孤何以視於天下」，還有清華簡《管仲》和《子犯子餘》的「不穀余」，清華簡《湯處於湯丘》的「余孤」，似乎清華簡這幾篇的編撰者有一種加「余」字的特殊習慣。[40]

江秋貞（202007）：此字「▨」從上下文來看應釋為「絕」，和許慎《說文》的說法不同。「不天」一詞也出現過在第一章簡2「今寡人不天」，「不天」即不為天所佑。「余不敢▨祀，許雩公成，以㝬＝今＝吳邦不天，旻卑於雩＝」意即「我不敢斷絕越國的祭祀，許諾越公的請求，到今日吳國得不到上天的保佑，得罪於越公。」[41]

佑仁謹案：

子居的說法恐有疑義，這裡應該分成兩個層次來看，本處的「余不敢絕祀」，《國語・吳語》作「不敢絕祀」[42]，簡本較今本多一主詞「余」字，這只是版本上的差異，此句《史記・越王句踐世家》作「夫差不敢逆命，得與君王成以歸」[43]，雖文字不盡相合，但文意接近，簡本的「余」，〈越王句踐世家〉作「夫差」。

---

[39] 李學勤主編：《清華大學藏戰國竹簡（柒）》（上海：中西書局，2017），頁150。

[40] 子居：〈清華簡七《越公其事》第十、十一章解析〉，中國先秦史網站，2017.12.13（2021.5.24上網）。

[41] 江秋貞：《《清華大學藏戰國竹簡（柒）・越公其事》考釋》（臺北：臺灣師範大學博士論文，2020），頁707-708。江秋貞：《《清華大學藏戰國竹簡（柒）・越公其事》考釋》（臺北：花木蘭文化事業公司，2022），頁638。

[42] （三國吳）韋昭注，徐元誥集解：《國語集解》（北京：中華書局，2002），頁561。

[43] （西漢）司馬遷撰，（南朝宋）裴駰集解，（唐）司馬貞索引、張守節正義：《史記》（北京：中華書局，2014），頁2106。

《國語・吳語》作「孤何以視於天下」，本章作「孤余系（奚）面目以炅（視）于天下」，棗紙簡簡 79 作「孤余可（何）或面目以炅（視）於天下？邔（越）君亓（其）事也」，可見「孤余」並非清華簡編纂者所私加。

《爾雅・釋詁下》：「卬、吾、台、予、朕、身、甫、余、言，我也。」[44]清華簡中有不少連用兩個第一人稱代名詞的用法，例如：「孤余」（《越公其事》簡 75）、「余孤」（清華伍《湯處於湯丘》簡 11）、「不穀余」（清華陸《管仲》簡 30、清華柒《子犯子餘》簡 9）均是第一人稱代名詞附加同位語。不過，這應非清華簡的專利，因為上博三就出現過「余朕」（《彭祖》簡 3）的用法。若再往上溯，金文裡亦可看到類似用法，我們知道金文中君王常自稱「余一人」、「我一人」、「余一子」[45]，四十三年逑鼎（《新收》0747）使用「余我一人」，在「我一人」前疊加一個「余」，意義不嫌重複。類似用法還有「朕吾」（沈子它簋蓋，《集成》04330）、「余朕」（臣諫簋《集成》04237、叔夷鐘《集成》00275、叔夷鎛《集成》00285）、「朕余」（少虞劍，《集成》11696-11698），可見楚簡的用法其來有自，並非僅見於上博簡或清華簡[46]。

「」在楚簡中多數讀作「絕」，少數則讀「斷」，與《說文》「斷」字古文同（《說文》云：「𢇍，古文絕。」[47]），此處讀「絕」符合一般楚簡用法。「絕祀」指斷絕祭祀，即亡國之諱稱。《尚書・五子之歌》：「荒墜厥緒，覆宗絕祀。」[48]《史記・管蔡世家》：「侯齊四年，楚惠王滅蔡，蔡侯齊亡，蔡遂絕祀。」[49]簡文的「余不敢絕祀，許越公成」，《國語・吳語》作「不敢絕祀，許君成」，今本省略「余」，將簡本的「越公」改為「君」，口氣更為委婉。

〔5〕今吳邦不天，旻（得）皋（罪）於雩=（越）

今=	吳	邦	不	天	旻	皋

44　（晉）郭璞注，（宋）邢昺疏，李學勤主編：《十三經注疏・爾雅注疏》（北京：北京大學出版社，2000），頁 27。

45　高佑仁：《清華伍書類文獻研究》（臺北：萬卷樓圖書股份公司，2018），頁 368。

46　參陳偉武：〈古漢語指代詞同義連文說略〉，《中山大學學報》1989 第 3 期（1989.6），收入《愈愚齋磨牙集——古文字與漢語史研究叢稿》（上海：中西書局，2014.9），頁 478-484。

47　（東漢）許慎撰，（清）段玉裁注，李添富總校訂：《新添古音說文解字注》（臺北：洪葉文化事業公司，2016），頁 652。

48　（漢）孔安國傳，（唐）孔穎達正義，李學勤主編：《十三經注疏・尚書正義》（北京：北京大學出版社，2000），頁 214。

49　（西漢）司馬遷撰，（南朝宋）裴駰集解，（唐）司馬貞索引、張守節正義：《史記》（北京：中華書局，2014），頁 1898。

於	雩=

石小力（20171026-28）：簡文「今吳邦不天」，《國語‧吳語》對應文句作「今孤不道」，與「不天」相對的詞是「不道」。「不道」，即無道，胡作非為之義。《國語‧晉語八》：「秦后子來奔，趙文子見之，問曰：『秦君道乎？』對曰：『不識。』文子曰：『公子辱於敝邑，必避不道也。』對曰：『有焉。』文子曰：『猶可以久乎？』對曰：『鍼聞之，國無道而年穀龢熟，鮮不五稔。』」這是一段秦后子與趙文子的對話，很明顯，秦后子所說的「無道」即趙文子提到的「不道」。據此可以確認今本「今孤不道」中的「不道」亦為「無道」之意。與《吳語》「不道」相對應的簡文「不天」一詞，意思應與之相近，也是「無道」之意。「不天」也就是不合天理，與「不道」意思相同。[50]

王青（20191018-20）：「不天」，意即不得天助，不為天所護佑。《越公其事》第十一章多次提到「天」，皆指天命。第1章第1簡亦提到「不天」，是越王勾踐之語，而本簡「吳邦不天」是夫差之語，二者如出一轍。[51]

佑仁謹案：

「不天」又見簡2，為句踐敗困會稽山時，文種向吳師的請成之詞，此次只是角色互換而已。簡文的「不天」在《國語‧吳語》作「不道」[52]，「不天」和「不道」概念近似，但意義不完全相同，不道指胡作非為，《國語》所見五例「不道」均是此義，但「不天」指不為天所佑，當然二者因果相關，即行為「不道」，自然不天（不受天佑）。

簡本的「吳邦」，今本作「孤」，夫差是吳國國君，吳國最終走向滅國，與夫差自然脫離不了關係（例如不滅越祚、縱放句踐、賜死子胥、窮兵黷武、大興土木、驕兵必敗等因素），簡74云：「天加禍于吳邦，不在前後，當投孤身，焉遂失宗廟。」可見吳國與夫差的命運是綁在一塊的，無法切割。而本處將「孤不道」的責任推給「吳邦不天」，也只是夫差的遁詞。

《史記‧越王句踐世家》：「夫差不敢逆命，得與君王成以歸。」[53]夫差亦把當年答應句踐求和的原因上歸於天命。

[50] 石小力：〈清華簡《越公其事》與《國語》合證〉，收入香港浸會大學饒宗頤國學院、澳門大學中國語言文學系、清華大學出土文獻研究與保護中心編：《《清華簡》國際會議論文集》（香港：香港浸會大學饒宗頤國學院、澳門：澳門大學中國語言文學系，2017），頁53。

[51] 王青：〈清華簡《越公其事》補釋〉，收入華東師範大學歷史學系編：《出土文獻與商周社會學術研討會會議論文集》（上海：華東師範大學歷史學系，2019），頁331。

[52] （三國吳）韋昭注，徐元誥集解：《國語集解》（北京：中華書局，2002），頁561。

[53] （西漢）司馬遷撰，（南朝宋）裴駰集解，（唐）司馬貞索引、張守節正義：《史記》（北京：中華書局，2014），頁2106。

〔6〕越公以親辱於寡人之幣（弊）邑。

雩=	人	之	幣	邑
雩=	人	之	幣	邑

原整理者（201704）：簡首缺六字。《國語・吳語》作「今孤不道，得罪於君王，君王以親辱於弊邑」。根據殘辭與文義，缺字擬補為「公公以親辱於寡」七字，其中「公」字重文。簡文補足為「今吳邦不天，得罪於越公，越公以親辱於寡人之敝邑」。[54]

子居（20171213）：此句的「不天」、「以親辱於寡人之敝邑」等又見於《越公其事》第一章，故此句與《國語・吳語》的差異或是編撰者據構成第一章的原始材料而修改的。[55]

江秋貞（202007）：簡首缺六字，原考釋根據《國語・吳語》補「公=以親辱於寡」六字，可從。「公=以親辱於寡人之敝邑。孤請成，男女備。」意即「（越）公親自屈就到我的國家。我向您求和，國中的男女都服事您。」[56]

佑仁謹案：

簡71上有六字補字空間，原整理者據《國語・吳語》（明道本）「君王以親辱於弊邑」補，應可信。值得留意的是《國語》公序本在「敝邑」前有「孤之」二字，李炎乾《《國語・吳語》新探》認為二字為衍文[57]，現在依據簡文殘存的「寡人之敝邑」看來，公序本反而比較接近簡文。

公序本「君王以親辱於孤之弊邑」一句中，「孤」與「敝」均可指代自己，故明道本將「敝邑」前的「孤之」二字刪去，成為多數學者採用的版本。

「親辱」，謙詞，猶言屈駕親臨。《左傳・襄公二十八年》：「宋之盟，君實親辱。」[58]「幣（敝）」原釋文直接隸作「敝」，不夠精確，字應從「市（ㄈ ㄨˊ）」、「敝」聲。

〔7〕孤請成，男女備（服）。

所	請	成	女	中	備

---

54 李學勤主編：《清華大學藏戰國竹簡（柒）》（上海：中西書局，2017），頁151。

55 子居：〈清華簡七《越公其事》第十、十一章解析〉，中國先秦史網站，2017.12.13（2021.5.24上網）。

56 江秋貞：《《清華大學藏戰國竹簡（柒）・越公其事》考釋》（臺北：臺灣師範大學博士論文，2020），頁710。江秋貞：《《清華大學藏戰國竹簡（柒）・越公其事》考釋》（臺北：花木蘭文化事業公司，2022），頁640。

57 李炎乾：《《國語・吳語》新探》（上海：華東師範大學碩士論文，2016），頁9。

58 （晉）杜預注，（唐）孔穎達正義，李學勤主編：《十三經注疏・春秋左傳正義》（北京：北京大學出版社，2000），頁1234。

孤	請	成	男	女	備

石小力（201805）：今本「男女服為臣御」，簡本只作「男女服」，無「為臣御」三字。今本「男女服為臣御」六字，過去皆作一句讀，中間未點斷，現在根據簡本提供的信息，可以知道，本句當點斷為「男女服，為臣御」。「男女服」上文已經論及，是男女服事之意，「為臣御」即作僕御之意，合起來就是「國中男女都去服事，作大王的僕御」。[59]

佑仁謹案：

《越公其事》這段話《國語‧吳語》作「孤敢請成，男女服為臣御」[60]，較簡文多「敢」字，態度更為卑下。「臣御」，「臣」指臣妾，《戰國策‧韓策三》云：「昔者吳與越戰，越人大敗，保於會稽之上。吳人入越而戶撫之。越王使大夫種行成於吳，請男為臣，女為妾，身執禽而隨諸御。吳人果聽其辭，與成而不盟，此攻其心者也。其後越與吳戰，吳人大敗，亦請男為臣，女為妾，反以越事吳之禮事越。越人不聽也，遂殘吳國而禽夫差，此攻其形者也。」[61]〈越語〉記載句踐當年欲向吳國求成時「宦士三百人於吳，其身親為夫差前馬」[62]，可見無論句踐還是夫差，在談和時均以人力做為交換條件與籌碼[63]。

《越公其事》全篇簡文共出現 4 次「男女服」，分別見於簡 6、25、69＋70、71，其中簡 69＋70 之例，即本處簡文作「越公告孤請成，男女……」，由於簡70 上半殘缺，推測其開頭應至少有「服」字，但該例《國語‧吳語》作「男女服從」，則「服」字之下是否有「從」字，由於簡文殘缺無法說死。若依據其他三例均作「男女服」的用法，則簡 69+70 文例很可能是「男女服」，沒有「從」字。

簡文的「男女服」〈吳語〉作「男女服為臣御」[64]，石小力認為依據簡文，主張〈吳語〉文例應在「服」字下點斷。但《史記‧越王句踐世家》云：「（太宰）嚭因說吳王曰：『越以服為臣，若將赦之，此國之利也。』」[65]其中「越以服為臣」與〈吳語〉「男女服為臣御」[66]句法近似，可見不必斷讀為「越以服，為臣」、「男女服，為臣御」。「御」指馭手，許多古籍都記載句踐曾為夫差駕車一事，例如《越絕書‧請糴內傳》：「吳王曰：『我卑服越，有其社稷。句踐

---

[59] 石小力：〈清華簡《越公其事》與《國語》合證〉，收入香港浸會大學饒宗頤國學院、澳門大學中國語言文學系、清華大學出土文獻研究與保護中心編：《《清華簡》國際會議論文集》（香港：香港浸會大學饒宗頤國學院、澳門：澳門大學中國語言文學系，2017），頁 51。又見《文獻》2018 第 3 期（2018.5），頁 62。

[60] （三國吳）韋昭注，徐元誥集解：《國語集解》（北京：中華書局，2002），頁 561。

[61] （漢）劉向編：《戰國策》（上海：上海古籍出版社，1985），頁 1012。

[62] （三國吳）韋昭注，徐元誥集解：《國語集解》（北京：中華書局，2002），頁 570。

[63] 程浩：〈清華簡第七輯整理報告拾遺〉，清華網，2017.4.23。

[64] （三國吳）韋昭注，徐元誥集解：《國語集解》（北京：中華書局，2002），頁 561。

[65] （西漢）司馬遷撰，（南朝宋）裴駰集解，（唐）司馬貞索引、張守節正義：《史記》（北京：中華書局，2014），頁 2101。

[66] （三國吳）韋昭注，徐元誥集解：《國語集解》（北京：中華書局，2002），頁 561。

既服為臣，為我駕舍，卻行馬前，諸侯莫不聞知。』」[67]《吳越春秋・勾踐陰謀外傳》：「勾踐氣服，為駕車卻行馬前。」[68]總之，在「服」字下點斷的說法是有問題的。

　　簡文「男女服」的「服」應訓為服事、驅使。在後世文章中，「服」的意義有轉化為「服從」的情況，例如《漢書・地理志》云：「夫差立，句踐乘勝復伐吳，吳大破之，棲會稽，臣服請平。後用范蠡、大夫種計，遂伐滅吳，兼并其地。」[69]「臣服」即稱臣降服，此即黃永堂《國語全譯》將《國語・吳語》「孤敢請成，男女服為臣御」，翻譯為「國中的男女全都臣服，都是您的僕御」的原因[70]。不過，就《越公其事》來看，將「服」理解為「服事」，還是比較適當。此外，簡文的「男女服」文意已清楚明瞭，「為臣御」諸字不排除為後世對吳越故事的增衍。

〔8〕句戏（踐）弗許，曰：「昔天以雩（越）邦賜吳＝（吳，吳）弗受。

句	戏	弗	許	曰	昔	天
以	雩	邦	賜	吳＝	弗	受

佑仁謹案：

　　依據簡文記載，夫差在被句踐圍困時，曾主動向句踐請成。簡文「昔天以越邦賜吳，吳弗受」一段，在古籍留有大量異文，茲整理如下：

出處	文例
《越公其事》	昔天以越　邦賜吳，　吳弗受。
《國語・吳語》	昔天以越　　賜吳，而王弗受。
《國語・吳語》	昔天以越　　賜吳，而吳不受。
《國語・越語上》	昔天以越　　予吳，而吳不受命。[71]
《韓非子・內儲說下》	昔天以越　　與吳，　吳不受。[72]

---

[67] 李步嘉：《越絕書校釋》（北京：中華書局，2013），頁 128。

[68] 周生春：《吳越春秋輯校彙考》（上海：上海古籍出版社，1997），頁 148。

[69] （東漢）班固，（清）王先謙：《漢書補注》（上海：上海古籍出版社，2008），頁 2855-2856。

[70] 黃永堂譯注：《國語全譯》（貴陽：貴州人民出版社，1995），頁 708。

[71] （三國吳）韋昭注，徐元誥集解：《國語集解》（北京：中華書局，2002），頁 540、561、572。

[72] （清）王先慎撰，鍾哲點校：《韓非子集解》（北京：中華書局，2013），頁 266。

《史記‧越王句踐世家》	天以越　　賜吳，　　吳不取。[73]
《越絕書‧請糴內傳》	昔者上蒼以越賜吳，　吳不受也。[74]
《吳越春秋‧夫差內傳》	昔天以越　　賜吳，　　吳不受也。
《吳越春秋‧夫差內傳》	昔天以越　　賜吳，　　吳不肯受。
《吳越春秋‧勾踐伐吳外傳》	天以越　　賜吳，　　吳不取。[75]

以上諸書與《越公其事》的敘述大同小異，小異者例如古籍都稱「越」，而本篇稱「越邦」。另外，簡文的「賜」，《國語‧越語上》作「予」，《韓非子》作「與」，義同。簡文的「受」，部分古籍作「取」，「受」、「取」意義接近。簡本「弗」字與〈吳語〉同，其餘諸版本則作「不」。透過上述簡表，可知句踐滅吳故事細節在歷代傳抄的過程中，文字已有增刪的情況，透過文字比對，可以清楚展現文句變化的過程。

　　簡文說，吳國本有機會能滅掉越國這個心腹大患，但吳國沒有把握機會，如今上天賜予越國消滅吳國的機會，句踐不肯逆天命而重蹈夫差的錯誤。這一環節《國語‧越語下》、《史記‧越王句踐世家》寫得更細膩，原本句踐願意許成，但在范蠡勸諫下才改變心意。

　　《越公其事》裡句踐親自向夫差表明不接受談和，但願將夫差遣送至甬東，《越絕書‧請糴內傳》記載「越王親謂吳王曰……越王與之劍，使自圖之。吳王乃旬日而自殺也」[76]。不過，依據《史記‧越王句踐世家》：「乃使人謂吳王曰：『吾置王甬東，君百家。』」[77]則是句踐派使者代為轉達。

〔9〕今天以吳邦賜邿（越），句踐敢不聽天之命而聽君之令乎？句戏（踐）不許吳成，

今	天	以	吳	邦	賜	邿
句	句	戏	不	許	吳	成

[73] （西漢）司馬遷撰，（南朝宋）裴駰集解，（唐）司馬貞索引、張守節正義：《史記》（北京：中華書局，2014），頁2106。

[74] 李步嘉：《越絕書校釋》（北京：中華書局，2013），頁132。

[75] 周生春：《吳越春秋輯校彙考》（上海：上海古籍出版社，1997），頁93、95、170。

[76] 李步嘉：《越絕書校釋》（北京：中華書局，2013），頁132。

[77] （漢）司馬遷撰，（南朝宋）裴駰集解，（唐）司馬貞索引、張守節正義：《史記》（北京：中華書局，2014），頁2106。

原整理者（201704）：據《國語・吳語》，所缺十三字擬補為「踐敢不聽天之命而聽君之令乎」。[78]

子居（20171213）：簡72首端的「越」字與簡56的「越」字書為「邲」，與《越公其事》其它部分稱越為「雩」不同，其將「邑」書於左側是非周文化的特徵，稱越為「邲」而非「雩」，則或編撰者改而未盡的遺留，因此上這應該也說明《越公其事》是由多份不同來源的原始材料整合而成的。原簡中「句踐不許吳成」的「吳」字是補寫的，此句《國語・吳語》作「乃不許成」，可見《越公其事》此句的「吳」字或即編撰者所加，如果再轉抄一份的話，這種增補情況就難免被認為原文即如此，由此亦可見先秦文獻在傳抄過程中是如何被增益、改動的。[79]

滕勝霖（201905）：「𫑡」，楚系文字多以之表示｛越｝，或寫作「𫑡」（見《清華壹・尹至》簡1），與本篇常見的「雩」寫法不同。簡72所補從整理者之說。[80]

江秋貞（202007）：原考釋據《國語・吳語》和《國語・越語上》補「踐敢不聽天之命而聽君之令乎」13字，大體可從，但是「令」字應改為「命」，遍查〈越公其事〉全文沒有一個「令」字，只有「命」。「命」或當「命令」，或當「壽命」，因此這裡應該補為「踐敢不聽天之命而聽君之命乎」。[81]

佑仁謹案：

簡文「今天以吳邦賜邲（越）」，子居指出簡56和簡72的「越」字書為「邲」，與《越公其事》其它部分稱越為「雩」不同，其將「邑」書於左側是非周文化的特徵。本篇共計出現55個「越」字（不含重文），其中53個字採用「雩」，兩個用「邲」（見簡56、72），子居認為這2例罕見的「邲」字，是編撰者改而未盡的遺留。然而，寫本流傳的過程十分複雜，我們僅能透過有限的材料進行推測，雖然現在確認正文的「越公其事」並非篇題，但是全篇以「越國」為立場卻至為明顯。在敘述觀點中，簡文稱夫差為「吳王」，稱句踐為「越王」，但是單獨稱「王」者（前不加國別），指的都是越王句踐。就內容來說，全文從句踐含辱受困會稽山講起，經過一番政治改革，最後滅掉吳國。「成王敗寇」是千古不變的道理，吳越爭霸的主角本來就注定是句踐。既然《越公其事》是記載句踐復國故事，則

---

78 李學勤主編：《清華大學藏戰國竹簡（柒）》（上海：中西書局，2017），頁151。

79 子居：〈清華簡七《越公其事》第十、十一章解析〉，中國先秦史網站，2017.12.13（2021.5.24上網）。

80 滕勝霖：《《清華大學藏戰國竹簡（柒）》集釋及相關問題研究》（重慶：西南大學碩士論文，2019），頁409。滕勝霖：《《清華大學藏戰國竹簡（柒）》集釋》（重慶：西南師範大學出版社，2021），頁401。

81 江秋貞：《《清華大學藏戰國竹簡（柒）・越公其事》考釋》（臺北：臺灣師範大學博士論文，2020），頁711-712。江秋貞：《《清華大學藏戰國竹簡（柒）・越公其事》考釋》（臺北：花木蘭文化事業公司，2022），頁641-642。

其原始文本應來自越國,而清華柒《越公其事》則為戰國時代的其中一個版本。

比起其他系統的文字,越文字與楚文字較為接近[82](過去一般將吳越文字歸屬於楚文字,不過近年也有獨立出「吳越文字」的觀點[83]),越國青銅器銘文一般用「戉」表示{越},例如越王句踐劍(《集成》11594、11595)、戉王者旨於賜矛(《集成》11511),也有寫成「郕」,如越王句踐劍(《集成》11621)、越王諸稽於賜劍(《集成》11600),用「郕」表{越}的習慣和楚文字相同。

另一方面,清華簡陸續公布之後,學者們逐漸發現這批竹簡雖以楚文字書寫,但部分篇章雜染了三晉文字的特徵[84]。三晉文字習慣以「雪」表{越}[85],例如中山王𦙳鼎(《集成》02840):「昔者,吳人并雪(越,越)人修教備信。」清華參《良臣》簡7用「雪王」表示「越王」,而清華伍《封許之命》簡2的發語詞「越」,也以「雪」來表示,這些都是受到三晉文字影響的跡證。值得注意的是,春秋時代吳國政治上較偏向晉國,因此吳國兵器銘文也用「雪」表{越}的現象,例如□大王元用劍(《吳越題銘研究》編號54)[86]。

《越公其事》53個「越」字以「雪」表示,僅2例作楚文字的「郕」,比例十分懸殊。筆者認為本文的基本架構可能由越人完成,經過若干時間傳布至三晉,進而傳入楚國,楚人以楚文字傳寫簡文,改之未盡,才有「越」多數寫成「雪」的情況發生。(或謂:楚越地理相鄰,何以不是由越國直接傳入楚國,而由在楚地的晉人所寫,故此53個「雪」字是正確寫法,2例「郕」則是漏改。如果單看《越公其事》一篇,此可能性當然不能排除,但如果用宏觀的角度來看,清華簡裡大量存在三晉文獻,例如《子犯子餘》、《晉文公入于晉》、《鄭武夫人規孺》、《鄭文公問太伯》、《子產》等,簡文又多有三晉文字的色彩,因此李守奎認為清華簡最初很可能「來自三晉文化圈,到楚國後經過逐漸楚化的過程,有的楚化程度深,有的楚化程度淺。」[87]王永昌也認為「清華簡中大多數文獻之所以會出現晉系文字的特徵,是因為這些文獻並非楚地自有文獻,而是從晉地傳入,即這些文獻是以晉系文字書寫的底本傳入楚地的,傳入楚地之後,用楚文字轉寫不徹底,因此遺留了一些晉系文字的特點。」[88]李守奎、王永昌的說法很有道理。

本段敘述在〈吳語〉、〈越語〉中可找到類似的文例,整理如下:

[82] 馬曉穩認為「吳越文字字形、字用與楚文字大同而小異,吳文字應是受到一定晉系文字影響的楚系文字。而越文字雖有個別字形受到齊系影響,但主體仍應歸入楚系。」馬曉穩:《吳越文字資料整理及相關問題研究》(長春:吉林大學博士論文,2017),頁7。

[83] 例如,李學勤認為戰國文字可分六系,而「吳越文字」可居其一。李學勤:〈《珍秦齊藏金·吳越三晉篇》前言〉,收入蕭春源總監:《珍秦齋藏金·吳越三晉篇》(澳門:澳門基金會,2008),頁9-16,又收入《通向文明之路》(北京:商務印書館,2010),頁205-215。

[84] 參宋亞雯:《清華簡中的非典型楚文字因素問題研究》(上海:復旦大學碩士論文,2016)。

[85] 參湯志彪:《三晉文字編》(北京:作家出版社,2013),頁1624。

[86] 董珊:《吳越題銘研究》(北京:科學出版社,2014),頁38。

[87] 李守奎、肖攀:《清華簡〈繫年〉文字考釋與構形研究》(上海:中西書局,2015),頁256。

[88] 王永昌:《清華簡文字與晉系文字對比研究》(長春:吉林大學博士論文,2018),摘要。

越王曰：「……今天以吳賜越，孤敢不聽天之命，而聽君之令乎？」乃不許成。（〈吳語〉）

句踐對曰：「……今天以吳予越，越可以無聽天之命，而聽君之令乎？」（〈越語上〉）

范蠡乃左提鼓，右援枹，以應使者，曰：「……今將反此義以報此禍，吾王敢無聽天之命，而聽君王之命乎？（〈越語下〉）[89]

簡文「句踐敢不聽天之命而聽君之令乎？句戉（踐）不許吳成。」此處連續兩次以「句踐」為主語，文句顯得不夠精煉，〈吳語〉已將後一個「句踐」刪除，僅作「乃不許成」，〈越語〉則乾脆直接將「乃不許成」也刪除，因為越王不敢違逆上天旨意云云，已充分表現出婉拒的態勢，「乃不許成」顯得多餘而累贅。

另外，簡文裡「句踐不許吳成」一句的「吳」字，硬擠在「許」、「成」之間，顯然是後來所增補，子居認為「《越公其事》此句的『吳』字或即編撰者所加」。就字形來看，此例「吳」字與該書手的其他「吳」字無異，且本篇共見3例「許△成」之例，如「許旻（越）公成」（簡70）、「不許吳成」（簡72），又如「許之成」（簡9），「之」為代名詞指越公，3例的「許」字後面都有受詞。如果要省略受詞的話，本文會使用「請成」（簡69、71）或「行成」（簡1、69）。因此，筆者認為「吳」字純粹只是本篇書手漏抄而後補，並非有意的增文。

〔10〕乃使（使）人告於吳王曰

乃	使	人	告	於	吳	王

曰

佑仁謹案：

《國語・吳語》作「因使人告於吳王曰」[90]，「因」簡本作「乃」，二者位居句首，當連接詞使用表示承接的關係，相當於「因而」、「於是」。

句踐、夫差二人最後的對話，在《國語・越語上》是使用「句踐對曰」、「夫差對曰」的方式呈現，應視為當面對談，但《越公其事》和〈吳語〉、〈越語下〉[91]、《史記・越王句踐世家》則是透過使者居間傳話。

[89] （三國吳）韋昭注，徐元誥集解：《國語集解》（北京：中華書局，2002），頁 561、572、587。

[90] （三國吳）韋昭注，徐元誥集解：《國語集解》（北京：中華書局，2002），頁 561。

[91] （三國吳）韋昭注，徐元誥集解：《國語集解》（北京：中華書局，2002），頁 572、561、586-588。

〔11〕「天以吳土賜雩（越），句戉（踐）不敢弗受。

天	以	吳	土	賜	雩	句
戉	不	敢	弗	受		

佑仁謹案：

此句〈吳語〉作「天以吳賜越，孤不敢不受」[92]，簡本「吳」作「吳土」，「孤」字作「句踐」，「不敢不受」改作「不敢弗受」，二者句意並無明顯差異。「不敢弗受」採用雙重否定，讓語氣更加委婉含蓄，是政治語言的表現。

〔12〕殹民生不仍（仍），王亓（其）母（毋）死。

殹	民	生	不	仍	王	亓
母	死					

原整理者（201704）：民生不仍，猶人生不再，意為人祇有一次生命。《國語・吳語》作「民生不長」。[93]

王磊（20170517）：「殹」字整理者無說。「殹」當讀為「繄」，義為「惟」。《漢書・外戚傳》：「惟人生兮一世，忽一過兮若浮。」[94]

黃人二（20170602）：簡文「仍」字，是個會意字，從兩「乃（仍）」會「再」、「再次」的意思，也可以說是「兩仍」。「天不仍賜吳於越邦之利」，意「天不再賜越邦之利於吳」，或者，云「老天不會屢屢賜下這個禮物或機會，給你吳國」。當然，三次或三次以上，也可以稱「仍」，即古注訓為「數」、「屢」也。[95]

---

[92] （三國吳）韋昭注，徐元誥集解：《國語集解》（北京：中華書局，2002），頁561。

[93] 李學勤主編：《清華大學藏戰國竹簡（柒）》（上海：中西書局，2017），頁151。

[94] 王磊：〈清華七〈越公其事〉札記六則〉，武漢網，2017.5.17（2021.5.24上網）。

[95] 黃人二：〈關於清華簡（柒）疑難字詞的數則釋讀〉，收入靜宜大學中國文學系編：《第二屆漢文化學術研討會暨學生論文競賽——「漢文化研究的新知與薪傳」會議論文抽印本》（臺中：靜宜大學中國文學系，2017.6.2-3），頁18、19。

　　石小力（**20171026-28**）：「不仍」一詞，不見於古書，而生命本可以用長短來衡量，古書常見用「長」、「短」來形容人的生命。《書・盤庚》：「相時憸民，猶胥顧于箴言，其發有逸口，矧予制乃短長之命！」後人在看到「民生不仍」一句時，因為不識「仍」字，且古書少見生命不仍的表述，故根據常用長短來形容生命的一般常識，改「仍」為「長」。[96]

　　李守奎（**201712**）：《說文》「乃」之籀文作𠄏，由三個「乃」構成。「𠄏」由兩個「乃」構成，「乃、𠄏、𠄏」，很大可能與「屮、艸、卉」一樣，是同一個字繁簡不同的異體。「乃」讀為「仍」，「仍」與「乃」通用，音理合，辭例備。「仍」訓「重」為常詁，意思為再一次或多次，《越公其事》中的兩個「𠄏」皆讀為「仍」，義為重，文通字順。[97]

　　子居（**20171213**）：「乃」很可能本是「長」字之殘，「長」字上半部磨損後，下部即與「乃」字形似，故《越公其事》的「仍」或即是「長」訛為「乃」，後又重書為「𠄏」。[98]

　　王輝（**20181117-18**）：《說文》：「乃，曳，詞之難也……𠄏，籀文乃。」依《說文》「𠄏」當是乃之籀文。簡文「乃」仍讀為仍，乃或作𠄏，或作𠄏，並不奇怪。本篇同字異形或用不同的字表達同一個詞，其例甚多。[99]

　　滕勝霖（**201905**）：「民生不仍」義為「人生不再」。[100]

　　杜建婷（**201906**）：清華簡七「信難成，殹或易成也。」之「殹」或可讀為「是」，「是或」見傳世文獻，表示「或者」，連接相反或不同的情況。《孟子・公孫丑下》：「夫豈不義而曾子言之？是或一道也。」[101]

　　金宇祥（**201909**）：「仍」可解為接續、連續／重複。《楚辭・九章・悲回風》：「觀炎氣之相仍兮，窺煙液之所積。」王逸注：「相仍者，相從也。」又文獻中的「仍孫」，見《爾雅・釋親》：「昆孫之子為仍孫」郝懿行：「仍亦重也。」或可作為旁證。[102]

---

[96] 石小力：〈清華簡《越公其事》與《國語》合證〉，收入香港浸會大學饒宗頤國學院、澳門大學中國語言文學系、清華大學出土文獻研究與保護中心編：《《清華簡》國際會議論文集》（香港：香港浸會大學饒宗頤國學院、澳門：澳門大學中國語言文學系，2017），頁49。

[97] 李守奎：〈釋「仍」〉，收入張德芳主編：《甘肅省第三屆簡牘學國際學術研討會論文集》（上海：中西書局，2017），頁550。

[98] 子居：〈清華簡七《越公其事》第十、十一章解析〉，中國先秦史網站，2017.12.13（2021.5.24上網）。

[99] 王輝：〈一粟居讀簡記（十）〉，收入清華大學出土文獻研究與保護中心編：《紀念清華簡入藏暨清華大學出土文獻研究與保護中心成立十周年國際學術研討會論文集》（北京：清華大學出土文獻研究與保護中心，2018），頁373。

[100] 滕勝霖：《《清華大學藏戰國竹簡（柒）》集釋及相關問題研究》（重慶：西南大學碩士論文，2019），頁409-410。滕勝霖：《《清華大學藏戰國竹簡（柒）》集釋》（重慶：西南師範大學出版社，2021），頁402。

[101] 杜建婷：《清華簡第七輯文字集釋》（廣州：中山大學碩士論文，2019），頁88。

[102] 金宇祥：《戰國竹簡晉國史料研究》（臺北：臺灣師範大學博士論文，2019），頁78。

江秋貞（202007）：「緊」，義為「惟」，王磊之說可從。「殹民生不肞」的「肞」原考釋釋為「仍」。〈越公其事〉第二章「天不肞（仍）賜吳於雩越邦之利」也把「肞」釋為「仍」有重覆、再之意。「王其毋死」意思是「吳王你可以活命。」意指我不會殺你，但是會流放你。「句戔不許吳成，乃使人告於吳王曰：『天以吳土賜雩，句戔不敢弗受。殹民生不肞，王亓毋死』」意即「句踐不同意吳王的求和，於是派人告訴吳王說：『上天把吳國賜給越國，句踐不敢不接受。啊，人生不會再重來，吳王你可以活命」。[103]

佑仁謹案：

簡本「毋死」，〈吳語〉稱「無死」[104]。「民生」，指人生。《楚辭·離騷》：「民生各有所樂兮，余獨好脩以為常。」朱熹《集注》：「言人生各隨氣習，有所好樂。」[105]此處的「民」泛指人，《毛詩·大雅·生民》：「厥初生民，時維姜嫄。生民如何，克禋克祀。」朱熹《集傳》：「民，人也。」[106]《左傳·成公十三年》：「民受天地之中以生，所謂命也。」孔穎達《疏》：「民者，人也。」[107]

簡文的「殹」字，王磊認為「殹」讀為「緊」，義為「惟」。石小力認為讀「抑」。「殹」讀「也」都集中在秦文字材料，且「殹」當屬下讀。這段話句踐一方面說吳土乃天所賜，他「不敢弗受」，另一方面又希望夫差能接受他「將王於甬句東」的提議，所以「殹」應帶有承先啟後的轉折作用，不應釋為「緊」或「惟」等無義詞語。季旭昇師曾全面分析楚簡「殹」字的用法，他認為：

> 把轉折詞的「殹（抑）」分成兩類，一類是轉折程度較輕的，相當於現在的「或」、「或者」；一類是轉折程度較重的，相當於現在的「但是」。[108]

《越公其事》應屬後者，「殹」應訓為「但是」，加強後文的「不仍」。表示固然越國無法保留吳國命脈，但是人身難得，不應絕棄。

---

[103] 江秋貞：《《清華大學藏戰國竹簡（柒）·越公其事》考釋》（臺北：臺灣師範大學博士論文，2020），頁713-714。江秋貞：《《清華大學藏戰國竹簡（柒）·越公其事》考釋》（臺北：花木蘭文化事業公司，2022），頁644-645。

[104] （三國吳）韋昭注，徐元誥集解：《國語集解》（北京：中華書局，2002），頁561。

[105] （宋）朱熹撰，黃靈庚點校：《楚辭集注》（上海：上海古籍出版社，2019），頁19-20。

[106] （宋）朱熹：《詩集傳》（北京：中華書局，2011），頁253。

[107] （晉）杜預注，（唐）孔穎達正義，李學勤主編：《十三經注疏·春秋左傳正義》（北京：北京大學出版社，2000），頁866。

[108] 季旭昇師：〈談戰國楚簡中的「殹」字〉，收入香港中文大學主編：《出土文獻與先秦經史國際學術研討會》（香港：香港大學中文學院，2015），頁33-48。

　　簡本「民生不仍」，《國語・吳語》作「民生之不長」[109]，原整理者李守奎已指出「仍」訓「再」，他在後來的文章中又補證了「仍」與「重」的關係。王輝、金宇祥等人也都提及《爾雅・釋親》「仍孫」之說，李守奎的說法是正確的。「仍」訓「再」或「重」，在出土文獻中也不少見，如陳劍〈馬王堆帛書《五十二病方》、《養生方》釋文校讀札記〉在考釋《五十二病方》殘片3第3行：「☐煮熱再汍飲☐」時指出：

> 本篇189行云「以醯、酉（酒）三乃（汍）煮黍稷而飲其汁」，273行「三汍煮逢（蓬）藟」，417行「煮桃葉，三汍，以為湯」，426行「以槐東鄉（嚮）本、枝、葉，三汍煮」，《養生方》殘片有「☐其汁，復煮，凡三汍☐」。本篇176行「以淳酒半斗，三【汍】煮之，孰（熟），浚取其汁」，整理小組（1985：46）注：「三汍，疑汍應讀為蒸，其義當與三沸相近。」按赤堀昭、山田慶兒（1985：204）已指出：「『汍』讀作『仍』，《廣雅・釋詁》：『仍，重也。』《釋言》：『仍，重，再也。』『三汍煮』即重複煮三次。」其說可從。此「再汍」應即重複煮兩次，辭例僅此一見。[110]

將「仍」理解為重複，則文通義順。

　　《越公其事》中的兩個「仍」字（簡10、簡73）應該均訓重、再無誤，古籍中「仍」當成重也、數也、再也。[111]

　　簡本的「不朸」，《國語・吳語》作「不長」，李守奎認為簡本的「民生不仍」比較正確，〈吳語〉的「民生不長」可能是後人傳抄或整理過程，因為不認識「朸」字而作的改寫，石小力認為「這是很有可能的」，子居則主張今本的「長」為「乃」的誤字。筆者認為簡本時代早於《國語・吳語》，「民生不仍」的用法當是比較早期的樣貌。

〔13〕民生埊（地）上，寓也，亓（其）與幾可（何）？

民	生	埊	上	寓	也	亓
與	幾	可				

---

109 （三國吳）韋昭注，徐元誥集解：《國語集解》（北京：中華書局，2002），頁561。

110 陳劍：〈馬王堆帛書《五十二病方》、《養生方》釋文校讀札記〉，《出土文獻與古文字研究》第5輯（上海：上海古籍出版社，2013），頁500。

111 宗福邦、陳世鐃、蕭海波主編：《故訓彙纂》（北京：商務印書館，2003），頁86。

原整理者（201704）：寓，寄宿。「民生地上，寓也」即後代「人生若寄」所自出。其與幾何，語同《國語・吳語》，韋昭注：「言幾何時。」[112]

李守奎（201712）：「民生地上，寓也，其與幾何！」其文意就是後世詩文中「人生如寄」、「人生若寄」等所自出。《古詩十九首・驅車上東門》：「人生忽如寄，壽無金石固。」晉陶潛〈榮木〉詩：「人生若寄，憔悴有時。」[113]

滕勝霖（201905）：「寓」，《說文・宀部》：「寓，寄也。」《清華叁・芮良夫毖》簡28：「吾用作毖再終，以寓命達聽。」[114]

江秋貞（202007）：原考釋釋「民生地上，寓也」即後代「人生若寄」，可從。「民生地上」的「民」和前一句「民生不仍」的「民」釋「人」。「人生在世都是過客」的意思。「元與幾可」是一句激問法，表示能夠多又久，言不久矣。「民生塈上，寓也，元與幾可」意即「人生在世只是過客，能有多久呢？」[115]

佑仁謹案：

本句話又見於〈吳語〉，除了「生」字下多「於」字外，內容一致。「其與幾何」即「其能幾何」，王叔岷云：「《左傳・襄公二十九年》：『是盟也，其與幾何！』《左傳・昭公元年》：『主民翫歲而愒日，其與幾何！』（杜注：言不能久也。）又『叔向問鄭故焉。且問子皙，對曰：其與幾何！無禮而好陵人，怙富而卑其上，弗能久矣！』（『弗能久矣，』與『其與幾何』相應。）《國語・晉語一》：『雖謂之挾，而獝以齒牙，口弗堪也。其與幾何！』《晉語五》：『郤子勇而不知禮，矜其伐而恥國君，其與幾何！』《吳語》：『民生於地上，寓也。其與幾何！』諸『與』字皆與『能』同義。」[116]

張以仁認為「其幾何」和「其與幾何」不同，「『其幾何』表詢問語氣，如《周語上》：『王曰：虢其幾何？』問虢尚能有國多久；……而『其與幾何』則僅表時間之短暫，非復詢問語氣矣。……〈吳語〉：『民生於地上，寓也。其與幾何！』謂人之生命不久也。」[117]「其與幾何」在字面上乍看像疑問句，但實為肯定語氣。這句話是說人生寄寓於地上，又能存活多久時間？背後的意思是人生短暫，稍縱即逝。

---

[112] 李學勤主編：《清華大學藏戰國竹簡（柒）》（上海：中西書局，2017），頁151。

[113] 李守奎：〈釋「仍」〉，收入張德芳主編：《甘肅省第三屆簡牘學國際學術研討會論文集》（上海：中西書局，2017），頁551-552。

[114] 滕勝霖：《《清華大學藏戰國竹簡（柒）》集釋及相關問題研究》（重慶：西南大學碩士論文，2019），頁410。滕勝霖：《《清華大學藏戰國竹簡（柒）》集釋》（重慶：西南師範大學，2021），頁403。

[115] 江秋貞：《《清華大學藏戰國竹簡（柒）・越公其事》考釋》（臺北：臺灣師範大學博士論文，2020），頁715。江秋貞：《《清華大學藏戰國竹簡（柒）・越公其事》考釋》（臺北：花木蘭文化事業公司，2022），頁645。

[116] 王叔岷：《古籍虛字廣義》（北京：中華書局，2007），頁5-6。

[117] 張以仁：〈《國語》虛詞訓解商榷〉，《張以仁語文學論集》（上海：上海古籍出版社，2012），頁244。

簡文「民生地上，寓也，其與幾何？」原整理者李守奎認為「即後代『人生若寄』所自出」，「人生若寄」最早見於索靖（西元239-303年）〈月儀帖〉：「機運稍移，人生若寄。」[118]比較著名者為時間稍晚的晉代陶潛（西元365-427年）〈榮木〉詩：「人生若寄，憔悴有時。」[119]

古詩十九首〈行行重行行〉：「人生天地間，忽如遠行客。」李善注引《尸子》：「老萊子曰：『人生於天地之間，寄也。寄者，固歸。』」〈驅車上東門〉也說「人生忽如寄，壽無金石固」[120]。郭璞《山海經》圖讚云：「萬物暫見，人生如寄。」[121]皆指人一生短暫若寄生於世間，思想與簡文句踐所述相近。如果將簡文語句更精鍊一些，其實就是曹操〈短歌行〉所謂的「人生幾何」[122]。

〔14〕不教（穀）元（其）牁（將）王於甬句重（東）

不	教	元	牁	王	於	甬
句	重					

原整理者（201704）：不穀其將王於甬句重，《國語・吳語》作「寡人其達王于甬句東」，《國語・越語上》作「吾請達王甬句東」。將，送行。《詩・燕燕》「之子于歸，遠于將之」，鄭玄箋：「將亦送也。」甬句東，《史記・越王句踐世家》作「甬東」。[123]

陳治軍（20170818-20）：《左傳・哀公二十二年》：「冬十一月丁卯，越滅吳，請使吳王居甬東。」杜預注：「甬東，會稽句章縣東海中洲也。」《國語・吳語》敘此事，記句踐告夫差云：「寡人其達王於甬、句東」章昭注：「達，致也。甬、句東，今句章東浹口外州也。」《越語上》則作：「吾請達王甬、句東」徐元誥《國語集解》引《元和郡縣志》：「翁州入海二百里，即《春秋》所謂甬東地，其州周環五百里」，並云：「蓋即今浙江定海縣東北海中舟山也。」」《左傳》中的「甬、句甬」或簡稱「甬東」。杜預注：「甬東，會稽句章縣東海中洲也。」《國語》中的「甬、句東」或「甬、句章」與清華簡《越公其事》簡文所

118 （清）嚴可均輯：《全上古三代秦漢三國六朝文》（上海：上海古籍出版社，2009年據民國十九年影印清光緒二十年黃岡王氏刻本影印），第3冊，頁516。

119 （東晉）陶潛著，龔斌校箋：《陶淵明集校箋》（上海：上海古籍出版社，2018），頁15。

120 （南朝梁）蕭統編，（唐）李善等注：《六臣注文選》（北京：中華書局，2012），頁538、541。

121 （晉）郭璞撰，張宗祥校錄：《足本山海經圖贊》（上海：古典文學出版社，1958），頁41。

122 （南朝梁）蕭統編，（唐）李善等注：《六臣注文選》（北京：中華書局，2012），頁512-513。

123 李學勤主編：《清華大學藏戰國竹簡（柒）》（上海：中西書局，2017），頁151。

見的「甬、句東」所指相同。[124]

　　魏宜輝（20170818-20）：我們傾向簡文中的「將」字理解為「供養、奉養」之義。《詩‧小雅‧四牡》：「王事靡盬，不遑將父。」毛傳：「將，養也。」孔穎達疏：「我堅固王事，所以不暇在家以養父母。」「將王於甬句東」，意即「將吳王您供養在甬句東」。這與下文「夫婦三百，唯王所安，以屈盡王年」在文意聯繫上也更密切一些。至於《國語‧吳語》及《越語》中的「達」字，我們懷疑是一個誤字。傳世文獻中的「將」，在楚簡文字中往往用「牁」或「遜」字來表示，有時「遜」會省寫作「送」。清華簡《繫年》篇簡81-82「伍雞送（將）吳人以圍州來」，其中「將」亦用「送」字來表示。我們懷疑在有的本子裡「將王於甬句東」中的「將」是用「送」字來表示的，而後人或已不識此字，在傳抄過程中將其誤寫作形近的「達」。[125]

　　石小力（20171026-28）：今本「達」，簡本作「將」，疑今本「達」乃簡本「將」字之誤。「將」在楚文字中或寫作「送」，如清華簡《繫年》簡81、包山簡226、232、234、236等處，從辵、羊聲，與「達」字形體較為相近，故今本「達」字極有可能是在「將」作「送」形的基礎上訛變過來的。將，送行。《爾雅》：「將，送也。」邢昺疏：「皆謂送行也。」《詩‧邶風‧燕燕》：「之子于歸，遠于將之。」鄭玄箋：「將亦送也。」[126]

　　子居（20171213）：甬東當即桐東，指桐水之東，今江蘇邳州市一帶。[127]

　　吳德貞（201805）：夕陽坡楚簡有「越涌君」。李學勤先生認為「越涌君」之「涌」即文獻中的越地甬，簡文從「水」作「涌」概因甬地有甬江，甬與句章相連，或可能當時句章即屬於甬，因此《左傳》稱為「甬東」，《國語》稱「甬、句東」。[128]

　　朱歧祥（20181201）：「寡人其達王於甬句東」《國語‧吳語》，〈吳語〉一句謂越王句踐將遣送吳王夫差置於甬句以東之地，韋昭注：「今句章東海口外

---

[124] 陳治軍：〈從清華簡《越公其事》所見「甬、句東」再論「楚滅越」的時代〉，收入中國文字學會編：《中國文字學會第九屆學術年會論文集》，貴陽：貴州師範大學，2017.8.19-20，頁53-54。

[125] 魏宜輝：〈讀〈清華大學藏戰國竹簡（柒）〉札記〉，收入中國文字學會編：《中國文字學會第九屆學術年會論文集》，貴陽：貴州師範大學，2017.8.19-20，頁684；又見香港浸會大學饒宗頤國學院，澳門大學中國語言文學系，清華大學出土文獻研究與保護中心：《《清華簡》國際會議論文集》（香港：香港浸會大學饒宗頤國學院、澳門：澳門大學中國語言文學系，2017），頁186。

[126] 石小力：〈清華簡《越公其事》與《國語》合證〉，收入香港浸會大學饒宗頤國學院、澳門大學中國語言文學系、清華大學出土文獻研究與保護中心編：《《清華簡》國際會議論文集》（香港：香港浸會大學饒宗頤國學院、澳門：澳門大學中國語言文學系，2017），頁50。又見《文獻》2018第3期（2018.5），頁62。

[127] 子居：〈清華簡七《越公其事》第十、十一章解析〉，中國先秦史網站，2017.12.13（2021.5.24上網）。

[128] 吳德貞：《清華簡《越公其事》集釋》（武漢：武漢大學碩士論文，2018），頁101。

洲也。」簡文卻用「將」字取代「達致」意，但「將」字訓送，古書亦屬很冷僻的用法。[129]

禤健聰（201812）：今本《吳語》所謂的「達」，很可能是「迸」字傳寫訛誤，其原本應與《越公其事》一樣，記寫的是將送之「將」這一音義。「達」所從的「牽」旁，上方部件簡省並與「羊」旁黏連，與「羊」字的寫法相當接近。戰國秦漢之際，大部分「迿」或「迸」應已為「將」所替代，今本《國語‧吳語》所據，或尚存古文遺跡作「迸」，當時人不識，又因其與「達」形近，遂致誤認轉寫為「達」。[130]

江秋貞（202007）：甲骨、金文及戰國文字中的「迸」字，秦漢以後基本消失不用了。因此，秦漢書手誤「迸」字為「達」的可能性是有的。魏宜輝之說可信。[131]

任龍龍（202205）：石小力說恐誤。將作「迸」形在所有將的字形中出現次數很少，被人抄成「達」的機率是很小的。「達」本訓「至（到達）」，如用作「使動用法」，「使……至」即「致」，便是韋昭注訓「致也」之「達」（「使某人至某地」就是把某人送達某地的意思）。韋注沒有問題可以信從。所謂「古書訓致送後起」，大概是為了和《越公其事》趨同。[132]

佑仁謹案：

「將」，原整理者釋作「送」，可信。〈吳語〉：「達王甬、句東。」韋昭《注》：「達，致也。」[133]魏宜輝區分「致送」與「送行」的差別，認為「致送」的「達」與「送行」的「將」內涵並不相同[134]，石小力則認為「達」訓成「致送」的時間較晚，因此二人都將「達」理解為「迸」的誤字，禤健聰、江秋貞等人都有類似看法。任龍龍則認為誤字說不可信。

---

[129] 朱歧祥：〈談《清華簡》（七）〈越公其事〉的兩章文字校讀〉，收入紐倫堡－埃爾蘭根孔子學院、埃爾蘭根－紐倫堡大學、世界漢字學會、華東師範大學中國文字研究與應用中心、慶星大學韓國漢字研究所漢字文明研究事業團編：《世界漢字學會第六屆年會暨國際學術研討會「漢字認知工具與表意文字歷史研究」論文集》（紐倫堡：紐倫堡－埃爾蘭根孔子學院，2018），頁42。後收入東海大學中國文學系編：《中華文化與文學學術研討系列第二十四次會議——龍宇純先生學術研討會論文集》（臺中：東海大學中國文學系，2018），頁76。

[130] 禤健聰：〈據出土文獻辨讀傳抄訛字二例〉，《中國文字學報》第9輯（2018.12），頁126-127。

[131] 江秋貞：《《清華大學藏戰國竹簡（柒）‧越公其事》考釋》（臺北：臺灣師範大學博士論文，2020），頁721-725。江秋貞：《《清華大學藏戰國竹簡（柒）‧越公其事》考釋》（臺北：花木蘭文化事業公司，2022），頁651-655。

[132] 任龍龍：《《左傳》《國語》《戰國策》新證綜理——以上世紀七十年代以來利用出土文獻校讀的成果為中心》（上海：復旦大學碩士論文，2022），頁81。

[133] （三國吳）韋昭注，徐元誥集解：《國語集解》（北京：中華書局，2002），頁561。

[134] 魏宜輝：〈讀〈清華大學藏戰國竹簡（柒）〉札記〉，收入中國文字學會編：《中國文字學會第九屆學術年會論文集》，貴陽：貴州師範大學，2017.8.19-20，頁685。

此處要面對兩個層次的問題。首先，「達」有沒有致送的意思？如果有，那麼似乎就不必將「達」理解為錯字。如果沒有，則誤字說確實有其可能。

「達」字確實有與「致送」義聯繫的依據，例如趙平安認為「卜辭中絕大多數達讀如字，當『致』講，表示『讓……來』或『讓……去』的意思。……這類用法的達也見於古籍。《周禮·夏官·懷方氏》：『掌來遠方之民，致方貢，致遠物，而送逆之，達之以節。』鄭玄注：『達民以旌節，達貢物以璽節。』《國語·吳語》：『（越王）因使人告於吳王曰：『天以吳賜越，孤不敢不受。以民生之不長，王其無死！民生於地上，寓也。其與幾何？寡人其達王於甬句東，夫婦三百，唯王所安，以沒王年。』韋昭注：『達，致也。』」[135]蔣玉斌認為卜辭有些「達」的用法跟「奠」有些相似，《甲骨文合集》06051 云：「乙未卜賓貞：令永達子央于南。」可能是讓永將子央安置到南方，將「達」訓為安置[136]。若此說可信，「達」本身就有「致送」義，〈吳語〉的「達王」和〈越王句踐世家〉的「置王」[137]便可聯繫起來。

如果「達」沒有「致送」義，則「達」確實有可能是「送」的錯字，但究竟是在楚文字還是秦漢文字才產生錯訛，目前只能說都有可能，難以指實。

「甬句東」[138]，《左傳·哀公二十二年》：「冬，十一月，丁卯，越滅吳，請使吳王居甬東。」杜預《注》：「甬東，越地，會稽句章縣東海中洲也。」[139]《國語·吳語》「甬、句東」，韋昭《注》：「今句章東浹口外州也。」徐元誥《集解》引《元和郡縣志》「翁州入海二百里，即《春秋》所謂甬東地，其州周環五百里」，並認為「蓋即今浙江定海縣東北海中舟山也。」[140]湖南省常德市德山夕陽坡 2 號楚墓曾出土兩枚竹簡，其中一枚有句作「越涌君贏遅（將）其眾以歸楚之歲」，李學勤認為「越涌君」之「涌」即「即文獻中的越地甬」。[141]

---

[135] 趙平安：〈「達」字兩系說——兼釋甲骨文所謂「途」和齊金文中所謂「造」字〉，《新出簡帛與古文字古文獻研究》（北京：商務印書館，2009），頁 85-86。

[136] 蔣玉斌：〈從卜辭「有某」諸稱看「子某」與商王的關係〉，第二屆古文字學青年論壇，2016.1.28-29，頁 181。

[137] （西漢）司馬遷撰，（南朝宋）裴駰集解，（唐）司馬貞索引、張守節正義：《史記》（北京：中華書局，2014），頁 2106。

[138] 陳治軍指出「從清華簡的史料看，『甬、句東』地理位置比較特殊，起先是越王勾踐準備安置吳王夫差的封地。可以設想楚越滅後，『甬、句東』成了『越涌君』的領地。」陳治軍：〈從清華簡《越公其事》所見「甬、句東」再論「楚滅越」的時代〉，收入中國文字學會編：《中國文字學會第九屆學術年會論文集》，貴陽：貴州師範大學，2017.8.19-20 頁 54。

[139] （晉）杜預注，（唐）孔穎達正義，李學勤主編：《十三經注疏·春秋左傳正義》（北京：北京大學出版社，2000），頁 1963-1964。

[140] （三國吳）韋昭注，徐元誥集解：《國語集解》（北京：中華書局，2002），頁 561。

[141] 李學勤：〈越涌君贏將其眾以歸楚之歲考〉，《古文字研究》第 25 輯（北京：中華書局，2004），頁 312。

〔15〕夫婦言＝（三百），唯王所安，以屈畫（盡）王年。」

夫	婦	言＝	唯	王	所	安
以	屈	畫	王	年		

cbnd（20170506）：其中「屈」字整理者未作注釋。這裡的「屈」訓作「盡」，竭盡、窮盡之義。《孫子・作戰》：「攻城則力屈。」《漢書・食貨志上》：「生之有時，而用之亡度，則物力必屈。」顏師古曰：「屈，盡也。」[142]

心包（20170519）：簡74「盡」的寫法A，似乎可以為《邦人不稱》簡2「戰於津」中「津」的寫法B袪疑。A：　B：[143]

滕勝霖（201905）：「」，整理者讀作「盡」可從，竭盡義，《上博一・性情論》簡36：「用力之畫（盡）者」。《上博九・邦人不稱》簡2「」右側與此相似，整理者釋作「梁」，或可改釋作「津」，津為楚邑（今湖北枝江縣），《左傳・莊公十九年》：「楚子禦之，大敗於津。」簡文「戰於津」與昭王返郢所在地域相近。「屈盡」，同義複合詞，「屈」訓作「窮盡」。[144]

江秋貞（202007）：「屈」字在此作「屈辱、委屈」義。這是勾踐虛偽的外交辭令，委屈吳王在甬東渡過餘年。「屈盡」即「委屈地過完」。「不穀亓牾王於甬句重，夫婦言＝，唯王所安，以屈畫王年」意指「我將扶助吳王到甬東，送給您僕役三百人，讓您安居，委屈您渡過餘年。」[145]

---

[142] cbnd：〈清華七《越公其事》初讀〉，武漢網，跟帖第155樓，2017.5.6（2019.11.21上網）。魏宜輝：〈讀〈清華大學藏戰國竹簡（柒）〉札記〉，收入中國文字學會編：《中國文字學會第九屆學術年會論文集》（北京：中國文字學會，2017），頁684；又見香港浸會大學饒宗頤國學院，澳門大學中國語言文學系，清華大學出土文獻研究與保護中心：《《清華簡》國際會議論文集》（香港：香港浸會大學饒宗頤國學院、澳門：澳門大學中國語言文學系，2017），頁186。

[143] 心包：〈清華七《越公其事》初讀〉，武漢網，跟帖第179樓，2017.5.19（2019.11.21上網）。

[144] 滕勝霖：《《清華大學藏戰國竹簡（柒）》集釋及相關問題研究》（重慶：西南大學碩士論文，2019），頁411。滕勝霖：《《清華大學藏戰國竹簡（柒）》集釋》（重慶：西南師範大學出版社，2021），頁404。

[145] 江秋貞：《《清華大學藏戰國竹簡（柒）・越公其事》考釋》（臺北：臺灣師範大學博士論文，2020），頁724-725。江秋貞：《《清華大學藏戰國竹簡（柒）・越公其事》考釋》（臺北：花木蘭文化事業公司，2022），頁654-655。

佑仁謹案：

簡文「夫婦三百，唯王所安，以屈盡王年」，〈吳語〉「屈盡」作「沒」。〈吳語〉「夫婦三百」[146]，《國語全譯》翻譯成「派夫婦三百人隨從」[147]，若依此翻譯則為夫婦共三百人。此處的「夫婦」應指一對夫妻，《吳越春秋》云「勾踐憐之，使令入謂吳王曰：『吾置君於甬東，給君夫婦三百餘家，以沒王世，可乎？』」[148]可見「夫婦三百」指三百對男女，共計六百人。

《左傳·哀公二十二年》：「冬，十一月，丁卯，越滅吳，請使吳王居甬東。」[149]《史記·吳太伯世家》：「越王句踐欲遷吳王夫差於甬東，予百家居之。」《史記·越王句踐世家》：「吾置王甬東，君百家。」[150]子居認為「其言『百家』所據的材料，當是晚於《左傳》而早於《國語》，而《越公其事》言『夫婦三百』，則只會是承自《國語·吳語》末兩章。」[151]對於句踐所置侍從的數量，〈吳語〉、〈越語〉都是百家，而簡文則是三百家，只能看出各版本間的說法有異，難以據此論斷孰先孰後。

子居認為簡文的「屈」對應〈吳語〉的「沒」，而「盡」是編撰者所加。筆者認為「屈盡」應為同義複詞，「屈」和「盡」都有「窮」、「竭」等義，《老子》第五章「虛而不屈」，陸德明《釋文》：「屈，竭也。」[152]《荀子·王制》：「使國家足用而財物不屈。」楊倞《注》：「屈，竭也。」[153]《呂氏春秋·安死》：「智巧窮屈。」高誘《注》：「屈，盡也。」《呂氏春秋·慎勢》：「堯且屈力。」高誘《注》：「屈，竭也。」[154]《漢書·五行志下之下》：「而百姓屈竭。」顏師古《注》：「屈，盡也。」[155]簡文的「屈盡」指享壽到盡頭，壽終正寢之義。此外，並沒有證據能證明簡文的「盡」字是編撰者所加。

〔16〕吳王乃詗（辭）曰：「天加禕（禍）于吳邦，不才（在）毐（前）迻（後），丁（當）伇（投）孤身

吳	王	乃	詗	曰	天	加

---

[146] （三國吳）韋昭注，徐元誥集解：《國語集解》（北京：中華書局，2002），頁561。

[147] 黃永堂：《國語全譯》（貴陽：貴州人民出版社，2008），頁571。

[148] 周生春：《吳越春秋輯校彙考》（上海：上海古籍出版社，1997），頁170。

[149] （晉）杜預注，（唐）孔穎達正義，李學勤主編：《十三經注疏·春秋左傳正義》（北京：北京大學出版社，2000），頁1963-1964。

[150] （西漢）司馬遷撰，（南朝宋）裴駰集解，（唐）司馬貞索引、張守節正義：《史記》（北京：中華書局，2014），頁1781、2106。

[151] 子居：〈清華簡七《越公其事》第十、十一章解析〉，中國先秦史網站，2017.12.13（2021.5.24上網）。

[152] 朱謙之撰：《老子校釋》（北京：中華書局，1984），頁24。

[153] （清）王先謙撰，沈嘯寰、王星賢點校：《荀子集解》（北京：中華書局，1988），頁168。

[154] 許維遹撰，梁運華整理：《呂氏春秋集釋》（北京：中華書局，2009），頁226、464。

[155] （漢）班固撰，（清）王先謙補注：《漢書補注》（上海：上海古籍出版社，2008），頁2121。

吳	王	乃	詣	曰	天	加
（簡文）	（簡文）	（簡文）	（簡文）	（簡文）	（簡文）	（簡文）
禓	于	吳	邦	不	才	每

遂	丁	役	孤	身
（簡文）	（簡文）	（簡文）	（簡文）	（簡文）
遂	丁	役	孤	身

原整理者（201704）：丁役孤身，《國語·吳語》作「當孤之身」。役，供使。《左傳·襄公十一年》「季氏使其乘之人，以其役邑入者無征」，孔穎達疏：「役謂供官力役，則今之丁也。」[156]

zzusdy（20170429）：（役）這個字右邊是「投」之所從，《祝辭》簡2「投以土」之「投」所從與之同，釋讀作「當役（投）孤身」（以「殳」為聲，「殳」、「投」皆侯部，「殳」的寫法又可參《語叢一》51、67等字所從），即〈大誥〉「投艱于朕身」之「投」。[157]

林少平（20170429）：役，當讀如本字，義為「棄」。《揚子·方言》：「棄也。淮汝之閒謂之役。」「當役孤身」比「當孤之身」語意更為明確可解。[158]

王寧（20170501）：zzusdy先生在81樓和99樓（佑仁案：應為79樓、97樓）主張釋「投」，是有道理的。甲骨文的「役」，象手持鉤兵砍擊人形，即「殳」（「殊」之初文）之後起替代字，亦即誅殺之「誅」，卜辭中疑讀為病瘉之「瘉」，《合集》13658貞問「疾役（瘉）不延」、「疾役（瘉）其延」，即占卜疾病痊瘉不會要很長時間吧？疾病痊瘉會要很長時間嗎？即其意。「投」、「殳」、「誅」、「瘉」都是音近的字，故「役」讀為「投」訓「棄」可從。[159]

郭洗凡（201803）：「丁」是上古耕部端聲字，「當」是陽部端聲字，二者古音可通，因此可作「當孤之身」。[160]

吳德貞（201805）：「役」字楚簡多書作　（上博簡《容成氏》簡16），或省去「又」形作　（本篇簡28），趙平安先生認為楚簡中的　是由辵和　兩部分構成，　應理解為從又持杸之形。　，使役的意思非常明顯，疑是役的初文，辵或彳是後來加上去的表意偏旁。則　非是「役」字。[161]

王挺斌（201806）：上博簡《鄭子家喪》甲本2有字作「　」，乙本則寫作「　」，乃為「及」字，一般認為兩者屬於訛誤關係。上博簡《競建內之》9有字作「　」，整理者隸定為「伋」，讀為「隰朋」之「隰」。該字右旁與「及」

156　李學勤主編：《清華大學藏戰國竹簡（柒）》（上海：中西書局，2017），頁151。
157　zzusdy：〈清華七《越公其事》初讀〉，武漢網，跟帖第79樓，2017.4.29（2019.11.21上網）。
158　林少平：〈清華七《越公其事》初讀〉，武漢網，跟帖第80樓，2017.4.29（2019.11.21上網）。
159　王寧：〈清華七《越公其事》初讀〉，武漢網，跟帖第116樓，2017.5.1（2019.11.21上網）。
160　郭洗凡：《清華簡《越公其事》集釋》（合肥：安徽大學碩士論文，2018），頁111。
161　吳德貞：《清華簡《越公其事》集釋》（武漢：武漢大學碩士論文，2018），頁102。

略異，實可視為「伇」的訛誤。受此啟發，我們認為清華簡《越公其事》74 之「𢼳」也是「伇」的訛誤，在簡文中讀為「及」。從構形上分析，也有可能「𢼳」、「𢼳」直接就是「及」字，右上是飾筆累增的結果，整個字形寫得有點走樣。傳世古書中「禍害及身」的說法十分常見，上引清華簡《子犯子餘》13 就有「型（刑）以及于乒（厥）身」一語。「及身」很早就凝結成詞，見於《戰國策》、《孟子》等書，今已收錄在《漢語大詞典》。有時候也可以倒過來講，即「身及禍害或災難」；《漢語大詞典》直接將這類用法的「及」釋義為「遭受」。[162]

王凱博（201806）：整理者將𢼳隸定成「伇」是正確的，按字形分析的一般方法，「伇」可分析為從「人」、「殳」聲。「伇」在簡文中當表示的是古漢語中「投」這個詞。清華簡《祝辭》簡 2「𢽆」作𢽆，辭例是「乃𢽆以土」，「𢽆」整理者讀為「投」，可信。「𢽆」、「伇」與「投」皆以「殳」為聲，是同聲符通假，自無疑問。簡文「丁（當）伇（投）孤身」，《書・大誥》「大投艱于朕身」與簡文「丁（當）伇（投）孤身」亦可對比，「丁（當）伇（投）孤身」言「（天）正好投置（禍）於我身」，可見將「伇」釋讀為「投」應無問題。[163]

王寧（20180629）：「伇」的字形與甲骨文「疾漸」之「漸」形同（佑仁案：𣲖，《合集》13658 正），此亦當釋「漸」而讀為「斬」，誅殺義，吳王說的那番話意思是：天降禍給吳國，不分前後，當斬殺了我，而使吳國失去宗廟（即亡國）。最後吳王自殺而死，正應了「當斬孤身」之語。說明到了戰國時代，從卪的「斬」和從人的「漸」已經混用不別了。[164]

朱歧祥（20181201）：「天既降禍於吳國，不在前後，當孤之身。」《國語・吳語》，文獻謂老天降災禍於吳國，不在我之前，不在我之後，正好落在我一人身上。老天「降禍」，自然是由上而下，屬常見用語；簡文則改為「加禍」，「加」字屬對等施行的用語，顯然沒有用「降」字來得好。[165]

滕勝霖（201905）：「伇」，從王凱博之說（佑仁案：即 zzusdy），讀作「投」。「伇」在楚簡中多寫作「𢽆」（《上博二・容成氏》簡 3），「𢽆」（《清華壹・耆夜》簡 10）等。趙平安認為「伇」從又（手）持殳，使役義，很可能是役的初文，辵或彳是後來加上去的表意偏旁，小篆「役」所從的「殳」是「𠬝」

162 王挺斌：《戰國秦漢簡帛古書訓釋研究》（北京：清華大學博士論文，2018），頁 23。

163 王凱博：《出土文獻資料疑義探研》（長春：吉林大學博士論文，2018），頁 18-20。王凱博：〈清華簡〈越公其事〉補釋三則〉，《出土文獻》第 13 輯（上海：中西書局，2018.10），頁 133-134。

164 王寧：〈由清華簡《越公其事》的「伇」釋甲骨文的「斬」與「漸」〉，復旦網，2018.6.29（2021.6.7 上網）。

165 朱歧祥：〈談《清華簡》（七）〈越公其事〉的兩章文字校讀〉，收入紐倫堡－埃爾蘭根孔子學院、埃爾蘭根－紐倫堡大學、世界漢字學會、華東師範大學中國文字研究與應用中心、慶星大學韓國漢字研究所漢字文明研究事業團編：《世界漢字學會第六屆年會暨國際學術研討會「漢字認知工具與表意文字歷史研究」論文集》（紐倫堡：紐倫堡－埃爾蘭根孔子學院，2018），頁 42。後收入東海大學中國文學系編：《中華文化與文學學術研討系列第二十四次會議——龍宇純先生學術研討會論文集》（臺中：東海大學中國文學系，2018），頁 76。

訛變的結果。故簡文「役」應非「役」字，簡帛中「殳」「投」互通常見，如《放馬灘・日乙・陰陽鐘》簡359：「凡陰陽鐘，各殳（投）所卜大數日實數者。」《馬王堆陸・胎產書》欄24：「冶之，殳（投）酒中」。「投」，委任、託付義，「當投孤身」與《尚書・大誥》：「遺大投艱于朕身」。[166]

　　江秋貞（202007）：筆者認為「丁役孤身」就是「剛好在我這身上遭上天降下責譴」的意思，或是「剛好在我身上遭逢災禍」的意思是可以說得通的，不必把「役」釋為「投」或是「使役」之意。「吳王乃詢（辭）曰」的「詢」原考釋釋為「辭」，但無說。筆者認為「辭」應該為「推辭」。越王要將吳王送其至甬東的這個「禮遇」推辭掉。「吳王乃詢曰：『天加禍于吳邦，不才（在）前後，丁役孤身』」意指「吳王於是推辭說：『上天要降禍在吳國了，時間上不在前，也不在後，就剛好降災在我身上』」。[167]

　　季旭昇師（202012）：王文（佑仁案：指王凱博）的意見很好，「天加禍于吳邦，不在前後，丁役孤身」的意思是：「上天降禍於吳邦，不在我的前後，正好就擲棄在我身上。」「役」讀為「投」，「投」有「擲、棄」的意思。〈越公其事〉第十一章的簡文寫到越師入吳，包圍了吳王的宮殿，夫差派人求和，句踐不許，只肯把吳王流放於甬、句東，給他夫婦三百人服侍，一直到夫差死亡為止。夫差拒絕了這個條件，因此夫差會說「天加禍于吳邦，不在前後，丁役孤身」，這裡的「役」當然不會是夫差接受句踐的「役使」，釋為「投」的異體，與全篇內容較為吻合。「投」、「役」、「坄」這三個字其實是一字之異體，強調用「手」投擲就寫成「投」，強調投擲的對象是「人」就寫成「役」，強調所投出去的東西是「土」就寫成「坄」（《清華肆・祝辭》）（佑仁案：應為《清華參・祝辭》）。「役（投）」字雖然目前只見於楚簡〈越公其事〉，但此字產生的時代不會太晚，《尚書・大誥》有「大投艱于朕身」、《詩經・大雅・抑》有「投我以桃，報之以李」、《衛風・木瓜》有「投我以木瓜，報之以瓊琚」（本詩「投」字三見）、《周禮・秋官・司寇》有「以焚石投之」，除《周禮》成書的時代可能較晚外，其他三條的時代都不會太晚，雖然傳世典籍都寫成「投」，但這些「投」字在先秦被寫成「役（投）」的可能肯定是存在的。

　　「役（役）」和「役（投）」應該是一組同形字，依照漢字發展的規律，後起新出的字往往比較強勢，早期舊有的字會進行改造，以取得區別。「役（役）」和「役（投）」同形，早出見於甲骨的「役（役）」字就會避讓，左偏旁採用「辵」或「彳」（因為「役（役）」字字義的擴大，也很容易被加上「辵」或「彳」）；右偏旁，上官登（佑仁案：上官豆，《集成》04688）作「役」是把「殳」形改成

---

166 滕勝霖：《《清華大學藏戰國竹簡（柒）》集釋及相關問題研究》（重慶：西南大學碩士論文，2019），頁413。滕勝霖：《《清華大學藏戰國竹簡（柒）》集釋》（重慶：西南師範大學出版社，2021），頁405。

167 江秋貞：《《清華大學藏戰國竹簡（柒）・越公其事》考釋》（臺北：臺灣師範大學博士論文，2020），頁730-738。江秋貞：《《清華大學藏戰國竹簡（柒）・越公其事》考釋》（臺北：花木蘭文化事業公司，2022），頁660-668。

「鞭」形加「攴」形；晉系的「返」字如果也是「役」，則是把「殳」改成「攴」形並加別嫌符號；楚簡作「返」也是改成「攴」形加別嫌符號，同時也不排除有聲化的功能（从「石」聲）；秦漢文字作「役」是保留「人」旁而「殳」旁上部改為鞭形，作「後」則是採「彳」旁。因為「役（投）」後世罕用（後世多半作「投」），所以漢碑「役」字右旁又恢復「殳」旁（如曹全碑作「役」），後世承此形。

「役」是一個很有趣的字，甲骨文作「役」，顯示了「役」的本義應該是「奴役、役使」。後來詞義擴大為「行役」、「戍邊」，漸有「行動」義，加上為了與同形字「役（投）」區別，所以戰國時期或改為「辵旁」，右旁或繁化為「役」，或加別嫌符號作「退」、「返」。到了漢代，因為「役（投）」已不用，所以馬王堆的「役」字寫作「役」、「役」，作「彳」形是保留了甲骨時期的「人」旁；右上作「己」形，則保留了「殳」旁往往揉合「鞭」形或逕作「鞭」的複雜現象。漢碑多作「役」，右旁又直接作「殳」，恢復了甲骨文時期的「殳」，羅振玉〈殷虛書契考釋序〉說：「古文之真，間存今隸。」「役」字的演變，可以做為羅說的一個佐證。[168]

張新俊（202201）：《越公其事》簡中的「役」字，雖然從形體上可以看作是從「人」從「殳」的「役」字，但它與《說文》古文的「役」字應無關係。從楚文字中用作偏旁的「殳」「攴」經常可以相通來看，該字應可以看作是「攸」的異構。又從上博簡《競建內之》《鮑叔牙與隰朋之諫》中的「汲」「伋」的異文寫作從「攴」來看，「攸」當釋作「伋」，在簡文中讀作「及」。《越公其事》簡74「天加禍于吳邦，不在前後，丁及孤身」，與傳世文獻中的「禍及身」的說法相當。[169]

陳一（202203）：簡文「天加禍于吳邦，不在前後，當役孤身。」即「天降禍于吳邦……當勞孤身。」與《孟子·告子下》：「故天將降大任於是人也，必先苦其心志，勞其筋骨。」結構內容相似。原句意為「上天降禍給吳國，不在前不在後，正好使我遭受勞役。」[170]

佑仁謹案：

《越公其事》確切讀成「役」的字，如下：

[168] 季旭昇師：〈說「役」〉，收入慈濟大學、東華大學、中國文字學會主編：《第三十一屆中國文字學國際學術研討會》（花蓮：慈濟大學、東華大學、中國文字學會主編，2020），頁525-526。

[169] 張新俊：〈釋清華簡《越公其事》中的「伋（及）」〉，《出土文獻》2022 第1期（2022.1），頁61-75、156。

[170] 陳一：《清華簡（柒）》疑難字詞補釋》（天津：天津師範大學碩士論文，2022），頁112。

簡號	字形	文例
簡28		不再（稱）貣（貸）设（役）灐（幽）塗（途）沟（溝）曑（塘）之弒（攻）

「役」字可上推至「」（《合集》33263）、「」（《合集》34712）、「」（《新獲》15）[171]，劉釗釋作「役」，但認為「又」旁上半為「人」[172]，孫剛、李瑤則改釋作從「鞭」[173]。「」是最完整的寫法，從彳（表行動）、「役」亦聲。而「」、「」則是省略「役」聲的「人」旁（即役省聲）。趙平安認為右旁從「又」持「攴」，是役使之「役」的表意初文[174]，劉洪濤認為「卜」形上下的橫畫，是由上官豆「」（《集成》04688）右上的S形彎筆演變而來，就是「殳」字的異體[175]。蘇建洲認為形體較似從「石」旁[176]。孫剛、李瑤認為「役」、「役」所從的「殳」與「般」一樣，也是由「」、「」一類「鞭」字演變而來，「役」作「」（《集成》03588）及「」，屬於會意字，象揚鞭鞭人之形，「使役」、「驅使」的含義應該由此而來，「役」從「彳」即表示遠去服役，從結構上應分析為「從彳，役省聲」，《說文》將「疫」、「毇」都分析為「役省聲」，很顯然應該更正為「役省聲」[177]。

筆者認為劉洪濤指出楚簡「」一類的「役」字，即是由「」演變而來，這是有道理的，「」與「」（上博六《孔子見季桓子》簡28），是在「卜」形上方加飾筆，而「」（上博二《容成氏》簡3）則是在「卜」形下方加飾筆，（清華壹《耆夜》簡10）、「」（清華伍《厚父》簡10）、「」（清華

---

[171] 劉釗、洪颺、張新俊：《新甲骨文編（增訂本）》（福州：福建人民出版社，2014），頁186。

[172] 劉釗：〈釋甲骨文中的「役」字〉，《出土文獻與古文字研究》第6輯（上海：上海古籍出版社，2015），頁36。

[173] 孫剛、李瑤：〈釋虎□丘君戈銘文中的人名——兼談「般」「役」的構形〉，收入中國古文字研究會編：《紀念中國古文字研究會成立四十週年國際學術研討會論文集》（北京：中國古文字研究會，2018.10），又收入《古文字研究》第32輯（北京：中華書局，2018），頁317-324。

[174] 趙平安：〈說「役」〉，《語言研究》2011第3期（2011.7），頁12-14。

[175] 劉洪濤：〈釋上官登銘文的「役」字〉，復旦網，2011.2.16（2021.5.24上網）。劉洪濤：《論掌握形體特點對古文字考釋的重要性》（北京：北京大學博士論文，2012），頁224-229。

[176] 蘇建洲：〈由《耆夜》簡10「役」字看楚竹書「役」字的構形〉，《楚文字論集》（臺北：萬卷樓圖書股份公司，2011），頁428-433。

[177] 孫剛、李瑤：〈釋虎□丘君戈銘文中的人名——兼談「般」「役」的構形〉，收入中國古文字研究會編：《紀念中國古文字研究會成立四十週年國際學術研討會論文集》（北京：中國古文字研究會，2018.10），又收入《古文字研究》第32輯（北京：中華書局，2018），頁317-324。

陸《子產》簡14）與本篇簡28的「遑」，則是「卜」形上、下都各有一飾筆。《厚父》「𢓲」已省略「止」旁而剩下「彳」，到了小篆「𢓸」時代，右半已經類化成「殳」。

除了前述「役」字外，戰國文字還有一個從「人」的「伇」字，及本處的疑難字。

簡號	字形	文例
簡 74	伇	丁（當）伇（投）孤身

「伇」字作「𠂤」（商.前.6.12.4）、「𠂤」（《合集》20283），李孝定指出「从殳从人，《說文》所無。役，許訓戍邊，是其本義當為行役，故字從彳。今從人，於行役之義無涉。以文字構造之法推之，從殳從人，其本義當為朴擊。無由得有行役或戍邊之義也。雖其文與許書役之古文作『伇』者相同，似仍不能釋為『役』字」。[178]李孝定透過字形將「役」和「伇」區分開來，很有道理。西周中期的屐簋「伇」字作「𠂤」（《集成》03588），結構增添「卩」旁於左。至於《越公其事》的「伇」左半仍從「人」，右半從「殳」。

簡文「吳王乃辭曰：天加禍于吳邦，不在前後，當投孤身」，〈吳語〉作「夫差辭曰：天既降禍於吳國，不在前後，當孤之身」[179]，前三句內容大抵相同，但最後一句簡本「當投孤生」，〈吳語〉作「當孤之身」[180]，今本省略「投」字多一「之」字。

原整理者釋「伇」為「供使」，zzusdy（王凱博）認為即〈大誥〉「遺大投艱于朕身」[181]之「投」，滕勝霖從之。林少平認為「伇」讀如字，訓作「棄」。王寧前說讀為「投」訓「棄」，後說釋「𣊓」讀為「斬」，誅殺義。王挺斌認為伇可能是「伋」之訛誤。江秋貞不將「伇」釋為「投」或「使役」，據〈大誥〉「遺」字有「給」義，將「投」理解為降下災禍或遭天責譴，據此解釋簡文「伇」。

關於原整理者讀「役」的說法，季旭昇師有一段精彩的論述，他認為夫差已經婉拒句踐流放他到甬句東的建議，最後自殺了結，怎麼可能還說「當役孤身」？而且就字形來看，本篇的「役」與「伇」寫法不同，本處不應讀「役」。王寧之後說不可信，「斬」精紐談部，「伇」定紐侯部，聲韻相差很遠，不能通假。

林少平引用揚雄《方言》將「伇」訓為「棄」，《方言》：「棄也。淮汝之

[178] 李孝定：《甲骨文字集釋》，《中央研究院歷史語言研究所專刊之五十》（臺北：中央研究院歷史語言研究所，1965），頁1027。

[179] （三國吳）韋昭注，徐元誥集解：《國語集解》（北京：中華書局，2002），頁561。

[180] （三國吳）韋昭注，徐元誥集解：《國語集解》（北京：中華書局，2002），頁561。

[181] （漢）孔安國傳，（唐）孔穎達正義，李學勤主編：《十三經注疏‧尚書正義》（北京：北京大學出版社，2000），頁410。

閒謂之伇。」戴震將「伇」改為「投」字[182]。王寧在討論上博七《吳命》簡6「敊」字時，認為「敊」即「捊」讀為「摽」並且舉出古籍許多「投」訓為「棄」的例證。《小爾雅・廣言》[183]、《廣雅・釋詁一》：「投，棄也。」[184]《後漢書・陳蕃傳》：「以諫爭不合，投傳而去。」李賢《注》：「投，弃也。」[185]《春秋公羊傳・莊公十三年》云：「已盟，曹子摽劍而去之。」[186]何休《解詁》：「摽，辟也。」《集韻・平聲三・五爻》云：「抛、摽、敷、抱，棄也。」[187]《史記・刺客列傳》則作「曹沫投其匕首」[188]，「摽」訓「棄」，與「投」義同，「摽劍而去」就是「棄劍而去」。《韓詩外傳》卷二「怠慢摽棄」，趙懷玉云：「『摽棄』猶今人言『拋棄』。」[189]

筆者贊成讀「投」，「投」字大徐本《說文解字》分析為「从手从殳」[190]，段注本改成「殳聲」，並云「〈巷伯〉傳曰：『投，棄也』。」[191]「殳」、「投」都是定紐侯部，則「伇」的「殳」旁既是義符，也是聲符，「投」訓為「投棄」。

「孤身」，「我」的謙詞，〈吳語〉作「孤之身」。《越絕書・內傳陳成恒》載越王句踐云：「孤身不安床席，口不甘厚味，目不視好色，耳不聽鐘鼓者，已三年矣。」[192]《吳越春秋・夫差內傳》：「越王再拜，曰：『……孤身不安重席，口不嘗厚味，目不視美色，耳不聽雅音，既已三年矣。』……（子貢）至吳，謂吳王曰：『臣以下吏之言告於越王，越王大恐，曰：「昔者，孤身不幸，少失前人。」』」[193]兩條都是句踐自稱「孤身」的用例。

〔17〕女（焉）述（墜）逄（失）宗宙（廟）。

𢦏	𨒋	逄	宗	宙

---

[182] 參見周祖謨：《方言校箋》（北京：中華書局，1993），頁 63。

[183] 楊琳：《小爾雅今注》（上海：漢語大詞典出版社，2002），頁 114。

[184] （清）王念孫著，張其昀點校：《廣雅疏證（點校本）》（北京：中華書局，2019），上冊，頁 26。

[185] （劉宋）范曄撰，（唐）李賢等注：《後漢書》（北京：中華書局，1973），卷 66，頁 2159。

[186] （東漢）何休注，（唐）徐彥疏，李學勤主編：《十三經注疏・春秋公羊傳注疏》（北京：北京大學出版社，2000），頁 178。

[187] 趙振鐸校：《集韻校本》（上海：上海辭書出版社，2012），頁 393。

[188] （西漢）司馬遷撰，（南朝宋）裴駰集解，（唐）司馬貞索引、張守節正義：《史記》（北京：中華書局，2014），頁 3054。

[189] （漢）韓嬰撰，許維遹校釋：《韓詩外傳集釋》（北京：中華書局，1980），頁 75。相關說法可參王寧：〈釋《楚帛書・甲篇》的「降奠三天」與「捊奠四極」〉，復旦網，2018.1.27（2021.6.7 上網）。

[190] （東漢）許慎撰：《說文解字》（北京：中華書局，1978），頁 253。

[191] （東漢）許慎撰，（清）段玉裁注，李添富總校訂：《新添古音說文解字注》（臺北：洪葉文化事業公司，2016），頁 607。

[192] 李步嘉：《越絕書校釋》（北京：中華書局，2013），頁 186。

[193] 周生春：《吳越春秋輯校彙考》（上海：上海古籍出版社，1997），頁 75、78。

女	述	達	宗	窅

原整理者（201704）釋文作「述（遂）」。[194]

林少平（20170429）：《越公其事》「丁（當）役（役）孤身，焉述（遂）A（失）宗廟」。《吳語》作「當孤之身，實失宗廟社稷」。A，當讀作「達」，「焉遂達宗廟」當為設問句，其大意是「如何遂達宗廟」。《詩經·商頌·長發》：「苞有三蘖，莫遂莫達。」鄭《箋》：「無有能以德自遂達於天者，故天下歸鄉湯，九州齊一截然。」此二句比《吳語》「當孤之身，實失宗廟社稷」語意更能說明「夫差」亡國的心情。[195]

羅小虎（20170823）：焉，於是。《國語·晉語二》：「盡逐羣公子，乃立奚齊。焉始為令，國無公族焉。」述、遂相通沒有問題。遂，應該理解為「墜」，墜落，與「失」義同。上博簡九《申公遂邦》中的「遂邦」，應理解為「墜邦」。〈大禹鼎〉之「遂命」，也應理解為「墜命」。本簡文中的「焉遂失宗廟」應理解為「焉墜失宗廟」。類似的說法除了「墜厥命」之外，還有如「墜厥宗」、「墜厥緒」、「墜其國」。[196]

郭洗凡（201803）：羅小虎的觀點可從，「述」是上古物部船聲，「墜」是上古物部定聲，二者古音可通，意思可以互換。[197]

滕勝霖（201905）：「述」從「羅小虎」之說，讀作「墜」。《清華伍·厚父》簡6：「天迺弗若，迺述（墜）氒命，亡氒邦。」《清華壹·保訓》簡1：「王念日之多歷，恐述（墜）寶訓。」「墜失」，失去義，《國語·周語上》：「庶人、工、商各守其業，以共其上，猶恐其有墜失也，故為車服、旗章以旌之。」[198]

杜建婷（201906）：同篇所見「達」皆讀為「失」，於上下文義可通，此處當亦讀為「失」，「遂失宗廟」指國家被越吞沒，意與「遂失天命」類似。[199]

江秋貞（202007）：在這裡「遂失」一詞連用，古代典籍有例：《墨子·法儀》：「暴王桀、紂、幽、厲兼惡天下之百姓，率以詬天侮鬼，其賊人多，故天禍之，使 遂失 其國家，身死為僇於天下。」《墨子·非命下》：「繁為無用，暴逆百姓，遂失 其宗廟。」「焉」在此的作用是用於複合句後分句之首，承接上

[194] 李學勤主編：《清華大學藏戰國竹簡（柒）》（上海：中西書局，2017），頁150。

[195] 林少平：〈清華七《越公其事》初讀〉，武漢網，跟帖第80樓，2017.4.29（2019.11.21上網）。

[196] 羅小虎：〈清華七《越公其事》初讀〉，武漢網，跟帖第206樓，2017.8.23（2019.11.21上網）。羅濤：〈《清華大學藏戰國竹簡（七）》釋讀拾遺〉，《漢字漢語研究》，2019第4期、總第8期（2019.12），頁85。

[197] 郭洗凡：《清華簡《越公其事》集釋》（合肥：安徽大學碩士論文，2018），頁111。

[198] 滕勝霖：《《清華大學藏戰國竹簡（柒）》集釋及相關問題研究》（重慶：西南大學碩士論文，2019），頁413。滕勝霖：《《清華大學藏戰國竹簡（柒）》集釋》（重慶：西南師範大學出版社，2021），頁406。

[199] 杜建婷：《清華簡第七輯文字集釋》（廣州：中山大學碩士論文，2019），頁43。

文，表示上面說的情況下將會如何。可譯為「於是就」、「就」等。「女述達宗
富」意指「就要滅失了宗廟」。[200]

佑仁謹案：

原整理者作「述（遂）」，無說。看來是將「遂」理解為副詞「然後」、「於
是」，但前一個「焉」字已經是「乃」義，和「遂」差異不大，文義稍嫌重複。
林少平認為字當讀「達」，全句指「如何遂達宗廟」，不過他沒申論該字如何能
釋「達」，楚簡本有「達」字，且釋「達」的句意與〈吳語〉不合。筆者支持讀
成「墜失」，清華捌《治邦之道》簡23「故墜失社稷」，「墜」字寫作「𡃣（ ）」，
與本處的「 」（述）所使用的聲符都是「朮」。《尚書·酒誥》：「今惟殷墜
厥命。」孔安國《傳》：「今惟殷紂無道，墜失天命。」[201]《國語·楚語下》：
「自先王莫墜其國，當君而亡之，君之過也。」韋昭《注》：「墜，失也。」[202]

〔18〕凡吳土陞（地）民人，雩（越）公是聿（盡）既有之。

凡	吳	土	陞	民	人	雩
公	是	聿	既	有	之	

暮四郎（20170502）：「是」當讀為「寔」，通「實」，表肯定。[203]
王青（201910）：「是」當讀若「斯」，訓此。[204]

佑仁謹案：

筆者接受暮四郎之說。「以屈參（盡）王年」、「聿（盡）既有之」，兩個
「盡」的寫法不同。棗紙簡簡79作「凡吳之土陞（地）民人，邨（越）君是聿
（盡）既有之」。

---

[200] 江秋貞：《《清華大學藏戰國竹簡（柒）·越公其事》考釋》（臺北：臺灣師範大學博士論
文，2020），頁739-740。江秋貞：《《清華大學藏戰國竹簡（柒）·越公其事》考釋》（臺
北：花木蘭文化事業公司，2022），頁669。

[201] （漢）孔安國傳，（唐）孔穎達正義，李學勤主編：《十三經注疏·尚書正義》（北京：北
京大學出版社，2000），頁449。

[202] （三國吳）韋昭注，徐元誥集解：《國語集解》（北京：中華書局，2002），頁523。

[203] 暮四郎：〈清華七《越公其事》初讀〉，武漢網，跟帖第140樓，2017.5.2（2019.11.21上網）。

[204] 王青：〈清華簡《越公其事》補釋〉，收入華東師範大學歷史學系編：《出土文獻與商周社
會學術研討會會議論文集》（上海：華東師範大學歷史學系，2019），頁332。

〔19〕孤余絭（奚）面目以貝（視）于天下？

狐	余	絭	面	目	以	貝

于	天	下

趙嘉仁（20170424）：這裡的「視」字其實是應該讀為「示」的。「孤余（奚）面目（視）於天下？」的意思並不是「我何面目見於天下」，「視」用為「示」，乃「展示」之意。在早期典籍「示……天下」這樣的句式中，表示的是「把什麼拿出來、指出來讓天下看」的意思。「孤余絭（奚）面目貝（視）於天下？」就是「我把什麼面目展示於天下？」的意思。[205]

吳祺（201804）：吳王夫差自稱「孤余」。其與「余」連用，構成「孤余」同位語結構，與《管仲》及《子犯子餘》之「不穀（穀）余」亦可相參。清華簡伍《湯處於湯丘》簡 11 有一句話：「唯（雖）余孤之與上下交，豈敢以貪舉？」其中「余孤」一語亦可參看。此外，文獻中常見的「余一人」、「予一人」、「我一人」亦與上述人稱代詞的同位語結構相同。[206]

杜建婷（201906）：趙嘉仁所說可從，「視」或為「活、生存」之義，《老子》第五十九章：「是謂深根固柢，長生久視之道也。」「孤余絭（奚）面目以貝（視）于天下」即「我有何顏面存在世上？」[207]

王青（201910）：「余」可讀為餘生之「餘」。「貝」，當釋為「見」，讀若「現」。[208]

江秋貞（202007）：原考釋釋「視」，可從。趙嘉仁認為「視」讀為「示」為「展示」意，亦可從。「孤余」是同義複詞指「我」的意思。在古文不見如此用法，可能是口語的關係。「絭」在此用做虛詞，做「何也」。《說文通訓定聲》：「奚，與用何、烏、惡、安、焉皆同。」「凡吳土墬民人，寧是書既有之，孤余絭面目以貝于天下」意指「凡吳國土地及人民都是越國所有了，我還有什麼臉見天下人啊！」[209]

---

[205] 趙嘉仁：〈讀清華簡（七）散札（草稿）〉，復旦網「學術討論」，2017.4.24（2017.6.22 上網）。

[206] 吳祺：〈清華簡〈管仲〉〈越公其事〉校釋三則〉，《出土文獻》第 12 輯（上海：中西書局，2018.4），頁 178。

[207] 杜建婷：《清華簡第七輯文字集釋》（廣州：中山大學碩士論文，2019），頁 220。

[208] 王青：〈清華簡《越公其事》補釋〉，收入華東師範大學歷史學系編：《出土文獻與商周社會學術研討會會議論文集》（上海：華東師範大學歷史學系，2019），頁 332。

[209] 江秋貞：《《清華大學藏戰國竹簡（柒）·越公其事》考釋》（臺北：臺灣師範大學博士論文，2020），頁 741-742。江秋貞：《《清華大學藏戰國竹簡（柒）·越公其事》考釋》（臺北：花木蘭文化事業公司，2022），頁 671。

佑仁謹案：

趙嘉仁將本句理解成「我把什麼面目展示於天下？」將「視」讀為「示」。此解釋在文句也說得通，但〈吳語〉裡與之相應的內容作「夫差將死，使人說於子胥曰：『使死者無知，則已矣。若其有知，吾何面目以見員也！』遂自殺。」[210]夫差赴死前派人向伍子胥 告祭說自己 沒有臉見他，和簡文「視」相對應的動詞作「見」，其實簡文的「視」字也完全可以直接視為「見」字，甲骨文「見」、「視」字形雖有別，但楚簡中已有不少混淆的情況。《史記・越王句踐世家》作夫差「乃蔽其面，曰：『吾無面以見子胥也！』」[211]《越絕書・越絕外傳記吳王占夢》：「吳王曰：『聞命矣。以三寸之帛，幎吾兩目，使死者有知，吾慙見伍子胥、公孫聖，以為無知，吾恥生。』越王則解綬以幎其目，遂伏劍而死。」[212]至此，君臣被殺，吳世絕。《呂氏春秋・知化》：「夫差將死，曰：『死者如有知也，吾何面以見子胥於地下！』乃為幎以冒面而死。」[213]夫差羞愧看到伍子胥，故蒙目自刎則死後亦不能相見。可見參照史籍中的記載，將昃讀「示」訓為「展示」之說，並不理想。

簡文「孤余系（奚）面目以昃（視）于天下」，表示夫差無論是生是死，未來已無面目面對天下人。《史記・項羽本紀》載項羽曰：「縱江東父兄憐而王我，我何面目見之？」[214]即今「無顏見江東父老」典故來源。古籍中類似用法常見，例如《管子・小稱》：「（齊桓）公曰：『嗟茲乎！聖人之言長乎哉！死者無知則已，若有知，吾何面目以見仲父於地下。』乃援素幭以裹首而絕。」[215]《呂氏春秋》云：「（齊桓）公慨焉歎涕出曰：『嗟乎！聖人之所見，豈不遠哉？若死者有知，我將何面目以見仲父乎？』蒙衣袂而絕乎壽宮。」[216]《列女傳》載梁節姑姊曰：「梁國豈可戶告人曉也？被不義之名，何面目以見兄弟、國人哉！」[217]《吳越春秋・闔閭內傳》載要離曰：「夫人有三惡，以立於世，吾何面目以視天下之士？」[218]皆是其例。

棗紙簡簡 79 作「孤余可（何）或面目以昃（視）於天下？」

---

[210] （三國吳）韋昭注，徐元誥集解：《國語集解》（北京：中華書局，2002），頁 561-562。

[211] （西漢）司馬遷撰，（南朝宋）裴駰集解，（唐）司馬貞索引、張守節正義：《史記》（北京：中華書局，2014），頁 2106。

[212] 李步嘉：《越絕書校釋》（北京：中華書局，2013），頁 286。

[213] 許維遹撰，梁運華整理：《呂氏春秋集釋》（北京：中華書局，2009.9），頁 629。

[214] （西漢）司馬遷撰，（南朝宋）裴駰集解，（唐）司馬貞索引、張守節正義：《史記》（北京：中華書局，2014），頁 424。

[215] 黎翔鳳撰、梁運華整理：《管子校注》（北京：中華書局，2004），頁 609。

[216] 許維遹撰，梁運華整理：《呂氏春秋集釋》（北京：中華書局，2009），頁 407。

[217] 劉向撰、王照圓補注：《列女傳補注》（上海：華東大學出版社，2012），頁 218。

[218] 周生春：《吳越春秋輯校彙考》（上海：上海古籍出版社，1997），頁 51。

〔20〕雪（越）公亓（其）事

雪	公	亓	事

原整理者（201704）：越公其事，形式上與簡文沒有間隔，末端符號很像篇尾標志，但文義與上文不相連屬，當是概括簡文內容的篇題。[219]

魏棟（20170423）：「其」，助詞，相當於「之」，用於偏正短語之中。《尚書·康誥》：「朕其弟，小子封。」《經傳釋詞》卷五：「其，猶之也。」[220]

畢朝陽（20170423）：「其」是助詞，相當於「之」，多用於偏正結構的句子中。[221]

林少平（20170427）：「越公其事」當讀作「越公紀事」，用來記錄事情的文體。[222]

王輝（20170428）：《越公其事》篇尾最後四字「越公其事」並非篇題，而是正文內容，意思可與上文連屬，讀為「越公其使」，與《越語上》「越君其次（恣）也」意思類似。[223]

若蝶之慕（20170428）：我也曾注意到《越語》的表述，也曾懷疑整理者把「越公其事」作為篇名恐有誤。《越語》所言「越君其次也」並非「夫差」之言，而是附在篇末之語，當是後人不明其意所纂改。文中「君若」（清華簡有「君如」）之「君」都是指代「勾踐」。如是「夫差」之言，則當說「君若其次也」。[224]

若蝶之慕（20170428）：《越公其事》與《吳語》、《越語》參照對讀。《吳語》：「夫差辭曰：『天既降禍於吳國，不在前後，當孤之身，實失宗廟社稷。凡吳土地人民，越既有之矣，孤何以視於天下？』」近似度很高，也無「越公其次」一句，可佐證此句並非「夫差」之言。此外，需要注意的是，不可全然按〈吳語〉、〈越語〉釋讀。[225]

孟蓬生（20170429）：「越公其事」即「越君其次」。事，之部；次，脂部。楚簡之脂相通：郭店楚簡「管寺吾」即「管夷吾」、上博簡「匪台所思」即「匪夷所

---

[219] 李學勤主編：《清華大學藏戰國竹簡（柒）》（上海：中西書局，2017），頁151。

[220] 參清華大學出土文獻讀書會（石小力整理）：〈清華七整理報告補正〉，清華網，2017.4.23（2021.5.25 上網）。

[221] 參清華大學出土文獻讀書會（石小力整理）：〈清華七整理報告補正〉，清華網，2017.4.23（2021.5.25 上網）。

[222] 林少平：〈試說「越公其事」〉，復旦網，2017.4.27（2021.5.25 上網）。

[223] 王輝：〈說「越公其事」非篇題〉，復旦網，2017.4.28（2018.7.27 上網）。又見氏著：〈說「越公其事」非篇題及其釋讀〉，收入李學勤主編：《出土文獻》第11輯（上海：中西書局，2017），頁239。

[224] 此說見王輝：〈說「越公其事」非篇題〉，復旦網，學者評論欄第1樓，2017.4.28（2018.7.27 上網）。

[225] 此說見王輝：〈說「越公其事」非篇題〉，復旦網，學者評論欄第4樓，2017.4.28（2018.7.27 上網）。

思」、清華簡「思」作「帀」。《釋文》:「次,本亦作趑。《說文》及鄭作趀。」[226]

黃傑(20170502):贊同王先生的看法。「越公其事」仍然是吳王對越公說的話,「事」理解為本字即可,意為管理、統治(土地民人等)。上下文的意思是:「我還有什麼臉面在天下人面前丟人現眼呢?您就去統治吧。」[227]

暮四郎(20170502):「事」當理解為本字,意為從事,這裡指管理、統治(土地民人等)。上下文的意思是:「我還有什麼臉面在天下人面前丟人現眼呢?您就去統治吧。」《國語・越語上》的「越君其次也」,過去也不被作為夫差的話。現在看來,該句本來也是夫差的話,只是在其上文中夫差對句踐的稱呼都是「君」,導致此處的「越君」不像是夫差在稱呼句踐,便被作為敘述性文字了。按照孟蓬生等先生的論述,「次」、「事」音近可通。不過該句若被作為夫差的話,與其上文有所出入,所以仍其舊貌便可。[228]

林少平(20171026-28):王輝先生認為「越公其事」非篇名的說法,恐怕不可信。《國語・越語上》「越王其次也」一句,無論是從結構上,還是從語意上講,基本可以肯定它不是吳王夫差的談話內容。「越王其次也。遂滅吳。」顯然是《國語》作者所表達的內容。如此,「越公其次」,實際上,是對整篇文章的總結。從這一意義上而言,整理者定「越公其事」為篇名,屬為睿智之見。[229]

子居(20171213):《國語・吳語》中並無此句,因此《越公其事》很可能是據與《國語・越語上》末章此句類似的原始材料補入的。[230]

郭洗凡(201803):「越」一般在楚國文字中多寫作從「邑」「戉」聲。《越公其事》屬於語類文獻,裡面越王勾踐和吳王夫差他們所說的話都是標準的外交談判辭令。春秋時期國與國之間十分注重禮儀和外交辭令,語辭往往經過修飾雕琢,呈現典雅含蓄的風格。「越公其事」當讀作「越公紀事」,是用來記錄「越公」主要事蹟的。從內容上看,四字也應該屬於吳王夫差所說的話。[231]

石小力(201805):「越公其事」四字與前文連讀,無間隔,應該屬於正文,而不是篇題。「越公」一詞在簡文中出現8次,前7次皆在對話當中,此處也不應例外,故「越公其事」為吳王夫差所言,「事」當讀為「使」,意即越公你役使(我)吧,也就是任你處置的意思,而非篇題。今本「次」對應簡本「事」字,

226　此說見王輝:〈說「越公其事」非篇題〉,復旦網,學者評論欄第5樓,2017.4.29(2018.7.27上網)。又見孟蓬生:〈《清華七・越公其事》字義拾瀋〉,收入西南大學漢語言文獻研究所、四川外國語大學中國語言文學系編:《第二屆古文字與出土文獻語言研究學術研討會論文集》(重慶:西南大學漢語言文獻研究所,2017),頁217。

227　此說見王輝:〈說「越公其事」非篇題〉,復旦網,學者評論欄第7樓,2017.5.2(2018.7.27上網)。

228　暮四郎:〈清華七《越公其事》初讀〉,武漢網,跟帖第140樓,2017.5.2(2019.11.21上網)。

229　林少平:〈清華七《越公其事》初讀〉,武漢網,跟帖第190樓,2017.6.7(2019.11.21上網)。

230　子居:〈清華簡七《越公其事》第十、十一章解析〉,中國先秦史網站,2017.12.13(2021.5.24上網)。

231　郭洗凡:《清華簡《越公其事》集釋》(合肥:安徽大學碩士論文,2018),頁112。

當從簡本讀為「使」。二字應是音近通假關係，故今本「越君其次也」為夫差之語，「次」讀為「使」，意謂越王你役使（我）吧。[232]

何有祖（201808）：次，可理解作朝堂之位。《鄭文公問太伯》簡2有「白（伯）父是（實）被複（覆），不亯（穀）以能與邊（就）宋（次）」，其中的「次」，整理者引申為朝堂之位，簡文「就次」指繼嗣君位。「越君其次」之「次」可理解為（吞併吳後之）君位。其，副詞，在這裡加強祈使語氣。《左傳・隱公三年》「吾子其無廢先君之功！」「越君其次」之「次」，與「無廢先君之功」相當，也與《鄭文公問太伯》簡2「就次」相當，可知「次」在這裡用作動詞。「越君其次」指越君你就位吧。[233]

孔德超（20181102-05）：其，語助詞，這裡表示一種希望或略帶祈求的語氣。事，當讀為「辭」，「事」和「辭」均為之部字，音近可通。「辭」可訓為辭讓不受，結合前文「孤余奚面目以見于天下」來看，「越公其辭」是指夫差對越王安排所持的一種拒絕態度，此處「越公」是夫差對句踐的稱呼。無論是從上下文義，還是從簡牘帛書常見的篇題書寫位置來看，「越公其事」作為篇題很值得懷疑。[234]

王輝（20181117-18）：在戰國時期，關於越王勾踐復國的事蹟曾在社會上廣泛流傳，有種種不同的版本。後世著述摘抄或整理這些事蹟，依據其主題，各取所需，或嚴謹，或粗疏，其價值或珍貴，或較低。我以為，《越公其事》整理越王勾踐事蹟，態度有欠嚴謹，抄錄多有錯誤，是一種較差的版本，故從整體上看，此篇價值不高。[235]

朱歧祥（20181201）：「越公其事」四字的語意本不完整，與全篇簡文內容的越王攻伐吳國談不上「概括」的意思，且四字本與上文銜接，應同屬正文的內容無疑，不宜獨立的判定為所謂〈篇題〉。簡文的「越公其事」一句，其實正是

---

[232] 石小力：〈清華簡《越公其事》與《國語》合證〉，收入香港浸會大學饒宗頤國學院、澳門大學中國語言文學系、清華大學出土文獻研究與保護中心編：《《清華簡》國際會議論文集》（香港：香港浸會大學饒宗頤國學院、澳門：澳門大學中國語言文學系，2017），頁51-52。又見《文獻》2018第3期（2018.5），頁62-63。

[233] 何有祖：〈《越公其事》補釋（五則）〉，收入中山大學古文字研究所編：《文字、文獻與文明——第七屆出土文獻青年學者論壇暨國際學術研討會》（廣州：中山大學古文字研究所，2018），頁161-162。

[234] 孔德超：〈讀清華簡（柒）箚記四則〉，收入西南大學研究生院、西南大學漢語言文獻研究所編：《第八屆出土文獻研究與比較文字學全國博士生學術論壇論文集》，重慶：西南大學漢語言文獻研究所，2018.11.2-5，頁29。

[235] 王輝：〈一粟居讀簡記（十）〉，收入清華大學出土文獻研究與保護中心編：《紀念清華簡入藏暨清華大學出土文獻研究與保護中心成立十周年國際學術研討會論文集》（北京：清華大學出土文獻研究與保護中心，2018），頁376-377。

《國語・越語上》文末的「越君其次也」一句的傳抄譌誤，以「事」字取代聲音近似的「次」字，而漏書了末句「遂滅吳」三字。[236]

滕勝霖（201905）：「事」「次」二字聲紐皆為齒音，韻部之脂相通。簡文此句意為「越王您入住吳國吧。」[237]

江秋貞（202007）：本簡的「次」從上下文語境及文意的流暢（佑仁案：應為「流暢」）性來看還是釋為「使」、「恣」較為恰當，雖然吳王兵敗任由越君處置，但吳王應該還帶些不甘心之意，能對越王說出「任由發落」已經很勉強了，不可能直接請他就位，故不宜釋為「就君位」。「越公其事（使）」意即「越公，就讓你處置發落吧！」[238]

趙曉斌（202111）：棗紙簡《吳王》篇尾即第79號簡：

（上略）凡吳之土墬（地）民人，郎（越）君是妻（盡）既有之，孤余可（何）或面目以見（視）於天下？郎（越）君亓其事也。┗【79】

這個「┗」符，也見於棗紙簡《吳王》第一章與二之間、五六章之間的分隔。可見「越君其事也」五字確與前文連讀，這裡┗符表示全篇結束。筆者贊同王輝先生的意見，「越公其事」或「越君其事也」不是篇題。因此，將棗紙簡的該篇摘首句擬題為《吳王夫差起師伐越》。[239]

youren（20211116）：關於「越公其事」是否為篇題？是否為夫差之語？學者們有非常豐富的討論，可參江秋貞博士論文《《清華大學藏戰國竹簡（柒）・越公其事》考釋》的整理（頁752-754），相對位置在棗紙簡本作「越君其事也」，《越公其事》的「越公」，棗紙簡本作「越君」，句末還有語氣結尾「也」，「也」字後以「L」形符號表示結尾。透過棗紙簡本，可以斷定：「越公其事」並非篇名，亦非簡文第三稱的敘事口吻，而是夫差之語，也是全文的結尾。[240]

---

236 朱歧祥：〈談《清華簡》（七）〈越公其事〉的兩章文字校讀〉，收入紐倫堡－埃爾蘭根孔子學院、埃爾蘭根－紐倫堡大學、世界漢字學會、華東師範大學中國文字研究與應用中心、慶星大學韓國漢字研究所漢字文明研究事業團編：《世界漢字學會第六屆年會暨國際學術研討會「漢字認知工具與表意文字歷史研究」論文集》（紐倫堡：紐倫堡－埃爾蘭根孔子學院，2018），頁36。後收入東海大學中國文學系編：《中華文化與文學學術研討系列第二十四次會議——龍宇純先生學術研討會論文集》（臺中：東海大學中國文學系，2018），頁68。

237 滕勝霖：《《清華大學藏戰國竹簡（柒）》集釋及相關問題研究》（重慶：西南大學碩士論文，2019），頁415-416。滕勝霖：《《清華大學藏戰國竹簡（柒）》集釋》（重慶：西南師範大學出版社，2021），頁408。

238 江秋貞：《《清華大學藏戰國竹簡（柒）・越公其事》考釋》（臺北：臺灣師範大學博士論文，2020），頁752-754。江秋貞：《《清華大學藏戰國竹簡（柒）・越公其事》考釋》（臺北：花木蘭文化事業公司，2022），頁681-683。

239 趙曉斌：〈荊州棗紙簡《吳王夫差起師伐越》與清華簡《越公其事》〉，《清華戰國楚簡國際學術研討會論文集》（北京：清華大學出土文獻研究與保護中心，2021），頁9。

240 youren：〈清華七《越公其事》初讀〉，武漢網，跟帖第233樓，2021.11.16（2022.3.4上網）。

佑仁謹案：

關於「越公其事」是否為篇題乙事，學界有不同看法，茲整理如下：

1　是篇題

　　（1）原整理者：文義與上文不相連屬，應是篇題。

　　（2）林少平：《國語・越語上》「越王其次也」一句，無論是從結構
　　　　上，還是從語意上講，基本可以肯定它不是吳王夫差的談話內容。是
　　　　對整篇文章的總結。

2　非篇題

　　（1）王輝：本句意思可與前文連讀，屬正文，不是篇題。簡文的「越
　　　　公」都是夫差之語，本處不應例外。

　　（2）若蝶之慕：整理者把「越公其事」作為篇名恐有誤，簡文和〈吳
　　　　語〉內容相似度很高，但〈吳語〉並無「越公其次」一句，可見此句
　　　　並非「夫差」之言。

　　（3）子居認為《國語・吳語》中並無此句，因此《越公其事》很可能是
　　　　據與《國語・越語上》末章此句類似的原始材料補入的。

　　（4）黃傑：「越公其事」是吳王對越公說的話，「事」的意思是管理、
　　　　統治。暮四郎從之。

　　（5）石小力：從形制和稱謂看，「越公其事」為吳王夫差所言，「事」
　　　　當讀為「使」，意即越公你役使（我）吧，也就是任你處置的意思。

　　（6）朱歧祥：「越公其事」四字的語意本不完整，與全篇簡文內容的
　　　　越王攻伐吳國談不上「概括」的意思，且四字本與上文銜接，應同屬
　　　　正文的內容無疑，不宜獨立的判定為所謂「篇題」。

　　（7）趙曉斌參照棗紙簡，主章不是篇題。

上述諸說之外，孟蓬生、郭洗凡、何有祖、孔德超也認為「越公其事」應非篇題。
透過上述整理可知，多數學者主張「越公其事」四字應是正文內容，並非篇題。
楚簡篇題一般多寫於簡背，「越公其事」四字位於第11章最末，與其餘10章一樣，
均有結尾符號。此外，本篇的「越公」均是吳王夫差對句踐的稱呼，在敘事觀點
中則使用「越王」、「越王句踐」、「王」、「句踐」。「越公其事」在棗紙簡
簡79則作「邚（越）君亓（其）事也」，「事」字後還有語助詞「也」。綜合上
述判斷，「越公其事」非篇題乃定論。

　　其次問題是，「越公其事」放在句中該如何理解？簡文「孤余奚面目以視于
天下？越公其事」二句，〈越語上〉作「余何面目以視於天下乎！越君其次也」
[241]，關鍵字基本一致，主要差別是簡本的「事」在〈越語上〉作「次」。孟蓬生

---

[241]　（三國吳）韋昭注，徐元誥集解：《國語集解》（北京：中華書局，2002），頁573。

已指出清華陸《鄭文公問太伯》甲篇簡8「桑宋（次）」，乙篇簡7作「桑事」，「次」清紐脂部、「宋」清紐錫部、「事」從紐之部，音近可通。[242]筆者認為〈越語上〉「次」應依簡本讀成「事」，指吳國土地與人民均屬句踐所有，就盡聽越公役使吧。

「越公其事」的「事」應讀如字，指役使。《廣韻・志韻》：「事，使也。」[243]《國語・魯語下》：「大夫有貳車，備承事也。」韋昭《注》：「事，使也。」[244]《史記・淮陰侯列傳》：「王必欲長王漢中，無所事（韓）信。」裴駰《集解》引張晏曰：「無事用（韓）信。」[245]《史記・傅靳蒯成列傳》：「（靳亭）坐事國人過律。」司馬貞《索隱》引劉氏云：「事，役使也。謂使人違律數多也。」[246]《漢書・高帝紀下》：「令吏卒從軍至平城及守城邑者皆復終身勿事。」[247]可參。

《左傳・哀公二十二年》：「冬，十一月，丁卯，越滅吳，請使吳王居甬東。辭曰：『孤老矣，焉能事君？』乃縊。越人以歸。」[248]據《左傳》記載夫差最後選擇自縊了結生命。

一覽表 5.《越公其事》所涉史事一覽表

西元《左傳》	越吳紀年	戰役名	勝敗關係	說明
前544年襄公29年	—餘祭4年	—	—	《左傳・襄公二十九年》：「吳人伐越，獲俘焉，以為閽，使守舟。吳子餘祭觀舟，閽以刀弒之。」此為《左傳》中吳國伐越的首次記載。

---

[242] 此說見王輝：〈說「越公其事」非篇題〉，復旦網，學者評論欄第 5 樓，2017.4.29（2018.7.27 上網）。

[243] 周祖謨：《廣韻校本》（北京：中華書局，2011），頁 360。

[244] （三國吳）韋昭注，徐元誥集解：《國語集解》（北京：中華書局，2002），頁 187。

[245] （西漢）司馬遷撰，（南朝宋）裴駰集解，（唐）司馬貞索引、張守節正義：《史記》（北京：中華書局，2014），頁 3167-3168。

[246] （西漢）司馬遷撰，（南朝宋）裴駰集解，（唐）司馬貞索引、張守節正義：《史記》（北京：中華書局，2014），頁 3284。

[247] （東漢）班固撰，（清）王先謙補注：《漢書補注》（上海：上海古籍出版社，2008），頁 100。

[248] （晉）杜預注，（唐）孔穎達正義，李學勤主編：《十三經注疏・春秋左傳正義》（北京：北京大學出版社，2000），頁 1963-1964。

前519年 昭公23年	－ 吳王僚8年	雞父之戰	吳王僚（勝） 楚平王（敗）	伍之雞通過修築「雞父之洰」，擊潰楚國聯軍，占領州來。 「雞父」見第二章注釋11。
前510年 昭公32年	－ 闔盧5年	－	－	《左傳》：「夏，吳伐越，始用師於越也。」 吳國開始大規模向越國用兵。
前506年 定公4年	－ 闔盧9年	柏舉之戰	闔盧（勝） 楚昭王（敗）	吳國聯軍發動柏舉之戰，攻破楚國郢都，楚昭王逃往隨國。闔盧破郢之事見第二章注釋10。
前497年 定公13年	允常（紀年不詳） 闔盧18年	－	－	允常過世，句踐即位。
前496年 定公14年	句踐元年 闔盧19年	檇李之戰	句踐（勝） 闔盧（敗）	闔盧趁越國新喪而伐越，敗北，並被越將靈姑斬斷一隻腳拇趾，因傷死於檇李附近的陘。 夫差即位。
前494年 哀公元年	句踐3年 夫差2年	夫椒之戰	夫差（勝） 句踐（敗）	句踐敗逃會稽山，即《越公其事》開頭之時代背景。
前491年 哀公4年	句踐6年 夫差5年	－	－	據《越公其事》句踐開始施行「五政」。
前482年 哀公13年	句踐15年 夫差14年	姑蘇之戰	句踐（勝） 夫差（敗）	夫差率精兵北上參與黃池會盟。句踐攻破吳都，焚燒姑蘇臺，俘虜太子友。吳越平。此為夫椒戰敗後，句踐首次進攻吳國。
前478年	句踐19年	笠澤之戰		越軍在囿、沒、郊三

哀公17年	夫差18年			戰三勝，相關史事參簡文第十章。
前475年 哀公20年	句踐22年 夫差21年	圍吳		越圍吳共計三年。圍吳之事見第十一章注釋1。
前473年 哀公22年	句踐24年 夫差23年	滅吳		11月，丁卯，越滅吳。相關史事參簡文第十一章。

伍　結語

　　清華柒《越公其事》在 2017 年 4 月正式公布，它是一篇戰國中期偏晚的楚簡，部分字詞寫法受三晉風格影響，原整理者認為共 75 簡[1]，全篇分為十一章，三道編聯。本書對於《越公其事》全篇進行通釋，共計 279 條注釋，每條注釋詳細說明該句的隸定、訓讀、編聯、歷史、時代等意見。

一　《越公其事》的研究價值與貢獻

（一）文本對讀

　　《越公其事》首尾兩章與《國語》〈吳語〉、〈越語〉有很多類似的段落，透過對讀研究，很容易就能糾正古籍的錯誤，例如石小力透過簡文「秉利」一詞，指出〈吳語〉的「委制」是誤字。又利用簡文「不穀其牲（將）王於甬句東」的「將」，糾正〈吳語〉、〈越語〉「達」為誤字[2]，均能充分說明簡文在文本對讀上的價值與貢獻。

（二）新出史料的發現

　　《越公其事》分成十一章，情節綿密、環環相扣，是研究吳越爭霸史事的絕佳材料，尤其句踐的復國是以施行「五政」為基礎，對於「五政」的內容與步驟，

1　《越公其事》依原整理者的意見共有 75 簡，然其簡背並無序號，故全篇實際有多少簡，不容易推測。陳劍將簡 36 拆成上下，並將 36 上、簡 18、簡 34 綴合為一簡，若此則全篇簡數應少一簡，共計 74 簡。不過，筆者認為透過裹紙簡版本，可以知道從第五章「夫婦皆耕」（簡 35、36 上）到「人還越百里」（簡 18），中間還殘了一大段文字（依據裹紙簡本約殘 37 字），以簡 35 全簡共 31 字來作依據，除非清華簡《越公其事》版本能把 37 字內容濃縮（或減省）成 9 個字左右（簡 36 上與簡 18 中間約存有 9 字補字空間），否則【簡 36 上】與【簡 18＋34】更可能是各自獨立的兩支簡，所殘的實際內容超過一支簡的長度。亦即【簡 36 上】與【簡 18＋34】也可能是兩枚簡。若此，則簡數還是維持在 75 簡，相關問題可參第五章注釋 26。陳劍：〈《越公其事》殘簡 18 的位置及相關的簡序調整問題〉，復旦網，2017.5.14（2023.5.4 上網）。
2　石小力：〈清華簡《越公其事》與《國語》合證〉，收入香港浸會大學饒宗頤國學院、澳門大學中國語言文學系、清華大學出土文獻研究與保護中心編：《〈清華簡〉國際會議論文集》（香港：香港浸會大學饒宗頤國學院、澳門：澳門大學中國語言文學系，2017.10.26-28，頁 49。又見《文獻》2018 第 3 期（2018.5），頁 61。

《越公其事》有極為詳細的論述，可以彌補史料的不足。

另一方面，部分史事雖已見於古籍，但敘事卻與《越公其事》稍有出入。依據《國語‧吳語》，代表越國前往請成的是諸稽郢，但在《越公其事》則由文種負責。句踐與夫差談和後，是否有進行盟誓？《國語‧吳語》云：「吳王乃許之，荒成不盟。」[3]《戰國策》則云：「吳人果聽其辭，與成而不盟，此攻其心者也。」[4]二書均認為並無盟誓。但《越公其事》簡 25 則說「使者返命越王，乃盟，男女服，師乃還。」兩國簽訂盟誓後吳國才退兵，可見敘事內容有所不同。

又例如相傳句踐兵敗後曾前往吳國服勞役，《吳越春秋‧勾踐入臣外傳》云：「身為傭隸，妻為僕妾，往而不返，客死敵國。」[5]王引之也認為「句踐宦吳三年而反」[6]，一般史籍也多是這麼記載[7]。但從《越公其事》第三章末尾說「乃盟，男女服，師乃還」（簡 25）來看，兩國盟會，越國臣服吳國，軍隊就歸國，第四章開頭說「吳人既襲越邦，越王句踐將惎復吳」，句踐便開始對伐吳作準備，第三章末、第四章開頭均無句踐前往吳國的敘述。那麼，句踐兵敗前往吳國為奴隸之說，可能是後人為了增加戲劇張力，踵事增華的產物，抑或是源自不同版本的記錄，故對史事記載有所出入。

（三）古文字研究的突破

《越公其事》為楚國書手所寫，字形又偶爾顯露晉系文字的樣貌，對於戰國文字研究有莫大助益，甚至可以糾正過去學者的誤釋。例如侯馬盟書裡主盟者頭號政敵之一的「趙![字]」（195：1），「![字]」為該人之名，過去有釋作「趙尼」、「趙化」、「趙北」、「趙弧」、「趙佤」等諸說，莫衷一是。《越公其事》第五章簡 35 有「![字]」字，應隸定為「𨒃」，讀為「遠邇」之「邇」，則侯馬盟書「趙尼」之名完全可以藉以落實下來[8]（參第五章注釋 20）。新出材料總能為古文字研究帶來前所未有的突破，這就是個很典型的例子。

[3] （三國吳）韋昭注，徐元誥集解：《國語集解》（北京：中華書局，2002），頁 538、540。

[4] （東漢）劉向：《戰國策》（上海：上海古籍出版社，1985），頁 1012。

[5] 周生春：《吳越春秋輯校彙考》（上海：上海古籍出版社，1997），頁 114。

[6] （清）王引之撰，中國訓詁學研究會主編：《經義述聞》（南京：江蘇古籍出版社，1985），頁 522。

[7] 參孟文鏞：《越國史稿》（北京：中國社會科學出版社，2010），頁 220。

[8] 石小力：〈據清華簡（柒）補證舊說四則〉，清華網，2017.4.23（2018.6.28 上網）。又收入《簡帛語言文字研究》第 9 輯（成都：巴蜀書社，2017.11），頁 12-24。程燕：〈清華七箚記三則〉，武漢網，2017.4.26（2021.5.4 上網）。程燕：〈清華七札記三則〉，《中國文字學報》第 9 輯（北京：商務印書館，2018），頁 88-89。

（四）政治辭令的展現

　　《越公其事》第一章敘述文種在戰敗後前往吳國遊說，希望吳國能留越國一條生路。第三章則是夫差接受請成，將吳越紛爭推給無良的邊人，合理化自己侵伐越國的行為。第一、三兩章都是高度政治語言的展現，第一章裡文種用「繼燎」來譬喻越國政權的延續，以「齊膝同心」形容越國君臣無不向夫差屈服，使得敘事生動有力。第三章更是精彩絕倫，夫差說吳越兩國長期的互相攻伐，使得兩國人民在山林幽冥被豺狼啃食，並非夫差主動侵擾，而是邊人不願轉達善意，他才冒著兵刃匍匐到句踐面前聽命。他佔領越國是害怕無良的僕御會惡意縱火，因此好心為越國守護宗廟。夫差的說詞，極盡渲染誇飾之能事，寥寥數語，就將夫差善辯與短視的形象烘托得淋漓盡致。

　　《越公其事》有大量的政治語言，人物形象的刻畫清晰生動。句踐的以身作則，文種的足智多謀，伍子胥的苦口勸諫，夫差的剛愎自用，無不令人留下深刻印象，相信《越公其事》未來絕對是吳越爭霸故事非常重要的取資材料。

（五）人物形象的烘托

　　《越公其事》文筆生動、敘事精彩，就文學欣賞的角度來看，《越公其事》是一篇絕妙的史傳散文。全文以句踐滅吳為主題，句踐自然是全文的主角，其個性在簡文中有較為完整的呈現，即小說理論中的「圓形人物」[9]。例如越國大敗以後，他「不咎不忌，不戮不罰；蔑棄怨罪，不稱民惡」，展現寬容大度，將戰敗的過錯一肩扛起。但等到國家逐漸步入軌道，他開始實施威權統治，訂定「五政」，不服從者一概戮（肉刑）殺（死刑），使人民「無敢叛命」。句踐珍惜生命，具有人道關懷，夫差戰敗後，他以「民生不仍」（人生不重來）、「民生地上，寓也，其與幾何？」（人生短暫）等理由，希望夫差不要了結生命，他願送夫差至甬句東，給予夫婦三百家，供夫差安度餘生。但同時他也視人命如草芥，「到」在第六章出現兩次，指砍頭，「戮」在第九章出現五次，均指肉刑，可知越國刑罰之重。又例如第十章中，句踐為了測試國民是否都臣服統治，偷偷焚燒舟室，又令國人前往救火，遂導致「死者三百人」，結果「王大喜」，句踐為了滅吳，冷酷且無情。其次，句踐做事果決、勤於政事、自為表率、有勇有謀等面向，簡文中均展露無遺。

　　除主角句踐外，登場人物還有越國謀臣文種（見第 1 章）、吳王夫差（見第 2、3、11 章）、吳國謀臣伍子胥（第 2 章）三人，他們的形象比較單一、片面，

9　（英）Edward Morgan Forster 撰、蘇炳文譯：《小說面面觀》（廣東：花城出版社，1984），頁 67-68。

屬於小說理論中的「扁型人物」[10]。《越公其事》作者運用生花妙筆，三言兩語就讓人物形象躍然紙上，例如大夫種（文種）面對吳王不卑不亢，並動之以情、脅之以威，成功達成句踐交付的使命，讓越國得以苟存。反觀申胥（伍子胥）即便開門見山就對夫差說：「王其勿許！」（您不要許諾與越國談和），一針見血點出問題：「今越公其胡有帶甲八千以敦刃偕死？」（剛經歷大敗的越國，哪裡來的八千名死士？）可惜夫差心意已決，伍子胥無力可回天。

　　以「成王敗寇」的歷史觀來看，夫差在《越公其事》注定是個悲劇人物。他不顧申胥的反對，執意與越國談和，坐失先機，最後不願苟活於世，自我了結生命，成為悲劇英雄。

二　研究困境

（一）隸定

　　《越公其事》絕大多數的隸定都已無疑義，只有極少數尚待討論者，例如第三章「為豺狼食於山林藘（幽）芒（莽）」的「藘」，有學者解成從艸、幽聲，也有學者認為所謂的「艸」頭，實為「茲」旁上端的絲緒。（參第三章注釋 8）從「茲」的「幽」在西周晚期〈馭簋〉確實出現過，但是這種寫法畢竟是少數。戰國楚簡所見的「幽」（包括《越公其事》在內的兩個「藘」字）幾乎都從「丝」，而不從「茲」，尤其這段話裡的「山林藘（幽）芒（莽）」四字均與草木之意有密切聯繫。綜合判斷，筆者仍比較傾向將該字理解為從艸、幽聲，是否正確，仍有待學界的檢視。

（二）訓讀

　　相對於隸定，訓讀所遺留下的難題非常多，如簡 1 開頭的「赶跩（登）」，就文義來看，當指句踐敗逃會稽之事，但「赶」的釋讀仍有諸多疑義。（參考第一章注釋 2）簡 3「戟（敦）力鈠鎗（槍）」的「鈠」應該是「鈠（殳）」的誤字，還是當據「鈠」尋求合理釋讀？（參考第一章注釋 13）

　　「趣」在《越公其事》裡共見十一例，均讀「趣」，但各文例訓讀不一，有解釋成「前往」、「趨向」、「取」、「趨使」、「快速」等用法，頗為複雜。第五章簡 34「陵㒥陵稼」一句，棗紙簡作「陵阰陵阩」，「㒥」、「稼」該如何與「阰」、「阩」

10　（英）Edward Morgan Forster 撰、蘇炳文譯：《小說面面觀》（廣東：花城出版社，1984），頁59-67。

疏通？第五章簡 32「誾顉足見」，應是對農夫外貌的形容，學界的訓解意見非常分歧，筆者讀為「黎頂足繭」，是否可信也有待檢驗。第七章簡 47 的「又（有）龔戲」具體又是什麼意思？（參考第七章注釋 20），以上疑難字詞本書都有提供個人的觀點，是否適當仍有待未來的研究。

（三）補字問題

《越公其事》部分段落存在殘損情況，比較嚴重者例如簡 1、2、18、34、38、69、70、71、72、73 等處，而《越公其事》首章與第十一章的情節又見於《左傳》及《國語・吳語》，因此學界對殘損段落提出非常多補字方案。後來，趙曉斌於棗林鋪造紙廠 M46 的戰國楚墓發現一批楚簡，其中一篇內容可與清華簡《越公其事》對讀，趙曉斌改名為《吳王夫差起師伐越》[11]。對照趙曉斌所公布的釋文來看，學界依據《左傳》或《國語・吳語》所提出的擬補方案，與簡文實際內容有很大的出入，這說明在有限的線索中，要為殘損的段落進行補字，是極其困難的事。

（四）竹簡的時代侷限

北京大學曾對清華簡無字殘片標本進行 AMS 碳 14 年代測定，判定竹簡的時代約為西元前 305±30 年，相當於「戰國中期偏晚」[12]，這是利用科學儀器所得出的寫定時間，至於《越公其事》的文本可以上溯到何時？這個問題很難回答。如果以北京大學所推估的竹簡寫定時間（西元前 305 年）為基準，清華簡書手在抄寫《越公其事》時，距離夫差亡國（西元前 473 年，魯哀公 22 年）已有 168 年之久。《越公其事》只是先秦眾多吳越史料之一，它雖是戰國楚人的第一手材料，

---

[11] 趙曉斌：〈荊州棗紙簡《吳王夫差起師伐越》與清華簡《越公其事》〉，收入清華大學出土文獻研究與保護中心編：《清華戰國楚簡國際學術研討會論文集》（北京：清華大學，2021），頁 6-11。

[12] 李學勤指出「2008 年 12 月，我們委託北京大學加速器質譜實驗室、第四紀年代測定實驗室，對這批簡中的無字殘片標本進行了 AMS 碳 14 年代測定，經樹輪校正的數據為西元前 305 正負 30 年，即相當戰國中晚期之際，與上述專家的時代判斷一致。」趙平安指出：「2008 年 10 月 14 日，由 11 位專家組成的鑒定組得出結論：竹簡的年代為戰國中晚期。為了印證這一論斷，2008 年底，北京大學加速器質譜實驗室、第四紀年代測定實驗室，對這批簡中的無字殘片標本進行了 AMS 碳 14 年代測定，經樹輪矯正後，得到的資料為西元前 305 加減 30 年，即戰國中晚期之際。」參李學勤：〈清華簡整理工作的第一年〉，《清華大學學報（哲學社會版）》，2009 第 5 期（2009.9），頁 6。趙平安：〈談談戰國文字中值得注意的一些現象——以清華簡〈厚父〉為例〉，第一屆漢字漢語文化國際學術研討會，美國：奧克拉荷馬大學，2014.8.15-17，後收入《出土文獻與古文字研究》第 6 輯（上海：上海古籍出版社，2015.2），頁 303 注 2。

但這不代表所記均為客觀史實，例如「句踐是否前往服侍夫差？」、「吳越談和後是否有盟誓？」等歷史公案，都無法以《越公其事》一錘定音，這是竹簡本身的侷限。

三　未來展望

（一）棗紙簡

依據荊州博物館趙曉斌的透露，棗紙簡《吳王夫差起師伐越》能與清華柒《越公其事》對讀，二者是同一本文獻。由趙曉斌所公布的部分釋文來看，《越公其事》殘損比較嚴重的段落，例如開頭 1、2 簡或第五章簡 18「人還越百里」等段落，均能夠利用新出棗紙簡補足，這無疑是令人非常欣喜的消息。而末尾的「越公其事」是正文而非篇名的問題，也因棗紙簡的出現渙然冰釋。一些疑難字詞亦可利用棗紙簡的異文寫法，出現新的突破口。值得留意的是，棗紙簡《吳王夫差起師伐越》和《越公其事》雖是同一篇文獻，但敘事並非百分百完全相同，例如句踐為試民而焚燒舟宮，國人為了救火，死亡三百人，《越公其事》說「王大喜」，句踐顯得冷血而無情，棗紙簡則改作「死者千人，王大戚，哭泣若主三」，不只死亡人數更多，句踐的情緒也有一百八十度的轉變，「王大戚」比較符合仁君的形象（參第十章注釋 7）。我們期待棗紙簡正式出版，相信它將為《越公其事》相關研究推向另一座高峰。

（二）其他新出材料

近年來古文字材料大量湧現，清華簡、安大簡各輯資料也陸續出版，新出材料不斷提升古文字學界對於戰國文字的認識。例如第十章簡 68 提到句踐嫻熟地駕馭水軍，讓吳軍陣腳大亂，結果「疋戰疋北」，而這句話《國語・吳語》就直接寫成「三戰三北」，起初學界曾對「疋」提出不少通假可能，例如讀成「旋」、「且」、「數」等說。石小力指出當時未公布的《清華簡（捌）・成人》篇裡，「疋」字兩見，文例都作數詞「三」使用，可見「疋」的地位就等同「三」，「三戰三北」與《國語・吳語》記載吻合。「三」（心紐、侵部）、「疋」（心紐、魚部）聲紐一致，「魚」、「侵」也偶有通假例證，由於過去沒有出現「三」、「疋」聲系相通的情況，因此忽略讀「三」的可能性，從《越公其事》、《成人》的用例來看，「三」、「疋」通假沒有疑義（參第十章注釋 31）。又如 第四章簡 28「王並無好修於民三工之坾（緒）」的「坾」，早先有讀為「渚」、「築」、「旅」、「渚」、「緒」、「署」、「瘏」

等各種說法，直到清華拾《四告》簡 20、37 再次出現它的蹤跡，學界才恍然大悟此字應該讀成「緒」訓為「事」，並糾正嬭加編鐘、叔尸鎛、曾侯與編鐘中的「堵」，均應為「睹」的誤釋[13]（參第四章注釋 10）。

　　利用新出材料廓清過去的疑難問題，這樣的例子在古文字領域可謂俯拾即是。未來我們將 持續關注新出資料，期待能讓懸而未決的難題能迎刃而解。

---

[13] 陳民鎮：〈嬭加編鐘銘「帥禹之睹」解〉，清華網，2019.8.7（2023.4.1 上網）。

陸　寬式釋文

為便利非研究者取資，本處列出寬式釋文。

第一章

吳王夫差起師伐越，遂克越邦，越王句踐失邦赶登於會稽之山，乃使大夫種行成於吳師曰：「寡【一】☑不天，上帝降【二】威僭於越邦，不在前後，當孤之世。

吾君天王，以身被甲冑，敦飭𠬝槍，挾彊秉枹，振鳴【三】鐸鼓以親辱於寡人之敝邑。寡人不忍君之武，勵兵甲之威，播棄宗廟，赶在會稽。寡人【四】有帶甲八千，有旬之糧。君如為惠，徼天地之福，毋絕越邦之命于天下，亦使句踐繼燎【五】於越邦。

孤其率越庶姓，齊膝同心，以臣事吳，男女服。四方諸侯豈有敢不賓于吳邦？君【六】如曰：『余其必滅絕越邦之命于天下，勿使句踐繼蔡於越邦矣。』君乃陳吳甲□□，□□【七】旃旌，王親鼓之，以觀句踐之以此八千人俱死也。」【八】

第二章

　　吳王聞越使之柔以剛也，思道路之修險，乃懼，告申胥曰：「孤其許之成。」申胥曰：「王其勿許！【九】天不仍賜吳於越邦之利。且彼既大北於平原，以潰去其邦，君臣、父子其未相得，今越【一〇】公其胡有帶八千以敦刃偕死？」

　　吳王曰：「大夫其良圖此！昔吾先王闔盧所以克入郢邦【一一】，唯彼雞父之遠荊，天賜衰于吳，右我先王。荊師走，吾先王邇之走，遠夫勇殘，吾先【一二】王用克入于郢。今我道路修險，天命反側，豈庸可知自得？吾始踐越地以至于今，凡吳之【一三】善士將中半死矣。今彼新去其邦而　毒　，毋乃豕鬥，吾惡乎取八千人以會彼死？」申胥乃【一四】懼，許諾。

第三章

　　吳王乃出，親見使者曰：「君越公不命使人而大夫親辱，孤敢脫罪於大夫？【一五下】孤所得罪，無良邊人稱發怨惡，交鬥吳越，使吾二邑之父兄子弟朝夕殘然，為豺【一六】狼食於山林幽冥。孤疾痛之，以民生之不長而自不終其命，用使徒遽趣聽命，於

【一七】今三年，無克有定。孤用願見越公，余棄惡周好，以徼求上下吉祥。

孤用率我一二子弟【一九】以奔告於邊。邊人為不道，又抗禦寡人之辭，不使達迄，麗甲纓冑，敦齊兵刃以捍禦【二〇】寡人。孤用委命重臣，犯冒兵刃，匍匐就君，余聽命於門。君不尚親有寡人，抑荒棄孤，【二一】背去宗廟，陟棲於會稽。孤又恐無良僕御施火於越邦，孤用入守於宗廟，以須【二二】使人。今大夫儼然銜君王之音，賜孤以好曰：『余其與吳播棄怨惡于海瀕江湖。夫婦交【二三】接，皆為同生，齊勢同力，以禦仇讎。』孤之願也，孤敢不許諾，恣志於越公！」使者反命【二四】，越王乃盟，男女服，師乃還。【二五】

第四章

吳人既襲越邦，越王句踐將恭復吳。既建宗廟，修社位，乃大薦攻，以祈民之寧。王作【二六】安邦，乃因司襲常。王乃不咎不忌，不戮不罰；蔑棄怨罪，不稱民惡；總經遊民，不【二七】稱貸，役幽途溝塘之工。王並無好修于民三工之緒，使民暇自相，農

功得時，邦乃暇【二八】安，民乃蕃滋。至于三年，越王句踐焉始作紀五政之律。【二九】

第五章

王惠邦遊民三年，乃作五政。五政之初，王好農功。王親自耕，有私穫。王親涉溝塘幽途，日省農【三〇】事以勸勉農夫。越庶民百姓乃稱囂悚懼曰：「王其有嬰疾？」

王聞之，乃以熟食、脂醢、【三一】脯膴多從。其見農夫老、弱、勤、罷者，王必飲食之。其見農夫黎頂足繭，顏色順比而將【三二】耕者，王亦飲食之。其見有察、有司及王左右，先告王訓而將耕者，王必與之坐食。【三三】

凡王左右大臣乃莫不耕，人有私穫。舉越庶民，乃夫婦皆耕，至于邊縣小大遠邇，亦夫【三五】婦皆耕☒【三六上】☒人還越百里【一八】得于越邦，陵陸陵稼，水則為稻，乃無有閒草皆起為田。【三四】越邦乃大多食。【三六下】

第六章

　　越邦備農多食，王乃好信，乃修市政。凡群度之不度，群采物之不真，豫婾諒人則剄也。【三七】凡豫而價賈焉，則詰誅之。凡市賈爭訟，反背欺詒，察之而孚，則詰誅之。因其貨以為【三八】之罰。凡邊縣之民及有官師之人或告于王廷，曰：「初日政物若某，今政重，弗果。」凡此物也，【三九】王必親見而聽之，察之而信，其在邑司事及官師之人則廢也。

　　凡城邑之司事及官師之【四〇】人，乃無敢增貿其徵以為獻於王。凡有獄訟至于王廷，曰：「昔日與己言云，今不若其言。」凡此類【四一】也，王必親聽之，稽之而信，乃毋有貴賤，剄也。凡越庶民交接、言語、貨資、市賈，乃無敢反背欺詒。【四二】越則無獄，王則柬柬，唯信是趣，及于左右，舉越邦乃皆好信。【四三】

第七章

　　越邦服信，王乃好徵人。王乃趣使人察省城市邊縣小大遠邇之勾、落，王則必視，唯勾、落是察省，【四四】問之于左右。王既

察知之，乃命上會，王必親聽之。其匀者，王見其執事人則怡豫喜也。不可以笑笑也，則必飲食賜予之。其落者，王見其執事人，則顰蹙不豫，弗予飲食。

王既必聽之，乃品【四六】野會，三品交于王府，三品年讀扑毆，由賢由毀。有選切，有賞罰，善人則由，慴民則附。是以【四七】勸民，是以收賓，是以匀邑。王則唯匀、落是趣，及于左右。舉越邦乃皆好徵人，方和于其地。東【四八】夷、西夷、古蔑、句吳四方之民，乃皆聞越地之多食、政薄而好信，乃波往歸之，越地乃大多人。【四九】

第八章

越邦皆服徵人，多人，王乃好兵。凡五兵之利，王日玩之，居諸左右；凡金革之攻，王日論省【五〇】其事，以問五兵之利。王乃歸使人省問群大臣及邊縣城市之多兵、無兵者，王則必視。唯多【五一】兵、無兵者是察，問于左右。舉越邦至于邊縣城市乃皆好兵甲，越邦乃大多兵。【五二】

第九章

越邦多兵，王乃整民、修令、審刑，乃出恭敬王孫之志，以授大夫種，則賞穀之；乃出不恭不敬【五三】王孫之志，以授范蠡，則戮殺之。乃趣徇于王宮，亦趣取戮。王乃大徇命于邦，時徇是命，及群【五四】禁御，及凡庶姓、凡民司事。爵位之次舍、服飾、群物品采之愆于故常，及風音、誦詩、歌謠【五五】之非越常律，夷讙蠻吳，乃趣取戮。

王乃趣至于溝塘之功，乃趣取戮于後至後成。王乃趣【五六】設戍于東夷、西夷，乃趣取戮于後至不恭。王有失命，可復弗復，不使命疑，王則自罰，小失命【五七】禁食，大失剅墨，以勵萬民。越邦庶民則皆震動，明畏句踐，無敢不敬。徇命若命，禁御莫【五八】叛，民乃整齊。【五九上】

第十章

王監越邦之既敬，無敢叛命，王乃試民。乃竊焚舟室，鼓命邦人【五九下】救火。舉邦走火，進者莫退，王懼，鼓而退之，死者三百人。王大喜，焉始絕吳之行李，毋有往【六〇】來以徼之訛。

乃屬邦政於大夫種，乃命范蠡、舌庸大歷越民，比卒勒兵，乃抽王卒君子六千。

王【六一】卒既備，舟乘既成，吳師未起，越王句踐乃命邊人聚怨，變亂私成，挑起怨惡，邊人乃【六二】相攻也，吳師乃起，吳王起師，軍於江北。越王起師，軍於江南。越王乃中分其師以為左【六三】軍、右軍，以其私卒君子六千以為中軍。若明日將舟戰於江。

及昏，乃命左軍銜枚溯江五【六四】里以須，亦命右軍銜枚渝江五里以須，夜中，乃命左軍、右軍涉江，鳴鼓，中水以墾。【六五】吳師乃大駭，曰：「雩越人分為二師，涉江將以夾攻我師」，乃不墾旦，乃中分其師，將以禦之。【六六】越王句踐乃以其私卒六千竊涉，不鼓不噪以侵攻之，大亂吳師。左軍、右軍乃遂涉攻之。【六七】吳師乃大北，三戰三北，乃至於吳。越師乃因軍吳，吳人闇奴乃納越越師，越師乃遂襲吳。【六八】

第十一章

□□□□□襲吳邦，圍王宮。吳王乃懼，行成，曰：「昔不穀先秉利於越，越公告孤請成，男女【六九】

□□□□□□□□□□□□不祥，余不敢絕祀，許越公成，以至于今。今吳邦不天，得罪於越【七〇】公，越公以親辱於寡人之敝邑。孤請成，男女服。」句踐弗許，曰：「昔天以越邦賜吳，吳弗受。今天以吳邦【七一】賜越，句踐敢不聽天之命而聽君之令乎？」

句踐不許吳成，乃使人告於吳王曰：「天以吳土賜越，句【七二】踐不敢弗受。毆民生不仍，王其毋死。民生地上，寓也，其與幾何？不穀其將王於甬句東，夫婦【七三】三百，唯王所安，以屈盡王年。」吳王乃辭曰：「天加禍于吳邦，不在前後，當投孤身。焉遂失宗廟【七四】。凡吳土地民人，越公是盡既有之，孤余奚面目以視于天下？越公其事。」【七五】

參考書目

古籍

1. （春秋）左丘明傳、（晉）杜預集解：《春秋左傳集解》（上海：上海人民出版社，1977）。
2. （春秋）孫武撰、（東漢）曹操等注、楊丙安校理：《十一家注孫子校理》（北京：中華書局，1999）。
3. （戰國）孟子著、（東漢）趙岐注、（北宋）孫奭疏、李學勤主編：《十三經注疏・孟子正義》（北京：北京大學出版社，1999）。
4. （戰國）荀況著、王天海校釋：《荀子校釋》（修訂本）（上海：上海古籍出版社，2016.10）。
5. （漢）孔安國傳、（唐）孔穎達正義、李學勤主編：《十三經注疏・尚書正義》（北京：北京大學出版社，2000）。
6. （漢）毛公傳、（漢）鄭玄箋、（唐）孔穎達等正義、李學勤主編：《十三經注疏・毛詩正義》（北京：北京大學出版社，1999）。
7. （漢）史游：《急就篇》（上海：商務印書館，1936）。
8. （漢）司馬遷撰、（宋）裴駰集解、（唐）司馬貞索引、（唐）張守節正義：《史記》（北京：中華書局，2014）。
9. （漢）揚雄撰、晉郭璞注：《方言》（北京：中華書局，2016）。
10. （漢）賈誼撰、彭昊、趙勖校點：《賈誼集》（長沙：岳麓書社，2010）。
11. （漢）賈誼撰、閻振益、鍾夏校注：《新書校注》（北京：中華書局，2000）。
12. （漢）劉向：《戰國策》（上海：上海古籍出版社，1985）。
13. （漢）劉向撰、王瑛、王天海譯注：《說苑》（臺北：臺灣古籍出版社，1996）。
14. （漢）劉向撰、向宗魯校證：《說苑校證》（北京：中華書局，1987）。
15. （漢）劉向撰、王照圓補注：《列女傳補注》（上海：華東大學出版社，2012）。
16. （漢）劉向編著、石光瑛校釋、陳新整理：《新序校釋》（北京：中華書局，2017）。
17. （漢）韓嬰撰、許維遹校釋：《韓詩外傳集釋》（北京：中華書局，1980）。

18. （漢）王符撰、（清）汪繼培箋、彭鐸校正：《潛夫論箋校正》（北京：中華書局，1985）。
19. （漢）王逸章句、（南宋）洪興祖補注、朱熹集注：《楚辭章句補注·楚辭集注》（長沙：嶽麓書社，2013）。
20. （漢）何休注、（唐）徐彥疏、李學勤主編：《十三經注疏·春秋公羊傳注疏》（北京：北京大學出版社，2000）。
21. （漢）宋衷注、（清）孫馮翼集：《世本》（北京：中華書局，1985）。
22. （漢）班固、（清）王先謙：《漢書補注》（上海：上海古籍出版社，2008）。
23. （漢）荀悅、（東晉）袁宏：《兩漢紀》（北京：北京大學出版社，2017）。
24. （漢）荀悅、黃省曾注：《申鑑》（上海：上海古籍出版社，1990）。
25. （漢）許慎、（清）段玉裁注、李添富總校訂：《新添古音說文解字注》（臺北：洪葉文化事業公司，2016）。
26. （漢）許慎、（宋）徐鉉校：《說文解字》（北京：北京大學出版社，1963）。
27. （漢）許慎：《說文解字》（北京：中華書局，1978）。
28. （漢）虞翻著、（清）李翊灼注、鄭同校：《周易虞氏義箋訂》（北京：九州出版社，2014）。
29. （漢）趙岐注，（宋）孫奭疏，李學勤主編：《十三經注疏·孟子注疏》（北京：北京大學出版社，2000）。
30. （漢）劉熙：《釋名》（北京：中華書局，2016）。
31. （漢）鄭玄注，（唐）賈公彥疏，李學勤主編：《十三經注疏·周禮注疏》（北京：北京大學出版社，2000）。
32. （漢）鄭玄注，（唐）賈公彥疏，李學勤主編：《十三經注疏·儀禮注疏》（北京：北京大學出版社，2000）。
33. （漢）鄭玄注，（唐）孔穎達疏，李學勤主編：《十三經注疏·禮記正義》（北京：北京大學出版社，2000）。
34. （三國吳）韋昭注、徐元誥集解：《國語集解》（北京：中華書局，2002）。
35. （三國魏）王弼注，（唐）孔穎達正義，李學勤主編：《十三經注疏·周易正義》（北京：北京大學出版社，2000）。
36. （三國魏）王弼注、樓宇烈校釋：《老子道德經注校釋》（北京：中華書局，2018）。
37. （三國魏）何晏集解、（宋）邢昺疏、李學勤主編：《十三經注疏·論語注疏》（北京：北京大學出版社，2000）。

38. （晉）干寶、（南朝宋）陶潛撰、李劍國輯校：《搜神記輯校・搜神後記輯校》（北京：中華書局，2019）。

39. （晉）杜預注、（唐）孔穎達正義、李學勤主編：《十三經注疏・春秋左傳正義》（北京：北京大學出版社，2000）。

40. （晉）杜預撰、徐淵整理：《春秋釋例》（北京：中國社會科學出版社，2021）。

41. （晉）范寧注、（唐）楊士勛疏、李學勤主編：《十三經注疏・春秋穀梁傳注疏》（北京：北京大學出版社，2000）。

42. （晉）郭璞注、（宋）邢昺疏、李學勤主編：《十三經注疏・爾雅注疏》（北京：北京大學出版社，2000）。

43. （晉）郭璞撰、張宗祥校錄：《足本山海經圖贊》（上海：古典文學出版社，1958）。

44. （晉）陶潛著、龔斌校箋：《陶淵明集校箋》（上海：上海古籍出版社，2018）。

45. （西晉）陳壽撰、（南朝宋）裴松之注：《三國志》（香港：中華書局香港分局，1971）。

46. （劉宋）范曄撰、（唐）李賢等注：《後漢書》（北京：中華書局，1973）。

47. （南朝梁）劉勰著、范文瀾注：《文心雕龍注》（北京：人民文學出版社，2014）。

48. （南朝梁）蕭統編、（唐）李善等注：《六臣注文選》（北京：中華書局，2012）。

49. （南朝梁）顧野王：《玉篇殘卷》（上海：上海古籍出版社，2002）。

50. （南朝梁）顧野王：《宋本玉篇》（北京：中國書店，1983）。

51. （南朝梁）顧野王撰、（唐）孫強增字、（宋）陳彭年等重修：《宋本玉篇》（北京：中國書店，1983）。

52. （南朝陳）徐陵編、（清）吳兆宜注：《玉臺新詠箋注》（北京：中華書局，1999）。

53. （北魏）酈道元著、（清）王先謙校：《水經注》（成都：巴蜀書社，1985）。

54. （唐）王冰注、（宋）林億等校正、（宋）孫兆改誤：《重廣補注黃帝內經素問》（北京：學苑出版社，2009，嘉靖二十九年顧從德影宋刻本）。

55. （唐）房玄齡等：《晉書》（北京：中華書局，2012）。

56. （唐）殷敬順撰、陳景元補遺：《冲虛至德真經釋文》（臺北：商務印書館，1973）。

57. （唐）陸德明撰、張一弓點校：《經典釋文》（上海：上海古籍出版社，2012）。

58. （唐）韓愈著、閻琦校注：《韓昌黎文集注釋》（西安：三秦出版社，2004）。

59. （宋）毛晃增注、毛居正重增：《增修互注禮部韻略》，收入（清）永瑢、紀昀等編纂：《文淵閣四庫全書》（臺北：商務印書館，1986）。

60. （宋）司馬光等：《類篇》（北京：中華書局，1984）。

61. （宋）司馬光編著、（元）胡三省音注：《資治通鑑》（北京：中華書局，1976）。

62. （宋）朱熹：《詩集傳》（北京：中華書局，2011）。

63. （宋）朱熹：《楚辭集注》（上海：華東師範大學出版社，2016）。

64. （宋）朱熹：《四書章句集注》（北京：中華書局，1983）。

65. （宋）洪興祖撰、黃靈庚點校：《楚辭補注》（北京：中華書局，2007）。

66. （宋）胡安國：《春秋胡氏傳》（杭州：浙江古籍出版社，2010）。

67. （宋）徐鍇：《說文解字繫傳》（北京：中華書局，1987）。

68. （宋）徐鍇：《說文繫傳》（臺北：華文書局，1975）。

69. （宋）郭忠恕：《汗簡》（北京：中華書局，2010）。

70. （宋）郭茂倩：《樂府詩集》（北京：中華書局，2017）。

71. （宋）黃公紹、熊忠著、甯忌浮整理：《古今韻會舉要》（北京：中華書局，2000）。

72. （宋）歐陽修：《歐陽修全集》（北京：中華書局，2001）。

73. （宋）蔡沈：《書集傳》（北京：中華書局，2018）。

74. （宋）鄭樵撰：《通志》，收入（清）清高宗敕纂：《摛藻堂四庫全書薈要》（臺北：世界書局，1985）。

75. （明）梅膺祚：《字彙》（臺北：世界書局，2018，埽葉山房藏版），卯卷。

76. （清）王先慎撰、鍾哲點校：《韓非子集解》（北京：中華書局，2013）。

77. （清）王先謙：《莊子集解》（北京：中華書局，1987）。

78. （清）王先謙撰：《荀子集解》（北京：中華書局，1988）。

79. （清）王念孫著、張其昀點校：《廣雅疏證（點校本）》（北京：中華書局，2019）。

80. （清）王念孫撰、徐煒君等校點：《讀書雜志》（上海：上海古籍出版社，2015.7）。

81. （清）王筠：《說文釋例》（北京：中華書局，1987.12 影印道光三十年刻本）。

82. （清）朱駿聲：《說文通訓定聲》（北京：中華書局，2016）。

83. （清）吳昌瑩：《經傳衍釋》（北京：中華書局，1983）。

84. （清）孫詒讓撰：《周禮正義》（北京：中華書局，1987）。
85. （清）孫詒讓撰：《墨子閒詁》（北京：中華書局，2001）。
86. （清）徐乾學等編：《嘉慶重修一統志》（臺北：商務印書館，1934，上海涵芬樓景印清史館藏進呈寫本）。
87. （清）郝懿行撰：《爾雅義疏》（北京：中華書局，2017）。
88. （清）張玉書、陳廷敬主編：《康熙字典》，收入李學勤主編：《中華漢語工具書書庫》第9冊（合肥：安徽教育出版社，2002）。
89. （清）陳立撰、吳則虞點校：《白虎通疏證》（北京：中華書局，1994）。
90. （清）劉淇著、章錫琛校注：《助字辨略》（北京：中華書局，1983）。
91. （清）戴震：《戴震集》（上海：上海古籍出版社，2009）。
92. （清）嚴可均輯：《全上古三代秦漢三國六朝文》第3冊（上海：上海古籍出版社，2009，據民國十九年影印清光緒二十年黃岡王氏刻本影印）。
93. （清）顧炎武著、陳垣校注：《日知錄校注》（合肥：安徽大學出版社，2007）。
94. （清）顧祖禹撰：《讀史方輿紀要》（北京：中華書局，2005）。
95. （清）顧棟高：《春秋大事表》（北京：中華書局，1993）。
96. （清）王引之：《經義述聞》（上海：上海古籍出版社，2018）。
97. （民國）紹興縣志資料委員會輯：《紹興縣志資料》第1輯（臺北：成文出版公司，1983）。

專著

1. 滕壬生：《楚系簡帛文字編》（增訂本）（武漢：湖北教育出版社，2008）。
2. 魏慈德：《新出楚簡中的楚國語料與史料》（臺北：五南圖書公司，2014）。
3. 宗福邦、陳世鐃、蕭海波主編：《故訓匯纂》（北京：商務印書館，2007.9）。
4. 劉釗：《書馨集》（上海：上海古籍出版社，2013）。
5. 劉釗：《郭店楚簡校釋》（福州：福建人民出版社，2005）。
6. 陳昭容：《古文字與古代史》第一輯，（臺北：中央研究院歷史語言研究所，2007.9）。
7. 張覺：《吳越春秋校證注疏》：（北京：知識產權出版社，2013.11）。
8. 劉釗：《新甲骨文編》（增訂本）（福州：福建人民出版社，2014.12）。

9. 蕭春源總監：《珍秦齋藏金‧吳越三晉篇》（澳門：澳門基金會，2008）。

10. 何志華、朱國藩、鄭麗娟合編：《《韓非子》詞彙資料彙編》（香港：香港中文大學出版社，2014）。

11. 許宏：《先秦城邑考古》（北京：金城出版社，2017）。

12. 李學勤主編，沈建華、賈連翔編：《清華大學藏戰國竹簡（壹－參）文字編》（上海，中西書局，2014.5）。

13. 銀雀山漢墓竹簡整理小組：《銀雀山漢墓竹簡〔貳〕》（北京：文物出版社，2010）。

14. 郭沫若：《中國古代社會研究》（北京：商務印書館，2011.12）。

15. 黃懷信、孔德立、周海生：《大戴禮記彙校集解》（西安：三秦出版社，2004）。

16. 黃懷信、張懋鎔、田旭東：《逸周書彙校集注》（上海：上海古籍出版社，2007）。

17. 曾憲通、陳偉武：《出土戰國文獻字詞集釋》（北京：中華書局，2018）。

18. 陳夢家：《西周年代考‧六國紀年》（北京：中華書局，2007）。

19. 張新俊、張勝波：《新蔡葛陵楚簡文字編》（成都：巴蜀書社，2008）。

20. 夏大兆：《商代文字字形表》（上海：上海古籍出版社，2017）。

21. 高佑仁：《清華伍書類文獻研究》（臺北：萬卷樓圖書股份公司，2018.4）。

22. 張覺：《吳越春秋全譯》（貴陽：貴州人民出版社，1994）。

23. 許維遹撰，梁運華整理：《呂氏春秋集釋》（北京：中華書局，2009）。

24. 張光裕、黃錫全、滕王生主編：《曾侯乙墓竹簡文字編》（臺北：藝文印書館，1997）。

25. 林義光：《文源》（上海：中西書局，2012）。

26. 李學勤主編：《字源》（天津：天津古籍出版社，2012）。

27. 季旭昇師：《說文新證》（臺北：藝文印書館，2014）。

28. 中國社會科學院考古研究所編輯：《甲骨文編》〈北京：中華書局，1965）。

29. 丁四新：《楚竹簡與漢帛書《周易》校注》（上海：上海古籍出版社，2011.4）。

30. 于省吾：《甲骨文字詁林》（北京：中華書局，1996）。

31. 山西省文物工作委員會：《侯馬盟書》（北京：文物出版社，1976）。

32. 中國人民大學主辦：《「出土文獻與中國古代文明」學術研討會論文集》（北京：中國人民大學，2015.6.6-7）。

33. 方向東：《大戴禮記彙校集解》（北京：中華書局，2008.7）。

34. 方傑：《越國文化》（上海：上海社會科學院出版社，1998）。

35. 王力主編：《古代漢語》（校訂重排本）（北京：中華書局，2007.1），第一冊。

36. 王天海：《穆天子傳譯注・燕丹子譯注》（上海：上海古籍出版社，2018）。

37. 王利器：《文子疏證》（北京：中華書局，2000）。

38. 王利器：《顏氏家訓集解》（增補本）（北京：中華書局，1996）。

39. 王利器：《鹽鐵論校注》（北京：中華書局，1992）。

40. 王叔岷：《古籍虛字廣義》（北京：中華書局，2007）。

41. 王國軒、王秀梅譯注：《孔子家語》（北京：中華書局，2018）。

42. 王輝：《古文字通假字典》（北京：中華書局，2008.2）。

43. 王輝：《秦文字編》（北京：中華書局，2015）。

44. 王蘊智：《甲骨文可釋字形總表》（鄭州：河南美術出版社：2017.12.01）。

45. 古文字詁林編纂委員會：《古文字詁林》（上海：上海教育出版社，1999）。

46. 田艷霞：《漢代女性研究》（鄭州：河南人民出版社，2013）。

47. 白於藍：《簡帛古書通假字大系》（福州：福建人民出版社，2012.5）。

48. 石雲濤：《早期中西交通與交流史稿》（北京：學苑出版社，2003）。

49. 吉林大學古文字研究室編：《于省吾教授百年誕辰紀念文集》（長春：吉林大學出版社，1996）。

50. 安徽大學漢字發展與應用研究中心：《安徽大學藏戰國竹簡（二）》（上海：中西書局，2022）。

51. 朱歧祥：《甲骨文詞譜》（臺北：里仁書局，2013.12）。

52. 朱德熙：《朱德熙古文字論集》（北京：中華書局，1995.2）。

53. 朱謙之：《老子校釋》（北京：中華書局，1984）。

54. 何琳儀：《戰國古文字典》（北京：中華書局，1998）。

55. 何寧：《淮南子集釋》（北京：中華書局，1998）。

56. 吳良寶：《中國東周時期金屬貨幣研究》（北京：社科文獻出版社，2005）。

57. 吳良寶：《先秦貨幣文編》（福州：福建人民出版社，2006）。

58. 吳則虞：《晏子春秋集釋》（北京：中華書局，1982）。

59. 吳毓江撰、孫啟治點校：《墨子校注》（北京：中華書局，1993）。

60. 李守奎、曲冰、孫偉龍編：《上海博物館藏戰國楚竹書（一～五）文字編》（北京：作家出版社，2007）。

61. 李守奎、肖攀：《清華簡《繫年》文字考釋與構形研究》（上海：中西書局，2015）。

62. 李孝定：《甲骨文字集釋》（臺北：中央研究院史語所，1977）。

63. 李步嘉：《越絕書校釋》（北京：中華書局，2013）。

64. 李宗焜：《甲骨文字編》（北京：中華書局，2012）。

65. 李勉：《管子今注今譯》（臺北：臺灣商務印書館，1988）。

66. 李學勤：《初識清華簡》（上海：中西書局，2013.6）。

67. 周生春：《吳越春秋輯校彙考》（上海：上海古籍出版社，1997）。

68. 周法高《金文詁林》（香港：香港中文大學出版社，1975），第9卷。

69. 周波：《戰國時代各系文字間的用字差異現象研究》（北京：線裝書局，2012.）。

70. 周祖謨：《方言校箋》（北京：中華書局，1993）。

71. 周祖謨：《廣韻校本》（北京：中華書局，2011）。

72. 孟文鏞：《越國史稿》（北京：中國社會科學出版社，2010）。

73. 季旭昇師、高佑仁：《上海博物館藏戰國楚竹書（九）讀本》（臺北：萬卷樓圖書股份公司，2017.5）。

74. 季旭昇師：《《上海博物館藏戰國楚竹書（一）》讀本》（臺北：萬卷樓圖書股份公司，2004.7）。

75. 屈萬里：《尚書集釋》（上海：中西書局，2014）

76. 林沄：《商史三題》（臺北：中研院史語所，2018）。

77. 俞志慧：《《國語》韋昭注辨正》（北京：中華書局，2009）。

78. 唐蘭：《西周青銅器銘文分代史徵》（上海：上海古籍出版社，2016）。

79. 唐蘭：《唐蘭先生金文論集》（北京：紫禁城出版社，1995.10）。

80. 唐蘭：《殷虛文字記》（上海：上海古籍出版社，2016.12）。

81. 徐元誥：《國語集解》（北京：中華書局，2002）。

82. 徐正考：《漢代銅器銘文研究》（吉林教育出版社，1999）。

83. 徐在國、程燕、張振謙：《戰國文字字形表》（上海：上海古籍出版社，2017.9）。

84. 徐在國：《上博楚簡文字聲系（一～八）》（合肥：安徽大學出版社，2013.12）。

85. 徐在國：《上博藏戰國楚竹書字匯》（合肥：安徽大學出版社，2012.10）。

86. 徐谷甫、王延林：《古陶字彙》（上海：上海書店，1994）。

87. 徐剛：《訓詁方法論》（北京：北京大學出版社，2015）。

88. 徐時儀校注：《一切經音義三種校本合刊》（上海：上海古籍出版社，2012）。

89. 徐幹撰、孫啟治：《中論解詁》（北京：中華書局，2014）。

90. 徐龍國：《秦漢城邑考古學研究》（北京：中國社會科學出版杜，2013.5）。

91. 殷寄明：《漢語同源詞大典》（上海：復旦大學出版社，2018）。
92. 袁瑩：《戰國文字形體混同現象研究》（上海：中西書局，2019）。
93. 馬敘倫：《說文解字六書疏證》（上海：上海書局，1985.4），卷 17。
94. 高亨、董治安編纂：《古字通假會典》（濟南：齊魯書社，1997）。
95. 高亨注：《周易大傳今注》（北京：清華大學出版社，2004）。
96. 高亨注：《詩經今注》（北京：清華大學出版社，2004）。
97. 高明：《中國古文字學通論》（北京：北京大學出版，2008.6）。
98. 高明：《帛書老子校注》（北京：中華書局，1996）。
99. 張世超：《金文形義通解》（京都：中文出版社，1996）。
100. 張玉金：《甲骨文虛詞辭典》（北京：中華書局，1994）。
101. 張守中：《中山王𪒠器文字編》（北京：中華書局，1981）。
102. 張亞初：《商周古文字源流疏證》，中華書局，2014.9。
103. 張金玉：《出土戰國文獻虛詞研究》（北京：人民出版社，2011）。
104. 張振謙：《齊魯文字編》（北京：學苑出版社，2014）。
105. 曹錦炎：《古璽通論》（修訂本）（浙江：浙江大學出版社，2017）。
106. 清華大學出土文獻與保護研究中心編：《清華大學藏戰國竹簡（壹）》（上海：中西書局，2010.12）。
107. 清華大學出土文獻與保護研究中心編：《清華大學藏戰國竹簡（貳）》（上海：中西書局 2011）。
108. 清華大學出土文獻與保護研究中心編：《清華大學藏戰國竹簡（叁）》（上海：中西書局，2012.12）。
109. 清華大學出土文獻與保護研究中心編：《清華大學藏戰國竹簡（陸）》（上海：中西書局，2016.4）。
110. 清華大學出土文獻與保護研究中心編：《清華大學藏戰國竹簡（柒）》（上海：中西書局，2017）。
111. 清華大學出土文獻與保護研究中心編：《清華大學藏戰國竹簡（捌）》（上海：中西書局，2018）。
112. 清華大學出土文獻與保護研究中心編：《清華大學藏戰國竹簡（玖）》（上海：中西書局，2019）。
113. 章太炎講授，朱希祖、錢玄同、周樹人記錄：《章太炎說文解字授課筆記》（北京：中華書局，2008）。
114. 許進雄：《新編進階甲骨文字典》（新北：字畝文化出版，2020.3）。
115. 郭慶藩撰、王孝魚點校：《莊子集釋》（北京：中華書局，2018）。
116. 陳奇猷：《呂氏春秋新校釋》（上海：上海古籍出版社，2002）。
117. 陳桐生譯注：《國語》（北京：中華書局，2013）。
118. 陳偉：《秦簡牘合集・釋文注釋修訂本》第一輯，（武漢：武漢大學出版社，2016.3）。

119. 陳偉：《秦簡牘合集：睡虎地秦墓簡牘》（武漢：武漢大學出版社，2016）。

120. 陳偉：《郭店竹書別釋》（武漢：湖北教育出版社，2002）。

121. 陳偉：《楚「東國」地理研究》（武漢：武漢大學出版社，1992）。

122. 陳偉：《楚地出土戰國簡冊〔十四種〕》（北京：經濟科學出版社，2009）。

123. 陳新雄師：《古音研究》（臺北：五南出版社，2000）。

124. 陳劍：《甲骨金文考釋論集》（北京：線裝書局，2007）。

125. 陳劍：《戰國竹書論集》（上海：上海古籍出版社，2013.12）。

126. 陳曦：《吳子、司馬法》（北京：中華書局，2018）。

127. 單育辰：《楚地戰國簡帛與傳世文獻對讀之研究》（北京：中華書局，2014.5）。

128. 單曉偉：《秦文字字形表》（上海：上海古籍出版社，2017）。

129. 喻遂生：《文字學教程》（北京：北京大學出版社，2014）。

130. 曾憲通：《曾憲通學術文集》（汕頭：汕頭大學出版社，2002）。

131. 湖北省文物考古研究所、北京大學中文系編：《九店竹簡》（北京：中華書局，2000）。

132. 湯志彪：《三晉文字編》（北京：作家出版社，2013）。

133. 湯餘惠：《戰國文字編》（福州：福建人民出版社，2001）。

134. 湯餘惠：《戰國銘文選》（長春：吉林人民出版社，1993）。

135. 黃永堂：《國語全譯》（貴陽：貴州人民出版社，1995）。

136. 黃惠賢、陳鋒主編：《中國俸祿制度史》（修訂版），（武漢：武漢大學出版社，2012.5）。

137. 黃暉：《論衡校釋》（北京：中華書局，1990）。

138. 黃德寬：《古文字譜系疏證》（北京：商務印書館，2007）。

139. 黃德寬：《古代漢語》（北京：高等教育出版社，2015.4）。

140. 黃靈庚：《楚辭章句疏證》（增訂版），（北京：中華書局，2018）。

141. 愛·摩·福斯特撰、蘇炳文譯：《小說面面觀》（廣東：花城出版社，1984）。

142. 楊伯峻：《列子集釋》（北京：中華書局，2013）。

143. 楊伯峻：《春秋左傳注》（北京：中華書局，2016）。

144. 楊琳：《小爾雅今注》（上海：漢語大詞典出版社，2002）。

145. 楊寬：《西周史》（上海：上海人民出版社，2003）。

146. 楊樹達：《詞詮》（北京：中華書局，1978）。

147. 楊樹達：《積微居金文說》（增訂本）（北京：中華書局，1997）。

148. 董珊：《吳越題銘研究》（北京：科學出版社，2014）。

149. 董蓮池：《新金文編》（北京：作家出版社，2011）。

150. 董蓮池：《說文解字考正》（北京：作家出版社，2005.1）。

151. 裘錫圭：《文字學概要》（修訂本）（北京：商務印書館，2013）。

152. 裘錫圭：《古文字論集》（北京：中華書局，1992）。

153. 裘錫圭：《裘錫圭學術文集・簡牘帛書卷》（第二卷）（上海：復旦大學出版社，2012.6）。

154. 裘錫圭：《裘錫圭學術文集・金文及其他古文字卷》（第三卷）（上海：復旦大學出版社，2012.6）。

155. 裘錫圭：《裘錫圭學術文集・語言文字與古文獻卷》（第四卷）（上海：復旦大學出版社，2012.6）。

156. 裘錫圭主編：《長沙馬王堆漢墓簡帛集成》（北京：中華書局，2014）。

157. 鄔國義、胡果文、李曉路：《國語譯注》（上海：上海古籍出版社，2017）。

158. 雷黎明：《戰國楚簡字義通釋》（上海：上海古籍出版社，2020）。

159. 廖名春：《新出楚簡試論》（臺北：臺灣古籍出版公司，2001.5）。

160. 漢語大詞典編輯委員會、漢語大詞典編纂處：《漢語大辭典》第 5 冊（上海：上海辭書出版社，1986）。

161. 睡虎地秦墓竹簡整理小組編：《睡虎地秦墓竹簡》（北京：文物出版社，1990）。

162. 趙振鐸校：《集韻校本》（上海：上海辭書出版社，2012）。

163. 趙誠：《二十世紀甲骨文研究述要》（上），（太原：書海出版社，2006）。

164. 劉玉環：《秦漢簡帛訛字研究》（北京：中國書籍出版社，2013）。

165. 劉信芳：《包山楚簡解詁》（臺北：藝文印書館，2003）。

166. 劉釗、洪颺、張新俊：《新甲骨文編》（增訂本）（福州：福建人民出版社，2014）。

167. 劉國忠：《走近清華簡》（北京：高等教育出版社，2011.4）。

168. 劉嬌：《言公與剿說——從出土簡帛古籍看西漢以前古籍中相同或類似內容重複出現現象》，復旦大學出土文獻與古文字研究中心博士論文叢刊（第一輯），（北京：線裝書局，2013）。

169. 蔣禮鴻：《商君書錐指》（北京：中華書局，1986）。

170. 諸祖耿：《戰國策集注彙考》（增補本）（南京：鳳凰出版社，2008）。

171. 鄭邦宏：《出土文獻與古書形近訛誤字校訂》（上海：中西書局，2019.11.）。

172. 黎翔鳳：《管子校注》（北京：中華書局，2004）。

173. 盧弼：《三國志集解》（北京：中華書局，1982）。

174. 羅福頤：《古璽文編》（北京：文物出版社，1981.10）。

175. 譚其驤：《中國歷史地圖集》（北京：中國地圖出版社，1996）。

176. 蘇建洲、吳雯雯、賴怡璇：《清華二〈繫年〉集解》（臺北：萬卷樓圖書股份公司，2013.12）。

177. 蘇穎譯注：《黃帝內經・靈樞譯注》（黑龍江：黑龍江人民出版社，2004）。

178. 蘇輿撰，鍾哲點校：《春秋繁露義證》（北京：中華書局，1992）。

179. 鍾兆華：《尉繚子校注》（河南中州書畫社，1982）。

單篇論文（含網路論文）

1. 大西克也：〈清華柒・越公其事「坳塗溝塘」考〉，收入成功大學中文系編：《第三十屆中國文字學國際學術研討會論文集》（臺南：成功大學，2019）。

2. 子居：〈清華簡七《越公其事》第十、十一章解析〉，中國先秦史網站，2017.12.13（2021.5.17 上網）。

3. 子居：〈清華簡七《越公其事》第四章解析〉，2018.5.14（2021.4.26 上網）。

4. 孔德超：〈清華簡《越公其事》文學性探析〉，《重慶三峽學院學報》2019 第 3 期（2019.5）。

5. 孔德超：〈讀清華簡（柒）箚記四則〉，收入西南大學研究生院、西南大學漢語言文獻研究所編：《第八屆出土文獻研究與比較文字學全國博士生學術論壇論文集》，重慶：西南大學漢語言文獻研究所，2018.11.2-5。

6. 尤銳：〈從《繫年》虛詞的用法重審其文本的可靠性──兼初探《繫年》原始資料的來源〉一文，收入李守奎主編：《清華簡《繫年》與古史新探》（上海：中西書局，2016）。

7. 王化平：〈清華簡《邦家處位》《治邦之道》部分字詞的訓釋〉，《西部史學》2020 第 1 期（2020.1）。

8. 王文光、江也川：〈先秦、秦漢時期的東夷研究──以《後漢書・東夷列傳》為中心〉，《學術探索》，2016 第 12 期（2016.12）。

9. 王妍：〈清華簡《越公其事》所見勾踐「竊焚舟室」淺說〉，《大觀（論壇）》2018 第 8 期、總 150 期（2018.8）。

10. 王長豐：〈靜方鼎的時代、銘文書寫者及相關聯的地理、歷史〉，《華夏考古》，2006 第 1 期（2006.3）。

11. 王青：〈清華簡《越公其事》補釋〉，收入華東師範大學歷史學系編：《出土文獻與商周社會學術研討會會議論文集》（上海：華東師範大學歷史學系，2019）。

12. 王青：〈試論先秦時期的「遊民」及其社會影響——清華簡《越公其事》補釋〉，《中國史研究》2021 第 1 期（2021.02）。

13. 王挺斌：〈馬王堆帛書《春秋事語》「吳伐越章」中「法」字補釋〉，見《首屆「出土文獻語言文字研究」國際學術研討會論文集》，2022.12.17-18。

14. 王偉：〈《嶽麓書院藏秦簡（肆）》242 號簡文勘誤——兼論秦文字中用為「冠」的「寇」字〉，《簡帛》第 20 輯（上海：上海古籍出版社，2020.05）。

15. 王偉：〈《嶽麓書院藏秦簡》（肆）校讀三則〉，《秦始皇帝陵博物院》，總第 7 輯（2017.9）。

16. 王凱博：〈清華簡《越公其事》補釋三則〉，《出土文獻》第 13 輯（2018.10）。

17. 王進鋒：〈周代的縣與越縣——由清華簡〈越公其事〉中的相關內容引發的討論〉，收入香港浸會大學饒宗頤國學院、澳門大學中國語言文學系、清華大學出土文獻研究與保護中心編：《《清華簡》國際會議論文集》（香港：香港浸會大學饒宗頤國學院、澳門：澳門大學中國語言文學系，2017）。

18. 王進鋒：〈清華簡《越公其事》與春秋時期越國的縣制〉，《歷史地理》第 38 輯（2019.4）。

19. 王誠：〈古書中讀為「設」的「埶」及其與「執」互訛補例〉，《古籍研究》2016 第 1 期。

20. 王寧：〈由清華簡《越公其事》的「役」釋甲骨文的「斬」與「漸」〉，復旦網，2018.6.29。（2021.6.7 上網）。

21. 王寧：〈清華簡七〈越公其事〉讀札一則〉，武漢網，2017.5.22（2021.5.10 上網）。

22. 王寧：〈傳本《歸藏》輯校〉，復旦網，2009.11.30 日。（2023.4.25 上網）

23. 王寧：〈說清華簡七《越公其事》的「墨」、「叀」合文〉，知北游_新浪博客網站，2017.5.15。（2021.5.18 上網）。

24. 王寧：〈釋《楚帛書・甲篇》的「降奠三天」與「抒奠四極」〉，復旦網，2018.1.27（2021.6.7 上網）。

25. 王磊：〈清華七〈越公其事〉札記六則〉，武漢網，2017.5.17（2021.5.10 上網）。

26. 王輝：〈一粟居讀簡記（十）〉，收入清華大學出土文獻研究與保護中心編：《紀念清華簡入藏暨清華大學出土文獻研究與保護中心成立十周年國際學術研討會論文集》（北京：清華大學出土文獻研究與保護中心，2018）。

27. 王輝：〈說「越公其事」非篇題〉，復旦網，2017.4.28（2018.7.27 上網）。又見氏著：〈說「越公其事」非篇題及其釋讀〉，收入李學勤主編：《出土文獻》第 11 輯（上海：中西書局，2017）。

28. 王學泰：〈游民、游民文化與游民文學（上）〉，《文史知識》，1996 第 11 期。

29. 田煒：〈說「同生」「同產」〉，《中國語文》，2017 第 4 期（2017.7）。

30. 田篲：〈原本《玉篇》殘卷引《方言》考探〉，參中國訓詁學研究會，揚州大學文學院主辦《「高郵王學」國際學術研討會暨中國訓詁學研究會 2018 年學術年會論文集》，2018 .11.9-12 。

31. 田豔妮：〈「游民」一詞之考證〉，《文學教育》，2008 第 3 期（2008.3）。

32. 白於藍、岳拯士：〈清華簡《越公其事》校釋（六則）〉，《中國文字》總第 3 期（2020.6）。

33. 石小力：〈清華簡《越公其事》與《國語》合證〉，收入香港浸會大學饒宗頤國學院、澳門大學中國語言文學系、清華大學出土文獻研究與保護中心編：《《清華簡》國際會議論文集》，香港：香港浸會大學饒宗頤國學院、澳門：澳門大學中國語言文學系，2017.10.26-28。後收入《文獻》2018 第 3 期（2018.5）。

34. 石小力：〈清華簡第七冊字詞釋讀劄記〉，《出土文獻》第 11 輯（2017.10）。

35. 石小力：〈據清華簡（柒）補證舊說四則〉，清華網，2017.4.23（2018.6.28 上網）。收入張顯成、胡波主編：《簡帛語言文字研究》第九輯（成都：巴蜀書社，2017）。

36. 石小力：〈據清華簡考證侯馬盟書的「趙尼」——兼說侯馬盟書的時代〉，《中山大學學報》2018 第 1 期、總第 271 期（2018.1）。

37. 石光澤：〈〈清華大學藏戰國竹簡（柒）·越公其事〉「昆奴」補說〉，收入華東師範大學歷史學系編：《第二屆出土文獻與先秦史研究工作坊論文集》（上海：華東師範大學歷史學系，2017）。

38. 石洋：〈秦漢時期借貸的期限與收息週期〉，《中國經濟史研究》2018 第 5 期（2018.9）。

39. 朱歧祥：〈談《清華簡》（七）〈越公其事〉的兩章文字校讀〉，收入紐倫堡-埃爾蘭根孔子學院、埃爾蘭根-紐倫堡大學、世界漢字學會、華東師範大學中國文字研究與應用中心、慶星大學韓國漢字研究所漢字文明研究事業團編：《世界漢字學會第六屆年會暨國際學術研討會「漢字認知工具與表意文字歷史研究」論文集》，紐倫堡：紐倫堡-埃爾蘭根孔子學院，2018.10.5-8。後收入東海大學中國文學系編：《中華文化與文學學術研討

系列第二十四次會議——龍宇純先生學術研討會論文集》（臺中：東海大學中國文學系，2018）。

40. 朱湘蓉：〈從出土簡牘看秦至西漢介詞「于」、「於」的使用〉，收入吉林大學主編：《第十二屆古代漢語研討會論文集》（長春：吉林大學文學院，2014）。

41. 竹田健二：〈清華簡『越公其事』の竹簡排列と劃痕〉，《中國研究集刊》第64期（2018.6）。

42. 何有祖：〈《越公其事》補釋（五則）〉，收入中山大學古文字研究所編：《文字、文獻與文明——第七屆出土文獻青年學者論壇暨國際學術研討會》（廣州：中山大學古文字研究所，2018）。

43. 何家興：〈〈越公其事〉「徧」字補說〉，清華網，2017.5.7（2021.5.17上網）。

44. 何琳儀、黃錫全：〈啟卣、啟尊銘文考釋〉，《古文字研究》第9輯，（北京：中華書局，1984）。

45. 何樂士：〈《左傳》的介詞「於」和「于」〉，《左傳虛詞研究（修訂本）》（北京：商務印書館，2004）。

46. 吳雪飛：〈說金文中的兩個法律術語〉，收入中國法律史學會法律古籍整理專業委員會主編：《第八屆出土文獻與法律史研究學術研討會論文集》（上海：華東政法大學，2018）。

47. 吳祺：〈清華簡〈管仲〉〈越公其事〉校釋三則〉，《出土文獻》第12輯（2018.4）。

48. 吳祺：〈戰國竹書訓詁札記四則〉，《中國文字研究》第27輯（2018.5）。

49. 吳祺：〈戰國竹書訓詁叢札〉，收入鄔文玲、戴衛紅主編：《簡帛研究二〇一八》（春夏卷），（桂林：廣西師範大學出版社，2018）。

50. 李守奎：〈《國語》故訓與古文字〉，收入臺灣大學中國文學系、中國文字學會主編：《第28屆中國文字學國際學術研討會論文集》（臺北：臺灣大學中國文學系、中國文字學會，2017）。後收入《漢字漢語研究》2018第2期、總第2期（2018.6）。

51. 李守奎：〈《越公其事》與《國語》〉，《紀念于省吾先生誕辰120周年、姚孝遂先生誕辰90周年學術研討會》，2016.7.10-11。

52. 李守奎：〈《越公其事》與句踐滅吳的歷史事實及故事流傳〉，《文物》2017第6期（2017.6）。

53. 李守奎：〈清華簡的形制與內容〉，收入《古文字與古史考：清華簡整理研究》（上海：中西書局，2015）。

54. 李守奎：〈釋「仍」〉，收入張德芳主編：《甘肅省第三屆簡牘學國際學術研討會論文集》（上海：中西書局，2017）。

55. 李均明：〈伍子胥人生結局解析〉，香港浸會大學饒宗頤國學院、澳門大學中國語言文學系、清華大學出土文獻研究與保護中心編：《《清華簡》國際會議論文集》，香港：香港浸會大學饒宗頤國學院、澳門：澳門大學中國語言文學系，2017.10.26-28。

56. 李亞光：〈「同生」「同產」考辨〉，《東嶽論叢》2019 第 40 卷第 3 期（2019.03）。

57. 李松儒：〈清華七《子犯子餘》與《趙簡子》等篇字跡研究〉，《出土文獻》第 15 輯（2019.10）。

58. 李春桃：〈從斗形爵的稱謂談到三足爵的命名〉，「出土文獻與中國古代文明再認識」青年學術論壇，河南開封，2016.10.28-30 日。又見《中研院歷史語言研究所集刊》，第 89 本第 1 分（臺北：中央研究院歷史語言研究所，2018.03）。

59. 李家浩：〈先秦文字中的「縣」〉，《文史》第 28 輯（北京：中華書局，1987），又見《著名中年語言學家自選集·李家浩卷》（合肥：安徽教育出版社，2002）。

60. 李家浩：〈盱眙銅壺芻議〉，《古文字研究》第 12 輯，（北京：中華書局，1985）。

61. 李家浩：〈談古代的酒器鍂〉，《古文字研究》第 24 輯，（北京：中華書局，2002.6）。

62. 李家浩：〈關於姑馮句鑃的作者是誰的問題〉，《傳統中國研究集刊》第 7 輯（2010.3）。

63. 李家浩：〈釋上博戰國竹簡〈緇衣〉中的「𬥿𠂤」合文——兼釋兆域圖「逐」和䣄羌鐘「𠧥」等字〉，《康樂集——曾憲通教授七十壽慶論文集》（廣州：中山大學出版社，2006）。

64. 李家浩〈九店楚簡「告武夷」研究〉，收入李家浩：《著名中年語言學家自選集·李家浩卷》（合肥：安徽教育出版社，2002）。

65. 李凱：〈孔子「正樂」問題新證〉，《古籍整理研究學刊》2019 第 2 期（2019.3）。

66. 李華倫：〈楚地卜筮簡「凶攻解於某」解〉，《第三十屆中國文字學國際學術研討會論文集》（臺南：成功大學中國文學系，2018.5.24-25）。

67. 李裕民：〈我對侯馬盟書的看法〉，《考古》1973 第 3 期（1973.5）。

68. 李鳳立、黃靈庚：〈《楚辭》研究二題〉，《中南民族大學學報（人文社會科學版）》2019 第 3 期（2019.5）。

69. 李學勤：〈清華簡與〈尚書〉、〈逸周書〉的研究〉，《史學史研究》，2011 第 2 期（2011.6）。

70. 李學勤：〈清華簡整理工作的第一年〉，《清華大學學報（哲學社會版）》，2009 第 5 期（2009.9）。

71. 李學勤：〈越湧君贏將其眾以歸楚之歲考〉，《古文字研究》第二十五輯，（北京：中華書局，2004）。

72. 李學勤：〈滎陽上官皿與安邑下官鍾〉，《文物》2003 第 10 期（2003.10）。

73. 李學勤：〈盤龍城與商朝的南土〉，《新出青銅器研究》（北京：文物出版社，1990）。

74. 李學勤：〈論葛陵楚簡的年代〉，《文物》2004 第 7 期（2004.7）。

75. 李學勤：〈靜方鼎考釋〉，《第三屆國際中國古文字學研討會論文集》（香港：香港中文大學，1997）。

76. 李學勤：〈靜方鼎補釋〉，《夏商周年代學札記》（瀋陽：遼寧大學出版社，1999）。

77. 李學勤：〈靜方鼎與周昭王歷日〉，《夏商周年代學札記》（瀋陽：遼寧大學出版社，1999）。

78. 沈培：〈周原甲骨文裡的「囟」和楚墓竹簡裡的「囟」或「思」〉，《漢字研究》第一輯（北京：學苑出版社，2005）。

79. 沈培：〈說古書中跟「波」、「播」相關的幾個問題〉，《歷史語言學研究》第 13 輯（北京：商務印書館，2019.10）。

80. 沈寶春師、高佑仁：〈《邦人不稱》考釋〉，中國古文字研究會第 21 屆年會，北京清華大學，2016.10.21-23。收入《古文字研究》（北京：中華書局，2016.10）。

81. 來國龍：〈「疌」字補釋——兼論通假字韻部「通轉」的謬誤和聯綿詞「從容」的來源與本義〉，武漢網，2014.10.31。

82. 來國龍：〈記憶的磨滅：春秋時期銅器上有意磨毀改刻的銘文〉（Commemoration and Erasure: Doctored Inscriptions on Spring and Autumn Period Bronzes）（稿），《二十年來新見古代中國青銅器國際學術研討會——首陽齋藏器及其他》會議論文，芝加哥，2010.11。

83. 周悅、白於藍：〈清華簡補釋三則〉，《中國文字研究》2020 第 1 期（2020.3）。

84. 周陽光：〈談清華簡《越公其事》中的「鼓」字〉，《古籍研究》2019 第 2 期（2019.12）。

85. 孟蓬生：〈《清華七·越公其事》字義拾瀋〉，收入西南大學漢語言文獻研究所、四川外國語大學中國語言文學系編：《第二屆古文字與出土文獻語言研究學術研討會論文集》（重慶：西南大學漢語言文獻研究所，2017）。後出版《出土文獻綜合研究集刊》第 8 輯（成都：巴蜀書社，2019）。

86. 季旭昇師：〈《上博五・鮑叔牙與隰朋之諫》「乃命有司著作浮」解——兼談先秦吏治的上計〉，陳致主編：《簡帛・經典・古史》（上海：上海古籍出版社，2013）。

87. 季旭昇師：〈《清華柒・越公其事》第四章「不稱貸」、「無好」句考釋〉，收入澳門：澳門大學中國語言文學系、香港：香港浸會大學饒宗頤國學院編：《「上古音與古文字研究的整合」國際研討會會議論文集》（香港：香港浸會大學饒宗頤國學院、澳門：澳門大學中國語言文學系，2017）。後收入《饒宗頤國學院院刊》第 6 期（2019.8）。

88. 季旭昇師：〈上博五芻議（下）〉，武漢網，2006.2.18。

89. 季旭昇師：〈從〈新蔡葛陵〉簡談戰國楚簡「娩」字——兼談〈周易〉「十年貞不字」〉，東海大學中文系「文字學學術研討會」，2004.3.13，後刊東海大學中國文學系編《文字學學術研討會論文集》（臺北：里仁書局，2005）。

90. 季旭昇師：〈清華柒「流ＸＸ」、「領御」試讀〉，收入復旦大學出土文獻與古文字研究中心主編：《「出土文獻與傳世典籍的詮釋」國際學術研討會議程論文集》（上海：復旦大學出土文獻與古文字研究中心，2017）。後正式出版，見復旦大學出土文獻與古文字研究中心主編：《出土文獻與傳世典籍的詮釋》（上海：中西書局，2019）。

91. 季旭昇師：〈試論《說文》「羋」字的來源〉，《漢字漢語研究》2019 第 2 期、總第 6 期（2019.6）。

92. 季旭昇師：〈說「役」〉，收入慈濟大學、東華大學、中國文字學會主編：《第三十一屆中國文字學國際學術研討會》（花蓮：慈濟大學、東華大學、中國文字學會主編，2020）。

93. 季旭昇師：〈談清華柒〈越公其事〉的「必視」及相關問題〉，福建師範大學文學院、萬卷樓圖書股份公司主編：《《中國文字》出刊 100 期暨文字學國際學術研討會會議論文集》（臺北：臺灣師範大學國文學系，2020）。

94. 季旭昇師：〈談清華柒〈越公其事〉的「棄惡周好」與《左傳》的「同好棄惡」〉，收入北京師範大學主編：《「古典學的重建：出土文獻與早期中國經典研究」國際學術研討會論文集》，珠海：北京師範大學珠海校區，2020。又收入《中國文字》編輯委員會編：《中國文字》2021 冬季號、總總第 6 期（臺北：萬卷樓圖書股份公司，2021）。

95. 季旭昇師：〈談戰國楚簡中的「殹」字〉，收入香港中文大學主編：《出土文獻與先秦經史國際學術研討會》（香港：香港大學中文學院，2015）。

96. 林少平：〈清華簡柒《越公其事》「大歷越民」試解〉，復旦網，2017.9.25（2021.5.17上網）。

97. 林少平：〈試說「越公其事」〉，復旦網，2017.4.27（2021.5.25 上網）。

98. 林甘泉：〈中國封建土地所有制的形成〉，《歷史研究》1963 第 1 期（1963.2）。

99. 林志強：〈漢字偏旁的切分與漢字的分析〉，《第二十八屆中國文字學國際學術研討會論文集》（臺北：臺灣大學、中國文字學會，2017）。

100. 林義正：〈孔子的天人感應觀——以《魯邦大旱》為中心的考察〉，李學勤、林慶彰等著：《新出土文獻與先秦思想重構》（臺北：臺灣書房，2007）。

101. 金卓：〈清華簡《越公其事》文獻形成初探——兼論其簡序問題〉，武漢網，2019.3.19（2021.5.4 上網）。

102. 金卓：〈清華簡『越公其事』の文献形成初探 ——兼ねて竹簡排列の問題を論ず〉，見東京大學文學部中國語中國文學研究室主編：《東京大學中國語中國文學研究室紀要》第 23 期（2020.11）。

103. 侯乃峰：〈讀清華簡（柒）零札〉，收入中國文字學會編：《中國文字學會第九屆學術年會論文集》（北京：中國文字學會，2017）。收入《中國文字學報（第 9 輯）》（北京：商務印書館，2018）。

104. 侯瑞華：〈《清華七·越公其事》「歷」字補釋〉，復旦網，2017.7.25（2021.5.4 上網）。

105. 俞紹宏：〈楚簡「褱」字補釋〉，收入《古文字研究》第 34 輯，（北京：中華書局，2022）。

106. 段凱：〈讀清華簡第七冊箚記二則〉，《出土文獻》第 12 輯（2018.4）。

107. 胡敕瑞：〈清華大學藏戰國竹簡（柒）《越公其事》札記〉，清華網，2017.4.29，收入李學勤主編：《出土文獻》第 12 輯（上海：中西書局，2018.4）。

108. 范天培：〈說《越公其事》簡四八的「收寇」〉，武漢網，2019.12.17 日。

109. 范常喜：〈清華簡《越公其事》與《國語》外交辭令對讀札記一則〉，《中國史研究》，2018 第 1 期（2018.2）。

110. 范登脈：〈話說「嬰疾」〉，《中醫藥文化》，1990 第 4 期（1990.11）。

111. 韋婷：〈清華簡研讀零札三則〉，《簡帛研究》2019 秋冬卷（桂林：廣西師範大學出版社，2020）。

112. 唐蘭：〈侯馬出土晉國趙嘉之盟載書新釋〉，《文物》1972 第 8 期（1972.8）。

113. 唐蘭：〈䁹羌鐘考釋〉，《唐蘭先生金文論集》（北京：紫禁城出版社，1995）。

114. 孫合肥：〈清華七《越公其事》札記一則〉，武漢網，2017.4.25（2021.3.30 上網）。

115. 孫合肥：〈清華七《越公其事》札記二則〉，武漢網，2017.4.26
（2021.4.26上網）。

116. 孫沛陽：〈簡冊背劃綫初探〉，《出土文獻與古文字研究》第 4 輯
（2011.12）。

117. 孫剛、李瑤：〈釋虎釳丘君戈銘文中的人名——兼談「般」「役」的構
形〉，收入中國古文字研究會編：《紀念中國古文字研究會成立四十週年
國際學術研討會論文集》（北京：中國古文字研究會，2018.10），又見
《古文字研究》第32輯（北京：中華書局，2018）。

118. 孫敬明：〈東夷方國——姑篾兩考〉，《考古發現與齊史類征》（濟南：
齊魯書社，2006）。

119. 翁倩：〈清華簡《越公其事》雙音詞初探〉，《廣東開放大學學報》，
2018 第 6 期（2018.12）。

120. 翁倩：〈釋清華簡《越公其事》的「遊民」〉，復旦網，2018.8.6
（2021.4.26上網）。

121. 翁倩：〈讀清華簡（七）札記二則〉，《廣東第二師範學院學報》第 6 期
（2018.12）。

122. 荊州博物館：〈荊州出土竹簡中記載的「吳王闔廬」〉，《湖北文旅之
聲》，2022.12.19，網址：https://www.sohu.com/a/619054523_121124402

123. 袁金平：〈清華簡《越公其事》「海瀕江湖」臆解〉，《戰國文字研究》
第1輯（2019.9）。

124. 袁國華：〈荊門包山楚墓法律文書簡所載貸金糴種資料探究〉，《「簡牘
與戰國秦漢歷史：中國簡帛學國際論壇」論文集》，香港：香港中文大
學，2016.12.12-13。

125. 袁慧：〈春秋時期吳越「五湖」之戰地名新釋〉，《地域文化研究》2020
第 5 期（2020.9）。

126. 高佑仁：〈〈陳公治兵〉綜合研究〉，《漢學研究》第 33 卷第 4 期、總第
83 號（2015.12）。

127. 高佑仁：〈〈陳公治兵〉編聯三則〉，西南大學出土文獻綜合研究中心
《出土文獻綜合研究集刊》第 1 期（2014.10）。

128. 高佑仁：〈〈鄭子家喪〉考釋八則——簡文中兩個史實的商榷〉，成功大學
中文系：《成大中文學報》第 34 期（2011.09）。

129. 高佑仁：〈〈鄭子家喪〉新編釋文及相關問題研究〉，收入《第二十一屆
中國文字學國際學術研討會論文集》，東吳大學中文系，2010.04.30。

130. 高佑仁：〈《莊王既成》「航」字構形考察——兼談戰國文字「蔡」、
「尨」、「亢」的字形差異〉，《簡帛》第 6 輯（2011.11）。

131. 高佑仁：〈《鄭子家喪》、《競公瘧》諸「病」字的構形考察〉，2010 年
經典教學與簡帛學術研討會，嘉南藥理科技大學，2010.05.07，收入汪中文

主編：《2010 經典教學與簡帛學術研討會論叢》（臺北：新文京開發出版公司 2011.1.1）。

132. 高佑仁：〈上博九〈成王為城濮之行〉字詞選釋〉，《成大中文學報》第 47 期（2014.12）。

133. 高佑仁：〈姑成家父補釋七則〉，《雲漢學刊》第 21 期（2010.06）。

134. 高佑仁：〈清華柒〈越公其事〉第十一章釋讀〉，「《中國文字》出刊100 期暨文字學國際學術研討會」，臺灣師範大學國文系，2020.12.12。

135. 高佑仁：〈清華柒《越公其事》第八章通釋〉，收入季旭昇師主編：《孔壁遺文二集》（臺北：花木蘭圖書公司，2023.3）。

136. 高佑仁：〈清華柒《越公其事》第十章通釋〉，首屆「出土文獻語言文字研究」，2022.12。

137. 高佑仁：〈清華柒《越公其事》第四章通釋（上篇）〉，中正大學中文系「文字學工作坊」，2020.11.28。

138. 高佑仁：〈清華柒《越公其事》第四章通釋（下篇）〉，臺灣大學中文系「出土文獻與寫本文化工作坊」，2020.11.29。

139. 高佑仁：〈談《越公其事》的取材與抄寫問題〉，《第 33 屆中國文字學國際學術研討會論文集》（新北：輔仁大學中文系、中國文字學會，2022.5）。

140. 高佑仁：〈讀《上博六》札記五則〉，《興大中文學報》第 30 期（2011.12）。

141. 高明：〈侯馬載書盟主考〉，《古文字研究》第 1 輯（北京：中華書局，1979），又見《高明論著選集》（北京：科學出版社，2001）。

142. 張之傑：〈孔子不得其醬不食釋義〉，《中華科技史同好會會刊》，2002 第 6 期。

143. 張以仁：〈《國語》虛詞訓解商榷〉，《張以仁語文學論集》（上海：上海古籍出版社，2012）。

144. 張光裕：〈舀簋銘文與西周史事新證〉，《文物》2009第2期（2009.2）。

145. 張佳：〈陝西咸陽渭城區考古發現戰國秦武將墓〉，《西安晚報》，2019.1.23。

146. 張金光：〈戰國秦時期「邑」的社會政治經濟實體性──官社國野體制新說〉，《史學月刊》2010 第 11 期（2010.11）。

147. 張峰：〈利用戰國楚簡文字訛書校讀古籍舉例〉，《古漢語研究》，2015 第 4 期（2015.12）。

148. 張桂光：〈商周金文詞彙分類的模糊性和語法功能的靈活性〉，陳偉武主編：《古文字論壇》第 1 輯（曾憲通教授八十慶壽專號）（廣州：中山大學出版社，2015）。

149. 張富海：〈讀清華簡《越公其事》札記一則〉，《紀念清華簡入藏暨清華大學出土文獻研究與保護中心成立十周年國際學術研討會論文集》，2018.11.17-18。

150. 張新俊：〈清華簡《越公其事》釋詞〉，收入河南大學黃河文明與可持續發展研究中心、黃河文明省部共建協同創新中心、河南省文字學會編：《第十一屆「黃河學」高層論壇暨「古文字與出土文獻語言研究」國際學術研討會論文集》（開封：河南大學，2019）。

151. 張新俊：〈釋清華簡《越公其事》中的「伋（及）」〉，《出土文獻》2022第1期（2022.1）。

152. 張懋鎔：〈靜方鼎小考〉，《文物》1998第5期（1998.5）。

153. 曹錦炎、岳曉峰：〈說《越公其事》的「舊」——兼說九店楚簡「嚕」字〉，《簡帛》第16輯（2018.5）。

154. 章水根：〈清華簡《越公其事》箚記五則〉，《中國簡帛學刊》第2輯（2018.9）。

155. 許文獻：〈清華七《越公其事》簡21「豦（從門）」字補說〉，武漢網，2017.6.6（2021.4.13上網）。

156. 許倬雲：〈從周禮中推測遠古婦女工作〉，《求古編》（臺北：聯經出版事業公司，1984）。

157. 郭永秉：〈關於《競建》和《鮑叔牙》的字體問題〉，武漢網，2006.3.5（2022.2.25上網）。

158. 郭沫若：〈侯馬盟書試探〉，《文物》1966第2期（1966）。

159. 郭沫若：〈新出侯馬盟書釋文〉，《文物》1972第3期。

160. 郭沫若：〈釋支干〉，《甲骨文字研究》，收入《郭沫若全集·考古編》第一卷（北京：科學出版社，2002）。

161. 郭錫良：〈介詞「于」的起源和發展〉，《漢語史論集（增補本）》（北京：商務印書館，2005）。

162. 陳民鎮：〈從虛詞特徵看清華簡《繫年》的真偽、編纂及性質〉，見李守奎主編：《清華簡《系年》與古史新探》（上海：中西書局，2016）。

163. 陳民鎮：〈嬭加編鐘銘「帥禹之堵」解〉，清華網，2019.8.7（2023.4.1上網）。

164. 陳治軍：〈從清華簡《越公其事》所見「甬、句東」再論「楚滅越」的時代〉，收入貴州師範大學中文，中國文字學會編《中國文字學會第九屆學術年會論文集》（貴州：貴州師範大學中文，2017）。

165. 陳治軍：〈釋「圣朱」及從圣的字〉，《紀念何琳儀先生誕生七十週年暨古文字學國際學術研討會論文集》，2013.8.1-4日。

166. 陳炫瑋：〈春秋至兩漢的「兵死」者內涵探究——以葬禮及死者家屬安頓為討論核心〉，《漢學研究》第33卷第4期（2015.12）。

167. 陳美蘭：〈《清華簡（貳）・繫年》札記兩則〉，《孔壁遺文論》（臺北：藝文印書館，2013.8）。

168. 陳偉：〈〈鄂君啟節〉之「鄂」地探討〉，《江漢考古》1986 第 2 期（1986.7）。

169. 陳偉：〈《鄂君啓節》——延綿 30 年的研讀〉，武漢網，2009.8.25。

170. 陳偉：〈清華簡《邦家處位》零釋〉，《中國文字》第 1 期（2019.6）。

171. 陳偉：〈清華簡七《越公其事》校讀〉，武漢網，2017.4.27（2021.6.7 上網）。收入復旦大學出土文獻與古文字研究中心主編：《「出土文獻與傳世典籍的詮釋」國際學術研討會議程論文集》（上海：復旦大學出土文獻與古文字研究中心，2017）。後刊復旦大學出土文獻與古文字研究中心主編：《出土文獻與傳世典籍的詮釋》（上海：中西書局，2019）。

172. 陳偉武：〈古漢語指代詞同義連文說略〉，《中山大學學報》1989 第 3 期（1989.6），又收入《愈愚齋磨牙集——古文字與漢語史研究叢稿》（上海：中西書局，2014.9）。

173. 陳偉武：〈清華簡第七冊釋讀小記（初稿）〉，收入香港浸會大學饒宗頤國學院、澳門大學中國語言文學系、清華大學出土文獻研究與保護中心編：《《清華簡》國際會議論文集》（香港：香港浸會大學饒宗頤國學院、澳門：澳門大學中國語言文學系，2017）。

174. 陳斯鵬：〈金文「蔑曆」及相關問題試解〉，《出土文獻》2021 第 3 期（2021.9）。

175. 陳斯鵬：〈舊釋「粦」字及相關問題新解〉，《文史》2019 第 4 輯、總第 129 輯（2019.11）。

176. 陳夢家：〈東周盟誓與出土載書〉，《考古》1966 第 2 期（1966.5）。

177. 陳劍：〈〈越公其事〉殘簡 18 的位置及相關的簡序調整問題〉，復旦網，2017.5.14（2021.5.4 上網）。

178. 陳劍：《戰國竹書論集》（上海：上海古籍出版社，2013.12）。

179. 陳劍：〈《越公其事》殘簡 18 的位置及相關的簡序調整問題〉，2017.5.24（2020.11.17 上網）。

180. 陳劍：〈上博簡〈容成氏〉的竹簡拼合與編連問題小議〉，上海大學古代文明研究中心、清華大學思想文化研究所編：《上博館藏戰國楚竹書研究續編》（上海：上海書店出版社，2004.7）。

181. 陳劍：〈甲骨金文用為「遊」之字補說〉，復旦大學出土文獻與古文字研究中心編：《出土文獻與古文字研究》第 8 輯（上海：上海古籍出版社，2019）。

182. 陳劍：〈柞伯簋銘補釋〉《傳統文化與現代化》，1999第1期（1999.2）。

183. 陳劍：〈馬王堆帛書《五十二病方》、《養生方》釋文校讀札記〉復旦大學出土文獻與古文字研究中心編：《出土文獻與古文字研究》第五輯（上海：上海古籍出版社，2013）。

184. 陳劍：〈楚簡「𦥑」字試解〉，《「中國簡帛學國際論壇 2008」論文集》，芝加哥大學，2008.10.31-11.2。

185. 陳劍：〈談談《上博（五）》的竹簡分篇、拼合與編聯問題〉，武漢網，2006 年 2.19（2022.2.25 上網）。

186. 陳劍：〈簡談對金文「蔑懋」問題的一些新認識〉，復旦網，2017.5.5（2022.5.6 上網），又收入《出土文獻與古文字研究》第 7 輯（2018.5）。

187. 陳劍：〈關於《奏讞書》的「以彼治罪也」〉，復旦網，2013.9.10（2023.4.25 上網）。

188. 陳曉聰：〈「越」「若」考——從清華簡柒《越公其事》「若明」講起〉，《簡帛研究》2019 第 2 期（2020.1）。

189. 陳曉聰：〈〈越公其事〉「𫝼」字試釋〉，《勵耘語言學刊》2019 第 1 期（2019.5）。

190. 陶正剛、王克林：〈侯馬東周盟誓遺址〉，《文物》1972 第 4 期（1972.4）。

191. 單育辰：〈《清華大學藏戰國竹簡（柒）》釋文訂補〉，收入香港浸會大學饒宗頤國學院、澳門大學中國語言文學系、清華大學出土文獻研究與保護中心編：《《清華簡》國際會議論文集》（香港：香港浸會大學饒宗頤國學院、澳門：澳門大學中國語言文學系，2017）。又收入李學勤主編：《出土文獻》總第 2 期（上海：中西書局，2020.6）。

192. 彭華、李菲：〈清華簡《越公其事》研究述評〉，《地方文化研究》總 47 期（2020.10）。

193. 彭華：〈四方之民與四至之境——清華簡《越公其事》研究之一〉，收入李學勤主編：《出土文獻》第 5 期（上海：中西書局，2021.3）。

194. 彭詩雅：〈新出安大簡《曹沫之陣》字詞研究〉，《第一屆中國文字學青年論壇論文集》（桃園：中央大學，2021.4.24 日）。

195. 湯志彪、孫欣：〈釋襺〉，《語言科學》2021 第 1 期（2021.1）。

196. 湯志彪：〈清華簡（柒）字詞研究四則〉，《簡帛》第 23 輯（2021.11.30）。

197. 程少軒：〈試說「巂」字及相關問題〉，復旦網，2008.3.20，又見《出土文獻與古文字研究》第 2 輯，（上海：復旦大學出版社，2008.8）。

198. 程浩：〈清華簡第七輯整理報告拾遺〉，收入李學勤主編：《出土文獻》第 10 輯（上海：中西書局，2017.4）。

199. 程燕：〈「扁」字考——兼談多元結構的會意字〉，收入李學勤主編：《出土文獻》總第 7 期（上海：中西書局，2021.9）。

200. 程燕：〈清華七札記三則〉，《中國文字學報》第 9 輯（北京：商務印書館，2018）。

201. 黃一村、侯瑞華：〈《越公其事》零拾〉，收入李學勤主編：《出土文獻》總第 2 期（上海：中西書局，2020.6）。

202. 黃人二：〈關於清華簡（七）疑難字詞的數則釋讀〉，收入靜宜大學編：《2017 年第二屆漢文化學術研討會「漢文化研究的新知與薪傳」會議論文》。

203. 黃天樹：〈甲骨文「寇」、「農」二字補釋〉，《「李學勤先生學術成就與學術思想國際學術研討會」會議論文》（北京：清華大學出土文獻研究與保護中心，2019.12.7-8 日）。

204. 黃愛梅：〈《清華簡（柒）‧越公其事》的敘事立場及越國史事〉收入華東師範大學歷史系編：《新史料與古史書寫——40 年探索歷程的回顧與思考學術研討會論文集》（上海：華東師範大學歷史學系，2017）。

205. 黃愛梅：〈《越公其事》與吳、越史事——讀《清華簡（柒）‧越公其事》札記〉，收入華東師範大學歷史系編：《「第二屆出土文獻與先秦史研究」工作坊論文集》（上海：華東師範大學歷史學系，2017）。

206. 黃德寬：〈安徽大學藏戰國竹簡概述〉，《文物》2017第 9 期（2017.9）。

207. 黃錫全：〈金文中的「稻穮糯粱」略議〉，《古文字研究》第 33 期，（北京：中華書局，2020）。

208. 黃懷信：〈由「越公其事」與「國語」看越王勾踐滅吳〉，收入清華大學出土文獻研究與保護中心編：《紀念清華簡入藏暨清華大學出土文獻研究與保護中心成立十周年國際學術研討會論文集》（北京：清華大學出土文獻研究與保護中心，2018）。

209. 黃懷信：〈清華簡《金縢》校讀〉，《古籍整理研究學刊》2011 第 3 期、總 151 期（2011.5）。

210. 楊博：〈北大秦簡《田書》的逆次簡冊背劃綫〉，《出土文獻研究》第 17 輯（2018.12）。

211. 董秀芳：〈古漢語中動名之間「于／於」的功能再認識〉，《古漢語研究》2006 第 2 期（2006.6）。

212. 董珊：〈石鼓文考證〉，復旦網，2009.4.29 日，又見《出土文獻與古文字研究》第三輯，（上海：復旦大學出版社，2010）。

213. 董珊：〈啟尊、啟卣新考〉，《文博》，2012 第 5 期。

214. 董珊：〈越王差徐戈考〉，復旦網，2008.10.15 日。（2023.4.19 上網）

215. 董珊：〈楚簡恆先初探〉，簡帛研究網，2004.5.12。（2023.4.19 上網）

216. 董珊：〈讀清華簡《繫年》〉，復旦網，2011.12.26。（2023.4.19 上網）

217. 裘錫圭：〈大河口西周墓地 2002 號墓出土盤盉銘文解釋〉，《出土文獻與古文字研究》第 8 輯，（上海：上海古籍出版社，2019）。

218. 裘錫圭：〈戎生編鐘銘文考釋〉，保利藏金編輯委員會編：《保利藏金》（廣州：嶺南美術出版社，1999.9）。

219. 裘錫圭：〈郭店《老子》簡初釋〉，《道家文化研究》第 17 輯（1999.8）。

220. 裘錫圭：〈說從「𩵋」聲的從「貝」與從「辵」之字〉，《文史》2012 第 3 期（2012.8）。

221. 裘錫圭：〈關於石鼓文的時代問題〉，《傳統文化與現代化》1995 第 1 期（1995.2）。

222. 賈連翔：〈從《治邦之道》《治政之道》看戰國竹書「同篇異制」現象〉，《清華大學學報（哲學社會科學版）》，2020 第 1 期（2020.1）。

223. 賈連翔：〈清華簡《四告》的形制及其成書問題探研〉，《「古文字與出土文獻」青年學者西湖論壇論文集》（杭州：中國美術學院，2021）。

224. 賈連翔：〈清華簡「《尹至》書手」字跡的擴大及相關問題探討〉，收入西南大學漢語言文獻研究所主編：《出土「書」類文獻研究高端學術論壇論文集》（重慶：西南大學漢語言文獻研究所，2021）。

225. 賈連翔：〈試析戰國竹簡中的「辡」及相關諸字〉，收入中山大學古文字研究所編：《文字、文獻與文明——第七屆出土文獻青年學者論壇暨國際學術研討會》（廣州：中山大學古文字研究所，2018）。

226. 暨慧琳：〈清華簡《子犯子餘》「邦乃遂亡」及相關問題試析〉，《簡帛》第 22 輯，（上海：上海古籍出版社，2021）。

227. 熊賢品：〈清華簡七〈越公其事〉「人有私畦」解〉，《出土文獻綜合研究集刊》第 9 輯（成都：巴蜀書社，2019）。

228. 熊賢品：〈論清華簡七《越公其事》吳越爭霸故事〉，《東吳學術》2018 第 1 期（2018.1）。

229. 趙平安：〈〈窮達以時〉第九號簡考論——兼及先秦兩漢文獻中比干故事的衍變〉，《古籍整理研究學刊》，2002 第 2 期（2002.3）。收入趙平安：《新出簡帛與古文字古文獻研究》（北京：商務印書館，2009）。

230. 趙平安：〈「達」字兩系說——兼釋甲骨文所謂「途」和齊金文中所謂「造」字〉，《新出簡帛與古文字古文獻研究》（北京：商務印書館，2009）。

231. 趙平安：〈說「役」〉，《語言研究》2011 第 3 期（2011.7）。

232. 趙平安：〈說字小記（八則）〉，《出土文獻》第 14 輯（2019.4）。

233. 趙平安：〈談談戰國文字中用為「野」的「冶」字〉，第十三屆北京論壇「出土文獻與中國古代文明」，2016.11.5 日。《新出簡帛與古文字古文獻研究續集》（北京：商務印書館，2018.6）。

234. 趙平安：〈談談戰國文字中值得注意的一些現象——以清華簡〈厚父〉為例〉，第一屆漢字漢語文化國際學術研討會，美國：奧克拉荷馬大學，

2014.8.15-17，後刊於《出土文獻與古文字研究》第六輯，（上海：上海古籍出版社，2015.2）。

235. 趙晶：〈清華簡柒《越公其事》閱讀箚記二則〉，收入清華大學歷史系、清華大學出土文獻研究與保護中心編：《第一屆出土文獻與古代文明青年學者研討會論文集（二）》（北京：清華大學歷史系、清華大學出土文獻研究與保護中心，2018）。

236. 趙嘉仁：〈讀清華簡（七）散札（草稿）〉，復旦網「學術討論」，2017.4.24（2017.6.22 上網）。

237. 趙曉斌：〈荊州棗紙簡《吳王夫差起師伐越》與清華簡《越公其事》〉，《清華戰國楚簡國際學術研討會論文集》（北京：清華大學出土文獻研究與保護中心，2021）。

238. 趙曉斌：〈湖北荊州棗林鋪戰國楚墓〉，國家文物局主編：《2020 中國重要考古發現》（北京：文物出版社，2021）。

239. 趙曉斌：〈荊州棗紙簡《吳王夫差起師伐越》與清華簡《越公其事》〉，《清華戰國楚簡國際學術研討會》，2021.11.19-20。

240. 劉成群：〈清華簡〈越公其事〉中的「私畦」與「征」〉，收入西南大學漢語言文獻研究所、四川外國語大學中國語言文學系編：《第二屆古文字與出土文獻語言研究學術研討會論文》（重慶：西南大學漢語言文獻研究所，2017）。

241. 劉成群：〈清華簡《越公其事》與句踐時代的經濟制度〉，《社會科學》2019 第 4 期（2019.4）。

242. 劉成群：〈清華簡《越公其事》與句踐時代的經濟制度變革〉，收入四川大學歷史文化學院、中國先秦史學會、中國古文字研究會編：《紀念徐中舒先生誕辰 120 周年國際學術研討會（下冊）》（成都：四川大學歷史文化學院，2018）。

243. 劉昕嵐：〈郭店楚簡《性自命出》篇箋釋〉，載武漢大學中國文化研究院編：《郭店楚簡國際學術研討會論文集》（武漢：湖北人民出版社，2000）。

244. 劉信芳：〈清華簡柒《越公其事》第四章釋讀〉，收入中國文字學會編：《中國文字學會第十屆學術年會論文集》（鄭州：鄭州大學漢字文明研究中心、鄭州大學文學院，2019）。

245. 劉洪濤：〈談古文字中用作「察」、「淺」、「竊」之字的考釋〉，《古文字研究》第 30 輯（北京：中華書局，2014）。

246. 劉洪濤：〈釋上官登銘文的「役」字〉，復旦網，2011.2.16（2021.5.24 上網）。

247. 劉倩倩：〈《甘露二年丞相御史律令》校注〉，復旦網，2015.1.12 日。

248. 劉剛：〈試說《清華柒・越公其事》中的「歷」字〉，復旦網，2017.4.26（2021.5.4上網）。

249. 劉釗：〈「瘥」字源流考〉，復旦大學出土文獻與古文字研究中心網站，2009.05.08（2023.4.25上網）。又見《第二十屆中國文字學國際學術研討會論文集》，高雄：中山大學中國文學系主辦，2009.5.1-2日。

250. 劉釗：《書馨集》（上海：上海古籍出版社，2013）。

251. 劉釗：〈利用清華簡（柒）校正古書一則〉，復旦網，2017.5.1。

252. 劉釗：〈利用郭店楚簡字形考釋金文一例〉，《古文字研究》第24輯（北京：中華書局，2004）。

253. 劉釗：〈釋甲骨文中的「役」字〉，《出土文獻與古文字研究》第六輯，（上海：上海古籍出版社，2015）。

254. 劉國忠：〈侯馬盟書數術內容探論〉，《清華大學學報（哲學社會科學版）》2006第4期、總21卷（2006.7）。

255. 劉雲、袁瑩：〈釋清華簡《越公其事》之「憂」字〉，《漢字漢語研究》，2018第1期（2018.03）。

256. 劉嬌：〈〈古文獻中讀為「設」的「埶」及其與「執」互訛之例〉續補〉，《出土文獻與古文字研究》第十輯，（上海：中西書局，2022.7）。

257. 廣瀨薰雄：〈釋清華大學藏楚簡（叁）〈良臣〉的「大同」———兼論姑馮句鑼所見的「昏同」〉，復旦網，2013.4.24。《古文字研究》（第三十輯），（北京：中華書局，2014.9）。

258. 滕勝霖：〈再議「幽」字結構及相關諸字〉，收入四川大學歷史文化學院、中國先秦史學會、中國古文字研究會編：《紀念徐中舒先生誕辰120周年國際學術研討會論文集》（成都：四川大學歷史文化學院，2018）。

259. 滕勝霖：〈清華簡《越公其事》「幽芒」「幽塗」考〉，武漢網，2018.5.29（2021.6.1上網）。

260. 蔡一峰：〈清華簡《越公其事》字詞考釋三則〉，《出土文獻》第十五輯（2019.10）。

261. 蔡哲茂：〈說卜辭中的「寇」與商王朝對異族的統治政策〉，《古文字研究》第33輯，（北京：中華書局，2020.8）。

262. 蔣玉斌：〈從卜辭「有某」諸稱看「子某」與商王的關係〉，第二屆古文字學青年論壇，2016.1.28-29。

263. 鄭旭英：〈《左傳》中「使者」類詞辨析〉，《中文自學指導》，1998第2期（1998.4）。

264. 鄭邦宏：〈讀清華簡（柒）札記〉，收入李學勤主編：《出土文獻》第11輯（上海：中西書局，2017.10）。

265. 鄭張尚芳：〈句踐「維甲」令中之古越語的解讀〉，《民族語文》，1999 第 4 期。

266. 禤健聰：〈據出土文獻辨讀傳抄訛字二例〉，《中國文字學報》第 9 輯（2018.12）。

267. 蕭旭：〈清華簡（七）校補（二）〉，復旦網，2017.6.5（2021.6.1 上網）。

268. 蕭良瓊：〈「臣」、「宰」申議〉，《甲骨文與殷商史》第 3 輯，（上海：上海古籍出版社，1991）。

269. 蕭曉暉：〈清華簡七《越公其事》「豕門」「閣冒」解〉，武漢網，2017.5.11（本文後來已從網站刪除）。收入中國古文字研究會吉林大學古文字研究室編：《古文字研究》第 32 輯，（北京：中華書局，2018）。

270. 賴怡璇：〈清華柒補釋三則〉，《中國文字》2021 夏季號、總第五期（2021.6）。

271. 駱珍伊：〈《清華柒·越公其事》補釋〉，收入中央大學中國文學系、中國文字學會編：《第 29 屆中國文字學國際學術研討會論文集》（桃園：中央大學中國文學系，2018）。

272. 黔之菜：〈清華簡柒〈越公其事〉篇之「閣冒」試解〉，武漢網，2017.5.11（2021.6.1上網）。

273. 薛培武：〈《越公其事》「年禱攴數」新詁〉，西南大學漢語言文獻研究所－出土文獻與民族古文字論壇，2020.1.6 日。（2020.1.9上網）。

274. 謝明文：〈說腹飽〉，《商周文字論集》（上海：上海古籍出版社，2017）。

275. 謝明文：〈讀《清華簡（叁）》札記二則〉，《簡帛》第 12 輯（上海：上海古籍出版社，2016）。

276. 鍾柏生：〈卜辭中所見殷代的軍政之一－戰爭啟動的過程及其準備工作〉《中國文字》新 14 期，（美國：藝文印書館，1991.5）。

277. 魏宜輝：〈讀〈清華大學藏戰國竹簡（柒）〉札記〉，收入中國文字學會編：《中國文字學會第九屆學術年會論文集》（北京：中國文字學會，2017）；又見香港浸會大學饒宗頤國學院，澳門大學中國語言文學系，清華大學出土文獻研究與保護中心：《〈清華簡〉國際會議論文集》（香港：香港浸會大學饒宗頤國學院、澳門：澳門大學中國語言文學系，2017）。

278. 魏棟：〈清華簡〈越公其事〉「夷訏蠻吳」及相關問題試析〉，復旦網，2017.4.23（2023.04.01上網）。收入中國社會科學院語言研究所、簡帛語言文字研究學科主編：《第三屆出土文獻與上古漢語研究（簡帛專題）學術研討會暨 2017 中國社會科學院社會科學論壇論文集》（北京：中國社會科學院語言研究所、簡帛語言文字研究學科，2017）。

279. 魏棟：〈清華簡《越公其事》合文「八千」芻議〉，《殷都學刊》2017 第 3 期（2017.9）。後收入牛鵬濤、蘇輝編：《中國古代文明研究論集》（北京：科學出版社，2018）。

280. 羅新慧：〈青銅之光：早期的中外文明交流〉，《世界歷史》2023 第 1 期（2023.2）。

281. 羅運環：〈論楚國的客卿制度〉，《武漢大學學報》，1990 第 3 期（1990.5）。

282. 羅濤：〈《清華大學藏戰國竹簡（七）》釋讀拾遺〉，《漢字漢語研究》，2019 第 4 期、總第 8 期（2019.12）。

283. 嚴文明：〈東夷文化的探索〉，《文物》1989 第 9 期（1989.9）。

284. 蘇建洲：〈《上博（五）楚竹書》補說〉，武漢網，2006.2.23（2022.2.25 上網）。

285. 蘇建洲：〈《封許之命》研讀箚記（一）〉，復旦網，2015.4.18（2017.7.4 上網）。

286. 蘇建洲：〈《郭店·緇衣》考釋一則〉，簡帛研究網，2003.6.24（2023.4.7 上網）。

287. 蘇建洲：〈北大簡《倉頡篇》釋文及注釋補正〉，收入復旦大學出土文獻與古文字研究中心主編：《「出土文獻與傳世典籍的詮釋」國際學術研討會議程論文集》（上海：復旦大學出土文獻與古文字研究中心，2017）。復旦大學出土文獻與古文字研究中心主編：《出土文獻與傳世典籍的詮釋》（上海：中西書局，2019）。

288. 蘇建洲：〈由《耆夜》簡 10「役」字看楚竹書「役」字的構形〉，《楚文字論集》（臺北：萬卷樓圖書股份公司，2011）。

289. 蘇建洲：〈清華簡第五冊字詞考釋〉，《出土文獻》第七輯，（上海：中西書局，2015.10）。

290. 蘇建洲：〈說「忿連」〉，收入武漢大學簡帛研究中心主編：《簡帛》第 20 輯（上海：上海古籍出版社，2020）。

291. 蘇建洲：〈說睡虎地秦簡《葉書》「喜揄史」的「揄」〉，《出土文獻》2020 第 2 期（2020.6）。

292. 蘇建洲：〈談清華七〈越公其事〉簡三的幾個字〉，復旦網，2017.5.20。收入中國古文字研究會吉林大學古文字研究室編：《古文字研究》第 32 輯（北京：中華書局，2018）。

293. 蘇影：〈山東沂水春秋古墓新出銅盉銘「濫」字釋讀〉，《現代語文》2013 第 2 期（2013.6）。

294. 顧頡剛：〈楚、吳、越王之名、號、謚〉，《史林雜識初編》（北京：中華書局，1963）。

學位論文

1. 于倩：《清華簡《越公其事》文字構形研究》（昆明：雲南大學碩士論文，2018）。
2. 方炫琛：《左傳人物名號研究》（臺北：政治大學博士論文，1983.7）。
3. 毛玉靜：《《清華大學藏戰國竹簡（柒）》字用研究》（合肥：安徽大學碩士論文，2019）。
4. 王永昌：《清華簡文字與晉系文字對比研究》（長春：吉林大學博士論文，2018）。
5. 王妍：《清華簡《越公其事》研究》（煙台：煙台大學碩士論文，2019）。
6. 王挺斌：《戰國秦漢簡帛古書訓釋研究》（北京：清華大學博士論文，2018）。
7. 王強：《孔家坡漢墓簡牘校釋》（長春：吉林大學碩士論文，2014.4）。
8. 王凱博：《出土文獻資料疑義探研》（長春：吉林大學博士論文，2018）。
9. 王琛：《戰國楚簡帛[-n][-m]類十三韻部關係研究》（濟南：山東師範大學碩士論文，2020.05）。
10. 史玥然：《清華簡《越公其事》集釋及其漢字教學設計》（太原：山西大學碩士論文，2019）。
11. 任龍龍：《《左傳》《國語》《戰國策》新證綜理——以上世紀七十年代以來利用出土文獻校讀的成果為中心》（上海：復旦大學碩士論文，2022）。
12. 江秋貞：《《清華大學藏戰國竹簡（柒）·越公其事》考釋》（臺北：臺灣師範大學博士論文，2020）。
13. 何家歡：《清華簡（柒）《越公其事》集釋》（保定：河北大學碩士論文，2018）。
14. 吳祺：《戰國竹書訓詁方法探論》（上海：華東師範大學博士論文，2019）。
15. 吳萱萱：《《越公其事》中句踐滅吳故事考論》（杭州：杭州師範大學碩士論文，2020）。
16. 吳德貞：《清華簡《越公其事》集釋》（武漢：武漢大學碩士論文，2018）。
17. 呂佩珊：《《上海博物館藏戰國楚竹書（一-六）》通假字研究》（臺北：臺灣師範大學博士論文，2011）。

18. 宋亞雯：《清華簡中的非典型楚文字因素問題研究》（上海：復旦大學碩士論文，2016）。

19. 李松儒：《戰國簡帛字跡研究》（長春：吉林大學博士論文，2012.4）。

20. 李炎乾：《《國語·吳語》新探》（上海：華東師範大學碩士論文，2016）。

21. 李春桃：《傳抄古文綜合研究》（長春：吉林大學博士論文，2012）。

22. 李展鵬：《《上海博物館藏戰國楚竹書（八）》文字編》（廣州：中山大學碩士論文，2012.5）。

23. 杜建婷：《清華簡第七輯文字集釋》（廣州：中山大學碩士論文，2019）。

24. 沈雨馨：《《清華大學藏戰國竹簡（柒）》集釋》（北京：首都師範大學碩士論文，2019）。

25. 孟嚴：《《姑成家父》文本集釋及相關問題研究》（長春：吉林大學碩士論文，2009.4）。

26. 林清源：《楚國文字構形演變研究》（臺中：東海大學博士論文，1997）。

27. 金宇祥：《戰國竹簡晉國史料研究》（臺北：臺灣師範大學博士論文，2019）。

28. 侯建科：《清華簡（壹-陸）異體字整理與研究》（重慶：西南大學碩士論文，2017）。

29. 段思靖：《清華簡《越公其事》集釋》（長春：吉林大學碩士論文，2019）。

30. 段凱：《《古文四聲韻》（卷一至四）校注》（上海：華東師範大學博士論文，2018.6）。

31. 范天培：《清華大學藏戰國竹簡（肆）~（柒）字根研究》（臺北：臺灣師大碩士論文，2020）。

32. 孫紫娟：《秦璽印封泥通假字匯編》（長春：東北師範大學碩士論文，2021）。

33. 徐俊剛：《《長沙東牌樓東漢簡牘》集釋》（長春：吉林大學碩士論文，2014.4）。

34. 徐善飛：《近四十年出土秦漢篆文整理與研究》（上海：華東師範大學碩士論文，2010）。

35. 馬慎渝：《古文字字形演變之實證——以《說文解字》第五卷（下卷）為例》（臺北：世新大學碩士論文，2014）。

36. 馬曉穩：《吳越文字資料整理及相關問題研究》（長春：吉林大學博士論文，2017）。

37. 馬繼：《清華簡1-8文字編》（上海：華東師範大學碩士論文，2019）。

38. 高佑仁《上博楚簡莊、平、靈三王研究》（臺南：成功大學博士論文，2011.11）。

39. 高榮鴻：《上博楚簡齊國史料研究》（臺中：中興大學碩士論文，2008）。

40. 張岱松：《清華簡（壹-伍）詞彙研究》（北京：中國社會科學院博士論文，2017）。

41. 張泰康：《《古璽匯編》補編》（天津：天津師範大學碩士論文，2021）。

42. 張朝然：《清華簡《越公其事》集釋及相關問題初探》（石家莊：河北師範大學碩士論文，2019）。

43. 張琴：《《上海博物館藏戰國楚竹書（一－九）》異體字整理與研究》（上海：華東師範大學碩士論文，2020）。

44. 許起墉：《《左傳》楚、陳、蔡、吳、越交通路線研究》（臺南：成功大學碩士論文，2019）。

45. 郭洗凡：《清華簡《越公其事》集釋》（合肥：安徽大學碩士論文，2018）。

46. 陳一：《清華簡（柒）》疑難字詞補釋》（天津：天津師範大學碩士論文，2022）。

47. 陳怡彬：《馬王堆簡帛用字研究》（上海：大學博士論文，2020.4）。

48. 陳曼曼：《秦簡牘文字形體混同現象研究》（重慶：西南大學碩士學位論文，2019）。

49. 陳逸文：《中央研究院歷史語言研究所殷墟第一到九次發掘所得甲骨之整理與研究》（高雄：中山大學博士論文，2013）。

50. 單曉偉：《秦文字疏證》（合肥：安徽大學博士論文，2010）。

51. 彭慧賢：《殷商至秦代出土文獻中的紀日時稱研究》（臺南：成功大學博士論文，2012.6）。

52. 曾志雄：《侯馬盟書研究》（香港：香港大學博士論文，1993）。

53. 湯瑞芬：《《清華伍・殷高宗問於三壽》考釋》（臺中：中興大學碩士論文，2017）。

54. 葉書珊：《秦簡書體文字研究》（嘉義：中正大學博士論文，2020.6）。

55. 虞晨陽：《《近出殷周金文集錄二編》校訂》（上海：復旦大學碩士論文，2013）。

56. 詹今慧：《周秦漢出土法律文獻研究》（臺北：政治大學博士論文，2012）。

57. 趙思木：《《清華大學藏戰國竹簡（壹）》集釋及專題研究》（上海：華東師範大學博士論文，2017）。

58. 劉建民：《傳抄古文新編字編》（上海：復旦大學博士論文，2013）。

59. 劉洪濤：《論掌握形體特點對古文字考釋的重要性》（北京：北京大學博士論文，2012）。

60. 滕勝霖：《《清華大學藏戰國竹簡（柒）》集釋及相關問題研究》（重慶：西南大學碩士論文，2019）。

61. 蔡瑩瑩：《春秋戰國時期的歷史書寫與文化記憶》（臺北：臺灣大學博士論文，2019）。

62. 蔣偉男：《《里耶秦簡（壹）》文字編》（合肥：安徽大學碩士論文，2015）。

63. 龍騰遠：《用出土文獻檢驗王念孫《讀書雜志》校讀古書得失》（上海：復旦大學碩士論文，2019.3）。

64. 顏世鉉：《戰國秦漢簡帛校讀方法研究》（臺北：臺灣大學中國文學研究所博士論文，2012）。

65. 羅雲君：《清華簡《越公其事》研究》（瀋陽：東北師範大學碩士論文，2018）。

66. 蘇建洲：《戰國燕系文字研究》（臺北：臺灣師範大學碩士論文，2001）。

67. 蘇影：《山東出土金文字形全編》，《山東出土金文整理與研究》（上海：華東師大博士論文，2014．6）。

68. 樂利偉：《戰國楚簡帛類十七韻部關係研究》（濟南：山東師範大學碩士論文，2020.5）。

文獻研究叢書・出土文獻譯注研析叢刊 0902029

清華柒《越公其事》研究

作　　者　高佑仁
責任編輯　林以邠

發 行 人　林慶彰
總 經 理　梁錦興
總 編 輯　張晏瑞
編 輯 所　萬卷樓圖書股份有限公司
　　　　　臺北市羅斯福路二段 41 號 6 樓之 3
　　　　　電話 (02)23216565
　　　　　傳真 (02)23218698

發　　行　萬卷樓圖書股份有限公司
　　　　　臺北市羅斯福路二段 41 號 6 樓之 3
　　　　　電話 (02)23216565
　　　　　傳真 (02)23218698
　　　　　電郵 SERVICE@WANJUAN.COM.TW
香港經銷　香港聯合書刊物流有限公司
　　　　　電話 (852)21502100
　　　　　傳真 (852)23560735

ISBN 978-986-478-861-3
2023 年 6 月初版一刷
定價：新臺幣 1500 元

如何購買本書：

1. 劃撥購書，請透過以下郵政劃撥帳號：
　帳號：15624015
　戶名：萬卷樓圖書股份有限公司
2. 轉帳購書，請透過以下帳戶
　合作金庫銀行 古亭分行
　戶名：萬卷樓圖書股份有限公司
　帳號：0877717092596
3. 網路購書，請透過萬卷樓網站
　網址 WWW.WANJUAN.COM.TW
大量購書，請直接聯繫我們，將有專人為您
服務。客服：(02)23216565 分機 610

如有缺頁、破損或裝訂錯誤，請寄回更換
版權所有・翻印必究
Copyright©2023 by WanJuanLou Books CO.,
Ltd.
All Rights Reserved　　Printed in Taiwan

國家圖書館出版品預行編目資料

清華柒<<越公其事>>研究/高佑仁著. -- 初
版. -- 臺北市 ： 萬卷樓圖書股份有限公司,
2023.06
　面 ；　公分. -- (文獻研究叢書. 出土文
獻譯注研析叢刊 ; 902029)
ISBN 978-986-478-861-3(平裝)

1.CST: 簡牘文字　2.CST: 注釋　3.CST: 研究
考訂　4.CST: 戰國時代

796.8　　　　　　　　　　　　112010309